黔南年鉴

QIANNAN YEARBOOK

·2018·

《黔南年鉴》编纂委员会
《黔南年鉴》编辑部 编

方志出版社
Publishing House of Local Records

图书在版编目(CIP)数据

黔南年鉴. 2018 / 黔南州史志编纂委员会办公室编.
—北京:方志出版社,2019. 1

ISBN 978-7-5144-3599-3

Ⅰ. ①黔…　Ⅱ. ①黔…　Ⅲ. ①黔南布依族苗族自治州
—2018—年鉴　Ⅳ. ①Z527. 32

中国版本图书馆 CIP 数据核字(2019)第 023976 号

黔南年鉴(2018)

编　　者:黔南州史志编纂委员会办公室
责任编辑:高孟君

出 版 人:冀祥德
出 版 者:方志出版社
地址　北京市朝阳区潘家园东里 9 号(国家方志馆 4 层)
邮编　100021
网址　http://www. fzph. org
发　　行:方志出版社发行中心
电话(010)67110500
经　　销:各地新华书店
印　　刷:成都市标点制版印务有限责任公司

开　　本:889 × 1194　1/16
印　　张:38
字　　数:972 千字
版　　次:2019 年 1 月第 1 版　　2019 年 1 月第 1 次印刷
印　　数:0001 ~ 1000 册

ISBN 978-7-5144-3599　　定价:268. 00 元

黔南布依族苗族自治州地图

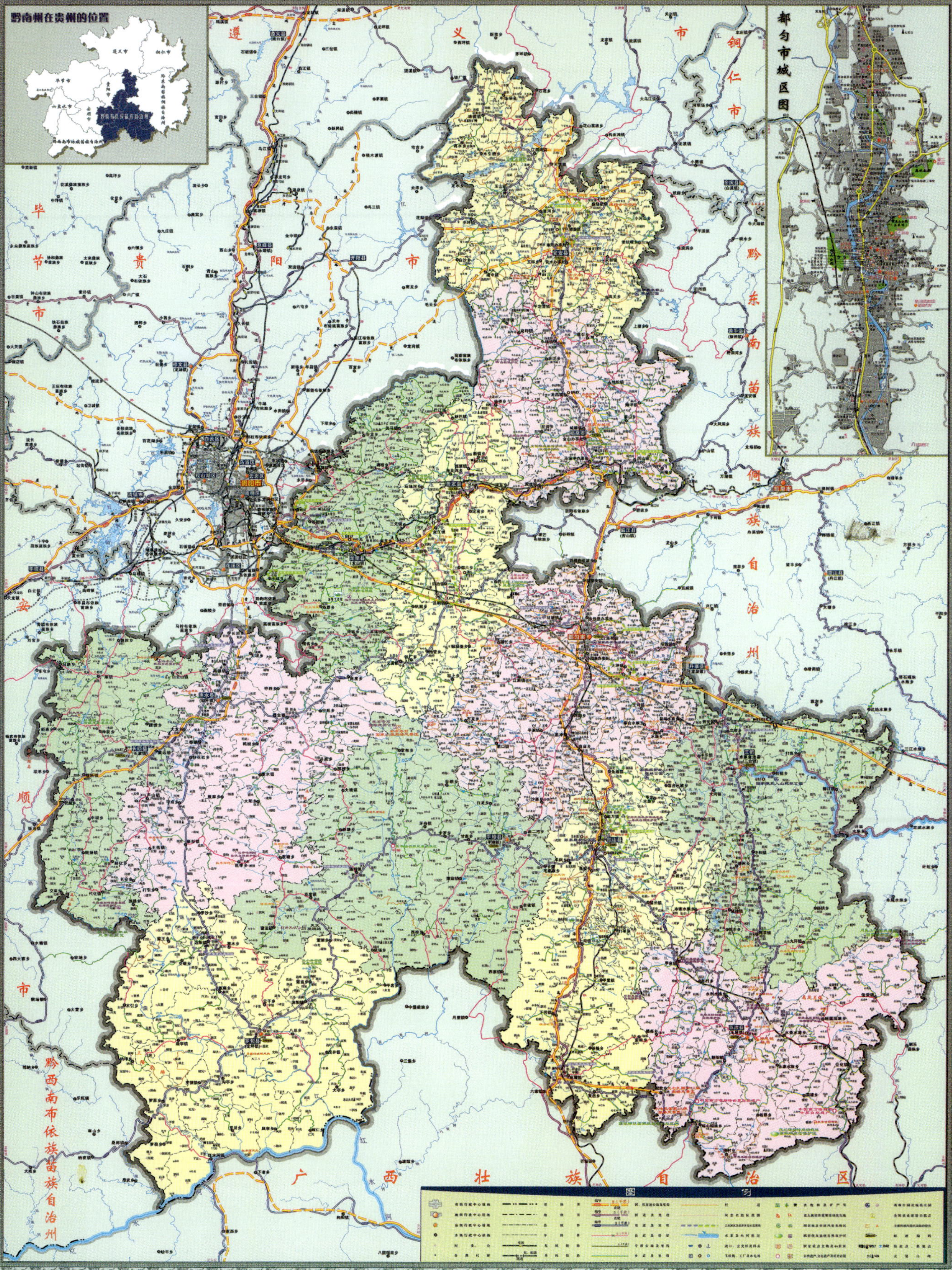

审图号：黔S（2013）006号
二〇一三年三月

1:320 000

黔南州国土资源局
贵州省第三测绘院 编制

·聚焦两会·

1

3

4

6

7

8

②

⑤

幸福黔南

——生态之州

① 2017年2月15至19日，黔南州第十四届人民代表大会第一次会议在都匀召开

② 2017年2月12日至19日，政协黔南州十二届一次会议在都匀召开

③ 新当选的州人大常委会领导班子成员

④ 新当选的州人民政府领导班子成员

⑤ 新当选的州政协领导班子成员

卢　桃　摄

⑥ 新当选的国家工作人员集体向宪法宣誓

⑦ 人大代表听取报告

⑧ 政协委员参加大会

李庆红　摄

·脱贫攻坚·

1

2

幸福黔南
——生态之州

① 2017年10月31日，州委书记唐德智（前排右一）在三都县怎雷水族寨调研脱贫攻坚
② 2017年6月11日，黔南州州长吴胜华（前排右一）在平塘县大塘镇调研脱贫攻坚
③ 2017年5月27日，黔南州脱贫攻坚"大比武"启动大会在罗甸县沫阳镇麻怀村举行
④ 贵定县联亲干部深入宝山街道宝山村开展人排查、大走访活动
⑤ 都匀市毛尖镇高效茶叶产业园区
⑥ 长顺县摆所镇绿壳蛋鸡养殖培训基地
⑦ 惠水县好花红金田村龙尚生态养殖场

·绿博规划·

1

2

① 绿博园主馆
② 绿博园外景
③ 绿博园外景
④ 贵寨风情

· 中国天眼 ·

1

① 被誉为“中国天眼”的500米口径球面射电望远镜（FAST）
② FAST观测脉冲星示意图
③ 中国天眼迎宾馆
④ 天眼所在地——贵州平塘天文小镇夜景
⑤ 平塘天文望远镜观景台游客接待中心
⑥ 天眼观测体验项目馆

幸福黔南 —生态之州

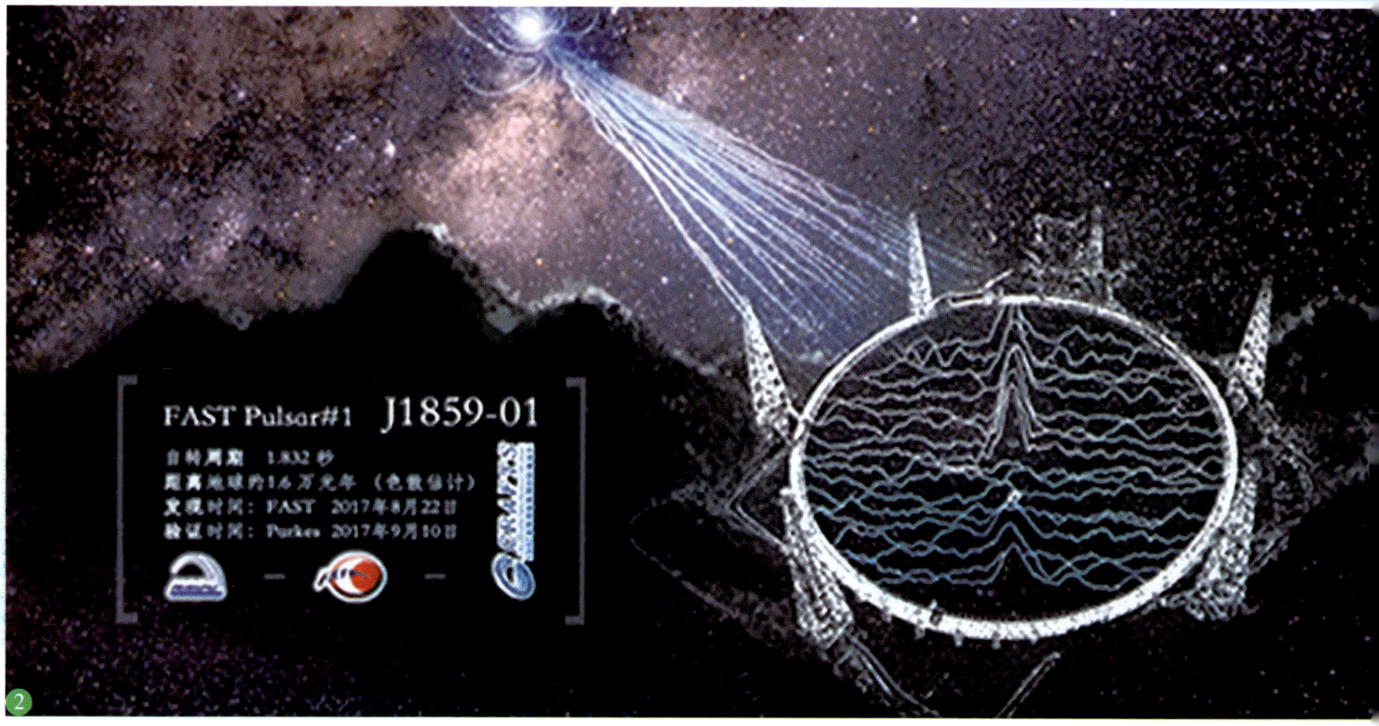

2

3

4

5

6

·毛尖（国际）茶人会·

1

2

3

幸福黔南
——生态之州

① 2017年6月10日，第十一届都匀毛尖茶文化节开幕　罗　毅　摄
② 2017都匀毛尖（国际）茶人会现场　罗　毅　摄
③ 石板街市民茶席
④ 西山茶会现场　谢泽华　摄
⑤ 南沙洲百姓茶会

·文体活动·

4

幸福黔南 生态之州

① 黔南州委书记唐德智（右二）宣布州五运会开幕
② 开幕式文体表演
③ 开幕式现场　　熊亚平　摄
④ 2017 年 11 月 11 日，黔南州首届山地户外运动大会开幕式在惠水县举行
⑤ 马拉松比赛
⑥ 山地自行车赛
⑦ 选手终点合影
⑧ 颁奖仪式

5

6

7

8

·生态之州·

《黔南年鉴》编纂委员会

《黔南年鉴》编辑部

《黔南年鉴（2018）》撰稿人员名单

张永淑	杨　飞	方景发	高　杨	张　金	刘逸云	龙文超	黄光峰
汪　雯	冷玉珠	吴建国	许明雪	喻昌富	唐　云	孙进武	罗　慧
唐兴萍	雷　艳	杨国庆	温成华	曹智辉	罗继锋	何铖瑞	陈明亮
杨光伟	苏鲸鳗	杨俊波	黄晓红	周　文	裴　育	王继东	邱祥智
王国祥	文学芬	罗光卫	陆　杨	彭　丽	曹志才	杨宣贵	黄　梅
易　海	潘　娜	高　翔	李正勇	王　梅	潘洪章	尹　超	王尔华
吴　健	罗映章	李婉君	周　吉	蔡　鑫	蒙丽华	赵　淼	潘盛辉
罗　林	莫华道	谭丽霞	何汶政	史艳芳	王开媛	董忠义	莫伯忠
黎继飞	苏志美	刘相显	蒙本昌	杨　松	李嘉明	邵冰浩	罗政长
喻周亚	邱　霞	宋琦霞	李兴国	蒙炳万	刘　幸	叶黔峰	赵二彪
廖灵玲	汪德伟	莫想愿	李绍忠	佘永军	夏璐璐	李乐平	潘　微
张　杰	蔡荣江	魏　杰	唐思怡	熊　伟	刘应林	孙晓姝	钟平杰
莫开方	林廷友	龙　麟	喻明美	张光宇	杨胜燕	潘志远	王中子
刘羽瑶	于阳阳	张孙付	罗付金	陈　煜	覃　波	艾　雨	邓　瑰
尹玉基	唐立刚	刘利谊	魏颖娜	田　灵	宋晏玮	李　涛	周崇启
韦川英	林　萌	田文杰	王昌勇	唐　梅	吴珍幸	罗伦鑫	孙婷婷
严　松	蒙永昌	吴　姗	邵绘蓉	王枝兰	张　玲	袁永书	金吉高
罗华礼	彭永刚	王　海	郭　丽	陆江龙	韦绍武	李永金	何培逊
黄通进	罗祥祖	罗韵熙					

编辑说明

一、《黔南年鉴》是中共黔南州委、州人民政府批准出版的地方综合年鉴，由《黔南年鉴》编辑部编辑出版。

二、《黔南年鉴》创刊于1997年，每年出版一卷，2018年卷是第22卷。收录时限为2017年1月1日至12月31日，少数稿件根据需要作适当追溯或下延。本卷全面、系统、翔实地记载全州上一年度国民经济和社会发展情况，取得的成就和经验，以及存在的问题，为党、政领导作出决策和制订计划提供可靠依据，为科研、企事业单位研究事业发展提供翔实州情资料，为各界人士了解黔南、建设黔南服务，为编纂地方史志积累历史资料。

三、《黔南年鉴（2018）》着力反映全州人民紧紧围绕全面建成小康社会的奋斗目标，高举中国特色社会主义伟大旗帜，坚持以马克思列宁主义、毛泽东思想、邓小平理论、“三个代表”重要思想、科学发展观和习近平新时代中国特色社会主义思想为指导，坚持辨证唯物主义和历史唯物主义的立场、观点、方法，全面、客观、系统地记述年度发展情况。围绕省委、省政府和州委的部署，大力实施“3366”发展战略，加快打造民族地区创新发展先行示范区，大力实施大扶贫、大数据两大战略行动，大力实施创新型驱动、开放型后发赶超和“一圈两翼”发展三大战略，努力建设富民强州、同步小康的新举措、新进展、新成就，突出地方特色。

四、本卷设有31个部类：“特载”“2017年大事记”“州概况”“中国共产党黔南州委员会”“黔南州人民代表大会及其常务委员会”“黔南州人民政府”“中国人民政治协商会议黔南州委员会”“纪检监察”“民主党派与工商联”“社会团体”“军事”“法治”“民族·宗教”“经济管理与监督”“财政·税务”“金融”“农业”“扶贫攻坚”“工业”“通信”“城乡建设·环境保护”“交通运输·邮政”“商贸”“教育”“科学技术”“文化”“通信”“卫生·体育”“社会生活”“县市概况”“附录”，另设图片和索引。

五、本卷所用稿件均由州直各单位部门、各县（市）党政办及有关单位提供，并经单位负责人审核签署。有关国民经济和社会发展统计数据，由州统计局提供，各部门提供的数据，我们力求统一，但由于统计口径、统计时限、资料来源的不同，有的数据不尽一致，使用时请以统计部门的为准。

·目　录·

MU LU

特　载

以打造民族地区创新发展先行示范区为引领奋力推动全州经济社会持续快速健康发展

在中共黔南州委十一届三次全会上的讲话 …… 1

黔南布依族苗族自治州人民政府工作报告

——2018年2月5日在州十四届人民代表大会第三次会议上 …… 11

黔南布依族苗族自治州人民代表大会常务委员会工作报告

——2018年2月6日在州十四届人民代表大会第三次会议上 …… 21

中国人民政治协商会议黔南布依族苗族自治州第十二届委员会常务委员会工作报告

——在政协黔南州第十二届委员会第二次会议上 …… 26

2017年大事记

1月 …… 31

2月 …… 32

3月 …… 34

4月 …… 37

5月 …… 37

6月 …… 39

7月 …… 41

8月 …… 42

9月 …… 44

10月 …… 46

11月 …… 47

12月 …… 49

州概况

基本情况 …… 52

建置沿革 …… 52

自然地理 …… 53

森林和动植物资源 …… 54

旅游资源 …… 54

地方名产特产 …… 55

人口　民族 …… 55

国民经济和社会发展概况 …… 57

综述 …… 57

农业 …… 57

工业和建筑业 …… 58

固定资产投资 …… 58

国内、外贸易和物价 …………………………… 58
交通运输和邮政通信 …………………………… 58
财政和金融 …………………………………… 59
教育 …………………………………………… 59
文化、广播电视 ……………………………… 59
卫生和体育 …………………………………… 59
人民生活 ……………………………………… 60
生态建设 ……………………………………… 60
就业与社会保障 ……………………………… 60

中国共产党黔南州委员会

概况 …………………………………………… 61
坚决维护习近平总书记的核心地位，自觉在思想上政治上行动上与党中央保持高度一致 …………………………………… 61
坚持发展第一要务，努力保持经济持续健康发展 …………………………………… 61
突出精准务实落实，聚焦聚力打好脱贫攻坚战 ……………………………………………… 62
全面深化改革开放，充分激发发展的动力活力 ……………………………………………… 62
加强生态文明建设，坚决守好生态底线 … 62
抓实宣传思想工作，促进文化事业大繁荣大发展 …………………………………… 63
推进民主政治建设，不断巩固团结繁荣发展局面 …………………………………… 63
着力增进人民福祉，加快幸福黔南建设 … 63
全面从严管党治党，不断巩固山清水秀的政治生态 …………………………………… 63
州委重要决议、决定、意见和通知 ……… 64
州委常委会议议定事项 …………………… 69
贵州省委书记、省人大常委会主任陈敏尔到黔南调研 …………………………………… 76
省委副书记、省长孙志刚到黔南调研 …… 76
州委十一届三次全体会议在都匀举行 …… 76
州委十一届四次全体会议在都匀举行 …… 77
胡春华马兴瑞会见黔南州党政代表团一行 …………………………………………… 77
黔南党政代表团赴广州对接对口帮扶工作 …………………………………………… 77
州委常委（扩大）会议学习贯彻习近平在深度贫困地区脱贫攻坚座谈会上的重要讲话以及省委中心学习组学习会精神 ……… 78
州委理论中心学习组第一次集中学习会 … 79
黔南州贯彻落实省委书记陈敏尔调研指示精神 ……………………………………………… 80
黔南州拓展东西南北区域合作空间 ……… 80
黔南州实施“895”行动计划落实脱贫攻坚春季攻势行动令 …………………………… 81
黔南州做强刺梨品牌建设“中国刺梨之州” …………………………………………… 81
黔南州强化措施推进绿色农产品“泉涌” …………………………………………… 81
黔南州立足茶品牌做实茶文章 …………… 82
黔南州强化措施抓好“中国天眼”运行保护 …………………………………………… 82
黔南州“千企改造”扩投资提产能促转型 …………………………………………… 82
黔南州推进脱贫攻坚“组组通”建设 …… 83
中共黔南州委办公室工作概况 …………… 83
紧跟党中央、省委和州委步伐，持续不断学习贯彻党的十九大精神和习近平总书记在贵州省代表团重要讲话精神 …………… 83
始终树立高目标确立高要求，着力在强化服从服务上走前列、作表率 ……………… 84
始终抓党建聚合力，不断夯实办公室“三服务”工作基础 ……………………………… 85
组　织 ………………………………………… 87
概况 …………………………………………… 87
“两学一做”学习教育 ……………………… 87
紧扣脱贫攻坚，聚焦主业，提升农村基层力量 …………………………………………… 88
干部队伍建设 ………………………………… 88
基层组织建设 ………………………………… 89

人才管理服务 …… 90
深化组织工作制度改革 …… 91
加强组织部门自身建设 …… 91
宣 传 …… 92
概况 …… 92
成就宣传 …… 92
十九大精神宣传宣讲 …… 92
对外宣传 …… 93
开展“明礼知耻·崇德向善”主题活动 …… 93
开展“文明在行动·满意在黔南”活动 …… 93
文艺精品创作生产 …… 94
开展具有黔南特色的群众性文化活动 …… 94
脱贫攻坚新闻宣传 …… 94
文化扶贫 …… 94
组织开展南仁东事迹的整理 …… 94
精神文明建设 …… 94
概况 …… 94
深化五大文明创建 …… 94
加强公民思想道德建设 …… 95
推进文化惠民工程 …… 95
开展“文明在行动·满意在黔南”活动 …… 95
未成年人思想道德建设 …… 95
统 战 …… 96
概况 …… 96
支持党派加强建设，营造和衷共济的政治氛围 …… 96
突出“两个健康”，做好经济领域统战工作 …… 97
围绕“一带一路”，做好港澳台侨海外统战工作 …… 98
创建团结和谐示范，做好民族宗教领域工作 …… 99
打造统战“同心”品牌，推动统战工作品牌化特色化 …… 99
加强机关自身建设，不断提高统战工作科学化水平 …… 100
机构编制 …… 100
概况 …… 100
机构编制日常管理 …… 101
纪检监察体制改革 …… 101
开发区体制改革 …… 101
“多中心合一”管理体制改革 …… 101
综合行政执法体制改革 …… 101
组建州市场监管管理局 …… 102
组建州大数据管理局 …… 102
组建州对外经济协作局 …… 102
国有林场改革 …… 102
行政审批制度改革 …… 102
控编减编工作和县直机关消化超编工作 …… 103
事业单位改革 …… 103
“云上编制”系统建设 …… 103
建议提案办理 …… 103
表彰 …… 103
州直工委 …… 103
概况 …… 103
政策研究 …… 105
概况 …… 105
重要文件起草 …… 105
重要文稿起草 …… 105
重大问题调研课题研究 …… 105
全面建成小康社会工作 …… 106
打造同步小康创建示范点 …… 106
攻克同步小康创建短板 …… 106
强化同步小康创建氛围营造 …… 106
全面深化改革全面依法治州工作 …… 106
经济体制改革 …… 106
扶贫开发改革 …… 107
民主法治领域改革 …… 107
文化体制机制改革 …… 107
社会治理体制机制改革 …… 107
生态文明体制机制改革 …… 107
党的建设制度改革 …… 108

《今日黔南》编印工作 …………………… 108
领导批示多。全年获省委有关领导、州委主要领导批示共54次 …………………… 108
成果转化多…………………………………… 109
上级表彰多。一是课题研究获奖………… 109
上级采稿多。文稿获省级以上刊物采用182篇 …………………………………… 109
外事侨务和台港澳工作…………………… 110
概况…………………………………………… 110
外事工作…………………………………… 110
侨务工作…………………………………… 112
对台工作…………………………………… 113
史志编纂工作……………………………… 114
概况…………………………………………… 114
黔南州2016—2020年党史工作规划印发 …………………………………… 114
荔波邓恩铭故居陈列馆改陈布展对外开放仪式系列活动在荔波举行…………………… 115
《黔南红色故事》一书出版 ……………… 115
大型歌剧《邓恩铭》上演 ………………… 115
党史课题研究……………………………… 115
黔南州制定地方志事业发展“十三五”工作方案…………………………………… 115
《黔南州志（1991—2014）》通过省级终审 …………………………………… 116
县（市）志编纂工作 ……………………… 116
部门、村志编纂工作……………………… 116
《黔南年鉴（2017）》编纂出版工作 …… 116
《贵州年鉴（2017》（黔南部分）组稿编辑工作…………………………………… 116
指导督促县级综合年鉴编纂工作………… 116
黔南州3部地方综合年鉴在全省年鉴质量评比中获奖…………………………………… 117
州委讲师团工作…………………………… 117
概况…………………………………………… 117
理论宣讲…………………………………… 117
百姓宣讲“百千万工程” ………………… 118
网络宣传…………………………………… 118
宣讲队伍建设……………………………… 118
理论研究…………………………………… 119
党建工作…………………………………… 119
其他工作…………………………………… 120
党校·行政学院…………………………… 120
概况…………………………………………… 120
加强教学改革，创新“三段式”教学模式 …………………………………… 120
落实领导干部上讲台，整合利用校内外教学资源…………………………………… 120
强化科研能力，提升资政水平…………… 121
强化党建引领、助力脱贫攻坚…………… 121
高分通过全省党校系统办学体制改革复评工作 …………………………………… 121
老干部工作………………………………… 121
概况…………………………………………… 121
离退休干部参加新春团拜会……………… 121
州领导走访慰问离退休干部……………… 122
“迎新春、献爱心、送温暖”帮扶行动 …………………………………… 122
传达学习全省老干部工作先进集体先进个人表彰大会暨全省老干部工作会议精神 …………………………………… 122
全州老干部、老年教育和关工委工作会议在都匀召开…………………………………… 122
开展“学‘两会’精神、看匀城变化、赞黔南发展”主题活动 ……………………… 122
开展“畅谈十八大以来变化、展望十九大胜利召开”“建言十九大”主题调研 …… 122
举办“品茗书香魅力夕阳”主题活动 … 122
老干部参加热学热议省第十二次党代会精神宣讲报告会…………………………………… 123
开展离休干部离休费执行情况督查调研 …………………………………… 123
州委书记唐德智走访看望老领导………… 123
举办全州老干及老年教育工作者综合能力提升培训班…………………………………… 123
组织离退休干部到毕节市参观考察……… 123

黔南州召开副厅级以上离退休干部情况通报会 …… 123
走访慰问易地安置离休干部 …… 123
“黔南州离退休干部助力脱贫攻坚能力提升培训班”在河南省林州市举办 …… 123
多家媒体采访退休水稻老专家徐先捍 …… 123
开展“迎国庆、中秋”文体比赛活动 …… 124
举办“描绘家乡新变化·喜迎十九大”老年书画展 …… 124
举办全州离退休干部“说说家乡新变化·喜迎十九大”主题演讲比赛 …… 124
开展“同声传译”和“热学热议”党的十九大精神 …… 124
举办“健康欢乐行·喜迎新时代”老年节健步行活动 …… 124
开展“重温入党誓词·牢记使命担当”主题党日活动 …… 124
举办州县离退休党支部书记暨老干部工作者学习中共十九大精神专题培训班 …… 124
举办黔南州三届十一次老年书画联谊展（会） …… 124
贵州省开发研究促进会暨黔南州州、县（市）开发研究促进会第24次联席会在平塘县召开 …… 124
百名离退休干部参加黔南州第一届州直机关党员干部职工运动会 …… 125
老年大学 …… 125
概况 …… 125
党建工作 …… 125
贯彻落实老年教育“十三五”规划 …… 126
建校30周年活动 …… 126
基础设施建设 …… 126
教学管理 …… 126
拓展第二课堂 …… 126
探索推动老年教育创新发展 …… 127
对外宣传 …… 127
关心下一代工作 …… 127
概况 …… 127
学习党的十九大和习近平总书记系列重要讲话精神，统一思想凝聚力量 …… 128
培育和践行社会主义核心价值观，丰富青少年思想道德教育 …… 128
建立和完善法治教育联动机制，提升参与社会治理能力 …… 128
关爱留守儿童困境儿童，为青少年做好事办实事解难事 …… 129
助力脱贫攻坚，进一步拓展助民增收致富奔小康的渠道 …… 129
开展调查研究，拓展关工委工作向纵深发展 …… 130
加强关工委自身建设，提高服务基层的能力素质 …… 130
黔南州举办留守儿童家长培训班 …… 131
黔南州关工委2017年中小学生寒假乒乓球义务辅导班开班 …… 131
“阳光校园·我们是好伙伴”全国青少年五好小公民主题教育活动演讲比赛黔南赛区决赛在都匀举行 …… 132
黔南州关工委开展农村实用技术培训活动 …… 132
黔南州关工委开展“五老”法制宣讲进校园活动 …… 133
黔南州关工委进校园开展思想道德教育宣讲活动 …… 134
黔南州关工委调整充实老专家科技服务团 …… 134

黔南州人民代表大会及其常务委员会

概况 …… 135
州十四届人大一次会议 …… 135
州十三届人常委会第三十八次会议至三十九次会议 …… 135
州十四届人常委会第一次至第五次会议 …… 136

州十四届人大常委会第一次至第十一次主任会议 …… 138
立法工作 …… 140
执法检查 …… 141
州人大常委会召开的其他重要会议和活动 …… 141
上级人大调研 …… 143
代表集中视察 …… 143

黔南州人民政府

概况 …… 144
州政府常务会议 …… 146
应急管理工作 …… 151
建议提案办理工作 …… 151
搭建网上办理平台 …… 152
进一步规范办理程序 …… 152
强化督查考核 …… 152
加强办理业务培训 …… 152
表彰先进 …… 152
全省第一次项目建设现场观摩会第六组到黔南观摩 …… 153
2017 都匀毛尖（国际）茶人会在都匀举办 …… 153
第三届粤桂黔高铁经济带合作联席会议暨粤桂黔高铁经济带合作试验区（贵州园）建设工作现场会在都匀举行 …… 153
第四届中国物流（都匀）国际峰会暨商贸物流博览会在都匀举行 …… 153
第十二届贵州旅游产业发展大会在平塘县天文小镇举行 …… 154
2017 年全省旅游工作推进会在平塘召开 …… 154
全省第二次项目建设现场观摩会第六组到黔南观摩 …… 154
信　访 …… 155
概况 …… 155
黔南州召开信访维稳工作会议解决好农民工“过年钱” …… 156
州委政法暨信访工作会议在都匀召开 …… 156
各级主流媒体集中宣传黔南州“四子一体”信访工作法 …… 157
黔南州人大常委会专题询问州人民政府信访工作 …… 157
民　政 …… 157
概况 …… 157
黔南州第十届村（居）民委员会换届选举工作完成 …… 159
黔南州与中民规划院签订黔南州康养产业发展战略合作框架协议 …… 160
黔南州政府副州长杨从明率队到北京考察养老服务机构建设 …… 160
黔南州政府副州长杨从明一行到国开行参加养老机构融资及产业化路径研讨会 …… 160
广州市民政局与黔南州民政局签订对口帮扶意向书 …… 161
世界银行专家官员到黔南考察养老养生项目 …… 161
黔南州民政局项目办完成社会兜底工程 2017 年中央预算内补助资金项目申报工作 …… 162
省地名普查办现场抽查验收都匀、福泉两市第二次全国地名普查工作 …… 162
“黔南州社会工作领航人才特训营”在广州开班 …… 162
黔南州创新医疗救助服务模式全面实施医疗救助“一站式”信息系统即时结算服务 …… 163
主要作法 …… 163
取得的成效 …… 164
黔南州探索政府购买服务织密急难救助网 …… 164
制定出台政策，为购买服务提供政策依据 …… 165
纳入地方财政预算，为购买服务提供资金保障 …… 165

建立管理考核机制，增强工作实效 ……… 165
强化岗前业务培训，提升招聘人员业务素质 …………………………………………… 165
入户核查到位，对象认定准确 …………… 165
核查工作深入，对象进退有序 …………… 166
发现情况及时，急难救助作用发挥 ……… 166
德国艾尔福特市与贵州黔南州缔结友好城市签订康养事业发展框架协议 ……………… 166
黔南州民政局组团赴桂招商推介黔南州健康养老项目 ………………………………… 166
黔南深入推进殡葬改革全力服务民族地区创新发展先行示范区建设 …………………… 166
殡葬工作的基本情况及成效 ……………… 166
殡葬改革工作推进的主要做法 …………… 167
黔南州提前三年完成城乡社区基层民主自治设完善率的小康创建指标 ………………… 169
档　案 …………………………………… 169
概况 ………………………………………… 169
依法治档 …………………………………… 169
民生档案服务 ……………………………… 169
档案馆建设 ………………………………… 170
档案接收征集 ……………………………… 170
信息化建设 ………………………………… 170
水书申遗工作 ……………………………… 171
党建和队伍建设 …………………………… 171
宣传工作 …………………………………… 171
业务培训 …………………………………… 172
国家档案局副局长付华到三都水族自治县调研指导水书抢救保护及申报《世界记忆遗产名录》工作 …………………………………… 172
国家档案局副局长胡旺林等一行到贵定县开展党建帮扶和工作调研 …………………… 172
学术文化交流 ……………………………… 172
黔南州在北京民族剧院举办水书申遗展览 …………………………………………… 172
保密工作 ………………………………… 172
概况 ………………………………………… 172
发展规划 …………………………………… 172
保密科技建设 ……………………………… 173
保密宣传 …………………………………… 173
保密培训 …………………………………… 173
保密检查 …………………………………… 173
涉密文件销毁 ……………………………… 174
保密服务 …………………………………… 174

中国人民政治协商会议
黔南州委员会

概况 ………………………………………… 175
政协黔南州十二届一次会议 ……………… 177
常委会议 …………………………………… 177
主席会议 …………………………………… 178
提案工作 …………………………………… 179
委员视察 …………………………………… 180
委员调研 …………………………………… 180
“大美黔菜·黔南飘香”展示品鉴活动 …………………………………………… 180
助推精准脱贫 ……………………………… 180
智力支边 …………………………………… 181
宣传工作 …………………………………… 181
“两学一做”学习教育常态化制度化 …… 181

纪检督察

概况 ………………………………………… 182
宣传与教育 ………………………………… 183
政策研究与法制 …………………………… 183
党风政风监督 ……………………………… 183
信访与举报 ………………………………… 184
案件管理 …………………………………… 184
纪律审查 …………………………………… 184
案件审理与复查复议 ……………………… 184
机关党的组织建设 ………………………… 185
纪检监察信息 ……………………………… 185

贯彻落实中央八项规定和省委十项规定、纠正“四风” …… 185
民生保障 …… 185
体制改革 …… 185
巡察监督 …… 186

民主党派

中国国民党革命委员会黔南州委员会 …… 187
概况 …… 187
思想建设 …… 187
组织参加学习活动 …… 187
组织建设 …… 187
参政议政 …… 188
社会调研工作 …… 188
社会服务 …… 188
脱贫攻坚民主监督 …… 188
宣传工作 …… 188
涉台服务 …… 189
中国民主同盟黔南州工作委员会 …… 189
概况 …… 189
学习培训 …… 189
支部活动 …… 189
提案工作 …… 189
调研成果 …… 190
社情民意 …… 190
推进教育扶贫 …… 190
参与医疗扶贫 …… 190
助力智力支边 …… 190
深化“两带”服务 …… 191
宣传工作 …… 191
中国民主建国会黔南州委员会 …… 191
概况 …… 191
政治思想教育 …… 191
参政议政 …… 192
组织建设 …… 193
社会服务 …… 193
宣传信息 …… 194
会员风采 …… 194
中国民主促进会黔南州委员会 …… 194
概况 …… 194
思想政治建设 …… 195
基层组织建设 …… 195
机关建设 …… 196
参政议政工作 …… 196
社会服务工作 …… 197
中国农工民主党黔南州工作委员会 …… 198
概况 …… 198
思想建设和宣传教育 …… 198
参政议政和民主监督 …… 198
社会服务 …… 199
组织建设 …… 200
九三学社黔南州委员会 …… 200
概况 …… 200
思想建设 …… 201
参政议政 …… 201
组织建设 …… 202
社会服务 …… 203
社员荣誉 …… 204
宣传工作 …… 204

社会团体

黔南州工商业联合会（总商会） …… 205
概况 …… 205
学习贯彻中共十九大精神，力求学懂弄通做实 …… 205
调查研究参政议政 …… 205
组织建设 …… 206
建制度搭平台，服务民营经济发展 …… 206
思想政治教育 …… 206
“百企帮百村”精准扶贫行动 …… 207
对外联络交流合作 …… 207
黔南州总工会 …… 207

概况 …… 207
弘扬劳模工匠精神 …… 208
构建和谐劳动关系 …… 209
实施职工素质工程和职工文化建设 …… 209
促进保障和改善民生 …… 209
脱贫攻坚工作 …… 210
自身建设 …… 210
中国共产主义青年团黔南州委员会 …… 210
概 况 …… 210
黔南州共青团改革方案 …… 210
基层组织建设 …… 210
构建“青春课堂”地带 …… 211
构建“青春扶贫”地带 …… 211
构建“青春志愿”地带 …… 211
构建“青春护航”地带 …… 211
构建“青春文荟”地带 …… 211
黔南州妇女联合会 …… 212
概况 …… 212
妇干培训 …… 212
维护合法权益，提升妇儿保障 …… 212
巾帼脱贫有力，促进创业就业 …… 213
长抓关爱工作，妇女儿童受益 …… 213
加强家庭教育，共建和谐社会 …… 213
宣传工作 …… 214
树立巾帼典型，示范引领发展 …… 214
落实妇联改革，工作初显成效 …… 214
重视创建工作，促进民族团结 …… 215
认真落实“两规”，促进妇儿发展 …… 215
黔南州社会科学界联合会 …… 215
概况 …… 215
开展创新理论课题申报工作 …… 215
组织开展第十二次哲学社会科学科研成果评奖申报 …… 215
开展社科理论进基层和“黔灵百姓讲坛”活动 …… 215
开展社会科学宣传普及周活动 …… 216
承办2017年贵州省第二届哲学社会科学智库名家·贵州学术年会 …… 216
参加全国大中城市社科联第28次工作会议 …… 216
学会管理 …… 216
同步小康驻村工作 …… 216
人才引进工作 …… 217
县（市）召开社科联第一次代表大会 …… 217
黔南州归侨侨眷联合会 …… 217
概况 …… 217
州委领导到侨联调研 …… 217
“亲情中华·欢聚都匀”文艺演出在都匀文体艺术中心上演 …… 217
节日慰问侨界群众及侨资企业 …… 218
黔南州第七次归侨侨眷代表大会在都匀召开 …… 218
传达学习贵州省第八次归侨侨眷代表大会精神 …… 218
同步小康村走访慰问 …… 219
广州市侨商考察团赴黔南开展对口帮扶工作 …… 219
省侨联领导到黔南调研 …… 219
中国侨联批准黔南州贵定县“金海雪山”为中国华侨国际文化交流基地 …… 219
海外侨胞助力黔南共同参与“一带一路”建设 …… 220
香港爱心人士捐资助学 …… 220
香港希望之友教育基金会回访资助小学 …… 220
“六一”走访慰问留守儿童和困难老人 …… 220
都匀毛尖（国际）茶人会接待服务工作 …… 221
组团参加第15届东盟华商会 …… 221
“侨爱心·光明行”活动 …… 221
挪威华人贾永华到三都县拍摄水族马尾绣 …… 221
香港奥园集团资助贫困大学生 …… 221
新西兰华人胡安琪一行回家乡都匀探访 …… 221

香港侨界社团联会参观中国天眼………… 222
马来西亚祝福文化基金会走访慰问活动……………………………………………… 222
平桥社区活动……………………………… 222
侨资企业调研……………………………… 222
澳洲魏基成夫妇慈善活动………………… 222
美国天使儿童基金会资助独山贫困生…… 222
外派教师工作……………………………… 222
光荣榜……………………………………… 223
黔南州残疾人联合会……………………… 223
概况………………………………………… 223
学习宣传贯彻中共十九大精神…………… 223
推进“两学一做”常态化制度化 ……… 223
落实“两个责任” ……………………… 223
同步小康驻村工作………………………… 224
州残联第六届主席团第七次全体会议在都匀召开……………………………………… 224
康复工作…………………………………… 224
教育工作…………………………………… 224
培训工作…………………………………… 224
就业工作…………………………………… 224
扶贫工作…………………………………… 224
落实“两项补贴”制度 ………………… 224
组联工作…………………………………… 225
宣传工作…………………………………… 225
文化工作…………………………………… 225
开展第二十七次全国助残日活动………… 225
项目建设…………………………………… 225
先进典型…………………………………… 225
黔南州计划生育协会……………………… 225
概况………………………………………… 225
“幸福人生”活动关爱计生特殊家庭 … 226
计生协产业发展合作社…………………… 226
计生基层群众自治工作…………………… 226
“青春健康”工作 ……………………… 226
“生育关怀·助孕工程”公益活动 …… 226
县、村两级人口福利基金稳步壮大……… 226
干部培训…………………………………… 226
计生协组织建设…………………………… 226

军　事

都匀军分区部队建设……………………… 227
概况………………………………………… 227
都匀军分区召开2017年度开训动员大会……………………………………………… 229
黔南州拥军优属慰问团到都匀军分区慰问官兵……………………………………………… 229
都匀军分区召开党委十四届五次全体（扩大）会议………………………………… 229
都匀军分区召开宣布军分区党委第一书记暨师职干部任职命令大会…………………… 230
都匀军分区召开机关处成立暨宣布干部任职命令大会………………………………… 230
都匀军分区组织纪念建军90周年演讲比赛……………………………………………… 230
省军区副政委魏文波率工作组到都匀军分区指导军分区党委常委民主生活会……… 230
省军区政委谢武忠到都匀军分区检查调研……………………………………………… 231
都匀军分区组织参加黔南州公祭日活动……………………………………………… 231
都匀军分区组织全体党员赴瓮安猴场会议会址开展主题党日活动…………………… 231
都匀军分区开展“百团万人”宣讲中共十九大精神助推打赢脱贫攻坚战动员誓师大会……………………………………………… 231
都匀军分区组织开展支援保障部队过境室内指挥所演练……………………………… 232
省军区工作组到都匀军分区开展年度军事训练检查考核……………………………… 232
都匀军分区政委杨光芒到长顺县敦操乡打召小学开展十九大精神宣讲……………… 232

武警黔南州支队…………………………… 233
概况………………………………………… 233
武警总队司令员华荣林到支队调研……… 236
武警总队政委韩云鹏到支队调研………… 236
武警总队副司令员王忠到支队检查指导工作 …………………………………………… 236
武警总队政治部副主任陈东升到支队检查调研 …………………………………………… 236
武警总队后勤部部长吴继光到支队检查指导工作……………………………………… 236
武警总队司令部副参谋长张玉成到支队检查指导工作…………………………………… 236
武警总队副政委刘志峰到支队检查指导工作 …………………………………………… 236
武警总队参谋长江智勇到支队检查指导工作 …………………………………………… 236
武警总部军事设施建设局工作组到支队检查指导工作…………………………………… 237
武警总队副司令员刘昌建到支队检查指导工作 …………………………………………… 237
武警总队政委韩云鹏率工作组到支队检查指导工作……………………………………… 237
支队组织开展“卫士辞章”军旅诗词咏诵比赛…………………………………………… 237
支队完成2017中国足协国际足球赛警卫任务 …………………………………………… 237
支队召开党委一届十四次全体（扩大）会议暨半年双向讲评会议……………………… 237
支队组织开展庆祝建军90周年“卫士劲旅”篮球比赛…………………………………… 237
支队完成“第五届”州运会警卫及升旗任务 …………………………………………… 237
支队完成三起大型武装押解勤务………… 237
黔南支队严密组织官兵参加“烈士纪念日”公祭活动…………………………………… 237
开展慰问退伍老兵文艺演出活动………… 237
支队组织官兵参加黔南州“扶贫日—慈善一日捐”现场募捐仪式 ………………… 238
支队组织总队团以上领导干部理论轮训配合活动……………………………………… 238
支队完成“七星—未来城杯”都匀国际城市足球对抗赛安保勤务………………………… 238
人民防空战备……………………………… 238
概况………………………………………… 238
人防工程建设……………………………… 238
指挥通信…………………………………… 238
依法行政…………………………………… 239
宣传教育…………………………………… 239
落区工作…………………………………… 239
机关建设…………………………………… 239
获奖情况…………………………………… 239
黔南州委书记龙长春对人防工作作批示 …………………………………………… 239
省人防办到黔南州调研指导人防工程建设管理工作………………………………… 239
黔南州组织到黔东南、铜仁地区现场观摩学习落区任务执行工作……………………… 240
黔南州人防办开展保密教育培训专题讲座 …………………………………………… 240
黔南州召开全州人民防空工作电视电话会议 …………………………………………… 240
黔南州人防办邀请省人防办有关领导专家指导人防大数据建设………………………… 240
省人防办到瓮安县猴场会议会址开展学习教育活动……………………………………… 241
黔南州人防办深入联系点开展精准识别摸排工作……………………………………… 241
警示教育…………………………………… 241
扶贫工作…………………………………… 241
黔南州人民防空工作现场推进会在福泉市和瓮安县召开………………………………… 241
省人防办陈果一行到黔南调研人防工作 …………………………………………… 242
黔南州人防系统领导干部到省内先进地区考

察学习人防业务…………………………… 242

法　治

政法委及综治…………………………… 243
概况…………………………………………… 243
州委政法工作暨信访工作会议召开……… 244
中央综治委预青专项组到黔南州启航学校调研专门学校建设工作……………………… 244
省委政法委常务副书记、综治办主任彭德全到黔南州调研政法工作………………… 244
全州政法系统办公室工作培训会在贵定召开…………………………………………… 245
积极探索“多中心合一”改革工作 …… 245
全州社会治安防控体系建设暨政法大数据应用现场观摩会在都匀召开……………… 245
中国第十一届“西部反邪教论坛”在平塘举办………………………………………… 245
中共中央十九大维稳安保工作督导组到黔南州督导工作…………………………… 245
全省政法综治工作现场观摩会在都匀召开…………………………………………… 245
黔南州首次表彰“十佳政法干警” …… 246
法治政府建设…………………………… 246
概况…………………………………………… 246
率先建立规范性文件“自动清理”制度…………………………………………… 246
出台全省首个权责清单动态调整管理办法…………………………………………… 246
《黔南州人民政府规章制定程序规定》印发实施………………………………………… 247
《黔南州法治政府建设实施方案（2017—2020 年）》出台 ………………………… 247
全州行政复议与行政应诉能力提升培训班在都匀经济开发区匀东贵州饭店举办…… 247
黔南州公安消防支队…………………… 247
概况…………………………………………… 247
队伍建设……………………………………… 247
火灾防控……………………………………… 247
部队打赢制胜能力再提升………………… 248
基层基础建设……………………………… 249
公　安…………………………………… 249
概况…………………………………………… 249
维护国家安全……………………………… 249
立体化社会治安防控体系建设…………… 250
“数据警务”建设 ……………………… 250
践行以人民为中心的发展思想，增强人民群众获得感、幸福感和安全感…………… 251
防范重特大公共安全事故工作…………… 251
执法规范化建设…………………………… 252
基层派出所建设…………………………… 252
队伍建设……………………………………… 253
检　察…………………………………… 253
概况…………………………………………… 253
服务“大扶贫”战略行动，开展专项监督工作…………………………………………… 254
服务“大数据”战略行动，推进智慧检务建设…………………………………………… 254
服务“大生态”战略行动，加强环境司法保护…………………………………………… 254
刑事检察……………………………………… 254
查办职务犯罪……………………………… 254
诉讼监督……………………………………… 254
司法改革……………………………………… 255
党建工作……………………………………… 255
法　院…………………………………… 255
概况…………………………………………… 255
刑事审判……………………………………… 255
民事审判……………………………………… 255
行政审判……………………………………… 255
执行工作……………………………………… 255
生态环境保护……………………………… 256
审判组织结构改革………………………… 256

队伍分类管理改革…………………………… 256
家事审判改革………………………………… 256
推进诉调对接方式改革……………………… 256
队伍建设……………………………………… 257
司法作风……………………………………… 257
示范法院……………………………………… 257
司法行政……………………………………… 257
概况…………………………………………… 257
普法宣传工作………………………………… 257
“七五”普法工作 ………………………… 257
司法考试工作………………………………… 257
法律援助工作………………………………… 257
律师管理工作………………………………… 257
公证管理工作………………………………… 258
基层法律服务………………………………… 258
人民调解工作………………………………… 258
社区矫正工作………………………………… 258
安置帮教工作………………………………… 258
司法鉴定管理工作…………………………… 258
“148”法律援助精准扶贫工作 ………… 258
学习中国共产党第十九次全国代表大会精神及习近平系列重要讲话…………………… 258
司法部部长张军到龙里县调研公共法律服务体系建设……………………………… 259
推进公共法律服务供给侧结构性改革…… 259
公共法律服务供给侧结构性改革调研工作………………………………………………… 259
公证机构改革工作…………………………… 259
贵州民族大学法学院大学生志愿者助力黔南脱贫攻坚……………………………… 259
黔南州国税局国税法治文化园获全省“十佳法治文化阵地”荣誉称号 …………… 259
黔南州司法行政信息化建设现场观摩暨新闻宣传工作会在龙里召开…………………… 259
黔南州律师工作管理暨律师行业开展“两拥护、两忠于、守底线”学习教育动员大会………………………………………………… 259
黔南州举办首期司法行政系统行政执法培训………………………………………………… 259
人民监督员制度改革工作…………………… 260
脱贫攻坚“夏秋大比武” ………………… 260
黔南州委第三巡察组进驻州司法局（都匀强制隔离戒毒所）开展巡查 …………… 260
省司法厅“全省十佳法治阵地”检查考核组到黔南州进行检查考核工作…………… 260
黔南州司法局长座谈会召开………………… 260
黔南州司法局召开党建暨精准扶贫工作推进会………………………………………………… 260
省司法厅赴长顺县调研蔬菜产业产销对接工作………………………………………………… 260
黔南州开展“12·4”国家宪法日系列宣传活动…………………………………………… 260
光荣榜………………………………………… 260
都匀市司法局开展脱贫攻坚“大走访”………………………………………………… 261
瓮安县治安纠纷人民调解委员会正式挂牌成立………………………………………………… 261
贵定县司法局开展“送法进村寨”“双提升”宣传活动进村寨活动……………………… 261
龙里县司法局“五步法”督导脱贫攻坚………………………………………………… 261
惠水县司法局开展“感党恩、重法治、促和谐”道德与法治大型宣讲 …………… 261
长顺县开展“法治县”示范单位创建工作………………………………………………… 261
独山县首家合伙制法律服务所正式挂牌成立………………………………………………… 261
三都县司法局推出了“148”法律援助“3+3”工作模式 ……………………………… 261
平塘县司法局开展中小学生“学宪法讲宪法”主题演讲比赛…………………………… 261
荔波县司法局开展“法治伴我行”摄影投票评比活动…………………………………… 261
罗甸县司法局开展城乡支部脱贫攻坚“七一”

知识竞答活动…………………………… 262
都匀强制隔离戒毒所…………………… 262
概况……………………………………… 262
队伍建设工作…………………………… 262
教育矫治工作…………………………… 263
安全管理工作…………………………… 263
安全生产工作…………………………… 264
各项配套工作…………………………… 265

民族·宗教

民族工作………………………………… 266
概况……………………………………… 266
州领导王芳到州民宗委调研民族宗教工作……………………………………… 267
州委书记龙长春率队到国家民委汇报工作……………………………………… 268
召开创建全国民族团结进步示范州工作推进会……………………………………… 268
召开州第十四届人民政府第一次民族工作联席会议……………………………… 268
州委办州政府办印发《关于创建全国民族团结进步示范州实施方案》 …………… 268
举办创建全国民族团结进步示范州工作培训会……………………………………… 268
云南省文山州到黔南州考察学习州庆活动做法……………………………………… 269
省人大常委会执法检查组到黔南州开展“一法两规定”执法检查 ………………… 269
州委书记唐德智到平塘县调研人口较少民族脱贫攻坚工作……………………… 269
州委常委（扩大）会议学习贯彻第三届全国民族自治州小康经验交流现场会议精神……………………………………… 269
黔南布依族苗族自治州成立61周年座谈会在都匀召开……………………………… 270
创建全国民族团结进步示范州工作调度部署会在都匀召开……………………………… 270
开展对州级单位创建示范州工作互观互检……………………………………… 270
2017年“民体杯”全国独竹漂比赛在都匀市举办……………………………………… 270
开展对县（市）创建工作互观互检 …… 270
创建全国民族团结进步示范州现场观摩会在惠水召开……………………………… 270
黔南州启动民族服饰创意设计大赛工作……………………………………… 271
州十四届人大常委会第四次会议审议全州少数民族特色村镇建设情况…………… 271
省民宗委党组书记石松江到都匀市宣讲中共十九大精神……………………………… 271
省民宗委考核验收组到黔南州考核验收创建全国民族团结进步示范州工作………… 271
宗教事务………………………………… 272
概况……………………………………… 272
国家宗教事务局副局长蒋坚永一行到三都县慰问贫困群众……………………………… 272
黔南州人大组织赴省外考察学习宗教管理工作……………………………………… 272
州政府领导到都匀九龙寺检查指导工作……………………………………… 273
江苏省宗教局及宗教团体到三都县开展扶贫工作……………………………………… 273
开展宗教关系和谐示范区创建工作……… 273
国家宗教事务局中国佛教协会等到都匀西山九龙寺调研……………………………… 273

经济管理与监督

宏观经济管理…………………………… 274
概况……………………………………… 274
抓规划强引领…………………………… 274

抓项目促发展…………………………… 274
突出扶持重点…………………………… 275
健全工作机制…………………………… 275
易地扶贫搬迁…………………………… 275
以工代赈………………………………… 276
资产收益扶贫试点工作………………… 276
扶持人口较少民族发展………………… 276
推进左右江革命老区振兴规划工作……… 276
项目前期工作经费申报………………… 276
独立工矿区项目申报…………………… 276
“贵州生态日”黔南州主题活动 ……… 276
固定资产投资总量不断扩大…………… 277
省州重大工程和重点项目有力推进……… 277
举行重大项目集中开工活动…………… 277
争取预算内资金支持…………………… 277
加大交通投资，夯实交通基础设施……… 277
完善交通路网建设……………………… 277
第三届粤桂黔高铁经济带合作联席会在黔南召开………………………………… 277
推进内陆开放型经济试验区建设………… 278
争取上级资金补助……………………… 278
推动黔南州社会事业发展……………… 278
项目储备工作得到突破………………… 278
抓好就业和服务工作…………………… 278
组织申报全国物流园区示范和贵州省现代物流业省级五类示范………………………… 278
推进大健康医药产业发展……………… 279
国土资源管理……………………………… 279
概况……………………………………… 279
耕地保护………………………………… 279
监管整治………………………………… 279
耕地占补管理…………………………… 280
矿山环境保护…………………………… 280
完善土地总体规划……………………… 280
完善用地机制…………………………… 280
完善土地供应政策……………………… 280
推进建设用地增减挂钩及废弃地复垦…… 280
完善地质灾害防测体系………………… 281
推进土地整治及脱贫…………………… 281
国土资源领域改革……………………… 281
干部队伍建设…………………………… 282
水文水资源管理…………………………… 282
概况……………………………………… 282
防汛抗旱测报…………………………… 282
队伍建设………………………………… 282
技能培训………………………………… 283
党建扶贫………………………………… 283
统　计……………………………………… 283
概况……………………………………… 283
统计管理体制改革……………………… 283
实体经济发展工作测评方案…………… 284
民营经济统计监测体系………………… 284
民族地区创新发展先行示范区统计监测体系……………………………………… 284
都匀经济开发区统计考核指标体系……… 284
基层基础建设…………………………… 284
执法检查………………………………… 284
县级考核………………………………… 284
业务培训………………………………… 284
统计服务………………………………… 284
统计产品数量质量……………………… 284
信息化建设……………………………… 285
统计调查………………………………… 285
审　计……………………………………… 285
概况……………………………………… 285
审计成果………………………………… 285
国家重大政策措施贯彻落实跟踪审计…… 285
财政审计………………………………… 285
经济责任审计…………………………… 286
资源环境审计…………………………… 286
政府投资项目审计……………………… 286
民生资金（项目）审计 ………………… 286
人财物管理改革………………………… 286
驻村帮扶………………………………… 286

质量技术监督…… 286
概况…… 286
品牌建设…… 286
都匀毛尖茶国家地理标志产品保护示范区建设…… 287
质量工作考核…… 287
检验检测中心项目建设…… 287
质量提升工作…… 287
特种设备安全监察…… 287
执法打假…… 287
计量管理…… 288
标准化建设…… 288
行政许可改革…… 288
食品药品监督管理…… 289
概况…… 289
加强领导，落实食品药品监管责任…… 289
整章建制…… 289
强化监管…… 289
多项整治…… 289
创新突破…… 290
示范创建…… 290
协同推进…… 290
指导帮扶…… 290
教育培训…… 291
工商行政管理…… 291
概况…… 291
营商环境…… 291
扶持创业…… 291
监管执法…… 291
消费维权…… 291
脱贫攻坚…… 292
履职能力…… 292
物价管理…… 292
概况…… 292
市场价格监测…… 292
价格收费管理…… 294
价格监督检查…… 295
成本调查…… 296
价格认定…… 296
价调基金…… 296
安全生产监督管理…… 296
概况…… 296
安全生产监管执法…… 296
推进安全生产工作改革创新…… 297
安全宣传教育…… 297
安全监管体制机制建设…… 297
招商引资…… 297
概况…… 299
深圳黔南商会成立大会在深圳市举行…… 299
州集中开工一批重大项目…… 299
黔南州产业转型升级提速，工农旅商贸物流齐头并进…… 300
产业扶贫招商工作推进会召开…… 300
黔南州产业扶贫招商推介会在广州举行…… 300
黔南州产业扶贫招商推介会在深圳举行…… 301
贵州省投资促进局到黔南开展招商项目动态视频制作调研及项目库建设沟通培训…… 301
黔南州参加省组织召开的 2017“贵洽会”省内企业招募工作调度会…… 301
黔南州与贵州省同步举行 2017 年第二批重大项目集中开工仪式…… 301
黔南州招商引资统计业务培训班在都匀举行…… 302
黔南州召开招商引资半年工作运行调度会…… 302
黔南州召开中部片区招商引资工作调研座谈会…… 302
黔南州贵定南（昌明）千万吨国家二级铁路物流基地工程可行性研究报告获中国铁路总公司批复…… 302
黔南州举行黔货出山名特优产品订货会暨现

代物流招商引资推介会………………… 303
黔南州集中开展招商引资项目督查工作
………………………………………………… 303
黔南州举办 2017“贵洽会”州内配对企业培训班……………………………………… 303
黔南州打造贵州快递物流园示范工程…… 304
黔南州参加“2017 贵洽会” …………… 304
黔南州召开工业发展暨招商引资工作大会
………………………………………………… 304
黔南州举办全州招商干部业务培训会暨中共十九大精神专题学习会………………… 304
黔南州投资促进局着力抓好《条例》学习宣传……………………………………… 304
东西部扶贫协作……………………………… 304
广州市协作办赴黔南州政府驻广州办事处调研
………………………………………………… 305
广州市对口帮扶黔南州招商培训会在匀举行
………………………………………………… 306
广州市协作办考察组赴荔波考察对口帮扶项目
………………………………………………… 306
黔南·广州结对共建广州产业园………… 306
广州·黔南对口帮扶座谈会在广州举行
………………………………………………… 306
黔南·广州统一战线对口帮扶座谈会在都匀市举行……………………………………… 307
粤桂黔高铁经济带沿线城市经贸合作圆桌会议在都匀举行…………………………… 307
广东省第三督查组赴黔南州开展东西部扶贫协作专项督查………………………… 307
黔南州开展东西部扶贫协作考核工作培训
………………………………………………… 308
黔南州与广州市签署东西部扶贫协作助推脱贫攻坚合作协议………………………… 308
机构变革……………………………………… 308
黔南州获国务院 2017 年东西部扶贫协作年度考核“好”等次 ………………………… 308

财政·税务

财　政……………………………………… 309
概况………………………………………… 309
财政收入…………………………………… 309
财政支出…………………………………… 309
保障重点支出……………………………… 309
扶贫产业子基金…………………………… 310
降低企业税费负担………………………… 310
深化财政改革……………………………… 310
财政监督管理……………………………… 310
“一事一议”财政奖补政策 …………… 310
党风廉政建设……………………………… 310
黔南州推进投融资体制机制改革暨加强债务管理工作会议在龙里召开……………… 311
全省脱贫攻坚投资基金扶贫产业子基金推进工作现场会在长顺召开………………… 311
国家税务……………………………………… 311
概况………………………………………… 311
国税税收收入规模破百亿………………… 311
营改增后续工作稳步推进………………… 311
纳税服务智能领航………………………… 311
五彩国税亮点纷呈………………………… 311
绩效管理…………………………………… 312
队伍建设…………………………………… 312
专项活动…………………………………… 312
廉政建设…………………………………… 312
地方税务……………………………………… 313
概况………………………………………… 313
依法征税…………………………………… 313
依法治税…………………………………… 313
提升征管效能……………………………… 313
提升服务水平……………………………… 314
人才兴税…………………………………… 314
廉洁从税…………………………………… 315

管理护税…………………………………… 315

金　融

政府金融工作…………………………………… 317
概况…………………………………… 317
金融机构存贷款情况…………………………………… 317
“两学一做”文艺会演　…………………………………… 317
邀请深交所专家来黔调研…………………………………… 317
“政银担”合作签约仪式　…………………………………… 317
开展 PPP 项目融资培训会　…………………………………… 317
省政府发展研究中心来黔调研…………………………………… 318
召开金融机构支持地方经济考核会……… 318
企业挂牌上市培训会…………………………………… 318
党建扶贫…………………………………… 318
建立黔南州金融工作调度会议制度……… 318
签订战略合作协议…………………………………… 318
出台《黔南州政金企合作机制实施方案》…………………………………… 318
出台《推进县县有上市公司的实施意见》…………………………………… 318
政银企对接暨“贵园信贷通”工作座谈会…………………………………… 318
中国银监会黔南监管分局…………………………………… 318
概况…………………………………… 318
服务实体经济…………………………………… 319
风险管控…………………………………… 319
深化改革…………………………………… 319
中国人民银行黔南州中心支行…………………………………… 319
概况…………………………………… 319
金融管理…………………………………… 320
防范金融风险…………………………………… 321
金融服务…………………………………… 321
中国工商银行都匀分行…………………………………… 321
概况…………………………………… 321
信贷工作…………………………………… 322
提升服务质效…………………………………… 322
基础管理…………………………………… 322
夯实文明基础…………………………………… 322
家园建设…………………………………… 323
中国建设银行黔南州分行…………………………………… 323
概况…………………………………… 323
党建工作…………………………………… 323
扶贫工作…………………………………… 323
重要业务…………………………………… 324
队伍建设…………………………………… 324
基础管理…………………………………… 324
中国农业银行黔南分行…………………………………… 324
概况…………………………………… 324
“两户”营销　…………………………………… 324
特色农业产业金融…………………………………… 325
党建工作…………………………………… 325
经营管理…………………………………… 325
优化干部队伍…………………………………… 325
文化建设…………………………………… 325
中国农业发展银行黔南州分行…………………………………… 326
概况…………………………………… 326
信贷支农…………………………………… 326
业务推进…………………………………… 326
从严管党治行…………………………………… 326
党建工作…………………………………… 327
内部改革…………………………………… 327
脱贫攻坚…………………………………… 327
企业文化…………………………………… 327
中国银行都匀分行…………………………………… 328
概况…………………………………… 328
叙做公司授信，拓展国际结算业务……… 328
以存款为重点，推进个人金融业务发展…………………………………… 329
强化战略执行及过程管控，细化会计运营部管理…………………………………… 332
智能化管理…………………………………… 334
实施反洗钱工作方案，开展客户信息治理

………………………………………………… 335
强化内控，防范风险……………………… 336
清收不良贷款，控制不良余额及不良率
………………………………………………… 337
党风廉政建设……………………………… 338
队伍建设…………………………………… 338
企业文化建设……………………………… 339
文明优质服务工作………………………… 339
以党建引领为抓手，增强党的建设……… 340
黔南州农村信用社………………………… 340
概况………………………………………… 340
实体经济服务……………………………… 341
脱贫攻坚　金融扶贫……………………… 341
金融扶贫工作获表彰……………………… 341
普惠金融服务……………………………… 341
开展信用共创……………………………… 341
农商行改制………………………………… 341
企业文化…………………………………… 342
提升农信形象……………………………… 342
人才队伍建设……………………………… 342
业务培训…………………………………… 342
调研工作…………………………………… 342
党团工会建设……………………………… 342
加大金融夜校宣传………………………… 342
金融致富学校……………………………… 342
中国人寿保险股份有限公司黔南分公司…… 343
概况………………………………………… 343
渠道发展…………………………………… 343
标杆公司破历史新高……………………… 343
健康保险…………………………………… 343
风险管控…………………………………… 343
党建工作…………………………………… 343
中国人民财产保险股份有限公司黔南分公司
………………………………………………… 344
概况………………………………………… 344
业务健康发展……………………………… 344
优化服务水平……………………………… 344
服务“三农”……………………………… 344
民生保险…………………………………… 344
提升理赔质量……………………………… 345
党风廉政建设……………………………… 345
太平洋财产保险公司黔南支公司………… 345
概况………………………………………… 345
优化资源配置……………………………… 345
完善考核办法，深化渠道建设…………… 345
调整合理费用……………………………… 346

农　业

综　述…………………………………… 347
概况………………………………………… 347
抓种植业结构调整，稳定粮食产量……… 347
生态畜牧业………………………………… 347
蔬果产业…………………………………… 348
茶叶产业…………………………………… 348
狠抓春季和秋季攻势……………………… 348
政策扶持…………………………………… 348
山地高效农业园区建设…………………… 348
“农业园区”向“农业公园”转型升级
………………………………………………… 349
农业园区升级转型………………………… 349
招商引资…………………………………… 349
农产品加工销售…………………………… 349
农旅融合发展示范点……………………… 349
休闲观光农业……………………………… 349
无公害绿色有机农产品…………………… 349
农业品牌…………………………………… 349
质量安全标准化…………………………… 349
农产品质量监测…………………………… 350
加强监管…………………………………… 350
安全县创建………………………………… 350
动植物疫病防控…………………………… 350
农作物专业化统防统治与绿色防控……… 350

农村土地制度改革…………………………… 350
农村土地承包经营权确权登记颁证……… 350
土地流转……………………………………… 351
安全生产工作………………………………… 351
循环农业……………………………………… 351
农业面源污染防控…………………………… 351
茶产业……………………………………… 351
概况…………………………………………… 351
助推脱贫攻坚………………………………… 351
广告宣传……………………………………… 351
茶事活动……………………………………… 352
州茶叶协会年会召开………………………… 352
春茶质量抽检合格率达100% …………… 352
都匀毛尖被评为“最具品牌传播力品牌” …………………………………………… 352
都匀毛尖茶荣获“华茗杯”特别金奖 … 352
黔南州成功举办第六届“华鑫杯”茶艺大赛 …………………………………………… 352
2017都匀毛尖（国际）茶人会举办 …… 352
都匀毛尖被评为“中国十大茶叶区域公用品牌” …………………………………… 353
黔南州评选出7家星级茶馆……………… 353
全国茶馆等级评审员培训在都匀开班…… 353
2017年都匀毛尖茶实物标准样发布 …… 353
黔南州举办首届“都匀毛尖杯”制茶技能大赛…………………………………… 353
2017丝绸之路·黔茶飘香西安站推介活动 …………………………………………… 353
获得全国星级茶馆首届茶席大赛一等奖 …………………………………………… 354
“多彩贵州·黔茶飘香”茶艺表演 …… 354
茶产业“四个十佳评比”活动 ………… 354
林　业……………………………………… 354
概况…………………………………………… 354
提升造林质量………………………………… 354
做大做强“五大产业” …………………… 354
推进“六个严禁”常态化 ……………… 355
林业改革……………………………………… 355
脱贫攻坚……………………………………… 356
林业生态……………………………………… 356
项目支持……………………………………… 356
党风廉政建设………………………………… 356
国家林业局副局长陈凤学一行到黔南扶贫调研 …………………………………………… 357
森林防火业务能力培训……………………… 357
义务植树活动………………………………… 357
黔南州第六届兰花艺术展都匀文峰广场举行 …………………………………………… 357
林业执法培训………………………………… 357
全州林业工作会议在惠水召开…………… 358
黔南获兰花博览会承办权………………… 358
国家林业局副局长李春良一行到黔南州开展森林防火调研督查……………………… 358
森林防火空地立体巡防网………………… 358
省林业厅厅长黎平一行到黔南罗甸调研 …………………………………………… 358
“黔穗同心·好花更红”贵州省黔南刺梨（广州）专题招商暨推介会在广州举行 …………………………………………… 358
“2017天保记者行”采访宣传团天保记者行采访宣传团到黔南采访………………… 358
全国古树名木资源普查和管护业务培训会在黔南州举办……………………………… 359
“生态大讲堂”开讲 ……………………… 359
独山国有林场获全国森林康养基地试点建设单位………………………………………… 359
福泉蛤蚌河森林公园获批为国家森林公园 …………………………………………… 359
黔南州林业干部业务培训班在北戴河开班 …………………………………………… 359
中国经济林协会刺梨分会落户黔南……… 359
都匀市被国家林业局授予全国森林旅游示范县 …………………………………………… 359

黔南州获得 2020 年第四届中国绿化博览会承办权…… 359
“多彩黔南”建设启动会在瓮安召开 …… 359
全国绿化委员会办公室常务副主任、国家林业局造林司司长赵良平一行到黔南州指导绿博会筹备工作…… 360
贵州省政府副省长刘远坤到黔南州调研指导绿博会筹备工作…… 360
独山县国有林场等获批为省级森林特色小镇建设试点…… 360
黔南州选派学员参加无人机操作技能培训班…… 360
黔南州召开森林公安机关落实独立执法权限工作启动视频会议…… 360
水 务…… 360
概况…… 360
水务投资…… 360
项目建设…… 360
脱贫攻坚…… 361
防汛抗旱…… 361
河长制…… 361
水生态文明…… 361
水务改革…… 361
依法治水…… 362
安全生产…… 362
党建工作…… 362
气 象…… 362
概况…… 362
气候对农业生产的影响…… 364
气象服务…… 364
气象探测业务…… 365
雷电灾害和防雷技术服务…… 365
人工影响天气工作…… 365
科研工作…… 365
先进表彰…… 366

脱贫攻坚

精准扶贫…… 367
概况…… 367
政策体系…… 367
精准识别…… 367
资金监管…… 367
帮扶工作…… 368
队伍建设…… 368
扶贫工作…… 368
水库和生态移民…… 368
概况…… 368
易地扶贫搬迁原项目收尾…… 368
2017 年易地扶贫搬迁项目 …… 369
“五个三”落实情况 …… 369
强化易地扶贫搬迁组织领导…… 369
水库移民…… 370
水库移民后期扶持…… 370
移民资金使用和管理…… 370
移民维稳…… 371
帮扶工作…… 371
征地移民安置工作小组成立…… 372
下放移民安置权限…… 372

工 业

综 述…… 373
概况…… 373
体制改革…… 373
平台建设…… 374
工业经济运行…… 374
概况…… 374
资源采选行业（2000 万元口径） …… 374
农副产品加工（2000 万元口径） …… 374
烟草行业（2000 万元口径） …… 374

煤炭行业（2000 万元口径） …………… 374
冶金行业（2000 万元口径） …………… 374
化工行业（2000 万元口径） …………… 375
电力行业（2000 万元口径） …………… 375
建材行业（2000 万元口径） …………… 375
医药行业（2000 万元口径） …………… 375
机械行业（2000 万元口径） …………… 375
电子信息行业（2000 万元口径） ……… 375
工业投资………………………………… 375
概况………………………………………… 375
规划建设…………………………………… 375
工业质量品牌建设………………………… 376
“千企改造”工程 ……………………… 376
工业园区………………………………… 376
概况………………………………………… 376
园区在全省排位情况……………………… 377
基础设施建设……………………………… 377
招商引资情况……………………………… 377
电　力…………………………………… 377
概况………………………………………… 377
安全生产…………………………………… 377
提质增效…………………………………… 378
改革稳妥推进……………………………… 378
客户服务…………………………………… 378
管理工作…………………………………… 378
电网建设…………………………………… 379
队伍建设…………………………………… 379
党建工作…………………………………… 380
民营经济………………………………… 380
概况………………………………………… 380
星光培训工程……………………………… 380
中小企业对外交流工作…………………… 380
推进大众创业万众创新…………………… 380
产业建设………………………………… 381
概况………………………………………… 381
淘汰落后产能……………………………… 381
大健康医药制造业发展…………………… 381
盐业改革工作……………………………… 381

通　信

大数据战略行动………………………… 382
概况………………………………………… 382
黔南州大数据战略行动三年行动计划…… 383
黔南州大数据发展规划 2016—2020 年 … 383
2017 · 中国国际大数据产业博览会数字经济引领绿色发展百鸟河论坛…………… 383
信息化建设……………………………… 383
概况………………………………………… 383
深化大数据发展管理体制改革…………… 383
大力实施大数据 + 专项行动计划………… 384
大力推进大数据 + 政府治理融会贯通…… 384
大力推动数字经济项目建设……………… 384
大力提升信息基础设施保障能力………… 384
大力推进信息化与工业化深度融合……… 384
2017 年全国企业信息化大会在黔南州惠水县百鸟河数字小镇举办……………… 384
黔南州门户网站信息审核发布管理制度 ……………………………………………… 385
黔南州政府系统门户网站评估结果……… 385
黔南信息基础设施建设三年会战攻坚年 1—12 月推进情况通报………………… 385
大数据产业初具规模……………………… 385
电　信…………………………………… 385
概况………………………………………… 385
党建工作…………………………………… 385
经营情况…………………………………… 386
安全生产…………………………………… 386
基础管理…………………………………… 386
服务创新…………………………………… 386
移动通信………………………………… 387
概况………………………………………… 387
网络基础建设……………………………… 387

提速降费…………………………………… 387
打造区域医疗信息化瓮安模式…………… 388
创新提升服务品质………………………… 388
从严治党向基层延伸……………………… 388
安全风险防范……………………………… 388
企业社会责任……………………………… 389
联通通信………………………………… 389
概况………………………………………… 389
企业经营…………………………………… 389
党建工作…………………………………… 389
市场经营…………………………………… 389
保障能力…………………………………… 390
客户服务…………………………………… 390
基础管理…………………………………… 390
社会责任…………………………………… 390

城乡建设·环境保护

城乡建设和规划………………………… 391
概况………………………………………… 391
城乡规划…………………………………… 391
新型城镇化………………………………… 391
脱贫攻坚…………………………………… 392
城镇建设…………………………………… 392
住房保障…………………………………… 392
房地产业…………………………………… 393
建筑业……………………………………… 393
“5 个 20” 工程 ………………………… 393
改善农村人居环境………………………… 393
城市管理…………………………………… 394
遗产地和风景名胜区管理………………… 394
工程代建项目……………………………… 394
环境保护………………………………… 395
概况………………………………………… 395
环境质量…………………………………… 395
配合完成督察任务………………………… 395
水污染治理………………………………… 395
大气污染治理……………………………… 395
土壤污染治理……………………………… 395
服务科学发展……………………………… 395
打击环境违法行为………………………… 396
污染防治…………………………………… 396

交通运输·邮政

铁路……………………………………… 397
概况………………………………………… 397
前期工作…………………………………… 397
在建项目…………………………………… 397
建设协调…………………………………… 397
拟建铁路项目……………………………… 397
建议得到州领导重视……………………… 398
公　路…………………………………… 398
概况………………………………………… 398
交通基础设施建设………………………… 398
公路管养…………………………………… 398
道路运输及管理…………………………… 399
安全生产…………………………………… 399
党风廉政建设……………………………… 399
民用航空………………………………… 400
概况………………………………………… 400
贯彻落实民航事业的方针政策…………… 400
州通用机场布局规划获得批复…………… 400
持续推动全州机场建设…………………… 400
积极推进安全监管工作…………………… 401
荔波机场年旅客吞吐量首次突破 10 万大关
…………………………………………… 401
开展脱贫攻坚活动………………………… 401
邮　政…………………………………… 401
概况………………………………………… 401
完善基础设施……………………………… 401
行业安全监管……………………………… 402

扶贫攻坚…… 402
行业宣传…… 403
党风廉政建设…… 403
转变行政职能…… 404
交流学习…… 404

商　贸

商务·粮食…… 405
概况…… 405
提升内贸流通现代化发展水平…… 405
创新“电商+精准扶贫”模式…… 405
优化外贸发展方式…… 406
大招商、招大商…… 406
开发区转型升级…… 406
第四届中国物流（都匀）国际峰会暨商贸物流博览会在都匀举办…… 406
黔南在2017博鳌国际物流论坛获多项大奖…… 407
粮食工作…… 407
党建工作…… 407
盐　业…… 407
概况…… 407
党务工作…… 408
销售工作…… 408
内部基础管理…… 408
盐政工作…… 408
安全工作…… 408
供销合作社…… 409
概况…… 409
为农服务组织体系进一步健全…… 409
州委同意理事会监事会成立方案…… 409
“三位一体”新型基层社建设方案…… 409
组建州供销合作实业（集团）有限公司…… 410
州农业生产资料公司完成重组…… 410
社员股金服务业务…… 410
《州供销社、州财政局关于申请落实黔南州供销社地方政策性财务挂账解决办法的请示》…… 410
启动州供销社“三位一体”电商扶贫综合服务中心项目…… 411
州农民合作经济组织联合会代表大会…… 411
州供销合作社被增选为贵州省烟花爆竹流通协会副会长单位…… 411
全省农民合作经济组织联合会第二片区会…… 411
“黔南供销”唱响好声音…… 411
云南省供销社到黔南考察调研…… 411
省供销社在黔南启动综合改革专项试点工作…… 411
中国石化贵州黔南石油分公司…… 413
概况…… 413
成品油市场…… 413
非油品业务…… 413
HSE管理…… 413
油品质量管理…… 414
党建工作…… 414
深入学习“十九大”…… 414
人才队伍建设…… 414
“三个平台”建设…… 415
中国石油天然气股份有限公司贵州黔南销售分公司…… 415
概况…… 415
主要经营指标…… 415
市场营销…… 415
非油品销售…… 415
损耗管理…… 415
投资建设…… 416
HSE体系建设…… 416
财务管理…… 416
队伍建设…… 416
基层组织建设…… 416

烟 草…………………………………………… 417
概况………………………………………………… 417
党建工作…………………………………………… 417
烟叶工作…………………………………………… 417
卷烟营销…………………………………………… 418
专卖管理…………………………………………… 418
企业改革…………………………………………… 418

教 育

综 述…………………………………………… 420
概况………………………………………………… 420
全州教育系统固定资产投资……………………… 420
农村寄宿制学校扩容建设项目…………………… 420
乡村教师支持计划………………………………… 420
教育扶贫…………………………………………… 421
生活补助及社会资助……………………………… 421
爱心人士捐赠……………………………………… 421
教育科研…………………………………………… 421
教学模式构建……………………………………… 421
省级乡村名师工作室……………………………… 421
教育督导…………………………………………… 421
国家义务教育质量及小康教育指标监测
………………………………………………… 421
学校安全知识宣传教育…………………………… 421
素质教育…………………………………………… 422
贵州省2017年青少年足球锦标赛在黔南州瓮
安县举行………………………………………… 422
荣誉榜……………………………………………… 422
全国小学体育活力校园优秀案例征集评选
………………………………………………… 422
学前教育…………………………………………… 422
概况………………………………………………… 422
学前教育通过省、州评估………………………… 422
城乡公办幼儿园新扩建任务完成………………… 422
异地扶贫配套解决幼儿园问题…………………… 422
省级中小学幼儿园优质课比赛落户黔南
………………………………………………… 422
基础教育…………………………………………… 422
概况………………………………………………… 422
国家教育部基础教育司领导调研都匀四小
………………………………………………… 423
义务教育科学布局调整…………………………… 423
全州普及十五年教育目标基本实现……………… 423
普通高中…………………………………………… 423
概况………………………………………………… 423
高考状元花落黔南………………………………… 423
高考成绩连续四年稳居全省第一方阵…………… 423
都匀一中新校区搬迁启用………………………… 423
省级高中学生综合评价试点落户福泉…………… 423
都匀二中划归市管………………………………… 423
中职教育…………………………………………… 424
概况………………………………………………… 424
荔波、罗甸中职教育因地制宜创特色…………… 424
中职教育三年行动计划出台……………………… 424
高等教育…………………………………………… 424
概况………………………………………………… 424
高校师生双语解读中共十九大精神……………… 424
“校农结合”帮扶工作新模式 ………………… 424
实施营养改善计划………………………………… 424
签订农副产品收购协议…………………………… 424
教师队伍建设……………………………………… 424
概况………………………………………………… 424
民汉双语骨干教师培训…………………………… 425
国家公派出国培训………………………………… 425
教育厅委派外教入驻黔南………………………… 425
学校干部、教师赴广州培训……………………… 425
广州教师赴黔南挂职、培训……………………… 425
省级乡村名师培养………………………………… 425
“三区”和“三山”支教计划 ………………… 425
国家首批中小学正高级教师评聘………………… 425
招生·考试………………………………………… 425
概况………………………………………………… 425

中考超额完成招生任务…………………… 426
高考二本上线率上升…………………… 426

科学技术

科技工作…………………………………… 433
概况……………………………………… 433
高新技术产业发展……………………… 433
农业科技………………………………… 434
社会发展科技…………………………… 434
知识产权………………………………… 434
综合执法………………………………… 434
科技体制改革…………………………… 434
科技成果及人才………………………… 434
科技宣传………………………………… 435
科技情报………………………………… 435
科技合作与交流………………………… 435
防震减灾………………………………… 435
科普活动…………………………………… 436
概况……………………………………… 436
科普宣传………………………………… 436
科普项目申报…………………………… 436
开展学术活动…………………………… 436
青少年科技教育………………………… 436
服务创新驱动…………………………… 436
表彰申报………………………………… 436
组织开展“百万公众网络学习”工程活动 ……………………………………… 437
推动科协系统深化改革………………… 437
“黔南州公民科学素质业务能力提升班”在上海科技管理干部学院举办…………… 437

文　化　文学艺术

文化交流…………………………………… 438
概况……………………………………… 438
公共文化服务…………………………… 438
文艺创作………………………………… 438
文化对外交流…………………………… 439
文物保护管理…………………………… 439
非物质文化遗产保护…………………… 439
文化产业………………………………… 439
文化市场综合执法……………………… 440
文学艺术…………………………………… 440
概况……………………………………… 440
学习贯彻中共十九大精神……………… 440
扶贫攻坚………………………………… 440
文艺队伍建设…………………………… 441
文艺创作………………………………… 441
采风交流活动…………………………… 441
群众性文艺活动………………………… 442
小说、散文……………………………… 442
诗词楹联………………………………… 442
戏剧曲艺影视…………………………… 443
书法……………………………………… 443
美术……………………………………… 443
摄影……………………………………… 443
音乐……………………………………… 444
舞蹈……………………………………… 444
民间文艺………………………………… 444
报纸………………………………………… 445
概况……………………………………… 445
创新宣传形式…………………………… 445
文化产业新业态………………………… 445
采编队伍建设…………………………… 445
星级党支部创建………………………… 445
脱贫攻坚………………………………… 446
进社区和微心愿活动…………………… 446
党员活动………………………………… 446
新闻出版和广播电影电视………………… 446
概况……………………………………… 446
新闻出版版权…………………………… 446
扫黄打非………………………………… 447

广播电影电视事业…… 447
广播电视宣传评奖…… 447

卫生·体育

卫生和计划生育…… 448
概况…… 448
医药卫生体制改革…… 448
新型农村合作医疗…… 448
医政管理…… 449
疾病预防控制和公共卫生应急…… 449
公共卫生服务管理…… 449
妇幼卫生工作…… 449
卫生计生监督执法…… 449
卫生基础建设…… 449
计生基层基础工作…… 450
宣传教育…… 450
计生协会工作…… 450
黔南州红十字会…… 450
概　况…… 450
黔南州红十字会第四届理事会第二次会议召开…… 450
基层组织建设…… 450
应急救援…… 450
人道救助…… 451
应急救护…… 451
无偿献血和捐献造血干细胞…… 451
捐献人体器官与细胞组织工作…… 451
项目工作…… 451
款物募集…… 451
对外联络工作…… 452
扶贫日捐款…… 452
人体器官捐献缅怀纪念园…… 452
体　育…… 452
概况…… 452
黔南州第五届运动会…… 452
群众体育…… 452
竞技体育…… 453
品牌赛事…… 453
体育产业…… 453
党建与反腐倡廉…… 453
全国性比赛…… 453
黔南州荔波县“绿鞋行动”新闻发布会在京举行…… 454

社会生活

人力资源和社会保障…… 455
概况…… 455
就业创业…… 455
就业扶贫…… 455
社会保障…… 455
人事人才…… 456
劳动关系…… 456
自身建设…… 456
建议提案办理…… 456
老龄工作…… 456
概况…… 456
居家养老…… 456
农村幸福院…… 456
老年协会…… 457
“敬老月”活动…… 457
编制《黔南州老龄事业发展“十三五”规划》…… 457
州第二届“孝老爱亲”民族山歌大赛…… 457
高龄补贴…… 457
参加贵州省第五届“福彩杯”老年文化艺术节…… 457
住房公积金管理…… 457
概况…… 457
归集指标…… 457
提取指标…… 457

住房贷款……458
增值收益……458
制度扩面……458
逾期率……458
制度改革成果及措施……458
信息化建设……458
形象建设……458
脱贫攻坚……459
“两学一做”……459
党风廉政……459
旅　游……459
概况……459
景区提质升级……459
旅游品牌创建……460
旅游营销……460
旅游行业监管……461
旅游扶贫……461
州十一届旅发大会……461
旅游经济……461

县市概况

都匀市……462
概况……462
都匀市被评为“2016 创新中国·绿色发展优秀城市”……463
“一带一路”茶叶产销合作洽谈会在都匀市举行……463
都匀毛尖茶获中国特色旅游商品大赛金奖……464
都匀市被国家林业局授予“全国森林旅游示范市县”荣誉称号……464
贵州省政法综治工作现场观摩会在都匀市召开……464
福泉市……464
概况……464
福泉供排水有限责任总公司成功挂牌前海股权交易中心“新四板”……465
贵州省综合行政执法体制改革现场推进会在福泉市召开……465
贵州川恒化工股份有限公司成功上市……466
福泉市被民政部纳入“全国殡葬综合改革试点地区（单位）”……466
福泉市牛场镇被民政部授予“全国农村幸福社区建设示范单位”荣誉称号……466
瓮安县……466
概况……466
脱贫攻坚成效显著……466
产业结构优化升级……466
人居环境进一步改善……467
基础设施建设加快……467
绿色生态质量提高……468
社会事业统筹发展……468
改革创新成效明显……468
贵定县……469
概况……469
贵定县“6334”工作法打好脱贫攻坚“组合拳”……471
贵定县脱贫攻坚“6334”行动全面铺开……472
贵定县公安局荣获“全国优秀公安局”称号……472
贵定县沿山镇星溪村荣获“全国文明村镇”称号……472
国家AAA级旅游景区成功落地云雾镇……472
贵定县旅游产品打造提质升级……472
龙里县……473
概况……473
人口、民族、宗教……473
发展优势……473
主要指标完成情况……473
发展壮大实体经济……474
推进项目建设……474

建设十大民生工程 …… 475
保障和改善民生 …… 475
贵阳至黄平高速公路开工 …… 475
中国山地自行车公开赛 …… 475
国家卫生县城 …… 475
决战决胜脱贫攻坚 …… 475
龙里贵州快递物流园 …… 475
企业优化升级 …… 476
重大项目 …… 476
惠水县 …… 476
概况 …… 476
中国国际大数据产业博览会数字经济引领绿色发展论坛在百鸟河数字小镇举行 …… 478
第五届好花红艺术节暨端午节系列文化旅游活动举行 …… 478
贵惠大道惠水至花溪段建成通车 …… 478
投资5亿的中药饮片加工项目落户惠水 …… 479
2017年全国企业信息化大会在惠水举行 …… 479
省人民政府对惠水进行“普十五”及“两项督导”验收 …… 479
长顺县 …… 479
概况 …… 479
长顺县第四中学建成投入使用 …… 481
长顺县中医院暨罗湖妇幼保健院建成投入使用 …… 482
长顺体育馆竣工投入使用 …… 482
长顺县入选首批国家“农村产业融合发展示范园”创建名单 …… 482
省委副书记、代省长谌贻琴到长顺县宣讲中共十九大精神 …… 482
长顺县白云山镇成功创建“国家卫生乡镇” …… 482
独山县 …… 483
概况 …… 483
地质资源 …… 483
矿藏 …… 483
人口 …… 483
土地资源 …… 483
主要农产品 …… 483
气候 …… 483
动植物 …… 484
国民经济 …… 484
脱贫攻坚 …… 484
实体经济壮大 …… 484
城镇魅力增强 …… 485
文化旅游 …… 485
交通 …… 485
教育 …… 486
改革创新 …… 486
招商引资 …… 486
民生、幸福指数提高 …… 487
作风建设 …… 487
三都水族自治县 …… 487
概况 …… 487
规模工业经济 …… 487
工业固定资产投资 …… 488
农业经济 …… 488
畜牧 …… 488
旅游开发 …… 488
旅游经济运行 …… 488
城镇建设 …… 488
安居工程 …… 488
生态环境建设 …… 488
交通建设 …… 489
电力基础设施建设 …… 489
电信基础设施建设 …… 489
移动网络建设与覆盖 …… 489
脱贫攻坚 …… 489
殡葬改革 …… 489
教育 …… 490
卫生计生 …… 490
社会保障与救助 …… 490

文化体育……………………………… 490
荔波县……………………………… 490
概况……………………………… 490
脱贫攻坚……………………………… 490
旅游业……………………………… 491
绿色工业……………………………… 491
生态农业……………………………… 491
城乡建设……………………………… 492
基础设施建设……………………………… 492
生态环境保护……………………………… 492
智慧体系建设……………………………… 493
全面深化改革……………………………… 493
项目建设……………………………… 493
金融服务……………………………… 493
社会事业……………………………… 493
文体活动……………………………… 494
景区提质扩容工程……………………………… 494
荔波县启动“施政面对面”电视问政活动……………………………… 495
荔波举行邓恩铭故居陈列馆改陈布展开放仪式系列活动……………………………… 495
黔南州 2017 年第一次项目建设现场观摩会走进荔波……………………………… 495
荔波白茶荣获黔南州第四届都匀毛尖杯斗茶大赛白茶类金奖……………………………… 495
全国水生生物自然保护区管理培训班在荔波举办……………………………… 496
全省早熟马铃薯机播现场会在荔波召开……………………………… 496
国家财政部到荔波调研财政扶贫资金使用情况……………………………… 496
国家体育总局、国家民委调研组一行赴荔波考察……………………………… 496
中国·荔波“2017 瑶族文化国际交流大会”在荔波举行……………………………… 497
2017 第二届中国荔波国际儿童动漫节在荔波举行……………………………… 497
茂兰山谷国际音乐节在荔波举行……………………………… 497
黔南州第五届运动会在荔波举行……………………………… 497
2017 年“中国旅游日”贵州省分会场活动暨全球绿鞋行动启动仪式于荔波举行……………………………… 498
荔波国际跳绳公开赛暨全国跳绳联赛分站赛在荔波举行……………………………… 498
“民体杯”全国陀螺大赛在荔波县举行……………………………… 498
贵州省第十六届冬泳锦标赛在荔波举行……………………………… 498
中国·荔波首届月亮山徒步露营节在荔波举办……………………………… 498
中国·荔波第八届斗牛文化节暨首届国际斗牛邀请赛成功举办……………………………… 499
平塘县……………………………… 499
概况……………………………… 499
脱贫攻坚……………………………… 499
产业发展……………………………… 499
城镇建设……………………………… 500
项目投资……………………………… 500
生态工程……………………………… 500
民生工程……………………………… 500
贵州省第十二届旅游产业发展大会在平塘县召开……………………………… 500
罗甸县……………………………… 500
概况……………………………… 500
罗甸县建强电商经济助力脱贫攻坚……………………………… 503
罗甸县全力推进大数据与实体经济深度融合……………………………… 503
罗甸县投入 3000 万元打造麻怀同步小康示范样板村……………………………… 503
都匀经济开发区……………………………… 504
概况……………………………… 504
体制机制改革……………………………… 504
影视文化旅游产业……………………………… 504
农村土地改革……………………………… 504
精准扶贫……………………………… 505

社会民生…………………………………… 505
对外开放…………………………………… 505
深化改革…………………………………… 505
对口帮扶…………………………………… 505

附　录

黔南布依族苗族自治州 2017 年国民经济和社会发展计划执行情况与 2018 年国民经济和社会发展计划草案的报告………………………………… 506
黔南布依族苗族自治州 2017 年全州和州本级预算执行情况与 2018 年全州和州本级预算草案的报告(草案)………………………………… 513
黔南州 2017 年国民经济和社会发展统计公报黔南州统计局………………………………… 518
名　录………………………………… 527
中共黔南州委员会………………………… 527
中共黔南州委工作机构…………………… 527
州委部门管理机构………………………… 528
州委直属事业单位………………………… 529
中共黔南州纪律检查委员会……………… 529
黔南州第十四届人民代表大会常务委员会………………………………… 529
州人大常委会工作机构…………………… 529
州人大专门委员会………………………… 530
黔南州人民政府…………………………… 530
州政府工作部门…………………………… 530
州政府驻外机构…………………………… 536
州政府直属事业单位……………………… 536
州政府其他机构…………………………… 537
州政府其他事业单位……………………… 537
中央、省驻匀单位………………………… 537
政协黔南州第十二届委员会……………… 540
州政协工作机构…………………………… 540
州政协专门委员会………………………… 541
民主党派与工商联………………………… 541
人民团体…………………………………… 541
法院、检察院……………………………… 542
驻黔南部队………………………………… 543
大中专院校、医院及县级事业单位……… 543
州管国有企业……………………………… 544
都匀市……………………………………… 545
福泉市……………………………………… 546
瓮安县……………………………………… 546
贵定县……………………………………… 547
龙里县……………………………………… 547
惠水县……………………………………… 548
长顺县……………………………………… 548
独山县……………………………………… 549
三都水族自治县…………………………… 550
荔波县……………………………………… 550
平塘县……………………………………… 551
罗甸县……………………………………… 552
都匀经济开发区…………………………… 552

索　引

A ~ Z ………………………………… 553－572

·特　载·

TE ZAI

以打造民族地区创新发展先行示范区为引领 奋力推动全州经济社会持续快速健康发展

——在中共黔南州委十一届三次全会上的讲话

中共黔南州委书记　唐德智

（2017 年 7 月 19 日）

这次会议的主要任务是，全面贯彻党的十八大和十八届三中、四中、五中、六中全会精神，深入贯彻习近平总书记系列重要讲话和对贵州工作的重要批示要求，认真落实省第十二次党代会、全省领导干部会议和州第十一次党代会精神，安排部署今年下半年和今后一个时期全州工作，进一步认清形势、坚定信心、改革创新、克难奋进，以加快打造民族地区创新发展先行示范区为引领，尽快把省第十二次党代会和州第十一次党代会绘就的美好蓝图镌刻在黔南大地，以优异的成绩迎接党的十九大胜利召开。

下面，受州委常委会委托，讲几点意见。

一、肯定成绩、正视差距，进一步增强加快黔南发展的紧迫感和危机感

近年来特别是“十二五”时期，面对经济发展新常态，我们以“守底线、走新路、奔小康”为总纲，以“强创新、占高地、作示范”为主题，认真践行五大新发展理念，深入实施主基调主战略，全力以赴推动经济持续健康较快发展，大力加强以交通水利为重点的基础设施建设，加快推动山地特色新型城镇化进程，全面深化改革开放创新，着力推进文化大发展大繁荣，积极回应人民对美好生活的向往，奋力擦亮“生态之州·幸福黔南”品牌，经济实力明显增强，全州经济总量在全国 30 个民族自治州中提升了 5 位，经济发

展综合测评连续四年位居全省第一方阵，实现了赶超进位的目标和初步的跨越，积累了宝贵的发展经验。取得的成绩、积累的宝贵经验，鼓舞了士气，激励了人心，增强了全州干部群众的自豪感。但是我们也要看到，这样的自豪感基础还很脆弱，特别是通过横向比，我们和省内部分市州、和全国一些民族自治州仍有较大差距。要通过横向比提高我们的站位，激发我们的思想，转变我们的观念。首先比速度，我州 GDP 增速在全省、全国 30 个自治州中均处于第 3 位，但黔东南、黔西南分别高出黔南近 1 个百分点。其次比总量，我州 GDP 总量在全省、全国 30 个自治州中均处于第 5 位，但在全国 30 个自治州中相差第一位的伊犁 538 亿元，在省内只有贵阳的三分之一，黔东南仅少我州 84 亿元。第三比结构，我州二产占比均低于全省、全国 30 个自治州中总量靠前的市州。第四比人均，我州人均 GDP 在全国 30 个自治州中排第 12 位，在全省排第 5 位，比全省低 1691 元，还不及贵阳市的一半。第五比特色，我州农业比不过遵义，重工业比不过六盘水，轻工业比不过遵义，新兴产业培育更不及贵阳、贵安。特别是到去年底，全州贫困发生率高达 12.71%，比全省高 2.11 个百分点，贫困面大、贫困程度深仍然是黔南的基本州情。

今年上半年，我州认真贯彻落实省委、省政府的经济工作部署，全州 GDP 增长 12.2%，大多数指标实现时间过半、进度过半，经济运行总体比较平稳，增比进位可望保持靠前的位次，特别是针对精准脱贫、生态环保督察、国家对地方政府性债务管理规范等新情况、新要求，全州各级各部门有针对性地采取行之有效的办法措施，解决了一批实际问题，增添了全州上下继续保持经济快速增长的信心。但是，这样的信心、底气还不过硬，当前全州经济可谓不进则退，正处在关键节点上。比如，从农业产业看，投入不足，基础设施薄弱，园区发展不平衡，优强龙头企业较少，产销组织带动能力不强，农产品加工率与贵阳、遵义的差距大，产业体系不健全，实施绿色农产品“泉涌”工程的底气还不足。从工业经济看，有些工业园区“空心化”现象突出，园区国有资产闲置情况严重。工业门类主要以资源采选和加工为主，整体处于产业链的中低端，水泥、磷肥、铁合金、火电等存在不同程度的产能过剩，煤炭企业生产困难重重，电煤保供较差。工业主营业务成本同比上升近两成，直接拖累工业经济增长。部分企业发展信心不足，政府激励办法不多，造成“千企改造”工程进度缓慢。工业投资占固定资产投资比例低，不足 20%，多数项目由于建设手续不完善无法贷款和融资，项目投资进度缓慢，有些项目甚至停建、缓建。从建筑业看，全州有资质的建筑企业不足 80 家，其中一级资质建筑仅 2 家，大多数外来建筑企业产值不在我州统计，建筑业对经济增长统计贡献率较低。房地产投资增速下降、存量增大，销售放缓，保障性住房建设推进缓慢。从服务业看，全州非营利性服务业占比较大，批发业产值一直处于全省挂末，加之互联网、软件和信息技术服务业限上企业极少、且有 5 个县为零；旅游人数、旅游收入量大数虚，“过路”游客多、“入住”“购买”游客少，旅游拉动作用明显不足。从固定资产投资看，谋划、储备、推进项目的创新性不足，重大项目、产业项目、扶贫项目相对偏少；部分县市热衷融资、轻视争资建设基础设施，投资效益低、可持续性差；工业投资、房地产投资和民间投资支撑弱、增速慢；国家金融政策收紧、监管趋严后，PPP 模式、债券投资推广较慢，项目筹资保障受限、融资成本增加、债务风险显现，面临着存量债务化解、新增融资保障和投资风险防控的三重压力。

去年 5 月，省委提出黔南要奋力打造民族地区创新发展先行示范区，为我们的发展定了位、提出了目标，也指出了路径和方法。州第十一次党代会按照省委要求，绘就了黔南同步小康、后发赶超的新蓝图，开启了黔南改革发展的新征程，但这样的征程需要一茬接着一茬干。因此，回顾这半年多的工作，我们不仅要看制约当前经济运行的矛盾和问题，更要深入地对标州第十一次党代会的部署，深入查摆“3366”发展战略推进情况，精准找出存在的突出问题，在战术上打好歼灭战，在战略上打好持久战。从坚持三个优先看，在发展优先方面：我州GDP实际增速与预期增速有1.5个百分点的差距，其原因固然是多方面的，但也与没有拿出“跳起来摘桃子”的精神和行动有关，也与没有把支撑增长的各项工作指标任务细化落实到各地各部门有关。在生态优先方面：州、县两级充分认识到生态文明建设的重要性，但生态修复力度不大、环境综合治理不及时、绿色发展推进力度不大等问题普遍存在，省污染治理“双十”工程我州“榜上有名”。在民生优先方面：脱贫攻坚第一民生工程短板突出，城乡基本公共设施和基本公共服务供给不平衡、历史欠账较多的局面还没有根本改善。从实施三大战略看，在工业强州战略方面：州级抓工业的推进载体、调度机制不配套，产业结构总体偏重，产业链偏中低端，产业投资占比低，拉动能力强的大企业、大项目偏少，科技创新能力偏弱；部分县市抓工业的信心不足、措施不过硬。在城镇化带动战略方面：城乡统筹改革步伐较慢，路网结构、配套设施、商圈布局、城市管理等方面还存在诸多差距，把都匀建成都市的路径研究不深。在“一圈两翼”战略方面：推动“一圈两翼”战略的政策设计不配套，一圈不强、两翼不硬的格局仍未根本改变。从六大战略行动看，在大扶贫战略行动方面：“精准”要求落实不到位，“两率一度”不高，产业扶贫层级偏低，“五个三”后扶模式落实不平衡，部分贫困群众内生动力不强。在大数据战略行动方面：大数据高端团队、领军型人才和企业严重缺乏，大数据平台建设滞后，“信息孤岛”现象普遍，“互联网+”推广成效不明显，推进大数据信心不够、力度不强。在大健康战略行动方面：大健康产业顶层设计缺失，大健康项目偏少，龙头企业支撑不足，大健康示范项目不多。在大物流战略行动方面：物流平台布局不够科学合理，传统物流企业小、弱、散，缺乏大型龙头企业的有力带动，互联网+运输模式依然滞后。在大旅游战略行动方面：旅游发展“各自为政”“粘贴复制”的局面没有根本改变，旅游发展要素供给不足，旅游产品质量不高，没有跟上大众旅游时代步伐，把黔南打造成重要旅游目的地至今没有破题。在大文化战略行动方面：全州文化基础设施仍是短板，公共文化供给明显不足，文化创意产业效果不佳，文化与旅游融合不深。从六大提升工程看，在农业“185”提升工程方面：产业结构不优、生产规模小，质量监管不到位，精深加工弱，营销网络不畅，市场占有率低。在改革开放提升工程方面：“四梁八柱”改革事项不多，经济体制改革的牵引作用发挥不足，区域合作实质性成果不多，营商环境有待改善，招商引资真金白银优惠政策不多、落实不到位，引进项目开工推进不快，“纸上项目”“圈地项目”大量存在。在创业创新提升工程方面：R&D经费投入不足，综合科技进步水平指数较低，“大众创业、万众创新”行动计划不实，双创示范基地、创业孵化平台不多。在基础设施提升工程方面：“外优内劣”和“最后一公里”问题仍然突出，工程性缺水问题尚未根本解决。

省委为黔南提出的奋力打造民族地区创新发展先行示范区是一个高定位一个高目标，黔南的工作就必须体现高标准高要求，需要通过我们持续不断艰苦奋斗、努力奋斗和不懈奋斗，把全新的、具有民族特色、创新引领、发展先行的新型示范区在黔南大地上一笔一笔、真实具体地描绘出来。所以，一方面，我们要始终保持紧迫感和危机感，不忘初心，讲政治、守纪律、懂规矩，牢固树立“四个意识”，自觉在思想上政治上行动上同以习近平同志为核心的党中央保持高度一致，统筹推进“五位一体”总体布局，协调推进“四个全面”战略布局，坚决贯彻落实省委的决策部署，坚守两条底线不动摇，坚持目标导向和问题导向相统一，确保黔南发展行稳致远。另一方面，我们更要始终站在时代潮头，真抓实干，争做赶超跨越的担当者，敢闯敢试，争做创新引领的探路者，敢拼敢抢，争做先行举措的执行者，担当作为，研究问题，破解难题，把黔南发展的问题解决得更快一些、更好一些，让黔南发展大业在我们手上熠熠生辉，使黔南做法成为蓝本。

二、突出重点、破解难题，全力推动全年经济保持持续快速增长

下半年的经济工作，总的是要按照稳中求进的总基调和省委、省政府的部署要求作好安排，具体如何破解当前经济运行中的矛盾和困难，确保下半年经济保持良好运行态势，争取完成全年目标任务的问题，下午胜华同志还要专门安排部署，我重点就一些事关全局的重点行业领域讲一些意见。

第一，要以问题为导向，更加精准地推动脱贫攻坚。脱贫攻坚是我州2020年实现同步全面小康“短板中的短板”，也是必须完成的底线任务。要把脱贫攻坚作为“十三五”期间头等大事和第一民生工程，以脱贫攻坚统揽经济社会发展全局，以脱贫攻坚“大比武”为舞台，着力推进全州脱贫攻坚工作有效开展，把年初确定的任务全面完成好。要突出解决两率一度不高的问题，深入开展建档立卡“回头看”，逐村逐户再核查再认定，强化动态管理，建立健全帮扶举措、帮扶投入决策群众参与机制和脱贫退出机制，确保达到考评的要求。要突出解决资金闲置、综合利用率不高的问题，做好项目前期工作，编好项目，尤其要编好产业扶贫项目，建好项目库，决不允许让“资金等项目”。要研究出台扶贫资金和涉农资金整合管理办法，让有限的资金发挥更大的作用，原则上各类涉农资金按不低于70%的比例用于产业扶贫，并将扶贫资金及涉农资金的60%折股量化到村到户到个人。大力推广“龙头企业+合作社+贫困户”利益联结机制，让贫困户享受产业发展红利。要突出解决深度贫困地区的问题，把深度贫困地区作为脱贫攻坚重中之重、坚中之坚，充分发挥政府这只“看得见手”的作用，强力推进“1+2+15”深度贫困县、极贫乡镇和一类贫困乡镇脱贫攻坚，在资金、项目、人员方面增加力度，高强度、超常规、快节奏的重点解决好深度贫困地区公共服务、基础设施以及基本医疗保障问题。对“一方水土养不起一方人”，要以“县城为主集中安置”为原则，大力推广“五个三”后扶模式，加大力度推进易地搬迁扶贫。要突出解决新结对帮扶的问题，按照“突出重点帮扶、体现改革创新、项目化事项化安排、清单化推进、确保件件有落实”的要求，编制实施对口帮扶三年行动方案。重点推进惠水百鸟河数字小镇与越秀区文创园，广州凯德控股有限公司与都匀经济开发区合作共建黔南·广州产业园的结对帮扶。要突出解决帮扶责任不够压实、管理不够精准的问题，严格按照“五主五包”责任制，列出实施扶贫责任清单，做到不漏一人、不缺一项，照单督查，对单考核。尤其要善于运用大数据等技术手段，大力推广独山“大数据+扶贫”工作模式和龙里脱贫伴侣APP经验，实现对脱贫攻坚工作的实时指挥调度和管理监督。

第二，要以龙头为抓手，更加务实地推动绿色农产品“泉涌”。山地特色高效农业是我省农业发展的方向，绿色农产品“泉涌”是我省农业发展成效的检验。各级各部门要以市场需求为导向，以资源禀赋为基础，把黔南绿色农产品抓实、见效、叫响。要突出解决产业结构不优、生产规模小的问题。重点发展茶、蔬菜、精品水果、刺梨、生态畜牧、特色食粮、中药材等拳头产业，培育一批绿色优质农产品生产重点县、专业乡村和种植基地，建成一批农业观光休闲、科普教育、休闲娱乐、生产流通于一体的都市型生态农业园区。2017年打造州级以上农业园区25个以上，其中省级以上农业园区5个以上。要突出解决质量监管不到位、精深加工弱的问题。构建农产品质量安全监管全程可追溯信息体系，狠抓“三品一标”认证和品牌建设，每个主推产业扶持3至5家有创新能力、有发展潜力的龙头企业，培育农业企业集团，发展精深加工。要突出解决营销网络不畅、黔货出山难的问题。加快电子商务建设，在都匀、独山、福泉、龙里、贵定等县（市）建成农产品批发交易、仓储配送和冷链与快递物流于一体的农产品物流园。培育年销售额500万元以上农村电子商务企业30家，建成贵农网县级运营服务中心12个、村级站点700个。

第三，要以服务为切入点，更加有效地推动工业和实体经济发力。工业和实体经济是经济持

续健康快速发展的源动力，是现代化的必由之路。要突出解决对工业和实体经济重视不够、办法不多的问题。从政策和制度上作出系统谋划和安排，明确主攻导向，把好产业方向，引领发展指向。要挖掘和培育比较优势，巩固、提升现有主导产业的规模经济水平，增强产业聚集效应和企业的核心竞争力。要处理好存量与增量的关系，坚持做活存量，扩大增量，既下更大功夫服务好现有企业，帮助企业做大做强、做大存量，也要积极引进聚集一批大企业、好项目，做出增量。要研究制定务实管用、含金量高的改善营商环境政策措施，有力有效地开展招商引资。在招商引资过程中，要善于无中生有、认真策划、精心包装好项目，争取产业投资占固定资产投资比重达40%以上。要突出解决激励和减负的问题。认真落实“营改增”等结构性减税、小微企业税收优惠政策。研究出台工业和实体经济税收激励办法，按照缴税比例给予工业和实体经济企业一定奖励。研究出台“降成本”促实体经济发展实施意见，在用地、用电、物流、制度性交易、企业融资方面降低企业营运成本。研究出台鼓励支持企业上市和“新三板”挂牌扶持办法。要突出解决培育财源的问题。研究出台优惠政策，鼓励工业和实体经济到黔南注册缴税。建立健全行政事业单位和州属国有企业优先采购州内企业产品的首购或订购制度。研究出台工业招商引资工作考核和奖励办法。探索建立全州重大产业发展基金，由州县共建在新医药、高端装备制造、特色食品、大屏显示、集成电路、智能家居等领域的产业园区，培育州级财源。要突出解决工业园区建设的问题。制定实施园区提质发展三年行动计划，深化园区管理、运行体制机制改革，推动园区经营企业化投资、管理和经营，激励一批能人抓好工业园区建设。

第四，要以破解融资难为关键，更加扎实地推动基础设施建设。金融是现代经济的核心，基础设施建设是经济发展的重要支撑，必须抓实、抓好、抓出成效。一方面，要认真学习研究中央金融工作会议精神，支持金融行业通过改革创新，更好地服务实体经济，包括服务基础设施建设，更好地防控金融风险；另一方面，要深度谋划，用好用足相关金融政策。解决基础设施项目融资路子不宽、办法不多、风险居高不下的问题。大力实施引金入黔工程，研究出台政策支持鼓励含国资、民资、外资的银行、证券公司、保险公司、风险投资公司等入驻黔南。要抢抓政府信用融资便捷的机遇窗口期，对现有成本较高的政府性债务，综合运用PPP、政府购买服务、特许经营等多种方式，能够置换的要尽快进行置换。要大力推广龙里平台公司实体化、市场化、产业化转型经验。要严厉打击非法集资和金融诈骗，支持金融机构处置不良贷款。建立健全“借、用、还”相统一的政府债务举债机制和风险应急处置预案，确保政府债务“借得了、管得住、用得好、还得上”。同时，要深度谋划基础设施项目建设。突出解决公路外优内劣，毛细血管不畅的问题。以农村组组通公路三年大决战为契机，结合易地搬迁扶贫，按照“通不了的就搬，搬不了的就通”的原则，切实做好项目编报与实施计划，打好提前量、下足硬功夫，尽快全部实现组组通水泥路或沥青路。突出解决工程性缺水的问题。四个“县县有中型水库”项目必须年内实质性开工；按照“乡乡有稳定供水源”的要求，深入实施农村饮水安全巩固提升工程。突出解决城乡市政设施滞后的问题。要按照宜居宜业宜游的要求，系统安排城乡市政基础设施建设，统筹城区地上地下设施建设，加强雨污分流管网改造，加强城市地下综合管廊建设，推进海绵城市、智慧城市建设。大力推广街区制，推动内部道路公共化，畅通城市道路微循环。坚持把推动六个小康行动计划作为推动基础设施向乡村延伸的重要抓手，着力改善农村生产生活生态环境。力争2017年实现行政村“村村通光纤”，加强农村电网改造。

第五，要以营销为带动，更加积极地推动旅游和消费“井喷”。推动旅游和消费关键在市场，营销是提高市场占有率的重要手段。各级各部门要以打造旅游目的地为抓手，以发展全域旅游为方向，以市场营销为带动，坚持走“旅游+”的路子，统筹谋划，协调推进，既解放思想又真抓实干，既改革创新又严格规范，既只争朝夕又和衷共济，既追求形象又惠及群众，着力推动旅游和消费“井喷”。要突出解决龙头景区提质升级的问题。围绕“作样板、当龙头”，重点推动荔波小七孔龙头景区转型升级，着力打造平塘大射电天文科技游等旅游品牌，形成支撑黔南全域旅游精品旅游区。尤其要以“摄影家的眼光”做好景区景点周边的谋篇布局，增强景区景点的画面感。要突出解决业态的问题。围绕“吃住行游购娱”六大要素，每个县市要根据实际确定2～3个特色系列，至少建设2个四星级以上酒店，重要景区景点、交通节点等重要区域要建1个黔南特色商品专卖店。要依托我州国家级非遗项目，加快文化产业基地和区域性特色文化产业群建设，倾力推出一批具有黔南特色的歌舞表演或体验活动，吸引游客更多的参观消费。要突出解决活力的问题。本着优势互补、资源共享、利益互惠的原则，创新政府与旅行社合作机制，共建共推旅游联盟、统一营销。探索建立旅游景区共建共管或托管机制，大力招引一批高端旅游运营管理团队。善于利用新技术、新媒体，策划主题多元、形式多样的营销活动，吸引更多人关注黔南。聚焦长三角、珠三角、环渤海等主要客源市场，以高速、高铁和航空通达城市为主战场，组织参加各类大型旅游推介会、交易会等活动，借力机场港口、旅游酒店、路牌广告等渠道，推介我州优势旅游资源，全方位提升黔南旅游的知名度和美誉度。原则上，州四家班子领导出境考察都要统筹开展文化旅游交流推介。加强对广东、广州市场的农特产品和旅游营销工作，大力开拓广东乃至珠三角农特产品市场，推进与广东乃至珠三角地区的旅游合作。

三、深入实施“3366”发展战略，不断注入经济发展新动能

持续保持全州发展强劲态势，必须紧紧围绕州委提出的“3366”发展战略，以战略部署“扣扣子”、责任履行“担担子”、工作落实“钉钉子”的精神，找准贯彻落实的结合点、着力点、突破点，久久为功、善作善成，不断为经济社会发展注入新动能。

第一，突出以人为本，把三大优先落地落实。作为贫困地区，发展优先要在坚持生态黔南、拒绝污染的前提下，把速度提上来，保持一个高于全国、高于全省、高于其他民族自治地区的两位数发展速度，使人均经济指标增比进位。生态优先要不走先污染后治理的老路，不走以牺牲环境为代价换取GDP一时增长的邪路，也不走捧着绿水青山金饭碗过穷日子的穷路，抓好中央环保督察整改，打好水、气、土（渣）污染防治三大战役，全面推行“河长制”，解决好城镇污水收集和农村垃圾集中处理问题，大力发展生态利用型、循环高效型、低碳清洁型、环境治理型“四型产业”，走一条绿色发展之路。民生优先要坚持以人民为中心的思想，扎实推进教育精准脱贫“拔穷根”、“新两基”攻坚、乡村教师支持、教育质量提升“四大计划”和固本强基、教育改革样板“两个工程”，蹄疾步稳地推进卫生医疗改革，深入实施基层医疗卫生服务能力三年提升计划，舞好州医院、州中医院“龙头”，强力推进“百院大战”，不断增强人民群众的获得感、幸福感。

第二，突出产城景互动，把三大战略落地落实。当前，工业强州战略推进不力，城镇化带动不强，产城景融合发展滞后，“一圈两翼”落实仍有差距。要狠下功夫实施工业强州，加快对化工、冶金等传统产业的转型升级，年内要制定出八大传统行业的转型升级方案，着力盘活存量。要加快培育壮大现代装备制造、电子信息等新兴产业，集中力量抓好一批工业投资项目。要以科技创新为核心驱动，结合省“千企改造”工程，鼓励企业科技研发投入，推动工业和实体经济转型升级，尤其要以打造“国际新型磷化工产业基地”为目标发展磷化工产业，在稳住基础磷化工的同时，以“强链”“延链”“补链”为主抓手，积极向医药中间体、精细磷化工方向发展。要强力推进大数据产业发展，主动融入国家大数据（贵州）综合试验区建设，推动政府信息系统和公共数据互联开放共享，挖掘大数据商用、民用、政用价值，加快搭建大数据产业平台，加快惠水百鸟河数字

小镇、龙里大数据应用创新中心等重点项目建设，积极发展数据存储、采集、加工等核心业态，带动发展智慧旅游、智慧交通、智慧物流、智慧教育、智慧农业等大数据衍生产业。要丰富城镇化带动内涵，州级层面要加强对都匀市和都匀经济开发区的管理统筹和协调力度，理顺都匀发展的体制机制；都匀和都匀经济开发区要在都匀市城市建设“拳脚都伸出去了”的基础上，站在更高的高度审视自己的发展，系统化、项目化研究都匀变都市路径，把主要精力转到工业和实体经济上来，下决心解决首位度不高的问题，真正发挥龙头作用。各县市要在建好县城上继续下功夫，做大规模、做优品质、做出特色，使城市更宜居宜业宜游。深化以财政管理体制为重点的乡镇行政区划调整配套改革，激发乡镇发展内生动力，推动小城镇建设加快发展。要推动产城景互动发展，树立以产兴城、以城促产、以景韵城、产城互动、景城融合的理念，以构建互联互通路网体系为引领，优化生产、生活、生态三大布局，统筹规划、建设、管理三大环节，着力做强园区，做优城区，做美景区，促进生产空间集约高效、生活空间宜居适度、生态空间山清水秀。要推动“一圈两翼”往实处落，加强对“一圈两翼”发展的督促指导，今年下半年，州委、州政府将召开“一圈两翼”发展战略推进会，各片区领导小组组长要提前谋划，找准问题，推动“一圈两翼”发展战略落地落实，实现差异化、集约化发展。

第三，突出项目建设，把战略行动和提升工程落地落实。实施六大战略行动和六大提升工程，最突出的问题就是缺乏大项目、好项目支撑。要做好项目规划，要聘请专业机构和团队，谋划制定战略行动和提升工程的项目建设三年行动计划，明确主要目标、具体任务、实施路径、进度要求、责任分工、保障措施，并将工作成效作为衡量干部队伍工作实绩的重要内容，纳入目标考评体系。要做好项目落地，按照“容缺审查、并联审批、急事急办、特事特办”的原则，在项目立项、土地、规划、建设等关键环节提供优质服务，加强重大项目调度管理，促使项目早日落地开工、早日投产达产。当前，尤其要把7月5日至8日广州之行商定的帮扶事项和50个招商引资签约项目落地作为重中之重，建立健全责任落实清单，真正以过硬的服务质量和责任倒逼机制确保帮扶事项和签约项目签一个成一个、落地一个、见效一个。要搭建好引进项目平台，建强州驻广州办事处，充实广州办事处工作力量，改善办公条件和环境，制定我州在穗挂职人员作用发挥的具体工作措施和考核激励办法，尽快研究出台各县（市、区）招商派驻广州办事处工作方案，发挥好广州办事处搭台桥梁作用，更好更快地面向珠三角招引项目。

第四，突出关键一招，破解体制机制障碍。改革是推动发展的关键，制度管根本管长远，必须在严格对标对表中央和省委改革部署的同时，着力破解州级统筹调控不强，部门机构设置不科学、运行效率低、落实力度差等突出问题。要强化州级统筹能力。认真落实《民族区域自治法》第四条第二款，“自治州的自治机关行使设区、县的市的地方国家机关的职权，同时行使自治权”的规定，着力加强州级统筹经济发展大局的能力。在基础设施建设方面，州级层面要抓好国家、省、州以及跨县市重大基础设施建设，设置一定前置审批条件；在产业发展方面，要站在全州高度谋划，对各县市产业进行细化定位，尤其是旅游业的发展，要有规划、有措施、有抓手。在民生事业方面，要坚持需求导向，对涉及人民群众切身利益的重大民生工程和涉及面较广的民生政策，要报州委、州政府审议研究。在风险防控方面，要加强投融资体制改革，对各县市平台公司资产负债情况进行盘点，优化州级平台的资产配置，强化债务管理，坚决防止发生系统性金融风险。要深化机构改革。积极探索党政机构共建、党群工作联动管理新机制，推进工作性质相同、工作内容相近的党政群部门职能整合，实行合署办公，充分发挥党委部门牵头抓总、协调各方的作用。进一步理顺州直部门职能职责，按照大部制改革的方向，积极推进职能职责相近的部门整合或实行合署办公，优化政府机构设置。要按照能简则减的要求，进一步优化州直部门内设机构和事业单位设置，归并职能，明确职责，减少科室，要加快整合综治、信访、司法服务等职责，组建州县乡三级联动的多元化矛盾纠纷排查化解中心，提高政府社会治理水平。要完善运行机制。进一步健全和完善党的组织领导体制，积极推行扁平化管理，健全分级负责、分类管理的工作机制，减少管理层级、简化工作流程、压实责任主体。本着能放则放的原则，凡中央、省、州文件要求下放的行政审批、行政管理、行政执法等权限，一律清理下放，推进州级机关从管理向服务转变，增强县（市）级政府自主管理、服务群众的能力。优化办事流程，缩减办事时限，全面提高办事效率和综合服务能力。要健全和完善机关运行效能的考核评价体系，坚持以执行力落实力和重点工作为依据，精简考核项目，减少考核程序，去虚务实，增强机关目标考核的针对性和实效性。

四、落实责任、强化担当，以优良的党风政风为加快黔南经济发展提供坚强保障

加快经济发展，建设富美黔南，是一项复杂而坚决的系统工程，必须按照省委要求，把责任落实到位，把工作担当起来。要以深入推进“两学一做”学习教育常态化制度化为契机，抓住严肃党内政治生活这个根本，狠下功夫强班子、转作风、抓学习、严追责，营造优良党风政风，为共建富美黔南保驾护航。

第一，强化领导班子建设。换届后，部分领导干部统筹谋划工作思路不清晰、沟通协调不到位、角色转换慢等问题不同程度存在，要以加强领导班子思想政治建设为基础，坚持“好干部”五条标准，把干部选出来、用出来、管出来、带出来。一把手要履行好主体责任，在统筹谋划工作中要思路清、方向明、目标实，在推动落实上要速度快、质量好、效果佳，在管理干部上要真抓真管、善抓善管、严抓严管，真正做到工作谋划有方、工作推动得力、抓班子带队伍敢于碰硬。班子成员要各司其职，坚持把在班子当中是不是讲团结、工作当中是不是有办法、遇到难题是不是敢担当作为衡量班子成员称不称职、优不优秀的标准。要坚持民主集中制，坚持“四个服从”，坚持集体领导与个人分工相结合，健全和落实民主集中制的各项具体制度和工作机制，按照民主集中制规则议事、决策、办事，党委（党组）主要负责同志必须发扬民主、善于集中、敢于担责，领导班子成员必须增强全局观念、责任意识，坚决执行党组织决定，增强领导班子的创造力、凝聚力和战斗力。

第二，强化干部作风建设。当前，部分领导干部存在工作落实不精准的现象，必须要按照“作风关键看落实，核心看精准”的要求切实转变。要更加求实务实落实，突出民生导向和为民宗旨，紧扣满足群众需求、打破民生瓶颈来谋划安排工作、研究破解难题，切实把忠诚担当体现在具体工作中、细化到日常言行中。树立高目标确立高要求，发扬“跳起来摘桃子”的精气神，保持只争朝夕的干劲、久久为功的韧劲，在工作中做出亮点、争做典型。始终坚持抓改革谋创新，各级各部门要上下联动，共同商量、共同发力、共同推动，抓好负责工作、涉及领域的改革、创新和突破，使每个方面都真有创新、真有进步，积小胜为大胜。要更加细致精致极致，坚持“精准”方略，把“基本情况搞清楚、存在问题搞明白、领导意图搞准确、工作角色搞到位、工作沟通搞实在、工作推进搞具体、工作反馈搞及时、工作总结搞透彻”八个要求贯穿工作始终，一个环节一个环节去落实，一个细节一个细节去攻克，养成紧之又紧、细之又细、实之又实的思想习惯和行动自觉，真正下好执行落实的“绣花”功夫。同时，要加强干部队伍的日常管理，确保党风政风逐步向好。

第三，强化学习实践。各级领导干部普遍存在能力不足、工作指导措施不强、解决问题有效办法不多的问题，必须在学中干、干中学，增强素质能力。要抓好干部学习培训，充分发挥州、县（市）两级党校（行政院校）干部教育培训的功能，坚持“干什么学什么、缺什么补什么”，有组织、有计划开展党性教育和履职能力、新知识新能力培训，帮助领导干部始终保持政治上的清醒和坚定，熟悉精通业务知识，提高履职尽责能力。要坚持在实践中学习，全面开展研究问题破解难题竞赛活动，比一比谁的点子多、对策多，比一比谁化解矛盾、破解难题的新方法、新亮点多，让研究问题、破解难题成为工作的新常态，让研究新情况、解决新问题在全州蔚然成风。

第四，强化问责问效。信任不能代替监督，要求千遍不如问责一次。要强化管党治党责任，认真落实管党治党主体责任和监督责任，强化监督执纪问责，着力增强党内政治生活的政治性、时代性、原则性、战斗性，切实把纪律和规矩挺在前面，当好政治生态“护林员”，守住政治底线、廉洁底线、工作底线。要强化执行落实责任，构建抓执行落实的责任链，强化领导责任、部门单位主体责任、办公室统筹督办责任。完善抓执行落实的任务链，明确重点方向，实施重点工作任务清单管理、重要文件学习解读报告制度、重点任务和重要工作台账管理。要夯实抓执行落实的工作基础，及时协调化解存在问题，及时制定工作推进计划，及时进行安排部署，定期开展检查调度，完善反馈报告制度，强化落实跟踪问效。要强化督查督办，加大明查暗访力度，抓好督查问题整改，积极拓宽督查渠道，建立大数据督查管理平台，加强督查力量建设，加强督查问题整改。推行积分量化管理和负面清单管理，建立健全激励机制和问责机制，把激励问责结果作为考核评价干部的重要依据。

同志们，党的十九大将在今年胜利召开，这是我们党和国家政治生活中的一件大事。全州各级党组织务必高度重视，以踏石留印、抓铁有痕的劲头，抓实抓好抓细各项工作，为党的十九大胜利召开营造和谐稳定的良好环境。

第一，要做好思想舆论工作。正确的思想舆论导向是促进社会和谐的重要因素。要针对社会热点、难点和敏感问题，注意掌握社会思想动态和倾向性、苗头性的舆情，加强网络和新媒体监测管理，认真分析研判，把握时机，妥善应对，掌握舆论引导的主导权，切实维护好意识形态安全，确保敏感期社会思想平稳。特别是经验表明，每逢重大活动和敏感时间节点，敌对势力和别有用心的人借机炒作攻击就会增多，各种杂音噪音就会集中出现，运用“意识形态牌”对我牵制遏制和西化分化的力度就会加大。坚持巩固壮大主流思想舆论，深学笃用、知行合一习近平总书记系列重要讲话精神，牢固树立“四个意识”，切实坚定“四个自信”，增强政治敏感性和政治鉴别力，始终与以习近平同志为核心的党中央保持高度一致，始终把握正确的政治方向、政治立场、政治观点、政治纪律，决不信谣传谣，决不能被一些表面现象和片面观点所迷惑，在重大政治和原则问题上、在大事大非面前始终保持头脑清醒、旗帜鲜明、立场坚定。

第二，要做好防汛抗旱工作。当前，我州防汛抗洪形势依然严峻，不容掉以轻心。要坚决消除麻痹思想、克服侥幸心理，强化应急值班和责任落实，强化汛期天气监测预报，及时发布灾害性预警天气情报，做好抗大洪、抢大险、救大灾的工作准备，确保平稳安全度汛。要全面组织开展地质灾害隐患排查治理工作，全面落实地质灾害防治责任和防范措施，最大限度降低地质灾害风险，对地质灾害隐患出现征兆或局地集中强降雨的，及时发出预警，坚决果断撤离人员。同时，大汛之后往往有大旱，要超前做好抗大旱各项准备工作，超前做好应急预案，尽最大可能减少人员伤亡和财产损失。

第三，要做好安全生产工作。安全生产是人命关天的大事。要建立健全安全生产责任体系，认真落实“一岗双责”“党政同责”安全生产责任制，切实强化各地党委政府主要负责同志对安全生产的属地管理责任，落实好安全生产和重大安全事故“一票否决”制度。要坚持预防为主、标本兼治，经常性开展各类安全隐患的滚动排查、风险评估、监测预警机制，加强矿山、冶金、危险化学品、烟花爆竹、建筑施工、道路交通、环境安全、消防安全等行业和领域的安全生产，坚决杜绝各类重特大安全事故的发生。健全应急预案体系，完善防范安全事故的协调联动和预警机制，加强应急救援队伍和装备建设，开展应急预案演练，提升应急救援能力。

第四，要做好信访维稳工作。当前各类矛盾相互交织，必须把维护稳定的任务落得实而又实。要认真做好信访维稳工作，集中排查化解信访中存在的重要不稳定因素，加强对苗头性重点人员的动态管控，坚决防止进京非访和重特大群体性事件发生。各级党委、政府主要领导要切实负起维护稳定的第一责任，对影响社会稳定的因素要认真排查，做到心里有数，亲自督促解决重大不稳定因素。要切实加大社会治安综合治理力度，继续推进社会治安防控体系建设，深入开展“平安黔南”创建活动，依法严厉打击各种违法犯罪活动，积极预防和妥善处置各类群体性事件。要以加快建立全州统一的网络接访平台为关键，强化大数据应用，提高数据的关联性，不断提高预测预警预防各类风险能力，提升社会治理智能化水平。

同志们，让我们更加紧密地团结在以习近平同志为核心的党中央周围，撸起袖子加油干、迈开步子加快赶，奋力推动全州经济社会持续快速健康发展，向省委和全州各族人民交上一份经得起实践、人民和历史检验的满意答卷！

黔南布依族苗族自治州人民政府工作报告

——2018 年 2 月 5 日在州十四届人民代表大会第三次会议上

黔南州人民政府州长　吴胜华

一、2017 年政府工作回顾

过去一年，是本届政府履新的第一年。一年来，在省委、省政府和州委的坚强领导下，在州人大的法律监督、工作监督和州政协的民主监督下，州政府团结依靠全州各族人民，融入新时代、适应新常态、应对新挑战、化解新矛盾，全力以赴稳增长、促改革、调结构、惠民生、防风险，较好地完成了年初确定的各项目标任务，为打造民族地区创新发展先行示范区，开启实现基本现代化新征程奠定了坚实的基础。

——综合实力实现新提升。全州地区生产总值完成 1160.59 亿元，比上年增长 12.1%；一般公共预算收入 119 亿元，增长 13%。主要经济指标位居全省前列。

——脱贫攻坚取得新成效。全年减少农村贫困人口 13.86 万人，超计划 3.46 万人，贫困发生率从 12.79% 降至 9.87%。全州贫困乡镇全部按省标减贫摘帽。

——三次产业实现新突破。第一产业增加值完成 202.3 亿元，增长 6.6%；第二产业增加值完成 412.9 亿元，增长 11.5%，其中规模工业增加值完成 402.37 亿元，增长 11.6%；第三产业增加值完成 545.38 亿元，增长 14.5%。三次产业结构优化为 17.4:35.6:47。

——发展动力得到新增强。固定资产投资完成 1284.8 亿元，增长 21.9%；社会消费品零售总额完成 279.1 亿元，增长 12.6%；进出口总额完成 3.03 亿美元，增长 26%；实际利用外资完成 3.5 亿美元，增长 15.9%；全州引进州外到位资金 2159 亿元。

——人民生活又有新改善。城镇和农村常住居民人均可支配收入分别达 28565 元和 9746 元，分别增长 9.6% 和 10.2%。全面小康实现程度预计达到 94%。经济发展群众满意度位居全省前列。

过去一年，我们凝心聚力、克难奋进，突出抓了以下工作。

一是突出四场硬仗，脱贫攻坚不断推进。坚持把脱贫攻坚作为头等大事和第一民生工程，聚焦深度贫困地区，开展脱贫攻坚春季攻势、夏季大比武和秋季攻势，脱贫攻坚再战再捷。瓮安、龙里有望按国标退出贫困县、22 个贫困乡镇按省标全部退出、214 个贫困村按国标脱贫出列。重点扶贫产业实现全产业链发展，覆盖贫困户 17.8 万户 63.9 万人。新增易地扶贫搬迁安置点 31 个，搬迁入住 3247 户 1.4 万人。农村低保标准稳步提高，资助建档立卡学生 4.38 万人 1.36 亿元，农村建档立卡贫困人口因病致贫返贫对象实现参合、救治、救助全覆盖。东西部扶贫协作进一步加强，广州市财政帮扶 1.35 亿元援建项目。州内外 514 家民营企业和民间商会参与“百企帮百村”活动，投入 12.64 亿元，惠及贫困群众 14.8 万人。全州涌现出贵定“一户一码”电商精准扶贫、龙里精准云帮扶平台等一批脱贫攻坚的经验和亮点。

二是突出产业发展，实体经济不断壮大。坚持以供给侧结构性改革为主线，推动产业发展，做大实体经济。实施“双千工程”，改造提升卡布国际、独山金锰、雪花啤酒等企业404户，新引进省外项目754个。福泉成功开展磷化工产业集群区域品牌建设试点，川恒化工成功上市。加强产业园区建设，全州14个产业园区完成投资430亿元，实现税收90亿元。推进大数据战略行动，规模电子信息制造业产值实现12.4亿元，软件和信息服务业收入5.8亿元，电子商务交易额完成100.45亿元，增长40%。加快山地高效农业发展，农产品“三品一标”产地认定新增131万亩，成功举办“茶人会”，都匀毛尖茶产区成为全省首个获批成立的国家地理标志产品保护示范区，农产品加工率达90%，畜牧业占比达24.9%。加快山地旅游业发展，成功承办第十二届省旅发大会、举办第十一届州旅发大会，荔波樟江5A级景区提质扩容，“中国天眼”景区荣获“中国科技旅游基地”，新增3个国家4A级景区，旅游总收入实现862.35亿元，增长43%。加快现代物流业发展，成功举办第四届中国物流（都匀）国际峰会，福泉（国际）陆港主体建成，贵州（昌明）国际陆港成为全省唯一的国家“多式联运”示范项目，黔南被评为“中国物流最具活力城市”。金融机构存、贷款余额分别达1660.7亿元和1328亿元，分别增长9.2%和24.6%，综合排位居全省第三。文化产业增加值占GDP比重达4.3%，居全省第一。

三是突出项目投资，发展基础不断夯实。坚持把项目建设作为经济工作的“牛鼻子”，实施省州重点项目555个，完成年度投资1280亿元。交通领域完成投资403亿元，高速公路快速推进，新开工都匀至安顺、贵阳至黄平高速公路，实现我州自建高速公路零的突破，建成罗甸至望谟高速公路罗甸至罗苏段，全州高速公路通车里程达858公里。建成红牛快速路，建成普通国省干线433公里、农村公路2543公里、“组组通”公路3245公里、农村公路安防工程2918公里。瓮马铁路、贵南客专顺利推进。水利领域完成投资83亿元，新开工水库20座，完成9个小型农田水利重点县建设，改善60万人农村饮水条件，发展有效灌溉18万亩。电力和信息基础设施投资分别完成5.7亿元和15.5亿元，实现城镇建成区移动网络全覆盖，行政村宽带覆盖率达90%。大力推进城镇建设三年行动计划，实施城建项目439个，完成投资430亿元，建成区面积扩大到200平方公里，承载能力不断提升；大力实施“四在农家·美丽乡村”六项行动计划，农村人居环境不断改善。

四是突出绿色发展，生态环境不断优化。坚持生态优先、绿色发展，大力加强生态文明建设。完成营造林101万亩，森林覆盖率达63%，跃居全省第二。成功申办第四届中国绿化博览会和第二十九届中国兰花博览会。福泉森林公园获批国家森林公园，全州国家森林公园增至7个。“绿色黔南”建设三年行动计划圆满收官，完成绿化美化323.9万亩。成功举办第五届“水生态文明·黔南论坛”。治理水土流失180平方公里、石漠化164平方公里。“河长制”实现全覆盖。狠抓中央环保督察反馈问题的整改落实，有效解决了一批群众反映强烈的环境问题，重安江、瓮安河磷污染治理取得明显成效。大力推动循环经济发展，加快工业废渣资源化利用，工业固废综合利用率达55%，规模工业增加值能耗下降17.6%。启动实施区域废气深度治理三年行动计划，推进城市建筑扬尘治理和油烟污染治理。以农村垃圾、污水治理为重点，1330个村庄环境得到有效改善。全州城乡生活垃圾无害化处理率达83%，城镇污水处理率达86%，集中式饮用水源地水质达标率达100%，县城以上城市环境空气质量优良率达98%。

五是突出改革开放，发展活力不断增强。坚持改革创新、开放搞活，进一步激发创新创业活力。全州实施121项重点改革任务，出台方案21项，谋划推动一批“四梁八柱”的改革事项。“放管服”改革纵深推进，取消行政许可项目15项，减少前置审批事项4项。政务110改革试点取得实效，商事制度、公积金制度、城乡公交一体化、行政综合执法、整合资源推动康养产业发展等改革创新走在全省前列。深化户籍制度改革，引导16万农业转移人口及其他的常住人口落户城镇，城镇化率达50.5%。都匀市与都匀经济开发区管理体制进一步理顺。主动融入“一带一路”、长江经济带，与德国艾尔福特等4个国际城市缔结友好城市。加强与贵阳、贵安区域合作，深度融入黔中城市群建设。贵州双龙航空经济区获批国家级临空经济示范区。成功举办第三届粤桂黔高铁经济带合作联席会，广东（贵州）产业园、粤桂黔高铁经济带合作试验区（贵州园B区）项目落地建设。大众创业、万众创新广泛开展，登记各类市场主体22.23万户，增长32.4%。中航永红、天福等27家企业通过高新技术企业认定，独山轴承制造产业孵化器、贵定领略众创空间等获得国家级认定。科技促进经济社会发展指数达74.8%。落实“3个15万元”政策，兑现财政补助8500万元，扶持发展微型企业1900户；省级认定民贸民品企业505家，新增优惠贷款53亿元，连续五年全省第一。民营经济活力持续增强，完成增加值694亿元，增长16.8%，占地区生产总值比重达59.8%，带动就业60多万人。

六是突出共建共享，民生福祉不断改善。坚持以人民为中心的发展思想，做到发展成果与人民共享。“1+7”民生工程和“十件民生实事”全面完成，全州涉及民生的财政支出279.51亿元，占比达73.87%。实现建制村通硬化路、农村公路安防工程、建制村通客运“3个100%”目标。建成城镇保障性住房5万套，农村危房改造2.66万户，棚户区改造4.8万户。农村、城市低保标准分别提高15%和10%，城镇新增就业8.67万人，农业劳动力转移就业11.05万人，基本社会保险覆盖率达到96%。全面实施农村学前教育儿童营养改善计划，新建公办幼儿园38所，“新两基”攻坚计划扎实推进，全面实现基本普及十五年教育目标，新增5个县（市）义务教育基本均衡通过国家督导检查认定，新增1所“二类”、2所“三类”省级示范性普通高中学校，都匀一中新校区投入使用。县级以上公立医院改革全面推进，异地就医即时结算范围由省内向省外扩展，新型农村合作医疗补助标准不断提高，“百院大战”项目建设扎实推进，医疗卫生服务能力稳步提升。食品药品安全监管不断强化。成功举办黔南州第五届体育运动会和首届山地户外运动会。抓好民族民间文化传承和发展，创作了《木楼古歌》等一批文艺精品，水书申报世界记忆工程正式启动。完成12万户多彩贵州“广电云”户户用安装工程。省级文明城市创建实现全覆盖。全国民族团结进步示范州创建活动通过省级评估验收。创新基层民政服务，社会救助政策得到有效落实，民生保障兜底安全网进一步编密织牢，防灾减灾救灾能力明显增强，军民深度融合发展成效明显。严格落实安全生产责任制，扎实开展安全生产大检查和重点行业领域专项整治，全年未发生重大及以上安全生产事故，事故起数和死亡人数保持“双降”。持续深化“平安黔南”建设，立体化社会治安防控体系进一步完善，刑事发案率下降13.2%，社会治安持续向好，人民群众安全感居全省前列。同时，国防动员、双拥优抚、民兵预备役、司法行政、外事侨务、人民防空、妇女儿童、军供、宗教、科协、红十字、老龄、残疾人、地方志、保密、档案、气象、水文等各项事业取得新进步。

七是突出自身建设，行政效能不断提升。坚持从严治政、依法行政，推动政府工作法制化、规范化和程序化。狠抓制度建设，出台政府规章制定程序、权责清单动态管理等系列规章制度。狠抓督促落实，建立“督考合一”工作机制，获得2017年国务院第四次大督查“免督查”奖励。认真落实民主集中制，自觉接受人大和政协监督，办理人大代表建议246件和政协委员提案307件，答复率和满意率稳步提升。压实党风廉政建设“两个责任”，狠抓“四风”整治，强化重点行业、重点项目和扶贫资金监管，全州政府系统查处违纪违规干部551人，政纪处分230人。严控“三公经费”支出，压缩6%的州级行政经费用于教育扶贫。加强审计监督，挽回（避免）损失7.02亿元，促进增收节支9.48亿元。广泛开展研究问题、破解难题竞赛活动，一批研究成果得到有效转化，政府决策水平稳步提升。

各位代表，过去一年，我们在决战脱贫攻坚、决胜同步全面小康的征程中迈出了新的坚实步伐，提振了全州各族干部群众干事创业、奋力争先的精气神。这些成绩与进步，是党中央、国务院和省委、省政府亲切关怀、倾力关心的结果，是州委统揽全局、坚强领导的结果，是州人大、州政协有效监督、鼎力支持的结果，是全州上下同心同德、奋力拼搏的结果，是社会各界大力支持、倾情关心的结果。在此，我代表州人民政府，向全州各族人民，向州人大代表和政协委员，向各民主党派、各人民团体和社会各界人士，向中央、省驻黔南单位，向驻黔南解放军、武警部队官兵、民兵预备役人员和政法干警，向离退休老同志，向关心支持、参与黔南建设的国家水利部、国家林业局等部委，向对口帮扶的广东省、广州市表示衷心的感谢和崇高的敬意！

在肯定成绩的同时，我们也清醒地看到，新时代全州各族群众对美好生活的需求同不平衡不充分发展的矛盾还比较突出。主要是：产业发展水平不高，民营经济不够活跃，做大经济总量、高质量发展的任务仍然艰巨；脱贫攻坚产业支撑不足，群众自我发展意识和能力不强，精准扶贫、稳定脱贫的任务仍然艰巨；区域发展不平衡，城乡发展不协调，缩小差距、壮大县域经济的任务仍然艰巨；教育、就业、医疗、文化等公共服务不均衡，民生短板还比较突出，解决群众困难、满足人民需求的任务仍然艰巨；政府管理服务水平与发展要求不适应，人才、金融、科技等创新发展要素支撑不足，转变政府职能、实施创新驱动的任务仍然艰巨。我们将坚持问题导向，勇于担当，勤于进取，苦干实干，决不让矛盾累积，决不让困难阻挡，用看得见、摸得着的发展业绩，回报全州各族人民的信任和重托！

二、2018 年主要目标任务

今年是全面贯彻党的十九大精神的开局之年，是改革开放 40 周年，是决战脱贫攻坚、决胜同步全面小康、实施“十三五”规划至关重要的一年，是续写新时代黔南发展新篇章的落笔之年，做好今年工作事关全局、意义重大。

今年政府工作的总体要求是：以习近平新时代中国特色社会主义思想为指导，全面贯彻党的十九大精神和习近平总书记在贵州省代表团重要讲话精神，按照省委、省政府和州委的决策部署，统筹推进“五位一体”总体布局和协调推进“四个全面”战略布局，紧扣社会主要矛盾变化，坚持稳中求进工作总基调，坚持新发展理念，坚持高质量发展，坚持以供给侧结构性改革为主线，统筹推进稳增长、促改革、调结构、惠民生、防风险各项工作，大力推进改革开放，推动质量变革、效率变革、动力变革，在打好“三大攻坚战”方面取得扎实进展，守好两条底线，强力推进“3366”发展战略，决战脱贫攻坚，决胜同步全面小康，促进经济社会持续健康发展，奋力打造民族地区创新发展先行示范区。

今年发展的主要预期目标是：地区生产总值增长 12%；完成省下达的减贫目标任务；规模以上工业增加值增长 11.5%；固定资产投资增长 21%；社会消费品零售总额增长 13%；一般公共预算收入增长 10%；金融机构存贷款余额分别增长 12%、24%；城镇和农村常住居民人均可支配收入分别增长 9% 和 12% 以上；城镇登记失业率控制在 4.2% 以内；居民消费价格指数控制在省定目标范围内；城镇化率达 51.5%；森林覆盖率达 64%；完成省下达的节能减排降碳指标任务。

围绕总体要求和目标任务，我们将着力抓好以下工作。

（一）着力打好三大攻坚战，确保同步小康取得新突破。坚持统筹兼顾、突出重点、全面推进，坚决打好防范化解重大风险、精准脱贫和污染防治三大攻坚战。

一是坚决打好防范化解重大风险攻坚战。防范化解债务风险。加强政府性债务管理，建立监测政府性债务预警机制，严格执行政府性债务“七严禁”，继续落实好重大项目报备制度，规范 PPP 项目实施，有效防范投融资债务风险。严格执行平台公司与政府性债务剥离，推动政府平台公司实体化转型。加大债券置换力度，确保过渡或置换到期债务融资 130 亿元以上。防范化解金融风险。强化地方金融监管，加强互联网金融、民间借贷、私募股权基金等非法集资高发领域的监测预警，坚决打击违法违规金融活动。防范化解安全领域风险。健全州县乡三级食品药品监管网格，完善食品药品全过程监管机制，推进智慧监管系统建设。健全公共安全体系，落实安全生产责任，盯紧看牢道路交通、建筑施工、煤矿、非煤矿山、危险化学品、人员密集场所等重点行业领域，严格控制一般事故和较大事故，坚决遏制发生重大事故，确保生产安全事故起数和死亡人数实现“双降”。防范化解社会矛盾风险。开展“四型社区·幸福家园”创建活动和“三社联动”。完善预防和化解社会矛盾机制，强化矛盾纠纷排查化解，推进“多中心合一”改革，加快“政务110”建设，建设高效便捷的群众工作中心。进一步织密织牢立体化社会治安防控体系“五张网”，开展扫黑除恶专项斗争，严厉打击各类违法犯罪活动，维护社会和谐稳定，打造新时代“平安黔南”。

二是坚决打好精准脱贫攻坚战。坚持以脱贫攻坚统揽经济社会发展全局，抢抓东西部扶贫协作机遇，层层压紧压实责任，强化延伸各级考核，注重志智双扶，确保完成省定减贫目标任务，支持贵定、惠水按国定标准退出片区贫困县，294个贫困村脱贫出列。高质量打好“四场硬仗”，补齐同步全面小康短板中的短板。打好产业扶贫硬仗。落实农业技术包保，加强种养殖技术跟踪服务。用好用活产业扶贫攻坚子基金，建立和完善县、乡（镇）产业扶贫投融资平台建设，每个县有1个主导产业基金项目落地。大力培育扶持龙头企业、农民专业合作社、种养大户，推广“龙头企业+合作社+农户”模式，推进村社合一，确保合作社村村全覆盖、贫困户全覆盖。大力推行校农、校企、农超对接模式，建立稳定销售渠道。打好易地搬迁硬仗。坚持以岗定搬、以产促搬，建搬结合，继续推广“五个三”经验，确保完成易地扶贫搬迁10万人以上。打好基础设施硬仗。加大对深度贫困地区基础设施建设的投入，完成三都县、大塘镇、代化镇和349个深度贫困村“组组通”公路任务，确保“四在农家·美丽乡村”小康行动计划项目贫困乡村全覆盖。推动实施贫困县乡镇村组通大喇叭工程。打好“三保障”硬仗。推进贫困户子女接受教育的均等化，贫困户子女9年义务教育进城就学逐步得到解决；完善“四重医疗保障”机制，确保农村贫困人口医疗费用报销率达100%，大病、慢性病贫困户家庭医生签约服务率达100%。实施农村危房改造2万户以上，全面完成重点对象存量农村危房改造任务。

三是坚决打好污染防治攻坚战。以中央环保督察反馈问题整改为契机，深入开展“六个一律”“环保利剑”执法专项行动，强力推进“水、气、土”三大污染综合治理。全面打响蓝天保卫战。持续推进小型燃煤锅炉、落后产能淘汰及企业强制性清洁生产审核工作，重点抓好城区扬尘治理、福泉市马场坪区域废气深度治理和瓮安青坑片区黄磷企业尾气综合利用，全州城市空气质量达标率达到95%以上。全面打响碧水保卫战。启动实施重要河流水污染防治三年行动计划，重点抓好重安江、瓮安河总磷污染攻坚治理。认真落实“河长制”和“库长制”，支持都匀、惠水开展“城乡供排水一体化”改革试点，确保县城及以上城市集中式饮用水源地水质达标率达100%。全面打响净土保卫战。组织实施独山县重点区域及都柳江示范流域重金属污染治理，抓好三都、荔波、贵定3县省级重点防控区重金属污染治理，积极改善区域土壤环境质量。全面打响青山保卫战。以国家生态保护与建设示范区为抓手，以筹办第四届中国绿化博览会和第二十九届中国兰花博览会为契机，大力实施美丽黔南林业提质增效三年行动计划，深入实施森林保护“六个严禁”执法专项行动，新增营造林86万亩以上，治理水土流失180平方公里、石漠化131平方公里。

（二）着力供给侧结构性改革，确保工业发展取得新突破。把工业作为强州的根本路径，深入实施工业强州战略，不断提升工业经济发展质量。

一是大力实施“双千工程”。把“千企改造”工程作为提升企业核心竞争力的关键，实施转型升级“六项行动”，推进先进适用技术与传统产业结合，改造提升化工、冶金、装备制造、建材、特色食品等传统产业，规模以上企业改造占比达80%以上。推动磷石膏“以用定产”落实，出台政策措施，支持企业抓好磷石膏综合利用，全年消纳460万吨。全面开展企业质量提升行动，保护培育一批“老字号”品牌，打造创建一批高质量品牌。把实施“千企引进”作为优化产业结构、壮大实体经济的主抓手，结合军民融合发展需求，引进技术含量高、成长性好、引领性强的优强企业和高水平项目，加快培育一批战略性产业集聚区和特色产业集群。新引进投资5亿元以上产业项目8个，投资1亿元以上产业项目40个。完成规模以上工业总产值1700亿元，新增规模以上企业100户以上。

二是培育壮大新兴产业。以大数据、大健康医药、高端装备制造、新材料、新能源及环保产业为重点，加快推进新兴产业发展。大数据产业重点围绕应用打造智慧黔南综合平台，释放大数据主导产业和配套产业发展效益；发展电子信息制造业，积极承接智能手机等移动终端产品产业转移；以梦动科技、百度大数据运营中心、黔南铭品等企业为骨干，发展大数据采集分析，持续打造惠水百鸟河数字小镇品牌。全州大数据产业收入111亿元以上。大健康医药产业重点推进省大健康“6个50”工程实施，支持信邦、盛世龙方药业等企业做大做强，引入国药集团、华润制药等一批大健康新医药产业项目，完成产值90亿元。装备制造业重点抓好“互联网+先进制造业”，以主机制造为核心，引领带动关键零部件等相关配套产业发展，完成产值170亿元。新材料产业重点推进惠水新型防水材料、独山电子信息材料、长顺广顺新型建材园区等项目建设，做大做强无机非金属材料和新型建筑材料产业，完成产值30亿元。新能源及环保产业重点推动金达莱污水处理设备、贵州创奇环保设备等项目，完成产值30亿元。

三是推动产业园区转型提质。大力推进产业园区体制机制改革。推动都匀经济开发区、福泉、瓮安、龙里、惠水等园区提质发展，推动都匀绿茵湖、贵定昌明、独山经济开发区、麻尾、长顺威远等园区提升水平，推动罗甸、平塘、荔波和三都交梨工业园区做大规模。确保全州工业园区完成投资300亿元，新增入园企业250户，新增投产企业180户，实现税收90亿元。

（三）着力实施乡村振兴战略，确保三农工作取得新突破。以实施乡村振兴战略统揽三农工作，加快推动农业全面升级、农村全面进步、农民全面发展。

一是抓好农村产业发展。深化实施农业“185提升工程”和绿色农产品“泉涌工程”，加快农业结构调整，大力发展茶叶、蔬果、烤烟、畜牧、中药材等优势特色产业，确保经济作物占种植业比重达65%，畜牧业占一产比重达31%。以创建国家农产品质量安全州为抓手，狠抓农产品标准化生产、品牌创建和质量安全监管，推动农业由总量扩大向质量提升转变。以农村产业融合发展为主攻方向，大力发展定制农业、休闲农业、创意农业、养生农业等新业态。全州打造5个“一县一业”全产业链项目示范县，每个县（市）建设1个以上田园综合体。

二是抓好美丽乡村建设。以“四在农家·美丽乡村”八个小康行动计划和民族特色村寨保护与发展八大工程为抓手，实施新一轮美丽乡村建设，全面完成以行政村为单位的村庄规划，打造一批民族特色村寨。统筹抓好外部环境整治和居住内涵建设，全面实施农村人居环境整治，重点抓好农村垃圾、污水治理和村容村貌提升，深化推进“三改”工程，加快补齐农村人居环境突出短板。实施4000个以上自然村寨环境整治工程。以平塘“中国天眼”乡村振兴战略示范区建设为引领，推动每个县（市）打造1个以上乡村振兴战略示范点。

三是抓好经营能力提升。健全乡村工作队伍体系，抓好乡村干部和能人、教师、医生等队伍建设，发挥好驻村干部作用，培养造就一支懂农业、爱农村、爱农民的“三农”工作队伍。持续加强村级干部队伍建设，推行村级组织为民服务责任清单制度和微权利清单制。实施新型职业农民培育工程，开展整县示范推进，逐步实现县县全覆盖。壮大新型农业经营主体，培育州级以上龙头企业20家，新增100个家庭农场和200个农民专业合作社，引导推动50个合作社转为公司。

四是抓好乡风文明提升。加强思想道德、法制观念、生态文明、科学文化教育，开展文明村镇、文明家庭、星级文明户创建活动，充分发挥新时代农民讲习所作用，弘扬文明新风，实现乡村“风景美”和“风尚美”双提升。健全乡村公共服务，创新乡村社会治理，完善村务监督机制、村务公开机制和民主议事机制，逐村制定新时代村规民约，推动移风易俗。每个县市创建文明村寨达50%以上。

（四）着力推进提质升级发展，确保现代服务业取得新突破。制定实施现代服务业三年行动计划，积极拓展中高端服务业供给。

一是推进旅游综合目的地建设。实施旅游综合目的地建设三年行动，支持长顺县举办第十二届州旅发大会，支持惠水欧洲乐园、贵定农耕文化园建设，丰富完善荔波樟江、平塘“中国天眼”景区业态，加快三叠纪“大贵州滩”国家公园及世界地质公园申报步伐，支持都匀市打造成旅游集散中心，以项目建设和品牌效应带动旅游产业发展。实施“旅游+”工程，加快培育旅游配套产业，每县（市）重点开发1个以上特色旅游商品、特色餐饮系列和特色街区。整合资源建立州级综合宣传营销激励机制，发挥旅游联盟作用，调动旅行社等市场主体积极性，提升黔南旅游的知晓率和美誉度。旅游总收入增长35%以上。

二是推进区域性商贸物流中心建设。加快川贵广—南亚国际物流大通道和“5+2”物流平台建设，争取开通大西南出海的集装箱货运班列。实施冷链物流补短板行动，实现冷库县域全覆盖。办好中国物流（都匀）国际峰会。实施“5个100”商贸便民行动。支持龙里现代服务业聚集区建设。物流增加值达165亿元、增长10%。

三是推进文化产业创新发展。开展文化资源大普查，实施文化产业发展三年行动，打造“好花红”特色文化系列产品。州级统筹打造一台高水平常态化演艺节目，支持各县（市）开发小型特色演艺节目。积极举办全州文化创意大赛，提高创新转化利用率。推动各县（市）文化产业园区提质升级，引进专业管理运营团队，推动影视传媒、文化娱乐等发展。文化产业增加值达51亿元，占GDP比重达4.4%以上。

（五）着力增强聚集发展能力，确保城镇建设取得新突破。以增强城市综合承载能力、提升城市品质为目标，进一步完善市政基础设施，优化公共服务设施布局，引导人口向城镇有序转移。

一是加快都匀变都市进程。紧紧围绕“山水桥城·国茶之都”目标，做足山、水、茶、桥文章，强化城市管控，凸显城市特色，彰显城市魅力。深入实施产业项目建设、道路交通建设、集中连片开发三年行动计划，加快推进“2688”骨架路网建设，统筹推进旧城区改造和新城区连片开发，加快推进教育、医疗、商贸、文化等一批重大项目，建成一批健身步道、骑行道、体育公园、社区多功能运动场，推进国贸商业中心、育英巷中央商务区建设，持续提高都匀的首位度和美誉度。

二是加快完善城市配套功能。统筹推进水、电、气、讯等基础设施，优化交通、教育、医疗、商业等设施布局，加快实现区域服务均等化。全州每个县（市）新增或改造1个以上城市综合公园，城市老城区和新城区人均公园绿地分别达5平方米和8平方米，公园绿地服务半径覆盖率达到60%。新增城镇道路100公里、停车位12000个、汽车充电桩1500个以上。

三是加快特色乡镇建设步伐。以20个示范小城镇为引领，统筹推进特色乡镇街区建设，推进乡镇垃圾、污水处理等一批基础设施建设，实施小城镇基础设施提升工程，完成建设投资70亿元。实施以环境卫生、城镇秩序、镇容镇貌为主要内容的乡镇环境综合整治行动，提升乡镇人居环境。加快特色小镇建设，抓好瓮安猴场、平塘航龙、独山影山等一批特色小镇建设，每个县（市）打造1个以上特色小镇，把特色小镇打造成为产业聚集区和经济增长极。

四是加快提升城镇治理水平。支持都匀、福泉创建全国文明城市。打造数字化城市管理平台，构建感知、分析、服务、指挥、监察“五位一体”城市治理模式。开展城镇人居环境整治行动，加强小区、小街公共卫生环境治理，提升城区环卫保洁水平，完成餐厨垃圾、建筑垃圾和园林垃圾专营处置场所的建设，着力解决老百姓身边的环境卫生问题。建立国土资源管理长效机制，确保用地秩序根本好转。完善社区服务功能，解决群众出行不便、生活不便等困难。实施居民住宅区物业提升工程，提高物业规范化服务水平。

（六）着力推动项目建设，确保投资拉动取得新突破。坚持项目支撑、投资拉动，提升投资质量和效益，不断增强发展后劲。

一是持续扩大有效投资。编制重点项目投资储备三年滚动计划和年度计划，建立重大项目专班推进和激励问责机制，推动更多重大项目落地、建成和投产。实施重大工程重点项目637个，完成年度投资1400亿元以上。抓好基础设施领域投资，确保城建领域完成投资400亿元以上、交通完成投资400亿元以上、水利完成投资75亿元以上、信息基础设施完成投资15亿元以上。着力扩大产业投资，确保工业完成投资380亿元以上、旅游完成投资155亿元以上、农业完成投资75亿元以上，产业投资占固定资产投资比重达40%以上。推进重点行业民间投资项目改革试点计划，实施100个重点民间投资项目，民间投资占比达45%以上。

二是推动基础设施建设。加快推进贵阳至南宁客运专线、瓮马铁路建设，开工建设瓮马铁路南北延伸线、黔桂线都匀站外迁工程，在具备条件的地区、景区加快推进轨道交通项目规划研究，推动“北翼”片区接入贵阳城市轨道交通网络；启动惠水（断杉）经平塘（航龙）至荔波（小七孔）高速公路旅游通道建设，建成三都至荔波等高速公路200公里以上，全州高速公路通车里程突破1000公里；全面建成都独、都凯城市快速路，建成普通国省干线230公里以上；推进荔波机场改扩建工程全面动工，抓好罗甸机场前期工作，启动瓮安、贵定A3级通用机场建设；加快推进瓮安港、罗甸港建设。加快推进智慧交通建设。推进福泉凤山大型水库建设，新开工建设15座中小型水库，续建都匀大河等20座水库；实施河道治理项目20处，城镇污水处理厂20座。推进天然气“县县通”和农村电网改造工程。加快光网城市、满格黔南、宽带乡村和多彩贵州“广电云”建设。

（七）着力推进改革开放创新，确保发展动能取得新突破。坚持改革推动、开放带动、创新驱动，全面激发经济社会发展活力。

一是强化改革推动。深化供给侧结构性改革。推进农业、旅游业、房地产、工业、金融等五个专项领域供给侧改革，落实“三去一降一补”任务，重点推进降成本减负行动，降低实体经济企业成本30亿元以上。深化农村综合改革。开展农村承包土地经营权和农民住房财产权贷款抵押试点，稳步推进农村集体产权制度改革，深化农村“三变”改革和“塘约经验”，落实农村土地三权分置。深化“放管服”改革。积极争取在“证照分离”和网上审批两方面取得更多的进展，实施公平竞争审查制度，推进“双随机、一公开”监管全覆盖，开展“多评合一、联合评审”试点和“先建后验”管理模式试点，开展企业投资项目承诺制试点。深化金融领域改革。开展金融机构持有企业股权试点，实施县县有上市企业计划，积极培育一批中小板、创业板、新三板企业，提升企业直接融资比重，力争间接和直接融资1000亿元、助力中小微企业融资50亿元以上。深化城镇市政基础设施运营管理改革。积极探索政府购买服务、委托第三方参与经营管理等多元运营管理方式，推动城市管理向城市治理转变。

二是强化开放带动。落实好内陆开放型经济试验区政策措施，深度融入国家“一带一路”、长江经济带、黔中经济区等战略，加强与粤港澳大湾区、成渝、长三角等区域交流，深化与广州对口帮扶协作，抓好与贵阳、贵安、黔东南等周边地区合作。加强与高铁沿线重点城市合作，加快粤桂黔高铁经济带合作试验区（贵州园B区）建设步伐。主动参与左右江革命老区建设，支持黔中龙溪经济协作试验区建设，谋划推进都凯经济协作区建设，打造区域发展新引擎。用好都匀毛尖（国际）茶人会、平塘国际射电天文峰会、物流国际峰会等重大平台，提升对外交流合作水平。深化实施“一圈两翼”区域发展战略，强化州内外区域合作。加快开放型经济建设，继续扩大与国际友好城市、东盟国家合作，抓好国家级经济开发区创建，加强内陆开放口岸建设，力争独山保税物流中心一期投入使用，抓好对外贸易，实现实体企业进出口总额增长20%，实际利用外资总额增长14%。

三是强化招商引资。聚焦工业和实体经济，开展“产业大招商突破年”活动，深入分析研究产业链、高科技领域和东西部产业结构，面向粤港澳大湾区、长三角等重点区域和优强企业，创新招商引资方式，全面开展领导带头招商、产业招商、专业招商、以商招商，提高招商引资效率和效益。集中推进司法环境、政策环境、服务环境专项整治行动，开展营商环境第三方评估工作，着力打造一流的营商环境。强化州级对重大招商引资项目的统筹，压实县市和部门的招商引资主体责任，确保引进开工建设亿元项目250个以上，其中引进500强企业5家以上，引进技术含量高、成长性好的企业100家以上，引进州外到位资金2200亿元。

四是强化创新创业。加快建立以企业为主体、市场为导向、产学研相结合的技术创新体系，支持企业加大科技研发投入，深化院地校企合作，着力抓好国家磷煤化工高新技术产业化基地、黔南国家农业科技园区建设，新增高新技术企业、省科技型成长梯队企业10家以上。坚持“两个毫不动摇”，完善支持民营经济发展的政策措施，实施新一轮民营经济倍增计划，确保民营经济增加值完成788亿元。抓好大众创业、万众创新，培育孵化平台5个以上。落实人才招引政策，实施百千万人才引进计划、黔归人才计划和高技能人才振兴计划，培育引进高端人才100名，培养技术技能型人才1000名。

（八）着力提升群众获得感，确保民生事业发展取得新突破。坚持以人民为中心的发展思想，以创建民族团结进步示范州为契机，尽力而为、量力而行，积极回应全州各族人民对美好生活的向往。

一是办好公平优质教育。切实巩固基本普及十五年教育成果，全面实现县域义务教育基本均衡发展，启动实施第三期学前教育三年行动计划，解决好择校热、大班额、优质公办幼儿园数量不足和农村幼儿保育质量不高等突出问题。加快都匀一中创建省级一类示范性高中，支持三都民中申创省级示范性高中，推进省级示范性高中县县全覆盖。抓好黔南师院一流学科建设，加快黔南医专升本步伐，支持黔南职院建成省优质高职院校，支持盛华学院二期和贵大科技学院建设。推动职业教育创新发展，继续抓好民族教育、特殊教育。确保学前三年入园率、九年义务教育巩固率、高中阶段毛入学率分别达到91%、94%和88%以上。

二是提高医疗卫生水平。完善州、县、乡、村四级医疗卫生服务体系，实施基层医疗卫生服务能力三年提升计划，推进“百院大战”项目建设，稳步提高医疗卫生公共服务和保障水平，确保福泉、瓮安人民医院达到三级医院标准。坚持医疗卫生事业公益性，落实政府办医主体责任，巩固公立医院综合改革成果，遏制公立医院医疗费用不合理增长。

三是抓好文化体育事业。加强文化广电公共服务能力建设，抓好民族民间文化传承保护工作；支持建设非物质文化遗产传承基地；启动“五大文化工程”，夯实水书申遗基础工作，推出一批文艺精品，办好“好花红”文化旅游节。增强体育公共服务能力，广泛开展全民健身运动，丰富群众体育文化，继续创建校园足球特色学校，办好第九届贵州省少数民族传统体育运动会。

四是完善社会保障体系。加快推进全民参保计划。深入实施住房公积金建缴登记三年行动计划，提高住房公积金制度覆盖面。加大退役军人安置和服务保障力度。完善社会救助、社会福利、慈善事业、优抚安置体系，抓好城乡医疗救助、养老服务体系建设，完善最低生活保障制度，抓实特困供养对象、农村留守妇女儿童、孤儿、残疾人和“失独家庭”生活保障关爱工作。发展残疾人事业，抓好残疾人康复服务。城乡低保标准分别提高6%和9%，失能半失能特困人员集中供养率达到35%。

悠悠万事，民生为大。我们将始终把群众的安危冷暖放在心上、抓在手中，集中力量办好“十件民生实事”：1. 完成年度减贫13.8万人任务，为1.1万就地脱贫人口每人整治1亩优质农田。2. 新增城镇就业7.8万人，转移农村劳动力10万人。其中，培训农村劳动力2.5万人，公益性岗位安置就业困难人员4000人。3. 实现州、县、乡三级医疗机构信息化移动支付全覆盖。4. 压缩6%行政经费用于教育扶贫，落实建档立卡困难家庭子女就学资助政策，全面实施农村学前教育儿童营养改善计划。5. 棚户区改造开工4.4万套，改造农村危房2万户。6. 实施骨干水源工程6座，实施城镇供水和农村饮水安全巩固提升工程，改善40万人的饮水条件。7. 推进新建高速公路、高速铁路沿线移动网络全覆盖，新增155个行政村光纤网络建设，基本实现行政村光纤网络全覆盖；实施多彩贵州“广电云”户户用工程12万户；建设深度贫困村电子商务网点116个。8. 全面推进政务110服务平台建设，不断完善关注民生、服务群众的“绿色通道”。9. 新建及改造10千伏线路443千米、配变223台，满足349个深度贫困村用电需求。10. 建设“组组通”公路5000公里以上，力争在全省率先实现“组组通”公路目标。

三、加强政府自身建设

新时代要有新气象，新使命要有新作为。我们将把人民是否满意作为根本标准，做到信念过硬、政治过硬、责任过硬、能力过硬、作风过硬，加快推进政府职能转变，不断增强政府公信力、执行力和约束力，建设人民满意的服务型政府。

（一）坚持依法行政，增强政府公信力。大力弘扬宪法精神，增强宪法意识，带头依法办事。严格按照法定权限和程序管理经济社会事务，用法治方式推动政府工作。做到工作讲程序、运作讲规范、法制作保障。自觉接受人大法律监督和工作监督、政协民主监督、社会舆论监督，认真办理人大代表议案、建议和政协委员提案。健全依法决策和风险评估机制，建立行政机关内部重大决策合法性审查机制，推行州、县、乡三级政府及州直部门聘请政府法律顾问制度，充分发挥法律顾问、公职律师作用，把政府工作全面纳入法治轨道。落实行政机关负责人出庭应诉制度。全面落实行政执法责任制，规范公正文明执法。

（二）坚持勤勉为政，增强干部执行力。大兴勤政为民之风，保持真抓实干的精神状态，推行“五步工作法”，对中央、省、州的决策部署，对确定的目标、部署的任务、明确的责任，对政府作出的任何承诺，要勇担当、敢负责，做到盯人盯事盯结果，确保定一件、干一件、成一件，以踏石留印、抓铁有痕的精神，坚决执行落实到位。大兴调查研究之风，深入开展问题大排查、解题大竞赛、破解大落实专项行动，全面提高全州政府系统研究问题、破解难题的能力。把握新时代特征，增强自我革新的勇气，不断创新管理服务方式，推行“互联网+政务服务”，建设州县一体公共资源电子交易平台，让数据多跑路、群众少跑腿，全面提升政府管理服务水平。

（三）坚持从严治政，增强纪律约束力。深入学习贯彻习近平新时代中国特色社会主义思想，牢固树立政治意识、大局意识、核心意识、看齐意识，自觉维护以习近平同志为核心的党中央权威和集中统一领导。把政治建设摆在首位，严明党的纪律，听安排、讲规矩、守制度，立说立行、主动作为，确保令行禁止，政令畅通。强化党风廉政建设主体责任，严格履行“一岗双责”，扎紧“制度铁笼”，打造“数据铁笼”，推动责任落地落实。深入推进作风建设，不折不扣执行中央八项规定精神及实施细则，持之以恒落实省委十项规定和州委九项规定精神，纠治“四风”。强化“三公”经费管理。不断加强政府系统廉政建设，抓好廉政教育，推动党员干部坚守党纪国法红线、筑牢廉洁从政防线、守住道德操守底线，打造廉洁高效的干部队伍。

各位代表！进入新时代，立足新起点，展望新征程，肩负新任务，我们深感责任重大，使命光荣。让我们更加紧密团结在以习近平同志为核心的党中央周围，以习近平新时代中国特色社会主义思想为指导，在省委、省政府和州委的坚强领导下，不忘初心、感恩奋进，为决战脱贫攻坚、决胜同步全面小康，书写新时代黔南发展新篇章而努力奋斗！

黔南布依族苗族自治州人民代表大会常务委员会工作报告

——2018 年 2 月 6 日在州十四届人民代表大会第三次会议上

黔南州人大常委会主任　罗　毅

2017 年主要工作回顾

2017 年，是州十四届人大常委会依法履职的开局之年。一年来，在中共黔南州委的领导下，州人大常委会以习近平新时代中国特色社会主义思想为指引，围绕全州工作大局，认真履行宪法和法律赋予的职责，顺利完成了州十四届人大一次会议确定的各项目标任务。全年共召开常委会会议 5 次，主任会议 11 次，听取审议专项工作报告 37 项，组织专题询问 3 次，开展执法检查 2 项，对 2 个部门开展工作评议，审议法规草案 2 个，作出决议决定 10 项，任免国家工作人员 98 人次，开展规范性文件备案审查 81 件，州十四届人大常委会各项工作实现良好开局，为决战脱贫攻坚、决胜全面同步小康，奋力打造民族地区创新发展先行示范区，促进全州经济社会持续健康发展作出了重要贡献。

一、坚持党的领导，把牢正确政治方向

常委会始终坚持党的领导、人民当家作主、依法治州有机统一，提高政治站位，保持政治定力。一是坚持正确的政治方向。强化“四个意识”，坚定“四个自信”，坚决维护以习近平同志为核心的党中央权威和集中统一领导，在思想上政治上行动上同以习近平同志为核心的党中央保持高度一致，自觉把党的领导贯穿到人大工作各方面，把中央、省委、州委决策部署落实到人大具体工作中。二是坚持向州委请示报告制度。及时将立法、重大事项、重要会议、重要活动等工作向州委请示报告，州委的决策为人大工作的顺利开展指明了方向。三是坚持围绕州委决策部署谋划和推动工作。紧扣州委中心工作，依法履行好立法、监督、重大事项决定和人事任免等职权，通过法定程序把州委的意志转化为全州人民的自觉行动。四是坚持党对人大换届选举工作的领导。按照州委的要求，加强对县乡人大换届选举工作的指导，实现了组织意图和代表意愿的高度统一，州县乡三级人大换届选举风清气正。五是坚持做好州委安排的重要工作。贵阳至南宁高铁、平塘至罗甸高速公路等重大项目、重点工程顺利推进，州级领导干部脱贫攻坚挂点帮扶工作扎实开展。六是坚持破解难题抓改革。认真贯彻落实州委关于推进监察体制改革的决策部署，圆满完成了州监察体制改革工作中的相关任务，为推动对所有行使公权力的公职人员监察全覆盖提供保证。代表议案处理办法、委托第三方起草法规草案、县乡人大机构设置及干部队伍建设等重大改革任务扎实推进。

二、坚持服务大局，切实增强监督实效

（一）围绕助推脱贫攻坚，强化对重点工作的监督。易地扶贫搬迁是脱贫攻坚的“四场硬仗”

之一，常委会及时组织调研组深入全州易地扶贫搬迁点实地进行现场督导调研，广泛征求群众意见，召开常委会会议听取州人民政府关于全州易地扶贫搬迁后续扶持服务工作情况报告，组织常委会组成人员、部分人大代表、旁听公民、媒体记者对州人民政府进行了面对面的专题询问。为确保打赢这场硬仗，实现搬得出、稳得住、能发展、可致富的目标，针对易地扶贫搬迁后续扶持服务工作存在的短板，督促州人民政府以脱贫攻坚统揽经济社会发展全局，强化时间意识、责任意识、目标意识，认真总结春季攻势、夏季大比武和秋季攻势经验，对标对表，倒排工期，强化督查，确保年度目标任务的完成。为推动工业强州战略的实施，常委会在深入调研基础上，听取审议州人民政府关于工业发展工作情况报告，并就工业发展与促进就业、推动大众创业万众创新等工作开展了专题询问，为推动全州坚持工业强州不动摇，做到抓二产联一产促三产，在农产品深加工、解决农民工就业、就近就地帮助贫困户脱贫等方面发挥了积极作用。

（二）围绕提高发展质量，强化对经济领域的监督。常委会听取审议州人民政府关于计划、预算执行及财政收支审计等工作情况的报告，深入开展对政府全口径预决算的审查和监督，强化国库资金运行网上在线监督，加快推进预算审查“全口径、全覆盖、全过程、全公开”，促进政府预算执行公开透明，不断提高政府预算执行质量。扩大有效投资，做大做强实体经济是提高经济发展质量的关键，常委会及时听取审议州人民政府关于全州扩大有效投资情况的报告，针对项目投资资金不足和项目储备不够等问题，督促州人民政府科学谋划项目，提高招商引资实效，加强项目跟踪管理，加大资金投入，保证州委决策部署的贯彻落实。常委会高度重视审议意见的跟踪办理，州十四届人大常委会第二次会议听取审议审计工作报告后，州人民政府根据州人大常委会审议意见要求，针对审计工作中反映的问题，及时进行整改，整改涉及金额达20多亿元。

（三）围绕增进民生福祉，强化对社会热点的监督。常委会听取审议州人民政府关于全州农村土地承包经营权确权、户籍制度改革、水书申遗、医专专升本、少数民族特色村镇建设等工作情况报告。农村土地承包经营权确权登记颁证工作是深化农村改革的一项重要内容，涉及群众的切身利益，州人民政府按照常委会的审议意见，采取切实有效措施，加大统筹协调力度，各项工作得到有效推进。少数民族特色村镇建设是实施乡村振兴战略的重要内容，关系农村同步全面小康的实现，常委会组织调研组深入全州11个少数民族村镇进行广泛调研，在听取审议州人民政府关于全州少数民族特色村镇建设情况报告的基础上，针对存在的建设规划滞后、民族特色缺失、产业支撑乏力等问题，提出强化特色乡镇规划建设等五条建议，转交州人民政府研究办理。常委会始终把信访工作作为民生监督的有效途径，为迎接党的十九大召开，常委会及时听取审议州人民政府关于信访工作情况报告，并开展了专题询问，推动了信访事项的化解，为喜迎十九大胜利召开营造了和谐稳定的社会环境。常委会认真做好人民群众来信来访工作，全年共接待和办理人民群众来信来访129件（次），有效化解社会矛盾，维护了社会和谐稳定。

（四）围绕推进依法行政，强化对法律法规贯彻执行和部门工作的监督。常委会围绕大扶贫、大数据、大生态战略实施，及时开展《森林防火条例》《黔南州旅游发展条例》贯彻实施情况的执法检查，保障国家法律法规和自治州制定的条例得到全面有效贯彻执行。针对执法检查中发现的对条例宣传力度不够、资金投入不足、人才匮乏等问题提出意见建议，督促州人民政府抓好整改落实，推动大生态、大旅游战略的实施。围绕中央环保大督查提出问题的整改落实和发挥民政脱贫兜底作用等问题，开展了对州环保局、州民政局的工作评议，客观公正地对部门进行综合评价，提出意见建议，要求部门进一步转变工作作风，密切联系群众，严格依法办事，提高工作效能和服务水平，认真抓好整改意见建议的落实。常委会加强对规范性文件的备案审查，完成备案审查81件。

（五）围绕促进公正司法，强化对司法改革的监督。2017年是深化司法体制改革之年，常委会听取审议州中级人民法院、州人民检察院关于司法体制改革工作情况的报告，针对存在员额制法官和检察官配额不足、案多人少、管理机制尚未全面理顺等突出问题，督促州“两院”要坚定不移地推进司法体制改革，健全完善员额法官、检察官进退机制，加强人员分类管理，认真落实司法责任制，确保公正司法，努力让人民群众在每一个司法案件中感受到公平正义。

三、坚持法制保障，加强重点领域立法

坚持科学立法、民主立法、依法立法，拓宽立法渠道，完善工作机制，加强基层立法联系点建设，深化立法协商民主，聚集各方智慧，不断提高立法质量。制定了黔南州十四届人大常委会五年立法规划、2017 年立法计划和《黔南州人大常委会委托第三方起草法规草案暂行办法》。《黔南州天然林保护条例（草案）》《黔南州民族医药保护发展条例（草案）》的起草、修改、论证和审议工作顺利推进，开展了《黔南州村寨规划建设管理条例》《黔南州涟江河保护条例》的立法调研。完成了上级人大交办的水污染防治法修正案（草案）、中小企业促进法（修订草案）等 10 多部法律法规的修改、调研和征求意见工作。加强对三都水族自治县立法工作的指导。

四、坚持民主决策，依法行使决定权任免权

常委会顺应新时代发展要求，围绕经济社会发展大局，对预决算执行和调整、市政公共基础设施建设市场化配置等重大事项依法作出决议决定共 10 个，促进科学决策、民主决策。常委会加强对决议决定的督察，使决议决定落到实处。

坚持党管干部和人大依法任免相统一原则，严格按照相关法律法规和任免办法规定任免国家工作人员，健全完善国家工作人员任前法律考试制度，认真落实向宪法宣誓制度。全年共任免国家工作人员 98 人次，确保州委人事安排意图的实现。

五、坚持代表主体地位，充分发挥代表作用

常委会坚持把代表工作作为基础性工作来抓，对 260 多名州十四届人大代表进行培训，夯实代表履职基础，增强代表履职意识，提高了依法履职能力。加强代表履职平台建设，建成人大代表联络站（室）433 个，进一步推动代表履职常态化、规范化。认真落实常委会组成人员联系代表、代表联系人民群众制度，进一步密切与人民群众的联系。增加代表列席常委会会议，参加执法检查、视察调研、工作评议等活动的人数，保障代表充分行使职权。组织部分全国人大代表和省人大代表进行集中视察，组织部分州人大代表参加法院公众开放日、旁听案件庭审和检察院检察开放日等活动，激发代表履职热情。围绕全州经济社会发展大局和代表关注的热点难点问题，建立代表微信公众号和代表微信群，向代表发布相关信息，为代表知情知政、建言献策提供服务保障。认真抓好代表建议意见办理，明确责任单位，搞好统筹协调，实行分类督办、网上督办、重点督办，州人大常委会主任会议成员带头重点督办，州人民政府领导带头领办，确保每件建议得到有效办理，246 件建议意见办理落实率、满意率进一步提高。

六、坚持务实创新，切实加强自身建设

常委会认真贯彻落实党要管党、从严治党总要求，切实加强自身建设。一是加强政治思想和作风建设。认真学习党的十八大、十八届历次全会、十九大和习近平总书记在贵州省代表团重要讲话精神，坚持用习近平新时代中国特色社会主义思想武装头脑，指导实践，推动工作。二是深入推进“两学一做”学习教育常态化制度化。邀请专家为常委会组成人员和机关干部开展党的十九大精神及相关法律专题辅导讲座 5 次，对 200 余名州、县、乡人大干部进行了履职培训，使人大干部的理论水平和业务能力有了明显提高。三是加强机关制度建设。先后制定和修改完善相关工作制度 72 个，强化制度执行，各项工作有章可循，机关工作有序高效运转。四是加强机关干部队伍建设。提拔交流县处级干部 8 人，选派 5 名机关干部到贫困村驻村助力脱贫攻坚，选调 8 名优秀年轻干部充实到机关工作，机关干部年龄结构和专业结构进一步优化，整体素质进一步提升。五是加强机关文化建设。举办第六届全州人大系统书画摄影展暨体育运动会，密切与县市人大的联系，进一步提振全州人大系统干部职工精气神。2017

年，州人大常委会机关荣获全国全民健身先进单位等荣誉称号。六是加强宣传工作。认真办好州人大常委会门户网站、黔南日报“黔南人大”专栏，定期在新闻媒体宣传人大工作经验和代表履职风采。在国家、省、州新闻媒体刊载人大工作和代表履职风采文章50多篇，编发《黔南人大》期刊4期，《黔南人大工作动态》46期，进一步提高我州地方人大工作的知名度和影响力。

各位代表，州十四届人大常委会依法履职一年来，我们深切体会到，必须始终坚持党对人大工作的领导，这是做好人大工作的政治保证。只有坚持党的领导、人民当家作主、依法治州有机统一，才能坚定人民代表大会制度自信，才能更好地发挥人民代表大会制度的优势；必须始终坚持以人民为中心，这是做好人大工作的力量源泉。人民代表大会制度的根基深深地植于人民之中，只有坚持以人民为中心，为民代言，为民谋福祉，才能不辜负人民群众的新期待，才能凝聚民心，形成推动发展的强大力量；必须始终坚持围绕中心，服务大局，这是做好人大工作的根本定位。只有坚持在大局下依法履职，围绕大扶贫、大数据、大生态战略和“3366”发展战略，主动服从服务中心，人大工作才富有成效，才能彰显地方国家权力机关的权威；必须始终坚持法治思维，这是做好人大工作的主要遵循。依法治州是人大义不容辞的政治责任，只有坚持厉行法治，立良法立善法，发挥立法引领推动作用，才能全面推进法治黔南建设，促进依法行政、公正司法；必须始终坚持工作创新，这是做好人大工作的内在动力。创新是进步的灵魂，只有不断创新工作机制，才能在新时代推动人大工作不断迈上新台阶。

各位代表，过去的一年，州人大常委会各项工作取得的成绩，是在中共黔南州委的坚强领导下，全体人大代表、常委会组成人员和全州人大工作者辛勤工作、奋力拼博的结果，是州“一府两院”和各县（市）人大常委会积极协同、密切配合的结果，是全州各族干部群众、社会各界充分信任、大力支持的结果。在此，我代表州人大常委会向大家表示崇高的敬意和衷心的感谢！

回顾过去一年的工作，在充分肯定成绩的同时，我们也清醒地认识到，常委会的工作与党和人民的要求还有差距，主要体现在监督上需进一步深入，行使重大事项决定权需进一步强化，规范性文件备案审查需进一步加强，调查研究工作需进一步改进，对县乡人大工作的指导力度需进一步加大等。对于这些问题，在今后工作中，我们将采取切实有效的措施，认真加以解决。

2018年主要任务

各位代表，进入新时代要有新气象，更要有新作为。2018年，是全面贯彻落实党的十九大精神的开局之年，是改革开放40周年，是决战脱贫攻坚、决胜同步全面小康，全面实施“十三五”规划承前启后的关键一年，做好今年的各项工作意义重大。州人大常委会工作的总体要求是：在中共黔南州委的领导下，高举中国特色社会主义伟大旗帜，全面贯彻落实党的十九大精神和习近平总书记在贵州省代表团重要讲话精神，以习近平新时代中国特色社会主义思想为指引，坚持主基调主战略不动摇，统筹推进“五位一体”总体布局和协调推进“四个全面”战略布局，深入实施“3366”发展战略，坚持党的领导、人民当家作主、依法治州有机统一，依法行使立法权、监督权、决定权、任免权，充分发挥人大代表作用，努力成为全面担负起宪法法律赋予的各项职责的工作机关，成为同人民群众保持密切联系的代表机关，为决战脱贫攻坚、决胜同步全面小康，促进黔南经济社会持续健康发展作出新的贡献。

一、始终坚持党对人大工作的领导

深入学习贯彻落实党的十九大精神和习近平总书记在贵州省代表团的重要讲话精神，不断提高政治站位和政治定力，增强“四个意识”，坚定“四个自信”，坚决维护以习近平同志为核心的党中央权威和集中统一领导，在思想上政治上行动上同以习近平同志为核心的党中央保持高度一致，用习近平新时代中国特色社会主义思想武装头脑，指导实践，推动工作。紧紧围绕全州发展大局，统筹安排立法、监督、决定、任免等各项工作。健全完善请示报告制度，重大问题和重要事项及时向州委请示报告，完成州委交办的全面深化改革全面依法治州等重要工作任务，确保州委决策部署的全面贯彻落实。

二、切实加强和改进监督工作

一是紧紧围绕脱贫攻坚、同步全面小康和重点工作落实、重大项目建设等人民群众关注的热点难点问题，通过听取审议专项工作报告、执法检查、视察调研、专题询问、工作评议等方式，加强对州“一府一委两院”的监督。听取审议“十三五”规划中期评估、实体经济发展、旅游综合目的地打造、民生工程实施、营商环境优化等专项工作情况报告，并对有关工作开展专题询问。二是全面推进依法治州，保证法律法规的贯彻实施。对《贵州省大扶贫条例》《黔南州500米口径球面射电望远镜电磁波宁静区环境保护条例》等法律法规开展执法检查，增强法律法规的约束力、落实力。三是切实加强对预决算的审查和监督，听取审议计划、预决算和审计等工作情况的报告。认真落实《贵州省人大常委会关于推进人大预算联网监督的实施意见》，加强预算执行联网审查监督。进一步完善全口径预算决算审查监督方式，注重对政府性债务、国有资本经营管理的监督。

三、深入推进民族立法和地方立法

把提高立法质量摆在更加突出位置，坚持党委领导、人

大主导、政府配合、社会参与的立法机制。围绕科学立法、民主立法、依法立法，加快推进地方法规起草主体多元化，解决好公民有序参与立法的途径问题，从体制机制和工作程序上有效防止部门利益法制化。做好《黔南州民族医药保护发展条例》《黔南州天然林保护条例》报省的审查批准和颁布实施工作。做好《黔南州村寨规划建设管理条例（草案）》《黔南州水书文化保护条例（草案）》《黔南州涟江河保护条例（草案）》的起草、论证、修改和审议。开展《黔南州自治条例（修订案）》《黔南州非物质文化遗产保护条例》的立法调研。加强对三都水族自治县立法工作的指导。

四、依法行使决定权任免权

围绕全州经济社会发展的重大事项，依法作出决议决定，将州委的主张通过法定程序转化为全州人民的共同意志和自觉行动。坚持党管干部原则和人大依法任免相统一，完善向宪法宣誓、任前法律考试等制度，增强国家工作人员的宪法意识、公仆意识和服务意识。

五、深化拓展人大代表工作

提高代表服务保障工作水平，支持和保障代表依法履职。加强代表培训，提高代表素质。积极探索代表履职大数据支撑体系建设，不断提升代表履职的积极性和主动性。加强和完善代表联络站（室）建设，不断改进代表小组活动方式。组织代表开展调研和集中视察等活动，积极建言献策。完善代表建议办理和督办机制，提高建议办理质量。协调做好县（市）人大代表工作，推进县乡人大规范化建设。

六、不断加强自身建设

以开展“不忘初心、牢记使命”主题教育为契机，深入学习贯彻党的十九大精神和习近平总书记在贵州省代表团重要讲话精神，用习近平新时代中国特色社会主义思想武装头脑。不断完善知识结构，提升业务能力，增长实践才干，全力打造一支能力过硬、勇于担当的新时代人大干部队伍。严格遵守中央八项规定、省委十项规定、州委九项规定及其实施细则。加强党风廉政建设，压实从严治党主体责任和监督责任，树立地方国家权力机关为民、务实、清廉的良好形象。不断创新工作方式方法，着力提高机关运行质量和效率。加强对县（市）人大工作的指导，提升全州人大工作整体水平。

各位代表，新时代呼唤我们奋发有为，新使命要求我们勇于担当。让我们在中共黔南州委的坚强领导下，大力弘扬新时代贵州精神和大射电创新精神，牢记嘱托，感恩奋进，充分发挥人大及其常委会的作用，为奋力书写新时代黔南发展新篇章作出新贡献！

中国人民政治协商会议 黔南布依族苗族自治州第十二届委员会 常务委员会工作报告

——在政协黔南州第十二届委员会第二次会议上

黔南州政协主席　魏明禄

（2018 年 2 月 4 日）

2017 年主要工作回顾

2017 年，在习近平新时代中国特色社会主义思想指引下，在中共黔南州委的坚强领导下，在州政府的大力支持下，州政协及其常委会旗帜鲜明讲政治，进一步强化“四个意识”，始终坚持中国共产党对政协的全面集中统一领导，始终坚持人民政协事业的正确政治方向，按照贯彻落实习近平总书记“懂政协、会协商、善议政”重要思想，紧紧围绕团结民主两大主题，认真履行政治协商、民主监督、参政议政三大职能，为黔南决战脱贫攻坚、决胜全面小康贡献政协智慧和政协力量，各项工作跃上新台阶，履行职能实现新突破，干部精神呈现新面貌，实现了本届工作的良好开局，谱写了政协事业新篇章。

一、加强学习、夯实基础，政治站位得到新提高

坚持政治学习武装头脑，强化业务培训提升水平，政协系统学风明显转变，政协委员综合素质显著提高。

（一）加强政治学习，提高政治站位。一年来，组织多层次、多形式学习，重点学习了中共十八大、十九大精神、习近平总书记在贵州省代表团的重要讲话、党和国家领导人关于人民政协工作的重要论述、省第十二次党代会、州第十一次党代会及州委十一届四次、五次全会精神。通过学习，政协委员和机关干部普遍提高了政治站位，坚定了“四个自信”，树牢了“四个意识”，增强了坚决维护习近平总书记领导核心的坚定性，增强了用习近平新时代中国特色社会主义思想武装头脑、指导实践、推动工作的自觉性，增进了对中共大政方针政策的政治认同、思想认同、情感认同，做到了政治上思想上行动上与以习近平同志为核心的党中央保持高度一致，始终与州委、州政府同心同德、同向同行、同频共振，形成了团结奋进、履职干事的浓厚氛围。

（二）强化业务培训，提升履职能力。根据换届后新委员多的实际，采取综合培训与专项培训结合、州内培训与州外培训结合、开办业务讲堂与推送干部外出培训结合等方式，邀请上级领导、专家学者解读中央、省州重要会议精神，讲授政协理论和提案撰写、调查研究、社情民意反映等业务知识。全年共培训政协委员、政协干部 1200 多人次。通过培训，全体政协委员开阔了视野、拓宽了思路，政治把握能力、调查研究能力、联系群众能力、合作共事能力明显提升，大家不忘初心、同心同德、砥砺前行，成为全面深化改革的坚定拥护者、落实州委决策的有力推动者、同步小康伟业的优秀建设者、增进人民福祉的积极促进者、政协良好形象的忠实维护者，发挥了政协委员的主体作用，展现了政协委员的时代风采。

二、紧扣中心、服务大局，履行职能取得新成效

紧扣州委、州政府重大决策、中心工作，履行政治协商、民主监督、参政议政职能，切实为服务决策、推进落实、助推发展献计出力。

（一）服务决策，政治协商有广度。一是例会协商资政献策。认真选题开好协商例会，积极为科学民主决策提供政协方案。召开全委会、常委会、主席会、对口协商会26次，分别就实体经济、三农问题、文化旅游、精准脱贫、生态文明建设等工作与州政府及州直相关部门协商，提出意见建议120余条，推动了相关工作的落实。二是参会协商议政建言。充分利用列席州委常委会、州政府常务会、各种座谈会、征求意见会，开展政党协商、人大协商、政府协商，就全州改革发展的重大决策、重要活动、民生事业、立法工作等建言献策，贡献了政协智慧。

（二）促进落实，民主监督有力度。一是发挥提案作用促落实。采取提案办理示范单位创建、重点提案领导领衔督办、提案“提”“办”双向测评、提案办理委员视察、办理情况暗访督查等措施，307件提案实现了办复率、沟通率“双百”目标，回应了委员关切，推动了工作落实。二是发挥“两员”作用促落实。推荐20余位政协委员在组织人事、教育卫生、政法军警、生态环保等部门担任特邀监督员、行风评议员，协调、指导“两员”参加民主监督活动80余次，推动了工作中近100个问题的整改、落实。三是发挥社情民意作用促落实。把反映社情民意作为委员履职量化评价的重要内容，全年共反馈社情民意200余条，整理60余条上报全国政协、省政协，推动涉及民生福祉的一些困难和问题得到了解决。

（三）聚焦民生，参政议政有强度。一是聚力聚智助推脱贫。把助推精准脱贫作为政协参政出力的重要任务，着力抓好领导班子成员、政协机关13个帮扶点的扶贫脱贫工作，帮助理清思路、找准脱贫路子、联系项目资金、推动产业落地，选派3名干部真蹲实驻、长帮常扶。全年累计落实1400余万元资金，实施了道路硬化、人畜饮水、蔬菜种植、生猪养殖等10多个项目。发挥智力支边作用，牵线搭桥25家基金会、企业和一批爱心人士，投入资金及物资1000多万元，重点实施了农村教育卫生、文体场所、贫困学生资助等40多个项目，举办金融知识、医疗卫生、职业技能等培训30期，培训2000人（次），智志双扶。二是担当作为助力发展。在履职尽责的同时，积极参与城镇建设、河长巡察、生态文明建设、贵定中华农耕文化园建设、平塘天文小镇建设等工作，切实做好统筹、协调、指导、服务等工作，较好地完成了州委、州政府交给的任务。在环境保护督查、民族团结进步示范州创建、茶产业发展、旅游产业提质等工作中，建言献策与聚力出力并举，为州委决策部署落实落地尽了绵薄之力。

三、抓住重点、精准发力，建言献策实现新突破

坚持把视察调研作为政协履职尽责的重要抓手，周密谋划、精心选题，视察商大计，调研出对策。

（一）专项视察商大计。选取涉及脱贫攻坚提案办理情况、全民健身计划落实情况、农村闲置宅基地处置情况三个事关群众切身利益的事项，开展驻州省政协委员视察、主席会议视察和常委会议视察，同当地党委政府共商破题之策、共寻解题之道，形成3份视察报告，供州委决策参考，得到了州委州政府主要领导肯定。州委唐德智书记对脱贫攻坚提案办理情况的视察报告作出“做好政协提案工作很重要，是各级党政部门的重要职责。有关加强和改进提案工作的问题，请标龙、贤臣同志组织研究提出具体意见；有关调研反映出的精准脱贫问题，请桂荣、燕萍同志在调度中注意采取措施加以解决”的批示，对农村闲置宅基地处置情况的视察报告作出“请州政府特别是易地扶贫搬迁指挥部认真组织研究，争取拿出些管用的具体办法，把这方面问题解决得更好些”的批示，发挥了专项视察谋大事、商大计的重要作用。

（二）专题调研献良策。按照“谋划三个、做好两个、做精一个”的要求，各专委会围绕经济发展、社会治理、民生改善中的重点、热点、难点问题精心选题，领导班子成员带队深入调研，形成的茶产业转型升级、利用多层次资本市场助推企业发展、工业经济发展、文化产业发展等16份调研报告，均得到州委、州政府主要领导批示。其中：省委常委、原州委书记龙长春在《关于利用多层次资本市场助推企业转型发展的调研报告》上批示：“该调研报告有高度、有深度，请黄伟同志阅研，并将一些好的建议及时转化为政策措施”，州长吴胜华批示：“该报告很好，分析问题实事求是，对策建议很有针对性。请黄伟同志牵头，研究提出切实可行意见，进一步用好资本市场助推县域经济发展”。州委唐德智书记在《关于黔南州工业经济发展情况的调研报告》上批示：“州政协的这次专题调研质量很高，讲实情，建真言，谢谢调研组同志所付出的努力，有关情况和意见全州工业大会报告已吸纳，下步工作中还要认真抓落实，确保全州工业尽快‘脱胎换骨’”。全年调研工作成效显著，调研报告质量普遍较高，不但获得批示的篇数超出过去5年的总和，而且提出的对策建议都得到重视采纳，有的已转化成成果。如，《黔南州茶产业转型升级调研报告》，德智书记除了作出重要批示外，还亲自召开专题会议研究；对《黔南州环保工作暨落实省委环保督查问题清单的调研报告》，德智书记批示要求在加强机制上下功夫，州政府已制订了6个机制性文件；对《黔南州文化产业发展状况的调研报告》作出“报告很有质量、很有见地”批示，要求相关部门形成文件报州委州政府审定，目前，已经出台了《黔南州推进文化产业发展三年行动方案》。

四、把握主题、扩大合作，凝心聚力开创新局面

牢牢把握团结和民主两大主题，充分发挥联系广泛的优势，凝聚共识，汇聚力量，努力促进大团结大联合。

（一）把握两大主题，画好最大同心圆。建立工作联动机制，搭建参政议政平台，联合各民主党派、工商联和无党派人士，开展协商议政、视察调研等活动，集思广益谋发展，众志成城搞建设。发挥联系广泛的优势，组织引导政协委员做好协调关系、理顺情绪、化解矛盾、凝聚人心等工作，努力寻求最大公约数，促进党群关系、干群关系、民族关系团结和谐。通过协商民主、合作共事，增强了各民主党派、工商联和无党派人士对中国共产党领导的多党合作和政治协商制度的政治认同、思想认同，画出了各族各界一心向党的最大同心圆，凝聚了改革发展的强劲合力。

（二）加强纵横协作，汇聚最强正能量。优化服务树形象，全年共接待全国政协原主席贾庆林等副部级以上领导26批次，18个省（市、区）政协及市（州）政协团队56批次1000余人次，规格之高、批次之多为近年少见。对外联谊促开放，加强与左右江革命老区八市（州）政协联系，共同完成构建全域康养旅游先行示范区调研课题，共商革命老区联动发展大计；坚持问题导向和需求导向，带着问题外出考察，在学习取经的同时宣传推介黔南，为开放协作打基础。上下联动强协作，与12县（市）共同完成了全国政协、省政协17次专项调研的协调服务工作，成功举办了“大美黔菜·黔南飘香”展示品鉴活动，推出了具有黔南特色的80道精品菜肴；与州直有关部门合作，出版了文史资料《老红军肖德昌》、征集了建国以来黔南州大事记述资料、举办了学习十九大美术作品展等。

五、完善制度、开拓进取，自身建设再上新台阶

以克服“‘二线’思想、保持‘一线’状态”为总体要求，以“三型机关”创建为载体，着力抓好规章制度、干部队伍、党风廉政等建设，形成了风清气正、干事创业的良好氛围。

（一）强基固本树形象。一是加强制度建设。

废止不合时宜制度5项，修订、新建制度17项，坚持用制度管人管事，进一步推进了政协工作规范化、制度化、程序化。二是开展“三型机关”创建活动。采取定计划组织学、提要求督促学、上讲台敦促学等方式推动学习常态化，建设学习型机关；采取月汇报、季检查、年述职和督落实、问效率、查效果等方式促进立说立行，建设效能型机关；强化“我在政协·爱我政协”意识，强化服务大局、服务委员、服务基层，建设服务型机关，激发了干部激情、增强了机关活力。三是强化组织建设。坚持正确选人用人导向，推荐、提拔各层面干部7名，改变了过去政协出干部难、难出干部的现象，营造了风清气正的政治生态。通过健全机关工会、妇联和青年组织，举办“我在政协·爱我政协”演讲比赛、走基层送温暖等活动，提振了干部精气神，机关面貌焕然一新。

（二）正风肃纪守底线。把党风廉洁建设与政协工作同部署、同检查、同落实，坚持把纪律挺在前面，严格执行《中国共产党廉洁自律准则》《中国共产党纪律处分条例》《关于新形势下党内政治生活的若干准则》《中国共产党党内监督条例》等党纪党规；全面从严治党，严格执行“八项规定”精神，驰而不息反对“四风”。组织机关干部到州内反腐倡廉教育基地，开展了4次廉政教育和党性锻炼活动。通过党纪党规教育、现场警示教育，守牢廉洁自律底线，形成了风清气正、崇廉尚实、干事创业的良好氛围。

（三）强化宣传增信心。坚持讲好政协新故事，传递政协好声音，密切与新闻媒体联系沟通，加强新闻宣传工作。坚持把握时代脉搏，讲主题重要的故事；关注时代发展，讲寓意深刻的故事，紧跟时代步伐，讲使人提神的故事。2017年，《人民政协报》《贵州日报》《贵州政协报》和贵州电视台刊播黔南州政协工作的稿件300多篇（条），相当于过去5年的总和，改变了政协宣传工作滞后的状况。其中，在《贵州政协报》的上稿量跃居各市州前列。在《人民政协报》《贵州日报》发表的《深学广储履职尽责》《充分利用优势做强产业》《凝聚政协正能量发出政协好声音》等稿件，社会反响较好。州政协还创建了门户网站和微信公众号，对外宣传渠道不断拓宽，宣传内容更加丰富，为州政协走进新时代、展现新作为营造了良好的舆论环境。

各位委员、同志们，过去一年，州政协工作取得了新突破、创造了新业绩，实现了本届政协的良好开局。各县（市）政协工作也亮点纷呈。都匀市政协建立委员QQ群、微信群开展网络议政履职渠道有效拓宽，福泉市政协探索建立“市长与委员话实体经济”活动平台破解难题有实招，瓮安县政协沉底一线担当作为得到县委频频点赞，贵定县政协着力“三实”抓调研交出满意答卷，龙里县政协发挥界别优势配合扶贫攻坚打出漂亮“组合拳”，惠水县政协建立“委室+界别联组+委员”联动机制整体作用发挥有声有色，长顺县政协开展“社情民意征集日”活动面对面征集信息数量质量双提升，独山县政协挖掘历史文化形成系列成果以文化人功效凸显，三都县政协探索形成“三用”新机制激发委员激情履职成效突出，荔波县政协聚焦旅游提质扩容献计出力效果显著，平塘县政协开通社情民意“直通车”推动民生问题解决得民心，罗甸县政协多维度建言山水湖城建设开出好良方。

这些成绩的取得，得益于州委的坚强领导，得益于州人大、州政府和各级各部门的大力支持，得益于全州各级政协组织及广大政协委员的同心戮力。在此，我代表州政协常委会，向各级各部门及社会各界表示崇高的敬意和诚挚的感谢！

回顾一年的工作，我们清醒地看到，面对新时代、新形势、新要求、新任务，州政协的工作还存在一些差距和不足，主要体现在：履职尽责的主动性还不够、参政议政意识还不强、调查研究的功夫还不深、民主监督力度还不大、委员主体作用发挥还不平衡不充分，等等。这些薄弱环节和问题，我们在今后的工作，一定认真研究，切实加以改进。

2018年主要工作打算

各位委员，2018年，是全面贯彻落实中共十九大精神的开局之年，是决胜全面小康的攻坚之年。走进新时代，面对新形势，落实新要求，完成新任务，我们要高举新时代中国特色社会主义伟大旗帜，坚持以习近平新时代中国特色社会主义思想为指引，精准聚焦党政工作中心，精心聚集各界民智民力，围绕团结民主两大主题，在中共黔南州委的坚强领导下，充分发挥协商民主重要渠道和专门协商机构作用，以更加奋发有为的精神、更加求真务实的作风、更加扎实有效的工作，不忘初心，忠诚履职，奋力谱写新时代人民政协工作新篇章。

一、抓好十九大精神的贯彻落实

把学习宣传贯彻中共十九大精神和习近平总书记在贵州省代表团重要讲话精神作为重大政治任务，组织开展好“不忘初心牢记使命”学习教育活动，联系州情实际、结合政协工作、紧贴本职岗位，在学懂、弄通、做实上下功夫，注重成果转化，做到知行合一，在黔南推动十九大精神落地落实中展现政协作为。

二、抓好解题破题献计献策工作

充分发挥政协人才荟萃、地位超脱的优势，重点瞄准脱贫攻坚不精准、区域发展不平衡、城乡发展不均衡、文化产品不丰富、公共服务不均等、生态发展不协调、体制机制不适应、干部履职不到位等突出问题，深入调研、集思广益，建睿智之言、献务实之策、谋创新之举，努力为解题破题提供政协方案。

三、抓好社情民意收集反馈工作

坚持以人民为中心的发展思想，把实现好、发展好、维护好最广大人民的根本利益作为政协工作的主要内容，发挥政协联系广泛的优势，倾听群众呼声，了解群众诉求，把握群众关切，做好民情民意上达工作，推进民生问题解决，促进社会和谐稳定，为我州后发赶超营造良好环境。

四、抓好人民政协协商民主建设

充分发挥政协协商民主重要渠道和专门协商机构作用，进一步丰富协商形式、拓展协商渠道、完善协商机制，推进政协协商民主广泛多层制度化。周密制订年度计划，在专题协商、重点协商、对口协商、界别协商、提案办理协商上取得新突破，为推动州委、州政府重大决策部署落地生根、开花结果，凝聚共识、汇聚力量、提供良策。

五、抓好对外联谊交往协作工作

树立大联谊观念，坚持上下配合、左右联合、整体联动，形成合力，共同做好联谊工作。发挥智力支边作用，抓好牵线搭桥，在引资引智上取得突破。加强与广州市政协交流交往，努力在招商引资上有所作为。高质量承办好左右江革命老区八市（州）政协主席联席会，展示黔南形象，提升黔南人气。

六、抓好新时代政协的自身建设

立足新时代，适应新形势，紧扣新要求，统筹抓好机关各项建设。以加强政协理论研究为基础，推动思路创新、工作创新；以提升“四个能力”为重点，着力抓好干部队伍建设，提高整体工作效率；以廉政建设、作风建设为重点，全面加强机关党的建设，保持良好政治生态；深入推进“三型机关”建设，进一步激发创新活力，推进思路创新、工作创新。

各位委员、同志们，新时代要有新气象，更要有新作为。让我们更加紧密地团结在以习近平总书记为核心的中共中央周围，在中共黔南州委的坚强领导下，携手新时代、贯彻新理念、聚焦新目标、落实新部署，不忘初心、牢记使命、感恩奋进，为决战脱贫攻坚、决胜全面小康，续写新时代黔南改革发展新篇章而不懈奋斗！

·2017年大事记·

2017 ***NIAN DASHIJI***

1月

1日 都匀地区举办元旦迎新长跑暨“都匀毛尖”第二届半程马拉松比赛，来自省内外千余名长跑爱好者参加比赛，迎接新年的到来。

7日 第12届中国传媒大会在南宁召开，来自全国报纸、期刊、广播、电视、网络、广告、新媒体等215家媒体、292名媒体专家与业界精英参加大会。《黔南日报》获金长城传媒奖“2016中国十大影响力地市党报”称号。

11日 中国红十字会党组成员、副会长王平率慰问组一行到罗甸、惠水两县开展2017年“红十字博爱送万家”慰问活动，省、州红十字会与当地政府相关负责人陪同。

同日 贵州省文化系统舞台艺术创作重点项目《木楼古歌》剧本研讨会在都匀召开。中国文艺研修院常务副院长傅亦轩，贵州省文联党组成员、副主席汪信山，贵州省戏剧家协会常务副主席、秘书长石佳昱等数十名专家参加研讨。副州长刘建民出席研讨会。

15日 由中国互联网新闻中心主办，中国环境科学学会协办，中市互动（北京）城市文化发展有限公司承办的“绿色中国，我们在行动——第三届绿色发展与生态建设新标杆盛典”在北京召开。都匀市荣膺“2016创新中国·绿色发展优秀城市”，并成为2017年中国绿色发展与生态建设标杆城市。

16日 “炎黄梅商（荔波）高峰论坛暨荔波招商推介会”在荔波举行。炎黄梅商联盟会长、盈科旅游创始人梅向荣，炎黄梅商联盟副会长、陕西（西安）梅氏会会长、陕西翔宇通工贸有限公司董事长梅建中；美国梅商联盟首席执行官、美国阿里山集团总裁梅植峰；贵州梅氏会（筹）会长、贵阳济仁堂药业有限公司总经理梅景升；湖北梅氏会会长、炎黄梅商联盟副会长、武汉浦项特种耐火材料有限公司总经理梅秋生；湖南梅氏会荣誉会长、湖南省郴州市大金矿业有限公司执行董事梅盛海；炎黄梅商联盟常务理事、江西梅氏会副会长、江西南昌洋浦天然香料香精有限公司董事长梅家庆；炎黄梅商联盟副会长、江西华兴科技有限公司总经理梅国良；中国社会科学院书画家协会主席、博士生导师何劲松，以及来自新加坡、韩国、日本、泰国、美国、法国、德国、台湾等20多个国家地区的200余名梅氏企业家代表、梅氏宗亲组织代表、梅氏文化研究学者出席参加论坛。

同日 香港新青年联合会主席张然一行在省委统战部二处副处长王海的陪同下，到贵定阳宝山考察调研佛教文化。

21日 州委召开常委（扩大）会议，传达学习贯彻省十二届人大五次会议、省政协十一届五次会议、省纪委十一届六次会议、中央政法委工作会、全省社会治安综合治理创新工作现场观摩会和全省政法委建设工作会议精神，听取州人大常委会、州政府、州政协、州法院、州检察院党组2016年工作情况汇报，并审定相关报告。州委书记龙长春主持会议并讲话。

23日 州委常委班子召开2016年度民主生活会暨州委落实全面从严治党责任情况汇报会，以学习贯彻中共十八届六中全会、省委十一届八次全会和州第十一次党代会精神为主题，围绕“两学一做”学习教育要求，重点对照《关于新形势下党内政治生活的若干准则》和《中国共产党党内监督条例》，紧密联系思想和工作实际，深入查摆问题，深刻剖析根源，严肃开展批评和自我批评，明确整改方向和重点，切实加强班子自身建设。省委常委、副省长慕德贵，省政府副秘书长罗强，省纪委常委向昀，省委组织部机关党委书记范永海等到会指导。州委书记龙长春主持会议并讲话。

24—25日 州四家班子领导龙长春、吴胜华、罗毅、魏明禄、罗桂荣等分别率队赴各驻黔南部队驻地慰问官兵，同庆新春佳节。

是月 教育部下发《教育部关于公布2016年国防教育特色学校名单的通知》（教体艺函〔2017〕1号），黔南民族职业技术学院喜在名单之列，为贵州省7所获此殊荣的唯一一所高职院校。其他6所学校分别是贵州大学、贵州师范大学附属中学、贵州省经济学校、息烽县鹿窝九年制学校、遵义航天中学、贵州省思南中学。

同日 经国务院批准，《西部大开发“十三五”规划》正式对外公布，其中提出将推动中小城市和小城镇健康发展。《规划》同时公布百座特色小城镇名单，黔南州有2个城镇入选。其中荔波县甲良镇入选旅游休闲型城镇，龙里县醒狮镇入选商贸物流型城镇。

2月

2日 由黔南州文联、州民协主办的“黔南州同步小康·幸福黔南山歌擂台赛”经过3天的同台角逐，在贵定县沿山镇春光村落幕。来自都匀的歌手刘元琴、罗延品和来自平塘的歌手王金成、黎如祥因表现突出和成绩优异，被州文联、州民协授予“黔南歌王”荣誉称号。同时，来自贵定的罗舒婷等4对歌手和来自惠水的罗惠平等9对歌手分别获得二、三等奖。同时，瓮安县文联、惠水县文联和独山县文联因组织有力，获得“组织奖”。

5—6日 《世界书画家报》的艺术家们到三都采风，并进行了《世界书画家报》艺术家创作基地的挂牌。《世界书画家报》是经中华人民共和国香港特别行政区政府批准成立的报刊，创刊于2013年9月18日，以传播弘扬中国国画、书法以及新兴油画艺术，传播海内外书画信息、推介新人新作为办报宗旨，报纸在全球80余家世界华文传媒书画艺术联盟成员媒体所在地区发行。

7—8日 贵州省政协党组副书记、副主席蒙启良率队到独山县开展扶贫工作调研。蒙启良一行先后到影山镇紫林山村、茶天堂、净心谷景区、金利达手机生产基地、天洞旅游开发项目等地调研，了解项目运行和带动当地群众就业情况。独山县领导陪同调研。

10日 贵州省委常委、副省长慕德贵到黔南州调研工业经济和都匀至凯里高铁联络线项目。州委书记龙长春，州委副书记、代州长吴胜华，州委副书记、常务副州长、州委政法委书记罗桂荣，州委常委、都匀市委书记吴丹，州人大常委会副主任逄焕华，副州长张全毅等陪同调研。省、州相关部门负责人，黔东南州有关领导参加座谈会。

同日 由中国侨联、中共贵州省委统战部和贵州省侨联主办的“亲情中华·欢聚都匀”大型文艺慰问演出在都匀文体艺术中心上演，回乡过年的黔南籍海外侨胞、当地归侨侨眷及社会各界人士1400余人观看了演出。中国侨联副主席康晓萍、贵州省委统战部副部长王茂爱、贵州省侨联主席吕虹等领导出席慰问演出活动。州有关领导到现场观看慰问演出。

12～19日 政协黔南州十二届一次会议在都匀召开。州委书记龙长春在开幕会上讲话。会议听取和协商讨论州政协副主席王国太、黎燕萍受政协黔南州第十一届委员会常务委员会委托分别所作的政协常委会工作报告及关于提案工作情况的报告。会议期间，全体与会人员列席了州十四届人大一次会议，听取和协商讨论了代理州长吴胜华所作的《政府工作报告》及其他工作报告。大会投票选举政协黔南州第十二届委员会主席、副主席、秘书长、常务委员。

14 日 国土资源部副部长曹卫星率调研组到惠水县，就土地整治项目和基本农田划定工作开展实地调研。贵州省副省长钟勉，省政府副秘书长周乐职，省国土资源厅厅长朱立军、副厅长郭强，副州长胡晓剑等参加调研。

同日 “生态之州·幸福黔南”2017 年都匀剑江欢乐节第六届“尚城壹品”杯兰花艺术节启动。州委书记龙长春，州人大常委会主任罗毅，州政协党组书记魏明禄，州委副书记、常务副州长、州委政法委书记罗桂荣，州委常委、瓮安县委书记张文强，州委常委、都匀市委书记吴丹，州委常委、州委秘书长、州政协副主席瓦标龙，州人大常委会副主任逄焕华，州政协副主席黎燕萍等出席兰花艺术节。

14—15 日 国家农业部督查组到三都县督查指导 H7N9 流感病毒防控、监测工作开展情况。

14—18 日 为继续响应国家宗教局的扶贫倡议，参与国家宗教局定点帮扶三都水族自治县工作，中国天主教一会一团考察组以及河北进德公益基金会、天主教贵阳教区人员一行 6 人到三都县三合街道拉揽村懂术开展扶贫调研。

15 日 贵州省副省长陈鸣明率省民政厅副厅长张惠民、省民族宗教事务委副主任徐飞、省交通运输厅公路局副局长阮有力、省扶贫办对口帮扶处处长彭锦斌等单位有关负责人，到极贫乡镇平塘县大塘镇调研脱贫攻坚工作。

15～19 日 黔南州第十四届人民代表大会第一次会议在都匀召开，大会选举产生了黔南州第十四届人民代表大会常务委员会主任、副主任、秘书长和委员，选举黔南州人民政府州长、副州长，选举黔南州中级人民法院院长、黔南州人民检察院检察长。

黔南州十四届人大一次会议闭幕后，全州新当选的国家机关工作人员集体向宪法宣誓。

18 日 贵州省财政厅副厅长何建明带队的省政府教育精准扶贫督查组到瓮安县督查教育精准扶贫工作，黔南州教育局、瓮安县委有关领导参加督查座谈。

20 日 中国共产党黔南州第十一届纪律检查委员会第二次全体会议在都匀召开。州委书记龙长春出席上午的领导干部大会并讲话。州委副书记、州长吴胜华主持会议。

同日 全省高速公路建设攻坚决战 2017 年 2 月份调度会暨品质工程推进会在平塘县召开。会议对平塘至罗甸高速公路在项目推进中取得的成绩给予了肯定，对全省高速公路建设下一步工作进行安排部署。省交通运输厅党委委员、总工程师潘海，省公路局副局长阮有力出席会议。省交通运输厅建管处、安监处及厅属有关单位负责人，省内各在建高速公路项目业主单位负责人，在建高速公路项目办主任、总监及 2017 年新开工项目负责人，平罗高速公路（平塘段）指挥部相关负责人参加会议。

21 日 贵州省新闻出版广电局党组成员、副局长王贤赓率省“扫黄打非”办公室一行 4 人到黔南，对黔南州“扫黄打非”工作进行调研、指导，此次调研指导工作主要采取召开座谈会和随机实地检查方式。

22 日 由州人民政府和省质量技术监督局共同主办的黔南州品牌建设大会暨首届“黔南知名品牌”授牌仪式在都匀市举行。州委副书记、州长吴胜华，州人大常委会副主任陈有德，副州长张全毅、杨从明，州政协副主席周志龙出席大会。中国品牌建设促进会秘书长郑志受，省质监局副局长孟宇光，省工商局副局长王勇出席会议。大会对从全州农业、工业和服务业三大产业中的 10 大领域评选出的农特产品、名优工业产品、名菜、名美食街、最美茶山、最美村寨、金牌导游、民族工艺品、民族工艺传承人及最美古建筑等 10 个品牌共计 100 家单位和个人授予了首届“黔南知名品牌”称号，并对上榜的首届“黔南知名品牌”代表进行了授牌，州人民政府与省质量技术监督局在会上签署了战略合作备忘录。

23日　三都县5名本土歌手杨西音子、石玉秋、潘永丽、陆小草和储鸿燕代表水族进京，在中央电视台综艺频道（CCTV—3）成功完成了《回声嘹亮》节目录制。同时，节目中，还把水书、马尾绣以及水族端节的盛大场面在舞台上一一展现。介绍了水族的历史，以及水族的文字、历法、习俗和信仰等，向外界展示水族文化。

24—27日　首届中国天眼徒步邀请大赛在平塘县“中国天眼”景区和“平塘天坑群”景区内举行。来自全国各地的150名徒步运动爱好者参加，共15支队伍，队员最低年龄18岁、最大年龄60岁；此次比赛路线全长约40公里，全程穿越“平塘县天眼景区”和“平塘天坑群”景区，赛事设团体奖，取前三名进行奖励，一等奖8000元，二等奖5000元，三等奖3000元。

25日　贵州大学明德学院院长、贵州大学酿酒与食品工程学院教授、硕士生导师吴天祥等一行应邀到龙里荣和酒业有限公司参观考察。

27日　州委全面深化改革领导小组召开第二十二次会议。州委书记、州委全面深化改革领导小组组长龙长春主持会议并讲话。州委副书记、州长、州委全面深化改革领导小组副组长吴胜华，州人大常委会主任罗毅，州政协主席魏明禄，州委副书记、州委政法委书记罗桂荣，州委常委，州人大常委会、州政府、州政协及州法院、州检察院等有关领导参加会议。会议传达了中央全面深化改革领导小组第三十二次会议精神和省委全面深化改革领导小组第三十一次会议精神，审议《黔南州事业单位法人治理结构改革试点工作实施意见》及其他改革事项。

同日　黔南州工商联（总商会）七届六次执委会暨七届十一次常委会议在都匀经济开发区召开。州委统战部常务副部长陈良海到会指导并宣读州委相关文件，会议由州委统战部副部长、州工商联党组书记吉永忠主持。经参会的全体执委投票选举，史震海当选为黔南州工商业联合会（总商会）第七届执委会主席（会长）、吉永忠当选为黔南州工商业联合会（总商会）第七届执委会常务副主席（常务副会长）。

3月

3日　黔南州机关党建工作暨“晋级升星·好花更红”星级党支部创建启动会议在都匀召开。州委副书记、州委政法委书记罗桂荣出席会议并讲话。

5日　“都匀毛尖·平塘甲茶”最美茶席设计大赛总决赛在平塘县克度镇国际射电天文旅游文化园举行，省茶叶学会高级经济师、国家茶艺师裁判员王亚兰，省绿茶品牌发展促进会首席专家王丽军等贵州茶叶界专家组成的评审团担任大赛评委。经过评审，最终来自贵阳的“静夜萧然”组合以96.85分的成绩夺得桂冠。

6日　由州委、州政府主办的2017南州国际杯“你我参与·唱响黔南·同步小康”歌唱大赛在都匀举行。州人大常委会副主任张蓉、副州长黎燕萍，州政协副主席唐官莹、解竞出席活动。这次大赛分为小合唱、大合唱两个组，共有来自12县（市）的1000多名妇女同台合唱。来自荔波县代表队和财税金融保险代表队分别获得小合唱、大合唱一等奖。

8—9日　贵州省副省长陈鸣明率队到荔波县调研脱贫攻坚工作，回访困难群众，视察扶贫产业。贵州省教育厅副厅长代其平，省人社厅副厅长施长冬，黔南州副州长黎燕萍，荔波县委书记尹德俊，县委副书记、县长叶霖等省、州、县相关领导陪同调研。

9—13日　中央电视台纪录频道栏目拍摄组一行10人在范祝奔编导的带领下，专程来到平塘县拍摄《贵州地质公园》旅游宣传片。

11日　由黔南州人民政府主办，都匀市人民政府、黔南州工商局承办，都匀市市场监督管理局、州、市消费者协会、中国邮政集团公司黔南州分公司协办的“3·15”国际消费者权益日宣传活动在都匀市人民广场启动。黔南州人民政府副州长张全毅，黔南州政协副主席周志龙，黔南州工商局局长莫俊国等领导出席启动仪式。

14 日　由贵州省农业委员会、贵州省旅游发展委员会和安顺市人民政府主办的 2017 年全省油菜农旅一体现场活动，在安顺云山屯多彩油菜田举办。活动现场，揭晓了“贵州十大最美油菜花农事景观”评选结果。贵定县“金海雪山”油菜花农事景观区获得了全省排名第一的好成绩，被授予“贵州十大最美油菜花农事景观”荣誉称号。省人大副主任傅传耀对贵定县进行颁奖授牌，并对贵定县发展农旅一体化工作给予了现场推荐及高度的认可。

15 日　黔南州法院推送的“一元买套房”买卖合同纠纷案被中国消费者权益保护法学研究会评为“3・15”典型案例。

17 日　平塘县下发《中共平塘县委办公室平塘县人民政府办公室关于印发〈平塘县学前教育建档立卡扶贫户幼儿免保育教育费、学前教育费、取暖费工作实施方案（试行）〉的通知》，从 2017 年春季学期起全部免除本县户籍在本县学前教育阶段（幼儿园、小学附设学前班）就读的建档立卡贫困户儿童保育教育费、学前教育费和取暖费，对已收取相关费用的立即组织清退。率先在全省实施十五年教育免费政策。

18 日　“贵州动起来”系列体育赛事在贵定县“金海雪山”景区正式启动。此次“贵州动起来”系列主题体育赛事暨贵定县第十一届“金海雪山”旅游文化节启动仪式由贵州省体育局、黔南州人民政府主办、黔南州体育局、贵定县人民政府承办。

同日　由都匀市毛尖镇主办的都匀毛尖千人开山采茶活动在都匀毛尖茶产核心区螺丝壳茶旅小镇举行。来自省内外及当地游客 2000 余人参加了此次春茶开采活动，一同采摘品鉴了别样的都匀毛尖茶。

19 日　人民日报社地方部副主任乔杨携采访组一行，到州内贵定县、三都县就“生态文明建设”进行了实地专题调研采访。记者对黔南州的生态文明建设给予了充分的肯定和赞赏，并表示将会充分利用《人民日报》这个平台，加大对黔南生态文明建设经验及成效的宣传力度，为黔南的生态文明建设贡献力量。省委宣传部、州委宣传部等相关部门负责人及贵定县、三都县负责人陪同调研。

20 日　都匀市人民政府与中国水利水电第七工程局有限公司轨道分公司签订了都匀市城市旅游轻轨项目合作框架协议。拟投资 100 亿元，建设线路总长约 60 公里，实现城市与景区无缝连接。

21—22 日　广州市委常委、南沙开发区党工委书记、管委会主任、南沙区委书记丁红都率调研组到黔南调研。期间，在匀召开对口帮扶工作座谈会，研究部署两地对口帮扶工作。州委书记龙长春，州委副书记、州委政法委书记罗桂荣，州委常委、常务副州长黄伟，州委常委、州委秘书长瓦标龙，副州长黎燕萍等参加考察并出席座谈。

22 日　由黔南州农委、长沙市蔬菜科学研究所组织的黔南・长沙蔬果产销研对接会在长沙海吉星农产品物流园举行。来自黔南的 10 余家农业企业和农民专业合作社，与长沙马王堆农产品股份有限公司、长沙湘特农产品公司等龙头企业，以及海吉星物流园里的蔬果经营大户进行了产销对接。

同日　中铁三地建设有限公司副总经理田生率企业考察组到黔南州考察，并就双方合作进行交流座谈。州委副书记、州长吴胜华，副州长文永生出席座谈。双方就考察目的和投资合作意向进行了深入的探讨。州直相关部门和相关县（市）分管领导及各县（市）发改局负责人参加座谈。

24 日　贵州省商务厅党组成员、总经济师黄筑筠率队到独山，就该县外向型经济发展情况进行调研。调研组一行先后到高新区轴承产业园、东峰矿业集团，经开区标准电机厂、金泰达实业等进行实地调研，详细了解项目建设、投产、销售等情况，认真听取存在的问题和困难。县有关领导陪同。

24—26 日　中国・荔波首届月亮山森林氧吧徒步露营节在荔波举办。来自全国各地的 1700 名驴友会师荔波月亮山，在世界自然遗产地的绝美风光中，用脚步感知大自然的神奇。此次活动以“遇见大土苗寨·嗨翻月亮山脉”为主题，比赛分大众组徒步、专业组定向越野赛、大众组户外拓展赛3个项目。

25—26日 由省委、省政府主办的第五届中国贵州人才博览会（下称：人博会）在贵阳国际会展中心举行。州委、州政府高度重视，州委常委、州政府常务副州长黄伟率团参加此次人才博览会并出席开幕式。开幕式上，州委常委、常务副州长黄伟代表黔南州与中国科学院国家天文台签订战略合作框架协议。开幕式结束后，黄伟一行在州人力资源社会保障局工作员的陪同下，到黔南州展馆区巡展，了解活动开展情况，并现场给应聘者解答黔南人才优惠政策，欢迎来黔南干事创业。

26日 国家环保部西南环保督查中心督查组到独山，就贯彻落实国家环境保护决策部署、环境保护党政同责和一岗双责情况，突出环境问题及处理情况等进行调研督查。

27—28日 民航西南地区管理局、民航贵州监管局、民航新时代机场设计研究院有限公司广州分公司等航空、机场建设方面专家组到独山，就通用机场选址进行现场踏勘，经评审，同意独山在基长茶亭建设通用机场。

28日 国家旅游局、中国科学院组织召开新闻发布会，发布“首批中国十大科技旅游基地”。贵州黔南500米口径球面射电望远镜、中国科学院西双版纳热带植物园、湖北宜昌长江三峡水利枢纽工程、中国科学院南京紫金山天文台、中国科学院青岛海洋科考船、中国科技馆、甘肃酒泉卫星发射基地、中国科学院安徽合肥董铺科学岛、中国科学院西安国家授时中心、中国科学院遥感卫星接收站三亚站等10家单位，作为“首批中国十大科技旅游基地”。

29日 贵州省政协党组副书记、副主席蒙启良一行到贵定沿山现代农林科技产业园区调研，对沿山镇通过“产业+扶贫”实现企业和贫困户共赢的工作成效给予了充分肯定。并对沿山镇下步工作提出了建设性的意见。

30日 国家原外经贸部副部长、博鳌亚洲论坛原秘书长龙永图到瓮安考察。瓮安县委副书记曾薇，瓮安县委常委符清和，瓮安县人民政府副县长桂国全陪同考察。

同日 国家林业局副局长李春良率调研组到独山调研森林防火工作。省林业厅巡视员杨洪俊，副厅长孟广芹，省森林公安局局长徐宁；黔南州州委常委、副州长闫光锋，副州长黎燕萍等陪同调研。

同日 都匀市公安局民警吴永龙获全国“情满万家”派出所好民警殊荣载誉归来。省公安厅党委委员、副厅长、政治部主任温贵钦及相关领导到机场迎接并表示祝贺。黔南州人民政府副州长、州公安局局长王治军举行座谈会进行欢迎。

同日 全州统计工作培训会在匀举行开班仪式。培训会特邀请省统计局7位业务专家就工业统计、商业统计、服务业统计、固定资产投资统计等方面为全州参训人员进行系统培训。州委副书记、州委政法委书记罗桂荣出席并讲话。

同日 著名演员、导演于荣光率领超级IP《斗破苍穹》剧组到都匀梦都影视文化旅游创意产业园实地考察调研。于荣光一行与都匀经济开发区管委会、梦昀影视有限公司相关负责人商谈入驻拍摄事宜。

30—31日 由贵州省公路局副局长粟周瑜带队的省交通运输厅督察组到黔南，对黔南州2017年农村公路开展专项检查。州交通运输局、都匀市交通运输局、都匀经开区交通运输局，以及中铁二十局、黔南州乾通监理公司等单位负责人陪同检查。

31日 贵州高速公路建设攻坚决战、农村公路建设三年会战、水运建设劳动竞赛誓师大会在平塘举行。贵州省人大常委会副主任、省总工会主席袁周，省总工会党组书记、副主席杨再春，省交通运输厅厅长王秉清，省交通运输厅党委副书记、机关党委书记李程，黔南州人大常委会副主任、总工会主席张仕雄，黔南州人民政府副州长文永生，平塘县委书记、县人大常委会主任臧侃等省、州、县领导出席誓师大会并为获奖单位和个人颁发奖状和奖章，同时，授予相关建设单位“争创工人先锋号“旗帜”。

4月

1日　由都匀市和都匀经济开发区共同打造的东湖公园正式开工。东湖公园项目占地面积3.41平方公里，总投资44.1亿元，项目建成后的湖面常水位线将达815米。将为黔南旅游再添一大美景。

5日　泰国公主诗琳通一行到平塘县大射电望远镜项目进行考察。贵州省政协副主席蔡志君，州委副书记、州长吴胜华及外交部、省外事办、州天文局、州外侨台港澳办有关负责人、平塘县相关领导陪同考察。

6日　贵州省委常委、副省长慕德贵到平塘调研普通国省干线和农村公路建设情况。省政府副秘书长罗强，省交通运输厅党委书记、副厅长高卫东，黔南州委副书记、州政法委书记罗桂荣，副州长文永生，平塘县委书记、县人大常委会主任臧侃等县领导及省、州、县各级部门相关负责人参加或陪同调研。

7日　贵州省委常委、常务副省长秦如培到黔南州调研，考察水生态治理工程项目和影视文化产业发展情况。省编委办主任刘朝容，州委书记龙长春，州委常委、都匀市委书记吴丹陪同调研。

同日　全省综合行政执法体制改革工作现场推进会在福泉市召开。省委常委、常务副省长、省编委副主任秦如培出席会议并讲话。省编委办主任刘朝容主持会议。州委书记龙长春，州委常委、常务副州长黄伟出席会议。全省各市（州）、各县（市）相关领导及编委办、法制办等相关部门负责人参加会议。福泉市、仁怀市、兴义市分别作经验交流发言，黔东南州、黔南州就推进改革工作做了发言。

15日　2017中国茶叶区域公用品牌价值评估结果出炉，浙江大学中国农村发展研究院院长黄祖辉教授代表课题组在浙江新昌公布了品牌价值评估核心结果。都匀毛尖以25.67亿元的品牌价值名列全国第11位，被授予“最具品牌传播力品牌”，成为2017年度最具品牌传播力的三大品牌之一。

20日　2017中国“互联网+”数字经济峰会在杭州举办。荔波县委宣传部凭借在“全域旅游”宣传工作中取得的成绩获2016年度“互联网+”旅游智慧创新奖。这次峰会由浙江省经济和信息化委员会与腾讯公司共同主办。

24日　由中国科学院国家天文台和贵州师范大学联合主办，以“SVOM卫星探索空间多波段快变天体”为主题的第二届中法SVOM卫星科学研讨会在“中国天眼”落户地“平塘天文小镇”召开。

同日　国家发改委小城镇发展中心专家刘树文率队，到独山县麻尾镇调研小城镇建设情况。为麻尾小城镇建设把脉支招。

27日　国务院办公厅印发《关于对2016年落实有关重大政策措施真抓实干成效明显地方予以表扬激励的通报》，黔南州受到国务院督查表扬，并获得2017年对其在国务院大督查实地督查中予以“免督查”的激励支持。福泉市、荔波县分别获表扬，给予奖励用地计划指标1000亩。

28日　2017中国·瓮安“农商银行杯”国际青年女篮巅峰争霸赛在瓮安县举行，来自美国、加拿大、立陶宛和中国4个国家的青年女子篮球队共80名运动员展开为期3天、共计6场的比赛。这次赛事由国家体育总局篮球运动管理中心和中国篮球协会主办、瓮安县人民政府承办。

月底　贵州省旅资委召开2017年全省申报国家AAAA级旅游景区景观质量专家评审会。黔南州平塘县“中国天眼”旅游景区、荔波县茂兰旅游景区、都匀茶文化影视小镇旅游景区、惠水好花红乡村旅游区以优质的资源条件和景观价值顺利通过省旅资委专家评审。3个月内省旅资委对景区创建情况进行暗访后，正式列入国家AAAA级景区。

5月

月初　距平塘县城74公里的克度交通事故快

处快赔服务中心正式揭牌启动，标志着贵州省首个“农村道路交通事故快处快赔服务中心”在平塘县克度镇建成并投入使用。

4 日　黔南州纪念“五四”运动98周年暨健康中国行走进贵州·黔南首届青少年文体艺术节启动仪式在都匀市南沙洲公园举行。州委副书记、州委政法委书记罗桂荣出席活动并宣布活动启动，州人大常委会副主任张蓉，州政协副主席解竞等参加活动。此次活动由中共黔南州委宣传部、州教育局、州民宗委、州文广新局、州卫计委、州体育局、州总工会、州妇联、共青团黔南州委联合主办。

7 日　黔南州红十字会2017年“5·8”红十字博爱周系列活动在都匀市人民广场启动。副州长胡晓剑出席启动仪式并讲话。

上旬　由公安部宣传局、广电总局电影局电影频道、贵州省公安厅联合摄制的电影《古寨警情》公映，这是贵州省在改革开放以来首部公安题材电影，该电影以贵定县抗洪救灾警民互救事例为原型改编创作。

9—10 日　中央电视台《加油向未来》栏目组导演王雪纯、王宁，外景主持人路伦一行到平塘天文小镇拍摄《中国天眼》外景。

10 日　都匀市东山文化园项目举行签约仪式，拟按照PPP模式和棚户区改造两种模式投资建设东山文化园，重现都匀明清时代繁华市景。州委副书记、州长吴胜华，州委常委、市委书记吴丹等领导出席仪式。中国机械工业建设集团公司董事长徐衍林、总经理周韬等建筑企业代表出席签约仪式。

11 日　第十三届中国（深圳）国际文化产业博览交易会在深圳会展中心开幕。黔南州已连续十三届组团参加深圳文博会，这届文博会黔南州展区重点推介非物质文化遗产资源，如惠水枫香染、牙舟陶瓷、水书字画、都匀毛尖茶等，着重展现中国天眼和罗甸玉等。还集中筛选了部分国家非遗传承人及企业到现场参展，让前来观展的市民了解原汁原味的黔南特色。

11—12 日　江苏省南通市政协主席黄巍东率南通下辖县、市、区政协主席等一行16人到独山考察。

13—14 日　“都匀毛尖茶”2017年中国贵州黔南体育舞蹈（国际）公开赛暨贵州省第二十三届体育舞蹈锦标赛、中国体育舞蹈联合会俱乐部联赛（贵州黔南站）在都匀经济开发区全民健身活动中心篮球馆举行。这是黔南连续举办的第五届国际体育舞蹈锦标赛，也是贵州省首次“三合一”赛事，中国首例。来自德国、法国、意大利等10多个国家和地区的20多名裁判员、运动员和国内运动员4000多人参赛。

17 日　黔南州召开领导干部大会。省委组织部副部长郑德川宣传省委决定：唐德智任黔南州委委员、常委、书记。

18—21 日　在杭州国际博览中心举行的首届中国国际茶叶博览会上，现场发布中国茶叶区域十大公用品牌和中国茶叶区域优秀品牌，十大茶叶区域公用品牌分别是西湖龙井、信阳毛尖、安化黑茶、蒙顶山茶、六安瓜片、安溪铁观音、普洱茶、黄山毛峰、武夷岩茶、都匀毛尖。

19 日　第七个“中国旅游日”，由国家旅游局主办的“2017中国旅游日”主题宣传暨中国旅游投融资促进大会在北京召开，平塘县获“首批中国十大科技旅游基地”荣誉。县委书记、县人大常委会主任臧侃到京接受荣誉授牌。

22 日　州委、州政府专题研究2017年全州重大节会活动筹备工作，强调要充分发挥节会活动载体、抓手、平台作用，进一步把活动办精、办出特色，进一步使活动精炼、“瘦身”，以务实之举求活动成果，以活动成果助推黔南发展。州委书记唐德智主持会议并讲话。

23 日　全州推进“两学一做”学习教育常态化制度化工作部署会在匀召开。州委书记唐德智出席会议并讲话。

24 日　全州人民防空工作电视电话会议在都匀召开。州委副书记、州长、州国动委主任吴胜华出席会议并讲话，副州长文永生做工作报告，都匀军分区政委、州国动委副主任杨光芒通报表彰决定。都匀军分区司令员罗燕军主持会议。州直各部门和都匀经济开发区有关负责人在州主会场参会，各县（市）负责人在分会场参会。

同日　多彩贵州·生态黔南——2017 年中国·瓮安“农商银行杯”国际山地户外运动挑战赛在瓮安开幕。该赛事是 2017 国际山地旅游暨户外运动大会系列赛事活动之一，也是瓮安县第二次承办国际性山地户外运动赛事。此次大赛共有来自新西兰、芬兰、瑞典、德国、法国、澳大利亚等 17 个国家和地区的 25 支运动队报名参赛，其中，国外队伍 16 支，台湾队伍 2 支，大陆队伍 7 支，瓮安本地的 2 支体验队伍和瓮安 200 余名群众组成的“迷你体验越野跑”队伍。

25 日　贵州农信系统工会职工之家建设现场观摩交流培训会在平塘举办，来自全省农信系统 84 家行社工会负责人及工会干部等 120 余人参加培训学习。

25—28 日　2017 中国汽车短道拉力锦标赛在贵州省三都水族自治县举办，这次赛事共聚集了贵州灵智拉力车队、江淮汽车拉力车队、贵州三都秀秀女子车队等 19 支知名车队。

26 日　来自全国各省、市、区的百余名林业专家汇聚黔南，观摩黔南州古树名木保护管理现场，全国绿化委员会办公室常务副秘书长、造林司副司长赵良平，黔南州人民政府副州长黎燕萍参加观摩。

同日　黔南室内设计专业委员会成立暨芒果奖中国人文设计大赛（都匀站）启动大会在黔南民族职业技术学院举行，黔南职业技术学院、省内贸学校、州工商联、州经济促进会、市工商联、贵州室内装饰协会、州装饰建材行业商会、市装饰建材行业协会等有关负责人参会。都匀地区室内设计专业师及大学生现场展示自己的才艺。

26—27 日　中共黔南州委书记唐德智到罗甸县沫阳镇麻怀村看望当代“女愚公”邓迎香并调研。州委副书记、州长吴胜华，州人大常委会主任罗毅，州政协主席魏明禄，州委副书记、州委政法委书记罗桂荣，州委常委张文强、瓦标龙等领导参加调研。

31 日　州委、州政府召开专题会议，专题研究 2017 中国·贵州·都匀毛尖（国际）茶人会、第十二届省旅发会筹备工作。州委书记唐德智主持会议并讲话。

6 月

1 日　全州卫生与健康工作电视电话会议召开。会议强调，要深入学习贯彻全国、全省卫生与健康大会精神，扎实推进健康黔南建设，以全民健康促进全面小康，为开创百姓富生态美的多彩贵州新未来、加快打造民族地区创新发展先行示范区提供坚实的健康基础。州委书记唐德智讲话，州委副书记、州长吴胜华做工作部署，州政协主席魏明禄出席，州委副书记、州委政法委书记罗桂荣主持，州委常委黄伟、瓦标龙，州人大常委会、州政府、州政协及都匀军分区、州法院、州检察院有关领导在都匀主会场出席会议。州深化医疗卫生事业改革发展领导小组成员单位、州直有关部门、州直医疗卫生单位及贵医大三附院主要负责人在主会场参会；各县（市、区）有关负责人在各县（市、区）分会场参会。

2 日　中共黔南州委书记唐德智到都匀经济开发区调研。州委常委、州委秘书长瓦标龙参加调研。州委办、州督查督办局、州国土局、州国资源局、州扶贫开发局等负责人及都匀经济开发区主要领导陪同调研。

2—5 日　“中国－南非射电天文、空间测地与空间科学双边会议”在中国 500 米口径球面射电望远镜（FAST）台址所在地平塘县平塘天文小镇举行，来自中国、南非的 50 多名射电天文学研究员齐聚一堂，共同探讨宇宙奥秘。此次会议由中国科学院国家天文台和上海天文台主办，贵州大学协办。

5 日　“全国高校大学生社会实践采风微影视大赛”活动在三都水族自治县咕噜景区开幕。来自北大、清华、中国传媒大学、中央戏剧学院、上海交大等 70 多所国内知名高校以及留学老挝、缅甸等东盟 10 国共计 300 余名 90 后大学生齐聚三都，用“长枪短炮”共同记录宣传三都深厚的民族文化和秀美的自然风光，为三都建县60周年献厚礼。此次活动由中共三都水族自治县委、县人民政府主办，中国国际影视文化交流促进会，中共三都水族自治县委宣传部、县文旅局、共青团三都水族自治县委员会、县文艺联合会共同承办。

9日 由贵州省人民政府、中国国际茶文化研究会、中国茶叶流通协会主办，黔南州人民政府、贵州省农委承办的2017都匀毛尖（国际）茶人会在都匀市中国茶文化博览园开幕。

上旬 由黔南州申报筹建的贵州省第一个国家地理标志产品保护示范区（都匀毛尖茶）获质检总局批准成立。

10日 香港各界庆祝香港回归祖国20周年贵州专列团（第二分团）到平塘参观考察500米口径球面射电望远镜，中央政府驻港联络办新界工作部副部长谢锦文，香港各界贵州专列（第二分团）名誉团长张学明，省委统战部副部长王茂爱，副州长杨从明，州委统战部常务副部长陈良海，以及省、州、县相关领导参加活动。

12日 黔南州第二期新任县级领导干部专题培训班在河南大学开班，来自全州各县（市、区）和州直部门的61名新任县级领导干部参加培训。

14日 由团中央维护青少年权益部、中央综治办一室主办，中国青少年发展服务中心、中国预防青少年犯罪研究会承办的第四界“为了明天—关爱青少年彩虹行动”微电影大赛成果展示会在三都水族自治县举行。

15日 全州举办交通运输系统2017年“安全生产月”宣讲活动，全州交通运输系统及在匀交通运输企业的党政领导、负责安全生产人员及相关从业人员到场参加活动。

中旬 独山县沁元学校（特校）代表贵州出征全国残疾人游泳锦标赛的运动员杨和元在400米和200米自由泳两个项目中夺金，并获得50米自由泳银牌。此次锦标赛，杨和元共参加4个项目，获得100米自由泳、100米蝶泳两枚金牌，100米仰泳和400米自由泳两枚银牌。

16日 黔南州召开“云上编制”系统建设暨操作培训会，安排部署“云上编制”系统建设相关工作。州直各部门、12县（市）编办业务人员近200余人参加培训。中央编办事业发展中心域名业务部、中央编办事业发展中心技术保障部大数据中心以及贵州省编办政务信息处相关负责人到场指导。

20日 由都匀市直属机关工委牵头，市总工会、市妇联联合组织开展“一心向党·好花更红”主题演讲比赛，市直各部门基层党组织共计22名参赛选手参加此次演讲比赛。

21日 黔南州召开创建全国民族团结进步示范州工作推进暨业务培训会。省人大民宗委主任吴军为创建民族团结进步示范州工作做专题讲座，州委常委、州委组织部部长、州创建工作领导小组副组长胡志峰，州人大常委会原副主任丁匀，州政府原副州长蒙院芬出席会议，会议由州政协副主席张加春主持。全州各县（市、区）党委、政府分管创建工作负责人、民宗局长、创建办联络员，州直各单位分管负责人和联络员，州创建办全体工作人员共300余人参加培训会。

22日 由重庆市人民政府主办的第五届中国西部旅游产业博览会暨中国西部旅游互联网营销大会在重庆国际博览中心开幕，荔波四季花海景区凭借高人气在2017春季赏花评选颁奖典礼上获得“2017最受重庆市民喜爱的周边赏花目的地”。

23日 “中国梦·劳动美——喜迎党的十九大”暨“劳模上讲堂”电视访谈活动启动仪式在都匀举行。黔南州人大常委会副主任、州总工会主席张仕雄出席，州委宣传部、州文明办、州总工会等相关单位干部职工代表参加启动仪式。

同日 2017年中国·瓮安“普天杯”国际男篮巅峰争霸赛在瓮安县全民健身活动中心举行。此次赛事由中国篮球协会主办、瓮安县人民政府承办。参加这次赛事的有美国队、波兰队、立陶宛队和中国国奥男子篮球队。

27日 贵州省副省长钟勉率队到贵定县调研小城镇建设、地质灾害防治和防汛抗灾等工作。省、县有关领导陪同调研。

同日 为庆祝中国共产党成立96周年，州机关单位“一心向党·好花更红”主题演讲比赛

（决赛）落幕。州直各系统以及各县（市、区）共计 23 支代表队分州直组与县市组展开角逐，比赛最终决出两个组别的一二三等奖以及优秀奖。其中，都匀市代表队和州纪委代表队分别获得县市组和州直机关组一等奖。

28 至 7 月 2 日 由中国国际广播电台副台长王文俊带队，国际台西拉中心主任朱博英及西班牙国际电台节目总监、墨西哥先驱者报记者等 12 名中外记者组成的采访团，到黔南州开展“中国人权纪实 · 2017”中外媒体联合采访报道活动。

29 日 中共贵州省委常委、省纪委书记夏红民到瓮安县建中镇、猴场镇和福泉市金山街道双谷村、福泉古城等地，走访慰问农村贫困离任村干部、党员和群众，并瞻仰猴场会议会址和调研基层党风廉政建设工作。州委书记唐德智，州委常委、瓮安县委书记张文强，州委常委、常务副州长、福泉市委书记黄伟等陪同相关活动。

同日 独山县玉水镇在温泉村举办水族“六月六”洗澡节，这也是该镇以“和美玉水系列点赞活动”为主题的文化旅游活动之一，旨在打造美丽乡村旅游休闲胜地，迎接省州旅发大会，展示和美玉水魅力。活动有中国极限自行车积分联赛（贵州站）、浑水摸鱼、浑水捉鸭、靓女泡温泉、布依山歌大赛、水族传统祭祀、文艺会演等。

30 日 由中共黔南州委、黔南州人民政府主办，都匀市人民政府、黔南州总工会、黔南州茶产业发展领导小组办公室共同组织的黔南州首届“都匀毛尖茶杯”制茶技能大赛”在都匀市毛尖镇举行。比赛内容有手工卷曲形绿茶个人赛和机械卷曲型绿茶团体赛两项，共有 232 名选手参加个人赛，15 支队伍参加团体赛。最后来自 30 号选手罗秀鸾获得手工卷曲型绿茶一等奖，惠水县荣坤茶叶有限公司获得机械卷曲型绿茶团体赛一等奖。都匀市茶产业局、惠水县茶办、贵定县茶办、独山县茶产业发展工作领导小组办公室获优秀组织奖。

7 月

月初 贵州省殡葬改革调研座谈会暨现场推进会在瓮安召开，研究讨论殡葬改革、殡葬服务中存在的问题和困难，对贵州省殡葬管理条例修订、推进全省殡葬改革工作向纵深发展听取意见、建议，进一步总结全省殡葬改革工作，推广先进经验。贵州省民政厅副厅长刘忠平，贵州省殡葬协会会长漆云庆，瓮安县委副书记、县长黄桂林参加推进会。

1 日 全州协议购货采购全面开启“网购”模式，标志着全州正式进入“互联网 + 政府采购”时代。

3 日 中共贵州省委副书记、省长孙志刚到三都水族自治县调研。他强调，扎实开展脱贫攻坚大比武，加快民族地区脱贫攻坚步伐，绝不能让一个少数民族在全面小康进程中掉队。

同日 下午，州人大常委会开展《黔南州旅游发展条例》执法检查培训，州人大常委会副主任韦祖宏、张仕雄及秘书长罗必刚出席会议。黔南师院旅游研究中心主任张文磊教授对检查组成员进行培训。

同日 以“相约卯坡 · 最美水族”为主题的贵州 · 三都水族自治县 2017“卯文化”旅游节在该县九阡镇举行。来自国内外游客和当地水族同胞数万人齐聚一堂，共度“情人节”——卯节。

4 日 全州创建全国民族团结进步示范州宣传工作推进会电视电话会议在都匀召开，会议要求在全社会营造浓厚的创建舆论氛围，力争在 2017 年建成全国民族团结进步示范州。州委常委、州委秘书长瓦标龙出席，州直有关部门负责人参加会议。各县市领导出席分会场。

上旬 黔南州率先出台《关于在脱贫攻坚一线考察识别干部的意见》。

11 日 贵州省省人大常委会副主任李飞跃率省人大执法检查组到三都水族自治县开展民族区域自治“一法两规定”执法检查工作。

同日 中共黔南州委副书记、州委政法委书记罗桂荣率队到贵定调研指导社会综合治理、信访维稳、“天网”工程、平安村居等工作。

13 日 根据国家、省旅游景区质量等级评定管理有关规定，经黔南州旅游景区质量等级评定委员会评审，龙里县十里刺梨沟旅游景区、荔波恩铭故里景区、荔波寨票渔隐民宿景区达到国家AAA级旅游景区标准，评定为国家AAA级旅游景区。至此，黔南州AAA级景区从22个增加到25个。

14日　全国卫计委官方网站公布了《全国爱卫会关于命名2014－2016周期国家卫生县城（乡镇）的决定》及《全国爱卫会关于2016年国家卫生城市（区）和国家卫生县城（乡镇）复审结果的通报》两份文件。黔南州2个县城、23个乡镇荣膺国家卫生城市（区）和国家卫生县城（乡镇）。2014—2016周期国家卫生县城（乡镇）共有773个，黔南州获命名的分别是：瓮安县城、龙里县城、摆所镇、敦操乡、平浪镇、毛尖镇、凤山镇、牛场镇、甲良镇、佳荣镇、茂兰镇、昌明镇、云雾镇、猴场镇、银盏镇、珠藏镇、麻万镇、麻尾镇、卡蒲乡、醒狮镇、洗马镇、好花红镇、普安镇、九阡镇、边阳镇。

同日　邓恩铭故居陈列馆改陈布展开放仪式在荔波县举行，中共黔南州委书记唐德智致辞。

19日　37名拉美国家网络建设与传播研修班学员到平塘“中国天眼”参观考察。中央、省、州、县有关领导陪同。

20日　中共广州市委常委、黄埔区委书记、广州开发区党工委书记、管委会主任周亚伟一行到黔南州考察，并就对口帮扶工作与黔南州进行座谈。州委书记唐德智出席会议并讲话，州委副书记、州长吴胜华，广东省第一扶贫协作工作组组长李自根，州领导吴丹、瓦标龙、张全毅出席会议。

21—23日　2017第二届中国荔波国际儿童动漫节在荔波举行。来自美国、法国、巴西、西班牙、秘鲁、伊朗、墨西哥、俄罗斯、南非等25个国家和地区的动漫专家和艺术家汇集荔波。特别推出全国首个“一带一路上的中外动漫”主题展览和展播。这次动漫节开展一带一路上的国际动漫论坛、国际动漫大师工作坊、荔波大小七孔及特色乡村采风、六大展览等活动。国际儿童动漫节由贵州省人民政府驻北京办事处牵头，并与省文化厅、省教育厅、省科技厅和贵报传媒集团、当代贵州共同主办，荔波县委、县政府承办。

25—26日　黔南州代表团先后到肇庆市和佛山市，与两地市政府就第三届粤桂黔高铁经济带合作联席会有关事宜进行对接，向肇庆、佛山两市征求了《粤桂黔高铁经济带协同创新合作共识》的意见和建议。

27日　住房城乡建设部村镇建设司发布《关于拟公布第二批全国特色小镇名单的公示》，拟认定为第二批276个全国特色小镇的名单进行公示，贵州10个小镇入选第二批全国特色小镇名单，瓮安县猴场镇入选。

27—8月2日　三都县科协在“基层科普行动计划”活动中，联合中和镇三洞马尾绣协会，组织三都县200多名绣娘开展马尾绣致富“二传手”培训。

29日　中国教育国际交流协会会长、教育部原副部长刘利民率队赴中国天眼调研。贵州省教育厅原巡视员周宝英，贵州理工学院副院长宋建波，黔南州教育局局长，平塘县有关领导陪同调研。

30日　马耳他中国文化中心合作伙伴和来华创作团到平塘考察。

同日　北京电视台体育频道摄制组到中国十大名茶都匀毛尖茶主产区都匀市毛尖镇螺丝壳采风拍摄茶园风光。

31日　国家旅游局官网发布消息，对全国第三批“中国乡村旅游创客示范基地”名单进行公示，惠水县好花红乡（2014年惠水县撤乡并镇后为好花红镇）入选。

8月

1日　独山县影山镇净心谷景区一期开园仪式暨决战州旅发大会誓师大会在净心谷广场举行。广东省文联副主席、广州市文联主席李鹏程，黔南州委宣传部副部长、州文联主席黄光兴，独山县四家班子领导，以及广东灏业投资有限公司董事长符灏，贵州净心谷旅游开发有限公司董事长李宏进等出席仪式并共同为开园剪彩。

2 日 黔南州政协主席魏明禄率驻黔南州省政协委员到贵定县视察 2017 年州政协重点提案办理工作情况。县有关领导陪同。

7—10 日 黔南州“阳宝山杯”第五届“好花红”文化旅游节在贵定县举行。

8 日 由黔南州政府、广东省物流行业协会联合主办的第五届中国—亚太国际物流交流与合作高峰论坛在都匀经济开发区召开。大会以“抢占内陆开放高地·共享‘一带一路’发展”为主题，吸引了来自亚太地区多个国家及国内各省区（市）政府、行业企业和协会 400 余人参加。

同日 贵州省副省长卢雍政一行在黔南州副州长文永生，州商务和粮食局局长王大庆，贵定县委书记莫春开，县委副书记、县长张丽芳等陪同下，到贵定昌明经济开发区考察调研。

同日 第三届粤桂黔高铁经济带合作试验区联席会旅游联盟互动交流会在都匀市经开区贵品万国酒店举行。来自粤桂黔贵广、南广高铁沿线 13 个城市的政府分管领导、旅游部门、景区机构、旅游联盟、旅行社负责人的代表们云集互动交流会。

9 日 来自中国科学院、北京大学、南京大学的多位专家与国内照明行业 20 余名企业家齐聚独山，专题研讨半导体智慧照明技术的发展现状与前景。活动吸引了央视网、腾讯网、凤凰网等 10 余家省内外媒体到场报道。

同日 广州市组织部分民营企业家到都匀经济开发区考察黔南·广州产业园，并就开展广州·黔南对口帮扶工作召开座谈会，进一步推动广州·黔南精准扶贫工作。

14—15 日 国际著名天体物理学家、“脉冲星之母”乔瑟琳·贝尔（JocelynBell）赴平塘县访问，参观“中国天眼”、寻访牙舟古陶并开展天文科普讲座。

中旬 贵州省科技厅公布全省科技进步统计监测评价结果，都匀市在 2017 年上半年全省科技进步综合评价中居全省 88 个县（市、区）第 9 位、全州 12 个县（市）第 1 位。

15 日 黔南州人民政府与中国电信贵州公司签署推进信息化建设和大数据发展战略合作协议。中共黔南州委书记唐德智，中国电信贵州公司党委书记、总经理上官亚非出席签约仪式。

15—16 日 由贵州省政协副主席黄家培、省人大常委会原副主任林明达、州人大常委会主任罗毅等黔南州出席省十二届人民代表大会代表组成的视察组集中视察瓮安、福泉、独山等县（市）大扶贫战略落实和生态旅游发展情况。

16 日 “2017 国际山地旅游暨户外运动大会”在贵州省黔西南布依族苗族自治州兴义市开幕，平塘县“中国天眼”景区成为大会的旅游考察观摩点之一，大会组织来自世界各地的与会嘉宾组成系列考察团组到平塘天文小镇对“中国天眼”等旅游项目进行旅游考察。

同日 第五届世界摄影大会走进荔波。来自美国、西班牙、意大利、比利时、希腊等 27 个国家和地区的 140 位知名摄影师齐聚在此，用镜头记录荔波山水风光、民族文化。大会把荔波确定为“全球年度人类摄影贡献奖”的永久颁奖地，用 3～5年的时间将荔波打造成为摄影界的“戛纳”。

17 日 从零时开始，《黔桂地区民航空域调整方案》（以下简称《方案》）正式实施，通过调整优化黔桂地区空域方案，为坐落在平塘“中国天眼”FAST“让路”。《方案》划设飞行限制区 2 个，取消航线 2 条，新辟和调整航线 3 条，调整城市对班机航线走向 186 条，重点解决了 500 米口径球面射电望远镜 FAST 外围的电磁环境保护问题。

23 日 第九届空间碎片学术交流会在平塘县天文小镇召开。国防科工局总工程师、国家航天局秘书长田玉龙出席会议，国家航天局空间碎片监测与应用中心主任、国家天文台台长严俊主持会议，平塘县县委书记、县人大常委会主任臧侃致辞。此次会议由国家航天局空间碎片监测与应用中心主办，中国科学院国家天文台承办。

23—24 日 由国家民委文化宣传司、贵州省民宗委、贵州省体育局主办，黔南州民宗委、黔南州体育局、都匀市人民政府承办的“2017 年民体杯全国独竹漂比赛”在贵州省都匀市举办。来自河北、河南、江苏、重庆、广西、云南、贵州省的7支代表队和贵州省内的8支代表队分别参加了全国组和省内组男、女60米、100米、200米三个距离的比赛。

25日　黔南州第十一届旅游产业发展大会在"悠悠独山·醉爽天堂"的独山净心谷景区举行。省人大常委会副主任傅传耀，省人大常委会原副主任肖永安、唐世礼，省政协原副主席吴嘉甫及省直各有关部门负责人应邀参加大会。州委书记唐德智，州委副书记、州长吴胜华，州人大常委会主任罗毅，州委副书记、政法委书记罗桂荣；独山县四家班子领导等参加大会。副州长胡晓剑主持大会。

26日　由黔南州妇联、黔南州工信委、共青团黔南州委联合组织举办的"锦绣圆梦·巧手脱贫"黔南州第三届妇女特色手工技能大赛在都匀南沙洲中心广场举行。

28日　2017年中国摩托车越野国际邀请赛（独山·上司）开幕式在独山县花灯广场举行，16个国家57支车队260余名选手齐聚展开一场速度与胆识、技巧与能力的竞技。

30日　广东省农业科学院副院长何秀古率广州市政府决策咨询专家组到独山，就产业发展情况开展调研。

9月

1—4日　首届中国民族旅游商品博览会和中国民族特色旅游商品大赛在内蒙古包头国际会展中心举行。此次大赛由中国旅游协会、内蒙古自治区旅游发展委员会和包头市人民政府主办，中国旅游协会旅游商品与装备分会承办。都匀市选送的艺峰茶艺有限公司的"都匀毛尖茶"最终从1400家企业选送的15000余件商品中脱颖而出，荣获"金奖"。

2日　由中国生态文明研究与促进会与黔南州人民政府共同主办的第五届水生态文明·黔南论坛在都匀经济开发区开幕。论坛由中国生态文明研究与促进会生态旅游分会、中国国际广播电台国际在线生态中国频道、贵州省水利学会、黔南州水务局、都匀经济开发区管委会承办，北京东方园林投资控股有限公司协办。本届论坛以"水生态·河长制"为主题，探索推进水生态文明建设的新动能。

3日　贵州省副省长卢雍政到平塘县、福泉市调研省第十二届旅发大会项目建设情况，并就如何抓好最后冲刺阶段工作提出具体要求。州委常委、常务副州长黄伟，副州长胡晓剑，州政府办、旅发委及平塘县、福泉市党政主要负责人陪同调研。

4日　黔南州"迎接十九大、合力保稳定"维护稳定工作电视电话会议召开，州委书记唐德智出席会议并讲话。州委副书记、州委政法委书记罗桂荣主持会议。州委常委、州委秘书长瓦标龙，州人大常委会副主任吴俊，州政协党组副书记、州政协副主席唐官莹等领导出席。

同日　法国美术家协会主席米歇尔·金率队到独山进行交流考察。文化部中国国际书画研究会中外交流中心主任谷福海，中国民族画院副院长赵占东陪同。

5日　贵州省副省长陈鸣明率省教育厅、扶贫办等部门负责人到荔波调研脱贫攻坚工作，州县有关领导陪同调研。

同日　以"民族团结一家亲·同心共筑中国梦"为主题的黔南州创建全国民族团结进步示范州知识竞赛在都匀市举办，来自全州各县（市、区）以及州直部门14支代表队参赛。经过两轮预赛和一轮决赛的角逐，长顺县获得一等奖，都匀市和三都县获得二等奖，州直部门、荔波县和罗甸县获得三等奖，其余县（市、区）获得优秀奖。

6日　2017中国全域旅游发展论坛暨全域旅游魅力指数排行榜颁奖典礼在北京举行。经贵州省旅发委组织全省全域旅游示范区创建单位积极参加评选，荔波县凭借世界自然遗产地绝美景色和全域旅游示范创建工作取得的成果荣获"2017中国最具生态旅游魅力奖"和"2017中国全域旅游魅力指数排行榜全国第13名"两大奖项。

7日　第十三届全运会上，贵州都匀籍选手李悦夺得皮划艇女子500米双人和女子200米单人2枚金牌。

8日 全国人大常委会委员、财经委主任委员李盛霖，全国人大常委会委员、财经委副主任委员乌日图等调研组一行到黔南州就统筹推进城乡社会保障体系建设情况进行调研座谈。州人大常委会主任罗毅主持座谈会，州委常委、常务副州长黄伟作汇报，州人大常委会副主任吴俊参加座谈。

9日 上午，州人民政府与美国波多黎各自由邦阿雷西博市政府在贵阳签订友好城市关系意向书。

11日 中共广州市委常委、市委秘书长潘建国率队到黔南州考察，对广州市派驻黔南州的帮扶干部和对口帮扶工作进行详细了解。州委常委、州委秘书长瓦标龙参加考察。

12日 黔南州对外公开中央环境保护督察整改方案。2017年4月26日至5月26日，中央第七环境保护督察组对贵州省开展了为期一个月的环境保护督察，其中于5月6～13日到黔南州进行督察，并于2017年8月1日正式向贵州省反馈了意见。州委、州政府对此高度重视，州委书记唐德智，州委副书记、州长吴胜华对督察整改工作作出部署，要求全州根据中央督察组反馈意见要求，切实抓好督察反馈问题整改。为切实抓好中央环保督察反馈问题整改工作，确保问题整改到位，取得实效，根据中央环保督察组和《贵州省贯彻落实中央第七环境保护督察组督察贵州反馈意见整改方案》要求，结合黔南州整改工作实际，黔南州成立了由州委书记唐德智，州委副书记、州长吴胜华为组长的环保督察整改工作领导小组，及时研究制定了《黔南州贯彻落实中央环境保护督察反馈问题整改方案》（以下简称“整改方案”），全面部署开展整改落实工作。州委、州政府于9月12日正式印发《整改方案》，全文在黔南州政府门户网站公布。

同日 贵州省妇联副主席、党组副书记周培芝率调研组到黔南州调研群团改革开展情况。州委副书记、州委政法委书记罗桂荣作全州群团改革情况汇报。州有关部门负责人参加汇报会。

中旬 国家水利部公布第十七批54个国家水利风景区名单，黔南州福泉市洒金谷水利风景区和贵定县金海雪山水利风景区凭借良好的生态优势，成功入选名单，成为贵州省成功申报的3个国家水利风景区之二。至此，黔南州国家级和省级水利风景区分别增加至7个和12个，成为全省获批个数位较多的市州之一。

15日 国家商务部副部长王炳南带队到贵定县昌明镇电子商务运营服务中心，就精准扶贫大数据及电商扶贫体系进行专题调研。贵州省副省长卢雍政，州、县有关领导陪同。

17日 由中国邮政发行的《科技创新》纪念邮票在都匀市首发。平塘县“500米口径球面射电望远镜”为其中一枚纪念邮票，登上“国家名片”。

同日 由中国奥委会举办的“神秘水乡”2017年第二十二届国际奥委会主席杯全国百城市自行车赛西南区预赛在三都水族自治县中和镇举行。

20日 “喜迎十九大·说说心里话”——黔南州“祖国好家乡美·寻找最美声音”总决赛在都匀举行。纪杨阳获得本次活动冠军，成为黔南最美声音代言人。此次活动由中共黔南州委宣传部、黔南州文明办、黔南广播电视台FM98.0黔南广播精心策划、面向社会开展。

22日 国家人社部副部长、公务员局局长傅兴国率调研组到黔南州，就贯彻落实公务员法、推进公务员队伍建设和事业单位人事管理工作情况，进行专题调研。省人保厅党组成员、公务员局局长卢建明及省直相关部门负责人出席调研座谈，州委常委、常务副州长黄伟主持。州部分县（市）的相关负责人，州人社局、州公务员局、都匀市毛尖镇与平浪镇、瓮安县瓮水街道办事处、平塘县大塘镇等主要负责人参加汇报座谈。

同日 由黔南州人民政府主办，黔南州外事侨办和台港澳事务办公室、都匀市人民政府承办的黔南·台湾两地少数民族基层村里长交流活动在都匀市举行。黔南州海峡两岸交流协会与台湾村里长交流协会共同签署交流合作备忘录。

25—27日 在“中国天眼”调试运行一周年之际，第二届国际射电天文研讨会在平塘天文小镇举行，海内外150多名专家学者齐聚天文小镇，围绕“射电巡天、历史、现状和展望”“用中性氢进行宇宙和星系观测的历史”“运动中的银河系：我们的中性氢天空、脉冲星和引力波”等议题展开讨论，为中国如何用好FAST建言献策。

26—29日 由中央组织部、国务院扶贫办组织的“精准扶贫院士专家行”咨询服务活动走进黔南州，为大数据、磷化工、茶叶等产业发展出谋划策，并拓展沟通渠道、探讨相关合作事宜、完善产学研结合长效机制，推动更多合作在黔南州落地生根、开花结果，帮助更多贫困群众增收致富。

27日 州委召开州直机关选派到极贫乡镇和深度贫困村所在乡镇挂职干部培训动员会，州直机关选派的3名副县级干部和62名副县级后备干部挂任深度贫困村所在乡镇党政副职。

28日 全州工业发展暨招商引资工作大会在都匀召开。

同日 贵州省副省长陈鸣明到全省极贫乡镇平塘县大塘镇进行调研。

同日 由黔南民族师范学院承办的第十届中国东盟教育交流周第二届民族文化研究论坛在黔南举行。来自泰国、印尼、马来西亚、越南等东盟国家的高校和科研单位，以及国内的高校和科研单位参加论坛；省教育厅、省民族宗教事务委员会，州政府及州教育局、州民族宗教事务委员会相关负责人出席论坛开幕式。

月底 由贵州省委宣传部组织，省林业厅主办、贵州电视台承办开展的全省“最美森林·最美湿地”评选结果揭晓，黔南州最美森林和最美湿地获一等奖。

10月

9日 《人民日报》第八版公告：2017年中国中小城市科学发展指数研究成果发布，都匀市入选全国中小城市投资潜力百强县市，位列96名；入选全国新型城镇化质量百强县市，位列第10名。

16日 黔南州电子商务精准扶贫暨冷链物流项目建设工作推进现场会在贵定县召开。

17日 全国第四个扶贫日，全州举行“扶贫日暨慈善一日捐”现场募捐活动。州委书记唐德智，州人大常委会主任罗毅，州政协主席魏明禄，州委副书记、州委政法委书记罗桂荣以及州四家班子领导出席活动并带头捐款。

同日 黔南州召开新任州管干部任职廉政教育集体谈话会，会上，部分代表作了表态发言，全体谈话对象签订了黔南州州管干部廉政承诺书，会上还向全体谈话对象发放了《中国共产党章程》和《中国共产党廉洁自律准则》。

同日 由北京天文馆、中国天文学会普及工作委员会、中国自然科学博物馆协会、天文馆专业委员会和北京天文学会联合主办，黔南州天文局和州教育局承办的全国科技教师天文知识与技能培训班在平塘县天文小镇开班。来自全国各省（市）的天文老师及科普工作者、黔南师院、黔南州各县（市）中小学教师近百人参加培训。

同日 贵州省民政厅厅长罗宁、副厅长张惠明等一行5人到黔南调研基层民政工作。调研组到黔南州救灾物资储备库项目建设点、社会福利院，都匀市怡心养老院，都匀市广惠社区等多地开展考察调研。在“省民政厅赴黔南调研基层民政工作座谈会”上，调研组就加强基层民政工作提出三点要求：一是要通过认真学习领会中共中央办公厅国务院办公厅印发的《关于加强乡镇政府服务能力建设的意见》和《中共中央国务院关于加强和完善城乡社区治理的意见》两个文件的精神来抓落实。二是要结合贵州三大战略行动来抓落实。三是要结合民生实际社会和谐来抓落实。

18日 中国共产党第十九次全国代表大会在北京召开。黔南州党政机关干部、社会各界群众通过广播、电视、网络等不同方式收听收看了十九大开幕会，收听收看习近平代表十八届中央委员会所作的报告。

23日 华创证券、贵州股权金融资产交易中心与黔南州工作座谈会在都匀召开。州委书记唐德智出席并讲话，华创证券有限责任公司董事长陶永泽，贵州股交中心董事长洪峰出席座谈会。

同日 州委召开常委（扩大）会议，传达学习贯彻中共九大报告、习近平在参加贵州代表团讨论时的重要讲话精神和省委关于学习贯彻的通知精神，以及新华社、人民日报系列评论员文章。州委书记唐德智主持会议并讲话。

24 日 贵州副省长卢雍政率省旅游发展委、省商务厅、省投资促进局、省政府办公厅等有关单位负责人到三都调研乡村旅游暨“千企引进”工作。副州长胡晓剑等陪同调研。

25 日 以“文化・融合产业・未来”为主题的独山论坛——第三届中国茶产业发展智库峰会在独山县商务中心开幕。16 个国家的专家、学者、电影制作人、导演、知名茶企业代表、资深茶人等汇聚一堂，以茶为媒，共叙茶文化、茶旅游未来发展。

26 日 中共十九大代表杨先霞到三都水族自治县都江镇水族村寨、深度贫困村坝辉村为水族群众、贫困群众宣讲中共十九大精神。作为水族代表的杨先霞以巧用水族语言与本地方言相结合，以及编唱水歌的方式，与群众拉家常、话发展，共同学习领会中共十九大精神，深受当地水族群众欢迎。

28 日 由中国社会科学院法学研究所、贵州省社会科学院、黔南州人民政府共同主办，中国社会科学院国家法治指数研究中心、贵州省法学会应用法学研究会、黔南州中级人民法院、中共贵定县委、贵定县人民政府共同承办的全国依法治国与实证法学理论研讨年会在贵定县召开。

31 日 中共黔南州委书记唐德智到三都县都江镇坝街社区宣讲中共十九大精神，并调研脱贫攻坚工作。州委副书记、州委政法委书记罗桂荣，州委常委、州委秘书长瓦标龙参加宣讲调研。州直有关部门及三都县主要负责人参加调研。

是月 经过评选专家组历时半年的优中选优，专业评审并报国家卫生计生委直属机关党委同意，黔南州中医院微电影《一天一夜》在国家卫生计生委文明办主办的“全国卫生计生系统青年文明号巡讲和微电影征集活动评选”中，获微电影类作品一等奖。

11 月

2 日 黔南“水书文化”国际外宣片在都匀开机。州委副书记、州长、州水书申遗领导小组组长吴胜华，州人大常委会副主任、州水书申遗领导小组常务副组长刘建民，州政协副主席、州水书申遗领导小组副组长李强，州政协原主席、贵州省水家学会会长胡品荣出席开机仪式。

3 日 中共黔南州委书记唐德智带领州委副书记、州长吴胜华，州人大常委会主任罗毅，州政协主席魏明禄，州委副书记、州委政法委书记罗桂荣，州委常委张文强、黄伟、郑国宁、胡志峰、瓦标龙、吴海平，都匀军分区政委杨光芒，到瓮安县猴场会议会址，重温入党誓词。

7 日 贵州省委副书记、代省长谌贻琴在平塘县天文小镇会见美国旅行代理商协会主席赞・科比一行。双方表示，将进一步加强交流合作，实现互利共赢。副省长卢雍政，省政府秘书长任湘生，省旅发委主任李三旗，省外事办主任陈力，州委副书记、州长吴胜华，美国旅行代理商协会董事会成员、托尼旅行社总经理蓝洛德等参加会见。

7—8 日 以“聚焦大射电・联通天地人”为主题的第十二届贵州旅游产业发展大会在平塘县天文小镇举办。省委书记孙志刚为中国天眼景区“中国科技旅游基地”揭牌。省委副书记、代省长谌贻琴作推介讲话。旅发大会主要包括贵州旅游文化推介会和贵州旅游工作推进会两个会议以及黔南旅游项目观摩专题活动。

8 日 主题为“山地公园省・贵州好粮油”的贵州省第四届粮油精品展示交易会在都匀市灵智广场开幕。省政协副主席黄家培，国家粮食局总工程师何毅，省粮食局局长沈健，省人大农业农村委员会副主任沈芹，州委副书记、州委政法委书记罗桂荣，州人大常委会副主任刘建民，州政府副州长杨从明，州政协副主席解竞出席开幕式。

10日　全省学习宣传贯彻中共十九大精神进社区工作启动仪式在黔南州龙里县谷脚镇谷脚社区举行。贵州省民政厅、黔南州民政局、龙里县政府、县民政局、谷脚镇党政相关负责人以及谷脚镇各村（社区）党组织书记、主任、监委会主任、党员代表、群众代表100余人参加启动仪式。

同日　黔南州打造的参加第六届全省少数民族文艺会演剧目——水族舞剧《木楼古歌》在都匀文化艺术中心举行汇报演出。

11日　中共黔南州委、黔南州人民政府印发《关于进一步加强基层民政工作的实施意见》，成为贵州省首个进一步加强基层民政工作的实施意见。

同日　电影《水族秀》首映式在三都水族自治县人民大会堂举行，作为建县60周年庆祝活动之一与广大观众见面。国家、省、州祝贺团领导、县四家班子领导和来宾一同参加首映式，1000余名群众到场观影。

12日　三都水族自治县成立60周年庆祝大会及大型文艺展演在县民族体育竞技体验中心举行，近8000人的干部群众及学生参演。

13日　全州中共十九大精神理论宣讲骨干培训暨“七进”（进企业、进农村、进机关、进校园、进社区、进军营、进网站）工作部署会在匀召开，正式启动黔南州学习宣传贯彻中共十九大精神“七进”工作。

同日　全国少数民族村干部聚焦脱贫攻坚座谈会在三都水族自治县举行。国家民政部、国家农业部、中国民族旅游专业委员会、中国村发展促进会等相关专家和领导及来自全国各地的基层村干部出席，并就脱贫攻坚工作进行交流发言。

15日　中华人民共和国农业部公布的全国休闲农业和乡村旅游示范县（市、区）名单中，贵定榜上有名，获全国休闲农业和乡村旅游示范县称号。

16日　全州召开电视电话会议，总结中共十九大召开期间各项信访维稳安保工作，分析研判全州安全稳定形势，研究部署下阶段安全稳定工作及全州深入推进“打黑除恶”专项斗争工作。州委副书记、州委政法委书记罗桂荣，副州长、州公安局局长王治军，州检察院检察长马涛出席会议。

同日　“2017瑶族文化国际交流大会”在荔波县开幕。来自美国、泰国、越南、老挝、香港等国家和地区，中国社会科学院研究院、中央民族大学、复旦大学、四川大学、贵州民族大学、广西民族大学、广东韶关学院等高等院校，广东、云南、湖南、贵州等省区的瑶族、专家学者、领导嘉宾近200人出席开幕式。这是中国首个国际性的瑶族文化交流峰会。

同日　由都匀市民族宗教事务局组织的“民汉双语宣讲团”，到都匀市归兰水族乡榔木水族寨，用水族语言向归兰水族乡的水族村民宣讲中共十九大精神。贵州省民宗委党组书记石松江率队到宣讲活动现场作指导，黔南州民宗委、都匀市委统战部、都匀市民宗局相关领导出席本次宣讲活动。

17日　全国精神文明建设表彰大会在北京召开，习近平会见参会代表，王沪宁参加会见并在表彰大会上讲话。根据中央文明委下发的《关于表彰第五届全国文明城市、文明村镇、文明单位和第一届全国文明校园的决定》，黔南州福泉市国家税务局、中国工商银行瓮安支行、黔南州龙里县人民政府政务服务中心、贵州电网有限责任公司都匀惠水供电局等4家单位获得全国文明单位称号；龙里县醒狮镇大岩村、长顺县白云山镇凉水村、平塘县牙舟镇王宋村、福泉市牛场镇双龙村、瓮安县天文镇乌江村、贵定县沿山镇星溪村等6个村获得全国文明村镇称号；罗甸县第四小学、龙里县醒狮小学等2所学校获得全国文明校园称号。

18日　中国教育科学研究院、国务院妇女儿童工作委员会、国家教育行政学院等教育专家学者和国内知名民办教育创办人齐聚独山，聚焦剖析独山兴农中学办学成功案例，研讨该县积极创新机制，联合优质民办教育资源助推教育扶贫的实践。中国教育报、光明日报、求是、改革内参、新京报、贵州日报、贵州电视台、贵州都市报、西部开发报等媒体记者到场报道。

20 日　国家卫计委核查组组长张香兰带领专家一行 6 人到黔南州进行采供血和输血工作的核查检查。核查组在贵州省卫计委、黔南州卫计委分管领导的陪同下，分别对黔南州中心血站及黔南州人民医院输血科进行血液安全相关检查。

同日　黔南州州级“新时代农民（市民）讲习所”在州委党校挂牌并开展首场讲习活动。

20—21 日　中共贵州省委书记孙志刚，省委副书记、代省长谌贻琴分别率领 2017 年全省第二次项目建设现场观摩会的第一观摩组和第二观摩组走进黔南州福泉市、贵定县、龙里县，重点对州内“千企改造”“千企引进”工程及大数据与实体经济深度融合项目进行实地观摩。省委常委、省委组织部部长李邑飞，省委常委、遵义市委书记龙长春，省人大常委会副主任王世杰，副省长钟勉，省政协副主席蒙启良参加观摩。省政府秘书长任湘生等省有关部门领导，黔南州委书记唐德智等各市（州）领导及部分县（市）领导参加观摩。

21 日　黔南州“学习贯彻十九大·文明单位在行动”系列主题活动之“走进新时代·开启新征程”知识竞赛在都匀举行。

22 日　广州、北京海归专家团 18 名专家到贵定县开展智力帮扶活动，并在当天下午召开智力帮扶座谈会。

同日　黔南州总工会组织召开“感恩奋进·走在前列”中共十九大精神进企业启动仪式暨首场宣讲会。

23 日　以“陀螺炫彩·动感荔波”为主题的 2017 年“民体杯”全国陀螺大赛在世界遗产地·地球绿宝石、中国陀螺之乡荔波开幕。

同日　由贵州诺亚联杰公司投资 2.6 亿元新建的全省最大单场养殖 100 万羽蛋鸡养殖项目落户都匀市毛尖镇摆桑村。

25 日　德国艾尔福特市考察团到黔南州考察座谈会在都匀市举行，会议对康养产业等方面的先进经验进行交流，双方签订了战略合作协议和友好城市意向书。州委副书记、州长吴胜华出席并讲话，副州长杨从明主持。

25—27 日　云南省迪庆藏族自治州州委书记、州人大常委会主任顾琨率迪庆州党政代表团一行到黔南州考察并召开座谈会。中共黔南州委书记唐德智，州委副书记、州委政法委书记罗桂荣等州领导陪同考察并出席座谈会。

28—30 日　黔南州组团到广西南宁参加由广西省民政厅、中国老龄产业协会、中国社会福利与养老服务协会举办的“2017 年中国（南宁）养老产业发展高端论坛暨招商推介会”，招商推介健康养老项目。

12 月

2 日　在由联合国可持续发展委员会支持，国际摄影颁奖盛典组委会、国际摄影协会、广州国际摄影协会、广州国际艺博会组委会等单位联合主办的国际摄影颁奖盛典上，都匀国际摄影博览会获“2016—2017 年最具影响力的摄影机构”荣誉，成为贵州省摄影界唯一获此殊荣的机构。

3—9 日　福泉联手旅游小说作家山峰全国海选演员，拍摄纸上电影《福到福泉》。《福到福泉》改编自山峰科幻旅游小说《黔上·地球最后的爱情》福泉章节。

4 日　黔南州工信委联合州发改委、都匀供电局在都匀市共同举办黔南州 2017 年工商业企业（公共机构）节能培训。

4—9 日　国家教育督导检查组对贵州省申报的 22 个义务教育发展基本均衡县（市、区）进行督导检查，黔南州共有瓮安县、都匀市、长顺县、惠水县、龙里县 5 个县（市）进入认定名单。

5 日　全州召开 2017 年脱贫攻坚调度会，研究脱贫攻坚工作形势、任务，安排部署下一步工作。

5—6 日　贵州省人大常委会副主任袁周率“生态贵州·美丽乌江”2017 年贵州环保行活动组走进瓮安县，先后到江界河镇、瓮安河天文断面、瓮安河支流西门河城区段、瓮安县经济开发区实地检查，查看水源水质保护、污水治理等情况。

6日 黔南州社保局、人保财险黔南分公司共同举行黔南州城镇职工高额医疗保险合作协议签约仪式。黔南州人社局、黔南州社保局、州内各大医院、黔南州保险行业协会、人保财险贵州省分公司、黔南分公司领导及相关部门负责人出席签约仪式。黔南州人社局党组成员、州社保局局长陆良燕，人保财险黔南分公司总经理张德锋共同签署了合作协议。

6—7日 由贵州航天云网公司牵头，组织国内优强企业技术人员组成专家服务团队，分赴黔南州瓮福（集团）有限责任公司、贵定海螺盘江水泥有限责任公司、惠水贵州金田新材料科技有限公司开展“大数据+工业深度”融合专项行动试点示范侯选企业调研工作。

8日 黔南州中小微企业商会第一次会员大会暨成立庆典大会在都匀贵品万国酒店召开。会议通过《商会章程（草案）》《商会会费收取标准》（草案）及《选举办法（草案）》等相关文本（草案），并选举黔南州中小微企业商会第一届领导机构成员。

同日 贵州省妇女特色手工“锦绣计划”工作推进会在黔西南州兴义市举行，三都县亘蓝母图民族布艺蜡染开发有限公司张义琼作为三位优秀绣娘、染娘代表之一作经验交流发言，展现了黔南州妇联为渴望脱贫的群众搭好平台，借助民族文化的传承，利用民族特色蜡染、刺绣的工艺，助推妇女脱贫致富奔小康的新作为。

9日 黔南州在都匀市南沙洲公园开展纪念“12·9”爱国运动82周年暨“感恩奋进·青春迈动”青年文化沙龙主题活动。

同日 宁夏回族自治区中卫市委副书记、市长万新恒，副市长蔡菊率队赴平塘天文小镇考察。

10—11日 草塘十二塘之叶家塘医养项目战略合作签约仪式举行。中共黔南州委书记唐德智，贵州省卫计委副主任、贵州省中医药管理局局长杨洪，贵州医科大学副校长、贵州医科大学附属医院院长刘健，社会福祉法人、东京武尊会理事长野村有信及日本医疗法人社团、北京和美安康医院管理有限责任公司有关人员，黔南州委常委、瓮安县委书记张文强，瓮安县委副书记、县长黄桂林，瓮安县人大常委会主任潘玉华、瓮安县政协主席陈博出席签约仪式。瓮安县委副书记曾薇主持签约仪式。

11日 都匀市人民政府与贵州中云置业有限公司签约建设贵州都匀·西部铝材城项目。拟投资12亿元，在都匀打造西南地区规模最大的铝材专业市场。州委常委、市委书记吴丹，市委副书记、市长邓忠学等有关领导出席签约仪式。

13日 三都水族自治县召开全县领导干部会议，宣布省委、州委决定：朱奉余任中共三都水族自治县县委书记。

14日 都匀市政府常务会议审定通过《关于研究贵南铁路都匀段征地拆迁补偿安置方案的专题会议纪要》，标志着备受关注的贵南高铁都匀段项目即将拆迁征地施工。贵南高铁黔南段于是月内全线动工。

16日 “书写大美匀城，传承太极文化——保利·江上明珠【时光巷】时光美文征集启动仪式暨太极拳表演赛”在保利·江上明珠举行。黔南州文联、都匀市体育局、都匀市文化局、都匀知名艺术家及来自全省的主流媒体等到活动现场，共同参加这次活动。

17日 由香港田家炳基金会主办、香港理工大学、香港城市大学联合承办，黔南田家炳中学协办的“田家炳青少年正面成长计划2017－2018学年第一次导师培训课程”会议在都匀召开。黔南田家炳中学作为东道主迎接了来自香港田家炳基金会的团队、香港理工大学石丹理教授团队，以及来自全国30多所田家炳中学和其他兄弟学校的200余名教师。

同日 2017年贵州省第十六届冬泳锦标赛在荔波县民族体育活动中心游泳馆落幕。赤水泳协、凯里泳协、播州区泳协在比赛中分获综合团体总分前三名，荔波、清镇、务川、黔西4个代表队获得优秀组织奖。

18日 黔南州旅游景区质量等级评定委员会向社会公告，龙里湾滩河镇孔雀寨景区等5个景区达到国家AAA级旅游景区标准的要求，其中荔波梦柳布依风情小镇景区、荔波佳荣大土苗寨景区批准为国家 AAA 级旅游景区。

18—19 日 中共贵州省委常委、省纪委书记、省深化监察体制改革试点工作小组副组长兼办公室主任夏红民率调研组到黔南州督导调研深化国家监察体制改革试点工作并召开座谈会。会议由州委书记、州深化监察体制改革试点工作小组组长唐德智主持。州深化监察体制改革试点工作小组副组长吴胜华、罗毅、罗桂荣、郑国宁、胡志峰、马涛出席会议。

20 日 贵州省副省长陈鸣明在都匀市主持召开座谈会，听取黔南州党委政府和部分州人大代表政协委员对将在贵州省第十三届人民代表大会第一次会议上提交的《政府工作报告》（征求意见稿）的意见建议。州委副书记、州长吴胜华出席座谈会。

同日 全省政法综治工作现场观摩会在都匀市召开，部署推进以综治中心规范化、综治网格化、综治大数据建设为重点的社会治理创新工作。省委常委、省委秘书长、省委政法委书记唐承沛出席会议并讲话，省委政法委常务副书记、省综治办主任彭德全主持会议。州委书记唐德智致辞。

22 日 全州宣传思想工作座谈会在都匀召开。会议深入学习贯彻中共十九大精神和习近平在贵州省代表团重要讲话精神以及省委十二届二次全会、州委十一届四次全会精神，对宣传思想工作进行一次大排查、大竞赛、大落实，并研讨制定今后三年宣传思想工作计划。

同日 黔南州在四川省成都市举办的“山地公园省·多彩贵州风”2017 贵州冬季度假旅游推介会暨“生态之州·幸福黔南”2017 黔南州冬季度假旅游专场推介会上，向成都朋友送出黔南冬季旅游的“大礼包”，推介黔南冬季旅游。

25 日 全州开展中共十九大精神“七进”宣讲大比武暨特色宣讲展示活动。罗甸县委宣传部和贵定县委宣传部分别获一等奖。

28 日 黔南州红十字会第四届理事会第二次会议在匀召开。州委副书记、州委政法委书记罗桂荣，州人民政府副州长胡晓剑，州政协副主席杨俊出席会议，州红十字会第四届理事会理事、红十字志愿者代表等参加会议。会议现场表决并通过了有关人事变更的决议，理事会聘请州委书记唐德智，州委副书记、州长吴胜华兼任黔南州红十字会名誉会长，州人大常委会副主任张仕雄、州政协副主席杨俊兼任黔南州红十字会名誉副会长，会议选举州人民政府副州长胡晓剑任黔南州红十字会会长。

28 日 十一届黔南州委全面深化改革领导小组第十次会议在都匀召开。州委书记、州委全面深化改革领导小组组长唐德智主持会议并讲话。

28—29 日 州委召开常委（扩大）会暨中心组学习会，深入学习贯彻党的十九大精神和习近平总书记在贵州省代表团重要讲话精神，认真学习贯彻习近平新时代中国特色社会主义经济思想，传达学习中央、全省经济工作会议和全省脱贫攻坚表彰暨秋季攻势总结电视电话会议精神，研究谋划 2018 年全州经济工作。州委书记唐德智主持会议并讲话。会议研究通过了州委《关于坚决维护以习近平同志为核心的党中央权威和集中统一领导的规定》《进一步贯彻落实中央八项规定精神切实加强作风建设实施细则》。

31 日 第二届南奥·都匀国际足球小镇跨年杯冠亚军争夺战在黔南州全民健身中心展开，贵州恒丰主场 0:0 战平大连一方，点球大战中恒丰最终 5:3 险胜对手，夺得第二届南奥·都匀国际足球小镇跨年杯的冠军。

是年底 都匀一中新校区投入使用。都匀一中新校区项目于 2014 年 12 月 16 日开工建设，项目占地面积 520 亩，建筑面积 18.45 万平方米，最大容量为 120 个教学班，6000 名在校学生，总投资 10.6 亿元。

（张永淑）

·州概况·

ZHOU GAI KUANG

基本情况

【建置沿革】 黔南州辖地历史源远流长，自古以来就是少数民族先民居住的区域。据文献资料记载，早在殷、周时期，境内就已有许多部族活动，分属牂牁、夜郎等方国，在现黔南州福泉市还保存着古夜郎国唯一的遗迹“竹王城”。秦汉时期，州境为象郡、牂牁郡所属的且兰、毋敛等县。唐朝之后，中央封建王朝加强对少数民族地区的统治，唐宋元明时期，在州境内设立了羁縻府、州、县、峒、卫、所。元代黔南开始推行土司制度，境内分属八番顺元等处宣慰都元帅府、都云定云安抚司、新天葛蛮安抚司、播州宣慰司和庆云南丹安抚司，至明代贵州建省前，黔南地域主要设置了卫所军事机构，黔南分属于贵州卫、龙里卫、平越卫、都云卫、新添卫、定番州、广顺卫等。明弘治年间，贵州推行“改土归流”，部分土司统治地区改设府（县）。如都匀府、新贵县、贵定县和荔波县等。雍正四年，清政府在黔南境内强行大规模推行“改土归流”，废除土司世袭的安抚司、长官司等，代之以流官统治，撤消“卫所”等军事地域，将其并入府州厅县等行政区域，黔南地区分属于贵阳府、都匀府、独山府和平越府。民国 3 年（1914），将清代的府、州、厅、县一律改称县。1935 年，国民党中央军进入贵州后，改组了省政府，改设行政督察区，黔南州地域分属于第一、第七和第十一行政督察区。1948 年，全省又重新划分为 7 个行政督察区及省直辖区。今黔南州地域内的惠水、长顺、龙里、贵定 4 县隶省直辖区；独山、平塘、罗甸、荔波、都匀、三都、平越 7 县隶第二行政督察区，专员公署驻独山；瓮安县隶第五行政督察区，专员公署驻遵义。

1949 年 11 月 15 日，中国人民解放军解放都匀县城，随即成立独山专区，专员公署设于都匀县城，辖民国时期的第二行政督察区的 12 个县，即都匀、独山、平塘、罗甸、三都、荔波、平越、麻江、丹寨、黎平、榕江、从江，当时的瓮安、贵定、龙里、惠水和长顺 5 县隶属贵阳专区。1952 年，独山专区改称都匀专区，贵阳专区改称贵定专区，专员公署移驻贵定县，撤消惠水县，改设惠水县夷族苗族自治区。1953 年 6 月，平越县改称福泉县。1954 年，惠水县夷族苗族自治区改称惠水县布依族苗族自治区，这是黔南境内设置的第一个民族自治区。同年，罗甸县也改称罗甸布依族自治区。至黔南布依族苗族自治州成立前夕，都匀、三都、独山、平塘、荔波、福泉 6 县隶属都匀专区；贵定、龙里、瓮安、长顺、惠水、罗甸 6 县隶属贵定专区。

1956年8月8日黔南布依族苗族自治州正式成立，同时，撤销都匀、贵定二专区，将原都匀专区所属望谟、册亨、安龙、贞丰4县，原贵定专区所属罗甸、长顺、惠水3县及原属安顺专区的紫云、镇宁2县划入黔南布依族苗族自治州，全州共辖14县。1957年1月2日，由三都县及荔波、都匀、榕江、独山等县部分地区合并设立三都水族自治县，黔南布依族苗族自治州辖13县、1个自治县。1958年，撤销都匀县，改设都匀市。自治州人民委员会驻地都匀市。将惠水县划归贵阳市，安龙、镇宁2县划归安顺专区，原属安顺专区的瓮安、贵定2县划入黔南布依族苗族自治州。撤销荔波县并入独山县；撤销平塘县并入兴仁县；撤销册亨县并入安龙县。黔南布依族苗族自治州辖1市、11县、1个自治县。1961年，恢复荔波、平塘、紫云、龙里、福泉等5县。黔南布依族苗族自治州辖1市、11县、1自治县。1962年，撤消都匀市恢复都匀县。黔南布依族苗族自治州辖12县、1自治县。1963年，原属贵阳市的惠水县和原属安顺专区的贞丰、册亨、安龙3县划入黔南布依族苗族自治州，辖16县、1自治县。1965年，将贞丰、册亨、安龙、望谟4县划归兴义专区，紫云县划归安顺专区。黔南布依族苗族自治州辖11县、1个自治县。1966年，复设都匀市。黔南布依族苗族自治州人民委员会驻都匀市，辖1市、11县、1自治县。1996年，撤消福泉县设立福泉市，以原福泉县的行政区域为福泉市的行政区域。

截至2017年12月31日，黔南布依族苗族自治州辖2个县级市、9个县、1个自治县，即都匀市、福泉市和荔波、平塘、龙里、独山、瓮安、贵定、惠水、长顺、罗甸及三都水族自治县。各县（市）共计辖79个镇、19个街道办事处、8个乡（其中4个民族乡）。

【自然地理】 黔南布依族苗族自治州位于贵州省中南部，介于北纬25°04′～27°29′、东经106°12′～108°18′之间，东与黔东南苗族侗族自治州相连，南部和西南部与广西壮族自治区河池市、百色地区为界，西与安顺市和黔西南布依族苗族自治州接壤，北面和西北面与遵义市及贵阳市为邻。全州东西长约207.6千米，南北相距249.5千米，总面积为26195平方千米，占贵州省总面积的14.90%。

黔南州处于云贵高原东南部边缘的斜坡地带，地势西北高，东南低，平均海拔997米，最高为都匀斗篷山1961米；最低为罗甸的下大弯口242米。地貌类型多样复杂，山地、丘陵、盆地和河谷相互交错。全州土地以山地和丘陵为主，山地和丘陵占全州总面积的97%以上。其中，山地面积占72.53%；丘陵面积占21.30%；平坝面积占6.17%。

黔南州土壤可划分为9个土类、23个亚类和300多个土种。主要有赤红壤土类（砖红壤性红壤）、红壤土类（红泥土）、黄壤土类（黄泥巴）、红色石灰土类、石灰土类、紫色土类、潮土类、草甸土类、水稻土类。因受地域性因素的制约，地带性土壤与非地带性土壤彼此交错分布，构成了不同的十壤组合。黄壤土带分布范围最广的地区有都匀、独山、平塘、惠水、长顺、瓮安、福泉、贵定、龙里等市、县的全部及罗甸的边阳和荔波的甲良一带，总面积为19327平方千米，占全州总面积的73.78%，主要土壤类型为黄壤、石灰灰土、水稻土，次为小面积的草甸土和紫色土。适宜发展一年两熟和中亚热带经济作物。

2017年，全州各地年平均气温16.9℃，年平均降水量1284.2毫米，主要强降水集中在5月、6月、7月上旬到中旬前期、8月上旬到中旬前期、8月下旬中期。全州年平均日照时数1069.2小时，年平均相对湿度79.8%。灾害性天气主要有洪涝灾害、雹灾、凌冻等，对农业生产有一定影响。

2017年，全州流域面积为26193.2平方公里。其中，长江流域7586.9平方公里；珠江流域18606.3平方公里。全州水能资源理论蕴藏量为420.8万千瓦。其中，长江流域为89.9万千瓦；珠江流域330.9万千瓦。水能技术可开发量为99.2万千瓦。2017年底，全州已建成水电站138座，装机容量81.3万千瓦，在建水电站14座（其中5座改扩建），装机规模47.1万千瓦。2017年全年发电量为22.5亿千瓦时，全州水能资源开发利用率为71.3%。

【森林和动植物资源】 2017年，全州森林面积为1550.9千公顷，森林覆盖率为63%，森林蓄积量为6200万立方米。

主要树种1860种，药用植物有1000余种，列入国家一、二、三级保护的珍稀植物有25种。全州有鸟类287种，鱼类115种，哺乳类动物75种，爬行类动物63种，动物中药用脊椎动物有112种。

【旅游资源】 黔南山川秀丽，是典型的喀斯特地貌发育的山区之一。山峻、水澈、石奇、洞幽、峡深、瀑伟，旅游资源丰富，品位很高。2017年，全州旅游资源情况：

1. 国家级风景名胜区4个——荔波樟江风景名胜区、都匀斗篷山—剑江风景名胜区、平塘风景名胜区、瓮安江界河风景名胜区。

省级风景名胜区8个——福泉洒金谷、贵定洛北河风景名胜区、三都都柳江、独山深河桥抗日文化园、罗甸大小井、长顺杜鹃水湖—白云山、龙里猴子沟、惠水涟江—燕子洞。

2. 国家级自然保护区1个——贵州茂兰国家级自然保护区。

省级自然保护区1个——贵州都柳江源湿地省级自然保护区。

3. 国家级森林公园7个——贵州龙架山国家森林公园、贵州尧人山国家森林公园、贵州朱家山国家森林公园、贵州紫林山国家森林公园、贵州青云湖国家森林公园、贵州甘溪国家森林公园、贵州福泉国家森林公园。

省级森林公园3个——惠水县野梅岭森林公园、罗甸县翠滩森林公园、荔波县兰鼎山森林公园。

县级森林公园1个——平塘县养鹤山森林公园。

4. 国家水利风景区7个——龙里莲花水利风景区、龙里生态科技示范园、惠水涟江水利风景区、罗甸高原千岛湖水利风景区、长顺杜鹃湖水利风景区、福泉市洒金谷水利风景区、贵定县金海雪山水利风景区。

5. 旅游A级景区：

国家AAAAA级旅游景区1个——荔波樟江。

国家AAAA级旅游景区7个——平塘掌布“藏字石”景区、福泉古城文化旅游景区、都匀茶文化影视小镇景区、瓮安草塘千年古邑旅游区、平塘县中国天眼景区、惠水好花红乡村旅游区、龙里中铁双龙镇巫山峡谷旅游景区。

国家AAA级旅游景区33个——都匀文峰园、都匀斗篷山风景名胜区、长顺杜鹃湖、贵定金海雪山景区、独山翠泉国家森林公园、龙里龙架山森林公园、三都县姑鲁产蛋崖旅游景区、荔波瑶山古寨旅游区、惠水县连江公园景区、瓮安朱家山景区、平塘县平舟镇京舟康体养生乐园景区、福泉市黄丝度假景区、福泉市双谷生态体育公园、荔波古镇景区、贵定金海雪山四季花谷旅游开发度假区景区、都匀市青云湖国家森林公园、龙里县大草原景区、罗甸县天眼驿站景区、罗甸县高原千岛湖休闲度假园区、都匀经济开发区杉木湖城市中央公园景区、独山深河桥抗日文化园、荔波县邓恩铭故里景区、荔波县寨票民宿景区、龙里县十里刺梨沟景区、平塘县甲茶景区、贵定县阳宝山佛教文化旅游景区、独山天洞景区、贵定云雾茶乡村旅游景区、荔波佳荣大土苗寨景区、荔波梦柳布依风情小镇景区、龙里湾滩河镇孔雀寨景区、荔波县瑶麓青瑶古风园、平塘县者密镇六硐景区。

国家AA级旅游景区3个——都匀东山公园、瓮安映山红景区、独山奎文阁。

6. 国家级文物保护单位4个——福泉古城垣、福泉葛镜桥、黔南水族墓群、惠水仙人桥洞葬。

7. 国家级民族特色村寨20个——福泉市马场坪街道办黄丝村、贵定县盘江镇音寨村、惠水县好花镇好花红村、惠水县涟江街道办九龙村、平塘县卡蒲乡场河村、独山县影山镇翁奇村、三都县三合街道办姑挂村、荔波县瑶山乡拉片村、都匀经济开发区坝固村坡脚寨、都匀市归兰水族乡奉合村榔木寨、福泉市仙桥乡大花水村饮水思麒麟山苗寨、三都县都江镇怎雷村、三都县九阡镇水各村、三都县都江镇来术村、三都县三合镇街道办事处排烧村、三都县九阡镇石板寨、三都县普安镇野记古寨、荔波县瑶山瑶族乡姑类村董蒙寨、荔波县玉屏街道办事处水甫村水葩古寨、都匀经济开发区新场村格多苗寨。

8. 国家级生态示范区1个——荔波县。

9. 国家级地质公园1个——平塘掌布。

10. 红色旅游点3个——独山深河桥、瓮安猴场、荔波县邓恩铭烈士故居。

11. 国家级示范点1个——福泉黄丝江边寨

12. 中国最具魅力乡村1个——贵定音寨金海雪山。

13. 中国美丽休闲乡村3个——福泉双谷、荔波水甫、惠水好花红村。

14. 全国休闲农业与乡村旅游示范区2个——荔波县、贵定县。

全州拥有世界自然遗产地1处——荔波锥状喀斯特峰林。都匀市为国家级优秀旅游城市。

【地方名产特产】 2017年，全州12县（市）拥有众多的地方名产特产。

都匀市：都匀毛尖茶、红茶、蓝莓系列产品、老布依腊肉香肠。

福泉市："荣姨妈"冰糖黄粑、"安运"腌制食品、"盛谷苑"翰林毛尖、福特全牌泡椒系列、万康乐牌苦荞茶、"金狗"牌野生山茶油。

荔波县："野梅之乡"青梅煮酒、荔波青梅软糕、荔波柚子蜜饯、荔波青梅酥、纯手工精品竹编画、水族马尾绣。

贵定县：云雾贡茶、苗姑娘油辣椒、香酥辣、沿山刺梨系列产品、苗姑娘益肝草植物饮料、古镇香优质菜籽油。

瓮安县：柴姨妈黄粑、谭氏皮蛋、养心菜、凉粉、冬秀孃酸辣泡椒、灵芝。

独山县："三酸"（盐酸、虾酸、臭酸）、风味兔肉、菩提树、铁皮石斛、"贵草"系列奶制品、新贵茶叶（红茶、绿茶）。

平塘县：都匀毛尖·平塘甲茶、平塘大理石、贵州盘江龙盟新型环保纸、牙舟陶、夏黑子坛子鱼、黄金应子。

罗甸县：火龙果、艾纳香、罗甸玉、哈密瓜、芝麻鲣、信邦药品（银杏天宝）。

长顺县：绿壳鸡蛋、精品水果、威远豆腐皮、广顺辣子鸡、马路屯堡霉豆腐、豆腐圆子。

龙里县：茶香刺梨及刺梨系列产品、邓氏辣子鸡、醒狮豆腐、无公害蔬菜（豌豆尖）、芳馨豆缘、平坡农民画。

惠水县：牛头牌牛肉干、雅水大米、摆金马肉、黑糯米酒、牛肉红、连江毛尖。

三都县：水族马尾绣、九阡李、九阡酒、三都辣椒酸、巫不香猪、山地水晶葡萄。

【人口 民族】 据公安部门统计，2017年末全州户籍人口数为420万人，比2016年增加3万人，增长0.63%。全州人口自然变动情况，2017年，全州人口出生人数为77488人，其中，男性为40286人，女性为37202人；死亡人数44314人，其中，男性为24788人，女性为19526人。2017年，人口出生率18.6‰，比2016年上升千分之一点七，自增增长率8‰，比2016年下降3个千分点。

性别构成，2017年全州常住人口中，男性人口为219万人，占总人口的52.23%；女性人口为201万人，占总人口的47.77%。性别比为109.34。

年龄构成，2017年全州常住人口中，0~17岁人口为97.8人，占总人口的23.29%；18岁~34岁人口为114.2万人，占总人口的27.20%；35~59岁人口为148.4万人，占总人口的35.35%；60岁及以上人口为59.5万人，占总人口的14.17%。

按城乡分，全州常住人口中，居住在城镇的人口为165.8万人，占总人口的39.50%；居住在乡村的人口为254万人，占总人口的60.5%。

按地区分，全州常住人口的地区分布情况是：都匀市50万人，占11.91%；福泉市33.5万人，占7.99%；荔波县18.2万人，占4.33%；贵定县30万人，占7.15%；瓮安县49万人，占11.67%；独山县35.5万人，占8.45%；平塘县33.2万人，占7.91%；罗甸县36万人，占8.58%；长顺县26.8万人，占6.4%；龙里县23.7万人，占

5.65%；惠水县46.7万人，占11.13%；三都县37.2万人，占8.88%。

黔南州为多民族聚集地，居住着汉、布依、苗、水等43个民族。2017年全州少数民族人口为249万人，占总人口的59.32%。其中，布依族人口占总人口的33.79%，苗族人口占总人口13.94%，水族人口占总人口的8.79%，毛南族人口占总人口的0.91%。

（张永淑）

黔南州行政区划一览表

（2017年）

名称	办事处名称	镇名称	乡名称
都匀市	绿茵湖街道办事处 文峰街道办事处 沙包堡街道办事处 小围寨街道办事处 广惠街道办事处	墨冲镇 平浪镇 毛尖镇 匀东镇	归兰水族乡
福泉市	金山街道办事处 马场坪街道办事处	凤山镇 牛场镇 龙昌镇 陆坪镇 道坪镇	仙桥乡
荔波县	玉屏街道办事处	甲良镇 朝阳镇 佳荣镇 小七孔镇 茂兰镇	黎明关水族乡 瑶山瑶族乡
贵定县	宝山街道办事处 金南街道办事处	云雾镇 昌明镇 盘江镇 沿山镇 德新镇 新巴镇	
瓮安县	瓮水街道办事处 雍阳街道办事处	天文镇 平定营镇 银盏镇 中坪镇 玉山镇 建中镇 珠藏镇 猴场镇 永和镇 江界河镇	岚关乡
独山县		百泉镇 基长镇 玉水镇 下司镇 麻尾镇 上司镇 麻万镇 影山镇	

续表

名称	办事处名称	镇名称	乡名称
平塘县	金盆街道办事处	平舟镇 大塘镇 塘边镇 掌布镇 牙舟镇 者密镇 通州镇 甲茶镇 克度镇	卡蒲毛南族乡
罗甸县	斛兴街道办事处	龙坪镇 逢亭镇 红水河镇 沫阳镇 边阳镇 木引镇 茂井镇 罗悃镇	凤亭乡
长顺县	长寨街道办事处	白云山镇 鼓扬镇 摆所镇 代化镇 广顺镇	敦操乡
龙里县	冠山街道办事处	龙山镇 醒狮镇 洗马镇 湾滩河镇 谷脚镇	
惠水县	涟江街道办事处 濛江街道办事处	好花红镇 王佑镇 芦山镇 羡塘镇 断杉镇 雅水镇 岗度镇 摆金镇	
三都县	三合街道办事处	普安镇 中和镇 都江镇 九阡镇 大河镇 周覃镇	

国民经济和社会发展概况

【综述】 2017年全州生产总值为1160.59亿元，同比增长12.1%。分产业看，第一产业增加值202.30亿元，增长6.6%；第二产业增加值412.91亿元，增长11.5%；第三产业增加值545.38亿元，增长14.5%，其中：交通运输、仓储和邮政业增长8.1%，批发和零售业增长4.8%，住宿和餐饮业增长10.6%。全年人均地区生产总值35481元，同比增长11.4%

【农业】 2017年全州按照中央、省、州一号文件精神部署，以推进农业供给侧结构性改革为主线，以调结构、上规模、创品牌、占市场为主要任务，推动一产“接二连三”，大力实施绿色农产品“泉涌”工程，促进农业增效、农民增收、农村发展。

2017年，全州共建设州级以上农业园区94个，其中省级园区57个。全州农业产业化龙头企业发展到735个，入住园区龙头企业406个。全州农民专业合作社累计发展到5636个；无公害产地认定877个；无公害产品认证获证273个；绿色农产品申报认定21个；有机认证基地和产品共70个产品；地理标志保护农产品14个。全州农业实现增加值212.72亿元，比2016年增长6.5%，全年粮食作物种植面积31.14万公顷（467.15万亩），下降1.2%；油料作物面积7.88万公顷（118.3万亩），增长0.9%；蔬菜种植面积13.02万公顷（195.4万亩），增长6.9%。果园面积9万公顷（135.5万亩），比2016年增长43.6%；茶园面积11.1万公顷（166.4万亩），增长18.6%。粮食总产量125.53万吨，比2016年下降1.4%。

全州林业稳步发展。通过天然林资源保护、退耕还林、石漠化治理、植被恢复造林等国家林业工程、项目，共投入林业建设资金11.7亿元，完成营造林101.3万亩、完成四旁（零星）植树543万株，义务植树630万株。完成退耕还林工程项目62.25万亩；石漠化综合治理中林业营造林19.83万亩；天然林保护工程区内464.8万亩森林资源得到有效管护；国家级生态公益林725.21万亩、地方生态公益林638.25万亩得到补偿。2016年全州森林覆盖率达62.0%。

加大全州畜牧业防疫工作，全面推行动物防疫工作问责制，将重大动物疫情防控工作落实到人。全州畜牧业增加值完成52.97亿元，同比增长4.7%。其中，肉类总产量20.5万吨，同比增长4.3%；猪出栏数205.1万头，同比增长2.7%；牛出栏数17.4万头，同比增长8.2%；羊出栏数21.2万只，同比增长5.9%；家禽出栏数847.5万只，同比增长6.2%。

全州农机总动力达317.27万千瓦。完成机耕作业面积36.17万公顷，机收作业6.29万公顷。

【工业和建筑业】 2017年，全州工业园区新增入园企业310户，建成标准厂房67.05万平方米，新增工业就业人员22851人。

全年工业增加值306.47亿元，比2016年增长10.7%。规模以上工业总产值1524.71亿元，比2016年增长18.4%。其中，轻工业总产值391.08亿元，增长26.5%；重工业总产值1133.62亿元，增长15.8%。规模以上工业增加值（2000万元以上）比2016年增长11.6%。全州规模工业企业综合能源消耗量315.42万吨标准煤，规模工业增加值能耗比上年下降18.4%。

【固定资产投资】 2017年，全州固定资产投资1284.83亿元，同比增长21.9%，其中：工业投资257.37亿元，同比增长6.5%。

【国内、外贸易和物价】 2017年，全州消费品市场保持活跃。全年实现社会消费品零售总额279.14亿元，比2016年增长12.6%。按经营地统计，城镇消费品零售额253.70亿元，增长12.7%，乡村消费品零售总额25.44亿元，同比增长11.7%。从消费形态看，餐饮收入35.45亿元，增长15.8%；商品零售243.70亿元，增长12.1%。

对外贸易增长。全年完成进出口总额30277万美元，比2016年增长26.0%。

居民消费价格保持平稳。全年居民消费价格比上年上涨0.6%。在监测的八大类商品及服务项目中，有7类上升，2类下降。其中，食品烟酒上升0.7%、居住上升0.7%、医疗保健上升4.0%。

【交通运输和邮政通信】 2017年，全州扎实推进交通基础设施建设，不断加大农村公路养护工作力度，进一步规范运输行业管理，加强干部队伍建设，不断提升了交通工作的服务质量和水平。

普通国省干线公路项目开工22个590公里，建成433公里；建成农村公路2543公里，完成农村公路安全生命防护工程3723公里，建成“组组通”公路3501公里。“南翼”5条高速公路工程总体形象进度达70%；在建高速公路项目达9个640

公里（黔南境内390公里）。全州高速通车里程达847公里。水运建设投资首次突破亿元大关，安全生产形势持续稳定，水上交通连续12年保持“零事故”。县级客运站联网售票实现全覆盖；新增农村客运班线50条、车辆510辆。2017年，全州拥有公共（电）汽车数1005辆、出租汽车数4051辆。公路旅客发送量33451.5万人，比2016年增长20.5%；货运量35462万吨，比2016年增长24.34%；客运周转量313.8亿人公里，比2016年增长3.86%；货运周转量446.46亿吨公里，比2016年增长13.84%。

邮政电信业平稳发展。全年实现邮政业务总量5.15亿元，比2016年增长26.1%。电信业务收入23.70亿元，比2016年增长18.7%。互联网宽带用户43.5万户，比2016年增长35.5%。年末电话用户367.04万户，比2016年增长9.6%，其中：固定电话用户16.74万户，移动电话用户350.39万户。

【财政和金融】 2017年，全年财政总收入208.59亿元，比2016年增长12.4%，其中公共财政收入119.00亿元，增长13.0%。公共财政支出378.35亿元，增长15.3%，其中，交通运输、城乡社区事务、社会保障和就业、公共安全等方面的支出增长幅度较大，分别增长612.5%、76.3%、39.9%、25.3%。

金融业稳步发展。存贷款规模继续扩大。年末，全州金融机构各项人民币存款余额1660.71亿元，比2016年增长9.2%；其中住户存款825.27亿元，比2016年增长14.5%；各项贷款余额1328.00亿元，比2016年增长24.6%。

【教育】 2017年，全州继续实施全面改善义务教育薄弱学校基本办学条件项目工程。办学条件更加完善，各类教育协调发展，教育活力不断激发，教育公平精准发力，多项工作走在全省前列。

教育支出77.40亿元，同比增长6.7%。教育支出与2017年GDP相比为6.7%，占公共财政预算支出的20.5%。

全州教职工数54176人，专任教师数45508人，其中：幼儿园教职工12597人，专任教师7706人；小学教职工18338人，专任教师16713人；初中教职工11168人，初中专任教师10284人；普通高中教职工6817人，专任教师6377人；中等职业学校教职工2073人，专任教师1886人；特殊教育教职工数217人，专任教师197人；工读学校教职工11人，专任教师11人；普通高等院校教职工2955人，专任教师2334人。

【文化、广播电视】 2017年，“文化惠民”工作取得新成效。全州广播覆盖率达到93.35%，电视覆盖率达到95.65%；大型水族舞剧《木楼古歌》成功晋京展演，成为十九大之后贵州首台晋京展演剧目。成功举办黔南州第五届“好花红”文化旅游节。成功举办“西南丝绸之路与山海协同发展”学术交流讨论会。成功组织了2017都匀（国际）茶人会、第三届粤桂黔高铁经济合作联席会、第四届中国物流（都匀）国际峰会等文艺演出，充分展示黔南民族文化特色，有效扩大了黔南文化的影响力。各级文化馆、图书馆、乡镇综合文化站以免费开放为抓手，开展文化阵地服务。各级图书馆书刊文献外借40余万册次，开展培训30余期，举办展览10次；全州文化馆（站）组织文艺活动1000余场次，举办展览80余次，开展各类培训近100期，参加各项活动50万余人次。扎实做好农村电影公益放映工程，共完成放映17587场次。

【卫生和体育】 2017年，全州公共卫生工作继续加强。法定传染病报告发病率为430.02/10万，全州儿童国家免疫规划疫苗接种率98.68%。妇幼卫生工作水平进一步提升，各项妇幼重大公共卫生服务项目得到全面实施，孕产妇死亡率为24.91/10万，婴儿死亡率为6.83‰，5岁以下儿童死亡率9.48‰，0～6岁儿童健康管理率88.10%，3岁以下儿童系统管理率87.38%。农村合作医疗稳步推进。全州参加合作医疗人数为

334.94 万人，参合率 100.83%。全州大力实施健康扶贫，全年累计救助 61.43 万人次，救助金额 2.63 亿元。2017 年度全州符合政策生育率为 91.74%，人口出生率为 11.83‰，自增率为 5.36‰。

协调推进群众体育、竞技体育、体育产业快速发展。全州州级举办的重大赛事共 40 个（其中：国际赛事 8 个、全国赛事 12 个）。大型赛事有：国际体育舞蹈公开赛、2017 中国足协中国之队国际足球赛、2017 中国·瓮安国际青年女篮巅峰争霸赛、2017 中国瓮安国际男篮巅峰争霸赛。

【人民生活】 城镇居民生活水平稳步提高。2017 年，全州城镇常住居民人均可支配收入 28565 元，比 2016 年增长 9.6%。城镇居民人均生活消费支出 18207 元。城镇居民人均住房建筑面积达到 44.4 平方米。

农民人均可支配收入大幅度提高。2017 年，全州农村常住居民人均可支配收入 9746 元，比 2016 年增长 10.2%；人均生活消费支出 9281 元，比 2016 年增长 1.7%。农村每百户居民家庭拥有计算机、摩托车、家用汽车、移动电话数量分别增长 11.7%、6.1%、26.2%、3.9%。农村居民人均住房建筑面积达到 49.4 平方米。

【生态建设】 坚持生态优先、绿色发展，大力加强生态文明建设，完成营造林 101 万亩。福泉森林公园获批国家森林公园，全州国家森林公园增至 7 个。治理水土流失 180 平方公里、石漠化 164 平方公里，林业生态建设保护和发展综合指数为 78.9%。"河长制"实现全覆盖。重安江、瓮安河磷污染治理取得明显成效，瓮安河水质由长期的劣Ⅴ类上升至Ⅳ类或Ⅴ类，重安江连续 6 个月达到地表水Ⅲ类良好水质。19 个主要河流国控、省控地表水监测断面水质达到或优于Ⅲ类水体比例为 89.5%，地表水丧失使用功能（劣Ⅴ类）水体比例为 10.5%。大力推动循环经济发展，加快工业废渣资源化利用，工业固废综合利用率达 55%。启动实施区域废气深度治理三年行动计划，推进城市建筑扬尘治理和油烟污染治理。以农村垃圾、污水治理为重点，1330 个村庄环境得到有效改善。2017 年，全州环境空气质量优良率为 98.6%，PM10 浓度为 43 微克/立方米，PM2.5 浓度为 22 微克/立方米，全州 21 个县城以上集中式饮用水源地水质达标率为 100%，城乡生活垃圾无害化处理率达 83.4%，城镇污水处理率达 86%。

【就业与社会保障】 2017 年全州以"民生为本、人才优先"为主线，以促进创业和充分就业、提升社保经办水平为工作重点，统筹推进人事人才、劳动关系等各项工作科学发展。全年实现城镇新增就业 7.33 万人，同比增长 2.1%；失业人员实现再就业人数 1.26 万人，其中就业困难人员实现就业 0.95 万人，城镇登记失业率 2.8%；农业富余劳动力转移就业人数 11.05 万人；"零就业家庭"实现"动态清零"目标；开展就业技能培训 4.13 万人，其中农村劳动力培训 3.67 万人，创业培训完成 1.08 万人；社保工作扎实推进，全州城镇职工基本养老保险、城镇医疗保险、工伤保险、失业保险、生育保险、城乡居民养老保险参保人数分别达到 37.72 万人、59.04 万人、21.27 万人、16.99 万人、16.66 万人、210.05 万人，基金征缴收入分别达到 31.35 亿元、11.29 亿元、0.89 亿元、0.89 亿元、0.51 亿元、1.95 亿元。

（张永淑）

·中国共产党黔南州委员会·

ZHONG GUO GONG CHAN DANG QIAN NAN ZHOU WEI YUAN HUI

【概况】 2017年，在省委的坚强领导下，黔南州委以中共十九大精神为指引，深入学习贯彻落实省第十二次党代会、省委十二届二次全会精神，全面组织实施州第十一次党代会各项决策部署，以加快打造民族地区创新发展先行示范区为引领，坚持主基调主战略不动摇，大力实施“3366”发展战略，全州呈现出经济持续向好、社会和谐文明、生态环境优良、政治风清气正、人民安居乐业的良好局面。全年地区生产总值完成1160.59亿元，增长12.1%，一般公共预算收入完成119亿元，增长13.0%，农业增加值完成202.3亿元，规模工业增加值突破400亿元，旅游业保持40%左右的高速增长，固定资产投资完成1284.83亿元，增长21.9%。一年来，州委在重点抓深入学习宣传贯彻中共十九大精神和习近平在贵州省代表团重要讲话精神、全面贯彻落实省第十二次党代会和州第十一次党代会精神、推进以脱贫攻坚统揽经济社会发展全局、实施“工业强州”主战略推动工业和实体经济发展、理顺都匀市和都匀经济开发区管理体制、成功承办第十二届贵州旅游产业发展大会、全力服务保障大国重器“中国天眼”运行出成果的同时，统筹改革发展稳定各个方面，总揽全局、领导各方，主要做了以下工作。

【坚决维护习近平总书记的核心地位，自觉在思想上政治上行动上与党中央保持高度一致】

坚决维护习近平总书记的核心地位，始终率先垂范，州委常委会班子集体瞻仰猴场会议会址和猴场会议纪念馆，重温入党誓词。始终严明党的纪律和规矩，始终着力提高政治能力，做政治上的明白人。深入学习领会习近平新时代中国特色社会主义思想，始终做到忠诚看齐，全年州委常委会、州委理论中心组共组织学习习近平总书记重要讲话指示精神48次。以强烈的政治意识和新时代意识，提出新课题，形成新方案，见诸新行动。坚决贯彻落实党中央和省委决策部署，不折不扣贯彻落实好党中央和省委决策部署，一项一项抓落实，确保政令畅通。全面实行督考结合体系，切实推动工作落实。

【坚持发展第一要务，努力保持经济持续健康发展】 大力推进供给侧结构性改革，先后制定农业、工业、旅游、金融、房地产各个专项改革方案，形成供给侧结构性改革“1+5”政策体系。认真落实“三去一降一补”任务，不断完善地方金融体系，关闭小煤矿等落后产能，大力实施“千企改造”工程，积极推进房地产去库存，促进经济持续健康发展。组织重大项目集中开工，组建州大数据管理局，推动大数据与三次产业深度融合。大力推动绿色农产品“泉涌”，依托现代山地高效特色农业园区，推动农村一二三产业融合发展。大力实施绿色农产品“泉涌”工程，推进农业提质增效。建立健全监管、监测、执法“三大体系”，进一步完善农产品质量安全可追溯制度体系。全面推行农村“三变”改革。大力推动工业和实体经济发展，充分运用“五比”方法，切实坚定发展工业和实体经济的信心。聚焦“双千工程”，坚持“五为五不为”，深入开展“百千万”工程和“双服务”行动，出台激励性配套政策，持续掀起抓工业和实体经济热潮。用好国家资本市场作用服务脱贫攻坚战略，福泉川恒化工在深交所中小板成功上市。大力推动旅游消费“井喷”，加快“天文小镇”规划建设，完成荔波大小七孔景区提质扩容。以承办省旅游产业发展大会为契机，不断完善景区基础设施和服务接待设施，谋划和打造精品旅游路线。出台《黔南州推进旅游提质升级着力打造综合旅游目的地三年行动方案（2018—2020）》。大力推进城乡一体化发展，加快推进城镇化，全州城镇化率达 50.5%。大力实施农村危房改造工程，加速推进“四在农家·美丽乡村”六项行动计划，深入推进易地扶贫搬迁工作，城乡基本公共服务均等化水平持续提升。大力推进重大基础设施建设，公路水路投资首次突破 400 亿元大关。三都至荔波等 5 条高速公路快速推进。自建高速公路实现“零”的突破。实施普通国省干线公路提等升级和农村公路安防工程，全力组织实施“组组通”三年大决战。建成一批骨干水源工程，农村群众饮水安全和工程性缺水问题加快解决。大力实施通信网络提升工程。

【突出精准务实落实，聚焦聚力打好脱贫攻坚战】 压紧压实脱贫攻坚责任，建立健全工作机制，实行工作下移和下抓两级的帮扶责任包保。建立健全脱贫攻坚体制机制，坚持“双组长制”，规范“四级联动”脱贫攻坚指挥体系，组建州脱贫攻坚指挥部统筹推进全州脱贫攻坚工作。树立在脱贫攻坚一线考察识别和培养选拔干部导向，开展“志智双扶·感恩奋进”思想扶贫，制定精准扶贫精准脱贫责任追究制度、深度贫困地区脱贫攻坚督查机制、脱贫攻坚迎检机制等制度机制。加大脱贫攻坚工作力度，深入实施抓党建促脱贫攻坚，推行“6 个 1”工作模式。全力打好“四场硬仗”，州县共同出资组建农业产业开发公司，加大产业扶贫资金投入。深化推广易地扶贫搬迁“五个三”后扶机制，及时纠正部分县高层电梯房安置移民问题。“三个新增”向深度贫困地区倾斜。大力开展教育扶贫，斩断贫穷代际传递。构建大扶贫工作新格局，深化广州对口帮扶协作，持续推进“百企帮百村”扶贫工作，积极开展“扶贫日慈善一日捐”活动。

【全面深化改革开放，充分激发发展的动力活力】 积极推进全面深化改革，紧跟中央和省委改革步伐，召开州委全面深化改革领导小组会议 10 次。严格执行年度改革督察计划，深化“三督三察”。发扬基层首创精神，一批具有黔南特色的改革创新成果走在全省前列。着力加强开放平台窗口建设，建强黔南州驻广州办事处招商引资前沿阵地，主动承接产业迁移。积极组织参加重大开放活动，大力宣传推介黔南。加快构建全方位开放格局，深化与广州的对口帮扶合作，深入推进帮扶合作三年行动计划。办精精办重大节会活动，让更多要素更加快速地向黔南聚集。

【加强生态文明建设，坚决守好生态底线】 着力加强生态环境保护，全力打好绿色黔南建设三年行动计划收官之战，全州森林覆盖率达 62%。中央、省委环保督察问题整改取得成效，“双源”“双十”工程治理工作走在全省前列。严格落实生态环境保护“党政同责·一岗双责”。成功申办 2020 年第四届中国绿化博览会和 2019 年第 29 届中国兰花博览会。着力推动绿色发展，深入实施绿色经济倍增计划，大力支持创建全国卫生城市、国家森林城市和都匀市创建国家环保模范城市，大力实施“青山”“蓝天”“碧水”“净土”工程，推进多彩美丽幸福黔南建设。着力推进生态文明制度建设，实施最严格的生态环境保护制度，以零容忍态度严厉打击生态环境违法行为。全面落实河长制，形成州县乡村四级河湖管理体系。将生态文明建设纳入县（市）党委政府目标评价考核。

【抓实宣传思想工作，促进文化事业大繁荣大发展】 牢牢把握意识形态工作主动权，将党委（党组）意识形态责任制和网络意识形态责任制纳入目标考核。全力做好党的十九大网络安全保障工作，全面梳理和分析研判全州意识形态重点领域中存在的薄弱环节。利用报社、电视台、网络、手机客户端等传播平台，开展主题宣传活动，着力营造团结奋进的主流舆论导向。践行社会主义核心价值观，加强高校思想政治建设。弘扬新时代贵州精神和大射电创新精神，加强文化教育。深入开展精神文明创建等活动，实现“省级文明城市”县县全覆盖。集中整治滥办酒席等陈规陋习。大力宣传南仁东、邓迎香、“背篼干部”“黔南骄傲”等先进人物典型事迹。推进文化事业和文化产业大发展，全州文化产业增加值占 GDP 比重为 4.3%，增幅位列全省前列。

【推进民主政治建设，不断巩固团结繁荣发展局面】 全力支持人大、政协依法依章程履职，支持州人大及其常委会依法履行立法、监督、重大事项决定、人事任免等职权，切实督促“一府两院”依法行政、公正司法，支持政协依照章程独立负责地开展工作，充分发挥人民政协作为协商民主重要渠道和专门机制作用，围绕团结和民主两大主题，推进政治协商、民主监督、参政议政制度建设。依法治州制度更趋完善，在全省首次实行政府工作部门权责清单动态管理，全面推进公共法律服务体系建设。刑事诉讼制度、家事审判制度、诉调对接诉讼制度、案件管辖制度和繁简分流等一系列司法体制机制改革全面稳步推进。深入推进民族团结进步繁荣发展，以创建全国民族团结进步示范州统揽全州民族工作，创建工作顺利通过省考核验收组评估验收，形成了独具特色的黔南创建模式。落实三都水族自治县加速发展同步建成小康政策，11 个较少民族聚居村率先小康通过省评估验收。推进少数民族和民族地区社会事业繁荣发展及少数民族特色村镇保护发展。巩固团结和谐良好局面，加强党对统战工作的领导，着力构建大统战工作格局。创建宗教和谐示范区，依法管理宗教事务。注重发挥群团组织作用，群团改革顺利推进。落实新时代党管武装新要求，深入推进军民融合发展。

【着力增进人民福祉，加快幸福黔南建设】 加快推进全面小康步伐，加强统计监测指标调度，强化分类指导，坚持示范引领，2017 年人均地区生产总值 35481 元，城镇和农村常住居民人均可支配收入分别达 28565 元和 9746 元。抓好重点领域民生工作，推进教育文化、医疗卫生、就业和社会保障等重点领域民生工作，不断提升人民群众获得感。切实维护社会和谐稳定，扎实做好安全稳定工作，全州人民群众安全感和满意度不断提升，继续保持全省第一方阵的良好态势。强化安全生产监管执法和应急救援工作，顺利实现“双降”目标。

【全面从严管党治党，不断巩固山清水秀的政治生态】 始终注重加强思想政治建设，深入学习宣传贯彻党的十九大精神和习近平总书记在贵州省代表团重要讲话精神，扎实推进“两学一做”学习教育常态化制度化，为开展“不忘初心、牢记使命”主题教育作好思想准备。严格落实管党治党责任，出台《中共黔南州委关于坚定维护以习近平同志为核心的党中央权威和集中统一领导的规定》《进一步贯彻落实中央八项规定精神切实加强作风建设实施细则》，树牢“四个意识”加强作风建设。加强对县（市、区）党（工）委的政治领导，强化对重大工作的政治把关。专题听取州委常委、州政府副州长工作汇报，确保始终与州委步调一致。开展政治生态分析研判，当好党内政治生态“护林员”。抓紧抓实干部人才队伍建设，率先在全省出台《关于加强换届后领导班子思想政治建设的意见》。注重在基层一线和深度贫困地区培育锻炼干部。坚持领导干部个人有关事项报告制度。深化人才发展体制机制改革。坚决从严夯实基层组织基础，调整不适宜担任现职深度贫困村所在乡镇党政正职，加大后进基层党组织整顿力度。全面选优配强村党组织书记，精准选派第一书记和驻村干部。发展壮大村级集体经济。深入推进机关党建创新发展，扎实开展“三亮一创”活动和支部“晋级升星·好花更红”创建活动。持续推动干部队伍作风大转变，坚持“精准”方略，大兴调查研究之风，组织开展研究问题破解难题竞赛活动和问题大排查解题大竞赛破题大落实专项行动，研究问题破解难题在全州蔚然成风。下好执行落实的“绣花”功夫，以踏石留印、抓铁有痕的劲头狠抓落实。建立重大工作信息专报制度，畅通落实反馈直通渠道。深入抓好党风廉政建设和反腐败斗争，把全面从严治党主体责任纳入各级党政领导班子工作实绩考核。严格对标对表执行党中央和省委关于深化国家监察体制改革试点工作的决策部署，逐一推动改革各项工作落地落实。组建州委巡察办，充分发挥政治巡察“利剑”作用，启动3轮巡察，对15个州直部门和3所州属高校开展专项巡察。坚决落实中央八项规定及其实施细则、省委十项规定及其实施细则、州委九项规定及其实施细则精神，以及《贵州省公务活动全面禁酒的规定》，严肃查处我行我素、顶风违纪行为。强化监督执纪问责，推进约谈常态化。坚持有腐必反、有贪必肃，着力解决干部身上、群众身边的不正之风和腐败问题。

同时，全州也存在不少困难和问题，主要有：全面建成小康社会决胜阶段任务艰巨繁重，打好打赢精准脱贫攻坚战必须持续发力；城乡发展不平衡不充分的问题仍较突出，基础设施建设、产业发展、稳定就业、教育医疗住房养老等方面仍面临不少困难；制约改革发展稳定的体制机制问题没有从根本上解决，全方位开放力度仍需加大；生态优势转化为产业优势和经济优势仍有大量工作要做；风险防控和融资压力不容忽视；突发事件和安全生产事故时有发生，保持社会安全稳定任务仍较艰巨；少数党员干部作风仍然不严不实，有的基层党组织战斗堡垒作用还不巩固，党风廉政建设和反腐败斗争形势依然严峻复杂。

【州委重要决议、决定、意见和通知】 2017年2月20日，州委、州人民政府印发《〈2017年脱贫攻坚春季攻势行动方案〉的通知》（黔南委〔2017〕2号）。攻势重点，集中3个月时间，在全州开展万名干部进村入户，实施“895”行动计划，即开展好八个一活动：组织一批精干力量、开展一次蹲点调研、进行一次政策宣讲、引进一批优强企业、实施一批产业项目、助推一批产品销售、组织一次社会帮扶、解决一批突出问题；实施好九大攻坚战：易地搬迁“追击战”、产业扶贫“大决战”、就业创业“突击战”、教育医疗“大会战”、基础设施“阵地战”、产业招商“游击战”、扶贫基金“突围战”、归类帮扶“立体战”、建档立卡“精准战”；实现好五个全覆盖：户均1项产业扶持全覆盖、户均1个就业帮扶全覆盖、户均1项帮扶措施全覆盖、扶贫政策宣讲全覆盖、精准识别回头看全覆盖。通过“895”行动计划的实施，切实做到扶贫对象、扶贫产业、扶贫方式、扶贫成效、脱贫退出再精准，提高扶贫脱贫精准度、增强贫困群众获得感。

2月23日，州委、州人民政府发出《关于深入推进农业供给侧结构性改革加快培育农业农村发展新动能的实施意见》（黔南党发〔2017〕1号）。《实施意见》提出了深入推进农业供给侧结构性改革的重要意义、总体要求和目标任务。要求，深入推进农业“接二连三”，进一步提高农业供给质量和效率；深入推进绿色发展，进一步提高绿色优质农产品有效供给；深入推进创新驱动，进一步增强农业科技支撑能力；深入推进实施大扶贫战略行动，进一步打好精准脱贫攻坚战；深入推进农村各项制度改革，进一步激发农业农村发展活力；深入推进农业农村政策支持，进一步完善农村发展保障机制。

同日，州委、州人民政府发出《关于推进一类贫困乡（镇）脱贫攻坚的实施意见》（黔南党发〔2017〕2号）。《实施意见》提出了总体要求（含指导思想、总体目标），政策措施、保障措施。要求，编制乡镇脱贫规划、加大扶持资金投入、突出易地扶贫搬迁、推进两项制度衔接、加快基础设施建设、加强创业就业培训、建立人才保障机制、加强组织领导、落实干部帮扶、强化督查考核。

3月4日，州委印发《〈州委常委会2017年工作要点〉的通知》（黔南党发〔2017〕3号）。要求，始终坚持对党忠诚，坚定政治立场，确保黔南各项事业沿着正确方向前行；坚持发展第一要务，推动经济社会持续健康较快发展；加强社会主义民主法治建设，着力提升现代治理能力；推进文化大繁荣大发展，增强黔南文化自信；加强和改善民生，增加群众获得感和幸福感；守住生态底线，不断厚植经济发展优势；全面推进改革开放，激发内生动力；坚持从严治党，不断开创党建工作新局面。

3月18日，州委印发《〈2016年度中共黔南州委常委班子民主生活会查摆问题整改落实方案〉的通知》（黔南党发〔2017〕4号）。《方案》提出基本要求（含总体要求、整改目标、整改原则）、整改任务和措施、组织保障。要求，进一步强化思想政治建设，筑牢理想信念之基；进一步加强规章制度建设，筑牢团结和谐之基；进一步加强干部作风建设，筑牢党群情感之基；进一步加强党风廉政建设，筑牢政治生态之基；进一步加强执政能力建设，筑牢富民强州之基。同时，加强组织领导、强化制度执行、加强督促检查、严格目标考核。

3月19日，州委、州人民政府发出《关于表彰优秀科教人才和先进集体的决定》（黔南委〔2017〕3号）。《决定》提出，近年来，全州深入推进人才强州、科教兴州战略，切实加强人才队伍建设，各类人才立足岗位，锐意进取，扎实工作，为推动黔南经济社会持续健康发展做出了重要贡献，涌现出一批优秀人才和先进集体。为表彰先进，树立榜样，激励更多人才脱颖而出，经州委、州政府研究，决定对南仁东等一批优秀科教人才和贵州芭田生态工程有限公司等先进集体予以表彰。

同日，州委、州人民政府发出《关于命名第五批州管专家的决定》（黔南委〔2017〕4号）。《决定》提出，近年来，全州深入推进人才强州、科教兴州战略，全州各类人才辛勤工作、开拓进取、甘于奉献，涌现出了一批学术造诣较高、工作成绩突出的优秀人才，为全州经济加快发展、社会全面进步做出了重要贡献。经研究，决定命名仇晓丰等12人为黔南州第五批州管专家。

同日，州委发出《关于贯彻落实中央和省委要求切实加强和改进保密工作的实施意见》（黔南党发〔2017〕5号）。要求，认真学习贯彻中央和省委文件精神，把思想和行动统一到中央的决策和省委的部署上来；坚持党管保密，完善领导体制机制；严格依法治密，提高保密管理能力；强化创新驱动，提升保密科技水平；加强队伍建设，培育高素质保密人才。

3月30日，州委、州人民政府发出《关于深入推进生态文明先行示范区建设的实施意见》（黔南党发〔2017〕6号）。《实施意见》提出了加快推进生态文明建设的重大意义和目标要求、主要任务和措施、加强组织领导。要求，实施国土空间开发优化工程，构建科学合理的生产、生活、生态空间体系；实施经济绿色转型工程，构建生态友好型、环境友好型的产业体系；实施资源绿色开发工程，构建节约循环高效的资源利用体系；实施生态环境质量提升工程，构建切实可靠的生态环境保护体系；实施科技支撑工程，构建充满活力的生态文明建设创新驱动体系；实施制度创新工程，构建生态文明法规制度体系；实施生态环保能力建设工程，构建生态文明建设执行体系；实施生态文化培育工程，构建生态文明建设的全民参与体系。同时，加强组织领导、强化社会协同、加强开放合作、狠抓工作落实。

4月27日，州委发出《关于认真学习宣传贯彻中国共产党贵州省第十二次代表大会精神的通知》（黔南党发〔2017〕7号）。要求，深刻领会习近平总书记全票当选中共十九大代表的政治意义，不断强化“四个意识”；充分认识学习宣传贯彻省第十二次党代会精神的重大意义，切实增强干事创业的信心和动力；全面深刻领会省第十二次党代会的丰富内涵，准确把握大会精神实质；广泛深入宣传发动，迅速兴起学习宣传贯彻省第十二次党代会精神的热潮；全面贯彻会议精神，着力推动省党代会精神在黔南落地生根、开花结果。

5月8日，州委、州人民政府发出《关于加快黔南·广州产业园发展的实施意见》（黔南党发〔2017〕8号）。《实施意见》提出了重大意义、发展定位、发展目标、政策措施、组织保障。要求，共同建立产业发展资金池，全力加强财政金融保障能力，全力加强产业园产业发展能力，全力加强土地保障能力，全力加强人力资源保障能力，全力加强产业园服务配套能力。同时，加强组织领导，健全激励机制，强化督查问效。

5月16日，州委发出《关于废止和宣布失效一批党内规范性文件的决定》（黔南党发〔2017〕9号）。要求，凡废止和宣布失效的党内规范性文件，自本决定发布之日起一律停止执行；对需作修改的党内规范性文件，要加强统筹协调，有计划、分步骤地加以推进；对继续有效的党内规范性文件，各县（市、区）各部门要加大贯彻落实力度，抓紧建立健全定期清理和即时清理机制。

5月22日，州委、州人民政府发出《关于加快推进卫生与健康事业改革发展的实施意见》（黔南党发〔2017〕11号）。提出了总体要求（含指导思想、工作目标）。要求，优化健康服务体系，全面提升健康综合服务水平；全面深化医药卫生体制改革，完善健康保障体系；牢固树立“绿色”发展理念，构建绿色安全的健康环境；发挥特色优势资源，大力发展健康产业；强化工作措施，保障卫生与健康事业发展。

5月26日，州委印发《〈中共黔南州第十一届委员会常务委员会议事决策规则〉的通知》（黔南委〔2017〕10号）。《规则》分为总则、议事决策事项、参加会议人员、会议议题确定、议事决策准备、会议审议表决、议决事项落实、附则。

5月27日，州委、州人民政府印发《〈黔南州脱贫攻坚“大比武”工作方案〉的通知》（黔南委〔2017〕11号）。《方案》提出了指导思想、总体目标、比武安排、比武内容、工作要求。总体目标：2017年，力争实现6个贫困县按国家标准“摘帽”、22个贫困乡镇按省定标准“摘帽”、190个贫困村出列，减少农村贫困人口17.5万人，确保到2020年与全省、全国同步迈入小康。内容：比责任担当，查第一责任人履职情况；比路径方法，查精准施策落实情况；比干部作风，查“两率一度”达标情况；比精神状态，查为贫困户解决问题情况；比群众获得感，查各项政策落实情况。要求，高度重视，精心组织；强化宣传，动员激励；以上率下，全面铺开；严格奖惩，评先树优。

6月29日，州委发出《关于表彰抓党建促脱贫攻坚先进集体和优秀个人的决定》（黔南委〔2017〕14号）。《决定》提出，近年来，各级党组织和广大党员充分发挥战斗堡垒和先锋模范作用，坚持把抓党建促脱贫攻坚作为推进“两学一做”学习教育常态化制度化的具体表现，大力实施抓党建促脱贫攻坚“十项行动计划”，迅速掀起脱贫攻坚“大比武”热潮，深入推进脱贫攻坚各项工作落地生根、开花结果。催生出驻村帮扶先进典型、扶贫工作战线业务骨干先进典型、带民致富先进典型、艰苦边远地区脱贫攻坚示范典型、发展壮大村级集体经济示范典型、创新扶贫工作机制示范典型等各类先进典型，涌现出都匀市墨冲镇白头村党总支部先进集体、邓迎香等一批脱贫攻坚时代楷模和“年份英雄”，为决战决胜脱贫攻坚树立信心和决心。

7月3日，州委发出《关于加强换届后领导班子思想政治建设的意见》（黔南党发〔2017〕12号）。要求，抓理想信念，增强领导班子的政治定力；抓团结和谐，增强领导班子的凝聚力；抓素质提升，增强领导班子的执政能力；抓队伍建设，增强领导班子的整体合力；抓工作作风，增强领导班子的公信力。

7月4日，州委、州人民政府印发《〈黔南州推动绿色发展建设生态文明实施方案〉的通知》（黔南党发〔2017〕13号）。《方案》提出了主要目标、工作措施、加强组织领导、加强舆论监督、严格考核问责。要求，大力发展生态利用型产业、大力发展循环高效型产业、大力发展低碳清洁型产业、大力发展环境治理型产业、大力加强绿色园区建设、大力推进绿色科技创新、大力强化绿色金融服务、建设山水园林城市、打造绿色特色小镇、建设美丽乡村、构建和谐社区、完善绿色发展市场规则、改革绿色发展管控机制、用好绿色发展开放平台、健全绿色发展法治环境、大力实施“青山”工程、大力实施“蓝天”工程、大力实施“碧水”工程、大力实施“净土”工程、培育普及绿色理念、推行绿色生活方式、开展绿色创建活动。

7月24日，州委、州人民政府、都匀军分区印发《〈黔南州庆祝建军90周年纪念活动方案〉的通知》（黔南党发〔2017〕14号）。《方案》提出了指导思想、纪念活动安排、纪念活动要求、

7月26日，州委、州人民政府印发《〈黔南州以大数据为引领实施区域科技创新战略实施方案〉的通知》（黔南党发〔2017〕15号）。《方案》提出了总体目标、主要任务、保障措施。要求，大力加强信息基础设施建设，推进大数据产业科技创新，推进重点领域大数据创新示范应用，加强大数据产业人才队伍建设，强化科技型企业的培育，提高区域科技创新能力，强化组织领导、加大科技创新投入、强化考核监督。

8月14日，州委、州人民政府印发《〈黔南州推进深度贫困地区脱贫攻坚责任分解工作方案〉的通知》（黔南委〔2017〕15号）。《方案》提出了总体要求、责任分解、工作要求、工作步骤。

8月15日，州委、州人民政府印发《〈黔南州深度贫困地区脱贫攻坚责任包保方案〉的通知》（黔南委〔2017〕17号）。《方案》提出了总体目标、包保对象及方式、重点工作任务、工作要求、

8月22日，州委、州人民政府发出《关于进一步强化都匀经济开发区开发功能的通知》（黔南委〔2017〕18号）。要求，进一步明确都匀经济开发区的发展定位；调整都匀经济开发区的规划建设和管理范围；理顺都匀市、州直部门与都匀经济开发区的管理关系；完善开发区组织管理机制；强化对都匀市和都匀经济开发区规划建设的领导；促进都匀市和都匀经济开发区创新发展。

8月23日，州委、州人民政府印发《关于认真贯彻落实〈贵州省公务活动全面禁酒规定〉的通知》（黔南委〔2017〕19号）。要求，深入学习，深刻领会；严格执行，不打折扣；督促检查，严格问责。

8月30日，州委、州人民政府印发《〈三都县脱贫攻坚工作“约法三章”〉的通知》（黔南委〔2017〕20号）。要求，三都县各级班子特别是县委、县政府要聚焦脱贫攻坚，目标不能发散；三都县各级班子特别是县委、县政府要聚力脱贫攻坚，力量不能分散；三都各级班子特别是县委、县政府要压实脱贫攻坚责任，功夫不能做虚。

9月28日，州委、州人民政府印发《〈黔南州招商引资激励办法（试行）〉的通知》（黔南委〔2017〕21号）。《办法》分为：激励资金来源、激励对象、对社会引资人的激励、对州内党政机关和企事业单位及公职人员的激励、对落户企业的激励、激励条件、激励兑现及附则。

同日，州委、州人民政府印发《〈黔南州加快工业实体经济发展若干办法（试行）〉的通知》（黔南委〔2017〕22号）。《办法》分为：总则、鼓励项目落地、降低企业成本、推动转型升级、促进联动配套、落实保障措施等。

10月26日，州委发出《关于认真学习宣传贯彻党的十九大和习近平总书记在参加贵州省代表团讨论时重要讲话精神的通知》（黔南党发〔2017〕16号）。要求，充分认识学习宣传贯彻中共十九大和习近平重要讲话精神的重大意义，切实把思想和行动统一到中共十九大和习近平重要讲话精神上来，精心组织好中共十九大报告和习近平重要讲话精神的学习宣传贯彻。

10月31日，州委转发《〈中共黔南州人大常委会党组关于做好黔南州出席贵州省第十三届人民代表大会代表选举工作的意见》的通知〉的通知》（黔南委〔2017〕23号）。《意见》提出了总体要求和原则、代表名额分配原则、把好代表候

选人入口关、营造风清气正的选举环境、选举时间安排、切实加强党的领导及严格依法办事。

11月1日，州委印发《〈黔南州集中宣讲党的十九大精神工作方案〉的通知〉的通知》（黔南委〔2017〕24号）。《方案》提出了宣讲目标、组织机构、宣讲形式、宣讲安排、宣讲保障、其他安排。

11月11日，州委、州人民政府发出《关于进一步加强基层民政工作的实施意见》（黔南党发〔2017〕17号）。《实施意见》提出了总体目标、工作措施、组织保障。要求，完善一套机制，确保"四级"协作联动更顺畅；强化一个机构，确保基层民政组织更有力；建立一个平台，确保服务群众更高效；发展一批村级经济实体，确保城乡发展更均衡；培育一批社会组织，确保资源整合更充分；建设一批和谐社区，确保居民生活更幸福；加强组织领导；加强责任落实；加强督查考核。

11月17日，州委发出《关于认真学习宣传贯彻十九十九大精神和习近平总书记在贵州省代表团重要讲话精神的决定》（黔南党发〔2017〕18号）。要求，提高政治站位，充分认识学习宣传贯彻中共十九大精神和习近平在贵州省代表团重要讲话精神的重大意义；把握核心要义，全面准确领会中共十九大精神和习近平在贵州省代表团重要讲话的精神实质；营造浓厚氛围，持续掀起宣传中共十九大精神和习近平在贵州省代表团重要讲话精神的热潮；联系黔南实际，深入贯彻中共十九大精神和习近平在贵州省代表团重要讲话精神；加强组织领导，确保学习宣传贯彻党的十九大精神和习近平在贵州省代表团重要讲话精神取得实实在在的成效。

12月4日，州委发出《关于追授丁永华同志为"全州优秀共产党员"称号的决定》（黔南委〔2017〕28号）。

12月7日，州委印发《〈关于以党的十九大精神为指引立足新时代破解新问题展示新作为开启新征程的实施意见〉的通知》（黔南委〔2017〕29号）。《实施意见》提出，以中共十九大精神和习近平总书记在贵州省代表团重要讲话精神为指引，突出抓好黔南现阶段发展重要任务；坚持问题导向，明确新时代黔南发展的基本方略；坚持目标导向，全力破解发展不平衡不充分问题；坚持落实导向，推动各项工作上水平上台阶。

12月5日，州委印发《中共黔南州委巡察工作实施办法》的通知》（黔南党发〔2017〕19号）。《实施办法》分为总则、机构和人员、巡察范围和内容、工作方式和权限、工作程序、纪律与责任、附则。

同日，州委、州人民政府印发《〈黔南州法治政府建设实施方案（2017—2020年）〉的通知》（黔南党发〔2017〕20号）。《方案》提出了总体要求、主要任务、具体措施、组织保障和落实机制。要求，依法全面履行政府职能，完善依法行政制度体系；推进行政决策科学化、民主化、法治化；坚持严格规范公正文明执法；强化对行政权力的制约和监督；依法有效化解社会矛盾纠纷；全面提高政府工作人员法治思维和依法行政能力；加强党对法治政府建设的领导；落实第一责任人责任；强化考核评价和督促检查；加强理论研究、典型示范和宣传引导。

12月29日，州委印发《〈中共黔南州委关于坚决维护以习近平同志为核心的党中央权威和集中统一领导的规定〉的通知》（黔南党发〔2017〕21号）。

12月29日，州委、州人民政府发出《关于进一步加强反恐怖工作的实施意见》（黔南党发〔2017〕22号）。

12月31日，州委、州人民政府印发《〈黔南州价格机制改革实施方案〉的通知》（黔南委〔2017〕31号）。《方案》提出了总体要求、主要目标、主要任务、保障措施。要求，贯彻落实能源价格改革政策；推进交通运输价格改革；推进医疗服务价格改革；推进教育收费改革；推进旅游价格改革；推进养老、殡葬、市政等服务价格改革；贯彻落实促进生态文明建设价格政策；贯彻落实供给侧结构性改革价格政策；强化市场价格监管；规范政府定价制度；优化价格调控和服务。

【州委常委会议议定事项】 2017年1月11日，召开十一届州委常委会第七次会议。1. 听取州党代表会议各代表组酝酿讨论《黔南州党代表会议选举办法（草案）》《黔南州出席中共贵州省第十二次代表大会代表候选人建议名单》情况汇报，研究有关事项。2. 听取州党代表会议总监票人关于预选黔南州出席中共贵州省第十二次代表大会代表计票情况汇报，研究有关事项。3. 听取州党代表会议总监票人关于选举黔南州出席中共贵州省第十二次代表大会代表计票情况汇报，研究有关事项。

1月12日，召开十一届州委常委会第八次（扩大）会议。1. 传达全省宣传部长会议精神，研究贯彻落实意见；2. 传达省委农村工作会议暨全省扶贫开发工作会议精神，研究贯彻落实意见；3. 研究州政府党组《关于推进一类贫困乡（镇）脱贫攻坚的实施意见（送审稿）》；4. 审定州委经济工作会议有关文稿。

1月21日，召开十一届州委常委会第九次（扩大）会议。1. 传达省人大十二届五次会议、省政协十一届五次会议精神，研究贯彻落实意见；2. 传达省纪委十一届六次全会精神，研究贯彻落实意见；3. 传达中央政法工作会、全省社会治安综合治理创新工作现场观摩会和全省政法队伍建设工作会议精神，研究贯彻落实意见；4. 听取州人大常委会党组2016年工作情况汇报，审定《州人大常委会工作报告（送审稿）》；5. 听取州政府党组关于2016年工作情况汇报，审定《州政府工作报告（送审稿）》《2016年国民经济和社会发展计划执行情况与2017年计划草案的报告（送审稿）》《2016年全州和州本级预算执行情况与2017年全州和州本级预算草案的报告（送审稿）》；6. 听取州政协党组2016年工作情况汇报，审定《州政协常委会工作报告（送审稿）》；7. 听取州法院党组2016年工作情况汇报，审定《州法院工作报告（送审稿）》；8. 听取州检察院党组2016年工作情况汇报，审定《州检察院工作报告（送审稿）》；9. 听取航龙天文小镇开发建设工作领导小组近期工作情况汇报；10. 研究州总工会《关于提请审定召开州总工会第十一次代表大会有关事宜的请示》；11. 研究《州四家班子领导及州法检两长开展脱贫攻坚暗访督查工作方案（送审稿）》；12. 研究其他事项。

2月5日上午，召开十一届州委常委会第十次（扩大）会议。1. 传达省扶贫开发领导小组第十三次全体会议精神，研究贯彻落实意见；2. 传达全省统战部长会议精神，研究贯彻落实意见；3. 研究州政府党组《关于审定〈中共黔南州委黔南州人民政府关于深入推进农业供给侧结构性改革加快培育农业农村发展新动能的实施意见（送审稿）〉的请示》；4. 研究州政府党组《关于审定〈中共黔南州委黔南州人民政府关于建立易地扶贫搬迁后续扶持服务“三个机制”的实施意见（送审稿）〉的请示》。

2月27日，召开十一届州委常委会第十三次（扩大）会议。1. 传达全省组织部长会议精神，研究贯彻落实意见；2. 传达全省老干部工作先进集体先进个人表彰大会暨全省老干部工作会议精神，研究贯彻落实意见；3. 研究《中共黔南州委常委会2017年工作要点（送审稿）》；4. 研究州保密委《关于提请研究〈中共黔南州委关于贯彻落实中央和省委要求切实加强和改进保密工作的实施意见（送审稿）〉的请示》；5. 研究州编委会《关于州委非公企业和社会组织工委等增设专职副书记的请示》；6. 研究州编委会《关于州委政策研究室（州深改办、州依法治州办）增设领导职数的请示》；7. 研州编委会《关于组建黔南州对外协作与发展办公室的请示》；8. 研究州编委会《关于理顺黔南州国土资源储备局管理体制等有关事项的请示》；9. 研究州编委会《关于组建黔南州现代山地农业科学研究院（加挂都匀毛尖茶研究院、贵州省农科院黔南分院）的请示》；10. 研究州编委会《关于州卫计委设置医改办专职副主任的请示》；11. 研究州编委会《关于提请审定黔南州城乡建设和规划委员会机构组建方案的请示》。

3月19日，召开十一届州委常委会第十四次（扩大）会议。1. 传达十二届全国人大五次会议和全国政协十二届五次会议以及中央领导参加贵州省代表团审议时的讲话精神，研究贯彻落实意见；2. 听取州督查督办局《关于州四家班子主要领导及州委常委带队集中督导固定资产投资等主要经济指标及重大项目推进完成情况的报告》；3. 研究世界反贫困大会筹办工作有关事宜；4. 研究州人大常委会党组《关于审定黔南州人大常委会 2017 年工作要点和议题计划草案的请示》；5. 研究州人大常委会党组《关于审定州人大常委会 2017—2021 年立法规划和州人大常委会 2017 年度立法计划的请示》；6. 研究州政协党组《关于呈报〈政协黔南州委员会 2017 年工作要点（送审稿）〉和〈黔南州政协 2017 年委员视察调研工作计划（送审稿）〉的请示》；7. 研究州政府党组《关于审定中共黔南州委黔南州人民政府《关于进一步加强森林防火工作的意见》的请示》；8. 研究州政府党组《关于审定黔南州 2017 年因公出国（境）、赴台交流计划的请示》；9. 研究州纪委《关于对黔南州纪律审查中心（办案基地）进行异地搬迁扩建的请示》；10. 研究州委组织部《关于审定黔南州第 21 个科技活动日优秀科教人才和先进集体拟表彰对象的请示》；11. 研究州委组织部《关于审定黔南州第五批州管专家拟命名人选的请示》；12. 研究州目标管理工作领导小组《关于 2016 年度绩效目标考核奖励标准的请示》；13. 研究州目标管理工作领导小组《关于 2016 年度全州目标绩效管理考核情况的请示》；14. 研究州卫生计生委党组《关于解决州中医院申报“中医药传承创新工程建设备选项目”有关问题的紧急请示》；15. 其他事项。

4 月 5 日，召开十一届州委常委会第十五次会议。1. 研究州政府党组《关于审定贯彻落实〈中共贵州省委贵州省人民政府关于以大数据为引领实施区域科技创新战略的决定〉实施意见的请示》；2. 研究州政府党组《关于与汉能控股集团合作建设黔南移动能源产业园有关事宜的请示》；3. 研究州政府党组《关于审定第十二届贵州旅游产业发展大会筹备工作系列方案的请示》；4. 研究州政府党组《关于审查黔南州中级人民法院招聘审判辅助人员工作方案的请示》；5. 听取赴遵义考察政务接待工作的情况报告；6. 研究州委办公室《关于统筹 2017 年重大节会活动有关事宜的请示》；7. 研究州目标管理工作领导小组《关于修改〈黔南州州级单位目标绩效管理考评办法〉〈黔南州县市区目标绩效管理考评办法〉的请示》；8. 研究都匀经济开发区党工委《关于修建黔南州美术馆的请示》。

4 月 14 日，召开十一届州委常委会第十六次（扩大）会议。1. 研究州政府党组《关于抓好全州突出环境问题整改及迎检准备有关工作的请示》；2. 传达全省党史工作会议精神，研究贯彻落实意见；3. 研究州政府党组《关于审定加快黔南·广州产业园发展实施意见（送审稿）的请示》；4. 研究州政府党组《关于审定黔南州属学校和医院办学办医规模的请示》；5. 研究州政府党组《关于审定集中举办第三届粤桂黔高铁经济带合作试验区联席会议等活动的请示》；6. 其他工作安排。

4 月 15 日，召开十一届州委常委会第十七次会议。1. 传达学习省委常委会研究《关于迎接中央环境保护督察组准备工作的报告》有关精神，安排部署做好中央环境保护督察组迎检工作相关事宜；2. 听取瓮安县《关于瓮安生物群化石保护工作情况汇报》，研究有关事宜。

4 月 21 日，召开十一届州委常委会第十八次（扩大）会议。1. 传达省第十二次党代会精神，研究贯彻落实意见；2. 听取关于落实与汉能控股集团合作建设黔南移动能源产业园有关事项的情况汇报；3. 传达《中共中央关于部分纪检监察干部违纪案件及其教训警示的通报》；4. 听取贵定县《关于“金海雪山·中华农耕文化园”项目推进情况汇报》；5. 研究茶人会执委会《关于审定 2017 都匀毛尖（国际）茶人会总体方案的请示》。

4 月 25 日，召开十一届州委常委会第十九次会议。研究《黔南州州以下法院检察院经费资产由州级统一管理过渡实施方案（送审稿）》。

5 月 14 日，召开十一届州委常委会第二十次（扩大）会议。1. 传达习近平在中央政治局会议分析研究一季度经济形势和经济工作时的重要讲话及陈敏尔书记在省委常委会会议上的讲话精神，听取州政府党组《关于2017年全州一季度经济运行情况及下步工作建议的报告》，安排部署下步工作；2. 传达2017年全省第一次项目建设现场观摩会和全省第三次大扶贫战略行动推进大会精神，研究贯彻落实意见；3. 研究州政府党组《关于审定〈第三届粤桂黔高铁经济带合作试验区联席会议暨第四届中国物流（都匀）国际峰会等系列活动总体方案〉的请示》；4. 研究州政府党组《关于审定〈黔南州打造民族地区创新发展先行示范区总体方案〉的请示》；5. 研究州政府党组《关于审定〈关于加快推进卫生与健康事业改革发展的实施意见（送审稿）〉的请示》；6. 研究州政府党组《关于审定都匀一中申报省级一类示范性高中有关事宜的请示》；7. 研究州政府党组《关于审定〈黔南州推动绿色发展建设生态文明的实施意见〉的请示》；8. 听取州党内规范性文件清理工作领导小组《关于清理党内规范性文件工作情况的报告》；9. 研究州编委《关于黔南州经济发展研究中心机构规格的请示》；10. 研究州编委《关于黔南州对外经济协作与发展办公室管理体制调整的请示》；11. 研究州编委《关于黔南州委党校增设内设机构的请示》；12. 研究州编委《关于州委统战部增设副部长职数的请示》；13. 传达全省基层一线党的十九大代表工作座谈会精神。

5月17日，召开十一届州委常委会第二十一次（扩大）会议。省委组织部宣布省委关于黔南州委主要领导调整的决定。

5月22日，召开十一届州委常委会第二十二次（扩大）会议。1. 传达全省推进“两学一做”学习教育常态化制度化工作部署会精神，研究《黔南州关于推进“两学一做”学习教育常态化制度化实施方案（送审稿）》；2. 传达全省国有企业党的建设工作会议精神，研究贯彻落实意见；3. 传达李邑飞同志在全州领导干部大会上的讲话精神，研究贯彻落实意见；4. 传达全省宣传部长座谈会精神，研究贯彻落实意见；5. 研究《中共黔南州第十一届委员会常务委员会议事决策规则（送审稿）》；6. 研究州委办公室《关于审定〈关于调整中共黔南州第十一届常务委员会委员分工的建议方案〉的请示》。7. 研究州政府党组《关于审定〈黔南州全面推行河长制工作方案〉的请示》；8. 研究州政府党组《关于审定〈黔南州第十一届（独山）旅游产业发展大会工作方案〉的请示》。

6月6日，召开十一届州委常委会第二十三次会议。1. 传达学习中共中央政治局第四十一次集体学习会精神，研究贯彻落实意见；2. 传达《中共中央办公厅国务院办公厅关于甘肃祁连山国家级自然保护区生态环境问题督查处理情况及其教训的通报》，研究贯彻落实意见；3. 传达学习2017中国国际大数据产业博览会主要精神，研究贯彻落实意见；4. 研究州委统战部《关于审定〈关于进一步加强政党协商的实施方案（送审稿）〉的请示》；5. 听取全州基础设施建设情况汇报，研究部署下步工作；6. 听取全州工业发展（含工业园区建设）和信息化工作情况汇报，研究部署下步工作；7. 研究近期重点工作。

6月16日，召开十一届州委常委会第二十四次会议。1. 传达6月12日省委常委会会议精神和省委书记、省人大常委会主任陈敏尔赴黔南调研时的指示精神，研究贯彻落实意见：2. 观看《反邪教斗争形势汇报》专题片，研究安排下步工作；3. 听取全州政法工作情况汇报，研究安排下步工作；4. 听取全州安全生产工作情况汇报；5. 听取省脱贫攻坚督导组赴黔南督导反馈意见主要精神及贯彻落实建议的汇报；6. 研究州政府党组《关于审定〈黔南州绿色农产品“泉涌”工程实施方案（2017—2020）〉的请示》。

6月20日，召开十一届州委常委会第二十六次会议。1. 听取州委宣传部、州委教育工委《关于全省高校思想政治工作会议精神的汇报》，研究贯彻落实意见。2. 听取州委办公室《关于全省办公厅（室）系统工作会议精神的汇报》，研究贯彻落实意见；3. 听取州委宣传部《关于贵州省服务保障党的十九大网络安全工作推进会议精神的汇报》，研究贯彻落实意见；4. 研究州政府党组《关于审定近期环境保护有关工作事项的请示》；5. 研究州政府党组《关于审定黔南州贯彻落实〈左右江革命老区振兴规划〉2017年工作要点的请示》；6. 研究州政府党组《关于审定〈黔南州供销合作集团组建方案（送审稿）〉的请示》；7. 研究州政府党组《关于审定〈省第十二届旅发大会文艺演出晚会方案（送审稿）〉的请示》；8. 听取2017都匀毛尖（国际）茶人会执行情况的汇报。

6月27日，召开十一届州委常委会第二十七次会议。1. 研究州委组织部《关于审定〈关于加强换届后领导班子思想政治建设的意见（送审稿）〉的请示》；2. 研究州委组织部《关于审定〈关于在脱贫攻坚一线考察识别干部的意见（送审稿）〉的请示》；3. 研究州委组织部《关于审定抓党建促脱贫攻坚先进集体和优秀个人名单的请示》。

7月13日，召开十一届州委常委会第二十八次会议。1. 传达学习习近平在民政部《关于近期全国灾情及救灾工作开展情况的报告》上的重要批示及孙志刚省长在"中办转来习近平总书记批示"信息（省政府办公厅《应急信息（专报）》第130期）上的批示；2. 传达习近平在深度贫困地区脱贫攻坚座谈会上的重要讲话精神、王岐山在扶贫领域监督执纪问责工作电视电话会上的重要讲话精神、7月7日省委常委会会议精神和国务院扶贫督查组意见反馈会议精神，研究部署有关工作；3. 传达学习胡春华在广州市接见黔南州党政代表团时的讲话精神，通报黔南州党政代表团赴广州对接对口帮扶工作及开展考察学习情况，研究部署有关工作；4. 传达孙志刚省长赴黔南调研时的指示精神，研究贯彻落实意见；5. 研究州政府党组《关于审定〈黔南州推动实体经济发展工作测评方案（暂行）〉的请示》；6. 研究州政府党组《关于审定〈黔南州推动实体经济发展工作测评方案（暂行）〉的请示》；7. 研究州政府党组《关于审定〈深化供给侧结构性改革加快旅游业提质跨越发展的实施意见〉的请示》；8. 研究《中国共产党黔南州第十一届委员会第三次全体会议工作建议方案》和《2017年全州第一次项目建设现场观摩会观摩线路建议方案》；9. 通报黔南州赴国家林业局对接汇报工作情况；10. 研究州委组织部《关于审定〈党费收缴工作专项检查中清理收缴党费使用方案〉的请示》；11. 传达全省干部监督工作推进会会议精神。

7月16日，召开十一届州委常委会第二十九次（扩大）会议。传达贯彻全省领导干部会议精神特别是省委书记、省长孙志刚的重要讲话精神，研究部署有关工作。

7月18日，召开十一届州委常委会第三十次会议。1. 传达《省委书记、省长孙志刚在全省领导干部会议上的讲话》（黔办通报〔2017〕第25期）；2. 讨论唐德智在州委十一届三次全会上的讲话；3. 听取关于脱贫攻坚指标调整情况的报告。

7月19日，召开十一届州委常委会第三十一次（扩大）会议。传达学习新修改的《中国共产党巡视工作条例》（以下简称《条例》）、《中共中央办公厅关于认真学习贯彻新修改的〈中国共产党巡视工作条例〉的通知》、王岐山在《人民日报》的署名文章《巡视是党内监督战略性制度安排，彰显中国特色社会主义民主监督优势》和7月17日省委常委会会议有关精神，研究部署有关工作。

7月25日，召开十一届州委常委会第三十二次（扩大）会议。1. 传达学习7月24日中央政治局会议和全省经济工作电视电话会议精神，研究部署有关工作；2. 传达全国金融工作会议和7月17日省委常委会会议有关精神，研究部署有关工作；3. 通报州委落实党风廉政建设主体责任情况；4. 通报州纪委《关于领导干部兼职取酬自查自纠工作情况的报告》。

7月31日，召开十一届州委常委会第三十三次（扩大）会议。1. 传达学习习近平在省部级主要领导干部专题研讨班上的重要讲话和7月30日省委常委会会议精神及省委办公厅关于认真贯彻讲话精神的通知文件精神，研究部署有关工作；2. 传达学习孙志刚在全省维护稳定工作电视电话会议上的讲话精神；3. 传达第三届全国民族自治州全面建成小康社会经验交流现场会精神，听取黔南州创建全国民族团结进步示范州工作情况汇报，研究部署有关工作；4. 传达学习全国城市基层党建工作经验交流座谈会精神，研究部署有关工作。

8月4日，召开十一届州委常委会第三十四次（扩大）会议。1. 传达学习庆祝中国人民解放军建军90周年大会精神，研究部署有关工作；2. 传达中央第七环境保护督察组督察贵州省情况反馈会和8月4日省委常委会会议精神，研究黔南州整改措施及下步工作打算；3. 传达全省组织工作座谈会精神；4. 传达《省委组织部关于深刻汲取卢恩光案教训进一步整治选人用人不正之风的通知》。

8月10日，召开十一届州委常委会第三十五次（扩大）会议。传达学习全省深度贫困地区脱贫攻坚工作推进大会精神和《贵州省深度贫困地区脱贫攻坚行动方案》，研究《黔南州推进深度贫困地区脱贫攻坚责任分解工作方案》和《黔南州深度贫困地区脱贫工作责任包保方案》，安排部署有关工作。

8月17日，召开十一届州委常委会第三十六次会议。1. 研究州编委办《关于进一步强化都匀经济开发区开发功能的请示》；2. 传达学习8月11日《贵州日报》社评文章《撸起袖子，实干兴省》。

8月29日，召开十一届州委常委会第三十七次（扩大）会议。1. 传达《省人民政府办公厅关于切实做好地质灾害防范工作的紧急通知》；2. 听取三都县脱贫攻坚工作情况汇报，安排部署下步工作。

9月12日，召开十一届州委常委会第三十九次（扩大）会议。1. 宣布省委有关干部任免决定；2. 传达《环境保护法》《大气污染防治法》《中共中央办公厅国务院办公厅关于腾格里沙漠污染问题处理情况的通报》《国务院办公厅关于加强环境监管执法的通知》；3. 传达学习习近平对河北塞罕坝林场建设者感人事迹作出的重要指示精神和8月29日人民日报评论文章《把伟大祖国建设得更加美丽》；4. 传达学习习近平对群团改革工作的重要指示和群团改革工作座谈会精神；5. 传达孙志刚书记在《中共黔南州委关于推进三都县脱贫攻坚工作有关情况的报告》上的批示；6. 传达学习全国深度贫困地区抓党建促脱贫攻坚工作经验交流座谈会精神，研究贯彻落实意见；7. 传达学习《关于今年以来全省党风廉政建设和反腐败工作情况的通报》和十二届省委巡视工作动员部署会精神，安排部署有关工作；8. 研究州督查督办局《关于省委省政府第一督查组对我州贯彻执行中央八项规定精神和省委十项规定实地督查情况的报告》；9. 通报州文广新局党组《关于独山、福泉两起文物案件办理和整改情况报告》。

9月21日，召开十一届州委常委会第四十一次会议。1. 传达学习习近平在深度贫困地区脱贫攻坚座谈会上的重要讲话和东西部扶贫协作经验交流会精神；2. 传达学习9月13日省委中心组学习会精神，研究贯彻落实意见；3. 传达学习省直机关选派到贫困县挂职干部座谈会精神，研究贯彻落实意见；4. 听取州领导带队督导脱贫攻坚秋季攻势情况汇报；5. 听取州纪委关于今年以来全州党风廉政建设和反腐败工作情况的汇报；6. 研究州政府党组《关于审定剑江集团公司与中国石化黔南分公司合作有关事宜的请示》和《关于审定贵州锦绣实业（集团公司）投资组建贵州能源锦绣投资运营有限公司有关事宜的请示》；7. 通报平塘“8·10”纠纷事件调查组《关于平塘县“8·10”纠纷事件有关情况的报告》；8. 通报州政府办公室《关于第三届粤桂黔高铁经济带合作联席会暨第四届中国物流（都匀）国际峰会情况的报告》。

9月30日，召开十一届州委常委会第四十五次（扩大）会。传达学习《中共中央关于孙政才严重违纪案审查情况和处理决定的通报》（中发电〔2017〕13号）。

10月11日，召开十一届州委常委会第四十六次会议.1. 传达学习习近平在会见全国社会治安综合治理表彰大会代表时的重要讲话和全国社会治安综合治理表彰大会精神及9月20日《人民日报》评论文章《努力建设更高水平的平安中国》；2. 传达学习习近平关于精神文明建设“五个一工程”重要指示和第十四届精神文明建设“五个一工程”表彰座谈会精神；3. 传达学习《中共中央办公厅关于印发〈党的十八大以来巡视工作总结〉

的通知》；4. 传达学习贵州省出席党的十九大部分代表座谈会精神；5. 传达学习中央第十二维稳安保督导检查组赴黔南督导检查工作有关精神，听取全州维护稳定有关工作情况汇报，书面通报州委办公室专报信息《2017 年中秋国庆期间全州社会稳定经济繁荣》，研究《黔南州党的十九大期间保稳定护平安促生产抓脱贫包保督导方案》，部署当前有关工作；6. 听取州安委会关于 2017 年前三季度全州安全生产工作情况汇报；7. 听取州环保督察整改办公室关于中央环保督察反馈问题整改情况汇报；8. 听取州委宣传部《关于我州各级党委（党组）落实意识形态服务保障党的十九大网络安全等工作督查情况的报告》；9. 研究州委统战部《关于审定〈黔南州民主党派、无党派人士向州委建言献策“直通车”制度〉的请示》；10. 研究州督查督办局《关于提请审定印发〈黔南州关于加强新形势下督促检查工作的实施细则（送审稿）〉的请示》；11. 研究州委办州政府办《关于在两办增设督查专员的请示》；12. 研究州编委会《关于提请研究〈中共都匀经济开发区工作委员会管理委员会主要职责内设机构和人员编制规定〉的请示》《关于提请审定〈关于理顺黔南州公安局都匀经济开发区分局管理体制等有关事项的通知〉的请示》《关于提请审定〈黔南州国土资源局都匀经济开发区分局主要职责内设机构和人员编制方案〉的请示》；13. 书面通报《省委办公厅关于对各地及省直部门单位贯彻执行八项规定精神及省委十项规定的督查情况》。

10 月 23 日，召开十一届州委常委会第四十七次（扩大）会议。传达学习中国共产党第十九次全国代表大会开幕会精神、习近平在参加贵州省代表团讨论时的重要讲话精神、中国共产党第十八届中央委员会第七次全体会议精神、新华社评论员文章《奋进新时代开启新征程》《深刻把握社会主要矛盾变化的新特点》、人民日报时评文章《走进更加昂扬的新时代》《新思想，改变中国的伟力》《新使命，点燃奋斗的激情》《从新矛盾把握人民新期待》和《中共贵州省委关于认真学习贯彻党的十九大报告和习近平在参加贵州省代表团讨论时重要讲话精神的通知》，省委党校周感华教授应邀作“中国特色社会主义事业的新篇章——深入学习和理解中共十九大重大理论创新成果”专题辅导报告。

10 月 30 日，召开十一届州委常委会第四十八次（扩大）会议。1. 传达学习《中国共产党第十九次全国代表大会关于十八届中央委员会报告的决议》《中国共产党第十九届中央委员会第一次全会会议公报》《中国共产党第十九次全国代表大会关于十八届中央纪律检查委员会工作报告的决议》《中国共产党第十九次全国代表大会关于〈中国共产党章程（修正案）〉的决议》《习近平总书记在十九届中央政治局常委同中外记者见面时的讲话》；2. 传达学习省委副书记、代省长谌贻琴赴黔南州宣讲和调研脱贫攻坚工作时的指示精神，研究部署有关工作；3. 研究《黔南州集中宣讲党的十九大精神工作方案》；4. 传达学习《中共贵州省委办公厅关于印发〈十一届中共贵州省委巡视工作总结〉的通知》；5. 研究州人大常委会党组《关于召开州十四届人大二次会议的请示》；6. 听取州人大常委会党组《关于省第十三届人民代表大会代表选举工作会议精神及贯彻建议的报告》，研究州人大常委会党组《关于批转〈关于做好黔南州出席贵州省第十三届人民代表大会代表选举工作的意见〉的请示》；7. 听取州委统战部《关于十二届省政协委员推荐工作部署会议精神的情况报告》。

11 月 13 日，召开十一届州委常委会第四十九次（扩大）会议。1. 传达学习 10 月 27 日中共中央政治局会议精神、习近平总书记在中央政治局第一次集体学习时的重要讲话精神、人民日报评论员文章《让中国特色社会主义展现更强大的生命力》《阔步走进中国特色社会主义新时代》《牢牢把握新时代中国共产党的历史使命》和贵州日报社论《大力培育新时代贵州精神拥抱新时代续写新篇章开创新未来》；2. 传达学习省委十二届二次全会精神，研究部署有关工作；3. 传达学习全省旅游工作推进会议精神，听取关于第十二届贵州旅游产业发展大会筹办情况的报告；4. 听取

《全州前三季度经济运行情况汇报》，研究部署第四季度经济工作；5. 研究《黔南州新时代农民（市民）讲习所兴办实施方案》；6. 研究《关于追授丁永华同志“全州优秀共产党员”称号的请示》；7. 传达学习全国推开国家监察体制改革试点工作动员部署电视电话会精神，研究贯彻落实措施；8. 研究《中共黔南州委巡察工作实施办法（试行）（送审稿）》和《十一届中共黔南州委巡察工作规划（2017—2021 年）（送审稿）》的请示。

11 月 15 日，召开十一届州委常委会第五十次（扩大）会议。1. 听取《州委十一届四次全会工作建议方案》汇报，研究部署有关工作；2. 研究《中共黔南州委关于认真学习宣传贯彻党的十九大精神和习近平总书记在贵州省代表团重要讲话精神的决定（送审稿）》；3. 研究《唐德智同志在州委十一届四次全会上的讲话（送审稿）》。

11 月 17 日，召开十一届州委常委会第五十一次会议。听取州委十一届二次全会各组讨论情况汇报，研究有关事项。

11 月 24 日下午，召开十一届州委常委会第五十二次（扩大）会议。1. 传达学习《中共中央印发〈中共中央政治局关于加强和维护党中央集中统一领导的若干规定〉的通知》《中共中央办公厅国务院办公厅关于印发〈中共中央政治局贯彻落实中央八项规定实施细则〉的通知》；2. 传达学习《中共中央关于认真学习宣传贯彻中共十九大精神的决定》和人民日报评论员文章《深入领会习近平新时代中国特色社会主义思想》《开启全面建设社会主义现代化国家新征程》《统筹推进新时代“五位一体”总体布局》；3. 听取全州学习宣传贯彻中共十九大精神和习近平在贵州省代表团重要讲话精神情况汇报；4. 传达 2017 年全省第二次项目建设现场观摩会精神，研究部署我州贯彻落实工作；5. 研究州政府党组《关于审定黔南州承办 2020 年第四届中国绿化博览会工作推进方案的请示》；6. 听取州委组织部《关于中央、省、州三级清理收缴党费使用情况的报告》。

12 月 4 日，召开十一届州委常委会第五十四次（扩大）会议。1. 传达学习《习近平谈治国理政》第二卷出版座谈会精神及《中共贵州省委关于做好〈习近平谈治国理政〉第二卷学习宣传贯彻工作的通知》，研究部署有关工作；2. 传达学习全国推开国家监察体制改革试点工作动员部署电视电话会议精神和全省深化国家监察体制改革试点工作动员部署电视电话会议精神，听取黔南州监察体制改革工作情况汇报，研究部署有关工作。

12 月 13 日，召开十一届州委常委会第五十七次（扩大）会议。1. 传达学习《中共中央办公厅印发习近平总书记关于进一步纠正“四风”、加强作风建设重要批示的通知》；2. 传达学习《中共贵州省委印发〈中共贵州省委关于坚决维护以习近平同志为核心的党中央权威和集中统一领导的规定〉的通知》《中共贵州省委办公厅贵州省人民政府办公厅关于印发〈进一步贯彻落实中央八项规定精神切实加强作风建设实施细则〉的通知》；3. 传达《省委办公厅印发〈关于五年来我省贯彻执行中央八项规定精神及省委十项规定加强和改进作风建设的情况报告〉的通知》，听取州纪委《关于五年来黔南州贯彻执行中央八项规定精神和省委十项规定推进作风建设的情况报告》，研究部署有关工作；4. 研究州人大常委会党组《关于召开州十四届人大三次会议的请示》；5. 研究州政协党组《关于召开政协黔南州十二届二次会议的请示》；6. 研究州人大常委会党组《关于审定黔南州人大常委会 2018 年立法计划（草案）的请示》；7. 研究州政府党组《关于审定都匀经济开发区申创国家级经济技术开发区事宜的请示》；8. 研究州政府党组《关于审定支持都匀经济开发区创新发展的实施意见的请示》；9. 研究州政府党组《关于保留黔南师院附中州管学校属性的请示》；10. 研究州委政研室《黔南州第五轮建设经济强县和县域经济发展联席会议制度（送审稿）》《黔南州第五轮建设经济强县和县域经济发展实施方案（送审稿）》；11. 研究州编委会《关于提请审定州军民融合发展委员会建议方案的请示》《关于设置黔南州委网络安全和信息化领导小组办公室有关事项的请示》《关于黔南州禁毒委员会办公室有关事项的请示》《关于设置中共黔南州委保密委员会专职副主任的请示》。

【贵州省委书记、省人大常委会主任陈敏尔到黔南调研】 2017年6月7日，贵州省委书记、省人大常委会主任陈敏尔到黔南布依族苗族自治州就司法体制改革和社会稳定工作开展专题调研。他强调，要深入贯彻习近平总书记系列重要讲话精神和治国理政新理念新思想新战略，提高政治站位，强化责任担当，突出问题导向，注重统筹协调，深入推进司法体制改革，全力做好维护社会稳定工作，以实干实绩迎接中共十九大胜利召开。贵州省委常委、省委秘书长李再勇，副省长、省公安厅厅长郭瑞民，省高级法院院长孙潮，省检察院检察长袁本朴参加调研。陈敏尔来到瓮安县检察院，认真听取州县检察院司法体制改革情况汇报，了解检察机关大数据与司法体制改革的深度融合、大数据辅助办案、未成年人刑事检察工作等情况。他希望全省检察机关充分运用改革方法和大数据手段，不断提高社会治理法治化、智能化、专业化、社会化水平。陈敏尔指出，今年是全面深化司法体制改革的决战之年，各地有关部门要按照中央司法体制改革的统一部署，围绕解决影响司法公正和制约司法能力的深层次问题，敢于担当、攻坚克难，全力以赴抓好改革试点任务落实，蹄疾步稳地把改革行动变成改革成果。各级党委和政府要高度重视、积极支持，在机构编制、队伍建设、经费保障上给予倾斜，保障司法体制改革顺利进行。陈敏尔强调，发展是第一要务，稳定是第一责任。今年下半年我们党将召开十九大，做好维护社会稳定工作意义重大。要深入贯彻习近平总书记系列重要讲话精神和治国理政新理念新思想新战略，认真落实省第十二次党代会部署要求，扎实开展“迎接十九大、忠诚保平安”主题教育实践活动，有力有序有效推进信访维稳工作。要深入践行以人民为中心的发展思想，以群众工作统揽信访维稳工作，切实维护好群众利益，让老百姓有更多获得感。要加大矛盾纠纷排查化解力度，把影响安全稳定的矛盾隐患化解在基层、化解在萌芽状态，努力守护好一方平安。各级党政领导干部要切实担负起维护稳定主体责任，敢抓敢管、真抓真管，做到守土有责、守土尽责。

【省委副书记、省长孙志刚到黔南调研】 2017年7月3日，贵州省委副书记、省长孙志刚到黔南布依族苗族自治州三都水族自治县调研。调研组实地查看了三都县普安镇十公里葡萄长廊、大塘易地搬迁扶贫集中安置点、莫家寨地质灾害受灾点、普安镇重阳村生态鸽项目和正邦“福猪”产业等脱贫攻坚民生项目。孙志刚强调，三都县是全国唯一的水族自治县，脱贫攻坚、同步小康的使命光荣、责任重大、任务艰巨。要坚持把脱贫攻坚作为头等大事和第一民生工程，坚持精准扶贫、精准脱贫基本方略，强力推进大扶贫战略行动，深入开展脱贫攻坚“大比武”，坚决打赢脱贫攻坚战。加快民族地区脱贫攻坚步伐，绝不能让一个少数民族在全面小康进程中掉队。要瞄准现有建档立卡贫困人口，找准致贫原因精准施策，聚焦产业发展、易地搬迁扶贫、基础设施、公共服务、生态脱贫精准发力，实现稳定长效可持续脱贫。要充分发挥特色优势，解放思想、勇于创新，对扶贫产业进行系统思考、全产业链谋划，补齐薄弱环节，强化配套服务，完善政策扶持，加快走出一条农业结构调整的新路子。要完善产业扶贫利益联结机制，明确贫困户在产业链、利益链中的环节和份额，降低贫困户的市场风险，精准带动更多贫困群众增收脱贫。要进一步加大对民族地区发展的支持力度，推动各项支持政策在民族地区落地生根，帮助民族地区解决实际困难，增强民族地区自我发展能力，助推全省各少数民族决胜脱贫攻坚、同步全面小康。

【州委十一届三次全体会议在都匀举行】 2017年7月19日，中国共产党黔南州第十一届委员会第三次全体会议在都匀举行。会议的主要任务是全面贯彻中共十八大和十八届三中、四中、五中、六中全会精神，深入贯彻习近平系列重要讲话特别是视察贵州重要讲话精神，认真落实省第十二次党代会、全省领导干部会议和州第十一次党代会精神，安排部署 2017 年下半年和今后一个时期全州工作，进一步认清形势、坚定信心、改革创新、克难奋进，以加快打造民族地区创新发展先行示范区为引领，尽快把省第十二次党代会和州第十一次党代会绘就的美好蓝图镌刻在黔南大地上，以优异的成绩迎接中共十九大胜利召开。

49 名州委委员，11 名候补委员出席会议。全会由州委常委会主持。

全会认真学习了 7 月 15 日全省领导干部会议精神，通报了 2017 年上半年全州经济运行情况和 2017 年全州第一次项目建设现场观摩情况，听取和讨论了唐德智受州委常委会委托所作的《以打造民族地区创新发展先行示范区为引领，奋力推动全州经济社会持续快速健康发展》的讲话，审议通过了《中国共产党黔南州第十一届委员会第三次全体会议决议》。州委副书记、州长吴胜华作总结讲话。

【州委十一届四次全体会议在都匀举行】

2017 年 11 月 17 日，中国共产党黔南州第十一届委员会第四次全体会议在都匀举行。出席全会的有州委委员 49 人，候补委员 9 人。全会由州委常委会主持。州委书记唐德智作了讲话。

全会深入学习贯彻中共十九大精神、习近平总书记在贵州省代表团重要讲话精神和省委十二届二次全会精神，听取和讨论了唐德智所作的《以习近平新时代中国特色社会主义思想为指引决战脱贫攻坚决胜同步全面小康奋力书写新时代黔南发展新篇章》的讲话，审议通过《中共黔南州委关于认真学习宣传贯彻中共十九大精神和习近平在贵州省代表团重要讲话精神的决定》。州委副书记、州长吴胜华作《决定（讨论稿）》的说明。

【胡春华马兴瑞会见黔南州党政代表团一行】

2017 年 7 月 7 日下午，中共中央政治局委员、广东省委书记胡春华，广东省委副书记、省长马兴瑞会见在广州市考察学习的黔南州党政代表团一行。

胡春华向黔南州党政代表团一行表示欢迎，并向贵州省委书记陈敏尔、省长孙志刚表示问候。胡春华说，广东省委、省政府将坚决贯彻落实习近平总书记关于东西部扶贫协作的重要讲话精神，扎实做好对口帮扶黔南州工作，助推黔南州经济社会加快发展、打赢脱贫攻坚。

胡春华指出，广东省和黔南州的对口帮扶关系源远流长，黔南州也处于广东经济辐射圈内。近年来，随着交通等基础设施显著改善，尤其是贵广高铁开通以来，两地联系更加紧密。今后，要牢牢抓住合作这个关键，推动单一脱贫帮扶向合作发展转变，进一步深化广东、广州与黔南在产业、农业、旅游业、劳务等方面的合作。要实施项目合作清单化，一项项落实合作项目。要更加密切联系，通过双方人员互派互访寻求更多合作机会。黔南州要根据产业发展需要，在加强与广州市合作的同时，强化与广东省其他地区的合作与交流。

州委书记唐德智转达了省委书记陈敏尔、省长孙志刚对胡春华书记、马兴瑞省长的诚挚问候，代表全州各族干部群众向无私帮扶黔南的广东省、广州市表示最衷心的感谢，并汇报了黔南州经济社会发展情况、广州市对口帮扶黔南的成效以及此次赴穗考察学习成果。唐德智表示，黔南州将深入贯彻落实习近平在东西部扶贫协作座谈会上的重要讲话精神，认真贯彻落实胡春华书记的指示要求，更加坚定面向两广，融入两广的信心和决心，以对口帮扶为契机，用改革创新的办法把黔南发展的问题解决得更好，下足“绣花”功夫，全力以赴把黔南的脱贫攻坚工作做得更精准更见效，确保与全国同步小康。

【黔南党政代表团赴广州对接对口帮扶工作】

2017 年 7 月 5 日，黔南州党政代表团赴广州市对接对口帮扶工作。当日下午，广州·黔南对口帮扶座谈会在广州市举行。

广东省委副书记、广州市委书记任学锋出席会议并讲话。广州市委副书记、市长温国辉主持会议并介绍广州市经济社会发展和对口帮扶情况。广州市人大常委会主任陈建华，广州市委常委、市委秘书长潘建国，副市长黎明，市政协副主席黄炯烈出席。

州委书记唐德智讲话，州委副书记、州长吴胜华汇报黔南州经济社会发展和广州对口帮扶情况，州人大常委会主任罗毅，广东省第一扶贫协作工作组组长李自根，州委常委张文强、黄伟、吴丹、瓦标龙，州人大常委会、州政府、州政协有关领导出席座谈会。

任学锋代表广州市委、市政府欢迎黔南党政代表团一行。任学锋强调，要深入学习贯彻习近平系列重要讲话精神，特别是在深度贫困地区脱贫攻坚座谈会上的讲话精神，紧紧围绕“帮扶更精准、更有成效”的目标，合力推进专项扶贫、行业扶贫、社会扶贫。要共同围绕使黔南成为民族地区创新发展先行示范区的战略目标精准发力，在扶贫协作内容、体制机制等方面的创新上下功夫，在携手奔小康、补齐民生短板、增强发展后劲上做出新的内容。要发扬“钉钉子”精神狠抓落实，做到对口帮扶工作干一件成一件。要突出重点、以点带面，集中精力在促进“三农”发展、实体经济发展、人才培育、营商环境改善等方面做出在全国“叫得响”的工作实绩。黔南要善用广州这个“大本营”，大胆使用广东，乃至珠三角，甚至全球资源，借梯登高，借船出海。

任学锋表示，广州市将切实承担起对口帮扶黔南这个义不容辞的责任，希望两地干部群众围绕“更精准、更有成效”的目标，撸起袖子加油干，携手同行奔小康。

唐德智代表州四家班子和全州 420 万各族人民，向长期以来关心帮助黔南发展的广州市各级各部门、社会各界致以崇高的敬意。唐德智说，自 2013 年广州对口帮扶黔南以来，广州市以实实在在的行动落实党中央、国务院的决策部署，在扶贫帮困、产业发展、人才培养、经贸合作、民生改善等方面给予了黔南无私的帮助，有效地促进了黔南经济社会发展。

唐德智说，黔南州决胜脱贫攻坚，同步全面小康，加快建设民族地区创新发展先行示范区，离不开全州干部群众的苦干实干，也离不开广州市的支持和帮助。希望两地进一步拓展帮扶领域，深化结对帮扶；希望发挥广州引领作用，激发资源的互补作用，重点支持共建“黔南·广州产业园”等园区，推动黔南物流业发展，探索两地金融协作，培育壮大黔南旅游文化产业，推进两地“农超”对接，把双方经贸合作推向更高的高度；希望广州加大人才智力帮扶，重点加强医疗卫生、工业经济、招商引资、旅游管理等领域的人才智力帮扶。黔南正处在“爬坡上坎”的关键阶段，要以此次对口帮扶座谈会为契机，进一步强化担当，落实责任，加强互动对接，优化扶贫协作，确保广州·黔南对口帮扶工作实现优势互补、互利共赢。

【州委常委（扩大）会议学习贯彻习近平在深度贫困地区脱贫攻坚座谈会上的重要讲话以及省委中心学习组学习会精神】 2017 年 9 月 21 日，州委召开常委（扩大）会议，传达学习贯彻习近平总书记在深度贫困地区脱贫攻坚座谈会上的重要讲话精神、东西部扶贫协作经验交流会精神、9 月 13 日省委中心学习组学习会精神、省直机关选派到贫困县挂职干部座谈会精神，研究全州贯彻落实意见。州委书记唐德智主持会议并讲话。州人大常委会主任罗毅，州政协主席魏明禄，州委常委出席会议。州人大常委会、州政府、州政协有关负责人列席会议。

会议强调，习近平在深度贫困地区脱贫攻坚座谈会上发表的重要讲话，博大精深、内涵丰富、思想深刻，是对打赢脱贫攻坚战尤其是深度贫困地区脱贫攻坚战的再动员、再部署，体现了总书记对贫困地区和贫困群众的特别关心、特别牵挂，为做好脱贫攻坚工作指明了方向、提供了遵循，对黔南这样的欠发达地区推动经济社会发展各项工作尤其是脱贫攻坚工作具有重要指导意义。全州各级各部门要牢固树立“四个意识”，向党中央看齐，向总书记看齐，把讲话的各项要求落实到行动上，充分认识全州脱贫攻坚工作时间紧迫、形势严峻的客观现实，真正把脱贫攻坚作为统揽经济社会发展全局的头等大事和第一民生工程，一刻也不放松、一刻也不放缓，真正打好打赢攻坚战。要把讲话纳入各级党委理论中心学习组集中学习重要篇目，领会精神实质，结合实际抓好贯彻落实，不断把学习贯彻习近平系列重要讲话精神和治国理政新理念新思想新战略引向深入。

会议强调，要特别重视贯彻落实精准扶贫精准脱贫的基本方略，真正把“精准”作为脱贫攻坚的唯一出路，进一步核清贫困对象，加强动态跟踪管理，推动各项帮扶举措精准落实到村到组到户。要加快推进易地扶贫搬迁，做到去年工作不留尾巴、今年工作按时序顺利推进、明年工作尽可能提前实施。要按照“秋季攻势”要求，加快推进产业扶贫项目全覆盖，种养业结构调整今秋必须要有大动作，鼓励有条件的镇（乡）建立经营主体发展产业，鼓励有条件的村发展实体经营乡村。要认真研究完善产业扶贫利益联结机制，使各项帮扶举措真正惠及贫困群众。要抓好以交通、水利为重点的基础设施建设，认真研究农村危房改造工作，改善公共服务，强化扶贫与扶志、扶智相结合，增强贫困群众内生动力。要切实提高扶贫资金使用效率，千方百计整合资金使用，坚决防止“跑冒滴漏”，严惩严处资金使用上的各种违法乱纪行为。要在年内完成深度贫困村“软弱涣散”支部整治工作，配好配强深度贫困村支部书记。要深入研究对口帮扶城市——广州市的特点，做到知己知彼，找到找准结合点，与时俱进完善充实对口帮扶方案，加大力度推进招商引资、招才引智工作。要加强组织领导，强化督查考核，杜绝脱离实际的形象工程、面子工程。

会议强调，选派到黔南州贫困县挂职的省直机关干部已经到位，要多给他们压担子，充分发挥他们的优势和作用；要多给他们关心，帮助他们解决实际问题；要多听他们的意见，帮助我们改进工作、改进服务。要加强对他们的管理，做到从严要求、从严管理、从严监督。

【州委理论中心学习组第一次集中学习会】

2017 年 3 月 30 至 4 月 1 日，州委理论学习中心组 2017 年第一次集中学习会在都匀经济开发区举行。会议强调，全州各级党组织和广大党员干部要深入贯彻落实中共十八届六中全会精神和全国“两会”精神，更加紧密地团结在以习近平为核心的党中央周围，深入推进全面从严治党，凝聚起加快打造民族地区创新发展先行示范区、开启基本现代化建设新征程的强大合力，为中共十九大和省第十二次党代会胜利召开奠定更加坚实的思想政治基础。

州委书记龙长春，州委副书记、州长吴胜华，州人大常委会主任罗毅，州政协主席魏明禄，州委副书记、州委政法委书记罗桂荣，州委常委，州人大常委会、州政府、州政协及州法院、州检察院等有关领导参加学习研讨。

学习研讨期间，全体学员通过个人自学、集中领学、专题辅导、分组研讨、交流发言等方式，认真、系统地学习了习近平系列重要讲话精神、全国“两会”精神，中央、省有关重要文件、重要会议精神。龙长春、吴胜华经过精心准备，为全体学员作了精彩的专题辅导报告。

会议指出，这次学习会特点鲜明、成果丰硕，学习主题紧贴中央精神，内容突出政治性，全体学员发扬了理论联系实际的学风。学习会凝聚了大家的思想共识，彰显了行动自觉，营造了干事创业氛围，达到了预期的目的。

会议强调，要提高思想认识，不断把学好“两会”精神引向深入。党委理论学习中心组学习，是提高党的执政能力和领导水平的重要途径，对加强领导班子思想政治建设，具有重要意义。要在深入学习中共十八届六中全会、全国“两会”精神上下功夫，在领会精神实质上下功夫，努力把学习成果转化为谋划工作的思路、转化为推动工作的重要举措。要自觉成为遵守党章党规党纪的表率，严于律己，做到在任何情况下政治信仰不变、政治立场不移、政治方向不偏。要深入学习习近平总书记系列重要讲话精神，把学习系列讲话作为重大政治任务，进一步坚定理想信念，提高思想觉悟，切实把政治意识、大局意识、核心意识、看齐意识转化为自觉行动。

会议强调，要坚持问题导向，切实突破制约发展的薄弱环节。为学之实，在于践履。领导干部加强学习，着眼在学，落脚点在做，其根本目的在于增强工作本领，解决突出问题。要把学习成果转化为推动重点、难点工作取得实效的措施和办法，打通体制机制障碍，突破制约发展的瓶颈。要全力推动经济平稳较快发展，要攻破脱贫攻坚堡垒，要大力发展和改善民生，要坚定不移维护社会稳定。

会议强调，要强化责任担当，确保中央和省州决策部署贯彻落实。2017 年是全面落实“十三五”规划的关键之年，也是全州推进结构调整、转型升级的关键之年，各项工作时间紧、任务重、压力大。党员领导干部必须勇于担当，夙兴夜寐、激情工作，切实把中央和省、州的决策部署落到实处。要通过学习提高自我净化的能力，搞好对照检查，善于把自己摆进去，查找思想差距、政治差距、道德差距、作风差距、廉洁差距、工作差距，真正把问题找准找对，针对自身存在的突出问题和工作的薄弱环节，及时进行整改。要把转变理念作为基本前提，主动适应经济发展新常态，牢固树立五大发展新理念，着力把握推进供给侧结构性改革的基本要求，真正做到以新发展理念引领发展。要把破解难题作为关键之举，党员领导干部要对自己分管的工作负起责任，勇于攻坚克难，强化考核督导，及时解决问题，推动重点难点工作有效落实。

【黔南州贯彻落实省委书记陈敏尔调研指示精神】 2017 年 6 月 7 日，省委书记陈敏尔到黔南州就司法体制改革和社会稳定工作开展调研。黔南州委迅速学习贯彻敏尔书记调研指示精神，研究部署下步工作。1. 坚持以信息化大数据为突破，推动黔南政法工作与时俱进。将政法综治大数据平台建设作为州委、州政府大数据战略的重要工程实施，提高运用现代科技思维和手段来解决问题的能力，推进综治、公安、政务大数据深度融合，打通数据壁垒，形成集成效应。强化深度运用，发挥大数据在预警预测、实战指引、执法司法、队伍建设等方面作用，打造数据政法、智慧政法。2. 坚持抓好矛盾风险防范化解管控，推进平安黔南建设。开展社会矛盾风险排查化解，筑牢和谐稳定基础。以矛盾纠纷化解“112”模式为抓手，发挥以奖代补、司法确认等机制优势，把矛盾化解在基层、化解在萌芽状态。严格落实社会治安综合治理领导责任制，坚持党政同责、一岗双责、各司其责，形成平安黔南建设的合力。3. 坚持以深化改革为重点，统筹推进法治全面建设。推进以审判为中心的刑事诉讼制度改革和检察机关提起公益诉讼各项工作。围绕解决影响司法公正和制约司法能力的深层次问题，在机构编制、队伍建设、经费保障上倾斜。深入推进福泉综合行政执法体制改革试点，整合执法权限、执法机构、执法力量，推进执法流程、执法文书、执法标识“三统一”，“管罚合一”向“管执分离”转弯，分散执法向综合执法转变，传统执法向智慧执法转变。4. 坚持全面从严治党、从严治警，建设过硬的政法队伍。严肃党内政治生活不放松，铸就绝对忠诚的政治品格。加强履职能力建设，提高队伍专业化水来。发挥先进典型引领作用，加强领导班子建设，打造坚强有力、奋发有为的领导集体。

【黔南州拓展东西南北区域合作空间】 1. 向东融入珠江—西江经济带。推动落实《广州对口帮扶黔南的框架协议》，进一步深化园区共建、承接产业转移、农产品直供和通关口岸合作，依托贵广高铁、高速，加强与广西桂林、贺州和广东肇庆、佛山等“两高”沿线重点城市开放合作。以贵州（昌明）国际陆港为载体，全面深化与珠海市的区域合作。加快罗甸—广州航道建设，积极融入南北盘江经济走廊，有效连接珠江—西江黄金水道。2. 向西融入黔中经济区。充分发挥“两贵”经济带的地缘优势，改革和重构与贵阳合作发展体制机制，促进环贵阳中心城区、贵安新区一体化发展进程。加快构建贵龙经济走廊、花

（溪）惠（水）经济走廊和贵（安）长（顺）经济走廊，强化双龙航空港经济区等园区建设，探索与贵阳、贵安新区共建产业园区，提升承接“两贵”产业转移的支撑能力。3. 向南融入左右江革命老区、联系北部湾经济区。鼓励荔波、独山、平塘、罗甸等沿边县与广西开展经济合作，加快打造黔桂（黔南·河池）集中连片特困地区同步小康合作示范区。以左右江革命老区振兴发展为契机，借梯百色加快融入北部湾经济区。4. 向北融入长江经济带。发挥瓮安作为黔南北部开放桥头堡的优势，以外联通道全方位打通和加快建设乌江瓮安港为契机，向北深化区域合作融入成渝经济圈。积极融入乌江经济走廊建设，有效参与长江经济带战略实施。

【黔南州实施“895”行动计划落实脱贫攻坚春季攻势行动令】 2017 年，黔南州集中 3 个月时间，主攻易地扶贫搬迁和产业扶贫两场硬仗。组织全州万名干部进村入户，开展好“八个一”活动：组织一批精干力量、开展一次蹲点调研、进行一次政策宣讲、引进一批优强企业、实施一批产业项目、助推一批产品销售、组织一次社会帮扶、解决一批突出问题；实施好“九大”攻坚战：易地搬迁“追击战”、产业扶贫“大决战”、就业创业“突出战”、教育医疗“大会战”、基础设施“阵地战”、产业招商“游击战”、扶贫基金“突围战”、归类帮扶“立体战”、建档立卡“精准战”；实现好“五个”全覆盖：户均 1 项产业扶贫全覆盖、户均 1 人就业帮扶全覆盖、户均 1 项帮扶措施全覆盖、扶贫政策宣讲全覆盖、精准识别回头看全覆盖。

【黔南州做强刺梨品牌建设“中国刺梨之州”】

1. 建设种植基础。围绕刺梨基地扩面提质增效，加大刺梨标准化示范基地建设，推广《黔南州刺梨无公害栽培技术规程》技术标准。2. 建设加工基地。引导刺梨加工企业向刺梨产业园区聚集，向主产区靠拢。以食品、保健品、化妆品、药品为发展方向，提高刺梨综合开发利用水平，在加工基地（园区）建立健全刺梨产品标准检测监测体系。3. 强化资金保障。州级每年设立 1000 万元刺梨产业发展基金，龙里、贵定、长顺、平塘、独山、惠水等主产县每年预算 500 万元以上刺梨产业发展基金。建立刺梨招商项目库，把刺梨招商作为州、县招商工作的重点，每年举办 1 ~2 次刺梨专题招商活动，引进资金 10 亿元以上。4. 强化人才激励。支持和鼓励事业单位选派专业技术人员到刺梨生产企业挂职或参与项目合作，合作期间人事关系、薪酬待遇保持不变；支持和鼓励事业单位专业技术人员离岗创办刺梨种植加工，种植面积在 2000 亩或者加工投资 1000 万元以上的，可在 3 年内保留人事和薪酬待遇。5. 培育文化品牌。以“好花红”为主题创作一批民族绚歌；将龙里刺梨花节升格为黔南州好花红节；每年举办一次“龙里刺梨”产品交易博览会；在龙里县建立中国刺梨博物馆（文化中心）；每两年举办一次中国刺梨发展论坛。

【黔南州强化措施推进绿色农产品“泉涌”】

1. 加快园区转型升级。围绕生态优势和现代山地农业园区，推进规模化生产、产业化经营。2017 年打造州级以上现代山地农业园区 90 个以上。开展州级农业园区达标考核及“10 强农业园区”“10 佳休闲农业园区”评选，2020 年，全州国家级农业公园 3 个以上、州级农业公园 10 个以上。2. 推进绿色生产方式。实施化肥农药减量增效行动，建立完善农产品质量安全可追溯体系，推广“三品一标”认证。2017 年完成种植业产地无公害绿色有机认定面积 120 万亩，产品认证 200 个，绿色食品产地认定 12 个，主导产业“三品一标”认定覆盖率 50% 以上。3. 提高农业经营水平。引导培育种、养、加、贸等农业产业化龙头企业，推行“公司 + 基地 + 合作社 + 农户”等形式，将生产型园区向加工型园区转型。2017 年，全州建设 12 个省级以上农产品加工园区，培育 1 个加工产值上 5 亿元的农业产业化龙头企业，3 个加工产值上亿元的农业产业化龙头企业，上市企业 2 家以上，“新三板”挂牌企业 10 家以上。4. 培育农产品品牌。

打造一批有影响力、有文化内涵的贵州绿色农产品公共品牌和区域品牌，提升都匀毛尖等知名品牌影响力，将省内重要旅游景区景点、高速公路服务区等建成黔南绿色农产品常设宣传窗口。到2020年创建省知名品牌5个以上，品牌产业产值占总产值30%以上。5. 拓宽农产品销售渠道。推进“农业＋互联网”建设，建立商务、供销、邮政系统建立覆盖县（市）乡（镇）村的快递物流体系，在都匀、独山、福泉、龙里、贵定等县（市）建成农产品物流园。2017年，每月举办1次以上农产品展示展销，培育年销售额500万元以上农村电子商务企业30家，农产品电商销售年增长30%，全州建成农村电商服务站1000个以上，实现农产品电子商务“黔货出山”上市交易额5亿元以上。6. 加大政府投融资力度。统筹扶持绿色农产品发展资金，重点扶持绿色农产品基地建设和产品加工。2017年，成立州、县农业产业担保公司及投资公司，通过直接担保、联动担保搭建政银企融资合作平台。

【黔南州立足茶品牌做实茶文章】 1. 以茶兴业。出台推进茶产业加快发展系列政策，狠抓“建基地、扩规模，修标准、定规范，塑品牌、促营销”，构建都匀毛尖茶综合标准体系。2016年都匀毛尖区域公共品牌价值23.54亿元，被评为中国“最具发展力品牌”。2017年，全州共有茶园面积161万亩，投产面积74.23万亩。2. 以茶惠民。推行“龙头企业＋茶叶合作社＋贫困户”包保脱贫模式，贫困户将政策扶持资金、土地承包经营权等折价入股获得收益。2017年，全州茶产业从业人员45.66万人，带动茶农人均年增收5112元。3. 以茶带旅。以茶产业引领“接二连三”，打造“茶景合一、茶旅一体”生态园，建成集茶博园、秦汉影视城、酒店为一体的都匀毛尖小镇及都匀螺丝壳“茶旅一条街”、瓮安建中茶旅欧标小镇等。4. 以茶养文。举办“100家茶叶知名企业”“100名茶界知名人士”出席的国际茶人会，推进茶文化进机关、学校、军营、社区、企业“五进活动”，开展茶文化专题讲座180余场次，组织茶事活动11次，将茶文化与抗日救国相结合拍摄电视剧《星火燎原云雾街》。

【黔南州强化措施抓好“中国天眼”运行保护】 1. 完善制度机制和标准要求。会同FAST工程项目部，多次召开专题会议研究“中国天眼”运行保护工作，落实落细核心区、中间区、边远区责任主体。2. 健全安全保卫工作措施。制定平塘县“中国天眼”景区安保和武装巡逻、查缉等16个工作方案及工作机制，安装森林防火警示牌，出台“禁火令”，聘请生态护林员实行常态化巡查，严格落实关卡处“两警、一枪、一犬”和24小时值班值守制度。3. 强化核心区电磁波工作监测。关闭和降低周边通信基站功率，设立安检站，严禁考察单位和个人携带电子设备进入，严格执行每日参观人数不超过2000人规定。加快核心区五公里范围1794户8097人的搬迁，2017年搬迁918户4205人。4. 落实大生态发展战略绷紧环保红线。出台“中国天眼”周边生态环境保护实施办法，严格落实生态环境保护主体责任，依法打击核心区内的违法违规用地、非法盗采等行为，现已关停7家矿山，同时加快推进核心区土地流转和退耕还林，已流转土地95%，退耕还林1229亩。

【黔南州“千企改造”扩投资提产能促转型】 1. 抓结构性改革。推进“千企改造”工程供给侧结构性改革，拉动投资培育新的增长点。2. 抓项目申报。将“千企改造”与项目申报、“百千万”工程工作紧密结合，解决“千企改造”项目与资金项目申报“两张皮”问题，启动州级项目资金申报工作。3. 抓示范带动。发挥产业龙头企业和高成长性企业的支撑和带动作用，将“千企改造”工程作为促转型升级的主攻方向。2017年，17家企业被列入2017年全省“千企改造”工程龙头企业和高成长性企业，示范带动全州117家企业转型升级。

【黔南州推进脱贫攻坚“组组通”建设】 2017—2019年全州计划投资36.9亿元，2017年完成9236公里通组公路硬化建设，其中深度贫困村349个3670公里。通组公路建设和统计工作纳入年度综合目标考核内容，建立计划审核奖惩制度、考评机制和督查督办机制，按照时间表、路线图、责任书，倒计时制“整乡推进”，对限时不能完成工期进度和年度工作任务的，由州委、州政府统一诫勉谈话。2017年计划投资10.7亿元，实施通组公路硬化2688公里，实现76%以上的村民组通硬化路，各县（市）已启动招投标工作，已开工建设700公里，完成投资2.5亿元。

【中共黔南州委办公室工作概况】 2017年，在州委的坚强领导下，州委办公室深入贯彻落实州委主要领导“走前列、作表率”的指示要求，充分发挥“四最一中枢”职能作用，以抓落实为工作主线，坚持从严从实的总要求，深入推进“两学一做”学习教育常态化制度化，落实全面从严治党主体责任，着力在抓好“七大建设”上狠下功夫，在全办干部职工的共同努力下，旗帜鲜明讲政治的意识不断增强，树立高目标确立高要求逐步体现，再精准再务实再落实成为自觉，抓改革谋创新初步见效，服务保障基础不断夯实，全年目标任务圆满完成，为服务州委带领全州各族干部群众打造民族地区创新发展先行示范区作出了积极贡献。

【紧跟党中央、省委和州委步伐，持续不断学习贯彻党的十九大精神和习近平总书记在贵州省代表团重要讲话精神】 把迎接党的十九大胜利召开和学习宣传贯彻党的十九大精神和习近平总书记在贵州省代表团重要讲话精神作为首要政治任务，着力强化“四个意识”，坚定“四个自信”，推动党的十九大精神落地落实。

（一）坚决维护习近平总书记的核心地位。坚决维护习近平总书记在全党的核心地位，维护党中央权威和集中统一领导，不断增强与党中央、省委和州委保持高度一致的政治自觉、思想自觉、行动自觉。组织办公室全体党员重温入党誓词，宣示坚定政治信念，带头在全州机关做政治上的明白人。紧跟党中央、省委和州委步伐，始终做到忠诚看齐，习近平总书记每次发表重要讲话、作出重要指示后，办公室第一时间传达学习贯彻、集中深入研讨，紧密联系思想实际、工作实际和发展实际，努力做到学深悟透、知行合一，全年组织全办干部职工集中学习习近平总书记有关重要讲话精神13次。

（二）认真做好迎接党的十九大胜利召开的各项服务工作。习近平作出“7·26”重要讲话后，服务州委召开常委扩大会议和州委中心组学习会，组织召开州委秘书长办公会和州委秘书长班子中心组学习会，深入学习贯彻习近平总书记“7·26”重要讲话精神。聚焦“迎接十九大、合力保稳定”要求，认真分析黔南维护安全稳定形势，牵头召开全州维护稳定工作电视电话会议，部署落实有关工作，会同有关部门制定印发《黔南州党的十九大期间保稳定构和谐促发展抓脱贫包保督导方案》《关于进一步做好党的十九大期间值班值守工作的通知》等重要文件，强化执行落实。

（三）认真学习宣传贯彻党的十九大精神和习近平总书记在贵州省代表团重要讲话精神。服务州委召开州委十一届四次全会，安排部署学习贯彻工作。按照州委开展“大学习、大宣传、大宣讲”的要求，州委办公室全体党员干部职工认真学习党的十九大精神和习近平总书记在贵州省代表团重要讲话精神，切实在学懂弄通上狠下功夫，通过集中聆听报告、学习原文、开展自学、封闭学习、专题研讨等方式强化学习。结合抓党建促脱贫和驻村帮扶工作的开展，安排秘书长办公会成员和办公室同志开展“七进”“四进四送”等宣讲活动，持续掀起学习宣传热潮。发挥党办牵头抓总、督促落实的职能作用，贯彻落实党的十九大确定的战略部署和目标任务，以真抓的实劲、敢抓的狠劲、善抓的巧劲、常抓的韧劲，把党的十九大精神和中央、省委和州委的决策部署抓落实、抓见效，确保全办工作在新时代作出新贡献、展现新作为。

【始终树立高目标确立高要求，着力在强化服从服务上走前列、作表率】 始终把围绕中心、服务大局作为办公室的主要职责、主攻方向，切实把各项工作放到黔南发展大局中去思考、定位，高标准谋划、高效率协调、高质量服务，在服从服务州委高效运转中展现了新作为。

（一）不断增强以文辅政能力，更好地发挥参谋助手作用。一是着力抓好文稿精品化。组织开展全州办公室系统“十佳”“十差”文稿评选，积极营造学先进、撰精品、比能力、当优秀的氛围。采取走出去、请进来、沉下去等方式，加大公文写作培训力度。搭建文稿写作人员交流平台，建立黔南党办文稿交流群。共起草领导讲话稿、汇报稿等310篇，起草州委重大文稿50余篇，审核新闻稿240余篇。二是深入基层调查研究。根据州委安排，州委秘办会成员和办公室人员利用无会期、无会周等时间，带着课题、带着问题深入基层调查研究，撰写了《我州绿色农产品“泉涌”工程实施情况调研报告》《惠水县易地扶贫搬迁后续发展“五个三”的做法及启示》等调研报告11篇。三是强化信息参谋辅政能力。按照“精准快好”要求，优化信息工作主载体《黔南信息》栏目设置，着力解决主动发声不够、典型领跑不够、数量上报不够等问题。全年共编发《黔南信息》52期、《专报信息》15期、向省委办公厅上报信息403条、向省委和省委办公厅门户网站上传稿件3041篇。四是认真抓好公文处理工作。采取线上线下相结合，着力提高办文效率，按照规则和程序规范文件报送，严格收发文审核把关。全年共接办文件3385件，印发各类公文388件。五是进一步规范档案管理。推进档案管理数字化，完成2016年度文书档案整理归档，被评为2017年度档案行政执法检查“先进单位”。集中清理建州以来至2013年期间全州党内规范性文件，宣布废止文件499件、失效607件。

（二）不断增强综合协调能力，更好地发挥“前哨后院”作用。一是增强州委统筹工作服务。严格执行《州委常委周情通报制度》《州委常委重要批示快报制度》，建立州委州政府领导班子成员工作日情通报机制，共编发《州委常委周情通报》46期、《州委常委重要批示快报》68期、《州委州政府领导班子成员工作安排》158期。二是增强上下联动、左右协调。加强全州办公室面上工作的统筹，牵头组织召开全州办公室系统工作会议和全州政务接待工作考察培训会。认真执行州四家班子秘书长联席会议制度，召开4次联席会议统筹安排调度有关工作。三是增强会议和活动的统筹。严格执行无会期、无会周、会议计划、会议审批等制度规定，加强会议活动统筹协调和计划管理，印发《2017年重要会议及活动计划》，办精精办大型会议活动，全年共服务州委十一届二次、三次、四次全会和全州工业发展暨招商引资工作大会、省第十二届旅发大会、2017都匀毛尖（国际）茶人会、第三届粤桂黔高铁经济带合作联席会议暨第四届中国物流（都匀）国际峰会等重大会议和大型活动70余次。

（三）不断增强督促检查能力，更好地发挥推动决策落实作用。一是完善抓落实的机制。认真贯彻落实中央、省委关于加强党委督促检查工作的有关要求和州委主要领导对督考工作的指示精神，制定出台《黔南州加强新形势下督促检查与绩效目标考核工作实施细则》，印发《黔南州推动实体经济发展工作测评方案（暂行）》《黔南州工业发展考核方案》等文件，“督考工作”体制机制进一步完善。二是丰富抓落实的举措。遵照州委主要领导提出的“督考合一”模式，建立重大工作信息专报等八个制度，组建八个方面的督查力量，强力推动中央和省州党委、政府重大决策部署及时有效落实。召开全州督促检查与绩效考核工作推进会，全面深入安排部署督考工作。三是突出抓落实的重点。聚焦抓落实的主责主业，建立州委领导交办工作跟踪督办机制，共转办、跟踪、督办州委书记批示件430余件，州委专职副书记批示件200余件，其他常委批示件180余件。建立重大工作信息专报制度，畅通落实反馈的直通渠道。四是强化抓落实的结果运用。树立“督考”正面激励导向，严格落实“督考”问责，坚决惩处有令不行、有禁不止、不作为、慢作为、乱作为等行为。

(四)不断增强后勤保障能力,更好地发挥保障高效运转作用。一是细致做好州委重大接待。按照"用心用情、周全安全"要求,牵头完成中央、省及省外重要领导和党政代表团赴黔南州考察接待活动20余次。二是细致做好经费保障。严格执行财经纪律,厉行勤俭节约,完善差旅费、车辆维修保养、公务接待等费用管理制度,严格审核各项经费支出。三是细致做好后勤保障服务。加强办公室固定资产登记管理。规范公务用车调度使用,维护办公设施设备正常运转,做好职工工资核算及社会保险缴纳等工作,全年共安排调度会议室700余次。

(五)不断增强统筹全盘能力,更好地发挥运转中枢作用。一是统筹抓好政研工作。认真开展重大课题调研,牵头完成的7个调研报告获州委主要领导批示。抓好同步小康创建工作,小康信息采用数位列全省第3位。抓好全面深化改革和全面依法治州工作,服务召开州委全面深化改革领导小组会议9次,一批具有黔南特色的改革、法治经验走在全省前列。持续办好党刊《今日黔南》,2017年《今日黔南》被评为"全国城市优秀党刊"。二是统筹抓好机要密码工作。坚持党管密码,健全密码工作领导体制。密码通信畅通率达到98%以上。保障电子政务内网网络运行,建设开通电子政务内网党委门户网站。抓好信息化密码保障。制定重要领域密码推广应用实施方案。三是统筹抓好保密工作。制定印发《中共黔南州委关于贯彻落实中央和省委要求切实加强和改进保密工作的实施意见》《黔南州"十三五"时期保密事业发展规划》。配合完成全省保密宣传教育巡回展,展示讲解、失泄密攻防技术演练,时任省委常委、省委秘书长李再勇对此次巡回展给予了批示肯定。实施州直机关、县(市)年度保密工作目标绩效考核。四是统筹抓好国教工作。申报瓮安县"猴场会议会址"和武警黔南支队教导队为省级国防教育基地已通过考评验收。与相关单位协作,动员全州大学生积极参加"爱我国防"全国大学生主题演讲网络大赛。

【始终抓党建聚合力,不断夯实办公室"三服务"工作基础】 坚持从严从实不动摇,不断加强党的建设,凝聚新合力、激发新活力,打造忠诚、干净、担当的干部队伍,为推动办公室工作迈上新台阶提供保障。

(一)以提升工作效能为重点,加强体制机制建设。一是带头开展机构职能改革。坚决贯彻执行州委决策部署,带头对办公室内设机构及职能职责进行整合调整,将办公室内设科室由10个精简到6个。整合州委办公室、州政府办公室交叉重叠职能,组建成立州委州政府信息综合室,归口州委办公室管理,统筹做好信息编写和应急值守工作。二是完善内部运行机制。紧紧围绕服务保障州委日常运行、落实州委重大决策部署、提高运行质量和效率,以科室为基本单元,全面梳理现行制度与职能调整后工作要求不对称的问题,逐步建立健全内部分工及各项工作制度。三是建立务实的考评机制。树立"以实干论实绩、凭德才用干部"的工作导向,发挥好年终考核和平时考评的激励作用。深入推进全员参与政务服务工作,将全员参与政务服务作为评先选优的重要依据。全面推行科室工作纪实,记录个人工作日志,每月编发《科室大事记》。进一步改进推先评优办法和激励机制,切实提升干部职工积极性和主动性。

(二)以增强工作合力为重点,加强机关文化建设。一是扎实推进全省文明单位创建工作。认真贯彻落实州委、州政府工作部署和州文明委工作要求,坚持培育和践行社会主义核心价值观,深入推进精神文明创建活动,被省文明委评为"精神文明建设工作先进单位"。二是深化机关竞合文化。由州委秘办会成员带头,增强精诚团结意识,切实传承发扬良好的协作文化。坚持"全员参与、立足岗位、自我提升、讲求实效"原则,持续举办党办系统岗位"大练兵、大比武"活动,通过同一平台大比武、大较量,"你追我赶、共同提高"的竞争文化在党办系统蔚然成风。三是深化机关关爱文化。严格按照政策规定,积极落实干部职工正常的福利待遇。对干部职工及家属生病以及亲人去世等家庭重大情况，办公室及时组织看望，带去组织的关心和慰问。深入开展交心谈心，掌握干部职工思想动态。加大对优秀干部的推荐力度，全年共提拔科级干部10名，向组织推荐提拔副县级干部5名。

（三）以提升工作能力为重点，加强干部队伍建设。一是加强思想建设。组织开展徒步走、体验大射电精神、重走长征路、先进先烈事迹学习会等活动，培养健康的生活情操，打好干部职工忠诚之基。通过开展重温入党誓词、接受红色教育、爱国主义教育等活动，不断加强理想信念教育。二是加强教育培训。共选派46人次干部参加州委组织部、州直机关工委等单位组织的培训。会同州人大、州政府、州政协三家班子办公室，在浙江大学举办两期全州办公室主任培训班。继续开展干部职工双周学习例会，促进学习常态化。三是加强挂职锻炼。继续抽调12名干部到州委办公室挂职锻炼，加强“传帮带”，着力打造“提笔能写、开口能讲、问策能对、遇事能办”的办公室复合型人才，强化人才支撑和智力支持。

（四）以整治“四风”为重点，加强作风建设。一是严格执行中央八项规定、省委十项规定、州委九项规定及有关细则精神。深入整治“四风”方面存在的“慵懒慢浮散”问题，大力精文简会，实施活动“瘦身”计划，从严控制会议活动规格和规模。规范发文管理，印发执行《关于进一步规范办文办会办事工作的通知》《州委、州政府及州委办公室、州政府办公室联合行文管理办法》。认真执行财经纪律，依规依纪支出“三公”经费，落实节水节油节电等节能指标，努力降低行政成本，推进节约型机关建设。二是严格执行禁酒令。印发《关于认真贯彻落实〈贵州省公务活动全面禁酒规定〉的通知》，对各级各部门贯彻执行禁酒令进行安排部署、作出明确要求。在办公室公务活动特别是公务接待中逐条对照执行禁酒令，所有公务接待一律没有安排用酒。三是严格按州委要求开展“三大三新”专项行动和研究问题破解难题竞赛活动。研究制定州委办公室专项行动方案，全面排查“三服务”工作中存在的问题，针对问题由州委秘办会成员领衔研究问题破解难题，着力解决办公室发展不平衡不充分矛盾。

（五）以为民服务为重点，树立一切为民打算的良好形象。一是积极投身脱贫攻坚事业。服务州委研究出台了关于领导责任包保、“约法三章”等重大文件，全力做好州委召开的脱贫攻坚相关会议和州委领导到脱贫攻坚一线开展工作的服务工作。采取“秘书长班子成员一帮二、科室和科室负责人一帮一”机制，帮扶三都县都江镇坝辉村34户贫困户已有31户实现脱贫。组织各支部党员到党建扶贫联系点开展志愿服务活动30余次，投入物资共36万元慰问困难群众、留守儿童，帮助发展产业，助推精准脱贫。二是落实网民留言办理。积极办理网民在“人民网·地方领导留言板”和“多彩贵州网·书记省长群众直通交流台”给省委书记和州委书记的留言，督促协调妥善解决了一批涉及群众切身利益的问题。年内共办理给省委书记的网民留言47条，给州委书记的网民留言37条。三是认真办理群众信访件。综合分析研判群众信访诉求，有针对性地提出办理意见，督促相关部门、县（市、区）及时办理并做好信访人解释说明工作，年内共办理信访诉求件78件。

（六）以从严管党治党为重点，切实加强党的建设。一是深入推进“两学一做”学习教育常态化制度化。落实思想建党、组织建党、制度建党要求，推动州委领导和秘办会成员以普通党员身份参加所在党支部组织生活。二是严格执行民主集中制。充分发挥秘办会集体领导作用，全年召开25次州委秘办会研究“三重一大”事项。三是严肃党内政治生活。贯彻从严从实要求，在年初召开州委秘办会成员民主生活会，按要求及时召开支部组织生活会，着力增强党内政治生活的政治性、时代性、原则性、战斗性。四是加强基层组织建设。扎实开展“晋级升星·好花更红”星级支部创建工作，州委办公室机关党委2个支部申报“5星级”党支部、4个支部申报“4星级”党支部通过考核验收。开展“三亮一创”主题活动，制作党员岗位牌，全面作出服务事项承诺并切实践行，全面亮出党员身份，树立党员良好形象。

五是加强党风廉政建设。把落实两个责任与其他工作同安排同部署同落实，作为《办公室2017年工作要点》重要内容，层层签订党风廉政建设主体责任书党风廉政建设监督承诺书，形成了“一把手”负总责、一级抓一级、层层抓落实的责任体系。组织开展网上“两个责任”落实情况录入工作，切实加大州委秘书长办公会成员落实“两个责任”的力度。深入开展廉政警示教育，强化《准则》《条例》等党纪党规的学习，组织干部职工观看警示教育片、上廉政党课，在重要时间节点采取编发廉洁过节警示信息和印发《警钟长鸣》进行常态化警示，抓好源头防范，不断增强纪律规矩意识。全年州委秘办会成员、办公室全体干部职工没有发生违纪违法行为。

（方景发）

组　织

【概况】　2017年，在州委的坚强领导和省委组织部的悉心指导下，全州组织系统深入学习习近平新时代社会主义思想，深入学习中共十九大精神和习近平在贵州代表团重要讲话精神，按照全国、全省组织部长会议要求，紧紧围绕省第十二次党代会、州第十一次党代会确定的目标任务，紧扣州委决战脱贫攻坚、决胜同步小康大局，从严从实加强自身建设，聚焦主业主责，强化责任担当，充分发挥组织工作抓基层、打基础、选干部、配班子、建队伍、聚人才的积极作用，组织引导各级党组织和广大党员投身脱贫攻坚实践，完成州委州政府安排的各项工作任务。

【“两学一做”学习教育】　2017年，“两学一做”学习教育坚持把党章党规，习近平系列重要讲话精神和治国理政新理念新思想新战略，作为全州广大党员思想教育的重要内容，按照全覆盖、常态化、重创新、求实效的要求，强化分类指导，推动广大党员干部把维护核心的要求，变为思想自觉、党性观念、纪律要求和实际行动。突出关键少数。抓住“关键少数”，坚持把思想政治建设放在干部教育培训的首要位置，2017年出台《全州党的十九大精神和习近平总书记在贵州省代表团重要讲话精神集中轮训工作方案》，举办党的十八届六中全会、省第十二次党代会和州第十一次党代会精神州级示范教育培训班，1500余名干部参训。坚持以上率下，深化拓展“厅级领导进镇、县级领导进村、科级领导进组、驻村干部进户，送党章党规、送讲话精神、送政策思路、送温暖关怀”“四进四送”活动，32名厅级干部、1192名处级干部、10541名科级干部、驻村干部进镇、进村、进组、进户，走访群众54万余户，向基层党员群众开展宣讲1102场次，充分发挥各级党员领导干部带头学党章党规、学系列讲话、做合格党员的表率作用。突出常态长效。全州6816个基层党组织、16万名党员迅速行动，以“两学一做”为基本内容，以党支部为基本单位，融入日常、抓在经常，持续深化党内思想政治教育。突出问题导向，各级党组织和广大党员对照党章党规，对标先进典型，认真查摆严守政治纪律和政治规矩方面的差距和不足，各级党组织和广大党员政治意识、大局意识、核心意识、看齐意识不断增强。突出目标导向。持续抓实党支部建设，把党员领导干部在支部上党课作为硬性要求，全面推行党支部“主题党日”制度，切实把从严教育管理党员的责任压实到支部。创新组织生活方式，探索推广“正向驱动增强‘磁场引力’，负向约束增强‘磁性动力’，抓服务提升增强‘磁场效力’”为内容的“磁铁行动”，破解基层党支部“三会一课”组织生活不正常、不规范、质量不高、吸引力不强的问题，基层党组织的凝聚力、战斗力得到大幅提升。突出示范引领。组织引导全州各级党组织和党员深入学习姜仕坤、黄大发、邓迎香等先进事迹，以榜样力量引领和激励全州干部群众，加大各级党组织开展“两学一做”学习教育宣传报道的力度，在中央、省级媒体（网站）刊发刊播1000余条新闻稿件，在微信平台推送300余条动态信息，积极营造比学赶超的浓厚氛围。

【紧扣脱贫攻坚，聚焦主业，提升农村基层力量】 紧紧围绕打赢脱贫攻坚战的目标要求，把组织资源转化为精准脱贫优势，把组织活力转化为精准脱贫动力，为脱贫攻坚提供强有力的政治保证和组织保障。1. 围绕打赢脱贫攻坚战强化乡镇班子建设。2017 年，组织对全州 2 个极贫乡镇和 349 个深度贫困村所在乡镇领导班子运行情况进行专项调研，对班子运行情况进行深度分析，对 2 名优秀乡镇党委书记提拔使用，对 5 名不适宜担任现职的乡镇党政正职及时进行调整，强化深度贫困村所在乡镇党政班子建设。在全省率先制定《关于在脱贫攻坚一线考察识别干部的意见》，起草《关于切实关心爱护脱贫攻坚基层一线干部点燃干事创业激情的意见》，注重在基层一线和深度贫困地区培养锻炼、考察识别干部，州县两级在脱贫攻坚一线提拔县处级干部 7 名、乡科级干部 173 名，树立了重视基层、重视脱贫攻坚一线的选人用人导向。2. 围绕打赢脱贫攻坚战抓实队伍建设。2017 年，从州直部门选派 65 名副县级干部或后备干部，到深度贫困村所在乡镇挂任党政副职，主抓脱贫攻坚工作。抽调 30 名干部组建州脱贫攻坚指挥部，在全州全面开展极度贫困乡镇和深度贫困村乡镇干部的借用清退工作，清退干部 567 人。将脱贫攻坚纳入州县党校主体班次的重点培训内容，从“七大战役”部门精心选派 130 余名干部组建脱贫攻坚培训师资库，94512 人次参加扶贫政策、项目建设、产业发展等培训。强化同步小康驻村工作队伍管理和作用发挥，通过召开座谈会、个别访谈、实地查看、民主评议、征求意见等对村第一书记和驻村干部作用发挥情况进行分析研判，对不符合选派条件的 1523 名人员和作用发挥不好的第一书记和驻村干部进行调整，全州深度贫困村第一书记全部调整为处科级干部或后备干部。制定《黔南州同步小康驻村工作十条规定》，从“选派标准、工作职责、日常管理、考核问责”等十个方面划出红线，驻村干部为群众办实事 1.35 万件，协调项目 4672 个，解决困难问题 18280 个。3. 围绕打赢脱贫攻坚战突出加强农村党的建设。坚持大抓基层的鲜明导向，出台《黔南州抓党建促脱贫攻坚“十项行动 50 项任务”清单》等文件，细化工作任务、精准落地落实，实行“一村一策”挂图作战，限时整改，全州 75 个后进村党组织得到整顿提升；持续开展“两带两增奔小康”活动，培育党员致富能手 8616 人，签订致富帮带协议 21783 份；持续推进集体经济“空壳村”行动，全州 1344 个村（社区）全部实现“脱壳”目标；组织引导村“两委”班子领头成立村集体经济股份合作组织，培育农业专业合作社 2138 个，党员示范户 7005 户。提请州委印发《建强村级干部队伍决胜脱贫攻坚的意见》，推动村干部队伍“选、管、育、用”的规范化、精准化建设。选优配强村党组织书记，组建工作组围绕村党组织书记履职尽责、廉洁自律、工作作风、品德品行、作用发挥等方面的情况，对全州 1186 个行政村进行排查，按照“绝不降格以求、必须个个过硬”的要求，对 121 名不合格、不称职、不胜任的村党组织书记进行调整。落实激励保障政策，加大待遇保障、招录村干部等力度，全州 58 名村级正职享受乡科级副职经济待遇，为村级干部缴纳城镇职工基本养老保险或城镇居民基本养老保险，对 233 名因公负伤、殉职导致生活困难的村干部家庭进行专项救助。2017 年 1 月起全州上调村级干部报酬为每月 3000 元以上，村干部干事发展的激情不断增强。4. 围绕打赢脱贫攻坚战开展思想扶贫。按照扶贫同扶志、扶智相结合的要求，全面开展“志智双扶·感恩奋进”思想扶贫工作，引导村民将“扶贫不扶懒”“破除等靠要”等写入村规民约，充分发挥群众主体作用，建立完善评比机制，提高群众自我约束、自我教育、自我管理能力，实现贫困户评选退出制度化、规范化、常态化，树立贫困群众“主动脱贫的意识、奖勤罚懒的导向、客观求实的正气、扶智富脑的氛围”，不断激发贫困群众内生动力。

【干部队伍建设】 2017 年，干部队伍建设围绕脱贫攻坚任务和州、县、乡集中换届实际，大力选拔培养高素质专业化干部，选优配强各级领导班子，为全州经济社会发展提供坚强的组织保证。一是领导班子思想政治建设得到持续加强。把加强思想政治建设作为全州各级领导班子换届后的一项重要内容，部班子成员带队深入县（市）开展专项调研，对角色转变不到位、履职情况不佳、思想作风存在倾向性问题的班子成员及时提醒打招呼，并结合实际在全省率先出台《关于加强换届后领导班子思想政治建设的意见》，对“理想信念、团结和谐、素质提升、队伍建设、工作作风”五个方面提出明确要求。同时为州县两级干部征订《党组工作手册》《怎样做好地方党委工作》等党建知识读本，不断增强各级党委（党组）履行从严治党主体责任的意识，特别是党委（党组）书记履行第一责任的能力。二是干部队伍力量进一步优化充实。分批次组建10个考察组对100个州直单位进行全覆盖考察调研，分析班子运行和班子成员履职以及干部储备等情况，提出调整优化领导班子和补充调整副县级后备干部队伍的意见建议。开展州直部门和县（市）、都匀经济开发区党政正职工作实绩评价专项测评，为优化调整领导班子提供科学参考。去年共调整州直部门（含高校）县处级干部148名，县（市）党政班子、园区、风景名胜区、党校县级干部18名。三是干部监督管理的广度力度得到持续加强。从严落实领导干部报告个人有关重大事项纪律要求，坚持做到“凡提四必”，完成1149名州管领导干部个人有关事项报告信息集中录入，并开展随机抽查核实，对40名干部作出相应处理。持续开展干部选拔任用“一报告两评议”工作，强化选人用人工作监督力度，对测评分值较低的州直部门党组书记进行约谈，同时开展经常化提醒约谈，对领导干部开展提醒谈话101名、函询48名、诫勉61名。严格把好政策关口，从严做好州管干部持有因私出国境护照（证件）的清理和集中管理工作，认真落实领导干部出国境、公务员招录、选调高校毕业生等相关政策和纪律要求，全年完成539人公务员登记、250人调任调动、131人次因公因私出国（境）的审查，持续保持了从严从实、落细落小的监督管理态势。四是干部队伍能力素质得到新的提升。紧扣州委“3366”发展战略及全州重点工作开展干部能力教育培训，举办政府投融资管理、旅游产业发展、生态文明建设、青年人才创新等40个专题培训班，培训干部2000余人，开展新任县级领导干部、中青年干部、少数民族干部、女干部和党外干部培训，推进“互联网＋”学习模式，45540人参与在线学习。加大干部实战能力培养力度，搭建干部挂职平台推动与发达地区互派干部挂职工作，选派18名优秀干部赴广州、贵阳等省内外开放平台挂职锻炼，积极引进17名广州干部到州内挂职，干部的实战能力得到有效提升。

【基层组织建设】 2017年，基层组织建设工作围绕中心抓党建，瞄准难点求突破，从最基本的东西抓起，从基本组织、基本队伍、基本制度严起，在打牢基础、补齐短板上下功夫，推进党建工作理念创新、机制创新、手段创新，切实解决一批影响党建工作的重点难点问题，党的基层组织基础进一步夯实。一是抓党建的责任意识有新强化。出台关于进一步强化党建主责主业意识的通知，建立各级党组织抓党建工作责任清单，从州到村层层签订责任责任状，将压力逐级传递、层层压紧。创新工作调度方式，推行州、县两级党建工作“四会”工作法，强化暗访督查力度，充分发挥督促、通报的倒逼作用，全年对组织生活落实不力的5家单位“一把手”和20名县处级党员领导干部进行约谈，各级党委（党组）负责人抓党建、抓落实的责任意识进一步增强。二是群众认可度得到新提升。在88个村开展为民服务责任清单试点工作，为群众高效优质办理服务事项1565件，群众满意率达100%。完善村务监督，在第十届村级换届中，同步选举产生村（居）务监督委员会1344个，促进村级事务公开、公平、公正，达到群众公认满意。三是党员教育管理力度进一步强化。坚持标准严把党员入口关，严抓党组织关系排查，3917名失联党员中3548名党员重新取得联系，对369名党员作出停止党籍处理。强化党员身份意识、纪律教育，从严做好党费收缴管理，确保应缴尽缴，督促广大党员履行好义务。加大基层党员培训教育力度，利用乡镇远程教育培训中心、村级远程教育站点、党校等主阵地，按照州级示范培训与县级参照轮训方式，举办贫困村“两委”、致富带头人、第一书记、镇（乡、街道）组织委员培训班184期10298人。四是领域党建成效取得新突破。坚持分类指导，结合行业领域特点，有重点、有针对性的推进领域党建工作。在城市党建中，通过建立“县级层面统筹全局、街道党工委面上调度、社区党组织一线指挥、网格党支部点上战斗”的党建工作体系，以“三化”促进“三变”，探索了城市基层党建的新路子，到省州领导的高度认可。在国企领域，把规范化、基础化工作作为重点内容，制定出台强化国有企业党的建设工作实施方案，国有企业党建工作30项重点任务，推进国企党建规范化建设。在非公企业和社会组织领域，坚持提升非公企业和社会组织“两个覆盖率”作为工作重点，非公企业和社会组织党组织覆盖率分别比上年度提升23.02个、8.83个百分点，有效延伸党的工作的触角。在新兴领域，突出抓实易地扶贫搬迁地党建工作，深化易地扶贫搬迁“五个三”机制，探索“三心三引”工作法，着力破解易地扶贫搬迁前、搬迁中、搬迁后的难题，全州建成入住的68个易地扶贫搬迁安置点中，搬迁入住1.49万户6.23万人，其中党员1189人；通过单独建、挂靠建、联合建等方式建立党组织48个，20个没有党员的安置点采取下派党建指导员驻点指导的方式开展工作，积极为安置点群众办理医保、就业、上学等实事15051件，有力促进移民安置点的和谐稳定发展。

【人才管理服务】 2017年，围绕科教兴州和人才强州战略，创新人才工作机制，落实人才优惠政策，多形式多渠道引才育才，充分调动各方面人才的积极性创造性。一是搭建平台力争为我所用。围绕“大扶贫”“大数据”“大生态”三大战略，用好用活人才政策，积极引进发达地区优秀干部到州内挂职，引进5名大数据人才、科技副职到州助力大数据产业发展和脱贫攻坚工作；针对大数据、磷化工、茶叶等产业发展的瓶颈问题，依托中组部“精准扶贫院士专家行”活动，组织10余名院士专家到黔南州开展咨询服务活动。同时以中国贵州第五届人才博览会为契机，集中组团赴西安、广州等“985”“211”高校直招发展急需人才，接待洽谈人数近7000余人次，已办理或正在办理聘用手续915余人，其中博士26人，硕士研究生216人，创历年新高。二是创造条件助推人才成长。充分发挥广州市对口帮扶的积极作用，加强州内各领域人才的培养提升，协助培训黔南党政干部472人次、专业技术干部4490人次，两地互选专业技术人员交流学习达380余人，57所学校医院建立结对关系。持续开展“优才访学计划”和“青年人才交流计划”等中青年人才培育工程，选送20余名副高级以上或硕士研究生以上专业技术人员赴知名高校、科研院所、医疗机构访学研修，提升知识能力。举办“黔南州中青年人才创新能力提升专题培训班”，对全州创新创业领军人才、省州管专家及省州特殊津贴专家、其他中青年骨干人才、企业管理人才及科研人才等100余人进行培训。实施“阳光培训”“新型职业农民培育”等各类培训工程和学历教育项目，举办企业经营管理人才、中小学教师、技能人才、农村实用人才等专题培训班，培训各类人才10万余人次。三是紧扣中心推动作用发挥。紧紧围绕州委州政府中心工作，整合各领域各行业人才力量，主动为基层一线提供人才智力支持。开展“万名农业专家服务‘三农’行动”和联系选派金融挂职人才、大数据挂职人才等工作，将“金字号”“农字号”人才输送到脱贫攻坚一线。开展农业专家“集中会诊”深度贫困村活动，在三都县、平塘县大塘镇、长顺县代化镇设立农业专家服务站。按生产带动型、经营带动型、技能带动型分类建立乡村脱贫引领型人才库。抓平台载体建设，成立贵定县茶产业博士工作站，建立黔南州领略中国农产品电商众创空间，并被认定为省级众创空间，被省科技厅推荐申报国家级众创空间，有力促进人才创新创业，各方面人才的积极性得以充分调动和发挥。四是精准服务力求人才扎根。认真落实州委州政府关于人才激励保障的各项政策，充分整合人才工作领导小组成员单位积极作用，切实解决生活之忧，为各方面人才干事创业做好保障。加强住房保障，持续加大人才公寓建设力度，全州建成、在建的人才公寓超过2000套，基本满足引进人才入职期周转住房保障，160名高层次和急需紧缺人才实现“拎包入住”。落实人才补贴，及时兑现发放州直单位2016年度高层次人才补贴、高层次人才住房（购房）补贴500余万元，涉及高层次人才1911名，博士42名。加大激励关爱力度，提请州委命名表彰12名州管专家、53名优秀科技人才和5家先进单位，坚持人才专家联系慰问，加大人才队伍先进典型的宣传力度，在全社会营造爱才惜才的浓厚氛围。

【深化组织工作制度改革】 突出一把手抓改革，紧紧抓住明确的改革事项，按照有效管用、简便易行的要求，着力解决影响制约党的建设和组织工作问题，深入研究务实管用的措施办法，努力在破解重点难点问题上取得新的突破。一是对标上位改革要求，配套举措破难题。坚持中央顶层设计与基层创新相结合，对照省州“健全民主集体制工作机制”“黔南州贯彻落实《党政领导干部考核工作规定》的措施”等改革事项，出台《关于换届后领导班子思想政治建设的意见》《关于在脱贫攻坚一线考察识别干部的意见》等改革举措，在县（市）党委换届中要求县（市）党委制定《关于加强自身建设的决定》《委员会工作规则》等议事规则配套改革举措，不断规范领导班子决策议事机制。二是聚焦党委中心工作，集中要素破难题。坚持围绕脱贫攻坚等党委政府中心工作，推出《黔南州关于建强村级干部队伍决胜脱贫攻坚的意见》《黔南州村级组织为民服务责任清单制度试点方案》等改革制度，进一步提高村级组织服务能力和服务水平。同时结合中共十九大关于“扶贫扶志”的要求，研究制定“黔南州思想扶贫的意见”，集中破解贫困群众思想贫困方面的问题。三是围绕配合改革事项，联动部门破难题。针对涉及组织部门的15项改革事项，结合基层组织、干部、人才等工作中的难点问题，组织州委研究室、州人社局、州司法局等相关部门深入调研，创新推出国企党建等制度，以及《关于加强和改进全州律师行业党的建设工作的实施意见》等举措，为国有企业和律师领域加强党的建设提供了有力支撑和制度保障。

【加强组织部门自身建设】 弘扬组织部门优良传统，围绕讲政治、重公道、业务精、作风好的模范部门目标，坚持落实“认真、专业、务实”的要求，以更高要求、更高标准抓实组工干部队伍建设，从严从实加强组织部门自身建设。一是突出对党忠诚政治品格的锤炼。坚持把讲政治摆在第一位，把政治建设作为组织部门第一位的建设。带头推动“两学一做”学习教育，在全州组织系统开展“三个深刻三加强”等专题学习活动，组织引导广大组工干部学通过专题学习、交流探讨等方式，深学透中共十九大、省第十二次党代会等中央、省委、州委重要会议精神，树牢“四个意识”，增强“四个自信”。持续抓好“组工讲堂”，每月定期通过领学、交流、专家辅导、视频讲座等方式，不断提高组工干部的政治素养和理论水平，增强组工干部对新形势新常态新任务的准确把握，提高组工干部的政治站位和政治敏锐性。二是强化组工干部专业素养的培养。坚持专业能力、专业知识、专业态度的养成，紧扣新任务新要求，以中共十八大以来中央出台修订的党内法规、条例等的学习，加强对省委、州委关于贯彻落实党内重要法规、条例贯彻落实意见等为重点，全州组织系统坚持抓好每月集中学习、科长讲堂、每周研讨等多形式的研讨学习，并在全州通过选调、集中培训等方式，组织州县乡三级业务骨干参加相关业务能力培训，举办“展组工风采·喜迎十九大”组工干部岗位练兵活动，以赛促学、以赛促练、提振精神。同时以机关党建工作为抓手强化支部学习、干部自学，创办《黔南组工动态》，开办“干部书屋”、开展“书香组工”活动，按照读一本经典论著、学系列讲话精神、看当今时事动态的要求，不断激发主动学习的积极性，在比学赶超的氛围中不断拓展组工干部知识面。三是加强联系基层实践锻炼的力度。

大兴调查研究之风，制定出台《黔南州组织系统定期调度工作制度》《中共黔南州委组织部部务会成员分片联系工作制度》，推动州县两级组织部门下基层、察实情、找问题、解难题，并在全州开展组织部长遍访贫困村工作，开展组织工作问题大排查活动，认真梳理总结存在的问题、分析研究原因，推动形成在基层发现问题、在基层寻找对策、在基层推动工作的工作作风。在部机关以支部为单位明确农村、机关、社区的调研任务，以科室为单位制定每年创新破题任务，有效推动组工干部下沉一线、研究问题、破解难题的能力。四是保持从严从实监督管理的态势。坚持落实从严治部、从严带队伍的要求，部务会带头履行党风建设责任，带头学习和执行中央、省委、州委关于加强作风建设、八项规定实施细则等党内规定，进一步完善修订机关工作运行制度，在经常性开展纪律教育的同时，加大警示教育和督查力度，筑牢拒腐防变的思想防线。强化干部人事工作纪律教育，严格按照组织原则和政策办事，督促组工干部践行公道正派的要求，在干部推荐、考察、选举等工作中较好完成任务，有力维护了组工干部的良好形象。

（杨　飞）

宣　传

【概况】　2017年，在州委的领导和省委宣传部的关心指导下，全州宣传思想工作以迎接宣传贯彻中共十九大精神以及中央、省、州宣传部长会议精神为主线。高举旗帜、围绕大局、服务人民、改革创新，唱响主旋律、打好主动仗，为黔南提速转型、跨越赶超、富民强州、同步小康提供强大思想舆论支撑和精神文化力量。2017年州委宣传部有干部职工33人。

【成就宣传】　为迎接十九大胜利召开，着力策划抓好重大主题宣传和成就宣传。围绕中央、省委和州委重大决策部署以及州委、州政府中心工作，精心策划组织开展重大主题宣传。开设《砥砺奋进的五年喜迎党的十九大》《点睛实体经济》《抓项目促跨越》等栏目。宣传黔南喜迎十九大、砥砺前行的发展成就；宣传黔南决战脱贫攻坚、决胜同步小康的“黔南故事”，介绍好精准脱贫的“黔南经验”等。十九大召开以后，又在州级主流媒体开设了《牢记嘱托感恩奋进》《新时代新气象新作为——决胜脱贫攻坚最前线》等栏目；在州内网站、两微一端等新媒体平台及时推送有关中共十九大相关新闻专题稿件。宣传全州集中收看十九大开幕会盛况以及全州掀起各族干部群众学习宣传贯彻十九大精神热潮的情况。还集中宣传了省州党代会、省州全会、州两会、中央环保督察、省州重大项目建设现场观摩等。通过组织开展主题宣传和成就宣传，为中共十九大胜利召开营造了浓厚的氛围。

【十九大精神宣传宣讲】　全州周密部署，精心安排，强化统筹，精准施策，持续掀起学习宣传宣讲中共十九大精神热潮，确保取得实效。组建高规格中共十九大精神宣讲工作领导机构，精心制定集中宣讲工作方案，采取上对下、点对面、面对面方式，安排部署中共十九大精神集中宣讲工作。选派一批政治素质好、理论水平高、宣讲能力强的宣讲骨干，组建各级宣讲团，开展以领导干部带头的“四进四送”集中宣讲活动；组建由党组织书记、第一书记及驻村干部等组成的宣讲小分队，深入乡、村、组宣讲。邀请专家围绕“讲什么”“怎么讲”“如何贯彻”等作宣讲辅导，共邀请了省政协、省委党校等有关领导、专家赴黔南作宣讲辅导10余场次。组织开展中共十九大精神进企业、进机关、进农村、进校园、进社区、进军营、进网站等“七进”活动，实现宣讲全覆盖。截至年底，全州组织开展中共十九大精神集中宣讲7200多场次，宣讲工作实现城乡、各领域、各系统全覆盖。多形式学习宣传贯彻各级会议精神。采取以撰写心得体会、理论文章，开展知识竞赛、学习征文、楹联及山歌征集等，多形式把对中共十九大精神等的学习不断引向深入，持续掀起学习宣传贯彻中共十九大等重要会议精神热潮。强化理论阐释。围绕党的理论、重要会议精神等阐释和政策解读，精心制定“文峰”理论品牌工作方案。抓好新时代农民（市民）讲习所兴办工作。全州共建讲习所1472个，讲师队伍9790人，开展讲习活动2387多场次，受众10万余人次。并指导各级加强制度建设、开展讲习活动等。

【对外宣传】 紧跟中心，服务大局，突出迎接宣传贯彻中共十九大精神这一主题，在策划开展好主题宣传和成就宣传的同时，依托全省、全州项目观摩会，全省旅发大会、粤桂黔高铁经济带合作联席会议、国际物流峰会、都匀毛尖（国际）茶人会等重大活动，整合内宣、外宣和网宣资源，不断提高了黔南的知名度、美誉度和影响力。2017年，全州在中央、省外主要媒体发稿共计1500多条。黔南好故事、好声音得到有力传播。

组织中央、省州媒体“脱贫攻坚看贵州”大型主题采访活动，来自人民网、新华网、央视网等15家中央重点新闻网站和贵州日报、当代贵州、多彩贵州网等20余家省内媒体记者对惠水易地扶贫移民搬迁“五个三”经验及好花红村电商扶贫等工作亮点进行了宣传报道，介绍了精准脱贫的“黔南经验”。在全国“两会”召开期间，在北京举办“天下贵州人·黔南情”启动仪式暨“好花红”黔南创新发展座谈。人民日报、人民网等中央及省内省外40多家媒体发布新闻稿件50多条、图片120多幅。2017都匀毛尖（国际）茶人会对外宣传，邀请中央电视台、《人民日报》《新华社》《经济日报》《农民日报》等10余家中央级媒体以及《浙江日报》《贵州日报》等专版对茶人会系列活动进行了报道。共刊播茶人会相关稿件120余条，海内外110余家新闻媒体、网站及微博、微信平台转载转发，总浏览量达1.6亿次以上。第三届粤桂黔高铁经济带合作联席会议、第四届中国物流（都匀）国际峰会等系列活动于在黔南举行。利用新媒体广泛宣传沿线13个城市宣传片，为大会预热造势。受众覆盖160多个国家和地区，据不完全统计，2017年刊发原创稿件250多条，新浪话题“高铁经济带上的旅游”阅读量1426万，“粤桂黔高铁经济带”阅读量1360万，覆盖受众5000多万人。邀请新华社走进“中国天眼”调研采访和新媒体直播、人民日报就生态文明建设进行专题报道、中央电视台新闻综合频道拍摄《加油向未来——中国天眼》专题片。

州委宣传部与腾讯旅游贵州站策划实施的《平塘天眼第十二旅游产业发展大会》宣传案例斩获首届IAI国际旅游奖整合营销类铜奖。全省旅发大会开幕式当天，中央、省内外130多家媒体参与旅发会的采访报道，媒体共计发稿达1500余条（幅）。新浪、腾讯等网络媒体直播、转载参与人次累计达6000万人次以上。

【开展“明礼知耻·崇德向善”主题活动】 深入推进社会主义核心价值观氛围营造，扎实开展十九大精神社会宣传。整合“明礼知耻·崇德向善”及“我们的节日”主题，在春节、元宵节、清明节、端午节等传统节日，推动十大主题活动深入基层。积极开展典型选树，获中国好人1人、贵州榜样6人、身边好人7人、“脱贫攻坚群英谱”5人。深化农村精神文明建设，创新开展易地移民扶贫搬迁小区社会主义核心价值观“五进”工程，助力脱贫攻坚。

【开展“文明在行动·满意在黔南”活动】 全州高度重视以文明城市为龙头的五大创建工作，列入州委常委会2017年工作要点，以“文明在行动·满意在黔南”活动为抓手，强化推进。全州9个县（市）获得省级文明城市、3个县获得省级文明创建先进城市，实现“省级文明城市”县县全覆盖。“文明在行动·满意在贵州”活动年终考核全省第3名。将都匀市、福泉市作为2018—2020年全国文明城市提名资格创建城市向中央文明办推荐。创新实施文明单位结对帮扶乡村学校少年宫，开展全州文明单位“学习贯彻十九大·文明单位在行动”主题系列活动，充分发挥了文明单位的示范引领作用。

【文艺精品创作生产】 2017年，按照州委、州政府打造"精品一台戏"部署，打造一台剧（节目）参加第六届全省少数民族文艺汇演。积极推动电视剧《云雾街》、动漫剧《聪明的甲金》、歌曲《天眼》等省级文艺精品重点项目创作生产，并在省及国家级高端平台展示。其中，本土原创动漫剧《聪明的甲金》荣获第十三届中国国际动漫节"金猴奖"提名奖，贵州省精神文明建设"五个一工程"奖。《木楼古歌》在省演出获奖，并安排在北京演出。3幅美术书法作品入选贵州省"双百工程"。

【开展具有黔南特色的群众性文化活动】 2017年，举办黔南州第六届"好花红"艺术节、第八届都匀（国际）摄影博览会等文化主题活动。广泛开展"我们的中国梦·文化进万家——多彩贵州大舞台展演"等文化惠民活动。扎实做好全州"两馆一站"免费开放相关工作，抓好2017年相关项目及资金申报。坚持把文艺志愿服务工作作为亮点工作、服务群众实绩工作打造，把亮点做得更亮，继续保持全省领先态势。

【脱贫攻坚新闻宣传】 坚持把选树道德模范、身边好人、先进典型作为培育和践行社会主义核心价值观的重要着力点，结合全省"脱贫攻坚群英谱"选树工作，不断健全完善发掘机制，积极宣传全州脱贫攻坚先进典型、经验。王华银、覃付奎、韩彩云、张卿伟、邓迎香等5人纳入全省"脱贫攻坚群英谱"集中宣传名单，邓迎香、王华银先进事迹作为漫画及宣讲题材进行宣传宣讲。

全省"脱贫攻坚群英谱"选树工作，黔南州被省评选出贵州榜样4人，身边好人5人，"脱贫攻坚群英谱"年份英雄1人、带富能手2人，邓迎香被评为全省"脱贫攻坚群英谱"年份英雄。王华银被省列为重大典型进行持续宣传。

【文化扶贫】 抢抓文产扶贫"千村计划"试点机遇，探索文化产业扶贫新路径。以三都水族自治县水族民族非物质文化遗产——马尾绣为依托，打造水族马尾绣产业扶贫示范基地。2017年，该基地共计共培训绣娘3000多人，接收订单2万余件，产生效益达近亿元，带动近300贫困农民从事马尾绣生产加工，人年均增加收入达5000元以上，成功探索出了一条民族文化产业助推精准扶贫的新路径。

【组织开展南仁东事迹的整理】 2017年，组织开展"天眼之父——南仁东事迹"的整理工作，并积极向上申报，在省委宣传部和中科院努力下，南仁东被中宣部追认为时代楷模。州委宣传部组织州大数据局相关人员，参加了在人民大会堂南仁东事迹新闻发布会。南仁东和邓迎香被列入2017年度"感动中国年度人物"候选人。

（高　杨）

精神文明建设

【概况】 2017年，全州精神文明建设工作在州委、州政府的领导下，在省文明办的指导下，深入学习贯彻中共十九大精神和习近平在参加贵州省代表团重要讲话精神，认真落实"基层工作加强年"部署，以培育和践行社会主义核心价值观为主线，以巩固和深化"五大文明创建"为抓手，持续深化群众性精神文明创建活动，着力培育社会文明新风，为全州脱贫攻坚、同步小康凝聚强大的精神力量。

【深化五大文明创建】 2017年，都匀市、福泉市获得全国文明城市提名资格。14个村镇顺利通过全国文明村镇确认复核及考核评选，11家单位顺利通过全国文明单位的确认复核及考核评选。1户家庭获得"全国文明家庭"荣誉称号，1户家庭获得"全国最美家庭"荣誉称号。罗甸县第四小学和龙里县醒狮小学获得"全国文明校园"荣誉表彰。都匀市、福泉市、瓮安县、惠水县、龙里县、独山县、荔波县7个县（市）顺利通过全省文明城市复核确认，贵定县、长顺县2个县成功获得2015—2017年度“全省文明城市”荣誉称号，平塘、罗甸、三都3个县获得“全省创建文明城市工作先进城市”荣誉称号，全州实现省级文明城市县县全覆盖；49个村镇顺利通过全省文明村镇确认复核及考核评选，69个村镇获得全省创建文明村（镇）工作先进村镇的荣誉表彰；115家单位顺利通过全省文明单位的确认复核及考核评选；59家单位获得“全省精神文明建设工作先进单位”荣誉称号；叶文玉家庭等9户家庭荣获“全省文明家庭”的荣誉表彰；都匀市第二中学等10所学校荣获“全省文明校园”的荣誉表彰；都匀市、福泉市获得全省未成年人思想道德建设工作先进县（市、区）荣誉表彰，中共荔波县委宣传部等3家单位荣获“全省未成年人思想道德建设工作先进单位”荣誉称号，黄海莲、范建耘两人荣获“全省未成年人思想道德建设工作先进工作者”荣誉称号。

【加强公民思想道德建设】 2017年，深入学习宣传中共十九大精神和习近平重要讲话精神，开展全州“学习贯彻十九大·文明单位在行动”主题系列活动，通过集中收听收看十九大开幕会、知识竞赛、道德讲堂、主题演讲、主题征文、“学习十九大·展示新形象”创建成果展示等，进一步坚定党员干部群众的道路自信、理论自信、制度自信和文化自信。结合全省“脱贫攻坚群英谱”选树工作，不断健全完善发掘机制，注重把先进典型发掘从个体到群体延伸，从群体向社会延伸，覆盖到各行业、各社区。获得时代楷模1人、中国好人1人、贵州榜样6人、身边好人7人、“脱贫攻坚群英谱”5人。评选表彰黔南州“文明家庭”30户、“最美家庭”30户、“最美家庭提名”21户、“十佳慈母”10人、“十佳贤妻”10人、“十佳孝女”10人。整合“明礼知耻·崇德向善”及“我们的节日”主题，在春节、元宵节、清明节、端午节等传统节日，推动十大主题活动深入基层，开展内涵丰富、形式多样、各具特色、群众喜闻乐见的道德实践活动。州文明办、团州委、州志愿者联合会联合下发《关于在全州开展“3·5”学雷锋志愿服务月活动的通知》《关于参加贵州省首届志愿服务交流会暨志愿服务项目大赛的通知》，引导动员广大青年和社会公众以志愿服务的形式，在全州唱响“关爱他人、关爱社会、关爱自然”的主旋律，营造“有困难找志愿者、有时间做志愿者”的良好社会氛围。

【推进文化惠民工程】 2017年，创新实施易地扶贫移民搬迁小区“五进工程”，实施完成“五进”工程小区44个；强化实施52个村级综合文化服务中心示范点、三都县40个村级综合文化服务中心覆盖工程和荔波县佳荣镇乡镇精神文明活动中心项目建设，并投入使用。大力倡导移风易俗，重点整治乱办滥办酒席、建大房欠大账、村容村貌脏乱差等不文明行为和习惯，破除陈规陋习，严禁滥办酒席令全州覆盖。

【开展“文明在行动·满意在黔南”活动】 拓展“不满意问题”征集渠道，12345“多彩贵州文明行动”信息平台。2017年，共收到投诉总件数3647件，处理办结群众诉求3478件，办理169件。在电视台、电台、网站、微信公众号等专栏曝光350余次，实现线上线下联动并进的常态化工作局面。举办第三届“德润黔南·讲文明树新风”公益广告大赛，共收到公益广告作品228幅，向省推荐120幅，获省表彰3幅。在2017年“文明在行动·满意在贵州”活动年度考核中，黔南州位列全省10市（州、区）第3名，群众满意度综合评价位列10市（州、区）第一，无一县（市）在全省后20位，属历来成绩最佳。

【未成年人思想道德建设】 获批2017年度省级乡村学校少年宫10所，补助资金150万元，项目建设已完成并投入使用；获2011—2016年度114所乡村学校少年宫项目运行补助经费355万元。获省“祖国好·家乡美”优秀组织奖单位8个，省美德少年5人；三都县打鱼民族学校乡村学校少年宫获省“十佳乡村学校少年宫”称号；省乡村学校少年宫优秀校长5人；省乡村学校少年宫优秀辅导员11人。制定下发《黔南州文明单位帮扶乡村学校少年宫建设管理工作方案》，首批14家文明单位对新增10所省级乡村学校少年宫精准帮扶，召开2017年黔南州文明单位帮扶乡村学校少年宫建设启动会，签订黔南州文明单位帮扶乡村学校少年宫协议书友好建立了结对帮扶关系，形成逐年分批帮联，常态化推进的帮扶模式。

（张　金）

统　战

【概况】　2017年，在州委的领导下，全州统一战线紧紧围绕学习贯彻中共十九大精神，习近平新时代中国特色社会主义思想，省第十二次党代会和州第十一次党代会精神为主线，突出“大团结、大联合”主题，深入贯彻落实《条例》精神和全国、全省统战部长会议和全州党建工作会议精神，坚持围绕中心、服务大局，以“同心·好花红”系列品牌创建活动为载体、以开展“三大三新”活动为工作的突破口，在各领域统战工作深入开展调研排查，取得了良好成效。

【支持党派加强建设，营造和衷共济的政治氛围】　1. 推进多党合作制度建设。坚持和落实好政治协商、民主监督、参政议政以及支持民主党派加强自身制度建设，州委印发了《黔南州关于进一步加强政党协商的实施方案》和《黔南州民主党派、无党派人士向州委建言献策“直通车”制度》两个重要文件，为开展黔南州政党协商提供了制度保障，完善了《黔南州民主党派季度联席会议制度》等，进一步畅通知情明政渠道，为各民主党派、无党派人士考察调研、参政议政提供必要保障，使各民主党派参政议政更加规范化，目标更加明确，重点更加突出，效果更加明显。

2. 认真开展民主协商工作。2017年以来，一是召开州四家班子主要领导参加的民主党派、工商联负责人和无党派代表人士协商会、座谈会、通报会4次，就州人大、州政府、州政协领导班子换届人选安排、州法院、州检察院主要领导人选，州政府工作报告以及州委州政府重大决策部署等进行了民主协商。二是落实好黔南州委统战部与州级民主党派联席会议制度。按季度召开会议，由州级民主党派轮流筹备联席会议，旨在加强州委同各民主党派的联系，不断加强民主党派的思想建设、组织建设和制度建设，提高民主党派领导班子的政治把握能力、参政议政能力、组织协调能力、合作共事能力、服务社会能力，促使各民主党派围绕全州中心工作，不断发挥自身优势，积极参政议政，推动黔南经济社会快速发展。

3. 做好州政协委员推荐和选举工作。按照中央、省委的统一要求和部署，积极发挥统战部的职能作用，主动探索、创新，较好地完成了各项工作任务。一是完成州政协十二届委员会委员推荐考察，积极与各方协商，做好政协委员人选的物色、推荐、协商、考察工作，产生十二届州政协委员328名。针对组织提名的州政协主席、副主席、秘书长人选，精心谋划、积极协调，认真抓好选举工作，组织提名人选均一次性满票或高票当选，实现组织意图和人民意愿的有机结合。二是指导12县（市）做好政协换届工作。同州委组织部协商，出台《黔南州州县人民政协换届工作实施方案》，从政协规模、界别、协商提名范围、条件、产生程序方面进行指导，有序推进各县（市）政协换届工作。

4. 帮助党派加强政治建设。一是以深入学习宣传贯彻习近平新时代中国特色社会主义思想和中共十九大精神为主线，以“同心跟党走·增辉统战行”党建品牌为抓手，以“统战大讲堂”和“同心·讲习所”为平台，切实加强民主党派思想政治建设，及时向州各民主党派通报中央、省、州重要会议内容，传达重要文件精神，引导民主党派成员与中国共产党始终在“思想上同心同德，目标上同心同向，行动上同心同行”。二是运用好民主党派联席会议平台，专题研讨民主党派加强自身建设，加强对民主党派基层组织开展活动的指导，发展党派新成员的指导。指导完善民主党派机关工作制度、会议制度、会议规程等，工作进一步规范化、程序化。举办民主党派骨干培训，系统学习统战理论、党派业务等知识，组织民主党派成员参观考察了龙里、长顺园区、企业等，进一步增强了他们支持改革、服务发展的信心和决心。

5. 协助做好党派后备干部培养。坚持干部“四化”方针，坚持正确的选人用人导向，坚持德才兼备、以德为先原则，根据州级六家民主党派领导班子建设情况，着眼于下一届领导班子的培养规划，开展调查摸底，协助各民主党派加强后备干部的培训和培养，2017 年共组织和选派 153 人次民主党派骨干成员和后备干部到省社会主义学院、厦门大学、河南大学、中南大学等学习教育基地参加学习培训，为民主党派下步班子换届结构更加合理，整体功能得到增强做好各民主党派后备干部和骨干成员的培养、培训和推荐工作。

6. 引导党派开展社会服务。充分发挥民主党派成员联系广泛、智力密集的特点和优势，引导各民主党派积极参与社会服务，为全州社会经济发展献计出力。每家民主党派均每个季度均开展了 2 次以上社会服务活动。如民革黔南州委赴平塘县掌布镇田坝村，走访慰问该村留守老人。民建黔南州委积极为县市医疗机构争取获得捐赠思源救护车辆 10 台；民进黔南州委在望江楼举办助力黔南脱贫攻坚创作交流暨捐赠活动；九三学社黔南州委赴都匀新华社区卫生服务中心开展同心健康行知识讲座；民盟黔南州工委赴贵定开展“开启心扉”“黄丝带”帮教活动活动；农工党黔南州工委开展“肾脏病与肥胖健康”为主题的义诊活动都取得了良好的社会反响。

7. 组织党派做好社会调研。根据省、州工作的安排部署，结合全州热点难点问题制定调研课题，每党民主党派均明确了 1 个以上重点调研课题。民革黔南州委：关于旅游与文化深度融合，提高黔南旅游竞争力的调查研究；民建黔南州委：关于黔南州蔬菜产业发展的调研，关于都匀市从旅游集散地转到旅游目的地的调研，关于提质增效发展都匀毛尖茶产业发展的调研；民进黔南州委：黔南州新型工业化发展战略研究；九三学社黔南州委：黔南特色农产品出山面临的问题及对策；民盟黔南州工委：黔南州康养旅游产业发展研究；农工党黔南州工委：黔南州中职教育吸引力提升路径研究；关于培养专业医护队伍，打造健康养老基地研究。许多调研报告得到州委、州政府领导的肯定和批示。

8. 发挥好无党派人士作用。2017 年 4 月，由州委统战部联合州知联会等部门，在罗甸一中开展博爱助学活动，州委统战部副部长、州工商联党组书记吉永忠参加活动，号召无党派人士发挥聪明才智奉献社会。州红十字会专职副会长、州党外知识联谊会会长陈明莉代表州红十字会、州慈善总会、州知联会等向罗甸一中捐赠金利来衣服 150 件、耐克远动鞋 504 双、计算器 100 个，总价值人民币达 26.99 万元。社会爱心人士扬州诺尔照明集团有限公司总经理虞军为 10 名贫困学生发放助学金共 5000 元。

【突出“两个健康”，做好经济领域统战工作】

1. 巩固“五好”工商联创建成果。牢牢把握“两个健康”工作主题，一是继续按照“一个设立、五个有”和“五好”县级工商联建设标准，巩固和提升“五好”县级工商联创建成果，提升基层组织建设整体水平。不定期开展自查和抽检工作，持续推进县级工商联建设，顺利通过省“五好”县级工商联建设督察抽验并受到督察组领导充分肯定。二是认真贯彻落实上级关于工商联换届文件精神，制定全州工商联换届工作实施方案，在经过民主推荐、综合评价、确定对象、实地考察、征求意见的基础上完成了对州工商联第八届全体会议代表的推荐考察工作，确保州工商联八届执行委员会第一次全体会议顺利召开，州工商联新一届领导班子顺利当选。指导全州 12 县（市）工商联于 2017 年 2 月底前全部完成了换届工作。

2. 加强商会组织建设。坚持团结、服务、引导、教育的方针，一手抓鼓励支持，一手抓教育引导商会组织建设。一是持续实施“建百家商会、引千户企业”行动，推动形成覆盖面广、类型多样的商会组织体系建设。二是以创建“四好商会”为抓手，组织开展“四好”商会建设工作，制定《黔南州工商联关于开展“四好”商会建设工作实施方案》。按照“坚持标准、严格程序、从严审核、确保质量”的原则，做好深圳黔南商会、贵阳黔南商会、北京黔南商会、黔南州中小微企业商会建设工作。三是持续深入开展民营企业家“守法诚信、坚定信心”学习教育实践活动，引导年轻一代继承发扬老一代企业家的创业精神和听党话、跟党走的光荣传统，构建“亲”“清”新型政商关系，积极搭建政商交流平台，加大对商会成员的“理想信念”“反腐倡廉”教育，全年共计培训商会人士356人次。

3. 广交朋友助推发展。采取“走出去、请进来”等多种方式，2017年3月，由黔南州委、州政府主办，州委统战部、州委宣传部、州工商联承办的“天下贵州人·黔南情”暨“好花红”创新发展座谈会在北京举行，在京的黔南籍工商界、文化界嘉宾、专家学者著名网络媒体创始人，以及参加全国“两会”的省、州领导100余人应邀出席座谈会。加强了全州与海内外黔南籍人士和关心黔南发展热心人士的紧密联系，对于宣传展示了黔南发展成就，推荐黔南、宣传黔南、借助外力，进一步助推黔南创新发展提供了渠道。为黔南在京企业家及相关人士交流信息，互通有无，抱团发展，在京招商提供了平台，同时使得北京黔南商会筹备工作进入实质阶段。

4. 继续开展“百企帮村”，助力精准扶贫行动。一是动员全州民营企业（商会）从实际出发，发挥优势，量力而行、积极而为，开展形式多样的扶贫活动。截至2017年12月11日，全州参加“百企帮百村”精准扶贫行动的民营企业共计514家，帮扶企业总数在全省名列第二位。实施项目数达839个，其中产业帮扶项目262个、就业帮扶项目160个、公益帮扶项目326个、技能帮扶项目49个、其他帮扶32个。累计投入帮扶资金12.64亿元，帮扶村366个，帮扶贫困群众14.8万人。参与帮持企业不断增多，帮持方式更加灵活多样，帮持力度不断加大，受益群众更加广泛，有力促进了全州脱贫攻坚工作。二是在省委统战部和省中华职教社的关心支持下，继续推进全州“泛海助学行动”工作，2017年全州共获得“泛海集团”助学捐款575万元，按每人受助5000元计，共资助全州贫困大学生1150人。

【围绕“一带一路”，做好港澳台侨海外统战工作】 1. 完成州侨联换届选举工作。经过充分筹备，会议圆满完成州侨联换届各项工作，选举出新一届州侨联领导班子顺利实现新老领导班子的政治交接。

2. 开展“亲情中华”品牌活动。2017年春节期间，承办中国侨联“亲情中华·欢聚都匀”春节慰问演出，邀请当地归侨侨眷、回乡海外侨胞和地方党政领导、各界人士、都匀市民800余人出席观看，积极宣传推介黔南民族特色文化，共同欢度新春佳节。

3. 加强海外联谊助推黔南发展。加大与海外（境外）团体的联谊交友力度，积极推进黔南与海外（境外）的互访交流活动。一是受香港中联办九龙工作部邀请，参加了该部举办的新春酒会，与香港各界知名人士、地区社团领袖、工商业领袖等进行交友联谊，宣传推荐黔南。二是接待了香港新青会一行30多名青年企业家到平塘大射电参观考察，并进行座谈交流。三是顺利完成为庆祝香港回归20周年，经省委统战部牵线，香港中联办组织的“港黔同心创未来·香港各界庆祝香港回归祖国20周年贵州专列团”第二、三分团共计300余人在黔南考察交流活动。四是积极吸引投资和捐助。今年上半年通过黔南州海外联谊会引进香港慈恩基金、“德国华商（2017）贵州公益行活动”等慈善团体捐助款80余万元，受助学生、教师、军烈属等500余名。五是依托海外联谊会、留联会、知联会等平台和载体，发挥群团组织作用，积极做好港澳台侨、留学归国人员和无党派知识分子的工作，团结和引导他们在政治上、思想上与党中央保持一致，为全州经济社会发展，精准脱贫同步小康事业贡献力量。六是2017年6月，积极组团参加第15届东盟华商会，在项目推介活动中，共组织推介381个项目，发放项目推介资料300多册，接待客商17人次，涉及项目11个，意向性洽谈项目5个，涉及资金近2亿元。

【创建团结和谐示范，做好民族宗教领域工作】 1. 推进民族团结进步示范州创建工作。一是围绕创建全国民族团结进步示范州建设推进情况，对12个县（市）创建工作开展情况各项工作进行督查，为各县市创建工作找差距、补短板。二是从贯彻落实民族区域自治法、加快少数民族地区社会发展、经济社会发展规划、民族文化发展、民族团结、少数民族干部选拔任用等方面进行调研。三是做好申报黔南州民族团结进步创建活动州级示范点的有关工作。将福泉等7个县（市）命名为黔南州第五批民族团结进步创建活动示范单位，并积极向省民宗委申报第六批省级民族团结进步创建活动示范点。

2. 认真开展“五个认同”进校园活动。举办黔南州第二届“同心·好花红——五个认同进校园”文艺汇演活动，继续以“五个认同”为引领，进一步增强各族群众对伟大祖国的认同、对中华民族的认同、对中华文化的认同、对中国共产党的认同、对中国特色社会主义道路的认同，用增进“五个认同”来夯实民族团结进步的根基。

3. 抓好民贸民品企业优惠政策的落实。按照省关于2017年民贸企业申报要求，与州民宗、州财政、州人行联合完成2017年民贸企业申报工作，全州共获民贸民品企业贷款贴息企业63家，名列全省前列。

4. 推进宗教和谐示范区创建。一是组织召开全州创建宗教关系和谐示范区创建工作部署会，下发了《黔南州创建宗教关系和谐示范区工作实施方案》，安排部署全州创建宗教关系和谐示范区工作。二是开展了佛道教领域突出问题治理，基督教领域突出问题治理，天主教民主办教，民间信仰事务管理，维护伊斯兰教领域和谐稳定等工作，确保宗教领域和谐稳定。

5. 维护宗教领域和谐稳定。一是为中共第十九大和省第十二次党代会胜利召开营造良好社会氛围，及时下发《关于做好民族宗教领域风险排查工作的通知》，妥善处理和及时化解涉及民族宗教领域的各种矛盾和问题，做好涉及民族宗教问题的舆情管控和引导。二是坚持以社会主义核心价值观为引领，以开展和谐寺观创建为基础，在都匀市九龙寺举办“黔南州佛教讲经说法交流会”，加深宗教界代表人士对党和政府的宗教法律法规及政策制定有了进一步了解。用中华文化浸润各种宗教，发挥宗教文化在促进民族特色文化繁荣发展方面的积极作用。

6. 积极做好宗教爱国团体成立工作。一是开展民族宗教领域摸底排查工作，对州内寺观教堂场所及教职人员基本情况进行调研并进行基本信息采集登记。二是对成立佛教和道教和基督教“两会”州级社会团体，与州民宗委联合成立调研组，完成对全州各县市的走访调研，了解情况、摸清底数为成立工作做好前期准备。三是经请示州委同意，于2017年12月18—21日召开全州佛教、道教协会成立大会，进一步加强全州宗教爱国团体建设。

【打造统战“同心”品牌，推动统战工作品牌化特色化】 1. 开展同心·好花红”统一统线“微故事”征集评选活动。深入挖掘全州有代表性的统战人物和统战事迹，以简短的篇幅反映全州统一战线在围绕中心、服务大局、推动发展、促进跨越中涌现的先进事迹和感人故事编辑成统战微故事。其中《爱心桌椅》《留在贵州的远方客人—记〈远方的客人请你留下来〉词作者民盟盟员范禹》荣获省委统战部微故事作品一等奖，《水族巾帼王家琼的致富之路》《藤缠树共发展》荣获三等奖。

2. 开展“同心·好花红”统一统线聚力大扶贫战略行动典型事迹讲述活动。讲述黔南统一战线围绕州委州政府关于推动实施大扶贫战略行动中的安排部署，推动脱贫攻坚中的先进人物和身边的典型事迹。在经历了前期全州“同心·好花红”统一战线聚力大扶贫战略行动典型事迹讲述学习动员、中期各县市区统一战线各部门初赛、后期黔南州复赛的层层选拔，黔南州各民主党派、州直统战单位、12个县（市）、71个乡镇（办事处）积极参与，讲述了177个统一战线聚力大扶贫典型事迹，优中选优推选出了优秀选手代表黔南参加全省决赛，并在全省决赛中分别荣获单位及个人一等奖。

3. 开展“同心·好花红”统一战线“迎接十九大·岗位大练兵”活动。以迎接十九大、学习十九大、贯彻十九大、宣传十九大为主线，开展了“迎接十九大·岗位大练兵”“同心·好花红”统一战线知识宣传月”活动，提高了全州统一战线成员的荣誉感和自豪感，进一步加深了统战成员和广大人民群众对统战工作的了解，加深了对新时代中国特色社会主义的认同，全面展现了全州统一战线的风采。

【加强机关自身建设，不断提高统战工作科学化水平】 1. 加强理论研究和信息工作。以中共十九大为契机，开展调查研究，调查了解统一战线工作存在的突出问题，梳理出统一战线调研课题。通过开通门户网站，微信公众号，QQ交流群，在传统媒体上发布统战内容文章等，采用微视频、微信等现代媒体加强对全州统一战线工作品牌、模范人物、先进典型宣传力度。2017年共向省委统战部报送信息90余条（篇），采用30条（篇），在《黔南日报》刊发统战宣传专版两次，专题稿子10多篇。上半年，在门户网站上发布文章信息176条，通过微信公众号推广文章84条（篇）。4月13日在贵阳召开的2017年全省统战系统宣传信息工作联席会上，黔南州作经验交流发言，在受表彰的6个一等奖微故事中，全州获奖2个，占三分之一，同时还荣获集体一等奖，是唯一获一等奖的市州。

2. 切实加强党风廉政建设。严格执行部机关《严肃工作纪律九项规定》和《建立健全惩治和预防腐败体系2013—2017年工作规划》。加强党务公开，通过公开栏、通报会、文件、简报、公示等形式将应该公示的内容及时公示。签订了《党风廉政建设责任书》和《廉政承诺书》、各科室负责人向分管领导签订党风廉政建设责任书，各项事项得到落实。坚持民主集中制，“三重一大”事项由部长办公会及部办公会集体研究决定。严格执行中央“八项规定”、省委“十项规定”、州委“九项规定”。

3. 将机关党建融入脱贫攻坚工作。一是认真开展好“两学一做”常态化制度化教育，2017年5月31日，召开推进“两学一做”学习教育常态化制度化工作部署会。以开展“晋级升星·好花更红”星级党支部创建工作为抓手，不断加强机关党建工作。州委统战部开展了与剑北社区党支部开展共建活动，走访慰问社区党支部困难党员，“七一”期间，部党支部与塘满村党支部共同开展了“双向组织生活”，到安顺市参观了王若飞故居、塘约村党支部，重温了入党誓词，选表彰本部7名优秀党员，通过开展党建活动使全体党员得到进一步锤炼。二是认真抓好驻村扶贫工作。选派三名党员干部到贵定县云雾镇和惠水县岗度镇担任第一书记和挂职锻炼，参加精准扶贫同步小康驻村工作。通过州委统战部和驻村干部的共同努力，得到有关部门支持资金300多万元，解决贵定塘满村太阳能路灯100盏、解决流信庄等通组路硬化及饮水资金困难问题，塘满村实现“三个全覆盖”即路灯全覆盖，自来水全覆盖、水泥硬化路全覆盖。

（刘逸云）

机构编制

【概况】 2017年，在州委、州政府领导和省编委办的指导下，州编委办认真贯彻落实中共十八届三中、四中、五中、六中全会和十九大、州委十一次党代会、十一届三次、四次全会精神，坚持围绕中心、服务大局，牢牢扭住体制机制改革和创新机构编制管理这一主线，统筹推进各项工作。一年来，按照中央、省、州的部署，以服务“放管服”改革为统领，积极推进行政审批制度、综合行政执法体制、纪检监察体制、市场监管体制、“多中心合一”管理体制、开发区管理体制等重点领域体制机制改革，努力破解制约经济社会发展的机制体制问题；从严加强机构编制管理，按照“严控总量、盘活存量、优化结构、增减平衡”的原则，严控严管机构编制增长，严格按照政策办理机构编制事项，扎实开展控编减编和党政群机构消化超编人员，机构编制问题联动整改和领导职数清理等工作；探索推进机构编制管理创新，按照州委要求，提出州直事业单位机构改革意见，并探索推行机构编制备案制和人员总量控制管理，不断优化机构编制资源配置，保障全州重点领域和行业对机构编制的需求。

【机构编制日常管理】 2017 年，办结州直部门和县（市）新增机构、机构更名、人员编制结构和领导职数调整等机构编制请示事项 600 余件。审核办理州直部门（单位，含都匀经济开发区）引进人才、公招和遴选用编计划 700 余名；审核办理州直部门（单位，含都匀经济开发区）共计 700 名用编计划的审批手续，其中：引进急需紧缺人才 313 名、公开招聘事业单位工作人员 147 名（含都匀经济开发区 27 名）、工作调动 127 名、面向基层遴选优秀年轻干部 113 名（含都匀经济开发区 41 名）；审核审批 12 县（市）用编计划 3872 名。

【纪检监察体制改革】 2017 年，制定州纪检监察全覆盖派驻机构、州巡察机构组建方案，省编委办批复同意组建州委巡察组、州委巡察办；调整部分州直部门行政编制，解决州纪检机构派驻全覆盖和州委巡察工作领导小组办公室编制和人员问题。完成县（市）组建巡察组、巡察办机构批复工作。

【开发区体制改革】 根据州委理顺开发区管理体制，促进开发区发展的要求，2017 年 7 月草拟《关于健全机制体制，推动都匀经济开发区改革发展工作的意见》。8 月州委、州政府印发《关于进一步强化都匀经济开发区开发功能的通知》（黔南委〔2017〕18 号），10 月印发《中共都匀经济开发区工作委员会、都匀经济开发区管理委员会主要职责内设机构和人员编制规定的通知》（黔南委办字〔2017〕86 号），解除都匀市匀东镇与都匀经济开发区的托管关系，撤销“区镇合一”的开发区、匀东镇机构设置和管理体制，理顺都匀市、州直部门与都匀经济开发区的管理关系；完善开发区组织管理机制，精简开发区管理机构，设置行政机构 4 个，事业单位 4 个；组织开发区、匀东镇人员清理和分流安置工作。同时，配合出台支持开发区发展的相关配套政策，在机构编制、干部人事、分配体制、经济权限等方面简政放权，改变开发区大政府管理模式。

【“多中心合一”管理体制改革】 2017 年，按照省委“加强中心平台建设，强化工作创新，以去中心化为指向，积极探索整合多中心合一工作机制，打通群众工作、行政、司法行政服务等体制机制壁垒，最大限度地化解矛盾纠纷”精神和《关于印发黔南州“多中心合一”改革方案的通知》（黔南委办字〔2017〕75 号）要求，2017 年 10 月印发《黔南州群众工作中心（黔南州综治中心）主要职责内设机构和人员编制规定的通知》（黔南编通〔2017〕5 号），将州委政法委的综治维稳服务职能、州司法局的法律援助中心、州信访局的投诉受理及信访信息中心职责进行整合，组建黔南州群众工作中心（黔南州综治中心），与州信访局合署办公，实行“两块牌子，一套人员”管理体制。

【综合行政执法体制改革】 2017 年 4 月，省政府在福泉市召开全省综合行政执法体制改革工作推进会。根据会议要求，2017年8月印发《黔南州城乡建设和规划委员会主要职责内设机构和人员编制规定的通知》（黔南府办发〔2017〕21号），整合州规划局、州住建局机构和职能，组建州城乡建设和规划委员会，为州政府工作部门，加挂州综合行政执法局牌子，负责全州综合行政执法工作；整合州规划局、州住建局执法机构，组建州城市管理综合行政执法监察支队。6月，全州12县（市）按照要求完成了城市管理综合执法局的组建工作。同时，总结福泉市试点经验，草拟并于12月13日印发《黔南州推进综合行政执法体制改革工作实施方案的通知》（黔南委办字〔2017〕111号），对综合执法范围，主管部门、州级执法机构的撤销整合组建等改革事项进行了明确，不断深化黔南州综合行政执法体制改革。

【组建州市场监管管理局】 根据全省推进市（州）一级市场监管体制改革的要求，研究制定《黔南州市场监督管理体制改革实施方案》。根据省编办《关于组建黔南州市场监督管理局有关事项的通知》（黔编办发〔2017〕103号），整合州级工商、质监、食药监的职能，以及发改委、农委、商务粮食等部门履行的有关市场监管、检测检验等职责和人员，组建黔南州市场监督管理局，为政府工作部门。

【组建州大数据管理局】 为推进全州大数据产业发展，根据州委要求和省编委办《关于设立黔南州大数据管理局的批复》（黔编办发〔2017〕208号）精神，整合州工业信息化委员会有关数据资源管理、大数据应用和产业发展（除电子信息制造业外）、信息化（除“两化融合”外）等职责，组建州大数据管理局，为州政府工作部门。同时将州政府办管理的副县级事业单位州政府信息管理中心调整由黔南州大数据管理局管理，加挂“黔南州信息数据管理中心”牌子。

【组建州对外经济协作局】 为建立健全黔南州对外经济协作工作机制，根据省编委办《关于组建黔南州市场监督管理局等事项的批复》（黔编办发〔2017〕206号）精神，整合州科技局管理的州对外合作办公室工作职责，州扶贫开发局对口帮扶工作、拟订年度对口帮扶合作工作计划和对接、协调、落实对口帮扶，境外、省外、州外帮扶黔南州的联系、协调服务及交流合作等工作职能，州商务粮食局研究拟定全州对外经济技术合作的发展战略和措施，指导协调和管理全州对外经济技术合作工作职能，州发改委加强区域合作交流，统筹推进与州外区域合作交流工作职责，组建州对外经济协作局，为州政府工作部门，与州投资促进局合署办公，实行“两块牌子、一套人员”。

【国有林场改革】 根据省批复黔南州国有林场改革方案，印发《关于全州国有林场改革有关机构编制事项的指导意见》（黔南编办发〔2017〕1号），在2017年6月底完成了全州12家国有林场“三定规定”审核批复等工作。

【行政审批制度改革】 2017年3月底组织完成州级33个政府工作部门（含州气象局）权责清单动态调整公布工作，州直政府工作部门行政权力由2435项调整为2439项。为建立健全权责清单动态管理长效机制和规范清单调整工作，5月黔南州在全省市州一级政府中率先出台《黔南州政府工作部门权力清单和责任清单动态管理办法（试行）》。8月，根据省委、省政府调整全省行政审批制度改革工作牵头单位的安排，与州法制办完成工作交接。8月，印发《关于推进行政许可标准化建设及编制公布州县乡三级政府部门行政权力运行流程图实施方案的通知》（黔南府办函〔2017〕82号），11月27日州级政府部门行政权力运行程序图通过州政府网站公布。10月，印发《黔南州全面清理规范州级行政审批中介服务清单工作方案》，启动行政审批中介服务事项清理工作。

【控编减编工作和县直机关消化超编工作】2017年全州行政编制、政法编制、事业编制均控制在省下达的各类编制总量内，机关工勤编制减少43名。积极开展消化县直机关总体超编工作，5月底全州共消化行政超编人员500余人，提前一个月完成省下达的消化任务。

【事业单位改革】 2017年，草拟《黔南州州直事业单位机构改革实施方案》，经2017年12月1日州深改领导小组29次会议审议原则同意。草拟《黔南州州级城市公立医院法人治理结构改革实施方案（试行）》，经州政府研究同意，以黔南府办函〔2017〕18号文件与其他7项医改配套文件一并印发实施。完成都匀二中自2018年1月1日起移交都匀市管理的相关工作。

【“云上编制”系统建设】 2017年5月底启动全州“云上编制”系统建设。根据州委办、州政府办印发《关于成立黔南州机构编制信息化建设工作领导小组的通知》（黔南委办字〔2017〕36号），组建州机构编制信息化建设工作领导小组。6月印发《关于开展“云上编制”系统建设工作的通知》（黔南编办通〔2017〕21号），并组织开展培训。至7月31日，“机构编制云平台”共录入全州6217个机构“三定”信息，其中，州直部门（含都匀经开区）390个、县（市）5827个；录入全州408个部门、88个乡镇“权责清单”5.3万条，录入率和审核通过率均达到100%，顺利完成全州“云上编制”系统第一阶段建设任务。

【建议提案办理】 2017年办理代表建议和委员提案28件，其中：建议16件，提案12件；主办8件（建议4件、提案4件），协办20件（建议12件、提案8件）。主办件实现面商率、答复率、办结率、满意率4个100%。

【表彰】 2017年，机构编制信息工作、网上名称工作、控编减编工作获贵州省编委办通报表彰；绩效目标工作获黔南州委评为优秀奖；档案工作被黔南州档案局表彰。

（黄光峰）

州直工委

【概况】 在州委的正确领导下，深入学习贯彻中共十九大精神，州直机关各级党组织和广大党员，紧紧围绕“服务中心、建设队伍”两大核心任务，以“走前列、作表率”为目标，不断创新党建工作思路，坚持问题导向，全面提升机关党建工作水平，为加快打造民族地区创新发展先行示范区提供坚强的组织保证。

深入学习贯彻中共十九大精神，切实增强做好机关党建工作使命感和责任感。一是迅速启动“三个一”活动。根据州委书记唐德智的要求，“各级机关基层党组织要迅速掀起学习中共十九大精神热潮，州直机关工委要对各级机关基层党组织进行培训辅导，各级机关基层党组织要利用支部书记上讲堂的形式进行宣讲，确保学习‘走前列、作表率、全覆盖’”。2017年11月6—16日举办“三个一”活动，对中共十九大精神进行集中宣讲，即在全州机关启动开展一场辅导讲座，一次理论中心组集中学习研讨，一场知识竞赛，培训宣讲员500余人次，带动州直机关宣讲500场次，贫困村宣讲400余场次，在全州机关迅速掀起学习热潮。二是开展宣讲中共十九大精神“七进”工作。按照《黔南州集中宣讲党的十九大精神工作方案》有关安排，11月21日，召开“牢记嘱托·感恩奋进”主题宣讲工作部署会”，安排部署州、县两级机关开展“牢记嘱托·感恩奋进”主题宣讲工作；并组建以张传华为团长，各县（市、区）直机关工委书记为副团长，深度贫困村驻村第一书记（驻村干部）为成员的“黔南州驻村第一书记（驻村干部）宣讲团”，负责349个深度贫困村宣讲工作。三是挂牌成立“新时代市民讲习所”。12月1日，举办“新时代市民讲习所”挂牌仪式暨黔南州机关第一场宣讲会，州委宣传部机关党委书记朱露出席并揭牌，工委书记张传华担任讲习所第一场宣讲会主讲人，为州直机关部分党员、都匀市社区群众上了一堂解读习近平新时代思想的党课。

凝心聚力，对标定位，全面加强机关党组织建设。切实推进“两学一做”学习教育常态化制度化。一是迅速安排部署。在全州推进“两学一做”学习教育常态化制度化工作启动后，迅速制定下发《州直机关推进“两学一做”学习教育常态化制度化方案》，并召开会议对“两学一做”学习教育常态化制度化工作进行了再动员再部署再落实。二是加强督促指导。先后3次组织30个督导组对州直各单位推进“两学一做”学习教育常态化制度化的情况开展督导，对州直机关各基层党组织“三会一课”“主题党日”落实情况进行督查。三是实行清单推进。对督导反馈出来的少数党组织学得不够深、做得不够实、改得不够到位的情况发出“整改清单”，督促学、做、改各项要求落到实处，并对后进支部再次进行督导。夯实管党治党组织基础。一是完成党支部书记和党务干部培训任务。先后培训州直机关党支部书记440人，县（市）党支部书记88人，州直机关党务干部178人，入党积极分子和发展对象249人，共9个班次955人。二是完成全州机关基层党组织“一心向党·好花更红”主题演讲比赛。三是督促指导24个州直单位完成换届选举，9个党组织完成补选工作，新成立机关党委1个，审批发展党员98名、转正党员32名，加强“支部书记讲堂”建设，把“支部书记讲堂”建设成为教育党员的学校，设立“支部书记讲堂”110余个，实现上党课870余场（次）。四是严格收缴和使用党费使用情况。完善建立收缴和使用党费制度，按照中组部、省委组织部规定进行收缴，每年在全州机关党建工作会议上向全州机关党组织进行党费使用通报。推进全州机关“晋级升星．好花更红”星级党支部创建工作。为深入推进“两学一做”学习教育常态化制度化，不断增强机关基层党组织的创造力、凝聚力、战斗力。州委办下发《中共黔南州委办公室关于印发〈全州机关基层党组织开展“晋级升星．好花更红”星级党支部创建工作方案〉的通知》（黔南党办发〔2017〕3号），按照基层党组织“领导班子好、党员队伍好、工作机制好、工作业绩好、群众反映好”的“五好”标准，综合考虑全州机关基层党组织的功能定位、职责任务，对党员支部实行星级管理，发挥星级目标的激励作用和评价标准的导向作用，提升机关基层党建工作整体水平。3月启动以来，全州各级机关党组织相继成立了星级党支部创建办公室，及时安排部署，强化品牌引领，加大宣传力度，掀起了星级党支部创建热潮，成效显著，截至2017年底，全州共有2224个机关党支部参与创建工作，其中：拟申报“五星级”党支部224个、申报“四星级”党支部530个。目的是把基层支部建设成为团结群众的核心，教育党员的学校，攻坚克难的堡垒。

干在实处，走在前列，发挥机关党员先锋模范作用。抓好“三亮一创”“党员志愿服务”“微心愿行动”三项活动。规范党组织和在职党员到联系社区、党员所居住社区或单位所在地社区报到。持续开展党员志愿服务和“微心愿行动”。州直机关党员参加农村（社区）党组织生活会12000人次，拟承诺事项6000余件，办理实事5000余件，集中开展活动1200余场次。机关联系基层135个，干部联系群众2200余户。开展党员志愿服务412次，实现“微心愿”11000余个，“圆梦”物资达260余万元。深入实施“机关党建助力脱贫攻坚”战略行动。以实施“机关党建助力脱贫攻坚”活动为主抓手，引导州直各级党组织和广大党员凝心聚力于脱贫攻坚主战场，推动“大扶贫”战略行动向纵深发展。一是开展全州机关党建现场观摩会。8月28—29日，针对机关党建存在的突出问题，州直机关工委组织开展了全州机关党建现场观摩会。二是召开机关党建助力脱贫攻坚工作推进会。为进一步引导州直各级党组织和广大党员凝心聚力于脱贫攻坚主战场，推动“大扶贫”战略行动向纵深发展。8月30日，针对脱贫攻坚春季攻势行动工作中存在的突出问题，州直机关工委组织召开了机关党建助力脱贫攻坚工作推进会。三是开展脱贫攻坚工作督查。先后2次组织6个督查组对州直各单位党组织开展党建助力脱贫攻坚工作进行督导，对少数单位工作不够到位的情况发出“整改清单”，督促整改落到实处。四是积极培树先进典型。持续聚焦州直机关广大党员干部深入脱贫一线、苦干实干的典型事例，先后向州委组织部、党建办推荐了谢忠平、陈安平等先进人物，培树起州直机关党员干部脱贫攻坚“先锋”工程。向贫困党员群众送关怀，夯实自身建设。一是慰问工作。春节期间，州直机关开展困难党员集中慰问活动，慰问州直机关困难党员300余名，发放慰问金10万余元。州直机关各党组织在春季攻势、“脱贫攻坚大比武”、秋季攻势活动中等深入扶贫点开展慰问活动，慰问贫困党员群众，送去慰问金及棉被、大米等慰问品，慰问物资折合人民币20余万元。将党的关怀传递到困难群众心中。二是外宣工作。在《黔南日报》上发表信息30余篇（其报刊专版2版，公告2条，系列宣传报道26篇,），在《今日黔南》上刊登图文报道3篇；《黔南党建》微信公众号采用信息25篇，《黔南热线》微信公众号采用信息200篇，充分利用互联网和户外公益广告等传播渠道，提升了黔南机关党建的社会影响力。

（汪　雯）

政策研究

【概况】 2017年，州委政研室围绕州委中心工作，创新思维、完善机制，聚焦主责主业，聚力脱贫攻坚，建设新型党委核心智库，充分发挥参谋助手作用，决策服务工作取得新成效，圆满完成了重要文稿起草、重大问题课题研究、“三个全面”协调服务、党刊编发等工作，工作呈现出获得“领导批示多、成果转化多、上级表彰多、上级采稿多”的“四多”特点，“五星级”党支部创建工作通过州委考核验收，年度目标绩效考核连续5年获州级单位“优秀”等次。

【重要文件起草】 完成了《中共黔南州委关于认真学习宣传贯彻党的十九大精神和习近平总书记在贵州省代表团重要讲话精神的决定》（黔南党发〔2017〕18号）、《中共黔南州委关于关于以党的十九大精神为指引立足新时代破解新问题展示新作为开启新征程的实施意见》（黔南委〔2017〕29号）、《黔南州村级组织为民服务清单制度试点案》（黔南委办字〔2017〕80号）、《黔南州促进基层组织和基层干部依法履职和能力素质提升“十项举措”》（黔南委办字〔2017〕83号）、《全面开展研究问题破解难题竞赛活动实施方案》（黔南委办字〔2017〕84号）、《黔南州全面开展问题大排查解题大竞赛破题大落实专项行动实施方案》（黔南委办字〔2017〕106号）等文件的起草工作。

【重要文稿起草】 参与完成了州委主要领导《在中共黔南州委十一届三次全会上的讲话》《在审议〈黔南州事业单位法人治理结构改革试点实施意见〉时的讲话》《在州委全面深化改革领导小组第二十三次会议上的讲话》，以及州委常委、州委秘书长《在2017年黔南州党委政研系统“三项基本技能”岗位练兵活动时的讲话》等20余个讲话稿的起草工作。

【重大问题调研课题研究】 完成2017年度省委重大问题调研课题《黔南州经营乡村路径研究》的研究工作，研究报告获州委书记唐德智、州长吴胜华的肯定批示；完成了2017年度省委专项课题《人口较少民族聚焦区率先实现全面小康研究——以黔南州为例》的研究工作，课题研究报告获省委重大课题评审二等奖；组织开展2017年度州委重大问题调研课题研究，参与或指导完成了《黔南州推进村干部职业化管理研究》《黔南州推进民族医药产业发展政策研究》《黔南州破解项目融资难题和防范债务风险研究》《黔南州特色农产品品牌建设研究》《黔南州大物流体系建设研究》《黔南州深度贫困地区脱贫攻坚研究》等课题的研究工作，其中《黔南州推进村干部职业化管理研究》等5个课题研究成果转化为州委全面深化改革领导小组审议印发实施的改革方案；组织开展专项调研30余次，分别对工业供给侧、农业供给侧、农村“三权”改革、经营乡村、村级自治能力建设、综合行政执法等开展专题调研，并形成研究报告。

【全面建成小康社会工作】 制定出台了《黔南州第五轮建设经济强县和县域经济发展实施方案》《黔南州县域经济发展分类指导机制》，推进建设经济强县工作。加强小康统计监测调度，采取召开统计监测指标培训会、推进会、薄弱指标攻坚会、会商会等形式，对指标运行情况进行把脉会诊，2017年全年召开会商会4次，举办各类业务培训10余次。2017年，全州全面小康实现程度预计达94%，各县（市）全面小康实现程度均达90%以上。

【打造同步小康创建示范点】 指导分类开展小康示范县、小康示范镇、小康示范村创建活动，截至2017年年底，全州共打造都匀毛尖小镇、龙里双龙小镇、惠水百鸟河数字小镇等示范点777个，37个村寨分别获得“中国少数民族特色村寨”“中国传统村落”“全国文明村寨”称号，形成了不同层次、不同类型、不同风格、不同特色的示范创建亮点，在不同层面形成了同步小康创建示范效应。

【攻克同步小康创建短板】 对已实现指标抓巩固、未实现指标抓提升、难点指标抓突破。通过开展脱贫攻坚春季攻势、秋季攻势、大比武等活动助推同步小康创建，通过打好基础设施、易地扶贫搬迁、产业扶贫和教育医疗住房“三保障”四场硬仗，切实提升脱贫指数、居民出行便捷指数等小康指标实现程度，提升人民群众获得感、幸福感、满意度。

【强化同步小康创建氛围营造】 督促、指导县（市）通过设置永久性大型广告、播放视频短片、LED屏滚动播出宣传标语等，营造同步小康创建氛围，增强全州各族人民共创共建共享凝聚力和向心力。编辑出版《我歌我快乐——贵州省同步小康创建优秀民间歌谣》丛书。加强小康信息工作，总结宣传小康创建好经验、好做法，年内编发各类文稿2500余篇，2017年小康信息工作获全省第二名。

【全面深化改革全面依法治州工作】 州委全面深化改革、全面依法治州推进专项纳入总台账，将改革专项任务和法治中的改革事项一体部署、一体落实、一体督办，2017年，全年共召开州委全面深化改革领导小组会议10次，审议改革方案56个，听取专项改革推进情况报告15项；召开“四梁八柱”改革事项谋划专题会议2次，推动谋划形成黔南“四梁八柱”改革事项17项。落实“三督三察”要求，印发《黔南州2017年度改革督察工作方案》，开展半年和年度督察各1次、专项督察5次。组织全州2017年度法治建设先进县评选，推荐福泉市、贵定县、惠水县参加全省“贵州法治建设先进县”评选活动。

【经济体制改革】 推进供给则结构性改革，出台加快工业经济发展若干办法、招商引资激励办法等改革方案，配套出台了农业、旅游、金融、房地产等领域改革方案。2017年全年启动216户企业、252个项目“千企改造”工程，川恒化工、金正大、芭田、卡布国际等10户企业列入2017年全省“千企改造”工程龙头企业。推进铁合金行业兼并重组，新增关闭煤矿21处，化解产能198万吨/年，过剩产能得到有效化解。编制《旅游业发展“十三五”规划》《全域旅游规划》提升中高端旅游产品的有效供给。完成中国天眼、荔波大小七孔、汉唐影视城等景区提质升级，荔波樟江AAAAA景区提质扩容，成功承办第十二届贵州旅游产业发展大会，举办第十一届黔南州旅游产业发展大会。

【扶贫开发改革】 以脱贫攻坚统揽经济社会发展全局，出台《脱贫攻坚问责实施细则》《贫困县统筹整合使用财政涉农资金管理办法》《帮扶责任督查考核实施办法》和《关于建立健全贫困群众帮扶举措和帮扶投入机制的意见》等文件，推进扶贫开发专项改革，2017 年全州贫困发生率降至 8.85%，完成贫困村出列 214 个和 22 个乡镇“减贫摘帽”目标，减少贫困人口 13.94 万人。

【民主法治领域改革】 民主法治领域改革重点推进法治领域的改革事项，州委全面依法治州工作领导小组的科学立法、严格执法、公正司法、全民守法四个专项工作组分别推进专项改革工作。

科学立法。完成《黔南州天然林保护条例》和《民族医药发展保护条例》立法工作，启动涟江河保护立法工作，制定了《规章制定程序规定》。

严格执法。出台《法治政府建设实施方案(2017—2020 年)》《法治政府建设年度报告暂行办法》《政府工作部门权力清单和责任清单动态管理办法（试行)》，推动权力运行规范化，促进法治政府建设。瓮安行政审批制度改革创新居全省前列。贵定县公安局作为全州执法视音频建设试点，以信息化促进执法监督体系建设。

公正司法。贵定司法体制改革试点成果在贵阳召开的全国司法体制改革推进会中得到充分肯定，“让审理者裁判、由裁判者负责”的改革要求在试点推进中得到落实，建立了谁承办、谁主审、谁当审判长、谁裁判、谁签发、谁负责的“六谁”机制。惠水百鸟河成立了全国首家大数据审判庭，集中管辖全州大数据民商事案件。探索建立了检察机关提起公益诉讼机制。贵定县积极推进“法治贵定”“平安贵定”“和谐贵定”建设，被省司法厅推荐为“全国法治县（市区）创建活动先进单位”。

全民守法。出台《黔南州推行法律顾问制度和公职律师公司律师制度》，全面推进党政机关法律顾问制度。出台《州关于加强媒体公益性普法宣传的实施意见》完善媒体公益普法制度。出台《黔南州国家机关“谁执法谁普法”普法责任制实施方案（试行)》建立“谁执法谁普法”机制。

【文化体制机制改革】 出台黔南州《“十三五”文化事业和文化产业发展专项规划》《文化产品评价结果奖励办法》《黔南州传媒集团实施方案》等推进文化体制机制改革。实施文化产业发展三年行动，传承发展民族民间文化，加强文化艺术精品创作。水族舞剧《木楼古歌》获省第六次民族文艺汇演获银奖和全国舞蹈大赛“荷花杯”入围奖，创建“好花月月红·百姓大舞台”群众性文化品牌，启动水书申报世界记忆工程。稳步推进平塘通州、瓮安县瓮水街道办事处、三都县三合镇 3 个省级公共文化服务体系建设试点。都匀市建立文艺作品创作扶持奖励制度，设立 200 万元的文化产业发展基金促进文化繁荣发展。

【社会治理体制机制改革】 “平安黔南”立体化社会治安防控体系和“三警联勤、四巡合一、五层封控”巡防模式进一步完善，基本形成“数据警务”引领实战、精准管理、服务民生格局，刑事发案数下降 13.17%。制定《关于统筹县域内城乡义务教育一体化改革发展的实施意见》推进义务教育城乡均衡。35 个大健康医药产业项目纳入全省“6 个 50”重点工程调度。制定《黔南州城市公立医院综合改革配套方案》推进州级公立医院改革。首批医养结合试点基本形成了州县乡村四级“1111”养老服务网络体系。推动住房公积金政策全覆盖，2017 年全州住房公积金新增缴存单位 429 个，新增缴存人数 18610 人。福泉市龙昌镇妇联“1 +3 +3 + N”工作模式得到全国妇联党组书记、副主席、书记处第一书记宋秀岩肯定。

【生态文明体制机制改革】 建立了生态环境保护“党政同责、一岗双责”长效机制，党委政府设置“双总河长”，四级河长制体系覆盖州、县、乡、村，明确 34 名州级领导担任 33 条河流河长。开通 12369 环保投诉，受理环境信访投诉 580 件查办 475 件。绿色黔南建设三年行动计划圆满收官，累计投入 196.43 亿元，实施项目 637 个，完成绿化美化 293.38 万亩，全州森林覆盖率达 62%，跃居全省第二。全州城乡生活垃圾无害化处理率达 83%，城镇污水处理率达86%，集中式饮用水源地水质达标率达100%，城市环境空气质量优良率平均值为98.8%，成功申报2020年第四届中国绿化博览会，成功举办第五届“水生态文明·黔南论坛”。

【党的建设制度改革】 制定出台《黔南州尽职免责失职追责规定》，为担当者担当，为改革者护航。组建州委巡察工作机构，出台《州委巡察工作实施办法》《州委巡察机构建设及编制设置方案》等改革方案推进巡察改革。出台《关于加强换届后领导班子思想政治建设的意见》和《建强村级干部队伍决战脱贫攻坚的意见》破解党建不强、社会不稳、产业不富、村干部激情不足等问题。

【《今日黔南》编印工作】 《今日黔南》紧扣州委中心工作抓好主题策划报道，在深度、广度上实现了新突破，2017年全年共策划“聚焦党的十九大”“脱贫攻坚”等主题报道12期。通过专家解读、一线声音等方式，大篇幅、深层次、广视角报道，及时传递党的声音，及时反映全州经济社会发展取得的成效。精心打造“卷首语”“特别报道”“文峰笔谈”“调查研究”等10余个栏目，优化设计版面，提升文稿质量。不断改进编印方式，创新编印模式，积极推进编印工作与新媒体融合，利用读者作者QQ群、微信公众平台等先期上传优质资料，增强了内资出版物的吸引力，扩大了交流覆盖面，知名度和影响力得到提升。

【领导批示多。全年获省委有关领导、州委主要领导批示共54次】 省委有关领导批示3次，2017年4月，时任省委副书记、省长孙志刚在《福泉市行政执法体制改革》一文上作出了“深化行政执法体制改革是以习近平同志为核心的党中央作出的重大决策部署。近年来，省有关部门和地方认真贯彻落实中央精神和省委省政府要求，在推进行政执法体制改革方面进行了大量有益探索，取得了明显成效，形成了一批可复制、可推广的经验。要以此为契机，进一步统一思想、提高认识，全面推开综合行政执法体制改革，着力解决职责交叉、多头执法、重复执法等问题，加快建立权责统一、权威高效的行政执法体制，促进法治政府建设，提升政府治理能力，更好服务全省发展大局。”的重要批示；2017年12月，时任省委副书记、代省长谌贻琴对《龙里县“企业特派员”制度打通服务实体经济发展“最后一公里”》作出了“龙里县‘企业特派员’做法好。请新闻媒体予以宣传。省政府办公厅也可编发一期信息供各地学习借鉴。”的重要批示；帮助州纪委总结提炼的《黔南州“选、任、办”三招推行县级纪委副书记异地交流》获省委常委、省纪委书记夏红民批示。

州委主要领导批示近50次。紧紧围绕州委关注、群众关心、社会聚焦的热点、难点问题以及“三个全面”推进中存在的问题开展调研，并提出对策建议，通过调研起草的课题研究报告、改革、小康文稿，如《黔南州经营乡村路径研究》《“三建六有”开拓深度贫困地区脱贫攻坚产业扶贫“大塘路径”》《福泉城市基层党建“123”工作法》《洪江村“三变身”激活资源探索脱贫新路》《惠水县“一村一场一园”布局脱贫攻坚》《贯彻落实州委主要领导关于“要搞好黔南‘四梁八柱’性质改革重要指示精神情况的报告”》《关于福泉等县（市）创建2017年度“贵州法治建设先进县”突出短板指标整改情况的报告》《2016年度黔南州以县为单位全面建设小康社会统计监测分析报告》《2016年度黔南州以县为单位全面建设小康社会短板指标分析报告》《黔南州2016年度县级政府行政服务群众满意度问卷调查分析报告》等近50篇文稿获州委主要领导批示。其中，《独山县“两加一推”产业扶贫的做法及启示》《“三建六有”开拓深度贫困地区脱贫攻坚产业扶贫“大塘路径”》《福泉城市基层党建“123”工作法》《2016年度黔南州以县为单位全面建设小康社会短板指标分析报告》《黔南州2016年度县级政府行政服务群众满意度问卷调查分析报告》《惠水县“一村一场一园”布局脱贫攻坚》等近20篇文稿，根据州委主要领导的批示印送州委州政府有关领导参阅，印发各县（市）党委政府和州相关部门主要领导阅研和借鉴，有力指导和推动了相关工作，为黔南经济社会发展贡献了政研智慧、提供了政研方案。

【成果转化多】 起草的文稿以州委州政府或州委办公室州政府办公室文件印发近10个。其中，《中共黔南州委关于认真学习宣传贯彻党的十九大精神和习近平总书记在贵州省代表团重要讲话精神的决定》《中共黔南州委关于以党的十九大精神立足新时代破解新问题展示新作为开启新征程的意见》分别以黔南党发、黔南委文号印发，《全面开展研究问题破解难题竞赛活动实施方案》《黔南州促进基层组织和基层干部依法履职和能力素质提升“十项举措”》《黔南州村级组织为民服务责任清单制度试点方案》《黔南州县域经济发展分类指导工作机制》等6个以黔南委办字文号印发；《唐德智同志在中共黔南州委十一届三次全会上的讲话》以黔南办通报印发。梳理改革事项153项，州委全面深化改革领导小组召开会议10次，审议出台了《黔南州脱贫攻坚问责实施细则》《黔南州推进综合行政执法体制改革工作实施方案》《黔南州天然林保护条例》等改革方案21个。

【上级表彰多。一是课题研究获奖】 由州政研室牵头组织完成的2016年度省委重大问题调研课题《都匀毛尖品牌引领“黔茶出山”》获“省委重大问题调查研究优秀课题”三等奖；承办的《人口较少民族聚集区率先实现全面小康研究——以黔南州为例》获“贯彻落实省第十二次党代会报告重大专项调研”二等奖，为一二等奖中唯一一个市（州）党委政研室。二是调研文章获奖。在贵州省党委政研系统2017年度优秀调研文章评选活动中，黔南州共有4篇文章获奖，其中，州政研室起草的《“三建三有”开拓贫困地区脱贫攻坚产业扶贫“大塘路径”》获二等奖（一等奖均为省直部门），总结起草的《福泉城市基层党建123工作法》和推选的《贵定县“六山”行动“亮剑”贫困堡垒》分获三等奖，推选的《惠水县建设内陆开放式扶贫试验区的实践与探索》获优秀奖。三是竞赛活动获奖。在全省党委政研系统“三项基本技能”岗位练兵活动中，黔南州获得了团体第二名，公文写作一等奖、演讲二等奖。四是优秀改革案例奖。《黔南州“四力”推进住房公积金制度改革》《都匀市政务110有效解决群众诉求》《福泉市调解“三机制”探索矛盾纠纷多元化解新路》《三都县“三化”推进家事审判方式和工作机制改革试点》4篇改革案例获评2017年度贵州全面深化改革优秀案例评选活动优秀案例，《龙里县创新“企业特派员”制度精准服务实体经济》《独山县“区镇合一”改革助推县域经济又好又快发展》2篇改革案例获评2017年度贵州全面深化改革优秀案例评选活动专家特别推荐典型案例。州委改革办获评2017年全省改革信息先进单位二等奖。

【上级采稿多。文稿获省级以上刊物采用182篇】 其中，获中央级采用1篇，《贵州福泉探索矛盾纠纷多元化解新路》获《中央改革情况交流》第104期采用；获省级采用近181篇，《平塘县大塘镇“三建六有”开拓产业扶贫路径》《龙里县推动融资平台转型发展破解项目融资难题和化解债务风险》2篇获省委办公厅主办的《工作情况交流》采用；《广学益智博采善为——贵州政研赴港依法行政能力提升专题培训班综述》《FAST品牌助推黔南旅游经济发展研究》2篇获《贵州调研》采用；《都匀市政务110有效解决群众诉求》《福泉市积极探索“五零”政务服务新模式》《瓮安县稳步推进出租汽车行业改革》等20篇获《贵州改革情况交流》采用；《惠水县百鸟河数字小镇发展大数据产业的做法与启示》《福泉市精准脱贫同步小康的做法与启示》《贵定县推进县域经济提质升级的做法与启示》等70余篇获《省小康简报》采用，小康信息报送量、采用量均列全省第二位，连续5年位居全省前三位；指导帮助荔波、罗甸、三都等县总结改革法治典型经验，全州改革法治信息获《贵州改革工作动态》采用87篇，获《贵州改革情况交流》采用20篇，全面消除《贵州改革情况交流》信息采用“空白县”。

（冷玉珠）

外事侨务和台港澳工作

【概况】 2017年，全州外事侨务和台港澳工作在州委、州政府的领导下，在上级业务主管部门的指导下，深入学习中共十九大精神、学习习近平在贵州省代表团重要讲话精神以及中央、省委关于外事、侨务、台港澳工作会议精神，围绕州委、州政府中心工作，坚持“主基调”“主战略”不动摇，着眼新形势下工作特点，着力于落实中央关于外事、侨务、台港澳工作一系列重大决策和部署，维护祖国统一，凝聚台港澳同胞、海外侨胞，统筹协调全州外事侨务和台港澳资源，服务和助推黔南州改革开放和经济社会发展。

2017年，州外侨台港澳服务中心编制由原来的6个增加至14个，增加外侨台港澳服务中心副主任领导职位1个，全年共进8人。

【外事工作】 1. 制定全州因公出国（境）计划，严把因公出国（境）材料审核报批关。2017年，按照因公出国（境）管理工作的相关规定，遵循“确有需要，突出重点，统筹兼顾，州县结合”的原则，对所报计划进行初审，重点围绕招商引资、旅游推介、农林生态、产业合作、园区建设以及天文科普、高校教育等有实质性内容和具体任务进行统筹安排。对各地各部门报送的计划进行严格审核筛选，并报送州委、州政府和省外办。省外办根据报送计划，核定全州2017年度非培训类因公临时出国计划限额全年按22批共132人次报备。截至11月24日，黔南州2017年出国（境）自组团实际成行的有9批49人次（其中出国7批39人次，赴港澳的有2批10人次），参加上级部门团组出国（境）的有53批135人次（其中出国30批55人次，赴港澳23批80人次）。

2. 出访团组成果。2017年，全州团组主要出访目的是招商引资、旅游推介、项目洽谈，同时主动邀请海外企业及友人到州内参观考察、投资兴业，立足地方经济社会发展需要。取得的成果主要有：

（1）由州投资促进局组织、州人大主任罗毅带队赴美国、加拿大招商引资的团组与美国东方黄金集团达成“三都县葡萄庄园建设”项目投资协议，项目总投资2亿元人民币。与德福国际基金达成“城市基础设施建设”项目投资协议，项目总投资5亿元人民币。

（2）由州外事侨务和台港澳办组织、州委常务副州长黄伟带队的旅游推介团组赴挪威开展友好交流，对黔南旅游资源、都匀毛尖茶、水族文化进行了推介，同时举行了相关座谈。座谈中，黔南州马尾绣传承人，着重介绍了马尾的发展历史以及手工艺制作情况，展示了服饰类型，其中，马尾绣手工旗袍的展示最受欢迎。挪威罗加兰郡、索拉市、斯塔万格市、海渔格松市等政府及民众对黔南州水族文化、服饰、旅游资源都表示了浓厚的兴趣，期望开展长期合作。挪威国家电视台及罗加兰郡当地媒体对此次活动进行了跟踪采访和报道。黔南州常务副州长黄伟代表黔南州与挪威海渔格松市在当地共同签署了《友好合作交流意向书》。

（3）由商业粮食局组织、州政府副州长杨从明带队赴泰国、澳大利亚、新西兰招商引资暨现代物流合作推介活动的团组，在泰国实地考察亚洲最大的鹦鹉园后，贵定县与泰国泰中文化经济协会签订了引进鹦鹉园项目的谅解备忘录；在考察澳大利亚和新西兰的磷肥生产以及市场前景情况时，纽尔斯尔港有意向与黔南州合作进口磷肥；州政府副州长杨从明代表黔南州与澳大利亚昆士兰州汤斯维尔市在当地共同签署了《建立友好合作关系意向书》；积极推介黔南州“苗姑娘”系列产品，一些驻外机构或华人表示愿意作为所在国的销售总代理，宣传销售“苗姑娘”系列产品。

（4）由州卫计委组织、黔南州州长吴胜华带队赴英、德、法开展养生养老产业考察的团组，在外期间与相关部门、机构进行了广泛深入的交流。11月21—26日，应州政府州长吴胜华的邀请，德国艾尔福特市市长TamaraThierbach、德国艾尔福特康养产业中心负责人ChristopherFeest、德国艾尔福特康养研究产业中心市场部负责人JohannaGraul 一行 3 人访问黔南，开展友好交流及投资洽谈，考察黔南州康养事业并进行了座谈。11 月 25 日，双方在都匀共同签署了《战略合作框架协议》《建立友好城市关系意向书》《贵州南山康养有限责任公司—德国艾尔福特康养产业中心养老养生产业发展战略合作框架协议》。

2017 年 11 月 25 日下午，“德国艾尔福特市考察团赴黔南州考察座谈会”在州委东四楼会议室举行

3. 外宾团组来访接待、报批及翻译工作。2017 年，黔南州外事侨务和台港澳部门树立“外事无小事”理念，针对外国来宾的特点，策划接待方案。

2 月 20 日，泰王国驻华候任大使披立亚·金朋阁下一行 13 人赴黔南州考察平塘大射电望远镜，中科院国家天文台国际合作处处长梁艳春、省外事办领导陪同，州外事侨务和台港澳办、平塘县有关领导参与陪同考察。

4 月 5 日，泰国公主诗琳通一行在省政协副主席蔡志君及外交部、省外事办领导陪同下赴黔南州平塘县大射电望远镜项目进行考察。黔南州州长吴胜华及州天文局、州外事侨务和台港澳办、平塘县领导参与陪同接待。

4 月 11 日，澳大利亚驻成都总领事林明皓一行在省外事办领导陪同下赴黔南州考察平塘大射电项目，州外事侨务和台港澳办、平塘县领导参与陪同接待。

6 月 9—11 日，2017 都匀毛尖（国际）茶人会在黔南州举行。联合国教科文组织前战略规划助理总干事、国际创意与可持续发展中心首席顾问 HansD Orville（汉斯）一行，缅甸联邦共和国驻昆明领事馆总领事一行，丹麦、比利时、法国茶叶协会负责人，浙报集团联系的外籍茶人一行前来参加。州外事侨务和台港澳办承担接待及翻译工作。

7 月 19 日，拉美国家网络建设与传播研修班 30 余名学员在在中央网信办和省委宣传部、省委网信办领导陪同下赴黔南州参观考察平塘大射电望远镜项目和惠水县数字小镇，州委宣传部领导、平塘县、惠水县领导全程陪同，州外事侨务和台港澳办工作人员参与翻译工作。

8 月 8—9 日，第四届中国物流（都匀）国际峰会暨商贸物流博览会在都匀举行，泰国嘉宾 SorutSukthaworn（刘德强）一行、越南嘉宾 Tran-ThanhQuan（陈清汉）一行等外国嘉宾参加活动。州外事侨务和台港澳办负责本次活动的随同翻译、重要会议的交传翻译工作。

9 月 9 日，第七届中国（贵州）国际酒类博览会在贵阳国际会展中心开幕，贵州省委副书记、代省长谌贻琴、副省长卢雍政出席开幕式。波多黎各前总督、欧洲烈酒行业协会主席等国外嘉宾也出席了此次开幕式。州政府副州长杨从明、州外事侨务和台港澳办主任杨波应邀参加开幕式。副州长杨从明代表黔南州在贵阳市与美国波多黎各自由邦阿雷西博市共同签署了《建立友好城市关系意向书》。

2017 年 9 月 9 日，副州长杨从明（左二）与阿雷西博市政府代表在贵阳市共同签署《建立友好城市关系意向书》

10月24—25日，应全国友协邀请，德国巴登符腾堡州德中友协主席多尔德一行4人在全国友协、省外事办领导的陪同下考察了黔南州中医院，州外事侨务和台港澳办副主任朱惠兰陪同考察。

11月7—8日，第十二届贵州省旅游产业发展大会期间，州外事侨务和台港澳办主要负责牵头指导涉及县（市）做好对外籍嘉宾、港澳台嘉宾的接待服务工作，按照相关规定，对拟邀请的一定级别的重要外宾向省外办做好报批及信息跟踪工作。

12月11—12日，澳大利亚驻成都总领事馆副总领事白天伟先生、澳大利亚驻华使馆工业、创新及科技参赞邦乔安率澳媒体记者一行5人赴黔南州参访平塘大射电项目，州外事侨务和台港澳办负责人陪同。

【侨务工作】 1. 开展招商引资引智工作。2017年2月13日，法国欧中联合商会执行副主席王海曦在贵州帝豪集团公司执行董事罗应伦一行陪同下，到贵州省福泉市进行考察。实地察看葛根种植基地情况，并对在黔南开展葛根种植和建加工厂等事宜作进一步细化和推进。海外侨胞助力贵州共同参与“一带一路”建设中，德国贵州商会与黔南州教育局签订战略合作协议，并于4月24—26日，邀请了德国资深职教专家乌沃·海博博士在龙里县职业中学举办“中德职教高级管理研修班”。全州各县（市）教育局局长、分管副局长，各中等职业学校、高等职业院校的院（校）长、分管副院（校）长及骨干教师近100人参加学习。

2. 侨界脱贫攻坚。2017年，在黔南州第七次侨代会上发出了《关于动员广大归侨侨眷和海外侨胞为实现黔南州第十三个五年规划目标任务贡献力量的倡议书》，依托“侨爱心工程”“侨帮侨”“送科技、送项目、送医疗”等活动，积极投身脱贫攻坚战，为全州脱贫攻坚贡献侨界力量。向省侨务部门申请实施侨务精准扶贫项目资金20余万元，继续扶持困难归侨侨眷自主创业发展经营性项目和参加职业技能培训。

3. 推进爱心公益项目实施。2017年，与教育局、学校等相关部门配合，做好都匀三中、贵定一中、瓮安中学“珍珠班”助学项目实施工作；申请“魏基成温暖列车”项目御寒冬衣1000件。力争马来西亚祝福文化基金会助学金项目、“爱心万里行”、香港爱心人士捐资助学等一批助学助医助发展项目在黔南州落地实施。香港慈恩基金会、陈登社会服务基金会、香港希望之友教育基金为瓮安、荔波、贵定187名贫困学子送去助学金53万余元。

4. 拓展海外联谊和新侨工作。2017年4月，通过宣传展板、PPT宣传片在2017海外侨胞助力贵州参与“一带一路”建设会议上向海内外侨商、侨领宣传、展播，邀请海内外侨商赴黔南州考察，引进海外资金、先进技术和管理经验。6月10—12日，组团参加第15届东盟华商会，在项目推介活动中，共组织推介381个项目，发放项目推介资料300多册，接待洽谈客商17人次，涉及项目11个，意向性洽谈项目5个，涉及资金近2亿元。

申报贵定县“金海雪山”为中国华侨国际交流文化基地，扩大对外文化交流的国内工作基础，增强海外侨胞对祖（籍）国优秀文化和黔南民族文化的了解和认同。同时加大外派教师工作力度，推荐福泉、贵定、长顺、罗甸、平塘等县市7名优秀教师赴海外开展外派任教工作，有5名教师分期前往泰国、印尼、韩国、马达加斯加等国家任教。

2017年，先后接待到访黔南州的法国、德国、挪威、新西兰等10多个海外以及中国香港友好团体、慈善组织和侨商侨领100多人次。7月4—5日，挪威奥华国际文化交流中心董事长贾永华女士赴三都县拍摄水族马尾绣纪录片，此片拟在北京电视台文艺频道播出。9月14日，新西兰南北岛商会总会会长胡安琪赴黔南州与州侨联进行座谈交流。双方就加强文化交流、养老服务保障等方面进行了探讨。9月16日，香港侨界社团联会会长、全国政协常委、裕华国产百货有限公司董事长余国春一行21人赴平塘县“中国天眼”考察FAST项目。

5. 加强侨法宣传，持续增强基层侨界群众法治意识。2017年，在黔南州第七次归侨侨眷代表大会召开期间将侨法“一法两办法”作为重点学习内容之一，发放资料700册。5月22日，先后赴独山县、贵定县、福泉市开展华侨权益保护情况调研，听取了各县（市）政府和有关部门的工作汇报，并实地考察了当地的侨资企业和侨爱心学校等。

6. 对口帮扶工作。2017 年，广州市侨商考察团到黔南州开展对口帮扶工作。在贵定县，广州市荔湾区侨联侨青会向沿山镇石板小学捐赠了 10000 元爱心款，向沿山镇 15 户贫困户和 10 名贫困学生捐赠了教学用具和衣物。广州市荔湾区还与贵定县共同谋划“互联网 + 农产品”的大数据扶贫产业模式。2017 年，广州奇码科技有限公司建立的电子商务园聚集黔南州 12 个县（市）132 个企业，1 万多个 SKU 产品，签订“先货后款”协议实现线上销售，签约资金总额达 1 亿元。

【对台工作】 1. 对台宣传。2017 年，加大对台宣传工作力度，全面展示黔南州对外开放的良好形象，提升黔南在台知名度。一是面对面宣传：利用台胞、台商来家乡探亲、旅游、观光、祭祖的时机，面对面宣传黔南经济社会等家乡的巨大发展变化，鼓励他们回乡交流、投资。同时发挥贵州同乡会、台湾贵州经贸文教交流协会作用，通过赠送黔南宣传资料，扩大黔南在台的知名度和影响力。二是重大活动宣传：借助在黔南州内举办的第五届贵州与台湾经贸恳谈会暨黔南台湾两地少数民族文化交流活动、建州 61 周年庆祝活动、2017 都匀毛尖茶国际茶人会、州旅发大会、国际物流峰会等重大活动，向前来赴会的台商、台胞、台属大力宣传，全面展示黔南美丽的自然风光、独特的民族文化、经济建设的成就、便利的交通优势和优越的投资环境等。吸引更多的台商、台胞到黔南考察投资，助推黔南经济社会发展。三是新闻媒体宣传：在通过传统手段宣传的同时，利用微信、微博等新媒体，全方位、多角度地广泛宣传黔南对台工作。2017 年州外事侨务和台港澳共撰写宣传稿件 169 篇（幅），其中《中国台湾网》采用 30 篇（幅），《贵州与台湾网》采用 160 篇（幅）。黔南对台宣传工作走在全省前列，2017 年宣传工作名列全省第一名。

2. 对台交流。一是策划申报中央台办全国重点交流项目。2017 年年初，策划申报的“黔南·台湾两地基层少数民族文化交流活动”“黔南·台湾两地基层少数民族青少年交流活动”“黔南·台湾两地少数民族基层村里长交流活动”3 个交流项目被列为国台办 2017 年对台交流重点项目，名列全省第一名。同时“黔南·台湾两地基层少数民族文化交流活动”被省政府举办的第五届贵州·台湾经贸交流合作恳谈会列为黔南分会交流活动。2017 年 8—9 月，3 个活动相继开展，来自台湾的大学教授、博士、硕士、青年企业家、村里长代表等 120 余人分别出席了活动，开启了黔南台湾两地少数民族青少年、文化、村里长交流的新序幕，对黔南文化、经济等方面的发展将起到有力的推动和促进作用，同时也开启了黔南台湾两地同胞亲情融洽渠道。二是搭建基层交流平台。指导惠水县好花红镇借助与台湾台东延平乡缔结为“海峡两岸·友好乡镇”的平台，邀请来自台湾的 30 多名台商参加了“中华一家亲·2017 年海峡两岸各民族欢度三月三暨贵州·惠水好花红节”活动；指导惠水申报获得国家民委、国台办命名的首批海峡两岸少数民族交流与合作基地；指导贵定县云雾镇与台湾花莲县光复乡缔结为友好乡镇；指导贵定县昌明镇与台湾台东县池上乡缔结为友好乡镇，搭建了基层交流平台。三是申报搭建海峡两岸青年交流平台。2017 年向省台办申请，报国台办审批“以惠水县百鸟河数字小镇和贵州盛华职业学院为核心，辐射九龙村、好花红村等重点区域的海峡两岸青年创业基地”（2017 年正在审批中）。四是搭建协会交流平台。2016 年 4 月，申请成立了黔南州海峡两岸交流协会，搭建了全州各部门、各系统、各县市领导干部因公赴台交流的平台。

通过搭建三大平台，促进黔南与台湾交流交往。2017 年，一是走出去：全州开展因公赴台交流 12 批 23 人，其中，州内自组团 1 批 12 人，开展了经贸交流合作和民族文化交流；参加上级部门组团 11 批 11 人，实际成行 10 批 10 人；州内自组团赴港澳 2 批 10 人，参加上级部门组团赴港澳 31 批 98 人，实际成行团组 21 批 72 人。其中自组团 2 批 8 人，参团 19 批 62 人。二是慕名而来：接待赴黔南交流考察台商 10 批次 120 余人次。6 月

10日，台湾青创总会荣誉副总会长许登旺等一行15人赴黔南州惠水县参访考察；6日25—27日，广州市台联会长叶耀华带领部分台商及广州市台联工作人员一行24人赴黔南参观考察，同时为贫困村福泉市牛场镇朵郎坪村捐资助学27200元。三是请进来：以州内举办的重大活动为契机，邀请了在台知名人士和有影响力人物出席。8月11—17日，邀请了以台湾中华青年商业总会总会长、清华大学公共管理学院博士生、海峡两岸公共事务协会北京首席代表、910飞腾网创办人张先鹏为交流团团长，台湾高校博士、硕士及岛内青年企业家30人组成的交流团出席黔南·台湾两地少数民族青少年交流活动；8月19—26日，邀请台湾贵州经贸文教交流协会申玉玲等一行30人出席了第五届贵州台湾经贸交流合作恳谈会暨黔南台湾两地少数民族文化交流活动；邀请了以台湾新北市新店区代表、国民党20全党代表、中华道教文民俗文化学会理事长、台湾少数民族基层村里长交流活动协会常务副会长蔡色芬为交流团团长，台湾19个区、镇、市、部落村里长代表30人组成的交流团出席了黔南·台湾两地少数民族村里长交流活动。

3. 对台服务。2017年，以开展“2017年黔台农业暨青年创业合作推进年活动”为契机，结合实际认真研究制定活动方案，联合5家州直部门，多次深入台企进行调研，帮助台资企业协调解决在发展中遇到的困难和问题，2017以来共走访台资企业50余人次，解决困难问题1个。优质的服务，良好的投资环境，吸引了不少台商前来考察、调研、投资。2017年，全州在册台资企业35家，总投资50多亿元，实际利用台资20多亿元。

4. 涉台调研。为做好黔南州涉台调研工作，一是认真研究制定调研方案。结合实际制定了《黔南州外事侨务和台港澳办年度调研工作方案》，并报上级业务主管部门，将全年调研任务发文下达到全州各县（市）外事侨务和台港澳办，要求州办领导带头，办各科室、各县（市）外事侨务和台港澳办要完成一篇以上的调研文章。二是撰写好调研文章。通过走访、座谈、交流等形式，收集了黔南的基本情况，在认真分析总结的基础上，撰写了调研文章《探索黔南农业产业与台湾精致农业有机衔接》。三是抓好赴台交流团的调研指导工作。对每个交流团赴台前行前培训时就撰写考察调研报告做出安排，提出具体要求。其间，指导独山县撰写了赴台交流报告。

2017年4月28日，全州外事侨务和台港澳工作会议在州委州政府多功能会议厅召开

（吴建国　许明雪）

史志编纂工作

【概况】 2017年，黔南州史志办以习近平新时代中国特色社会主义思想为指导，认真学习中共十九大精神和习近平在贵州代表团重要讲话精神，紧紧围绕州委、州政府的中心工作，按照省委党史研究室、省地方志办的工作部署，认真贯彻落实《贵州省2016年至2020年党史工作规划》和《贵州省贯彻落实〈地方志工作规划（2015—2020）实施方案〉》，狠抓各项任务的落实，党史、地方志、年鉴工作取得显著成绩。

【黔南州2016—2020年党史工作规划印发】 根据《中共中央办公厅关于转发〈中央党史研究室2016年至2020年工作规划〉的通知》（中办发〔2016〕55号）和《中共贵州省委办公厅〈关于印发贵州省2016年至2020年党史工作规划〉的

通知》（黔委厅字〔2016〕56号）精神，州史志办结合黔南实际，经过广泛调研和多方征求意见，编制黔南州2016年至2020年党史工作规划文本报送州委，州委办公室于2017年6月5日行文印发。

【荔波邓恩铭故居陈列馆改陈布展对外开放仪式系列活动在荔波举行】 2017年7月14日，中共贵州省委党史研究室和中共黔南州委共同在荔波县举办的邓恩铭故居陈列馆改陈布展开放仪式系列活动。开放仪式由黔南州委常委、组织部长胡志峰主持，黔南州委书记唐德智致辞，省委党史研究室主任杜丹宣布邓恩铭故居陈列馆改陈布展正式开放。省住房建设保障厅、档案局、国教办、文物局、文联、文史馆，黔南州委、人大、政府、政协有关领导出席开放仪式。北京、上海等地30多名党史专家，黔南州直各机关、各县市领导，各县市党史部门负责人，荔波县各族各界代表、邓恩铭烈士家属代表1000余人参加了相关活动。

开放仪式上还表彰了“传恩铭精神、当时代楷模，做年份英雄”先进集体和先进个人，参加活动的全体党员重温了入党誓词。开放仪式结束后，举办了“两学一做”学习教育精品党课，军事科学院军史部原副部长肖裕声少将围绕如何培育理想信念，中央党史研究室科研管理部原主任黄如军就怎样学习革命先烈精神，中央文献研究室原副巡视员宋毅军就如何开展理想信念教育进行了公开宣讲。

7月14日下午，还分别在邓恩铭烈士故乡水浦寨、县文化大厅举行了“弘扬恩铭精神·传承红色基因”和“传恩铭精神·当时代楷模”主题研讨。

邓恩铭烈士故居现为全国国防教育基地、贵州省文物保护单位、贵州省爱国主义教育基地、贵州省党史教育基地。原有的陈列馆改建于2001年，总面积180平方米。随着形势的发展，原陈列馆凸显出陈展面积小、内容单一、设施老化、实物破损等问题，影响了基地功能作用的发挥。为此荔波县组织专人前往山东、上海等地收集邓恩铭烈士革命时期的大量物品，在原有展馆的基础上进行修缮、扩建，对陈列内容进行改陈布展。新馆共三层，建筑面积为9000平方米，以实物、照片、绘画等为主，利用声、光、电等现代科技手段，重点内容以模型、雕塑、场景复原和幻影成像等形式展现，成为集收藏革命文物、研究整理革命历史资料、展览传播革命精神为一体的革命陈列馆。

【《黔南红色故事》一书出版】 经过近一年的努力，由州史志办编写的《黔南红色故事》一书于2017年11月出版发行。该书近50万字，记述了黔南各族人民在革命、建设和改革时期的先进典型，有亲历者的口述回忆、有根据史料整理创作，有民间流传故事等类型。黔南红色故事中展现的精神能量为黔南各族人民同步小康、跨越赶超凝聚精神动力，对于促进红色文化宣传、推动黔南红色旅游发展，教诲后人饮水思源，牢记初心，奋发赶超具有十分重要的意义。

【大型歌剧《邓恩铭》上演】 2017年10月，黔南民族师范学院承办的大型红色题材歌剧《邓恩铭》在黔南部分县市和贵阳进行了巡回演出，该剧讲述了邓恩铭为国捐躯的革命历程，打造了红色教育黔南品牌，繁荣地方文化事业，提升黔南州地方文化的知名度与影响力。

【党史课题研究】 2017年，完成中央党史研究室《改革开放实录》和省委党史研究室《贵州扶贫攻坚战略行动实录》课题征编任务，标题分别为《红色文化抢救与精准扶贫》和《从温饱到小康—龙里扶贫开发中的几个典型案例》，共计2万余字。

（喻昌富）

【黔南州制定地方志事业发展“十三五”工作方案】 2017年5月17日，州人民政府办公室以黔南府办函〔2017〕45号文件印发由州史志办起草的《黔南州贯彻落实〈全国地方志事业发展规划纲要（2015—2020）〉及贵州省实施方案的工作方案》。《方案》对“十三五”期间全州地方志事业发展的总体要求、主要任务和保障措施作了科学规划，明确了未来五年全州地方志事业发展的总体目标，即：到2020年，全州全面完成第二轮州志、县（市）志修志任务和实现州、县两级综合年鉴全覆盖。

【《黔南州志（1991—2014）》通过省级终审】 2017年11月22日，省地方志办召开《黔南州志（1991—2014）》终审会，经省地方办组织省地方志办原主任范同寿，《贵州省大百科全书》常务副主编唐玉芳，省地方志办原副主任周声浩，九三学社贵州省委调研处处长伍启林审查，一致同意《黔南州志（1991—2014）》通过贵州省省地方志编纂委员会终审。

【县（市）志编纂工作】 2017年，全州12部县（市）志中，《福泉市志》《瓮安县志》《三都水族自治县志》《贵定县志》《荔波县志》已出版；《独山县志》《龙里县志》《长顺县志》《罗甸县志》通过省级验收，进入出版程序；《平塘县志》经州级复审后正在加快修改进度；《都匀市志》《惠水县志》正在编写初稿。

【部门、村志编纂工作】 2017年，州级部门志中，《黔南布依族苗族自治州卫生志（1991—2014）》《黔南布依族苗族自治州扶贫开发志》《黔南布依族苗族自治州工商行政管理志》《黔南布依族苗族自治州质量技术监督志》已出版。村志中，三都县普安镇高硐村《高硐村志》已完成资料收集工作，正在编写初稿。

（唐　云）

【《黔南年鉴（2017）》编纂出版工作】 2017年，年鉴编纂工作按照中国地方志指导小组《地方综合年鉴编纂出版规定》《贵州省地方综合年鉴编纂质量规范（试行）》要求，认真做好《黔南年鉴（2017》的框架设计、内容选题、资料搜集、编辑加工、印刷出版等环节的工作。

做好《黔南年鉴（2017）》政府采购印刷的有关工作，制定出版印刷《黔南年鉴（2017）》的工作方案，由州史志办班子成员及相关科室负责人组成询价小组。填报印刷《黔南年鉴（2017）》采购单，向州财政局申报进行询价采购，制定印刷《黔南年鉴（2017）》询价要求。确定符合相应资格条件、被询价的供应商名单，对供应商发印刷询价函，询价要求。加强与州政府采购办及印刷厂家的联系对接，使此项工作得以顺利开展。2017年12月，《黔南年鉴（2017）》由方志出版社出版发行。

【《贵州年鉴（2017》（黔南部分）组稿编辑工作】 《贵州年鉴》（黔南部分）的组稿工作自2015年始由州史志办承办，对此史志办高度重视，认真做好与各县（市）及供稿单位的对接，按时完成2017年组稿编辑上报工作。

【指导督促县级综合年鉴编纂工作】 2017年，继续全面贯彻落实《贵州省贯彻落实〈全国地方志事业发展规划纲要（2015—2020）〉实施方案》，统筹推进综合年鉴全覆盖工作。2017年5月，《长顺年鉴》编纂工作启动，至此，全州12县（市）都开展了地方综合年鉴的编纂工作。全州年鉴全覆盖工作总体进展态势良好，但发展不够平衡，多数县（市）实现了一年一卷，公开出版的目标，但部分县综合年鉴仍然存在编纂出版时间滞后、编纂质量不精等问题。

州史志办进一步加强对县（市）年鉴工作的指导，特别是加强对新启动年鉴编纂工作的县（市）的联系与指导，对工作滞后的县（市）开展工作调研和培训。一是先后到荔波、长顺两县举办了2期年鉴业务培训会，2县共计400余人参加业务培训，为2县年鉴工作顺利开展打下扎实理论基础。二是到惠水、独山县开展专题调研，督促其工作的开展。三是完成了对《长顺年鉴（2016）》《龙里年鉴（2016）》《龙里年鉴（2017）》《荔波年鉴（2017》《贵定年鉴（2017》《福泉年鉴（2017》《都匀年鉴（2017）》《罗甸年鉴（2017）》的州级评审工作。

【黔南州3部地方综合年鉴在全省年鉴质量评比中获奖】 2017年4月，贵州省地方志编纂委员会办公室开展全省年鉴质量评比活动。同年7月，根据《贵州省地方志编纂委员会办公室关于贵州省年鉴质量评比结果的通报》（黔档（志）通〔2017〕34号），由贵州省地方志编纂委员会办公室主办的贵州省年鉴质量评比中，《黔南年鉴（2016）》获市（州）综合年鉴二等奖，《福泉年鉴（2016）》《都匀年鉴（2016）》分别获县（市区、特区）二等奖和三等奖。

（张永淑）

州委讲师团工作

【概况】 2017年年底，在编在岗干部职工共有12名，其中团长1名、副团长2名、正副科级干部6名、科级非领导职务干部2名，工勤人员1名。黔南州委讲师团牢牢把握学习宣传和贯彻中共十九大精神这条主线，在州委、州委宣传部的领导下，在省委讲师团的指导下，深化宣传宣讲的职责理念，围绕中心，服务大局，主动作为，结合年初拟定的《中共黔南州委讲师团2017年工作要点》的安排，以百姓宣讲“百千万工程”为载体，依托“宣传干部上讲堂”“道德讲堂”“百姓宣讲团”“同步小康驻村干部宣讲团”等宣讲平台，开拓创新宣讲工作渠道，全面完成了各项工作任务，为全州后发赶超、脱贫攻坚、决胜小康提供了思想保证和舆论支持。

【理论宣讲】 按照理论宣讲“七进”要求，围绕中共十九大、习近平系列重要讲话精神、习近平“7·26”讲话精神、省十二次党代会、州第十一次党代会精神等，结合省、州全会精神以及“两学一做”学习教育、党的惠农政策等内容深入开展多形式、多角度、深层次的理论宣讲活动，2017年全年完成理论宣讲100余场次以上，听众2.3万人次。

1. 抓好中共十九大精神宣讲。根据中央和省委、州委多层次、全覆盖的要求，组织州内专家学者、领导干部、中共十九大代表、第一书记和驻村干部、基层理论宣讲骨干等深入开展党的十九大精神“七进”宣讲活动，进机关、进社区、进乡村、进企业、进学校、进军营、进网站广泛开展面对面的学习宣传宣讲，让中共十九大精神家喻户晓，深入人心。一是讲师团全员参与集中宣讲，按照州委《黔南州集中宣讲党的十九大精神工作方案》“县级干部进村、科级干部进组、驻村干部进户”的要求，每一位干部职工都有明确的宣讲联系点。讲师团领导干部职工共完成中共十九大精神“七进”宣讲共计56场次，其中在各县市区及州直9大系统的集中宣讲29场次，现场听众5000余人，应邀到州人大、州委组织部、州人社局、州科协、州法院、州国资局、黔南师院、州邮政局、邮储银行、消防支队等部门和单位宣讲共计27场次，现场听众2500余人次，远程视频听众200余人次。12月底前全面完成12个县市以及州直9大系统的宣讲。二是积极开展“省州县三级联动宣讲”。与省委讲师团、各县市讲师团开展“党的声音进万家新时代思想上讲堂总书记话儿记心上”中共十九大精神三级联动宣讲活动，全面完成全州各县市、州直各系统的中共十九大精神集中宣讲和省州县三级联动宣讲任务。

2. 抓好省州重大会议精神宣讲。深化习近平系列重要讲话精神及省州党代会、全会的宣传宣讲。一是按照《黔南州集中宣讲省第十二次党代会精神工作方案》和《黔南州集中宣讲州第十一次党代会精神工作方案》的要求，以州委宣传部、州委讲师团为宣讲主力，从州直部门和州内高校抽调了一批政治素质高、宣讲经验丰富的领导干部和专家学者组成黔南州“省第十二次党代会精神宣讲团”和“州第十一次党代会精神宣讲团”，分赴全州各县（市、区）、州直机关、大专院校、乡镇（办事处）、村（社区）开展集中宣讲。既全面准确诠释省、州党代会精神，又结合不同专题具有针对性。二是省州委讲师团联动宣讲。选派3名干部与省委讲师团联合，到平塘县、贵定县和龙里县开展了以“党的声音进万家、科学理论上讲堂”为载体的省第十二次党代会精神集中宣讲活动，分别到县直机关、街道办事处、乡镇、学校、社区、企业开展宣讲。

3. 深入开展脱贫攻坚主题宣讲活动。根据省委、州委脱贫攻坚春季攻势行动令的要求，与州委宣传部和各县市联合开展脱贫攻坚主题宣讲活动。与州委宣传部联合印发了《“党的声音进万家、科学理论上讲堂”脱贫攻坚春季攻势主题宣讲活动工作方案》，并撰写了脱贫攻坚春季攻势专题宣讲示范讲稿，制作了专题示范课件，发放给县（市）委讲师团、基层百姓宣讲团等，依托百姓宣讲团和百姓宣讲员扩大宣讲范围。团领导率领讲师团驻村干部，到平塘县卡蒲乡新关村、摆卡村开展脱贫攻坚回访及春季攻势主题宣讲活动，就省委、省政府和州委、州政府有关春季攻势行动精神作了宣讲解读，扎实贯彻落实州委州政府有关脱贫攻坚安排部署，助推群众加快同步小康步伐。

【百姓宣讲“百千万工程”】 结合“科学理论上讲堂”活动，深化拓展百姓宣讲“百千万工程”。依托各县（市）委宣传部（讲师团），调整、充实基层百姓宣讲团队伍，进一步织牢百姓宣讲基层网底。加强百姓宣讲员队伍管理。把重点放在对百姓宣讲团的管理、指导、督查上，探索百姓宣讲团规范化、常态化管理新模式，使百姓宣讲团真正发挥作用。坚持做到每个季度确定一个主题，深入乡镇、村寨，以及农户家中进行调研，摸实、摸清、摸透全州经济社会发展现状，为宣讲工作提供第一手素材。2017 年，全州 136 个百姓宣讲团 3283 名百姓宣讲员，每年开展各类宣讲 2 万多场次。

【网络宣传】 借助新媒体手段，开拓理论宣讲信息化平台。一是加强网站建设，强化宣讲信息收集。及时跟进州委讲师团开展的各项宣传宣讲活动，适时收集宣讲信息，同步上传到讲师团门户网站，使线上线下宣传同步展开，进一步扩大宣传面，增强宣传影响力。二是在网站上增设了黔南时政热点、热词解读栏目——时政一点通，第一时间为公众解读中央、省、州党务政务要点热点，让理论宣讲受众结合自己工作岗位、学习程度、时间安排高效快捷的接收党务政务前沿信息，为广大网民搭建了一个便捷的学习平台，使理论宣讲更精细、思想解惑更精准。2017 年全年共收集、整理、发布贵州脱贫攻坚政策举措、贵州省十二次党代会精神、中共中央十八大以来的常用名词解析 200 余条，中共十九大精神应知应会概念 100 题，根据得分多少排名，通过采取现场抽取的方式，最终评选出一等奖 10 名，二等奖 30 名，三等奖 60 名，优秀奖 100 名。三是加强“文峰微理论”公众微信平台建设，围绕宣讲工作热点，依托新媒体手段，利用网站、微信等方式拓宽理论宣讲覆盖面。

【宣讲队伍建设】 1. 创新举办“精准宣讲微课堂”。为加强对各领域工作的了解，拓宽宣讲的广度，增强宣讲的针对性、精准性，每季度举办一期“精准宣讲微课堂”，聘请相关部门的领导、专家、业务骨干、乡贤能人到讲师团开展交流座谈，为讲师团干部职工和宣讲骨干集中充电，进一步了解州情，了解州委决策意图，了解各项政策的深厚背景，丰富宣讲素材，增强宣讲说服力，提高干部职工宣讲接地气的能力。已经邀请州扶贫开发局、州小康办、州民政局等领导开展脱贫攻坚、全面小康、工匠精神、民政救助等专题宣讲 4 场次。与州民政局联合开展一期“微课堂”现场宣讲，走进黔南州福利院了解州民政救助救济相关政策，邀请州民政局相关领导为讲师团党员干部现场讲解。

2. 努力建设“学习型”机关。一是秉承“打铁还需自身硬”的理念，对干部职工的学习定硬指标、下死任务，坚持每周四下午进行理论学习，并将学习内容量化列为个人年终考核依据。明确规定团干部职工每年完成 10 个以上的专题学习。通过强迫学习，夯实理论功底，做到厚积薄发，为提高宣讲水平奠好基础。二是组织开展“党的十九大精神专题学习周”。为让全团干部更加深入的学习领会十九大报告精神实质，促使讲师团党员干部先学一步、学深一层，结合“岗位练兵”活动，经团长办公会研究制定了《中共黔南州委讲师团关于开展党的十九大精神专题学习周活动工作方案》，将10月22至28日确定为专题学习周，由办公室从主流网站下载中共十九大报告全文装订后，人手一份，并对学习内容、领学人、具体时间做了详细的安排。团领导班子成员率先垂范，每天固定时间轮流领学，逐字逐句、原原本本学习中共十九大报告，通过集中领读、跟读、讨论启发的方式，使十九大报告精神入心入脑，达到强化认识、集中备课、统一宣讲口径的目的。十九大报告的十三个部分精神全部领学完毕，以学促讲，以讲验学，为党的十九大精神集中宣讲作好充分准备。

3. 加强基层宣讲骨干培训。为确保党的十九大精神集中宣讲取得预期的效果，会同州委宣传部组织召开全州中共十九大精神理论宣讲骨干培训暨“七进”工作部署会，州委常委、州委秘书长瓦标龙对“七进”工作、讲习所建设工作等进行安排部署，州委讲师团团长陆岳对集中宣讲工作进行详细说明，并邀请省委党校科社教研部主任唐正繁作宣讲辅导报告。除各县市宣传部、基层宣讲骨干参加培训外，各县市还选派了2名双语宣讲骨干参加培训。2017年，各县市均先后开展了水语、布依语、苗语等双语宣讲20余场次。

【理论研究】 2017年，一是州委讲师团课题组承担的2017年全省党委讲师团系统调研课题《把饭碗牢牢掌握在自己手里—黔南州粮食供给侧结构性改革的思考》，荣获全省二等奖。二是在2017年度全省党委讲师团系统优秀宣讲稿评选中，州委讲师团选送的王贵的《感恩自信自强—贯彻落实省十二次党代会精神》、罗永慧的《砥砺奋进逐梦前行》被评为优秀宣讲稿。三是通过采取一阅二审三评的方式，初选28篇质量较高的稿件报送省委讲师团，参与省委讲师团理论与当代杂志社“建设‘富美贵州’征文”活动评选，评为优秀稿件4篇。

【党建工作】 以党章为指导，以学习宣传中共十八届六中全会精神、中共十九大精神和新时代习近平中国特色社会主义思想为主要任务，以创建学习型、服务型、创新型、发展型机关党组织为目标，以开展“两学一做”主题教育活动为主要载体，多形式开展各项组织生活活动。

1. 抓学习，修党性。以自学为主，结合领导干部上党课、支部书记讲堂等形式，围绕“两学一做”主题、十八届六中全会、建党96周年重要讲话等广泛深入学习研讨。积极组织参加州委宣传部机关党委到贵阳市息烽革命历史纪念馆开展“缅怀革命先烈，坚定理想信念”主题教育活动、赴瓮安县猴场会议会址开展瞻仰革命遗址、重温入党誓词活动，进一步加强革命传统教育，坚定理想信念，增强使命感和责任感。

2. 抓廉政，肃党纪。结合中共十八大以来关于从严治党的相关精神，深入开展反腐倡廉教育，层层签订了廉政建设承诺责任书，引导和督促党员讲政治、守纪律、顾大局，组织党员学习十八届六中全会关于从严治党的精神，观看警示教育专题片，让党员在学习中接受教育，上好廉政建设党课，对党员平时多提醒，严要求，一年来，没有出现党员违纪违规现象。

3. 抓驻村，帮脱贫。继续选派两名优秀党员干部到平塘县卡蒲乡党建扶贫联系村任第一书记开展同步小康驻村工作，带头走访贫困群众，宣讲“脱贫攻坚春季攻势”“脱贫攻坚秋季攻势”等脱贫政策；组织农户到独山、三都等地考察葡萄提子种植，积极协助抓好落实“校农合作”发展项目，力推村级产业发展；争取到乌骨鸡养殖、黑毛猪养殖、反季节桃子种植等项目帮助摆卡村、新关村壮大村集体经济；深入开展贫困户、留守儿童、孤寡老人的走访慰问活动，发放慰问品和慰问金共计1.5万元；落实解决了两个村道路监控摄像头安装经费1.5万，划拨1.5万元为两村购置了会议桌椅。

【其他工作】 一是进一步发挥专家学者对地方社会发展的作用、提高讲师团干部职工的理论水平，在2016年6月与黔南师院马列部签订了协同创建协议书的基础上，2017年继续加强与师院马列部的交流联系，从构建重大宣讲协作机制、人才交流合作共享机制、重大课题调研合作机制等三个主要方面开展校地合作。每个学期选派3名宣讲骨干到黔南师院授课，围绕州情及州委相关政策开展宣传解读，完成了黔南师院体育学院、音乐学院、历史与民族学院、学前教育学院、物理学院等大一学生《形势与政策》课全年72学时的授课任务。黔南师院共派出5名副教授以上职称教师参与全州性宣传宣讲工作，在党的十八届六中全会、省十二次党代会和州十一次党代会宣讲过程中充分发挥高校教师作用，在学术课题及调研课题上双方加强沟通协作。二是积极组织参与贵州省“学习贯彻省第十二次党代会精神”主题宣讲风采展示大赛，2人荣获“全省十佳选手”称号。三是积极参与全州宣传文化系统“学习贯彻十九大、宣传干部展风采”活动，赵嘉荣获宣传文稿和公文写作技能大赛二等奖、王贵荣获宣传干部上讲堂活动三等奖。四是开展民族团结进步示范单位创建工作，积极配合开展各类民族工作，规范收集整理各类资料，迎接各级各类创建工作检查，被黔南州创建全国民族团结进步示范州工作领导小组命名为黔南州第七批民族团结进步创建活动示范单位。

（孙进武）

党校·行政学院

【概况】 2017年，全面贯彻中共十九大精神，以习近平新时代中国特色社会主义思想为指导，紧紧围绕州委州政府的中心工作，充分发挥培训干部主阵地、主渠道的作用。全年共举办主体班8期，其中，中青年干部培训班2期、少数民族干部培训班4期、党外中青年干部培训班2期，共计培训400人。不断拓宽对外培训办学渠道。与州人大、州委组织部、州交通局、州人社局、州司法局等30余个单位联合办学，共培训州人大代表培训班、全州选调生能力素质提升培训班、州交通局执法人员培训班、监督员培训班等共43期短训班次，培训人数为4768人，人均培训时间3.5天，累计培训11064人次。内容涵盖从严治党、异地扶贫搬、城市规划、脱贫攻坚、执法人员的业务培训等方面。

【加强教学改革，创新“三段式”教学模式】 按照中央、省、州对干部教育工作的要求，结合干部成长规律需要，采取“三段式”教学模式（即：校内课堂教学、异地培训、课题实地调研），不断增强教学内容设置的科学性。一是不断加强党的基础理论教育，突出党的理论在党校教学中的主业主课地位，系统开设了马列主义、毛泽东思想、中国特色社会主义理论体系以及十八大、十九大后党中央治国理政新理念、新思想、新战略，着眼于党员干部的理论思维塑造和培养，不断加强政治理论教育。二是积极创新学员党性教育的方式方法，突出学员党性锻炼在学习全过程的主地位作用。以专题教学形式开设了党章、党纪、党规等专题教学，同时组织学员到警示教育基地和井冈山等红色圣地开展现场教学及党性教育，不断提升学员的党性修养。三是学员在校内学习期间，既开展了学员论坛，又专门安排学员外出调研时间，围绕推动黔南州农业、工业、以及大扶贫、大数据、大生态、黔南社会治理创新等主题开展调研，不断增强学员对州情的认识。

【落实领导干部上讲台，整合利用校内外教学资源】 不断树立“大教育、大培训”理念，强化各类优势培训资源的整合利用，构建灵活开放、优质高效的多方位、多渠道、多层次培训工作体系。用好“外请专家领导资源”。着眼于提高广大干部解决现实性问题的能力，着重于培养干部的世界眼光、战略思维。同时，在主体班专门开设县（市）委书记讲坛，邀请相关县（市）委书记到党校授课，讲授不同地域改革发展的经验。通过“请进来、走出去”的方式，进一步拓宽了干部的视野，效果显著增强。

【强化科研能力，提升资政水平】 做好校刊的编印、交流和改版工作，2017 年完成校刊《黔南州委党校理论与实践》4 期。党校教师 2017 年参与省委组织部、省社会主义学院等部门的课题研究，形成《干部教育工作专业化能力建设》《十八大以来我国反腐法治化问题研究》《社会主义学院发挥智库作用研究》《国家治理视域下的协商民主研究》等研究成果。形成《黔南现代物流业发展调研报告》《巡察监督研究——以贵州实践为视角》《黔南州采茶工短缺问题成因、影响、对策分析》等多篇高质量的调研报告，更好地发挥决策咨询作用。2017 年党校申请立项的省委党校及贵州省社会主义革学院课题 6 项，向省州有关单位提供资政报告 5 篇，其中被州主要领导签批认可 1 篇，省纪委评奖 1 篇；完成州委重要课题调研 2 项并获得优秀奖。

【强化党建引领、助力脱贫攻坚】 为打赢脱贫攻坚战，进一步发挥全体党员在脱贫攻坚中的战斗堡垒作用和先锋模范作用，发挥‘党建 +’的引领作用，将党建与精准扶贫工作有机融合。具体以建强组织、规范管理、服务基层为重点，抓好抓实脱贫攻坚主要工作。采取驻村干部长期驻村、党员干部结对帮扶，联系点领导定期上党课等方式，教学支部和行政支部各负责一个驻村点，帮助群众解决生产生活困难。通过逐级研判、集思广益，引导群众切实克服“等、靠、要”思想，靠辛勤劳动改变贫困落后面貌，确保脱贫攻坚取得实效。

【高分通过全省党校系统办学体制改革复评工作】 2017 年 12 月 13 日，以省委组织部、省委党校、省编办组成的体制改革复评工作评估组一行对党校体制改革进行复评工作。专家组通过实地查看、查阅评估资料、听取专题汇报等形式对党校进行复评，出色的迎评工作准备和近年来发展取得的成绩给专家组留下深刻的印象，并以 98.15 分的好成绩通过全省党校系统办学体制改革复评工作。

（罗　慧）

老干部工作

【概况】 2017 年，全州离退休干部工作围绕中心、服务大局，聚焦“五项工作”，实现“五大目标”，推动了全州离退休干部工作转型发展。聚焦十九大，热学热议感党恩，凝聚正能量，传递好声音。以“夕阳展风采 · 喜迎十九大”为主题，开展“畅谈”“建言”活动，通过“唱响”“图说”“书写”“讲好”新变化、主题演讲比赛等系列活动，描绘了黔南发展新变化，传递了黔南好声音；聚焦思想政治工作，强化离退休干部思想政治教育和离退休党支部建设，广大离退休干部和党员不忘初心，牢记使命，以实际行动为党旗增光添彩；聚焦离退休干部政治待遇和生活待遇全面落实，完善和创新服务管理，用心用情做好老干部工作，得到了广大老干部的充分肯定和认可；聚焦“三大战略”，发挥老干部独特优势，助力脱贫攻坚，助推全州经济社会发展。深入实施“111”工程，组织全州 116 名老专家参与创建“产业发展示范点”22 个，27 个离退休干部党支部 318 名老党员参与创建“党建扶贫示范村”27 个，121 名老干部参与创建“脱贫攻坚示范户”149 户，离退休老同志正能量进一步发挥；聚焦队伍建设，从严从实，加强干部队伍建设。大力开展党员干部集中培训，全面提升干部队伍整体素质，打造了一支“讲政治、重感情、业务精、作风好、老同志信任”的老干部工作者队伍。

【离退休干部参加新春团拜会】 2017 年 1 月 24 日，州委召开 2017 年春节团拜会。州委书记龙长春，州人大常委会主任罗毅，州委副书记、代州长吴胜华，州政协党组书记魏明禄等州四家班子领导出席团拜会。州委副书记、常务副州长、州委政法委书记罗桂荣主持会议。州委书记龙长春致新年贺词，州委副书记、代州长吴胜华通报2016年工作情况及2017年工作安排。州直单位40名副厅级以上离退休干部参加团拜会。

【州领导走访慰问离退休干部】 2017年1月24—25日，州委书记龙长春，州委副书记、代州长吴胜华，州人大常委会主任罗毅，州政协党组书记魏明禄，州委副书记、常务副州长、州委政法委书记罗桂荣分别带队上门走访慰问州直单位19名正厅级离退休干部。代表州委州政府向他们致以节日的问候和新春的祝福，对老同志为黔南发展所作的贡献表示感谢。

【“迎新春、献爱心、送温暖”帮扶行动】 2017年1月23—24日，州委离退休干部工作局、州残疾人联合会在州直单位离退休干部中开展“迎新春、献爱心、送温暖”主题慰问活动，为州直单位27名高龄失能的离退休老同志赠送“爱心轮椅”，为齐同学、严楚山等10名有听力障碍的高龄老同志捐赠佩戴了“爱心助听器”。

【传达学习全省老干部工作先进集体先进个人表彰大会暨全省老干部工作会议精神】 2017年1月27日，黔南州委召开常委（扩大）会议，学习全省老干部工作先进集体先进个人表彰大会暨全省老干部工作会议精神，研究贯彻落实意见。州委书记龙长春主持会议并讲话，州委副书记、州长吴胜华，州人大常委会主任罗毅，州政协主席魏明禄，州委副书记、州委政法委书记罗桂荣，州委常委，州人大常委会、州政府、州政协领导班子成员及党组成员，都匀军分区、州法院、州检察院等负责人出席会议。州委组织部副部长、州离退干局局长、州老年大学校长陈云霞在会上作会议精神传达。

【全州老干部、老年教育和关工委工作会议在都匀召开】 2017年3月29日，黔南州老干部、老年教育和关工委工作会议在都匀召开。州委常委、州委组织部部长胡志峰出席会议并作重要讲话。全州各县（市）委组织部部长，都匀经济开发区党工委分管领导；州直各单位分管领导、离退休干部党支部书记；各县（市）离退休干部工作局局长、老年大学校长、关工委常务副主任、关工委办公室负责人；全省老干部工作先进集体先进个人代表共190余人参加大会。州委组织部副部长、州离退干局局长、州老年大学校长陈云霞主持会议。

【开展“学‘两会’精神、看匀城变化、赞黔南发展”主题活动】 2017年4月13日州离退干局组织离退休干部开展“学‘两会’精神、看匀城变化、赞黔南发展”主题活动。老员工参观考察了都匀市和都匀经济开发区重大项目建设点，分别听取了州人大常委会副秘书长杨盛德、州政协机关党委书记黄立波通报“两会”精神，畅谈了黔南的发展变化、点赞黔南发展所取得的成绩。州直单位副厅级以上离退休干部和离退休干部党支部书记共70余人参加活动。

【开展“畅谈十八大以来变化、展望十九大胜利召开”“建言十九大”主题调研】 2017年4月17—19日，省委老干部局机关党委书记辛伟一行5人到黔南州开展“畅谈十八大以来变化、展望十九大胜利召开”“建言十九大”主题调研工作。州委组织部副部长、州离退干局局长、州老年大学校长陈云霞陪同调研。此次调研采取面上调研与个别访谈相结合方式进行，选取都匀市、龙里县作为县（市）调研点。

【举办“品茗书香魅力夕阳”主题活动】 2017年4月23日，州离退干局、州文化广播电视新闻出版局、州老年大学主办，州图书馆、州老年书画研究会联合举办“品茗书香魅力夕阳”主题活动。黔南州委组织部副部长、州离退干局局长、州老年大学校长陈云霞致开幕词。

【老干部参加热学热议省第十二次党代会精神宣讲报告会】 2017年4月28日，黔南州召开老干部热学热议省第十二次党代会精神宣讲报告会。省委常委、黔南州委书记龙长春出席会议并作宣讲报告。州委常委、组织部长胡志峰主持宣讲报告会，州委常委、州委秘书长瓦标龙参加宣讲报告会。州直单位副厅级以上离退休干部、离退休干部党支部书记及县处级离退休干部代表近百人参加宣讲报告会。

【开展离休干部离休费执行情况督查调研】 2017年5月10—11日，州委离退休干部工作局组成两个督查调研组，分赴瓮安、惠水、长顺、独山、三都等县开展离休干部离休费执行情况督查调研。这次调研采取实地查看、个别访谈、召开座谈会等形式进行，共有28名老同志参加座谈会，督查了98位离休干部离休费（基本养老金）增资情况，均无拖欠情况。

【州委书记唐德智走访看望老领导】 2017年5月20日，新任黔南州委书记唐德智在州委常委、州委秘书长瓦标龙的陪同下走访看望了韦茂文、罗平义、潘希武、胡品荣、杨启义、吴秀全等老领导，送去了州委、州政府的关怀和问候，向他们征求加快黔南发展的意见和建议，并通过他们向全州离退休干部表示问候。

【举办全州老干及老年教育工作者综合能力提升培训班】 2017年6月25至7月1日，为加强老干部、关工委和老年教育工作者队伍建设，切实提升全州涉老部门工作者整体素质，提高服务老干部的能力和水平，由州委组织部、州离退干局、州老年大学联合举办的全州老干及老年教育工作者综合能力提升培训班在浙江大学人文学院举行。这次参训人员有各县（市）离退干局局长、关工委办公室负责人或工作人员、老年大学校长、都匀经济开发区党工委分管领导等共50人。

【组织离退休干部到毕节市参观考察】 2017年7月10—13日，州委离退休干部工作局以“看发展谈变化·献良策助小康”为主题，组织33名副地级以上离退休干部组成考察团，到毕节市实地参观考察了毕节市黔西县的水西古城和林泉镇的海子村，毕节市大方县的奢香古镇、幸福二村、蒙古风情园、贵州宣慰府及奢香博物馆，毕节市七星关区的砂锅寨乡村旅游建设项目点、同心城市公园、金海湖新区规划展馆、兴国新能源汽车厂、聚诚科技有限公司、毕节试验区同心展等重要建设项目。

【黔南州召开副厅级以上离退休干部情况通报会】 2017年7月27日，黔南州召开副厅级以上离退休干部（含享受待遇）上半年情况通报会，36名副厅级以上离退休干部参加会议。州委书记唐德智主持并通报全州上半年经济发展和州委十一届三次全会精神。州人大主任罗毅，州政协主席魏明禄，州委常委、州政府常务副州长、福泉市委书记黄伟，州委常委、州委秘书长瓦标龙，州纪委副书记沈川参加会议。

【走访慰问易地安置离休干部】 2017年7月中旬至8月，州委离退休干部工作局组成4个慰问工作组，由局班子成员带队分赴北京、沈阳、山东等地对州直单位易地安置的离休干部进行走访慰问。

【“黔南州离退休干部助力脱贫攻坚能力提升培训班”在河南省林州市举办】 2017年9月4—8日，州委组织部、州离退干局、州扶贫开发局联合在河南省林州市举办“黔南州离退休干部助力脱贫攻坚能力提升培训班”。州直单位引导离退休干部实施“311”工程的主要负责人、州四家班子办公室老干科科长，都匀经济开发区实施“311”工程分管领导、部分离退休干部党支部书记、驻村第一书记等共45人参加培训。

【多家媒体采访退休水稻老专家徐先捍】 2017年9月20日，贵州广播电视台大众生活频道、综合广播、多彩贵州网、黔南电视台等多家媒体组成的联合采访组赴贵定县德新镇喇亚村，采访黔南州农业科学研究所退休水稻老专家、“黔南骄傲”2016年度人物、黔南州离退休干部“五老五进当五员”活动科技特派员徐先捍。

【开展“迎国庆、中秋”文体比赛活动】 2017年9月26—28日州离退干局组织州直单位离退休干部在老干部活动中心开展“迎国庆、中秋”文体比赛活动。这次活动共设置了桥牌、麻将、象棋、桌球等4项集趣味、安全及老干部喜闻乐见为一体的活动项目，参加比赛的老干部达到100余人次。

【举办“描绘家乡新变化·喜迎十九大”老年书画展】 2017年9月30日，州离退干局、州文化广电新闻出版局、州老年大学、州文化馆、州老年书画研究会联合举办的“描绘家乡新变化·喜迎十九大”老年书画展在都匀开展。州委组织部副部长、州离退干局局长陈云霞在启动仪式上致辞。州文化广电新闻出版局党组成员、总工程师廖卫东主持启动仪式，州老年书画研究会会长、州政协原副主席陈琦宣布开展。

【举办全州离退休干部“说说家乡新变化·喜迎十九大”主题演讲比赛】 2017年10月12日，州离退干局在州政府多功能厅举办全州离退休干部“说说家乡新变化·喜迎十九大”主题演讲比赛决赛，来至12县（市）和州直单位的13名离退休干部代表参加了比赛。230余名来自州四家班子的老领导代表、州直单位离退休干部党支部书记及党员代表、州老年大学学员代表、都匀市老年大学学员观看了比赛。

【开展“同声传译”和“热学热议”党的十九大精神】 2017年10月18日，黔南州委离退休干部工作局组织离退休干部开展“同声传译”和“热学热议”中共十九大精神。据统计，全州12县（市）及州直各单位采取各种形式共组织8339名离退休干部收听收看中国共产党第十九次全国代表大会开幕盛况，开展了热学热议中共十九大报告活动参与支部达186个，收到发言1327条。

【举办“健康欢乐行·喜迎新时代”老年节健步行活动】 2017年10月27日，州委离退休干部工作局在都匀市文峰公园举办“健康欢乐行·喜迎新时代”老年节健步行活动。州委常委、州委组织部长胡志峰出席启动仪式并致辞。1500余名来自州直各单位的离退休干部代表参加活动。

【开展“重温入党誓词·牢记使命担当”主题党日活动】 2017年11月13日，州委离退休干部工作局组织36名副地级以上离退休干部到荔波县邓恩铭成列馆开展“重温入党誓词·牢记使命担当”主题党日活动。

【举办州县离退休党支部书记暨老干部工作者学习中共十九大精神专题培训班】 2017年11月20—22日，州委离退休干部工作局在罗甸县举办州县离退休党支部书记暨老干部工作者学习党的十九大精神专题培训班。100余名离退休干部党支部书记及老干部、老干部工作者参加培训。

【举办黔南州三届十一次老年书画联谊展（会）】 2017年11月28—29日，黔南州三届十一次老年书画联谊展（会）在平塘县举行。省老年书画研究会副会长岳松生、张焰，州人大常委会原主任罗平义，州委组织部副部长、州离退干局局长陈云霞，州老年大学校长李华出席会议，平塘县委书记、县人大常委会主任臧侃致辞。来自州直单位和全州12县（市）的120余名老年书画艺术家参加活动。470余幅作品参展。

【贵州省开发研究促进会暨黔南州州、县（市）开发研究促进会第24次联席会在平塘县召开】 2017年11月30日，贵州省开发研究促进会暨黔南州州、县（市）开发研究促进会第24次联席会在平塘县召开。省开发研究促进会会长、省人大常委会原副主任林明达出席并讲话。全国人大常委会委员、全国人大民族委员会委员唐世礼，省委老干部局巡视员谢平，州人大常委会副主任张蓉，州人大常委会原主任罗平义，州政协原主席潘希武，州开发研究促进会会长、州政协原副主席张宪民出席会议。

【百名离退休干部参加黔南州第一届州直机关党员干部职工运动会】 2017 年 12 月 7—8 日，主题为“欢庆十九大·迈进新时代”的 2017 黔南州第一届州直机关党员干部职工运动会在黔南民族师范学院举行。州直单位离退休干部 117 人分别参加了中国象棋、掷沙包、挟弹子接力三个项目比赛，参赛选手中年龄最大的 86 岁。

（唐兴萍）

老年大学

【概况】 2017 年，在州委州政府的坚强领导和省老年大学、省老教办的关心指导下，黔南州老年大学紧紧围绕州委州政府工作大局，按照省、州老年教育工作会议要求，以贯彻落实《黔南州老年教育发展“十三五”规划》为核心，以政治建校、质量立校、特色兴校、文化强校为发展方向，以创建省级老年大学示范校为抓手，以开展建校三十周年系列活动为契机，积极探索，改革创新，真抓实干，不断改善办学条件，提高教育教学质量和办学水平，创新教学方式，丰富了老年人精神文化生活，为黔南经济社会和谐发展作出了积极的贡献。2017 年全州共有老年大学（学校）247 所，其中：州级老年大学 1 所，县（市）老年大学 12 所，乡镇老年学校 103 所，村（社区）老年学校 131 所，敬老院老年学校 1 所，在校学员 3.12 万人。福泉市、瓮安县、惠水县、三都县、罗甸县、长顺县、都匀市 7 所老年大学创建并获得“省级老年示范校”称号。

【党建工作】 2017 年，党建工作以中共十九大精神为引领，深入推进“两学一做”学习教育常态化制度化。制定《关于推进“两学一做”学习教育常态化制度化的实施方案》和《黔南州老年大学学习宣传党的十九大精神工作方案》，把深化“两学一做”学习教育作为加强和规范党内政治生活，加强党内监督的重要载体，把学习宣传中共十九大精神融入“两学一做”学习教育中，坚持在“学”上不断深化拓展，在持续学、深入学上下功夫，通过组织全体党员学习中共十九大精神和习近平总书记在贵州省代表团重要讲话精神、学党章、上党课、开展“主题党日”活动、召开专题组织生活会、民主评议党员等多种形式，用习近平新时代中国特色社会主义思想武装头脑，持之以恒加强党员的理论教育和党性教育，进一步增强全体党员践行“两学一做”学习教育常态化制度化的自觉性和主动性，为做好新时代老年教育工作提供了强有力的思想保证。

以“晋级升星·好花更红”星级党支部创建为契机，把星级党支部创建与支持引导广大老同志为党的事业增添正能量紧密结合起来，积极发挥“绽夕阳风采．为党旗增辉”党建品牌作用，通过组织广大老年人举办“描绘家乡新变化·喜迎十九大”老年书画展、“庆祝党的十九大胜利召开·喜迎老年节”摄影联展、举办“学习贯彻十九大精神暨‘重阳节’活动”健步行暨献爱心慰问演出活动、黔南州三届十一次老年书画联谊展（会）、“学习十九大走进新时代”文艺汇演、开展“第 22 届世界读书日品茗书香魅力夕阳弘扬中华文化老年书画展—共建文明城市”主题活动、“十九大精神”宣讲等形式多样的活动，让老同志切身感受经济社会发展的巨大变化和成就，进一步统一思想，凝聚共识，充分发挥老同志的政治、智慧、经验、威望优势和“银发模范”作用，不断汇聚老同志为党和人民的事业增添正能量的力量，积极为助力新时代黔南发展新篇章作出积极贡献。深入推进脱贫攻坚党建扶贫工作，采取“院坝会”“组织生活会”“调研走访”等方式帮助帮扶村理清发展思路，找准脱贫目标，排查突出问题，力所能及的帮助群众解决实际困难问题，实现“微心愿”，为群众办好事办实事。

【贯彻落实老年教育“十三五”规划】 2017年，切实贯彻落实《贵州省老年教育发展“十三五”规划》和《黔南州老年教育发展“十三五”规划》，对全州老年教育发展“十三五”规划执行情况进行督促检查，围绕全州十三五期间老年教育发展的目标任务、工作措施等内容，深入12县（市）开展专题工作调研，广泛听取县（市）老年大学和基层老年学校意见。及时传达全省老年教育工作会议精神，召开全州老年教育工作会议部署落实老年教育工作。

【建校30周年活动】 以开展建校三十周年系列活动为契机，总结办学经验，推进全州老年教育开创新局面。州老年大学在全州老年教育系统组织开展了黔南州老年教育工作先进个人和优秀教师评比、文艺节目、书画摄影诗词作品评比、建校三十周年庆祝大会、“学习十九大 走进新时代”文艺演出等系列活动。共评选出“全州老年教育工作先进个人”15名、“全州老年教育优秀教师”18名；文艺节目、书画摄影诗词作品评比共评选出一等奖5名、二等奖10名、三等奖16名、优秀奖121名。出版了《黔南州老年大学建校30周年书画摄影诗词作品集》。这些活动，既总结了办学经验，又展示了全州老年教育三十年办学成果，通过评优和评比，形成学习先进、奋发赶超、努力作为的良好风尚，对全州老年教育工作起到极大的促进作用。

【基础设施建设】 以省级老年大学示范校创建为抓手，推动老年大学建设。根据省老教办关于进一步抓好省级老年大学示范创建工作要求，研究制定方案，加强工作指导，按照成熟一所申报一所、创建一所巩固一所的工作原则，开展省级老年大学示范校创建工作。2017年，全州共有福泉市、瓮安县、惠水县、三都县、罗甸县、长顺县、都匀市7所县（市）老年大学获得“省级老年大学示范校”称号。2017年，全州各级老年大学（学校）校舍面积达到53674平方米（含室外场地），投入老年教育经费226.7万元，开设时事政治、卫生保健、文学、书法、绘画、音乐、舞蹈、太极拳、乒乓球、门球、柔力球、摄影、京剧、电脑、二胡、电子琴等专业班，在校学员3.12万人。其中：州老年大学春季主修学员705名，秋季主修学员751名，全年合计1456名，注册人数较2016年度增加了167人。开设12专业、19个班级。

【教学管理】 注重学员思想政治教育，坚持开设时事政治课，定期开展校风校纪学习，打造良好的校风班风。福泉、瓮安和三都等县（市）老年大学，积极探索，在学员中成立了临时党支部，充分发挥党组织的引领作用和党员的标杆作用。加强校园文化建设，利用体现人文精神的走廊文化和具有独特风格的教室文化，通过设置学校宣传栏窗口、创办班级板报等形式，展示学校工作动态和师生书画作品，美化校园环境，营造良好的校园文化、积极向上的学习氛围。加强制度建设，制定出台了《电脑、电子琴、摄影提高班考勤制度》和《电脑室管理规定》《学员公约》等一系列规章制度。加强班委会建设和学员学籍管理，强化班级日常管理工作，充分发挥学员自我管理、自我服务的作用。加强与教师沟通联系，定期召开校务工作会议听取教师和班委意见建议，科学制定教学计划。开展教师备课情况检查和教学质量满意度调查，努力提高教师教学水平，使学员学得懂、学得会、学得乐。定期举办学习成果汇报演出，展示学员风采，营造比、学、赶、超的学习气氛。以听课、交谈等形式开展教学质量满意度摸底调查，对照检查教学计划执行情况。

【拓展第二课堂】 积极引导，助推教学成果转化。拓展第二课堂，组织学员结合所学专业，开展丰富多彩的课外活动。鼓励班级、校际间进行双向或多向的合作与交流，丰富老同志业余生活。2017年，全州各级老年大学积极开展庆祝建党96周年文艺演出、喜迎“十九大”老年书画展、义务写春联、送文化下乡、慰问演出等活动。通过活动，学员们不仅展示各专业学习的成果，还进一步加强了沟通和交流，增进了友谊，学校、班级的凝聚力不断加强。积极组织学员参加重大活动，向社会传递正能量。州老年大学联合多家单位举办了庆祝建党96周年暨期末汇报演出、喜迎“十九大”老年书画展等系列活动，广大学员积极创作作品参展参演。舞蹈1班学员参加“健晨杯”第十一届剑拳操舞暨第二届健康美模特公益大赛全国总决赛中参赛的两个节目分获亚军和季军两个奖项，参加“大成杯”第五届健身球操全国邀请赛获规定套路金奖、自编套路金奖、最佳创编奖及体育道德风尚奖；舞蹈2班学员参加黔南州体育局、州体育总会举办的“贵州动起来”2017年黔南州“全民健身月”广场舞比赛获三等奖；音乐3班学员参加2017年多彩贵州文化艺术节——全省“合唱优秀作品展演”两个节目被贵州省文化厅评为展演奖。州老年大学组织学员到都匀市怡养华庭老年公寓开展“学习贯彻十九大精神暨‘重阳节’活动”主题慰问演出，州老年大学师生职工与老年公寓工作人员等近700余人参加此次活动。

【探索推动老年教育创新发展】 2017年，积极探索老年教育新模式，加大对社区老年教育的探索力度，与州教育局、州电大联合举办“黔南州全民终身学习活动周”活动，并成为“黔南州社区教育指导服务中心、州广播电视大学、州老年大学社区教育教学点”。进一步整合资源，抓好社区和远程老年教育。扩大社区老年学校覆盖面，将社区老年教育活动场所与社区文化活动室、党员活动室等融为一体，解决场所问题，实现资源共享。2017年，全州共有社区老年学校41所，其中：瓮安县雍阳街道办事处河滨社区老年学校已列为全州创建省级社区老年学校示范校进行了申报。认真贯彻《中国老年大学协会远程教育工作委员会2017年工作意见》，积极协调有关部门，利用党员远程教育网络站点资源，建设老年远程教育示范点，扩大了远程老年教育发展空间。2017年，全州共有远程老年教育站（点）30个，远程老年教育站点组织的特色课、品牌课课件制作和优秀教材受到学员好评。9月翁安县获中国老年大学协会授予的“全国老年远程教育实验区”的称号。

参加全省第二届创新大赛，根据省老教办关于开展全省第二届老年教育工作创新大赛工作要求，组织动员全州各级老年大学（学校）参加比赛，围绕学员管理、社区老年教育、老年远程教育、校园文化建设等方面进行系统总结和深入研究。通过努力，全州共组织上报参加全省老年教育工作创新大赛材料14篇。经省老教办审定确定都匀市老年大学《建立五个机制，强化信息宣传工作》参加现场陈述比赛。

注重理论调研工作，将老年教育理论研究作为一项重要工作列入州、县（市）级老年大学每年年度工作计划。2017年，全州共形成理论调研文章15篇，其中：州级1篇，县（市）14篇。

【对外宣传】 州、县（市）老年大学通过黔南老年教育网、党政信息网、出简报、办校刊等多种形式，宣传党和国家有关老年教育工作的方针政策和全州老年教育工作活动的开展情况。截至2017年12月中旬，全州共报送工作信息简报624篇，其中：州老年大学和州老教办48篇，县（市）576篇。2017年初州老年大学被评为全省2016年度老年教育信息宣传工作“一等奖”。“黔南老年教育微信公众号”平台的开通，进一步拓宽了全州老年教育工作的宣传交流渠道。出版《黔南老年教育》校刊两期。

（雷　艳）

关心下一代工作

【概况】 2017年，黔南州关心下一代工作以中共十八大、十九大精神和习近平对关心下一代工作重要指示精神为指导，围绕助力脱贫攻坚、全面同步小康目标任务，加强调查研究，发挥“五老”优势和作用，教育广大青少年听党话跟党走，为青少年办实事做好事开展工作。

【学习党的十九大和习近平总书记系列重要讲话精神，统一思想凝聚力量】 全州各级关工委深入学习习近平总书记系列重要讲话、十八届三中、四中、五中、六中全会，党的十九大、省第十二次党代会和州第十一次党代会精神，通过学习，大家谈感受、谈体会、谈认识，表示要增强政治意识、大局意识、核心意识、看齐意识，在政治立场、政治方向、政治原则、政治道路上同党中央保持高度一致，尊崇党章，把对党忠诚作为根本政治担当，永葆共产党人的政治本色。在行动上主动看齐核心，把握服务青少年的正确方向和关工委工作的主要任务，不仅自己要听党话、跟党走，还要教育下一代听党话、跟党走。2017年全州各级关工委采取专题学习、座谈、视频会议、组织观看专题片等形式学习78场次，参加学习人数达2000余人次。

【培育和践行社会主义核心价值观，丰富青少年思想道德教育】 利用全州丰富的红色文化、民族文化、生态文化等资源，发挥“五老”宣讲团优势特长，围绕培育和践行社会主义核心价值观，开展形式多样的思想道德教育活动，加强对青少年思想道德教育。2017年全州各级关工委共建有219个思想道德宣讲团，829名“五老”宣讲员参加宣讲。

一是以主题活动强化理想信念。全州各级关工委以“祖国好·家乡美”“两史两情（党史国史·县情乡情）”“新三好”学生评选表彰、“三爱一践行”“学习和争做美德少年”“生态之州欢迎你·我是文明小导游”等主题活动开展为载体，激发青少年爱祖国、爱家乡的情感，教育引导青少年知党信党爱党护党。

二是以宣讲报告突出教育引领。发挥“五老”宣讲员优势特长，组织宣讲团深入学校、乡村、社区开展《革命先烈冷少农战斗的一生》《老红军肖德昌战斗的一生》《弟子规》和《古典诗词楹联赏析》等内容宣讲报告会，教育引导青少年铭记先烈的伟绩，传承革命精神，大力弘扬中华文化，推动文化自信。2017年全年全州关工委共开展各类宣讲754场次，有47.16万名师生接受教育。

三是以主题比赛促进校园环境。为推动阳光校园环境建设，给中小学生提供和谐、良好的学习环境，州关工委与州教育局举办了全州中小学生“阳光校园·我们是好伙伴”主题演讲比赛，来至全州12县（市）47名中小学生参加了比赛，展现了全州中小学生阳光向上、茁壮成长的精神风貌。

四是以文化传承引领民族自豪。结合少数民族地区文化特点，推动民族文化进校园，创新性的开展少数民族地区关心下一代工作。在三都县中小学举办首届“小小绣娘”技能大赛，不但让中小学生了解了“马尾绣”这一独特民族文化，而且对保护和传承国家级非物质文化遗产起到了积极的促进作用，同时提升了学生的民族自豪感和荣誉感。

【建立和完善法治教育联动机制，提升参与社会治理能力】 贯彻落实《中共中央办公厅印发〈关于进一步深化预防青少年违法犯罪工作的意见〉的通知》精神，动员一批从政法、教育战线上退下来的老同志组建了249个法治宣讲团，聘请了718名“五老”担任法治宣讲员，配合有关部门推动法治宣传教育进校园、进课堂、进社区、进乡村，推进形成了政府主导、学校实施、家庭参与、社会共管“四位一体”的青少年普法格局。

一是开展法制进校园活动。结合青少年健康成长实际和社会热点问题，各级关工委组织“五老”宣讲员深入中小校，分别开展了《国家安全法》《未成年人保护法》《预防未成年人犯罪法》《交通安全法》《义务教育法》《食品安全法》等普法宣传，举办了《做一名讲规则，守法律的青少年》《青少年学法的重要性和必要性》等法治宣讲报告会，并采取由服刑人员以身说法、释法，以法论事，让学生面对面的接受教育。全州举办法制进校园宣讲活动共 1074 场次，受教育师生达 62.08 万人次。

在“第三届‘关爱明天·普法先行’——青少年普法教育活动”活动中。瓮安县荣获中国关心下一代工作委员会、司法部和中央社会治安综合治理委员会办公室联合授予第三届“关爱明天、普法先行”全国青少年普法教育示范区；瓮安县关工委、县教育局被评为先进单位；瓮安五中等 10 所学校评为零犯罪学校；18 人为先进个人，13 人为优秀辅导员，51 名学生在法律知识竞赛中获奖。

二是开展网吧监督。州关工委组织“五老”网吧监督员深入 24 家网吧就网吧是否接纳未成年人上网、是否违规经营等方面开展监督工作。“五老”网吧监督员根据《互联网上网服务营业场所管理条例》《贵州省“五老”网吧监督员的职责》收集社会各界对网吧管理的意见和建议，及时向执法管理部门反馈，协助搞好网吧监督和管理，为广大的网民提供一个规范、安全、文明的上网环境，深受社会、学校、家长欢迎。全州各级关工委共聘请 311 名“五老”网吧监督员，对 209 个网吧进行了定期和不定期检查 1706 次。

【关爱留守儿童困境儿童，为青少年做好事办实事解难事】 贯彻落实《国务院关于加强农村留守儿童关爱保护工作的意见》和《中共贵州省委办公厅贵州省人民政府办公厅印发〈关于进一步加强留守儿童困境儿童关爱救助保护工作的实施意见〉的通知》精神，配合相关部门进一步完善学校、家庭、社会三位一体关爱保护网络工作机制。

一是强化留守儿童家长教育。加强全州农村留守儿童的教育与管理，在全州开展留守儿童家长（代理家长）“尽责优教”大讲堂活动，充分发挥“大讲堂”功能作用，先后在都匀市墨阳完全小学、都匀五中、瓮安县建中小学举办了 3 期“留守儿童家长（代理家长）培训班”，464 名留守儿童家长（代理家长）参训。

全州各级关工委共在中小学举办留守儿童家长（代理家长）培训班 556 期，22229 名家长参训，共投入 95.05 万元。

二是开展“开学季、关爱行”活动。争取省关工委支持，为 12 县（市）的 6 所小学、6 所中学 720 名困难学生助学金和品学兼优学生发放奖学金 30 万元；得到省关工委争取爱心企业为黔南州捐赠总价值 60.05 万元的儿童跳床、足球门、书包等文体用品，惠及罗甸、平塘等 6 县的部分中小学学生；联系恩慈教育基金会为全州 12 县（市）的 64 所山区学校发放奖学金 45.32 万元，惠及 2370 名学生。

三是用好“关爱行动”专项经费。为长顺、惠水、龙里、等县（市）的 35 所贫困山区中小学校“营养厨房”购置 35 套优质安全的厨房设备，总价值 200 万元，3 万多名农村学生受益，帮助部分贫困山区中小学校解决“营养厨房”设备陈旧、不安全等问题，助推了全州“四在学校·幸福校园”活动的开展。

四是做好留守儿童困境儿童关爱帮扶工作。积极配合有关部门开展留守儿童之家和家长学校创建工作。各级关工委协助有关部门创建留守儿童之家 79 个，使全州留守儿童之家累计达 434 个，开展留守儿童心理辅导 26341 人次，建立有关心下一代工作基金 13 个，共计 206.8 万元；筹措 1402 万元资金，物资 338.33 万元，帮助 5.2 万名农村贫困学生解决生活学习困难，其中留守儿童 24103 人；参与创建家长学校 270 所，组织 17 万人次的家长参加学习。

五是办好“五老”乒乓球辅导团。以“老少牵手·国球乒乓”为主题，举办助力青少年身心健康的假期义务辅导培训 2 期，对青少年学生开展乒乓球技义务辅导 2465 人次，丰富了青少年的假期生活。

【助力脱贫攻坚，进一步拓展助民增收致富奔小康的渠道】 调整充实老专家科技服务团，以“实施科技服务，助力脱贫攻坚”为目标，组织老专家科技服务团到平塘县者密镇调研，结合各县农业产业发展实际，积极争取资金，选取适宜老百姓发展的种养殖项目，组织开展“学科技·助脱贫”实用技术培训，先后在龙里、长顺、三都和罗甸四县举办了刺梨种植、高钙苹果种植、绿壳蛋鸡养殖、黄桃种植和牲畜养殖等实用技术培训班七期，培训农村青年种植养殖专业户、科技二传手、致富带头人831人。通过培训，教育广大青年学习科学、崇尚科学、运用科学，培养一批有文化、懂技术、会经营的新型农民，引导他们依靠科技脱贫致富、发展，实现小康梦。

为荔波县打造“全域旅游”，筹集5万元资金在该县举办旅游农家乐培训班培训60余人，提高农家乐管理、服务质量和服务技能，全面提升全域旅游创建水平。

全州共举办各类培训班206期，16248名农村青年参训，投入培训资金126.12万元。

【开展调查研究，拓展关工委工作向纵深发展】 一是联合州教育局开展《进城务工人员随迁子女学习生活情况》专题调研，了解全州进城务工人员及其随迁子女读书入学的现状、黔南州的主要做法、存在各地学校建设规划不适应城镇化建设的需要、城镇教育资源有待扩容增大；户籍管理与学籍管理脱节和进城务工人员子女学习辅导难等问题和困难，为下步做好此项工作提出了加强家长教育知识培训、发挥优秀随迁子女的模范带动作用、引导进城务工人员树立正确的家庭教育思想、观念等建议。

二是开展了《如何落实社会主义核心价值观融入法治建设等新要求，立足青少年法治教育以及重点青少年群体关爱服务，积极参与预防违法犯罪工作，营造青少年健康成长环境》专题调研。从犯罪主体、表现形式等方面认真分析新世纪青少年面临的各种诱惑，认真分析了影响青少年健康成长突出问题青少年违法犯罪态势居高不下的原因，提出切实增强家庭教育“主位”意识；部门密切配合，共担法治“育苗”之责；多功轮驱动，抓好学校周边环境治理等破解的思路办法，为有关部门有针对性地开展青少年法治教育工作、为推动关心下一代工作创新发展提供参考。

三是会同州开发研究促进会、州教育局在州内开展“农村义务教育营养改善计划”专题调研，针对厨房设施配套不完善、膳食结构不够合理、校外供餐财务结算管理跟不上、监管部门联动机制还不成熟，存在供餐安全隐患等主要问题，提出了继续加大实施营养改善计划的投入，补齐硬件“短板”；认真总结推广营养计划实施工作的经验作法；加强食堂工作人员膳食营养搭配培训、营养餐成本核算管理，加大供餐食品基地建设力度，织牢监管工作防护网等建议，对促进“农村义务教育营养改善计划”工作的开展提供借鉴。

四是开展“党建带关建”专题调研。全面了解全州关工委“党建带关建”工作开展情况和“五老”人员参与、各部门配合协调等工作情况，对存在的主要问题，提出了解决的意见和建议。调研中荔波县党建办将关工委工作纳入党建工作内容，统一安排、统一考核；福泉市凤山镇党建带动关工委工作联动共建：提出组织健全带、工作内容带、落实责任带，实施“4431”（4个建设：图书室、法制学校建设、家长学校、乡村少年宫建设；开展4项教育：德育、法制、家庭、健康教育；办好3件实事：帮助解决青少年中的失学、失业、失足问题；搭建1个平台：搭建返乡农民工就业平台）工作法，为我州“党建带关建”工作提供了较好经验。

【加强关工委自身建设，提高服务基层的能力素质】 全州各级关工委按照建设学习型、创新型、服务型、发展型关工委组织的要求，加强自身队伍建设，努力打造一支政治坚定、作风过硬、勇于担当、无私奉献的关工委工作队伍。

一是加强关工委班子建设。各级关工委根据工作需要及时调整班子结构，选配好班子带头人，将能干事、会干事、干成事、相对年轻的老同志充实到领导班子中。各个工作组按分工合作原则，各施其职、各负其责，积极开展工作。

二是开展“五好”基层关工委创建工作。各级关工委始终把“五好”基层关工委创建作为推动关工委工作创新发展的有力抓手，不断探索创新。瓮安县县委办下发《瓮安县开展创建“五优五好”基层关工委活动的实施意见》细化工作内容、目标、任务和要求，明确关工委成员单位的工作职责，工作机制健全，基层“五好”关工委达标率为90%；三都县县委办下发《关于继续开展创建“五好”基层关工委活动的实施意见》，打造示范点，推动工作。通过创建工作开展，全州共建有关工委2142个，（其中县（市）级关工委12个，乡、镇、办事处关工委104个，村（社区）关工委1330个，中小学校关工委696个。）达到“五好”标准的1306个，达标率为61%。

三是开展干部教育培训。与州委离退休干部工作局联合在浙江大学举办综合能力提升培训班，各县（市）关工委干部16人参训；组织关工委在职干部和“五老”14人参加省关工委在贵阳举办的关工委系统学习贯彻党的十九大精神干部培训班，通过培训学习，进一步增强了关工委工作队伍的整体素质，进一步提高服务能力和水平。

四是提升信息宣传力度。充分发挥新闻媒体在信息宣传工作中的作用，扩大全州关工委工作的社会影响力。编写工作简报、调研等材料

【黔南州举办留守儿童家长培训班】 为进一步贯彻落实《国务院关于加强农村留守儿童关爱保护工作的意见》《中共贵州省委办公厅贵州省人民政府办公厅印发〈关于进一步加强留守儿童困境儿童关爱救助保护工作的实施意见〉的通知》精神，为强化留守儿童家长教育，加强全州农村留守儿童的教育与管理，给他们提供一个良好的成长环境，帮助留守儿童监护人提高监护能力，州关工委抓住春节农民工返乡过年这个时节，积极开展好留守儿童家长代理家长“尽责优教”大讲堂活动。2017年1月5—8日，黔南州关工委在都匀市墨阳完全小学、都匀五中、瓮安县建中小学举办了三期“留守儿童家长（代理家长）培训班”，464名留守儿童家长（代理家长）参训。

这三期培训课程设置内容丰富，特邀到国家级心理咨询师、法律教育等专家围绕“家庭教育”“留守儿童安全教育”“预防未成年人犯罪”“留守儿童健康管理”“留守儿童的心理问题”等内容进行培训，从家庭教育的基本原则和方法讲起，分析了家长在家庭教育中的作用，父母应怎样引导孩子学习，如何加强与孩子之间的沟通，家庭教育中的误区和错误做法等内容进行辅导，还为家长们分析了青春期的孩子为什么容易和家长发生冲突，列举了作为父母几个错误的做法，什么样的父母才是孩子们喜欢的，如何做一名成功的家长。培训采取理论知识、具体事例分析、家长和老师互动等形式进行，效果很好，得到家长、老师们的一致好评。

【黔南州关工委2017年中小学生寒假乒乓球义务辅导班开班】 为进一步创新和拓展中小学生假期活动的内容和载体，丰富假期生活，充分

发挥体育场馆服务青少年的功能，弘扬“五老”关爱后代，热心公益、乐于奉献的精神，2017 年 1 月 9 日，黔南州关工委中小学生寒假乒乓球义务辅导班在州青少年体育活动中心开班，此次培训为期 28 天。

为组织好寒假辅导活动，州关工委“五老”乒乓辅导团专门召开全体成员会议，安排布置 2017 年中小学生寒假乒乓球义务辅导培训相关事宜。有 80 余名中小学生报名参训，“五老”乒乓球辅导团的教师不仅传授球技，还教他们如何做人，不仅培养孩子们的爱好和兴趣，还激发树立奋发向上、勇于拼搏的精神。

此次辅导活动得到州教育局、州体育局和黔南电视台、《黔南日报》、黔南热线等新闻媒体的支持，搭建了中小学生假期强身健体的平台，老少牵手互动，推动乒乓球运动和全民健身活动，达到老少同乐、双赢健康的目的和效果。

【“阳光校园·我们是好伙伴”全国青少年五好小公民主题教育活动演讲比赛黔南赛区决赛在都匀举行】 2017 年 5 月 27 日，黔南州关工委、教育局联合举办的全州中小学生“阳光校园·我们是好伙伴”全国青少年五好小公民主题教育活动演讲比赛黔南赛区决赛在都匀举行。州关工委顾问罗平义、常务副主任孔繁英，州教育局党组副书记、常务副局长韦快等领导和教育部主题教育活动办贵州区主任王建军参加活动并作指导。决赛分小学和初中两个组进行，通过全州各中小学校自下而上的层层选拔，来自 12 县（市）中小学校的 47 名选手参加决赛。决赛分别评出了一、二、三等奖及优秀奖。荣获小学组和初中组的第一名选手，暑期赴北京参加全国总决赛。

【黔南州关工委开展农村实用技术培训活动】

为提高全州青年农民科技理论水平，掌握先进农技实用技术，增强自身发展能力，促进农业增效、农民增收、农村繁荣和当地农业经济发展，加快脱贫致富步伐，州关工委于 2017 年 7 月下旬 9 月中旬分别在长顺县、三都县和罗甸县举办高钙苹果种植、绿壳蛋鸡养殖、黄桃种植和牲畜养殖等实用技术培训班六期，566 名农村青年种植养殖专业户、科技二传手、致富带头人参训。

黔南州关工委副主任蒙院芬、夏平等领导出席培训开班仪式并作动员讲话

在培训中，专家们精心备课、内容丰富、通俗易懂，采取理论知识讲解与现场观摩、现场操作指导的方式进行，提高了学员们的理论水平及实用操作技术和技能。通过培训老师与学员交流，现场解答，提高了培训的针对性和实效性，培训效果非常好，深受青年农民的欢迎，学员们希望今后多举办这样的技能培训。

这六期培训得到贵州省关工委 12 万元的经费支持。

【黔南州关工委开展“五老”法制宣讲进校园活动】 为进一步增青少年的法制意识，接受法制教育，自觉遵纪守法。黔南州关工委副主任王雯洁、玉如敏、胡真理等一行于 2017 年 9 月 14 日、20 日、22 日分别到三都县鹏城希望学校、独山县高级中学和长顺县民族中学开展题为《树好人生价值观的正确坐标》《做一个讲规则守法律的好青年》《青少年学法的重要性和必要性》的法制专题宣讲活动，共 2100 多名师生接受法制教育。

宣讲中，根据学生的年龄特点，用通俗易懂的语言，一个个发生在身边的具体案例，以案说法、释法，以法论事；如何树立正确的人生观、世界观和价值观；如何增强自身的法制观念，提高明是非辨、自我防范和保护的能力，树立自觉遵纪守法的法律观念。

通过宣讲教育活动的学习，同学们明白了该怎样理性地处理生活中遇到的问题，不以恶小而为之，规范自己的行为，怎样预防犯罪，如何做一名知法、懂法、守法的新时期好学生，法制进校园活动得到了广大师生的一致好评。

（长顺县民族中学宣讲现场）

【黔南州关工委进校园开展思想道德教育宣讲活动】 为进一步增强青少年的思想道德教育，提高青少年的综合素养，激发青少年热爱中华传统文化，了解全州丰富的红色文化资源，讲好黔南故事，黔南州关工委思想道德教育宣讲团于2017年9月8日—10月19日分别到黔南民族师院、黔南民族职院、黔南民族师院附中、都匀市民族中学、第三中学、第五中学、第六中学、第二小学、第三小学和贵定县技工学校开展思想道德教育进校园活动10场次，6000多名师生接受教育。宣讲内容有《〈弟子规〉解读》《革命先烈冷少农战斗的一生》《老红军肖德昌战斗的一生》和《古典诗词的赏析》等。

【黔南州关工委调整充实老专家科技服务团】

为贯彻全省关工委“实施科技服务，助推脱贫攻坚”工作经验交流会议精神，2017年12月4日，州关工委召开主任会议，对老专家科技服务团人员进行调整充实，将刚从有关部门退下来、身体健康的农、林、畜牧业专家充实到老专家服务团。

调整后的老专家服务团为：顾问罗平义、罗禄怡（研究员）担任，团长由何志星（高级工程师）担任，副团长由肖立仁（高级畜牧师）、李毅（畜牧师）担任，成员由罗仁周（高级工程师）、高恒邦（高级农艺师）、徐先捍（高级农艺师）、王德其（研究员）、王德智（高级工程师）等组成。

（杨国庆）

·黔南州人民代表大会及其常务委员会·

QIAN NAN ZHOU REN MIN DAI BIAO DA HUI JI QI CHANG WU WEI YUAN HUI

【概况】 2017年，是州十四届人大常委会依法履职的开局之年。一年来，在中共黔南州委的领导下，州人大常委会以习近平新时代中国特色社会主义思想为指引，围绕全州工作大局，认真履行宪法和法律赋予的职责，顺利完成了州十四届人大一次会议确定的各项目标任务。全年共召开常委会会议5次，主任会议11次，听取审议专项工作报告37项，组织专题询问3次，开展执法检查2项，对2个部门开展工作评议，审议法规草案2个，作出决议决定10项，任免国家工作人员98人次，开展规范性文件备案审查81件，州十四届人大常委会各项工作实现良好开局，为决战脱贫攻坚、决胜全面同步小康，奋力打造民族地区创新发展先行示范区，促进全州经济社会持续健康发展作出了重要贡献。

【州十四届人大一次会议】 2017年2月15—19日，黔南布依族苗族自治州第十四届人民代表大会第一次会议在都匀召开。会议听取和审议州人民政府代理州长吴胜华所作的《政府工作报告》，审查州人民政府提出的《黔南州2016年国民经济和社会发展计划执行情况与2017年国民经济和社会发展计划草案的报告》《黔南州2016年全州和州本级财政预算执行情况与2017年全州和州本级财政预算草案的报告》；听取和审议州人大常委会主任罗毅受州十三届人大常委会委托所作的州人大常委会工作报告，州中级人民法院院长王亮海所作的州中级人民法院工作报告，州人民检察院检察长马涛所作的州人民检察院工作报告；审议通过了州人大常委会、州人民政府、州法院、州检察院工作报告，审查批准了计划、预算报告，并分别作出了相应的决议。

会议按照《黔南布依族苗族自治州第十四届人民代表大会第一次会议选举办法》，依法选举产生了新一届州人大常委会主任、副主任、秘书长、委员，州人民政府州长、副州长，州中级人民法院院长、州人民检察院检察长。选举结果为：罗毅当选为州十四届人大常委会主任，刘建民、陈有德、韦祖宏、吴俊、张仕雄、陈稠彪、张蓉当选为州十四届人大常委会副主任，罗必刚当选为州十四届人大常委会秘书长，王忠、王国平、王琳琳等27人当选为州十四届人大常委会委员；吴胜华当选为州人民政府州长，黄伟、黎燕萍、胡晓剑、张全毅、杨从明、王治军、文永生当选为州人民政府副州长；王亮海当选为州中级人民法院院长，马涛当选为州人民检察院检察长；通过了州十四届人大各专门委员会组成人员名单。会议结束时，州委书记龙长春作了重要讲话。

【州十三届人常委会第三十八次会议至三十九次会议】 2017年1月3日，州十三届人大常委第三十八次会议在都匀召开。会议举行了一次全体会议，由罗毅主任主持。会议审议了关于许可对州十三届人大代表范祖林采取强制措施的报告，关于提名王世杰、麻晓芳为黔南州出席贵州省第十二届人民代表大会代表候选人的议案，关于刘福成辞去贵州省第十二届人民代表大会代表的议案，选举王世杰、麻晓芳为黔南州出席贵州省第十二届人民代表大会代表，表决通过了刘福成辞去贵州省第十二届人民代表大会代表，并依法将表决结果报告省人大常委会代表资格审查委员会。

2017年2月6日，州十三届人大常委会第三十九次会议在都匀召开。会议举行两次全体会议，分别由罗毅主任、符晓钢副主任主持。会议听取了州人大常委会副主任韦祖宏、秘书长黄培庄、州人大选任联委主任委员王忠分别所作的《州人大常委会代表资格审查委员会关于州十四届人大代表的代表资格审查报告》《州人大常委会办公室关于州十四届人大一次会议筹备工作情况的报告》《关于〈黔南布依族苗族自治州人民代表大会代表议案处理办法〉（草案）的说明》，审议了州十四届人大一次会议主席团和秘书长名单（草案），表决通过了州十四届人大一次会议列席人员名单、黔南布依族苗族自治州人民代表大会代表议案处理办法和有关人事任免事项。

【州十四届人常委会第一次至第五次会议】2017年4月26—27日，州十四届人大常委会第一次会议在都匀召开。会议举行两次全体会议，分别由罗毅主任、刘建民副主任主持。会议传达学习了贵州省第十二次党代会精神，听取和审议州人民政府副州长黄伟、黎燕萍、秘书长余贤臣分别作的对《关于2016年上半年国民经济和社会发展计划执行情况报告的审议意见》《关于〈黔南布依族苗族自治州剑江河流域保护条例〉贯彻实施情况报告的审议意见》《关于州十三届人大六次会议代表建议、批评和意见办理工作情况报告的审议意见》办理情况的报告；听取和审议州财政局、州民宗委分别受州人民政府委托所作的对《关于2016年上半年财政预算执行情况报告的审议意见》《关于全州宗教工作情况报告的审议意见》办理情况的报告；听取和审议州科技产权局、州扶贫开发局分别所作的对《关于州科技产权局2014年以来工作情况报告的审议意见》《关于州扶贫开发局2014年以来工作情况报告的审议意见》办理情况的报告；听取州人大常委会法工委作的关于《黔南布依族苗族自治州第十四届人民代表大会常务委员会立法规划（2017—2021年）（草案）》《〈黔南布依族苗族自治州第十四届人民代表大会常务委员会2017年度立法计划（草案）〉的说明》；审议通过州人大常委会2017年工作要点、州十四届人大常委会立法规划（2017—2021年）和2017年度立法计划，作出关于对州民政局、州环保局开展工作评议的决定，决定任命新一届州人民政府组成人员，表决通过州十四届人大常委会代表资格审查委员会组成人员名单。会议表决通过了州人民政府5个专项工作报告和2个部门工作情况报告。会议结束时，罗毅主任作了重要讲话。

2017年6月28—29日，州十四届人大常委会第二次会议在都匀召开。会议举行两次全体会议，分别由罗毅主任、陈有德副主任主持。会议听取和审议州人民政府副州长黄伟所作的《对〈关于全州电子商务工作情况报告的审议意见〉办理情况的报告》；听取和审议州财政局、州审计局、州教育局分别受州人民政府委托所作的《关于2016年全州和州本级财政决算（草案）的报告》《关于2016年州本级预算执行和其他财政收支情况的审计报告》《对〈关于义务教育均衡发展情况报告的审议意见〉办理情况的报告》；听取和审议州人民检察院所作的《对〈关于2014年以来监督起诉及生态环境保护专项行动工作情况报告的审议意见〉办理情况的报告》；听取和审议州人大财经委、州人大环资委分别所作的《关于〈黔南州2016年州本级财政决算（草案）〉的审查结果报告》《关于制定〈黔南州布依族苗族自治州涟江河保护条例〉的议案审议结果的报告》；听取州人大选任联委主任、州人大常委会代表资格审查委员会所作的《关于个别代表的代表资格审查报告》。审查批准了2016年州本级财政决算，表决通过州人大环资委关于制定《黔南布依族苗族自治州涟江河保护条例》的议案审议结果的报告和有关人事任免事项。表决通过了州人民政府4个专项工作报告和州人民检察院1个专项工作报告。会议结束时，罗毅主任作了重要讲话。

2017年8月29—31日，州十四届人大常会第三次会议在都匀召开。会议举行两次全体会议，分别由罗毅主任、韦祖宏副主任主持。会议听取和审议州人民政府副州长黄伟、黎燕萍分别所作的《关于2017年上半年国民经济和社会发展计划执行情况的报告》和《关于州十四届人大一次会议代表建议、批评和意见办理情况的报告》《关于〈黔南布依族苗族自治州旅游发展条例〉贯彻实施情况的报告》；听取和审议州财政局、州水库和生态移民局、州林业局、州卫计委分别受州人民政府委托所作的《关于2017年上半年财政预算执行情况的报告》《关于全州异地扶贫搬迁后续扶持服务工作实施情况的报告》《关于〈黔南布依族苗族自治州天然林保护条例（草案）〉的说明》《关于〈黔南布依族苗族自治州民族医药发展保护条例（草案）〉的说明》；听取和审议州人大常委会副主任张仕雄所作的《州人大常委会执法检查组关于〈黔南布依族苗族自治州旅游发展条例〉执法检查情况的报告》；听取和审议州人大选任联委、州人大农委、人大教科文卫委分别所作的《关于州十四届人大一次会议代表建议、批评和意见督办工作情况的报告》《关于〈黔南布依族苗族自治州天然林保护条例（草案）〉初审意见的报告》《关于〈黔南布依族苗族自治州民族医药发展保护条例（草案）〉初审意见的报告》；对《黔南布依族苗族自治州天然林保护条例（草案）》《黔南布依族苗族自治州民族医药发展保护条例（草案）》进行了审议。会议表决通过州人民政府5个专项工作报告和有关人事任免事项。会议期间于8月30日下午，举行联组会议对全州易地扶贫搬迁后续扶持服务工作开展专题询问，专题询问会由陈有德副主任主持；常委会组成人员及列席会议的州人大代表、旁听公民、媒体记者对相关问题进行询问，州人民政府副州长黎燕萍率相关部门主要负责人到会进行回答。会议结束时，罗毅主任作了重要讲话。会议结束后，在州人大常委会机关11楼会议室举行了新任命人员向宪法宣誓仪式。

2017年10月31日—11月2日，州十四届人大常委会第四次会议在都匀召开。会议举行三次全体会议，分别由罗毅主任、张仕雄副主任、陈稠彪副主任主持。会议传达学习了中国共产党第十九次全国代表大会精神；听取和审议州人民政府副州长王治军所作的《关于2014年以来全州信访工作情况的报告》《关于黔南民族医学高等专科学校专升本工作开展情况的报告》；听取和审议州发改委、州民宗委、州审计局分别受州人民政府委托所作的《关于全州扩大有效投资推进情况的报告》《关于全州少数民族特色村镇建设情况的报告》《关于2016年审计查出突出问题整改情况的报告》；听取和审议州民政局、州环保局分别作的《黔南州民政局关于2016年以来全州民政工作情况的报告》《黔南州环保局关于2016年以来全州环保情况的报告》；听取和审议州人大内司委和州人大环资委分别作的《州人大常委会工作评议组关于对全州民政局开展工作评议情况的报告》《州人大常委会工作评议组关于对环保局开展评议情况的报告》；听取州人大选任联委作的《州人大常委会代表资格审查委员会关于个别代表的代表资格审查报告》。会议表决通过了州人民政府5个专项工作报告、2个部门工作报告和有关人事任免事项。会议期间于11月2日下午，举行联组会议对全州信访工作开展专题询问，专题询问会由吴俊副主任主持，常委会组成人员及列席会议的州人大代表、公民、记者就相关问题进行询问，州人民政府副州长王治军率相关部门主要负责人到会进行回答。会议结束时，州人大常委会主任罗毅作了重要讲话。会议结束后，在州人大常委会机关11楼会议室举行了新任命人员向宪法宣誓仪式。

2017年12月19～21日，州十四届人大常委会第五次会议在都匀召开。会议举行三次全体会议，分别由罗毅主任、吴俊副主任、张蓉副主任主持。会议听取和审议州人民政府副州长吴海平、张全毅分别所作的《关于〈国务院森林防火条例〉〈贵州省森林防火条例〉贯彻实施情况的报告》《关于将水书申报〈世界记忆遗产名录〉工作开展情况的报告》；听取和审议州财政局、州工信委、州政府办公室分别受州人民政府委托所作的《关于提请审议将市政公共基础设施市场化配置相关费用纳入预算的说明》《关于州本级2017年财政预算调整方案的报告》《对〈关于2017年上半年财政预算执行情况报告的审议意见〉情况办理的报告》和《2016年以来全州工业发展情况的报告》《对〈关于州十四届人大一次会议代表建议、批评和意见办理工作情况的审议意见〉办理情况的报告》；听取和审议州水库和生态移民局、州旅发委、州审计局、州发改委分别受州人民政府委托所作的《对〈关于全州易地扶贫搬迁后续扶持服务工作实施情况报告的审议意见〉办理情况的报告》《对〈关于黔南州旅游发展条例贯彻实施情况报告的审议意见〉办理情况的报告》《对〈关于2017年上半年国民经济和社会发展计划执行情况报告的审议意见〉办理情况的报告》；听取和审议州中级人民法院、州人民检察院分别所作的《关于2015年以来法院司法改革工作情况的报告》《关于2015年以来检察院司法改革工作情况的报告》；听取和审议州人大常委会副主任吴俊所作的州人大常委会执法检查组《关于〈国务院森林防火条例〉〈贵州省森林防火条例〉执法检查情况的报告》；听取州人大常委会秘书长罗必刚所作的《关于州十四届人大二次会议筹备情况的报告》；听取和审议州人大法制委、州人大常委会法工委、州人大常委会信访督查室分别所作的《关于〈黔南布依族苗族自治州天然林保护条例（草案）〉修改情况的报告》《关于〈黔南布依族苗族自治州民族医药发展条例（草案）〉修改情况的报告》和《关于〈黔南州人大常委会2018年立法计划〉的说明》《关于2017年督察工作情况的报告》；听取州人大选任联委、州人大常委会代表资格审查委员会所作的《关于个别代表的代表资格审查报告》。会议表决通过州“一府两院”11个专项工作报告，《州人民政府对〈关于黔南布依族苗族自治州旅游发展条例贯彻实施情况报告的审议意见〉办理情况的报告》未予通过。作出关于召开州十四届人大三次会议的决定，作出关于将市政公共基础设施市场化配置相关费用纳入预算、关于州本级2017年财政预算调整的决议，批准将《黔南布依族苗族自治州天然林保护条例（草案）》《黔南布依族苗族自治州民族医药保护发展条例（草案）》提请州十四届人大三次会议审议的决议；表决通过了相关人事任免事项。会议期间于12月21日下午，举行联组会议对2016年以来全州工业发展情况开展了专题询问，州人大常委会副主任刘建民主持会议，常委会组成人员以及列席会议的州人大代表、旁听公民、媒体对9个问题进行了询问，州人民政府副州长张全毅率相关部门主要负责人到会认真进行回答，进一步找准了全州工业发展工作存在的问题和不足，明确下步工作方向和整改措施。会议结束时，州人大常委会主任罗毅作了重要讲话。

【州十四届人大常委会第一次至第十一次主任会议】 2017年2月21日，罗毅主任主持召开州十四届人大常委会第一次主任会议，副主任刘建民、陈有德、韦祖宏、吴俊、陈稠彪、张蓉、秘书长罗必刚出席会议，州人大各专委会、常委会各工作机构主要负责人列席会议。会议研究讨论新一届州人大常委会主任、副主任、秘书长工作分工和州人大常委会2017年工作计划。

2017年3月15日，罗毅主任主持召开州十四届人大常委会第二次主任会议，副主任刘建民、陈有德　韦祖宏、吴俊、陈稠彪、秘书长罗必刚出席会议，州人大常委会机关副县级以上干部列席会议。会议传达全省民族自治地方立法规划工作座谈会精神，讨论州人大常委会2017年度议题计划（草案）、2017年工作要点（讨论稿）、黔南州十四届人大常委会立法规划（2017年—2021年）（草案）、2017年度立法计划（草案）和州十四届人大一次会议代表建议督办分配方案，听取州人大常委会机关2016年度财务收支审查情况报告。

2017年4月25日，罗毅主任主持召开州十四届人大常委会第三次主任会议，副主任刘建民、陈有德、韦祖宏、吴俊、陈稠彪、张蓉、秘书长罗必刚出席会议，州委常委、州委组织部部长胡志峰及州人大常委会机关副县级以上干部列席会议。会议传达学习省十二次党代会精神，研究有关人事任免事项，讨论2017年州人大代表工作要点和关于进一步加强人大代表联络站（室）规范化建设的指导意见。

2017年5月25日，罗毅主任主持召开州十四届人大常委会第四次主任会议，副主任刘建民、陈有德、韦祖宏、吴俊、张仕雄、陈稠彪、张蓉、秘书长罗必刚出席会议，州人民政府副州长、州公安局局长王治军及州人大常委会机关副县级以上干部列席会议。会议听取州人民政府关于全州户籍制度改革工作情况的报告和关于省十二届和州十一届、十二届旅发大会筹备工作情况的报告、州人大环资委对《关于制定〈黔南布依族苗族自治州涟江河保护条例〉的议案》初审意见的报告、州人大常委会办公室关于开展全州人大干部培训的报告和关于举办全州人大系统第六届职工文体活动的报告，讨论州人大常委会对州民政局、州环保局开展工作评议的实施方案和州十四届人大代表培训方案，会议决定州十四届人大常委会第二次会议召开时间及建议议程。

2017年6月23日，罗毅主任主持召开州十四届人大常委会第五次主任会议，副主任韦祖宏、吴俊、张仕雄、陈稠彪、张蓉、秘书长罗必刚出席会议，州委组织部、州中级人民法院负责人及州人大常委会机关副县级以上干部列席会议。会议听取州委组织部、州中级人民法院有关人事议案的说明和州人大选任联委关于人事议案的初审报告、州十四届人大代表第一期培训班培训工作情况的报告，讨论州人大常委会开展《黔南州旅游发展条例》执法检查方案。

2017年7月28日，罗毅主任主持召开州十四届人大常委会第六次主任会议，副主任刘建民、韦祖宏、吴俊、张仕雄、陈稠彪、张蓉、秘书长罗必刚出席会议，州人民政府副州长杨从明及州人大常委会机关副县级以上干部列席会议。会议听取州人民政府关于提请审议《黔南布依族苗族自治州民族医药保护发展条例（草案）》《黔南布依族苗族自治州天然林保护条例（草案）》的议案的说明和关于州十四届人大一次会议代表建议、批评和意见中州人大常委会主任会议成员督办件办理工作情况的报告，听取州人大各专委会关于州十四届人大一次会议代表建议、批评和意见督办情况的报告、州人大环资委关于《黔南布依族苗族自治州村寨规划建设管理条例》立法调研情况的报告和州人大选任联委关于赴甘肃省定西市、平凉市学习考察代表工作的情况报告，讨论州人大农委关于对全州易地扶贫搬迁后续扶持服务工作实施情况开展专题询问方案、州人大选任联委关于组织黔南州出席省十二届人民代表大会代表集中视察的方案，决定州十四届人大常委会第三次会议召开时间和建议议程。

2017年8月23日，罗毅主任主持召开州十四届人大常委会第七次主任会议，副主任刘建民、陈有德、吴俊、张仕雄　陈稠彪、张蓉、秘书长罗必刚出席会议，州委组织部、州人民检察院负责人及州人大常委会机关副县级以上干部列席会议。会议听取州委组织部、州人民检察院有关人事议案的说明和州人大选任联委有关人事议案的初审报告，讨论关于对全州易地扶贫搬迁后续扶持服务工作情况开展专题询问工作方案。

2017年9月22日，罗毅主任主持召开州十四届人大常委会第八次主任会议，副主任陈有德、韦祖宏、吴俊、张仕雄、陈稠彪、张蓉、秘书长罗必刚出席会议，州中级人民法院、州农委负责人及州人大常委会机关副县级以上干部列席会议。会议听取州人民政府关于全州农村土地承包经营权确权登记颁证工作完成情况的报告、州中级人民法院关于报请研究转发《黔南州中级人民法院关于开展“进法院·强监督·促示范”活动的实施方案》的报告，听取州人大内司委、州人大环资委分别关于对州民政局、州环保局开展工作评议情况的报告、州人大法制委关于贯彻落实第二十三次全国地方立法工作座谈会精神的报告、州人大选任联委关于全省推进县乡人大工作和建设经验交流会精神及贯彻落实的意见、听取州人大常委会研究室关于全州县乡人大工作情况的报告和关于《黔南州人大常委会关于讨论决定重大事项的规定（草案）》起草情况的报告，讨论关于对州人民政府信访工作开展专题询问的工作方案、关于黔南州人大常委会委托第三方起草法规草案暂行办法（草案），决定州十四届人大常委会第四次会议召开时间及建议议程。

2017年10月24日，罗毅主任主持召开州十四届人大常委会第九次主任会议，副主任刘建民、陈有德、韦祖宏、吴俊、张仕雄、陈稠彪、张蓉、秘书长罗必刚出席会议，州委组织部、州中级人民法院负责人及州人大常委会机关副县级以上干部列席会议。会议听取州委组织部、州中级人民法院有关人事议案的说明和州人大选任联委关于有关人事议案的初审报告，听取州人大选任联委关于省十三届人大代表选举工作会议情况的报告、州人大常委会代表资格审查委员会关于个别代表的代表资格审查报告，讨论关于做好黔南州出席贵州省十三届人大代表选举工作的意见（送审稿）、关于开展《国务院森林防火条例》《贵州省森林防火条例》执法检查的方案和关于对州人民政府2014年以来全州信访工作情况开展专题询问的工作方案。

2017年11月24日，罗毅主任主持召开州十四届人大常委会第十次主任会议，副主任刘建民、韦祖宏、吴俊、张仕雄、陈稠彪、张蓉、秘书长罗必刚出席会议，州体育局主要负责人及州人大常委会机关副县级以上干部列席会议。会议听取州体育局受州人民政府委托所作的关于全州农村体育工程建设情况的报告，听取州人大法制委关于《黔南布依族苗族自治州天然林保护条例（草案）》《黔南布依族苗族自治州民族医药保护发展条例（草案）》修改情况的报告，讨论关于对州人民政府2016年以来全州工业发展情况开展专题询问的工作方案、州人大法工委关于州人大常委会2018年立法计划（草案），决定州十四届人大常委会第五次会议召开时间和建议议程。

12月13日，罗毅主任主持召开州十四届人大常委会第十一次主任会议，副主任刘建民、陈有德、韦祖宏、吴俊、陈稠彪、秘书长罗必刚出席会议，州人民政府常务副州长黄伟和州检察院、州财政局负责人及州人大常委会机关副县级以上干部列席会议。会议听取州人民政府关于2017年财政预算调整方案（草案）的报告、关于提请审议将市政公共基础设施市场化配置相关费用纳入预算的议案的说明和州人大财经委关于对两个议案初审情况的报告，研究两个议案；听取州人大选任联委关于州十四届人大一次会议代表建议办理工作考核情况的报告和州人大常委会代表资格审查委员会关于个别代表的代表资格审查的报告，讨论关于对州人民政府2016年以来全州工业发展情况开展专题询问工作方案（草案）、州十四届人大二次会议工作日程（草案）、州十四届人大二次会议主席团和秘书长名单（草案）、州十四届人大二次会议主席团常务主席名单（草案）、州十四届人大二次会议执行主席分组名单（草案）、州十四届人大二次会议副秘书长名单（草案）、州第十四届人大第二次会议选举产生的国家工作人员向宪法宣誓方案（草案），研究有关人事任免事项。

【立法工作】 2017年3月10日，州人大常委会召开州十四届人大常委会立法规划（草案）及2017年度立法计划（草案）项目论证会，对立法规划（草案）及2017年度立法计划（草案）项目进行评估论证。副主任韦祖宏出席会议并讲话，州人大各专委会和常委会各工作机构主要负责人、州人大法制委委员，州政协社会与法制委员会负责人，州民宗委、州住房城乡建设局和州政府法制办等13个相关部门法规科负责人，州人大常委会法律咨询专家及黔南民族师范学院、州律师协会、州民族研究所等3个基层立法联系点负责人参加会议。

2017年3月29日，州人大教科文卫委、州人大法制委、州人大常委会法工委组织召开《黔南布依族苗族自治州民族医药发展保护条例》立法工作协调会，安排部署《条例》立法工作。副主任韦祖宏、张仕雄出席会议，州政府法制办、州卫计委、州人社局等相关部门负责人参加会议。

2017年5月11—12日，州人大常委会副主任韦祖宏、陈稠彪率立法调研组赴惠水县开展涟江河立法保护调研，实地察看涟江河流域基本现状和存在问题，为立法的必要性、可行性进行调研论证，惠水县人大常委会、县人民政府负责人陪同调研。

2017年5月24日，州人大常委会副主任陈有德率州人大农委、州林业局负责人赴福泉市，就《黔南布依族苗族自治州天然林保护条例》开展立法调研，福泉市人大常委会、市人民政府负责人陪同调研。

2017年10月31日，省人大民宗侨委组织省人大有关专门委员会、省直有关部门及专家对《黔南布依族苗族自治州天然林保护条例（草案）》《黔南布依族苗族自治州民族医药发展保护条例（草案）》进行论证。省人大民宗委主任委员吴军主持会议，州人大常委会副主任韦祖宏，州人大法制委、农委、教科委、州人大常委会法工委及州林业局、卫计委负责人参加会议。

【执法检查】 2017年7月4—10日，州人大常委会组成4个执法检查组，分别由常委会副主任和秘书长带队，对全州12个县（市）和都匀经济开发区贯彻实施《黔南布依族苗族自治州旅游发展条例》（以下简称《条例》）情况开展执法检查。执法检查组采取召开座谈会、听取汇报、查阅相关档案资料、问卷调查等方式，深入20多个景区、景点和酒店，广泛听取乡镇、景区景点群众、旅游工作者和旅游人员的意见建议。通过执法检查，对《条例》贯彻实施有了比较全面的了解和掌握，找准了存在的问题，促进《条例》得到更好的贯彻实施。

2017年7月10—11日，省人大常委会副主任李飞跃率执法检查组赴都匀市、三都县就民族区域自治“一法两规定”开展执法检查，并检查全州贯彻落实《中共贵州省委、省人民政府关于支持民族自治州脱贫攻坚同步小康的意见》情况。全国人大常委会委员、全国人大民族委委员、省人大常委会原党组书记、副主任龙超云，全国人大常委会委员、全国人大民族委委员、省人大常委会原党组副书记、副主任唐世礼，全国人大常委会委员、全国人大民族委委员、省人大常委会委员、省人大民宗委委员罗亮权，省人大民宗委主任委员吴军、副主任委员钱晓鸣，省人大常委会委员、省人大民宗委委员、州人大常委会主任罗毅，省人大常委会委员、省人大民宗委委员杨正万，省人大民宗委委员梁承祥及部分省人大代表参加检查和座谈会。州委书记唐德智出席座谈会并讲话，省民宗委副主任张和平，州委常委、常务副州长黄伟，州委常委、都匀市委书记吴丹，州委常委、州人民政府副州长郭青，州人大常委会副主任张蓉，州人民政府副州长文永生出席座谈会或陪同检查。

11月14—17日，州人大常委会组成4个执法检查组，分别由常委会副主任和秘书长带队，对全州12个县（市）贯彻实施《国务院森林防火条例》《贵州省森林防火条例》（以下简称“两《条例》”）情况进行执法检查。执法检查组采取召开座谈会、听取汇报、查阅相关档案资料等方式，深入重点乡镇和村寨，了解基层单位防火工作开展情况，认真听取相关部门和基层人大代表的意见和建议。通过执法检查，对全州两《条例》贯彻实施情况有了全面系统了解，进一步促进了两《条例》的贯彻实施。

【州人大常委会召开的其他重要会议和活动】

2017年2月23日，州人大常委会召开机关全体干部职工大会，传达学习州“两会”、十一届州纪委二次全会、全州政法工作会精神。罗毅主任出席会议并讲话，刘建民副主任主持会议，副主任陈有德、韦祖宏、吴俊、陈稠彪、张蓉、秘书长罗必刚及机关全体干部职工参加会议。

2017年3月22日，州人大常委会党组召开中心组集中学习（扩大）会议，传达学习贯彻全国“两会”精神。州人大常委会党组书记、主任罗毅主持会议并讲话，州人大常委会党组副书记、副主任刘建民，党组成员、副主任韦祖宏，张仕雄，陈稠彪，张蓉，党组成员、秘书长罗必刚出席会议，副主任陈有德及机关副县级以上干部列席会议。

2017年5月8日，2017年全州人大教科文卫工作座谈会在都匀召开，副主任张仕雄出席会议并讲话，州人大教科委委员、各县（市）人大常委会分管教科文卫工委副主任及教科文卫工委主任参加会议。

2017年5月23日，州人大常委会副主任、州水书申遗领导小组常务副组长刘建民率工作组赴省政府向何力副省长专题汇报水书申遗工作开展情况。

2017年6月6日，州人大常委会机关召开推进“两学一做”学习教育常态化制度化动员大会，对州人大机关“两学一做”学习教育常态化制度化进行安排部署，州人大常委会党组成员、机关党组书记、秘书长罗必刚主持会议并讲话，机关全体党员干部参加会议，。

2017年6月14日，州委书记唐德智到州人大常委会机关调研，听取地方人大工作情况的汇报。在座谈汇报会上，州人大常委会主任罗毅汇报全州地方人大工作的情况，副主任陈有德、韦祖宏、吴俊、张蓉，秘书长罗必刚结合各自工作实际，就如何更好地发挥人大及其常委会服务地方经济社会发展的作用提出意见建议，唐德智书记作重要讲话。

2017年6月21—23日，州人大常委会党组中心组举行2017年第二次集中学习暨“两学一做”学习教育专题研讨会，州人大常委会党组书记、主任罗毅，党组成员、副主任韦祖宏、吴俊、张仕雄、陈稠彪、张蓉，党组成员、秘书长罗必刚参加学习研讨。会上传达学习习近平关于推进“两学一做”学习教育常态化制度化的重要指示、州委书记唐德智在州人大机关调研时的重要讲话，传达《州人大常委会党组关于推进“两学一做”学习教育常态化制度化的实施方案》，陈稠彪、张蓉围绕“践行‘两学一做’学习教育常态化制度化，推动地方人大工作与时俱进完善发展”主题作重点交流发言，罗毅作总结讲话。

2017年8月28日，州人大常委会举办专题培训会，邀请省人大财经委副主任委员黄剑川为常委会组成人员作“人大预算审查监督的理论和实践”专题讲座，刘建民副主任主持讲座，罗毅主任，副主任张仕雄、张蓉，秘书长罗必刚，州人大常委会委员，各县、自治县、市人大常委会负责人及州人大机关干部职工共80余人参加讲座。

2017年7月24日，州人大常委会召开机关干部职工大会，传达学习州委十一届三次全会、州委巡察工作推进会精神和新修改的《中国共产党巡视工作条例》，就州人大常委会机关贯彻落实进行安排部署。罗毅主任出席会议并讲话，副主任刘建民主持会议，副主任陈有德、韦祖宏、吴俊、张仕雄、陈稠彪、张蓉、秘书长罗必刚出席会议，机关全体干部职工参加会议。

2017年10月27日，州人大常委会机关召开全体干部职工大会，传达学习中共十九大精神，罗毅主任主持会议并讲话，副主任刘建民、韦祖宏、张蓉、秘书长罗必刚及机关全体干部职工参加会议。

2017年10月30日，州人大常委会举办党的十九大精神与人大建设专题培训会，邀请贵州警察学院李金国副教授作“党的十九大与地方人大建设”专题讲座。刘建民副主任主持专题培训会，秘书长罗必刚和州人大常委会委员，各县、自治县、市人大常委会负责人，州人大代表及州人大机关全体干部职工共70余人参加培训。

2017年11月1日，黔南州出席省第十三届人民代表大会代表选举工作会议在都匀召开，州人大常委会副主任韦祖宏、州委组织部常务副部长黄怡出席会议并讲话，州人大选任联委主任委员王忠主持会议，州人大常委会研究室、各县（市）人大常委会、县（市）委组织部负责人共60余人参加会议。会议就黔南州出席省第十三届人民代表大会代表选举工作进行了安排部署。

2017年11月7日，州人大常委会主任罗毅赴惠水县濛江街道，向基层党员干部群众宣讲党的十九大精神，调研脱贫攻坚工作，并为长岩村新时代农民讲习所揭牌。

2017年11月24日，州人大常委会党组召开扩大会议传达学习贯彻省委十二届二次全会、州委十一届四次全会精神，罗毅主任主持会议并讲话，副主任刘建民、韦祖宏、吴俊、张仕雄、陈稠彪、张蓉、秘书长罗必刚出席会议，州人大机关副县级以上领导干部列席会议。

2017年12月18日，州人大常委会举办专题培训会，邀请贵州民族大学马克思主义学院院长白明政教授作“民族及我国民族区域自治的有关问题”专题讲座，陈稠彪副主任主持专题讲座，秘书长罗必刚，州人大常委会委员，各县（市）人大常委会负责人，部分州人大专委会委员、州十四届人大代表及州人大机关干部职工共70余人参加讲座。

【上级人大调研】 2017年4月5—7日，省人大常委会副主任李飞跃率调研组到都匀市、平塘县就民族乡和传统村落保护发展开展立法调研，并对《贵州省民族乡保护和发展条例（草案）》和《贵州省传统村落保护和发展条例（草案）》征求修改意见和建议。州人大常委会主任罗毅、副主任韦祖宏，州人大法制委、民宗侨委、常委会法工委、州人民政府相关部门及都匀市、平塘县人大常委会负责人陪同调研。

2017年5月24日，全国人大法律委员会副主任委员孙宝树率全国人大法律委员会委员倪英达、全国人大常委会法工委社会法室副主任陈佳林、工业和信息化部中小企业局副局长秦志辉等组成的调研组到都匀市、龙里县、贵定县开展《中华人民共和国中小企业促进法（修订草案）》调研。省人大常委会副主任李飞跃、省人大法制委员会主任委员张卫华、省中小企业局副局长王骥，州人大常委会主任罗毅、副主任韦祖宏，州人民政府副州长张全毅、州人大常委会秘书长罗必刚及州人大相关专门委员会、相关工作机构负责人陪同调研并参加座谈会。

2017年12月5—6日，省人大常委会副主任袁周率队到瓮安县开展主题为“生态贵州·美丽乌江”2017年贵州环保行活动，州人大常委会主任罗毅、副主任陈稠彪，州政府副州长张全毅，州人大常委会办公室、州人大环资委及州环保局、水务局、林业局等单位负责人陪同。

【代表集中视察】 2017年8月15—16日，州人大常委会组织黔南州出席省十二届人民代表大会代表黄家培、林明达、吴军、喻培萱、麻晓芳、吴坤凤、吴秀全、王礼全、杨华龙、蒙爱军等35人到福泉市、瓮安县、独山县，就实施大扶贫战略及生态旅游发展情况进行集中视察，全面了解全州2017年上半年经济社会发展情况，各级政府依法行政，法院、检察院公正司法情况，重点了解福泉市、瓮安县、独山县实施大扶贫战略及生态旅游发展情况，并在独山县召开座谈汇报会。州人大常委会主任罗毅主持座谈会，州委常委、州人民政府常务副州长黄伟，州人大常委会副主任韦祖宏，州人民检察院检察长马涛及州人大办、州政府办、州法院和州直部门、福泉市、瓮安县、独山县负责人参加会议或陪同视察。

（温成华）

·黔南州人民政府·

QIAN NAN ZHOU REN MIN ZHENG FU

【概况】 2017年，在州委的领导和州人大、州政协的监督支持下，州政府深入学习贯彻中共十九大精神和习近平在贵州省代表团重要讲话精神以及省第十二次党代会、省委十二届二次全会、州第十一次党代会、州委十一届历次全会精神，坚持主基调主战略不动摇，大力实施“3366”发展战略，团结和依靠全州各族干部群众，抢抓机遇，开拓创新，真抓实干，奋力攻坚，全州呈现出经济持续向好、社会和谐文明、生态环境优良、人民安居乐业的良好局面，为打造民族地区创新发展先行示范区，开启实现基本现代化新征程奠定了坚实的基础。

综合经济实力不断提升。全州地区生产总值完成1150亿元，比2016年增长12%；一般公共预算收入累计完成119亿元（其中税收收入完成85.84亿元，非税收入完成33.17亿元），同比增长13%；固定资产投资增长21.9%；社会消费品零售总额增长13%；金融存贷款余额分别达1703.9亿元、1322.1亿元以上，增长12%、24%；城镇、农村常住居民人均可支配收入分别增长9%和10%左右。经济发展综合测评稳居全省第三位，经济发展群众满意度位居全省前列。

脱贫攻坚取得新成效。坚持以脱贫攻坚统揽经济社会发展全局，不断完善机制、压实责任、强化管理，聚焦深度贫困地区，精心组织、精准发力，先后组织开展了脱贫攻坚春季攻势、大扶贫项目观摩、夏季“大比武”、深度贫困地区脱贫攻坚行动和秋季攻势，着力在改善基础设施补短板、发展产业促增收、项目整合增投入、完善机制抓落实上狠下功夫，全面打响基础设施、易地扶贫搬迁、产业扶贫、教育医疗住房“三保障”四大硬仗，脱贫攻坚取得了阶段性成效。22个贫困乡（镇）全部按省标脱贫退出、214个贫困村按国标出列，减少贫困人口13.86万人，超计划3.46万人，贫困发生率从12.79%降至9.87%；全面小康实现程度达95%，增加1.5个百分点；预计瓮安、龙里按国标脱贫退出贫困县。

产业发展实现新突破。坚持把发展实体经济摆在更加重要的位置，召开全州工业发展和招商引资大会，出台支持实体经济发展的系列政策措施，聚力打好产业转型升级“组合拳”，三次产业结构优化为17.4∶35.6∶47。农业发展提质增效。农业增加值完成202.3亿元，增长6.6%。茶叶、刺梨、畜禽、果蔬等特色产业发展势头强劲，都匀毛尖茶产区获批全省首个国家地理标志产品保护示范区，成功举办2017都匀毛尖（国际）茶人会。工业经济转型升级。以“双千”工程为抓手，改造企业375户，全州规模以上工业增加值突破412.9亿元，增长11.5%。全年新引进省外项目754个，在建链、补链、强链和招大引强上取得新的突破。14个产业园区完成投资430亿元，税收收入90亿元，入驻企业2030家，入驻率达93%。纳入规模统计电子信息制造业企业9户，大数据与实体经济融合发展水平有效提升。第三产业势头强劲。第三产业增加值完成545.38亿元，增长14.5%。推进荔波樟江AAAAA级景区、“中国天眼”景区提质扩容，成功举办第十二届贵州旅游产业发展大会、州第十一届旅游产业发展大会。旅游实现持续“井喷式”增长，旅游收入862.35亿元，增长43%。加快贵州（昌明）国际陆港、贵州龙里快递物流园等54个物流项目建设，完成投资12亿元。成功举办第四届中国物流（都匀）国际峰会暨商贸物流博览会，黔南被评为“中国物流最具活力城市”。电子商务交易额达100.45亿元、增长40%。文化产业增加值占GDP比重达4.31%，位列全省第一。

基础设施建设实现新突破。坚持把项目建设作为经济工作的“牛鼻子”，实施省州重点项目555个，完成年度投资1280亿元。交通领域完成投资403亿元，高速公路快速推进，新开工都匀至安顺、贵阳至黄平高速公路，实现黔南州自建高速公路零的突破，建成罗甸至望谟高速公路罗甸至罗苏段，全州高速公路通车里程达858公里。建成红牛快速路，建成普通国省干线433公里、农村公路2543公里、“组组通”公路3245公里、农村公路安防工程2918公里。瓮马铁路、贵南客专顺利推进。水利领域完成投资83亿元，新开工水库20座，完成9个小型农田水利重点县建设，改善60万人农村饮水条件，发展有效灌溉18万亩。电力和信息基础设施投资分别完成5.7亿元和15.5亿元，实现城镇建成区移动网络全覆盖，行政村宽带覆盖率达90%。大力推进城镇建设三年行动计划，实施城建项目439个，完成投资430亿元，建成区面积扩大到200平方公里，承载能力不断提升；大力实施“四在农家·美丽乡村”六项行动计划，农村人居环境不断改善。

自然生态环境不断优化。坚持生态优先、绿色发展，大力加强生态文明建设。完成营造林101万亩，森林覆盖率达63%，跃居全省第二。成功申办第四届中国绿化博览会和第二十九届中国兰花博览会。福泉森林公园获批国家森林公园，全州国家森林公园增至7个。“绿色黔南”建设三年行动计划圆满收官，完成绿化美化323.9万亩。成功举办第五届“水生态文明·黔南论坛”。治理水土流失180平方公里、石漠化164平方公里。“河长制”实现全覆盖。狠抓中央环保督察反馈问题的整改落实，有效解决了一批群众反映强烈的环境问题，重安江、瓮安河磷污染治理取得明显成效。大力推动循环经济发展，加快工业废渣资源化利用，工业固废综合利用率达55%，规模工业增加值能耗下降17.6%。启动实施区域废气深度治理三年行动计划，推进城市建筑扬尘治理和油烟污染治理。以农村垃圾、污水治理为重点，1330个村庄环境得到有效改善。全州城乡生活垃圾无害化处理率达83%，城镇污水处理率达86%，集中式饮用水源地水质达标率达100%，县城以上城市环境空气质量优良率达98%。

改革创新活力显著增强。坚持改革创新、开放搞活，进一步激发创新创业活力。全州实施121项重点改革任务，出台方案21项，谋划推动一批“四梁八柱”的改革事项。“放管服”改革纵深推进，取消行政许可项目15项，减少前置审批事项4项。政务110改革试点取得实效，商事制度、公积金制度、城乡公交一体化、行政综合执法、整合资源推动康养产业发展等改革创新走在全省前列。深化户籍制度改革，引导16万农业转移人口及其他的常住人口落户城镇，城镇化率达50.5%。都匀市与都匀经济开发区管理体制进一步理顺。主动融入“一带一路”、长江经济带，与德国艾尔福特等4个国际城市缔结友好城市。加强与贵阳、贵安区域合作，深度融入黔中城市群建设。贵州双龙航空经济区获批国家级临空经济示范区。成功举办第三届粤桂黔高铁经济带合作联席会，广东（贵州）产业园、粤桂黔高铁经济带合作试验区（贵州园B区）项目落地建设。大众创业、万众创新广泛开展，登记各类市场主体22.23万户，增长32.4%。中航永红、天福等27家企业通过高新技术企业认定，独山轴承制造产业孵化器、贵定领略众创空间等获得国家级认定。科技促进经济社会发展指数达74.8%。落实“3个15万元”政策，兑现财政补助8500万元，扶持发展微型企业1900户；省级认定民贸民品企业505家，新增优惠贷款53亿元，连续五年全省第一。民营经济活力持续增强，完成增加值694亿元，增长16.8%，占地区生产总值比重达59.8%，带动就业60多万人。

民生福祉加快改善。“1+7”民生工程和“十件民生实事”全面完成，全州涉及民生的财政支出279.51亿元，占比达73.87%。实现建制村通硬化路、农村公路安防工程、建制村通客运“3个100%”目标。建成城镇保障性住房5万套，农村危房改造2.66万户，棚户区改造4.8万户。农村、城市低保标准分别提高15%和10%，城镇新增就业8.67万人，农业劳动力转移就业11.05万人，基本社会保险覆盖率达到96%。全面实施农村学前教育儿童营养改善计划，新建公办幼儿园38所，“新两基”攻坚计划扎实推进，全面实现基本普及十五年教育目标，新增5个县（市）义务教育基本均衡通过国家督导检查认定，新增1所“二类”、2所“三类”省级示范性普通高中学校，都匀一中新校区投入使用。县级以上公立医院改革全面推进，异地就医即时结算范围由省内向省外扩展，新型农村合作医疗补助标准不断提高，“百院大战”项目建设扎实推进，医疗卫生服务能力稳步提升。食品药品安全监管不断强化。成功举办黔南州第五届体育运动会和首届山地户外运动会。创作了《木楼古歌》等一批文艺精品，水书申报世界记忆工程正式启动。完成12万户多彩贵州“广电云”户户用安装工程。省级文明城市创建实现全覆盖。全国民族团结进步示范州创建活动通过省级评估验收。

重大风险防范化解意识不断增强。坚持把防范化解重大风险作为重大政治任务来抓，织牢织密“责任网”，为经济社会发展营造安全稳定的环境。认真贯彻落实中央和省关于防范政府债务风险的精神，全面落实政府性债务管理“七严禁”的要求，确保债务风险总体可控，守牢不发生系统性风险的底线。切实履行防范和化解金融风险责任，坚决打击整治乱办金融、非法集资等违法违规金融活动。严格落实安全生产责任制，扎实开展安全生产大检查和重点行业领域专项整治，全年未发生重大及以上安全生产事故，事故起数和死亡人数继续保持“双降”。加强食品药品安全监管，查处食品药品违法案件831起。推进矛盾纠纷信访问题集中排查化解“百日攻坚战”和“五个专项治理”工作，完善立体化社会治安防控体系，刑事发案数下降13.17%，圆满完成十九大安保维稳各项任务，人民群众安全感持续增强。

【州政府常务会议】 2017年，州政府常务会议共计召开24次，即第十三届州人民政府第79次至第81次常务会议和第十四届州人民政府第1次至第21次常务会议。第79次至第81次会议由代州长吴胜华主持；第1次至第6次、第8次至第14次、第16次至第21次会议由州长吴胜华主持，第7次和第15次会议由常务副州长黄伟主持。

1月5日，州第十三届人民政府召开第七十九次常务会议。传达学习习近平2017年新年贺词，部署统筹推进“天眼”景区各项规划编制和配套项目建设；研究黔南医专新校区建设有关问题、首届“黔南知名品牌”上榜名单、停止执行2016年度土地储备计划、州消防支队土地及地上附着物资产移交事项、黔南州交通运输集团有限责任公司土地作价入股事宜、州级退休人员生活补贴发放、解除犹永全和白绍海警告处分、州法院审判法庭建设项目及新建诉讼服务中心资金缺口等工作；审议并原则通过《黔南州“十三五”工业发展规划》《关于推进一类贫困乡（镇）脱贫攻坚的实施意见》《黔南州农村集体建设用地使用权制度改革试点工作指导意见》及其配套文件、《关于进一步深化矿产资源配置市场化改革促进矿产资源节约集约利用有关问题的通知》《黔南州州管国有企业负责人经营业绩考核办法（试行）》《州本级（含都匀经济开发区）2017年预算编制方案》。

1月10日，州第十三届人民政府召开第八十次常务会议。传达学习省委农村工作会议暨全省扶贫开发工作会议精神和全省脱贫攻坚基金扶贫产业子基金培训会议精神，安排部署州委农村工作会议筹备及脱贫攻坚相关工作；研究航龙天文小镇开发建设、2016 年度目标考核奖等工作；审议并原则通过《政府工作报告》《2016 年国民经济和社会发展计划执行情况与 2017 年计划草案的报告》《2016 年全州和州本级预算执行情况与 2017 年全州和州本级预算草案的报告》《黔南州关于推进山地全域旅游供给侧结构性改革实施方案》。

2 月 4 日，州第十三届人民政府召开第八十一次常务会议。传达学习省扶贫开发领导小组第十三次全体会议精神和全国全省审计工作会议精神，研究贯彻落实意见；研究州审计局资产核销和上划、住房公积金信息系统建设等工作；审议并原则通过《黔南州水书申报〈世界记忆遗产名录〉工作实施方案》《黔南州人民政府加强对龙洞堡机场净空限高控制有关事项的请示》《黔南州旅游管理体制改革实施方案》《关于加大创新力度深入推进农业供给侧结构性改革的实施意见》《关于建立易地扶贫搬迁后续扶持服务“三个机制”的实施意见》。

3 月 6 日，州第十四届人民政府召开第一次常务会议。传达贯彻州“两会”精神和全省脱贫攻坚春季攻势推进会议等精神，部署政府当前工作；研究与汉能控股集团合作建设黔南移动能源产业园、黔南州第 21 个科技活动日大会及科技创新大会有关事项、州法院招聘审判辅助人员、州属托管改制企业退休职工统筹外费用、给予范祖林、朱洋奎开除公职处分等工作；审议并原则通过《关于进一步加强森林防火工作的意见》《黔南州人民政府工作规则》《黔南州人民政府常务会议制度》《黔南州 2017 年因公出国（境）、赴台交流计划》。

3 月 23 日，州第十四届人民政府召开第二次常务会议。传达学习全国“两会”精神和全省环保工作会议精神，集中学习中共中央办公厅国务院办公厅印发的《关于推进法律顾问制度和公职律师公司律师制度的意见》和《中共中央国务院关于稳步推进农村集体产权制度改革的意见》，部署政府近期工作；研究集中举办第三届粤桂黔高铁经济带合作试验区联席会议、多彩贵州“广电云”户户用工程建设、州属学校和医院办学办医规模、州属部分学校 2016 年度目标考核奖等工作；审议并原则通过《第十二届贵州旅游产业发展大会系列工作方案》《黔南州刺梨产业提升三年行动计划（2017 ~ 2019）》《黔南州打造民族地区创新发展先行示范区总体方案》《黔南州小型水利水电工程建设征地补偿和移民安置管理办法》。

4 月 13 日，州第十四届人民政府召开第三次常务会议。传达全省政府系统秘书长办公厅（室）主任会议精神；研究全州突出环境问题整改及迎检准备、黔南州 H7N9 疫情防控等工作；审议并原则通过《关于推动绿色发展建设生态文明的实施意见》《关于加快黔南・广州产业园发展的实施意见》《关于加快推进工业领域供给侧结构性改革的实施意见》《关于加快推进卫生与健康事业改革发展的实施意见》《黔南州第五届运动会组织方案和规程总则》《黔南州州级财政资金管理办法（试行）》。

5 月 4 日，州第十四届人民政府召开第四次常务会议。传达学习《省人民政府关于进一步提升全省政府系统工作质量推动决策部署精准落实的意见》精神；研究中国国际大数据产业博览会筹备工作、全州安全生产工作、黔南州启航学校新校址项目建设、黔南州博物馆管理机制方案、委托贵州双龙航空港经济区行使部分行政职能、北京力天斯瑞国际投资集团有限公司转让贵州元程瑞康医疗投资管理有限公司股权、都匀一中新校区建设规模和投资估算等工作；审议并原则通过《关于加快推进黔南山地特色人民防空建设的实施意见》《黔南州政府工作部门权力清单和责任清单动态管理办法（试行）》《黔南州全面推进河长制工作方案》《第三届粤桂黔高铁经济带合作试验区联席会议暨第四届中国物流（都匀）国际峰会等系列活动方案》。

5 月 13 日，州第十四届人民政府召开第五次常务会议。分析一季度经济形势，研究部署二季度经济工作；听取中央环境保护督察组下沉黔南工作情况汇报，部署环保督察发现问题整改落实工作；研究都匀一中申报省级一类示范性高中有关事宜；审议并原则通过《黔南州民族服饰设计活动工作方案》《黔南州创建全国民族团结进步示范州工作推进方案》《黔南州参加第六届全省少数民族文艺会演方案》《2017年黔南州绿色优质农产品促销工作方案》《黔南州全面推进农村资源变资产资金变股金农民变股东改革工作方案》《黔南州绿壳蛋鸡产业三年发展实施意见》《黔南州第十一届（独山）旅游产业发展大会工作方案》《黔南州人民政府关于创办贵州中航职业技术学院的风险承诺函》《黔南州城镇居民大病保险实施办法（修订）》。

6月1日，州第十四届人民政府召开第六次常务会议。传达学习《省委办公厅省政府办公厅关于对2016年市县两级党委政府扶贫开发工作成效考核情况的通报》《省财政厅关于对违法违规担保承诺行为的通报》、全省脱贫攻坚投资基金扶贫产业子基金推进工作现场会议精神，部署政府当前工作；听取全州招商引资工作情况，部署下半年全州招商引资工作；研究组建黔南州供销合作集团、三位一体”电商扶贫综合服务中心项目贷款贴息、解决黔南州供销社地方政策性财务挂账、加快黔南医专升本等工作；审议并原则通过《黔南州脱贫攻坚“大比武”活动工作方案》《黔南州全面推进政务公开工作实施办法》《贵州省第十二届旅发大会文艺演出晚会方案》。

6月15日，州第十四届人民政府召开第七次常务会议。专题研究加快推进黔南州绿色农产品泉涌工程实施工作，原则同意成立黔南州推进绿色农产品泉涌工程实施工作领导小组，审议并原则通过审议《黔南州绿色农产品泉涌工程实施方案（2017—2020年）》。

6月19日，州第十四届人民政府召开第八次常务会议。学习中共中央办公厅国务院办公厅印发的《党政主要负责人履行推进法治建设第一责任人职责规定》精神；通报国务院第四次大督查有关情况；听取贯彻落实左右江革命老区振兴规划情况及2017年工作要点、中央环境保护督察情况和“双十”工程及中心城市集中式饮用水源地环境保护问题整治推进情况汇报，部署相关工作；研究推行农发行支持水利建设“分贷”模式及抵押补充贷款PSL项目库建设、在都匀经济开发区新建网球中心、将部分房屋资产划转贵州鑫源投资开发有限责任公司、部分农危房改造户补助标准、给予陈仁堂开除公职处分等工作；审议并原则通过《黔南州推进重点污染源治理和县城及以上集中式饮用水源地问题整改州领导包干负责工作方案》《黔南州旅游资源保护开发专家论证机制》。

7月12日，州第十四届人民政府召开第九次常务会议。传达贯彻财政部等部委《关于进一步规范地方政府举债融资行为的通知》和全省政府性债务管理工作推进会精神、省迎接国务院第四次大督查会议精神，部署全州政府性债务化解工作；听取全州上半年经济运行情况汇报及下步工作建议、赴国家林业局对接工作情况、当前地质灾害防范等工作情况汇报；研究黔南民族师范学院一流学科建设经费、“五个全面建成”州级专项配套资金、解除罗国江和潘仕进警告处分、州政府领导班子部分成员分工调整等工作；审议并原则通过《关于深化供给侧结构性改革加快旅游业提质跨越发展的实施意见》《贵州都匀毛尖茶交易中心有限公司组建方案》《黔南州推动实体经济发展工作测评方案（暂行）》《黔南州政府向社会力量购买服务实施办法》《黔南布依族苗族自治州天然林保护条例》《黔南布依族苗族自治州民族医药发展保护条例（试行）》《黔南州天文科普特色学校创建方案》《黔南州学生参观天文科普教育基地实施方案》。

8月2日，州第十四届人民政府召开第十次常务会议。听取黔南州大数据战略行动推进情况报告，部署黔南州大数据局组建和黔南州综合大数据平台建设等工作；研究州扶贫局数据筛查和第三方评估工作经费、优化都匀地区义务教育均衡发展、黔南州（都匀市）妇幼保健院和州妇女儿童医院项目建设及广州市对口帮扶黔南医疗卫生事业等工作；审议并原则通过《黔南州推进综合行政执法体制改革工作实施方案》《黔南州城乡建设和规划委员会主要职责内设机构和人员编制规定》《黔南州市场监督管理体制改革实施方案》

《粤桂黔高铁经济带合作试验区贵州园B区发展规划（2017—2025年）》《黔南州人民政府规章制定程序规定》《黔南州人民政府贵州医科大学全面合作框架协议》《黔南州特困人员救助供养实施办法》。

8月4日，州第十四届人民政府召开第十一次常务会议。传达贯彻中央第七环境保护督察组督察贵州省情况反馈会和8月4日省委常委会议精神，专题听取全州深度贫困地区脱贫攻坚情况汇报，部署中央环保督察组反馈问题整改和深度贫困地区脱贫攻坚工作。

8月10日，州第十四届人民政府召开第十二次常务会议。传达学习全省深度贫困地区脱贫攻坚工作推进大会精神，审议并原则通过《黔南州推进深度贫困地区脱贫攻坚责任分解工作方案》和《黔南州深度贫困地区脱贫攻坚责任包保方案》。

8月18日，州第十四届人民政府召开第十三次常务会议。传达学习《省委办公厅省政府办公厅关于全面落实依法统计依法治统进一步提高统计数据真实性的通知》和《省委办公厅关于研究2017年上半年全省市州和县域经济发展综合测评有关问题的会议纪要》精神，部署政府当前工作；研究组建贵州三深扶贫产业投资开发有限公司、黔南州第六届运动会承办地、与德国贵州商会开展青少年足球发展项目、2017年度追加经费等工作；审议并原则通过《黔南州工业发展暨招商引资大会会议建议方案》《黔南州加快工业经济发展的若干办法》《黔南州招商引资激励办法（试行）》《2017年上半年全州国民经济和社会发展计划执行情况报告》《黔南州城镇污水处理设施运行管理办法（试行）》《黔南州整体改善农村人居环境全面加快“四在农家·美丽乡村”建设的实施方案》。

8月28日，州第十四届人民政府召开第十四次常务会议。传达贯彻8月21日黔南州·广州市扶贫协作党政联席会议精神；听取全州经济运行情况、中央环境保护督察反馈问题整改情况、贯彻落实全省上世纪90年代末未分配大中专毕业生问题安排部署专题会议有关情况汇报，安排部署下步工作；研究调整第十二届州旅游产业发展大会时间、贵州剑江控股集团有限公司与中国石化销售有限公司贵州黔南石油分公司合作、投资组建贵州能源锦绣投资运营有限公司等工作；审议并原则通过《福泉市深化综合行政执法体制改革工作方案》《黔南州电动汽车充电基础设施建设专项规划（2015—2020年）》《黔南州电动汽车充电基础设施建设三年行动计划（2016—2018年）》《黔南州扶持企业上市或新三板挂牌直接融资奖励办法（试行）》。

9月11日，州第十四届人民政府召开第十五次常务会议。听取全州17个人口数量较少民族贫困村率先小康督查工作情况、州人民医院与北京力天斯瑞国际投资集团有限公司股权及拖欠农民工工资相关事宜处置情况、上世纪90年代末未分配大中专毕业生上访情况汇报，安排部署当前工作；审议并原则通过《黔南州人民政府关于反馈贵州省生态保护红线划定方案意见建议的函》《三都水族自治县成立60周年庆祝活动总体方案》《黔南州服务工业企业行动方案》《黔南州服务重大项目行动方案》《黔南州构建烟花爆竹连锁经营网络体系实施方案》《黔南布依族苗族自治州历史建筑保护管理暂行办法》。

9月30日，州第十四届人民政府召开第十六次常务会议。传达学习《环境保护法》《大气污染防治法》《中共中央办公厅国务院办公厅关于腾格里沙漠污染问题处理情况的通报》《国务院办公厅关于加强环境监管执法的通知》等国家环境保护决策部署重要文件，研究生态文明建设和环境保护长效机制建立事宜；传达学习省第十二届人民政府第108次常务会议精神，安排部署当前工作。

10月13日，州第十四届人民政府召开第十七次常务会议。传达学习《宗教事务条例》、全省东西部扶贫协作工作电视电话会议和全省秋冬季传染病防控工作会议精神；通报黔南州2017年传染病防控工作情况和2017年国庆节中秋节应急值守工作情况；研究举办黔南州首届山地户外运动大会、都匀经济开发区申创国家级经济技术开发区、都匀金融科技小镇项目建设、理顺荔波大小七孔景区门票价格实行“一票制”管理、剑江集团公司贵州锦绣集团公司分别投资组建能源公司、划拨原州委党校资产等工作；审议并原则通过《黔南州人民政府关于第四届中国绿化博览会承办方案资金来源及构成的说明》《第七届全省小城镇建设发展大会黔南州筹备工作方案》《关于平塘县委恳请州委帮助协调解决有关问题和困难办理情况的报告》《黔南州人民政府办公室关于罗甸县请求帮助解决事项答复意见的函》《黔南州法治政府建设实施方案（2017—2020 年）》《黔南州法治政府建设情况报告暂行办法》《黔南州州属企业国有资本收益收取管理暂行办法》。

11 月 14 日，州第十四届人民政府召开第十八次常务会议。

传达全省旅游工作推进大会精神；听取脱贫攻坚投资基金扶贫产业子基金工作推进情况汇报；研究建立州级地质勘查基金加快找矿突破战略行动步伐、瓮马铁路南北延伸线项目建设、都匀一中 2018 年招生规模和都匀一中搬迁相关问题、给予莫春继行政撤职处分等工作；审议并原则通过《关于支持都匀经济开发区创新发展的实施意见》《黔南州民族地区创新发展先行示范区统计监测工作实施方案》《贵州黔南布依族苗族自治州承办 2020 年第四届中国绿化博览会工作推进方案（草案）》《美丽黔南林业提质增效三年行动计划（2018—2020 年）》《关于进一步推进农垦改革发展的实施方案》《黔南州人民政府和中国铁塔股份有限公司贵州省分公司共同推进黔南州信息基础设施建设战略合作协议》。

11 月 25 日，州第十四届人民政府召开第十九次常务会议。

传达学习 2017 年全省第二次项目建设现场观摩会精神，部署，奋力冲刺全年目标任务；研究调整黔南州国防综合训练基地建设项目场平工程估算投资、购置黔南州服务职工中心暨工人文化宫用房、支持贵州高矿重工（长顺）有限公司永磁传动产品规模化生产等工作；审议并原则通过《黔南州旅游产业招商引资三年实施方案（2018—2020 年）》《黔南州州管国有企业重大事项管理暂行办法》《贵州百鸟河数字小镇大数据服务产教一体化职业教育基地建设 PPP 项目实施方案》。

12 月 7 日，州第十四届人民政府召开第二十次常务会议。

学习《中华人民共和国环境影响评价法》《建立国家公园体制总体方案》《关于建立资源环境承载能力监测预警长效机制的若干意见》《关于划定并严守生态保护红线的若干意见》《国家生态文明试验区（贵州）实施方案》精神；听取全州道路交通安全专项督查工作情况、全州土地督察发现问题整改工作督导情况、独山县土地违法违规情况、中央环保问题督察整改及全州环境保护重点工作情况、全州脱贫攻坚工作情况汇报；研究贵州剑江控股集团有限公司设立“偿债风险资金池”、给予何祖能警告处分等工作；审议并原则通过《黔南州政金企合作机制实施方案》和《黔南州人民政府关于推进县县有上市公司的实施意见》。

12 月 23 日，州第十四届人民政府召开第二十一次常务会议。传达学习全省脱贫攻坚投资基金扶贫产业子基金现场推进会和《省人民政府办公厅关于对少数地方违法违规融资担保行为的通报》精神；通报州人民代表大会常务委员会对州人民政府关于黔南民族医学高等专科学校专升本工作开展情况报告的审议意见；研究置换黔南州青少年活动中心、贵州应用技术职业学院家庭经济困难学生资助地方配套资金承担比例、建设黔南州教育公共服务云平台、2016 年度州管国有企业负责人薪酬、开展第三批县级食品安全检验检测资源整合试点、解决都匀强制隔离戒毒所警力不足、给予蒋海航、杨绍忠、王波处分、州政府领导部分工作分工调整、调整黔南州人民政府驻重庆办事处管理单位、全州东西部扶贫协作等工作；安排部署解决困难群体生产生活、解决拖欠农民工工资、化解和防范债务风险、抓好安全生产、维护社会和谐稳定等工作，并做好下年一季度的项目建设、企业投产达产、招商引资等重点工作，确保实现“开门红”；审议并原则通过《黔南州生态文明建设目标评价考核办法（试行）》《黔南州关于加快绿色金融发展的实施方案》《黔南州民族特色村寨保护与发展三年行动方案（2018—2020年）》《关于优化营商环境的实施意见》《建信租赁公司和交通银行对接降息展期方案》《关于统筹推进县域内城乡义务教育一体化改革发展的实施意见》《黔南州城镇生活污水处理设施建设三年行动方案（2018—2020年）》。

【应急管理工作】 2017年，全州各级各部门认真贯彻落实《贵州省突发事件应急体系建设“十三五”规划》，不断加强和健全组织领导，全面履行职能，统筹做好辖区应急管理工作，妥善处置各类突发事件，预防和减少自然灾害、事故灾害、公共安全和社会安全事件及其造成的损失，完成了各项工作任务。一是进一步健全完善应急预案体系。突出应急预案的针对性和可操作性，牵头编制印发《黔南州森林火灾应急预案》《黔南州食品安全突发事件应急预案》《黔南州森林火灾应急预案》《黔南州地质灾害应急预案》，督促、指导全州各县（市）、各有关部门做好各类突发事件预案的编制和修订工作，不断提升预案的可操作性。二是严格落实应急管理考核机制。将应急管理工作纳入州对县（市）和州直部门的目标考核体，通过考核督促抓成效，凡是应急管理和处置工作不到位，造成负面影响的，将在全州范围进行通报批评，并在年底目标考核中予以扣分。三是不断加强应急管理队伍建设。在浙江大学举办了全州2017年应急管理干部素质提升培训班共两期（120人），全面提升全州应急管理干部业务水平；抽调5名县（市）和州直部门应急系统负责人到州应急办跟班学习，安排1名州应急办干部到省政府应急办跟班学习，安排4人到办公室其他科室交流学习，提升业务水平。四是加快推进应急管理平台建设。主动向省应急办汇报应急平台建设开展情况，邀请省应急办领导及相关专家到黔南调研指导工作，并组织相关人员到广州、贵阳等地考察调研等。2017年，先期启动视频巡查系统极简方式建设的“总值班室＋夜间值班室”已建成投用，满足了与省应急办开展“一对一”式视频联络巡查工作需要。五是准确规范报送应急信息。进一步规范全州突发事件信息报告内容、程序和标准，确保应急信息及时、准确报送。2017年，共接报各类突发事件信息250余条，编辑《值班快报》244期、《突发事件信息报告及重要工作情况刊用通报》12期，共处理省、州领导批示100余条，省政府领导督办通知80件，未发生突发事件信息迟报、漏报、误报、瞒报等情况。六是积极参与突发事件应急处置。全年共参与处置突发人感染H7N9禽流感事件、荔波县在建高速山体塌方事件、十九大期间民爆物品被盗事件、都匀平浪汽车坠河事故、国庆期间客车侧翻事故等8起较大以上突发事件和20余起一般突发事件。在汛期期间，积极参与防汛抗洪抢险调度工作，最大限度减少灾害造成的损失，保障人民生命财产安全。七是积极组织开展突发事件应急演练。先后组织实施了危化品泄露事故应急演练、“迎接十九大·忠诚保平安”反恐处突警务实战演练、城市综合体灭火应急救援演练、政府门户网站被攻击应急处置和新闻发布应急演练、突发人感染H7N9禽流感应急处置综合演练等5个州级综合应急应急演练项目。同时，各县（市）和重点州直部门根据工作需要，组织开展了专项应急演练。八是切实抓好基层应急管理示范点创建工作。组织各县（市）应急管理人员到黔东南、安顺等地考察学习基层应急管理示范点创建工作；组织4个交叉检查组赴各县（市）和州直有关单位开展专项检查。福泉市马场坪街道黄丝村等3个示范点被命名为贵州省基层应急管理规范化建设示范单位。九是认真办理扶贫专线。2017年共接听办理扶贫专线转办签126件，涉及农村低保、农村危房改造、扶贫资金使用等方面。

【建议提案办理工作】 2017年，州政府共办理全国人大代表建议2件、省人大代表建议11件、州人大代表建议239件、省政协提案10件、州政协提案307件，办复率100%，沟通率100%，满意率100%。在办理过程中，州政府办公室和各承办单位坚持将办理建议提案作为推动政府科学民主决策的重要载体和促进全州经济社会跨越发展的有效途径，以提高办理质量、让代表提案者满意为目标，通过搭建网上办理平台、规范办理程序、强化督查考核、加强业务培训等，建议提案办理质量和水平不断提升。主要有以下几个方面特点：

【搭建网上办理平台】 建立网上办理建议提案系统平台，“一站式”办理极大地方便了代表提案者和办理单位。平台在试用运行后又进一步优化，设置了建议提案编号、会议届次、建议提案内容、承办单位等内容，还明确了总责任人、分管领导、经办人员，并有联系电话方便联系，使建议提案的内容更加全面具体、办理责任更加明确；平台的检索功能便于分类查找；办理时限超期亮黄灯或红灯提醒，能及时发现承办工作中存在的拖延现象。平台还对沟通环节进行自动跟踪，承办单位必须与代表提案者“三沟通”，不沟通或少沟通的由系统自动扣分。通过平台的技术支持，有力促进建议提案办理工作公开、有序、规范、深入开展。

【进一步规范办理程序】 一是建议提案精准交办。由州政府办牵头，相关单位配合，对交办的建议提案逐项进行分类，逐件明确承办单位，有效避免建议提案交办时出现返回率高、部门和单位互相推诿等问题，为办理工作落到实处，取得实效打好基础。二是加强沟通对接。各承办单位在提案办理前、办理中、办理后加强与代表委员的沟通联系。建议提案办理前与代表委员沟通，了解提案意图；办理中与代表委员协商，共同研究解决落实的办法；办理答复文稿拟好后，征求代表委员对办理结果的意见，对不满意的进行二次办理，直到代表委员满意为止。三是明确办理时限。各承办单位要明确“时间表”，签订“军令状”。在收到提案后3个月内完成办理工作。办理中要坚持“谁主管，谁主办”的原则，对职能交叉、跨部门的，坚持“谁牵头，谁主办”的原则，会办单位要在建议提案交办后1个月内主动向主办单位提交意见。四是做到“五个坚持”。各承办单位在建议提案办理过程中，必须做到坚持在调研的基础上答复、坚持在协商沟通后答复、坚持依法按政策答复、坚持按程序报主要领导审签后答复、坚持重大问题报州政府分管领导审定后答复。对涉及重大问题的建议，要坚持班子成员集体研究，单位主要领导把关，分管领导督促落实，答复文件报州政府分管领导审核后答复，实现“100%书面答复代表委员，100%与代表委员沟通，代表委员对办理结果100%满意”的目标。

【强化督查考核】 一是将督查督办贯穿于建议提案办理工作全过程，既督查建议提案办理的进度，又督查建议提案办理的质量和效果及承诺事项的兑现落实。采取定期督查、联合督查、重点督查等多种形式，对承办单位提案办理情况跟踪催办督办，及时发现并纠正承办单位在办理过程中存在的问题，要求限期整改。二是将建议提案办理工作纳入州委州政府目标绩效考核，并从办理时限、办理质量、办理公开、综合测评等五个方面进一步完善考核评价指标体系，对未能按要求完成办理的承办单位予以扣分。三是不断加大政务公开力度，及时公布建议提案办理进度和办理结果，不断提高提案办理工作的透明度，自觉接受代表、提案者和人民群众的监督。

【加强办理业务培训】 针对建议提案办理系统平台首次投入使用的实际，州政府办组织开展了建议提案网上办理专题培训，对各承办单位具体负责人进行培训，使承办单位负责人熟练掌握并使用平台办理，更好完成建议提案办理工作。

【表彰先进】 2017年3月10日，州人民政府决定授予“硝酸分解磷矿连续脱钙生产硝基复合肥关键技术开发与应用”等4项成果黔南州科学技术进步奖一等奖。授予“含单质硫磷酸二铵的新技术研究及应用”等11项成果黔南州科学技术进步奖二等奖。授予“一种治疗肝病的注射剂及其生产工艺产业化”等24项成果黔南州科学技术进步奖三等奖。

【全省第一次项目建设现场观摩会第六组到黔南观摩】 2017年5月11日，2017年全省第一次项目建设现场观摩会第六组观摩团走进黔南，对黔南州产业扶贫项目进行观摩。省委常委、省纪委书记夏红民，省人大常委会副主任王世杰，省政协副主席陈敏，省政府副秘书长张吉兵，省直有关负责人，各市（州）有关负责人参加观摩。

【2017都匀毛尖（国际）茶人会在都匀举办】 2017年6月9日，由贵州人民政府、中国国际茶文化研究会、中国茶叶流通协会主办，黔南州人民政府、贵州省农委承办的2017都匀毛尖（国际）茶人会在都匀市中国茶文化博览园开幕。全国政协文史和学习委员会副主任、浙江省政协原主席、中国国际茶文化研究会会长周国富，联合国教科文组织前战略规划助理总干事、高级顾问、国际创意与可持续发展中心首席顾问汉斯·道维勒（Hans D' Orville），联合国前高级经济师、文明对话音乐协会主席梅里·马达莎希（Mehri Madarshahi）分别致辞；省政协主席王富玉，省领导龙长春、傅传耀、刘远坤等出席。受省委书记陈敏尔，省委副书记、省长孙志刚委托，副省长刘远坤讲话。开幕式上，国家农业部、国家质检总局分别向黔南州颁发了都匀毛尖茶农业部农产品地理标志证书和都匀毛尖国家地理标志产品保护示范区牌匾。汉斯·道维勒、梅里·马达莎希、龙永图、比利时茶叶协会负责人罗纳德·胡平、法国茶叶协会秘书长胡嘉蒂、丹麦茶叶协会负责人阿莱克西斯·伊丽莎白等6名嘉宾受聘为都匀毛尖品牌国际推广大使。省人大常委会原副主任、省茶叶协会会长禄智明，省人大常委会原副主任、省茶文化研究会名誉会长庹文升，省政协原副主席吴嘉甫、何永康及原外经贸部副部长、博鳌亚洲论坛原秘书长龙永图、浙江省杭州市原市长、中国国际茶文化研究会常务副会长孙忠焕、云南省原副省长、云南省茶叶流通协会会长陈勋儒、武警北京市原副司令刘巨田、中国茶叶流通协会常务副会长王庆等出席开幕式。

【第三届粤桂黔高铁经济带合作联席会议暨粤桂黔高铁经济带合作试验区（贵州园）建设工作现场会在都匀举行】 2017年8月8日上午，第三届粤桂黔高铁经济带合作联席会议暨粤桂黔高铁经济带合作试验区（贵州园）建设工作现场会开幕式在贵州都匀举行。贵州省委书记、省长孙志刚，广东省委常委、常务副省长林少春，广西壮族自治区政府副主席张秀隆，中国社会科学院学部委员汪同三出席会议，国家发展改革委经贸司、三省区政府办公厅、发展改革委及省（区）直有关部门负责人，粤桂黔高铁经济带沿线13个城市代表团团长及全体成员，贵广铁路有限公司负责人、中国铁路总公司资本运营和开发部负责人、企业界代表、经济界有关专家学者等参加会议。广东省委常委、常务副省长林少春、广西壮族自治区政府副主席张秀隆先后发言，就进一步落实广东、广西和贵州三省区共同签署的《关于建设贵广、南广高铁经济带合作框架协议》，致力推进“粤桂黔高铁经济带合作试验区”建设，推动沿线城市互联互动、对话合作的重要平台，合作共创互利互赢的发展新格局等方面作了讲话。

【第四届中国物流（都匀）国际峰会暨商贸物流博览会在都匀举行】 2017年8月8日下午，以“抢占内陆开放高地·共享‘一带一路’发展”为主题的中国物流（都匀）国际峰会暨商贸物流博览会在都匀市举行。省政府副省长卢雍政，省政协副主席陈敏，泰国驻广州总领事馆副总领事SorutSukthaworn（刘德强），东盟运输协会会长YooChienyuenyongpong（谢培铭），泰国工业联合会副秘书长PongsakPiboonsak，越南工贸部国际贸易局副局长TranThanhHai（陈青海），越南运输部国际物流服务局副局长NguyenBang等嘉宾出席开幕式。副省长卢雍政宣布开幕。开幕式上，中国口岸协会原会长叶剑、商务部流通发展司副巡视员张祥、越南工贸部国际贸易司副司长TranThanhhai围绕加快推进物流发展、加快物流基地标准化建设、用好开放政策、培训人才等内容作主旨发言，为黔南现代物流业发展把脉问诊、建言献策。

【第十二届贵州旅游产业发展大会在平塘县天文小镇举行】 2017年11月7日，以“聚焦大射电·联通天地人”为主题的第十二届贵州旅游产业发展大会在黔南州平塘县天文小镇举行。省委书记孙志刚为中国天眼景区“中国科技旅游基地”揭牌。省委副书记、代省长谌贻琴作推介讲话。省政协主席王富玉，省领导慕德贵、李再勇、龙长春、卢雍政、李汉宇等出席，卢雍政主持会议。宝能集团高级副总裁、宝能文旅集团董事长王茂亮，均瑶集团党委书记兼副总裁陈理，温德克公司董事长杭炜，台湾著名旅游作家、贵州旅游文化大使陈念萱应邀出席开幕式。黔南州委书记唐德智代表主办方致欢迎辞。大会向第十三届贵州旅游产业发展大会承办地黔东南州授旗，并现场宣布毕节市为第十四届贵州旅游产业发展大会承办地，六盘水市为第十五届贵州旅游产业发展大会承办地。会上，与会嘉宾观摩了“时空之眼”天文科普秀。

【2017年全省旅游工作推进会在平塘召开】 2017年11月8日上午，全省旅游工作推进会在平塘天文小镇中国天眼迎宾馆召开。省委书记孙志刚出席会议并讲话，省委副书记、代省长谌贻琴主持会议。省政协主席王富玉，省领导慕德贵、李再勇、龙长春、卢雍政、李汉宇出席会议。会上，省旅游发展委主任李三旗通报全省旅游发展情况，省扶贫办、黔南州政府、雷山县政府分别作交流发言；为A级旅游厕所、贵州省首批甲级乡村旅游村寨、贵州省五星级乡村旅游经营户（农家乐）、贵州省精品级乡村旅游客栈、贵州省境外旅游营销中心和省外旅游联络处授牌；举行旅游自愿结对帮扶协议签字仪式。

【全省第二次项目建设现场观摩会第六组到黔南观摩】 2017年11月20—21日，2017年全省第二次项目建设现场观摩会期间，省委书记孙志刚，省委副书记、代省长谌贻琴分别率观摩团第一组、第二组走进黔南，此次项目建设现场观摩主要聚焦“千企引进”“千企改造”工程以及大数据与实体经济融合发展项目。省领导唐承沛、王晓光、李邑飞、龙长春、孙永春、王世杰、钟勉、蒙启良、陈海峰、周建琨，省直有关单位负责人，各市州和县（市、区）党政主要领导，以及部分金融机构和企业负责人参加观摩。州委书记唐德智，州委副书记、州长吴胜华等州领导随团观摩。

（曹智辉）

2017年黔南州人民政府发布的重要文件一览表

序号	文号	文件名称
1	黔南府发〔2017〕1号	黔南州人民政府关于印发黔南州土壤污染防治工作方案的通知
2	黔南府发〔2017〕2号	黔南州人民政府印发关于推进旅游业供给侧结构性改革的实施方案的通知
3	黔南府发〔2017〕3号	黔南州人民政府关于首届黔南知名品牌评选结果的通知
4	黔南府发〔2017〕4号	黔南州人民政府关于第十四届州人民政府领导班子成员工作分工的通知
5	黔南府发〔2017〕5号	黔南州人民政府关于印发《政府工作报告》及其决议的通知
6	黔南府发〔2017〕6号	黔南州人民政府关于2015—2016年度黔南州科学技术奖励的决定
7	黔南府发〔2017〕7号	黔南州人民政府关于印发《黔南州人民政府工作规则》的通知
8	黔南府发〔2017〕8号	黔南州人民政府关于加强森林防火工作的意见
9	黔南府发〔2017〕9号	黔南州人民政府关于印发黔南州刺梨产业提升三年行动计划的通知
10	黔南府发〔2017〕10号	黔南州人民政府关于印发《黔南州城镇居民大病保险实施办法（2017年5月修订）》的通知
11	黔南府发〔2017〕11号	黔南州人民政府关于印发黔南州2017年法治政府建设工作要点的通知

续表

序号	文号	文件名称
12	黔南府发〔2017〕12 号	黔南州人民政府关于印发《黔南州特困人员救助供养实施办法》的通知
13	黔南府发〔2017〕13 号	关于 2017 年征兵的命令
14	黔南府发〔2017〕14 号	黔南州人民政府关于印发黔南州工业领域供给侧结构性改革实施意见的通知
15	黔南府发〔2017〕15 号	黔南州人民政府关于印发黔南州妇女发展规划（2016—2020 年）和黔南州儿童发展规划（2016—2020 年）的通知
16	黔南府发〔2017〕16 号	黔南州人民政府关于加快推进州管国有企业转型发展的实施意见
17	黔南府发〔2017〕17 号	黔南州人民政府关于表彰 2016 年度支持地方经济发展先进金融机构的决定
18	黔南府发〔2017〕18 号	黔南州人民政府关于印发《黔南州进一步推进农垦改革发展的实施方案》的通知
19	黔南府发〔2017〕19 号	黔南州人民政府关于统筹推进县域内城乡义务教育一体化改革发展的实施意见

（曹智辉）

信　访

【概况】　一、信访形势“一降两升”。2017 年，全州运用信访信息系统登记接待处理人民群众信访总量 7036 件次 10165 件人次，呈现走访总量下降、网访总量上升、基层访总量上升的良好态势。其中：走访 1909 件次 5038 人次，占信访总量的 27.1%，同比件次、人次分别下降 3.3%、3.9%；网上信访 4966 件次，占信访总量的 70.6%，比去年同期上升 13 倍；群众在县（市）信访 5933 件次 7965 人次，占全州总量的 84.3%，同比上升 2.5 倍。

二、问题排查全面彻底。按照横到边、纵到底，不漏一村、不漏一户、不漏一人的要求，三个四级个案台账常规排查矛盾纠纷信访案件 5508 件（矛盾纠纷 373 件、信访案件和信访积案 4380 件、信访重要重点 755 人）；开展“百日攻坚战”排查 1112 件、开展“五个专项治理”排查 157 件。

三、民心热线群众认可。全州“12345”民心热线平台共接听、受理群众电话和网站投诉请求 22566 件次，同比上升 56.5%。绝大多数为民生领域事项，群众更多选择拨打反映民生诉求，有效减轻了走访压力。

四、秩序维护效果明显。根据省的，在贵州省信访信息系统登记全州群众赴省集体访同比下降 5. 5%、24. 1%。

五、案件办理及时有效。全州共在贵州省信访信息系统内提交办理群众各类诉求案件 14711 件（其中：国家信访局转交办 745 件，省级转交办 2052 件，州本级转交办 2663 件，各县【市、区】自办 9251 件），办理开展矛盾纠纷信访问题排查化解“百日攻坚战”行动案件 784 件、办理“五个专项治理”活动案件 152 件，办理“12345”民心热线群众诉求 22566 件。

六、“三率”指标大幅提升。贵州省信访信息系统显示全州信访事项及时受理率由上年同期的 64. 52% 提升至 99. 39%，按期办结率由上年同期的 85. 65% 提升至 99. 88%，群众满意率由上年同期的 84. 17% 提升至 98. 85%。

七、重要时段安全稳定。扎实以强烈的政治意识抓实工作、以强烈的问题导向压实工作、以强烈的底线思维有效处置，围绕全国、全省、全州“两会”和党的十九大期间安全稳定落实信访维稳专项工作各项措施。全州上下共组织开展重大活动、重要会议期间信访维稳工作 24 次，累计专项工作时间超过 180 天，圆满完成既定任务。

八、改革成果巩固提升。按照 2016 年 12 月 29 日时任省委副书记、省委政法委书记谌贻琴对

“四子一体”信访工作法“黔南州信访工作‘四子一体’工作法应宣传推广”的批示，2017年第一季度，贵州日报、当代先锋网、黔南日报等省、州主流媒体纷纷进行宣传报道，人民网、国家信访局网站、多彩贵州网等媒体先后转载。进一步总结贵定县矛盾纠纷调处化解机制，提升形成“四级三化两评议一回访”在全州推广、并纳入了州委州政府综合目标管理信访业务考核指标之一。推进“多中心合一”改革，州委办、州政府办印发了《黔南州“多中心合一”改革方案》（黔南委办字〔2017〕75号），明确了机构名称统一、机构设置统一、领导体制统一、职能职责统一、工作机制统一的改革内容；州委行文任命了州群众工作中心（州综治中心）主任、专职副主任；州编委印发了《黔南州群众工作中心（黔南州综治中心）主要职责内设机构和人员编制规定》（黔南编通〔2017〕5号），人员整合、机制建设、办公场所建设等具体改革措施正在推进中。

九、部门建设成效显著。2017年7月，贵定县信访局在第八次全国信访工作会上被表彰为“先进集体”（全省仅3家获此殊荣），贵定县信访局石振南、州检察院张婷获“贵州省最美信访干部”称号。

【黔南州召开信访维稳工作会议解决好农民工“过年钱”】 2017年1月6日，黔南州信访维稳工作视频会议在都匀召开，州委副书记、州委政法委书记罗桂荣出席会议并讲话，州委常委、州政协副主席、州委秘书长瓦标龙主持，州政府党组成员、州公安局局长王治军安排部署重点领域突出矛盾五项专项治理工作。州信访工作联席会议成员单位、维稳工作领导小组成员单位在州主会场参会。

罗桂荣要求，全州各级各部门要充分运用已经取得的贵定“4321”积案化解机制、福泉“112”多元化解模式、民生领域“四子一体”信访工作法等好的经验，在开展重点领域突出矛盾专项治理行动中，按照龙长春书记“特别是当前，元旦、春节‘两节’将至，各级各有关部门必须高度重视拖欠农民工工资问题，千方百计解决好老百姓‘过年钱’”的批示要求，把欠薪欠资专项治理作为当前五项专项治理工作的重中之重来抓好落实。各级各部门、各项目业主单位要对项目建设拖欠农民工工资情况进行详细排查，分清政府和企业的责任，把年前全部支付所拖欠的农民工工资作为当下的一项硬任务，确保农民工朋友过上开心、详和的春节。

此次电视电话会议开到县，各县市区党政分管领导、信访工作联席会议成员单位、维稳工作领导小组成员单位负责人在分会场参加会议。

【州委政法暨信访工作会议在都匀召开】 2017年2月21日，州委政法暨信访工作会议在都匀召开，州委书记龙长春出席会议并讲话。龙长春强调，全州各级各部门尤其是政法、信访部门要认真学习贯彻习近平总书记系列重要讲话精神，切实把思想和行动统一到中央、省委和州委的决策部署上来，围绕“为党的十九大、全国‘两会’和省第十二次党代会胜利召开营造和谐稳定的社会环境”这条主线，全面提升政法和信访工作能力水平，为加快打造民族地区创新发展先行示范区作出新的更大贡献。

州委副书记、州长吴胜华主持会议。州委副书记、州委政法委书记罗桂荣，州委常委、都匀市委书记吴丹，州人大常委会副主任吴俊，副州长王治军，州政协副主席张加春，州法院、州检察院主要负责人出席会议。

龙长春强调，坚持党对政法工作的绝对领导，是政法工作不可动摇的根本政治原则。各级党委要从改革发展稳定的大局出发，加强和改善对政法工作的领导，落实工作责任，强化工作保障，狠抓队伍建设，确保全州政法工作取得实实在在的成效。

州四家班子分管政法和信访工作的领导，各县（市）党委书记、党委政法委负责人，州直有关部门分管领导参加会议。

【各级主流媒体集中宣传黔南州“四子一体”信访工作法】 近年来，黔南州关注民生问题，积极探索新时期民生信访工作的特点和规律，通过搭建工作“作业台子”、设立工作“问题靶子”、寻找工作“治理方子”、实施工作“监督法子”等举措，建立起常态化、程序化、规范化为一体的“四子一体”民生信访工作模式，有力、有效、依法地推动了新时期全州民生信访工作。

民生信访“四子一体”工作法推出以来，先后得到了省委谌贻琴副书记、省政府陈鸣明副省长和黔南州委龙长春书记、吴胜华州长、罗桂荣副书记、瓦标龙常委等省、州领导的指示肯定。省委宣传部安排省、州主流宣传媒体“做好黔南州四子一体工作法宣传报道”。截至2017年3月3日，《贵州日报》、《贵州日报》今日头条、当代贵州、当代先锋网、《黔南日报》先后刊文报道，人民网、国家信访局微信公众号、贵州省信访局微信公众号和政务头条号、多彩贵州网、黔南州政府门户网站、黔南热线等媒体纷纷转载。

【黔南州人大常委会专题询问州人民政府信访工作】 2017年11月2日上午，黔南州十四届人大常委会第四次会议举行联组会议对州人民政府2014年以来全州信访工作开展专题询问。州人大常委会主任罗毅，在匀的副主任、秘书长，人大常委会组成人员、部分州人大代表、部分旁听公民代表、现场新闻记者参加专题询问；州人民政府副州长王治军，州政府办、州信访局等部门主要负责人出席会议并作专题询问应答。

专题询问由州人大常委会副主任吴俊主持，采取一问一答、一问多答的方式，州人大常委会组成委员就贯彻中共十九大会议精神、全国信访局长会议精神落实信访工作责任制、信访工作制度改革创新、解决信访突出问题、信访机构队伍建设、基层组织建设等方面进行询问。州政府副州长王治军及州信访局、州综治办、州建委、州人力资源社会保障局、州民政局分别结合工作实际逐一作出应答。询问委员对各部门的回答表示满意，并就进一步做好信访工作提出了有益的建议。

历时2个小时的专题询问结束后，州政府副州长王治军作了表态发言，主持人总结时希望州人民政府及相关部门解放思想，创新思路，强化协作，通力配合，以中共十九大精神为引领，大力推进信访工作，确保社会长治久安；明确由州人大常委会信访督察室对专题询问会议上各位委员提出的询问问题和分组会议审议时委员及列席会议人员提出的意见、建议进行整理，形成州人大常委会的审议意见，交州人民政府研究处理。

根据《中华人民共和国各级人民代表大会常务委员会监督法》《黔南州人大常委会专题询问办法》的规定和黔南州人大常委会2017年工作要点和监督工作计划的安排，决定听取和审议黔南州人民政府2014年以来全州信访工作情况报告。

为开好这次专题询问会议，州人大常委会超前安排，精心组织，做了大量准备工作。从5月份开始，州人大常委会信访督察室、州信访局多次沟通、交换意见，制定专题询问工作方案；州人大常委会主任会议专门研究专题询问会工作方案，9月26—28日组成四个调研组分赴12个县（市）开展专题调研、10月31日听取了州政府2014年以来信访工作情况报告、11月1日分组审议了报告内容。在分组调研全面了解全州信访工作情况、听取和审议报告肯定成绩和分析问题基础上，11月2日举行联组会议进行专题询问。

州人大常委会专题询问信访工作在州内是首次，体现了州委、州人大常委会对信访工作的关心、关注、关爱，是贯彻好中共十九大会议精神、全国第八次信访工作会议精神的重要举措。据悉，对信访工作进行专题询问全省、乃至全国亦为首例。

（罗继锋）

民　政

【概况】 2017年，在州委、州政府的领导下，在民政部和省民政厅的精心指导下，在州直各部门的大力支持下，全州各级民政部门坚持以中共十九大精神和习近平在贵州省代表团重要讲话精神为指引，认真践行“民政为民、民政爱民”工作理念，紧紧围绕州委州政府的中心工作和《黔南州“十三五”民政事业发展规划》目标任务，按照2017年省、州民政工作会议安排部署，坚持目标导向、问题导向和落实导向，应对新挑战、展现新作为，确保民政各项重点工作任务圆满完成。

城乡社会救助工作　2017年，城乡社会救助工作，一是城乡低保政策有效落实。对全州10.1万户23.71万人低保对象应保尽保，累计发放低保资金6.5亿余元，城乡低保平均标准分别提高到548元/月和3547元/年，增幅达10%和15.3%，农村低保标准已超过扶贫标准。结合精准扶贫工作要求，落实易地扶贫搬迁贫困移民最低生活保障，将1万余人的移民搬迁对象从农村低保转为城市低保，对2.8万户农村低保季节性缺粮户发放1725吨救助粮。二是特困供养政策落实到位。出台了《黔南州特困人员救助供养实施办法》，救助供养基本生活平均标准达每月822元，特困救助供养资金支出7498.3万元。三是医疗救助力度加大。将所有贫困人口纳入重特大医疗救助范围，共支出医疗救助资金11098万元，对14.5万人次困难群众实施直接医疗救助，累计资助低保对象35.6余万人次参加了新型农村合作医疗保险和城镇居民基本医疗保险，有效遏制因病致贫返贫。四是困难残疾人“两补”及时兑现。兑现困难残疾人政策性生活补贴22万人次2079万元，发放重度残疾人护理补贴2万余人次1125万元。五是救急难工作有效实施。对3.75万户次实施急难救助，发放临时救助金6498万元。

防灾减灾救灾工作　2017年，防灾减灾救灾工作，一是灾害应急救助工作及时有效。2017年全州自然灾害共造成71.8万人次受灾，紧急转移安置受灾群众3万余人，共下拨2000余万救灾物资，对16万受灾困难群众开展紧急生活救助。二是救灾物资储备能力进一步增强。新建救灾物资储备库5个，投入使用3个。三是政策性农房灾害保险作用明显。纳入政策性农房灾害保险79万户，1411户获得赔付共计金额520万元。四是冬春救助及恢复重建工作有效实施。实施冬春救助41.2万人次，组织恢复重建因灾倒塌（含严重损坏）民房423户。五是综合防灾减灾工作成效明显。通过开展“全国防灾减灾日”“国际减灾日”等宣传教育活动，进一步提高公众防灾减灾意识和能力。全年获国家民政部命名“全国综合减灾示范社区”4个，全州“全国综合减灾示范社区”27个。

优抚安置工作　2017年，优抚安置工作，一是抚恤优待政策落实兑现。共发放优抚对象抚恤补助资金1.3亿元、优抚医疗补助资金675万元，向省级争取优抚事业单位建设补助资金707.8万元，优抚医院、光荣院对重点优抚对象开展短期疗养工作走向常态化。二是安置改革稳步推进。共接收退役士兵1098人，安置符合政府安排工作条件退役士兵112人，对有培训意愿的778余名退役士兵开展就业培训，共发放退役人员安置经济补助364.2万元。三是军休干部“两个待遇”政策全面落实。发放军休安置补助经费1384.5万元。将2818户复退军人纳入农低保，3969人纳入精准扶贫对象，通过公租房实物配租（售）、住房租赁补贴等方式解决293户困难复退伍军人家庭住房问题；帮助复退军人子女662人次解决就学困难问题；对488名生活困难复员退伍军人给予临时救助141.2万元。四是双拥工作持续深入。各级政府共投入10054万元支持部队建设，走访慰问驻军部队169次，慰问各类优抚对象4.7万人次，发放慰问金及物资折合772万元。各驻地部队积极参加急、难、险、重任务994余次，救援群众4637人，抢救财产6050万元。全力做好涉军群体信访维稳工作，妥善处置涉军群体信访80余人次。全省复退军人困难帮扶暨就业创业现场推进会在福泉市召开。

基层政权和社区建设工作　2017年，完成第十届村（居）民委员会换届选举工作，选举产生村（居）民委员会主任1358人。其中，女性当选率较上一届增加1.21%，大专以上学历较上一届提高了10.05%，平均年龄42岁，较上一届降低4岁。城乡社区建设稳步推进。全州建有1186个农村社区服务中心（站）、178个城市社区服务中心（站）。按照《黔南州“四型社区·幸福家园”建设标准》和《三年行动计划》要求，积极打造黔南城乡社区建设升级版，“四型社区”达标城市社区98个、农村社区361个。福泉市牛场镇获全国农村社区建设示范单位命名，贵定县成功申报全国农村社区建设治理实验区。平塘县、三都县顺利通过“和谐社区建设”“村务公开民主管理”和“农村社区建设全覆盖”省级验收并命名，标志着全州实现提前三年完成“以县为单位开展同步小康创建活动提高城乡社区基层民主自治建设完善率统计监测”工作。

社会组织管理工作　2017年，社会组织登记管理工作健康有序。在册登记社会组织1071个（其中：州级146个；县级925个），社会组织统一代码在全国代码系统入库数据率达100%，深化社会组织管理制度改革，全州共完成78家（其中：州级16家；县级62家）行业协会商会与行政机关脱钩试点工作。

区划地名工作　2017年，全州区划地名工作，在全省率先完成第二次全国地名普查市（州）级核查工作。州委主要领导高度重视地名命名（更名）工作，亲自安排部署，亲自督促推进。相关部门对都匀市及都匀经济开发区城区的地名路名进行了认真细致的梳理、论证，民政部门对《都匀市（都匀经济开发区）城区地名路名命名更名工作方案》进行了业务审核，切实规范了地名管理工作。都匀市率先大力清理整顿地名乱象。

殡葬服务和管理工作　2017年，大力倡导节地生态安葬，扩大惠民殡葬覆盖面，全州11个县（市）实现集中治丧、遗体火化、生态安葬“三位一体”工作目标，火化率达到31%，同比增长35%。全州节地生态安葬1751穴，减免安葬费约498万元，发放殡葬惠民补贴约815万元，惠及困难家庭7801户、困难群众9362人。全省殡葬工作现场观摩暨推进会在瓮安县召开。

社会福利及专项社会事务管理工作　一是养老服务工作创新开展。储备养生养老项目14个，规划投资逾20亿元。积极争取世界银行、国开行贷款、中央福利彩票公益金对黔南养老养生产业的投入，谋划18亿元的养老融资项目，已经入评审阶段。预计2018年，世界银行—法开署将有4亿~6亿元贷款落户黔南，已争取到中央福利彩票公益金4200万元，用于龙里县老年公寓、惠水县老年养护院和独山县阳光养老中心建设项目。全州建有城镇社区居家养老服务中心（站）173个，服务对象1912人，建有农村居家养老服务站687个，767个建制村开展居家养老服务工作，覆盖率达64.27%，服务对象6159人。二是未成年人关爱保护工作有效开展。基本建立州、县、乡、村四级联动的“3456”未成年人社区保护网络格局，4.5万名留守儿童纳入社会关爱服务体系。救助流浪乞讨人员2.5万余人次，安置托养在福利院和精神病医院的滞留乞讨人员60人。罗甸县“以校为家”留守儿童关爱模式，得到省、州领导充分肯定。三是婚姻收养登记规范开展。婚姻登记服务和信息化建设更加规范，全面停止收取婚姻和收养登记费，办理婚姻登记3.8万余件，离婚登记1万余件，收养登记25件。四是福利彩票发行和慈善工作稳步开展。福利彩票销售达2.5亿元，福利彩票事业发展稳步推进，彩票公益金使用更加规范。州慈善总会与州扶贫开发局、州红十字会共同开展“慈善一日捐”活动；接收广州市民政局和省慈善总会捐赠价值14.4万元的衣物。长顺县慈善暖万家活动，在助力脱贫攻坚上有明显成效。

【黔南州第十届村（居）民委员会换届选举工作完成】　截至2017年2月底，黔南州1186个村民委员会、174个居民委员会全部完成第十届村（居）民委员会换届选举工作。

此次换届选举工作自2016年8月启动以来，根据省、州的统一部署，各县（市、区）分别成立了第十届村（居）民委员会换届选举工作领导机构，制定工作实施方案，召开动员部署会，分级开展业务培训。为切实加强对换届选举工作的督查指导，州、县两级分别成立督查组，深入村（居）开展督查。对督查中发现存在的问题，责令限时整改，确保了换届选举工作依法、按时、有序地进行。

本届换届选举中，全州共有631个村民委员会实行无候选人的选举，占总数的53.2%，112个居民委员会实行直选，占总数的64.4%。共选举产生第十届村民委员会成员6023人，居民委员会成员876人。各县（市）通过采取民主评议、严把资格审查关等多种方式，使更多的德才兼备、群众公认的候选人通过选举进入村（居）民委员会成员队伍中来，进一步增强了村级自治组织的活力与战斗力，使村级自治组织在脱贫攻坚的征程中发挥更大的作用。

【黔南州与中民规划院签订黔南州康养产业发展战略合作框架协议】 为贯彻落实《国务院关于加快发展养老服务业的若干意见》（国发〔2013〕35号）、《国务院关于促进健康服务业发展的若干意见》（国发〔2013〕40号），依托中民养老规划院的政策创新、智库、国内外资源优势，企业参与、公益推动、政府引导，推动黔南州康养产业加快发展、创新发展、科学发展，2017年3月，州人民政府副州长杨从明带队，州民政局局长廖小明和锦绣公司有关负责人等一行6人赴北京与中民规划院签订《黔南州康养产业发展战略合作框架协议》。3月7日上午，黔南州人民政府副州长杨从明一行与中民规划院院长王来柱、副院长苏志钢对接洽谈合作发展黔南州康养产业合作具体事宜。双方就依托黔南的良好区位、便利的交通、优异的生态环境和气候、民族文化等资源，依据中民规划院的优势，引资引智，开展对黔南康养战略研究，推动黔南康养产业投资、建设，着力打造黔南生态养生、休闲旅游、健康养老和疗养度假的养老产业链等事宜进行了深入探讨。

【黔南州政府副州长杨从明率队到北京考察养老服务机构建设】 2017年3月8日，在贵州省民政厅和北京市民政局的协调帮助下，黔南州政府副州长杨从明带领州民政局廖小明局长和贵州锦绣实业公司负责人一行到北京汇晨养老机构管理有限公司昌平老年公寓和北京太阳城国际老年公寓等养老服务机构考察观摩。对北京市中高端养老服务机构在建设、管理、运营和服务方面的先进理念和成功经验及康养服务产业链的开发等情况进行了全面学习。

北京汇晨养老机构管理有限公司是以输出管理方式建立全国连锁的养老服务机构。汇晨昌平老年公寓是北京市民政局投资建设，汇晨公司经营管理的公建民营养老机构。北京太阳城国际老年公寓是一家民营资本投资建设的医护型全程化持续照料养老社区，包括居家型、介助型、介护型、康复型、度假型、自助型以及高端全程型老年公寓，为老年人提供了标准化、全程医护型终身养老规划，形成了一条完整的健康养老服务的产业链。

通过考察观摩和座谈交流，大家对加快黔南养老养生产业发展的思路和模式有了更加明晰的认识。下步工作中，全州将着力打造一批中高端养老服务机构，围绕“银发经济”产业链逐步扩大经营范围，努力实现投资有回报、产品有市场、企业有利润、员工有收入、政府有税收服务、事业能发展的目标，更好地推动全州民生、民政、养老事业发展。

【黔南州政府副州长杨从明一行到国开行参加养老机构融资及产业化路径研讨会】 2017年3月10日下午，黔南州民政局召开争取世界银行和国家开发银行贷款发展养老养生服务业座谈会。

各县（市）民政局分管领导和项目办负责人，都匀开发区社会事务局分管领导，州民政局、老龄办有关科室及局属事业单位负责人，贵州锦绣实业有限公司负责人参会。

会上，州民政局项目办负责人对2016年度全州民政项目工作进行了总结回顾，传达了省民政厅争取世行贷款发展养老服务业项目座谈会精神。贵州锦绣实业有限公司副总经理赵军对黔南养老养生集团有限公司的筹建、注册等及项目实施准备情况作了讲解说明。州民政局副局长谢正军对做好项目的编制和申报等工作进行了提出具体要求，明确了目标任务。廖小明局长在会上通报了杨从明副州长带队与中民规划院签订《黔南州康养产业发展战略合作框架协议》和在国家开发银行参加养老机构融资及产业化路径研讨会的情况。结合省民政厅的工作部署，要求全州各级民政部门解放思想，顺势而为，抢抓国家重视、支持养老服务业发展的机遇，及时组建养老服务业发展投融建平台，围绕“银发经济”产业链开发、民政基础设施和民生保障条件建设，谋划和组织好项目申报，积极争取世界银行、国家开发银行等金融机构的资金投入，加快推动全州民政事业发展。

【广州市民政局与黔南州民政局签订对口帮扶意向书】 为落实《2016—2020年广州市民政局·黔南州民政局对口帮扶意向书》精神，广泛动员社会力量参与，支持黔南脱贫攻坚工作。2017年6月5日，广州市民政局与黔南州民政局签订了《2017年广州市民政局对口帮扶黔南州社会工作事业发展意向书》。

2017年，广州市民政局组织社工机构，采取一对一帮扶指导，多对一结对支持、联合共建等方式，结对帮扶黔南州部分县（市、区）民政局和相关单位、机构，支持黔南州培育一批共建示范社工机构、单位、项目，增强对困难群体的服务能力和保障能力，全面提升黔南社会工作服务能力和服务水平。

社会工作结对帮扶工作已覆盖全州都匀市、福泉县等8个县（市）和州社会福利院、州救助管理站等单位。

【世界银行专家官员到黔南考察养老养生项目】 2017年6月28日，由世界银行首席经济学家欧凯夫（PhilipO’keefe）带队的世界银行项目鉴别团来到都匀，专项考察黔南州养老养生项目。省民政厅巡视员杨春兴，州人民政府副州长杨从明及州民政局、州发展改革委、州财政局、州老龄办、贵州南山康养公司及黔南医学高等专科学校相关负责人陪同。

长期以来，黔南州的养老养生事业及基础设施主要靠国家财政投入和补助，渠道单一、投入少，基础差、进展慢，已不能满足当今老龄化社会发展需求。为解决这一难题，加快推进黔南养老事业发展，依托当地生态和区位优势，围绕“银发经济”做文章，多渠道筹措资金，经贵州省民政厅牵线搭桥，多次与世界银行磋商，争取世行资金落户黔南发展养老服务业。此次世行专家组的到来，就对黔南养老养生项目进行专项考察鉴别。

除首席经济学家、团长欧凯夫（PhilipO’keefe）外，鉴别团还有项目经理葛霭玲（ElenaGlinskaya）、高级社会保障经济学家王德文（DewenWang）、健康学家刘瑞（RuiLiu）、运行分析师张岚松（LansongZhang）、高级财务管理专家张芳（FangZhang）和翻译弟莉（DiLi）等成员。鉴别团一行先后考察了都匀市伯爵托老所、黔南州社会福利院、黔南医学高等专科学校等黔南州养老服务机构、居家社区养老服务设施和培训机构。考察期间，鉴别团还与省民政厅、黔南州政府及相关部门进行座谈。座谈会上，欧凯夫（PhilipO’keefe）、葛霭玲（ElenaGlinskaya）和王德文（DewenWang）介绍了世界银行关于支持养老养生的相关规定和操作流程，州民政局、州发改委、州财政局、贵州南山康养公司、州老龄办和黔南医专相关人员就黔南州养生养老现状、能力提升和大健康养老、大健康医药产业前景以及今后发展思路做了介绍和交流。

杨春兴代表省民政厅感谢世界银行对贵州、对黔南养老养生事业的关心与支持。他希望黔南州民政及相关部门要转变重建设、轻管理的观念；在投融资上，转变传统的单一方式，注重投资多元化；要理清思路，以地方为主，外援为辅不断提升自身能力建设和配套建设，并表示尽最大努力帮助和支持黔南。

州人民政府副州长杨从明对世界银行的专家表示欢迎，感谢省民政厅的牵线搭桥。他期待能与世界银行合作，除了解决部分资金不足问题，更重要的是通过合作补齐能力不足的短板，少走弯路，并根据自身实际、整合资源，在世行的帮助下创建一套有别于东部不同于西部的标准化、规范化的黔南模式。

专家组感谢贵州和黔南的热情款待和经验分享，对黔南州前期工作和所取得的成绩给予肯定，对黔南养老养生设想和下步打算产生浓厚兴趣，并表示尽力促成融资，助推黔南发展。

【黔南州民政局项目办完成社会兜底工程2017年中央预算内补助资金项目申报工作】 依据省民政厅项目办的工作部署，州局项目办提升服务理念，强化工作作风，积极认真做好2017年项目申报工作。7月5日，经局项目办积极指导并组织各县市区民政局开展2017年社会兜底工程中央预算内投资的项目申报工作，根据国家发改委、民政部《关于编报2017年社会服务兜底工程中央预算内投资项目建设方案的通知》（发改办社会〔2017〕350号）文件通知，积极与州发改委对接，按照申报要求共编报项目33个（其中养老服务体系项目共计11个、光荣院建设项目1个、社会福利体系项目（含殡葬服务设施）21个）建设床位2600张，总投资7.1亿元，申请上级资金2.7亿元，地方配套4.04亿元。并录入发改重大项目库、民政项目库通过审核，在短时间内按要求高质量完成工作任务。

2017年，省发改委下达《社会服务兜底工程2017年中央预算内投资计划的通知》（黔发改投资〔2017〕792号），此次共获得中央预算内投资资助项目4个，获中央预算内投资4010万元（2016年获中央预算内投资2946万元）；其中：荔波县殡仪馆640万元、三都县殡仪馆640万元、罗甸县老年养护院1370万元、长顺县老年养护院1360万元；救灾体系建设项目3个，共471万元，其中：福泉市救灾物资储备库163万元、三都县救灾物资储备库、独山县救灾物资储备库各154万元。截至2017年全州共获得发改下达中央预算内资金4481万元。届时，局项目办圆满完成申报工作，下步将对所申报项目加强调度、督促，加强与省厅项目办、州发改委对接，确保全州民政项目能够得到上级的帮助支持和顺利实施，以项目建设为抓手，助推全州民政事业跨越发展。

【省地名普查办现场抽查验收都匀、福泉两市第二次全国地名普查工作】 2017年8月14～18日，省民政厅区划地名处（省地名普查办）副处长陈杰率省地名普查验收组一行7人，现场抽查验收黔南州都匀市、福泉市第二次全国地名普查工作。州民政局副局长谢正军及州地名普查办相关人员培同。

现场检查验收听取都匀市、福泉市人民政府分管领导的地名普查工作汇报，验收组分别对两市的外业、数据库、成果图、地名标志、跨界自然实体等项目进行抽查。同时在数据库中随机抽取了105条地名进行实地的检测经纬度精准度情况。

现场抽查验收结束后，陈杰副处长充分肯定都匀市、福泉市的第二次全国地名普查工作，同时也指出存在的问题如：组织管理相关资料存在缺失的情况，比如缺少财政、审计部门出具的资金使用检查情况或审计报告。数据库相关的属性不规范，文化属性部挖掘不够深等相关问题。提出整改意见反馈给都匀市、福泉市人民政府和地名普查办。要求两市有关部门、乡镇、专家对地名普查成果资料中的文字进行修改完善，增强地名文化挖掘工作，补充修改地名照片等工作后及时上报省地名普查办。

【“黔南州社会工作领航人才特训营”在广州开班】 2017年10月23日，由广州市团校、黔南州民政局联合举办的“黔南州社会工作领航人才特训营”在广州开班。来自黔南州12县（市）民政局部门、社区业务骨干及参与结对的广州社工机构负责人、骨干共58人参加培训。

广州市团校助力黔南州脱贫攻坚，除了在资源、项目上的帮扶外，广州市团校还创建穗黔两地社会工作交流合作平台、着力推动黔南社区、社会组织、社工“三社联动”工作、助力黔南社会治理创新和脱贫攻坚。

根据广州团校与黔南州民政局签订的《青少年事务社会工作人才培训的框架协议》及《黔南州社会工作领航人才培训计划》，此次重点培训试点社区支书、主任和业务骨干。校方出资10万元用于培训期间学员食宿及教学费用。

5天学习时间，校方聘请了香港、广州等地社会工作领域资深专家、教授、学者对学员在社会工作、政府如何推动社会工作的发展、机构创办、政府购买服务、项目策划、运营、管理等基础理论及实操进行培训，还安排了历奇训练、互动交流和跟岗实习等。

在开班仪式上，善爱社工（武汉）信息服务有限公司向黔南捐赠了价值24万元的全国社工服务管理系统；穗星、启创、北斗星、心明爱、荔湾恒福、白云恒福、力行、现代、绿橡、大同、岭南、黄埔区青年社会组织联合会等12家广州品牌社工机构与黔南州12县（市）签订了一对一结对帮扶书。“主要是想通过资源链接、技术支持、组织培育、观念更新等进行帮助，通过一至两年的对口帮扶，逐步实现从输血式扶持到造血式培养”，广州市团校助力黔南州脱贫攻坚志愿服务队总干事丘英文告诉笔者。

黔南州民政局党组成员、机关党委书记李仕海，广州团校副校长涂敏霞以及香港、广州、北京、武汉等地社工专家和对口帮扶机构负责人，项目主管出席开班仪式。

【黔南州创新医疗救助服务模式全面实施医疗救助“一站式”信息系统即时结算服务】 2017年11月，根据省民政厅有关全面建立医疗救助“一站式”服务平台要求和州政府有关脱贫攻坚医疗精准扶贫的精神要求，黔南州主动作为，州民政局多次与州卫计、州扶贫等部门对接会商、实地调研、拟制需求方案、研发系统、校验系统、试点运行、全面推开，依托城乡基本医疗保险报销系统，建立起与基本医疗保险、大病保险无缝衔接的医疗救助（优抚医疗补助）“一站式”即时结算信息平台，在全州各县（市）实现了医疗救助“一站式”信息系统即时结算服务。

【主要作法】 （一）高度重视、协同配合。州委、州政府高度重视医疗精准扶贫工作，由州政府分管领导亲自抓，组织召开专题会议安排部署，州政府出台了《黔南州进一步完善医疗保障机制推进脱贫攻坚工作方案》。州民政与州卫计、州扶贫等部门建立了协同会商机制，根据工作需要，定期或不定期召开会商会，讨论研究全州医疗精准扶贫工作，切实将建设黔南医疗精准“一站式”信息即时结算平台纳入重要议事日程，多次共同研究会商、共同开展调研、民政部门拟制建设系统平台需求方案、研发公司进行系统研发、进行系统校验。州卫计、民政、扶贫印发《关于启动实施医疗精准扶贫“一站式”即时结算平台试点的通知》（黔南卫计发〔2017〕35号）文件，选择福泉、长顺、瓮安、罗甸4县（市）开展试点运行。在总结试点工作经验的基础上，9月22日在长顺县召开黔南州医疗精准扶贫工作推进会，就长顺县上线的医疗精准扶贫“一站式”及时结算进行现场观摩学习，并对全州全面推行“一站式”即时结算工作进行全面安排部署，州县两级卫计、民政、扶贫领导干部130余人参加会议。州卫计、民政、扶贫联合下发了《关于全面应用医疗精准扶贫“一站式”即时结算平台的通知》（黔南卫计发〔2017〕48号）。各县（市）高度重视，局主要领导亲自抓，亲自安排部署，亲自作好统筹协调，分管领导具体抓，明确具体责任人，明确工作任务和工作时限，严格工作纪律要求，使全州各县（市）在要求的时限内全面完成了医疗精准“一站式”即时结算信息系统应用工作。

截至2017年10月13日，全州各县（市）全面上线了医疗精准扶贫“一站式”即时结算结算平台，实现了新农合、大病保险、计生医疗扶助、优抚医疗补助、医疗救助和医疗扶助等“一站式”即时结算。

（二）精心制定需求方案、实现系统操作功能需求。州民政部门牵头拟制系统平台建设需求方案，实现系统操作七大功能需求。一是数据更新功能。按计生扶助、优抚补助、城乡医疗救助等三大部分由卫计、民政、扶贫、残联等部门按职能职责将审批管理对象实时更新到系统中。二是政策配置功能。具备计生资金扶助、优抚医疗补助、城乡医疗救助和资助参合参保等政策配置功能。三是统计、管理、共享功能。具备计生、优抚、城乡医疗等各类对象（如能按门诊、住院、对象类型、对象年龄、患病病种、残疾类型、资助参合参保等情况）人次、资金统计和导出功能，对相应对象进行数据有限信息跟踪日志记录，为民政部门提供患病信息查询，以便开展好临时救助、最低生活保障等社会救助工作，为与救助有关的信息系统提供信息共享接口。四是参合参保缴费功能。具备符合计生、优抚和城乡医疗救助政策资助参合参保人员缴费、查询、结算、统计等功能，凡是以上对象参合参保的自动共享实时更新的基础数据库即可核定出该对象还需缴纳的个人部分，对象按要求缴纳即可，系统分类统计汇总出计生、优抚、城乡医疗等对象应资助的金额，由相关部门按要求拨付至医保管理机构。五是资金结算、管理功能。具备计生扶助、优抚补助和城乡医疗救助资金补助调度、查询、汇总和导出收支明细。六是具备数据备份、导出功能。提供计生、优抚、医疗救助等数据信息备份、导出功能。七是与其它制度衔接功能。在即时结算窗口根据要求打印临时救助申请提醒单据（体现“急难”主动发现力度），由民政部门按临时救助政策作出审批决定。

（三）明确责任，规范运行。全州对医疗精准扶贫“一站式”信息系统即时结算应用，形成了政府主导、部门（机构）协同配合，明确各自职能职责，按要求规范运行。一是明确具体操作负责人员。所有更新数据均要求由县级操作，操作人员必须是单位正式工作人员，不得用临时聘用人员。医疗救助和优抚医疗至少各明确一名具体负责的正式工作人员。二是建立合医专线。各县（市）民政部门及时连通合医专线，确保核定和更新医疗精准“一站式”即时结算人员身份、将手工救助相关数据录入到系统平台上以及查询、汇总医疗精准“一站式”即时结算救助情况等等，同时保障信息数据的安全运行。三是明确结算流程和工作要求。医疗精准“一站式”即时结算流程为基本医疗保险、大病保险、计生扶助、优抚医疗补助、城乡医疗救助、医疗扶助，全面通过定点医疗机构新农合结算窗口一次性完成结算工作，定点医疗机构垫付各类资金后按月（季度）向医保管理部门（合医办）申请拨付垫付资金，由医保管理部门（合医办）统一代为支付，医保管理部门（合医办）按月（季度）与县（市）民政局清算，清算资金包含三个部分（优抚医疗补助资金、城乡医疗救助资金、用于补足特困人员医疗救助全额兜底的特困供养资金）由各自渠道分别拨付给医保管理部门（合医办），每个县（市）确保预拨到医保管理部门（合医办）的资金不低于30万元，保障“一站式”即时结算规范有序运行。

【取得的成效】 医疗精准扶贫“一站式”即时结算信息系统，实现了特困供养人员、上世纪60年代精减、精神障碍患者、建档立卡贫困人口、低保家庭成员、享受抚恤的优抚对象等在县域定点医疗机构对新农合医疗保险、大病保险、医疗机构优惠减免或商业保险、计生、优抚医疗补助、医疗救助和医疗扶助等四重医疗保障的“一站式”即时结算服务，切实为困难群众提供高效、便捷的医疗救助（优抚补助）服务。可实时查询各类困难群众综合医疗保障情况，特别是建档立卡贫困人口的四重医疗保障情况一目了然，数据信息实现实时查询、统计，提升了医疗服务信息化水平，实现医疗费用信息管理、信息共享，推进各项社会救助制度及时、有效衔接，切实推动医疗精准扶持工作，有助于遏制“因病致贫、因病返贫”，促进精准扶贫、精准脱贫。

【黔南州探索政府购买服务织密急难救助网】

黔南州12个县（市），有10个贫困县，均为滇桂黔石漠化片区规划县，有6个国家重点贫困县，1个省级深度贫困县，全州贫困人口多、贫困面大、贫困程度深，脱贫攻坚面临严峻形势。社会救助作为精准扶贫“五个一批”社会保障兜底一批的重要组成部分，承担着全州24万名低保对象、近1万名特困供养人员等重点对象的兜底保障任务，针对社会救助工作责任重大、事务繁重、人少事多的现实问题，州人大常委会纳入督办、州政府进行任务分解落实，全州各县（市）积极探索、创新工作方式，在不增加机构、人员编制的情况下，多形式、多渠道采取政府购买服务的方式，加强基层民政工作服务能力建设，努力提升全州社会救助管理水平和服务能力。2017 年，全州各县（市）通过政府购买服务为乡镇（街道）配备社会救助专职人员和村（居）协管员共 1689 名，并将社会救助专职人员和村（居）协管员工资纳入县级财政预算管理，同时，制定出台考评办法，强化业务培训和考核管理，有效解决了保障和服务困难群众“最后一公里”的问题。

【制定出台政策，为购买服务提供政策依据】黔南州各级党委、政府高度重视社会救助工作，在不增加编制的情况下，制定出台政府购买服务有关政策文件。州政府出台了《黔南州政府向社会力量购买服务实施办法》（黔南府办发〔2017〕20 号）。按照《全国基层低保规范化建设示范县（市、区）验收标准》文件要求，为解决基层人员力量不足导致低保等社会救助工作无法有效开展的困境局面，黔南州民政局下发了《关于进一步加强和创新城乡低保规范管理工作机制建设的通知》（黔南民发〔2015〕125 号），各县（市）陆续出台了《关于明确城乡最低生活保障专职低保人员及村（居、社区）协管员的通知》《公开招聘低保协管员简章》等系列政策文件。在无法增加编制人员的情况下，各县（市）按照政府主导、民政负责实施、其它部门配合的原则，采取政府购买服务的方式充实乡镇、村（居）工作人员力量。如：福泉市自 2010 年起、龙里县自 2012 年起、惠水县和长顺县自 2015 年起为各乡镇（街道）、村（居）各配备一名社会救助专职人员和低保协管员。同时，确保招聘针对性，抓好调查环节、明确招聘重点，抓好宣传环节，扩大知晓范围、实现对口招聘；确保招聘公开透明，严把质量关、注重招聘人才素质，严把监督关，保障选人用人公信度。

【纳入地方财政预算，为购买服务提供资金保障】 为了保障购买服务工作顺畅开展，切实维护社会救助协管人员经济待遇，县（市）出台《关于将低保协管员薪酬纳入财政预算的通知》，将购买服务需求资金纳入地方财政预算。同时，对于地方财政困难的，通过调剂县本级配套预算的社会救助资金用于政府购买服务支出。据统计，全州每年投入 700 余万元用于购买服务，保障乡镇（街道）社会救助专职人员工资不低于当地最低工资标准，如：福泉市社会救助专职人员年薪达 2.8 万元，惠水县村（居）协管员年薪达 3600 元。

【建立管理考核机制，增强工作实效】 为加强社会救助专职人员、协管员的管理，使之真正发挥应有的作用，在对招聘社会救助专职人员、协管员管理机制上采取县级民政部门和乡镇双重管理、考核的机制，出台《低保协管员管理办法》《低保专职人员绩效考核实施方案》等文件，强化工作纪律，规范队伍管理，提高工作绩效。

【强化岗前业务培训，提升招聘人员业务素质】 一是开展岗前培训，提升业务素质。救助专职人员、协管员聘用到位后，县（市）民政部门围绕城乡社会救助工作办理程序、信息系统应用、家庭档案建立、家庭收入核查等相关业务工作，组织开展岗前培训，提升他们的基本素质和业务水平。二是加强业务指导，促进工作开展。在开展岗前培训的基础上，通过传、帮、带等形式，及时安排熟悉工作的业务骨干带领他们围绕社会救助各项工作核心和突出问题进行实践锻炼学习，提高他们的业务处理能力。

工作成效：

【入户核查到位，对象认定准确】 社会救助专职人员、协管员在基层社会救助工作中发挥积极重要作用，特别是城乡低保在平时核查、季度核查和年度核查和其它社会救助入户调查的各项指标及各个环节须经乡、村、组等干部和当事人签字才有效。基层人员力量得到充实，使各项救助工作开展到位、工作更为规范，档案资料更为完整，认定对象更为准确。同时，通过跨部门、多层次、信息共享机制，进一步提升了救助申请家庭准确认定、准确救助。

【核查工作深入，对象进退有序】 自开展购买服务后，通过招聘救助专职人员、协管员充实基层民政工作队伍后，基层社会救助工作得到了加强，工作健康有序开展，救助对象家庭收入核查力度加大，各种救助档案管理进一步规范。低保年度入户核查率达100%、新增低保对象比例抽查比例达30%以上，形成了城乡低保动态管理、进退有序的良好工作格局。同时，医疗救助和临时救助等抽查达10%以上，确保了救助准确、及时、高效。

【发现情况及时，急难救助作用发挥】 工作中，协管员除完成社会救助有关日常工作，还要做好“救急难”主动发现等工作，一面方常年深入走访联系困难群众，向群众宣传讲解社会救助政策，帮助困难群众申请社会救助，另方面积极联系乡镇（办事处）和县级民政部门，使乡镇（办事处）和县级民政部门第一时间及时调查处理解决困难群众的急难事项，切实织密了急难救助的网底。

【德国艾尔福特市与贵州黔南州缔结友好城市签订康养事业发展框架协议】 2017年11月25日，德国艾尔福特市与贵州黔南州缔结友好城市签约仪式在都匀市举行。德国艾尔福特市市长TamaraThierbach女士与黔南州人民政府州长吴胜华分别代表双方签署养老养生、旅游等合作框架协议。

签约会由黔南州副州长杨从明主持。会上，宾主双方共同观看了德国艾尔福特市和黔南州的对外宣传片；吴胜华州长致辞并向客人简要介绍了黔南州的基本情况。

贵州南山康养有限责任公司与艾尔福特康养产业中心也签定了合作框架协议。黔南州人政府秘书长余贤臣、副秘书长韦仁堂、民政局局长朱奉余、计委主任赵智、贵州南山康养有限责任公司总经理王大勇以及黔南州民政、外事、教育局、财政、人社、卫计委、团委、妇联、残联、黔南医专、夕阳红服务有限公司和龙里、贵定、平塘、荔波、都匀县（市）及民政局的相关负责人参会并见证签约。

【黔南州民政局组团赴桂招商推介黔南州健康养老项目】 2017年11月28—30日，由州民政局党组书记、局长朱奉余带领州民政局项目办负责人、贵州南山康养有限责任公司一行6人随同省民政厅组织的贵州团队，一同到广西壮族自治区南宁市参加由广西省民政厅、中国老龄产业协会、中国社会福利与养老服务协会举办的“2017年中国（南宁）养老产业发展高端论坛暨招商推介会”。此次招商推介会共有来自俄罗斯、荷兰、日本等国内外专家学者及百余家企业约500人参会，黔南州为此次招商推介活动筹划了16个健康养老项目，引资金额50.96亿元。在推介会现场，向与会的商家、学者进行了项目推介和展示。2017年已有上海海圈投资（集团）有限公司、太和自在城股份有限公司、广州江颐养老服务有限公司等8家投资合作商与州南山康养有限公司达成了初步合作共识，他们表示近期将赴黔南对全州的养老养生资源、养老产业开展考察调研及洽谈。

【黔南深入推进殡葬改革全力服务民族地区创新发展先行示范区建设】 黔南州殡葬改革工作在州委、州政府的领导下，在国家民政部、省民政厅的关心和指导下，坚持以改革为动力，以殡葬惠民政策落到实处为目标，切实加快民族地区殡葬改革工作步伐，全力服务民族团结示范州创建和民族地区创新发展先行示范区建设，取得了较为明显的成效。

【殡葬工作的基本情况及成效】 黔南州积极推进殡葬改革工作步伐，举全州之力实施“4321”工程（即：四改三建二强一树。四改：改分散无序治丧为集中规范治丧、改遗体传统安葬为火化后节地安葬、改乱埋乱葬安葬为集中公墓安葬、改封建迷信陈规陋习为弘扬厚养薄葬文明新风；三建：建火化设施、建生态公墓、建殡仪服务场所；二强：强化生态环境保护意识，强化殡葬改革推进保障措施；一树：移风易俗树低碳环保乡风文明），确保全州节地生态安葬和生态文明建设取得显著实效。通过4年来的努力，基本完成“4321”工程任务，在2012年仅有都匀市1个县级市实施火化的基础上，结合移风易俗和生态文明建设，通过建立健全民族地区惠民殡葬政策、不断完善工作措施和提升服务质量，依法推进了12个县（市）的殡葬改革。至2016年底，经省人民政府批准，全州12个县（市）全部实现县县划定火化区，结合民族地区特点，共建有县级公墓13处，规划建成农村公益性公墓157处（其中示范性村级公墓有90处），实现了农村公益性公墓建设基本覆盖50%以上建制村（社区），有11个县（市）全部实现了“集中治丧、遗体火化、生态安葬”三位一体殡葬改革目标（三都水族自治县殡仪馆【火化场】、公墓建设基本完工，2017年9月底投入运营）。2016年全州累计火化遗体7531具，年均遗体火化率达23%以上，同比上年净增加了78.5%（2015年全年火化遗体数4219具），集中安葬公墓5387穴，骨灰入公墓安葬率为75%，采取树葬、花葬、草坪葬、骨灰抛撒等其他节地生态安葬的有480例，因城镇建设规划需拆迁将散葬墓穴迁移到公墓集中安葬的有3842例。州内瓮安县、福泉市已实行“三位一体”殡葬改革全覆盖，城乡集中治丧率、火化率、集中安葬率3项指标均达“100%”，2017年上半年全州累计火化遗体5171具，集中安葬公墓3610穴，生态节地安葬193例。兑现惠民殡葬政策直接减免困难群众基本丧葬费用81.8万元，发放殡葬惠民补贴419.60万元，惠及2056户，4976人。都匀市、瓮安县、福泉市3个县（市）先后获得全国殡葬工作先进集体（单位）荣誉。

黔南州殡葬改革工作得到了贵州省人民政府、省民政厅的充分肯定，2013年、2017年贵州省殡葬工作现场观摩暨推进会先后两次在州内龙里、福泉、瓮安等县（市）召开。

【殡葬改革工作推进的主要做法】 （一）党政重视、合力推进。州委、州政府和各县（市）党委、政府高度重视殡葬改革工作，把殡葬改革工作列入全州和各县（市）深化改革中心工作的重点内容，纳入党政工作目标、业务工作目标“双线”考核及民生领域重点督察督办工作内容，纳入州县（市）区“十三五”规划重点内容，不断建立健全“党委领导、政府负责、民政牵头、部门协作、社会参与”的工作机制，州及各县（市）都成立了党政“一把手”为组长，分管领导为副组长，相关部门为成员单位的殡葬改革工作领导小组，州委、州政府主要领导多次主持召开会议，专题研究推进殡葬改革工作，州人民政府通过组织召开全州殡葬改革推进会和现场观摩会，督促各县（市、区）加快推进民族地区殡葬改革实施步伐，以示范带动推进全州殡葬改革工作，全州上下形成党政主要领导亲自抓，分管领导具体抓，民政部门牵头抓，有关部门配合抓的工作格局，紧密结合党中央提出的“五大发展”的理念，围绕“既要金山银山，又要绿水青山”的思路，大力发展生态节地安葬，坚持保护环境惠及民生，走出了一条与黔南自治州自身相适应的丧葬习俗改革之路。

（二）多元投资、助推发展。为加快殡葬改革步伐，破解投融建难题，探索了多元化融资，强化实施“4321”工程，助推殡葬改革的路子，逐步深化全州殡葬改革工作。一是采取财政出资建设、政府监管运行的模式建设殡仪馆和公墓项目。如：都匀、福泉、瓮安、荔波、惠水、贵定、独山、平塘等县（市）以政府国资公司融资投建为主，平均每个殡仪馆（火化场）投资达8000万元以上，全力推进“集中治丧、遗体火化、生态安葬”三位一体的殡葬改革；如三都县作为州下辖全国唯一的水族自治县，少数民族占97%，水族占总人口65%以上，其经济实力弱，县委、县政府累计投入6000余万元支持修建殡仪馆及公墓，因推进缓慢被倒计时、倒排工期和专项督办，该县正按照计划紧锣密鼓、聚精会神地推进“三位一体”的殡葬改革工作。二是打破传统的政府投资建设模式，通过出台优惠政策，开展招商引资，建设殡仪馆硬件设施。如：龙里县引入民营资本融资逾2亿元，建成龙凤园一体化殡葬服务项目，被国家民政部直属的“101所”列为环保型生态殡葬监测实验室之一；惠水县引入民营资本近5亿元，建成了功能齐全、设施完善、环境优美的“三位一体”殡葬服务设施。三是对乡镇、村级公益性公墓建设采取政府补助、信贷融资、财政奖补、“一事一议”等方式建设。通过多元化融资投建，全州按民族分布和习俗特点，有计划、有步骤、分阶段稳步推进“三位一体”的殡葬改革工作，殡葬改革正式由城市向农村延伸。全州从县（市、区）主城区的殡仪馆、公墓到乡（镇）殡仪服务站和公益性公墓的殡葬服务设施体系基本建设完成。州、县采取逐年逐步投入方式，力争在“十三五”末实现火化率达50%以上，建制村农村公益性公墓建设达到60%，覆盖80%的农村。为落实国家9部委的《意见》，抓好生态节地安葬，推行民族地区绿色发展夯实了基础。

（三）建章立制，依法推进。州级层面制定出台了《黔南州民政事业发展“十三五”规划》、《关于加快推进殡葬改革的实施意见》《黔南州党员干部带头推进殡葬改革实施意见》、出台了《黔南州关于贯彻落实民政部等9部委《〈关于推行节地生态安葬的指导意见〉的实施意见》等文件，对各县（市）年度的殡葬改革任务进行细化和分解，纳入季度调度考评；对党员干部带头推动殡葬改革提出明确要求；各县（市）结合民族地区实际，制定出台了属地的《党员干部带头推动殡葬改革的通知》《殡葬工作实施方案》《惠民殡葬实施办法》《举报奖励问责制度》等一系列文件，明确殡葬改革实行分阶段、分步骤、分节点、分时限稳步推进的任务目标，明确了各单位（部门）在逐步深化、监管履责、处罚方式上的具体职责，促进了殡葬改革的扎实、有序和深入推进。在实施“4321”工程中，强化组织保障，强化殡葬改革推进保障措施，州级成立了民政综合执法监察支队，都匀、瓮安、福泉等11个县（市）建立殡葬管理所和执法大队，从工作机构到编制、人员、经费上予以保障，从严从快查处违反殡葬管理政策法规行为，坚决制止违法土葬现象和炒买炒卖公墓的行为。在推进殡葬改革进程中，都匀、福泉、瓮安、荔波等县为全州其余县起到了示范带头作用，其中福泉市、瓮安县实行“三位一体”城乡全覆盖，荔波县少数民族人口占总人口93%以上毅然率先实施殡葬改革。在强力的改革导引下，各县市顺势而为、因地制宜制定了殡葬改革工作应急预案，不断巩固改革成果，整个殡改推进过程没有出现异常情况和“反弹”现象。

（四）严格考核，追责问效。一是严格执行“党政线”“业务线”双线考核机制，州考核办按照年度工作目标责任书内容，派出考核组实地测评打分，现场核验，兑现绩效奖惩。二是长效实施《关于对殡葬改革工作开展督查的通知》，由州督察督办局按季度督察督办各县（市）殡葬改革工作进度，对落实不力的县（市）、部门、乡（镇、街道）进行通报并扣除年终绩效考核分值，确保改革目标实现。同时州民政局建立了长效的督查调度机制，由局主要领导把关，分管领导和纪检组长、责任科室组成督查组，按季度督查通报殡仪馆（火化场）、农村公墓建设和节地生态安葬工作推进情况。

（五）强化宣传、倡导新风。一是把握政策导向，做好舆论引导，引导群众移风易俗，推动改革顺利实施。为让广大党员干部、群众接受集中治丧、遗体火化、生态安葬的改革政策，切实改变少数民族地区“入土为安”“入木为贵”、大肆做道场“法事”还互相攀比的旧思想，刹住过去“人死饭甑开、不请我自来”的滥办酒席风，摒弃地方沿袭的大殓出大殡、遗体装棺土葬、看风水、建大坟、立大碑的千年封建陋习，黔南州委、州政府要求各级党员干部带头，认真学习宣传国务院《殡葬管理条例》、中办、国办出台的《党员领导干部带头推动殡葬改革实施意见》，落实好《黔南州党员干部带头推进殡葬改革实施意见》《黔南州殡葬改革实施方案》，注重发挥党员干部的带头示范作用，要求党员干部带头落实殡葬改革政策二是各县（市、区）和镇（乡、街道）组建宣传工作组进村入户召开座谈会，为群众讲解政策、答疑解惑，及时疏导和化解矛盾。群众由过去的不明白、不理解、不支持、不配合，到如今群众普遍明白政策、改变观念、自我教育、自觉行动，有力地推动了殡葬改革的顺利开展。三是通过一系列惠民殡葬政策的制定和落实，提高了广大群众满意度，达到了促进和谐、维护稳定的改革目标，让广大群众积极配合参与殡葬改革，倡导并传播生态节地、网上公祭、鲜花祭扫等“绿色、生态、文明、和谐”殡葬新风，全州上下逐步形成了根除殡葬陋习，树立节地生态葬、群众文明低碳祭扫、骨灰抛撒回归大自然的绿色、文明、节俭的殡葬新风尚。

（六）强化培训、提升服务。始终把群众满意作为殡葬改革的出发点和落脚点，竭力做好殡仪服务，在硬件设施上补“短板”，在软件上强化从业人员素质，州民政局先后组织各县（市）殡仪馆从业人员到广州、上海、长沙、北京、青海等地学习培训，组织各县市区干部职工在龙里、瓮安、福泉市参加殡改工作现场观摩暨推进会，相互观摩学习，交流经验，提升从业人员服务水平，各县（市）创新服务模式，提升服务水平，要求殡仪服务工作人员上岗前必须参加职业技能培训，切实把公墓单位建设成为群众满意的服务窗口，做到了公墓服务行业“零投诉”。

【黔南州提前三年完成城乡社区基层民主自治设完善率的小康创建指标】 2017年8月省验收组对平塘和三都两县“和谐社区建设”“村务公开民主管理”和“农村社区建设全覆盖”进行验收，经过数月的严格审查，12月18日正式命名。标志着黔南州实现提前三年圆满大收官。

2017年12月18日，贵州省民政厅命名“贵州省城乡社区基层民主自治建设完善率”达标单位，三都县、平塘县榜上有名。这标志着黔南州所有县（市）全面完成“以县为单位开展同步小康创建活动提高城乡社区基层民主自治建设完善率统计监测”工作，提前三年实现目标任务。

（何铖瑞）

档 案

【概况】 2017年，黔南州档案局（档案馆）紧紧围绕州委、州政府中心工作和省档案局业务部署，以全州档案工作综合提升为目标，以精准扶贫档案和馆库建设、档案资源建设为重点，以档案服务利用为载体，以机关党建为保障，加强干部队伍建设，着重推进“两学一做”学习教育常态化、开展系统党建、积极做好“三重”（重大活动、重点建设项目、重点工作）档案、馆库基础设施建设、依法治档、档案资源建设、信息化建设、安全体系建设、资料征编等各项重点工作，完成了年初确定的各项目标任务。

【依法治档】 联合州人大教科文卫委、州法制办印发《关于开展2017年度档案行政执法检查的通知》《黔南州档案局关于2017年度档案行政执法检查具体事项的通知》，从10月起开始对州直部门、企事业单位（含中央、省属驻黔南单位）进行档案行政执法检查。各县（市）档案部门年初均对档案执法检查工作进行了安排部署。加强档案业务目标考核，制定下发《2017年度县（市）档案工作目标管理考核评分细则》，开展档案工作目标管理考核工作。组织全州“6·9”国际档案日暨纪念《国华人同共和国档案法》颁布30周年系列宣传活动，采取电视新闻报道、公交车标语滚动播放、发送手机短信、悬挂宣传标语、制作宣传资料等方式，大力开展档案法律法规宣传活动，各级档案部门认真做好公共服务事项、“放管服”工作及规范性文件清理自查工作。完善权力责任清单及工作流程，编制行政权力运行流程图。

【民生档案服务】 加强精准扶贫档案、农村土地确权登记颁证档案和传统村落的建档和档案室建设工作。加大对省级试点贵定县新巴镇精准扶贫档案工作的指导督查，完成部分资料整理归档工作。2017年3月13—14日，贵州省档案局副局长梁贵钢率省土地确权督查组第四组到黔南州督查指导土地确权工作。先后在惠水县好花红镇和雅水镇、都匀市墨冲镇和平浪镇，查看了土地确权各个环节规范操作、指界登记、专项资金拨付和使用等。9月27—29日，州档案局、州扶贫开发局在贵定县举办全州精准扶贫档案工作培训会，各级档案、扶贫部门59人参会。深入12县（市）及部分乡镇对农村土地确权颁证档案进行检查指导，督促土地确权文件材料收集及安全保管工作。其中福泉市已全面启动档案收集整理工作。长顺县档案局与县土地确权办公室联合于3月15日举办了“土地确权档案知识培训”。督促三都、平塘、荔波、都匀经济开发区按本辖区50%传统村落开展建档案室工作。抓好都匀经济开发区和州直单位档案业务指导以及2017年重大工程和重点项目及旅游普查档案工作。根据省局统一部署，8月4日正式启动了民生档案跨馆查询工作。截至2017年12月底，全州提供查阅利用档案14642人次、22809卷次、48004件次，其中黔南州档案馆接待查档1258人次、2842卷次、1704件次，同比去年利用人次增长了120%，为财务审计、补充个人人事档案、解决工作待遇等提供了依据，查阅利用者对查档服务评价满意率达100%。

【档案馆建设】　2017年，黔南州档案馆新馆主体工程通过检测，幕墙石材干挂完成90%。州财政局统筹解决项目到位资金4840万元，都匀市马鞍山棚户区房屋征收办拨入拆迁补偿款810万元。至2017年10月底，累计完成产值约4000万元。同时，加强对县（市）已建或在建档案馆建设情况的督促检查。其中福泉市档案馆、瓮安县档案馆分别于2017年5月、8月投入使用；贵定县档案馆项目主体已验收；三都县档案馆于2017年2月开工；惠水县档案馆已完成可行性研究报告和初步设计说明书文本的编制、报送和审批。

【档案接收征集】　2017年，州档案馆接收4家单位文书档案855卷、1758件，会计档案125卷，实物档案36件，资料1册。征集黔南日报合订本（2015—2016年）12册。整理编目上架2016年接收进馆的图书资料，报刊杂志169册。接收19个单位报来政府信息公开文件85件，提供公共服务事项审核档案利用1次。收集州四家班子主要领导2015年度慰问看望抗战老兵图片，做好抗战老兵档案资料的征集和州级茶人会、黔南建州60周年等重大活动的资料收集。抗战老兵档案资料征集到12月止，完成12个县（市）、际华3535公司、中集离退休管理中心，贵州省贵阳市和安顺市、山东省济南市和济宁市、四川省成都市、江苏省南京市和南通市、上海市、重庆市等获得抗战胜利70周年纪念章的抗战老战士和老同志，共计112名人员（含已逝世）的资料信息采集和口述档案摄像。同时，对征集到的信息资料开展了编辑整理工作。按照州政府领导关于做好远征军新编38师档案资料征集的批示，拟定了征集抢救工作方案呈报州人民政府印发后组织实施。开展黔南州2017年文化产业统计工作和2016年档案年报统计工作，完成860家单位档案年报的统计审核汇总。

【信息化建设】　2017年，完成黔南州国家重点档案基础目录体系建设，上报民国档案目录数据185648条，其中州档案馆12028条。开展馆藏纸质档案数字化工作，截至2017年底完成18万幅。接收州直单位12个全宗目录数据3万余条、全文数据约270GB。配合州政府信息中心，完成黔南党政协同办公系统档案功能模块设计建设事项。与黔南日报社签订了电子档案备份协议，组织上报2018年度全州国家重点档案保护与开发项目申报3个，另有国家重点档案目录基础体系建设任务5个。完成离线数据备份，共计382张光盘约1400GB。及时处置勒索病毒突发事件，全局26台计算机未发现该病毒，并按规范做好防护工作。认真维护局域网服务器，档案数据库运行正常。维护黔南州档案信息网网站，更新信息84篇，全州档案信息网二、三级网站未发生网络信息安全事故。各级档案馆认真落实库房管理的“八防”措施，未发生火灾、水浸、档案失窃及档案受损等重大安全事故。

【水书申遗工作】 2017年2月4日，黔南州政府代州长吴胜华主持召开十三届州人民政府第81次常务会议，议定《黔南州水书申报〈世界记忆遗产名录〉工作实施方案》，同意调整州水书申报《世界记忆遗产名录》领导小组，组长由州政府主要领导担任，常务副组长由刘建民担任。展馆建设经费通过项目渠道解决。聘请专家和组建专门工作团队事宜由州水书申报《世界记忆遗产名录》领导小组统筹协调

5月9日，黔南州水书申遗合作协议签订仪式在广州市广东五邑大学举行，五邑大学广东侨乡文化研究中心主任、博士生导师、教授张国雄主持签订仪式。黔南州水书申遗工作领导小组办公室副主任、州档案局局长王利勤参加签订仪式。

5月23日，黔南州人大常委会副主任、黔南州水书申遗领导小组常务副组长刘建民受州委、州政府的委托率队向省政府副省长何力专题汇报水书申遗工作情况，省档案局副局长归然等参加汇报会。

7月10日，贵州省人民政府副省长何力率队赴北京到国家档案局就黔南州水书申报《世界记忆遗产名录》相关工作进行汇报。国家档案局局长李明华、副局长王绍忠及相关司室负责人听取情况汇报，贵州省档案局局长田洪，副局长梁贵刚，黔南州人大常委会副主任刘建民，黔南州档案局局长王利勤等参加汇报会。9月，州人大常委会副主任、州水书申遗领导小组常务副组长刘建民一行8人组团参加在内蒙古呼和浩特召开的国际编码第66次国际会议，水书国际编码提案已顺利步入各成员国投票程序。

11月2日 黔南州“水书文化”国际外宣片在都匀开机。黔南州委副书记、州长、州水书申遗领导小组组长吴胜华，州人大常委会副主任、州水书申遗领导小组常务副组长刘建民，州政协副主席、州水书申遗领导小组副组长李强，州政协原主席、贵州省水家学会会长胡品荣出席开机仪式。

【党建和队伍建设】 启动并推进“两学一做”学习教育常态化制度化工作，组织党员干部学习《党章》《中国共产党廉洁自律准则》《中国共产党纪律处分条例》《习近平谈治国理政》等规定学习内容。制定印发了《中共黔南州档案局党组开展“晋级升星·好花更红”星级党支部创建工作方案》，开展“圆梦微心愿”、庆“七一”、警示教育等系列活动。先后组织党员志愿者参加都匀市造林活动1次、进社区指导3次，征集并帮助云宫社区5户困难群众圆梦微心愿5个，资助3000元。深入开展“双联双促”活动，落实党员领导干部联系贫困户10户，开展进村入户回访贫困户2次20户，共发放慰问金2000元；开展“六一”国际儿童节走访慰问及圆梦微心愿活动一次，共为挂职帮扶村三都县重阳村羊吾小学送去2000元的文体用品。为龙潭社区谈福云考入南京医科大学就读捐资2200元，单位捐资扶贫3000元。落实驻村干部工作经费1万元及50万元保额的人身保险。帮助重阳村展望片区协调解决断头公路8公里的缺口资金5万元，指导重阳村制定了精准扶贫档案工作。加大档案业务知识培训，4月联合州财政局举办两期会计档案整理培训班，151个单位169人参训。6月联合州委组织部在浙江大学举办档案人员能力提升专题研修班，68个单位80人参训。

【宣传工作】 2017年，黔南州档案系统在各级媒体网站档案稿件（信息）145篇（条），其中分别在中国青年报、光明日报、中国档案报及中国档案网等央级媒体采用36篇（条）；贵州档案、贵州档案信息网等省级媒体采用87篇（条）；黔南日报、黔南广播电视台（含电台）等州级媒体采用22篇（条），黔南州人民政府门户网站采用信息63条。

【业务培训】 2017年，加大档案业务知识培训，4月与州财政局举办两期会计档案整理培训班，151个单位169人参训。6月联合州委组织部在浙江大学举办档案人员能力提升专题研修班，68个单位80人参加研修班的学习。

【国家档案局副局长付华到三都水族自治县调研指导水书抢救保护及申报《世界记忆遗产名录》工作】 2017年5月27日，国家档案局副局长付华到三都水族自治县调研指导水书抢救保护及申报《世界记忆遗产名录》工作。贵州省档案局局长田洪，黔南州人大常委会副主任、州水书申遗领导小组常务副组长刘建民，副州长杨从明，州政协副主席李强分别陪同调研和出席座谈会。付华参观了三都水族自治县新档案馆建设工地、水族文化博物馆及宋水仙家庭博物馆等水书文化保护。

【国家档案局副局长胡旺林等一行到贵定县开展党建帮扶和工作调研】 2017年8月11日，国家档案局副局长胡旺林率技术部主任黄丽华、《中国档案》杂志社总编杜恒琪及北京量子伟业信息技术份有限公司董事长刘鹏、总经理李勇、湖北省黄石市档案局局长戴奇伟等到贵定县开展党建帮扶和工作调研。北京量子伟业信息技术股份有限公司向新巴镇捐赠资金共计5万元，胡旺林实地查看贵定县档案馆建设项目。贵州省档案局局长田洪，黔南州档案局调研员李明珍，贵定县委常委、副县长、同步小康驻村工作队队长陆曙光等参加调研。

【学术文化交流】 2017年11月6—9日“国际档案理事会东亚分会第13次大会数字格式文献遗产和保护研讨会”在贵阳召开。黔南州人大常委会副主任刘建民，黔南州档案局局长王利勤，技术网络科科长韩秋平，罗甸县档案史志局局长章艳，荔波县档案局副局长何建参会。

【黔南州在北京民族剧院举办水书申遗展览】 黔南州《木楼古歌》作为全国10台少数民族优秀剧目之一，2017年12月28—29日参加国家民族事务委员会和中央民族歌舞团组织的“少数民族地区艺术院团晋京展演项目”演出活动。州水书申遗领导小组以此为契机，在北京民族剧院举办水书申遗展览，内容包括水书珍贵古籍展、水书师现场书写水书、马尾绣技艺展示、水歌演唱等项目，活动被中央电视台新闻频道“朝闻天下”栏目及多家媒体宣传报道。

（陈明亮）

保密工作

【概况】 2017年，黔南保密工作在州委保密委的领导和省国家保密局业务指导下，贯彻落实习近平总书记重要讲话批示精神和中央、省州加强和改进保密工作总体要求。以推进保密工作转型升级、打赢信息化条件下保密战为目标，以加快保密监管平台建设、强化保密科技管理水平为支撑，以加强保密监管服务、规范保密执法和自查自评创新为载体，聚焦重点任务，持续深化保密“三大管理”，较好地完成各项工作任务。

根据黔南州机构编制委员会办公室《关于增加黔南州保密技术检查服务中心事业编制等有关事项的批复》，黔南州保密技术检查服务中心增加事业编制2名，编制由原来的6名增至8名（其中：管理人员3名、专业技术人员5名）；增设副主任1名，领导职数调整为：主任1名、副主任2名。

12月13日，经十一届黔南州委常委会第57次（扩大）会议专题研究，“同意设置中共黔南州委保密委员会专职副主任（正县长级），兼任州委保密委员会办公室主任和州国家保密局局长。各县（市）可参照模式设置。”

【发展规划】 2017年，中央和省委加强和改进保密工作意见出台后，州委保密办按照州委领导的要求，及时牵头调研，草拟《中共黔南州委关于贯彻落实中央和省委要求切实加强和改进保密工作的实施意见》，经州委常委会2月27日专题听取保密工作汇报并审议通过，于3月20日以黔南党发〔2017〕5号文件印发全州。并配套下发《黔南州“十三五”保密事业发展规划》《黔南州保护国家秘密应急预案》《黔南州“七五”保密普法宣传规划》。

【保密科技建设】 州级互联网门户网站检查平台、外网用户端检查平台建设加速并相继投入试运行。指导12县（市）保密技术设施、检查及防护设备的配备工作，同步推进县级平台建设。

2017年6月20日，邀请省州涉密网络建设评审人员组成专家组，对黔南首批州直16家单位提交的电子政务内网横向接入设计方案进行现场评审；12月24—28日，组织国家保密技术中心贵州分中心专家组，完成州直首批16家单位涉密信息系统分级保护现场测评。

完成州直机关单位互联网门户网站、政务办公平台、政务微博、政务邮箱、微信公众号IP地址信息统计汇总。

【保密宣传】 2017年3月29—4月1日，“贵州省保密宣传教育巡回展”在都匀举办，36名州级领导干部，12县（市）书记、县长、保密委主任、保密局长，100多个州直各单位主要和分管保密工作负责人，州级保密师资库、涉密人员共600多人观展。

吴胜华州长参观保密教育巡回展失泄密案例展区

10月，为迎接国共十九大胜利召开，利用并通过电子政务外网协同办公短信平台，向州直机关领导干部职工2000余人发送保密宣传短信。利用赶场天通过案例宣传展板、悬挂横幅、向广大群众宣传了《国华人民共和国保密法》和社会公共安全文化等知识，共发放宣传资料800余份，宣传品200余份。

【保密培训】 2017年5月9日，召开2017年保密工作自查自评暨协作督查培训会安排部署工作任务，对109家州直机关单位120名保密技术协作人员进行检查方法和操作技能培训。

5月25—26日，开展全州保密系统技能大比武活动，46人通过演讲比赛、业务知识竞赛和技能操作比赛，评选6县（市）为先进单位，22人为先进个人。

8月13—17日，州县40名保密技术干部赴重庆参加保密行政执法技术核查取证业务培训班。

10月20—25日，在中国海洋大学国家保密学院举办黔南州保密专兼职干部培训班，全州保密师资库及协作人员64人参训。

11月13日，组队参加贵州省专兼职保密干部“学法、守法、用法”知识竞赛，并获组织奖。

2017年全年州直机关单位自查自评暨协作培训120人、定密人员和涉密人员培训180多人、州到县集中培训6次800多人，县（市）开展保密业务培训20多场次2800多人。州直部门专题讲座12期300多人参训；县直部门专题培训80多期1800多人参训。全州62名保密执法干部参加培训并考试合格申领行政执法证。

【保密检查】 2017年全州自查自评单位1050家，州县组队深入各机关单位现场督查1050家，占自查自评单位的100%，覆盖面100%，下发整改通知书654份。

6月27日召开保密违法案件查处会部署“黔南保密执法规范年”工作，采取部门横向联合、州县纵向深入的方式开展保密执法检查、专项检查，全年州级组织查处违规案件3起。

着力抓好十九大保密安全服务，先后检查了州直机关门户网站和统计互联网接入IP地址。

【涉密文件销毁】 2017年，全州101个州直机关共清销涉密文件资料8431份，清退销毁涉密纸介质载体10吨。承销州县机关单位移交报废磁介质1701件。

【保密服务】 2017年，认真做好高考、中考和公务员、事业单位招考保密检查指导，考前组织力量对试卷保密室进行重点检查，对试卷分发、回收工作做好细节指导，全程参与试卷运送监督。现场审查荔波、平塘等6县（市）及贵州盛华职业技术学院保密室建设并换（核）发新证，确保了全州未发生试卷失泄密案件。

参与州委理论学习中心组保密服务4次，全程指导涉密文件资料印制、发放、收回、清销400余件。组织开展重要会议场地保密安全检查3次。

（杨光伟）

·中国人民政治协商会议黔南州委员会·

ZHONG GUO REN MIN ZHENG ZHI XIE SHANG HUI YI QIAN NAN ZHOU WEI YUAN HUI

【概况】 2017年，在习近平新时代中国特色社会主义思想指引下，在中共黔南州委的领导下和州政府的大力支持下，黔南州政协及其常委会旗帜鲜明讲政治，进一步强化“四个意识”，始终坚持中国共产党对政协的全面集中统一领导，始终坚持人民政协事业的正确政治方向，按照贯彻落实习近平总书记“懂政协、会协商、善议政”重要思想，紧紧围绕团结民主两大主题，认真履行政治协商、民主监督、参政议政三大职能，为黔南决战脱贫攻坚、决胜全面小康贡献政协智慧和政协力量，各项工作跃上新台阶，履行职能实现新突破，干部精神呈现新面貌，实现了本届工作的良好开局，谱写了政协事业新篇章。

重视理论学习，强化业务培训。一是组织多层次、多形式学习，重点学习了中共十八大、十九大精神、习近平在贵州省代表团的重要讲话、党和国家领导人关于人民政协工作的重要论述、省第十二次党代会、州第十一次党代会及州委十一届四次、五次全会精神，使政协委员和机关干部普遍提高了政治站位，坚定了“四个自信”，树牢了“四个意识”，增强了坚决维护习近平总书记领导核心的坚定性，增强了用习近平新时代中国特色社会主义思想武装头脑、指导实践、推动工作的自觉性，增进了对中央大政方针政策的政治认同、思想认同、情感认同，做到了政治上思想上行动上与以习近平为核心的党中央保持高度一致，始终与州委、州政府同心同德、同向同行、同频共振，形成了团结奋进、履职干事的浓厚氛围。二是根据换届后新委员多的实际，采取综合培训与专项培训结合、州内培训与州外培训结合、开办业务讲堂与推送干部外出培训结合等方式，邀请上级领导、专家学者解读中央、省州重要会议精神，讲授政协理论和提案撰写、调查研究、社情民意反映等业务知识。全年共培训政协委员、政协干部1200多人次。全体政协委员开阔了视野、拓宽了思路，政治把握能力、调查研究能力、联系群众能力、合作共事能力明显提升，大家不忘初心、同心同德、砥砺前行，成为全面深化改革的坚定拥护者、落实州委决策的有力推动者、同步小康伟业的优秀建设者、增进人民福祉的积极促进者、政协良好形象的忠实维护者，发挥了政协委员的主体作用，展现了政协委员的时代风采。

紧扣中心工作，认真履职尽责。黔南州政协紧扣州委、州政府重大决策、中心工作，履行政治协商、民主监督、参政议政职能，切实为服务决策、推进落实、助推发展献计出力。一是通过召开例会、参加重要会议等方式开展协商，精准建言献策。2017年，共召开全委会、常委会、主席会、对口协商会26次，分别就实体经济、三农问题、文化旅游、精准脱贫、生态文明建设等工作与州政府及州直相关部门协商，提出意见建议120余条，推动了相关工作的落实；充分利用列席州委常委会、州政府常务会、各种座谈会、征求意见会，开展政党协商、人大协商、政府协商，就全州改革发展的重大决策、重要活动、民生事业、立法工作等建言献策，贡献了政协智慧。二是加强民主监督，促进党委政府关心、人民群众关注的各项工作推进落实。充分发挥提案监督作用，采取提案办理示范单位创建、重点提案领导领衔督办、提案“提”“办”双向测评、提案办理委员视察、办理情况暗访督查等措施，307件提案实现了办复率、沟通率“双百”目标，回应了委员关切，推动了工作落实；发挥“两员”监督作用，推荐20余位政协委员在组织人事、教育卫生、政法军警、生态环保等部门担任特邀监督员、行风评议员，协调、指导“两员”参加民主监督活动80余次，推动了工作中近100个问题的整改、落实；发挥社情民意监督作用，把反映社情民意作为委员履职量化评价的重要内容，全年共反馈社情民意200余条，整理60余条上报全国政协、省政协，推动涉及民生福祉的一些困难和问题得到了解决。三是聚焦民生问题，积极参政议政。把助推精准脱贫作为政协参政出力的重要任务，着力抓好领导班子成员、政协机关13个帮扶点的扶贫脱贫工作，帮助理清思路、找准脱贫路子、联系项目资金、推动产业落地；积极参与城镇建设、河长巡察、生态文明建设、贵定中华农耕文化园建设、平塘天文小镇建设等工作，切实做好统筹、协调、指导、服务等工作，较好地完成了州委、州政府交给的任务。在环境保护督查、民族团结进步示范州创建、茶产业发展、旅游产业提质等工作中，建言献策与聚力出力并举，为州委决策部署落实落地尽了政协之力。

加强广泛联系，汇聚各方力量。一是牢牢把握两大主题，凝聚改革发展合力。建立工作联动机制，搭建参政议政平台，联合各民主党派、工商联和无党派人士，开展协商议政、视察调研等活动，集思广益谋发展，众志成城搞建设；组织引导政协委员做好协调关系、理顺情绪、化解矛盾、凝聚人心等工作，努力寻求最大公约数，促进党群关系、干群关系、民族关系团结和谐。通过协商民主、合作共事，增强了各民主党派、工商联和无党派人士对中国共产党领导的多党合作和政治协商制度的政治认同、思想认同，画出了各族各界一心向党的最大同心圆，凝聚了改革发展的强劲合力。二是认真搞好对外联系，树立政协新形象。全年共接待全国政协原主席贾庆林等副部级以上领导26批次，18个省（市、区）政协及市（州）政协团队56批次1000余人次，规格之高、批次之多为近年少见；加强与左右江革命老区八市（州）政协联系，共同完成构建全域康养旅游先行示范区调研课题，共商革命老区联动发展大计；坚持问题导向和需求导向，带着问题外出考察，在学习取经的同时宣传推介黔南，为开放协作打基础；与12县（市）共同完成了全国政协、省政协17次专项调研的协调服务工作，成功举办了“大美黔菜·黔南飘香”展示品鉴活动，推出了具有黔南特色的80道精品菜肴；与州直有关部门合作，出版了文史资料《老红军肖德昌》、征集了建国以来黔南州大事记述资料、举办了学习十九大美术作品展等。

完善政协制度，强化自身建设。以克服“‘二线’思想、保持‘一线’状态”为总体要求，以“三型机关”创建为载体，着力抓好规章制度、干部队伍、党风廉政等建设，形成了风清气正、干事创业的良好氛围。一是加强制度建设。废止不合时宜制度5项，修订、新建制度17项，坚持用制度管人管事，进一步推进了政协工作规范化、制度化、程序化。二是开展“三型机关”创建活动。采取定计划组织学、提要求督促学、上讲台教促学等方式推动学习常态化，建设学习型机关；采取月汇报、季检查、年述职和督落实、问效率、查效果等方式促进立说立行，建设效能型机关；强化“我在政协·爱我政协”意识，强化服务大局、服务委员、服务基层，建设服务型机关，激发了干部激情、增强了机关活力。三是强化组织建设。坚持正确选人用人导向，推荐、提拔各层面干部7名，改变了过去政协出干部难、难出干部的现象，营造了风清气正的政治生态。通过健全机关工会、妇联和青年组织，举办“我在政协·爱我政协”演讲比赛、走基层送温暖等活动，提振了干部精气神，机关面貌焕然一新。

严格落实“两个责任”，强抓党风廉政建设。坚持把落实“两个责任”列入党组重要议事日程，始终把党风廉政建设与反腐败工作与履行政协“三大职能”等各项工作同安排、同部署、同落实。坚持把纪律挺在前面，严格执行《中国共产党廉洁自律准则》《中国共产党纪律处分条例》《关于新形势下党内政治生活的若干准则》《中国共产党党内监督条例》等党纪党规；全面从严治党，严格执行“八项规定”精神，驰而不息反对“四风”。一是落实党组书记“第一责任人”责任，成立了以党组书记为组长的州政协党风廉政建设和反腐败工作领导小组及其办公室，明确由分管机关日常事务工作的党员副主席和州政协办纪检组负责党风廉政建设和反腐败具体工作，确保党风廉政建设和反腐败工作责任制落到实处。党组班子成员按照“一岗双责”的要求，加强对分管工作范围内的党员干部廉政教育、管理和监督，真正把党风廉政建设和反腐败工作抓在手上、责任担在肩上。二是制订印发了《州政协机关 2017 年党风廉政建设工作和反腐败工作要点》《党风廉政建设责任制实施方案》《党风廉政建设和反腐败工作任务责任分解表》等，对党风廉政建设和反腐败工作任务细化分解、责任到人，形成了主要领导负总责、分管领导具体抓、一级抓一级、一级对一级负责的责任体系。三是大力支持州政协办纪检组履行监督责任，经常听取纪检组相关工作汇报，对在执行党风廉政建设责任制落实过程中遇到的实际问题及时召开班子会议研究解决，并向州委、州纪委报告。四是组织机关干部到州内反腐倡廉教育基地，开展了 4 次廉政教育和党性锻炼活动。通过党纪党规教育、现场警示教育，守牢廉洁自律底线，形成了风清气正、崇廉尚实、干事创业的良好氛围。

【政协黔南州十二届一次会议】 2017 年 2 月 12—19 日，政协黔南州十二届一次会议在都匀召开。州委书记龙长春在开幕会上讲话。

会议听取和协商讨论州政协副主席王国太、黎燕萍受政协黔南州第十一届委员会常务委员会委托分别所作的政协常委会工作报告及关于提案工作情况的报告，提出了很好的意见和建议。15 位州政协委员围绕防控房地产企业融资风险、农村电子商务、民营经济、文化和旅游融合、健康养生养老产业发展等问题在大会上作交流发言。

会议期间，全体与会人员列席了州十四届人大一次会议，听取和协商讨论了代理州长吴胜华所作的《政府工作报告》及其他工作报告。

按照《政协黔南州第十二届委员会第一次会议选举办法》，大会投票选举魏明禄为政协黔南州第十二届委员会主席，唐官莹、李强、杨俊、解竞、张加春、周志龙、刘延学、王泉松、张仁德为政协黔南州第十二届委员会副主席，谢治刚当选秘书长，于永军等 57 人当选常务委员。

会议表决通过《政协黔南州十二届一次会议提案审查情况的报告（草案）》《政协黔南州第十二届一次会议决议（草案）》。

州政协主席魏明禄主持会议并在闭幕会上作重要讲话。

应邀出席大会的领导有：中共黔南州委书记龙长春，州委副书记、代理州长吴胜华，州人大常委会主任罗毅，州委副书记、州政府常务副州长、州委政法委书记罗桂荣，州委常委张文强、黄伟、杨光杰、吴丹、王芳、胡志峰、瓦标龙、闫光锋、郭青、范勇，州人大常委会、州政府和都匀军分区、州中级人民法院、州人民检察院和高等院校领导以及贵州双龙航空经济区的领导；历届州政协的老领导等应邀出席大会。

省换届选举指导组组长、省人大环境与资源保护委员会原主任郭猛，省换届风气督查组组长、省委巡视组原组长毛菘到会指导。

驻黔南州的全国政协委员、省政协委员，中央、省驻黔南州有关单位负责人，州直有关部门、州政协内设工作机构的负责人和各县（市）政协秘书长等 100 余人应邀列席会议。

【常委会议】 2017 年 4 月 19 日，政协黔南州第十二届委员会常务委员会第 1 次会议在都匀召开，州政协主席魏明禄主持会议。会议审议通过《黔南州政协委员履职工作规则（试行）（草案）》《黔南州政协主席会议成员联系州政协委员暂行办法（草案）》《黔南州政协委员履职考核暂行办法（草案）》《中国人民政治协商会议黔南州委员会全体会议工作规则（修订草案）》《中国人民政治协商会议黔南州委员会常务委员会工作规则（修订草案）》《中国人民政治协商会议黔南州委员会专门委员会通则（修订草案）》及《中国人民政治协商会议黔南州委员会提案工作条例（修订草案）》；会议协商讨论了《政协黔南州委员会推进学习型、效能型、服务型机关建设实施方案》。

2017 年 6 月 26 日，政协黔南州第十二届委员会常务委员会第 2 次会议在都匀召开，州政协主席魏明禄主持会议。会议传达学习州委书记唐德智在调研政协工作时的重要讲话精神；分别听取了州人民政府副州长王治军和州政协主席会议视察团关于全民健身计划在黔南州落实情况的通报和视察报告，并协商讨论上述工作及视察情况，提出意见和建议；会议还审议决定了有关人事任免事项。

2017 年 10 月 10 日，政协黔南州第十二届委员会常务委员会第 3 次会议在都匀召开，州政协主席魏明禄主持会议。会议分别听取州人民政府副州长文永生和十二届州政协常委视察团关于黔南州搬迁农户闲置宅基地处置情况的通报和视察报告，听取驻黔南州省政协委员视察团关于黔南州重点提案办理工作情况的视察报告，并协商讨论上述工作及视察情况，提出意见和建议；会议审议并协商决定了有关人事事项。

【主席会议】 2017 年 2 月 22 日，政协黔南州十二届第 1 次主席会议在都匀召开。会议传达学习省政协党组 2017 年工作要点，对黔南州政协党风廉政建设和反腐败工作进行安排部署，并协商决定了黔南州政协主席会议成员分工。

2017 年 3 月 15 日，政协黔南州十二届第二次主席会议在都匀召开。会议协商讨论并审议通过黔南州政协 2017 年工作要点（讨论稿）、2017 年度黔南州政协委员视察调研工作计划（草案）、黔南州政协 2017 年度常委会议计划（草案）、黔南州政协 2017 年度主席会议计划（草案）、《黔南州政协全体会议工作规则（草案）》《黔南州政协常务委员会工作规则（草案）》《黔南州政协主席会议工作规则》《黔南州政协专门委员会通则（草案）》《黔南州政协秘书长会议工作规则》和黔南州政协十二届第 1 次常委会会议日期及议程（草案）等。

2017 年 4 月 7 日，政协黔南州十二届第三次主席会议在都匀召开。会议协商通过了黔南州政协主席会议成员联系州政协委员暂行办法（草案）、《黔南州政协委员履职工作规则（草案）》《黔南州政协委员履职考核暂行办法（草案）》、2017 年州委常委、州政协主席会议成员重点督办提案（草案）、政协十二届委员会各专门委员会主任、副主任、组成人员名单、《政协黔南州委员会推进学习型、效能型、服务型机关建设实施方案（审议稿）》、州政协机关后勤管理相关制度（审议稿），书面听取了州政协各专门委员会、州智力支边办 2017 年工作计划。

2017 年 4 月 27 日，政协黔南州十二届第四次主席会议在都匀召开。会议听取了州金融办、州政协经济委关于利用多层次资本市场助推黔南州企业发展的工作情况通报及调研情况汇报，并就上述工作及调研情况进行协商讨论，提出意见和建议；会议协商讨论了十二届州政协委员学习培训工作方案。

2017 年 5 月 9 日，政协黔南州十二届第五次主席会议在都匀召开。会议听取了州环保局通报全州落实环保督查问题清单的情况和州政协人资环委关于黔南州环保工作暨落实省委环保督察问题清单情况的专题调研报告，并就上述工作及调研情况进行协商讨论，提出意见和建议；会议通报了《中共黔南州纪委关于给予李荣军开除党籍、开除公职处分的决定》。

2017 年 6 月 23 日，政协黔南州十二届第六次主席会议在都匀召开。会议听取州教育局、州政协教科文卫体委关于黔南州职业教育助力扶贫攻坚情况的通报和调研情况汇报，听取了州文产办、州政协文史委关于黔南州文化产业发展现状的情况通报和调研情况汇报，并就上述工作及调研情况进行协商讨论，提出意见和建议；会议协商讨论了《黔南州茶产业转型升级调研报告》，审议了州政协文史委关于《老红军肖德昌的故事》（书名暂定）文史资料专辑编纂方案和州政协十二届第2次常委会会议日期及议程（草案），书面听取了州政协各专门委员会、州智力支边办2017年上半年工作总结及下半年工作打算的情况汇报。

2017年7月28日，政协黔南州十二届第七次主席会议在都匀召开。会议传达学习了州委十一届三次全会精神；分别听取了州安监局、州政协社法委关于黔南州煤炭产业发展的情况通报和调研情况汇报，听取了州民宗委、州政协民宗委关于黔南州少数民族特色村寨保护与发展现状的情况通报和调研情况汇报，听取了州工信委、州政协经济委关于黔南州工业经济发展情况的通报和调研情况汇报，并就上述工作及调研情况进行协商讨论，提出意见和建议；会议通报了黔南州政协2017年上半年工作情况。

2017年8月31日，政协黔南州十二届第八次主席会议在都匀召开。会议传达学习了省委办公厅、省人民政府办公厅关于《贵州省公务活动全面禁酒的规定》、省委组织部关于《深刻汲取玉屏县扶贫办腐败窝案教训进一步从严管理监督干部的通知》及《关于建立机关事业单位防治“吃空饷”问题长效机制的指导意见》的通知等；会议听取了各专门委员会、研究室、智力支边办、州政协办公室汇报8月主要工作及9月工作打算，分别听取了州住建局、州文广新局和州政协教科文卫体委关于黔南州文化主题公园建设现状的情况通报和调研情况汇报，并就上述工作及调研情况进行协商讨论，提出意见和建议。

2017年9月28日，政协黔南州十二届第九次主席会议在都匀召开。会议听取了州政协各专门委员会、研究室、智力支边办、州政协办公室汇报9月主要工作及10月工作打算，审议通过了《关于进一步加强提案质量工作的通知》和州政协十二届第2次常委会会议日期及议程（草案）。

2017年10月9日，政协黔南州十二届第十次主席会议在都匀召开。会议审议了有关人事事项。

2017年10月25日，黔南州政协学习贯彻十九大精神专题会议暨政协黔南州十二届第11次主席会议在都匀召开。会议专题学习了中共十九大精神；分别听取了州教育局、州政协文史委关于黔南州优秀民族文化进校园的情况通报和调研报告，听取了州水库和生态移民局、州政协社法委关于黔南州实施易地扶贫搬迁工程情况的通报和调研报告，并就上述工作及调研情况进行协商讨论，提出意见和建议；听取了各专门委员会、研究室、智力支边办、州政协办公室汇报10月份主要工作及11月工作打算，协商讨论了《关于评选表彰2017年度优秀提案和先进承办单位的通知（审议稿）》。

2017年11月27日，政协黔南州十二届第十二次主席会议在都匀召开。会议传达学习了州委十一届四次全会精神；分别听取了州旅发委、州政协民宗委关于黔南州民族旅游商品开发与利用现状的情况通报和调研情况汇报，并就上述工作及调研情况进行协商讨论，提出意见和建议；会议还听取了各专门委员会、研究室、智力支边办、州政协办公室汇报11月主要工作及12月工作打算。

【提案工作】 十二届一次会议以来，黔南州政协常委会坚持“围绕中心、服务大局、提高质量、讲求实效”的提案工作方针，进一步拓宽思路，采取措施，充分发挥州政协委员、政协各参加单位、各专门委员会和各界别撰写提案的积极性，深入推进提案办理协商，提案工作呈现出新的活力、新的局面。

2017年共征集到提案321件，经审查立案307件，并案4件，不予立案10件，所立提案分别由12县（市、经开区）政府、59个州直部门办理。据统计：307件提案中，集体提案23件，占立案总数的7.5%；委员提案284件，占立案总数的92.5%。办理结果：A类提案106件，占总数的

34.5%；B类提案188件，占总数的61.3%；C、D类提案13件，占总数的4.2%。总体来看，这些提案紧扣全州改革发展的重点、难点问题，涉及经济、政治、文化、社会和生态建设五大领域，为黔南州实现科学发展、后发赶超、同步小康的宏伟目标做出了积极贡献。

【委员视察】 2017年，黔南州政协选取涉及脱贫攻坚提案办理情况、全民健身计划落实情况、农村闲置宅基地处置情况3个事关群众切身利益的事项，开展驻黔南州省政协委员视察、主席会议视察和常委会议视察，同当地党委政府共商破题之策、共寻解题之道，形成3份视察报告，供州委决策参考，得到了州委州政府主要领导肯定。州委书记唐德智对脱贫攻坚提案办理情况的视察报告作出"做好政协提案工作很重要，是各级党政部门的重要职责。有关加强和改进提案工作的问题，请标龙、贤臣同志组织研究提出具体意见；有关调研反映出的精准脱贫问题，请桂荣、燕萍同志在调度中注意采取措施加以解决"的批示。对全民健身计划在黔南州落实情况的视察报告作出"送请晓剑同志认真阅研，认真研究问题、解决问题，形成新气象"的批示。对农村闲置宅基地处置情况的视察报告作出"请州政府特别是易地扶贫搬迁指挥部认真组织研究，争取拿出些管用的具体办法，把这方面问题解决得更好些"的批示。州政协委员视察工作发挥了专项视察谋大事、商大计的重要作用。

【委员调研】 按照"谋划三个、做好两个、做精一个"的要求，各专委会围绕经济发展、社会治理、民生改善中的重点、热点、难点问题精心选题，领导班子成员带队深入调研，形成的茶产业转型升级、利用多层次资本市场助推企业发展、工业经济发展、文化产业发展等16份调研报告，均得到州委、州政府主要领导批示。其中：省委常委、原州委书记龙长春在《关于利用多层次资本市场助推企业转型发展的调研报告》上批示：全年调研工作成效显著，调研报告质量普遍较高，不但获得批示的篇数超出过去5年的总和，而且提出的对策建议都得到重视采纳，有的已转化成成果。如，《黔南州茶产业转型升级调研报告》，州委书记唐德智书记除了作出重要批示外，还召开专题会议研究；对《黔南州环保工作暨落实省委环保督查问题清单的调研报告》，德智书记批示要求在加强机制上下功夫，州政府已制订了6个机制性文件；对《黔南州文化产业发展状况的调研报告》作出"报告很有质量、很有见地"批示，要求相关部门形成文件报州委州政府审定，2017年，出台《黔南州推进文化产业发展三年行动方案》。

【"大美黔菜·黔南飘香"展示品鉴活动】 为落实省"大美黔菜展示品鉴推广活动组织工作方案"精神，挖掘、展示、推动、提升黔南州美食文化，展示黔南风采，促进黔南绿色优质农产品生产销售，州政协办公室、州商务粮食局牵头，围绕省政协组委会明确的主题和总体要求，组织黔南州各县市政协开展初步评选活动，先后向州推送474个菜品；州组委会秉承真材实料、绿色有机生态和继承传统积极创新三原则，组织有关专家评委对县市推送菜品进行初选，筛选出142个菜品参加州级集中展示品鉴，于2017年8月10—14日，通过州级集中展示品鉴，评选出80个黔南优秀菜品参加省集中展示推广；8月25日，黔南州推送的80个优秀菜品在贵阳市白云区牛场乡蓬莱仙界参加省集中展示品鉴推广，最终评选出了40个最受欢迎、最具代表性黔南菜品。

2017年11月30日，州组委会对40道黔南优秀菜品进行了表彰。

【助推精准脱贫】 州政协把助推精准脱贫作为政协参政出力的重要任务，积极探索有效方法和路径，着力抓好领导班子成员、政协机关13个帮扶点的扶贫脱贫工作，帮助理清思路、找准脱贫路子、联系项目资金、推动产业落地；选派3名机关干部到贵定县云雾镇及谷丰村、摆成村真蹲实驻、长帮常扶。党组成员多次深入帮扶点与乡镇领导班子座谈，共谋脱贫举措，2017 年全年向领导班子成员帮扶点和党建扶贫点投入或争取各类项目资金 2000 余万元，实施了道路硬化、人畜饮水、蔬菜种植、生猪养殖等 10 多个项目。十九大召开后，州政协领导班子成员迅速深入扶贫联系点，宣讲十九大精神。州政协主席魏明禄带头深入贵定县云雾镇，与当地干部一起交流，分享学习党的十九大报告的感悟；州政协机关党委携办公室支部、专委会支部赴贵定开展“牢记嘱托·感恩奋进”主题宣讲会。

【智力支边】 2017 年，州政协充分发挥智力支边作用，牵线搭桥香港慈恩基金会、香港佳美基金、香港电子商会教育基金、香港君域扶轮社、上海香化协会、广东燃气采暖热水器炉商会、上海随堂山医馆等 25 家基金会、企业和一批爱心人士，投入资金及物资 1000 余万元，用于新建荔波县肯甫卫生院诊疗用房、甲良镇石板小学教学楼和帮助贫困学生就学筹集资金等 40 多个项目；举办金融知识、医疗卫生、职业技能等培训 30 期，培训 2000 人次，智志双扶；联系专家学者到州内举行免费义诊和专题讲座等 30 余批，受益群众和参训人员计 2000 余人次。

【宣传工作】 州政协坚持讲好政协新故事，传递政协好声音，密切与新闻媒体联系沟通，加强新闻宣传工作。坚持把握时代脉搏，讲主题重要的故事；关注时代发展，讲寓意深刻的故事，紧跟时代步伐，讲使人提神的故事。2017 年，《人民政协报》《贵州日报》《贵州政协报》和贵州电视台刊播黔南州政协工作的稿件 300 多篇（条），相当于过去 5 年的总和，改变了政协宣传工作滞后的状况。其中，在《贵州政协报》的上稿量跃居各市州前列。在《人民政协报》《贵州日报》发表的《深学广储履职尽责》《充分利用优势做强产业》《凝聚政协正能量发出政协好声音》等稿件，社会反响较好。州政协还创建了门户网站和微信公众号，对外宣传渠道不断拓宽，宣传内容更加丰富，为州政协走进新时代、展现新作为营造了良好的舆论环境。

【“两学一做”学习教育常态化制度化】 严格按照中央、省委、州委部署，扎实开展州政协机关“两学一做”学习教育常态化制度化工作。2017 年 5 月 26 日，召开推进“两学一做”学习教育常态化制度化工作部署会，传达学习全州部署会议精神，州政协党组书记、主席魏明禄对州政协机关推进“两学一做”学习教育常态化制度化工作进行动员部署。一是印发了关于推进“两学一做”学习教育常态化制度化的实施方案，对学习教育常态化制度化的目标要求、具体措施、工作要求等进行了明确，确保了州政协机关推进“两学一做”学习教育常态化制度化的有序开展；二是及时调整充实州政协“两学一做”学习教育工作领导小组，强化组织领导，切实抓好“两学一做”常态化制度化的组织协调和督查指导等工作，做到了队伍不散、力度不减、督导不断；三是把学党章党规、学系列讲话与学习政协履职的相关知识相结合，通过推进“两学一做”学习教育常态化制度化来加强和改进了政协机关工作，不断提升政协履职水平。

（苏鲸鳗）

·纪检督察·

JI JIAN DU CHA

【概况】 2017 年，在省纪委、州委的坚强领导下，黔南州纪委深入学习贯彻中共十九大精神和习近平总书记在贵州省代表团重要讲话精神，全面贯彻落实各项安排部署，牢固树立“四个意识”，坚决维护核心，坚持全面从严治党，坚守职责定位，聚焦主责主业，强化监督执纪问责，纵深推进党风廉政建设和反腐败斗争，着力营造黔南风清气正的党内政治生态，为奋力书写新时代黔南发展新篇章提供了坚强纪律保障。2017 年全省党风廉政建设和反腐败工作群众满意度抽样调查结果显示，黔南州群众对反腐败工作满意度位居全省第三位，高于全省平均水平，省纪委对黔南州政治生态作出“持续好转，逐年向上向善”的肯定。

州纪委监察局机关有 14 个内设机构，分别为：办公室、组织部、宣传部、研法室、党风室、信访室、案管室、第一至第五纪检监察室，审理室、纪检监察干部监督室。监察体制改革期间，临时增设第六纪检监察室、第七纪检监察室、第八纪检监察室三个内设机构，撤销 5 个州纪工委监察分局、37 个州纪委派驻纪检组、3 个单位纪委（纪检员）、31 个州监察局派驻监察机构，组建 14 个派驻纪检监察组。州委巡察工作领导小组设立巡察办和 4 个巡察组在州纪委，州委巡察办分为综合科、巡察一科、巡察二科 3 个科室。委机关共编制 94 名（含深化国家监察体制改革试点工作中划转编制 25 名），实有人员 66 人（含转隶人员 16 人）；派驻纪检监察组共有编制 82 名，实有 44 人；州委巡察机构编制 23 名，实有 3 人。

2017 年，州纪委监察局坚持把队伍建设贯穿工作始终，以严的要求和高的标准锻造忠诚坚定、担当尽责、遵纪守法、清正廉洁的纪检监察干部队伍。组织干部到清华大学、浙江大学等地开展业务学习，赴瓮安猴场、遵义苟坝等地开展“党性体检”，到荔波邓恩铭故居等地开展主题党日等活动，到都匀烈士陵园开展重温入党誓词活动，采取“引进来”和“走出去”相结合的方式，组织机关干部集中“充电”，年内共培训 1760 余人次，促进政治素养和执纪能力“双提升”。推行县级纪委分管纪律审查副书记异地交流任职，选拔年轻干部和专业人才到机关工作，加大干部交流提拔力度，解决干部“板结化”和工作激情减退问题。出台领导干部走访谈心谈话制度和纪检监察干部外出报告制度，安排干部轮流到信访室接访，全面深化干部管理。开展全州亮点工作现场观摩会，举办全州纪检监察系统首届“清风杯”篮球赛，形成比学赶超的良性竞争氛围。坚持刀刃向内，严防“灯下黑”，2017 年，全州共处理违规违纪纪检监察干部 44 人，其中给予纪律处分 6 人。

【宣传与教育】 坚持把党的纪律建设放在突出位置，聚焦党风廉政宣传教育，以传统渠道和新兴媒介为载体，线上线下“两手抓、两手硬”，大力弘扬主旋律、传播正能量，为全州党风廉政建设和反腐败工作提供了良好的思想和舆论支持。2017年，在省级以上报刊发稿63条，在州级报刊发稿700余条，在州纪委网站累计发布各类信息2680条，被省纪委采用268条，中纪委采用38条，网站信息工作连续两年位列全省第一。充分运用典型案例开展警示教育，对典型案例进行剖析和公开曝光，2017年共通报曝光群众身边的不正之风和腐败问题112批，542个问题，涉及667人；通报曝光违反中央八项规定精神和“四风”典型案例77批，问题145个，220人次，起到了一定的震慑作用。组织5万余党员干部参观廉政教育基地，发挥警示教育基地和“忏悔录”反面教材警示教育作用，唤醒党员干部纪律意识。组织开展纪检监察干部家属走访活动、“当好廉内助，守好幸福门”家庭助廉活动，进一步引导干部家属增强自身廉洁意识，筑牢干部家庭防线，推进好家风的实践养成和自觉传承。

【政策研究与法制】 积极开展调查研究，充分发挥参谋作用。先后完成了《黔南州关于〈贵州省公务活动全面禁酒的规定〉贯彻落实情况的调研报告》《黔南州“十三五”以来党风廉政建设和反腐败斗争调研报告》《黔南州纪委关于学习贯彻〈中国共产党纪律检查机关监督执纪工作规则（试行）〉的调研报告》《黔南州民生监督员队伍建设调研报告》《黔南州基层党风廉政评价指标体系》等一批调研课题。组织指导黔南师院完成调研课题《中国梦是共产主义理想的必经阶段》，组织指导党校完成调研课题《巡察监督研究——以贵州实践为视角》《加强党内政治文化对反腐倡廉建设的引领作用》4个调研课题。积极开展反腐败理论研究，《要查处多少干部才能遏制住“腐败增量”—博弈论与监督策略的选择》《黔南州尽职免责失职追责研究及展望》在省获奖。根据省纪委提供的民调数据，完成黔南州2016、2007年度党风廉政建设社会民意抽样调查分析报告。总结“黔南州党风廉政建设与大数据技术运用研讨会”成果，将10余篇研讨论文编印成册。始终坚持问题导向，积极稳妥推进改革。调研分析了黔南州贯彻执行《中国共产党纪律检查机关监督执纪工作规则（试行）》存在的问题，提出了解决建议方案。完成了在中共黔南州委办公室设立党风廉政建设主体责任办公室、巡察机制建设、黔南州贯彻落实《中国共产党问责条例及省实施意见》制度措施等4项改革任务。黔南州县（市）分管纪律审查副书记异地交流改革获在州委获三等奖。不断强化制度建设，严把制度审查关口。认真贯彻落实习近平总书记“三个区分”，着力解决全州免责规定不具体、免责程序难操作、追责深度不统一、追责制度不规范的问题，以州委名义出台了《黔南州尽职免责失职追责规定（试行）》。进一步加大新出台法规审查力度，先后对州政府法制办及有关部门转来的20多个制度规定进行了审查，其中涉及干部处理与上级有关规定相抵触的，全部提出了修改意见并复函。

【党风政风监督】 制发《黔南州尽职免责失职追责规定（试行）》，设置党委主体责任办公室，升级改造“互联网＋两个责任”监督平台，压紧压实各级党组织管党治党主体责任，以强有力的党内问责，倒逼各级党组织把责任扛起来。围绕学习宣传贯彻党的十九大精神和习近平总书记在贵州省代表团重要讲话精神，以及省第十二次党代会精神，对都匀市、都匀经济开发区等单位学习贯彻落实情况进行了监督检查，推动上级精神落地落小落实。开展12县（市）党内政治生态建设分析研判，重点对存在“七个有之”、党的领导弱化、党的建设缺失、全面从严治党不力，以及中央环保督查、财政扶贫项目、脱贫攻坚中存在的突出问题、重大责任事故等实施问责，确保政令畅通。严肃党内政治生活，把好省人大代表、省政协委员等推荐人选的政治关、廉洁关和形象关，对1941人次拟提拔推荐表彰对象进行审核，对117名新任州管干部进行“任前考廉”和集体谈话。2017年，全州查处27起违反政治纪律和政治规矩案件，党内问责282人，纪律处分49人。

【信访与举报】 2017年，全州纪检监察机关共受理群众信访举报3268件次，业务范围外566件次。其中，州级受理群众信访举报492件，业务范围外81件次。加强对下转信访件的督查督办，通过“定期对账+定期督查+不定期抽查”，确保下转件办理落到实处。制定黔南州纪检监察机关领导班子定期接访工作制度，明确规定每月的每周二为领导班子成员“公开接访日”。出台《黔南州纪检监察机关初信初访首接首办责任制度》，明确首接首办责任，严格工作问责追究，切实减少重复访、越级访存量、遏制增量。组织开展涉纪重复访集中整治专项行动，采取领导包案、挂牌督办、协调督办等方式，重点对2015年以来群众多次向中央、省、州纪检监察机关反映的检举控告类重复访问题进行专项治理。

【案件管理】 坚持以问题线索处置办理为主线，创新工作方法，切实强化线索管理、组织协调、监督检查、督促办理、统计分析等工作，全力推进全州执纪审查监督管理工作。注重深化明确处置时限、完善线索台账、规范管理流程、加大督办力度、强化考核权重5项措施，全面规范问题线索集中管理。充分发挥反腐败协调小组的作用，健全问题线索移送、会商等制度，进一步加强与检察、法院、公安、审计等单位（部门）的协调配合和信息沟通。制发《关于在全州组建“两规”“两指”专业陪护队伍的方案》，建立健全陪护人员抽调机制，组建了525人的专业陪护队伍，推行办案安全责任制，强化医务人员驻点管理，切实保障执纪审查安全，实现全年零事故。2017年，处置反映问题线索3332件，采取“两规”“两指”措施13人，挽回经济损失3133.67万元。

【纪律审查】 2017年，坚持无禁区、全覆盖、零容忍，坚持重遏制、强高压、长震慑，坚决减存量、重点遏增量。把常态约谈作为实践“四种形态”的重要抓手，通过日常监管、信访举报、巡视巡察、交办转办、审计监督等方式精准甄别，通过预防提醒、询问示警、纠错诫勉、问责处分等形式精准约谈，统筹考虑节点、性质、口碑、态度“四个因素”精准处置，抓早抓小、防微杜渐。全州运用“四种形态”处理党员干部28510人次，其中，第一、二、三、四种形态分别为22610人次、1588人次、245人次、67人次，分别占总数的93.34%、5.57%、0.86%、0.24%，主动交代问题659人次，约谈后给予组织处理631人，重大职务调整6人，党纪轻处分1235人，党纪重处分294人，移送司法机关13人。围绕“减存量、遏增量”目标，坚持力度不减、节奏不变、尺度不松，坚持有腐必反、有贪必肃，突出执纪审查重点，加强民生、国企、教育系统等重点领域，以及工程建设、土地出让、资源开发等重点环节的监督执纪，始终保持惩治腐败高压态势，着力巩固反腐败斗争压倒性态势，持续营造“不敢腐”的氛围，形成“不敢腐”的震慑。全州纪检监察机关共立案1942件，同比增长30.7%；结案1890件，同比增长24.9%；处分1881人（县处级16人），同比增长22.9%；移送司法机关29人。严肃查处了州委原副秘书长、州督查督办局原局长马应忠，州政协原副秘书长李荣军，州卫计委原常务副主任陈仁堂，州城乡规划局原副局长史震海等系列大案要案。

【案件审理与复查复议】 切实履行审核把关和监督制约工作职责，坚持实体与程序并重，严把质量关，严格依纪依法审理案件。编印《黔南州纪检监察机关纪律审查程序及规范文书实用手册》，指导基层纪检监察机关全面规范案件查办工作，从源头上狠抓案件质量；组织县市开展案件质量自查和交叉检查，及时发现问题，专人指导整改，切实提高案件查办质量。2017年，全州审结党政纪案件1536件（含双重处分51件），党纪处分1267件，政纪处分317件，其中州级审结党政纪案件20件（含双重处分8件），处分违纪人员20人；受理党政纪申诉案件14件办结13件，维持9件，变更1件，撤销3件；办理行政解除处分案件3件。认真做好受处分人员回访教育工作，全面了解受处分人员思想、工作、生活等情况，对受处分人员进行再教育，帮助认识错误，改正错误，吸取教训。全年回访1185人，回访率95.85%，领导参与回访799人次。印发《关于开展纪律执行情况检查的通知》，组织州县两级纪检监察机关对纪律处分决定执行情况进行专项检查，切实维护纪律的严肃性。

【机关党的组织建设】 加强机关党组织建设，围绕“忠诚执纪·务实为民”这一目标，用“铁的纪律、铁的意志”扎实推进“学习型、服务型”机关创建工作，坚持领导示范带动，发挥先锋模范作用，涌现了一批先进典型，贵定县纪委副书记、监察局长桂德君获中央纪委嘉奖；委局机关8名优秀共产党员、4名优秀党务工作者、1个先进基层党组织、14名党员先锋岗等在纪念建党96周年系列活动中得到了推荐、评选和表彰。委局机关成立5个临时党支部，不断织密执纪审查安全网络，筑牢了执纪审查安全工作底线。黔南州机关基层党组织“晋级升星·好花更红”星级党支部创建工作中，第二支部申报为五星级党支部，第一、第三支部争创三星级党支部，确保创建星级支部工作全覆盖。

【纪检监察信息】 2017年，州纪委办公室和龙里县、惠水县2个县级信息直报点共报送纪检监察信息400余篇，其中州级被上级采用97篇、龙里被上级采用21篇、惠水被上级采用6篇，《黔南州纪委“四个一”深化“家庭助廉”活动打造过硬纪检监察干部队伍》一文被评为2017年度优秀信息。

【贯彻落实中央八项规定和省委十项规定、纠正“四风”】 认真学习贯彻落实中央八项规定及实施细则精神。组织全州1081名县级干部、10684名科级干部开展廉洁过节签字承诺。通过发短信、下文件等方式，对全州党员干部早打招呼早提醒，抓早抓小，遏制“四风”苗头。紧盯“四风”问题多发易发期，专门组建12个检查组，对12个县（市）及72家州直单位进行专项检查和开展明察暗访。以问题整改为契机，组织各级各部门就公务接待管理、差旅费报销、公务用车管理等9个方面的问题进行自查自纠，同步组建督导组开展专项检查，发现问题711个，全部完成整改。严格执行省委、省政府《关于公务活动全面禁酒规定》，全面开展公务接待用酒清理，排查2017年以来违规购买消费高档白酒问题。同时，强化对地下“四风”、隐形“四风”、变异“四风”现象的大排查、大起底，“真刀真枪”化解“四风”疑难杂症。2017年共查处违反中央八项规定问题178个，党政纪处分207人。

【民生保障】 2017年，全州民生监督共立案1525件，党政纪处分1511人，问责316人。组织开展退耕还林和公益林补偿资金、极贫乡镇精准扶贫建档立卡和扶贫项目资金、村级公益事业“一事一议”财政奖补资金、农村新型经济实体运行管理情况专项监察，并对2015年和2016年专项监察开展“回头看”，共发现问题4930个，立案1134件，党政纪处分993人。坚持把信访举报窗口下移到脱贫攻坚一线，组织开展“访村寨、强监督、助攻坚”“访农户、赶乡场、强监督”“护民生、促脱贫”系列专项行动。州县纪委班子成员主动到全州188个乡镇接访，广大纪检监察干部、村级民生监督员深入村寨走访，实现全州14.5万户贫困群众、349个深度贫困村全覆盖，发现问题995个，立案593件，党政纪处分433人。以全州349个深度贫困村所在乡镇为重点巡察对象，灵活采取“机动式”“点穴式”等方式开展专项巡察，着力发现和查处突出问题。2017年，全州通过专项巡察共发现扶贫领域问题187件，移送问题线索41件，立案2件，党政纪处分2人。

【体制改革】 始终把推进监察体制改革试点工作作为重大政治任务，路线图精准施工。精心抓好谈心谈话、监委班子选配工作，增设3个临时内设机构，落实临时办公场所，妥善安置转隶干部到委内设部（室）混岗办公；积极推动留置场所和谈话室改造升级，及时处置州检察院清理移交的问题线索24件，制定过渡期间纪委监委机关执纪监督监察工作流程、12项调查措施使用规范等方案；建立包片督导机制加强对县（市）指导，12县（市）已完成涉改人员转隶工作，稳妥有序推进监察委员会选举、任命、挂牌等工作。全面深化派驻机构改革，整合人员配置，组建10个综合派驻纪检监察组和4个单独派驻纪检监察组。

【巡察监督】 2017年，配合省委巡视组完成了对黔南师院以及4个县（市）的巡视工作。出台州委巡察工作五年规划和实施办法，成立巡察工作领导小组，审议通过《州委巡察机构建设及编制设置建议方案》，设置4个常规巡察组和办公室。2017年先后开展了3轮巡察，共巡察15家州直单位及3所省州共管高校，发现问题598个，移交问题线索98件；12个县（市）累计对421家单位开展巡察，发现“三大问题”833个，违反“六项纪律”问题1742个，移交问题线索201个，立案审查155件，党政纪处分136人。

（杨俊波）

·民主党派·

MIN ZHU DANG PAI

中国国民党革命委员会黔南州委员会

【概况】 2017年，民革黔南州委在民革贵州省委、中共黔南州委的领导和中共黔南州委统战部的指导下，继续深入开展坚持和发展中国特色社会主义“五学四比三贡献”学习实践活动，进一步加强组织建设，认真履行参政议政，积极探索民主监督和参加中国共产党领导的政治协商，全力助推脱贫攻坚，各项工作都取得了可喜的成绩，被评为“民革全国组织建设工作先进集体”。

【思想建设】 2017年，民革黔南州委会继续深入开展“五学四比三贡献”活动，组织党员学习中共十九大精神，对基层支部活动进行政治理论学习指导，选派党员骨干参加由民革贵州省委组织的各种学习培训，组织党员参加中共黔南州委统战部举办的统战大讲堂讲座，同时还举办各种形式的培训班。2017年，州委会组织党员参加讲座5次，共培训党员122人次；州委会、市委会各举办了1期培训班，共培训党员139人次。2017年11月28日在黔南州社会主义学院举办的党员培训班1次，为黔南民革党员的规范化、系统化培训奠定了良好的基础。

【组织参加学习活动】 根据民革中央《关于继续组织好“观故居·走多党合作之路”活动的通知》精神，2017年11月，州委会和市委会分别组织州、市委员，赴四川成都刘文辉旧居陈列馆、刘湘墓园和广西梧州中山纪念堂、李济深故居，学习民革党史和民革前辈的优良传统，接受民革历史教育和爱国主义教育，使党员真切地感受到民革先驱们与中国共产党风雨同舟、患难与共的精神，更加坚定走中国共产党领导的多党合作和政治协商制度的政治道路的信念。

【组织建设】 抓机关作风建设。注重培养和强化机关人员的学习意识、创新意识、参政意识、执行意识和服务意识，把创新精神贯穿到州委会机关的各项工作中，不断创新工作思路和工作方法，机关工作分工具体，岗位职责分明，运行规范有序。

抓党员队伍建设。根据民革中央的有关精神，加强了对党员的自身政治素质、参政履职能力的要求，下大力气培养高素质、有代表性、有影响力的民革党员，共发展新党员16名，全是本科以上学历，其中副科级以上干部有4人。

抓后备干部队伍建设。设立了后备人才档案，积极与中共统战部门和组织部门联系协调，形成了一套既能充分体现党管干部又能充分体现民主党派组织独立性的党派干部培养机制。支持和鼓励后备干部参与重大课题调研或承担重要工作，为后备干部成长提供平台。

抓基层组织建设。积极完善各级基层支部的组织架构。州委会成立参政议政工作指导小组，切实强化对各支部参政议政、建言献策的指导工作，围绕地方党委、政府的中心工作，探索提高参政议政水平的途径，使基层组织的制度化、规范化建设得到加强；积极创新支部活动形式，安排各支部主委跨支部参加活动，加强各支部间互相学习、相互联动。2017 年，民革州委在 2016 年成立民革黔南师院支部州委会的基础上，成立贵州民革中山书画院黔南分院。2017 年，州委会下辖 1 个县级委员会、11 个基层支部、3 个专门工作委员会、2 个中心工作组、1 个服务中心。

【参政议政】 2017 年年初，州委会及市委会组织人大代表、政协委员、党员骨干举办了代表、委员履职能力及提案写作知识培训会，建立“一党员一建议、一支部一提案”制度，民革界别人大代表、政协委员在各自区域“两会”上，认真履行职责，围绕中心大局建言献策，共提交大会发言材料 3 份，党派集体提案 5 件，委员个人提案 43 件。《关于全力推进我州农村“三权”抵押贷款工作，加快农村脱贫攻坚步伐的建议》被列为中共黔南州委常委重点督办提案，民革州委提供素材形成的《关于加快农村“三权”抵押贷款改革创新的建议》的民革贵州省委提案，被列为省重点督办提案。

【社会调研工作】 民革黔南州委会根据“党委出题，党派调研”的原则，围绕黔南社会经济发展中的重大问题和人民群众关注的热点难点问题，精心筛选文化与旅游融合及脱贫攻坚作为主要调研方向，向民革贵州省委和中共黔南州委统战部申报作为重点调研课题，并获得批准。经课题组分赴省内外开展深入调研，最终形成《关于文化与旅游深度融合、提高黔南旅游竞争力的调查研究》《深度贫困县脱贫攻坚情况调研》2 篇调研报告。

【社会服务】 2017 年 7 月 12 日，民革黔南州委会联合荔波县疾病预防控制中心在荔波县中央城广场举办“携手抗艾重在预防”2017 年预防艾滋病宣传活动。通过展板图片展览、现场发放宣传手册、义务体检、免费发放计生用品等方式，向广大居民宣传艾滋病相关基本知识。

“六一”儿童节前夕，民革都匀市委、州直三支部、独山支部、荔波支部等分别走进校园、儿童社会福利院对少年儿童进行不同形式的慰问。

党员伍涵长期到社会福利院、社区慰问鳏寡孤独人员；蒙泽敏长期关注、关爱抗战老兵和烈士家属；刘和平每年春节前对贫困乡邻进行慰问；柏友能身残志坚，致富不忘乡亲，免费传授乡亲种植葡萄技术；黎跃云为困难群众减免医药费。

【脱贫攻坚民主监督】 2017 年，民革黔南州委会按照中共中央、民革中央和民革贵州省委精准扶贫的精神，参与脱贫攻坚行动，积极实施帮扶，受到了民革中央和民革贵州省委的高度关注，民革中央网、团结网、人民政协网和凤凰新闻网均对黔南民革的精准扶贫工作进行了报道。同时，民革黔南州委按照民革中央万鄂湘主席“寓监督于帮扶、寓帮扶于监督”的工作要求，围绕州委会提出的“三个一”积极开展调研，共组织调研 50 余次，涉及 8 个县（市、自治州）23 个村，走访农户近 200 户；向地方党委、政府提出各类意见建议 10 余条；协调 500 万资金解决了断杉镇扶贫产业项目商品猪养殖场道路的建设；引导镇、村干部在帮扶工作中下足“绣花”功夫，对 30 户结对帮扶户因户施策取得较好效果。2017 年 9 月 23 日，央视新闻频道报道了民革州委代表民革中央脱贫攻坚民主监督第五调研组开展工作的事迹，脱贫攻坚民主监督工作中的努力得到充分肯定。

【宣传工作】 2017 年，民革黔南州委编写工作简讯 62 期，及时全面地反映黔南民革的工作动态，传递各基层支部的活动动态，并以报道的形式向民革中央网、团结网、人民政协网、贵州民革网等中央、省级媒体供稿。并通过微信群，对内沟通交流、对外宣传报道，迅速地反映黔南民革的工作信息，收到很好的宣传效果。

独山支部充分利用乡土文化盛行的优势主动作为，分别于6月、11月，在独山麻尾、独山县城参与主办了第三届“醉美麻尾”黔桂民族民间山歌歌王争霸赛和第二届“双恒杯”民族民间山歌大奖赛活动，并在中华时报网上报道；荔波支部围绕荔波“全域旅游”发展战略，通过微信平台，积极向外界宣传荔波的旅游盛况和社会发展。

【涉台服务】 2017年初组织了对台、侨属进行慰问；4月28日，组织祖统工委党员12人参加全州外事侨务和台港澳工作会议，并听了《台海形势》讲座；5月中旬，派有关干部参加了省委会组织的两岸合作交流和台湾刘庆中博士“促进教育公平的教育资源配置的典型政策及效益”专题讲座活动；9月28日开展一次祖统工作培训，请州台办负责人为60多名党员作《海峡两岸形势分析》报告。

（黄晓红）

中国民主同盟黔南州工作委员会

【概况】 2017年，民盟黔南州工委在民盟贵州省委和中共黔南州委的领导下，在州委统战部的指导帮助下，认真贯彻执行中共中央关于统一战线的各项方针政策，切实加强自身建设，认真履行参政党职能，为推动全州经济社会建设服务，为维护安定团结的政治局面添力。

2017年，发展了17名盟员，，共有7个基层支部，169名盟员，平均年龄47.5岁。教育界60人，医卫界28人，文化界17人，非公企业界15人，行政人员26人，其它类别23人。其中高级职称45人，中级职称38人。有州政协委员15人，州人大代表1人；县（市）政协委员10人，县（市）人大代表3人。

【学习培训】 2017年，组织开展中共十九大精神学习活动，在盟内掀起一场学习十九大精神的热。组织各支部支委和盟务骨干召开专题会，及时传达学习了贵州省第十二次党代会精神和陈敏尔书记重要讲话。传达学习民盟贵州省委第十四次代表大会精神，并邀请民盟贵州省委副主委李龙来黔南进行宣讲。组织40余名盟员到民盟广州市委开展“不忘合作初心，继续携手前行”主题教育活动，参观了黄埔军校和从化民盟基层委盟员之家，加强盟史的学习和教育。参加了黔南州统一战线党风廉政建设警示教育活动，选派4名盟员参加黔南州委党校为期1月的党外干部培训班。选派5名盟员参加黔南州委统战部组织的赴河南大学党外干部培训班学习。选派3名盟员参加民盟贵州省委组织的赴上海交大提升履职能力盟务培训班。组织20余名盟员参加2期黔南州统一战线大讲堂学习。

【支部活动】 2017年，民盟都匀支部在“三八”妇女节，组织开展了徒步活动。民盟都匀支部联合综合支部组织盟员骨干赴瓮安猴场会议会址、黎平会议会址接受革命传统教育。民盟都匀支部为都匀市统一战线策划编排，参加了2017年都匀市总工会、都匀市文化和旅游局组织的“与党同心·劳动光荣”五一国际劳动节合唱大赛，荣获二等奖。民盟都匀市支部被民盟贵州省委评为先进支部。民盟贵定县支部与民盟贵州省直经济支部开展联谊活动，对贵定县农业园区、昌明园区进行了考察，并签署了“缔结友好支部协议书”，在全省首次实现省地支部缔结友好，共谋发展。民盟综合支部组织盟员赴瓮安开展革命传统教育活动，鉴于支部一些特殊原因，重新选址挂牌并建立“盟员之家”，召开了组织生活会。民盟综合支部与民盟遵义联合支部开展了“盟情深耕，南北共建”支部联建活动。民盟三都支部召开组织生活会，对盟务工作进行了安排布署，邀请工委部分盟员参观了三都县水族博物馆。

【提案工作】 1. 在2017年政协黔南州十一

届五次会议上提出3个集体提案和1个中心组发言，分别是《关于深化农村环境卫生综合整治，助推美丽乡村建设的建议》《关于加快解决黔南医专直属附院问题助推学校升格本科院校步伐的建议》《关于规范精神病心理专科建设，提升基层医疗人员诊疗服务能力建议》。

2. 在2017年政协黔南州十一届五次会议上提出11篇个人提案，分别是《关于以旅游理念引领美丽乡村建设的建议》《关于金融系统应对80岁以上老人开户、激活设置“绿色通道”的建议》《关于加大对贫困民族山区电子商务进农村综合示范工程扶持力度的建议》《关于都匀市剑江河沿岸拆除垃圾场的建议》《关于都匀“一江两城四湖”应有健康文化底蕴的建议》《关于开展农村人居环境整治，加快农村垃圾、污水处理设施建设的建议》《关于取缔都匀市第二小学垃圾站的建议》《关于将疾病防治健康教育与民族传统文化相结合，推进“健康黔南建设”的建议》《关于水族传统银饰工艺品开发的建议》《关于保护民族语言，传承民族文化的建议》《关于加强黔南州非物质文化遗产保护工作的建议》。

【调研成果】 2017年，完成省盟下达的调研课题，形成了《精心打造贵阳南明河·贵定独木河流域滨水文化旅游走廊兴三连二带一全面助推“两贵·两河”流域周边贫困户精准脱贫》的调研报告。

选送两篇调研报告参加民盟中央教育论坛，分别是由民盟黔南师院支部主委陈钧撰写的《需求导向下的地方高校应用型英语人才培养模式探索》和由民盟黔南师院支部副主委辛均庚博士撰写的《男性幼儿教师发展的理论与实践研究》的调研报告，其中《男性幼儿教师发展的理论与实践研究》获民盟中央教育论坛三等奖。

完成州级重大调研课题，形成《黔南州康养旅游产业发展研究》的调研报告。

【社情民意】 2017年，共上传社情民意16篇，其中《关于建立义务教育阶段学生选择性留级制度，给予“学困生“援助性辅助教育的建议》被选送到民盟中央。

【推进教育扶贫】 1. 师院支部在瓮安县举行了捐书助学活动，给营定街小学捐赠了价值5000余元的图书。

2. 综合支部在瓮安县永和镇木孔小学开展助学捐赠活动，为35名留守儿童送去了价值6000元的文具和书籍。

3. “六一”儿童节，联合黔南州慈善总会、都匀市教育局、都匀市工商联、马鞍山棚户区改造办公室等多家单位携手爱心企业南洲国际在都匀市举行“中国梦，圆梦贫困生”捐赠仪式暨“春芽工程”贫困生一对一帮扶启动仪式，关爱贫困学生，助力教育扶贫。

4. 民盟贵定县支部向盘江镇宝山小学捐赠了价值2000元的物资和图书。

5. 民盟都匀市支部到都匀市墨冲镇白头村小学、幼儿园进行“六一”慰问活动。

【参与医疗扶贫】 2017年，医卫支部和三都支部与贵州医科大学第三附院在三都县普安镇总奖村开展精准扶贫义诊和家庭医生服务活动。

【助力智力支边】 1. 邀请贵州省人大前副主任、民盟贵州省委前主委顾久来贵定考察调研，为贵定县树人中学全体师生作“贵州人文精神”的讲座。

2. 师院支部组织送教下乡活动，为达阳和中心校捐赠了一批课外读物，并由副主委辛均庚博士针对当前教师心理压力问题，开展了一场题为“人生价值”的讲座。

3. 民盟都匀支部邀请农业技术专家和律师对白头村贫困群众进行实用技术培训和法律咨询。

4. 三都支部开展“三下乡”活动，在三洞社区、普安镇利用赶集日开展“控辍保学”、妇幼保健、农村用电知识宣传，深受群众欢迎。

5. 师院支部在匀东二小开展“智力支教”活动，并于10月27日举行了启动仪式；六是民盟贵定县支部副主委顾明祥律师受都匀市妇联邀请，为都匀市 100 余名妇女作题为“在法律视角下的妇女权益保障”的反拐、反家暴专题讲座。

6. 黔南州政协副主席、民盟黔南州工委主委张仁德率领导班子和民盟三都支部、民盟贵定支部支委一行 7 人赴民盟广州市委考察学习，对接对口帮扶工作。

【深化“两带”服务】 2017 年，民盟黔南州工委进一步深化“两带”服务。1. 贵定支部在贵州省未成年犯管教所，开展结对子，送温暖春节帮教活动，并给 30 名“三无”未成年犯每人送上一套棉毛衣裤，同时还给他们每人发放了 100 元的“压岁钱”。

2. 与贵州省未成年犯管教所联合承办了由民盟贵州省委、贵州省文史馆、贵州省监狱管理局主办的“开启心扉”——民盟“黄丝带”帮教活动，在贵州省未成年犯管教所开展义诊、书画辅导、心理疏导、古琴辅导、文艺汇演等活动，并与贵州省未成年犯管教所签定结对帮教友好协议，向 80 名“三无”未成年服刑人员捐赠了 16000 元慰问金和价值 2 万元的图书。

3. 分别在都匀监狱和桐州监狱开展了“黄丝带”服刑人员帮教活动，邀请知名演员王飞鸿等参加帮教，并向几名长期致力于“黄丝带”帮教活动的民盟盟员授予了“黄丝带”服刑人员帮教志愿者。

4. 分别在黔南医专、黔南职院开展“红丝带”艾滋病防治宣传活动，进行了防治知识讲座，民盟贵州省委副主委、贵医大三附院院长李龙，黔南州政协副主席、民盟黔南州工委主委张仁德，黔南职院党组书记罗俊，校长饶辉参加了宣传。

5. 12 月 1 日为世界艾滋病日，与黔南州卫计委、州疾控中心、州红十字会到贵州医科大学第三附院慰问了 12 名受艾滋病病毒感染的住院病人。

【宣传工作】 2017 年宣传工作中，及时撰写信息宣传盟务，向省盟和州委统战部提交盟务信息 29 篇，编排制作了 2 期《黔南盟讯》按照民盟贵州省委和中共黔南州委统战部的要求，举行了聚力大扶贫典型事迹讲述会，选送盟员潘瑶参加了讲述，获三等奖。按照黔南州政协的要求，选送民盟黔南师院支部盟员雷瑾参加了“我爱政协，爱我政协”演讲比赛，获优秀奖。

（周　文）

中国民主建国会黔南州委员会

【概况】 2017 年，在民建贵州省委、中共黔南州委的领导下，在中共黔南州委统战部的指导帮助下，民建黔南州委团结带领全州民建会员，突出理论学习，凝聚思想共识，在能力素质上实现新提升；突出价值导向，继承优良传统，在同心思想上弘扬时代精神；突出思想宣传工作，发出民建好声音，在民建形象上亮出新风采；突出中心工作，服务大局，在参政议政、政治协商上展现新作为；突出民主监督，发挥特约人员作用，在履行职责上有新气象；突出组织建设，优化组织结构，在整体活力上绽放新能量。突出“同心”品牌打造，抓好聚力脱贫攻坚，在社会服务上有新突破。获民建省委自身建设、参政议政和社会服务综合考核一等奖。

【政治思想教育】 按照“五学四比三贡献”主题教育活动和“不忘合作初心继续携手前进”专题教育活动部署，通过主委会、全委会、全委扩大会、支部组织生活和赴重庆民建发源地、州廉政教育基地、黎平爱国主义教育基地专题学习活动、知识讲座、专题教育总结会、研讨班等深入学习中共中央、民建中央、民建省委、中共黔南州委有关文件会议精神，特别是中共十九大会议精神，组织收看中共十九大开幕式，汇编中共十九大学习材料、订购十九大宣传辅导书籍和开展有关知识问答，进一步引导各级组织和广大会员坚定中国特色社会主义“四个自信”，不断夯实新的历史时期民建坚持和发展多党合作的思想政治基础。主要领导和班子成员及部分州委委员分别到扶贫点开展中共十九大会议精神宣讲，撰写有关学习理论文章和学习体会。组织学习民建十一大会议精神，不断提高对新情况新问题的认知处理能力，有力地促进了各项工作的深入开展。

民建黔南州委、民建都匀市委分别以召开纪念民建成立72周年暨黔南民建成立15周年、都匀民建成立30周年大会为契机，进一步组织以支部为单位开展集体诵读《会章》、讲会史、学习中共十九大主题活动和文艺演出，开展学习中共十九大主题征文和不忘合作初心征文活动，组织会员赴重庆民建发源地学习会史，请老会员讲会史，组织开展《黔南民建六十年》史料编纂工作，聘请专业档案公司指导办公室人员和整理民建历史资料，为开展黔南民建史料的编纂工作打下良好基础，以弘扬民建“爱国、民主、建设、团结、创新、奉献”的共同价值理念和新时代爱国主义精神。

【参政议政】 2017年，民建黔南州委多渠道多种方式融入参政议政工作。

省、州、县（市）“两会”共有各级人大代表政协委员近40名民建会员参加。其中，在黔南州、都匀市“两会”上共提交集体提案5件，个人提案40余件；完成2篇发言材料，1位会员作大会发言。2件集体提案和2件个人提案获优秀提案表彰。其中，有5件提案列入州四家班子成员重点督办，4件列入州政协专委会督办。

政协黔南州委员会对十二届一次会议期间的优秀集体、委员个人提案进行了表彰。民建黔南州委有1件集体提案、5件委员个人提案荣获政协黔南州委员会“优秀提案”表彰。此次民建黔南州委受表彰的1件优秀集体提案是《关于防控我州房地产企业融资风险的建议》；受表彰的5件委员个人优秀提案是：民建黔南州委副主委罗晓霞提交的《关于整治餐具、饮具集中消毒有关问题的建议》、会员王继咏提交的《关于大力发展我州观赏苗木产业的建议》、会员罗刚明提交的《关于加强都匀毛尖地方品种选育的建议》、会员赵发扬提交的《关于建立和完善及时修复公共基础设施长效机制的建议》、会员胡海燕提交的《关于加强农村宗教活动场所建设及管理的建议》。

民建都匀市委和福泉支部、平塘支部分别开展异地扶贫搬迁、VR科技和民族村寨保护与建设调研。各基层支部主委、部分骨干会员、参政议政委员会、企业委员会、青委会成员赴福泉、惠水、长顺、平塘、独山开展古城文化、职业教育、文化旅游、水果产业、县域经济、实体经济和民营经济调研，完成了相关调研报告。

州委会提交了《关于落实无还本续贷政策，降低小微企业融资成本的建议》的建言直通车信息；积极征集2018年省州政协会议提案和社情民意，界别召集人组织召开会议征集并进行集体提案和个人提案及联名提案审核；编发社情民意专报8期；完成了《关于黔南州蔬菜产业发展的调研》《关于都匀市从旅游集散地转到旅游目的地的调研》《关于提质增效发展都匀毛尖茶产业发展的调研》3件重点调研课题。

召开参政议政交流会、参政议政工作会议暨新任州政协委员培训会议。对参政议政先进集体和先进个人和热心会员进行了表彰。会员成祺兴当选省民建参政议政咨询委员会成员；会员邵其岷、胡春宇当选省民建参政议政委员会成员；会员黎燕萍会员当选省民建省委常委，民建全国十一次代表大会代表；会员黎燕萍、王鸿秋、胡春宇当选为九届民建省委委员。

深入推进理论研究，做好“黔南民建成立15周年”的经验总结，完成5篇理论文章。会员冯平撰写的《非公经济发展与深化政府职能转变问题研究》获2017中国（江西）非公有制经济发展论坛征文优秀论文。

民建都匀市委举办“第三届同心·中小微企业发展论坛”之“提质增效·发展都匀毛尖茶产业助推脱贫攻坚”专题研讨会，就如何宣传都匀毛尖茶产业、如何提质增效、如何打造都匀毛尖超级TP、如何运用毛尖茶产业助推脱贫攻坚等相关课题进行了研讨。

突出民主监督，发挥特约人员作用，在履行

职责上有新气象。担任各级人大代表、政协委员的民建会员积极参加人大、政协组织的有关执法检查或视察活动，担任各级政府和司法机关特约人员的民建会员认真履行监督职责，对省、州经济社会发展中的热点、难点问题提出意见和建议。2017 年以来，编发社情民意专报 8 期。罗晓霞会员成为省民建监委会成员；潘炯彪会员被省司法厅和省人民检察院聘请为省级人民监督员；胡春宇、杨光贵会员被州司法局和州人民检察院聘请为州级人民监督员；胡楠会员被都匀监狱聘请为监督员；杨光贵、杨宗霏会员被福泉市工商联聘请为法律顾问，杨光贵会员受聘为福泉市妇女儿童维权法律顾问。罗晓霞、吕光强、胡楠、李爱滨会员分别参加州特约检察员与民主党派人士座谈会和州市检察院开放日活动，对检察院工作提出工作建议，对“促庭审实质化展公诉风采”进行庭审观摩评议。

【组织建设】 2017 年共发展 15 名会员。成立了青年工作委员会和参政议政委员会，充实了法制委、企业委和参政议政成员。12 月 7 日成立了黔南师院支部，民主选举了班子主委刘奥东，副主委郭治友，支部委员岳一村。更新了会员信息管理系统，实现了民建中央组织管理系统达标要求，获民建省委会员信息录入评比一等奖。

2017 年共组织 8 批次 25 名会员参加省、州脱产培训。近 60 名会员参加中共黔南州委统战部举行的“统战大讲堂”活动；100 人次参加了黔南民建经济学堂和都匀民建法律讲堂培训。

举办“我在政协爱我政协”演讲比赛，13 名会员结合自身经历，增强政党意识和履职能力，组织会员参加全州政协系统演讲比赛，黔南民建获组织奖，会员宋玲玉获优秀奖。在中共黔南州委统战部开展的“同心·好花红”统一战线“迎接十九大·岗位大练兵”聚力大扶贫战略行动典型事迹讲述会和统战知识竞赛中，由曾洪涛、刘奥东、岳一村三位会员组成的黔南民建统战知识竞赛代表队，从 17 支代表队中脱颖而出，获得三等奖。王帆获讲述会优秀奖。民建黔南州委还获得组织奖。

主委黎燕萍在黔南州第十四届人民代表大会第一次会议中当选为州人民政府政府副州长，主要负责全州生态文明、农业农村、水务、脱贫攻坚、水库和生态移民、供销合作、烤烟生产以及对口帮扶等方面工作。邵其岷在黔南州工商业联合会（总商会）第八次代表大会中当选州工商联主席（会长），罗刚明当选非公副主席；何钰海当选非公副会长；李祖俭、周启华、张新葑当选常务委员；廖方平、江竹山、王红梅当选执行委员。王鸿秋、何钰海、廖方平当选州个私协会副会长。罗晓霞、赵发扬、胡春宇、胡海燕、王继咏、王鸿秋、邵其岷 7 位会员在提案、视察、专题调研、反映社情民意以及参加各种层次、各种类型会议的建言献策中表现优秀获州政协委员优秀等次，切实履行政治协商、民主监督、参政议政三大职能，努力为全州决战脱贫攻坚、决胜全面小康发挥积极有效作用，受到州政协表彰评为优秀政协委员。州委委员赵发扬、王继咏被州委组织部作为后备干部派往独山、荔波两县的精准扶贫工作。会员队伍结构不断优化，领导班子和会员队伍整体活力进一步增强。

2017 年，民建黔南州委获民建省委自身建设、参政议政和社会服务综合考核一等奖。

【社会服务】 2017 年，以“同心·思源”工程为载体，聚力脱贫攻坚行动。

1. 开展教育扶贫。“六一”儿童节前，民建都匀市委“同心·牵手未来之星公益助学活动”，到定点“同心学校”开展助学和“微心愿”活动，送去助学款、书籍和学习用品及课桌椅，价值 4 万余元。平塘支部到掌布镇开展捐资助学活动，送去助学款和学习用品。民建黔南州委在大坪幼儿园设立“同心幼儿园”，在金宝贝幼儿园设立“关爱园丁同心幼儿园”，并为两家幼儿园送去价值近万元的物品，并争取爱心人士长期资助 1 名留守儿童。

2. 开展产业扶贫。会领导多次带队深入扶贫点惠水县王佑镇昌明村和王佑村调研，对贫困户的情况进行了摸底排查细化，分类制定帮扶计划。对资金30万元用于购买发展产业的种苗和后期维护及蜂种和8万元进行基础设施建设情况进行跟踪。利用会员企业开展产业扶贫和技术指导，在会员企业贵州恒欣达农业发展公司养殖基地设立“民建黔南州委精准扶贫产业示范基地”。

3. 搭建社会服务新平台。利用“企业委员会”，组织、指导各基层单位、会员企业家、会员个人开展社会服务活动；利用法制委员会成员，举办“同心·民建法律讲堂”，邀请省内知名法律专家为民建会员提供法律法规讲座并提供义务法律咨询和法律帮助。

4. 开展医疗扶贫。为全州6个县（市）医院申请到10台救护车，价值70多万元，并跟踪车辆运行和使用情况。

5. 举办精准扶贫工作交流暨同心·聚力大扶贫故事讲述会。2017年4月7日，组织召开“精准扶贫工作交流暨同心·聚力大扶贫故事讲述会”。曾赴扶贫一线的会员结合自身工作经历和感悟，作民建会员如何在扶贫工作中发挥作用的理论探讨。11名会员讲述自己或会员为扶贫工作所做出的贡献。设立了同心聚力大扶贫战略行动帮扶专项资金，并现场开展募捐活动。组织会员参加省民建和全州统一战线扶贫故事讲述会，黔南民建获全州组织奖。

6. 积极公益活动。参与“扶贫慈善日”捐款2100元，为见义勇为基金捐款1100元，州民建青委会联合福泉支部为福泉瓮赏村受灾群众捐款11160元。会员李爱滨所在黔南登世达汽车贸易公司组织员工为高考生开出爱心送考生。福泉支部还为残疾人捐款，会员杨光贵荣获“福泉市志愿助残先进个人”。

【宣传信息】　做好宣传工作，发出民建好声音。采取对内宣传与对外宣传并重，传统媒体与新兴媒体并用，加强了宣传报道。2017年，编报《宣传思想动态》4期；编印《黔南民建》会刊3期；编发《黔南民建工作简讯》105篇；创办黔南民建公众微信号和黔南民建网站，引起了社会关注。部分文章和简讯发表在民建中央、民建省委刊物和网站及《贵州政协报》《黔南日报》《黔南政协》《团结报》等；编发微故事5篇。2017年2月9日，民建黔南州委召开思想宣传工作会议，对宣传信息工作进行强调，对宣传信息员提出工作要求。是年宣传信息工作排名列全省宣传信息工作第四。

【会员风采】　2017年，王鸿秋获全省“三八红旗手”称号；蔡邦红荣获“觉农贡献奖”殊荣。张新莳作为全国群众体育先进单位、先进个人代表在天津受到中共中央总书记、国家主席、中央军委主席习近平的会见。潘炯彪参加在北京中央社会主义学院举办的贵州省青年企业家能力提升培训班学习并赴剑桥大学学习，参加世界民主青年联盟代表团对贵州的友好访问交流。陈霄获台湾金门县政府首届金门两岸古风灯谜最佳谜作奖和贵州省灯谜联谊会（贵阳）十佳射手称号。耿文福获贵州省十大民间艺术家称号。罗燕参加深圳电视台文艺演出。裴育、郑明星分别参加黔南州社会主义学院举办的第二期和第三期黔南州党外中青年干部学习培训班分别担任班长并获优秀班干部称号。杨跃红参加全省民主党派基层骨干服务改革研讨班（第二十二期）评为优秀学员。

（裴　育）

中国民主促进会黔南州委员会

【概况】　2017年是黔南州实施“十三五”规划，夺取同步全面小康胜利的关键一年。一年来，民进黔南州委在民进贵州省委和中共黔南州委的领导下，坚持以邓小平理论、“三个代表”重要思想、科学发展观和习近平新时代中国特色社会主义思想为指导，认真贯彻落实中共十八大历次全会精神和中共十九大、十九届三中全会精神，以“五学四比三贡献”活动为平台，秉持会中央提出的“有思有行、集智聚力、顺势而为、开拓创新”的工作方针，紧紧围绕四个全面布局，深学笃用五大新发展理念，紧紧抓住黔南州“十三五”时期大力实施“3366”发展战略，奋力打造民族地区创新发展先行示范区这一核心目标，积极履行参政党的职能职责，突出民进在教育文化出版的优势，积极开展参政议政、建言献策、民主监督、社会服务、捐资助学等工作，各项工作取得可喜的成绩。

【思想政治建设】 以主题学习活动为载体，以提高“四个意识”为抓手，狠抓思想政治工作。将增强会员政治意识、大局意识、核心意识、看齐意识贯穿“五学四比三贡献”学习实践活动的始终，结合民进特点和实际，积极推动学习实践活动深入开展，常做常新。州委会领导班子按照一季度一次全委会、一月一次主委会紧密结合当前工作形势和州委安排的中心任务开展政治理论学习，全年共召开全委会议 4 次，主委会议 12 次，班子成员带头撰写学习体会，与会员座谈交流、参加支部活动，深入基层了解会员参政议政、社会服务的情况，进一步密切与会员的思想沟通和情感交流。坚持将学习与实践相结合，在三都县打鱼学校、罗甸县边阳镇巴沙村、翁定村，龙里县高新村等帮扶点，开展“五学四比三贡献”学习实践活动，通过智力支持、项目帮扶、资金支助等多种形式，积极鼓励会员将学习内容转化到中国特色社会主义实践中去，为黔南发展贡献积极力量，会员翁昌艳在活动中积极发挥优势、双岗建功，被民进中央表彰为坚持和发展中国特色社会学习实践活动先进个人。

积极开展“不忘合作初心、继续携手前进”专题教育活动。把学习习近平系列讲话精神、中共党史、多党合作历史与民进优良传统结合起来，通过开展红色教育、座谈、考察等活动，让会员始终不忘“只有跟着中国共产党走、才是正道上行”的合作初心，坚定不移跟党走的政治信念。为使主题活动不断推向深入，7 月中旬，民进黔南州委与中共黔南州委统战部在韶山联合举办了“不忘合作初心、继续携手前进”骨干会员班，组织 40 余名会员接受红色主题教育。中共十九大和民进十二大胜利召开以后，民进黔南州委将学习十九大精神与主题学习教育活动紧密结合起来，连续举行了学习十九大精神座谈会、学习十九大精神暨新会员能力提升专题培训班等活动，在全州民进组织中掀起了学习宣传贯彻十九大精神的高潮。

积极探索民主党派思想建设的新方法、新路径。坚持将思想建设与参政议政、民主监督、社会服务等工作有机结合，优化机制，注重方式方法的创新，以专题教育活动凝聚思想共识。从上年以来，民进黔南州委连续举行了参政有为助推黔南教育发展暨教师节表彰大会、在瓮安县召开“五学四比三贡献”助推黔南教育发展座谈会；在龙里县举行基层骨干会员参政议政项目观摩活动；在平塘县举行了学习“FAST”精神骨干会员培训活动，在都匀市举行了“喜迎十九大、同心铸辉煌”文化交流活动等。活动基本覆盖了所有的会员，这些活动内容涵盖经验交流、参政议政工作探讨、重大项目观摩以及社会服务内容创新等，通过系列学习交流活动，让广大会员不断增强接受中国共产党领导的自觉性和坚定性。

承办全州民主党派联席会议。2017 年 3 月 30 日，由民进黔南州委承办的全州民主党派“五学四比三贡献”脱贫攻坚聚力黔南暨 2007 年第一季度联席会议在龙里县举行。全州民主党派齐聚龙里，共商聚力脱贫之事，共谋聚力脱贫之策，达到了非常好的效果，形成了民主党派共同推进黔南脱贫攻坚工作的合力。

选派民进会员 20 余名参加民进中央、民进贵州省委、黔南州委统战部参加的各项培训活动；积极参加民进贵州省委组织的“统一战线聚力扶贫战略行动典型事迹讲述会”活动，获一个二等奖、一个三等奖；参加中共黔南州委统战部组织的“统一战线聚力扶贫战略行动典型事迹讲述会”获优秀奖。积极参加州政协组织的“我在政协、爱我政协”演讲比赛，获二等奖。

【基层组织建设】 2017 年，民进黔南州委将“强基固本、大抓基层”作为组织建设的主题，坚持“数量和质量并举，质量优先”的原则，通过支部标准化建设、“三个一”支部建设，狠抓基层组织凝聚力和战斗力，打造一支高水平、高素质的参政党。

开展支部标准化建设夯实基层组织发展基础。继续在全州民进基层组织中开展支部标准化建设，对各支部办公活动场所，办公设备，支部管理制度，领导班子分工负责制度，会议制度、会费的收缴、使用和管理以及参政议政、社情民意、社会服务等工作数量和质量进行了硬性规定，使各支部在组织生活、参政议政、社会服务等工作进一步规范化和制度化。都匀市委会、各支部围绕创建工作，进一步夯实基层组织基础、发展优秀会员，围绕智力支边、支教助学开展了一批亮点突出，社会影响力较大的社会服务活动。

开展“三个一”支部建设激发组织活力。开展“三个一”支部建设，激励和督促广大会员积极参加参政议政、社会服务工作，为会员提供双岗建功、施展才华的平台。2017 年各支部围绕中央、省、州重大会议精神和重要工作安排部署，集中开展思想政治学习 20 余次，参政议政、社会服务等主题活动 10 余次，激发引导广大会员“双岗”建功的积极性

开展主题活动凝聚力量。2017 年先后在瓮安、龙里和都匀市分别举办教育、扶贫、文化为主题的教育活动，在教师节、重阳节等节日期间开展优秀会员表彰和座谈，首次组织骨干会员到辽宁省沈阳市、本溪市开展学习交流，开阔了眼界，不断增强民进组织的凝聚力，民进组织的影响力不断扩大，入会人数不断增加，结构和质量不断得到优化。民进黔南州委会员人数达到 434 名，高学历博士发展到 7 人，副高以上职称 35 人，会员中有州政协委员 17 人，副处级以上干部 12 人。

【机关建设】 2017 年是民进中央确定的机关建设主题年，为抓好本项工作的开展，民进黔南州委在年初结合民进中央、民进省委的要求，下发了《民进黔南州委机关建设年工作方案》，在全州上下开展机关建设工作。2017 年，民进黔南州委把创建机制作为推动民进工作，加强自身建设的重要工作，坚持在继承中创新，在创新中发展，不断完善各项制度。认真查找和着力解决制约机关工作效率的突出问题，进一步完善工作目标管理制、岗位责任制、量化考核考评办法，加强规范化管理，使各项工作有规可循、有章可依，实现了以制度管人、管事、管钱、管权。同时，狠抓机关效能建设。进一步明确工作职责，严格工作纪律，规范职务行为，搞好协调配合，增强执行力，抓好督查检查、考核落实工作，不断提高机关整体服务效率和水平。

【参政议政工作】 2017 年是实现脱贫攻坚目标的深化之年，民进黔南州委认真履行参政党职能职责，讲政治、顾大局，把坚持和发展中国特色社会主义作为履职的目标和方向，紧紧围绕全州深化改革、经济社会发展等重点工作，多次召开研讨座谈会，发挥民进黔南州委集体智慧和力量，加大调研力度，认真履行参政党职能，为促进全州社会和谐和经济社会发展作出了积极贡献。

积极参政议政。在“两会”召开期间，民进黔南州委提交集体提案《加快发展电子商务产业促进大数据产业发展的建议》《关于全力打造“都匀毛尖”知名品牌、引导茶企良性发展的建议》2 件，州、县（市）级委员提交《关于发展黔南民族文化产业、助推全州精准扶贫的建议》《关于稳定农村幼儿园教师的建议》《关于调配增设教育系统编制总数的建议》等 30 余件，集体提案《关于全力打造“都匀毛尖”知名品牌、引导茶企良性发展的建议》，个人提案《关于大力支持道路客运行业整合发展的建议》《关于发展黔南民族文化产业、助推全州精准扶贫的建议》被评为 2017 年度优秀提案。会议期间，民进会员积极参加全体会议、分组讨论会议，带着调研发现的问题、带着思考形成的建议，抓住各种机会为黔南州“一圈两翼”战略、脱贫攻坚以及经济社会发展积极建言献计出力。

围绕社会热点难点工作开展调查研究。2017 年，民进黔南州委围绕州委、州政府的重点工作

开展各种调研活动，配合省委会完成了《全面放开二胎政策背景下学前教育发展问题》调研。启动了中共黔南州委重大课题《黔南州新型工业化发展战略研究》的调研工作；积极承担中共黔南州委安排的《关于民主党派在统战工作中的作用》理论研究课题1个；充分发挥支部和会员的积极性，都匀市委会、师院支部、龙里支部、瓮安支部各承担重点调研课题1个。

围绕中心工作，积极建言献策。民进黔南州委通过参加州委、州政府组织召开的各类征求意见会、党外人士座谈会，以及以建言直通车的方式向州委、州政府建言献策，在经济、政治、文化、教育、社会、生态建设等各个方面提出建议10余件，为州委、州政府决策科学化、民主化作出应有贡献。

【社会服务工作】 充分发挥优势，积极开展主题服务活动。2017年，在春节前夕，民进黔南州委按照民进中央的部署，在瓮安县、龙里县、都匀市开展“春联进万家活动”，组织会员书画家20余名，深入一线、社区、学校为群众送春联3000余幅，得到群众的好评。都匀市委会、二中支部等基层组织针对贫困地区基础教育的薄弱环节，深入基层开展支教活动10余次，积极帮助贫困地区提高教育质量。职院支部在“六一”期间开展“携手特校送温暖”活动，为特殊学校的孩子们送去了欢乐与温暖；医卫文化支部结合自身实际，开展了“肿瘤防治月”宣传活动，在宣传活动期间，开展讲座、现场咨询、送医下乡、免费义诊等活动，得到群众的称赞。瓮安支部结合自身实际、突出优势，承办了瓮安县首届本地调《茅草调》《茶山调》歌唱大赛活动，万余名群众参加这次活动，进一步扩大了民进的影响力。龙里县支部发挥自身优势，组织开展骨干会员观摩活动，进一步扩大了民进在龙里县的影响力。

深入开展“聚力扶贫攻坚行动”工作。紧紧围绕全面建成小康社会的目标，发挥民进黔南州委的资源优势，将脱贫攻坚作为社会服务工作的重中之重，动员全委的力量，集智聚力，积极开展结对帮扶贫困村、贫困户做好精准扶贫工作。建立“一对一”帮扶机制，民进黔南州委主委、副主委各帮扶1户贫困户，各支部以及骨干会员帮扶1户贫困户，共帮扶40余户精准扶贫户。根据中共黔南州委统战部的安排，民进黔南州委在人少事多的情况下，安排工作人员龙立海脱产两年到贵定县云雾镇茶山村担任精准扶贫第一书记，全力帮助该村做好扶贫工作。整合主席基金、捐助资金以及其它资金，建立引导性资金，集中力量帮助扶贫村、扶贫对象改善基础设施条件、改善生产生活环境，让有限的资金发挥出最大的作用，合力扶贫。2017年，民进黔南州委筹集资金30万元，支持龙里县谷脚镇高新村“五彩粮仓”项目，用于机耕道及其基础设施建设。支助贵定县云雾镇茶山村5万元、经济科技支部会员集资5000元共5.5万元用于改善农村基础设施条件。协调资金23万元支持帮扶村罗甸县边阳镇巴沙村、翁定村改善学校基础设施建设，其中：巴沙村13万元，翁定村10万元。发挥民进书画家集聚的优势，协调资金40余万元在瓮定村建设书画家写生创作扶贫基地，依托当地苗族村寨和原生态旅游资源，拟建设写生基地400余平方米。发起了爱心图书捐助活动，师院支部、都匀二中支部、综合支部、经济科技支部会员捐助儿童图书2000余册，在罗甸县边阳镇翁定村、巴沙村小学建立“开明图书室”，150余名学生受益。会员集资6000元，在巴沙村小学设立“开明奖学金”，资助成绩优异的贫困学生。在龙里县举行“学习十九大、聚力脱贫攻坚”捐赠活动，向龙里贫困地区的幼儿园捐赠幼儿游乐设备价值10万元。经济科技支部吴龙喜、刘培元、蔡捷仪等会员响应号召，积极向贫困村捐助电脑、衣服等物资，价值20余万元。

充分发挥开明画院平台作用，切实开展好以文化为主题的社会服务工作。启动了“开明画院”的建设工作，完善了内部设施和设备并投入使用。在年初由州委会、黔南开明画院、黔南州美术家协会联合主办的“传承的魅力”首届黔南民间美术精品展，展示民间作品200余件。与中国国家画院杨长槐工作室合办了“助力黔南脱贫攻坚创作交流暨捐赠活动”，创作书画作品50余幅，全部捐赠给贫困地区。在中国共产党成立96周年之际，组织会员开展了“喜迎十九大同心铸辉煌”主题活动，100余名会员参加活动，书画家创作书画作品100余幅，向中共十九大的召开献礼。与黔南州美术家协会联合举办2017年黔南州美术写生作品展览，将2017年黔南艺术创作精品展现给广大群众；举行了“学习十九大精神，不忘合作初心、继续携手前进”民进贵州开明画院院展活动。

（王继东）

中国农工民主党黔南州工作委员会

【概况】 2017年农工党黔南州工委牢固树立“创新、协调、绿色、开放、共享”五大发展理念，以中共十九大和习近平在贵州代表团讲话精神为指导思想，主动适应新常态，增强“四个意识”，把坚持和发展中国特色社会主义“五学四比三贡献”学习实践活动、自身建设和履行参政党职能相结合，认真深入开展调查研究，积极建言献策，在参政议政、社会报务工作中展现了新的活力。

【思想建设和宣传教育】 农工党黔南州工委积极组织学习中国共产党第十九次全国代表大会精神、全国、省、州两会精神、中共贵州省第十二次代表大会精神、农工党贵州省委八次代表大会精神、以及习近平总书记在省部级主要领导干部专题研讨班上的重要讲话精神。把深入学习贯彻十九大精神作为农工党黔南州工委当前和今后一个时期首要政治任务；深刻领会习近平新时代中国特色社会主义思想和基本方略和中国社会主要矛盾发生变化的重大判断；学习领会新时代中国特色社会主义的奋斗目标和新时代各项工作的战略部署；努力增强“四个意识”，尤其是“核心意识”和“看齐意识”，维护习近平总书记的领导核心地位，更加坚定和自觉的接受中国共产党的领导。

积极开展坚持和发展中国特色社会主义“五学四比三贡献”学习实践活动，并和自身建设、社会服务和履行参政职能相结合，农工党黔南州工委主委解竞获得农工党中央开展坚持和发展中国特色社会主义学习实践活动“先进个人”称号。

2017年共有26人次参加了农工党省委、中共州委组织部、中共州委统战部、州委党校、州政协及党员所在县（市）统战部组织的各种学习和培训，进一步统一了思想、坚定了政治立场。

根据农工党贵州省委要求，开展了“不忘合作初心、重走先辈道路”主题教育活动，组织20余名党员骨干参观中共一大会址、农工党中央一干会址、南京雨花台烈士陵园、邓演达烈士殉难处、福建事变纪念馆、古田会议会址，亲身经历农工党革命先辈走过的历史道路。组织的温暖和关怀。

根据农工党贵州省委、中共黔南州委统战部安排，举办了以“同心好花红”聚力大扶贫战略行动为主题的讲述会比赛，并参与了中共黔南州委统战部和农工党贵州省委举办的比赛。参加比赛的党员以朴实的语言、真实的感情，歌颂在聚力大扶贫战略行动中的身边人、身边事，深刻诠释了聚力大扶贫战略行动时代背景，基本内涵和重要意义，为建设绿色生态黔南添砖加瓦。

【参政议政和民主监督】 开展广泛社会调研，主动为黔南政治、经济、文化、生态文明建设建言献策。工委《关于扶持民营医院发展的建议》的提案，被评为黔南州政协十一届五次会议集体优秀提案；黔南医专支部主委覃建锋的《关于加强农村文化建设、提高新农民综合素质的建议》提案和综合支部副主委唐仕兴的《关于对黔南职业教育发展规划的建议》提案，被评为黔南州政协十一届五次会议个人优秀提案。

2017年工委共提交提案37件，其中提交贵州省政协提案2件，提交黔南州政协提案13件，工委集体提案2件。提交县级政协提案22件。

根据《2017年度州级民主党派重大调研课题

研究实施方案》的要求，农工党黔南州工委2017年提交了《关于培养专业医护队伍，打造健康养老基地研究》和《黔南州中职教育吸引力提升路径研究》两篇重大调研课题调研报告。

根据中共黔南州委统战部（黔南统通〔2017〕24号）要求，撰写了《城镇化进程与民族地区民族关系良性互动研究》和《新时期民主党派民主监督作用研究》两篇调研报告。其中陈桂萍代表农工党作为大会发言的《关于解决黔南州产科、儿科医疗资源不足的建议》提案在得到了黔南电视台、黔南人民广播电台等多家媒体的报道。

【社会服务】 都匀市支部组织党员积极参加统战部组织的“三八”妇女节健身操比赛、“五一”职工合唱比赛、统一战线聚力大扶贫典型事迹讲述会及脱贫攻坚大比武知识竞赛、统一战线知识竞赛、“我在政协我爱政协”演讲等活动。参加都匀市统战部组织的到原沙寨乡白头完小开展民主党派聚力脱贫攻坚社会服务暨“六一”爱心捐赠活动，向白头小学捐赠价值13000余元的幼儿园室内外玩教具、图书等爱心物资一批。并开展义诊及法律咨询等社会服务活动，共发放药品23000多元，各种普法宣传册150份。罗甸县支部2017年5月在农工党省委、农工党黔南州工委的牵线搭桥下，农工党山东省委会、明日之星教育基金会到罗甸县民族中学开展“班班通—同心助学工程”精准教育扶贫捐赠活动，本次共捐赠价值62万元的平板电脑和教学软件卡等教辅物资。2017年8月22日开展第十届健康边疆行系列活动—贵州罗甸县先天性心脏病患儿筛查义诊活动，全县共52名患儿进行筛查，查出10名患儿可以赴北京做手术医治。9月18日农工党罗甸支部送出9名患儿（有一名患儿未交合医没法去）赴北京免费手术医治。儿童手术归来，身体恢复较好。

为积极响应中国农工民主党中央“2017（第十届）中国环境与健康宣传周”活动，农工党黔南州工委、黔南州科学技术协会、黔南州智力支边办联合主办了2017（第十届）中国环境与健康宣传周系列活动之“健康贵州黔南站—慢性病防治巡回讲座”。讲座邀请了贵州省政协委员、贵州省血液病研究所所长，贵州医科大学附属医院院长助理兼血液科主任，贵州造血干细胞移植中心主任，贵州省核心专家、农工党贵医大总支主委王季石博士主讲。黔南州人民医院、黔南州中医院、贵州医科大学第三附属医院、各县（市）医院、中医院的内科、儿科、肿瘤科医生，各县（市）科学技术协会及黔南医专有关业内人士，部分农工党员共120余人参加了这次讲座。

州医院支部、黔南医专支部、综合支部、都匀市支部、瓮安支部等积极响应农工党中央“2017（第十届）中国环境与健康宣传周”“第二十九届国际科学与和平周”等系列活动，由工委牵头，各支部分别承办和协办，分别在都匀市区、瓮安县天文镇开展了以“肾脏病与肥胖健康”“空气质量与健康”“携手建设安全稳定、发展繁荣的共同家园”为主题的3次大型义诊活动，共接待就诊群众1000余人，免费发放40000余元的常用药品，让老百姓真真实实在家门口得到了免费优质的医疗服务，获得了实惠。开展了第12届“国际肾脏病日”大型义诊活动。此次活动当日在黔南电视台、黔南日报以及健康黔南微信平台报道，引起了社会广泛关注。

农工党黔南州工委认真贯彻落实农工党东部十省（市）组织支持毕节试验区大方县精准扶贫座谈会精神，在荔波县组织参与了由农工党山东省委、农工党贵州省委、明日之星教育基金会发起的“班班通—同心助学工程”精准扶贫助学活动，共向黔南州捐赠价值400万元的平板电脑等教辅物资。积极参与中华民族团结进步协会医药卫生工作委员会、首都医科大学附属北京同仁医院、农工党贵州省委开展的“第十届健康边疆行系列活动—儿童先天性心脏病义诊筛查活动”，让9名先心病患儿赴北京同仁医院做手术治疗，实现患儿家庭“0”支付，同时也为患儿早发现早治疗提供了“绿色通道”。同时，专家组一行还考察了罗甸中药材产业发展，把脉开方，为罗甸中医药产业发展指明了道路。州医院支部还对因需心脏移植手术导致生活困难的党员彭国珍家属曹盛发起募捐活动，本次活动共筹集医药费1100元，送去了黔南州政协副主席、农工党黔南州工委主委解竞率工委委员及部分党员到都匀市归兰水族乡奉合村、合心村对扶贫工作进展进行专题调研，鼓励乡镇干部和调研组成员在因病返贫、产业脱贫等方面集思广益，增加更多的项目，带动更多村民脱贫致富，并就帮扶对象吴应军在项目资金申报、技能技术培训、信息资源咨询等方面提出建议和支持，农工党黔南州工委帮扶资金6万元，买仔猪、买饲料、买种公猪、买后备母猪，解决燃眉之急；在农工党都匀支部的指导落实帮助下，养猪场得到发展，出栏仔猪达到200头。2016年因天气寒冷的原因，养殖场死亡大量的仔猪农工党黔南州工委再次帮助5万资元金，购买后备母猪，养猪场开始带动农户养猪，已发展养猪场繁殖母猪35头、出栏仔猪700头。2017年养猪场已带动归兰乡的农户170余户一起养猪致富，其中带动15户贫困户，养仔猪43头，全部出栏头，给每户贫困户平均增加资金收入5千以上。另有3名农工党党员帮扶的贫困户5户13头在养殖中。养殖场得到农工党的大力帮助，用感恩之情带动贫困户和农户养猪致富。根据市场的需求，经找养殖专家进行调研后，农工党工委同意扩建黑毛猪生态养殖项目，投入资金30万建设发展，继续回报社会。目标是到2018年9月前再完成帮扶贫困户48户，每户4头仔猪帮扶，为全面建成小康社会而努力奋斗。

【组织建设】　2014年5月28日在原农工党贵州省委直属都匀支部的基础上，经过农工党贵州省委、中共黔南州委、中共黔南州委统战部多年努力，以及相关部门的大力支持，正式挂牌成立了“中国农工民主党黔南布依族苗族自治州工作委员会”（简称：农工党黔南州工委）。下设6个支部，黔南州人民医院支部（29人）、黔南医专支部（26人）、黔南州综合支部（27人）、都匀市支部（37人）、瓮安支部（32人）、罗甸支部（27人）。2017年，农工党黔南州工委共有党员178人，在职141人，退休37人，其中副厅级以上干部1人，副处级以上干部6人，高级职称52人，中级职称70人；医卫界96人，教育界39人，其他界别44人。党员结构开始向多元方向发展，后备干部培养有了新的起色，完成了州委统战部安排的民主党派后备干部民主推荐工作。切实推进农工党贵州省基层组织建设工作，提高基层组织工作者水平，工委各支部遵照《中国农工民主党章程》的规定及按照省委“达标争优”活动考核内容要求，以“人人为发展出份力”为中心思想，充分发挥基层党员的参与性和能动性，认真开展基层组织的组织生活。着力发展新党员，保证组织常有源头活水。根据新形势发展的要求，工委尽量把一些能干事、干好事，有参政议政能力的优秀人才吸收到组织中来，提高农工党的参政议政水平。2017年根据相关组织程序，州政协副主席、农工党黔南州工委主委解竞当选农工党第十六次全国代表大会代表；解竞、陈桂萍、胡春泉、邱祥智、张良琴当选农工党贵州省第八次代表大会代表，其中解竞当选农工党贵州省第八届委员会常委。工委根据省委基层组织《工作手册》，按照农工党贵州省基层组织“达标争优”活动考核内容及评分标准的要求，安排和规范基层支部工作，促进基层组织积极开展2017年各项活动。工委按照《中国农工民主党章程》的要求，对12名申请加入农工党的进行了入党资格审核。10名通过审核并已上报省委批准。经农工党贵州省委同意，按相关组织程序，决定增补商梅、雷胜江、宋熹3人为农工党瓮安县支部委员会副主任委员，决定增补黎丛飞、温雪冰、旦雍、陈名洋4人为农工党瓮安县支部委员会委员，进一步强化了农工党瓮安县支部的工作。经农工党贵州省委同意，按相关组织程序，决定唐仕兴任农工党综合支部主任委员，决定增补李姝任农工党综合支部副主任委员。

（邱祥智）

九三学社黔南州委员会

【概况】　2017年，在中共黔南州委和九三学社贵州省委的领导下，在中共黔南州委统战部的指导下，九三学社黔南州委员会深入开展“五学四比三贡献”活动，团结带领全体社员，加强自身建设，积极履行参政党职能，努力为全州经济建设和社会发展作贡献。

【思想建设】 思想建设是民主党派搞好自身建设的核心和先导。九三学社黔南州委员会历来重视社员的政治思想建设，以学习实践活动为载体，努力建设一支不忘初心、思想上坚定的参政党队伍。

1. 加强政治理论学习。2017 年全年共召开了 5 次主委扩大会、4 次全委会。组织学习中共“十八大”及历次会议精神、九三中央及九三省委会议精神、中共黔南州委会议精神以及学习传达黔南州“两会”精神；在中共十九大召开后，及时召开社员大会，认真组织学习十九大精神，深刻领会新时期中国特色社会主义精神实质。此外，各支社（委）也积极召开组织生活会，认真学习中共十九大精神等。同时，社州委还在九三 qq 群、微信群里发布学习资料，供广大社员学习。

2. 抓好社员培训。2017 年全年共选派 126 人次社员参加省州组织的各类培训，培训力度是历年之最。其中：选派 10 名骨干社员参加省委组织部、省委统战部在省社院举办的“全省民主党派骨干成员培训班”，社员杨玉梅在学习期间获“优秀学员”称号；选派 5 名社员到省社院参加省委统战部、社省委组织的“两会”精神学习班；选派 5 名社员参加社省委在浙江大学组织的参政议政专题研修班；选派 6 名社员参加社省委在复旦大学、省社院、广州社院组织的骨干社员及社务工作者培训班；选派 3 名社员参加州委组织部、统战部在州社院举办的春、秋季“党外中青年干部培训班”；选派 11 名九三政协委员参加州政协组织的委员履职培训；选派 5 名九三政协委员参加州政协在浙江大学举办的委员履职能力培训班；选派 21 名社员参加州委统战部举办的“统战大讲堂”“中国共产党民族政策演变专题讲座”；组织 20 名社员参加州委统战部举办的“十九大”精神宣讲报告会。8 月份，社州委组织 40 名社员到民主党派发源地—重庆开展革命传统教育。

3. 重视政治理论研究。社州委积极组织、鼓励社员撰写理论文章，有力推进社员政治理论水平的提升。2017 年，社员董滨、王路路撰写的《立文化自信做文化建设达文化自觉》，被收入九三中央论文集；在《贵州政协报》上发表理论文章 2 篇（董滨）；社员邓燔撰写的《黔南州茶产业发展的供给侧改革研究》、程虎撰写的《贵州建设民族团结进步繁荣发展示范区的思考》、董滨、许佳撰写的《扩大民主人士议政空间　促进全面多样和谐发展——在主流媒体上开辟“民主人士议政”版面的必要性》获 2016 年度全州统一战线理论政策研究优秀成果奖。

此外，积极组织社员参加州委、州政府组织的“你我参与・唱响黔南”歌唱大赛、拔河比赛及黔南州第五届运动会等。在州委统战部举办的“迎接十九大・岗位大练兵”知识竞赛中社州委获组织奖，宋娜、王奎、余湖波以优异成绩获得优秀奖。在州政协举办的“我在政协　我爱政协”演讲比赛中，社员贺熙彦代表九三学社黔南州委员会参加演讲，获三等奖。

通过学习、理论研究和参加活动，深化了社员对参政党地位、性质和历史使命的认识，决定了广大社员走中国特色社会主义道路的信心和决心，有力地提升了社员政治素质，夯实了共同思想政治基础。因思想建设工作突出，九三学社黔南州委员会被社中央评为 2013—2017 年度“学习实践活动”先进集体。

【参政议政】 参政议政是民主党派的履行好职能的重要体现。在全体社员的共同努力下，2017 年，参政议政工作成效明显。

1. 认真做好课题调研。2017 年年初，召开主委会专题研究调研课题，确定“精品度假型民宿发展建议”“贵州绿色农产品出山面临的问题及对策”两个课题作为 2017 年的调研课题，并组建课题调研组，明确课题负责人。其中“精品度假型民宿发展建议”被社省委选作重点调研课题。课题确定后，课题组成员深入州内外认真开展调研，并多次召开调研会进行分析研讨，形成了高质量的调研成果。调研成果于 11 月分别上报社省委、中共黔南州委和州委统战部，得到了相关部门的肯定。

此外，提交的《贵州茶产业供给侧改革》调研报告被社省委作为 2017 年度省政协大会发言材料。

2. 认真开好“两会”。在 2017 年州“两会”上，共提交集体提案 4 件，大会发言材料 2 份，个人提案29件，人大建议1条。其中1件集体提案作为州政协主席督办提案（提案271号），1件个人提案作为州委领导督办提案（王国祥委员的283号提案）。社州委《关于加快黔南州农村电子商务发展的建议》的大会发言，在与会领导和委员中产生了很大反响。同时，本次会议上，有3件提案（邓海、张季、宋萍提案）获得2016年度优秀提案表彰。

3. 积极谋划2018年州“两会”提案和大会发言材料。由于提早安排、超前谋划，2017年集体提案完成3件，个人提案18件；发言材料（2份）正处于收官阶段，已于2017年12月底前完成提交州政协。

4. 认真参与民主协商和民主监督。社州委主要领导多次参加州委召开的民主协商会，参与了州人大、政府、政协、两院班子人选的协商，以及州政府工作报告的协商等，并认真提出意见建议，多数建议都得到了采纳。社州委特约监督员认真履行职责，积极参与各项监督、督察工作。

5. 抓好社情民意的编报。积极组织、动员全体社员关注民生、关注黔南经济社会发展，形成了全社履行参政党职能的良好氛围。2017年，上报社情民意9条。其中“人才引进应避免浪费”的社情民意引起了州领导高度重视，在中共黔南州委二次全会上，州委常委、组织部长胡志峰要求各县市高度重视该问题。惠水县支社《关于对濛江社区兴章村摆王布依大寨2000多亩野生紫色杜鹃花进行保护、开发》和社州委《关于对全省高速公路电子警察进行清理、整改的建议》的社情民意被社省委采用，得到了有关部门、领导的重视和表彰。

因参政议政有成效，社员周永兰被社中央评为2013—2017年度参政议政先进个人。

【组织建设】 组织建设关系民主党派的整体素质，是履职的基础。1. 认真贯彻落实社中央人才强社战略，着力发展高素质人才入社。2017年共发展47人入社（其中博士3人、硕士1人，副高职称5人）。

2. 推选代表参加九三学社贵州省第八次代表大会。社州委14名代表讲政治、守纪律，完成大会各项任务。李强主委当选九三省委常委、九三学社第十一次全国代表大会代表，王国祥、黄晓莉当选九三省委委员。本次会议上，社州委获2012—2017年度社务工作先进集体；吴大鸿获社省委第七届委员会组织建设重要贡献奖；余治清、潘兴华、梅秋萍、周永兰、余湖波等5位社员获2012—2017年度优秀社员。

3. 积极开展组织活动。社州委把2017年确定为“社费收缴年”，以收缴社费为载体，有效地推动了各支社（委）组织活动的开展。各支社（委）采取社务交流、革命传统教育、参观学习、结合调研等形式开展了丰富多彩的组织生活。如：综一、综二支社按时组织社员过生活，组织社员学习时事政治、通报社州委工作等；惠水县支社与省直机关支社联合开展社务交流活动，对惠水县好花红镇的“桔乡花海”旅游扶贫综合体项目、电子商务街、千户布依寨、中华布依第一堂屋、叶辛书屋等进行考察调研，并提出了意见建议；社都匀市委组织50多名社员到平塘县大射电开展以“大射电精神”为主题的参观学习活动；三支社组织社员参加参观州民族博物馆、观看九三英才视频；内贸支社把组织生活与课题调研相结合；惠水县支社组织全体社员开展了庆“三八”妇女节趣味猜迷和参观百鸟河数字小镇系列活动等等。此外，各支社（委）在九三纪念日都开展了形式多样的纪念活动。通过开展组织生活，增强了凝聚力，提升了社员对九三组织的认同感。

4. 积极承办省、州会议。成功承办了九三学社贵州省第十二次地方社务工作会以及由长顺县支社协办的以“自身建设”为主题的二季度州级民主党派联席会，得到了上级领导和兄弟党派的高度赞誉。

5. 开展新社员培训。2017年10月，社州委对2014年以来入社的100多名新社员开展了参政党理论、理想信念、社史社章及参政议政等培训。通过培训，使新社员更加坚定了中国共产党领导、坚持走中国特色社会主义道路的政治信念以及如何履行参政党职能的能力都得到了进一步提高。

6. 关心、爱护社员，增强组织凝聚力。2017

年初，社州委组织召开春节团拜会；“三八”妇女节、重阳节组织社员开展健康向上的文娱活动；春节前夕，社州委组织对80岁以上的20多位老社员、生病社员进行了看望慰问；对去世的社员，社州委主要领导都前往吊唁，并对家属进行慰问。

【社会服务】 社会服务是民主党派的一项重要职能，社州委以脱贫攻坚为主线，谱写服务工作新篇章。

1. 积极参与脱贫攻坚工作。社州委高度重视扶贫工作，主要领导多次带领社内外专家到帮扶点开展帮扶、调研。筹措帮扶资金60多万元帮助贫困村、贫困户开展基础设施建设、产业帮扶，着力改善村容村貌、生产生活环境，发展产业、脱贫致富。如：省、州给社州委的脱贫帮扶任务是20户，在了解帮扶点惠水县岗度镇兴摆村、白水河村贫困户多、贫困程度深的情况后，社州委自加压力、自加任务，计划在2020年前帮扶60户以上贫困户脱贫。经调研，结合当地实际和农户发展意愿，拟定养猪作为脱贫产业，2016年筹措10万元帮助20户发展生猪养殖，据调查平均每户增收5000元以上；筹措20万元帮助高坪村贫困户修建小水池30口，解决了他们的生产用水问题。2017年筹措10万元帮扶岗度镇兴摆村、白水河村30户贫困户发展养猪产业；筹措15万元帮助涟江社区高坪村购买68盏太阳能路灯解决村民晚上出行难问题；筹措5万元帮助惠水县青藤村建设饮水池解决2个组50多户村民的人畜饮水问题；3个项目都在实施中。同时，社州委领导多次带队深入贫困地区对贫困村、贫困户开展访贫问苦。如：春节前，社州委到惠水县涟江街道办事处高坪村慰问5户贫困户，给他们每户送去了棉被、油、米等生活用品和2000元慰问金，勉励他们要努力搞好生产，争取早日脱贫致富；给惠水县儿童福利院送去5000元慰问金，并祝他们过一个欢乐祥和的春节。

此外，为推动全州扶贫工作的深入有效开展，组织有关专家深入县市、深入农村、深入贫困户开展扶贫调研，并进行认真分析，撰写了《黔南州精准扶贫工作调研报告》，针对存在的问题提出意见建议，该报告被社省委选作省政协大会联组发言材料，得到了省州领导的肯定，引起了有关部门的重视，意见建议得到了采纳。

2. 积极开展送医送药送健康下乡进村进社区活动。社州委与九三都匀市委共同打造“同心健康行”示范点，在小围寨社区卫生服务中心、都匀市新华社区卫生服务中心举办以“冠心病预防及治疗”“更年期妇女的自我保健”为主题的健康知识讲座，得到了社区群众的广泛赞誉；社州委与社都匀市委组织社内的医疗、农业等专业技术人员走进平浪镇，开展送科技、医疗、文化、法律“四下乡”惠民活动，活动接受农民群众咨询百余次，免费发放农业技术、卫生保健、禽流感防控等宣传资料500余份，咨询、诊治各类病人100余人；社州委组织省、州医学专家，赴长顺县民族医院开展送医送药下乡公益义诊活动，诊治病人500余人，发放资料700余份，免费发放价值1000多元的药品；卫生支社、州医院支社等组织医学专家多次到长顺县、三都县、瓮安县、福泉市等县（市）人民医院开展医疗技术指导及义诊活动。

3. 积极开展捐资助学活动。2017年3月，社州委与惠水县支社联系壹基金等企业、爱心人士到岗度镇宁旺中心校向30位贫困学子发放价值3万余月的温暖包；九三社员、惠水县百姓医院董事长王刚现场向学校捐助3000元；在捐助活动中，社员张玉勇得知一品学兼优的学生家庭困难后，当场拿出300元资助该学生，并表示将继续资助他到大学毕业。社州委积极联系王金生、易莱等4位爱心企业家到惠水县开展捐资助学活动，他们拿出2万元，资助惠水县宁旺中学和鸭绒中学20位品学兼优的贫困学子（每位学子1000元），直到她们初中毕业，2017年是资助活动的第二年。师院委员会每月资助贫困孤儿王霞500元，作为在学院的生活费，现已资助1500元。长顺县支社组织社员深入摆所镇中坝中心校、中坝幼儿园、翁拉幼儿园、白云山镇鼠场小学等学校开展“六一”慰问活动，为贫困学生、留守儿童送去价值3000元书包等学习用具，发放慰问金4000元。惠水县支社主联络贵阳市红十字会、省邮政局组织省内

86位爱心企业家到摆金镇高寨小学开展爱心助学活动，现场捐赠了价值46000元的床、棉被、蓝球架、羽毛球拍、乒乓球拍等，爱心企业家还与20余名贫困学生进行“1+1”结对帮扶。

4. 积极做好对外联络帮扶工作。继续做好上海九三帮扶黔南的联系工作，促成了黔南师院、黔南职院8名老师到上海的大学免费进修。2017年7月联系、协调上海音乐学院14名领导专家对惠水县、贵定县及黔南幼儿高等专科学校200多名音乐老师进行培训，向贵州省盛华职业学院（盲人）捐赠了盲人视听系统一套，捐赠教学光盘、u盘200多件。联系澳大利亚新威尔士大学、光伏研究专家文小明教授到黔南师院开展学术交流，并给化工学院的师生作了“澳大利亚的光伏太阳能技术及当前的光伏技术发展”专题报告。参与社省委联系九三江苏省委对贵定县中落海村的对口帮扶协调工作，九三江苏省委对该村基础设施、景观等建筑工程进行施工图设计及工程服务，2017年工程建设已竣工，该村已定为第七届全省小城镇建设大会观摩点。

5. 组织开展聚力大扶贫战略行动典型事迹讲述会活动。在全省“九三学社贵州省委聚力大扶贫战略行动典型事迹讲述会”上，社员廖崇红代表社州委讲述的《爱缘感恩回报情归助力扶贫》荣获二等奖，社州委同时获该活动组织奖。在参加州委统战部举办的黔南州“同心·好花红”统一战线聚力大扶贫战略行动典型事迹讲述会上，社州委荣获组织奖，社员廖崇虹荣获“优秀奖”。在中共都匀市委统战部举办的都匀市统一战线聚力大扶贫战略行动典型事迹讲述会上，社员许佳荣获三等奖。

积极参加“扶贫日”募捐活动。在全国第四个“扶贫日”募捐活动中，社州委积极响应，组织广大社员参与募捐，据不完全统计，全州九三共捐款10880元（其中集体捐款4000元，个人捐款6880元）。

【社员荣誉】 社员陈志祯参与完成的《豆科牧草根际促生菌分离筛选与利用》项目获2016年度贵州省科技进步三等奖；社员陈金荣被省政府评为“全省旅游资源大普查先进个人”；社员王奎被省林业厅评为“贵州省森林病虫检疫工作先进个人”。

社员黄桂军、黄燕分别荣获2017年度黔南州科技进步三等奖。社员余湖波被贵州省种子管理站评为“2016年度贵州省种子行业信息统计工作年度先进个人”，参与完成的《黔南州粮食增产工程》获2016年度黔南州农业丰收奖一等奖。此外，社员罗晓宾、姚惠、熊洪林，易雪飞、杨玉梅、周智、王路路、蒋静姝、石莉、孙红、余松禄，卫莉等也因本职工作成绩突出，分别受到了黔南师院、都匀市政府、荔波县政府、长顺县政府表彰。

【宣传工作】 1. 积极搭建社员交流平台。利用黔南九三qq群、微信群发布群分享信息400多条；群发短信40余条8000多人次。努力搭建社员知情、知政、交流平台，传播正能量，提高社员爱社、参与社务工作的积极性。

2. 抓好信息编报工作。编发上报信息83期。同时积极做好媒体宣传工作，在《贵州政协报》发表文章信息4篇；在《黔南日报》发表文章、信息5篇；被黔南电视台报道5次；在《黔南政协》上发表文章2篇；在《九三黔讯》上社发表文章、信息12篇；在社中央网站发布信息2篇；在九三贵州省委网站发布信息30篇。因信息工作突出，社州委荣获2016年度全州统一战线信息工作先进单位；社员王国祥荣获2016年度全州统一战线信息工作先进个人。

（王国祥）

·社会团体·

SHE HUI TUAN TI

黔南州工商业联合会（总商会）

【概况】 2017 年，州工商联以学习习近平新时代中国特色社会主义思想和中共十九大精神为主线，深入贯彻州委、州政府的决策部署，按照政治建会、团结立会、服务兴会、改革强会要求，团结带领全州工商联系统广大干部职工努力拼搏、真抓实干，有力地促进了非公有制经济健康发展，为全州经济社会发展作出了积极贡献。2017 年全州民营经济市场主体 22.23 万户，增长 32.4%；民营经济增加值 694 亿元，增长 16.8%；民营经济增加值占 GDP 比重从 57.8% 增长到 59.8%；民营经济提供了 65% 的就业岗位和 63.3% 的税收。

【学习贯彻中共十九大精神，力求学懂弄通做实】 中共十九大召开后，把学习宣传贯彻中共十九大精神作为首要政治任务，及时安排部署，在全州工商联系统迅速掀起学习贯彻十九大精神热潮。一是原原本本学，在学懂上下功夫。坚持原汁原味学习中共十九大精神，掌握精神实质。采取党组中心组、主席会议集中学，召开会议讨论学等方式学习，原原本本学习十九大报告、新党章，不断深化对十九大和习近平新时代中国特色社会主义思想的精神实质和核心要义。二是深入系统学，在弄通上下功夫。坚持全面学、系统学。在各类集中学习会上，州工商联联系党的十九大关于对发展现代企业制度、两个健康、支持民营企业发展、构建亲清新型政商关系等新论述新要求的理解和把握，结合全州工作实际，进行思考和分析，进一步弄通十九大对新时代工商联工作提出的新要求，贯彻落实到工作中去。三是理论联系实际学，在做实上下功夫。开展了“党的声音进商会进民企进农村. 商会民企助力脱贫攻坚”主题活动，组建宣讲小分队，到商会、民企、社区、农村宣讲 10 场次、260 余人。州工商联撰写的《宣讲提纲》荣获全州学习宣传贯彻十九大精神宣讲大比武三等奖。与此同时，各县市、各直属商会也结合实际，认真开展形式灵活多样的学习宣讲活动。经统计，共组织专题学习 60 场次，宣讲 50 场次，累计参学人数达 2800 余人次。

【调查研究参政议政】 一是深入商会、民营企业调查了解民营企业发展情况，积极协助解决融资、纠纷等问题。2017 年，州工商联班子成员遍访了州直各商会，走访了近 60% 的州工商联常委企业和县（市）20 多家商会。二是组织民营企业家、特别是州工商联兼职副主席企业深入贫困农村调查研究，与当地镇（乡）党委政府、村支两委座谈，探讨脱贫方略。2017 年 9—11 月，州工商联部分班子成员及常委共30余人次，分别到三都县都江镇、平塘县大塘镇、长顺县代化镇等共18个村开展调查，提出了帮扶措施，并在年底前与5个贫困村结成了帮扶“对子”。三是积极建言献策。在2017年的两会上，州工商联及州工商联兼职副主席、常委共提交提案13件，其中：团体提案2件，个人提案11件。

【组织建设】　一是顺利完成工商联换届工作。按照中央统战部、全国工商联关于换届工作的统一部署，州、县（市）工商联（总商会）于2017年8月前全部完成换届工作。换届中坚持党管干部原则和德才兼备、以德为先的选人用人导向，坚持思想政治强、行业代表性强、参政议政能力强和社会信誉好的“三强一好”标准和“凡进必评”要求，充分发扬民主，严明纪律规矩，严把选人用人环节，实现了班子平稳交替、政治顺利交接。二是“五好”创建成果不断巩固。围绕创建目标，对标对表推动、注重督促检查，不断巩固好“五好”创建成果。2017年上半年，全州“五好”创建工作通过省复查；下半年，全国工商联“五好”县级工商联建设现场座谈会在龙里县召开。都匀、罗甸、龙里、惠水4个县（市）确认为2017年全国“五好”县级工商联，黔南“五好”创建模式得到全国工商联肯定。三是扎实开展“四好”商会建设。加强对创建工作的指导和推动，全州“四好”商会申报创建单位31个，占24%。全州共有商（协）会218个，其中州直属商会10个。全州会员总数达到2.11万个，同比增加121个。四是加强非公经济党建工作。对州异地商会党委班子进行调整，加强对商会党建工作的指导。按照“两个覆盖”要求，采取单建、联建等办法，开展党组织组建工作。2017年，全州非公企业党组织覆盖率57.2%，社会组织党组织覆盖率86.9%。

【建制度搭平台，服务民营经济发展】　一是搭建政企交流平台。定期不定期召开党政会议、商协会座谈会、民营企业座谈会，听取非公经济人士对党政机关、工商联部门工作作风、办事效率等方面的意见和建议。相继召开以助推实体经济和工业发展、融资、营商环境等为主要内容的座谈会5次，广泛听取意见建议，并将意见和建议梳理和转办。二是建立部门协作服务机制。与州纪委、州法院、州检察院等十多个部门建立联系制度，就处理涉及非公有制经济重大问题形成联动机制、问题快速处理机制。比如，州法院开通了民营企业“快立、快审、快结”的诉讼绿色通道；州检察院出台《加强产权保护的“六个一律”“六个严禁”的承诺书》等，为民营经济健康发展提供了保障。三是认真开展职称评审工作。联合有关部门扎实开展民营经济组织职称评审工作，为民营企业专业技术人才打通职称评审“便捷通道”。2017年度共送评涉及工程、经济、工艺美术等3个系列11个专业262份民营经济专业技术职务职称申报材料，其中，59人通过初级职称评审，110人通过中级职称评审，70人通过高级职称评审。四是建立民营经济政策信息共享机制。针对民营企业政策信息不畅通的问题，州工商联牵头建立了有发改、工信等10多个单位作为协作单位的联席会议制度，协作单位定期不定期将涉及民营企业的政策及时送给州工商联，由州工商联在单位网站上统一发布，供民营企业学习掌握。此举解决了多年来信息渠道不集中不共享的问题。

【思想政治教育】　一是持续开展“四信”教育。开展了“同心·百企帮百村”聚力大扶贫战略行动典型事迹讲述会、“我为黔南增添光彩”座谈会、守法诚信承诺宣誓仪式等系列贴近非公经济人士思想实际的主题实践活动，引导非公经济人士“同心向党、朵朵向阳”，激发他们把个人梦、企业梦融入到中国梦中，切实增强对中国特色社会主义的信念、对党和政府的信任、对企业发展的信心、对社会的信誉。二是开展爱国主义教育、社会责任教育、警示教育等系列活动。相继组织非公经济人士赴瓮安、韶山、荔波等地开展革命传统教育，增强爱国主义思想和信念；组织商会、企业人员到都匀反腐教育基地参加学习，接受警示教育，促进非公经济人士守法诚信、依法经营。三是开展业务培训。先后选派100余名非公经济代表人士和工商联干部到湖南韶山干部学院、贵州省社会主义学院及黔南州委党校等培训机构进行专题培训。参与协办“贵州省优秀企业家成长计划”“贵商大讲堂”等，先后选派300余名民企负责人、新生代企业主、基层商会负责人参加听讲座。支持县（市）工商联、商（协）会举办各类培训活动20余次，培训1500余人次，非公经济人士队伍素质得到进一步提升。举办专题培训班2期，邀请相关领导和业务肯干就涉及民企政策进行专题解读，共培训150人次。

【“百企帮百村”精准扶贫行动】 深入开展“百企帮百村”精准扶贫行动。引导广大民营企业“致富思源，富而思进”，投身脱贫攻坚主战场，以产业扶贫为重点，扎实开展就业帮扶、技能帮扶、教育帮扶、公益帮扶等，为贫困村贫困户不断“输血”和“造血”，赢得了广大群众的赞誉。截至2017年12月31日，全州共有520个民营企业帮扶434个村，帮扶企业个数位列全省第二；实施帮扶项目883个，投入帮扶资金12.7亿元，受帮扶贫困人数15.8万人。福泉市工商联、贵州星月集团获省工商联表彰；2017年10月10日在北京举办的“万企帮万村”精准扶贫行动论坛上，贵州星月集团荣获“‘万企帮万村’精准扶贫行动先进民营企业”称号。州工商联副主席企业贵州川恒化工股份有限公司党委被评为“黔南州抓党建促脱贫攻坚先进集体”；州工商联副主席杨颖、副会长李正林被评为先进个人。都匀市工商联以及贵州星月集团、福泉市宏锐耐磨材料有限公司等10家民营企业被评为“全州脱贫攻坚先进集体”。

把脱贫攻坚靶向对准深度贫困村。对三都、平塘、长顺等深度贫困村进行排查摸底，了解情况，组织州工商联（总商会）非公副主席副会长结对帮扶深度贫困村。动员组织8名副主席副会长结对帮扶平塘县大塘镇7个深度贫困村。积极参与东西部协作消费扶贫活动。组织全州128家企业近300个产品参加全国“万企帮万村”消费扶贫启动仪式暨东西部协作支持贵州发展现场会展销，并签约金额5.92亿元，位列全省第三位。

【对外联络交流合作】 一是开展对外交流活动。充分发挥工商联联系广泛的优势，加强与发达地区的联系、联络，互通信息，打造合作交流平台。组织非公经济代表人士赴深圳、湖南等地开展考察交流活动。在全国“两会”期间，在北京参与举办“天下贵州人·黔南情”启动仪式暨“好花红”黔南创新发展座谈会，邀请在京的各族各界知名人士60余人参加座谈，为团结凝聚海内外黔南人的智慧和力量、共谱黔南发展新篇产生了积极而深远的影响。二是加强与省外商会的交流与合作。2017年4月，与广州市越秀区工商联缔结为友好商会；2017年11月下旬，广州市委统战部率广州市民营企业家到lfon州开展“光彩黔南行”暨项目考察活动，多家企业达成合作意向，并签订合作意向书，进一步促进了广州市与黔南州的区域合作，推动两地在多领域的深度交流合作，实现互惠互利、合作共赢。三是开展邀商推介活动。坚持省州县三级联动，抱团发力，有计划、有针对性地开展邀商活动，助推区域经济发展。州工联商相继牵头承办黔南州走进广东深圳、浙江义乌以商招商项目推介会等活动4次；县（市）组织推介会20余次。

（文学芬）

黔南州总工会

【概况】 2017年，黔南州总工会深入贯彻落实党的十八届六中、七中全会和习近平总书记系列重要讲话精神，坚持“党建带工建、工建服务党建”原则，以强化思想引领为抓手，扎实开展“两学一做”专题学习教育，深入学习贯彻中共十九大和习近平在贵州代表团重要讲话精神，强化“四个意识”教育，坚定正确政治方向，凝聚广泛共识，汇聚为实现“中国梦”黔南篇章团结奋斗的强大正能量。坚持抓好理论武装。通过中心组学习、专题培训、党员干部职工会等形式，深入学习习近平总书记系列重要讲话精神，特别是关于工人阶级和工会工作的重要论述，深刻领会精神实质，用先进的思想理论武装头脑、指导实践、推动工作。围绕工会中心工作，认真组织学习贯彻中央《关于加强和改进党的群团工作的意见》，把握工会工作的出发点和落脚点，找准工会发挥作用的切入点和着力点，落实工会工作新要求，顺应职工群众新期待，探索工会工作新途径，深入推进工会法治化建设，有力地推动了全州工运事业持续健康发展。中共十九大召开后，及时启动“感恩奋进·走在前列”十九大精神进企业宣讲活动和设立各级“新时代工人讲习所”工作，自觉做好武装头脑和教育引领广大职工工作。团结动员全州各级工会组织和广大职工群众，围绕实施州“3366”发展战略，聚焦主责主业，更加突出服务发展大局，更加突出服务职工群众，更加突出推进改革创新，继续深化工会“五大行动”，大力落实“五个强化”，创新实践、务实共为、开拓进取，积极投身于全面建成小康社会的伟大实践，为推动黔南经济社会健康发展贡献了智慧和力量，开创了全州工会事业蓬勃发展的新局面。

扎实开展“两学一做”专题学习教育。通过思想发动、交心谈心、自查自纠、集中调研督查、健全完善相关制度等方法措施，扎实开展“两学一做”和“忠诚干净担当”专题教育，治理突出问题。狠抓党建工作责任落实，健全机关党的组织，坚持“三会一课”制度，创新主题党日活动载体，严肃规范机关组织生活。继续巩固深化党的群众路线教育实践活动成果，建立领导班子成员包片联系县市指导工作和每季度一次的专题督导调研工作制度，密切联系职工群众，深入基层、深入职工，开展调查研究，倾听职工心声，反映职工诉求，当好职工的“娘家人”。2017 年，州总工会领导班子深入基层工会、企业车间、班组开展专题调查研究 10 余次，班子成员均深入挂钩联系点指导工作 20 次以上。

以抓巡察整改为契机加强全面从严治党工作。在州委第三巡察组对州总工会的集中巡察结束后，根据巡察组反馈的边巡边改意见扎实抓好整改。针对巡察反馈的党的领导、党建工作、履行全面从严治党责任方面存在的问题，召开会议进行专题研究，认真查找思想根源和制度原因，切实加强党组自身建设，从制度建设入手，强化“第一责任人”责任，狠抓“一岗双责”落实，以具体问题整改为契机，健全管理制度，强化监督责任，取得了阶段性整改成果，党组核心作用得到加强，党的建设有了起色，机关作风向好转变，工会总部作用得到较好发挥。

深化实施工会“五大行动”，助力地方经济社会发展。突出全面建成小康社会主题，围绕黔南州发展战略与全国全省同步进入小康社会奋斗目标和“当好主力军·建功十三五”活动，引领职工成长成才，发挥工人阶级主力军作用。

【弘扬劳模工匠精神】 以“建功立业大竞赛”为载体，积极推进劳动模范选树评选，努力营造“尊重劳模、学习劳模、崇尚劳模”的良好社会氛围，推动职工群众自觉通过勤奋劳动、诚实劳动、创新劳动实现个人梦想、追求幸福生活。“践行新理念建功十三五”劳动竞赛，参赛职工 18.2 万人次。联合州茶办举办全州第一届“都匀毛尖”制茶技能竞赛；在全州卫计系统开展卫生应急技能竞赛；与工信委联合举办“厨艺大赛”黔南州初赛，推荐 24 名优秀选手参加省总组织的第六届手工制茶大赛决赛，荣获卷曲形绿茶一等奖。组织 294 个单位 33595 名职工参加“安康杯”竞赛。搭建职工成长成才平台，引导职工自觉改进服务、提升效能。

选树全国五一劳动奖状（奖章）1 名，省级劳动奖状（奖章）9 个，全国工人先锋号 1 个，全省先锋号 6 个。开展“劳模上讲堂”宣传宣讲活动 332 次。“名师带徒”活动创建省、州级“劳模创新工作室”19 个。组织动员广大职工群众投身“生态之州·幸福黔南”建设，广泛参与以“绿色、低碳、环保”为主题的“绿色增效系列劳动竞赛活动”。充分发挥广大职工队伍在节约资源和保护环境中的作用。全州1948个企事业单位参加“节能减排”活动，参加职工238756人次，参与率达65%。

【构建和谐劳动关系】 着眼于服务全州经济社会发展大局，州县两级工会将组织建设和职工入会作为重点工作，加大投产企业工会组建，最大限度地将农民工、临时用工及新增就业人员吸纳到工会组织中来，确保全州企业工会组建率和职工入会率动态保持90%以上，新增会员10万人，其中农民工会员7.5万人，圆满完成省总下达的会员发展任务。积极推进新社会领域工会工作，制定下发《关于开展工会联系引导劳动关系领域社会组织工作的通知》并在平塘县开展试点。努力开展劳动关系和谐企业创建活动，印发《2017年黔南州推进厂务公开民主管理工作方案》，每个县开展1至2家示范单位创建培育，在巩固现有工作成果的基础上，深化企业和谐劳动关系创建活动。在创建中强化厂务公开、职代会、民主管理制度落实，完善劳动纠纷调处机制，开展“双爱双评”、职工建家评家活动，扩大民主参与范围，提升和谐劳动关系质量。全州建会公有制企业厂务公开、职代会制度建制率动态保持在95%以上；建会非公企业厂务公开、职代会制度建制率动态保持在90%以上。共组织申报贵州天虹志远电线电缆有限公司等11家省级厂务公开民主管理示范单位（其中7家非公企业）。

【实施职工素质工程和职工文化建设】 着力开展主题教育、专题培训、岗位练兵、技能提升活动，抓实“职工素质大提升”工程。鼓励和支持职工学习新知识、掌握新技能、提高竞争力，努力建设知识型技术型创新型职工队伍。以开展“中国梦·劳动美——喜迎十九大”暨“明礼知耻·崇德向善在企业”系列主题活动为载体，联合州委宣传部、黔南电视台举办劳模电视访谈活动，用劳模故事激励广大职工争当先进。全州首届“贵州银行杯”千名职工运动会在都匀召开。积极沟通对口帮扶单位广州市总工会，签订《对口帮扶工作协议》，明确在人才培养、农民工帮扶等方面予以对口扶持，组织100名学员赴广州培训，联合河南大学、厦门大学分别开办工会干部素质提升和工会财务经审干部培训班，选调25名干部参加省总和全总调训。组织参加贵州省第四届行业道德标兵评选活动，推荐沈俊等5名优秀候选人参加省级评选。完成17家省级职工书屋申报工作。积极组织广大职工参与“文明在行动·满意在黔南”职工志愿服务，组织职工志愿者开展“农民工平安返乡服务岗”“文明旅游宣传”等志愿活动，参与职工达3000余人次。组织823个单位1.2万名女职工参加“书香三八”读书活动。

【促进保障和改善民生】 切实巩固“维权帮扶大推进”行动成果，深入开展“企业和谐劳动关系”创建、“安康杯”竞赛活动。巩固协调劳动关系三方机制。加快推进州、县（市）、乡镇（街道）、社区职工服务帮扶站点建设，构建上下协调、整体联动的服务职工网络体系。积极争取各方支持启动了州服务职工中心用房购置工作。扎实开展困难职工帮扶、职工医疗互助等帮扶活动。帮助困难职工（农民工）6050户，解困率达70.8%。春节走访慰问困难职工、农民工5258名、劳模88名，发放慰问金350余万元。结合全州重点工程、重要工作开展“关注一线工人夏送清凉关怀关爱”活动，为1000余名工人送去慰问金（品）。“金秋助学”筹集资金214.2万元资助564名困难职工子女圆了大学梦。为13名返乡创业农民工办理“惠工贷”。举办招聘会29场次，劳务输出1523人；成功介绍就业2万人；民营招聘周259家民企招聘岗位约1.9万个，签订就业协议5544人。协助相关部门对184家用人单位拖欠7332名的农民工工资进行督促检查，补发拖欠工资1.98亿元。组织开展“职工医疗互助”活动，已有163家单位2万人参加职工医疗互助，共筹集互助资金近200万元。在各大景区景点新建“母婴温馨小屋”20个。

【脱贫攻坚工作】 全州各级工会始终围绕决战脱贫攻坚这个中心工作，突出抓好“拔穷根．助圆梦”“建工会．促就业”工作载体，充分发挥工会在易地扶贫搬迁工作中的积极作用。制定下发《关于加强全州易地扶贫搬迁集中安置点工会组织建设工作的通知》《充分发挥工会组织在易地扶贫搬迁工作中的积极作用的通知》，在全州24个300户规模以上易地扶贫移民集中安置点全面开展“建工会．促就业”工作，投入60余万元资金开展工会组织覆盖和农民工就业技能培训工作。全省工会系统易地扶贫搬迁移民安置点“建工会．促就业”现场推进会在惠水召开。同时，选派干部深入龙里县洗马镇平坡村开展驻村帮扶工作，走访帮扶困难户209户，投入各类帮扶资金（物资）40余万元。全州1560名工会干部结对帮扶2012名农村留守儿童。

【自身建设】 坚持改革创新精神，大力推进工会改革。2017年，通过深入基层调研，广泛听取一线职工和基层工会对工会改革的意见、建议，找准短板、症结，明确努力方向，完成黔南州总工会改革方案起草报批工作，指导县级工会按时序推进改革。以“好花红·星级工会”创建为抓手，全面加强工会基层基础工作。按照“六有”“六好”规范化建设要求，以点带面、整体规划、分类指导、梯次推进、逐一验收的方式抓好乡镇、园区、企业等工会建设，增强基层工会活力。全州创建星级工会近300家，其中五星级工会138家。通过四次全州性工会工作现场观摩会，共打造了近30个有影响、示范带动作用强的示范点和工会工作品牌。四是努力创新工作平台。开通黔南工会门户网站、微信公众号，与黔南日报、黔南热线等媒体开展合作，加大工会工作宣传力度，扩大工会组织的影响力。支持瓮安县开展“网上工会”服务职工平台建设，瓮安“智慧工会”APP于正式开通运行。五是认真履行工会经审会职责，组织审计、财政等部门完成对独山等6个县市总工会经费收支使用情况审查审计工作。六是扎实开展财务、信息、统计、女职工等各项工作，工会服务质量、服务水平得到进一步提升。

（罗光卫）

中国共产主义青年团黔南州委员会

【概　况】 中国共产主义青年团贵州省黔南布依族苗族自治州委员会（以下简称“团州委”）是人民团体和群众团体机关。根据黔南州机构编制委员会办公室《关于调整共青团黔南州委内设机构人员编制等事项的批复》（黔南编办复〔2015〕59号）文件，团州委设办公室（加挂宣传工作室）、组织部（加挂州直机关青年工作部、青年联合会、学生联合会）、团务部（加挂少工委）3个内设机构。行政编制11名，其中：书记1名，副书记2名，科级正副部长（主任）6名。机关工勤编制2名。2017年，团州委为在州委、州政府和团省委的领导下，紧紧围绕落实改革攻坚任务和抢抓改革攻坚机遇，主动谋划，积极作为，以“455”破题法扎实推进各项重点工作，不断提高共青团工作和建设的科学化水平，充分发挥共青团组织的政治优势、组织优势、人才优势和网络优势，努力推动黔南共青团工作实现新发展。

【黔南州共青团改革方案】 2017年9月4日，印发《黔南州共青团改革方案》，旨在深入贯彻中央、省委、州委党的群团工作会议精神，切实推进黔南州共青团改革创新，构建“凝聚青年、服务大局、当好桥梁、从严治团”的工作格局，更好团结带领全州团员青年发挥生力军和突击队作用。

【基层组织建设】 紧扣“纵横联建”强组织、“4+5”模式建阵地、项目化推进抓重点、从严治团固基本的破题要求，按照一个领域一套破题方案、一个工作专班、一张推进时间表的工作方法，着力破解五个领域团组织存在的“四个弱化”问题。完成整顿弱化团组织19个，新建团组织211个；建设区域化团工委173个、产业团工委30个；新建广州、杭州、深圳驻外团工委；成立青年委员会或青年工作委员会39个，新建青年社团15个；96个镇（乡、街道）明确了团委班子，选配团县（市）委挂兼团干部15名，选配基层挂兼团干部60名；以“4+5”模式建设“青年之家·亮青春地带”101个、“网上共青团”19家。同时，组建成立了黔南州名师工作室，并于与广州市海珠区少先队“海少”名师工作室结成对子。

【构建“青春课堂”地带】 2017年，明确每月23日为青年读书主题活动日，采取礼聘青少年思想引导教师志愿者、挂牌指定青少年主题教育基地、教师志愿者结对学校定期开展引导教学、新媒体上“青课”、组建巡回引导教学志愿团等工作措施常态化开展理想信念教学、文明道德教学、政策法规教学、真知实干课“四课”，着力引导青少年向上向善。共礼聘教师志愿者165名，挂牌指定青少年理想信念教育基地64个，开展中共十九大主题活动聚学26次、团组织书记领学102人次、新媒体晒学1265条。

【构建“青春扶贫”地带】 2017年组建238个深度贫困村脱贫攻坚青年突击队，参与青年达1428人。明确每月17日为青春扶贫工作日，常态化到所联系村协助驻村工作队和村“两委”开展工作。大力实施“青亲菜篮子”扶贫项目，该项目已覆盖14个村13个农民专业合作社899户建档立卡贫困户，并筹集11.3万元作为贫困户股金入股专业合作社。首批开办青年志愿者脱贫攻坚夜校18个，共聘请教师203人，建立“团县委书记+大学生志愿者+双语教师+农技老师+镇村干部”的师资队伍。积极服务青年就业，组织200余名农村青年参加了中式烹调、焊工、电工、汽车维修、家政服务等免费技能培训，推选了30家青年就业见习基地，提供见习岗位900余个，推荐青年就业56人。大力争取贵州省希望工程助学金、2017“习酒·我的大学”公益助学、“国酒茅台·国之栋梁—2017年希望工程圆梦行动公益助学”等项目，获得565.1万元助学金，共资助1203名困难家庭学子。同时，积极争取“春晖博雅国际助学计划”，长顺县陈火金获得到贵州省清镇市博雅国际实验学校全免学习。

【构建“青春志愿”地带】 明确每月5日为青年志愿服务主题活动日，积极组织发动青年志愿者多形式开展“三关爱”志愿服务活动。招募“青清河”呵护生态志愿者302名，覆盖河流117条，开展巡河监督1812人次。同时，争取西部计划全国项目志愿者77名、地方项目志愿者78名，争取研究生支教团5支54人，开展培训并及时分配县市工作。组织志愿者服务第三届粤桂黔高铁经济带合作联席会议第四届中国物流（都匀）国际峰会、2017都匀毛尖（国际）茶人会等重大活动会议。推选黔南州4个志愿服务项目参加贵州省志愿服务文化周暨首届志愿服务项目大赛，荣获3枚金奖、1枚银奖。开展黔南州青年文明号评选，命名2015—2016年度黔南州青年文明号单位102个。

【构建“青春护航”地带】 按照“团干部+志愿者+社工”确定驻点人员，建立了收集需求、梳理清单、制定帮扶方案、实施帮扶、形成台账的工作机制，切实开展呵护留守儿童、呵护青年家事、呵护青年健康、呵护青年权益、呵护青年学业、呵护青年就业的“六护青春”工作。大力实施“社区刑释解教人员及其子女关爱计划”，努力减少社区不稳定因素，在其子女中建立思想疏导、学习辅导、就业引导的关爱机制，并在暑期选取适龄青少年参加团省委组织的“服刑人员未成年子女夏令营”，通过各种活动对社区刑释解教人员子女进行关爱行动。共招募“青春护航”志愿者441人，帮助解决各类青少年诉求问题2572个。

【构建“青春文荟”地带】 明确每月12日为青年文化主题活动日，常态化开展各类青年文化主题活动。举办全州首届青少年文体艺术节，开展励志舞蹈等九大赛事，吸引3600余名青少年踊跃参与。举办黔南州首届大型青年果园相亲会，帮助青年解决婚恋交友难题。选送水族旭早《朝阳中的水家》、诗朗诵《爱莲说》参加“同一片蓝天”庆香港回归20周年“我的中国心”全国青少年优秀节目展演活动，分获金奖和银奖；选送曲目《东方之珠》重唱、舞蹈《布依小姑娘》参加第十届“贵青杯”贵州省青少年教育系列活动分获一等奖、二等奖；选送架子鼓《永远的旗手》、古筝《草原英雄小姐妹》、集体舞《梦回草原》和独唱《父亲》参加“黔南小福星”评选活动，分别荣获一等奖、二等奖、三等奖、三等奖，并参加黔南电视台节目录制。开展播音主持等级考试3场，500余名青少年通过专业测试。同时积极搭建创业交流、投资孵化、导师服务、市场对接为一体的闭环式、常态化的青年“双创”平台。在都匀天源2013青年创业创新服务基地常态化举办青年创客市集活动，开展创业实战分享、创客洽谈、创业培训等，吸引53家创业团队200余名创业青年加入创客市集会员；在黔南职院、独山创客大厦、惠水百鸟河数字小镇等建立青年“双创”基地。

（陆　杨）

黔南州妇女联合会

【概况】　2017年，州妇联认真学习贯彻十八届六中全会、中央群团工作会议、省委十二次党代会、州十一次党代会，特别是党的十九大和习近平总书记在贵州代表团重要讲话精神，深入开展“两学一做”学习教育，围绕“党政所想，群众所盼，妇联所能”工作职责，聚焦州委、州政府实施的“一圈两翼”“大数据、大扶贫、大生态”等发展战略，为建设“百姓富、生态美”的黔南努力发挥了妇女“半边天”的作用，工作成效受到党委、政府有关领导，以及省和国家妇联有关领导的肯定。

【妇干培训】　2017年妇女干部队伍培训工作，一是与州委组织部联合举办2期妇女干部培训班。5月3—9日在深圳举办2017年黔南州女领导干部素质提升（深圳）培训班一期，5月20—26日在内蒙古举办2017年黔南州妇联贯彻中央党的群团工作会议精神推进妇联组织改革建设（呼和浩特）培训班一期。培训学员来自州直有关部门、三八红旗手、妇联执委、各县市分管联系领导、妇联主席、业务骨干等共136人；二是组织全州12个县（市）妇联主席和手工企业家一行31人赴黔东南州台江县和凯里市进行了为期2天的学习观摩。三是组织各县市妇联及有关企业25人赴广州市、江门市妇女儿童活动中心进行为期2天的学习交流。四是8月30—9月4日，在都匀市委党校举行2017年脱贫攻坚秋季攻势行动启动暨农村妇女致富带头人培训班，共50余名农村妇女电商、女企业家、镇村妇联专干等农村妇女创业致富带头人参加培训。五是10月23—26日，在都匀市委党校组织召开黔南州基层妇联改革暨巾帼脱贫工作培训班，全州四级妇联主席、专职副主席共计100余人参加培训。

【维护合法权益，提升妇儿保障】　一是认真组织开展普法维权宣传工作。充分利用“春节”“三八”维权周、“六一”等重要节点，通过现场咨询、政策宣传、义诊、发放宣传资料、悬挂横幅、文艺演出等群众喜闻乐见的方式，大力宣传各项法律法规，切实保护妇女儿合法权益。全州共开展活动474场，参与妇女36698人次，面对面咨询6472人次，免费发放法律法规宣传资料30万余份；二是做好来电、来信、来访工作。利用“12338维权服务热线”做好维权服务工作。2017年共受理案件293件，处理291件，处理率99%；三是开展“妇联网+”网上服务平台。通过微信公众号开展维护妇女儿童合法权益微课（讲）堂9期；四是开展土地确权督查。为确保农村妇女土地享有权，参加州土地确权领导小组组成的督查组赴全州各县（市）进行督查。

【巾帼脱贫有力，促进创业就业】 1. 2017 年 4 月下发《关于开展巾帼脱贫行动情况调查统计工作的通知》（黔南妇通〔2017〕11 号），经各县（市）妇联努力，为 27.2084 万贫困妇女开展建档立卡工作，并上报省妇联。2. 开展春风送岗工作，与人社局等部门联合举办“黔南州 2017 年‘春风行动’暨广黔劳务协作‘红棉计划’招聘会（都匀专场）”。全州“春风送岗”活动成功介绍女性就业 4987 人（其中：农村妇女 3343 人），跨地区有组织劳务输出女性 3348 人，组织参加职业技能培训女性 2433 人，参加创业培训女性 659 人，自主创业成功女性 241 人（其中：农村妇女 161 人）发放小额担保贷款 555 万元，为 1879 名女性提供劳动维权服务和法律援助。3. 抓好锦绣计划工作。州政府出台《黔南州 2017 年“锦绣计划”实施方案》，成立了黔南州妇女民族手工产业协会，积极申报项目及培训。向省妇联申报获批锦绣计划培训项目 6 个。4. 以“百万妇女创新业”活动为平台，加大巾帼示范基地创建工作力度。推荐申报获批贵州省巾帼农业脱贫示范基地 5 个，贵州省锦绣计划巧手脱贫基地 16 个。2017 年各级妇联共争取各类项目资金 136 万元，完成绣娘培训 13 期 1351 人次。6 月，三都水族自治县成功被列为“锦绣计划　巧手脱贫示范县”并获得 20 万元扶持资金。5. 举办“锦绣圆梦·巧手脱贫”——黔南绣娘喜迎党的十九大成果展暨第三届妇女特色手工技能大赛。推荐并组织获奖的 10 名绣娘、4 名蜡染能手，参加贵州省“对话锦绣巧手脱贫”妇女特色手工技能大赛，并获得一等奖 1 名、二等奖 1 名，三等奖 1 名，优秀奖 11 名的好成绩。6. 搭建电商平台，拓展培训模式。与阿里巴巴、州商粮局、州供销社、州电商办对接，开展相关电商培训，2017 年仅独山县开展电商培训 19 期，培训妇女 734 人，电商从业人员 203 人。

【长抓关爱工作，妇女儿童受益】 一是在特殊节日开展慰问。全州妇联在春节、“三八”妇女节、“六一”儿童节、“七一”期间，以“巾帼心向党·圆梦微心愿”为主题开展慰问活动，共慰问“三关爱”对象 65 人、“两癌”妇女 100 人、帮扶社区及驻村帮扶点困难群众 15 人、全国表彰先进代表 3 人、优秀基层妇干 13 人，困难女党员 40 名，送去慰问金及慰问物资共计 106.29 万元。特别是“六一”儿童节期间，争取州财政支持资金 50 万元用于四家班子主要领导和分管联系领导慰问，同时积极组织州妇儿工委成员单位出资出物开展慰问，累计发放慰问资金及物资共计 77.2 万元；二是开展留守儿童夏令营活动。组织 20 名留守儿童参加第四届“亲情相约·圆梦广州”夏令营，让他们懂得感恩父母和社会，自立自爱，发奋图强；三是开展“爱心妈妈（家长）”结对帮扶活动。通过开展结对帮扶，多举措维护妇女儿童合法权益。全州共有爱心妈妈（家长）4747 人，爱心妈妈结对帮扶 4544 人次，爱心妈妈（家长）参加活动 3000 余人次，募集关爱资金及物资共计 175 余万元；四是积极争取各类公益项目及资金。积极向全国妇女、儿童基金会申请并获得项目 8 个，资金及物资共计 360.95 万元。其中：母亲邮包及驴胶补血颗粒各 150 盒，价值 170 万元；“Hello 小孩”爱心套餐 800 套；“音乐之声我要上学助学行动”300 名，每人每年 400 元（连续资助三年），共计 12 万元；蒲公英“助学行动”30 名每名 5000 元，共计 15 万元；儿童快乐家园项目 4 个，共计 35.4 万元；“母亲光明计划”8.55 万元；“贫困母亲两癌筛查”项目资金 20 万元。

【加强家庭教育，共建和谐社会】 一是举办家庭教育大讲堂。全州共举办各级各类的家庭教育巡讲 41 次，受益人群 5000 余人；二是积极开展“好家风家训”宣传展示活动，努力营造注重家庭教育良好氛围。8 月，黔南州创建民族团结进步示范州“家风、家教、家训”专题讲座在都匀市会展中心举行，共 500 余人参加了此次活动。国庆前夕，在都匀六小举办儿童心向党·喜迎十九大——“读经典·传家风·爱黔南·构和谐”文艺活动等。各项活动的开展，让“倡家风、扬美德”的社会氛围更加深厚；三是发挥家长学校优势，促进家庭教育全面发展。2017 年，全州共有 563 所家长学校，基本实现学校（幼儿园）家长学校全覆盖。在学校（幼儿园）成立家长学校并取得实际效果的基础上，逐步健全“学校（幼儿园）家长学校带动社区、企业、城镇家长学校，带动农村家长学校”的家校立体网络。

【宣传工作】 按照群团改革新要求，以切实解决妇联组织脱离妇女群众的“四化”问题为切入点，以传播妇联好声音、维护妇女权益、服务妇女发展为主要内容，探索“网上妇女之家”建设，搭建妇联组织与妇女群众互动交流平台和专业服务妇女的信息化服务平台。一是以资讯共享为重点升级黔南州妇联微信公众、微博以及今日头条平台，对全州妇女工作宣传报道，共发布信息302条，在全州范围内成立网宣员、网评员队伍共计320余人；二是以交流互动为重点建立微信群、QQ群；三是以典型亮点为重点宣传全州妇联工作新气象。在中央传媒报道全州妇女工作30篇，在省级传媒报道33篇，编辑撰写妇工简讯127期。

【树立巾帼典型，示范引领发展】 1. 充分发挥以当代女愚公、中共十九大代表和省妇联兼职副主席邓迎香为代表的巾帼英雄示范引领作用。十九大结束返程当天，邓迎香在都匀市委党校为全州四级妇联主席、州妇联执委进行了十九大精神宣讲会后，在全国各地开展了41场十九大宣讲会；2. 继续深入开展“明礼知耻·崇德向善在家庭”主题实践活动。通过层层选拔，评选出州级“最美家庭”30户、“最美家庭提名”21户，十佳“慈母、贤妻、孝女”共30名。获评省级“最美家庭”3户。三是与州文明办联合开展黔南州“文明家庭”评选活动，评选出2017年黔南州“文明家庭”30户。3. 开展庆“三八”评选表彰活动。通过个人报名，单位推荐，网络公示及投票，推荐单位集中互评，评审委员会评审等环节，评选出三八红旗手16名、黔南州巾帼建功标兵16名，黔南州巾帼行业之星32名，黔南州“三·八”红旗集体16个，黔南州巾帼文明岗11个，黔南州巾帼建功集体7个。4. 积极向全国妇联、省妇联推荐申报先进集体和个人。获全国巾帼文明岗4个、全国巾帼建功先进集体2个、全国巾帼建功标兵2名、全省巾帼脱贫攻坚先进集体4个、全省巾帼脱贫攻坚先进个人15个。5. 做好“祖国好·家乡美”主题系列活动。7月，在都匀市举办全州中小学生“祖国好·家乡美”主题系列活动之——“生态之州欢迎你·我是文明小导游”风采大赛。推荐优秀选手参加省决赛并获得小学组二、三等奖各一名，中学组三等奖一名的优秀成绩。

【落实妇联改革，工作初显成效】 2017年5月上旬，全国妇联党组书记、副主席、书记处第一书记宋秀岩一行在省委常委、统战部长刘晓凯，州委常委、州委副书记、政法委书记罗桂荣陪同下，在福泉市调研督导“扩大妇联基层组织成员”工作时，对该市龙昌镇妇联打造“1+3+3+N”工作模式给予了肯定，并于5月27日在全国《妇工要情》第36期刊登了题为《贵州龙昌镇妇联打造“1+3+3+N”工作模式推进区域化建设取得新成效》一文。在《当代贵州》2017第40/41期合刊刊登了“创新示范彰显巾帼力量”一文，对此进行专题报道。按照全国妇联改革工作要求，黔南州委办及时下发《中共黔南州委办关于印发〈黔南州妇联改革方案〉的通知》（黔南委办字〔2017〕74号），州妇联与州委组织部联合下发《关于落实强化基层妇联组织建设三项任务的通知》（黔南组通〔2017〕56号），各县（市区）也参照行文认真抓好落实。全州12县（市）共有主席12人，专职副主席14人，兼职副主席25人，常委99人，执委291人，5个县市妇联主席为县级党委委员。全州106个乡镇（办事处）妇联中，选出主席104名，专职副主席104名，兼职副主席297名，常委858名，执委2574名。全州1360个村（居）中1336个村（居）妇代会全部更名为妇联，并通过妇女代表会议选举产生了村（居）第一届妇联主席1336名，专职副主席1336名，兼职副主席2735名，执委11076名。黔南基层妇联组织已形成网格化格局，确保全州妇联改革工作健康发展。三是召开州妇联九届五次、六次执委会。

2017 年 1 月 13 日召开州妇联九届五次执委会，会议通过替补九届执委 5 名、常委 3 名，选举主席 1 名。4 月 26 日召开州妇联九届六次执委会，选举推荐省妇女十一次代表大会的 56 名代表及省妇联 2 名下选代表。审议通过贵州省妇联第十一届执行委员会委员候选人 6 名。

【重视创建工作，促进民族团结】 按照州委、州政府相关文件要求，州妇联积极对接州创建办，查缺补漏，整理完善黔南州妇联创建民族团结进步活动进机关相关资料。2017 年，州妇联被评为“黔南州创建全国民族团结进步示范州创建活动示范单位”。

【认真落实“两规”，促进妇儿发展】 州妇儿工委办认真对照省“两规”要求，仔细完善黔南州相关内容。2017 年 7 月召开黔南州妇女儿童工作委员会全委（扩大）会议，进一步推动了“两规”实施；9 月州人民政府正式颁布《黔南州妇女发展规划（2016—2020 年）》《黔南州儿童发展规划（2016—2020 年）》。州妇儿工委办对规划目标进行责任分解，落实到州直各相关部门。11 月，省政府督查组赴黔南开展“两规”督查，对全州组织实施情况，特别是对“儿童规划”中的好做法给予高度评价，称赞为“全省唯一”。

（彭　丽）

黔南州社会科学界联合会

【概况】 2017 年，黔南州社科联深入贯彻中共十九大精神，紧紧围绕州委、州政府中心工作和发展大局，在省社科联、州委宣传部的指导下，扎实推进社科工作的开展。整合社科资源，完成“贵州省 2017 年创新理论课题”及“2017 年黔南州理论创新课题申报、评审、立项工作。发挥社科职能，多形式开展“社科理论走基层”、“社科普及周”、活动，组织举办了第三届哲学社会科学智库名家·贵州学术年会活动。加强与学会的沟通联系，积极组织或参加学会开展各项活动，加强对学会、协会、研究会的意识形态工作的督导；开展县市社科联成立工作，组织、督导全州 12 县（市）成立县级社科联。加强干部建设，积极开展州社科研究所人才引进工作，加强单位科级干部的培养力度。扎实开展同步小康驻村工作，安排了 1 名干部挂任瓮安县岚关乡章阁村驻村干部。

【开展创新理论课题申报工作】 2017 年 3 月，根据贵州省社科联《关于申报 2017 年“贵州省社科联理论创新课题”的通知》文件精神，黔南州社科联转发省社科联申报文件并下发黔南州社科联《关于申报 2017 年“黔南州理论创新课题”的通知》给州级各部门、各高校、各县市宣传部、党校等部门，积极组织申报工作。按照工作安排，成立以州社科联党组书记、副主席周保东为组长，杨胜雁秘书长为副组长及各部室负责人为成员的领导小组。

按照工作方案，评选出《新型农村集体经济建设和特色农业产业发展研究》获省社科联立项，并于 2017 年 10 月结题。评选出《黔南民族文化在毛尖茶旅游商品开发中的应用研究》《父母控制与儿童社会退缩的关系模型研究——以黔南地区为例》等 31 项课题获黔南州社科联理论创新课题立项并结题。

【组织开展第十二次哲学社会科学科研成果评奖申报】 2017 年根据贵州省哲学社会科学科研成果奖评奖领导小组关于《贵州省第十二次哲学社会科学科研成果奖评奖工作安排意见》，全州共征集到 28 项申报成果，经州初评推荐小组推荐后，推荐了《民族地区学校教育价值定位的反思与建构——以瑶山白裤瑶的学校教育价值取向变迁为例》《苗族古歌叙事传统研究》等 14 项成果报省社科联。

【开展社科理论进基层和“黔灵百姓讲坛”活动】 2017 年 4 月 10 日，由省委宣传部、省社科联联合举办的2017年社科理论进基层系列活动正式启动。活动主要是配合省社科联“社科理论走基层”宣讲组，完成2场赴黔南州专题宣讲活动。5月10—12日在黔南州三都县举办“社科理论进基层”和“黔灵百姓讲坛”两场专题报告会，贵州省社科院副院长索晓霞、贵州大学教授王秀峰分别作《传承民族文化，弘扬中华美德》和《山地农业、高校农业》两个主题报告。并开展“人文社科示范基地”三级联创工作调研。黔南电视台、《黔南日报》、黔南热线对活动做了及时报道。并组织黔南州“社科理论走基层”宣讲团，深入高校、县（市）开展10场宣讲活动。

【开展社会科学宣传普及周活动】 举办2017年社科普及周活动启动仪式暨科普宣传活动。1.2017年9月21日下午，黔南州社科普及周活动启动仪式暨科普宣传活动在都匀市毛尖酒店举行。州民政局、州直有关单位、各县市社科联代表、州属社科类学会代表共200多人参加活动。活动围绕“弘扬中华优秀传统文化、坚定文化自信、奋力开创多彩贵州新未来”的活动主线紧紧展开。2. 为加强对大学生思想意识形态的有效把握和正确引导，推动社科工作者进高校工作更精准更高效，州社科联组织州委讲师团、州委宣传部等多个部门围绕《人民的名义》《欢乐颂》等电视剧的热播同黔南师院大学生开展交流。3. 开展社会科学宣传普及演出2场次、社会科学培训和社会科学讲座3期、社会科学报告3场次，听众达600多人次，发放社会科学宣传资料6800余份，实用技术手册3500册，技术书籍2000册。

【承办2017年贵州省第二届哲学社会科学智库名家·贵州学术年会】 根据省社科联《关于举办第二届哲学社会科学智库名家·贵州学术年会的通知》文件要求，州社科联申请承办2017年贵州省第二届哲学社会科学智库名家·贵州学术年会黔南分会场，制定《2017年贵州省社会科学学术年会黔南州分会场专题座谈会实施方案》，明确分会场主题为“学习宣传贯彻党的十九大报告精神，推动新闻宣传工作迈上新台阶”。

2017年10月20日下午3点，第二届哲学社会科学智库名家贵州学术年会·黔南专场研讨会在黔南师院行政楼西三楼会议室召开。本次会议由贵州省社科联主办，黔南州社科联承办，州新闻工作工作者协会、州记者协会、黔南师院党委宣传部协办。邀请了州外宣办、黔南日报社总编辑、黔南广播电视台、黔南师院、省州内媒体、省级媒体驻黔南记者站及州直部分学会、协会、研究会代表共30余人参加了会议。会后，推荐了8篇论文报省社科联，经评审后，收录到了省社科联2017年理论成果集。

【参加全国大中城市社科联第28次工作会议】 2017年3月22—25日，黔南州社科联组织参加在广西壮族自治区柳州市举办的全国大中城市社科联第28次会议，州社科联副调研员潘培光、瓮安拾柴微公益促进会副会长李湘进参加了会议。黔南州推荐的黔南州社科联、瓮安拾柴微公益促进会获全国大中城市先进社科组织称号，黔南州社科联党组成员、秘书长杨胜雁，黔南民族师范学院副校长、党委委员、校社科联主席、教授吴一文，黔南州新闻工作者协会常务副秘书长、黔南日报社社长助理、主任编辑韦洪获全国大中城市社科工作先进个人表彰。

【学会管理】 2017年，州社科联按照《学会管理办法》，进一步加强对学会的日常管理，组织指导部分学会的换届工作，同时，依照国家社团管理相关规定，批复黔南州民俗文化研究会和非物质文化遗产研究聚会的成立申请。6月10—11日，参加州苗学会组织的精准扶贫全面小康现场研讨会，围绕苗族地区怎么在党的领导下打赢精准脱贫的攻坚战，确保与全国同步实现全面小康的主题，与会专家与学者、苗族群众致富带头人为苗族地区扶贫工作积极建言献策。州社科联党组书记就研讨发言情况进行了点评。

【同步小康驻村工作】 2017年，州社科联明确谢黔宗为瓮安县岚关乡章阁村驻村队员，8 月份，调整为王伟为驻村队员。一年来，经驻村队员的努力，解决了村文化大舞台的照明问题，得到公路局帮扶的太阳能路灯八盏；解决了村办公场所部分办公设备；在“六一”儿童节为留守儿童和困难儿童送去了书包等慰问品；为修建村级活动场所争取资金 10 万元；为青塘硬化路工程协调建设经费 20 万元；协调办公用车使用经费 1 万元；工作组组员谢黔宗在“春季攻势”期间协调经费 0.5 万元；为解决王家院组等的饮水安全问题争取修缮经费 0.2 万元。

【人才引进工作】 黔南州社会科学研究所正式挂牌成立以来，州社科联积极抓好黔南州社科研究所人才引进工作。2017 年 4 月 14 日，按照州人社局的统一安排，州社科联组织赴西安开展 2017 年陕西省硕博人才专场招聘会，共有 16 人提交了相关简历，同时在网上公布招聘信息。2017 年成功引进了厦门大学、北京科技大学两名硕士研究生。

【县（市）召开社科联第一次代表大会】 按照省社科联有关安排，2017 年，都匀市、福泉市、龙里县、瓮安县、平塘县、罗甸县、独山县、长顺县、荔波县召开了社科联第一次代表大会，并选举出了第一届领导班子。

（曹志才）

黔南州归侨侨眷联合会

【概况】 2017 年，在州委、州政府的领导下，深入学习贯彻中共十九大精神和习近平新时代中国特色社会主义思想，推进“两学一做”学习教育常态化制度化，紧紧围绕州委、州政府工作重点，坚持国内海外工作并重、老侨新侨工作并重，拓展黔南侨务资源，为黔南扩大开放、对外宣传、民间外交服务。

完成黔南州第七次归侨侨眷代表大会换届选举工作。邀请德国、新西兰、马来西亚、澳大利亚、新加坡等海外友好社团和香港、澳门、台湾等慈善组织 100 人次赴黔南考察。海外社团和港澳台慈善组织捐赠贫困大学生、高中生助学金和困难群众救济金、物资达 1300 万元；组团参加东盟华商会、第七届（广州）华人文化艺术节、选派优秀教师赴菲律宾、泰国、印尼、马达加斯加等国开展华文教育等，大力推介黔南的优势产业、优势产品和优势项目，宣传中华传统文化和黔南民族文化；开通黔南州侨联网站，加强与海内外侨胞的联络联谊，建立黔南州侨联之友微信群，与广大归侨侨眷和海外侨胞互动交流，宣传黔南、推介黔南；开展“送温暖、献爱心”活动，走访慰问困难归侨、侨眷、新侨及侨界代表人士 180 户，慰问金 12.88 万元。

【州委领导到侨联调研】 2017 年 1 月 4 日，中共黔南州委常委、州委宣传部长、统战部长王芳在州委统战部常务副部长陈良海的陪同下，到州侨联进行工作调研。王芳强调，统一战线各方面工作首要任务就是要深入学习贯彻中共十八届六中全会、省委十一届八次全会精神，紧紧围绕州委第十一次党代会提出的目标任务谋划工作思路，突出在对外交流合作、联谊交友、引资引项引智、宣传黔南等方面探索创新工作思路。围绕决胜脱贫、实现小康目标，在打造民族地区创新发展先行示范区服务中心、服务大局。围绕贵州作为内陆开放城市综合示范区的发展定位，在对外交流合作、开放发展中发挥作用，在树立黔南开放、合作形象中发挥作用，为黔南实现新的发展目标作出新贡献。

【“亲情中华·欢聚都匀”文艺演出在都匀文体艺术中心上演】 2017 年 2 月 10 日，由中国侨联、中共贵州省委统战部和贵州省侨联主办，黔南州委统战部、州委宣传部、州文广新局、州侨联、州文化馆承办的“亲情中华·欢聚都匀”文艺演出在都匀文体艺术中心上演。中国侨联副主席康晓萍和中共贵州省委统战部副部长王茂爱讲话，州领导王芳致欢迎辞。杨从明副州长主持会议。都匀地区归侨侨眷及各界人士800人观看演出。

此次参加“亲情中华·欢聚都匀”演出的艺术家，既有来自北京国家级院团的著名演员，汇聚火箭军文工团、中央民族歌舞团、空政文工团、武警文工团的歌唱家，也有来自黔南本土的优秀演职人员联袂出演，为大家在新春佳节奉献了一场精彩的艺术盛宴。黔南州作为“亲情中华·走进贵州”的第二站，演出汇聚了诸多名家，主要有中央民族歌舞团著名的新疆维吾尔族歌唱家肉孜·阿木提、贵州省著名苗族歌唱家阿幼朵、空军政治部文工团独唱歌唱家珊瑚、武警文工团青年女高音歌唱家吴兢、空军政治部文工团歌唱家田毅等。

“亲情中华·欢聚都匀”文艺演出在都匀文体艺术中心倾情上演

【节日慰问侨界群众及侨资企业】 按照《黔南州侨界2017年春节期间走访慰问工作的实施方案》，黔南州侨联、都匀市侨联和各县（市）委统战部（侨办）共同组织实施走访慰问。这次慰问活动的重点对象主要有困难归侨16户，多年从事侨联、侨务工作的8户，归侨、新侨18户，侨界代表人士65人，困难侨眷55人，重点侨资企业18户。慰问金12.88万元。

【黔南州第七次归侨侨眷代表大会在都匀召开】 2017年3月21日上午，黔南州第七次归侨侨眷代表大会在都匀开幕。省侨联主席吕虹专程到会指导。州委副书记、州委政法委书记罗桂荣到会讲话，州人大副主任张蓉、州政协副主席谢竞出席开幕式。

黔南州总工会党组书记、副主席莫才军代表州人民团体向大会致贺词。会上宣读了《黔南州归侨侨眷联合会关于表彰全州归侨侨眷先进个人和侨联（侨务）优秀工作者的决定》。黔南州六届侨联主席严福先代表黔南侨联第六届委员会向大会作了题为《凝聚侨心、汇集侨智、发挥侨力，为黔南后发赶超、跨越发展、同步小康贡献力量》的工作报告。

州直有关部门、各人民团体、高等院校、医院负责人，第七次归侨侨眷代表大会代表、特邀代表等180人参加开幕式。

黔南州第七次归侨侨眷代表大会在都匀会展中心召开

3月22日，黔南州第七次归侨侨眷代表大会闭幕。黔南州政府副州长杨从明到会并作讲话。大会选举产生了黔南州侨联新一届主席、副主席、秘书长和常委，杨国松当选黔南州侨联主席，杨宣贵为副主席兼秘书长，石青明等11人为常务委员会委员。大会聘请了黔南州侨联第七届港澳和海外委员、顾问。

【传达学习贵州省第八次归侨侨眷代表大会精神】 2017年4月20日，黔南州侨联召开学习会，传达学习贵州省第八次归侨侨眷代表大会暨2017海外侨胞助力贵州参与“一带一路”建设会议精神。州侨联党组书记严福先主持会议。

会议强调，全州侨联组织要深入学习会议精神，紧密结合侨联工作，发挥侨联自身优势。一要深刻领会会议精神实质，通过召开专题学习会议、座谈会、调研走访以及微信群新媒体手段等各种方式，向广大归侨侨眷和海外侨胞宣传会议精神，让侨联干部学深悟透、让侨界群众知晓熟悉。二要求真务实，扎实抓好2017年各项工作。要紧紧围绕“一带一路”战略目标，紧紧围绕脱贫攻坚、同步小康目标，扎实开展“侨爱心工程”“送温暖、献爱心”“侨帮侨”“送科技、送项目、送医疗”等活动。三要大力拓展海外联谊和新侨工作，打造工作亮点。重点依托海外侨胞助力贵州省、黔南州参与“一带一路”建设机遇，助推全州扶贫攻坚、全面小康步伐，助推全州经济社会加速发展。四要紧紧围绕落实全面从严治党主体责任，扎实推进机关党建工作，着力加强侨联自身建设，以优异的成绩迎接党的十九大胜利召开。

【同步小康村走访慰问】 2017年1月22日，州侨联党组书记、主席严福先带队到独山县麻万社区看望慰问17户困难党员、重病家庭、离任村干和孤儿，送去了节日问候、关怀与温暖。

在麻万拉令组离任村干部李茂林老人家，严福先拉着老人的手，详细了解他的身体状况和生活情况，希望他安心养病。要求村委会和家人要照顾好老人。对蒋立柔、莫祯永两位孤儿，严福先鼓励他们努力学习、吃苦耐劳、立德立志，将来成为国家有用人材。

【广州市侨商考察团赴黔南开展对口帮扶工作】 2017年4月14日，广州市侨联党组书记、主席梁瑞冰率广州市侨联侨商考察团一行10人到黔南州开展对口帮扶工作。黔南州政府党组成员、副秘书长、广东省第一扶贫协作工作组黔南组组长杨伟强，州侨联党组书记严福先，州侨联主席杨国松，州侨联副主席兼秘书长杨宣贵，以及州投资促进局、州扶贫开发局、都匀经济开发区投资促进局、都匀经济开发区扶贫办等单位相关负责人参加座谈会。

在座谈会上，双方就广州黔南两地对口帮扶达成共识，继续加强对口帮扶联系，不断挖掘、发现、整合侨联侨商资源，积极完成对口帮扶“六大任务”即产业任务、劳务输出任务、人才引进任务、资金帮扶任务、社会帮扶任务、携手奔小康任务。共同谋划大数据扶贫产业，助推黔南本地“互联网＋农产品”电子商务发展；共同做好精准扶贫工作，策划一批对口帮扶项目，扩大延伸对口帮扶合作范围，完善帮扶合作机制，进一步实现多层次、多领域、全覆盖的精准对接，不断推进对口帮扶和区域合作取得新成效和新突破。

【省侨联领导到黔南调研】 2017年4月25日，贵州省侨联主席吕虹、副主席陈新伦、副主席兼秘书长李立、经济工作部部长徐庆一、文化联络部部长王瑾等一行到贵定中学调研珍珠班办学情况。

在贵定中学会议室，吕虹主席认真听取了学校领导对学校生源、管理模式、升学情况的介绍，并与部分珍珠班学生交流座谈。同学们畅所欲言，各抒己见，纷纷表达了对省、州侨联长期以来的帮助的感谢之情，并表示将认真学习。吕虹主席希望，同学们要继续努力学习，成为闪闪发光的珍珠，把文化和知识积累丰富，争做对社会有用的人，共同为全面达成小康社会奉献一份力量。

黔南州侨联党组书记严福先、贵定县政协副主席王年军、县委统战部副部长、工商联党组书记黄建宇、县教育局局长王明勇、贵定中学校长朱永文陪同。

【中国侨联批准黔南州贵定县“金海雪山”为中国华侨国际文化交流基地】 2017年4月初，经黔南州侨联推荐，中共贵定县委统战部申请，贵定县“金海雪山”景区充分准备，4月25日，贵州省侨联吕虹主席，在黔南州侨联党组书记严福先陪同下，到贵定县盘江镇“金海雪山”景区，就贵定县申报“中国华侨国际文化交流基地”项目情况实地考察，并提出指导意见。6月28日，黔南州侨联推荐申报贵定“金海雪山”景区作为“中国华侨国际文化交流基地”。9月7日，经中国侨联批准，黔南州贵定县“金海雪山”为“中国华侨国际文化交流基地”。

【海外侨胞助力黔南共同参与“一带一路”建设】 2017年4月8—9日，2017海外侨胞助力贵州参与“一带一路”建设会议在贵阳召开，黔南州侨联通过宣传展板、PPT宣传片向海内外侨商、侨领宣传、展播黔南多彩民族风情，邀请海内外侨商到黔南州考察调研，德国贵州商会与黔南州教育局签约战略合作协议。德国贵州商会已派4名教练到都匀、贵定、龙里、罗甸等县市开展足球训练教育工作。

11月25日，经德国贵州商会牵线搭桥，德国艾尔福特市考察团赴黔南州考察座谈会在都匀市举行，会议对康养产业等方面的先进经验进行交流，双方签订了战略合作协议和友好城市意向书。黔南州委副书记、州长吴胜华出席并讲话，副州长杨从明主持座谈会。

会上，吴胜华代表黔南州人民政府向艾尔福特市市长塔玛拉·蒂尔巴赫等一行表示热烈的欢迎，并向考察团介绍了州情。此次活动蒂尔巴赫一行参观考察了龙里、贵定、平塘、荔波和都匀5个县（市）养老服务机构的运营情况和黔南养老养生的环境，增进了两地之间的了解，为双方开展合作打下了基础。

会后，双方还签订了战略合作协议和友好城市意向书，涵盖康养产业、足球产业、制造业的合作，并缔结友好城市关系等内容。

【香港爱心人士捐资助学】 2017年5月4日，香港慈恩基金会、香港陈登社会服务基金会为瓮安中学和瓮安二中110名贫困学子捐赠助学金23.81万元。此次包含一次资助生80名、3年持续资助生30名；其中，一次资助生12.86万元、3年持续资助生10.95万元。

5月11日，香港慈恩基金会到荔波县高级中学为47名贫困学生发放助学金8.1万元，其中17名学生获得每人每学年3000元的持续性资助，30名学生获得每人1000元的一次性资助。

6月12—14日，香港慈恩基金会在长顺县8所学校开展捐资助学活动，为189名贫困学子发放助学金8.35万元。

【香港希望之友教育基金会回访资助小学】 2017年5月9日，香港希望之友教育基金会董事及执委会成员吕贵海一行16人，回访贵定县凤凰小学和巫仰小学。贵州省侨联副主席陈新伦、黔南州侨联副主席杨宣贵，贵定县委常委、县委办主任刘兴海，县委统战部副部长、工商联党组书记黄建宇及县教育局等部门领导陪同回访。

在凤凰小学和巫仰小学，吕贵海一行认真查看了进校道路和校舍保养情况、篮球场和电教室的使用情况等。对校舍的使用、保养提出了宝贵的意见和建议，并就捐建师生宿舍、改建学校、捐助贫困学生等项目进行商洽。

【“六一”走访慰问留守儿童和困难老人】 2017年5月27日，在“六一”儿童节到来之际，黔南州侨联副主席、党支部书记杨宣贵前往挂村帮扶点独山县麻万社区对留守儿童15名、困难老人16名进行走访慰问，送去慰问金、慰问品1.12万元。

在麻万社区锦绣家园安置区，杨宣贵来到了80余岁瘫痪老人何品芳家，为老人送上了慰问金，并亲切询问老人在生活中存在的实际困难和需求，叮嘱她要保重身体，安享晚年；在看望被拐卖33年后回到独山县麻万镇的村民岑兰时，及时了解她的需求和需要解决生活困难，并送上了500元慰问金，希望她树立信心，保持乐观向上的心态好好生活，及时联系妇联、民政等部门关注解决其困难。

5月31日，黔南州侨联主席杨国松到都匀市平桥社区对辖区内5户困难家庭儿童进行走访慰问，为他们送去学习用品及节日祝福。

【都匀毛尖（国际）茶人会接待服务工作】 2017年6月9日，黔南州侨联承担“一对一”接待服务工作。负责贵州省外事办副主任刘宝昌对位服务工作。“茶人会”期间，刘宝昌副主任参加了都匀毛尖（国际）茶人会开幕式等系列活动。

【组团参加第15届东盟华商会】 2017年6月10—12日，以“融入‘一带一路’，促进创新发展”为主题的第十五届东盟华商会在云南省昆明市举行，黔南州组团参加了项目推介会。

项目推介团由黔南州侨联主席杨国松带队，州侨联、州外侨台办及平塘县有关部门人员参加项目推介活动。大健康、旅游招商、大射电文化园、绿色产业、高新科技是黔南州推介项目的重点和亮点。项目推介共组织381个项目，发放项目推介资料300册，接待洽谈客商17人次，涉及项目11个。意向性洽谈项目5个，涉及资金近2亿元。

在昆明期间，黔南州项目推介团走访了云南省贵州商会黔南籍的非公有制代表人士。

【“侨爱心·光明行”活动】 2017年6月19—21日，中国华侨公益基金会蓝丝带基金“侨爱心·光明行”领队庞燕一行七人到贵州开展帮扶活动，为黔南两名贫困盲孩在贵阳爱尔眼科医院进行了复明手术。贵阳爱尔眼科医院院长、主任医师龚力力亲自为两名孩子成功实施了手术。

来自黔南州三都县的16岁女孩张木杉和罗甸县19岁的男孩邵杭州，由于均患有先天性眼疾，从出生以来，两个孩子都未能通过自己的眼睛，来看清眼前的这个世界。2016年3月，由中国侨联副主席、中国华侨公益基金会理事长乔卫带领的中国华侨公益基金会蓝丝带基金一行在黔考察期间，在黔南州特殊学校发现张木杉和邵杭州两位孩子虽然患有先天性眼疾，但却有治愈的希望。为了让两人重获光明，中国华侨公益基金会蓝丝带基金出资10万元，为两位贫困孩子进行了复明手术。

领队庞燕表示，蓝丝带基金会继续关注张木杉和邵杭州两位孩子，承担他们今后的医疗费用，并将通过贵州省侨联和地方侨联，发现和帮助更多需要帮助的贫困眼疾患者。

【挪威华人贾永华到三都县拍摄水族马尾绣】 2017年5月，黔南州委常委、州人民政府副州长、福泉市委书记黄伟在三都县副县长欧善闯陪同下，赴挪威开展友好交流暨水族文化、旅游推介工作，三都水族马尾绣的展示在挪威引起不小震动。

2017年7月4~5日，挪威奥华国际文化交流中心董事长贾永华女士赴三都县拍摄水族马尾绣。在黔南州侨联和三都县委统战部积极协调下，联系水族马尾绣绣娘，提供拍摄场地等相关工作，节目素材拍摄如期完成。

【香港奥园集团资助贫困大学生】 2017年8月26日，香港奥园集团资助贵定县30名贫困大学生仪式在贵阳市举行，受资助学子每人每年获资助金8000元，直到大学毕业。

之前，黔南州侨联对贵定中学、贵定一中30名受助学生资料按照“须是今年大学新生，须是精准扶贫卡内贫困户，须考取第二批普通本科以上院校”三个要求进行审核。

【新西兰华人胡安琪一行回家乡都匀探访】 2017年9月14日，黔南州侨联党组书记韦秀丽、副主席杨宣贵会见了回乡探访的新西兰南北岛商会总会会长胡安琪一行，双方就加强文化交流、养老服务保障等方面进行了探讨。

胡安琪表示，都匀是她成长的地方，自己虽然身居海外，但一直希望能为家乡的发展贡献一份力量。她介绍了新西兰当地的一些文化风俗及养老保障政策。希望南北岛商会能为黔南州牵线搭桥，以开展文化交流和旅游合作为切入点，不断完善黔南州养老服务保障，拓展双方在各领域的交流合作，让更多新西兰侨胞了解多彩贵州，以文化交流带动经济交流，以经济互动弘扬中华文化。

【香港侨界社团联会参观中国天眼】 2017年9月16日，全国政协常委、香港侨界社团联会会长余国春一行21人赴平塘县“中国天眼”景区参观。贵州省侨联副主席李立、州政协副主席解竞、州委统战部常务副部长陈良海、州侨联党组书记韦秀丽、副主席杨宜贵，平塘县领导及相关部门负责人陪同参观。

香港侨界社团联会会长余国春一行参观中国天眼

【马来西亚祝福文化基金会走访慰问活动】 2017年9月19—22日，马来西亚祝福文化基金会执行长萧依钊一行37人赴罗甸、平塘、三都开展捐赠助学走访慰问活动。贵州省侨联副主席陈新伦、黔南州侨联党组书记韦秀丽、副主席兼秘书长杨宜贵陪同开展走访慰问活动。

本次活动，马来西亚祝福文化基金会在罗甸一中、三都民族中学各100名贫困高中生举行助学金发放仪式，每名学生700元，共计14万元。在助学金发放仪式上，陈新伦副主席代表省侨联对萧依钊女士一行长期以来对贵州贫困山区学子的关爱和帮助表示感谢。在罗甸、平塘、三都等乡村，萧依钊一行到罗甸4户、平塘2户、三都4户边远乡村10位贫困学生家中家访，慰问学生及其家长，送上慰问金和慰问品。在贫困学生家中，37名马来西亚祝福大使与学生及家长亲切交谈，仔细了解学生家庭经济状况和在学校的生活、学习情况，鼓励他们不畏贫苦、战胜困难，立志爱国、努力学习，争取今后成为对社会有用之才。

马来西亚祝福文化基金会一行还参观了都匀毛尖小镇、茶博园、汉唐影视城、中国天眼景区。

【平桥社区活动】 2017年9月29日，黔南州侨联党组书记韦秀丽到都匀市平桥社区开展中秋国庆慰问困难归侨侨眷活动。

在都匀市平桥社区，韦秀丽走访困难侨眷游国贵、刘永英、刘延挺，给其送上慰问金和月饼、大米、菜油等慰问品。

10月27日，黔南州侨联赞助1000元与平桥社区一道，组织了以“九九重阳节、浓浓敬老情”为主题的重阳节庆祝活动。

【侨资企业调研】 2017年10月16日，黔南州侨联党组书记韦秀丽、副主席杨宜贵到侨资企业黔南仁爱眼科医院调研。在眼科医院院长叶俊的陪同下，察看了医院的各个科室及住院部，了解医院经营情况。

侨资企业黔南仁爱眼科医院于2017年2月成立的新型眼科专科医院。

【澳洲魏基成夫妇慈善活动】 2017年11月2—13日，澳大利亚魏基成夫妇捐赠黔南州7个特殊教育学校助听器492个，冬衣634件，捐赠黔南州侨联冬衣800件。

在黔南州侨联副主席杨宜贵的陪同下，澳大利亚华人黄兆邦先后到惠水、贵定、福泉、独山、平塘、三都和黔南州特殊教育学校走访。黄兆邦先生为7个特殊学校的师生对新型数码蓝牙助听器的构成及佩戴进行了培训，并对部分听障严重的学生，用魏氏按摩康复法进行按摩，让感音神经性听力损失严重的学生得到了一定的恢复。

【美国天使儿童基金会资助独山贫困生】 2017年，美国天使儿童基金会为独山县12名考入大学的贫困学生捐赠3.35万元助学金。

【外派教师工作】 2017年，推荐福泉市陆坪藜山小学王肘鉴，贵定县城关镇贵定二小陈晓丽，平塘县第一幼儿园何花、平塘民族中学黄德欢、平塘县平湖中学杨梅章，罗甸县罗悃民族小学罗家艳、罗甸县莲花幼儿园沈修艳、罗甸县逢亭中学吴丽君 8 名优秀教师赴海外开展外派任教工作，经国务院侨务办公室批准，8 名教师分期前往菲律宾、泰国、印尼、马达加斯加等国家任教。

【光荣榜】　在贵州省第八次归国华侨代表大会暨 2017 海外侨胞助力贵州参与“一带一路”建设会议上，黔南州侨联党组书记严福先获全省侨联工作成绩突出个人，都匀三中副校长史立勇获全省成绩突出归侨侨眷个人。

（杨宣贵）

黔南州残疾人联合会

【概况】　2017 年，黔南州残联系统学习宣传贯彻中共十九大精神和习近平在贵州省代表团重要讲话精神，以习近平新时代中国特色社会主义思想为指导，牢固树立“四个意识”，坚定“四个自信”，扎实推进“两学一做”常态化制度化，推进全面从严治党，狠抓党风廉政建设，不断深化残疾人工作改革，依法依章程开展工作，全面完成年度党政工作任务，有力推进了州残疾人同步小康进程。

【学习宣传贯彻中共十九大精神】　2017 年，制定《黔南州残联十九大精神和习近平在贵州省代表团重要讲话精神学习计划》《黔南州残联十九大精神和习近平在贵州省代表团重要讲话精神宣讲工作方案》，召开 1 次党组中心组学习会、3 次全体干部学习会，集中学习中共十九大精神和习近平总书记在贵州省代表团重要讲话精神，进一步增强“四个意识”，统一思想，坚定了建设新时代中国特色社会主义、实现残疾人同步小康的信心和决心。班子成员带头开展宣讲，共 10 人次赴都匀、惠水等县市残联宣讲中共十九大精神和习近平在贵州省代表团重要讲话精神。

【推进“两学一做”常态化制度化】　2017 年，一是加强组织领导，扎实推进“两学一做”常态化制度化。制定《黔南州残联推进“两学一做”学习教育常态化制度化工作计划》，按目标要求和重点任务推进“两学一做”常态化制度化。党支部拟定《中共黔南州残联党支部“两学一做”学习教育常态化制度化工作方案》，会党组、党支部、党员干部细化了任务清单，确保从日常工作和制度上把从严治党推向基层、涵盖所有党员。制定学习计划，采取集中学习和个人自学相结合、专题培训和实地教育相结合、理论学习与工作实践相结合的方式，深入学习习近平总书记重要讲话精神，学习中央、省委、州委有关“两学一做”文件、会议精神。党员干部认真查找“四风”等方面存在的问题，建立清单，实行台账管理。“七一”前，开展了民主评议党员活动。共组织专题学习 18 次，党组书记、党支部书记上专题党课共 4 次。

【落实“两个责任”】　建立党组书记负第一责任、班子成员“一岗双责”的责任制。州残联党组召开党组会议专题研究党风廉政建设工作，下发《中共黔南州残联党组 2017 年党风廉政建设和反腐败工作要点》，制定党风廉政建设工作要点和计划，明确廉政建设的工作内容、时间安排、活动内容和要求以及责任单位和具体责任人。把党风廉政建设纳入工作计划和目标管理内容层层签订州残联党风廉政建设工作责任书、廉洁自律承诺书，把党风廉政建设工作内容逐项分解，将任务落实到分管领导、责任部门、县级残联和州残联全体干部职工。实行一级抓一级，年终进行考核，健全和完善党风廉政建设工作责任化机制，使党风廉政建设工作能按时、分步骤、有条不紊地开展。召开党组中心组学习会，专题学习了《党章》《廉洁自律准则》《党内政治生活若干准则》《纪律处分条例》等。3 次召开了党风廉政建设干部会议，学习中央、省、州关于党风廉政建设和反腐败工作的重大决策部署，学习习近平总书记系列重要讲话精神，不断强化领导干部纪律意识、规矩意识。

【同步小康驻村工作】 2017年，选派1名正科级党员干部担任第一书记。利用项目资金支持白头村残疾群众脱贫，对20户生活有困难的重度及多重残疾人给予了居家托养补助每户1500元，共3万元；为5户残疾人开展无障碍改造，每户6500元，共32500元。为50位村民开展了为期7天的以家禽、蜜蜂、稻田生态养殖技术等新型职业农民培训。协调华厦眼科集团—贵阳阳明眼科医院捐款2万元，修建串寨路、停车场及修复水损道路；协调州中医院捐款3000多元修建下白头组总领桥。为101名贫困残疾人、帮扶贫困户交纳2017年度的新农合费，共计12120元；出资10000元支持白头村修建下白头总领桥。

【州残联第六届主席团第七次全体会议在都匀召开】 2017年3月3日，州政府在都匀召开了黔南州人民政府残疾人工作委员会全体暨黔南州残联第六届主席团全体会议。副州长、州残联主席团主席杨从明出席并讲话。会议传达学习了省残工委暨省残联主席团六届四次会议精神，通报了2016年残疾人重点工作考评结果，审议并通过了州残联执行理事会工作报告。

【康复工作】 制定《黔南州残疾人精准康复服务行动实施方案（2016—2020年）》，完成假肢安装110例、儿童矫形器80例。为35名聋儿提供10个月的免费康复训练，完成儿童矫形器装配94例；完成了200例精神病患者一年免费服药、60例3个月免费住院服务和35例智障儿童、30例自闭症儿童、55例脑瘫儿童10个月免费康复训练，以及30例儿童助听器验配、14例儿童肢体矫治手术。

【教育工作】 2017年，进一步落实《特殊教育提升计划》，与州教育局联合制定下发《开展“随班就读”“送教上门”实施方案》，残疾学生落实生均6000元的生均经费。全州43名残疾学前儿童共获补助经费12.9万元。残疾大学新生32名，共获助学金6.4万元。义务阶段在校残疾学生共2202人，其中2017年招生入学残疾学生279人。残疾学生有107人，共减免学杂费近20万元。共有27名被省残疾人中等职业技术学校录取。

【培训工作】 2017年，委托省盲按中心举办初级盲人按摩培训班，培训盲人32名。全州举办使用技术培训、创业培训等各种培训共26期，培训残疾人1355名。

【就业工作】 2017年，全州共对101个企业发放补助94.32万元，新吸纳残疾人就业262人。40个州级机关、事业单位按比例安置残疾人就业共计63人。新增残疾人就业1273人，其中建档立卡贫困残疾人288人。

【扶贫工作】 制定出台《贫困残疾人脱贫攻坚行动计划（2016—2020年）》，完成24897人建档立卡贫困残疾人监测系统数据录入工作。组织全州残疾人工作者开展“千名残干入万户”活动，全州共走访调查2000余户（人）。以创业、就业带动残疾人脱贫为主推方向，投入150余万元，创建省级4个、州级8个、县级14个残疾人创业就业示范点。其中荔波圆梦超市及都匀市环美巨康盲人按摩有限公司获省残联资金扶持共12万元；州残联投入资金40万元，建立了荔波县兴隆生态养殖发展有限公司、都匀市鑫花冲种植养殖基地等州级示范点8个，推动辅助性就业机构规范化建设工作，获补贴资金15万元。

【落实“两项补贴”制度】 2017年，共对19584名贫困残疾人发放困难生活补贴1661.95万元，对26986名重度残疾人发放护理补贴1098.1万元。

【组联工作】 一是基层残联组织健全。全州8个县（市）残联、104个乡镇（街道）残联全部完成换届工作。二是落实专职委员待遇，将残疾人专职委员纳入公益性岗位管理，以县残联或乡镇党委政府文件聘用了107名专职委员。2017年11月26—12月2日，州委组织部、州残联、州扶贫开发局联合在中山大学举办了黔南州残疾人工作者创新能力提升专题培训班，共50名州、县残工委成员单位相关人员和州、县残联干部、特校负责人参加培训学习，为做好黔南州残疾人工作打下了坚实的干部基础。三是进一步做好残疾人核发工作，截至2017年12月，全年新核发二代残疾人证共计14428本。

【宣传工作】 州残联、黔南电视台联合开办中国手语翻译电视节目。充分利用“爱耳日”“爱眼日”“世界自闭症日”“全国助残日”“残疾预防和康复日”等活动，积极组织基层、各康复机构开展相关宣传教育活动、讲座、义诊共50余场次，发放宣传资料8000多份，服务残疾人4000余人次。

【文化工作】 2017年，推选了8个节目参加贵州省第九届残疾人艺术会演，获得了一个组织奖、两个铜奖、三个优秀奖的好成绩。州残联、州文联、都匀市残联联合举办残疾人文化专场演出及州文化馆联合开展了盲人读书活动。开展“两节”走访慰问活动，为贫困残疾人家庭、残疾人教练、残疾人运动员进行走访慰问，发放慰问金每户（名）500元共计29500元。

【开展第二十七次全国助残日活动】 2017年，开展第二十七次全国助残日活动，制定活动方案，州残工委、州残联、州民政局、州教育局、州卫计委领导分别组成3个走访慰问组，赴三都县、福泉市、都匀市开展了第二十七次全国助残日州级走访慰问活动，为特校、福利机构、集中安置残疾人就业企业送去慰问金2万元，为9名贫困残疾人送去慰问金4500元。各县（市）四家班子以上率下，带头开展走访慰问残疾人，组织开展文艺演出、表彰先进、残疾人文化作品展示、医疗义诊、辅助器具适配服务等活动。全州共走访机构、企业、特校等社会团体共28家，走访慰问贫困残疾人、困难残疾学生、残疾人创业者1000余人，发放助残资金和物资共计人民币80余万元。

【项目建设】 2017年，黔南州州级残疾人康复中心、托养中心、综合服务中心项目主体已完工，11个县（市）残疾人托养中心项目已全部完成主体建设。积极向国家申报县级残疾人康复中心项目，2017年5月，荔波、瓮安、平塘、独山、龙里5个县残疾人康复中心项目已获国家批准。

【先进典型】 福泉市残疾人王华银、都匀市盲人赵德双获“2017年度贵州省残疾人事业十大杰出典范”，惠水县残疾人班正学、荔波县残疾人蒙学俊获“2017年度贵州省残疾人事业十大优秀人物”。

（黄　梅）

黔南州计划生育协会

【概况】 2017年，黔南州计划生育协会紧紧围绕全州经济社会发展大局，服务改革发展稳定和脱贫攻坚大局，大力开展计生困难家庭扶助工作，持续深化生育关怀服务品牌，在扶持力度上加大，在投入资金上加码，在关怀项目上精耕，在帮扶模式上创新，各项工作取得了新成效。2017年，新增家庭服务中心示范点30个，各级计生协共计投入资金130.2万元，开展宣传服务活动91651人次、医疗保健服务50755人次、便民惠民服务56725人次，矛盾调处1808次、红白喜事服务1227次。州计生协在福泉市双谷村创建州级家庭服务中心示范点。

2017年，黔南州计划生育协会在2017年度全省计划生育协会工作目标绩效评估中获“一等奖”；在全省计生协“好新闻”评选活动中，有8个作品获奖，其中一等奖2个，二等奖2个，三等奖3个，优秀奖1个；有2个作品获中国计生协“计生协好新闻”评选活动三等奖。在2017年度全州综合绩效考评中获优秀奖。

【“幸福人生”活动关爱计生特殊家庭】 2017年，长顺县在全省率先启动实施“幸福人生——计生特殊家庭生活环境改善”项目。省计生协投入项目工作经费10.5万元，州级计生协匹配10万元，县级“生育关怀·人口福利基金”配套4.5万元，共计25万元，帮助长顺县15户计生特殊家庭改善居住环境和生活环境。项目为5户计生特殊家庭进行房屋修缮、为8户家庭配齐所需家具、为15户家庭配备所需家用电器、为8户家庭购置所需家庭生活用品。

【计生协产业发展合作社】 2017年，新建计生协产业发展合作社13个，各级计生协投入资金111万元，整合其他部门资金958万元，合作社社员自筹资金1018万元，共计2097万元，吸纳务工人员410人，有1162户计生家庭受益，累计创收163.4万元。州计生协在都匀市摆忙贵珍种养殖专业合作创建州级示范。

【计生基层群众自治工作】 2017年，福泉市获批准创建全国第四批“国家级计生基层群众自治示范市”，投入工作经费35万元，在76个村居开展创建示范村活动。龙里县创建州级计生基层群众自治示范县，投入经费12万元，在53个村（居）开展创建活动，于12月通过州计生协评估验收。

【“青春健康”工作】 2017年，州计生协联合州教育局、州卫计委制定《黔南州关于加强“青春健康”工作的实施意见》，在全州建立了13个“青春健康教育示范基地”和13支“青春健康师资专家库”队伍。州级“青春健康”专家组成员由州教育局、州司法局等相关部门推荐的37名专家组成。州计生协联合州教育局举办全州青春健康师资培训班，各县（市）计生协、各级各类学校青春健康教育工作者共90余人参加了培训。联合黔南民族医专制定《黔南州创建青春健康教育示范基地实施方案》，在黔南民族医专创建州级“青春健康教育示范基地”。

【“生育关怀·助孕工程”公益活动】 2017年，全州组织开展“生育关怀·助孕工程”公益活动，对育龄期不孕不育贫困夫妇进行免费普查，邀请贵阳华夏不孕不育医院专家到11个县（市）开展现场免费普查，全州有396对夫妇接受检查，有37对夫妇符合免费救助条件，有4对夫妇纳入贵阳华夏医院的免费助孕治疗范围。福泉市开展“高龄孕产妇二孩生育保险”项目试点工作，为110名35岁以上高龄孕产妇，每人交纳150元的生育保险投保金，共计1.65万元。

【县、村两级人口福利基金稳步壮大】 2017年，全州县级生育关怀基金募集金额349.4万元，县级基金募集总额达2197.5万元。建立村级生育关怀基金1358个，筹集总额达831.7万元，村级生育关怀基金覆盖面达88%。州计生协会联合州纪委派驻州卫计委纪检组对县级“人口福利·生育关怀基金”的使用管理和省级、州级重点项目进展落实情况进行督查。

【干部培训】 2017年，组织举办全州计生协业务知识培训班，在都匀市、独山县、长顺县举办3期计生协业务知识培训班。各县（市）计生协专职副会长、秘书长及专职工作人员，各乡（镇、街道）计生协专职副会长、秘书长及专职工作人员共260人参加培训。

【计生协组织建设】 2017年1月，经州机构编制委员会办公室批准成立黔南州计划生育困难家庭扶助中心，明确为州计生协管理的公益一类事业单位，由财政全额预算管理。福泉市成立计生困难家庭扶助中心。全省计生协组织建设工作现场推进会在福泉市召开，全省9个市（州）、88个县（市）共计130余人参加会议。

（潘　娜）

·军　事·

事 ***JUN SHI***

都匀军分区部队建设

【概况】 2017年，都匀军分区党委坚决贯彻习近平主席和军委决策部署，在省军区党委和中共黔南州委的领导下，紧紧围绕迎接贯彻中共十九大精神，坚定维护核心大抓举旗铸魂、聚焦主责主业深化备战练兵、突出传导压力狠抓正风肃纪、扭住依法从严治军守住安全底线，军分区全面建设呈现出稳步推进、创新发展的良好态势。

一是聚焦学习贯彻十九大抓主线把方向，思想政治建设深入扎实 坚持用习近平新时代中国特色社会主义思想和强军思想武装头脑，认真组织“维护核心、听从指挥”主题教育，扎实推进“两学一做”学习教育常态化制度化，围绕庆祝建军90周年和迎接贯彻中共十九大精神，组织开展“强军正当时、光影颂华章”强军成就图片展，“维护核心铸忠诚、改革强军当先锋”演讲比赛，以及“军民同心、共筑梦想”纪念建军90周年文艺晚会等系列“赞颂新成就、喜迎十九大”主题实践活动；坚持学报告、读原著、悟原理，迅速掀起学习宣传贯彻中共十九大精神热潮，组织机关带人武部到猴场会议会址过集体组织生活、重温入党誓词，完成4个专题党委中心组理论学习、常委21次集中学习，军分区机关坚持113天每天半小时原文领读学习《习近平论强军兴军》《习近平谈治国理政》（第一卷、第二卷）等重要书籍，铸牢部队“三个维护”思想政治基础。深入开展“百团万人”活动，组建13个宣讲团，108支宣讲小分队，选聘1403名宣讲员，在扶贫联系点举行军分区“百团万人”宣讲党的十九大精神，助推打赢脱贫攻坚战动员誓师大会，宣讲分队充分利用青年民兵之家、党员活动室等场所，采取院坝会、板凳会、交流会等形式，共赴基层宣讲45场，发放学习资料3000余份，宣讲受众6000余人。军分区学习宣传党的十九大精神做法在《中国国防报》头版头条以及《解放军报》等军队重要媒体刊用，军分区“三员三帮”宣传贯彻党的十九大精神的做法在省军区《简报》刊用。接收两个批次19名交流干部，完成23名转业干部的移交和78名干部落编定位。做好老干部服务保障工作，积极做好思想摸底和教育工作，组织走访慰问42名老干部及遗孀，集中救济12名基层特困官兵，及时把组织的关怀和温暖送到官兵心中。

二是突出实备实训实演抓中心谋打赢，应急应战能力显著提升 强化备战打仗导向，抓紧抓实备战工作，修订完善《作战值班工作手册》，严格规范作战值班秩序，常态落实抽查、讲评、通报制度，形成作战值班“训、考、查、评”新常态。结合新大纲试训任务，坚持学军事、钻打仗，努力在提高训练实战化水平和破解军事斗争准备短板瓶颈上出实招，形成“六个一”成果。聚焦服务三军、保障打赢使命任务，组织开展“支援保障过境部队室内指挥所演练”，为在新的编制体制、职能定位下，研究探索推进部队军事训练创新奠定了初步基础。严格开展民兵军事训练督导检查，完成X万名基干民兵、国防动员专业保障队伍编组和民兵训练任务，民兵队伍“军味”“兵味”更加浓厚。认真学习借鉴省军区战役集训经验做法，围绕加强民兵组织建设课题深入展开作战问题研究，形成“三个一”成果，军分区、人武部首长机关谋划指挥能力得到加强。惠水、贵定、福泉等人武部参与抗洪抢险、森林灭火、火箭残骸回收等急难险重任务100余次，完成第73集团军两个批次过境部队支援保障任务，通过任务锤炼检验，部队应急应战能力不断提升。

三是聚力精准动员宣传抓创新提质效，国防动员建设有序推进 扎实做好平时征兵工作准备，采取联合地方宣传部门进行媒体宣传、上门宣传和在基层武装部、学校张贴“公告”等多种形式，广泛宣传适龄青年兵役登记政策，大力推进兵役登记工作，全州年满18周岁男性公民兵役登记率达到90%，有力促进年度兵员征集任务落实；紧盯“五率”量化考核指标，围绕提高大学生征集比例这个重点，在黔南师院、黔南职院等4所高校建立“预征实验班”，充分利用电视报刊、学校集会、“黔南征兵”微信公众号、LED广告屏等媒介，持续深入开展面对面政策宣讲和大学生应征青年一对一、点对点精准动员宣传，激发应征青年的参军入伍热情；严格标准程序组织体格检查和政治考核，扎实开展新兵回访工作，及时化解思想问题，极大降低思想退兵比例。广泛深入宣讲征兵政策、征兵纪律，组织征兵工作人员传达学习廉洁征兵违规违纪情况通报，运用典型案例搞好警示教育，发放廉洁征兵监督卡、《致全体征兵工作人员的一封信》《致广大应征青年及家长的公开信》，纪律规矩意识显著增强，有效杜绝廉洁征兵违规违纪问题发生。圆满完成义务兵征集任务，征兵“五率”量化考评排全省第一，退兵人数和退兵比例实现“双降”。认真拟制了《黔南州国防动员建设“十三五”规划》，扎实开展国防潜力统计调查。

四是全力推进清理清查抓整改强能力，后装保障工作规范高效 全力推进全面停止有偿服务和经济适用住房专项清理整治，全区47个租赁项目已全部关停，完成超面积经济适用住房测绘及面积核定工作。坚决维护军队利益，加强军用土地的管理维护，建立独山军用机场和贵定军用土地定期巡查制度，有效防止军用土地流失。严格落实每季度财务集中办公制度，强力推进2014至2016年度生活费专项审计指出问题整改，经费使用管理更加严格；扎实开展油料集中专项整治，全面清理核实2013年以来油料使用情况，油料保障更加规范；圆满完成军分区民兵武器装备仓库搬迁、民兵弹药对外调运和报废弹药销毁任务，严密组织私藏枪弹清查、老旧废武器弹药清理清查活动，枪弹管理正规有序。积极推进经费、给养、油料、医疗等日常供应保障社会化，定期开展水电线路检查维修，有效压减行政消耗性开支，全区后勤装备管理秩序更加规范，综合保障能力不断提升。

五是贯彻全面从严治党抓肃纪正言行，党风廉政建设走实走深 军分区党委班子调整到位后，及时建立健全17个各级党组织和调整常设领导机构，修订完善和建立《贵州省都匀军分区党委议事规则》等14个制度规定，制度笼子扎得更加紧密。严格落实中央八项规定和军委十项规定，严守政治纪律政治规矩，紧盯官兵身边的“微腐败”和不正之风问题常态开展纪检监察、纪律检查和暗访巡查，持续传导压力压势。认真筹备召开军分区、人武部党委民主生活会，深入开展“三对照三查纠”和“12个重大是非问题”辨析讨论，全面彻底肃清郭徐流毒影响，党委班子和干部队伍建设不断加强。坚持站在政治和全局的高度狠抓廉洁征兵“零报告”和监督员制度落实，全州聘请了424名廉洁征兵监督员，3次派出廉洁征兵专项督查组，实行12个县（市）廉洁征兵情况检查督查全覆盖。

六是深化依法从严治军抓管理保稳定，安全发展基础更加夯实 严格落实军委国防动员部6个管理规范性文件要求，及时调整安全委员会、安全工作领导小组和补充抓安全稳定的领导力量，建立健全党委统管、司令员和政委主管、副司令员分管、战建处专管的安全工作领导机制。制定下发《都匀军分区安全管理实施细则》和《都匀军分区防范十一类重大安全问题措施》口袋书，定期召开安全形势分析会，扎实开展“百日安全”“作风纪律整顿周”“网络安全专项检查整治”等活动，狠抓“两个经常性工作”，正规“四个秩序”，突出抓好稳定思想、安定人心的工作，积极营造团结和谐的内部关系。围绕“人车枪弹密、水火电钱网、酒油黄赌毒、涉外涉地方”17个安全管理方面内容，采取全面自查与重点抽查、实地检查与现场督办、综合检查与专项检查方式组织安全大检查，排查9类共134个安全隐患问题，紧盯安全大检查问题“一本账”认真开展“回头看”，逐个单位督促整改，严肃抓好追责问责，安全稳定基础更加夯实。

七是围绕富民强军抓融合显作为，军政军民关系团结稳固 积极支持地方经济建设和参与贵州“大扶贫”战略行动，按照“产业示范、项目带动、科技扶贫”思路，派出脱贫联系人18人，收集意见建议300余条，建立致富需求卡276张，帮助扶贫联系点三都县都江镇复兴村解决扶贫资金、基础设施建设、扶贫项目落实、产业规划调整等10多个重难点问题，协调投入经费100万元完成通村通组道路硬化，帮助复兴小学修建“爱心”食堂和安全围墙，联系都匀六小与复兴小学结成教学交流对子，并为20余户群众引进了袖珍菇、生态鸽等种养殖项目，在民生建设、助学兴教、产业致富上实现“同步起跑”。军分区党委常委连续3年“一对一”帮扶都匀一中5名贫困学生，全部考上大学。结合“百团万人”宣讲中共十九大精神助推打赢脱贫攻坚战活动，组织军分区机关和都匀市人武部官兵职工、民兵预备役人员130余人到扶贫联系点赠送化肥，帮助都匀市平浪镇朵罗村发展渔业养殖。积极响应“绿色黔南”三年行动计划，积极参与和组织民兵开展植树造林工作，在各县（市）形成了一批有特色有效益的“国防林”“双拥林”。勇于承担急难险重任务，积极参与森林灭火、抗洪抢险、应急维稳等行动，为平安黔南、和谐黔南建设提供了有力支撑。

【都匀军分区召开2017年度开训动员大会】 2017年1月13日，军分区召开2017年度开训动员大会，会上军分区司令员罗燕军作开训动员，从本级首长机关训练、人武部训练、民兵训练几方面明确了任务，并对做好训练计划、搞好训练准备、抓好训练落实提出了具体要求；军分区政委杨光芒就抓好训练中政治工作以及保持好当前安全稳定大局，为军改创造良好环境提出了具体要求。

【黔南州拥军优属慰问团到都匀军分区慰问官兵】 2017年1月24日上午，黔南州委书记、都匀军分区党委第一书记龙长春率黔南州拥军优属慰问团，到都匀军分区机关慰问部队官兵和干休所老干部，为官兵带来了慰问金和节日问候，并向全州部队官兵、离退休老干部、退役人员以及军烈属致以新春祝福。

【都匀军分区召开党委十四届五次全体（扩大）会议】 2017年3月14日，都匀军分区党委召开十四届五次全体（扩大）会议。会议由军分区党委书记杨光芒主持，军分区党委委员，机关业务口负责人，各县（市）人武部政工科科长46人参加会议。会议传达省军区党委扩大会议精神；军分区党委副书记罗燕军作工作报告，总结回顾了近年来军分区开展的大项工作和主要业绩；表彰了2016年度先进单位和个人；军分区党委书记杨光芒围绕贯彻习主席改革强军战略思想作了讲话。会议强调，全区官兵要坚定维护核心看齐追随，坚决服从改革大局，坚决守住安全底线，坚持不懈振奋精神，以无比的忠诚担当强重任，以坚定的党性完成改革大考，以百倍的努力干好军队事业，奋力开创军分区建设发展新局面，以优异成绩向中共十九大献礼。

【都匀军分区召开宣布军分区党委第一书记暨师职干部任职命令大会】 2017年6月22日下午，都匀军分区召开宣布军分区党委第一书记暨师职干部任职命令大会，省军区副司令员洪晓荣出席大会并宣读了中央军委国防动员部关于军分区司令员罗燕军退休，刘明辉任都匀军分区司令员、杨光芒任都匀军分区政治委员、谢晓波任都匀军分区副司令员的命令和省军区党委关于任命唐德智为都匀军分区党委委员、常委、第一书记的党内任职通知。军分区杨光芒政委主持会议。洪副司令员对军分区退休的罗燕军司令员工作给予了充分肯定，对新的领导班子成员提出了希望和要求。并围绕贯彻落实省军区党委“讲政治、顾大局、抓改革、保稳定”的工作指导强调：一是牢牢把正部队建设的政治方向；二是切实强化履行使命的责任担当；三是努力提升班子建设的质量水平；四是坚决守住安全稳定的发展态势。黔南州委书记、军分区党委第一书记唐德智作了讲话，强调将以讲政治为根本，始终坚持党管武装不动摇；以职责要求为关键，始终坚持真抓实干不松劲；以军民融合发展为重点，始终坚持两手抓、两手硬，推动全州部队和国防后备力量建设向新征程迈进。刘明辉司令员表示：坚决服从上级命令，愉快接受组织决定，在今后的工作中把好政治方向，履行好使命职责，抓好部队建设，在改革强军新征程上，续写都匀军分区新的辉煌。杨光芒政委代表新一届党委班子作了表态发言，绝对服从上级的命令指示，团结带领新一届领导班子，按照省军区“讲政治、顾大局、抓改革、保稳定”的工作指导和年度工作部署，扎实抓好各项工作落实，完成上级赋予的各项任务。

【都匀军分区召开机关处成立暨宣布干部任职命令大会】 2017年7月5日，都匀军分区机关处成立暨宣布干部任职命令大会在军分区五楼会议室举行，会议由军分区原后勤部部长姚勇主持。会上，军分区政委杨光芒宣读军委国防动员部和省军区任职命令，原省军区后勤部副团职助理员杨勇任军分区战备建设处处长；原军分区司令部副团职参谋和小东任军分区动员处处长；原都匀市人武部政治委员曹阳波任军分区政治工作处主任；原十四集团军司令部老干安置办副团职干事任军分区保障处处长。军分区司令员刘明辉对新任职的人员提出了明确要求，他强调：全体干部政治上要头脑清醒、工作上要严准快细，作风上要公道正派，经济上要廉洁干净，生活上要勤俭节约。一是要讲政治、守纪律、顾大局，继续保持和发扬军分区机关的光荣传统和优良作风；二是积极主动作为，认真履职尽责，坚决完成好上级赋予的各项任务；三是要严于律己，严守纪律规矩，树立好良好的自身形象。

【都匀军分区组织纪念建军90周年演讲比赛】 2017年7月27日，都匀军分区组织“维护核心铸忠诚改革强军当先锋”主题演讲比赛，来自各单位的12名选手参加比赛。演讲中，选手们紧紧围绕爱军、强军、兴军，结合本职工作，立足岗位实际，从身边小事着手，旁征博引，或抒怀以言志，或激越以鞭策，整个演讲比赛精彩纷呈，高潮迭起，来自各个岗位的选手们发自内心讲述自己所感、所想、所悟，真情流露，在广大官兵、职工和预备役人员中引起强烈共鸣。军分区还举办了“强军正当时光影颂华章”强军成就图片展，“读励志书籍看强军影视”读书观影等一系列活动为纪念建军90周年献礼。

【省军区副政委魏文波率工作组到都匀军分区指导军分区党委常委民主生活会】 2017年8月7—8日，省军区副政委魏文波率工作组指导都匀军分区召开党委常委民主生活会。会前，魏副政委与军分区党委常委逐一谈心交心，审查了分区党委常委对照检查材料。会上，党委常委逐人进行对照检查，班子成员之间相互进行批评帮助，军分区党委书记杨光芒分析了党委班子建设形势，提出了加强班子建设的措施。在听取军分区党委常委民主生活会个人对照检查后，魏副政委作了重要指示。指出，军分区党委对这次民主生活会高度重视，会议主题鲜明、会风务实，达到了预期效果，有四个突出特点：一是思想认识到位；二是部署推进扎实；三是问题导向鲜明；四是批评整改有力。魏副政委对军分区党委班子和部队建设取得的成绩给予充分肯定：一是看齐追随讲政治；二是聚焦中心抓主业；三是勤奋敬业有作为；四是正风肃纪敢担当；五是严于律已树形象。最后，魏副政委就抓好党委班子建设和推进年度工作落实讲了四点意见：一是要传承忠诚品格，坚定践行“三个维护”；二是要传承奋斗精神，积极推动开局开新；三是要传承团结风范，自觉建强领导集体；四是要传承廉洁本色，始终保持优良作风。军分区党委书记杨光芒代表党委表示：党委一班人将按照魏副政委的指示要求，努力抓好各项工作落实。对魏副政委指出的问题、民主生活会上班子查找的问题以及会前征求到的意见建议，认真搞好分析研究，抓好整改落实，并及时向省军区汇报好、向基层和机关通报好，努力把各项工作干出色，让上级党委、首长放心，让基层官兵职工满意。

【省军区政委谢武忠到都匀军分区检查调研】 2017 年 9 月 12 日，省军区政委谢武忠率机关工作组到都匀军分区开展检查调研。工作组采取听取汇报、查阅资料、实地检查的方式，认真对照前期“五项工作”检查问题清单查看整改落实情况。在听取了杨光芒政委代表军分区党委作的情况汇报后，谢政委充分肯定了军分区党委班子和部队建设取得的成绩，指出了需要重点关注的问题，对下步工作提出了具体要求。省军区办公室副主任雷勇、政治工作局副主任邓豹陪同检查调研。

【都匀军分区组织参加黔南州公祭日活动】 2017 年 9 月 30 日，为深切缅怀革命先烈，弘扬爱国奉献精神，黔南州委、州政府在都匀市烈士陵园开展 2017 年烈士公祭活动。都匀军分区政委杨光芒出席，军分区 20 名官兵参加公祭活动。

【都匀军分区组织全体党员赴瓮安猴场会议会址开展主题党日活动】 2017 年 11 月 14 日上午，都匀军分区组织机关、都匀市人武部、瓮安县人武部全体党员到瓮安县猴场会议会址开展主题党日活动，参观会议会址、重温入党誓词、接受红色革命传统教育。在猴场会议会址，都匀军分区杨光芒政委领誓，全体党员面对党旗重温入党誓词。宣誓完毕后，全体党员参观了会址展览，接受了红色革命传统教育。军分区杨政委要求，全体党员干部要不忘初心、牢记使命，认真学习贯彻中共十九大精神，以更加奋发有为的精神状态完成好各项工作，为强军兴军贡献力量，推动军分区全面建设再上新台阶。

【都匀军分区开展“百团万人”宣讲中共十九大精神助推打赢脱贫攻坚战动员誓师大会】 2017 年 11 月 24 日，都匀军分区“百团万人”宣讲中共十九大精神助推打赢扶贫攻坚战动员誓师大会在军分区扶贫联系点都匀市平浪镇朵罗村举行，军分区机关和都匀市人武部共 17 支党的十九大精神宣讲小分队和黔南州委党校、都匀市委党校 10 名外聘宣讲员共 250 人誓师出征，军民携手吹响决胜全面小康、打赢脱贫攻坚总攻号。动员誓师大会上，军分区副司令员谢晓波宣读《都匀军分区开展“百团万人”宣讲中共十九大精神助推打赢脱贫攻坚战活动的决定》，为组建的十九大精神宣讲小分队授旗，向黔南州委党委、都匀市委党校 10 名外聘宣讲员颁发聘书，军分区政委杨光芒作动员讲话。动员誓师大会结束后，杨光芒与扶贫联系点群众围坐在一起，面对面向群众宣讲中共十九大精神，将党的好声音传递到苗乡群众心中。军分区和人武部官兵向困难群众赠送生产物资，集体参与军分区扶贫项目水产养殖基地建设施工。在开展“百团万人”宣讲中共十九大精神助推打赢扶贫攻坚战活动中，军分区针对驻地少数民族地区脱贫人口基数大、攻坚任务重等实际，把学习贯彻中共十九大精神与决胜全面小康结合起来，组织实施“三员三帮”活动，军分区和 12 县（市）人武部组建十九大精神宣讲小分队，由部队官兵和外聘人员担任“十九大精神的宣传员、援建项目的技术员、脱贫致富的服务员”，进村入户，集中组织学习宣讲，为扶贫联系点贫困户“帮助理清发展思路、帮建一批扶贫项目、帮忙解难题办实事”，强力推进“百团万人”宣讲中共十九大精神助推打赢脱贫攻坚战活动取得实效。培训宣讲员，帮助理清发展思路。军分区和人武部共组建13个宣讲团，43支宣讲小分队。由师团主官担任宣讲团团长，干部分别担任宣讲分队队长。先期采取“党委集中深学一遍、机关集中领学一遍、支部讨论学习一遍、外请教员辅导一遍”方式，在部队官兵和民兵预备役军人中集中开展学习贯彻中共十九大精神。通过聘请州委讲师团成员为宣讲队员辅导授课，组织宣讲试讲，培训基层宣讲骨干。通过学习原文悟原理，帮助群众领会中共十九大精神，围绕脱贫攻坚，实现全面理清发展思路，增强脱贫致富奔小康的信心决心。外聘技术员，帮建一批扶贫项目。围绕实现脱贫攻坚大计，邀请州农业局、科技局、扶贫局等单位宣讲骨干加入军分区十九大精神宣讲小分队，进村入户调查走访，为贫困村量身定制持贫项目。采取单位帮建、外聘技术支持、军地协调联动，在扶贫联系点援建一批持贫项目，以项目引领实现脱贫致富。当好服务员，帮忙解难题办实事。军分区采取“单位到村、个人到户”帮扶模式，一帮一、点对点对贫困群众精准帮扶。由单位为贫困村引进扶贫项目，干部根据结对家庭情况以项目牵引制定脱贫计划，跟进服务帮助解决脱贫遇到的难题，实现大项目与小家庭有机结合，帮助群众脱贫致富。至2017年底，军分区和人武部共组建13个宣讲团，43支宣讲小分队。为扶贫联系点群众发放新《党章》《十九大报告》单行本等学习宣传资料10000余份。外聘宣讲员130余人，开展宣讲场次23场。78名干部与贫困群众完成结对帮扶，援建三都复兴村香猪养殖、都匀市平浪镇朵罗村水产养殖项目10余个，投入扶贫资金300余万元。

【都匀军分区组织开展支援保障部队过境室内指挥所演练】 为深入学习贯彻新时代党的强军思想和新形势下省军区系统的新职能、新使命、新任务，以省军区赋予的年度任务为牵引，2017年11月30日，都匀军分区以支援保障部队过境为研究课题，通过军分区首长机关带人武部形式，组织开展支援保障部队过境室内指挥所演练。演练坚持“聚焦使命、真抓实备、保障打赢”理念，结合可能面临的实际任务，科学设置科目，摒弃以往“背台词、念稿子”形式，突出临机情况处置为重点，深入研究探索新时代支援保障部队过境的重难点问题，有效锤炼提升了军分区部队支援保障打赢能力。省军区战备建设局局长赵平一行工作组全程参与督导检查演练活动，对军分区的课题选择、组训方式和效果予以了高度肯定，同时提出了数据信息手段运用、实战实案演练向深度广度拓展的希望，为军分区部队战斗力的提升发展进一步指明了方向。

【省军区工作组到都匀军分区开展年度军事训练检查考核】 2017年12月8日，省军区战备建设局副局长张志斌带工作组到都匀军分区开展2017年度军事训练检查考核。军分区政委杨光芒、副司令员谢晓波、战备建设处处长杨勇、政治工作处主任曹阳波、动员处处长和小东、保障处处长吴鹏鹏和机关干部参加考核，参考率为80%。工作组采取查、看、考、评的方式，严密正规组织基本理论和3000米考核，对党委议训、首长机关训练、民兵军事训练、新大纲试训、课题演练和训练登统计等情况进行全面检查。工作组对军分区军事训练工作成效及训风演风考风给予了充分肯定，并就抓好下年军事训练工作提出了意见建议。通过考核，检验了军分区练兵备战效果，激发练兵备战动力，达到“以考促学、以考促建、以考促稳”的目的。

【都匀军分区政委杨光芒到长顺县敦操乡打召小学开展十九大精神宣讲】 2017年12月19日，都匀军分区政委杨光芒到长顺县敦操乡，为打召村党支部全体党员和打召小学老师宣讲党的十九大精神。杨政委与党员们围坐在村小操场上，用通俗易懂的话语讲解十九大精神，着重对扶贫、教育政策进行了深入解读。

（高　翔）

武警黔南州支队

【概况】　2017年，黔南州人民武装警察支队着眼政治之年特殊背景，改革之年特殊时期，任务之年特殊形势，稳定之年特殊要求，紧跟武警党委和总队党委“稳中求进，进中求精，精中求优”工作基调，坚决维护核心，聚力强基提能，完成各项任务。

强化政治引领抓首位，铸魂育人扎实有效　突出紧跟习主席思想步伐、紧跟党的创新理论这个主轴，借鉴“大功三连”建连育人经验，将习主席系列讲话精神融入思想、贯注行动，采取大道理集中讲、小理论随机问等形式持续加强官兵理论学习，强化“四个意识”（政治意识、大局意识、核心意识、看齐意识），坚定“三个维护”（维护权威、维护核心、维护和贯彻军委主席负责制），夯实“三个绝对”的思想根基。借助“五学”机制（党委常委原文学、全体干部率先学、大队党委传达学、蹲点干部宣讲学、基层单位结合实际学）认真学习武警党委、总队党委扩大会议精神，引导各级进一步领会要义、理清思路、改进方法、压实责任。开启“五讲”（党委常委大课讲、大队干部巡回讲、中队主官剖题讲、优秀教员定点讲、理论骨干日常讲）教育新模式，探索“五微”（微讲堂、微广播、微动漫、微电影、微阅读）教育新路子，常态用好跟课跟学、评课评学、查课查学、推门听课、量化考评等载体，精心组织“两项重大”教育（“维护核心、听从指挥”主题教育和“两学一做”学习教育），常态化制度化推进“两学一做”（学党章党规、学系列讲话，做合格党员）向纵深发展、向基层延伸，支队主题教育活动经验、罗甸县中队用习主席讲话精神建队育人、抓实老兵复退思想工作做法被总队转发。为深化教育成果，举办“卫士辞章、军旅诗词”咏颂比赛、“建军90周年卫士战歌”系列文化活动，宣扬支队光辉历史，凝聚官兵士气，砥砺战斗意志。按照深知兵真爱兵“五步法”（第一步，掌握基本情况，即晓兵之情；第二步，观察现实表现，即观兵之常；第三步，摸清思想底数，即交兵之心；第四步，真情解难帮困，即解兵之困；第五步，回看是否有效，即察兵之变），持续深入开展爱兵知兵活动，有效提升了基层官兵的凝聚力、向心力、战斗力。强力推进“四心”工程（知心、稳心、强心、暖心），巧搭官兵“三桥”（互助桥、友谊桥、连心桥），官兵关系融洽。截至11月，共转化个别人121人次，解决2名家属工作调动，妥善处理官兵家庭涉法问题5起，办理子女入学入托22人，救济困难官兵36人。积极响应政府精准扶贫号召，出资20万元打通支队扶贫点（平塘县西凉社区六寨村）村级公路最后一公里。2017年是政治年，突出把迎接、保卫、学习、宣传、贯彻十九大作为政治工作核心内容突出出来，十九大召开前，组织全部队分五个方向五个片区开展“向党表忠心”宣誓活动，举办赞颂新成就、喜迎十九大“我的这五年”讲述会，确保官兵政治坚定，道德纯洁，看齐追随；召开期间，认真组织官兵收听收看盛会直播、新闻报道和评论文章，相关情况及时向武警公众号进行推送；召开后，第一时间组织学习贯彻十九大精神理论骨干培训班，讲清学习重点和方法举措，围绕报告系统学、答疑解惑辅导学、营造氛围感染学、结合岗位实践学。搞好传达学习——召开党委会、支部会议、军人大会，学原文、释要义、悟精髓；参加理论轮训——参加为期一周的师团职干部理论轮训，同步组织支队第四季度党委中心组带机关理论学习；组织宣讲辅导——12月份，在参加军委、总部、总队宣讲辅导的基础上，划分五个专题，采取邀请地方专家主要讲、支队常委难点讲、理论骨干重点讲等方法进行宣讲。

聚力强军指向抓中心，实战能力不断提升

以“稳定属地、执勤处突”要求为牵引，规范不打招呼战备拉动程序，严密组织“两节”“两会”“3·14”“6·4”“7·5”“国庆中秋”“十九大”“省十二届旅发大会”等敏感时节备战，截至11月份，共出动兵力2768人次完成A7101一级警卫，中超跨年杯、中朝女足赛、茶人会安保，天眼、荔波景区执勤，十九大联勤巡逻，中国国际青年足球赛、省旅发大会安保、“11·26”北斗山监狱押犯等重大临时勤务，成功处置监外喊话、非法拍照等执勤险情5起。认真开展“战备执勤月”、执勤安全教育整顿、涉恐隐患排查。全年共参加总队3个集训（教练员集训、特战预备队员集训、参谋业务集训）、4类竞赛（教练员、参谋尖子、特勤排“魔鬼周”“巅峰”比武竞赛），1人获得个人全能第二，2人获得个人全能第三的成绩，预提指挥士官集训考核排名第二，参谋业务集训排名第四；认真组织开展本级4类集训（1期机关干部集中驻训、1期快速射击教练员集训、5期特勤排“魔鬼周”训练和4期勤训轮换），勤训轮换轮训率达95%，党委专题议中心做法得到总队转发。坚决贯彻“广西会议”精神，推进支队编携配装全面落实，论证规划支队“一室一点”建设，投入90余万元，新建15个爬绳（杆）、17个攀登、19个战术、20个投弹训练场，执勤中队训练场地基本建成，新机关“一室两站”“九室一库”“信息化建设”完成设计论证，并纳入新机关一并建设，训练保障进一步厚实。

坚持从严治军抓管理，部队内部安全稳定 按照“三个根本性转变”要求，坚持问题倒逼、全面从严，标本兼治，以“条令学习月”、安全工作“过中队”、暑期百日安全竞赛、作风教育整顿为契机，采取学习上级指示、传达事故通报、讲解安全常识、组织安全演练等方法，常态开展安全教育训练。利用板报橱窗、网络新闻、活动简报等载体，深入学习新的《正规化管理规定》，制订《手机和互联网使用管理细则》《官兵探亲休假管理规定》和组织试点观摩等，部队管理更加严格。投入260多万元，整治部分中队营区环境，部队更加正规。坚持日检查、周通报、月排名、季讲评，紧盯人员管理这个大头（对在外人员一天一短信、三天一电话）、车辆管控这个难点（机关基层动车均由支队主官审签）、枪弹安全这个险点（严格落实支队月、大队周普查）、内部关系这根高压线（每月不少于一课）、季节性事故预防这个关键、手机使用和对外交往这个重点（安装智能网络监控软件）、严禁喝酒这个热点（制作警示牌和小卡片），定期组织安全形势分析、隐患排查，细化“五纵二十横”责任措施（党委统管、安委会统抓、包片常委督导、挂钩股室盯抓、大中队主官主抓），有效防范重大安全问题，部队内部安全稳定。截至11月，全部队共排查7类157项安全隐患，治理了94项，还有63项需要长期关注。加大实地检查督查力度，探索总结出行政督查“五个规范”（规范组织机构、规范督查时间、规范督查内容、规范督查流程、规范问题整改）在全部队普遍运用并得到总队转发。针对2017年补选退工作出现的新情况、新问题，按照抓早、抓全、抓细、抓严、抓实的“五抓”原则扎实推进，选取的士官官兵满意无杂音，230名顺利入营新兵，正全面展开教育训练，初步实现了“补兵保质量、初选保素质、退役保安全、全程保稳定”的总体目标。

围绕强基固本抓基层，部队建设底蕴不断厚实 认真贯彻落实武警党委1号文件精神，按照“12345”抓建方法（扭住“一条主线”——以迎接、保卫、学习、贯彻十九大为主线；抓实“两项教育”，打好“三场战役”，夯实“四个基础”——组织基础、能力基础、安全基础、作风基础；聚力“五个转变”——思想观念由僵化保守向开放创新转变，制胜能力由基本胜任向确保打赢转变，精神状态由被动应付向紧张快干转变，基础设施由陈旧落后向配套完善转变，基层建设由一枝独秀向百花齐放转变），落实常委包片、股（室）挂钩帮建责任制，拿出15万元精准帮建2个中队；采取一队一案、点穴指导、对口帮扶的方法，帮助基层理清抓建思路、督导工作落实、解决问题矛盾。深化总队网上《纲要》培训成果，利用政工例会和“警官之家”活动，召开思想政治教育座谈会，现场观摩演示“三个会”流程、规范编携配装、组织“四会”政治教员素质能力竞赛和执勤正规化试点研讨等，帮助解疑析惑，不断提升基层干部骨干业务素质和按纲抓建能力。抓实经常性基础性工作，通过“月初计划、月中跟账、月底对账”，反复杀“回马枪”等措施，较好地解决了末端工作落实不托底、不精细等问题。组织召开精武强能动员部署会，讲清重大现实意义，官兵人人制定了“跳一跳就够得着”的《精武强能计划》。调整修订《干部休假管理规定》，合理安排干部探亲休假，休假率达到80%以上，激发了干部队伍动力活力。组织支队“十佳士官”评选及先进事迹报告会，树立13名先进典型，弘扬正能量，激活了士官队伍发展动力。主动作为、压实责任，分8个波次组织对“文件资料、图片影像、电子文档、报刊杂志、场馆库室、网站网页”等6处极易出现涉郭徐信息的“高危环节”进行深度清理，确保敏感信息清仓见底。严格执行军委关于根除宴请喝酒的“十一个严禁”和总部的“八条禁令”，持续纠治官兵身边的“微腐败”和不正之风，政治生态的绿水青山得到进一步巩固。

着眼创新驱动抓转型，保障效能提质增效

着眼现代后勤“三大任务”（努力建设打赢保障现代化战争、服务部队现代化建设、向信息化转型）和“六型”（实战型、服务型、法治型、创新型、融合型、廉洁型后勤）后勤建设目标，突出抓好“一组五队”（后勤指挥组，综合物资保障分队，给养保障分队，卫勤保障分队，运输油料保障分队，维修技术保障分队）建设，常态做好应急保障准备，每月组织不少于一次全要素拉动演练，应急保障能力全面提升。坚持月考季评、竞争上岗、优胜劣汰，严密组织军械员、驾驶员、炊事员等专业兵培（复）训，不断提高业务技能。严格落实“1126”“6211”保障模式和党委（支部）理财制度，加大物资采购、工程建设等重点领域监管和审计，有效防范各类经济风险，官兵伙食满意率达到95%以上。投入经费70余万元，对35台车辆进行了改装，对21个战备库（室）进行了改造。坚持服务官兵重心不偏移，投入经费300余万元，办好营产营具修缮、营区绿化武化及官兵和家属体检、疗养等实事，有效提升了官兵生活质量。强力推进基建工程建设，基层15个待搬迁单位，5个单位主体营房已完工，5个单位完成场平动工，5个单位已选址，新机关6栋主体营房6月15日已实现顺利封顶，现正在进行营房装修和营区硬化等工作。

立起严实标准抓班子，核心作用发挥明显

严格落实党委中心组带机关理论学习制度，认真参加师团职干部理论学习班，采取通读原著、讨论交流、个人自学等方法，持续抓好十九大精神、习近平新时代中国特色社会主义思想、“三个讲话”（“7·26”、沙场阅兵、建军90周年）的学习研究，提高班子政治能力的思想基础和理论基础。严格执行党费收缴、民主评议党员和领导干部上党课等制度，班子成员自觉参加双重组织生活，在“五个第一”（第一身份、第一修养、第一生活、第一纪律、第一职责）上做表率。党委常委围绕“五查五看”召开了专题民主生活会，认真开展批评与自我批评，进一步强化“四个意识”，增强“三个维护”的行动自觉。认真贯彻民主集中制，议事不定“调子”、用人不画“圈子”、意见分歧不打“板子”，在选人用人、物资采购、工程建设等热点敏感问题上，始终坚持集体研究、民主决策。按照总队首长提出的立说立行、整改归零、“新官理旧账”的指示要求，主动作为，积极跟进，按时按节按点扎实抓好武警党委巡视组反馈问题的整改落实，总部保障部孔部长来支队巡视调研时，给予了高度评价。严肃选举纪律，严格按照“三上三下”程序，推荐选举出席中共十九大、武警部队第三次党代会、总队党代会和省十三次人民代表大会代表人选，推荐选举提名的代表官兵普遍满意。2017年共推荐学员苗子26人，选送技术学兵126人，发展党员73（上半年25人，下半年48人）人，调整使用干部34人，初选士官106名，表彰奖励79人，研究建设经费1450万元，都依法依规，公平公正，官兵上下认可。

【武警总队司令员华荣林到支队调研】 2017年1月17日，武警总队司令员华荣林率工作组一行5人，到黔南支队瓮安县中队进行调研慰问。支队长李林、政委叶红全程陪同。调研中，华荣林司令员上哨位、进班排、入库室、考干部、问兵情，全面了解官兵执勤、训练、工作、学习和生活情况，慰问基层一线官兵，并结合自己多年带兵经验与基层干部面对面传经验、手把手教方法。

【武警总队政委韩云鹏到支队调研】 2017年4月27日下午，武警总队政委韩云鹏率领秘群处处长李拥政、干部处陈鹏干事一行到支队检查指导工作，支队叶红政委、李林支队长全程陪同。

【武警总队副司令员王忠到支队检查指导工作】 为全面详细了解部队“战备执勤月”活动开展情况及新兵专勤专训情况，2017年2月9日上午，总队副司令员王忠率工作组到三大队福泉市中队检查考核“战备执勤月”相关活动开展情况和新兵专勤专训工作，支队长李林和政委叶红全程陪同。

【武警总队政治部副主任陈东升到支队检查调研】 2017年3月8日上午，总队政治部副主任陈东升率检查组一行人到瓮安县中队检查指导战备执勤和安全管理工作，李林支队长、叶红政委、何伦德参谋长全程陪同。通过一系列的检查，陈副主任对中队前期的工作给予了充分肯定，并作出了三点指示：一是牢固树立中心居中意识，确保执勤目标绝对安全。二是加强铸魂育人，注重文化引领。三是坚持从严治军，营造保安全的良好环境。

【武警总队后勤部部长吴继光到支队检查指导工作】 2017年4月22日，吴继光部长率总队工作组到四大队惠水中队检查指导工作。四大队大队长李旭凯全程陪同。工作组到达中队后分别对中队营区、厨房、哨位、军械室、财务室、勤务值班室等处进行了详细的检查，并对中队近期工作开展情况、安全工作情况、官兵思想情况及三级党委扩大会议精神情况进行了检查和了解。吴部长对中队所取成绩表示充分肯定。结合多年的工作经验，对中队进行了传帮带教。

【武警总队司令部副参谋长张玉成到支队检查指导工作】 2017年5月12日上午，总队张玉成副参谋长一行到四大队龙里县中队检查指导工作，支队李高林副支队长全程陪同。张副参谋长到达中队后，首先听取了李副支队长工作汇报，而后深入中队各哨位和勤务值班室检查中队执勤工作，最后深入看守所了解所情及犯情，并就看守所管理问题与所领导进行了交谈。检查过程中，张副参谋长指出了中队执勤工作开展过程中存在的漏洞，并对监控哨监控画面如何布局调整提了要求，最后就如何抓好中心工作对中队干部进行了传帮带教。

【武警总队副政委刘志峰到支队检查指导工作】 2017年6月10日，总队刘志峰副政委率总队工作组深入支队检查指导工作，分别到都匀市中队、长顺县中队、惠水县中队、平塘县中队、罗甸县中队及机关检查指导。李林支队长、叶红政委全程陪同。

【武警总队参谋长江智勇到支队检查指导工作】 2017年9月24日上午，总队江智勇参谋长到都匀市中队检查指导工作，支队长李林、参谋长李高林全程陪同。江智勇参谋长一行到达中队后，立即深入执勤哨位，检查执勤设施以及“执勤工作部署会”落实情况，并与哨兵交流。尔后深入到班宿舍、警用器材室、厨房等地方，不放过一个死角、不留下一个隐患进行检查。期间，仔细询问干部当前中队情况，详细了解中队近期大项活动开展推进情况，对中队如何抓好下步工作提出了指导性意见，为中队更加有力地抓好各项工作落实、更加全面地打牢部队建设基础，提供了基本遵循和宝贵借鉴。

【武警总部军事设施建设局工作组到支队检查指导工作】 为深入推进武警部队公寓房建设，2017年10月12日，武警总部军事设施建设局高级工程师李凤国和助理员白瑞军在总队营房处处长刘天顺等的陪同下，到黔南支队对公寓房建设情况进行全面检查指导。支队李林支队长、王学军副支队长全程陪同。

【武警总队副司令员刘昌建到支队检查指导工作】 2017年11月2日上午，总队刘昌建副司令员率工作组先后到一中队、都匀市中队、龙里县中队及支队机关检查执勤战备工作，支队长李林，参谋长李高林全程陪同。

【武警总队政委韩云鹏率工作组到支队检查指导工作】 2017年11月8日上午，总队韩云鹏政委率工作组到黔南支队二中队检查指导工作，支队长李林、大队教导员周绍模全程陪同。支队长李林代表支队党委和全体官兵表示：一定认真领会好、贯彻好首长指示精神，进一步理清工作思路、转变工作作风，特别是要持续深化学习贯彻十九大精神报告，切实把各级党组织的作用发挥起来，把人员思想统一起来，始终以高的标准、严的要求，用建好部队带好兵、抓好中心守住底线的工作成绩回报总队党委首长的关爱。

【支队组织开展“卫士辞章”军旅诗词咏诵比赛】 2017年5月20日，支队组织开展“卫士辞章”军旅诗词咏诵比赛，通过咏诵军旅诗词激发官兵爱国热情。

【支队完成2017中国足协国际足球赛警卫任务】 2017年6月8日，2017年中国足协中国之队国际足球赛中国女足国家队对阵朝鲜女足国家队在黔南州全民健身活动中心进行。根据黔南州公安局统一部署，报经总队批准，支队出动100人担负赛事现场维护秩序和机动备勤任务。

【支队召开党委一届十四次全体（扩大）会议暨半年双向讲评会议】 2017月24日，支队召开党委一届十四次全体（扩大）会议暨半年双向讲评会议，传达学习总部小型政治工作会议和总队党委四届十一次全体（扩大）会议精神，总结分析上半年部队建设形势，研究部署下半年工作任务，并宣读相关表彰通报。

【支队组织开展庆祝建军90周年“卫士劲旅”篮球比赛】 2017年，在建军90周年来临之际，支队组织开展“卫士劲旅”篮球比赛，7月25日，在一大队一中队举行开幕式，全体教练员、运动员、裁判员和部分官兵参加，政治处陈勇主任主持。

【支队完成“第五届”州运会警卫及升旗任务】 2017年8月19日，黔南州第五届运动会开幕式在荔波民族体育中心举行。支队出动50名兵力，完成开幕式及升旗任务。

【支队完成三起大型武装押解勤务】 2017年8月10—11日，根据总队和省监狱管理局统一部署。黔南支队派出35名兵力，携带03式自动步枪12支，出动车辆5台，协同监狱120名警力，采取分方向指挥方式，历时2天，完成押解贵州省田沟监狱数百名犯人到贵州省福泉监狱、瓮安监狱、北斗山监狱的三起大型武装押解勤务。总队李文胜副参谋长带作勤处杨东山副处长指挥该部完成此次大型武装押解任务。

【黔南支队严密组织官兵参加“烈士纪念日”公祭活动】 2017年9月30日，黔南支队严密组织官兵参加驻地“烈士纪念日”公祭活动，并担负敬献花篮任务。支队李林支队长参加活动。

【开展慰问退伍老兵文艺演出活动】 2017年8月23—30日，支队组织都匀市文化馆，七星未来城演艺公司及民间艺人组成文艺慰问团，分别对二大队五中队、六中队、四大队七中队及驻匀部队退伍老兵进行慰问演出。

【支队组织官兵参加黔南州“扶贫日—慈善一日捐”现场募捐仪式】 2017年10月17日，是第25个国际消除贫困日和中国第3个“扶贫日”，黔南州委、州政府主办的全州脱贫·慈善工作成就展暨“扶贫日—慈善一日捐”现场募捐仪式在都匀市南沙洲公园举行，支队组织官兵参加，扎实开展扶贫助民活动。

【支队组织总队团以上领导干部理论轮训配合活动】 2017年8月10—12日，为确保学习取得扎实效果，支队明确问题性研究课题和有关要求，在每次总队授课结束后，支队分别组织团以上领导干部进行讨论交流，深入领会学习内容，切实做到真学真研、真懂真信、真用真做，在理论轮训中解放思想、开阔视野。组织机关干部参观三线建设老照片和黔南州建州成就展，观看影片《建军大业》《战狼Ⅱ》等，丰富理论轮训内容。

【支队完成“七星—未来城杯”都匀国际城市足球对抗赛安保勤务】 2017年12月16日，“七星—未来城杯”都匀国际城市足球对抗赛在黔南州全民健身活动中心举行。根据黔南州公安局统一部署，支队动用50名兵力、车辆5台，担负比赛期间安保任务。

（李正勇）

人民防空战备

【概况】 2017年，黔南州人防工作在州委、州政府和都匀军分区的领导下，在省人防办的指导下，在各县（市）和州直有关部门的支持配合下，认真贯彻落实中共十八届历次全会、十九大精神，省委十一届八次全会和州第十一次、十二次党代会精神，深入学习第七次全国人民防空会议及全省、全州人民防空工作会议精神和中发〔2014〕15号、黔党发〔2016〕20号文件精神，紧紧围绕中心工作，着眼构筑具有黔南山地特色的人民防空体系，科学统筹，主动作为，各项工作扎实有力推进。

【人防工程建设】 人防工程建设规划和地下空间开发利用规划编制深入开展，人防工程建设成效显著。全州共办理人防工程各类审批事项195件。其中，防空地下室建设事项61件、面积为27.19万平方米；易地建设事项（含人防工程拆除补偿事项）134件，征收（含追缴）易地建设费（人防工程拆除补偿费）7863.24万元。开工和续建人防工程92个46.58万平方米，工程预算总投资11.5亿元以上，完成固定投资3.52亿元，达到主体竣工以上工程43个，面积24.04万平方米，新增地下停车位5000余个。大力开展山地特色人防建设。完成290个山体洞穴排查摸底，筛选19个进入建设项目库，完成贵定盘江牟珠洞项目建议书及建设方案和荔波县天钟洞建设以及都匀市朱紫寨人防疏散地域建设；规范完成12县（市）城市应急疏散避难场所设置；完成137个早期人防工程普查、92个在建防空地下室建设质量监督检查和29个已建成投入使用的防空地下室的平时使用质量检查。推进人防指挥工程建设（改造）。编制完成州级坑道式人防基本指挥所（和都匀市共建）项目建议书，完成荷花池早期人防工程改造为人员掩体和州人防应急指挥中心周围停车场、绿化等配套设施建设。开发利用各类人防工程76个10.5万平方米（其中早期工程41个2.74万平方米，新建工程29个7.69万平方米，其它人防资产6个0.07万平方米），开发利用率62.66%，平战结合收入1200余万元，为社会提供就业岗位300余人，创产值3700余万元。

【指挥通信】 人防应急指挥中心信息系统建设项目初步设计、施工图设计、系统集成设计省人防办和国家人防办审批。加强人防机动指挥所训（演）练，开赴周边县（市）拉动演练，与六盘水市、贵阳市等开展卫星通信联合训练；配合省人防办做好跨地区综合集中训练，参加全省系统赴四川省开展人防综合性演习活动，2017 年共开展各类训（演）练 30 余次。督导 12 县（市）完成 10 类 2570 人的人防专业队伍编组并按时开展演练。将都匀城区人防音响警报器全部下放移交给都匀市人防办，指导各县（市）开展人防音响警报器建设规划，都匀市、福泉市、瓮安县等 8 县（市）已完成。指导福泉市、都匀市、瓮安县、龙里县、荔波县、三都县完成《人民防空袭方案》制定（修订）。

【依法行政】　督促 10 个县（市）完成专项审计工作，及时收集统计全州人防易地建设费应缴未缴情况，坚持问题导向，强化整改规范收缴行为。认真抓实随机抽查监管工作，全州共实施“双随机”监管 69 次，日常监管检查对象 132 个，随机抽查结果信息公开 93 次。开展全州人防行政执法检查和易地建设费欠账追缴，派出执法人员 87 人次，检查人防工程项目 47 个，查处项目单位 45 家。组织干部职工参加学法用法学习并顺利通过考试。

【宣传教育】　制定下发《黔南州人民防空法治宣传教育第七个五年规划（2016—2020 年）》，编印人民防空法律法规选编和人防系统违纪违法案例警示录，申请“黔南人防”微信公众号，安排专人丰富更新版面内容，全年发布人防各类信息 150 余条，得到了省人防办领导的关注和肯定，扩大了人防影响力。全州人防系统全年共向国家、省人防网站、杂志等投稿近 200 条，其中刊载近 100 条（含图片），理论文章 2 篇。

【落区工作】　经州人民政府和州编委办同意，将州一级火箭残骸落区工作职责划回州人防办。切实开展好落区工作业务知识培训，为落区配置手摇式警报器 260 台，扎实做好前期方案制定、任务分解、落区宣传、责任书签订等准备工作，分别于 9 月 29 日、11 月 25 日、12 月 27 日成功执行 07－78、07－81、07－83 一级火箭残骸回收任务，无人员伤亡。

【机关建设】　组织观看中国共产党第十九次全国代表大会开幕会盛况，掀起中共十九大精神学习热潮，制定学习计划，采取多形式强化学习，开辟学习专栏，开展宣讲活动，切实做到用中共十九大精神武装头脑、指导实践、推动工作，开展“三晒一争”活动，持续推动“三转”（转观念、转主业、转作风），统筹推进季度综合考评工作倒逼人防工作开展。

【获奖情况】　2017 年 5 月 24 日，在全州人民防空工作会议上，顾俊友、钟裕刚 2 人荣获“全州人民防空先进个人”。因 2017 年“放管服”工作表现突出。

（王　梅）

【黔南州委书记龙长春对人防工作作批示】2017 年 3 月 13 日，黔南州人防办向州委呈报了《关于 2016 年人民防空工作的报告》（黔南人防党呈〔2017〕1 号），《报告》总结了 2016 年度人防工作在规划引领、工程防护能力建设、指挥通信、依法治理、宣传教育等方面工作取得的成就，提出了面临的问题和困难，重点汇报了 2017 年度工作打算：一是规划上要确保做到“三个同步”；二是工程建设上要确保做到“三量齐升”；三是执法检查上要确保做到“三管齐下”；四是队伍建设上要确保建强“三支队伍”；五是平战结合上要确保做到“三效联动”；六是宣传教育上要确保做到“三度同频”；七是职能强化上要确保做到“三转发力”；八是督促落实上要确保做到“三措并举”。3 月 30 日，州委书记龙长春对《报告》作出批示：“防空办对今年的工作打算思路清晰，措施有力，希望抓好落实。”

（王　梅）

【省人防办到黔南州调研指导人防工程建设管理工作】　2017 年 4 月 10 日上午，由贵州省人防办总工程师张绍川带队，人防工程建设管理处副处长刘海波、人防工程质量监督站副站长龚永炎、郑世屏等一行 6 人组成调研组，到都匀市对黔南州人防工程建设管理有关工作进行调研座谈，州人防办领导班子全体出席，相关科室负责人列席。调研组首先听取了工作汇报，州人防办党组书记、主任郭兴文从全州当前人防工程平战转换、工程建设、质量监督、黔人防通〔2017〕4号文件执行和“双随机一公开”等方面工作开展情况、存在问题（困难）、下步工作打算和建议进行汇报，并对工程建设联审联批、人防工程产权归属等内容进行交流探讨。张绍川总工充分肯定了黔南州人防办领导班子建设风清气正，干劲十足，工作思路清晰，目标明确，重点突出，措施有力，望再接再厉，在黔南的人防工程短板上再下功夫，力争“十三五”规划期间上一个新的台阶。此次调研同时明确要求全州要尽快启动山体洞穴改造和人防疏散地域建设试点，力争2017年全省示范观摩点的确定落实。

（尹　超）

【黔南州组织到黔东南、铜仁地区现场观摩学习落区任务执行工作】　2017年4月11日上午，在办党组书记、主任郭兴文的带领下，黔南州人防办组织相关人员，会同龙里县、福泉市、贵定县和州交通局等县（市）、部门共25人，到铜仁地区石阡县落区指挥部和黔东南州镇远县大地乡现场观摩学习落区任务执行工作。当天下午，石阡县领导在县政府办公室临时指挥部传达了落区工作部署方案，提出落区工作当前存在的问题，同时明确了具体工作任务，省办落区防护处处长解彬作了讲话，提出了四方面要求。通过现场观摩学习，使观摩人员进一步了解落区火箭残骸回收工作具体流程和工作环节，增强抓好落区工作的责任感和使命感，为更好的执行和完成2017年度各次落区工作任务奠定了良好基础。

（王尔华）

【黔南州人防办开展保密教育培训专题讲座】　2017年4月26日下午，为进一步增强干部职工保密意识和责任意识，提高保密工作能力和水平。黔南州人防办开展保密教育培训专题讲座，邀请州国家保密局业务科科长汪涛就如何做好新形势下的保密工作做现场专题培训。主讲人结合相关典型案例，从保密工作对象、保密工作形势、保密工作管理三个方面全方位分析了新形势下保密工作面临的挑战和信息时代下保密工作实践中存在的安全隐患，教育大家要高度重视保密工作，进一步加大保密工作力度。讲授内容生动详实、发人深思，让全体干部职工受到了一次深刻的警示教育。

（潘洪章）

【黔南州召开全州人民防空工作电视电话会议】　2017年5月24日上午，黔南州召开全州人民防空工作电视电话会议，深入学习贯彻第七次全国人民防空会议精神和全省人民防空工作电视电话会议精神，总结全州“十二五”规划期间人民防空工作情况，部署今后一个时期人民防空建设任务。州委副书记、州政府州长吴胜华，州政府副州长文永生，都匀军分区政治委员杨光芒出席会议并分别作重要讲话、工作报告和宣读“十二五”规划期间全州人民防空工作受国家、省、州表彰情况。都匀军分区司令员罗燕军主持会议。会上，传达了州委书记唐德智对人民防空工作作出的批示精神。吴胜华主要讲了三点意见并提出相关要求。文永生的工作报告阐述了“十二五”规划期间黔南州人民建设发展的基本情况，提出了今后五年全州人防建设任务，明确了2017年度人民防空重点工作。会议主会场设在都匀军分区，各县（市）人武部设分会场。都匀军分区、州直有关部门（单位）、都匀经济开发区及县（市）人武部、县（市）有关部门（单位）和受表彰的全州人民防空先进城市、先进单位和先进个人代表共600余人参加会议。

（王　梅）

【黔南州人防办邀请省人防办有关领导专家指导人防大数据建设】　为深入贯彻落实“十三五”规划时期贵州省“大扶贫、大数据、大生态”三大战略行动要求和省人防办有关文件精神，黔南州人防办邀请省人防办有关领导专家对人防大数据建设工作进行指导。2017 年 6 月 2 日下午，省人防办指挥和信息化处处长徐德、人防指挥信息保障中心副主任沈鹏等一行 4 人到州人防办开展人防大数据应用平台建设专题讲座。州信息管理中心及都匀市、福泉市人防办有关领导和州人防办全体干部职工参加。会议还对都匀市、福泉市人防办所提的相关意见建议进行了交流讨论。

（王　梅）

【省人防办到瓮安县猴场会议会址开展学习教育活动】　为纪念中国共产党成立 96 周年，弘扬党的光荣传统和优良作风，缅怀革命先烈，回顾党的光辉历程。2017 年 7 月 5 日，省人防办党组书记、主任管群一行 70 余名党员干部到瓮安县猴场会议会址参观学习，接受革命传统教育。重拾党员干部入党初心。黔南州人防办党组书记、主任郭兴文，瓮安县人防办主任秦综陪同。管群一行，随后到建中镇考察茶理小镇，在充分了解了瓮安人防工作开展情况后，对瓮安近年来人防工作取得的成绩给予了肯定，并要求瓮安县人防办要抓住城市建设快速发展的契机，着力抓好人防工程建设工作。

（潘洪章）

【黔南州人防办深入联系点开展精准识别摸排工作】　2017 年 7 月 5—6 日，黔南州人防办组织有关人员深入帮扶联系点福泉市牛场镇翁巴村开展扶贫对象精准识别摸排工作。工作组从联系点所在乡镇（街道）扶贫工作站中“全国扶贫开发信息系统业务管理子系统”调出所有贫困户信息列表，通过逐户比对的方式，对所有贫困户精准识别和精准退出情况进行全面识别摸排，按照“缺什么、补什么，错什么、改什么，一次性补齐”的原则，对识别情况、退出情况与实际情况不符的问题进行整改完善。同时通过随机走访，听取贫困群众对政策落实、帮扶成效和脱贫效果等方面的满意评价。此次摸排与走访对准确把握贫困户精准识别的实际情况，切实解决贫困户识别不精准、信息不完善的问题，为下一步精准施策、精准帮扶提供重要依据。

（潘洪章）

【警示教育】　为进一步增强人防干部职工的廉洁自律意识，筑牢党员干部拒腐防变的思想道德防线。2017 年 8 月，黔南州人防办从近年来省内外人防系统职务犯罪的媒体报道中，选录了 12 篇具有代表性和典型性的渎职贪腐案例，编印成《警钟长鸣——人防系统违纪违法案例警示录》警示教育读本，并及时发放到全州人防系统干部职工手中。教育读本收录内容包括案情简介、案情特点、原因剖析和启示，涵盖的种类多、涉及范围广。涉案人员中既有贪污受贿的领导干部、也有以权谋私滥用职权的普通干部。通过以案说纪、以案释纪的方式深刻剖析违法违纪问题的根源，可读性、针对性强，具有较好警示教育作用。

（潘洪章）

【扶贫工作】　2017 年 9 月 4 日黔南州人防办召开全办干部职工会，安排部署精准扶贫工作并提出“点面结合”助力帮扶计划。9 月 6—12 日，由办领导分别带队分三个小组深入福泉市牛场镇翁巴村，深入 19 户贫困户家中，了解 9 个深度贫困组的现状和贫困户贫困原因、家庭状况、脱贫措施，并加强与市镇帮扶干部对接沟通，为进一步助力贫困户在 2018 年底前脱贫创造一定的条件和外部环境。这次的扶贫工作领导带头，精心组织，统筹安排，让每一位与贫困对象对应挂钩的干部职工都参与了这次的扶贫，切实做到了“一对一”的帮扶情况摸底。

（潘洪章）

【黔南州人民防空工作现场推进会在福泉市和瓮安县召开】　2017 年 9 月 22 日，黔南州人民防空工作现场推进会在福泉市和瓮安县召开。省人防办总工程师张绍川、州人民政府副秘书长仲成鹏出席会议，各县（市）政府分管副县长、人防办主任和一名业务骨干，州人防办科以上干部参加会议。上午，与会人员来到瓮安县麒龙摩尔城、瓮安县城市棚户区改造工程北部一至三期项目建设工地，实地观摩已验收并投入使用的人防“结建”工程和在建的人防工程及人防工程规划、人防工作图片展板、资料等。在福泉市政务服务中心和综合行政执法局，与会人员通过观看展板、查阅资料、听取汇报的方式，了解福泉市人防行政审批窗口建设和人防联审联批情况以及人防行政综合执法情况。下午召开推进会，福泉市、瓮安县、龙里县和独山县分别作交流发言；州人防办副主任韦崇瑞通报了2017年上半年全州人防工作情况并就下步工作作安排部署。张绍川作重要讲话，仲成鹏代表副州长文永生宣读了关于全州人防工作的讲话。（吴　健）

【省人防办陈果一行到黔南调研人防工作】2017年11月10日上午，省人防办副主任、党组成员陈果一行到黔南州调研人防工作。调研汇报座谈会在黔南州人防应急指挥中心四楼第一会议室召开。会上，州人防办副主任、党组成员韦崇瑞和都匀市人防办主任郑达坤分别向调研组汇报了工作情况，并提出了制约当前人防发展的系列困难和问题，希望调研组积极呼吁，帮助解决，促进基层人防工作顺利推进。调研组对黔南州贯彻落实两文件两会议的做法和成效予以充分肯定。（王　梅）

【黔南州人防系统领导干部到省内先进地区考察学习人防业务】　按照2017年初工作安排，结合中共十九大胜利召开以及黔南州委、州政府主要领导对各部门行业管理补短板、缩差距的要求，11月28—12月1日，在黔南州人防办党组书记柏林松，党组成员、总工程师熊必武带领下，全州12个县（市）人防办领导干部及州人防办政策法规、人防工程科干部到贵阳市、遵义市、六盘水市考察学习人防工程建设使用与管理和人防指挥信息系统建设。（尹　超）

2017年5月24日，黔南州人民防空工作会议在都匀军分区召开

2017年11月30日黔南州人防考察组同遵义市人防办座谈交流

·法 治·

FA ZHI

政法委及综治

【概况】 2017年，全州政法机关深入学习贯彻习近平总书记系列重要讲话精神和治国理政新理念新思想新战略，按照稳中求进的工作总基调，把工作基点放在防控安全风险、应对突发情况、驾驭复杂局面上，把着力点放在平安黔南、法治黔南、过硬队伍建设和深化司法体制改革、深化科技运用上，全力保安全、护稳定、促和谐，为实施“3366”发展主战略、打造民族地区创新发展先行示范区营造安全稳定的社会环境、公平正义的法治环境和优质高效的服务环境。一是圆满完成党的十九大维稳安保工作。黔南州各级各部门牢固树立“四个意识”，以最强的部署、最细的措施、最严的要求，全员动员、全力以赴，投入到党的十九大维稳安保工作中，守住了“七个坚决防止”的底线，实现了“黔南不出事、黔南人不惹事”的目标。二是安全感满意度实现“保位进位”目标。2017年，黔南州人民群众安全感为98.58%，高于全省平均水平0.74个百分点。从2016年全省第四名进位到第三名；人民群众对政法机关的综合满意度为98.78%，高于全省平均水平0.64个百分点，继续保持全省第一的位次。三是深化平安黔南建设。以深入推行矛盾纠纷多元化解“112”模式为抓手，强化矛盾纠纷的排查调处工作，防止群体性上访59件2205人、群体性械斗16起341人，有效防止了168件1372人的“民转刑”案件的发生。强力推动“天网工程”“雪亮工程”“网格化”建设，深入推进“社区民警专职化”“一村一警务助理”建设，强化社会安全防范，不断提高社会治安的防控能力，创下全州341天“两抢”零发案的新高。继续巩固提升特殊人员服务管理“六项工程”，最大限度源头减少犯罪主体。坚持“严打犯罪”方针不动摇，2017年，全州刑事案件发案同比下降11.53%，其中“八类”严重暴力犯罪案件发案同比下降4.86%，“盗抢骗”发案同比下降17.91%，破获各类刑事案件同比上升0.25%，打击处理犯罪嫌疑人同比上升1.05%，成功侦破“11·26”系列跨省丢包诈骗案、“8·19”“9·05”和“10·10”特大网络贩枪案、“7·05”拐骗幼女少女强迫卖淫案、“6·23”特大侵犯公民个人信息案、“6·21”特大电信网络诈骗案、“12·19”特大虚开增值税专用发票案等大要案件。四是创新打造“一个中心、两个平台”。创新推出了“多中心合一”改革项目，成立了黔南州级综治中心，建立了“黔南州政务110服务平台”“黔南州政法综治大数据平台”，开启了功能整合、资源共享、数据融合的新格局，省委政法委在全省政法综治工作现场观摩会进行了总结推广。五是服务保障经济发展。审判机关完善保障茶产业、物流业和生态环境等重点工作审判指导意见，将服务地方经济社会发展列入对各县（市）法院的年终考核内容。检察机关制定出台了《黔南州人民检察院加强产权司法保护“六个一律”“六个严禁”承诺》等产权司法保护措施。公安机关持续深化“放管服”改革，推动简化优化服务流程方便群众办事创业28项措施落地。司法行政部门开展“148”法律援助精准扶贫工作。六是推动司法改革创新。州中院、都匀市法院和荔波县法院成为全省以审判为中心的刑事诉讼制度改革试点，初步探索出“证人室”“庭前会议室”等改革成果。检查机关科学组建办案团队，实现了由“承办人—部门负责人—检察长”三级审批模式，到“检察官—检察长”或“检察辅助人员—检察官”两级审批模式的转变。公安机关纵深推进户籍制度改革，全面落实户口迁移“一站式”办理，全州农业转移人口及其他常住人口落户城镇13.33万人，完成年度任务的245.5%，连续3年提前超额完成省政府下达的目标任务，全州户籍人口城镇化率达39.85%，黔南州户籍制度改革经验被全省推广。司法行政机关完成公证机构改革。七是政法队伍英模频出。全州政法队伍整体素质和战斗力不断提升，相继涌现出了一大批先进集体和先进个人。2017年，黔南州法院被评为“全国联络工作先进集体”，黔南州公安局被省公安厅授予“迎接十九大·忠诚保平安”主题活动“优秀市级公安局”，荣立集体二等功。瓮安县检察院被评为“全国先进基层检察院”，平塘县检察院被评为“全国未成年人检察工作先进集体”。贵定县综治办获评“全国社会治安综合治理先进集体”。贵定县公安局被评为“全国优秀公安局”“全国公安机关执法规范化建设示范单位”。瓮安县公安局经济犯罪侦查大队荣获“全国优秀公安基层单位”，刘源、韩彩云、吴永龙、李光进、徐灵波、昌晓辉、王焱刚等一批政法干警分别被评为全国全省先进个人。州委政法委（维稳办）、州公安局及黔南州6名政法干部在服务保障全国司法体制改革推进会中表现突出，被省委、省政府通报表扬。2017年5月19日，贵定县公安局作为全省唯一领奖集体代表参加了全国公安系统英雄模范立功集体表彰大会，受到习近平总书记等党和国家领导人的接见。

【州委政法工作暨信访工作会议召开】 2017年2月21日，州委政法工作暨信访工作会议在都匀召开，州委书记龙长春出席会议并讲话，州委副书记、州长吴胜华主持会议，州委副书记、州委政法委书记罗桂荣全面总结黔南州2016年政法信访工作取得的工作成效，分析了当前面临的形势，对2017年全州政法和信访工作进行了具体安排部署。

【中央综治委预青专项组到黔南州启航学校调研专门学校建设工作】 2017年4月6—7日，团中央维护青少年权益部副部长姚建龙率领财政部行政政法司、中国青少年研究中心、省委政法委、省检察院、团省委等相关部门负责人一行8人到黔南州启航学校调研专门学校建设和专门教育工作，加快推进启航学校依法规范管理。

【省委政法委常务副书记、综治办主任彭德全到黔南州调研政法工作】 2017年5月11日，省委政法委常务副书记、省综治办主任彭德全率队到都匀市调研政法工作，州检察院检察长马涛，州委政法委副书记、州综治办主任邹涵，州公安局副局长付光耀，都匀市委常委、政法委书记、公安局局长程涛等陪同。

彭德全一行实地察看了云上都匀大数据中心、黔南州公安局指挥中心、都匀市公安局，彭德全同志对黔南州、都匀市政法部门运用大数据手段提升政法工作能力和水平的做法给予了高度肯定。

彭德全要求，黔南州特别是都匀市要紧紧抓住运用大数据破解社会治理难题这条主线，在提升实战运用上下功夫，以大数据为引领进一步提升实战运用能力，切实维护好社会平安与稳定，保障好人民群众安居乐业。

【全州政法系统办公室工作培训会在贵定召开】 2017年6月8—9日，州委政法委在贵定县组织召开全州政法系统办公室主任工作培训会，传达学习全国、全省和全州党委秘书长（办公室主任）会议精神，并围绕办公室“一个核心任务、三项重点”工作进行了专题业务培训。

【积极探索“多中心合一”改革工作】 2017年6月7日，省委书记、省人大常委会主任陈敏尔到黔南州福泉、瓮安调研司法体制改革和社会稳定工作。其间，陈敏尔指出，“要加强中心这个平台建设，把周边相近相关的资源和功能整合起来；要加强工作创新，以去中心化为指向，打通群众工作、行政、司法等体制机制壁垒，最大限度地化解矛盾纠纷；现在要做加法，但也要做减法，大家都立了个山头，都叫中心，多中心实际上是无中心；现在已是大数据时代了，区块链技术的一个基本内涵就是去中心化，有技术支撑，可以做到去中心化；要探索整合衔接‘三个中心’工作机制。”

7月10日，由州委政法委牵头会同州委政研室、州群众工作中心、州司法局等单位组成州委联合调研组，实地深入福泉、龙里、惠水、荔波、独山5县（市）就“多中心合一”改革工作开展专题调研。

8月3日，州委联合调研组向州深改领导小组办公室提交《黔南州“多中心合一”改革方案》，审议通过已印发各县（市）执行。

【全州社会治安防控体系建设暨政法大数据应用现场观摩会在都匀召开】 2017年7月28日，全州社会治安防控体系建设暨政法大数据现场观摩会在都匀市召开，州委副书记、州委政法委书记罗桂荣及州政府、州人大、州政协等四家班子领导，州政法委、州法院、州检察院、州公安局、州司法局主要负责人出席会议。全州各县（市、区）党委政法委书记、综治办主任、法院院长、检察院检察长、公安局局长、司法局局长等参加会议。市直政法各部门相关负责人及各镇（乡、街道）政法委书记、综治办主任列席会议。会议由州人民政府副州长、州公安局局长王治军主持。

【中国第十一届“西部反邪教论坛”在平塘举办】 2017年9月11—14日，中国第十一届“西部反邪教论坛”在平塘县克度镇举办。中国科学院院士、第三世界科学院院士、国际宇航科学院院士、中国科学家协会荣誉会长、中国反邪教协会理事长欧阳自远，中国反邪教协会副秘书长张虹，贵州省科协党组书记、副主席张美圣，贵州省科协副主席刘开树，省防范办副主任聂越男，黔南州政协主席魏明禄，平塘县政协主席张建海出席开幕式。西部各省（市、区）反邪教协会、防范办领导，贵州省各市（州）、部分县（市、区）反邪教协会及防范办负责人和优秀论文作者代表参加开幕式。

【中共中央十九大维稳安保工作督导组到黔南州督导工作】 2017年10月3日，中央第十二维稳安保督导检查组副组长、司法部监狱管理局副局长高泽波一行到黔南州督导检查中共十九大维稳安保工作开展情况。州委书记唐德智在都匀主持召开黔南州工作情况汇报会；省委第七督导组组长、省司法厅副厅长卢刚，省监狱管理局局长赵金龙，省监狱管理局狱政处处长郑远航，省维稳办维稳处主任科员周远昌，州委副书记、州委政法委书记罗桂荣，州委常委、州委秘书长瓦标龙，州政府副州长、州公安局局长王治军等领导出席会议，州委有关副秘书长，都匀军分区、州委政法委、州法院、州检察院、州信访局、武警黔南支队、州教育局、州公安局、州国安局、州司法局、州人社局、州民政局、州住建局、州政府金融办、州网信办、都匀市委政法委主要负责人参加会议。

【全省政法综治工作现场观摩会在都匀召开】 2017年12月20日，全省政法综治工作现场观摩会在都匀召开。省委常委、省委秘书长、省委政法委书记唐承沛出席会议并作重要讲话。省委政法委、省公安厅、省司法局有关领导，各市（州）政法委书记、公安局长、综治办主任，贵安新区政法群工部和公安局负责人，全省88个县（市）政法委书记共140余人参加会议。州委书记唐德智出席会议并致辞，州委副书记、州人民政府州长吴胜华，州委副书记、州委政法委书记罗桂荣，州政府副州长、州公安局局长王治军全程参加会议。会议由省委政法委常务副书记、省综治委副主任、省综治办主任彭德全主持。

全体参会代表先后实地观摩了黔南州公安局指挥中心、黔南州政务110服务中心、都匀市绿茵湖综治中心和都匀市文峰办事处龙潭社区综治中心。

【黔南州首次表彰“十佳政法干警”】 2018年2月12日，州委召开2018年州委政法工作会议，会上对全州“十佳政法干警”进行了表彰。

（龙文超）

法治政府建设

【概况】 2017年，州政府法制办新增人员6名，其中副主任1名，总法律顾问1名，法制研究所工作人员4名；人员变动3名，其中离职1名，终止合同1名，调动1名。截至2017年12月底，共计审查州政府及政府部门规范性文件39件，审查合同、协议等文件61件。收到县级政府报备的规范性文件9件，审查9件。州政府制定规范性文件10件。在全州开展规范性文件清理4次，共计清理规范性文件747件。收到行政复议案件209件，立案受理行政复议案件174件（新收受理复议案件140件，2016年度结转34件），州政府纠错下级行政机关行政行为占52.89%，其他占47.2%。州政府法制办代州政府应诉行政案件137件（一审94件，二审43件）。2017年，在全省依法行政年度考核中，黔南州政府2017年再次荣获一等次（与贵阳市等其他市州政府并列），连续三年在全省保持第一方阵。

【率先建立规范性文件“自动清理”制度】《黔南州规范性文件清理办法》经州政府十三届第67次常务会议审定通过并由州政府办于2016年6月29日印发执行。《黔南州规范性文件清理办法》建立了规范性文件自动清理制度，规定自2017年起，行政机关在每间隔2年的4月中旬自行启动至8月底前完成规范性文件常规清理工作，州人民政府不再发文通知清理。同时，在规范性文件的适用期问题上，中央和省没有明确规定适用期，也没有明确规定不设定适用期。为彻底解决僵尸文件问题，使行政机关自觉根据国家法律法规和政策要求，以及经济社会发展变化的需求，转变职能，适时调整行政管理方式和内容，黔南州结合一些沿海发达地区在行政实践中对规范性文件适用期5年的规定，及省政府法制办规范性文件清理办法每两年清理一次的规定，将规范性文件的适用期折中规定为3年，若其超过3年适用期则自动失效并依法向社会公布。为使该办法具有更强的普适性、灵活性和张力，明确规定如果制定机关认为规范性文件的适用期即将届满仍然有适用价值、确有继续实施必要的，可以依程序重新制定、公布和备案。2017年，黔南州是全省唯一规定规范性文件适用期的地区。

【出台全省首个权责清单动态调整管理办法】《黔南州政府工作部门权力清单和责任清单动态管理办法（试行）》经十四届州人民政府第3次常务会议审定通过并由州政府办于2017年5月18日印发。有几个方面的亮点，一是全省首创，该管理办法的制定，黔南是全省第一家出台行政权力清单动态管理办法的政府。二是使部门主动履职，明确部门为动态调整的主体，充分发挥政府工作部门在行政权力清单动态管理过程中的积极性和自觉性。三是动态调整的时间短，从调整情形发生之日起，30日即可完成整个审核和审批过程。四是畅通了投诉举报渠道，使权力在阳关下运行。五是针对不同调整情形，明确了不同调整程序，极大提高了行政效率。六是明确了监督检查责任，使行政权力清单的动态管理更加规范和有序。

【《黔南州人民政府规章制定程序规定》印发实施】 《黔南州人民政府规章制定程序规定》经十四届州人民政府第10次常务会议通过并由州政府办2017年9月8日印发实施，对州政府规章的制定程序予以规范。本规定共计7章48条，分别为总则、立项、起草、审查、听证、审议公布备案以及解释、附则。第一章主要规范政府规章的制定主体、范围、原则和保障；第二章主要规范政府规章的立项申请、立法计划和立法规划；第三章主要规范政府规章的起草单位、起草方式、起草要求以及报送审查程序；第四章主要规范政府规章的审查主体、审查方式、所涉重大问题的处理以及报请州政府审议程序；第五章主要规范政府规章适用听证的条件和听证会程序；第六章主要规范政府规章的审议主体、审议方式、公布方式、备案主体和解释主体；第七章主要规范政府规章的修改、废止、清理和生效时间。

【《黔南州法治政府建设实施方案（2017—2020年）》出台】 2017年12月5日，《黔南州法治政府建设实施方案（2017—2020年）》正式印发出台，这是全州法治政府建设的总蓝图和路线图、施工图，对法治政府建设作出了总体设计和全面规划。《方案》共计44项具体任务和109项具体措施，先后向全州各县（市）政府和州直各单位征求意见2次，开展专题会议1次，10月13日经州政府召开政府常务会审议并原则通过，11月3日经州委全面深化改革领导小组第二十八次会议次讨论并原则性通过。《方案》以全面推进依法行政、加快建设法治政府为主线，以法治政府建设重点任务和具体举措为脉络，总体架构分为三个部分，包括总体目标、工作措施及责任分工、组织保障和落实机制。

【全州行政复议与行政应诉能力提升培训班在都匀经济开发区匀东贵州饭店举办】 为推动人州行政复议委员会试点工作的开展，提高各级政府和部门办理行政复议、行政应诉案件的质量和水平，深入推进依法行政、加快法治政府建设，2017年10月31—11月1日，州政府法制办在都匀经济开发区匀东贵州饭店举办为期一天半的全州行政复议、行政应诉能力提升培训班。各县（市）政府法制机构和乡镇及县直部门、州政府各工作部门法制机构负责行政复议、行政应诉工作负责人和工作人员共计165余人参加，这是近年来规模最大的一次全州性的行政复议、行政诉讼培训。

（李婉君）

黔南州公安消防支队

【概况】 2017年，州公安消防支队紧紧围绕总队党委“双稳定、双一流”总体目标，坚持以防火灭火为中心，坚持依法从严治警，严格落实党委一线工作法，以清单式工作法抓落实，按照“两固两创两建设”（固本强基、固强补弱，务实创新、稳中创优，大数据建设、正规化建设）的工作思路，实现了火灾形势及部队管理“双稳定”。

【队伍建设】 坚持政治建警，强化“五型”班子建设，不折不扣地执行党委统一的集体领导下的首长分工负责制，多次专题研究中共十九大安保工作，严格落实“党委一线工作法”，坚决做到“四个亲力亲为”，严格执行“三帮、三互”工作机制。坚持廉洁从警，在内部，通过规范党委议事决策程序，严格执行干部选拔任用“一报告两评议”机制，营造风清气正的政治生态；通过建立行政案件网上“四审一监督”、行政处罚裁量参考系统等措施，规范了执法行为，有效防止了执法“体外循环”和公权滥用。在外部，通过与州检察院建立预防职务犯罪联席会议制度、开展“万名人大代表走消防、看执法”活动、将行政审批项目列入“黔南州行政审批系统”等措施，主动把消防行政执法程序置于纪检监察部门监督之下，使消防行政执法在阳光下运行。

【火灾防控】 坚持“政府统筹、两委主抓、两会协助”的工作模式，着力推动消防责任落实。依托“考查督议”四项机制，实行月考评、月督导。2017年，“两委”组织联合检查18次，成立专项工作领导小组3个，函告相关行业部门11家；督促行业主管部门组织186个检查组，检查下辖单位和场所1896个，发现隐患3251处，完成整改2986处。贯彻实施《消防安全责任制实施办法》，推动州、县、乡三级政府召开消防安全委员会联席会议600余次；发动工商联协会、行业协会职能作用，召开联席会、约谈会、沟通会、培训会37次，约谈消防安全重点单位1043家，不放心场所62个，消防安全责任人，管理人2300人次。着力强化隐患排查机制落实，针对高层建筑、农村村寨、危险化学品企业、物流集散中心几个高风险区域强化部署开展专项整治行动。全州全年累计共检查单位28809家，整改火灾隐患58388处，行政处罚单位937家，临时查封单位327家，责令三停单位290家，罚款919万元，行政拘留278人，2017年发生火灾247起，未发生较大以上火灾。公安派出所共检查单位8.3万家，督促整改火灾隐患4.1万处，办理行政处罚案件2954起，有效夯实了基层火灾防控基础。着力改善消防基础设施建设，将农村消防基础设施建设纳入《黔南州布依族苗族自治州村寨规划建设管理条例》、全州69个50户以上木质连片村寨新建农村消火栓210具、高位消防水池34座、消防管道130余公里、改造农村火塘13.5万个，安装独立感烟报警器2622个，安装消防卷盘550具。推广智慧式用电安全隐患监管服务系统，强化电气火灾防控，共改造城乡火灾高风险危房15.26万户、火灾高危村寨350个，改造居民电气线路9.8万户、使17.9万人获得更好的消防安全保障。依托“城市修补”战略计划治理高层建筑火灾隐患，打通棚户区消防车通道68条，投入住房维修基金240万元，整改32栋高层建筑火灾隐患，投入资金整改17栋高层建筑火灾隐患，共投入资金228万元。构建立体宣传格局，广泛发动全社会力量，积极开展消防宣传“7+1”活动，共发放宣传资料50余万份、发送手机消防提示短信165余万条；强化“黔南电视台、黔南广播电台、黔南日报”三大消防专栏建设，制作专题节目47期，形成了良好的消防品牌效应。利用水族、布依族、苗族等少数民族语言创作“防火三首歌”，制作了全国首部水、汉双语消防歌曲《梦回古寨》。开展“开学第一课”“中小学生安全教育日”等“消防进学校”宣传教育活动，发放《中小学消防知识读本》12万册。在首届全国消防安全知识网络大赛中，全州36名学生获全国优胜奖，获奖人数居全省第一。

【部队打赢制胜能力再提升】 立足现实斗争对症下药，从点线面分析解构黔南危化品企业现状（在点上，有瓮福集团、金正大等大型化工企业；在线上，平均每天从黔南州境内通过的危化品槽车100余辆，另有“两主线一支线”的油气管道贯穿黔南境内；在面上，全州共有危化品单位212家），并针对性制定危化品灭火救援规范化体系。针对“一高一低一大一化工”等前沿救援难题，立足全州四大火灾高风险点，开展高层建筑综合演练、危化品企业综合演练等针对性大型演练，承办全省攻坚组培训班，全力提升专业救援水平。2017年，全州部队修订数字化预案374份，开展六熟悉、灭火演练1962次。确立“带促推逼”工作机制，部署执勤练兵工作，通过司令部和战训工程师分片指导和责任捆绑机制，《黔南州消防部队军事训练工作监察机制》，进一步提高部队实战能力，2017年，全州共接警出动875起，出动车辆1348台次、警力7932人次，抢救被困人员654人，疏散被困人员1844人，抢救财产9551万元，成功处置了“9·23”荔波三荔高速山体滑坡事故、“10·21”乙酸乙烯脂罐车车祸事故。完善多种形式灭火救援队伍，建立健全水域救援队、地震轻型救援队等特殊灾害事故力量储备制度，强化特殊事故应急响应机制，提升部队处置特殊事故能力。全州共建成政府专职消防队18个，招收专职消防队员144人，采购各类消防车6辆，实现应急救援力量县域全覆盖。特别是瓮安县、三都县将全县政府专职消防队登记为独立的事业法人机构，将专职队员核定为事业、工勤编制；平塘县投入200万元购置3台大吨位消防车，在“中国天眼”所在地建立政府专职消防队，强化重要目标的应急处置力量。全州121个社区、1043家重点单位完成微型消防站建设，并接入指挥平台，实现统一调度指挥。

【基层基础建设】 2017年，全州多渠道保障消防工作经费，将消防装备建设维护、综合应急救援队伍建设、消防员高危补贴等经费纳入同级财政预算，并按时足额拨付到位。全州新增特种消防车5辆，各类灭火救援器材及防护装备3289件套，消防装备水平得到大幅提升。全州新增消防部队营房面积约1.29万平方米，州消防训练基地、战勤保障消防站、特勤消防站及都匀经济开发区消防站、马场坪消防站完成主体建设，新增消火栓350个。同时，支队在天津港“8·12”大爆炸发生后，立即对应急救援能力训练基地建设内容进行调整，采取在不突破1.65亿总投资的情况下，压缩办公用房，加大模拟训练设施的投入，着力建成一个集灭火、隧道、地震以及危险化学品处置等设施齐全的训练基地。更新完善“1+4”（模块化运输车+个人防护、堵漏输转、化学侦检、排烟照明模块化集装箱）灾害事故快速反应模块化装备配备，切实提升重大灾害事故战勤保障响应效率。推行“采购+联储”的灭火药剂储备模式，有效解决泡沫储运成本高、调运慢的难题。依托百度云盘，搭建“装备资源云平台”，搜集上传各类装备性能参数、教学课件、音视频资料等，制定侦检器材和泡沫灭火剂“两个中英文对照表”及简易操作使用说明，为全州消防部队提供装备业务学习资料。依托微信群功能，建立车辆装备厂家技术人员、机关装备战保业务骨干、基层装备技师“三级联动响应机制”，确保基层车辆装备问题能够第一时间得到反馈和有效解决。开展综合性战勤保障实战拉动训练，着力强化遂行保障能力。

（罗映章）

公 安

【概况】 2017年，黔南州公安机关坚决贯彻省公安厅和州委、州政府各项部署，紧扣“为党的十九大胜利召开创造安全稳定社会环境”主题主线，坚持围绕中心、服务大局，从严从实从细抓好保稳定、护安全、促和谐各项措施的落实，公安工作和队伍建设在实践中取得新突破。社会大局持续稳定，奋力夺取中共十九大安保维稳攻坚战全面胜利，全年未发生危害国家政治安全和社会稳定的重大案（事）件。社会治安持续向好，刑事案件连续第三年保持“发案下降、破案上升”良好态势，街面犯罪降幅明显，“两抢”案件累计341天“零发案”，创下历史新高。工作成效获得认可。省、州领导先后12次批示肯定黔南公安工作，被省公安厅授予“迎接十九大·忠诚保平安”主题活动“优秀市级公安局”，荣立集体二等功。经验做法得到推广。“数据警务”建设应用、户籍制度改革、政务110等工作亮点得到各级领导肯定和人民群众认可。安全感满意度保持领先。2017年，全州安全感为98.58%，位居全省第三；满意度为98.19%，排名全省第一。

【维护国家安全】 牢固树立总体维护国家安全观，有力维护国家政治安全、政权安全和制度安全。严密防范、严厉打击各类颠覆渗透破坏活动。2017年，成功挤压进入黔南州的全国民运、维权律师等重点人员17人次，依法管理境外非政府组织在黔南州活动6次。成功侦破“法轮功”案件3起，打击处理4人，采集邪教人员信息780条，强化对140名邪教重点人员的管控措施，西部反邪教论坛在州内平塘县举行。建立维护国家政治安全“六个一”工作举措，全面排查各类不稳定因素，严格落实“一日一表、一事一单”跟踪督办机制，化解突出矛盾纠纷和信访问题283起。加强重大节庆、重要节点风险评估，排查管控重点群体、重点人员16类1.15万人。党的十九大期间，共查找带回黔南籍滞留在京涉访重点人员6人，配合相关部门成功劝返欲进京上访人员84人，实现本地重点人员进京“零非访、零群访”目标，守住了“黔南不出事、黔南人不惹事”的底线。创新建立“五长制”“五个一”安保工作新机制，健全完善防爆安检等四支警卫安保专门力量，“零差错”完成1022起会议活动安保任务和16起等级以上警卫任务。推动州级层面出台反恐怖工作“六项机制”，严格落实“四见四必须”等措施，核查涉恐线索7条24人，实现对715名涉恐重点地区关注人员的实时掌控，排查整改涉恐隐患839处，妥善处置涉疆案（事）件2起，成功调解纠纷3起。州、县两级公安机关共开展反恐处突综合演练13次，单科目演练35次，反恐处突预案、装备、机制、能力建设水平显著提升。完善“7×24小时”网上巡查处置机制，搜集涉稳情报信息3808条，被公安部采用2971条，发现上报网络政治谣言样本137条、有害信息1.2万条，删除3200余条，及时处置各类涉州、涉警重大敏感舆情196起，信息支撑点政治安全方向连续12个月被公安部评为优秀。依法督促全州180余家党政机关、重点国有企业、关键信息基础设施落实安全技术防范措施，2017年共整改网络安全隐患698家（次），对州内70余家重点信息系统、网站实施了等级保护。

【立体化社会治安防控体系建设】 坚持“紧盯警情、警种联动”，持续巩固“平安黔南”建设成果，不断完善立体化社会治安防控体系“五张网”，将“三打击一整治”“夏季严打”“冬季严打”等专项行动贯穿全年工作始终，推动形成打防管控的“组合拳”效应，警务工作效能进一步提升。2017年刑事案件发案12470起，同比下降11.53%，破获刑事案件6303起，同比上升0.25%，打击处理犯罪嫌疑人7079人，同比上升1.05%，抓获各类网上在逃人员926名，其中外省逃犯396名，同比上升32.26%；查处治安行政案件21869起，同比上升15.5%，处罚违法人员6131人；共立现行“盗抢骗”刑事案件9128起，同比下降17.91%，破获3709起，同比上升1.06%，现行命案发50起破50起，破案率100%，侦破命案积案8起，抓获9名历年命案网逃犯罪嫌疑人；共立各类经济犯罪案件271起，同比下降12.58%，破案210起，挽回经济损失6200余万元。强化大要案件攻坚，成功侦破“11.26”系列跨省丢包诈骗案、“8·19”“9·05”“10·10”特大网络贩枪案、“7·05”拐骗幼女少女强迫卖淫案、“6·23”特大侵犯公民个人信息案、“6·21”特大电信网络诈骗案、“12·19”特大虚开增值税专用发票案等11起公安部督办案件。主动防范打击新型诈骗，建成黔南州反电信网络诈骗合成研判中心，自主研发“反电信诈骗预警拦截平台”，初步实现“案前预警防范、案中干扰拦截、案后溯源打击”，2017年共录入涉案信息3956条、涉案账号446个，冻结止付涉案银行卡2412张、资金269万元，通过预警防范成功阻止748名受害人免于遭受电信诈骗，侦破电信网络诈骗案件112起，同比上升160.47%。严厉打击“黑拐枪”违法犯罪，侦破涉黑涉恶类案件87起、同比上升7.41%，打击处理658人，同比上升44.93%；侦破拐卖案件8起，同比上升700%，解救被拐骗幼女妇女17人；破获涉枪案件110起，同比上升19.6%，打击处理876人，同比上升155.4%，收缴各类枪支395支、子弹27万余发。“零容忍”整治“黄赌毒”等社会丑恶现象，2017年共查破涉黄涉赌案件370起，打击处理1511人，破获毒品案件226起，缴获各类毒品14.029公斤，查处吸毒人员2162人，强制隔离戒毒1365人。

【“数据警务”建设】 按照与省级资源库“错位建设、无缝衔接、联通共享”要求，建成容量达500TB的黔南公安“数据警务资源中心”，依托政府部门数据实时共享、手机APP终端智能采集、社会资源广泛汇聚和内部信息资源整合“四大渠道”，日均采集各类数据2000余万条。通过对数据资源的标准化清洗转换，按照“人、地、事、物、网”及公安“内、外”等要素分类存储，融合公安内外数据资源100余类78亿多条，打造了集各类治安要素于一体的“海量数据超市”，为警务实战提供强大的运算存储、弹性扩充等服务，为跨区域、跨部门、跨层级信息资源共享应用提供保障，解决了数据“聚、通、用”问题，形成了具有黔南特色的智能先进、功能完备、灵活扩展、安全可靠的云计算中心，让数据真正成为公安民警手中的“得力武器”。积极推进政府部门管理数据汇聚共享，参与制定黔南政务信息共享交换体系和实施细则，建设公安网与政务网数据共享安全链路和前置设备，与46个政府部门实时同步共享420余类政务数据，自主开发56类手机APP，对社会资源数据实现全方位采集汇聚，全面拓宽了数据源头。科学部署天网视频前端监控点位，列入州、县两级政府“民生工程”强力推进，2017年新建一类视频视频监控点15000个，治安视频监控卡口600个，汇聚接入各类社会视频资源5200个，建成环州交通监控卡口60个，城际卡口120个，采集过车记录4.69亿条，实现环省、环州、环县、环乡镇“四重”覆盖。聚焦实战应用，深挖数据价值，建成涵盖情报研判、实战指挥、维护稳定、打击犯罪、治安防控、安全监管、网上办事、警卫安保等方面业务工作的20余个应用系统，社会治安整体防控效能明显提升，以“数据警务”引领实战、精准管理、服务民生的格局基本形成。

【践行以人民为中心的发展思想，增强人民群众获得感、幸福感和安全感】 纵深推进户籍制度改革，全面落实户口迁移“一站式”办理，全州农业转移人口及其他常住人口落户城镇13.33万人，完成年度任务的245.5%，连续三年提前超额完成省政府下达的目标任务，全州户籍人口城镇化率达39.85%，全州户籍制度改革经验被全省推广。积极探索公安110与民生12345平台对接，分类归口处置各类民生诉求，80%以上的非警务警情被有效分流，做到了“民有所呼、我有所应，民有所需、我有所为”，黔南政务110建设模式受到上级肯定和群众好评。持续深化“放管服”改革，推动简化优化服务流程、方便群众办事创业28项措施落地，全面落实跨省居民身份证异地受理、挂失申报和丢失招领“三项制度”，以社会需要、群众需求为导向，搭建“互联网+公安政务服务”平台集群，推出系列掌上应用、指尖服务，在城区派出所试点群众自助受理身份证系统，真正把改革成效以看得见的方式送到群众身边，获取支持，赢得满意。全州共办理互联网用户面签18.4万人，补换证、预约考试等业务54.5万人次，流动人口网上服务管理、户籍业务网上办理数量均排名全省第一。全力保障人民群众“餐桌上的安全”“舌尖上的安全”和对环境安全的新期盼，2017年侦办“食药环”刑事案件9起，抓获犯罪嫌疑人11人，查处环境违法行政案件10起，拘留10人，侦办生产销售伪劣产品刑事案件4起，打击处理12人，涉案价值1186余万元，积极配合打好“蓝天白云保卫战”，联合有关部门淘汰“黄标车”1526辆，有效减少尾气排放，促进绿色交通产业和经济社会健康发展。牵头组织“保护母亲河·河长大巡河”和“百千万”清河行动联合执法检查活动。始终保持对恶意欠薪违法犯罪的严打高压态势，2017年共查破拒不支付劳动报酬案件15起，打击处理47人，帮助农民工讨回工钱5000万余元，切实维护了劳动者合法权益，有力促进了社会公平正义。

【防范重特大公共安全事故工作】 出台《黔南州公安机关从严管控民爆物品“十个一律”规定》，严查严处违规行为，掀起全方位、深层次、无死角的涉爆隐患整治风暴。2017年，共发现整改安全隐患148起，查处涉爆案件25起，打击处理34人，收缴危爆物品1671.5公斤，雷管1585枚，导火索413米，烟花爆竹3345件，处罚单位24家，关停97处。完善民爆物品监管服务信息系统，网上审批购买、运输许可22367份，爆破作业项目215个，系统自动核查预警资质过期等安全隐患133次。全面推广电子数码雷管使用，应用管理成效明显，实现了真正意义上的末端管控，并在公安部7月7日召开的“全国公安机关爆炸物品安全管理信息化工作现场会”上作交流发言，工作经验被全国推广，10个省份20多个地市前来考察学习。以“防事故、保安全、保畅通、群众满意、形象良好”为目标，持续开展“隐患歼灭战、路面防控战、宣传攻坚战、共治合成战”四场战役，全力打造安全、畅通、有序、和谐的道路交通安全环境。2017年共排查整治各类交通隐患2032处，查处各类交通违法行为243万起，吊销驾驶证687例，拘留1248人次，在全州公路通车里程达1.98万公里、高速公路847公里、驾驶人达89万人同比上升23.2%、机动车达82万辆同比上升22.7%的快速增长形势下，全州发生道路交通事故1407起，死亡332人、受伤1819人、直接经济损失800余万元，2017年未发生一次死亡3人以上的重特大交通事故。坚持以防火灭火为中心，依托“考查督议”四项机制，狠抓消防工作责任落实，深入开展城市高层建筑、农村木质村寨、危险化学品企业、物流集散中心、重点金融部门等多个领域的火灾隐患治理专项行动，2017年共检查单位3.16万家，整改隐患6.34万处，约谈消防安全重点单位1043家，责令“三停”单位326家，罚款987.65万元，行政拘留286人。2017年共发生火灾267起，财产损失694.94万元，未发生重大火灾事故，消防安全形势总体平稳。严格落实物流寄递业“三个100%”等管控措施，联合邮政、交通等部门检查网点1090家次，查处寄递企业不落实内部治安保卫措施案件202起，处罚企业303家。主动应对旅游“井喷式”发展态势，探索建立旅游警务工作新机制，加强重点景区旅游安保，促进“平安旅游”。全力保障“中国天眼”安全运行，牵头建立安保工作三级联席会议制度等一系列工作机制，全面加强人防、物防、技防措施，初步构建起覆盖“中国天眼”项目区的立体化社会治安防控体系。

【执法规范化建设】 推动州“两办”印发《深化公安执法规范化建设实施意见》，将建设目标任务纳入州政府目标考核。建立“执法信息网上录入、执法流程网上管理、执法活动网上监督”机制，对刑事案件的立案、侦查、报捕、起诉等关键环节进行审核监督、常态跟踪，实现审核与考评同步“一案一审一评”，2017年共审核刑事案件8560起，退回2152起，提出审核意见6212条。通过州局网上抽考和巡查、县（市）局自查自纠的方式进行监督，每季度从系统中随机抽取180起刑事行政案件和所有行政复议、刑事复议复核、国家赔偿案件进行交叉考评，全年共抽考案件720起，及时发现整改执法问题，真正变事后监督为事前、事中监督，执法质量考评连续多年排名全省前列。制定办理伤害案件、毒品案件的执法指引和证据指引，有效解决类似案件办理中的执法瑕疵，办案质量大幅提升。积极适应“以审判为中心”的诉讼制度改革，健全完善公检法联席会议机制，强化第三方执法数据结果运用，民警执法办案水平和证据意识显著增强，2017年共向检查机关移送审查起诉案件2862起，作出存疑不诉决定27起，存疑不诉率为0.94%。出台《黔南州公安机关执法视音频设备使用管理规定》，研发执法视音频管理系统，建立“随案监督、随警督察、随网监控”机制，做到全程留痕、轨迹可溯，全州现场执法不规范投诉同比下降65.7%。把涉案财物管理、保障嫌疑人合法权益等内容纳入执法办案场所建设内容，积极打造集侦查、监督、研判等功能于一体的“一站式”执法办案管理监督中心，成功研发“智能化执法办案场所监督管理系统”，瓮安县公安局作为全省试点，已完成建设并投入使用，深入推进受立案制度改革，着力解决接处警不规范、受立案不及时、有案不立、办案超时限等执法问题，罗甸县公安局、贵定县公安局作为全省第二批试点单位，全面完成试点任务。

【基层派出所建设】 派出所建设“三年攻坚战”圆满收官，全州投入2.17亿元用于派出所基础设施建设改造，统一开展派出所“穿衣戴帽”工程，改善外观形象、统一标识标牌、规范内务设置、加强内务管理，彻底改变了“脏乱差”顽疾，有力提升了派出所正规化水平。投入1.2亿元夯实人防、物防、技防建设，在交通卡口、路段、商铺、学校、村寨等共安装监控摄像头 62000 余个。全州 105 个派出所民警数 1503 人，占总警力的 46.68%，超过公安部规定的 42% 标准；派出所长进入同级党政班子比例达 93.3%，214 名连续在派出所工作 15 年以上的民警全部解决副科级待遇。持续深入推进"社区民警专职化"和"一村一警务助理"建设，全州配备社区民警 546 人、专职辅警 1378 人、警务助理 1725 人，实现了城乡全覆盖。扎实开展流动人口管理和出租房屋清理整治工作，全州共登记流动人口 20.1 万人，同比上升 111.35%，登记出租房屋登记 3.58 万间，住户信息、承租人信息完成率达 100%。在全省率先试点推广警务助理 APP，采集信息 88 万条，实现了源头信息标准采集、基础工作精准掌控。创新建立"三安联动、四级互补"群防群治工作机制，全州共成立治保会 372 个，治安联防组织 145 个。与卫生部门建立流动人口、重性精神病人数据共享机制，全州 8.23 万流动人口信息采集及时准确。重点人口列（撤）管率、现实表现更新率、电子档案完整率均达 100%，重性精神病人常态化精准管控工作经验得到省厅推广。全州落实专项经费 1500 万元，有序推动门楼牌编制工作，强力推进"一标三实"基础信息采集，纳入州级综治考评内容，形成齐抓共管工作格局，全年采集标准地址 125 万条、实有人口 255 万条、实有房屋 124 万条、实有单位 6305 条，整体成绩排名全省第一。深入开展户口清理整顿工作，解决无户口人员登记户口 5087 人，被公安部评为全国公安机关户口登记管理清理整顿工作先进集体。积极配合脱贫攻坚精准识别工作，在全州 87.8 万建档立卡贫困人口数据中，比中错误信息和虚假信息 9.43 万条。

【队伍建设】 把"对党忠诚、服务人民、执法公正、纪律严明"作为治警建警总方略、立警从警座右铭，深入开展"两学一做""五抓五促""迎接十九大·忠诚保平安"等主题教育实践活动，引导广大民警牢固树立"四个意识"，在思想上、政治上、行动上同党中央保持高度一致。坚持从严治党、从严治警不动摇，不断深化党风廉政建设，搭建"黔南公安数据警务监督平台"，汇聚 140 多项管理数据，打造"全程留痕、全程监督、全程闭环"的队伍管理"数据铁笼"。积极推进体能达标、技能比武、智能升级，队伍整体素质和民警履职能力进一步提升，2017 年，共举办各类培训 73 期，2528 名民警参训，组队参加全国、全省警体赛事和岗位比武，取得优异成绩，深入推进素质强警交流合作，选派基层领导干部和业务骨干到各地跟班学习 8 批 45 人，接受外省公安机关交流学习 40 余批次 200 余人。全面打造警营文化，稳步推进公安陈列馆和文化长廊建设，充分利用传统新兴媒体提升宣传效果，真正做到"唱响主旋律、发出好声音、塑造好形象"。2017 年共开展主题活动宣传 40 余次，被中央级媒体报道 1523 次、省级媒体报道 2744 次、州级媒体报道 2800 余条，全州公安微信、微博公众号刊发稿件 4000 余条，点击阅读量累计达 900 万人次。始终坚持严优并进，全面落实从优待警各项措施，2017 年走访慰问民警 474 人次，发放慰问金 49.3 万元，为 40 名民警申请发放风险救助金和特别抚恤金 72 万元，推动党委政府兑现民警值勤岗位津贴和法定工作日之外加班补贴新标准。坚持科学用警、张弛有度，严格执行带薪休假和年度体检制度，扎实开展民警心理健康服务，有效激发队伍活力。2017 年共有 62 个集体、1029 名个人获得中央、省、州表彰，特别是在五年一度的全国公安系统英雄模范立功集体表彰大会上，全州 2 个集体和 3 名民警受到表彰。

（周　吉）

检　察

【概况】 2017 年，全州检察机关在州委和省检察院的领导下，在州人大及其常委会的有力监督下，全面贯彻中共十九大精神，深入学习习近平新时代中国特色社会主义思想，紧紧围绕"让党满意，让人民满意”工作目标，深入推进执法规范化建设、队伍建设、基层检察院建设，坚持政治立检、规范塑检、人才兴检、科技强检，努力争创一流业绩、打造一流队伍，各项检察工作取得新成效。

一年来，全州共有99个集体和31名个人受到各级各类表彰，州检察院刘源被全国妇联授予“全国维护妇女儿童权益先进个人”荣誉称号，龙里县检察院韩彩云获最高检“守望正义·群众最喜爱的检察官”评选提名奖。各类先进典型集中涌现，全州检察机关形成了干事创业的的良好精神面貌。

【服务“大扶贫”战略行动，开展专项监督工作】 2017年，紧紧围绕全州脱贫攻坚目标任务，开展加强预防和集中整治扶贫领域职务犯罪专项工作，立案查办扶贫领域职务犯罪案件19件22人，挽回经济损失632万余元。积极介入30个易地扶贫搬迁工程项目开展专项预防，实现全州检察机关挂牌督办全覆盖，为国家近65亿元项目资金提供安全保障。州检察院先后2次在全省检察机关扶贫专项监督工作现场推进会上介绍“黔南经验”。

【服务“大数据”战略行动，推进智慧检务建设】 2017年，坚持以“大数据应用推进年”为契机，努力推动信息化与检察工作深度融合，充分利用电子检务工程“六大平台”产生的各类数据，着力解决数据的“聚、通、用”问题，不断提升决策辅助支撑能力。强化深度运用，促进司法公正、提升司法效率，运用大数据司法办案辅助系统办理案件1500余件。黔南州检察机关将大数据与司法改革深度融合的做法得到时任省委书记陈敏尔的充分肯定，有河南、广西等多个省市检察院院到黔南州考察学习。

【服务“大生态”战略行动，加强环境司法保护】 2017年，继续加大破坏生态环境刑事犯罪案件的打击力度，批准逮捕破坏环境资源犯罪37件51人、提起公诉157件208人。积极推进生态修复，落实“补植复绿”建议232件，落实补植数量68.8万株，复绿面积5884亩。全面开展检察机关提起公益诉讼工作，发现公益诉讼案件线索32件，发出诉前检察建议28件，挽回经济损失332万元。州检察院牵头制定的《黔南州公益诉讼协作配合制度》经州委全面深化改革领导小组研究通过，进一步完善了公益诉讼工作机制。

【刑事检察】 严厉打击刑事犯罪，2017年，依法批准逮捕各类刑事犯罪嫌疑人1665人，提起公诉3089人。突出打击严重暴力犯罪和“两抢一盗”等多发性侵财类犯罪，批准逮捕888人，提起公诉1107人。积极参加整顿和规范市场经济秩序工作，批准逮捕影响非公经济发展案件42件79人，提起公诉44件85人。认真贯彻落实宽严相济刑事政策，严厉打击严重犯罪、依法宽缓处理轻微犯罪，依法决定不批准逮捕1407人，不起诉615人，促成刑事和解258人。坚持检察长接待来访群众、带案下访等机制，妥善处理群众来信来访695件。加大检察环节司法救助力度，救助刑事被害人49人，发放救助金额40.6万元。

【查办职务犯罪】 坚持有腐必惩、有贪必肃，2017年，共查办职务犯罪案件89件114人，其中贪污贿赂案件74件96人，渎职侵权案件15件18人。立案查办了安顺市人大常委会原副主任王廷恺（副厅级）等县处级以上干部7人。坚持惩防并举，深入推进职务犯罪预防。开展预防调查73次，发出检察建议52件，撰写案例分析45件。强化商业贿赂预防，促进构建“亲”“清”政商关系，提供行贿犯罪档案查询1.14万次。紧跟政府投资重点领域，深入全州43个重大工程建设项目开展专项预防，依法保障政府投资安全。

【诉讼监督】 2017年，对应当立案而不立案的，监督侦查机关立案36件；对不应当立案而立案的，监督撤案22件。对应当逮捕而未提请逮捕、应当起诉而未起诉的，决定追加逮捕23人、追加起诉34人。监督纠正违法取证、违法适用强制措施等侦查活动违法情形 114 件次，对认为确有错误的刑事裁判提出抗诉 8 件。受理民事行政监督案件 78 件，对认为正确的民事行政生效裁判做好释法说理 72 件，对认为确有错误的民事行政生效裁判提请抗诉 6 件，提出再审检察建议 1 件，对审判活动和执行活动中的违法情形提出检察建议 44 件。提出释放或者变更强制措施建议 76 人，监督纠正刑罚执行和监管活动中的违法情形 23 件次。完善刑罚变更执行同步监督机制，审查提请减刑、假释、暂予监外执行案件 9815 件，提出书面纠正 52 件，已纠正 51 件。

【司法改革】　2017 年，人员分类管理、司法责任制、职业保障三项基础性改革基本完成，85%以上的人力资源配置到办案一线，全州员额检察官人均办案 93.08 件，审查逮捕平均审结时限由 6.5 天缩短为 5 天，审查起诉平均审结时限由 35 天缩短为 30 天，效率分别提升 23% 和 14.3%。积极配合监察体制改革，不折不扣将中央部署落到实处，全州检察机关共转隶 111 名检察人员至监察委员会，改革试点工作稳妥推进。

【党建工作】　深入学习贯彻中共十九大精神和习近平在贵州省代表团重要讲话精神，以习近平新时代中国特色社会主义思想为指导，引领全州检察干警牢固树立“四个意识”，增强“四个自信”。坚持把纪律挺在前面，强化对纪律执行的日常监督，立案 2 件 2 人，开展检务督察 19 次。推行约谈常态化，对 214 名干部“面对面”谈话，对贵定、都匀两个基层院开展巡察，强化对基层院党组落实管党治党责任的督察。

（蔡　鑫）

法　院

【概况】　2017 年，黔南州两级法院忠实履行宪法和法律赋予的职责，按照省委、州委工作部署，奋力打造民族地区创新发展示范法院。全州法院共立案 50409 件，结案 48831 件，同比分别上升 14.9%、14%。法定审限内结案率为 99.3%。法官人均结案 167.2 件。办理申诉信访案件 57 件，申诉信访率为 0.1%。其中，州法院立案 9492 件，结案 9240 件，同比分别上升 18.6% 和 17.7%。法定审限内结案率为 99.4%。法官人均结案 225.4 件。办理申诉案件 22 件，申诉信访率为 0.2%。州法院收结案数、结案率在全国 30 个自治州中分别居第一和第四。

【刑事审判】　全州法院共审结各类刑事案件 2645 件，同比下降 7%，判处犯罪分子 3163 人，同比上升 6.3%。其中判处有期徒刑以上实刑的 1792 人，判处有期徒刑缓刑、拘役、管制及单处附加刑的 1371 人，宣告无罪的 2 人，公诉机关撤回起诉案件 22 件。同时，办理减刑、假释案件 4160 件，其中准予减刑、假释 3996 件，占 96%。

【民事审判】　2017 年，全州法院共审结各类民商事案件 28765 件，同比增长 9.5%。其中，审结商事类案件 14985 件，占 52.1%；审结家事类案件 6739 件，占 23.4%；审结权属侵权类案件 7041 件，占 24.5%。调解、撤诉结案 12298 件，调撤率为 53.8%。基层法院运用简易程序结案 19196 件，占结案数 73.8%。生效案件中当事人自动履行率达 84%。

【行政审判】　2017 年，全州法院共审结行政案件 1949 件，同比上升 106.2%，结案率 93.6%。行政机关负责人出庭应诉案件 550 件，占开庭审理案件数的 49.3%，同比上升 17%，比全省高出 14.6 个百分点。审查非诉行政案件 348 件，裁定准予行政强制执行的 219 件，占 62.9%。

【执行工作】　全州法院严格执行“基本解决执行难”任务，以“雷霆一号”为载体，狠抓执行工作。2017 年，全州法院共受理执行案件 11529 件，执结 10736 件，同比分别上升 32.2% 和 31.4%。实际执行案款 12.9 亿元。执行到位率

71.1%，比全省法院平均到位率高 10 个百分点。同时，对 114 名经济困难的执行申请人开展司法救助，救助资金共计 237.5 万元。

2017 年 4 月 24 日，黔南法院系统开展“雷霆一号”集中统一执行行动。

【生态环境保护】 对生态环境案件实行集中管辖，在福泉、荔波法院专设环境资源审判庭，对环境资源案件实行片区集中管辖和“三审合一”审判。2017 年，审结涉环境资源的刑事、民事、行政案件 470 件。

【审判组织结构改革】 优化资源配置。打破现有庭室架构、组建新型团队，以“员额法官＋法官助理＋书记员”作为审判单元，压缩结构层级、精简组织体系、优化资源配置，促进审判组织扁平化。全州法院在改革前设有审判庭 137 个，行政内设机构 71 个。改革后，共组建审判执行团队 76 个，综合行政团队 20 个，分别减少了 44.5%和 71.8%。

【队伍分类管理改革】 按照司法改革人员分类管理改革要求，全州法院将现有编制人员分成三类，实行单独序列管理。一是员额法官类，占政法编制的 36%（中院）和 39%（基层法院）。省法院遴选委员会按照以案定员的原则，共组织了三轮遴选，共遴选员额法官 321 名，占政法编制数 30.3%，法官数比改革前减少了 47.7%。在员额法官编制单列的同时，同步推进了员额法官有别于其他公务员的职级和薪酬制度改革，完全实现了员额法官的单独序列管理。二是审判辅助人员类，占政法编制的 49%（中院）和 46%（基层法院）。主要包括法官助理、书记员、审判管理人员、信息技术人员和司法警察。三是行政后勤人员类，占政法编制的 15%。并对三类人员理定责任清单，划定权力边界，明确工作任务，实行严格的绩效考核。

【家事审判改革】 三都县法院作为全国家事审判方式改革试点法院，在审判原则、审判机制、审判程序方面突出家事案件特点和民族传统特色，大胆探索和创新，成立了专业化的家事审判庭，创建了家事调解室、亲情互动室、心理咨询室、当事人休息室、反家庭暴力庇护室“一庭五室”工作模式，为民族地方家事审判积累工作经验，得到了省法院、省妇联的充分肯定。

【推进诉调对接方式改革】 在全州法院推动以司法确认为切入点的多元化矛盾纠纷化解福泉“112”模式。全州法院办理司法确认案件 2559 件，委托调解案件 1076 件，引入第三方调解案件 674 件。福泉市法院被最高人民法院确定为“多元化纠纷解决机制改革示范法院”。“112”福泉模式被中央深改办《改革情况交流》104 期登载，被中央综治办明确为全国 31 个“矛盾纠纷多元化解工作创新项目”之一，并得到省委的高度肯定，省法院专门发文在全省法院推广。

2017 年 6 月 7 日，时任省委书记陈敏尔到福泉法院视察调研司法体制改革及诉调对接工作。

【队伍建设】 2017 年全州法院共有 4 个集体和 9 名个人受到省级以上表彰。强化思想建设，确保队伍对党的决对忠诚，以开展“一院一品牌”加强党建，涌现出了“红色瓮安·金色天平”“好花更红·智惠天平”等有影响力的党建品牌。扩大业务培训，全年培训 105 期 6923 人，班子成员调研基层法院审判业务、司法改革等工作 100 余次。在国家级、省级刊物上发表调研文章 50 余篇，编辑《黔南审判》4 期。

【司法作风】 全州法院以司法巡查为抓手，开展“纪律作风月巡查”活动。每月不定期开展纪律作风巡查，下发督查通报 10 期。选取 3 个法院开展司法巡查，重点巡查班子和队伍建设。着力解决审判执行工作中的“六难”“三案”等问题。处理全州法院办案投诉 96 件次，回复率达 100%。

2017 年 11 月 10 日，黔南州中级人民法院党组书记、院长王亮海带队到瓮安瞻仰猴场革命会议会址重温入党誓言。

【示范法院】 按照州委关于奋力打造民族地区创新发展先行示范区的总体部署，提出了以诉讼服务中心、文化服务中心、审判管理、信息化建设、案件审理繁简分流五个规定项目和各基层法院申报的 30 个自选项目为主要内容的打造示范法院三年行动计划。

（蒙丽华）

司法行政

【概况】 2017 年，全州司法行政系统深入学习贯彻中共十九大和习近平在贵州代表团的重要讲话精神，按照州委、州政府工作部署，充分履行司法行政工作职能，突出“改革创新”总要求，扎实推进公共法律服务体系建设、司法行政改革、干部队伍建设等重点任务，积极为黔南建设民族地区创新发展先行示范区贡献力量。

【普法宣传工作】 2017 年，州、县（市）两级司法局开展各类主题宣传活动 320 余场次，发放各种法治宣传资料 130 余万份；接待法律咨询 9000 余人次，展出法治宣传展板 1500 余块，悬挂宣传横幅 1200 余条幅。

【“七五”普法工作】 黔南州法治宣传教育工作领导小组及办公室，落实“谁执法谁普法”工作责任制。实施《黔南州国家机关“谁执法谁普法”普法责任制实施方案（试行）》《黔南州法治宣传教育工作联动实施意见》全面推进领导干部及国家工作人员学法用法。2017 年，全州共 1604 个单位、78093 名干部职工参加年度学法考试。

【司法考试工作】 2017 年，全州报名参加国家司法考试考生共计 951 人，取得法律职业资格证书 103 人，其中 A 证 28 人，C 证 75 人。

【法律援助工作】 2017 年，全州共受理承办各类法律援助案件 3672 件，其中，民事案件 2760 件，刑事案件 893 件，行政案件 19 件，代书 1238 份，接待咨询 19347 人次。

【律师管理工作】 2017 年，律师事务所增加至 39 家，执业律师增加至 282 人，律师和律师事务所共担任法律顾问499家，办理刑事诉讼辩护及代理633件，民事诉讼代理3219件，行政诉讼代理302件，非诉讼法律事务81件，法律咨询及代书13778件，法律援助案件698件，参加公益活动438件次。

【公证管理工作】 2017年，全州共办理各类公证事项10626件。其中民事6838件，经济3359件，涉外377件，涉港澳台52件。

【基层法律服务】 2017年，建立基层法律服务所53个，法律服务工作者278人，累计办理各类案件509件，承担法律顾问142家。

【人民调解工作】 2017年，全州健全乡镇（街道）调委会108个，村居（社区）调委会1346个，实现乡、村两级全覆盖；建立企事业单位调委会38个；各类行业性、专业化人民调解组织66个。选聘有人民调解员9744名。全州各级各类人民调解组织共开展纠纷排查7989次，预防纠纷发生6480件，调解纠纷23477件、调解成功23063件，成功率为98.23%以上。防止群体性上访59起2205人，防止群体性械斗16起341人，防止民间纠纷转化为刑事案件168起1372人。

【社区矫正工作】 截至2017年12月底，全州共接收社区服刑人员1418人，解除矫正1529人，在矫1689人。

【安置帮教工作】 2017年，衔接刑满释放人员3289人，安置3206人，帮教3289人，安置率97.4%，帮教率100%。接回重点对象708人，重点对象接回率100%。全州以企业认证安置基地29个，建设政府投入过渡性安置基地2个，安置刑释解教人员56人。

【司法鉴定管理工作】 2017年全州共有司法鉴定机构4家，合计检案3715件。

法医类司法鉴定检案数506件，机动车综合性能检测3209件。

【“148”法律援助精准扶贫工作】 2017年4月21日，黔南州司法行政系统“148”法律援助精准扶贫工作动员会在都匀召开。

“148”法律援助精准扶贫工作，围绕1个精准扶贫目标即：确保全州所有需要法律服务和法律援助的贫困户不因缺乏法律服务和法律援助致贫、返贫的脱贫。出台《黔南州司法局“148”法律援助精准扶贫工作方案》，组织全州司法行政干警、律师、基层法律服务工作者、公证员深入贫困乡镇、贫困村、贫困户开展实四大法律援助精准扶贫行动。实施八项免费公共法律服务配套措施：①免费为每户贫困户培养培训一名法律明白人；②律师免费承办民事、刑事和行政案件；③律师免费为贫困乡村公益法律案件和经济发展项目提供律师服务；④基层法律服务工作者免费承办民事、行政案件；⑤免费提供公证法律服务；⑥免费提供司法鉴定服务；⑦免费提供劳动仲裁法律服务；⑧免费提供法律咨询服务。”

2017年，法律素质提升行动培养法律明白人13.15万人；开展法治宣传704次，发放各类法律宣传资36.4万份；维护权益行动律师办理民事、刑事、行政案件、贫困乡村公益、经济发展项目案件共计1304件，基层法律服务工作者办理民事、行政案件990件。法律服务行动办理法律援助案件1701件，公证服务案件433件，司法鉴定案件149件，劳动仲裁代理案件115件，提供法律咨询38181人次。矛盾纠纷化解行动排查矛盾纠纷7025件，调解民间纠纷6819件，防止矛盾纠纷转化为群体性事件235件，防止矛盾纠纷转化为刑事案件141件。为贫困群众免除各类法律服务费用达1973.65万元。

【学习中国共产党第十九次全国代表大会精神及习近平系列重要讲话】 2017年10月18日，黔南州司法局认真组织全局机关干部职工、离退休老干部共计50余人在局机关五楼会议室集中收看习近平总书记在中国共产党第十九次全国代表大会上的报告。

2017 年 10 月 30 日，黔南州司法局党组中心组开展第八次集中学习，传达学习中共十九大精神和习近平在贵州省代表团讨论时的重要讲话精神。

2017 年 11 月 22 日，召开全州司法行政系统学习贯彻中共十九大精神报告会，深入学习贯彻中共十九大精神和习近平在贵州省代表团重要讲话精神，学习贯彻省委十二届二次全会、州委十一届四次全会精神。州委党校孙玲教授受邀为全体与会人员宣讲党的十九大精神。

【司法部部长张军到龙里县调研公共法律服务体系建设】 2017 年 7 月 9 日，司法部部长张军率队到龙里县视察调研公共法律服务“三中心合一”建设工作情况。省政府副省长、省公安厅长郭瑞民，省司法厅党委书记孙学雷，省司法厅厅长吴跃，黔南州委副书记、州委政法委书记罗桂荣，黔南州副州长、州公安局局长王治军，黔南州司法局局长骆紫光，龙里县委副书记、县长陈曦等领导陪同。

【推进公共法律服务供给侧结构性改革】 2017 年，全州公共法律服务体系初步建立，州、县、乡三级公共法律服务中心、站点实现全覆盖。组织、指导全州大部分县（市）探索建立城乡公共法律服务一体化建设，龙里、福泉、荔波等县（市）得到司法部、省司法厅主要领导的充分肯定。指导惠水建设公共法律服务 e 家，借助互联网技术实现公共法律服务资源的有效整合和充分利用。

【公共法律服务供给侧结构性改革调研工作】 2017 年，都匀强制隔离戒毒所办公室主任李中原拟写的《“一带一路”涉外法律服务问题研究》调研文章，入围司法部研究室“一带一路”课题调研，并代表贵州省司法行政系统参加司法部座谈研讨。

【公证机构改革工作】 2017 年，出台《黔南州公证机构体制改革实施方案》具体问题具体分析，分类实施公证改革工作。全州 12 个县级公证处全部改转为事业体制，1 个州属公证处改转为自收自支公证机构。

【贵州民族大学法学院大学生志愿者助力黔南脱贫攻坚】 从 2017 年开始到 2020 年，贵州民族大学法学院每年选派两批法学院大学生志愿者到黔南州助力脱贫攻坚。2017 年 7 月 23 日首批 148 名大学生志愿者深入黔南州 12 县（市）贫困乡镇、贫困村，和司法行政干警、律师、公证员、基层法律服务工作者一起走村入户，开展普法宣传、法律维权、法律服务、矛盾纠纷排查化解工作，及时为贫困群众提供法律服务。

【黔南州国税局国税法治文化园获全省“十佳法治文化阵地”荣誉称号】 2017 年，深入推进法治文化建设，推荐州国税局国税法治文化园参加法治文化阵地评选获得全省“十佳法治文化阵地”荣誉称号。

【黔南州司法行政信息化建设现场观摩暨新闻宣传工作会在龙里召开】 2017 年 3 月 3 日，黔南州司法行政信息化建设现场观摩暨新闻宣传工作会在龙里县司法局召开，各县（市）司法系统主要领导、分管领导等 70 余人参加会议。

【黔南州律师工作管理暨律师行业开展“两拥护、两忠于、守底线”学习教育动员大会】 2017 年 3 月 31 日，黔南州律师工作管理暨律师行业开展“两拥护、两忠于、守底线”学习教育动员大会在都匀召开。全州 12 县（市）司法局分管领导、律管科长、36 家律师事务所主任、公职律师代表及州律师协会班子成员参加会议。

【黔南州举办首期司法行政系统行政执法培训】 2017 年 5 月 4 日，由州司法局、州政府法制办公室联合举办首期黔南州司法行政系统行政执法证培训班，72名来自全州12县（市）从事律师管理及相关工作的司法行政干部参加培训。

【人民监督员制度改革工作】 2017年5月全面完成全州136名州级人民监督员选任、公示、任命、宣誓及初任培训工作。2017年，全州州级人民监督员参与人民检察院“检察开放日”、案件监督6批次20人次，先后为5个县（市）检察院案件拟作不起诉处理进行监督。

【脱贫攻坚“夏秋大比武”】 2017年6月21日，黔南州司法局党组书记、局长骆紫光一行12人到独山县基场镇林盘村、狮山村和董秧村，为15户贫困户送去了价值4.5万元的仔猪，落实“五个一批”政策中的“产业发展”帮扶措施。

【黔南州委第三巡察组进驻州司法局（都匀强制隔离戒毒所）开展巡查】 2017年7月24日，根据州委统一部署，十一届州委第二轮巡察第三巡察组进驻州司法局（都匀强制隔离戒毒所），对该单位在党的领导、党的建设、全面从严治党、党风廉政建设和反腐败斗争等方面的情况开展巡察。

【省司法厅“全省十佳法治阵地”检查考核组到黔南州进行检查考核工作】 2017年8月10日，省司法厅“全省十佳法治阵地”检查考核组到黔南州国税局税务法治文化园、贵定县昌明镇文江村法治广场、福泉市马场坪街道办事处黄丝村布依江边布依寨法治文化广场3个法治文化阵地进行检查考核。

【黔南州司法局长座谈会召开】 2017年8月28日，黔南州司法局召开全州司法局长座谈会，全面学习贯彻全国司法体制发展推进会，全国司法厅（局）长座谈会和全国公证工作会议及全省司法局长座谈会会议精神，深入落实司法行政改革工作。

【黔南州司法局召开党建暨精准扶贫工作推进会】 2017年9月8日，黔南州司法局组织召开党建暨精准扶贫工作推进会，会议传达学习习近平在深度贫困地区脱贫攻坚座谈会上的讲话精神和中央、省、州有关重要文件精神，对下一步工作进行部署安排。

【省司法厅赴长顺县调研蔬菜产业产销对接工作】 2017年10月19日，贵州省司法厅党委书记、副厅长孙学雷率省厅扶贫调研组到长顺县开展蔬菜产业产销对接调研。

【黔南州开展“12·4”国家宪法日系列宣传活动】 2017年12月3日，黔南州、瓮安县“12·4”国家宪法日系列宣传活动在瓮安县人民广场举行，活动围绕“学习宣传贯彻中共十九大精神，维护宪法权威”这个主题。黔南州司法局党组书记、局长骆紫光，瓮安县委副书记曾薇，瓮安县委常委、宣传部部长夏吉友，瓮安县政协副主席王建军参加活动。

【光荣榜】 2017年，全国模范人民调解委员会和全国模范人民调解员表彰，福泉市道路交通事故损害赔偿人民调解委员会获全国模范人民调解委员会称号，龙里县谷脚镇谷脚社区人民调解委员会调解员李明安、王秀祥 瓮安县医疗纠纷人民调解委员会主任王秀祥、罗甸县边阳镇下坝村人民调解委员会调解员唐杰获全国模范人民调解员称号。

2017年，第十三届全国法治动漫微电影征集活动大赛，黔南州司法局、瓮安县司法局选送的《一路同行》获二等奖，黔南州司法局、都匀强制隔离戒毒所选送《角色》获三等奖。

2017年，贵定县司法局局长桂德君，获中共中央纪委监察部先进工作者表彰。

瓮安县司法局正科级干部刘蓉获全国司法行政系统先进工作者表彰。

2016年度“1+1”中国法律援助志愿者行动表彰中，先进单位：瓮安县司法局获先进单位，余孝寅获优秀志愿者称号。

2017 年，黔南州司法局副局长陈万祥，都匀强制隔离戒毒所办公室主任刘正荣，平塘县司法局金盆街道司法所所长吴勇获党的十九大维稳安保工作先进个人全省表彰。

2017 年，三都县司法局三合司法所所长漆雪华、荔波县司法局朝阳司法所所长覃生亮获“十佳政法干警”称号，受到中共黔南州委政法委表彰。

【都匀市司法局开展脱贫攻坚“大走访”】 2017 年 4 月 22 日，都匀市司法局组织全体干部职工，深入墨冲镇凤嶙村开展脱贫攻坚“大走访”。入户了解了帮扶的 103 户贫困户家庭生活状况、存在困难和脱贫想法，为他们提供各项法律服务和相关政策信息，并帮助他们规划发展产业。

【瓮安县治安纠纷人民调解委员会正式挂牌成立】 2017 年 8 月 3 日，瓮安县治安纠纷人民调解委员会正式挂牌成立，在全县 13 个乡镇（街道）派出所设立了派驻调解室。治安纠纷人民调解委员会是专门调处治安纠纷的专业性、行业性人民调解组织。

【贵定县司法局开展“送法进村寨”“双提升”宣传活动进村寨活动】 2017 年 5 月 3—4 日，贵定县委政法委牵头，县法院、检察院、公安局、司法局等部门为村寨“四月八”民族文化节活动送去“法治文化”大餐，开展“送法进村寨”“双提升”宣传活动进村寨活动。

【龙里县司法局“五步法”督导脱贫攻坚】 2017 年 6 月 6 日，龙里县司法局召开扶贫工作会，会议决定在 6 月上旬组织挂帮干部进行脱贫攻坚测试。测试采取“考、对、看、算、评”“五步法”联动督导脱贫攻坚。

【惠水县司法局开展“感党恩、重法治、促和谐”道德与法治大型宣讲】 2017 年 6 月 19 日，举办的“感党恩、重法治、促和谐”—道德与法治大型宣讲活动走进惠水，拉开黔南州“七五”普法情景法治宣传新序幕。

【长顺县开展“法治县”示范单位创建工作】 2017 年，长顺县开展“法治县”示范单位创建工作，确定长顺县城市管理局、长顺县水务局、长顺县代化镇朱场村等 8 个单位、村、企业、学校为我县 2017 年“法治县”创建工作示范点。

【独山县首家合伙制法律服务所正式挂牌成立】 2017 年 2 月 22 日，独山县首家合伙制法律服务所正式挂牌成立。合伙制法律服务所现有法律服务工作者 5 名，在该所执业的法律服务工作者将向群众提供法律咨询、担任村（居）、机关企业等单位的法律顾问，根据独山县法律援助中心指派向困难群众提供法律援助，代理当事人进行诉讼等法律服务。

【三都县司法局推出了“148”法律援助“3 + 3”工作模式】 2017 年，三都县推出了“148”法律援助“3 + 3”工作模式，即三个保障：出台一个政策性文件、建立一支队伍、建立一个保障基金；三个措施：制作联系卡、制作宣传册、建立档案。引导各级各部门和广大法律服务工作者落实责任、改进作风、攻坚突破，实现了法律服务工作和脱贫攻坚工作良性互动、共同发展。

【平塘县司法局开展中小学生“学宪法讲宪法”主题演讲比赛】 2017 年 11 月 23 日，平塘县司法局与平塘县教育局联合举办的中小学生“学宪法讲宪法”主题演讲比赛，在平塘县平舟实验小学拉开帷幕。

【荔波县司法局开展“法治伴我行”摄影投票评比活动】 2017 年 12 月，为深入推进“七五”普法工作，丰富“12・4”国家宪法日宣传活动，荔波县法宣办、县司法局联合举办了“法治伴我行”摄影投票评比活动。

【罗甸县司法局开展城乡支部脱贫攻坚“七一”知识竞答活动】 2017年6月26日，罗甸县司法局组织党员干部深入挂帮村罗悃镇沟亭社区布乃村开展城乡支部脱贫攻坚“七一”知识竞答活动，局支部党员、“86543”结对帮扶干部、布乃、布沙、冗响村村支两委、同步小康第一书记、驻村队员及布乃村群众等近百人参加活动。

（赵　森）

都匀强制隔离戒毒所

【概况】 都匀强制隔离戒毒所，机构为正县级，2017年人员编制78人，其中政法干警编制70人，行政工勤编制8人。内设12个科（处、室、大队）。收戒650余名戒毒人员。

2017年在州委州政府和省戒毒管理局的领导下，都匀强制隔离戒毒所全体民警职工学习贯彻落实中共十八大、十九大精神、省委十二届全会精神、州委十一届全会精神和习近平系列讲话精神，落实司法行政工作会议精神，主动适应服务经济发展新常态和禁毒工作新变化，立足实际，找准定位，主动担当，以实现规范化管理和教育戒治能力双提升为抓手，创新管理教育理念，强化执行力，突出抓好“安全管理、教育矫治、戒毒医疗、戒毒执法、队伍建设”重点工作，顺利完成了各项工作目标任务，并取得了新进展，充分发挥了司法行政戒毒管理职能作用，连续16年实现场所“六无”目标，在全省司法行政戒毒系统开展生产标准化建设工作中达到“三级”标准化（全省戒毒系统达标仅三个所），安全生产连续23年无事故；同时，荣获贵州省戒毒系统2017年度“6·26”禁毒宣传教育矫治成果展先进单位和贵州省司法行政戒毒系统教育矫治成果展第三名；参加州直机关工委开展“一心向党·好花更好”主题演讲活动，单位获得“组织奖”，个人获得“三等奖”；参加全省戒毒系统“学习十八届六中全会精神、喜迎十九大知识竞赛”活动，单位在全系统荣获一等奖，个人荣获优秀答题手。

【队伍建设工作】 一是抓好党建工作。扎实抓好“晋级升星．好花更红”星级党支部创建工作，落实好“三会一课”制度，组织开展“两学一做”学习教育常态化制度化集中研讨推进会3次、邀请黔南州讲师团副团长黄俊旗开展专题辅导1次，开展党课讲授26人次、支部书记述职5人次、召开专题组织生活会4场次，组织都匀强制隔离戒毒所全体党员民警到红色革命教育基地开展“瞻仰革命先烈、传承革命精神”教育2次；表彰先进基层党支部1个、优秀共产党员5人、优秀党务工作者2人；投入资金3000元开展“七一”前夕走访慰问老党员及贫困村活动；抓好党员发展培养考察工作，2人由中共预备党员转为正式党员，2人吸收为中共预备党员，6人被列为入党积极分子培养考察对象。二是抓好作风建设。深化“三强三铁”主题教育活动成果，将“两学一做”学习教育常态化制度化，坚持用习近平总书记系列重要讲话精神武装头脑，认真贯彻落实中央八项规定和省委十项规定，强化纪律红线教育、规矩意识教育。三是抓好警示教育。始终把严守党的政治纪律和政治规矩放在第一位，以党章党规党纪为镜，坚定理想信念，牢固树立“四个意识”，2月邀请黔南州司法局纪检组长黎方文到所开展党风廉政教育讲座、7月组织全所中层以上领导干部收看了警示教育片《毁于小节的悔恨人生》《权》，让广大党员从中汲取教训，引以镜鉴，严格践行廉洁自律各项规定，做到自重、自省、自警、忠诚、干净、担当。四是狠抓业务培训。始终把思想政治建设摆在首位，按照“五个过硬”要求，以提升司法行政戒毒队伍素质能力建设为核心，参加省司法厅、省戒毒局、州委组织部、州直机关工委组织的各类培训40余人次；完成15人晋档、11人晋级、13人晋升警衔及2016年招录6名新警的转正、2名副科级领导转正。五是抓好警务督察。结合上级重要工作的安排部署情况，开展贯彻落实上级指示、决定、决议情况警务督察13次，定期在“四会合一”（场所形势研判、思想动态分析、警务督察、心理动态分析）会议上汇报督察工作整改落实情况12次，完成警务督察整改通报12期，推动了各项工作的贯彻落实。六是抓好“微心愿”活动。把“微心愿”行动与驻村帮扶和戒治业务有机结合起来，所党委通过听取驻村第一书记工作情况汇报和深入帮扶村走访调研，了解群众所思所想，实地指导和帮助解决最迫切的困难。全年带领各党支部深入社区、帮扶点开展“微心愿”活动4次，帮助帮扶村解决实际问题3件，投入帮扶资金41500元；帮助在戒人员实现“微心愿”140余件，投入解决实际困难资金51300元；开展“传承一份爱心、点燃一份希望”的募捐活动，筹得善款20700余元。七是抓好宣传报道。全年完成理论调研文章7篇、信息报道66期、党建工作简报32期，被黔南人民政府网、贵州日报、省戒毒管理局、黔南日报、黔南热线、黔南12在线、黔南文明网、都匀新闻网等媒体采用57篇，向全所民警职工和社会各界传递了好声音，展现了队伍建设新风貌。

【教育矫治工作】 都匀强制隔离戒毒所结合教育矫治实际，采取认知矫正、技能培训、辅助教育等相关教育矫治措施，着力创新、破解难题，不断提升教育矫治工作水平。一是抓课堂化教学常态化。2017年全年实现所领导授课56人次、中层领导授课157人次、机关民警授课132人次、基层民警授课586人次。完成入所集训期课堂化教育12期395人；康复巩固期思想道德修养30课时，法律常识教育30课时，戒毒常识教育30课时，戒治操典40课时，新型毒品教育30课时，国学教育40课时，文化课补习120课时，受教育戒毒人员724人；回归指导期教育12期329人。二是抓精准帮教落实。落实“三包”措施412人次，开展个别谈话教育16128人次，成功矫治对毒品危害认识不到位412人次，撰写矫治个案61份。三是抓好辅助教育。特邀专家教授到都匀强制隔离戒毒所开展专题讲座2场次；法律援助4场次；特邀戒毒人员家属32人到所开展“开门评警、亲情帮教、后续照管和戒毒成功人士”座谈会1次；与戒毒人员家属签订帮教协议542份，签订率达在戒人员的90%以上；开展了“树信心、迎新生”为主题的演讲比赛1次；开展“无悔青春、健康生活”为主题的文艺汇演1场次。四是抓好心理矫治。全年完成心理健康教学60课时，开展团体心理辅导24期，开展新入所戒毒人员心理测试395人，测试率达100%，增建心理健康档案395份，开展心理咨询180人次，占在戒人数的30%，撰写强戒人员心理动态报告10期、团体心理辅导简报10期。五是做好职业技能培训。开展为期780课时的电工和电焊工职业技能培训，其中电工班30人、电焊工班30人。同时，与瓮安永鑫洗涤服务有限公司达成协议，安排意向就业3人。六是抓好矫治延伸。筹集资金5万元改善独山县百泉镇、瓮山县永和镇矫治工作站办公设施，加大与试点县公安、司法、社区之间的沟通联系，召开联席会议3次，在独山县开展团体心理辅导2期72人次，对部分解戒人员给予行为治疗、心理干预等方面的帮助，形成了“所内科学戒毒、出所有效衔接、所外持续监管”的工作机制，增进了社会、戒毒人员、民警之间的互信，搭起了戒毒场所、社会、戒毒人员、戒毒人员亲属之间的心灵桥梁，为后续管控夯实了基础。

【安全管理工作】 2017年切实抓好民警队伍安全稳定工作的教育和场所安全各项管理工作的落实，着力推进规范化建设。一是强化理念引领。以每月所情研判和场所安全稳定隐患排查整治为契机，有针对性地在全所开展戒治工作面临的形势、任务和场所安全稳定重要性、紧迫性的分析讨论3次，风险点排查管理培训6次、风险点危险性分析会10次、规范化建设研讨推进会8次，教育引导民警职工牢固树立安全意识，从源头治理民警职工松懈麻痹、盲目乐观思想和侥幸心理，确保了民警职工队伍思想不滑坡。二是强化治本安全观。以推进“三三四”戒毒模式为契机，紧紧抓住服务基层，稳定基层这一根本，健全完善了“一把手”场所安全稳定机制；细化班子成员挂包基层一线联系点机制；深化所领导、行政值班、警务督察、基层援助、监控中心、警戒护卫、基层一线全员值班机制，形成了场所安全工作主要领导抓、分管领导具体抓、挂包领导配合抓、职能部门天天抓、基层一线时时抓的全员安全防控体系，实现了场所安全管理责任落实横向到边、纵向到底。三是强化三级研判。深化“四会合一”研判机制，细化所情研判内容，全方位推进场所安全稳定风险等级评估和分类管理落到实处。全年共召开所情周研判会41次，月研判会12次，研判出所级重点管控人员11人，制定重点人员管控措施11册，撰写周研判简报24期、月研判简报10期，重点人员转化率达100%。四是强化风险点排查管控。深入开展“安全隐患风险点排查整治专项活动”，共排查出场所安全隐患风险点156个，拟定场所安全隐患风险点管控部门责任清单10份，个人责任清单65份，落实风险点管理措施231条；基层开展隐患风险点日查20000余人次，部门查200余次，所级系统查12次，专项督察8次，下发整改通报12期，督促整改安全隐患和不规范问题127项，修缮所政设施隐患4处，在抓实场所安全隐患风险点管控无盲区盲点的同时，实现了从查出隐患抓整改向分析隐患抓预防转变、从被动抓治理向主动找办法转变、从笼统抓向个人点对点转变，形成了场所安全齐抓共管，风险责任共担的网格化管理格局。五是强化离所就医联勤管理。为做好离所就医人员的共同管控，确保绝对安全，都匀强制隔离戒毒所按照省戒毒管理局《联勤管理制度》的要求，进一步细化了《戒毒人员离所就医管理制度》，严格执行离所就医戒毒人员病情由医务人员共同甄别，大队、管理科共同进行危险性评估，联勤部门逐级审批工作流程。一年来，执行离所就医44人次，落实联勤管理44人次，确保了戒毒人员离所就医期间的安全管控。六是强化收戒执法。在收治过程中，严格按照《中华人民共和国禁毒法》的相关规定，认真核对新收人员身份信息，详细检查法律文书和身体状况，做到收戒过程全程录音录像，并进行摄入性问卷调查和危险性评估。同时，积极协助政法办案机关办理转捕、刑事拘留、收监和来所提审等工作，接待办案机关来所提审86人次，办理转捕8人，收监执行1人，执行刑事拘留1人，撤销强戒决定1人。七是强化护卫组织建设。为确保警戒护卫组织外防有力、内控到位、处置突发事件及时果断，配置专职人员7人、兼职人员24人。采取每周一天和集中一个时间段的方式开展有针对性的训练，全年集中训练136课时、反恐防暴演练3次、自然灾害应急演练1次、消防演练2次、卫生防疫演练1次；完成新收入所安检395人次、所区安全巡查4600余人次、外协人员安检1220余人次、进出车辆安检250余人次；签订联防协议5份，召开联防会议1次。做到执勤和训练有序推进，提升了应急处置能力。

【安全生产工作】 2017年认真贯彻落实省戒毒局和黔南州有关安全生产工作部署，深入开展安全生产标准化建设和隐患排查治理工作，以抓安全生产确保场所稳定为基础，习艺工作稳定开展。一是强化安全生产责任意识。按照“党政同责、一岗双责、失职追责”的要求，把安全生产工作放在第一位，年初与各科室大队签订安全生产责任状和消防安全责任状各9份、外协人员承诺书3份，明确责任，严格落实安全生产责任制。二是加快标准化建设步伐。按照省戒毒管理局关于开展安全生产标准化建设和隐患排查治理的要求，制定《都匀强制隔离戒毒所安全生产标准化建设实施方案》，聘请黔南州平安安全生产服务有限公司对安全生产标准化建设进行指导评估，拟定安全生产标准化建设隐患整改清单和整改经费预算，投入10万元对不符合安全生产标准化建设要求的设施进行整改，完善相关制度和警示标识、标志等安全生产标准化建设内容，有针对性开展了安全生产标准化技能培训，12月顺利通过了三级安全生产标准化建设验收。三是完善安全生产机制。建立完善安全生产制度机制8项，开展安全生产风险防控大检查23次、自然灾害和防汛检查48次、场所防雷设施安全检查1次、消防安全检查52次、危化品安全检查33次，场所房屋围墙设施设备安全检查48次。四是加大隐患整改力度。在医务室一楼和二大队戒毒人员洗澡间窗安装防护网106平方米；更换民警食堂老化电源线路60米；清理围墙排洪沟涵洞沉积的泥沙3方；更换灭火器6个；清理管理大院内边坡杂草465平方米，确保了场所无安全生产事故。五是抓经济效益提升。年初调整提高了习艺产品加工单价，重新签订了加工合同，保持了习艺矫治工作稳定开展和加工产品经济效益的提高。截至10月31日完成习艺生产总产值334.75万元，完成省局下达计划的115.6%，与2016年同期相比增长9.85%；人均月单工产值约710元，同比增长8.53%。同时，修改完善了《戒毒人员劳动报酬发放规定（暂行）》，提高了戒毒人员劳动报酬，做到及时按月发放，参加劳动戒毒人员人均劳动报酬每月达到120元。六是加强安全生产教育。开展民警职工安全生产标准化建设培训1期47人次，新入所戒毒人员安全生产培训13期395人次，解除强制戒毒人员就业指导培训2期192人，进一步提高了民警职工、戒毒人员的安全生产意识。

【各项配套工作】 一是加强经费保障工作。加大与州财政局和各县（市）禁毒部门的协调力度，落实了全系统经费保障同步政策，保证了戒毒人员吃熟、吃热、吃饱、吃得卫生。二是加强生活卫生管理。严格按照制度做好48小时食品留样和生活物资集中采购，开展食品安全检查36次、卫生检查48次，有效杜绝了公共卫生事件、食物中毒和其他食源性疾患等突发事件发生。三是抓好养殖业。出栏生猪14头，约1750公斤，全部用于补贴戒毒人员生活。四是着力抓好戒毒医疗工作。针对戒毒人员身体素质差，所患疾病复杂性和病情发展不可预知的现状，认真抓好入所体检395人，增建健康档案395份。完成每日巡诊316人次、门诊就诊387人次、外出确诊就诊44人次，因病转社区8人次；开展卫生知识宣传课堂化教育31人次，艾滋病知识宣传教育率达100%，开展艾滋病筛查351人次，开展消毒防疫46次。五是建立绿色通道。加强与当地中医院和四一四医院的沟通协调，建立了戒毒人员医疗救治绿色通道，切实加强对患病戒毒人员的救治和管理，确保每一名患病戒毒人员能得到及时有效的医疗救治。

（潘盛辉）

·民族·宗教·

MIN ZU　ZONG JIAO

民族工作

【概况】　2017年，在州委、州政府的领导和省民宗委的指导下，黔南州民族宗教工作以中共十九大精神和习近平新时代中国特色社会主义思想为指引，牢牢把握各民族“共同团结奋斗、共同繁荣发展”的民族工作主题，深入贯彻中央、全省、全州民族工作会议精神，紧紧围绕州委、州政府的决策部署，狠抓全国民族团结进步示范州创建等工作。在全省民宗系统综合目标绩效考核中位列第三名，信息工作位列第一，黔南州民族宗教工作稳居全省第一方阵。

2017年，州委、州政府高度重视创建工作，进一步健全以州委书记、州长为组长的创建工作领导小组，完善了《黔南州创建全国民族团结进步示范州活动实施方案》，抽调工作人员、划拨专项工作经费为创建工作提供有力保障；先后召开创建工作推进会、业务培训会、调度会、互观互检会、现场观摩会等，高位推进创建工作，形成了“创建+组织领导、创建+脱贫攻坚、创建+扶持人口较少民族、创建+民族文化、创建+扶持民贸民品、创建+社会治理、创建+实干兴州、创建+党建、”的民族团结进步创建“黔南模式”，黔南州创建工作取得明显成效。2017年12月15日，顺利通过省级考核验收并被命名为省级民族团结进步示范州。

积极向上争取资金项目　加大各项民族政策贯彻落实力度，积极向上争取资金和项目，助推全州少数民族脱贫攻坚和民族地区各项事业发展。2017年，全州共争取中央、省民族资金6800万元，民民贸民品贴息资金1.47亿元，黔南州获中央、省民族类资金约占全省40%。

支持三都水族自治县加快发展　以三都水族自治县成立60周年为契机，积极抓好州委、州政府《支持三都水族自治县加速发展同步建成小康意见》的落实工作，对三都同步小康项目实施情况进行调研、跟踪和督查，按月对州直部门帮扶项目的落实情况进行梳理、汇总、分析。共落实项目129个，到位资金70.08亿元。认真抓好三都水族自治县成立60周年庆典各项服务工作。

扶持人口较少民族聚居村率先小康　做好2015—2016年度独山县和平塘县11个率先小康村自查工作，并配合省评估验收组对11个村进行评估验收；继续做好人口较少民族率先小康扶持项目统计月报工作，各级各部门共落实帮扶项目679个，到位资金7.7亿元。完成2017年州直各部门扶持17个人口数量较少民族贫困村的季度任务分解、率先小康指标体系建设和按季度对接汇总州直部门实施项目及资金情况报告。州直各责任部门共落实帮扶项目 78 个，项目到位资金 7106 万元。召开全州人口数量较少民族贫困村率先小康工作现场推进会，州委、州政府主要领导分别对人口数量较少民族率先小康工作作指示提要求。

落实民贸民品优惠政策，助推企业加快发展　制定年度民贸民品企业扶持工作计划，与州财政、州人行按照申报要求，联合完成民贸企业申报工作，获批民贸企业 63 家。黔南州有省级认定民贸企业 505 家，占全省总数的 30%；按月对民贸民品企业优惠贷款情况进行统计分析。2017 年，新增优惠贷款 53 亿元，获中央财政贴息资金 1.47 亿元，优惠贷款额和贴息额均占全省 50% 以上。

抓好少数民族特色村镇保护发展工作　制定 2017 年度少数民族特色村镇保护与发展工作计划，做好 2017 年全省少数民族特色村镇保护与发展工作现场会相关会务等工作，申报少数民族特色村寨。2017 年，全州获国家民委命名第二批少数民族特色村寨命名 11 个，获省委统战部、省民宗委、省旅发委命名第二批少数民族特色村寨 39 个。截至 2017 年底，全州共有中国少数民族特色村寨 20 个、省民族特色村寨 69 个。为进一步做好全州民族特色村寨保护与发展工作，在州政府的统一安排部署下，历时 2 个月，深入调研，牵头起草了《黔南州民族特色村寨保护与发展三年行动方案（2018—2020 年）》，经州政府常务会议研究并印发实施。

抓好民族文化进校园工作　完成《2017 年度民族文化进校园实施方案》《2017 年度少数民族传统体育基地建设实施方案》。争取省级民族教育经费 50 万元投入到各有关学校，帮助学校编写教材、购买芦笙、制作道具等，积极推进项目工作的开展；争取省级民族经费 445 万元，主要支持三都水族自治县举办三都水族自治县成立 60 周年庆典和水族“端节”，惠水县举办布依族“六月六”、苗族“四月八”民族节庆等，打造了黔南州少数民族特色节庆品牌，丰富少数民族群众节日文化生活，促进全州民族团结进步，效果显著、氛围浓郁。

努力打造民族文化精品　认真做好参加第六届全省少数民族文艺会演工作，精心打造水族舞剧《木楼古歌》参加会演、巡演和进京展演；积极配合抓好在都匀市、荔波县举办的“民体杯”独竹漂全国邀请赛和“民体杯”陀螺全国邀请赛；指导荔波县举办 2017 瑶族文化国际交流大会；支持县（市）举办布依族“六月六”、苗族“四月八”、水族“端节”等民族节庆活动，丰富少数民族文化生活。

做好民族服饰创意设计大赛各项　工作根据《黔南州人民政府办公室关于举办黔南州民族服饰创意设计大赛的通知》精神，制订下发《黔南州民族服饰创意设计大赛工作方案》，组织赴云南省楚雄彝族自治州和大理白族自治州考察学习，到相关县（市）开展检查指导工作等，积极做好民族服饰创意设计大赛各项筹备工作，以更好地挖掘、传承和发展民族服饰文化，展示多彩黔南民族服饰文化魅力。

开展全州少数民族古籍普查　完成组建全州民族古籍普查工作队伍，共有普查员、联络员、审查员 86 人；安排民族古籍普查经费 26 万元，支持各县（市）全面开展普查工作。全年共收集到以水族和布依族古籍条目为主的少数民族古籍条目 1276 条，共初审古籍条目 1276 条，757 条基本合格，其中文献古籍 167 条，口传古籍 590 条。

【州领导王芳到州民宗委调研民族宗教工作】

2017 年 1 月 4 日，中共黔南州委常委、州委宣传部部长、州委统战部部长王芳率队到州民宗委就民族宗教工作进行调研。

会上，州民宗委主要领导汇报 2016 年全州民族宗教主要工作完成情况和 2017 年工作打算。2017 年，全州民族宗教部门围绕“一个目标”（建成全国民族团结进步示范州）、搭建“两个平台”（中国民族地区创新发展论坛和《好花红唱响 60 年暨全州少数民族文艺会演平台）、建立“三个机制”（建立民宗委委员制单位沟通协调机制、民族宗教重点工作推进机制和民族地区经济社会发展调研机制）、抓好“八项工作”。王芳部长指出，2017 年全州民族宗教工作思路清晰，目标明确，通过大家的努力，相信各项目标任务都能实现。她强调，民族宗教工作部门要充分发挥在民族地区工作职能的独特性、充分发挥工作的主动性，在打造民族地区创新发展先行示范区和创建全国民族团结进步示范州工作中找准定位，服务大局，要站得高，看得远，为实现省委、州委确定的这两个目标而努力奋斗。同时，还要为人口较少民族聚居村整体脱贫全面小康发挥好牵头协调作用，为少数民族文化的保护、传承和发展发挥积极作用，唱响好花红民族绚歌。

【州委书记龙长春率队到国家民委汇报工作】 2017年3月15日下午，中共黔南州委书记龙长春率队州到国家民委汇报工作。

州人民政府副州长杨从明汇报黔南州基本情况、贯彻落实中央、全省民族工作会议精神和近三年来工作取得的显著成效。并恳请国家民委支持黔南州做好创建全国民族团结进步示范州工作、支持举办民族地区创新发展论坛、帮助协调相关部委将黔南布依族苗族自治州更名为都匀布依族苗族自治州、支持帮助三都水族自治县开展水族赛马民族传统体育竞赛活动等工作。

陈改户副主任对黔南州近年来取得的工作成绩给予了充分肯定，对黔南州请求帮助的五项工作表示支持，并指示黔南州民宗委加强与贵州省民宗委和国家民委相关司室的对接，确保各项工作落到实处。

【召开创建全国民族团结进步示范州工作推进会】 2017年4月11日，中共黔南州委、州人民政府创建全国民族团结进步示范州工作推进会召开。州四家班子有关领导，各县（市）党委或政府、都匀经济开发区党工委、管委会主要领导，州委各部委，州级国家机关各部门，都匀军分区，各人民团体负责人近200人参加会议。

会议的主要任务是：深入学习贯彻落实中央、全省民族工作会议精神，回顾总结全州创建全国民族团结进步示范州工作，安排下步工作，动员全州各族干部群众进一步统一思想、明确任务、团结奋斗，全力以赴做好迎接全国民族团结进步示范州检查验收的各项工作。

【召开州第十四届人民政府第一次民族工作联席会议】 2017年4月11日，州第十四届人民政府第一次民族工作联席会议召开，主要任务是：贯彻落实省第十二届人民政府第五次民族工作联席会议精神，安排部署2017年全州民族工作。会议由州政府副秘书长陈情主持，州政府副州长杨从明出席会议并讲话。州民宗委委员制单位负责人，各县（市）人民政府、都匀经济开发区管委会分管民族工作的负责人及民宗局主要负责人，州民宗委领导班子成员、委机关各科室及委属事业单位负责人参加会议。

会议传达学习了省第十二届人民政府第五次民族工作联席会议精神，州民宗委向会议报告了2016年全州民族工作情况和2017年工作打算，州人民政府副州长杨从明在会上讲话并提了要求。

【州委办州政府办印发《关于创建全国民族团结进步示范州实施方案》】 2017年4月27日，为实现黔南州第十一次党代会提出的“争取建成全国民族团结进步示范州”目标，州委办、州政府办印发《关于创建全国民族团结进步示范州实施方案》，深入推进创建全国民族团结进步示范州工作。

方案包括指导思想、主要目标、创建范围、创建任务、创建步骤、工作要求、组织领导等七大部分，并将创建任务分解到各县（市）、各部门（单位）。方案要求，通过开展全国民族团结进步示范州创建活动，进一步巩固黔南州民族团结进步的大好局面，推进全州经济社会各项工作走在全国自治州前列。

【举办创建全国民族团结进步示范州工作培训会】 2017年6月21日，召开创建全国民族团结进步示范州工作培训会，参加培训会的有各县（市）党委、政府分管创建工作领导、民宗局长、创建办联络员，州直各单位分管领导和联络员，州创建办全体工作人员共300余人。

培训会邀请省人大民宗委主任吴军作创建民族团结进步示范州工作专题讲座。州委常委、州委组织部部长、州创建工作领导小组副组长胡志峰在讲话中通报了州创建办组织督查组到各县（市）开展督查的情况和存在的主要问题，并就做好下步工作作出指示。

【云南省文山州到黔南州考察学习州庆活动做法】 2017年7月4—5日，云南省文山壮族苗族自治州州委常委、州人民政府常务副州长胡荣率文山州政府、州政协领导和州委宣传部、州民宗委等15个州直部门负责人到黔南州学习借鉴自治州经济社会发展和举办州庆活动的做法。

黔南州委常委、州人民政府常务副州长黄伟主持召开有黔南州州直相关部门参加的座谈会，州发改委在会上汇报了黔南州经济社会发展情况，州民宗委汇报了黔南州举办60周年州庆活动情况，胡荣在会上介绍了文山州经济社会发展情况，在听取黔南州情况介绍后，他说，2018年4月1日，是文山壮族苗族自治州建州60周年，2016年的黔南州建州60周年庆祝活动举办得很成功，这次带队到黔南州来学习借鉴州庆活动的做法和经验，收获启发很大。

胡荣一行还参观了黔南州建州60周年成就展、黔南州全民健身活动中心、中国茶文化博览园、都匀经济开发区毛尖小镇、梦都影视文化旅游创意产业园等。

【省人大常委会执法检查组到黔南州开展“一法两规定”执法检查】 2017年7月10～11日，省人大常委会副主任李飞跃率执法检查组到黔南州开展“一法两规定”执法检查，重点检查黔南州贯彻落实《中共贵州省委省人民政府关于支持民族自治州脱贫攻坚同步小康的意见》情况。

检查组一行实地检查了都匀市坪阳易地扶贫搬迁项目、鸳鸯湖建设项目建设情况，召开座谈会听取黔南州贯彻落实“一法两规定”情况汇报。李飞跃对黔南州贯彻落实“一法两规定”所取得的成效给予充分肯定。

【州委书记唐德智到平塘县调研人口较少民族脱贫攻坚工作】 2017年7月27—28日，州委书记唐德智到平塘县调研人口较少民族脱贫攻坚等工作。

调研组一行到平塘县卡蒲毛南族乡和大塘镇，先后走访毛南族乡风情园、移民安置点、新关村“校农结合”蔬菜种植基地，大塘镇洋方村脱贫攻坚作战室、新光茶叶农民专业合作社等，实地了解毛南族脱贫攻坚工作情况。唐德智要求，要高度重视人口较少民族地区的脱贫攻坚工作，要采取更精准、更务实、更落实的举措，帮助人口较少民族群众早日摆脱贫困；要提高农业生产的组织化程度，大力推广“校农结合”模式，着力解决传统农业生产与市场有效衔接问题；要大力调整农业产业结构，深入推进绿色农产品“泉涌”工程，带动人口较少民族群众增收致富；要加强政策宣传引导，统筹解决好脱贫攻坚、村级集体经济发展和乡村建设等方面工作，切实提高毛南族群众知晓率和满意度。

【州委常委（扩大）会议学习贯彻第三届全国民族自治州小康经验交流现场会议精神】 2017年7月31日，州委常委（扩大）会议，传达学习贯彻第三届全国民族自治州全面建成小康社会经验交流现场会精神，听取黔南州创建全国民族团结进步示范州工作情况汇报。

会议强调，要认真学习第三届全国民族自治州全面建成小康社会经验交流现场会精神，把全国民族团结进步示范州创建工作作为引领和推动黔南发展、解决黔南发展问题的重要抓手，以创建工作统揽民族工作。要突出目标导向、问题导向和落实导向，对照创建指标找差距、补短板，按照当前工作要求项目化、事项化、清单化抓落实，确保全国民族团结进步示范州创建工作顺利通过验收。

【黔南布依族苗族自治州成立61周年座谈会在都匀召开】 2017年8月8日下午，州委、州政府召开黔南布依族苗族自治州成立61周年座谈会，会议由州委副书记、州委政法委书记罗桂荣主持，参加会议的有州四家班子领导、都匀军分区领导，部分副地级以上离退休老领导，州直有关部门（单位）负责人，民革、民进、民建、九三学社、农工党、民盟代表，少数民族代表，宗教界代表。州委书记唐德智出席会议并讲话。

【创建全国民族团结进步示范州工作调度部署会在都匀召开】 2017年8月14日下午，州委、州人民政府召开创建全国民族团结进步示范州工作调度部署会，会议由州委副书记、州委政法委书记罗桂荣主持。副州长杨从明通报了黔南州创建全国民族团结进步示范州工作推进情况，并对下步工作进行了再安排、再部署，12县（市、区）结合各自实际对创建工作作表态发言。罗桂荣强调，要统一思想、提高认识，进一步深化对创建工作的认识；要抓住重点、理清思路，全面提升创建工作水平；要加强领导，形成合力，确保创建工作取得实效。

【开展对州级单位创建示范州工作互观互检】 2017年8月22~23日，黔南州创建办组织对州直各单位（部门）、学校、医院、企业等近100家单位，开展民族团结进步创建工作互观互检活动。

此次互观互检共分为5个组，由州人大常委会、州政府、州政协领导带队，每组近20家单位相关负责人为成员。用两天的时间，分赴各单位，采取听取汇报、查阅资料和实地查看等方式，对州直各单位（部门）、学校、医院、企业等创建工作开展情况、宣传氛围营造以及民族团结进步示范单位建设情况等进行互观互检。通过互观互检，全面了解了州级层面创建全国民放团结进步示范州工作开展情况。针对个别单位创建工作存在的问题，互规互检组及时作了指导。

【2017年"民体杯"全国独竹漂比赛在都匀市举办】 2017年8月23—24日，由国家民委文宣司、贵州省民宗委、贵州省体育局共同主办，黔南州民宗委、黔南州体育局和都匀市人民政府承办的2017年"民体杯"全国独竹漂比赛在黔南州都匀市剑江河畔开赛，来自河北、河南、重庆、广西、江苏、云南及贵州7个省市区16个代表队的近百名运动员相聚都匀，大展一苇渡江之技。都匀市代表队代表贵州队参加比赛。

本次比赛项目设置男、女60米、100米、200米直道竞速6个竞赛项目。每个项目均设置一等奖1名、二等奖3名、三等奖4名。经过两天的角逐，由都匀市组队并代表贵州参赛项目，共获金牌1块，银牌6块，铜牌3块的好成绩。

【开展对县（市）创建工作互观互检】 2017年9月4—7日，州创建办组织由州领导带队，县（市）分管领导参加的3个互观互检组，对12县（市）民族团结进步创建工作开展互观互检活动。

各互观互检组采取实地查看、查阅资料、听取汇报等方式，分别对12县（市）创建工作开展情况进行了互观互检。各互观互检组对各县（市）创建工作氛围营造、资料收集、迎检线路安排等方面存在的问题提出了整改建议和意见。

州人民政府副州长、州创建办主任杨从明在听取各组情况汇报后强调，要认真学习贯彻习近平总书记关于民族工作的重要讲话精神及中央民族工作会议精神，要从讲政治的高度重视和抓好民族工作；要把握重点、突破难点，筑牢迎检验收的基础；要建立完善创建活动长效机制，推动民族团结进步创建活动常态化开展，形成民族团结进步良好格局。

【创建全国民族团结进步示范州现场观摩会在惠水召开】 2017年9月16日，召开创建全国民族团结进步示范州现场观摩会，通过现场观摩惠水县"八进"示范点和创建民族团结进步示范县的工作情况介绍，学习经验，取长补短，将黔南州创建工作引向深入。参加会议的有12县（市）

分管领导和创建办相关人员，州创建办副主任，州人民政府副州长、州创建办主任杨从明参加观摩会并讲话。

会议现场观摩了惠水县创建工作“八进”示范点，听取了惠水县创建民族团结进步示范县工作情况介绍，参加现场观摩会人员深受启发，达到了学先进、赶先进的目的。

杨从明在讲话中要求，要进一步加强政治理论学习；要不断加大民族团结进步示范创建力度；要确保创建工作各项工作任务完成。要认真研究，切实把测评验收各项指标任务和脱贫攻坚同步小康各项重点工作和业务工作任务结合好、完成好，扎实推进创建工作任务完成，把各项工作安排好，统筹好，完成好。

【黔南州启动民族服饰创意设计大赛工作】 2017 年 9 月 28 日，黔南州召开民族服饰创意设计大赛工作部署会。州人大常委会副主任、大赛组委会组长韦祖宏主持会议，州人民政府副州长、大赛组委会副组长杨从明，州政协副主席、大赛组委会副组长杨俊，黔南民族师范学院副校长、大赛组委会副组长韦煜出席会议，州委常委、州委秘书长瓦标龙出席会议并讲话。会议传达学习了州委常委会相关会议纪要和黔南府办发电［2017］164 号文件精神，安排部署了大赛工作，并就大赛宣传工作进行了总体安排。

【州十四届人大常委会第四次会议审议全州少数民族特色村镇建设情况】 2017 年 10 月 31 日，州十四届人大常委会第四次会议审议全州少数民族特色村寨建设情况。

“十二五”规划以来，黔南州共投入少数民族特色村镇建设专项资金 4450 万元，整合其他部门资金 20.4 亿元。经过多年的努力，全州少数民族特色村寨建设取得了一定的成效。2017 年，全州少数民族特色村寨获国家民委命名挂牌的有 20 个（占全省 213 个的 9.4%），获省民宗委命名挂牌的有 30 个（占全省 272 个的 11%）。荔波拉片村、惠水好花红村、贵定音寨村、福泉江边寨、三都姑挂村、独山翁奇村、长顺中院村、龙里孔雀寨、平塘场河村、罗甸大井村等特色村寨已逐渐成为州内外游客旅游观光、休闲度假的目的地，有力助推了全州民族村寨的保护和旅游产业发展。“十三五”规划期间，国家倡导少数民族特色村镇的保护与发展，黔南州平塘县克度镇和三都县九阡镇列入全省重点建设的 10 个民族特色小镇名单，已安排民族特色小镇专项资金 350 万元；长顺县广顺镇列入国家民委、国家发改委少数民族特色小镇建设基金储备库，项目计划总投资 3.8 亿元。

【省民宗委党组书记石松江到都匀市宣讲中共十九大精神】 2017 年 11 月 16 日，省民宗委党组书记石松江一行，到黔南州都匀市归兰水族乡奉合村宣讲中共十九大精神。这次宣讲内容紧扣中共十九大精神和农村发展实际进行，宣讲采取汉语和水语宣讲的方式进行，让水族群众听得懂、记得牢，真正做到入脑、入心。

【省民宗委考核验收组到黔南州考核验收创建全国民族团结进步示范州工作】 2017 年 12 月 12—15 日，省民宗委副主任张和平率省考核验收组，到黔南州考核验收创建全国民族团结进步示范州工作。

12—14 日，考核验收组先后深入黔南州惠水、贵定、福泉、三都、荔波、都匀等县（市），实地考核民族团结进步示范创建工作。15 日上午，考核验收组在黔南州州府召开创建全国民族团结进步示范州测评会，随后，黔南州人民政府召开创建工作汇报会，会上，州民宗委汇报了黔南州创建民族团结进步示范州工作情况。

张和平副主任对黔南州创建全国民族团结进步示范州工作取得的成效给予了充分肯定，他说，黔南州把创建工作作为“一把手”工程来抓，形成了“党委领导、政府负责、部门协同、社会参与、合力推进、共建共享”的创建工作良好格局，创建工作方向明、思路清、有特色，丰富内涵，拓展外延，示范创建亮点纷呈，首创颇多。

州人民政府副州长杨从明在讲话中说，这次

省考核验收，是对黔南州创建工作的一次检验，也是黔南州民族团结进步事业的一个新的起点。下步，黔南州将深入学习贯彻中共十九大精神和习近平在贵州代表团的重要讲话精神，坚持创建工作高位高效推动不动摇、持续创新创优不懈怠、全面示范创建不放松，按照考核验收组各位领导提出的要求，进一步巩固提升全国民族团结进步示范州创建成果。以优异的创建工作成绩迎接国家评估验收。

（罗　林）

宗教事务

【概况】　2017年，认真学习贯彻全国宗教工作会议精神，深化宗教事务治理体系改革，注重引导宗教与社会主义社会相适应，注重依法管理宗教事务，全面推进宗教关系和谐示范区建设，积极引导宗教与社会主义社会相适应，维护宗教领域的和谐和顺。

深入学习贯彻全国、全省宗教工作会议精神召开全州宗教工作会议，传达学习全国、全省宗教工作会议精神，安排部署全州宗教工作，并对《贵州省委、省政府关于加强新形势下宗教工作的意见》进行责任分解；下发《关于进一步加强宗教普法宣传工作的通知》等，重点抓好全国、全省宗教工作会议精神的宣传学习。“两节”“学习月”活动期间，全州开展宣传活动58场次，培训40场次，发放资料10000余份，涉及群众3万余人。

创建宗教关系和谐示范区与州委统战部召开全州创建宗教关系和谐示范区工作部署会，对全州创建宗教关系和谐示范区工作进行安排部署，结合《黔南州创建宗教关系和谐示范区实施方案》，按照6个示范的内容和要求推进创建工作。通过检查验收，全州共命名20个宗教关系和谐示范单位。

依法管理宗教事务加强宗教团体建设认真贯彻落实《宗教事务条例》，加强对宗教事务的管理；与州委统战部组织举办了以“正教风·树形象·促和谐”为主题的全州佛教讲经说法交流会，成效明显；成立州佛教协会和州道教协会。

积极支持三都县“全国宗教界公益慈善实践基地”建设认真做好来自全国宗教界人士到三都开展脱贫攻坚各项接待服务工作，通过国家宗教事务局协调全国宗教界，帮扶三都县的项目88个，帮扶资金近5000万元。

【国家宗教事务局副局长蒋坚永一行到三都县慰问贫困群众】　2017年1月21日，国家宗教事务局副局长蒋坚永率办公室主任陈红星、机关党委常务副书记张爽、人事司副司长卢婧及中国道教协会、中国佛教协会相关人员等一行，在省民宗委主任向红琼，副主任吴建民，州人民政府副州长杨从明，副秘书长贺聚轮等的陪同下，到三都水族自治县慰问贫困群众、举行捐赠仪式。

在三都期间，蒋坚永一行先后走访了三都水族自治县三合镇拉揽村社区一组贫困户周忠辉，都江镇坝辉村坝辉组贫困户潘老银，高坪村潘寨组潘海芳等贫困户。每到一户，蒋坚永都详细询问贫困户生产生活情况，家庭经济收入来源，并鼓励他们在当地党委、政府的关心下，自力更生，渡过难关，并送去了慰问金。在三都县城，国家宗教事务局还与三都水族自治县举行了捐赠仪式，中国佛教协会向三都县少年儿童捐赠牛奶10000箱，中国道教协会向三都环卫工人发放春节慰问金10万元，广州市光孝寺为三都县周覃镇捐赠50万元，帮助修缮群众文化馆，广州和敬公益中心向三都孤儿捐赠100万元资助金，并向大河镇合江中学捐赠联想电脑35台，打印机8台。

【黔南州人大组织赴省外考察学习宗教管理工作】　2016年12月26日至2017年1月2日，黔南州人大常委会联系民族宗教工作的领导带领州人大常委会民族宗教侨务委员会和州民宗委相关负责人，先后到江西省鹰潭市、安徽省池州市和宁夏回族自治区银川市等地，就道教、佛教和伊斯兰教等宗教工作管理情况进行考察学习。这次学习考察，通过与当地人大和民族宗教工作部门座谈，听取当地宗教工作情况介绍，深入寺观教堂深切感受，听宗教界人士、道教道长、佛教主持讲道讲经，考察学习组从当地宗教管理工作中深受启发，受益匪浅，收获颇多。

【州政府领导到都匀九龙寺检查指导工作】 2017年1月18日下午，州人民政府副州长杨从明在州民宗委和都匀市民宗局相关负责人的陪同下，到都匀九龙寺检查指导工作。

杨从明副州长参观了在建的九龙寺山门、天王殿、禅院、文殊通天塔和大雄宝殿维修情况，对都匀市以九龙寺宗教规划建设为载体，打造自然风光、宗教文化相结合的升级版“红叶西山”休闲公园思路给予了肯定。杨从明副州长强调，九龙寺作为都匀城边的自然风光和宗教文化结合的景点，要规划建设好，既成为都匀市民休闲的好去处，又满足佛教信教群众正常活动的需要；州市民宗部门要积极给予九龙寺支持。全省宗教工作会议后，省将设立宗教活动场所维修基金，州、市民宗部门要帮助九龙寺修缮积极争取资金支持；要注重寺庙的安全工作，要注重寺庙贵重文物的防盗和春节期间人流量增加的安保工作。

【江苏省宗教局及宗教团体到三都县开展扶贫工作】 2017年3月27—28日，江苏省宗教局局长李国华率宗教局及宗教团体，在省民宗委主任向红琼，副主任吴建民，黔南州委常委、州政府副州长郭青，州政协副主席张加春，州民宗委主要领导的陪同下，到三都县开展扶贫工作。

在三都期间，李国华局长一行先后参观了普安镇野记民族村落并慰问了3户贫困户，在县医院参加了爱德基金会举办的巡回医疗暨IUC远程诊断平台开诊仪式，参加了第四幼儿园捐赠挂牌仪式，参加了帮扶座谈会和捐赠仪式等活动。李国华局长表示，帮扶三都，是国家宗教局安排的任务，更是民宗部门义不容辞的责任，这次到三都县来，是要加强沟通，协调项目资金落地，对接拓展在农业、旅游、医疗和干部培训等方面的合作空间。

【开展宗教关系和谐示范区创建工作】 2017年5月5日，召开全州创建宗教关系和谐示范区工作部署会。会议就进一步发挥宗教界人士和信教群众在促进经济社会发展中的积极作用，引导宗教与社会主义社会相适应，构建积极健康的宗教关系等相关工作进行了部署。

黔南州将用3年左右时间，在全州创建1个州级示范县、5个州级示范宗教团体、20个州级示范宗教活动场所、20个州级示范乡镇（社区），带动全州宗教团体、宗教活动场所、宗教工作重点乡镇（社区）创建工作全面推进。通过创建活动，使宗教界自身素质更加提高，宗教工作场所管理更加规范有序，宗教关系更加和谐，宗教界促进经济社会发展的作用更加突出。

【国家宗教事务局中国佛教协会等到都匀西山九龙寺调研】 2017年11月13日，国家宗教事务局办公室副主任吴国生，人事司副司长卢婧，三司副司长李云华，全国佛教协会会长学诚，副会长演觉等一行，在省民宗委副主任吴建民等的陪同下，到都匀西山九龙寺调研。国家宗教事务局办公室、司领导和佛教协会会长、副会长一行参观了九龙寺山门、天王殿、禅院、和大雄宝殿情况，对都匀市以九龙寺宗教规划建设为载体，打造自然风光、宗教文化相结合的升级版“红叶西山”休闲公园思路给予了肯定，与九龙寺住持释身和法师座谈，详细询问九龙寺的建设规划、建设资金来源和宗教活动等情况。

（罗　林）

·经济管理与监督·

JING JI GUAN LI YU JIAN DU

宏观经济管理

【概况】 2017年，黔南州发展和改革委以“规划引领、项目支撑、重点扶持、整体推进”为创建工作主线，全力推进民族团结进步示范单位创建工作，为民族团结工作注入新的内涵，为推进自治州经济、社会各项事业发展助力。

【抓规划强引领】 围绕实现2020年全面建成小康社会目标，深入挖掘发展潜力，科学编制和实施各项规划。一是扎实推进“十三五”规划实施和专项规划编制工作。今年完成了30个州级“十三五”重点专项规划、粤桂黔高铁经济带合作试验区（贵州园B区）总体规划、黔南打造民族地区创新发展先行示范区总体方案，启动黔桂（黔南·河池）连片特困地区同步小康合作示范区等规划编制。二是是积极参与州人大、州政府法制办有关地方性法规起草工作，对《贵州省传统村落保护和发展条例（草案）》《贵州省民族乡保护和发展条例（草案）》提出意见建议，参与黔南州民族医药有关条例立法工作，完成《黔南州深入推进生态文明先行示范区建设的实施意见》《黔南州推动绿色发展建设生态文明的实施意见》合法性初步审查。

【抓项目促发展】 以项目为主抓手，精心谋划大项目、精准发力扩大投资，做到速度、效益并重。全州共安排重大工程和重点项目555个，总投资4653亿元，年度投资目标1233亿元，预计2017年累计完成投资1245亿元。2017年，全州共争取中央预算内投资项目249个项目，项目总投资57.72亿元，获批中央投资16.69亿元，获得国家专项建设基金支持项目285个（除省统筹项目），获得基金支持104.46亿元。通过一批重大项目的实施，促进全州基础设施和生态文明建设，促进民生改善，进一步夯实发展基础，一是交通基础建设取得显著成效。年内新开工建设都香国高都匀至安顺段高速公路，黔桂线都匀绿荫湖铁路物流货场、贵南客专、瓮马铁路建设顺利推进并取得重大进展，独山A1级通用机场、都匀机场已完成选址及前期工作，积极开展罗甸机场、惠水A1级通用机场、荔波机场改扩建工程前期工作。二是抓好生态环境建设。完成营造林58.64万亩（含退耕还林）、完成森林抚育任务10万亩、完成石漠化治理164平方公里，治理水土流失面积2.4平方公里，总投资2008万元。三是加大民生投入，增进人民福祉。积极向上对接申报2017年社会事业发展、就业服务业及经贸流通项目，截至2017年，获支持教育、医疗卫生、民政、服务业、粮食仓储等基础设施建设项目84个，项目总投资237201万元，获中央预算内和省级预算资金50052

万元。四是强力推进大健康医药产业发展。围绕“医、养、健、管、游、食”大健康产业六大领域，重点实施35个“6个50”重点工程项目，项目总投资351.24亿元，为推进“健康黔南”建设，提升人民健康水平提供有力支撑。

【突出扶持重点】 在推动扶持人口较少民族发展中，始终以“传承毛南（仫佬）族文化·建设幸福新村”为目标，结合“四在农家·美丽乡村”建设，不断增强毛南族、仫佬族、土族聚居区的发展能力。重点抓好“十三五”扶持人口较少民族发展项目规划及实施，按照基础设施建设、基本公共服务设施、生态环境保护和人居环境整治、民族文化传承4个建设领域进行了梳理归类，共申报并完成录入国家重大项目库项目66个，申请中央预算内资金4.28亿元，涉及平塘、惠水、独山、福泉、都匀5个县（市）10乡（镇）37个行政村。2017年，省发改委下达黔南州专项项目14个，总投资2290万元，其中：中央资金2000万元，省级配套290万元，主要建设内容为道路硬化28.37公里，人行步道1公里，新建日处理250吨人工湿地污水处理系统，新建毛南族文化陈列馆600平方米，以及村级雨污分离处理系统等。2018年，全州上报扶持人口较少民族项目12个，总投资7593万元。通过多年的努力，人口较少民族聚居村的基础设施、环境卫生、居住条件得到了明显改善，村容寨貌焕然一新，涌现出一些亮点工程。惠水县濛江街道司蒙村和涟江街道大新村，2013—2017年发改渠道共投入专项资金1188万元用于两村道路硬化1万余平方米、文化陈列馆600平方米、建设毛南族广场8000平方米，污水处理设施等项目建设，有效促进了乡村旅游、农村特色产业形成和发展，得到了省的赞扬，全省扶持人口较少民族发展工作推进会在此召开，被列全省发展样板和标杆进行推广。平塘县卡蒲毛南族乡场河村，通过整合人口较少民族发展项目6个资金898万元、易地扶贫搬迁安置200余户1000人资金1300万元，建设民居村寨、民族文化展示厅、文化广场、村内道路、沟渠环境整治及毛南族易地扶贫搬迁工程等。通过多年打造，形成生产发展，生活宽裕，乡风文明，乡容整洁的卡蒲毛南族民族文化旅游小镇。

【健全工作机制】 一是及时调整创建工作领导小组，并制定了年度《创建民族团结进步示范单位实施方案》，二是深入开展党的十九大及相关文件精神的学习，三是由委领导带头宣讲民族团结主题，四是落实民族政策，培养民族干部。多次选派少数民族干部参加各类学习培训，制定下发《黔南州发展改革委干部职工关心关爱制度》。五是加大扶贫对接力度，开展慰问活动，发送现金和物资折算共计30000余元，帮助帮扶点谋划争取项目资金10余个6000余万元。选派1名副县级后备干部到三都县普安挂职，派驻2名第一书记和1名驻村干部到长顺县新民村、磨谢村、石板村开展驻村工作。六是做好创建工作的资料的收集和整理，共收集整理2014—2017年“民族团结进步创建”四大类、共计6余卷资料档案，2017年8月被州创建办命名为黔南州民族团结进步创建活动示范单位。

（莫华道）

【易地扶贫搬迁】 按照州委、州政府和省发改委对易地扶贫搬迁工程的安排部署，抓好各项牵头工作。一是《黔南州易地扶贫搬迁工程“十三五”规划（2016—2020年）》通过州人民政府审批印发实施。明确黔南州“十三五”规划期间易地扶贫搬迁规模5.71万户23.65万人，其中建档立卡贫困人口4.64万户18.58万人。二是完成2017年易地扶贫搬迁项目的计划申报及下达工作。省发改、财政、扶贫、水库生态移民等四家部门下达黔南州2017年全年搬迁计划总搬迁规模为83972人，其中：建档立卡贫困户76808人，共31个安置点，项目覆盖全州12个县（市）。共争取到上级资金48.12亿元，其中：中央预算内资金6.14亿元，省级统筹资金41.98亿元。目前31个安置点已全部开工建设。三是协助抓好扶持后续发展“五个三”的落实。按照州委、州政府的

《关于扎实做好易地扶贫搬迁后续扶持服务工作实施意见》，根据州易地扶贫搬迁指挥部责任分工，积极推动相关工作。

【以工代赈】 一是推进2016年以工代赈项目的实施。2016年，全州共获得以工代赈项目50个，总投资5879万元，其中中央资金5188万元，省级配套351万元，涉及全州除都匀、福泉外的10个县（市）37个乡镇46个村，主要用于贫困乡村道路、小型农田水利建设。2017年，项目已基本完工，使贫困地区基础设施进一步得到改善。二是抓好2017年以工代赈项目资金落实。根据国家、省关于涉农资金整合相关政策要求，中央财政预算内以工代赈资金由省按贫困人口基数直接切块下达到各县，推动扶贫攻坚工作。两批次切块资金已下达2670万元，项目涉及连片特困地区10个县。三是落实中央预算内以工代赈示范项目资金1500万元，示范项目3个，涉及贵定、长顺、惠水3个县。全部为农村公路及扶贫产业道路建设。目前已开工建设顺利推进。

【资产收益扶贫试点工作】 按照国务院、国家发改委关于开展贫困地区水电矿产资源开发收益扶贫改革试点要求，发改委积极申请成功将贵定县江边窖水电站列为国家级试点项目，获得国家相关改革试点政策和省级财政贴息600万元资金支持，现已完成工作方案报省发改委。下步将做好以工代赈资产收益扶贫试点相关工作，积极策划项目申请省级试点项目给予资金支持。

【扶持人口较少民族发展】 一是积极做好“十三五”扶持人口较少民族发展重点建设项目申报及组织实施。发改委始终以贯彻落实州委、州政府《关于扶持人口较少民族聚居村2017年率先建成小康的实施意见》为切入点，加大对较少民族发展重点建设项目投入。按照基础设施建设、基本公共服务设施、生态环境保护和人居环境整治、民族文化传承4个建设领域项目进行梳理归类，录入国家重点建设项目库66个，申请中央预算内投资4.2821亿元。二是积极申报2017年扶持人口较少民族项目专项，2017年黔南州共争取到扶持人口较少民族发展项目14个，获得国家、省专项资金2290万元，其中：中央专项资金2000万元，省级配套290万元，中央资金比2016年多1000万元。13个项目已开工建设，都匀市小围寨办事处小围寨村基础设施建设项目由于地块存在纠纷，正在开展招标工作。预计12月能竣工项目10个。三是积极推动扶持人口较少民族发展，始终以“传承毛南（仫佬）族文化·建设幸福新村”为目标，结合“四在农家·美丽乡村”建设，不断增强毛南族、仫佬族、土族聚居区的发展能力，通过多年的努力，打造一批示范亮点工程。

【推进左右江革命老区振兴规划工作】 根据州领导对“州开发研究促进会关于国务院批复的《左右江革命老区振兴规划》贯彻落实情况调查报告”的批示精神，发改委按照州政府要求，征求8个县市政府及州直各部门意见，形成了《关于贯彻落实左右江革命老区振兴规划及2017年的工作要点的建议》上报州政府，待审定印发。已向州政府递交编制左右江革命老区重大项目建设三年行动计划经费的申请报告，正委托咨询机构开展编制。

【项目前期工作经费申报】 2017年获得前期工作经费中央预算内资金140万元，分别为平塘擦耳岩水库和荔波拉寨水库前期工作经费。同时，抓好西部大开发重点项目前期工作经费使用调度，2012—2016年共计获得11个西部大开发重点项目，累计拨付前期工作经费500万元，并使用完毕。

【独立工矿区项目申报】 根据国家发改委发改投资〔2018〕119号文件精神，向上申报黔南州福泉市、瓮安县独立工矿区改造搬迁项目4个，总投资38582万元。

（谭丽霞 何汶政）

【“贵州生态日”黔南州主题活动】 2017年“贵州生态日”黔南州活动紧紧围绕第四届中国绿

博会的筹备进行，体现2017“贵州生态日”“人与自然和谐共生共建共享美丽家园”主题，宣传黔南，展示黔南生态特色。活动于6月18日在都匀绿博园选址建设现场启动，同时在都匀市人民广场举行主题宣传活动。

（史艳芳）

【固定资产投资总量不断扩大】 围绕省固定资产投资目标任务1270亿元及州目标1315亿元的任务，将投资任务分解下达到各县（市、区）及州直相关部门，并要求各责任单位将目标任务落实到具体项目上，同时制定月度投资计划。2017年黔南州完成固定资产投资1284.83亿元，同比增长21.9%，投资总量不断扩大。重点领域、重点行业方面，完成城建投资430亿元、交通投资403亿元、工业投资366亿元、水利投资83亿元。

（王开媛 董忠义）

【省州重大工程和重点项目有力推进】 2017年黔南州共安排重大工程和重点项目555个，总投资4653亿元，年度投资目标1233亿元（其中省重点项目320个，总投资3801亿元，年度投资目标933亿元）。2017年累计完成投资1386.39亿元，完成投资占年度目标任务的112.5%。

（王开媛 董忠义）

【举行重大项目集中开工活动】 参与组织全省四次重大项目集中开工仪式，共集中开工重大项目196个，总投资722亿元，2017年累计完成投资295亿元，带动全州重大项目累计开工329个，其中省重大项目开工145个，排全省第1位。

（王开媛 董忠义）

【争取预算内资金支持】 围绕国家、省中央预算内资金投向，做好项目储备及前期工作，申报项目争取资金支持，2017年争取中央预算内及省补助资金25.57亿元。

（王开媛 董忠义）

【加大交通投资，夯实交通基础设施】 黔南州交通领域2017年共完成固定资产投资403亿元，黔南州第一次牵头组织实施的贵阳至黄平高速公路开工建设并快速推进；实现100%撤并建制村通硬化路，实现100%建制村通客运；贵南高铁全线土建正式开工。

（王开媛 董忠义）

【完善交通路网建设】 建成罗甸至望谟高速公路布苏至罗苏段，三都至荔波、三都至独山、平塘至罗甸、罗甸至望谟、荔波至榕江“南翼”5条高速公路工程总体形象进度达70%；新开工都匀至安顺、贵阳至黄平高速公路，在建高速公路项目达9个640公里（黔南境内390公里），全州高速通车里程达858公里；建成红牛城市快速路，都凯、都独城市快速路形象进度达80%以上；普通国省干线公路项目开工22个590公里，建成433公里；建成农村公路2543公里，完成农村公路安全生命防护工程3723公里，在2016年底实现100%的建制村通油路目标的基础上，实现建制村通客运率、农村公路列养率、重点路段安全隐患治理率三个100%目标；建成“组组通”公路3501公里，30户以上自然村寨通硬化路率73.3%，较实施前增长13.4个百分点。

（王开媛 董忠义）

【第三届粤桂黔高铁经济带合作联席会在黔南召开】 2017年8月—9日，第三届粤桂黔高铁经济带合作联席会议暨粤桂黔高铁经济带合作试验区（贵州园）建设工作现场会在黔南州都匀经济开发区召开。本届大会以“融入一带一路战略·打造高铁经济平台”为主题，成功举行了第三届粤桂黔高铁经济带合作联席会省领导会见会、粤桂黔高铁经济带沿线城市经贸合作圆桌会、粤桂黔高铁经济带旅游联盟互动交流会、粤桂黔名特优产品展销会暨黔货出山采购会、贵州园项目观摩等系列活动。贵州省委书记、省长孙志刚，广东省委常委、常务副省长林少春，广西壮族自治区政府副主席张秀隆，中国社会科学院学部委员汪同三，国家发展改革委、贵广铁路有限公司、中国铁路总公司有关领导和专家出席了本届大会。系列活动的成功举办，赢得了与会领导、嘉宾的高度评价和社会各界的广泛赞誉，充分体现了黔南州“精致、细致、极致”的办会理念，展现了黔南州善于谋事、勇于创新的面貌和作风。本届大会审议通过了《粤桂黔高铁经济带协同创新合作共识》。

（莫伯忠）

【推进内陆开放型经济试验区建设】 2016年8月，国务院批复同意设立贵州内陆开放型经济试验区。2017年2月省级成立了以省长为组长的试验区领导小组全力推进此项工作。按照国家要求和省级安排部署，为加快推进内陆开放型经济试验区建设，2017年6月，黔南州成立了以州长为组长的黔南州推进内陆开放型经济试验区建设领导小组，下设办公室在州发展改革委。设立了内陆投资贸易便利化试验区、现代产业发展试验区、开放式扶贫试验区和营造良好营商环境试验区四个专项工作组，并明确各专项工作组长及单位责任人员以及相应职责。2017年10月印发了《黔南州推进内陆开放型经济试验区建设领导小组及办公室工作规则》，强化黔南州推进内陆开放型经济试验区建设领导小组及办公室工作制度化、具体化、常态化，建立健全会议、公文处理、信息调度、督促考核等工作机制，形成了纵横联动的工作推进体系。

（莫伯忠）

【争取上级资金补助】 积极向上对接申报2017年社会事业发展、就业与服务业和经贸流通项目。2017年获得中央和省支持教育、医疗卫生、民政、服务业、粮食仓储等基础设施建设项目105个，项目总投资25.12亿元，中央预算内和省级预算资金5.05亿元，其中中央预算内资金4.86亿元，黔南州社会发展类项目争取资金数在全省排名第二，与排名第一位的黔东南相差114万元。积极推进2017年中央预算内投资项目开工建设，按月开展调度工作。

（黎继飞　苏志美　刘相显　莫华道）

【推动黔南州社会事业发展】 促进现代化教育均衡发展。全州义务教育和薄弱县高中基础设施基本完善，职业教育得到转型发展，其中黔南民族师范学院已列为国家100所应用型本科院校，黔南师院将逐步转型为培养应用型人才的院校，实训楼及创客园建设项目获1亿元中央预算内投资支持，2017年已下达了5300万元，目前该项目已开工建设。

（黎继飞　苏志美　刘相显　莫华道）

【项目储备工作得到突破】 围绕教育现代化推进、全民健康保障、文化旅游提升、社会服务兜底和公共体育普及五大工程，组织各县（市、区）及州直相关部门根据国家近年出台的政策投向，积极开展州级项目库建设工作，已储备项目560个，总投资188.3亿元。

（黎继飞　苏志美　刘相显　莫华道）

【抓好就业和服务工作】 积极组织申报省级现代服务业集聚区，贵州龙里康体休闲文化旅游集聚区、黔南州惠水好花红文化旅游集聚区、瓮安草塘千年古邑文化旅游集聚区已获省认定，目前全州省级服务业聚集区达到9个；积极争取试点示范，荔波县、独山县、龙里县获批全国结合新型城镇化开展支持农民工等人员返乡创业试点；开展服务业发展调研工作。通过实地调研、召开座谈会、收集资料等多种方式对黔南州服务业发展情况进行摸底调研。

（黎继飞　苏志美　刘相显　莫华道）

【组织申报全国物流园区示范和贵州省现代物流业省级五类示范】 福泉市物流园区获得全国2017年度优秀物流园区授牌，贵定县“贵州国际陆港联通川贵地区—粤港澳大湾区集装箱铁水联运示范工程”申报全国多式联运示范点申报成功；贵定县、龙里县积极申报2018年物流信息化示范、多式联运示范、物流示范企业三大类现代物流业省级示范；全力支持冷链物流业快速发展，推动黔南州农特产品“黔货出山”，2017 年获批农产品示范冷库项目 3 个，绿色农产品冷链专车项目 1 个，共获得省 253 万元资金支持。

（黎继飞　苏志美　刘相显　莫华道）

【推进大健康医药产业发展】　2017 年，根据省大健康产业六大示范创建工程实施方案，积极开展示范区、示范基地及示范工程创建工作，经过申报和评审，黔南州中医院被评为以苗医药为主的民族医药发展省级示范基地，长顺县润农药业种植基地被评为健康养生产业发展省级示范基地，截至目前，全州各类省级大健康医药产业发展示范基地共 6 个、示范县 1 个。

抓好大健康产业项目实施。全州纳入大健康产业“6 个 50”重点工程调度的项目共 35 个，总投资 351. 24 亿元，累计完成投资 140. 79 亿元，其中本年度完成投资 69. 85 亿元。

积极开展大健康宣传工作。向省大健康办报送专报信息 16 期，省大健康办采纳了 9 期，编撰了《黔南州大健康产业发展竞争力分析研究》，录制了《生态之州幸福黔南》大健康宣传片。

（黎继飞　苏志美　刘相显　莫华道）

国土资源管理

【概况】　黔南州国土资源局属州人民政府工作部门，加挂黔南州测绘地理信息局牌子，主要贯彻执行国家、省有关土地、矿产资源、测绘管理的法律、法规和方针、政策，履行优化配置国土资源、保护耕地和地质环境、规范国土资源市场秩序和权属管理、监督管理矿产资源开发利用和测绘地理信息工作等职责，落实国土资源行政主管部门领导干部双重管理体制。局机关设办公室、政工人事科、政策法规科、行政审批科、规划与耕地保护科、土地利用与地籍管理科、建设用地管理科、矿产资源与地质环境科 8 个内设机构；派出机构 1 个（都匀经济开发区国土资源分局），局属事业单位 6 个（国土资源执法监察支队、国土资源储备局、地质灾害应急中心、国土资源勘测规划院、自然资源和测绘地理信息中心、土地开发中心）。局机关行政编制 20 名，实有 17 名；机关工勤人员编制 4 名，实有 3 名；派出机构行政编制 8 名，实有 6 名；局属事业单位事业编制 82 名，实有 54 名。2017 年，在州委、州政府和省国土资源厅党组的领导下，全州国土资源系统以习近平新时代中国特色社会主义思想为指引，围绕统筹推进“五位一体”总体布局和协调推进“四个全面”战略布局，遵照“守底线、走新路、奔小康”的工作总纲，以大扶贫、大数据、大生态战略行动为统领，以国土资源管理改革、耕地质量保护与提升、国土资源节约集约利用、地质找矿突破战略、地质灾害综合防治、测绘地理信息保障能力提升、国土资源督查等七大行动为平台和抓手，细化措施，群策群力，先行先试，精准落实，走出了一条既符合中央和部省要求，又切合黔南实际和时代要求的国土资源发展和改革之路。

【耕地保护】　全州划定永久基本农田 595. 16 万亩，超额完成省下达任务 0. 11 万亩，耕地质量比划定前提高了 0. 04 个平均质量等级。组织签订永久基本农田保护责任书 1700 余份，新设标志牌 76 块、保护界桩 3521 个，永久基本农田划定“落地块、明责任、设标志、建表册、入图库”五项目标任务全面完成。加强耕地保护动态监测监管信息化建设，贵州省第一大坝涟江万亩大坝重点区域实现 24 小时远程监控。大力推进高标准基本农田建设，验收、备案 25. 18 万亩，比省下达的 22. 6 万亩任务超额完成 2. 58 万亩。

【监管整治】　抓好国土资源开发利用，秩序得到持续整治维护。用好卫片执法检查抓好，查处土地违法行为 266 宗，没收、拆除违法建筑物分别为 167. 54 万平方米、9. 14 万平方米，收缴罚没款 2532. 31 万元，移送纪检监察机关追究行政责任

60人，移送公司机关追究刑事责任3人。经省级审核的数据显示，全州2016年度违法占耕比为7.16%，比2015年度下降1.05个百分点。组织开展矿山超层越界专项检查整治。全州井下采矿山共144个（煤矿81个、非煤矿山63个），其中在产矿山36个（煤矿22个、非煤矿山14个），完成35个在产矿山（瓮安夏安磷矿因受水淹停产未实测）和3个申请复产矿山的井下实测检查。发现越层越界开采矿山1个，已按有关规定立案查处。

【耕地占补管理】 2017年，耕地占补平衡有新举措。州、县合力实施土地开发，实施项目22个，建设总规模7827.4亩。已竣工验收6个，新增耕地（水田）2266亩。建成新增耕地指标和城乡建设用地增减挂钩节余指标管理平台，将各县（市、区）指标纳入州统筹管理，州内统筹使用新增耕地指标4723.49亩（其中州级指标4598.68亩、县级指标124.81亩），实现指标流转收益4787.88万元。年末全州剩余新增耕地指标25566亩（其中旱地21186亩、水田4380亩）。

【矿山环境保护】 2017年，矿山地质保护力度不断加大。督促矿山企业缴存环境恢复保证金4404.63万元，批准动用5102.58万元；安排矿山地质环境恢复治理项目31个，截至年末完工21个。五是认真抓好“瓮安生物群”抢救保护工作。积极应对舆情，及时落实抢救保护措施。划定核心保护区并永久停止其范围内的一切采矿活动，保护广安和治理方案已批复实施。

【完善土地总体规划】 2017年，土地利用总体规划调整完善工作全面完成。经积极向上争取，省同意在原规划基础上核减全州耕地保有量27万亩、基本农田保护面积38万亩，新增建设用地规模3.75万亩，全州规划调整完善方案于2017年11月13日获省政府批准实施。规划调整完善后，全州规划期内耕地保有量任务、基本农田保护任务、建设用地总规模分别为694万亩、595.05万亩、124.35万亩。二是建设用地保障有力。全州获批建设用地3.13万亩；供应土地3.24万亩，其中出让1.23万亩，总价款达75.04亿元。福泉市、荔波县获评全国国土资源节约集约模范县（市），分别获国家奖励新增建设用地年度计划指标1000亩。三是矿产资源配置有新进展。积极推进“两水”（地热水和矿泉水）开发利用，在省级下放权限范围内挂牌出让地热水探矿权3宗。加强矿业权管理，新立采矿权24宗，收取价款1381.24万元（其中州级7宗，价款465.5万元）；延续、变更采矿权51宗，收取价款910.99万元（其中州级3宗，价款111万元）。

【完善用地机制】 节约集约用地机制日趋完善。突出重点，科学统筹安排土地利用计划，优先保障省级以上重点项目和促进新经济增长项目用地需求，专项安排社会民生用地，单列安排农民住房和农村产业融合发展用地。实行用地计划指标分配与土地管理利用成效挂钩，将供地率、国土资源保护成效、违法占耕比等纳入各县（市、区）年度用地计划指标分配系数，按一定比例实行奖惩。加大闲置土地清理处置力度，收回土地使用权11宗共1029.98亩，督促动工建设4宗共289.05亩。研究起草了《黔南州关于促进土地节约集约利用的实施意见（送审稿）》，探索通过强化规划管控、合理配置、盘利用、监测监管等手段，推动全州节约集约用地工作，已报州政府审定，待印发施。

【完善土地供应政策】 土地供应政策更加灵活。组织瓮安、龙里等县（市）试行工业用地供应制度改革，积极引导企业减少占地规模，缩短占地年期，减轻企业用地成本，防止土地闲置浪费。龙里县率先生在全省实行工业用地弹性出让，已挂牌成交4宗，使用年期由原来的50年下调至15年和20年；瓮安县完成全州首宗工业用地租赁，租期为5年。

【推进建设用地增减挂钩及废弃地复垦】 城乡建设用地增减挂钩和工矿废弃地复垦工作有序

推进。省下达2017年度增减挂钩周转指标12450亩，已复垦已验收3723亩，另完成2016年度增减挂钩折旧复垦4388.5亩。都匀、瓮安、独山3个县（市）列为国家工矿废弃地复垦利用试点，试点总规模为2700亩（每个县市各900亩），专项规划实施方案均已通过省、州审查，正组织实施。

【完善地质灾害防测体系】　地质灾害群测群防体系更加完善。修订完善了《黔南州“十三五”地质灾害防治规划》，明确了全州“十三五”期间地质灾害防治工作总目标。编制印发了《黔南州2017年度地质灾害防治方案》，组织170余个工作组、1400余人次开展地质灾害防治专项检查；发放防灾工作明白卡和避险明白卡8000余份，更换、新增警示牌500余块，发布预警信息61000余条，及时督促指导、提醒有关单位和个人落实防范措施。严格执行领导带班、值班人员值班、应急专家电话值班的7×24小时应急值守制度。抓好地质灾害防治知识宣传，组织开展州、县、乡三级演练，实现了应急演练全覆盖。协商省驻匀地勘单位选派12名专业技术骨干到各县（市）国土资源局挂任副局长；各县（市、区）均已设立地质灾害应急机构，都匀、福泉、长顺、三都、罗甸等县（市）已引进专业技术人员8人。加快推进隐患治理，地质灾害三年综合治理行动计划2015年、2016年度22个项目均已完工，2017年度5个项目已启动实施。组织抓好项目储备，获批中央奖金项目12个，补助资金4110元。按程序核销隐患点222处、纳入新增隐患点管理47处。全州隐患点从1163处减少至988处。

【推进土地整治及脱贫】　2017年，土地整治助力脱贫攻坚更加有效。重点围绕“为1.1万就地脱贫人口人均整治1亩优质农田”的目标，安排土地整治项目49个，总规模64052亩，总投资预算9480万元。49个项目均已竣工，惠及就地脱贫人口14252人，超额完成省下达任务30%。省统筹实施平塘县和长顺县代化镇2个极贫乡镇的土地整治整乡（镇）推进项目40个，建设规模55862亩，总投资预算7949万元，预计惠及贫困人口6404人。40个项目的总体工程进度已达98.5%。三是国土资源开发利益共享机制落地实施。福泉市按照“宜林则林、宜耕则耕、宜建则建、宜养则养”路径，探索推进工矿废弃地复垦综合利用，充分利用复垦地块发展种养殖产业，种植刺梨、大叶女贞、柳杉、茶叶、葛根等经济作物700亩，并引进企业通过“公司+农户”模式发展畜禽养殖，带动当地群众脱贫致富。平塘县积极协调矿山企业吸纳当地劳动力，并向建档立卡贫困户倾斜，增加困难劳务收入。全县矿山企业用工1200余人，其中建档立卡贫困户400余人，人均劳务收入达4000元/月。罗甸县通过组织村民以集体土地股等方式，积极推动矿产资源开发利益科学分配，助力脱贫攻坚。

【国土资源领域改革】　一是深化矿产资源配置方式改革。对州内颁证矿业权审批，通过适当降低地质勘查工作要求、下调首期价款数额和增加分期缴纳期数等措施，积极推进矿产资源领域供给侧结构性改革。已下调首期价款1宗，分期缴纳期数增至5期。围绕大生态战略行动，着力提高矿山地质环境恢复治理保证金使用效率。将矿山企业已缴存保证金的最高动用比例从85%提高至95%；对总投资额低于50万元且工程相对简单的治理项目，通过简化勘查设计降低非工程性支出；允许矿山企业统筹使用其在同一管理机关缴存的保证金。已批准2个采矿权人统筹使用保证金3410万元，使其下属矿山的地质环境问题得到及时治理。二是深化土地整治“两代替一兜底”改革。《黔南州全面推进小规模土地整治项目实施方式改革工作方案》已印发实施。用好土地整治项目抓手，以“实施方案+图集册”代替规划设计与预算，以“村民监督+资质单位监理”代替单一的资质单位监理，节余工程款继续用于项目建设，工程资金不足的，按一事一议由村民委员会组织村民投工投劳补充兜底，推动精准扶贫取得实效。组织实施的121个项目预计建成高标准基本农田11.57万亩、惠及贫困人口2.77万人。三是不动产登记实现登记机构、登记依据、登记簿册和信息平台“四统一”。州、县两级不动产登记机构核定人员编制173人，已到位155人。省下达任务的11个县（市）均已完成房地存量数据整合汇交工作（不含瓮安县）。全州各县（市、区）均已使用省不动产统一登记平台，并按规定接入国家信息平台；颁发不动产权证书3.98万本、证明7.52万份。

【干部队伍建设】　一是坚持“知行合一”推进“两学一做”学习教育引向深入。以“晋级升星·好花更红”星级党支部创建、“最敬业的国土资源干部”评选等活动为载体，树立干事创业文明标杆，提振干部“精、气、神”，转变工作作风，提高服务水平。二是领导班子和队伍建设有了新活力。协调打通了干部交流任职通道，调整和充实了县级国土资源部门领导班子，建立了科级（副科级）后备干部库，初步建立了干部能进能出、能上能下的良性机制。交流、提拔科级以上干部16人，其中交流、提拔到国土资源系统任职5人，系统内交流、提拔11人。三是加强干部能力建设。通过集中办班、外派轮训等方式，加强干部继续教育。组织干部赴清华大学、河南大学参加集中培训3期共150余人次；选派干部参加省、州专题培训9期共30余人次。四是党风廉政建设常抓不懈。层层压实主体责任和监督责任，通过定期开展上党课、廉政谈话、警示教育、明察暗访等活动，着力增强全系统干部职工的党风廉政建设责任担当意识，时刻绷紧党风廉政建设之弦，切实把好廉洁自律关，极力营造良好的政治生态。约谈党员干部10人，给予党纪处分3人、行政处分3人。着力构建新型政商关系，组织召开了全州国土资源系统构建“亲”“清”新型政商关系座谈会，在充分征求州工商联、纪委、检察院等单位和民营企业家意见和建议的基础上，印发实施了《关于构建国土资源系统与民营企业“亲”“清”政商关系的实施意见》。

（蒙本昌）

水文水资源管理

【概况】　2017年是“十三五”规划实干之年，黔南水文工作持续稳步发展，站网建设和基础设施建设逐步完善，综合效益得到可靠的保证。水文局坚持以防汛测报为中心，水资源三条红线管理为抓手，努力拓宽服务领域，加强基础设施建设、人才队伍建设和水文巡测等工作，完成了《黔南州水资源保护规划》《黔南州重要河湖水功能区纳污能力核定和分阶段限排总量控制方案》等编制工作。

水文局与贵州省黔南民族师范学院签订了《横向科技合作框架协议》，双方就水文水资源规划与设计、水资源环境化学、水污染治理及水生态环境保护及修复等领域的进行了深度合作。

水文局主动与贵州大学资源与环境学院沟通联系，并报请省局批准，利用两方各自拥有的完备基地硬件设施和高层次科研业务人才等优势进行资源整合，并于2017年11月17日在黔南局龙里水文中心站挂立了“喀斯特区域水文大数据——大生态产学研基地”和“贵州大学水文与水资源专业龙里实习基地”两块联合科研和培训牌子。挂牌当天，还签约了“基于多源数据融合的水文大数据集建立与水旱灾害评估：以贵州省黔南自治州为例”的科研项目合作协议。

【防汛抗旱测报】　一是汛前准备工作扎实。汛前，组织检查了各测站测洪方案、测报设施、仪器设备、安全隐患等。二是坚守岗位，精确测报。主汛期，全局职工分工合作，科学测报。2017年水文局共向省内外73个单位提供水情服务，共发报8000余份，为防汛调度提供了及时准确的决策依据。

【队伍建设】　“十一五”“十二五”规划以来，中央一号文件出台和“大水文”理念的提出，水文工作迎来了大发展大建设的黄金机遇期，为增强水文技术服务能力与水平，黔南水文领导班子主动出击，长期与黔南州委组织部保持联系与沟通，申请单位干部纳入参加州委党校各类干部专修班培训体系。自2008年起，经单位积极争取，州委组织部安排了水文局4名干部参加了州委党校三期干部中青班和一期民干班的理论专修。按照适岗而择的原则，选派的这四名人员都为单位各科室相应的管理岗位，学习归来后能马上把理论学习有效运用到管理实践当中，并在党建、站网建设、三大业务工作和对外技术咨询服务等方面，不断取得一项又一项成绩，这几名干部也得到了长远成长和长足进步。同时，为加强局机关后勤保障，于2017年7月选派了一名办公室副主任到州政府办秘书科进行三个月的跟班学习，学成归来，带回了政府机关过硬的工作作风和较强的办文办会能力，进一步增强了水文局后勤保障能力。在此项干部锻炼决策上，黔南局实现了助推工作和人才培训的双丰收。

【技能培训】 自2005年起，组织内部各类业务培训12次共226人次；包括到周边先进做法的同仁局学习交流，州局自行外派业务技能学习十五次共58人次。技术人员的学成归来，及时弥补了对新知识更新、新设备运用、新工作管理积累经验等不足的短板。黔南水文多年来，在省局党委的正确领导下，水文业务各项工作取得了位列全省第一方阵的成绩。

【党建扶贫】 根据黔南州委组织部党建办的安排，2016年年初开始，水文局派出党员中层干部作为黔南局2016年、2017年驻村“第一书记”，到贵定县沿山镇石板村开展驻村帮扶。“第一书记”带领驻村工作组，根据省、州、县的安排部署，始终牢记“一宣五帮”的驻村工作宗旨，走千家、访万民、真蹲实驻，大力宣传党的扶农惠农政策，争项目办实事，全面推进同步小康。2017年，水文局从办公经费中挤出9万元，资助石板村村民购买化肥、农药、种子等农资，补助该村基础设施建设及驻村“第一书记”办公经费；同时，通过水文局向省水利厅申报，为石板村争取到梓木庄排洪沟建设项目，项目资金35万元，该项目由县水务局着手项目实施报告编写，2017年下半年进入实施阶段。

通过水文局驻村干部与村支两委的共同努力，在上级和有关部门及水文局的大力支持下，如今石板村山清水秀、环境宜人，村容村貌发生较大的改变，村民养成了讲文明、树新风的风貌。驻村干部在精准扶贫工作中发挥了带头引领和助力推动作用，切实履行好驻村第一书记的职责，尽心尽力帮组驻村贫困户找准致富的新路子、实现早日脱贫。2018年，派出的驻村干部因工作开展扎实成绩突出，深得群众信赖，又兼任起沿山镇科技副镇长职务，继续为当地老百姓开展扶贫工作，为脱贫攻坚任务贡献力量。

（杨　松）

统　计

【概况】 2017年全州统计工作围绕学习中共十八届六中全会和习近平系列讲话精神，落实全州经济工作会议和全省统计工作会议的各项部署，以提高全州统计数据真实性为核心任务，围绕州委“3366”的总体要求，推进各项工作，为全州“十三五”规划经济社会的持续快速发展和同步小康提供优质、高效的统计服务。主要从“牢根基、提服务、抓重点、强责任”四个方面开展工作。全省经济发展综合发展连续五年居全省第一方阵提供了优质服务。

【统计管理体制改革】 《贵州省人民政府关于深化统计管理体制改革提高统计数据真实性的实施意见》出台后，州统计局立即成立专班，根据黔南州统计工作亟需改革的问题进行专题调研，形成了《黔南州人民政府关于深化统计管理体制改革提高统计数据真实性的实施方案》，落实工作机制，把工作要求具体化、清单化，确保改革顺利推进，取得实效。

【实体经济发展工作测评方案】 按照州委州政府推动实体经济特别是工业经济发展的工作部署，立足《贵州省市州和县域经济发展综合测评指标体系》，代州政府拟定《黔南州推动实体经济发展工作测评方案（试行）》，并于2017年上半年对全州12个县市进行了初次测评，全年测评工作正在开展。

【民营经济统计监测体系】 率先在全省建立民营经济统计监测体系。制定《黔南州民营经济统计监测方案（试行）》，首次对全州民营经济发展情况开展统计监测工作。

【民族地区创新发展先行示范区统计监测体系】 建立民族地区创新发展先行示范区统计监测体系。代州政府拟定《黔南州民族地区创新发展先行示范区统计监测工作实施方案》，为全州实现后发赶超、跨越发展提供统计监测服务。

【都匀经济开发区统计考核指标体系】 牵头制定都匀经济开发区统计考核指标体系。与州商粮局和州督查督办局共同制定《都匀经济开发区经济发展州级考核方案》，完善州委州政府对都匀经济开发区的考核和奖惩机制，为都匀经济开发区的职能发挥提供统计服务支持。

【基层基础建设】 全州12个县（市）成立乡镇统计管理办公室和乡镇统计中心（乡镇统计站），各企业配备专（兼）职统计人员。惠水县在雅水镇雅水村探索建立第一个村级统计站；三都县搭建各镇（街道）与县局连接的内部统计网路，从源头把好数据质量的第一道关口；罗甸县将“开展全面深化改革，提升统计基层基础能力专项行动”纳入县级深化改革专题事项；贵定县出台《贵定县“四上”企业入规入统培育方案》，将“四上”企业入库工作作为发展经济的重要推手。

【执法检查】 推动出台《黔南州关于全面落实依法统计依法治统进一步提高统计数据真实性的实施方案》，不断规范统计执法检查工作；深入开展“双随机一公开”工作，不断加大统计执法检查力度，对全州12县市的企事业单位随机抽查72次，并于上下半年各开展了一次交叉检查，检查单位456个，全州统计数据质量得到有效提升。

【县级考核】 2017年，制定《黔南州县级统计局基层基础工作考核标准》，从统计机构、统计人员、统计调查、统计服务、统计信息化建设、统计法制建设、统计管理7个方面进行考核，进一步夯实了全州统计基层基础。

【业务培训】 组织全州12个县（市）统计局的50名业务骨干到厦门大学参加统计系统干部综合素质提升专题培训，积极筹办全州统计系统的各类专业知识培训工作。

【统计服务】 围绕党委政府的中心工作，对综合测评统计监测、实体经济、全面建成小康社会进程进行统计监测和分析研究，完成了一批有深度、可操作的重要信息、分析报告，为州委、州政府把握经济工作、制定政策措施提供了重要的参考依据。撰写的多篇统计分析报告获得州委州政府主要领导批示。其中，《2017年1—9月黔南州固定资产投资完成情况分析报告》《2017年黔南州农业结构调整分析报告》印发州相关单位和县（市）学习。

【统计产品数量质量】 每月及时定期发布“一表两册”，编制《黔南经济要情》和《黔南经济要情续编》；按季度撰写《各县（市）季度经济运行监测报告》；按年度出版《国民经济和社会发展统计公报》《统计年鉴》《领导干部手册》《数据黔南》等高质量统计产品，期刊总数及质量较去年得到较大提升。2017年，全州统计系统各类分析和信息在省统计局期刊和网站共计发布了90篇，被省政府网站采纳18篇，全州统计信息采用量全省排名第一位。

【信息化建设】 结合全州工作实际，以建设统计内网网站应用为契机，全面推进“两网一站”（内、外网、政务网站）的框架建设。在技术保障上下功夫，及时做好州、县、镇网络配置调整和实时监控，确保一套表数据处理系统的安全高效运转。

【统计调查】 在全州统计系统的不懈努力下，开展试点模拟、业务培训、摸底清查、入户登记、审核验收等详尽细致的工作，圆满地完成第三次农业普查主体工作任务，并荣获“第三次全国农业普查先进集体”荣誉称号；根据全省新经济统计调查的统一部署，如期完成单位清理、数据采集、报表录入、核查报送等工作任务，进一步摸清全州新经济发展情况；在对全州“联网直报”平台企业和政府、科研机构进行认真梳理的前提下，组织开展全州大数据产业统计工作。2017 年上半年全州大数据产业企业共有 318 家，较上年同期增长 24.2%。通过强化组织模式、调查方式、统计标准、录入程序等有关业务的培训，努力做好文化产业统计工作，2016 年，全州实现文化产业增加值占全州 GDP 的比重为 4.31%，全省排名第一。此外，非公有制经济领域人才资源统计调查、妇儿“两纲”规划等统计调查和统计监测工作稳步推进。

审　计

【概况】 黔南州审计局作为州人民政府工作部门，设有 8 个职能科室和 1 个审计中心。截至 2017 年 12 月 31 日，全局有正式在职干部职工 40 人，离退休干部职工 16 人。

2017 年，黔南州审计局认真贯彻落实中共十九大精神和习近平在贵州省代表团重要讲话精神，以习近平新时代中国特色社会主义思想为指导，牢固树立“四个意识”和新时代意识，坚持“四个服从”，坚定“四个自信”，在省审计厅和州委、州政府的坚强领导下，依法全面履行审计监督职责，为促进经济发展和惩治腐败、保障民生发挥了积极的作用。

【审计成果】 2017 年全州共审计单位 385 个，完成政府交办、配合事项 139 个。查出主要问题金额 127.32 亿元，其中违规金额 19.73 亿元、损失浪费金额 114 万元、管理不规范金额 107.57 亿元；损益（收支）不实金额 4.79 亿元；审计处理处罚金额 43.41 亿元，其中应上缴财政 6.82 亿元、应减少财政拨款或补贴 3.54 亿元、应归还原渠道资金 14.24 亿元、应调账处理金额 18.09 亿元；审计发现非金额计量问题 658 个；审计促进整改落实有关问题金额 21.65 亿元，其中增收节支 10.61 亿元、已调账处理金额 9.35 亿元；审计促进拨付资金到位 5.79 亿元；审计后挽回（避免）损失 10.23 亿元。移送司法机关、纪检监察机关和有关部门处理事项 24 件，涉及 16 人，金额 2,714 万元。出具审计报告和专项审计调查报告 385 篇，被批示、采用 17 篇；提交审计信息 344 篇，被批示、采用 156 篇。提出审计建议 751 条，被采纳 592 条；推动完善规章制度 2 项；向社会公告审计结果 4 篇。

2017 年，对三都县领导干部自然资源资产责任审计项目获得审计署表彰，该项目同时获得省审计厅 2017 年优秀项目表彰。

【国家重大政策措施贯彻落实跟踪审计】 2017 年 10 月，组织全州审计干部 50 余人开展黔南州稳增长等政策措施落实情况跟踪审计，重点关注了财政涉农资金整合情况、2017 年易地扶贫搬迁项目建设情况、广州市对口帮扶资金管理使用情况和 2016 年易地扶贫搬迁项目进度及审计发现问题整改情况，查出问题 71 个，涉及金额 3.75 亿元。

【财政审计】 全州共完成 91 个预算执行和财政决算类审计项目，查出问题金额 114.05 亿元。黔南州审计局审计了州财政、地税、国库、民政局等单位的预算执行和财务收支情况，同时开展了州本级财政“三公经费”安排使用情况审计。州人民政府向州人大常委会所作的《2016年州本级财政预算执行和其他财政收支情况的审计工作报告》《审计查出突出问题的整改情况报告》和《审计工作报告的审议意见办理情况报告》均获高票通过。

【经济责任审计】 全州共完成对46名领导干部的经济责任审计，其中党委13人，政府10人，党委工作部门1人，政府工作部门20人，审判机关1人，国有企业1人；其中3名县处级领导干部、42名乡科级领导干部。审计查出主要问题金额11.00亿元，其中违规金额0.51亿元，管理不规范金额10.39亿元。

【资源环境审计】 根据贵州省审计厅，黔南州委、州政府交办的全面深化改革任务，开展对贵定县领导干部自然资源资产离任审计。通过创新协作机制，整合审计资源，将州发改、统计、环保、国土、林业、水务、农委、旅游等自然资源资产行政主管部门列入州经济责任审计工作联席会议成员单位，形成审前共商、审中协作、审后运用的合作机制。2017年5月，州政府办印发《黔南州人民政府办公室关于建立自然资源资产责任审计专家库的通知》，为自然资源资产离任审计的全覆盖提供了智力和技术保障。

【政府投资项目审计】 全州共完成投资审计项目和交办、配合事项370个，核减工程款4.72亿元。紧紧围绕扩大有效投资这个关键支撑，推进审计主要目标从关注项目结果向关注项目资金使用效益、项目建设过程与结果并重转变，有效促进提高了政府建设资金使用效益。

【民生资金（项目）审计】 全州共完成各类涉及群众利益的专项资金类审计项目42个，审计资金总额52.98亿元，查出问题资金1.50亿元。2017年年初，组织开展的全州2016年保障性安居工程跟踪审计，共发现问题60余个，审计综合报告引起州政府领导高度重视并作出批示。

【人财物管理改革】 2017年，顺利完成全州审计机关和人员编制清理并移交省级统管，完成资产清查上划，完成2017年公务员由省级层面的统一招录和事业单位列入参照公务员法管理及人员身份的转变，实现了审计人员工资、津补贴全部由省财政统发，机关经费统一由省财政保障。

【驻村帮扶】 扎实做好脱贫攻坚驻村帮扶工作，坚持选用结合，选准派强脱贫攻坚基层一线干部，2017年，选派两名中层干部分别到荔波县甲良镇尧并村担任第一书记、到荔波县佳荣镇拉先村单位驻村队员，选派一名中层干部到荔波县甲良镇挂职副镇长，助力脱贫攻坚工作。

（邵冰浩）

质量技术监督

【概况】 2017年是推动实现“十三五”发展规划的重要一年，是推进供给侧结构性改革的深化之年，同时又是省委、省政府明确的“质量提升年”和“品牌建设年”。黔南州质监局围绕州委、州政府的工作要求和全省质监（市场监管）工作会的安排部署，始终坚持用创新的精神、服务的理念、务实的作风，提升质量供给水平，创造性地开展各项工作，把“十三五”质监事业改革纵深推进。

【品牌建设】 2017年2月22日，召开黔南州品牌建设大会暨首届“黔南知名品牌”授牌仪式。对175个首届“黔南知名品牌”进行授牌，截至2017年2月，黔南州有效期贵州省名牌产品63个，地理标志保护产品12个。2017年质监局推荐29家企业37个产品申报名牌产品，推荐1家企业申报服务业名牌。2017年，黔南州有26个产品和1个服务业企业荣获“贵州省名牌产品”称号。

推荐瓮福（集团）有限责任公司和金正大“诺泰尔”化学有限责任公司参加“省长质量奖”评比。培育申报地理标志保护产品2个（荔波蜜柚、瓮安黄粑），质监局2017年4月份将荔波蜜柚申报材料上报省质监局，经省质监局审核后送国家质检总局审查，经专家技术审查和公示，2017年底，荔波蜜柚正式列入地理标志保护产品，向省科技厅申报贵州省地理标志保护产品产业化试点项目，省科技厅已批准100万元款用于项目实施。及时做好向中国品牌建设促进会报送2017年地理标志保护产品都匀毛尖茶、罗甸火龙果品牌价值评价的申报工作。同时荔波世界自然遗产地、平塘“中国天眼”这两张世界级名片知名度和影响力不断提升，推动黔南旅游持续升温。

【都匀毛尖茶国家地理标志产品保护示范区建设】 国家质检总局在2015年8月同意黔南州创建国家地理标志产品保护示范区（都匀毛尖茶），2017年3月24—25日，国家质检总局组织专家组对示范区创建工作进行了验收，专家组在肯定示范区建设取得明显成效的同时提出了3点整改意见（核心问题是都匀毛尖茶标准统一的问题），经过3个月整改，2017年6月2日，国家质检总局正式批准黔南州成立国家地理标志产品保护示范区（都匀毛尖茶）。2017年6月9日在黔南州召开的第二届茶人会开幕式上，国家质检总局委托省质监局对示范区进行了授牌。2017年10月11日应邀参加了贵州省地标产品新闻发布会。

【质量工作考核】 2017年州政府对质量工作考核情况进行了通报，福泉市为A等，其他县（市、区）为B等。针对2016年省政府对黔南州质量考核中存在的问题，按照州政府要求，2017年9月组织召开黔南州质量考核整改工作会议及调度会，按照整改工作会提出的要求，及时跟踪各单位整改情况，督促整改到位，确保2017年度黔南州质量考核工作有较大提升，同时开展州对县级政府的质量工作考核。

【检验检测中心项目建设】 2017年3月23日，黔南州产品质量检验检测中心正式开工建设，该项目总建筑面积1.8万平方米，总投资约6000万元。该项目的建设改善了黔南质监技术机构的实验室环境，提升了技术机构检验检测的能力和水平，大楼主体工程于2017年12月26日正式封顶，实验室装修于2017年9月底完成招标工作，装修公司已进场，正在按期推进相关工作。

【质量提升工作】 2017年是省委、省政府明确的“质量提升年”，按照省质监局的部署，黔南州质监局大力实施消费品“三品”工程，持续推进消费品质量提升行动，在省质监局确定的8类产品的基础上，结合黔南实际增加了烟花爆竹、食品包材、电线电缆等3类产品作为重点产品开展质量提升行动。2017年5月16日启动工作，已于2017年11月完成。

【特种设备安全监察】 2017年12月30日，黔南州在册特种设备有18669台，在用特种设备共计9362台（其中：锅炉237台、电梯4628台、压力容器2346台、起重机械1575台、厂内机动车辆290台、游乐设施54台、压力管道232条），另有16万余只气瓶。使用单位2398家，电梯维保单位114家。在用电梯4628台，已纳入应急平台4589台电梯，纳入率99.16%。2017年，黔南州各类专项检查累计出动检查车辆2668台（次），出动检查人员6676余人次，检查企业（使用单位）2543家，检查设备15843台，查出一般隐患2703条、重大隐患73条，发出监察指令书494份，所有隐患均已在规定时限内完成整改。截止2017年12月26日，黔南州特种设备隐患率为1.69%。引进“互联网+”检验工作平台，进一步提高检验质量和效率，降低特种设备隐患，提高安全保障。

【执法打假】 2017年黔南州系统共办理行政案件679件（其中当场处罚案件9件，大要案件6件），与2016年同比案件数增加了79件，增长了13.17%；查获违法产品涉案货值金额507.21万元，罚没到位468.88万元，与2016年同比罚没款增加了165.67万元，增长了54.64%。黔南州共接到省质监局12365投诉举报中心交办事项125项（与2016年同比增加了26项），并全部办结。黔南州质监局还配合国家、省督查组开展了取缔“地条钢”专项检查，督促黔南州长顺、惠水2家属“地条钢”范围的企业按照”四个彻底”的要求拆除了相关生产设备，已顺利通过督查组验收。

【计量管理】 黔南州质监局按照省质监局的工作部署，加强对计量法定机构监督管理，组织对黔南州5个县级计量技术机构从体系文件运行情况、计量标准维护情况、文件和记录的控制情况等进行检查；严厉打击利用加油机实施计量作弊、短斤缺两、坑害消费者的不法行为，组织开展加油站计量专项监督检查，重点检查是否存在改变加油机计量控制主板、计量芯片，加装作弊装置等计量违法行为，是否存在使用擅自改动或拆装的加油机，加油机各部位铅封是否完好，在用加油机是否存在超检定周期使用情况，营造放心消费环境，切实维护市场经济秩序；三是落实“加快制定集贸市场公平秤配备和管理制度”相关要求，切实保障和改善民生，增强诚信计量意识，深入推进计量惠民服务工作，组织开展黔南州范围内开展集贸市场在用公平秤免费检定工作，并按相关要求组织县市创建3个诚信示范超市、集市；四是围绕“520世界计量日”主题宣传活动，组织县市市场监管局开展“计量进学校”“计量进社区”“计量进市场”“计量进医院”等计量惠民活动。2017年8月完成了对瓮安县创建有机产品认证示范县申报国家或省级有机产品认证示范创建区的申报工作。

【标准化建设】 黔南州质监局围绕地方经济发展做好地方标准的制定发布、标准的审定和项目申报等工作。黔南州质监局于2017年4月11日发布了《水稻“滇杂31”种植技术规范》黔南州地方标准，该项标准的制定和发布，将有效促进中高海拔地区稻米产业。5月17—18日，黔南州质监局配合省质监局在贵定县召开了《贵定云雾贡茶》和《贵定云雾贡茶·红茶》贵州省地方标准审定会，完成了对上述两项标准的审查工作，待省质监局审批发布实施。积极推动黔南州2017年省级标准化项目的申报工作，向省质监局申报了3个项目。做好企业产品和服务自本声明公开和监督工作，在黔南州12个县（市）全面推行企业产品和服务自本声明公开和监督工作。培育了17家标准“领跑者”企业，省质监局于2017年11月14日下达对2017年度贵州省“标准领跑者”企业名单征求意见的函，其中黔南州“黔南州贵天下茶业有限责任公司”和“贵州惠水西南水泥有限公司”2家企业被列入9家全省“标准领跑者”企业名单。截至2017年11月30日，黔南州共有531家企业上报969项标准，涵盖1309种产品，其中国家标准：上报398项，占比41.1%，行业标准：上报61项，占比6.3%，地方标准：上报125项，占比12.9%，企业标准：上报385项，占比39.7%。2017年省质监局要求完成的500家任务数已全部完成。

【行政许可改革】 黔南州质监局行政审核中心认真办理条码续展、计量标准考核、检验检测机构资质认定、工业产品生产许可及各类证书审核发放。按照“以服务企业为中心，以提高服务质量为重点，以创先争优为动力，服务地方经济发展为目标，努力开创质监窗口行政许可工作新局面”的工作思路，大幅度压缩行政审批时限，各项许可办理时限比法定时限压缩50%以上，制定“一次性告知制”“服务承诺制”“AB岗工作制”“岗位责任制”“限时办结制”“首问责任制”和行政审批“五严禁”等七个工作制度，将所有审批项目的名称、设定依据、申报材料、办理方式、办结时限、收费依据及标准进行公开。工作效率和服务得到政务中心充分肯定，窗口和工作人员多次获得“流动红旗”和“服务之星”等荣誉称号。

（罗政长）

食品药品监督管理

【概况】 2017年，全州食品药品监管部门围绕确保公众饮食用药安全这个根本任务，认真落实“四个最严”和“四有两责”，推进队伍和作风建设，开展食品药品安全整顿，严厉打击违法犯罪行为，规范“四品一械”市场管理秩序，着力构建长效监管机制，各项工作稳步推进，全州食品药品安全形势持续稳定向好。

【加强领导，落实食品药品监管责任】 将食品药品安全纳入州委、州政府对县（市）党委政府目标考核体系，并制定了详细的考核指标。组织召开了黔南州人民政府食品安全委员会第一次全体会议、2017年食品药品监管工作暨党风廉政建设会议。与各县（市）政府、州直有关部门、各县（市）市场监管局签订食品安全责任书、食品药品监管目标责任书，明确有关部门工作职责，完善考核问责制度。通过不断完善食品药品评价考核体系，强化督察督办，促进了食品药品安全责任落实。

【整章建制】 印发了《黔南州食品药品监督管理系统2017年依法行政工作要点》，严格执行重大行政执法案件法制审核制度，聘请律师作为常年法律顾问，全面推行“双随机一公开”监管。不断深化食品药品审批制度改革，出台了《黔南州食品药品行政审批审查员管理规定及抽取办法》等制度，做好下放到县（市）行政许可的检查与指导，规范食品药品行政审批现场审查行为。强化食品药品监管行政执法与刑事司法衔接，联合州公检法下发了《关于贯彻落实食品药品行政执法与刑事司法衔接工作办法的实施意见的通知》，不断加大对制售假冒伪劣食品、药品、医疗器械、化妆品违法犯罪行为的打击力度，确保人民群众饮食用药安全。加大政府信息公开力度。利用局门户网站等载体，主动、及时、准确、全面公开群众普遍关心、涉及群众切身利益的监督抽检、案件处罚等食品药品监管政府信息，有力地保护消费者权益，约束执法者行为，震慑违法犯罪活动。

【强化监管】 强化食品生产加工、市场流通、餐饮服务等重点行业综合治理，对全州360家食品生产获证企业进行了风险等级评定（其中：A级74家，B级157家，C级73家，D级32家）。严格要求农贸市场和超市开展食用农产品筛查，对入市的食用农产品农药残留进行快速检测。在全州2404家餐饮单位开展了“明厨亮灶”建设工作，开展农村集体聚餐备案指导3069次。加强日常巡查、监督抽检、问题产品核查，加大对问题突出、风险隐患大、社会关注度高产品的监测力度，全州食用农产品抽检达到3197批次。加强药品、医疗器械、化妆品质量规范认证、检验检测、不良反应监测等工作，完成15家药品批发企业GSP追踪检查，10家药品生产企业GMP追踪检查，完成药品、医疗器械、化妆品抽验691批次，药品、医疗器械、化妆品不良反应监测和药物滥用调查报告任务分别完成9401例、1433例、275例和536份，未发生群体不良事件。

【多项整治】 在食品生产环节，开展了以非法添加、超范围超限量使用食品添加剂为重点的专项整治、瓶（桶）装饮用水专项整治，从源头上消除了食品安全隐患；在食品流通环节，开展了春节、端午节、国庆中秋、禽流感市场、农贸市场、农村及校园周边食品安全专项检查，切实落实好企业主体责任；在餐饮监管环节，组织开展了节假日、网上订餐等专项整治工作，重点整治乳制品、肉及肉制品、食用油、食品添加剂、“四自”食品（自制饮料、自制调味品、自制火锅底料、自制糕点）等餐饮服务食品安全隐患较为突出的食品品种。针对药品、医疗器械、化妆品、保健食品生产经营乱象，组织开展流通领域特殊药品、重点易制毒化学品、角膜塑形镜、无菌植入和冷藏类医疗器械、防晒类化妆品专项检查行动，对检查中存在的问题，立即下达责令整改通知书限期整改。强化稽查执法与行刑衔接，始终保持打假治劣高压态势，严惩重处食品药品违法犯罪行为。截至2017年年底，全州“四品一械”立案831件，罚没款金额共计826.9万元。

【创新突破】 创新工作机制，健全现场检查、问题核查、飞行检查、动态监督、随机抽检、明察暗访等立体风险防控体系。严格按照“双随机一公开”要求统筹实施“四品一械”监测计划，完善药品抽验工作机制，规范食品安全抽检检测发现问题样品的信息报告、核查处置工作。大力推行食品药品智慧监管，建立了覆盖州、县（市）、乡（镇、办事处）的食品安全智慧监管系统，应用在食品药品日常监管、执法办案、检验检测、质量追溯、风险防控等领域，通过食品快检安全风险预测系统、视频监控系统、移动执法系统，实现了超市生鲜食品质量信息追溯，全州食品快检数据自动上传及风险评估功能化。基层食品安全监管技术支撑体系进一步加强，2017年，乡镇分局共实施食品安全快检10135批次，不合格75批次，合格率达到99%，有效防范了基层食品安全风险。

【示范创建】 将食品安全“三级联创”作为提升全州食品安全水平的重要措施，按照“树立典型、示范带动、以点带面、注重实效”的工作思路，全州食品药品监管部门从食品生产、流通到餐饮，从农贸市场、食品园区、餐饮一条街到示范乡镇，多形式、全链条开展创建工作，促进生产经营者落实主体责任，规范食品生产经营行为。2017年，黔南食品药品监督管理局进一步加强了示范创建的力度，将食品安全示范县、示范乡镇创建工作纳入了州对县综合考核内容，开展了专项督查工作，确保创建工作取得实效。2017年全州各县（市）和示范乡镇均建立了创建组织，加强示范乡镇监管机构的建设，提高监管和指导能力，促进食品生产经营者落实主体责任，提高规范经营水平。通过创建，食品生产经营单位的安全意识提升，经营脏乱差的面貌发生了改变，涌现出一批示范单位，乡镇“三小食品”、学校食堂、农村聚餐等管理加强，全州食品安全水平得到有效提升。

【协同推进】 建立健全新闻发布制度，及时向社会发布食品安全风险监测抽检信息、药品医疗器械不良反应监测报告、违法广告公告、消费警示等，主动曝光典型案例。加强与媒体合作，有效发挥各类宣传媒介的作用，投入资金40余万元与黔南电视台、黔南电台等州内外主流媒体开展宣传合作，在《黔南日报·大美黔南》专刊开设专栏宣传食品药品安全知识，积极营造全社会关心理解食品监管工作的浓厚氛围。发挥企业自律互律、社会群防群控、部门协调联动作用。通过约谈、安全信用等级评定、质量公告和“黑名单”发布等手段，约束和规范生产经营行为，落实企业质量安全首负责任。做好“12331”食品药品投诉举报处理，及时开展群众举报问题的核查。2017年，黔南州食品药品监督管理局共计处理投诉举报215件，对违法的39件及时进行立案查处，做到事事有着落，件件有回音。

【指导帮扶】 帮助全州医药企业有效应对经济下行压力，协调解决生产经营中的现实问题，进一步增强持续发展动力，激发市场竞争活力。积极开展以罗甸信邦、神奇盛世龙方等医药龙头企业为主的兼并重组工作，并取得初步成效。信邦制药股份有限公司已出资兼并了江苏建民制药厂，将该厂的关节克痹丸、六味地黄丸、木瓜丸等三个品种转到了公司，并在罗甸县的药品生产基地投资新建了一条丸剂生产线，已通过GMP认证；贵州神奇集团与广州广得利集团合资拟在都匀市匀东镇新建一个药用空心胶囊厂，并建成一条胶囊生产线，建设总投资预计达到3亿元。同时帮扶罗甸信邦、贵定特色、惠水汇正药业、贵定贵州和裕丰饮片公司等医药企业接受并通过GMP认证检查工作。

【教育培训】　组织开展黔南州食品药品监管系统领导能力提升培训，12县（市）食品药品分管副县（市）长、市场监管局主要负责人、基层分局负责人、州食品药品监管局及直属单位领导干部共计144人到浙江大学参加了培训。主要学习了食品安全风险与防控、领导在食品药品监管中的法律责任与风险、《中华人民共和国新食品安全法》在实践中的相关问题、新媒体时代食品药品舆情管理与媒体应对、食品安全事故（Ⅳ）应急处置、食品依法行政工作规范及日常监管工作重点、近几年食品药品犯罪典型案例等内容，参观了国内著名的食品生产企业杭州娃哈哈集团公司和胡庆余堂中药博物馆。此次培训更新了食药监管人员的监管理念，拓宽了工作思路，为推动全州食品药品监管工作奠定了坚实基础。

（喻周亚）

工商行政管理

【概况】　2017年，全州工商和市场监管部门按照州委州政府和省工商局的工作部署，将商事制度改革作为“放管服”的突破口，抓好政策落实，激发市场活力，支持创业创新，加强监管执法，推进消费维权，助力脱贫攻坚，为促进全州经济社会持续健康发展做出了贡献。

【营商环境】　围绕注册登记便利化，深化商事制度改革。2017年3月1日黔南州与全国同步启动企业简易注销登记改革，共有344户企业通过国家企业信用信息公示系统公告简易注销信息；9月1日与全省同步实施“多证合一、一照一码”改革，整合18项涉企证照事项，累计发放“一照一码”营业执照1762张。改革实现“信息跑路”代替“群众跑腿”，为群众办事大开方便之门，有效激发了市场活力。截至2017年12月31日，全州市场主体总量达230005户，注册资本4903.89亿元。全年新增市场主体63237户，增长速度达37.92%。

【扶持创业】　以创业带动就业促进产业发展为根本，创新提出“三结合”（即微企发展与党建扶贫攻坚、打造工业园区、就业再就业三个结合）和“三个一”（一个园、一个村、一条街）思路，并划拨23万余元支持各县市开展“三个一”建设。各县（市）结合当地优势产业和特色资源，大力推进“三个一”建设。2017年，都匀市、独山县、都匀经济开发区规划建设小微企业示范园（孵化园），福泉市打造小微企业示范村，罗甸县、荔波县打造小微企业示范街等等，示范带动全州小微企业创业创新发展。2017年全州共扶持发展微型企业1900户，兑现财政补助资金8500万元，带动就业8036人。同时，全州推进商标战略，助力“黔货出山”。2017年新注册商标1073件，超出计划数423件；向省申报著名商标34件，超出计划数14件。

【监管执法】　以信用监管为核心，落实经营异常名录制度及“双随机一公开”工作要求，累计抽查检查各类市场主体4574户。强化信息归集夯实监管基础，以96.02%的年报公示率排名全省第一，提前超额完成年度任务。围绕供给侧结构性改革，依法加强市场监管，着力解决社会关注和群众关切的热点问题，集中查处了一批医疗行业虚假违法广告、发布违法食品广告、白酒市场专项整治、有奖销售不正当竞争、利用格式合同条款损害消费者权益等领域的案件。2017年，全州工商和市场监管部门共办结一般程序案件1052件，罚没款623.43万元。

【消费维权】　组织开展“3·15”国际消费者权益日纪念活动，全州设立宣传咨询点80多个，发放宣传资料11.06万份，销毁各类假冒伪劣商品价值达549.52万元。加强流通领域商品质量抽检，配合省工商局完成黔南州成人服饰、电饭锅、电磁炉、儿童服装等96个样品抽检工作；争取到州政府5万元专项经费支持，完成全州电线、钢筋、铝合金、强化地板等四类35个批次商品的抽样工作。加强软硬件建设，提高12315投诉举报中心“快接快处”能力，2017年共受理各类投诉举报咨询5997件，为消费者挽回经济损失145.56万元。接到国家12315互联网平台转办的投诉举报149件，办结141件。全州各级消费者协会共受理各类消费投诉427件，解决411件，为消费者挽回损失300余万元。

【脱贫攻坚】 选优配强驻村干部，充分整合各方资源，加快脱贫步伐。2017年，先后筹资30余万元修建产业致富路5.5公里，带动1200余亩闲置土地复垦种植烤烟、蔬菜等，为受益群众增加种植收入100万元以上。引进“广东温氏集团”等企业入驻福泉市牛场镇迴龙村发展养殖业，出资扶持牛场镇马龙井村入股贵州省聚福源畜禽发展有限公司捆绑发展，指导都匀经济开发区三联村开启“公司+基地+农户”产业发展模式等，培育壮大村级集体经济，让“空壳村”摘掉“穷帽子”。挤出5万元经费帮助本局包保村三都县普安镇阳基村发展河道养鱼项目，6万元经费支持州委选派州局挂职干部包保村惠水县摆金镇单耙村解决村支两委“阵地”建设。

【履职能力】 以创建“晋级升星·好花更红”星级党支部为载体，认真抓好“两学一做”学习教育常态化制度化。落实“两个责任”“一岗双责”，推进党风廉政建设。做好机构改革工作，于9月30日移交都匀经济开发区分局职能职责。加强法治建设，制定黔南州工商局权力运行图和公共服务事项清单，动态调整权责清单；加强对全州工商和市场监管部门的业务指导和工作督导，开展行政处罚案卷评查和督促整改，强化委派法制员工作，创新推出“项目+案例”行政指导方式。不断加强干部教育培训工作，组织参加党务知识、综合业务、依法行政等各类培训500余人次。

（喻周亚）

物价管理

【概况】 2017年，州物价监督管理局落实《中共中央国务院关于推进价格机制改革的若干意见》和全国发改工作会议、全国价格工作会议精神，围绕供给侧结构性改革，以服务经济发展和解决民生热点问题为重点，推进价格改革，加强市场价格行为监管，规范市场价格秩序，加强自身建设、努力开拓创新，保持价格总水平基本稳定，促进黔南经济可持续健康发展。

2017年，黔南州发改委再次被国家发改委价格监测中心评为全国价格监测先进集体，黔南州连续6年受到国家发改价格监测中心表彰。

【市场价格监测】 落实国家和省各项稳价措施，采取综合手段加大价格调控力度，确保全州居民消费价格指数保持在合理区间。2017年全年居民消费价格指数（CPI）同比上涨0.6%，在全省9个市州中排第八位（全国101.6、贵州100.9），涨幅与上年同期比回落1个百分点，全年实现了CPI涨幅低于3%左右的调控目标，顺利完成价格调控任务。

从同比看，全年CPI分别上涨1.7%、0.5%、0.5%、0.3%、0%、0.2%、0.3%、0.1%、0.6%、0.8%、1%和0.8%，呈相对稳定的态势。环比看，全年环比指数分别为100.6、100.0、99.5、100.1、99.5、100.1、99.9、100.0、100.4、100.1、100.2、100.3，有7个月上涨，3个月下跌，2个月持平，准确反映了各月CPI总体比较平稳的运行态势。

一、强化价格监测和预警能力。按照国家和省局制定的各项价格监测报告制度要求，保质保量地完成了黔南州钢材价格、城市居民食品价格、城市居民日用工业消费品价格、成品粮零售价格、城市居民服务价格、劳动力市场价格、药品价格、贵州省重要商品价格、易地扶贫搬迁安置房主要建筑材料价格、黔南州农产品产销对接监测品种价格、水泥和水泥用煤价格、黔南州重要商品和服务价格及节假日和应急价格监测等14类报表的日报、周报、旬报和月、季报工作，特别是在春节和黄金周等节假日期间强化对市场价格进行巡查和监测工作（期间均实行日报制度）。为保证数据的完整性和连续性，3家超市、3个农贸市场监测点，每日通过电话询价或不定期采价、巡价等方式进行价格监测，另外，还对国鼎、苏宁两个家电超市及其他商品专卖店服装、农资、煤炭、钢材等54个监测点进行询价，完成了240余个商品价格数据的采集、汇总及上报工作。全年共收集存查各种报表1400余份。编写上报市场价格动态分析、每月药品市场采集情况及监测等相关信息共160余篇，其中《黔南州2017年生猪产销及价格趋势分析》在省发改委网站刊登，为政府价格决策工作提供了翔实价格信息。

对207个商品及服务价格的监测显示，2017年同比81个品种上涨（占39.2%）、32个品种下降（占15.5%）、95个品种持平（占45.9%）。

（一）农副食品价格：带鱼和鲁花压榨一级花生油价格有所上涨，生猪、猪肉、活鸡、鸡蛋和蔬菜价格有所回落。其它品种价格相对稳定。

1. 食用油：鲁花压榨一级花生油149元/5升，同比上涨7.2%；

2. 水产品：带鱼24.00元/公斤，同比上涨20%；鲤鱼12.00元/公斤，同比回落14.3%；

3. 禽、蛋类：土鸡54.12元/公斤，同比回落3%；三黄鸡14.00元/公斤，同比回落6.67%；鸡蛋5.00元/公斤，同比回落5.8%。

4. 蔬菜：小白菜6.88元/公斤，同比上涨8.8%；油菜6.76元/公斤，同比上涨5.7%；西红柿6.52元/公斤、尖椒8.30元/公斤和芹菜8.44元/公斤；土豆4.28元/公斤，同比回落13.97%；胡萝卜5.44元/公斤，同比回落11.31%；蒜苔9.16元/公斤，同比回落10.81%；韭菜7.66元/公斤、白萝卜3.20元/公斤、圆白菜4.30元/公斤、青椒7.20元/公斤、豆角（四季豆和豇豆的均价）8.40元/公斤、大白菜4.58元/公斤、黄瓜6.98元/公斤和茄子6.84元/公斤。

5. 食糖：白糖6.00元/公斤，同比回落10%；红糖9.5元/公斤，同比回落5%；

6. 生猪及猪肉价格：

生猪：毛猪价格15.51元/公斤，同比回落20%；仔猪23.75元/公斤，同比回落24.7%；2017年都匀市屠宰场月均屠宰生猪5929头，比上年同期的4940头增长20%。

2017年年均猪粮比7.25∶1（2016年9.18∶1）。

猪肉：白条肉出厂价格19.79元/公斤，同比回落18.9%，肥瘦肉（腿肉）27.88元/公斤，同比回落10.4%；精瘦肉31.06元/公斤，同比回落4.9%，肋条肉28.84元/公斤，同比回落8.5%，排骨35.28元/公斤，同比上涨1.9%。

（二）重要商品价格：生产资料、燃料、水泥和钢材价格有所上涨，其它品种价格相对稳定。

高含氮量复合肥2547.00元/吨，同比上涨17.6%；尿素2103.00元/吨，同比上涨12%；生活用煤（织金煤）1329.00元/吨，同比上涨11.3%；水泥373.00元/吨，同比上涨26.6%；钢材类5802.00元/吨，监测的50个品种均全面上涨，同比上涨24.5%、液化石油气135.00元/罐（14.5kg），同比持平。

（三）劳动力市场价格

2017年，根据黔南州监测10个行业27家企业劳动力市场价格的平均水平看，略低于全省平均水平7.7%。其中，月平均收入相对较高的是建筑业的钢筋工（木工、瓦工），月均收入5512.00元，比全省同行业月均收入少15.8%；其次是服务行业的餐饮一线厨师和后厨加工切配师，月均收入分别为4750.00元和3900.00元，比全省同行业月均收入分别高出3.4%和18.3%；再就是机械制造行业，月均收入3459元，比全省同行业月均收入高8%；收入最低的是物业管理的小区保洁员，月均收入1543.00元，比全省同行业月均收入少5.9%；其次是办公场保洁员、超市理货、收银员和小区秩序员，月均收入1700.00元左右，比全省同行业月均收入分别少11%、6.8%和16%。

（四）重大事件价格动态

1. 禽流感事件导致市场价格回落6%左右。2017年1月1日，三都、平塘发现1例人感染H7N9禽流感病例。根据黔南州人民政府办公室发电《黔南州人民政府办公室关于切实加强当前H7N9流感等重大动物疫病防控工作的紧急通知》《关于进一步加强H7N9防控工作的紧急通知》《黔南州突发公共卫生事件联防联控机制办公室关于调整关闭活禽市场时间的通知》等文件要求，黔南州活禽交易市场分别于1月9日—11日、3月14日—5月1日集中休市。随后，龙里和福泉先后实行永久性禁止活禽进入市场交易及加工屠宰，全面实行活禽定点屠宰、肉品检疫、“杀白”上市。

随着禽流感疫情的爆发对禽类消费品价格影响较大，市场减少对活鸡等禽类消费品的消费需求，导致市场价格回落6%左右。

2. 食盐放开价格稳中有降。根据《国务院关于印发盐业体制改革方案的通知》（国发〔2016〕25号）精神，自2017年1月1日起，放开食盐出厂、批发和零售价格，由企业根据生产经营成本、食盐品质、市场供求状况等因素自主确定。食盐价格放开后，价格呈稳中有降的走势。

3. 口蹄疫病例对畜肉价格影响有限。7月28日三都都江镇发现疑似口蹄疫病例，发现病牛80头，死亡3头，该批病牛是以扶贫养殖项目运来的，8月2日该县全县禁止售卖猪、牛和羊肉，黔南州县发改部门积极应对，主动联系超市通过补充替代品等保障市场和价格的相对稳定，8月3月市场恢复正常，但由于事发都江镇，凡途经都江镇的猪、牛和羊必需经过检疫直至该月21日止。该事件对畜肉价格影响有限。

二、扩大价格监测领域助力脱贫攻坚。新增农产品产销对接、易地扶贫搬迁安置房主要建筑材料、水泥和水泥用煤等领域价格监测，助力脱贫攻坚。

三、巩固落实稳价惠民措施。会同州财政局、民政局、人社局和州统计局黔南调查队等五部门，进一步修改完善了社会救助和保障标准与物价上涨联动机制，并牵头抓好落实。继续按区域划档提高城乡低保标准，全年累计为10.1万户23.71万城乡低保对象发放低保资金65102.93万元，及时有效保障困难群众基本生活。

【价格收费管理】 坚持以供给侧结构性改革为主线，着力深化重点领域和关键环节价格改革，着力推进涉企清费减负，推进落实中发28号和黔党发30号文件关于价格机制改革的工作任务，进一步加强放管服工作，为如期完成2020年价格改革目标奠定坚实基础。

一、积极推进价格机制改革。认真贯彻《中共中央国务院关于推进价格机制改革的若干意见》和《中共贵州省委贵州省人民政府关于推进价格改革的实施意见》文件精神，牵头草拟州委州人民政府《黔南州价格机制改革实施方案》，并于2017年年底印发实施。

二、进一步做好政府定价项目的“接”“管”“放”工作。贯彻落实省发展改革委放开、下放省级政府定价项目相关政策文件，加强对已下放政府定价项目的业务指导，做好已放开定价项目市场价格监管，加快推进价格简政放权工作。从2014年至今，共放开52项、下放17项省级政府定价项目，下放项目中，市州级管理的9项，县（市）级管理的8项。

三、开展清费治乱工作。一是实行收费清单管理制度，重新制定《黔南州政府定价的经营服务收费目录清单》和《黔南州政府定价的涉企经营服务收费目录清单》，并实行动态管理。二是清理规范涉企经营服务性收费。三是开展清理规范铁路收费工作，对铁路运输企业向货主收取的铁路货物运输杂费收费情况进行清理规范。四是落实财政部和国家发展改革委清理规范行政事业性收费、关于降低电信网码号资源占用费等部分行政事业性收费标准、重新公布的国家中医药管理局行政事业性收费等要求，遵照执行本省明确的住建部门有关考试收费事项的文件要求。

四、落实促进实体经济转型升级价格政策。按照州委、州政府2017年《政府工作报告》和重大决策部署，及时跟踪降成本落实情况。其中，财政共拨付省级补助资金5700万元，配套州级补助资金950万元；减免税费54403万元，共为黔南州地区50家企业让利电费1.73亿元。普及使用“黔通卡”，据估算，以每辆车一年平均节约3000元费用计，每年高速公路通行费优惠政策为黔南州企业减轻负担近1亿元。

五、稳妥推进资源性产品价格改革。一是全州全面实行城镇居民阶梯水价和非居民用水超定额累进加价制度。二是做好医疗服务价格改革。完善县级和城市公立医院医疗服务价格，制定《黔南州县级公立医院综合改革部分医疗服务价格调整方案（试行）》和《黔南州城市公立医院综合改革部分医疗服务价格调整方案（试行）》，并进行价格动态调整；做好新增医疗服务项目申报工作，2017年发改委审核并向省级申报了1家县级公立医疗机构、3家城市公立医疗机构共计714项新增医疗服务价格项目；做好医疗卫生服务供给侧结构性改革，制定了黔南州县级公立医疗机构对乡镇或社区医疗机构提供的远程会诊服务价格，全面推进黔南州远程医疗服务体系建设，提高黔南州公立医疗机构诊断与医疗水平，降低医疗开支，满足广大人民群众就医需求，确保远程医疗服务公益性和可持续发展。三是推进旅游门票价格管理改革，理顺荔波县大小七孔景区门票价格实行“一票制”的管理方式，助推旅游井喷。四是建立管道天然气上下游价格联动机制，指导和督促都匀市调整非居民用气销售价格。2017年都匀市非居民用气销售价格共进行了3次调整：3月16日起，由3.22元/立方米调整为3.05元/立方米；9月1日起，由3.05元/立方米调整为2.93元/立方米；11月1日起，由2.93元/立方米调整为3.04元/立方米。五是梳理全州保障性住房价格制定情况，规范保障性住房定价工作。

【价格监督检查】　紧紧围绕全面深化改革的总要求，不断加强自身建设、努力开拓创新，以依法行政为主线，着力解决损害群众利益的不正之风，着力规范价费行为，积极统筹推进各项价格检查工作。

一、加强监管，加大节假日市场价格巡查力度。组织开展了“元旦、春节”“五一”“中秋、国庆”等节假日市场检查，全州共出动检查人员246人次，组成50个检查组，检查大型超市36家，客运站（点）14个，旅游景区（点）30个，农贸市场16个，出租车等客运车辆123辆（次），发放宣传资料1000余份，进一步规范了市场价格秩序，为人民群众营造了良好的节日市场价格环境。

二、积极部署，扎实开展专项检查工作。2017年，先后开展了涉农收费、涉企收费、电力价格、商品房销售价格等专项检查，并根据12358监管平台举报情况和工作实际，及时部署民营医院价格行为专项检查，对都匀、龙里和瓮安县10家民营医院进行了检查，实现检查一个行业规范一个行业的目的。

三、开展规范旅游景区明码标价专项行动。一是规范全州旅游景区明码标价行为，实现AAA以上旅游景区明码标价全覆盖，在全省率先创建县（市）明码标价示范街（点），得到省发改委高度肯定。二是积极推进荔波“明码实价”工作。致力于打造“诚信荔波”微信公众平台，利用“云上贵州”大环境，创新“旅游+互联网”新手段，进一步推进诚信荔波明码实价工作。

四、畅通12358价格举报渠道，维护消费者合法权益。专人值守12358价格举报投诉平台，在重要节假日和重要时段，保持12358电话24小时畅通，耐心解答群众咨询，及时化解价格矛盾。2017年，全州共接处价格举报、投诉和咨询共422件，办结率100%。

五、着力推进落实公平竞争审查制度。建立公平竞争审查制度及联席会议制度、州发改委委内公平竞争审查程序，加强宣传培训，指导督促州直部门开展增量政策公平竞争审查，共审查增量政策文件405份，其中州政府361份，州直部门（单位）44份；部署开展存量清理工作。

六、严格执法程序，规范价格执法行为。严格依法行政，提高执法水平，全州共查处价格违法案件16起，实施经济制裁2090.55万元，提高了执法检查震慑力，促进了价格政策有效落实；认真落实价格检查“双随机一公开”，实现痕迹化执法；规范价格行政执法案卷整理，经法制办评查，发改委案卷归档较好。

2017年，黔南州价格监督检查工作在总体工作、专项检查、规范旅游景区明码标价专项、配合执法办案等方面得到省发改委通报表扬。

【成本调查】 组织开展农产品成本调查工作，完成各项成本调查上报工作；严格按照成本监审的环节、程序进行成本监审，共完成成本监审项目17个，核减不合理成本约5000万元。

在农本调查工作方面，黔南州发改委被国家发改委评为2015—2017年全国农产品成本调查优秀集体，黔南州已连续2次受到国家发改委表彰。

【价格认定】 2017年，全州共办理各类价格认定案件1235件，认定金额1475.36万元，全年无价格认定复核案件和败诉案件。

【价调基金】 跟踪价调基金后续工作，对30个价格调节基金扶持项目进展情况进行督查，已完成资金使用1.49451亿元，占85.1%，要求县（市）发改局及时上报项目进度，确保项目的有效实施并发挥作用。

（邱　霞）

安全生产监督管理

【概况】 2017年，黔南州安全生产监督管理局在州委、州政府领导支持下，贯彻落实党中央、国务院关于安全生产工作的决策部署和习近平总书记、李克强总理关于加强安全生产工作的系列指示批示，狠抓安全生产大检查常态化机制建设，强化重点行业领域专项整治，全州安全生产形势总体平稳。

2017年，全州共发生生产安全事故103起、死亡104人；其中，建筑业事故3起、死亡3人，金属与非金属矿事故1起、死亡1人，工商贸其它事故1起、死亡2人，交通运输事故92起、死亡92人，铁路运输事故6起、死亡6人。发生2起交通运输较大事故，死亡7人。煤矿、危险化学品和易燃易爆物品等高危重点行业领域继续保持“零事故、零死亡”；全州没有发生重大及以上生产安全事故。

【安全生产监管执法】 2017年，全州4457家企业完成了5个轮次的自查自纠，排查隐患75769条，已完成整改75518条；全州各级监管部门出动18万余人次，检查企业97643家次，排查整改一般隐患293598条，重大隐患32条。

推行执法标准化检查，减少执法检查漏洞。针对企业安全管理人员、行业部门安全监管人员专业素质参差不齐、基层部门业务水平整体不高，安全检查不细、不实等问题，对全州27个行业、84类企业的安全检查实行标准化管理，对照国家法律法规和安全生产标准、规程，制定相应的制式检查表，明确安全检查的项目、内容，规定企业、行业监管部门在开展自查自纠和安全执法检查时对标对表、逐项检查到位，确保安全检查落细、落实，避免缺项、漏项。

紧盯重点行业企业，强化特殊敏感时段安全管控。一是针对汛期安全生产工作，召开专题会议，制定工作方案，认真做好部署安排，强化工作调度和督查考核。对企业汛期安全风险点进行全面排查并建档立库，落实各风险点管控措施，明确企业和监管部门盯守人员，定期对各风险点进行巡查检查，开展隐患排查治理。汛期期间共排查各类风险点1894个，落实管控措施6126条，明确盯守人员2237人，开展检查11567次，发现隐患26572条，均已完成整改。二是建立部门联动机制，出台强降雨天气煤矿、非煤井工矿、尾矿库检查调度通报制度，对日降水在50毫米以上的县（市、区）下达对煤矿、非煤井工矿、尾矿库精准检查指令，并在8小时内完成调度、通报。2017年，共发出检查指令17次，通报17次，列入精准检查煤矿 279 家次、非煤井工矿 224 家次、尾矿库 361 座次。其中，福泉太平煤矿、瓮安洗马煤矿因及时检查、及时撤出井下人员，在矿井发生淹井时，未造成人员伤亡。2017 年，全州被列入“不放心企业”名单 1360 家次，开展全覆盖检查 10 家，排查隐患 12875 条，全部完成整改。

明确行业部门监管职责，有效堵塞安全监管漏洞。针对法律法规尚未明确低空飞行器、在建铁路项目、汽车租赁等行业安全监管职责，存在的责任主体不明确、安全监管有漏洞等问题，认真组织调研，提出解决措施，报请州政府常务会议研究，明确监管部门，划分职责边界，落实管控措施，有效堵塞漏洞，确保安全生产工作无盲区、无死角。

强化监管执法，严厉打击安全生产违法违规行为。加大了对安全生产各类非法违法依法查处力度，对不落实安全生产主体责任的企业实行严管重罚。2017 年，全州查处安全生产非法违法生产行为 1489 起，处罚金额 1547.6 万元；曝光企业 32 家次；曝光重大隐患 24 条，关闭取缔企业 42 家，申请省级联合惩戒企业 2 家，纳入安全生产“黑名单”企业 1 家。

【推进安全生产工作改革创新】 2017 年，针对安全生产基础薄弱、监管队伍能力水平总体不高、监管方式单一等问题，着力抓好分类分级监管、安全风险管控和隐患排查治理和安全监管标准化信息化。分类分级监管方面，在福泉市、瓮安县开展安全生产分类分级监管试点工作，积极探索分工合理、责任明确、减少交叉的安全监管模式。安全风险管控和隐患排查治理方面：在煤矿、非煤矿山、危险化学品、涉粉尘作业分别选择企业作为试点，试点企业已在年内完成了项目验收工作。

安全监管标准化信息化方面，充分发挥黔南州安全生产云平台作用，不断完善隐患排查治理 APP，推进隐患排查治理标准化、信息化。2017 年，上线企业有 4448 家，上线部门有 24 家，基本能适时掌握上线企业隐患排查治理情况和上线部门执法检查情况。

【安全宣传教育】 2017 年在广播电视、报纸等主流媒体播报安全生产工作 87 次，在门户网站、微信、手机短信等平台报道 7 万余条，设置展板 14200 余块，悬挂宣传标语、巨幅广告牌 3 万余幅，起到了较好的宣传效果。

【安全监管体制机制建设】 2017 年 12 月 22 日，根据《中共中央国务院关于推进安全生产领域改革发展的意见》（中发〔2016〕32 号）和《中共贵州省委省人民政府关于全面推进安全生产领域改革发展的实施意见》（黔党发〔2017〕26 号）文件要求，州政府同意将州、县两级安全生产监督管理部门确定为行政执法机构。

（宋琦霞）

招商引资

招商引资　实体固本　工业强州

项目签约

川恒化工公司

瓮安金正大集团

贵州卡布国际婴童用品产业园厂房

贵定县昌明镇电子商务运营中心

华创创业园内的企业韵达物流工作车间

贵阳黔宝食品有限公司龙里分公司刺梨干加工车间

黔南州农业迈上大数据时代

龙里华润雪花啤酒60万千升生产线

龙里高新技术产业园

都匀经济开发区宏茂公司

黔南·广州产业园

福泉省级经济开发区入驻企业厂区一角

【概况】 2017年，黔南州投资促进工作在州委、州政府的领导下，深入贯彻习近平系列重要讲话精神、省第十二次党代会、州第十一次党代会精神，牢牢守住发展和生态两条底线，全力实施大扶贫、大数据、大生态三大战略，坚持以质量和效益为中心，不断扩大对外开放和促进产业转型升级，取得明显实效。全年引进州外到位资金2159亿元（州级认定数），完成州下达年度目标任务2000亿元的107.95%，同比增长25.48%，其中：引进投资规模3000万元以上省外项目到位资金859亿元（省级认定数），完成省下达年度目标859亿元的100%，同比增长8.84%。

全年新签约引进项目754个，其中投资额超亿元的项目332个，占新引进项目数的44.03%，投资额超5亿元的项目59个，投资额超10亿元的项目15个。全年新引进15家500强企业在州内投资项目24个，其中首次入黔500强企业3家，完成省下达首次入黔500强企业引进任务。

新引进项目中，属绿色经济“四型”产业的项目309个，占新引进项目数的40.98%。新引进项目中，拟上市企业13家，其中拟在主板上市的企业6家、拟在中小板上市的企业1家、拟在创业板上市的企业2家、拟在新三板上市的企业4家。

全年新引进项目754个，开工项目754个，新引进项目开工率达100%，项目当年投产率48.67%。续建项目354个，其中304个项目建成投产，占续建项目数的85.88%。

全年新引进境外项目6个，其中4个项目落户独山县。至此独山县已有8个外资项目入驻，其中6个已建成投产，项目累计到位资金17.13亿元。

【深圳黔南商会成立大会在深圳市举行】 2017年1月8日，“深圳黔南商会成立大会”在深圳市龙岗区坂田天安云谷产业园区国际会议厅举行，这是黔南州成立的首家异地商会。黔南州人民政府副州长胡晓剑率黔南州有关负责人出席。华为集团副总裁任树录、财务副总任正黎，深圳瀚邦集团等企业家代表以及黔南企业家200余人参加了成立大会。

【州集中开工一批重大项目】 2017年1月11日，黔南州与贵州省同步举行2017年第一批重大项目集中开工仪式，该仪式在福泉市环保循环经济产业园举行。黔南州53个重大项目集中开工，总投资214亿元。

本次集中开工的项目中，大旅游、脱贫攻坚、基础设施、教育医疗事业等“三长三短”项目43个，总投资164.02亿，占本次集中开工项目总投资的81.1%和76.6%。

从项目类别看，现代基础设施网络体系建设项目6个，总投资18.71亿元；新型城镇化和美丽乡村建设项目18个，总投资91.83亿元；资源型产业和特色产业升级项目6个，总投资23.3亿元；生态环境建设重大项目3个，总投资6.11亿元；社会事业和公共服务体系建设项目15个，总投资45.78亿元；现代服务业发展重大项目5个，总投资28.44亿元。

分县市看，都匀市项目3个，总投资7.5亿元；福泉市项目4个，总投资20.3亿元；荔波县项目2个，总投资4.02亿元；瓮安县项目9个，总投资72.08亿元；独山县项目1个，总投资16.18亿元；平塘县项目2个，总投资8.44亿元；龙里县项目6个，总投资20.06亿元；长顺县项目2个，总投资3.8亿元；惠水县项目4个，总投资6.45亿元；罗甸县项目2个，总投资6.05亿元；贵定县项目14个，总投资29.14亿元；三都县项目2个，总投资11.28亿元；都匀经济开发区项目2个，总投资8.87亿元。

从资金组成看，本次集中开工重大项目总投资214.17亿元，政府投资32.72亿元，占15.3%，企业投资102.70亿元，占48.0%，银行贷款60.90亿元，占28.4%，其他资金17.85亿元，占8.3%。

【黔南州产业转型升级提速，工农旅商贸物流齐头并进】 2017年，黔南州围绕“五张名片”和“五大新兴产业”，完成一产增加值183.4亿元，二产增加值359.45亿元，三产增加值478.8亿元，呈现产业转型升级提速，工业、农业、旅游业、商贸物流业齐头并进发展态势。

工业强州深入推进。新增入园项目386个，标准厂房入住率95%。金田集团科技园等项目建成投产，龙里雪花啤酒迁建等项目加快推进。惠水百鸟河数字小镇引进企业30多家，大数据及电子信息产业预计达150亿元。新增水电、风电、光伏发电装机共36万千瓦。建成国家级企业技术中心1个，省级企业技术中心9个，全年工业产销率达98.9%。

现代农业稳步发展。农业产业化龙头企业达626个，农民专业合作社4532户。建成现代高效农业示范园区70个，其中52个省级农业园区总产量和销售收入全省第一。茶园面积突破151万亩，都匀毛尖再度被评为全国“最具品牌发展力”品牌，品牌价值达到211.5亿元。农村产业融合发展得到国家发改委肯定。都匀市列入“全国农村一二三产业融合发展示范区”。

旅游产业亮点频现。以“旅游+”融合发展为抓手，大力培育旅游新业态，成功推出福泉古城、四季花谷、红水河度假区等20个景区景点。举办第九、第十两届特色鲜明的旅游发展大会，承办FAST落成启用仪式暨国际射电天文论坛，文化旅游发展典型经验获国务院通报表彰，以大射电引爆大旅游的生动格局正在形成。

商贸物流再上台阶。贵州（昌明）国际陆港、独山保税物流中心开工建设，福泉国际陆港通关大楼基本建成，建成12个电商运营服务中心和798个农村电商站点。独山南部保税商贸物流集聚区、贵定昌明列入省级现代服务业务集聚区。

【产业扶贫招商工作推进会召开】 2017年2月6日，黔南州产业扶贫招商工作推进会议在都匀市召开，黔南州投资促进局、州发改委、州农委、州扶贫局负责人以及全州12个县（市）分管领导、投资促进局、扶贫局有关负责人参加会议。会议传达了贵州省扶贫工作会议精神。12个县（市）分别汇报了产业扶贫招商工作的开展情况。黔南州投资促进局、黔南州扶贫开发局分别就下步开展产业扶贫招商工作作出安排。胡晓剑副州长就如何抓好产业扶贫招商工作提出具体要求。推进会上，胡晓剑副州长代表黔南州政府分别与12个县（市）政府、管委会签订了产业扶贫招商工作目标责任状。

【黔南州产业扶贫招商推介会在广州举行】 2017年2月28日，由黔南州人民政府主办，黔南州投促局、黔南州扶贫局承办的“黔南州产业扶贫招商推介会”在广州市卡丽皇家金煦酒店卡丽厅举行。黔南州及广州有关领导及150余家优强企业负责人参加了推介会。此次活动，旨在认真贯彻落实中共贵州省委、贵州省人民政府关于开展产业扶贫专题招商的工作要求，借助广州市对口帮扶黔南州的新机遇，大力宣传推介黔南，吸引珠三角地区企业到黔南投资产业扶贫项目。会上，介绍了黔南的基本情况，并重点推介了黔南州产业扶贫投资优势。一是现代山地高效农业，二是大健康医药产业，三是山地旅游产业，四是农村电商产业。并热忱欢迎珠三角地区企业家到黔南观光旅游，考察投资。荔波、罗甸、平塘、长顺四个县在会上作了产业扶贫重点项目推介。广州绿华环保科技、广州聚联鲜之源生态冷链技术、广东安盛医药、广州纳丽生物科技等多家企业表达了到黔南投资的愿望，并将择日组织赴黔南开展投资考察。

【黔南州产业扶贫招商推介会在深圳举行】 2017年3月1日，“黔南州产业扶贫招商推介会”在深圳市龙岗区坂田天安云谷3栋D座3楼国际会议中心举行。三都、惠水、独山、贵定4县分别作了产业扶贫重点项目推介。华为技术公司高管任正黎、中国关心老一代大健康工程深港澳执委会会长周理、瀚邦集团董事长张笑涵、总裁饶云辉等来自深圳地区的150余名企业家参加了推介会，多家企业与相关县市达成项目合作意向，其中，深圳远航股份公司有意投资航龙天文小镇建设，深圳市绿然农业集团有意与贵定县在农产品订单、物流园建设等方面开展合作。

【贵州省投资促进局到黔南开展招商项目动态视频制作调研及项目库建设沟通培训】 2017年5月8日上午，贵州省投资促进局与深圳市中金产业咨询有限公司一行3人到黔南州开展招商项目动态视频制作调研及项目库建设沟通培训。黔南州投资促进局项目信息科组织全州项目库管理人员参加调研培训。此次调研活动旨在全省范围内筛选1000个优质招商项目进行动态视频制作，最终成果将在贵州省开放展览馆向外地客商集中播放展示。

【黔南州参加省组织召开的2017“贵洽会”省内企业招募工作调度会】 2017年5月11日，由贵州省投资促进局、中行贵州省分行联合举办2017“贵洽会”省内企业招募工作调度视频会在中行贵州省分行召开，黔南州组织州投资促进局、中行都匀分行有关负责人，各县（市、区）投资促进局主要负责人及工作联络员30余人参会。本次会议旨在有序推进2017“贵洽会”企业“跨境撮合”省内企业招募工作，及时研究解决工作中存在的困难和问题，对下一步工作进行安排部署。

【黔南州与贵州省同步举行2017年第二批重大项目集中开工仪式】 2017年5月8日，黔南州在福泉市牛场镇“矿化一体”磷深加工项目现场与全省同步举行2017年第二批重大项目集中开工仪式。黔南州各县（市）和都匀经济开发区也分别设立分会场，同时举行重大项目集中开工仪式。本次集中开工项目50个，总投资190亿元，计划今年完成投资105亿元。项目涉及现代基础设施网络体系建设重大项目、新型城镇化和美丽乡村建设重大项目、转型发展五大新兴产业重大项目、资源型产业和特色产业升级重大项目、现代服务业发展重大项目、生态环境建设重大项目、社会事业和公共服务体系建设重大项目、科技创新能力提升重大项目等8个领域。其中，大数据项目5个，总投资20.8亿元；大旅游项目7个，总投资46.49亿元；大生态项目6个，总投资20.33亿元；脱贫攻坚项目13个，总投资33.76亿元；基础设施项目13个，总投资50.27亿元；教育医疗事业项目2个，总投资2亿元；其他项目4个，总投资15.89亿元。

开工仪式会场

奠基仪式

【黔南州招商引资统计业务培训班在都匀举行】 2017年5月31日下午，黔南州投资促进局在都匀市侨城宾馆举办全州招商引资统计业务专题培训班，邀请贵州省投资促进局综合处、考评协调处有关领导和专家现场指导并授课。贵州省投资促进局综合业务处和强强围绕招商引资统计报表制度、贵州省招商引资信息管理平台项目信息录入、审核上报等方面进行了详细全面的业务指导，并结合常见问题有针对性开展案例分析。贵州省投资促进局综合业务处王仁彪系统讲解了贵州省招商引资信息管理平台数据统计与分析功能、深入解读了招商引资指数指标构成与测算方法，并结合自身工作经历深入浅出的培训了统计分析报告的撰写方法与技巧。贵州省投资促进局考评协调服务处陈元卒就省级重点签约项目平台录入、调度管理进行培训指导，并与参训人员互动交流，现场解答大家工作中遇到的各种问题。黔南州各县（市）投资促进局、都匀经济开发区招商局局长、分管副局长、业务科室负责人、业务骨干以及黔南州投资促进局相关人员共60余人参加培训。

【黔南州召开招商引资半年工作运行调度会】 2017年6月7日，全州招商引资半年工作运行调度会在州政府一会议室召开。会议分析总结了上半年招商引资工作运行情况，安排部署下半年招商引资重点工作。各县（市）政府、都匀开发区管委会分管领导、招商部门负责人、黔南州投资促进局负责人及相关人员参加了会议。会议由黔南州政府副秘书长陈情主持。会议印发了《2017年1—5月全州招商引资指数指标完成情况通报》和《1—5月全州招商引资项目代办服务工作情况通报》。

图为会议现场

【黔南州召开中部片区招商引资工作调研座谈会】 2017年6月27日，黔南州中部片区招商引资工作调研座谈会在瓮安县召开。会议听取了都匀市、福泉市、瓮安县、贵定县及都匀经济开发区招商引资工作情况汇报，指出，各县（市、区）紧紧围绕州政府提出的“一圈两翼”区域发展规划，积极引进了一批优强企业，始终坚持盘活存量、扩大增量、增加总量的发展思路，确保各重大项目、重点工程按时、保质、高效完成，增强了黔南州产业支撑能力。

【黔南州贵定南（昌明）千万吨国家二级铁路物流基地工程可行性研究报告获中国铁路总公司批复】 2017年7月15日，贵定南（昌明）千万吨国家二级铁路物流基地工程可行性研究报告获中国铁路总公司批复，这是黔南州贯彻落实省委省政府提出打造国家内陆开放型经济试验区、州委州政府提出的打造民族地区创新发展先行示范区工作部署和抢抓国家提出“一带一路”倡仪规划重大机遇的又一创举。该项目落地在贵定县昌明经济开发区，项目占地970亩，在既有贵定南站新增1条到发线，形成初期5条到发线规模，走行线自贵阳端引出，接入国际陆港物流园区，新建铁路简支桥梁一座。在规划建设的国际陆港物流园区内建设铁路集装箱区、海关监管区。其中，集装箱区设尽头式集装箱线2条，预留2条，配正面吊2台，海关监管区设仓库，掏箱库，同步配套建设、装卸综合楼、物流企业入驻楼、货运综合路、食堂等生产生活实施。项目投资预计可达6亿元，项目施工总工期18个月。根据研究预测，该基地初期2020年货运量将达到190万吨，其中到达66万吨，发送124万吨，仓储量86万吨；近期2025年货运量将达到285万吨，其中到达100万吨，发送185万吨，仓储量128万吨；远期2035年货运量将达到1013万吨，其中到达346万吨，发送667万吨，仓储量368万吨。该项目实施后，将进一步完善铁路货运设施布局、提升铁路物流量、拓展铁路服务业务，与贵州（昌明）国际陆港相配套，将进一步突显贵定物流节点城市和贵广南亚国际物流大通道优势。

【黔南州举行黔货出山名特优产品订货会暨现代物流招商引资推介会】 2017年8月9日，黔南州在都匀匀东酒店会展中心举行黔货出山名特优产品订货会暨现代物流招商引资推介会。香港物流商会、泰国驻广州总领事馆、越南工贸部国际贸易局、泰国工业联合会、广东省物流行业协会、重庆市璧山区禾顺蔬菜种植公司等国内外100余家优强企业参加推介会。推介会上，“沃尔玛贵州都匀百货店”建设项目、贵州华昌农产品现代物流配送中心建设项目、美的物流配送中心及电暖炉生产建设项目惠水绿色优质农产品集配加工中心建设项目等20个项目在会上签约，总投资达52.71亿元。黔南州人民政府副州长杨从明出席推介会，并作投资环境推介。贵州恒力天然生物科技公司、长顺天农绿壳蛋鸡实业公司、三都桃花马尾绣艺术品制作公司分别作民优特产品推介。都匀市、福泉市、龙里县作物流招商项目推介和企业代表发言。黔南州投资促进局、国土局、商务粮食局等有关部门主要负责人及12县（市）有关领导共200余人参加推介活动。

（图为黔货出山名特优产品订货会暨现代物流招商引资推介会现场）

【黔南州集中开展招商引资项目督查工作】 2017年9月8—10日，黔南州督查督办局与黔南州投资促进局组成五个工作组深入12县（市）开展招商引资项目集中督查工作。此次督查，采取查看档案资料、座谈交流、实地核查项目和查对“省平台”录入情况等形式，重点抽查了黔南州党政代表团赴广州签约活动及参加省级集中签约活动等签约项目，主要查看签约项目相关手续办理情况、项目资料档案规范程度、项目实际建设进度，了解项目推进过程中存在的问题和困难。

【黔南州举办2017“贵洽会”州内配对企业培训班】 2017年“中国·贵州内陆开放型经济试验区跨境投资与贸易合作洽谈会”于9月8日在贵安新区举行。通过贵州省投资促进局及中国银行贵州分行前期对黔南州企业的信息采集和跨境撮合，黔南州已有44家企业与境外企业配对成功。针对黔南州部分企业存在无海外业务经验，与海外客户洽谈交流经验较少等问题，2017年8月28日下午，举办2017“贵洽会”州内配对企业培训会，会期半天。州内配对企业代表、中国银行都匀分行各网点负责人，各县（市）投资促进局、都匀经济开发区招商引资局分管领导60余人参加了培训。

【黔南州打造贵州快递物流园示范工程】 截至2017年8月，龙里快递物流园已入驻快递物流企业31家，申通、中通、圆通等22家已建成投运，贵海冷链、新地物流等9家正加快建设。入驻商贸及专业市场项目5个，其中，双龙物流商贸城一期水果交易集散中心已建成运营，万豪总部城、贵龙港、百分之一摩都O2O等项目正加紧施工，部分项目年底投运。现日均快件吞吐量达140万票，快件吞吐量占全省总量的80%以上，直接就业2300余人，带动就业超1700人，预计2017年产值达35亿元，集聚效应显现。

【黔南州参加“2017贵洽会”】 2017年9月8日，以“开放合作、互利共赢”为主题的2017中国·贵州内陆开放型经济试验区跨境投资贸易洽谈会暨全球贵商发展大会在贵安新区开幕。黔南州各县（市、区）投促部门主要负责人及州内参会企业嘉宾代表共110余人参会。这次“贵洽会”黔南州共组织46家企业参与现场洽谈。经过前期配对和精准对接，贵州苗都现代医药物流经营有限公司、贵州芭田生态工程有限公司、贵州亿源生态果业有限公司、贵州长顺八妹农副产品开发有限公司、贵州卡布国际生物科技有限公司、贵州阁隆贸易有限公司等多家州内企业与法国、俄罗斯、意大利、巴西、加拿大、菲律宾、澳大利亚、新加坡、泰国等18个国家和地区的优强企业进行“一对一”洽谈。合作项目主要涉及食品加工、生物制药、文化旅游、节能环保等多个领域。

【黔南州召开工业发展暨招商引资工作大会】 2017年9月28日，黔南州召开工业发展暨招商引资工作大会。会议就深入实施工业强州战略和招商引资工作做出部署。

黔南州委书记唐德智出席会议并讲话；州委副书记、州长吴胜华，州政协主席魏明禄，州委副书记、州委政法委书记罗桂荣，州委常委，州人大常委会、州政府、州政协、州法院、州检察院负责人出席会议。省经信委、省投资促进局、南方电网贵州公司有关负责人应邀出席会议。州委有关部委、州直有关单位及各县（市）主要负责人，商会、企业代表等参加会议。

【黔南州举办全州招商干部业务培训会暨中共十九大精神专题学习会】 2017年11月10日，黔南州在都匀市侨城酒店举办“全州招商干部业务培训会暨中共十九大精神专题学习会”，特邀贵州省投资促进局领导和黔南州委党校专家授课。黔南州人民政府副州长杨从明在会上对全州招商干部提出具体要求，全州12县（市）投资促进局、开发区、工业园区招商局局长，各县（市）投资促进局分管业务的副局长及相关业务科室负责人，黔南州投资促进局全体干部职工参加了学习培训。

【黔南州投资促进局着力抓好《条例》学习宣传】 2017年12月4日，黔南州投资促进局利用例会时间，开展《贵州省外来投资服务和保障条例》闭卷学习测试，目的是为了检验本单位干部职工对《条例》的知晓情况和熟悉程度，进一步加强《条例》的学习和宣传贯彻。《贵州省外来投资服务和保障条例》是全国第一部将政府投资服务、诚信建设、纠纷调处等一并纳入法定职责的地方性法规。黔南州投资促进局在加强自身学习的同时，还将《条例》文本分发到当地党委、人大、政府、政协及州直相关部门，并在黔南州政府网站和《黔南日报》上进行全文刊载宣传，通过召开座谈会等形式向黔南州各商（协）会进行解读，指导各县（市、区）招商部门开展《条例》进园区、进企业宣讲、解读活动等。

【东西部扶贫协作】 2017年，黔南州依托对口帮扶城市的强大产业、成熟市场、金融资本、智力培训等优势，结合自身资源禀赋、生态、劳动力、土地等优势，在东西部扶贫协作工作中，不断创新思路，大胆探索，聚焦建档立卡贫困户脱贫，大力开展产业帮扶，输血与造血并举，增强当地发展后劲，激发本地内生动力，开创了扶贫协作的新局面。

一是创新建立“党建引领带动，助力脱贫攻坚”模式。广东省第一扶贫协作工作组黔南组会同州委组织部把党建扶贫工作站建在贵定县昌明经济开发区的“贵州领略中国扶贫大数据中心”，使东西部扶贫协作工作通过“党建引领带动，助力脱贫攻坚”成效更加明显。该站紧紧围绕党建帮扶到一线、服务群众到一线、决战脱贫攻坚到一线为重点，发挥有利的条件和优势，积极在党建扶贫结对帮扶县实现县区结对5个、镇镇结对19个、村村结对17个、“百企帮百村”2个、学校结对42个，培训帮扶干部2500人，结对帮扶9464户，覆盖贫困户76.02%，通过大数据服务大扶贫、实现快脱贫。

二是创新建立“协作专门机构”模式。黔南州在全省率先成立对外协作专门机构，并整合各自资源，成立黔南州对外经济协作局，明确为黔南州政府工作部门，整合相关部门对外工作职能职责，并与黔南州投资促进局合署办公，负责对口帮扶和区域经济协作及招商引资工作，为加强东西部扶贫协作工作提供了有力的组织保障。各县（市）根据州政府2017年9月15日召开专题会确定组建州县扶贫协作工作专班要求，成立12个县级扶贫协作工作专班，各县协调配合兼职人员136人，并明确35名专职人员集中办公。

三是创新建立“卖果助学”模式。黔南州长顺县为减轻贫困学生负担，通过组织越（广州市越秀区）顺（长顺县）两地企业合作，共同开展销售一斤长顺高钙苹果捐献0.8元的苹果助学活动，在帮助长顺县销售农特产品激发群众自身发展动力的同时，双方企业又提取部分利润作为专项助学金，有效解决了贫困学生经济压力。2017年8月15日正式上线，总销售6432.5公斤，销售额138942元，提取助学基金10292元，资助100名贫困学生。

四是创新建立“点对点户对户”模式。围绕“两不愁三保障”脱贫指标以及贫困村贫困户最急需解决事项，积极搭建点对点户对户的精准帮扶平台。在广州市南沙区的积极动员协调下，贵州深高速置地有限公司为龙里县洗马镇金溪村51户贫困群众实施危旧房整治。其中13户为一级改造，38户为二级改造，共涉及资金103.82万元，全部由该公司承担并承建。通过公司帮扶，51户贫困户居住环境得到极大改善，实现了安全住房有保障。

五是创新建立黔粤“飞地合作开发共赢”帮扶模式。2017年7月，中共黔南州委书记唐德智，州委副书记、州人民政府州长吴胜华率领黔南州党政考察团赴广州学习考察，双方为推动对口帮扶工作更加精准更见成效，提出“飞地合作开发共赢”帮扶模式的理念，共同把黔南建设成民族地区创新发展先行示范区。一是在产业合作聚焦发力上下功夫。突出重点，着力在产业园区建设和基础设施、教育医疗、旅游开发、劳务合作、人才培养、农业现代化等方面建成一批示范性平台和项目，按“飞地”经济合作模式理念，推动五大无水港、两大水港（即龙里双龙物流园、福泉马场坪无水港、都匀绿茵湖无水港、贵州（昌明）国际陆港、独山麻尾泗亭无水港、罗甸港、瓮安港）的建设，按出资划定股份，形成风险共担、利益共享的有机体；二是在创新帮扶协作体制机制上下功夫。加强产业链对接，共享开放资源，积极引导各方力量广泛参与，构建专项扶贫、行业扶贫、社会扶贫等多方力量、多种举措有机结合和互为支撑的“三位一体”大扶贫格局；三是实施项目合作清单化，一项项落实合作和开发；四是学习借鉴广州开发区“四个黄金十条产业政策”的经验，重新梳理黔南州现有产业和企业扶持政策，因地制宜出台完善黔南支持市场主体加快发展的措施，在融资、开拓市场、产品研发、品牌培育等方面给予企业更大的扶持，培育一批产业“小巨人”。

【广州市协作办赴黔南州政府驻广州办事处调研】 2017年4月15日下午，广州市协作办党委副书记、纪委书记刘峰，市协作办副主任徐志荣以及联络处、组织人事处、对口支援处负责人一行到黔南州人民政府驻广州办事处开展对口帮扶工作调研，黔南办事处主任李玲汇报了近年来工作情况。大家表示，黔南山水风光独树一帜，旅游资源极其丰富，随着广州市政府与黔南州政府共同开展的“百企千团广东十万人次游贵州”活动的不断深入，黔南已成为广州的避暑胜地，协作办将择时再次组织广东企业家赴黔南开展投资考察，推进项目合作。

【广州市对口帮扶黔南州招商培训会在匀举行】 2017年5月11日，广州市商务委考察团赴黔南考察，并在都匀经济开发区匀东贵州饭店会议中心举办“广州市对口帮扶黔南招商培训会”。黔南州投资促进局、发改委、工信委等州直部门负责人及各县（市、区）分管招商引资工作的领导和相关部门负责人、业务骨干150余人参加了培训。黔南州政府副秘书长陈情作开班动员讲话，广州市国际投资促进中心主任吴毅致辞，对黔南优美的环境及区位优势给予赞赏，充分肯定了黔南的招商工作，并希望借助广州市对口帮扶黔南的有利契机，加强招商互通，资源共享，实现互利共赢。广州市国际投资促进中心项目一部部长石巍就以“新常态下政府招商引资实战方略”为题，结合自己多年招商引资工作经验，从做好思想准备、选择对路方法、掌握基础资料等方面，系统全面地介绍了发达地区招商引资实战方略。广州市国际投资促进中心项目二部部长曾隽以“谋定而后动，从孙子兵法谈大项目招商”为题，从投资环境建设、园区建设、产业结构、项目储备等方面，深入浅出地讲解了招商引资如何充分利用资源、强化措施、取得实效的好经验好办法。

【广州市协作办考察组赴荔波考察对口帮扶项目】 2017年6月20日，广州市协作办考察组赴荔波县考察对口帮扶的“恩铭故里·广州园”项目和“荔波妇幼保健院（广州妇女儿童医院）”项目。该两个项目为2016年广州市投入1270万元建设的对口帮扶项目。荔波县妇幼保健院项目按照二级妇幼保健院标准新建，目前主体大楼已经建成，外装修已基本完成，预计一期工程10月建成投入使用。该项目的建设，将开创荔波新时期妇幼保健卫生事业新局面，有力推进区域医疗网络体系的完善。“恩铭故里·广州园”位于玉屏街道水浦村，距县城10公里，土地总面积32公顷。该项目总投资700万元，其中，广州市帮扶资金560万元，玉屏街道自筹和相关部门整合资金140万元。项目建设内容及规模包括广场景观工程、广场地面场平及硬化8000平方米、游客接待中心、排污工程1800米、旅游商品展销中心、红色文化展示中心、便民服务中心、木质地面休闲景观小广场等。目前已实施广场地面场平、排污工程、景观桥建设等。

【黔南·广州结对共建广州产业园】 2017年4月27日，广州开发区管委会与黔南州都匀经开区管委会签订了2017—2020年产业园区共建框架协议。广州凯得控股有限公司也与黔南东升发展有限公司签订了园区共建合作框架协议。都匀经济开发区还陆续聘请广州方面的相关专家为招商引资顾问。引进注册成立贵州海铁陆港物流有限公司、贵州纳丽生物科技有限公司、贵州驰远农业科技有限公司、黔南—广州金融小镇等一批企业落户黔南·广州产业园。为确保招商企业能够顺利引进，留得下来，黔南州委、州政府及时研究制定和出台了《关于加快黔南·广州产业园发展的实施意见》和《黔南·广州产业园招商引资办法》（“黄金20条”），设立了1亿元的产业发展资金池，专项用于黔南·广州产业园的发展建设。对获得中国名牌产品、国家地理标志产品、中华老字号、中国驰名商标的企业，奖励50万元；获得贵州名牌产品和贵州著名商标的，奖励30万元；获得黔南州知名品牌产品的，奖励10万元。此外，对入园企业采取全程代办服务，实行“一站式”受理、“并联式”审批、“保姆式”服务等“黄金20条”。

【广州·黔南对口帮扶座谈会在广州举行】 2017年7月5日，黔南州党政代表团赴广州市对接对口帮扶工作。当日下午，广州·黔南对口帮扶座谈会在广州市举行。广东省委副书记、广州市委书记任学锋出席会议并讲话。广州市委副书记、市长温国辉主持会议并介绍广州市经济社会发展和对口帮扶情况。广州市人大常委会主任陈建华，广州市委常委、市委秘书长潘建国，副市长黎明，市政协副主席黄炯烈出席。黔南州委书记唐德智讲话，州委副书记、州长吴胜华汇报黔南州经济社会发展和广州对口帮扶情况，州人大常委会主任罗毅，广东省第一扶贫协作工作组组长李自根，州委常委张文强、黄伟、吴丹、瓦标龙，州人大常委会、州政府、州政协有关领导出席座谈会，广州市有关部门负责人和黔南州党政代表团成员参加了会议。

任学锋代表广州市委、市政府讲话欢迎黔南党政代表团一行。唐德智代表州四家班子和全州420万各族人民，向长期以来关心帮助黔南发展的广州市各级各部门、社会各界致以崇高的敬意。

【黔南·广州统一战线对口帮扶座谈会在都匀市举行】 2017年8月8—9日，广州市委常委、市委统战部部长卢一先率广州市民营企业家一行21人赴黔南州考察对接对口帮扶工作，其间，在都匀市举行了黔南州与广州统一战线对口帮扶座谈会。会议由黔南州委常委、州委秘书长瓦标龙同志主持，州委常委、州人民政府副州长吴海平出席会议。黔南州委统战部、州投资促进局、州教育局、州发改局、州扶贫局等州有关部门和都匀经济开发区负责同志参加座谈。座谈会上，州委常委、州人民政府副州长吴海平介绍了黔南州经济社会发展情况，都匀经济开发区管委会主任杨东介绍黔南（广州）产业园建设情况，黔南州投资促进局副局长刘强作黔南州产业扶贫重点发展产业推介。广州市金域医学检验集团股份有限公司与黔南州投资促进局签订项目投资战略合作协议。

图为会议会场

【粤桂黔高铁经济带沿线城市经贸合作圆桌会议在都匀举行】 2017年8月8日下午，粤桂黔高铁经济带沿线城市经贸合作圆桌会议在都匀经济开发区举行。会议指出，要进一步深化区域合作发展，共同推进粤桂黔高铁经济带建设，融入“一带一路”倡仪，打造高铁经济平台，为发展高铁经济提供经验和示范。中国社会科学院学部委员汪同三，国家发改委、中国铁路总公司、粤桂黔三省区发改委、贵州省铁建办以及贵广、南广高铁经济带沿线13个市（州）代表团团长等参加会议。会上，国家发改委经贸司流通发展处副处长肖光伟、国家发改委宏观经济研究院副院长吴晓华、广东省发改委副主任钟明、广西壮族自治区发改委副主任黄汝焜、贵州省发改委总规划师张文伟分别代表国家发改委和粤桂黔三省区发改委作了发言，就共建粤桂黔高铁经济带、打造高铁经济平台发表自己的见解。13个城市代表团团长也紧紧围绕产业协同发展、交通互联互通、生态共建共保以及科技、人才、金融等方面合作进行了交流发言。会上，粤桂黔高铁经济带沿线13个城市共同签署了《粤桂黔高铁经济带协同创新合作共识》。

【广东省第三督查组赴黔南州开展东西部扶贫协作专项督查】 2017年11月30日—12月1日，广东省东西部扶贫协作第三督查组邓培熙组长一行4人，赴黔南州开展东西部扶贫协作专项督查工作。黔南州委常委、副州长吴海平，副州长黎燕萍，广东省第一扶贫协作工作组组长、州政府副秘书长杨伟强，州政府副秘书长雷良兵，长顺县、贵定县相关领导及州农委、州扶贫局、州协作办相关领导陪同督查并座谈汇报。

督查组一行深入长顺县第四中学、长顺县天农绿壳蛋鸡实业有限公司，贵定昌明电商中心和乡村旅游项目进行了督查。

12月1日，广东省东西部扶贫协作督查组赴黔南州开展专项督查工作汇报会在都匀召开，中共黔南州委常委、副州长吴海平出席汇报会并讲话。广东省第一扶贫协作工作组黔南组从完善扶贫开发工作机制、加强扶贫开发队伍建设、加强产业合作开发模式、加大贫困人口资金投入、加强劳务就业扶贫协作、推进精准帮扶携手奔康等六个方面向督查组进行了详细汇报，对黔南州扶贫协作工作给予了充分肯定。

图为会议会场

【黔南州开展东西部扶贫协作考核工作培训】 2017年12月12日下午，黔南州东西部扶贫协作考核工作培训会议在黔南州协作办会议室召开。州直有关部门分管东西部扶贫协作工作的领导和联络员、12县（市）东西部扶贫协作工作专班负责人和工作人员、广东省第一扶贫协作组黔南组及黔南州协作办相关工作员共50余人参加了培训。培训会上，黔南州协作办就东西部扶贫协作考核指标、资料准备等内容向与会人员进行了详细讲解和培训。广东省第一扶贫协作工作组黔南组就东西部扶贫协作考核指标中东部考核内容进行了认真培训解读。

【黔南州与广州市签署东西部扶贫协作助推脱贫攻坚合作协议】 2017年12月14日上午，“广州·贵州黔南、毕节东西部扶贫协作联席会议”在广州市政府举行。贵州省副省长刘远坤，广州市委副书记、市长温国辉出席会议并讲话。贵州省扶贫办、旅发委等相关部门领导和黔南州、毕节市政府主要领导或分管领导等参加会议。贵州省和黔南州、毕节市对广州市表示感谢并希望在此基础上把扶贫协作工作做得更好。希望双方推进产业园区共建，发挥各自优势开展产业合作，同时加强农产品产销对接，推进旅游、劳务协作和人才交流等重点领域的深度合作。黔南州委副书记、州长吴胜华汇报了黔南州东西部扶贫协作工作情况。广州市人民政府与黔南州人民政府、毕节市人民政府签署了东西部扶贫协作助推脱贫攻坚合作协议。

【机构变革】 2017年12月，根据贵州省机构编制委员会办公室《关于组建黔南州市场监督管理局等事项的批复》（黔编办发〔2017〕206号），黔南州人民政府办公室印发《黔南州对外经济协作局（投资促进局）主要职责内设机构和人员编制规定》（黔南府办发〔2017〕56号），设立黔南州对外经济协作局，为黔南州人民政府工作部门，与黔南州投资促进局合署办公，实行“两块牌子、一套人员”管理。

【黔南州获国务院2017年东西部扶贫协作年度考核“好”等次】 2017年12月，国务院扶贫开发工作领导小组围绕机制保障、项目建设、产业帮扶、人才交流、劳务合作等方面，对西部14个地州市东西部扶贫协作工作进行全面考核，考核等次分为“好”“较好”“一般”“差”四个等次。黔南州位列第4位，被评定为“好”等次。

（李兴国）

·财政·税务·

CAI ZHENG　SHUI WU

财　政

【概况】　2017年，全州一般公共预算收入累计完成119亿元，同比（同口径）增收8.95亿元，增长13.05%，收入增幅仅次于遵义市，全省排位第二。黔南州财政局各项工作获得优异成绩，连续四年获州目标管理考核一等奖，先后获得了“2015—2017年度全省文明单位”“全州脱贫攻坚先进集体”“全国巾帼文明岗”“州直机关十佳党建品牌”等奖励或表彰。总的来看，2017年财政运行情况虽然总体较好，但财政运行和财政工作还面临一些困难和问题：一是在经济下行压力较大的形势下，财政收入增速放缓，政策性刚性支出增长较快，收支平衡压力越来越大；二是县市收支不平衡，县市之间差距明显；部分县市非税收入占比仍然较高，收入质量有待进一步提高；三是部分财政支出项目形成只增不减的固化格局，支出结构有待进一步优化；四是政府债务管理仍需加强，部分县、市偿债能力弱，防范政府债务风险压力较大等等。

【财政收入】　收入增幅保持全省前列，全州一般公共预算收入完成119亿元，同比增长13.05%，增速排全省第2位，增幅和总量在三个自治州中排第1位，增速低于第1位的遵义市4.85个百分点。其中：税收收入85.84亿元，同比增长14.5%，增速排全省第2位；非税收入33.17亿元，同比增长9.5%，增速排全省第4位。非税占比27.87%，排全省第4位。其中，州本级一般公共预算收入完成22.33亿元，同比增长13.22%，高于全州平均水平0.17个百分点。其中：税收收入完成17.53亿元，同比增长16.59%；非税收入完成4.8亿元，非税占比21.51%，同比下降2.27个百分点。全州非税收入占公共财政收入的比重更趋合理，财政收入质量进一步提高。

【财政支出】　2017年，全州一般公共预算支出378.35亿元，同比增长15.3%。其中，州本级一般公共预算支出37.61亿元，同比增长25.75%。全州2017年公共安全、教育、科学技术、社会保障和就业、医疗卫生与计划生育、住房保障等重点支出同比去年增长。

【保障重点支出】　全州重点支出共安排279.51亿元，占支出总额73.9%，同比增加21.56亿元，增长8.4%，增幅全省排第3位。其中，安排教育事业发展资金77.4亿元，同比增长6.7%；安排各类社会保障和就业资金36.6亿元，同比增长39.9%，惠及全州23.9万城乡低保困难群众；安排新型农村合作医疗补助资金13.89亿元，新型农村合作医疗和城镇居民基本医疗保险政府补助标准已由每人每年420元提高到450元，基本公共卫生服务经费标准由每人每年45元提高到50元，进一步缩小了城乡医疗卫生服务差距；安排节能环保资金11.22亿元，着力打造“绿色黔南”，为成功荣获第四届绿博会举办权奠定基础。推动涉农资金整合与脱贫攻坚规划有效衔接，整合涉农资金37.5亿元，主要用于脱贫攻坚急需领域；扶贫产业子基金项目实现县域全覆盖，主导产业进一步凸显。支持推进大扶贫、大数据、大生态三大战略行动，支持深入实施“3366”发展战略；支持州级建设项目库建设，重点支持产业园区、飞地园区等重大项目建设。

【扶贫产业子基金】 2017年，全州脱贫攻坚扶贫产业子基金获审批项目84个，获评审投资金额69.69亿元，占年度任务（53亿元）的131.49%，超额完成年度预分配任务；实际投放项目38个、金额26.69亿元，减轻了财政负担，有力支持了脱贫攻坚战略。

【降低企业税费负担】 继续落实营改增试点政策。进一步清理规范政府性基金和涉企收费，取消或停征41项中央设立的行政事业性收费（其中涉企行政事业性收费35项），将商标注册收费标准降低50%。行政事业性收费（其中涉企行政事业性收费35项）。2017年为企业和居民减负1.22亿元（其中：新型墙体材料预缴款2017年比2016年减少5232.75万元；其他行政事业收费减少6957.4万元）。从2016年2月1日起，停征价格调节基金，仅此项全州减少缴纳1.2亿元。

【深化财政改革】 建立贷款风险补偿机制，建立“4321”政银担风险补偿机制，切实为小微企业和“三农”融资担保提供风险保障；建立财政结转和结余资金定期清理机制，加大盘活财政存量资金力度。全州共清理收回财政结余结转资金6.7亿元，收回的资金全部用于保民生、补短板。自2017年7月1日起，黔南州协议购货采购全面开启“网购”模式，黔南州启动的“互联网+政府采购”的网上商城电子化采购模式为全省第一家。

【财政监督管理】 为贯彻落实好中共十九大精神，以“问题大排查、解题大竞赛、破题大落实”为契机，认真梳理出财政事业改革发展需解决的9个方面13个问题，努力提升依法理财能力；为使财政业务流程更加快捷高效，专门组织各有关部门和高校召开征求意见座谈会，改进和完善对州属高校国库集中支付拨款审批机制，得到州委主要领导高度重视和充分肯定。强化“三公”经费的管控，细化“三公”经费预算编制，预算执行中要求各预算单位按月报送情况，并严格审批程序。督促、指导州直各部门和各县市依法依规公开预决算，取得初步成效，为全省实现从2015年全国垫底跃升第8名奠定了基础。

【“一事一议”财政奖补政策】 超额完成美丽乡村小康寨建设任务。2017年全年计划完成小康寨投资6.40亿元，黔南州2017年度小康寨累计完成投资7.18亿元，占年度计划的112%，三改三治及庭院硬化项目惠及39900余户。

【党风廉政建设】 以落实中央八项规定和党风廉政建设责任制为重点，继续巩固党的群众路线教育实践活动、三严三实、“两学一做”学习教育成果，不忘初心、牢记使命，齐心协力狠抓党建工作。坚持把全面从严治党摆上重要议事日程，与财政业务工作同谋划、同部署、同落实、同检查、同考核，种好“责任田”。2017年6月20—7月20日州委第二轮第四巡察组对州局开展了为期1个月的巡察，巡察组反馈了州局存在3个方面14个问题，已按要求整改完毕。通过开展专题学习讨论、听党课上党课、主体活动，开展局领导班子专题民主生活会和组织生活会扎实推进“两学一做”学习教育常态化制度化，为推进各项财政事业发展提供坚强保障。

【黔南州推进投融资体制机制改革暨加强债务管理工作会议在龙里召开】 2017年4月6日，黔南州推进投融资体制机制改革暨加强债务管理工作会议在龙里县召开。黔南州委书记龙长春，州委副书记、州长吴胜华，州委常委、都匀市委书记吴丹，州人大常委会副主任、州发改委主任陈稠彪出席会议。全州各县（市）党委书记、县（市）长，常务副县（市）长，都匀经济开发区党工委书记、管委会主任，管委会分管副主任，各县（市、区）财政局、金融办主要负责人及具有融资业务的平台公司主要负责人，州直有关部门、州级国有公司主要负责人参加会议。州委常委、常务副州长黄伟主持会议。

【全省脱贫攻坚投资基金扶贫产业子基金推进工作现场会在长顺召开】 2017年5月18日，全省脱贫攻坚投资基金扶贫产业子基金推进工作现场会在长顺县召开。省委副书记、省长孙志刚做出批示，省委常委、常务副省长秦如培，省政府副秘书长安九熊，省财政厅厅长晏婉萍，省脱贫攻坚投资基金管理领导小组办公室常务副主任杨志，黔南州副州长杨从明出席会议。

（蒙炳万）

国家税务

【概况】 黔南布依族苗族自治州国家税务局辖13个县（市、区）局，全州国税系统在职人员870人，其中公务员843人（行政编制缺63名），事业干部4人，机关工人23人（事业编制为27人，系统事业编制缺40人）；男性干部职工495人，女性干部职工375人；少数民族344人；大专以上859人，占98.74%，其中研究生32人，占3.68%。2017年，州国税局在省局和州委州政府的领导下，按照省局“十三五”规划时期工作思路，提出“用绩效思维统领全局、用集成理念驱动各方、用项目意识带动整体”工作方针，稳步推进税收各项工作。

【国税税收收入规模破百亿】 2017年，完成各项收入107.51亿元，同比增收30.03亿元、增长38.8%。收入规模首破百亿元，税收总量和增速分别列全省国税系统第4位和第3位，增速快于全省5.4个百分点。全年减免退各项税收13.66亿元，其中减免税11.86亿元，退税（含出口）1.8亿元。

【营改增后续工作稳步推进】 全“四大行业”3.05万户试点纳税人累计入库增值税32.56亿元，助推了黔南经济结构转型升级。推行增值税发票新系统，累计纳入新系统纳税人27715户。加强建筑行业征管工作，与荔波县局协调配合开发荔波县税收共治信息管理平台。

【纳税服务智能领航】 开展“便民办税春风行动”及“满意在黔南国税在行动”大走访大落实大提升活动。按照全省税务系统联合办税服务厅分类管理相关办法进行8个方面的统一管理，实现“国地联办、一次办结”。在全省率先实行国地税小规模纳税人全税种按季申报纳税。研发“研发加计扣除简易通”小软件，得到总局、省局高度认可。运用“互联网+税务”思维打造智能办税新途径，瓮安县局试点“票易达”网上申领发票业务；都匀经济开发区局开展电话预约领票；龙里县局推行“扫码代开发票”业务；福泉市局试点推行24小时离厅式自助办税；推行“实名办税”；通过“税务信用云”，为104户纳税人促成信贷资金扶持91431.6万元，赢得社会各界好评。2017年，在全国及全省纳税人满意度调查中名列前茅。

【五彩国税亮点纷呈】 以“党旗红、税务蓝、生机绿、高洁白、骄阳金”为代表色，打造“最美黔南·五彩国税”品牌。忠诚国税方面，党建帮扶工作获得群众和地方党委政府“两个满意”，共派出驻村干部28人，全州共帮扶2635户，已脱贫1051户。派驻帮扶点摆罗村“第一书记”蒙晖被评为“贵州省脱贫攻坚先进个人”。2个单位获“全省国税系统党建示范点”称号，党建工作先后10余次得到地方党委政府批示肯定。开发领导干部廉政档案管理平台。法治国税方面，法治建设实现“三级全覆盖”，8个县（市、区）局分别获全国、全省、全州法治税务基地荣誉称号。2017年被省法宣办授予“全省十佳法治文化阵地”荣誉称号。健康国税方面，以“健康国税活力绽放喜迎党的十九大”为主题，举办了全州国税系统第一届职工运动会暨文艺汇演。人文国税方面，2017年获贵州省“五星级示范妇女之家”，同时被全国妇联评为“全国巾帼建功先进集体”。州国税与福泉市局荣获2015—2017年度全国文明单位，其余县（市、区）局均荣获省级文明单位。青春国税方面，大力实施青年培养工程，全州共成立14个青年工作委员会和青年读书会，定期举办青年读书活动。

【绩效管理】 以“绩效统领全局”思维，建立主要领导亲自抓、分管领导全程抓、其他班子成员具体抓、绩效办主动抓、全员积极参与的领导体制和工作机制。层层签订绩效管理工作责任书；进行绩效知识测试；定期召开绩效讲评分析会；将重点工作列入督查督办事项并纳入绩效考评，将绩效考评与干部考核结合，激发队伍活力，创新推动工作，充分发挥出绩效管理的激励约束作用。2017年，州国税局连续4年获得全省国税系统绩效考评特等奖。

【队伍建设】 加强对年轻干部选拔任用，2017年，州国税局开展正、副科级领导干部选拔，共有25名35岁以下干部进入副科级岗位。抓好干部教育培训，州国税局全年参加省局统筹项目共22期，自办培训19期，开展“岗位大练兵、业务大比武”活动，全州国税系统共9名干部被评为省局专业骨干，其中4名被评为总局“岗位能手”、2名被评为总局“专业骨干”。全州国税系统共有46人获得“四师”资格，350人进入州级人才库，54人进入总局、省局专业人才库。抓好“两测”准备工作，利用数字人事系统“测试教材”模块和贵州国税网络学习平台，组织人员参加领导胜任力测试的学习。

【专项活动】 将学习、宣传、贯彻十九大精神作为头号政治任务，与全省国税系统开展“对标找差距评估查风险精准补短板发力强弱项固本扬优势”专项活动相结合，按照“忆诺思学比，宣讲查改推”十字工作法，制定专项活动实施方案，列明18项任务清单，对照9个方面的任务，深入查找差距、风险、短板和弱项共39个，并对查找出的问题逐项整改。开展“深学习、忆初心、誓忠诚、补短板、话未来”主题活动，在“黔南国税”微信公众号上共编发了“诵读·十九大”“立言·十九大”“寄情·十九大”“双语宣讲十九大”等15期学习专期，积极向“贵州国税”“贵州国税党建”“好花更红”等省局及州直工委微信公众号推送，提升活动影响力。

【廉政建设】 运用“互联网+”思维，建设“党建e税”智能管理平台，实现党建工作智能管理。按照“一支一特、一局一品”要求，实现全州国税系统党建品牌全覆盖。做实巡察工作，针对省局委派贵阳市局交叉巡察组对全州国税系统巡察发现的71个问题进行逐项整改。将税收执法大督查重点内容扩展为“6+2+2”，共自查发现涉及总局6个督察内容的问题380个，涉及省局2个专项督察内容的问题198个，涉及州县2个督察内容的问题62个；围绕财经纪律、工作纪律、巡察及督察发现问题整改情况等开展系统大检查，全年开展明察暗访3次。抓实“一案双查”工作，2017年共开展任前廉政谈话59人次、任期谈话15人次、提醒约谈94人次、批评教育58人次、通报批评2人次、诫勉谈话1人次。

（刘　幸）

地方税务

【概况】 2017年，在黔南州委、州政府和贵州省地税局党组的领导下，州地税局确定2017年为全州地税系统“深化改革进取年”，以“稳中求进，深化改革，创优争先”为工作主线，以“构筑依法治税新常态，巩固征管改革新成果，推广绩效管理新经验，提升纳税服务新水平”为工作重点，深入推进“两学一做”学习教育常态化制度化，继续巩固“转作风、优服务、创一流”主题活动的成果，进一步转变工作作风，提高工作效能，依法组织收入，推进依法行政，加强税收征管，优化纳税服务，狠抓队伍建设和党风廉政建设，各项工作取得显著成绩。

【依法征税】 2017年，全州地税共组织税收收入70.26亿元，完成省地税局动态调整后年度预期目标66亿元的106.45%，同口径同比增收7.28亿元，增长11.55%，在全省增幅排名第4位；公共财政预算收入完成59.38亿元，同口径同比增收7.55亿元，增长14.57%，占全州公共财政预算收入119亿元的49.9%。

【依法治税】 加强依法行政领导小组建设，认真做好国务院第四次大督查自查工作，落实好简政放权、商事制度改革，加强事中事后监管。推行公职律师制度，加强人才培养和队伍建设，全系统共有13人报名参加2017年国家司法考试及省局组织的考前培训学习。加强青少年学生税法宣传教育工作，坚持规则教育、习惯养成与法治实践相结合，把税法知识教育融入学校教育，统筹安排、梯次推进，使尊崇税法、学习税法、运用税法成为青少年学生的共同追求和自觉行动。着力整顿和规范税收秩序，强化税务稽查。全州地税稽查部门以维护税法尊严和提高纳税遵从为目标，以提升稽查执法能力为主线，以完善稽查执法手段为途径，努力顺应地税工作新形势，扎实推进稽查现代化建设，严厉打击涉税违法行为。以“法治稽查”为核心，稽查刚性进一步增强。坚持以依法稽查为“核心”，不断增强稽查执法的公信力和满意度。精心组织“雪豹行动”专项整治工作。加大税收违法案件曝光力度，通过公告栏、黔南日报等载体对12户税收违法企业进行了曝光公告，建立案件集体审理制度，拓展审理方法，推行“案头审理”与“实地审理”相结合。重视“后延审理”。黔南州地税局稽查局已审理案件10起，向征管部门提交稽查建议书7份。积极利用互联网开展数据收集与分析，对比企业的核算及申报纳税情况，查找被查企业的问题点，取得事半功倍的作用。以深化协作为导向，稽查合力进一步增强。深化国地税联合稽查，联合国税部门对2户总局随机抽查重点税源企业、6户省级随机抽查重点税源企业实施了联合稽查。2017年，黔南州地税局稽查局共移送公安机关涉税案件4起，涉及税款600余万元；税警联合查处案件3件，联合追缴税款393万元，向公安部门传递高风险案源库信息430户，税警联合约谈纳税人150余人次，实现督导自查收入1，261.38万元，税警协作实现查补收入1，654.38万元。以队伍建设为重心，稽查凝聚力进一步增强。高度重视专业技能教育培训，采取多种渠道、多种形式开展业务培训，浓厚学习氛围，不断提高干部队伍的整体实力。大力加强稽查队伍作风建设，引导稽查干部树立文明执法观念，做到依法稽查、文明执法。不断推进党风廉政建设工作，建立廉政执法联系卡，强化税权监督；坚持反腐倡廉教育常态化，促进稽查干部凝心聚力、提质强能、风清气正。2017年，黔南州地税局稽查局共立案17起，结案22起，累计实现查补收入合计5，016万元，已入库税收收入合计5，016万元，入库率100%。

【提升征管效能】 按照“管户与管事相结合”的原则和分类分级管理的要求，处理好基础管理事务与风险应对事务的关系，在2016年确定的14户州级重点联系企业的基础上，协同州国税局对全州国税、地税重点企业范围作了适当调整，双方共同确定了29户州级国、地税重点企业，由州级实施风险应对。建立纵向联动、横向互动、整体协调的工作机制，积极稳妥推进征管机构职能转变，优化人力资源配置，实现人力资源向征管一线倾斜。定期召开州国税局、州地税局深化合作联席会议，成立了联合风险管理团队，进一步联合着力强化风险应对、实现风险成果共享。进一步加强税收风险管理工作。及时统筹和推送税收风险管理工作任务，大力开展“两税”比对工作，全州累计完成2017年前的风险事务21户，已入库税款2597.59万元，入库率为100%。2017年，累计对1020户纳税人实施了风险推送应对评估工作，当期应对率和累计应对率均为100%，实现评估税款10587万元，已入库评估税款9081万元，进一步增强纳税人纳税意识和风险意识，纳税人税法遵从度得到大幅提高，风险管理质效得到显著提升。进一步强化征管质量监控、分析、管理工作。强化征管数据监控、分析，加强对征管质量机考指标的整改落实工作，强化金税三期数据质量检查修正工作。进一步强化和规范税务代收工会经费（建会筹备金）工作，强化与有关部门的协作、配合，及时向州政府及有关部门回复有关事项，进一步提升与有关单位和部门的协作配合能力。

【提升服务水平】　继续开展“便民办税春风行动”。在全面落实贵州省地税局“规定动作”的基础上，结合黔南实际推出5类16项36条便民办税措施。“提速减负，打造效能税务”。依托“互联网+税务为载体”，加大对网上办税业务的推广宣传，进一步方便纳税人高效便捷缴纳税款，让纳税人多走“网路”、少走“马路”，缓减了办税服务厅拥堵情况。合理安排预约服务，最大限度的满足纳税人的预约需求。“创新服务，积聚智慧税务”。做好手机APP客户端的推广应用，在办税服务厅制作“智慧税务”APP二维码供纳税人扫描，多渠道对纳税人开展咨询、宣传、权益保护、信用管理等服务。“精准发力，唱响便民服务”。全州13个办税服务厅开通纳税信用A级纳税人办税绿色通道，为A级纳税人提供宣传送达、咨询辅导等服务。开展办税服务厅师资培训，对全州13个县市区地税局39名办税服务厅师资人员进行培训，进一步提升办税服务厅综合和服务能力和水平。积极推进办税事项全省通办工作的落实，配合省地税局升级12366热线系统，提高12366服务热线的服务水平。建立涉税轻微违法行为“快捷处理通道”，实现纳税服务、征管、稽查的密切配合。“公正执法，营造公平税务”。多措并举推动《稽查规范（1.0版）》落地执行，不断创新税收执法方式，推进“双随机一公开”有效落实。强化纳税信用管理运用，按时完成2016年度纳税信用等级评价，与黔南州银监分局加大信息交换工作，为推进纳税信用体系建设和实施守信联合激励、失信联合惩戒奠定基础。“合力共赢，构建协作税务”。推广多渠道缴税方式，在已经实现网上申报、POS机刷卡缴税方式的基础上，2017年3月1日起在全州全面推广银行端查询缴税方式，进一步拓展网上银行、手机银行缴税服务，多渠道为纳税人提供快捷缴税服务。稳步推进深化国税地税联合办税，制定联合办税服务厅的具体管理规定及考核办法，做到国地税共同业务在报送资料、办理规范、业务流程、办理时限、资料传递的规范统一。全面实施一人一窗一机双系统单POS办税模式。进一步扩大社会合作范围，积极推进国地税邮政合作，2017年全州各县（市、区）地税局已经开展了税邮合作，方便纳税人在邮政各个营业网点办理10万元以下代开发票及临时缴税工作。认真开展走访全国人大代表政协委员工作，认真听取人大代表和政协委员的意见和建议，进一步增进社会各界人士对地税工作的理解和支持，推进地税工作不断迈上新的台阶。

【人才兴税】　认真学习宣传贯彻中共十九大精神。通过领导干部带头领学、发动党员深入学习、周密组织主题教育、精心组织宣传学习、主动服务辐射社会、进行创建成果展示，及时反映全州地税系统在学习贯彻活动中的新动态、新成效、新进展。扎实推进“两学一做”学习教育常态化制度化建设。深化思想认识，认真组织实施，注重工作效果，切实将“两学一做”要求与组织收入、营改增、国地税合作、依法治税、脱贫攻坚等重点工作共同谋划、合力推进、协力解决。强化学习教育，扎实推进干部队伍建设。切实加强全州地税系统党的领导，建立科学有效的干部队伍管理机制，实施人才兴税战略，扎实推进骨干人才建设，努力打造一支政治坚定、业务精通、执法文明、管理严格、清正廉洁的税务干部队伍。加强领导干部管理。坚持把班子建设放在突出位置，抓班子带队伍。认真落实班子建设的各项制度规定，不断提高班子的凝聚力战斗力。加强干部人事管理，推进数字人事管理，建立健全数字人事配套制度，将其与干部选拔培养管理使用有机融合。持续推进“四位一体”平台的应用，认真落实“四位一体”管理平台全省上线相关工作，不断完善平台功能，保障“四位一体”管理平台稳定运行，充分发挥平台功能。继续多渠道、多层次加大干部教育培训，认真开展“岗位大练兵、业务大比武”活动，做好“领军人才”和第二批“骨干人才”选拔培养。分别组织干部参加国家税务总局、省局举办的处级干部、人事干部、纪检监察干部、督查内审、新录用公务员、骨干人才、财务管理、稽查业务和州委组织部、州委党校举办的中青班、民干班等培训班以及组织开展全州地税人事档案、工资业务、绩效管理、税收政策、办税服务厅师资、督查内审、提高党性修养坚定理想等培训，共培训773人次。通过各级各类培训，进一步提高了各级各类人员的业务素质和综合素质。打造黔南州地税系统“一心向党·晋级升星·好花更红”党建大品牌。2017年，福泉市地税局被中央精神文明建设指导委员授予“全国文明单位”称号，黔南州地税局和贵定、龙里、惠水、三都、都匀、荔波、独山、平塘等县市地税局被省委、省政府表彰为“全省文明单位”。瓮安县地税局一分局荣获中华全国总工会授予“全国工人先锋号”荣誉称号。认真开展同步小康脱贫攻坚工作。加强组织保障，党组高度重视，明确主要领导亲自抓，分管领导具体抓，一级抓一级，层层抓落实；黔南州地税局主要领导带领班子成员多次深入结对帮扶点金山办事处瓮赏村、凤山镇凉水井村走访慰问困难群众，向每户困难党员送去了慰问物资以及组织的关心和问候，切实为村民办实事、解困难，受到广大村民的好评。

【廉洁从税】 全面落实党风廉政建设责任制，强化责任担当，狠抓“两个责任”的落实。层层签订党风廉政责任书，层层落实“两个责任”“一岗双责”要求，把党风廉政建设与分管业务工作同部署、同落实、同检查、同考核，真正做到了知责、明责、履责、尽责。认真抓好责任分解、责任考核、责任追究三个重点环节，紧扣“三转”要求抓好主业。进一步厘清职责，突出主责主业，切实将政治思想素质高、并有丰富税收征收管理经验的领导干部调整充实到纪检监察队伍当中，确保专职纪检监察干部队伍政治过硬、业务精良，为切实做好监督执纪问责工作奠定了坚实的组织保障。积极发挥监督职能，加强对“三重一大”等重要决策事项的监督。深入开展理想信念教育和宗旨教育，切实增强党员干部廉洁从税、服务群众、为民办事的责任感和使命感。通过创新反腐宣传教育手段，构筑了“讲廉、宣廉、促廉”宣传教育四大架构，强化反腐倡廉教育，着力构建拒腐防变的教育长效机制。

【管理护税】 落实主体责任。强化责任心，坚持责任到岗、责任到人，做到“谁主管、谁负责”。紧盯指标抓落实，全力以赴做好日常考评工作。建章建制，实现绩效管理制度化。强化督导机制完成督查督办任务，通过分类、分解和督办，确保件件落实到位。加强督查内审工作，充分发挥督察内审职能作用。深入推进内控机制建设，全面加强督察审计监督，切实履行“控”“督”“审”“评”“谏”“联”六大职能，充分发挥督审工作在税收现代化建设中的支持性、服务性、保障性作用。开展内控机制建设工作，建立健全本单位内部控制组织保障，成立内控机构领导小组，设置相应内控专职岗位，配齐人员，有针对性的开展内部控制管理工作，促进单位内控机制建设。强化内部管理，不断提高机关执行力。加强公文运转管理和政务信息工作，公文和政务信息质量稳中有升；加强督查督办，较好地促进了各项工作的落实。抓好政务公开工作，黔南州地税局信息网重新设置了版块，进一步加强和规范了网站的管理，保证网站安全、有效、可靠地运行，充分发挥其服务功能。加强对机关内部管理情况的监督检查，确保各项管理制度落实到位。进一步加强和完善财务管理制度和内部监督制约机制。严格按照经费核算制度，确保各项税务经费的支出符合有关财务规定。继续加强固定资产管理，进一步完善相关管理制度。加强机关保密和安全管理，抓好整脏治乱，有效杜绝了各类事故的发生。认真落实值班和重大紧急情况报告制度，安排好节假日值班，确保内部安全。加强维稳和信访工作，切实化解矛盾纠纷，确保全州地税系统内部和谐稳定。

（叶黔峰）

·金 融·

JIN RONG

政府金融工作

【概况】 黔南州人民政府金融工作办公室（以下简称金融办）为参照公务员法管理的正县级机构。设主任1名、副主任2名。内设4个科室，即综合科、银行保险科、发展规划科和资本市场科。核定事业编制16名（其中：经批准列入参公管理15名，工勤人员1名）。

【金融机构存贷款情况】 截至2017年12月末，全州银行业金融机构人民币各项存款余额1660.7亿元，比年初增加139.3亿元，同比增长9.2%，低于上年同期20.7个百分点，增速位列全省第五；人民币各项贷款余额1328亿元，比年初增加261.8亿元，同比增长24.6%，低于年同期8.2个百分点，增速位列全省第一。根据《贵州省市州和县域经济发展综合测评办法（2016版）》，金融机构人民币各项存款和贷款余额分别的增长速度合并为金融机构人民币各项存贷款余额增长速度，按照新的计算口径，全州金融机构人民币各项存贷款余额增长速度为16%，位列全省第三。

【“两学一做”文艺会演】 2017年1月20日，金融办与人民银行黔南州中心支行联合主办全州金融机构、平台公司“两学一做”文艺汇演，生动展示了黔南金融业蓬勃向上、勇于创新的精神风貌。

【邀请深交所专家来黔调研】 2017年4月11—13日，深圳证券交易所专家受邀到黔南州开展贫困地区拟上市企业调研工作。调研组实地走访了解企业主营业务开展情况、生产规模和发展潜力，并对企业在上市进程中遇到的困难和疑惑一一解答。

【“政银担”合作签约仪式】 在州金融办的推动下，2017年4月17日，都匀农商行、州担保公司、州财政局在农信社举办“政银担”合作签约仪式。这是自4321模式推行以来黔南州的首笔签约。签约后可为小微企业、三农领域提供更好的融资担保服务，有效解决融资难、融资贵等问题。

【开展PPP项目融资培训会】 2017年4月18日，金融办组织召开金融支持脱贫攻坚PPP项目融资电视电话培训会。会上，贵州省兴业融创管理咨询公司与兴业证券的专家就国内债券走势、PPP发展现状、如何打造可持续的PPP项目库进行多角度分析。

【省政府发展研究中心来黔调研】 2017年4月25日，省政府发展研究中心副主任张绍新率调研组就金融工作情况来黔南州开展调研。

【召开金融机构支持地方经济考核会】 根据州人民政府《关于印发黔南州金融机构支持地方经济发展考核办法（暂行）的通知》（黔南府办发〔2015〕63号）文件要求，2017年7月21日，金融办牵头，组织州财政局、州人行、州银监局、州保险行业协会等部门和单位对州级各银行、保险机构2016年度支持地方经济发展的情况进行考核。

【企业挂牌上市培训会】 2017年8月18日，金融办牵头与州财政局、州工信委联合举办2017年黔南州企业上市挂牌业务知识培训会。光大证券和富涌谷的高管从企业为什么要挂牌上市、IPO和新三板基本条件及审核分析、企业如何提高融资能力等方面介绍资本市场，提高大家对资本市场的认识水平。

【党建扶贫】 2017年9月29日，金融办副主任谢明元、李永跃带队到对口帮扶点罗甸县边阳镇联兴村召开镇村两级脱贫攻坚工作座谈会，了解脱贫工作进展，落实帮扶举措。

【建立黔南州金融工作调度会议制度】 该制度已由州政府办于2017年11月15日正式印发。通过采用金融机构调度会议和金融机构调度（扩大）会议两类组织形式加强黔南州金融工作的组织协调，定期分析和研究经济金融重大问题，增强金融业与地方的联系沟通。

【签订战略合作协议】 2017年12月7日，金融办与珠江金融租赁有限公司签订战略合作协议。双方将就扶贫开发、项目融资、债务化解开展多方面合作，推动黔南州发展。

【出台《黔南州政金企合作机制实施方案》】 方案已由州政府办于2017年12月13日正式印发。方案将进一步加强政府、金融机构和企业的合作，搭建政府、金融和企业的高效沟通交流平台，推动政金企常态机制建设，有效破解政府、中小企业融资难题。

【出台《推进县县有上市公司的实施意见》】 2017年12月13日，州政府办正式印发《推进县县有上市公司的实施意见》。通过培育上市后备企业资源、规范上市后备企业改制、组织上市后备企业辅导、加快企业上市要素市场建设等举措加快企业挂牌上市步伐，扩大直接融资规模，提高资本市场服务实体经济的能力。

【政银企对接暨“贵园信贷通”工作座谈会】 2017年12月28日，金融办召开全州2017年政银企对接暨“贵园信贷通”工作座谈会。会上，柴姨妈乡土食品、朱家山工贸、苗岭雾海茶园等10家企业与银行金融机构举行“贵园信贷通”的放款合同签约仪式，签约金额达3000余万元。

2017年12月8日，全州2017年政企银对接暨“贵园信贷通”工作座谈会召开

（赵二彪）

中国银监会黔南监管分局

【概况】 2017年，黔南银监分局贯彻落实贵州银监局和州委、州政府的各项决策部署，改革、

发展和监管各项工作取得成效。截至 2017 年末，全州银行业金融机构共包括 1 家政策性银行、1 家邮政储蓄银行，5 家国有商业银行，2 家城商行，9 家农商行，3 家农村信用合作联社，8 家村镇银行。

【服务实体经济】 2017 年，围绕州委州政府的发展战略及产业政策，督促银行辖内银行业找准切入点和着力点，盘活存量，用好增量。2016 年末，各项贷款余额 1328 亿元，增加 261.79 亿元，增长 24.55%，位列全省第一。引导银行业机构重点支持提高供给侧体系质量和效率，加强对部分行业产能过剩和信贷情况的风险调查和定期监测，全面摸底“地条钢”生产企业授信情况；推动债权人委员会组建工作，共组建债权人委员会 21 个，涉及金额 116.14 亿元；督促银行业机构规范服务收费，主动减费让利。12 月末，全州银行业加权平均贷款利率 6.66%，较年初下降 0.28 个百分点，初步测算利息支出减少约 7730 万元。同时，增加“三农”金融服务供给，全州银行业金融机构涉农贷款余额 963.83 亿元，比年初增加 199.18 亿元，增幅 25.91%，实现“两个不低于”；推动“村村通”服务，乡镇以下布设各类电子机具较年初增加 300 台，做到“村村有服务”；大力推动小微金融服务提质提效，持续推广“银税互动”模式，实现小微企业贷款“三个不低于”目标；加强消保基础设施建设，开展消保专项检查与评估，督促银行业机构柜面实现“双录”全覆盖。落实精准扶贫要求，对全州 18 万建档立卡贫困户，入户调查、分片包干责任落实基本到位；引导银行业机构主动对接产业扶贫、易地扶贫搬迁、教育扶贫等项目，累计发放贷款 80 亿元。

【风险管控】 与各机构主要负责人签订“双线”风险防控和案件防控目标责任书，组织开展案防督查、现场检查，案防评估，督促各机构健全完善案防工作长线机制，持续保持案防高压态势，严防案件风险。开展整治银行业市场乱象检查，遏制违法违规行为。加强监管政策传导，及时提示风险和预警，增强风险管控的前瞻性、针对性和有效性。落实平台贷款各项监管要求，从严从实管控平台贷款风险。落实名单制管理，实施全口径风险监测，动态掌握相关信息，强化重点机构、重点区域平台贷款风险管控。

【深化改革】 2017 年，完成农商行改制挂牌开业 1 家，全州已改制农商行达 9 家，批准筹建 1 家，改制总体进度位于全省前列。加快实现村镇银行县域全覆盖，全州已开业村镇银行 8 家，剩余 4 县村镇银行正在加紧推进当中；推动完善法人机构公司治理结构，从根子上扭转激进的发展战略、风险文化和激励机制，实现“换牌子”到“换机制”的转变；督促辖内村镇银行坚持“要治行先治党”的原则，完善党组织建设，确保村镇银行改革发展的正确方向。2017 年末，辖内 7 家村镇银行已设立党组织，1 家正在推进中。

（廖灵玲）

中国人民银行黔南州中心支行

【概况】 中国人民银行黔南州中心支行是中国人民银行的派出机构，内设 16 个职能科室，下辖 11 个县市支行。截至 2017 年 12 月 31 日，有正式在职干部职工 329 人，聘用制职工 30 人，离退休干部职工 142 人，共产党员 290 人。

2017 年黔南州中心支行在成都分行和贵阳中心支行党委的领导下，贯彻落实稳健中性的货币政策，坚持稳中求进工作总基调，紧密结合地方实际和州委州政府的决策部署，履行基层央行职责，支持地方经济社会发展。截至 2017 年 12 月 31 日，全州银行业金融机构人民币各项存款余额 1660.7 亿元，比年初增加 139.3 亿元，同比增长 9.2%，增速位列全省第五；人民币各项贷款余额 1328 亿元，比年初增加 261.8 亿元，同比增长 24.6%，增速位列全省第一。

金融支持地方经济社会发展力度加大。围绕供给侧结构性改革，引导信贷结构调整优化并保持合理增长，涉农、小微企业贷款持续26个月同比增幅位居全省前列；着力推进民贸民品企业优惠贷款政策落实，172家企业贷款余额达42.59亿元，贴息金额1.17亿元，居全省第一；全州扶贫再贷款限额达到30.14亿元，较上年同期增加3.02亿元，并运用扶贫再贷款“双加”模式，为企业节省贷款利息1.3亿元；推动和指导黔南州两家法人金融机构首次发行同业存单10.5亿元，助力服务实体经济。

金融扶贫工作成效明显。充分调动和发挥各家金融机构市场定位的资源优势，积极组织、协调和推动金融扶贫工作不断取得新业绩和新突破。截至2017年末，全州金融精准扶贫贷款余额324亿元，同比增长70.62%，逐步打造和形成了具有黔南特色的“产品化”金融精准扶贫模式。一是开启易地扶贫搬迁金融服务“四个加”金融扶贫惠水模式，通过示范县创建，实现了“重点打造、示范引领、全州推动”工作格局，到2017年末，推动全州各银行业金融机构信贷支持易地扶贫搬迁后续扶持项目116个、授信122.25亿元、发放贷款48.13亿元，其中产业项目77个、授信53.83亿元、发放贷款27.12亿元。易地扶贫搬迁金融服务“四个加”金融扶贫惠水模式得到了人民银行总行潘功胜副行长的充分肯定，并在全省深度贫困地区推广。二是打造“三动”连步金融精准扶贫三都模式，在黔南唯一的深度贫困县三都县制定金融精准扶贫工作行动方案，引导信贷资源向带动作用明显的重点和特色产业倾斜，强化信贷优惠政策叠加的具体落实，推动精准扶贫贷款同比增加20.73亿元。指导农商行推出非遗藏品质押贷款、蜡染动产质押贷款等创新业务，仅此就带动300多户建档立卡贫困户增收脱贫，推动民族特色产业发展。三是首创“1+5”金融精准扶贫新模式，推动福泉农商行在全国首创“农村金融致富学校”，形成“学校+普惠金融+教育培训+服务平台+电商平台+文化传播”的“1+5”金融精准扶贫模式，首期培训人数超过2900人，带动500余户脱贫，打通了金融帮扶与农户增收致富的连接路径，并在全省推广实施。

【金融管理】 区域金融平稳运行。一是积极开展信用引领精准扶贫工作，推动农村信用体系建设。2017年，人民银行黔南州中心支行多措并举，将农村精准扶贫工作与农村信用体系建设有机结合，创新精准扶贫工作机制，优化农村信用环境，引导农户诚实守信，全面提升农村金融服务能力与水平。截至2017年年末，成功创建了5个信用引领精准扶贫示范点，累计发放“信扶贷”2.23亿元，辐射带动精准扶贫信用农户18.36万人增收，2463户建档立卡贫困户实现脱贫摘帽，全州5个示范点平均不良贷款率从创建之初的1.32%降为0.12%。二是加大应收账款融资服务推广应用，拓宽中小微企业融资渠道。2017年，人民银行黔南州中心支行加大应收账款融资服务推广应用，切实解决中小微企业融资难问题。通过制定工作方案，细化工作任务，落实工作责任、定期召开协调推进会、深入企业走访等工作措施，应收账款推广应用取得良好的效果。截至2017年末，全州共完成中征应收账款融资194笔，成交金额130.7亿元，成功推动3条供应链融资业务。

进一步规范金融管理工作。重新修订印发《新设金融机构管理与服务实施细则》和《金融机构综合评价办法》。全年完成两家新设机构的开业管理，28家银行业金融机构重大事项现场核查，97家金融机构的综合评价工作。

反洗钱监管工作效果明显。建立强化法人金融机构反洗钱工作推动机制，实现辖内村镇银行反洗钱数据报送全覆盖，形成反洗钱工作新格局。

外汇管理取得实效。着力提升外汇管理和服务能力，建立跨部门联合涉外经济信息共享及交换机制，首笔境外私募债券成功发行，填补了黔南州企业境外发行债券的空白。主动作为成功办理辖内首笔“内保直贷”跨境融资业务，以“旅游+外汇服务”提质增效的工作理念，促进旅游业境外融资。充分发挥县域外汇联络办作用，延伸外汇服务触角。建立《黔南州外商投资企业考核制度》，搭建QQ工作平台，进一步提升服务水平，促进涉外企业投资贸易便利化。

【防范金融风险】 一是积极推动金融机构改革，维护金融安全，牢牢守住不发生系统性金融风险的底线。重点关注改革发展中出现的新情况、新问题，密切关注村镇银行及改制后的农商行运行情况。二是加大金融风险监测、评估和重点领域风险排查力度，不断完善风险应对和处置机制，扎实做好存款保险投保机构风险监测、识别和推动处置工作。重点开展对村镇银行和地方法人金融机构的风险排查。在持续开展金融机构突发事件应急演练基础上，充分总结应急演练经验并修订辖内金融突发事件应急预案，制定《投保机构存款保险应急预案》。

坚持依法行政，坚决整治金融违规行为．以“三铁”标准开展优化行政执法年活动，2017 年全辖共对 6 家金融机构实施行政处罚 125.9 万元。

【金融服务】 2017 年全辖办理各项国库业务 182 万笔、金额 1020 亿元。加强国债发行兑付管理，全年完成 9 期国债发行工作，全辖实现国债销售 1.33 亿元。协调推广银行端查询交税业务，财税库银横向联网推广取得重大突破，全辖电子扣税率稳定在 96% 以上。全辖 15 个国库主体对外会计资料交接全面推行无纸化、电子化管理，为财税和代理国库业务的金融机构提供便捷高效服务。加强国库数据分析研究，中心支库及辖内 7 个支库报送的分析专报获得地方政府领导批示。黔桂两地联合组织开展了以“央行国库、关注民生、服务社会”主题的国库与“一带一路”宣传月系列活动，国库知识走进瑶乡取得良好效果。

金融统计和信息调研水平稳步提升。建立常态化的统计监测分析和考核制度，促进统计数据质量明显提升。加大走访样本企业以及特色行业频度，提高制度性调查质量和水平。进一步加强调查研究和信息反馈，注重捕捉热点、难点问题，进一步提高对信息选题的敏感性，2017 年 4 篇获总行领导批示。

支付结算服务功能不断扩展。一是积极推广非现金支付工具，金融 IC 卡推广应用取得新突破，在全省首家实现公交系统金融 IC 卡小额双免、银联手机闪付、银联二维码乘车，“聚合支付”创新服务在全州推广，实现城镇、乡村全覆盖。二是加大农村支付基础设施建设，积极引导搬迁试点县金融机构进一步完善金融服务措施，加大支付基础设施建设，满足搬迁群众金融服务需求。三是创新金融服务方式，选择三都县试点建立“金融服务关爱残障人士绿色通道”，引导农商行关注社会弱势群体，为残障人士提供便利化金融服务。

对门户网站进行升级改造、构建信息一体化平台，自主开发固定资产管理辅助系统、集成机房管理综合监测系统，提高信息系统管理和安全预警能力。

货币发行和管理水平显著提升。围绕“三个三”全面落实转型工作要求，持续提升服务，积极推动创新。一是坚持民生导向，启动贵州省首个反假货币示范县创建工作，搭建“一平台四机制”的反假货币工作体系，有序推进反假货币工作重心前移，力争形成可复制、具有可推广价值的反假货币示范县瓮安模式。二是坚持问题导向，协助贵阳中支开发贵州省现金统计暨现金供需共享平台试点工作，打造“一个平台”、定位“五个功能”，为人民银行现金供应管理决策、现金服务质量非现场监管提供技术支撑。

征信服务水平进一步增强。一是树立以客户为中心的服务理念，全面提升全辖人民银行征信窗口服务水平。二是应收账款融资服务平台推广应用成效明显，2017 年全州共完成中征应收账款融资 182 笔，任务完成率 303.33%，笔数完成率位列全省第二；成交金额 122 亿元，任务完成率 203.33%，金额完成率位列全省第一。三是有效改善县域金融生态环境，2017 年测评显示，黔南在 9 个市州金融生态环境测评综合排名中位列全省第一，福泉、荔波、平塘、瓮安在全省县市位列前四。

（汪德伟）

中国工商银行都匀分行

【概况】 2017 年是“十三五”规划的关键

一年，中国工商银行都匀分行在黔南州委、州政府的领导下，贯彻落实总行和省分行党委的战略规划和工作部署，坚持全面从严治党、从严治行，坚决贯彻中央经济金融方针政策，充分发挥大银行服务实体经济发展的主力军和排头兵作用，防控金融风险，深化金融改革。以提升服务为己任，以文明创建为抓手，积极融入黔南经济社会发展大潮，践行“中国工商银行——您身边的银行，可信赖的银行”承诺，促进物质文明和精神文明建设“双丰收”。

截至2017年末，全部存款余额209.86亿元，较年初增加6.86亿元；各项贷款余额195.68亿元，较年初增长27.55亿元；各项不良贷款余额0.96亿元，不良率0.49%；内控评价等级保持一级，实现全年无内外部经济案件、无廉洁案件、无安全责任事故的“三无”目标。在2017年度全国二级分行综合经营考核中，都匀分行排名第18位，连续三年保持全国30强。

【信贷工作】 工行都匀分行围绕黔南州发展战略，主动融入地方经济建设，发挥金融助推脱贫攻坚的作用，不断图新图变，创新服务模式，从广度和深度上加强对地方经济发展的支持力度，信贷支持范围覆盖了工业、基础设施建设、能源、交通建设、教育、医疗、旅游、民生等多个领域，助力建设活力、和谐、生态、包容、幸福“五个黔南”。2017年，该行率先实现全省首笔公积金中心理财直投业务4亿元，支持“中国天眼”平塘大射电项目6亿元，先后为匀东酒店、三江堰生态修复工程、都匀市城镇化基金、螺丝壳风电、荔波樟江风景名胜区、福泉市黄丝江边现代农业示范园区等项目提供融资服务。近年来，各项贷款余额及增幅持续保持全州国有商业银行首位，为黔南经济腾飞作出了积极贡献。

【提升服务质效】 工行都匀分行始终秉承“以客户为中心”的服务理念，积极构建联动协同的“大服务”格局，统筹规划服务渠道，截至2017年末，该行已设置19个物理网点、建成57个自助银行、投产96台智能设备，进一步拓宽了服务渠道。成功上线社保卡新制卡即时制卡、跨行补换卡即时制卡业务，为广大民众提供了更好更快捷的服务。完善便民设施，绿化靓化营业环境，设置爱心窗口和爱心座椅，打造温馨舒适的服务场所，给客户宾至如归的良好体验。强化员工综合素质提升，持续开展“岗位大练兵”活动，树立先进典型，充分调动员工学习训练的主动性和参与热情，在全辖营造“比、学、赶、帮、超”的良好氛围，有效提升服务水平，努力打造客户满意银行。继瓮安支行创建中国银行业“文明规范服务千佳示范单位”后，龙里支行荣获工总行“服务五星级网点”，整体服务水平得到进一步提升。

【基础管理】 工行都匀分行坚持全面推进从严治党、从严治行，狠抓党委主体责任和纪委监督责任，认真履行“一岗双责”。深入学习贯彻习近平新时代中国特色社会主义思想，扎实推进“两学一做”学习教育常态化制度化，不断增强党员干部员工政治素质。层层推进党建工作和“三会一课”执行落实，把党建工作与经营发展有效结合，对党员干部严格要求、严格教育、严格管理、严格监督，维护党员队伍的先进性和纯洁性。认真贯彻落实中央“八项规定”和党风廉政建设各项制度，加强廉政案防教育，推进廉洁文化和廉洁银行建设，连续10年无案件发生。开展员工家访活动，了解员工思想动态，深化员工异常行为排查，及时遏制风险因素。组织合规文化培训，开展合规文化宣讲，增强员工的合规意识。坚守发展与风险两条底线，持续推进资产质量管控工程，多手段推进不良贷款的清收处置，有效提升信贷资产质量，基础管理得到进一步夯实。

【夯实文明基础】 立足全国文明单位，工行都匀分行积极承担社会责任，通过“金融知识进万家”“金融知识进校园”等宣传服务活动，进机关、进企业、进学校、进社区、进村镇等普及金融知识，进一步提高了广大民众的金融知识。积极策划开展“迎春送文化下乡”义务拍摄全家福、“爱心汇聚力量真情共筑希望”留守儿童慰问、“创模范城市工行在行动”东山环保行、“迎六一聚力扶贫暖童心”帮扶慰问、“冬日送温暖公益进乡村”等学雷锋志愿活动，助力社会公益事业发展。积极参加黔南州“扶贫一日捐”捐赠、见义勇为基金捐款等公益活动，抽调专人参加党建扶贫工作，深入扶贫点为村民送温暖，参与黔南州“学习贯彻十九大文明单位在行动”演讲比赛、知识竞赛、征文比赛等系列活动，深入党建扶贫点宣讲十九大精神，推动十九大精神在各个层级得到贯彻落实。2017 年 11 月，都匀分行经复核继续保留“全国文明单位”荣誉称号，辖属瓮安支行荣获第五届“全国文明单位”称号。

【家园建设】 工行都匀分行关心关爱员工，坚持正确的选人用人导向，大力推行人事改革，开展支行行长助理、二级分行部室总经理助理公开遴选，创新教育培训机制，对员工学习进行量化考核，开展计算机技能达标测试，开启“请进来走出去”同步走、“行长、总经理”齐授课等模式，成功举办青年骨干能力提升、优秀青年员工素质提升等全行性大型培训班，有效增强干部队伍素质。深化家园建设，持续开展特困员工救助、节日慰问、生病住院慰问，落实疗养休养、健康体检和带薪休假制度，完善职工之家建设，组织开展迎新才艺展、元宵猜灯谜、茶艺讲座、插花沙龙、摄影采风、户外踏青、好书品读等文娱活动。积极推动落实省分行“本们的工行本们的家”“家园梦”“做匠人、修匠心”“注重家教家风·培育家国情怀”等系列主题活动，进一步提升员工幸福感和归属感。

（莫想愿）

中国建设银行黔南州分行

【概况】 2017 年，在中共黔南州委、州政府的关心、指导和帮助下，中国建设银行股份有限公司黔南州分行学习宣传贯彻落实党的十九大报告精神，围绕建总行、省分行转型发展工作要求，以促进地方经济发展为己任，坚持党建引领、转型驱动、风控保障促进发展，持续加强政治思想、员工队伍、服务能力等建设，持续强化资产管控、基础管理、合规经营，在与地方共同发展中，较好实现从严治党、从严治行与转型发展互促共进。

截至 12 月末，该行共有 17 个对外营业网点，在岗员工 373 人；各项存款余额 152.73 亿元，各项贷款余额为 87.21 亿元，实现中间业务收入 9891.23 万元，实现利润 3.54 亿元。

【党建工作】 继续开展“两学一做”学习教育常态化制度化活动，对照党纪行规，狠抓教育和贯彻落实。一是强化政治理论学习，通过深入学习习近平新时代中国特色社会主义思想和党的十九大报告精神，全行更加自觉在思想上、政治上和行动上以习近平为核心的党中央保持高度一致；二是认真落实党建工作责任制，严肃开展党风廉政建设和反腐败工作，持之以恒贯彻执行党中央八项规定精神，从实开展“四风”问题整治，全面转变工作作风；三是进一步完善基层组织建设，严格执行“三会一课”组织生活会制度，确保党组织和党员作用发挥更加充分、有力。四是严格监督执纪问责。通过廉洁从业谈话、提醒谈话、重要节假日提醒提示和纪委书记、副书记、特派员上讲堂等积极营造风清气正的工作氛围，巩固和强化制度执行和落实。

【扶贫工作】 落实精准扶贫，彰显大行责任。一是首次投放针对建档立卡贫困户的创新扶贫产品“富农贷”；捐赠福泉市沙坪村扶贫资金 26.5 万元专项用于扶贫点路灯照明和该村中心学校校舍门窗维修项目；开展专项党建扶贫，共计审议批复 13.3 万元资金用于福泉。惠水、荔波、贵定等扶贫点党员活动室装修、设施、设备购置建设；通过总行“成长计划”发放专项资金 7.8 万元资助都匀一中、独山中学贫困高中生 26 名；

积极发动员工爱心捐赠，筹集3.1万元资助贫困学生；二是运用“互联网+农业+金融”思维和建行自有电商平台开展精准扶贫工作。将惠水“牛头牌”牛肉干、贵定“苗姑娘”系列产品、都匀“高寨茶叶”黔南特色产品成功引入善融商务平台，通过线上线下营销，有效助推“黔货出山”，助力精准扶贫。三是扩大服务半径，推动金融服务进村入户。通过在深度贫困乡镇地区与个体户、卫生系统、通信公司等合作设立“裕农通”，延伸网点职能和服务网络，扩大服务半径，将建设银行金融服务延伸到农村千家万户，打通普惠金融“最后一公里”。截至12月末，设立“裕农通”服务点27个户；四是积极支持贫困地区基础设施建设。通过PPP模式、投行产品、表外业务等系列新业务、新产品，积极对贫困地区公路、水利、棚户区改造、旅游、教育、医疗等基础设施项目提供金融支持。截止12月，累计投放信贷资金12.51亿元。五是认真执行建总行、省分行普惠金融工作要求，积极推动普惠金融业务发展，提升服务实体经济能力。通过小微快贷和云税贷投放普惠金融贷款余额37967万元，办理普惠金融产品裕农通35户。

【重要业务】 首次开办PPP项目贷款，牵头组建瓮安东华星景公司草塘“十二塘”8亿元PPP项目内部银团贷款；首次运用投行产品向都匀市国资公司、兴瓮实业公司投放资产收益权理财产品，解决客户信贷需求；首次开办国际信用证表外业务为贵州一大行公司累计办理业务。

成功搭建三都县“党费云”平台，实现党费收缴线上运行，开通党费收费单位56户；成功配合黔南州住房公积金管理中心完成银行结算应用系统上线运行，实现公积金数据验证、数据转换及数据移交等工作；成功与黔南州城乡建设和规划委员会签订《住房租赁战略合作协议》，成立建行黔南分行“蓝海”项目领导小组及实施组，指导全州各支行推进住房租赁平台发展。

【队伍建设】 坚持正确选人用人导向，根据业务需要，选优、配强各条线、各支行班子成员，加强对后备培养人才多岗位、跨条线历练，举办跟岗交流培训等夯实人才能力基础。全年共提拔九职等干部10人，选调3名优秀年轻员工到省分行、州分行部门交流锻炼。

【基础管理】 强化基础管理防风险、合规经营促发展。完善案防机制建设，将内控案防、“两防”工作、内控评价纳入KPI和绩效考核，建立“两防”工作联席会议机制及案件防控工作相关职责，通过党纪行规、典型案例、“三线”合规等教育宣讲，强化全辖员工案防意识，筑牢违规思想防线。

（李绍忠）

中国农业银行黔南分行

【概况】 2017年，中国农业银行股份有限公司黔南分行在黔南州委、州政府的领导下，在全行员工的共同努力下，贯彻落实中共十九大和上级行年初工作会议精神，以服务“三农”为方向，以支持中小企业贷款融资为重点，加大重点项目支持力度，加快信贷投放，把支持地方经济发展作为首要任务，积极履行社会责任，各项业务实现飞跃发展。

截至12月末，该行各项存款余额166.6亿元，比年初增加11.38亿元；各项贷款余额156.93亿元，较年初增加26.72亿元；实现中间业务收入1.12亿元，同比增加0.2亿元；实现拨备前利润4.81亿元，同比增加0.68亿元；拨备后利润4.7亿元，同比增加0.85亿元。

【“两户”营销】 农行黔南分行贯彻落实金融服务实体经济的政策要求，主动对接全州各地产业园区、经济开发区项目企业，持续创新金融服务工作方式方法，信贷服务工作取得实效。成功营销黔南州新农合统筹资金账户、州卫计委收入支出专户、都匀经济开发区机关事业单位职业年金账户、贵州川恒公司募集资金专户等重点账户，与黔南州卫计委签订居民健康卡合作协议。A+级以上客户贷款占比91.36%，较年初提升3.22个百分点。累计投放对公贷款44.67亿元，余额增量18.18亿元。制定“一个方案”“两个制度”“三种机制”，全年信用卡有效客户新增11302户；信用卡客户掌银渗透率72.32%；惠农e通交易量1.23亿元；累计投放个人贷款8.13亿元，个贷较年初增加2.7亿元。

【特色农业产业金融】 农行黔南分行坚持贯彻“服务到位、风险可控、发展可持续”的原则，切实落实服务“三农”工作部署，推进“三农”服务工作取得良好的社会和经济效益。一是深入推进“一号工程”。加大“惠农e商”营销力度，进一步提高核心商户、活跃商户占比。深入推进网络支付结算，深入做实“惠农通”服务点的互联网化升级，并加大网络信贷投放力度。二是继续加强“一县一特色、一县一亮点”工作。在规范操作的前提下，稳妥推进“惠农脱贫贷”的投放，实现精准扶贫贷款增量15.32亿元，带动贫困人口19015人；扎实推进县域旅游和水利金融业务，把县域旅游金融作为“三农”业务和扶贫金融的重要抓手、特色领域。三是有效推进县支行竞争能力建设。着力解决制约县支行发展的支撑和机制问题，强化直接营销和帮扶职责。涉农贷款余额88.75亿元，较年初增加12.89亿元，增速达17%，达到涉农贷款“持续增长”监管要求。

【党建工作】 2017年农行黔南分行继续深入开展“两学一做”教育实践活动，该行党委班子带头加大学习力度，全面转变工作作风，顺利完成教育实践活动各环节工作。一是继续不断加强政治建设和思想建设。坚决维护以习近平为核心的党中央权威和集中统一领导，通过深入学习习近平新时代中国特色社会主义思想，更加自觉地在思想上政治上行动上同以习近平为核心的党中央保持高度一致。二是着力加强基层党组织建设。经常深入党建工作联系点，紧密结合实际，积极探索在决策过程中实现党建和业务经营在布局上的融合，以“三线一网格”管理模式为抓手，积极推进“三线一网格”工作部署。三是全面从严加强党风廉政建设。2017年该行认真安排对一级支行的巡察工作，持之以恒贯彻落实中央八项规定精神，加强对“四风”问题的提示、排查和处理。四是坚持不懈加强作风建设。进一步加强执行力建设，以“四张图”为主抓手和突破口，强化执行，确保落实，积极营造风清气正的工作氛围。始终做到聚精会神搞建设，一心一意谋发展。

【经营管理】 班子成员带头讲合规，认真做好内外部监管检查，持续开展案件风险排查，未发生重大案件风险，深入开展“市场乱象整治”“三违反、四不当、三套利”“员工行为排查”等专项治理工作。消费者权益保护和反洗钱管理水平显著提升。严格落实安全生产“一岗双责”，认真做好重要时期、重点区域安全防范工作，人防物防技防水平明显提升。全年无案件和重大责任事故发生，实现平安经营。

【优化干部队伍】 按照德才兼备、以德为先的原则，选好配强干部人才队伍，大力推进干部队伍年轻化、专业化和知识化，有效发挥专业岗位成长通道作用。完善公开选拔机制，坚持把竞聘作为干部选拔任用的主渠道，把经过基层实践锻炼作为干部选拨的重要标准。2017年新提拔副科级干部8人，正科级干部1人，进一步优化干部队伍结构，提升配置效能。

【文化建设】 紧紧围绕全行中心工作，继续开展多种形式的劳动竞赛活动，主办或协同有关部门大力推进职工技能培训、技术比武和岗位练兵。今年以来开展了“见微知著”微党课竞赛活动、“双基管理建设年”好点子大赛活动、“爱农行、用产品”知识竞赛活动、“金手指”技能比赛等劳动竞赛活动。通过深入开展职工劳动竞赛活动，充分调动了广大干部职工的积极性，努力营造比学赶超、和谐奋进的工作氛围，树立了一批业务能手、服务标兵，起到“点亮一盏灯，照亮一片”的明星效应，员工比有标杆、学有方向。

（余永军　夏璐璐）

中国农业发展银行黔南州分行

【概况】　中国农业发展银行黔南州分行成立于1996年12月，是黔南州唯一的政策性银行，下辖独山、平塘、三都、长顺、罗甸、龙里、福泉7个县级支行，其余县域农业政策性金融业务由临近支行兼管（三都县支行管辖荔波县业务，长顺县支行管辖惠水县业务，龙里县支行管辖贵定县业务，福泉市支行管辖瓮安县业务），都匀市及都匀经济开发区业务由州分行本部负责。2017年，全辖在岗职工136人，其中州分行机关42人，县级支行94人。全年累放各项支农贷款60.28亿元，同比多放11.55亿元，不良贷款保持零余额，贷款规模在11家州级银行业金融机构中排名第四，盈利水平在全州银行业金融机构中居于首位。

【信贷支农】　2017年，全年月均投放贷款5.02亿元，累放各项贷款60.28亿元，贷款规模达百亿，年末各项贷款余额138.94亿元，较年初增加33.19亿元，增长31.39%，贷款规模在11家州级银行业金融机构中排名第四。全年发放粮油购销储贷款0.7亿元，保障各级粮油储备顺利开展。累放政策性中长期贷款59.58亿元，占贷款投放总额的98.85%，同比多投12.66亿元，其中精准扶贫贷款54.96亿元，占比92.25%，重点支持了全州13个县市及经开区农民集中住房建设、水利建设、棚户区改造等项目37个。年末政策性中长期贷款余额达131.85亿元，占全部贷款的94.89%，成为州农发行信贷业务的主要支柱。全行已批未放项目30个、贷款金额70.72亿元（不含易地项目）。年末在棚户区改造、网络扶贫、旅游扶贫等领域储备项目26个、申贷金额135.78亿元，初步形成申报一批、储备一批的近期和中期结合的发展格局。

【业务推进】　牢固树立“存款增效”理念，全面落实“存贷一体化”营销工作要求，加强贷款资金合规管理，加强上下游账户和资金的营销，完善偿债资金专户管理，全力推进涉农资金整合账户营销，推动资产负债统筹发展，年末各项存款余额52.27亿元。全年中间业务收入100.64万元，不良贷款继续保持零余额，实现账面利润3.05亿元，同比增加0.17亿元。人均利润达到224万元，盈利水平在全州银行业金融机构中居于首位。

【从严管党治行】　落实主体责任，周密安排部署学习教育各项工作。把学习教育与推进业务发展、加强内部管理、提高队伍整体素质紧密结合，从严从实抓好学习教育。首次接受省分行2017年常规巡察工作，作为第一批被巡察的二级分行，省分行第一巡察组先后三次、历时25天，对州行开展巡察工作，没有发现重大违规违纪问题；建立落实“两个责任”的制度机制，逐级签订责任状，层层传导压力；创新监督执纪方式，推行领导干部任前承诺、述职述责述廉制度；围绕全行重点任务、重点工作、执行中央八项规定等，组织开展执法监察、效能监察，加大执纪监督力度；扎实开展风险和案件线索排查，加强案件防控工作，及时发现和化解风险隐患。首次组织拍摄全行信贷支农和企业文化建设对外宣传片；率先在全省系统完成不动产权证照更换工作；举办全州系统迎“七一”职工运动会，承办省分行第三片区运动会，并取得健身操第一名；培养了和锻炼了一批业务骨干，业务条线人员的业务技能和实战能力明显提升，近几年入行的年青职工已逐步成长为州县行各个条线的业务骨干。长顺县支行被总行授予“五一劳动奖”、被省分行评为“全省系统存款营销十佳优秀集体”，独山支行荣获总行级“青年文明号”称号，福泉市支行获省分行2015—2016年度青年文明号，1人获“2016

年度全国金融优秀共青团员”表彰，1人获得总行“贷后管理年活动先进个人”，1人获省分行2015—2016年度青年岗位能手等荣誉。对外宣传力度明显加大，积极推荐参加上级行“十佳优秀通讯员”评选，辖内2人获得省分行“十佳优秀通讯员”表彰，创先争优工作取得新进展，传导了正能量，增强了凝聚力。

【党建工作】 围绕“从严管党治行”这一指导思想，引导党员自觉加强对理论的学习，聚神以学长智，补足精神之“钙”，推进县级支行党建工作稳步向前开展。年初认真制定学习计划，组织开展近40次集中学习、4次研讨活动、邀请州委党校专家开展专题辅导讲座，组织收看总行、省分行专题辅导讲座视频会。建立“州分行党委—各党支部—支委—全体党员”四级网格化微信管理平台，通过此平台发布资料，传播党建信息，交流学习心得；开展“悦读·感悟”征文活动，使员工养成良好的读书习惯和思考习惯；组织参观反腐倡廉教育基地，丰富职工思想道德教育；组织开展全系统党建知识竞赛，深入推动“两学一做”常态化制度化建设；围绕建党96周年，开展“三重温、三不忘”活动；开展党建联建活动，到州分行帮扶联系点开展党建扶贫活动。组织开展第三片区运动会和全州系统庆“七一”职工运动会，积极参加地方组织的各类文体活动；组织退休老同志开展“畅谈十八大以来变化、展望十九大胜利召开”和“建言十九大”活动；结合十九大精神主题，州分行党委书记组织上党课，同时组织全辖制作微党课视频，利用州分行“两学一做”微信群平台向广大党员推送“微党课”，共同分享党建信息。倡导学身边先进、树身边典型，形成比学赶超的良好氛围，长顺支行荣获中国农业发展银行五一劳动奖状、1名员工被表彰为全省金融系统优秀工会干部、2名员工被评选为全省系统“身边先进典型人物”，州分行还获得了信贷微课竞赛组织奖、辖内1个支行获得了综合奖。

【内部改革】 选优配强支行领导班子。组织人员参加全省系统空缺行长、副行长公开选拔，1名年轻业务骨干成功晋升到支行副行长岗位；组织开展州分行机关空缺中层管理岗位、县支行班子成员推荐考察，通过谈话推荐、民主投票、党委考察等环节，6名年轻业务骨干晋升为州分行中层管理岗位和县支行领导班子成员，7个支行的领导班子全部配备到位；开展州分行机关空缺岗位公开考调，4名县支行年轻业务骨干进入到州分行机关工作，进一步充实了机关业务力量，有效优化了人力资源配置。同时加大优秀年轻干部培养力度。积极做好后备干部推荐工作，加强对新入行人员的培养锻炼，认真落实好新入行人员“身边教师”制度，下发“身边教师”履职考核办法，通过一对一传、帮、带，使近年来入行的员工尽快成长成才，有效解决州县行人手紧缺的问题。

【脱贫攻坚】 发行黔南州分行聚焦全州脱贫攻坚战略，按照上级行“精准扶贫贷款占比贷款投放额90%以上”的要求，坚持以带动贫困人口、区域贫困人群脱贫为项目选择标准，加大对州内10个贫困县的信贷支持力度，助力脱贫攻坚。2017年全年累放政策性中长期贷款59.58亿元，占贷款投放总额的98.85%，同比多投12.66亿元，其中精准扶贫贷款54.96亿元，占比92.25%，重点支持了全州12个县（市）及经开区农民集中住房建设、水利建设、棚户区改造等项目37个。

【企业文化】 培育“感恩、奉献，团结、共济，包容、和谐”的家园文化理念，定期开展“送温暖”活动，按季开展工会活动，开展每日广播体操活动，在全辖推广健步走运动，组织开展第三片区运动会和全州系统庆“七一”职工运动会，积极参加地方组织的各类文体活动，努力创造让员工工作好、身体好、心情好的环境，增强全行的凝聚力和向心力。辖内1人获“2016年度全国金融优秀共青团员”表彰，1人获得总行“贷后管理年活动先进个人”，1人获省分行2015—2016年度青年岗位能手，1人获贵州金融系统优秀工会干部表彰，2人获全省系统优秀通讯员表彰。

（李乐平　潘　微）

中国银行都匀分行

【概况】　2017年，都匀分行围绕省分行提出的“三条主线”（拓客户、促转型、加快发展；控风险、化不良、严守底线；建机制、带队伍、打牢根基）发展战略，认真贯彻习近平总书记重要讲话和十九大报告精神，充分发挥党建引领作用，积极开展工作，促进了工作业务稳步发展，工作成效有喜有忧。

截至12月末，各货币汇总折人民币资产总额427468万元，较年初减少36722万元，增长-7.91%；各货币汇总折人民币负债总额422142万元，较年初减少34222万元，增长-7.5%。

（一）存款

1. 人民币时点存款余额429992万元，较年初减少19616万元，下降4%，其中：公司时点存款余额225960万元，较年初减少38657万元，下降15%。个人时点存款余额204032万元，较年初增加19041万元，增长10%。

人民币日均存款余额451456万元，较年初增加42174万元，增长10%，完成全年目标计划（83000万元）的51%。其中：公司日均存款余额251978元，较年初增加18747万元，增长8%，完成全年目标计划（59000万元）的32%。个人日均存款余额199478万元，较年初增加23427万元，增长13%，完成全年目标计划（24000万元）的98%。

2. 金融机构日均存款余额127万元，较年初减少424万元。

3. 各货币折美元日均存款余额547万美元，比年初增加155万美元，增长40%，完成全年目标计划（410万美元）的38%。

4. 2017年存款市场份额（四行口径）7.48%，较年初下降0.22个百分点。其中：公司存款占比6.66%，较年初下降0.77个百分点；个人存款占比8.67%，较年初增长0.53个百分点。

（二）贷款

1. 人民币各项授信余额191433万元，较年初减少3408万元，下降2%。其中：公司贷款余额101502万元，较年初减少18982万元，下降16%；个人贷款余额73570万元，较年初增加8996万元，增长14%。

2. 票据融资余额2584万元，较年初增加2302万元，增长816%。

3. 银行卡分期及透支余额13777万元，较年初增长4276万元，增长45%。

（三）效益

实现营业收入12526万元，同比减少387万元，下降3%，完成分行年度预算目标的89%。

实现拨备前利润8315万元，同比减少633万元，下降7%，完成分行年度预算目标的88%。

实现净利润5575万元，同比减少2175万元，下降28%，完成分行年度预算目标的93%。

（四）资产质量

不良贷款余额702.82万元（公司0万元，个人贷款292.98万元，信用卡透支产生的不良409.84万元），比年初增加170.55万元。不良贷款占比为0.37%，与年初相比上升0.09个百分点。不良贷款余额及新增额均在省行下达的管控目标内。

【叙做公司授信，拓展国际结算业务】　2017年，根据总行关于支持绿色产业、民生产业、扶贫项目的授信政策，将资金投向相关产业项目。积极与政府对接，分行领导率职能部门拜访州市党委、政府，就黔南州项目建设进行商洽，达成共识。2016年都匀分行成立“黔南州项目推进小组”后，一直跟踪黔南州政府重点项目。2017年，针对黔南州民生、扶贫项目，向黔南州中医院贷款1.04亿、黔南州特种设备检验所800万元、荔波平林水电站3394万元、黔南碧桂园物业发展有限公司1.1亿元等，共计发放贷款3.655亿元。荔波平林水电站建设后，将为当地工、农业生产提供充足的电力，为当地扶贫项目、解决农户脱贫提供了有力条件。都匀分行注入信贷资金，支持政府基础设施建设，减少了政府财务成本，减轻了地方政府融资负担，得到了州政府高度认可。

都匀分行为来年授信业务作储备，到年末上报审批项目3个，拟授信金额5.5亿；储备高速公路、棚户区改造、医药制造等项目5个，拟申报授信金额35亿。

借助跨境撮合业务平台实现客户拓展。贵州省政府与中国银行贵州省分行，于2017年9月8—10日在贵阳联合举办“中国·贵州内陆开放型试验区跨境投资贸易洽谈会暨全球贵商发展大会”。公司业务部协同黔南州投资促进局组织46户企业参加“贵洽会”，其中与境外企业正式签约的州内企业2户、签约备忘录的企业13户、初步达成合作意向的企业22户，取得了丰硕的成果。经后期跟踪营销，在中行新开户的企业13户，正在对接开户及金融配套服务方案的企业共13户。通过组织企业参加“贵洽会”，夯实了都匀分行客户基础，由此获得了省分行颁发的“客户拓展”三等奖。

大力拓展国际结算业务。7月18日，瓮安县支行携手中国人民银行瓮安县支行走进企业金正大诺泰尔化学有限公司，对公司员工进行跨境人民币业务及外汇知识培训和宣传。人民银行王宏祥行长对跨境人民币业务背景进行分析，指出跨境人民币业务是发展的趋势和必然。瓮安县支行姜进讲解跨境人民币业务知识，理财经理王美娇为大家解读当前外汇政策、中行外汇业务优势及相关跨境产品，大家就外汇业务进行互动、交流。企业承诺，将继续保持并进一步加深与中国银行的合作。

10月中旬，公司业务部了解到福泉天福化工集团上游客户贵州盈德气体有限公司有大额跨境汇款需求（向境外公司汇出分红款项），即带领福泉支行主动上门营销，并牵头协调黔南州外管局与省分行外汇团队。经反复沟通，都匀分行顺利为客户购汇508万美元（等值人民币3375万元）汇至香港，日均存款亦得到提升。该笔业务顺利落地，让客户对都匀分行专业、高效的服务得予以高度认可，也同时打开了合作契机。该公司表示，今后资金往来及其他结算业务将转由都匀中行承接。该笔跨境资金汇出为都匀分行的外汇业务打下了良好基础，也累积了宝贵经验，切实提高了都匀分行在当地同业国际结算市场份额。

叙做国泰君安、方正、华林等证券公司三方存管业务。截至12月末，客户拓展4357户，完成全年计划任务2500户的174.28%，在全省中行系统地区行中排名第二。代理中国人寿、太平、新华、泰康、生命等人寿保险业务，实现保费收入1835.20万元，手续费收入50.29万元。

【以存款为重点，推进个人金融业务发展】

省分行确定2017年个人金融业务条线目标，即以“3个50%”（个人金融业务条线的营业收入、存款、净利润，全年增长要达到全行年度任务计划的50%）为标尺，以存款为核心，充分发挥个人金融业务推进器、压舱石、增长点作用。都匀分行个人金融部坚持“增存款、增收入、扩客户、防风险、抓重点”的工作主基调，从项目管理、代发薪、拓客户、清收不良、严控风险方面着手，有效推进个金条线工作。

1. 个人存款。2017年1月11日，省行副行长刘德杰率银行卡部、个人金融部、个人贷款中心、财富与私人银行中心负责人，到都匀进行主题为“贵州好花红”个人金融业务开门红活动指导。2月22晚，分行隆重召开2017年“撸袖奋战‘开门红’”动员大会。制定“开门红”方案，任务分解到各营业网点，明确目标。采取措施，一是抓源头代发，坚持党建引领，开辟业务拓展的第二战场。通过与中国移动、中医院等代发工资单位开展活动，增进了双方友谊，增强了双方合作的密切度，获得了代发工资、奖金、津补贴等业务。一季度，人民广场支行与剑江支行抱团营销，共享资源，紧盯都匀经济开发区匀东镇拆迁赔付项目。经努力，争揽到东湖拆迁项目1亿元代发，两支行分别揽入5000万个人存款。通过前期为拆迁户做好上门金融服务和厅堂热情服务，使代发资金留存率达 56.3%；二是做好二次营销，提升代发留存率，通过 E 计划（存款接近中端客户标准的客户，通过理财、结构性存款等产品对其进行营销的计划）对重点目标客户开展精准营销，争揽行外资金。截至 3 月 31 日，个人人民币日均存款余额 192，506 万元，较年初新增 16，456 万元，完成一季度“开门红”计划 2.2 亿的 74.81%；个人人民币时点存款余额 204，873 万元，较年初新增 19，884 万元（未下达年度计划）。一季度，由于个人人民币存款增长方式单一，且波动性较大，增长乏力，造成个人人民币存款未完成“开门红”计划。

2017 年二季度起，都匀分行努力赶超。围绕存款，个人金融部认真抓好项目代发、中高端客户维护，采取“三支队伍”（大堂经理、理财经理、个贷经理）日常揽存与“党建引领个金争先”全行动员相结合进行揽存，最大程度地调动全员的揽存激情，吸引客户行外资金。延续“开门红”以来好的做法，组织揽存晒单活动，每日群里晒单，个金部点评。分行领导重视存款业务的发展，带头走访客户，营造全员争存揽储的良好氛围，开展贷款客户群“提前存入还贷资金享受优惠活动”。通过多措并举，使都匀分行个人存款持续增长。到 2017 年末，个人日均存款新增 2.34 亿，完成年度计划 2.4 亿的 97.61%，在全省中行系统二级分行中排名第三，人民广场支行、瓮安县支行荣获“亿元网点”称号。上半年，总行组织的个人存款标兵大赛，都匀分行人民广场支行获“个人存款标兵（机构）”二等奖。

2. 个人贷款。省分行 2017 年个人贷款政策是：原则上不受规模限制，在风险可控前提下，尽可能做大做强。踏准市场节奏，抢抓市场机遇，继续做大住房和大型楼盘配套商业用房的业务拓展。加大公积金贷款、公积金贴息贷款的推广力度。其次，抢抓居民消费升级机遇，加快“中银 E 贷”、个人留学贷款的推广力度。

在省分行政策指导下，都匀分行分管领导、个人金融部积极践行业务发展带头做、带动做的理念，将精力集中在有广阔市场前景的住房按揭贷款业务上，努力实现零售贷款的突破。选准都匀碧桂园、瓮安绿城、锦美等房开公司建设的大型楼盘项目作为突破口，加强联系，集中人力物力积极叙做按揭贷款，增加收单量。碧桂园开盘之初，分管主任率个人贷款中心人员，采取轮流值守的办法，在楼盘销售中心驻点收单。大家发扬不怕吃苦的精神，不分白天晚上、节假日，前台收单、后台整理，确保高效率、高质量地完成住房按揭贷款投放。通过努力，都匀分行收单率达 90%，一改都匀分行个人贷款在全省中行系统排名末尾的不利局面。2017 年，共发放住房按揭贷款 370 笔，金额 17，015.10 万元，新增贷款额 8979.44 万元。

3. 银行卡业务。2017 年 1 月，省分行安排，从 1 月 1 日 ~3 月 31 日开展开门红“金鸡报晓，开门就红”信用卡专项活动。8 月，省分行黔中银卡〔2017〕21 号文《省分行关于开展 2017 年“百日奋战，拓客攻坚”信用卡发卡拓客竞赛活动的通知》，从 8 月 20 日—12 月 31 日开展发卡拓客竞赛活动。通过各项竞赛活动，有力推动了银行卡发卡工作。

总行根据市场需求，推出新的银行卡。截止 12 月末，都匀分行银行卡发卡 4186 张，完成省行下达 4900 张的 85.43%；银行卡有效客户新增 1096 户，完成省分行目标任务 2746 户的 39.91%；商户总数 540 户，新增 19 户；人民币卡商户收单 58964.96 万元，完成省分行目标任务 94952 万元的 62.1%；银行卡分期付款消费 7568.81 万元（消费类卡户分期 6084.99 万元；汽车、装修、车位专项商户类分期 1483.82 万元），完成省分行目标任务 12199 万元的 62%。

2017 年贵州省分行举办信用卡讲师大赛，个人金融部积极组织，在分行内部进行初赛选拔，选派人民广场支行魏昊为参赛选手。比赛结果，魏昊获一等奖，被聘为省分行信用卡团队金牌讲师，同时代表贵州行参加总行信用卡讲师大赛。

4. 中间业务。2017 年 8 月，都匀分行财富管理中心成立。财富中心继续做好各单位的代发薪、短信通、代收费等传统中间业务，积极拓展贵金属、理财（财富私行）、基金三类新中间业务，开展营销活动，取得了成效。

（1）贵金属、理财、基金。

贵金属。各支行长期坚持贵金属销售，与中金公司等机构合作，开展促销活动，促进了贵金属销售。借助春节、国庆重要节日，在分行九楼、瓮安县支行开展贵金属展销，邀约客户到中行品鉴、购买，成效显著。9 月 8—9 日，邀请 7 家贵金属公司举办贵州省“中秋贵金属巡展”，现场销售 19 万元。

2017 年 9 月，总行推出贵金属新产品“百利金”，福泉市支行抓住时机进行销售，实现该产品在当地销售零的突破，因而福泉市支行获总行“中国银行 2017 年积利金百强网点”称号，福泉支行冯垄获“中国银行 2017 年积利金百优秀经理人”称号。

理财。各营业网点每天在大厅，用荧光板书写当天理财产品名称、利率、期限等信息，向客户分发资料，理财经理向客户耐心解释理财产品特点，因此客户购买理财产品踊跃。根据省分行安排，8 月开始开展“易商理财竞赛”活动。文件转发各营业网点，每周通报数据。9 月开始，通过对指标任务的细化分解，以及对易商理财有效户的界定进行重新明确，从第五期到现在最新通报的第十五期，周奖获奖共 10 次，瓮安支行获奖 5 次，剑江支行获奖 4 次，民族路获奖 1 次。在二级分行网点中，都匀剑江支行竞赛新增客户数最多，为 950 户，完成率 791.67%。活动之初，都匀分行在全省中行排名第八，到 11 月 30 日竞赛活动结束，都匀分行名次上升至第三，获期末大奖。

截至 12 月末，全年销售理财产品 405 支，期末资金余额 60，177.81 万元，比年初增长 37，510.03 万元。按业务模式分：表外 396 支，期末资金余额 24，981.81 万元，比年初增长 6，301.83 万元；表内 9 支，期末资金余额 35，196 万元，比年初增长 31，208.20 万元。

基金。各营业网点在每天公布理财产品时，将基金信息公布。理财经理帮助顾客理财，选择购买时机。都匀分行办理的开放式基金、偏股型基金、债券型基金、货币型基金、外币基金、其他基金等，销售均呈较快增长态势。

（2）E 计划工作。年初起，各营业网点筛选准中端客户，有针对性地进行营销。到 6 月 30 日，都匀分行存款类客户群营销记录仅为 24.84%，不足全省中行平均水平 51.28% 的一半，E 计划工作在全省中行排名第八。8 月份财富中心成立后，组织各营业网点进行学习、培训，把任务明确到各支行，由理财经理对 E 计划客户群展开营销。截止 10 月 31 日，都匀分行 E 计划存款类客户群营销记录率为 119.59%，同时存款目标计划较 9 月末新增任务 934 万元，完成 1503 万元，完成率为 160.91%，全省排名第二，仅次于贵阳地区（161.6%）。在二级分行中排名第一，与六盘水分组 PK，都匀分行胜。

（3）易商理财竞赛。2017 年 8 月，省分行组织开展通过手机银行购买基金的“易商理财竞赛”活动。个人金融部布置活动，每周通报数据。前四期任务完成率仅为 1.17%，竞赛得分仅为 2.3 分，二级分行排名第八。9 月开始，通过对指标任务的细化分解，以及对易商理财有效户的重新界定，从第五期到第十五期，“周奖”共获奖 10 次，其中瓮安支行获奖 5 次，剑江支行获奖 4 次，民族路获奖 1 次。至 11 月 30 日活动结束，任务完成率 161.71%，竞赛得分 161.73 分，全省中行二级分行排名第三，其中都匀剑江支行竞赛新增客户数最多，为 950 户，完成率 791.67%。由此，都匀分行获期末超级大奖。

5. 手机银行。采取“内外并重，同步进行”的方式，首先要求本行所有员工开通手机银行，在手机上体验，通过手机银行交纳党费、转账等。对外，大力宣传，推广手机银行业务。二季度，省分行网络金融部组织开展手机银行“批量制胜”活动；四季度，按照总行以“增加存款、增加收入、创建最好网点、创建最好条线部门”为目标开展的“双增双创”活动，省分行网络金融部从 2017 年 10 月 1 日—12 月 31 日，组织开展“增收入，增手机银行活跃客户数”活动。在活动中，个人金融部与各营业网点准确把握居民健康卡、代发薪项目、校园项目等批量资源，为黔南师院、内贸学校、贵州省电子技工学校等院校师生开办手机银行。12 月末，都匀分行手机银行业务后来居上，交易客户数 16202 户，完成省分行下达 15500 户的目标，全省八家二级分行排名第二。

6. 个人外币业务。依托营业网点，做好日常个人外币兑换、结汇等业务，在暑假、春节、国庆等旅游旺季，大量办理兑换、出国留学金融等业务。

2017 年，总行、省行在个人外汇业务上推出新政策、新产品。（1）个人外汇业务信息系统优化后，客户须使用新版个人购汇申请书从元月 1 日起，柜台购汇客户须亲自填写申请书。如有虚假，两年内将取消购汇资格；（2）发布外币版“定利多”产品，为中行特定客户提供外币整存争取存款。办理时限为元月 1 日至 3 月 31 日。产品到期可享受优惠利率；（3）客户在中银集团内跨境汇款，可享手续费优惠。2017 年实现境内分行向境外 33 各国家和地区的中行账户（不分公私）汇款优惠功能；（4）8 月，总行发行“中银全球智汇—客户汇款”产品，客户可享优先处理、追踪反馈、费用透明等服务；（5）9 月起，中国银行核心系统 P704 上线个人外币现钞预约功能。新政策的实施，规范了操作行为。都匀分行利用新产品推出的时机，积极宣传，搞好服务，使个人外汇业务不断增长。

12 月末，个人外币存款，日均余额（省行考核指标）481 万美元，比年初新增 101 万美元；时点余额 443 万美元，比年初负增长 71 万美元。个人外币存款市场份额，在黔南州国有四大行中占比为 61.16%。

7. 业务宣传。开展金融知识进校园活动。根据黔南银监分局、黔南金融团工委组织的“送金融知识进校园”活动安排，9 月 17 日至 19 日，中国银行都匀分行团总支牵头风险管理部、会计运营部及各网点相关人员参加。活动分别在黔南师范学院、黔南职院、黔南医专开展。

【强化战略执行及过程管控，细化会计运营部管理】 （一）财务管理。根据总行、省行会计运营工作要求，都匀分行结合实际，制定和细化年度目标任务，完善绩效考核体系。从“财务效益、业务发展、资产质量、内生动力”四个部分下发了《都匀分行 2017 年预算目标》，完善绩效考核体系，简约指标，制定了《2017 年都匀分行绩效考核办法》。按月对分行财务效益及产品指标、条线及机构效益进行简要分析，按季详细分析。根据各支行业务发展情况，指导后进支行以高收益产品为抓手，增加收入。

费用管理与费用配置。为规范财务开支管理，制定了《中国银行都匀分行财务开支操作流程（2017 年版）》，明确财务开支操作流程，出差等项开支，由过去直接持凭证到会计运营部报销，改为按规定从本部门发起，走电脑系统审核流程，实现系统控制过程的处理。针对近期报账中发现问题，7 月底制定了《都匀分行关于加强财务开支合规管理的通知》。四季度，下发《关于加强费用管控的通知》《关于进一步加强费用管理的通知》《关于再次重申财务开支立项的通知》，对年底前的费用进行严格管控。

以总分行“效益为中心”的战略导向为指导，制定《都匀分行 2017 年业务费用配置方案》，充分发挥费用资源配置对业务发展和效益的保障、激励和引导作用，实现成本投入的效益最大化。

制定《都匀分行 2017 年关于加强分散采购管理的通知》，完善和规范分散采购行为，健全分散采购机制，提高采购工作效率和质量，控制风险，规范审批流程，增强可操作性，使集中采购管理得以增强。

会计检查。根据省分行黔中银财〔2017〕31 号文《关于发送 2017 年财务管理工作检查要点及检查计划的通知》要求，结合实际，制订《都匀分行 2017 年财务管理工作检查要点及检查计划》，对 2016 年 1 月至 2017 年 3 月的涉企服务收费开展了自查。根据中国人民银行黔南州中心支行要求，对 2016 年 1 月至 2017 年 4 月的统计工作开展自查，并报告 2016 年自查发现问题的整改落实情况。

根据省分行财务管理部黔中银财〔2017〕110 号《关于开展 2017 年固定资产清查盘点工作的通知》要求，以 2017 年 9 月 30 日为基准日，对全辖各机构在用、在建、库存、闲置、待清理的全部固定资产（含房产、交通工具、电子设备、办公器具等设备及电脑软件、土地使用权等无形资产），按照核算码及责任中心逐项目进行账实信息核对。通过系列检查，整改存在问题，规范了会计业务行为。

2017 年是会计基础达标工作的关键一年。上半年开始，会计运营部牵头，组织各条线部门根据会计达标验收自查工作底稿开展自查，责任到人。自查中，针对都匀分行长期挂账问题进行梳理，各条线部门积极清理挂账，对未能销账的长期挂账，已将解决方案提交到省行相关条线部门，等待省行核销。对于未能按照《暂付暂收款项实施细则》要求进行销账的，都匀分行对相关责任人予以问责。11 月 20 日至 23 日，省分行会计基础达标小组进行会计基础达标验收，都匀分行顺利达标。

2017 年，43 人参加会计基础达标考试，42 人通过。

采购委评审。全年共开展集中采购评审项目 10 个，分别为“工人路自助银行营业用房续租项目、交流干部住房租赁项目、剑江支行二楼营业用房续租项目、福泉支行员工宿舍续租项目”等。

（二）渠道运营。以提高渠道运营安全、运营效率为目标，强化渠道运营服务管理。

1. 出纳。加强尾箱现金实物操作风险管理，有效控制风险。

（1）分行采取现场检查、调阅监控录像等方式，多次组织开展对各营业网点尾箱现金实物突击检查，确保现金、重要空白凭证、贵金属等实物管理全年安全运营，不定期对金库、网点的尾箱交接业务进行视频查看或现场暗查。总体情况看，各营业网点均能按章操作，极少数操作不规范，分行均及时督促整改。根据总行《关于加强现金出纳业务合规操作管理工作的通知》要求，开展分行金库、网点尾箱操作检查，对金库保管超过 3 个月而未销售的贵金属实物，与个人金融部协作，完成了整改。国庆节前、十九大召开之际，根据省分行黔中银渠运〔2017〕53 号《关于开展全辖同一时点现金实物突击检查的紧急通知》通知要求，9—10 月，分行对现金实物突击检查，确保了现金业务的稳定投放与回笼。

（2）针对过去运营条线差错率较高问题，拟定了“都匀分行 2017 年运营条线考核方案”。通过加强考核，鼓励先进，鞭策后进，营业网点柜员的差错率、拒绝率明显降低。

（3）反假币。2017 年 7 月 17 日，邀请北京金储自动化技术有限责任公司郑文斌老师及省分行出纳管理团队周斌老师，对都匀分行进行人民币、外币识别培训，都匀市公交公司、都匀市永辉超市、都匀市客运总站、黔南州中医院出纳人员共同参加培训。通过培训，都匀分行一线员工及单位出纳提高了假币识别能力。与此同时，分行以周例会形式对各营业网点派驻业务经理、柜员进行假币收缴流程及操作培训。工作中，严把存取款业务和现钞兑换业务过程中假币识别收缴质量关，加强冠字号码查询和出纳机具管理，充分利用冠字号码查询系统功能减少纠纷。对外开展多种形式的反假货币知识宣传。9 月份，在“金融知识进万家”宣传服务月活动中，在黔南银监分局、黔南金融团工委统筹安排下，会计运营部、风险管理部、个人金融部与各支行分别走进黔南民族师范大学、黔南职院、黔南医专设点开展反假宣传。根据国务院反假货币联席会议办公室 2017 年反假货币工作要求，参加贵州省反假货币工作联席会议办公室在瓮安县作为贵州省反假货币示范区建设试点单位反假宣传活动。全年开展反假宣传活动 6 次，其中 4 次进校园、1 次进社区、1 次反假货币示范区建设宣传，受众人数约 1 万人。

2. BGL 账户管理。根据省分行渠道与运营管理部黔中银运邮〔2017〕44 号《关于报送核心银行系统内部对账工作报告的通知》通知要求，组织各支行按时完成核心银行系统内部对账工作报告工作。落实 BGL 账务清理管理责任人，对诉讼费列账，分清责任，每笔业务有人跟踪落实。

3. 银企对账。按省分行《关于进一步强化银企对账回执回收工作以有效防控风险的通知》要求，每月完成网银对账数据监控查询，全年核查在都匀分行 IP 地址对账的客户 562 户。1 月至 11 月发放单位对账单 6630 发份，回收 2016 年 12 月至 2017 年 10 月账单 5608 份，重点单位对账单回收率 98% 以上，达到省分行考核要求。

4. 派驻业务。4 次召开派驻业务经理工作例会，就 2017 年渠道与运营管理内控专项自查发现问题、规章制度落实、历年内外审检查、条线检查“问题库”整改落实情况，特别是 2016 年“双遏制回头看”检查中发现问题的整改验证情况，以及违规代销、运营条线检查、日常操作存在的问题整改提出要求。根据《中国银行股份有限公司职位聘任管理办法》，2017 年聘任 8 个网点派驻业务经理，完成 8 个网点派驻业务经理轮岗工作。

5. 柜员管理。按照省分行《关于柜员定人定岗及工作质效评价的通知》，每月完成对柜员的考核。制定“都匀分行 2017 年运营条线考核方案”，2017 年 1 月起，对营业网点差错率、拒绝率高的柜员实施扣款处罚措施，对差错率、拒绝率低的柜员实施奖励，因此都匀分行的差错率、拒绝率明显降低，控制在考核范围内。

6. 印章管理。按照《中国银行股份有限公司贵州省分行运营条线业务印章管理实施细则》（2016 年修订版）要求，对 2008 年以来因机构撤销、撤并、更名、升格、损坏、相关制度要求等原因，收回停止使用的 229 枚运营条线业务印章，完成上报销毁工作。根据《省分行运营服务部关于在全辖启用应急备用运营条线业务专用章的通知》（黔中银运〔2016〕61 号）要求，会计运营部将各网点应急备用的 10 枚渠道与运营管理业务专用章收回，并下文暂停使用。

7. 渠道管理。按照分行安排，将个人金融部的渠道业务管理职能移交至会计运营部。职能变化后，会计运营部积极实施渠道建设，优化物理渠道布局，提高网点智能化升级建设水平，不断提升客户体验和网点效能。对人民广场支行迁址文峰园、列入低产低效的民族路支行整改设置成自助服务区、胜利路离行式自助服务区装修改造，制订方案上报省行。开发区支行门面狭小，经实地考察后拟定了购置初选方案。

根据银监会、总行、省行关于设立普惠金融网点的工作安排，2017 年分行在龙里县新设一个普惠金融网点。10 月 27 日启动后，在一把手的带领下，会计运营部、个人金融部、综合管理部客服时间紧迫等困难，多次到龙里实地考察，与当地政府对接，在短短 20 天内按时完成了租赁营业用房的选址、尽职调查、采购评审工作，并向省行报送项目立项材料。

8. 内控。根据《省分行渠道与运营管理部关于发送 2017 年内控案防专项治理与业务内控自查工作方案的通知》要求，开展内控案防专项治理与业务内控自查，对瓮安县支行、福泉市支行进行了现场检查。

【智能化管理】 2017 年 6 月 24—11 月 9 日，都匀分行分两批安装投产 8 个营业网点 13 台智能柜台。智能柜台上线后，除存取款、挂失、补卡业务不能办理外，能够办理打印流水、开卡、更改密码与手机号、开通手机银行、签约理财、购买基金、转账、激活银行卡、结汇购汇、更换动态口令牌等业务。配合 ATM、网上银行、手机银行等，形成新的客户科技体验，提升了网点智能化水平，为高效、便捷服务客户提供了一条全新的渠道。剑江支行、瓮安支行上线智能柜台后，减少高柜 2 个、低柜 1 个，释放 3 名柜员。

安全生产。科技条线坚持“安全无小事”理念，全力保障生产安全。2017 年 5 月 12 日，勒索病毒全球蔓延。5 月 13 晚接到总行、省分行科技部通知，分科技科技人员紧急应变，及时对重要设备进行端口封闭、补丁安装。5 月 14 日，开始对分行所有网点、部门的核心业务 PC 机、办公 PC 机进行全面细致的补丁安装，一周内完成了 300 余台设备补丁安装工作，确保了全行网络和设备的安全。十九大即将召开，9 月 28 日、29 日对各营业网点进行一次全面的安全检查，涉及网络安全、设备运行安全、电源使用安全以及操作安全等。

通过检查，发现电源间存放易燃物、设备上放置水杯、电源间门禁卡管理等安全隐患，经与网点负责人沟通后进行了整改。要求网点当班人员在国庆及十九大期间加强对网络设备间的巡检工作，每日不少于两次。由于进行深度安全检查，整改到位，确保了十九大期间各项系统安全运行。全年全面与专项检查覆盖面 100%，共解决软、硬件故障 806 台（次）（含平时维护），处理网络故障 288 次。

网络、设备改造。（1）完成一类网同城汇聚项目改造。都匀分行一类网 2009 年建设投产，已使用近十年，核心网络设备需要更新。为更好地进行网络管理，按省分行科技部要求，都匀分行科技条线于 4 月 18 日对本行一类网同城汇聚核心网络进行了改造。内容涉及所有有人网点的核心网络及中心机房核心汇聚设备，将原 SDH 电路改为 MSTP 电路。因前期准备充分，4 天时间即完成了改造，最大限度降低了对网点业务办理的影响。MSTP 电路的安装，利于本行对各条电路及故障的管理，可以实现电路故障早发现、早处理，避免故障的蔓延，并对带宽的提升速度有极大帮助。（2）完成中心机房双回路改造。为进一步提升分行中心机房供电系统安全运行，2 月 8 日，分行科技条线对中心机房 UPS 进行了改造，更换两台 UPS，第二回路新增一台 UPS，使都匀分行中心机房 UPS 供电系统实现真正意义上的双回路双 UPS。借此机会，再次对中心机房所有设备的运行电路进行一次认真细致的清理，发现并处理了可能存在的安全隐患。（3）完成二类网设备迁域改造。根据总行、省行科技部安排，9 月份开始对 95% 以上的二类网设备迁域，涉及办公电脑、电子利率牌、自助回单箱、LED 显示屏等设备，覆盖全行所有部门、网点共计 320 台。科技条线克服人员少、工作量大等困难，加班加点，按时、超额完成了总行、省行下达工作目标。截至 9 月 30 日，全面完成二类网设备迁域工作，完成率 100%。

科技条线全年进行信息系统应急预演 13 次，完成预设目标。

档案系统上收省行。一直以来各二级分行档案电脑管理系统均搭建在本地，对全省中行档案管理的标准化、统一化建设带来极大不便。为提升档案电脑系统管理，在省分行办公室和信息科技部要求下，都匀分行按时按量完成档案系统上收省行工作，并完成了档案系统 5.0 的升级。

【实施反洗钱工作方案，开展客户信息治理】

2017 年 7 月，根据总行《2017 年反洗钱存量个人客户信息治理工作方案》精神，省分行提出相应工作要求，都匀分行下发匀中银发（2017）120 号《关于成立都匀分行反洗钱个人客户信息治理工作小组的通知》，成立以柴亚平行长为组长，分管行长为副组长，各部门、支行为成员的工作小组。个人金融部牵头，明确专人具体实施治理工作。从 7 月起，各营业网点通过邀约客户到中行、上门联以及电话、短信、微信等方式通知，让客户补录个人名字、单位、身份信息、电话号码等。在个金部的统筹和网点的努力下，到 12 月下旬，个人客户信息治理率达到省行 50% 的要求。

对公客户信息治理，截至 12 月末，完成率为 71.88%，达到省行进度要求。

反洗钱工作。按照人民银行黔南中心支行和中国银行贵州省分行安排，组织开展反洗钱宣传。制定方案，制作《洗钱风险提示》宣传资料，利用 LED 屏、网点门口设置展台、宣传标语、易拉宝等形式，宣传“三反”（反洗钱、反恐怖融资、反逃税）知识，宣传《金融机构大额交易和可疑交易报告管理办法》（中国人民银行令 . 2016. 第 3 号）《中国人民银行关于加强开户管理及可疑交易报告后续控制措施的通知》等新规定。10 月 26 日，在中国人民银行黔南中心支行统筹下，风险管理部牵头，个人金融部、平桥支行、开发区支行在人流量较大的平桥支行门口、汽车总站旁设置宣传点，向过往群众分发宣传资料，讲解反洗钱案例，介绍日常生活中的诈骗、非法集资、非法传销案例，让群众了解洗钱的危害以及公众应履行的反洗钱义务。

根据省行下发的反洗钱工作要求，开展日常洗钱行为甄别。2017 年度，都匀分行上报可疑交易案例19个，均为一般可疑。围绕人民银行及中国银行贵州省分行的反洗钱考评要求，三季度组织了反洗钱专题培训，开展了反洗钱宣传工作。

【强化内控，防范风险】 落实各项内控措施，组成以内部控制委员会为核心的内控管理决策机构，以合规教育为基础、以人员管理为核心、以监督检查为抓手、以考核问责为保障的日常内控管理运行机制，强化基层管控，提升风险管控能力，筑牢内控案防基础工作。

（一）强化内控，规范操作。2015年成立的成立内控委员会，2017年2月其职能由分行监察部移交风险管理部。内控委牵头，组织召开内控及案件形势分析会议4次，传达银监委2017年内控案防工作要求及中国银行贵州省分行2017年度风险管理与内部控制工作会议精神，就“两加强”回头看整改工作、内控案防专项治理工作等进行安排部署。

业务内控合规工作。按照匀中银发〔2015〕34号《都匀分行关于加强日常内控管理工作的通知》要求，建立内控委与辖属分支机构的“月度沟通、季度点评”机制，实行分级分片、落实到人的基层机构负责人联系制度，行领导到联系网点进行调研、工作指导等内容进行记录，实现管理留痕；建立重点关注人员清单，报由纪委书记掌握；建立由各业务部门骨干人员构成的检查人员库。都匀分行从教育入手，开展“案例警示教育年”及“受警醒、知敬畏”主题教育活动，组织学习“山西大同骗贷”案等案例，增强员工合规意识。开展“内控案防专项治理”活动，举办“合规护行党员先行”微党课竞赛，开展以防抢、消防、金库及凭证库业务连续性为内容的应急预案演练。全年开展主题活动共10个、18场次，内容涵盖“普及金融知识，守住‘钱袋子’”“护士节”“母亲节”“金融知识进校园”“5·15”金融知识宣传“禁止非法集资”“征信”“反洗钱”等。

重点业务领域风险防控。（1）公司授信业务、银行承兑汇票及贴现业务，就三级审批、资金用途、档案资料、贷后管理等进行检查，发现瓮安水务投资有限责任公司第二还款来源丢失，分行及时采取措施缓释风险，该笔贷款已收回；黔南碧桂园物业发展有限公司贷后管理不到位，已对相关责任人进行问责；（2）大额资金汇划，落实电验系统双人核印、责任人签字审批制度，实现对离行的大额资金进行有效管控；（3）个人存款大额转账/汇款业务，严格落实审批制度；（4）对尾箱交接、金库管理、ATM清机加钞操作业务及吞没卡管理等进行风险排查，严格了管理规定，使职能部门监督职责落到了实处；（5）每季度对押品进行现场清点检查，做到了押品数据与实物台账、系统数据相符；（6）开展质押类贷款自查。11月8—17日，对仅有的个人定期存款的质押类贷款，通过调取客户贷款账户、存款账户交易流水，调阅凭证、电话询问客户本人及当时经办人员等方式，就贷款资金流向是否规定、押品真实性、是否以第三人名下资产提供质押担保等进行自查，未发现问题；（7）对辖内机构的挂失业务、违规代销及违规担保、不动户管理、结算账户管理、金融机构跨业合作业务检查、预留印签卡片管理、印章管理、重要空白凭证盘查、电子渠道业务、理财业务、信用卡业务等进行内控合规案件风险排查，未发现问题；（8）员工异常行为排查，未发现异常行为，员工出入境证照均交由分行保管；（9）开展员工操作风险预警排查。运用G－MAP系统实施非现场监控，加强数据分析与应用，按季通报G－MAP系通核查结果。通过核查，发现问题10个，系员工操作不规范引起业务操作方面的差错，未发现有重大操作风险问题。

内控案防专项治理。（1）制定《都匀分行2017年内控案防专项治理方案》，成立分行专项治理工作领导小组，由风险管理部牵头，各条线部门实施排查。按照总行6个专题（员工异常行为、存款业务、违规代销及违规担保、同业业务、业务真实性、贷款管理）及省分行18个自选内容（个人挂失业务、个人购房贷款押品办理进度检查、系统贷款利率、“双录”合规性等），组织风险排查。经查，共发现问题13个，其中个金条线

7个，公司条线4个，运营条线2个，均已落实整改；（2）根据省分行和银监要求，开展“三违反、三套利、四不当、银行业市场乱象”等系列专项治理工作，检查重点为信贷业务、存款业务、票据业务、同业业务和理财业务、信用卡业务、制度执行等方面。通过排查，共发现问题12个，主要为信贷业务、票据业务、规章制度执行情况不到位等方面的问题。都匀分行对上述问题均已进行整改和问责。（3）开展非法集资专项排查。根据银监和省分行要求，制定《中国银行都匀分行2017年非法集资风险专项排查工作方案》，成立非法集资风险专项排查工作领导小组，聚焦外部客户非法集资交易，从对公、对私异常结算账户数据入手进行排查。结合反洗钱可疑交易甄别，2017年发现15个客户涉嫌非法集资，团伙性质明显，都匀分行已将该情况报告省分行、人民银行、银监局和公安。

2017年，通过开展的系列检查，未发现制度管理、业务操作流程存在重大风险隐患。发现问题主要因规章制度执行不到位引起，如：运营条线，尾箱交接未在监控下进行等尾款交接不规范的情况；个人业务条线，个人客户开户信息存在不完整；公司业务条线，碧桂园物业发展有限公司贷后管理不到位。10月，黔南银监局对都匀分行开展了“三违反”系列专项检查，发现存在向借款人家庭贷前已有两套或以上住房的个人发放个人住房贷款个人贷款，而首付比例和利率未达到最低标准的问题。都匀分行对各类存在问题十分重视，及时进行了整改，有效控制了风险。

内控主题活动。以举办“基层网点风险管控50条措施——天天学”活动、“案例警示教育年”主题活动为切入点，在员工中开展案防合规教育，增强了员工合规意识。层层签订内控案防责任书、内控合规承诺书，明确责任，做到“守土有责、失土问责”，消除了案件风险隐患。开展“合规护航、党员先行”－创建业务零违规活动，落实“合规承诺人人签，党员作表率”、“案防责任，一岗双责我履行”的规定动作，设置党员示范岗，一线党员“戴党徽上岗，亮党员身份”，进一步加强了内控工作。

（二）消费者权益保护工作。根据人民银行及银监局的消费者权益保护工作考评要求及专项宣传活动安排，2017年组织全行开展主题为“金融知识普及月”“金融知识进万家”的金融知识宣传教育活动，全辖累计开展宣传活动9次。

（三）保卫工作。坚持业务发展和内控案防两手抓、两手硬的原则，结合工作实际，为经营管理和业务发展提供安全服务和保障，严防事故、案件发生。2017年，分行与都匀市公安局开展共建活动，组织全辖网点与基层派出所签署《突发事件安全保卫协议》，并联合消防机构开展网点消防安全检查，实现全覆盖。严格实行内控责任制，要求各部、支行负责人切实担负起风险管理把控的责任。年初层层签订了年度安全工作责任书，将责任落实到部门、支行及个人。根据2017年内控检查计划，有序实施检查项目，2017年共实施检查项目17个。

（四）接受外审部门工作检查。（1）人民币结算账户检查。中国人民银行黔南州中心支行于2017年10月18～31日对都匀分行进行“人民币银行结算账户管理”专项执法检查，共发现4个问题涉及账户20个，均已落实整改。（2）跨境人民币、外汇业务检查。鉴于兄弟行相关业务出现的状况，人民银行、银监局对都匀分行开展了跨境人民币和外汇业务专项检查。重点检查外汇业务收支是否合规；办理货物贸易项下收款是否有海关出口报关单、出口收款说明等合规单据；服务贸易项下收付款是否有真实业务背景以及合同、文件支撑，付款说明等单据是否填写完整；国际收支申报以及RCPMIS系统申报，收款是否五个工作日内报送，付款是否次日工作日及时报送，是否超权限办理业务等。通过检查发现问题16个问题，均已落实整改。

【清收不良贷款，控制不良余额及不良率】

都匀分行对资产管理做到盘活存量、控制增量、大力清收，“三管齐下”保持资产质量稳定。风险管理部、公司业务部等部门密切配合，积极采取上门催收、法律诉讼等措施，按期收回国电都匀发电有限公司1亿元贸易融资、福泉市人民医院0.15亿元流动资金贷款，提前结清黔南州土地储备公司、黔南州国有资产管理公司共计8亿元投融通业务，有效化解潜在风险，确保都匀分行资金安全。2017年末，分行不良贷款余额702.82万元（其中公司0万元、零售贷款292.98万元、信用卡透支产生的不良409.84万元），不良率0.37%，达到省行下达的管控目标。

小微企业黔南建高能源有限公司322.50万元贷款，2016年9月核销后，2017年7月通过诉讼执行处置其抵押物收回现金49.60万元，其中住房39.60万元，车库10万元。

银行卡不良清收化解金额286万元，其中现金清收176万元，核销110万元。银行卡风险较大的为信用卡汽车分期和白金卡大额度授信。个人贷款不良清收164.49万元，为住房、商业用房类。

【党风廉政建设】 2017年，贯彻落实总行、省分行年初党风廉政建设和纪检监察工作会议精神及《二级分行纪委书记2017年度省行评价绩效目标》要求，继续推动工作机制建设，将全年管党治党工作任务分解到班子成员和部门。召开都匀分行党风廉政建设暨纪检监察工作会议，党委书记分别与分管领导、各支行、各部门负责人签订2017年度党风廉政建设目标责任书。党委成员继续带头履行一岗双责，坚持业务工作和党风廉政建设工作同部署、同检查、同落实。健全完善纪委组织和工作机制建设，进一步加强纪委监督作用。突出主业，明确主责，聚焦党风廉政建设，聚焦监督执纪问责，提升监督执纪工作实效。执行《议事决策规则》《工作例会制度》和《约谈实施细则》，重点在学好准则条例、落实八项规定、履行一岗双责、异常行为排查和执行双十禁等五个方面进行落实。纪委年内约谈提醒17人次，其中工作约谈12人次，提醒约谈5人次。

执行中央八项规定，坚决整治四风。通过调阅2016年以来各部门、支行财务报销情况，查阅报账原始发票及相关单据，均未发现问题。宣传品管理、公务接待、车辆管理、职工薪酬福利等方面，均严格执行规定。1套交流领导干部住房面积超标，已完成整改。

开展警示教育，通报典型案例。党委以中心组学习等形式学习中央精神，在员工中通报违反八项规定精神问题和“四风”典型案例。将案例警示教育与党风廉政建设、内控合规管理、系列专项整治工作等紧密结合，开展“案例警示教育年”活动。组织员工学习《受警醒明底线知敬畏》案例警示教材，观看总行案例光盘《失衡的天平》，观看中央纪委、中央电视台联合制作的《永远在路上》《巡视利剑》等专题片，参观警示教育基地。通过教育活动，进一步增强了员工法纪意识、责任意识、合规意识和案防意识，夯实了内控基础。

抓住节点进行日常监督。抓住干部调动、婚丧喜庆以及元旦、春节、国庆等节点，发送邮件、微信进行提醒，加强监督。根据省分行《员工操办婚丧喜庆事宜报告备案制度》要求，结合地方相关规定，出台《都匀分行关于严格落实贵州省分行员工操办婚丧喜庆事宜报告备案制度的通知》。经查，年内员工婚嫁、丧事等无大操大办、借机敛财情况。

开展各类风险专项排查，严格执纪，加大问责。按省行要求，先后开展并完成了员工异常行为、违规公款购买消费高档白酒问题、员工涉嫌赌博问题、不良授信资产道德风险、侵害员工权益等重点专项排查工作，发现一起员工违规问题，已完成整改。年内问责144人次，其中记过2人次、警告6人次、经济处罚77人次（处罚金额2.27万元），通报批评处理62人次。

【队伍建设】 为加强基层管理队伍建设，激励和留住人才，形成分行管理人员队伍的合理梯次结构，根据《都匀分行后备人才管理实施细则（2015年版）》，继2016年建立都匀分行第一批后备人才库后，2017年7月都匀分行又建立第二批后备人才库，从部门、支行

推荐的20名人员中选拔9人进入后备人才库。

2017 年，都匀分行在同业竞争激烈、人才流失的挑战下，克服重重困难，以“传帮带”的方式培养青年员工，搭建“见习”平台，共计培养后备人才 21 人，启用 14 人，其中正式走上管理岗位 5 人。分行选人、用人均严格按照总行、省分行相关管理规定执行，创新启用“见习”干部的用人形式得到了省分行高度认可。

制定 2017 年培训计划，人力资源部与业务部门采取举办培训班、研讨会、部门网点集中学习、选拔员工到省分行进行专业培训等多种方式，督促员工加强学习，不断提高综合业务素质。对春、秋两季校园招聘录用的 15 名新员工，在省行培训基础上，都匀分行再进行一周的岗前培训。为进一步提升中层干部管理能力和客户经理营销能力，11 月 18 ~ 19 日，聘请国内著名银行业培训讲师孙军正到都匀分行举办《赢在执行》《银行 VIP 客户营销技巧》两期培训班。经系统培训，全行中层干部及营销队伍整体素质得到提升。2017 年，都匀分行共举办各类培训班 33 期次，培训员工 579 人次，安排教学 149. 5 课时。

【企业文化建设】 都匀分行在员工中开展形式多样的文娱体育活动，加强企业文化建设，丰富了员工业余文化生活，增强了企业凝聚力。2017 年 1 月 23 日晚，中国银行贵州省分行 2017 年“好花红”迎春联欢晚会在贵阳大剧院举办，都匀分行参演的《好花正红》舞蹈受到省行领导及全场观众的一致好评。

三八节来临，分行工会与团支部精心策划了主题为“乐走杉木湖做活力女神”的健步走活动。3 月 6 日，黔南州妇联举办“南洲国际杯‘你我参与. 唱响黔南’”歌唱大赛，都匀分行选派 4 人参加黔南州财税金融保险系统代表队。

4 月 1 日，州国税局、州司法局、州总工会、州妇联共同举办“健康国税跑 · 全民宣法行”活动。都匀分行员工参加活动，向匀城人民展现了中国银行“担当社会责任”的良好社会形象。

时值“五四”青年节，黔南州金融团工委、黔南州银行业协会联合举办“五四”青年素质拓展活动。都匀分行青年员工与同业青年配合默契，让他们收获了真情与友谊、感动与力量、责任与担当、团队与荣誉。

11 月 12 日，省分行首届职工运动会在贵阳体育中学隆重举办。都匀分行组队参加，获得运转乾坤第一名、快乐向前冲第一名、协力云梯第二名、龙腾万里项目第三名，并以 105 分的成绩获得本次运动会的团体总分第二名。

都匀分行积极参加各类公益活动。5 月 26 日，都匀分行与黔南州金融团工委共同开展“迎六一. 共成长”捐赠活动，向党建扶贫点瓮安县建中镇白沙小学爱心，捐赠各类图书 500 余本、文体用品 100 余套。12 月 13 日，响应都匀市委、市政府扶贫号召，都匀分行举行“送温暖进贫困村寨幼儿园”爱心捐赠仪式，捐赠 13060 元。

都匀分行从思想、感情、工作各方面关心员工，增强员工的归属感。6 月 6 日晚，分行团支部组织召开青年员工座谈会，分行行长及部门负责人与 46 名青年座谈。青年员工谈自己的工作体会、困惑，就分行发展提出建议。行领导与大家交流、解答问题，鼓励大家积极工作，保持信心，勇于争先，敢于担当。

【文明优质服务工作】 分行以文明优质服务为切入点，落实服务规范，不断提高服务水平。督察组每月对营业网点进行检查，情况予以通报。2017 年 5 月 18 日，总行文明优质服务督导组在省分行工会干事杨德会的陪同下到都匀进行文明优质服务及营业网点创佳检查。先后检查了剑江支行、大西门支行的营业环境、基础设施、文优资料档案等，指导工作，交流意见，听取建议。7 月 26 日下午，分行召开优质高效规范服务通报会，纪委书记蔡军要求各支行行长要树立基层网点负责人“第一责任人”的责任意识。6 月 21 日，省分行检查组按照总行《中国银行营业网点优质高效服务检查标准》（2017 年版），对营业网点的服务环境与设施、服务队伍建设、业务规模与效益、服务管理等内容，进行逐项检查。检查组成员采取看、问、阅等方式，对营业网点的硬件设施、服务软件等进行检查，对问题提出整改要求。对都匀分行“创千佳”网点剑江支行的服务环境、硬件设施、工作措施、服务手段，以及良好的工作效果给予了充分肯定。

【以党建引领为抓手，增强党的建设】 分行党委以党建引领为抓手，从思想上、组织上、制度上采取措施，进一步加强党的建设，通过党建引领工作业务建设。2017 年，分行按机构布局重新划分党支部，设立党支部 12 个，全年发展党员 1 名，党员转正 4 名，入党积极分子 5 名。党委以支部为单位，组织全体党员深入学习十九大精神、习近平总书记系列讲话精神。班子成员亲赴基层进行宣讲，将中央、总行和省行党委精神传达到一线。根据省分行要求，开展“合规护航、党员先行”—创建业务零违规活动，落实“合规承诺人人签，党员作表率”“案防责任，一岗双责我履行”的规定动作。实行一线党员“戴党徽上岗，亮党员身份”，设党员示范岗；各党支部利用晨会、例会、“三会一课”学规章、讲规范。利用中行党建微信平台学案例，交流风险内控经验，开设“案例教学微课堂”，进行案例教育培训。5 月 12 日，在国际护士节和母亲节到来之际，统一组织各党支部到黔南州各大医院开展护士节营销活动及形式多样的母亲节金融服务活动，为在岗位上辛勤工作的白衣天使送上节日祝福、精美礼品，走上街头、上门为妈妈们送鲜花送祝福，同时宣传介绍中行手机银行、理财产品、信用卡、爱家分期、汽车分期等业务。在党建引领主题下，6 月 7 日，都匀分行开展“党建引领激战六月手拉手”业务竞赛，召开动员会，与到会的贵阳市宝山南路支行郑涛行长、贵阳市市南路支行曾彬斌行长、贵阳市宝山南路支行张颖理财经理等交流心得、分享经验、探讨方法。深度推进与重点客户合作，6 月 24 日，与重点客户黔南州中医医院在黎平会议旧址举办“迎七一”党建共建活动，双方签订《党建共建协议》，双方党委书记分别为党员上了一堂微党课。

落实省分行与武警贵州省消防总队《党建共建协议》要求，都匀分行分别与黔南州消防支队、都匀市消防大队、瓮安县消防大队、福泉市消防大队开展了各种共建活动，做到全覆盖。8 月 16 日下午，都匀市消防大队教官对都匀分行员工进行消防安全教育培训及消防应急疏散演练。福泉市支行、瓮安县支行分别与两市县消防大队签订《党建共建协议》。9 月 13 日，剑江支行到黔南州消防支队举办金融知识讲座，为支队官兵教授金融常识，宣传金融产品。通过共建活动，培训了中行员工消防技能，检验了火灾报警系统及微型消防站的反应灵敏性，提高了消防应急能力，同时为消防官兵普及了金融知识，拓展了银行卡业务。

都匀分行创新党建的思路模式，通过共建活动，党员党性得到加强，与企事业单位的合作关系得到进一步深化，有效推进了与协议单位的合作进程。

（张　杰）

黔南州农村信用社

【概况】 截至 2017 年年末，黔南州农村信用社辖 3 家县级联社、9 家农村商业银行，各项存款余额 587.12 亿元，新增 5.05 亿元，增长 8.31%；各项贷款余额 503.3 亿元，新增 77.45 亿元，增长 18%。存贷款规模继续保持全州银行业金融机构首位，全年缴纳各类税金 3.23 亿元。2017 年，黔南农信社在省联社的正确领导下，在州委州政府的关心支持下，在人行、银监督指导下，始终坚持面向“三农”、面向社区、面向中小微企业的市场定位，围绕全州主基调和主战略，创新金融服务，拓展服务功能，在服务“三农”和地方经济发展中实现了综合竞争实力、规范管理水平和对地方经济社会贡献的全面提升。全州 12 县市共设营业网点 361 个（含 66 个便民网点），从业人员 3141 人，是全州业务规模最大、支农支小力度最强、金融服务最广、从业人员最多、地方贡献最大的金融机构。

贵州省农村信用社联合社黔南审计中心（简称省联社黔南审计中心）作为贵州省农村信用社联合社的派出机构，对黔南州农村信用社行使“审计、监督、评价、指导”职能，省联社黔南审计中心成立于2014年8月，现有干部职工15人，下设综合管理部、现场审计部、非现场审计部3个职能部门。

【实体经济服务】 全州农信始终保持支农支小战略定力，全年累计发放各类贷款356.29亿元，涉农贷款余额448.21亿元，比年初增长70.51亿元，占比89.05%，增速18.67%，比各项贷款增速高0.67个百分点，其中农户贷款余额281.49亿元、农村企业及各类组织贷款165.81亿元，均比年初有较大幅度增长；小微企业贷款余额234.46亿元，比年初增长39.41亿元；发放现代山地特色高效农业贷款68.2亿元，农村“三变”金融服务贷款40.15亿元，“四在农家·美丽乡村”建设贷款27.63亿元。对247户农业龙头企业授信17亿元，对1390户农民专业合作社授信7.09亿元，对175户家庭农场授信0.41亿元，对4213户种养大户授信7.99亿元。在金融服务“三农”和支农支小工作中，荔波农商银行被中国银行业协会授予“2017年农村合作金融机构支农支小服务示范单位”称号。

【脱贫攻坚　金融扶贫】 全州农信主动融入“大扶贫”战略，持续强化金融精准扶贫工作。全年为全州建档立卡贫困户建档178419户，建档面98.38%，为175586户贫困户授信75.11亿元，授信面98.98%，获得人行扶贫再贷款29.33亿元，累计发放“特惠贷”12.4亿元，贷款余额34.37亿元，支持72049户贫困户创业。全力推动脱贫攻坚投资基金扶贫产业子基金业务，评审通过项目39个，评审金额10.41亿元，已投放项目6个，金额2.1亿元。“助农脱贫流动服务站”累计办理业务63.66万笔；都匀农商银行积极开展结对帮扶务川脱贫工作；三都农商银行通过县委组织部派遣党员干部担任驻村书记，实现村级“金融支书”全覆盖。

【金融扶贫工作获表彰】 平塘农商银行获得“贵州省银行业金融精准扶贫先进单位”荣誉称号，都匀农商银行被省联社评为“2017年度金融精准扶贫先进行社”“贵州农信第一届金融产品与服务创新”贵定联社创新“助农脱贫流动服务站”模式获一等奖、福泉农商银行“农村金融致富学校”获三等奖，黔南州扶贫开发领导小组授予贵定联社“全州脱贫攻坚先进集体”，瓮安农商银行辜亚江、罗甸联社罗廷军获“全州脱贫攻坚先进个人”称号。

【普惠金融服务】 2017年累计新增发卡量42.2万张，信合卡总量达307.8万张；电子渠道替代率74.34%，比2016年度提升11.55个百分点。各行社积极打造村村通“旗舰店”共302个，全州村村通全年交易量达334.8万笔，交易金额为47.5亿元；在贫困乡镇布设ATM195台、CRS256台、多媒体终端451台，极大地方便广大人民群众办理基础金融业务。

【开展信用共创】 黔南农信社积极结合信用工程建设，有序推广“黔农e贷”，为信用农户线上线下办理信贷业务提供了较大的便利。新增惠水县羡塘镇、芦山镇，罗甸县逢亭镇，平塘县大塘镇，贵定县金南街道，瓮安县天文镇6个信用镇（街道），信用乡镇达76个，占比73.08%，信用村达1104个，信用组13039个；打造农贷零不良网点26个、零不良村236个、零不良组9703个。各行社积极推进村村通和信用工程升级打造工作，深入推进农村普惠金融工作，让广大群众“足不出村”即可办理结算和信贷业务，城乡居民金融服务便利度进一步提升。

【农商行改制】 一是坚持以改制联社为主、帮扶单位为辅的原则，结对帮扶改制联社做好农商银行改制工作；二是坚持以行社帮扶为主、审计中心帮扶为辅的原则，通过以行带社、审计中心督促指导方式，给予帮扶。到2017年底，三都农商银行挂牌开业，全州已有9家农村信用社成功改制为农村商业银行，占比75%；贵定联社已获得省银监局筹建批复文件，长顺、罗甸2家联社已全面启动农商银行改制工作，正在进行清产核资工作。改制工作取得了阶段性成果。

【企业文化】 成功承办“贵州农信第二届职工运动会”和举办“黔南州农信社第三届全民健身职工运动会”；举办“脱贫攻坚·春季攻势”迎春文艺汇演“春华秋实·再创辉煌”文艺调演，展示了黔南农信员工良好的精神面貌和文艺才能；冠名赞助黔南州业余足球超级联赛，进一步扩大了农信社在地域宣传的影响力。

【提升农信形象】 积极对接省内外媒体，加大对农村金融致富学校的宣传报道，打造黔南农信社助力脱贫攻坚新名片。成功举办《贵州农信》内刊征文大赛，协助省联社顺利刊发《贵州农信·黔南专刊》。全年编发宣传信息4537期，被人民日报、金融时报、中国经济时报、贵州日报、当代贵州等媒体采用稿件共1835篇次。制定微信宣传考核办法，建立全州及12家行社公众微信平台矩阵，全年编发微信1607期，编发稿件6828篇、开展微信推广活动14次，微信矩阵粉丝量达38.03万人。各行社共在高速公路设置大型高杆广告34幅，在全州1377个村投放墙体宣传广告3809幅。

【人才队伍建设】 审计中心制定人才培养规划，通过实施“特训营”、跟班学习、挂职锻炼以及与对外经济贸易大学开展中干高级课程研修班三年培训等机制，让员工通过全面指标分析、“经济学原理·定律+农信社经营·管理”讲座和课题调研项目，大力培养复合型人才。督促行社按季开展业务技能测试工作，全年共计1247人次参加测试，占全年应参加测试人员的135%。通过测试，在全州形成了“比、学、赶、帮、超”的良好学习氛围，有效提升了辖内柜面人员的业务素质。

【业务培训】 在省联社举办的2017年柜面综合业务技能竞赛中，黔南农信荣获个人一等奖1名、个人三等奖两名、团体第三名的好成绩。组织开展全州信贷从业人员业务资格准入考试；组织开展金融精准扶贫暨信用工程、科技信息、审计监督、统计工作、安全保卫、征信业务、人事工作、党务工作、信息写作、课题调研、风险管理等方面的业务培训，参训人员达1213人次；组织开展业务条线考试4次，参训人员达2900多人。

【调研工作】 成立30个课题调研工作小组，对《金融服务农业产业化发展调查研究》《培育新型农业经营主体研究》等10个课题开展调研工作，通过组织调研，提高了全州农信干部调研水平。

【党团工会建设】 深入学习贯彻中共十九大精神和习近平在贵州代表团讨论时的重要讲话精神，做到机构、员工全覆盖，全州开展宣讲会445次，受众人数达18603人次；12家行社将党的领导写入章程，根据省联社党委批复，完成11家行社党委换届工作。

【加大金融夜校宣传】 各行社继续开展金融夜校宣传，全年在城乡开展金融夜校开展金融夜校宣传25055场，普及金融知识惠及贫困户34.09万人次。主动协调政府扶贫、农业农技等部门参与，现场为群众讲解地方产业发展政策和扶贫、惠农政策，增强农民群众发展产业的信心，收到了金融夜校“融资融智”的效果。

【金融致富学校】 福泉农商行以“保障农户金融权益、提高农民知识技能、促进农业现代发展、培育农村集体经济”为宗旨，创新开办农村金融致富学校，学校融入了电商服务站、教育培训、服务平台、普惠金融、文化传播5项功能，积极与社保、小贷中心、农工、农技等相关部门联系，定期聘请种养专业人员进入农村金融致富学校课堂进行授课，传授种养知识经验，使教育培训始终贯穿农村金融致富学校运行过程中，内容覆盖开展再就业教育培训、提供农业相关技术指导、进行远程教育学习等。有效整合各部门政策、技术资源，以教育培训为支点，建立农工、就业部门指导，致富能人参与，营销大师讲授，实践基地融入的多渠道授课实践平台。

（蔡荣江）

中国人寿保险股份有限公司黔南分公司

【概况】 2017 年，全州系统上下按照上级公司的部署，在州分公司党委、总经理室的领导下，落实年初工作会议精神，以“富员强司”“争创受人尊敬的贵州一流公司”为目标，抢抓市场机遇，强化对标管理，推进策略落地，促进转型升级，加强风险防控，取得了良好的业绩。

截至 2017 年 12 月 30 日，总保费收入 3.92 亿元（不含大病 1.14 亿），同比增长 26%。新单保费 2.22 亿元，完成年度预算目标的 95.3%，同比增长 27%；长险首年标准保费 3270.55 万元，完成年度预算目标的 73.56%，同比增长 38.5%；首年期交保费 7278 万元，完成年度预算目标的 80.86%，同比增长 29%；短期险保费 6562 万元，完成年度预算目标的 89.27%。

【渠道发展】 2017 年，个险渠道首年期交保费实现 7242.71 元，完成年度预算目标的 80.47%，同比增长 26.65%，用半年时间接近完成上年全年的首年期交；10 年期及以上首年期交保费 4227.11 万元，完成年度预算目标的 78.1%，同比增长 43.61%，增长率及完成率再次实现较大增长。

【标杆公司破历史新高】 2017 年，各基层公司聚焦发展，通过标杆引领，氛围营造，强势发展，取得重大突破。在个险首年期交方面，全州消灭了首年期交保费 100 万以下的公司，涌现出龙里、福泉、长顺、城区收展、荔波、瓮安、罗甸、平塘 8 家 400 万以上机构，惠水 1 家 300 万以上县支公司；同时城区收展、罗甸、福泉、平塘、荔波、长顺、惠水、独山、三都、贵定公司用半年时间超越上年全年首年期交；特别是城区收展异军突起，半年实现全年首年期交、十年期交、标保的必达目标，引领全州发展。在团险渠道方面，三都、独山、平塘、瓮安、惠水五家支公司，短险业务超额达成全年目标。在银保期交业务方面，荔波公司表现突出，提前超额达成全年银保首年期交、十年期交、标保预算目标。

【健康保险】 2017 年，黔南州坚持以基层为重点的卫生与健康工作方针，大力提升基层医疗卫生服务能力，夯实基层基础，积极补齐医疗卫生这块民生短板。聚焦群众“看病难、看病贵、看病远”等问题，凝心聚力，克难攻坚，医疗精准扶贫成效显著。

【风险管控】 2017 年，一是顺利完成了反洗钱、内控穿行测试、案件风险排查等工作，二是认真贯彻落实保监会风险管控监管要求，成立自查自纠工作领导小组及各专项整治工作小组，落实工作方案，分组对各县支公司进行全面现场督导检查，对发现的问题能立即整改的要求立即整改，不能立即整改的要求限期整改，使各级员工增强了风险管控的意识，自觉防范风险。

【党建工作】 一是向各支部制定下发了 2017 年度“三会一课”学习工作计划；二是精心开展了庆祝建党 96 周年活动；三是认真组织开展“两学一做”常态化学习教育，全体党员积极投身学习教育，带着问题学，不断提高学习的针对性，“政治意识、大局意识、核心意识、看齐意识”四个意识明显增强。

（魏　杰）

中国人民财产保险股份有限公司黔南分公司

【概况】 2017年，中国人民财产保险股份有限公司（简称人保财险）黔南分公司在省公司和州委、州政府的领导下，全州系统用中共十九大精神武指导实践、推动工作，围绕上级公司提出的工作目标，进一步强化“四个意识”，切实履行中管金融企业的经济责任、政治责任和社会责任，服务经济社会发展的能力不断提升，实现了经济效益和社会效益的相互促进。

【业务健康发展】 2017年，人保财险黔南分公司实收保费实现56358万元，同比上升11377万元，增幅25.29%，贡献地方税款3825.26万元，代扣代缴车船税2978.85万元。

【优化服务水平】 黔南分公司荣获全省系统2017年度“综合经营管理奖”一等奖、2017年度费用综合管理奖、百元保费现金流优胜奖；主要经营指标为全省唯一一家A类公司；荣获全省系统保险助推脱贫攻坚先进集体二等奖；在2017年度农险工作考评中，分公司连续两年蝉联全州第一名；荔波支公司获评为2016—2017年全省精神文明建设工作“先进单位”。

【服务“三农”】 2017年人保财险黔南分公司“三农”服务区域覆盖全州12个县（市）。开办政策性农业保险品种8个，地方特色农险8个。全州农业保险累计提供风险保障104亿元，补偿农业灾害损失1921.09万元，实现水稻、玉米“愿保尽保”，公益林保险覆盖率90%；水稻、玉米保险理赔实现“当年出险，当年赔付”，农业保险结案率90.42%。

长顺支公司率先在黔南地区签署了首张生猪价格指数保险保单，承保生猪1.2万头，保费收入75.6万元；龙里支公司开办辣椒价格指数保险，保费收入4.2万元。标志着黔南州农业保险将农产品生产的经济风险纳入农业保险保障范畴，拓宽保险服务领域，利用保险手段促进农业生产、稳定农产品市场价格，从以往的保自然灾害风险向保价格转变，助力农业供给侧改革。

2017年10月，黔南分公司与三都县政府签署《保险助推脱贫攻坚战略框架协议》并向贵州永兴农业科技开发有限公司授信280万元支农融资额度；11月28日，荔波支公司与贵州绿宝石丝绸有限公司签订支农融资贷款协议，向贵州绿宝石丝绸有限公司发放支农融资贷款280万元；都匀奶牛场支农融资项目也顺利通过省、州公司融决会，目前正在完善尽职调查报告过程中。

【民生保险】 公司从2014年开始统保全州政策性农房灾害保险，至2017年12月18日，全州理赔户数9098户，赔款1463.81万元。

公司自2016年成为医疗责任险统保项目首席承保单位以来，为全州25家二级以上医院、231家一级及乡镇卫生院、167所村卫生室、26家民营医院提供保险服务。充分发挥社会“稳定器”作用，缓解医患矛盾，对构建“平安黔南”具有十分重要的意义。

2017年8月14日，黔南分公司与黔南州扶贫开发局共同制定下发《黔南州政府扶贫救助保险实施方案》，协助国家精准扶贫、精准脱贫政策的有效落地，充分发挥保险业助推脱贫攻坚工作的效果。9月14日，人保财险福泉支公司成功签订全省政府扶贫救助保险第一单，为该市49975人提供了27.48亿元的保险保障。

2017年，黔南分公司中标黔南州城镇职工高额医疗保险，承保2017—2019年黔南州城镇职工高额医疗保险项目。公司将坚持规范管理、用心服务，强化经营管理，严格控制运营成本，以参保群众满意为引导，提供更加便捷高效的承保服务，为黔南医疗保障体系建设贡献力量。

2017年黔南分公司按照州委统一安排在罗甸县罗捆镇响水村派驻了第一书记，在“挂、包、帮”活动中一对一帮扶了69户2555人。

【提升理赔质量】 2017年推行“心服务、芯理赔”服务理念，抓好“零单证不等待的拇指理赔”“零烦恼管家式的全程托付”两项“心服务”举措，力求“让服务有温度，让理赔更简单”，提升技术能力与革新服务模式，全面提升客户理赔体验，让客户买得放心、理赔省心、服务贴心，2017年全年共支付保险赔款23306万元，同比增加3186万元，增幅15.83%。在2017年黔南州保险行业协会对全州11家财产险公司车险理赔服务质量测评工作中荣获第一名。

2017年4月9日，黔南惠水县摆金镇毛栗村发生农房火灾事故，造成该村9户共20余间农房全部烧毁。该村农房险由人保财险惠水支公司承保。仅用两个工作日就将每户11000元赔款兑现到户，共计赔付99000元。

2017年5月25日，黔南荔波境内发生一起4人死亡、15人不同程度受伤的重大交通事故，人保财险荔波支公司用时不到10小时，即向荔波被保险人预付保险赔款100万元。

2017年11月1日，黔南分公司正式启动贵州省交通事故社会救助基金管理工作，截止12月27日，黔南州境内已经受理并审核通过救助基金案件申请5件，救助人数7人，垫付救助基金12.81万元。

【党风廉政建设】 2017年，把学习贯彻中共十九大精神、开展“不忘初心、牢记使命”主题教育和“两学一做”学习教育相结合，切实通过抓好中共十九大精神学习和主题教育，推进“两学一做”常态化制度化。

坚持党员领导干部报告个人重大事项、述职述廉、民主评议、任前廉政谈话。

深入开展宣传教育，抓好廉洁文化建设工作，认真贯彻落实中央“八项规定”、总公司“八不准”“32条规定”，持续开展《准则》《条例》学习和落实情况的专项检查，督促各级党组织进一步严肃党内政治生活、强化党内监督。

以贯彻民主集中制为重点，建立健全集体决策机制和议事规则，严格执行“三重一大”决策制度。

加强机关作风建设，加大干部到基层锻炼和上下交流力度，为解决部分支公司党员少无法建立支部的问题，分公司将派驻机关党员干部定点帮扶，完成“一县一支部”建设工作，将健全基层组织落到实处。

（唐思怡）

太平洋财产保险公司黔南支公司

【概况】 太保产险黔南中心支公司下辖10家县支公司，员工总人数104人，截至2017年整体保费收入32372万元，增幅15.06%。其中车险保费收入27948万元，增幅16.79%；非车险保费收入3929万元，增幅10.25%，农险保费收入495万元，增幅－22.67%。市场份额23.04%，在黔南州保险市场位列第二。

【优化资源配置】 受到商改、营改增、二次商改政策的影响，保险市场增速持续放缓，整个保险市场保险费率下降，折扣率不断提高，保费充足度明显下降，且获取成本较高。黔南中支受此影响，电销、农险方面保费占比较低，造成保费增速有所放缓，且和市场不断拉开差距。

2017年下半年，黔南中支加大对新领域、新险种的拓展力度，先后拓展了手机意外责任保险、驾驶学校学员意外险、借款人意险、码上保等新型险种。这部分盈利产品虽未能在保费规模上做多大贡献，但是创造了利润，提升了盈利能力。

【完善考核办法，深化渠道建设】 为深化渠道发展，细化渠道管理2017年进行深化渠道建设及发展。

一是为不同渠道客户提供个性化服务，明确各渠道前线人员工作职责，明确考核指标，以提升前线人员的专业拓展和服务能力；

二是对各渠道管理发展的管理及业务平台的

监控管，制定了销售系列员工的考核办法考核指标明确清晰，做到人人“心中有数”考核结果公开透明做到人人“心服口服”；

三是将清分营销业务，营销中心进行拆分，注重三大核心渠道发展，调整部门架构，成立三大中心两个部门。

强化“3＋N”建设，提升核心竞争力：车商渠道，获取新车业务的重要渠道；电网销渠道，获取分散型个人客户的唯一自主渠道；交叉渠道，集团内部合作的重要渠道。

【调整合理费用】 2017年，在费用方面作出一系列调整。一是对一锅端的费用政策进行调整，在按车型费用设置的基础上，利用预期赔付率细化到渠道、客户。通过该方式倒逼业务人员做业务前先算账。二是对超费用权限的业务，不采取一刀切的方式，需将保费规模、赔付率等情况上报到销管部，销管部测算投产比并根据业务品质核算是否盈利再决定是否投入。三是对当时申报费用政策承诺，按时间节点对结果进行监控，对投放不真实的下调费用或收回政策；对投放效果不佳的查找原因并及时调整符合市场的费用政策。从亏损到盈利，3个多月时间超额完成省公司下达的全年利润目标。

（熊　伟）

·农 业·

NONG YE

综 述

【概况】 2017年按照中央、省、州一号文件精神部署，围绕“加速发展、加快转型、推动跨越”的总要求，推进农业供给侧结构性改革这个主线，加快推动农业与大生态、大扶贫、大数据等新业态新模式深度融合，以调结构、上规模、创品牌、占市场为主要任务，融合农业一二三产，大力实施绿色农产品“泉涌”工程，农业农村经济发展取得了较好成效。农业固定资产投入54.49亿元，完成任务的108%。

农业产业结构以市场需求为导向，调整完善农业生产结构和产品结构，大力优化各种生产要素组合方式，推动粮经饲统筹、农林牧渔结合、种养加一体、一二三产业融合发展，实现生产、加工、物流、营销一体化布局，形成资源有效利用、比较优势充分发挥、竞争力明显增强的现代农业产业体系，在确保粮食产量稳定的基础上，以茶叶、刺梨、生态家禽、生态蔬菜、食用菌、精品水果等作为全州农业发展的主导产业初步形成了以都匀毛尖茶、龙里豌豆尖、罗甸火龙果、长顺绿壳蛋鸡、荔波蜜柚、贵定食用菌、三都水晶葡萄、独山铁皮石斛、惠水金钱橘、福泉金谷福梨、平塘四月桃、瓮安肉兔等地理标志产品为代表的山地特色农业产业体系，进一步形成与市场需求相适应的现代农业产业结构，推动全州绿色农产品“泉涌”发展。

推进农业转型升级，积极引进培育农产品种、养、加、贸等各类龙头企业，农业龙头企业发展到735个，共培育5524个专业合作社、1750个家庭农场等新型经营主体。

加强农产品营销推介，加强与周边地区、珠三角、长三角等区域协作，办好茶人会、粤桂黔高铁沿线农产品展销会、农交会、农业园区招商会等重大活动，促进产供销一体化发展。

2017年全州农业增加值累计完成202亿元，增长6.6%，农产品加工转化率达45.1%，非粮占比达90.9%，畜牧业占比达24.9%，农村常住居民人均可支配收入收入9746元，同比增10.2%。全州农业增加值、非粮占比、农民人均可支配收入等主要经济指标连续保持全省第一方阵。

【抓种植业结构调整，稳定粮食产量】 在推进种植业结构的调整的同时，贯彻落实国家粮食安全战略，确保粮食安全，稳定全州粮食种植面积461.96万亩，总产量125.13万吨。

【生态畜牧业】 全州推进畜牧养殖方式和经济增长方式的转变，促进畜牧渔业持续健康发展，在稳定生猪生产基础上，突出发展蛋禽产业，做大做强长顺绿壳蛋鸡品牌，着力推进生态牛羊和特色水产养殖业发展全州出栏生猪430.34万头、牛26.8万头、羊79.46万只、家禽5264.28万羽（绿壳蛋鸡存栏2358.8万羽，同比增135.8%），分别同比增0.4%、4.83%、12.81%、6.59；禽蛋产量4.3万吨，同比增8.53%。

【蔬果产业】　加强城镇保供蔬菜基地建设，提高外销蔬菜比重，发展辣椒（包括加工椒）、番茄、茄子、豌豆尖等，建成全国重要的夏秋蔬菜基地、名特优蔬菜基地，调剂周边地区的冬春喜温蔬菜基地，全州蔬菜种植面积350万亩（次），同比增2.5%；全州共销售蔬菜540万吨，产值125亿元。精品水果重点发展火龙果、百香果、水晶葡萄、高钙苹果等产业，全州果园面积120万亩、挂果面积65万亩、产量60万吨、产值25亿元；全州商品水果标准化生产基地建设，水果种植面积120万亩；共销售各类水果55万吨，销售收入23.7亿元。大力发展食用菌产业，全州完成食用菌种植面积2300亩、产量3800吨、产值3700万元。

【茶叶产业】　在稳定现有茶园面积的基础上，重点抓好精品茶园建设、茶叶品质提升和品牌建设，积极推广都匀毛尖本地种源和“鸟王种”等地方优良品种，建设精品茶园。2017年预计完成种植面积180.1万亩，投产面积达81.31万亩，共销售茶叶2.11万吨，销售收入44.65亿元。都匀毛尖以25.67亿元的品牌价值位列2017中国茶叶区域公用品牌第11名，被授予“最具品牌传播力品牌”。

【狠抓春季和秋季攻势】　围绕“春季攻势”“秋季攻势”重点，结合州情实际，锁定泛珠三角市场，努力推动菜、菌、茶、家禽、中药材、“一县一业”六大重点扶贫产业全产业链发展，带动贫困群众增收脱贫。按照“龙头企业+贫困户”“企业+合作社+贫困户”等多种经营模式，以龙头企业、农民专业合作社、生产大户等为依托，培养新型职业农民，充分发挥其示范带动作用，带动贫困户共同发展、共同致富。2017年抓好扶贫专项资金和扶贫子基金申报，全州在农业产业扶贫上共投入扶贫专项资金4.44亿元；共申请扶贫项目子基金128亿元，项目102个，已获审批项目23个，涉及资金38亿元，已投放项目17个，总投资15.07亿元。扶贫产业明确，每个县市明确2个以上的优势扶贫产业、创办2个农业产业扶贫示范点，实现全州产业扶贫覆盖贫困人口22.5万人，其中种植业（蔬菜、水果、茶叶等）覆盖贫困人口17.6万人；养殖业（牲畜、家禽、渔）覆盖贫困户4.9万人。特色优势主导产业覆盖建档立卡贫困户比例达100%。

【政策扶持】　2017年，中共黔南州委、黔南州人民政府出台《关于深入推进农业供给侧结构性改革加快培育农业农村发展新动能的实施意见》（黔南党发〔2017〕1号）、《黔南州全面推进农村资源变资产资金变股金农民变股东改革工作方案》（黔南委办字〔2017〕60号）、《黔南州发展生态家禽产业，助推精准脱贫实施方案》等文件。州农委结合脱贫攻坚春季、秋季攻势行动，成立了蔬菜种植工作专班、家禽养殖工作专班，制定了《黔南州蔬菜产业扶贫裂变的方案》、贯彻《黔南州绿壳蛋鸡产业发展三年行动计划》实施意见、《黔南州绿色农产品“泉涌”工程实施方案（2017—2020年）》；结合农业改革制定了《黔南州开展“三变”改革试点工作方案》《黔南州全面推进农村资源变资产资金变股金农民变股东改革工作方案》等方案。

【山地高效农业园区建设】　围绕全州生态优势和现代山地农业园区打造，多方整合资金，形成发展合力，加快贵定老干妈油制辣椒产业园、“万马归槽”国家农业公园、“双10农业公园”、山地特色农业公园、休闲农业园区等建设，把农业园区建设成为引领黔南州打造民族地区创新发展先行示范区的龙头。

【“农业园区”向“农业公园”转型升级】 完成在惠罗高速、贵新高速、马瓮高速、平罗高速等几条交通要道沿线按照国家标准建设8个州级农业公园，并将条件成熟的申报为省级、国家级农业公园。

【农业园区升级转型】 督促各县（市）各园区特别是省级重点园区和全州“双10农业园区”，以园区核心区为基础，以产品加工、休闲观光度假养身为重点。2017年全州共建设州级以上农业园区94个，其中省级以上园区57个，州级园区37个。农业园区完成投资261亿元，预计实现总产值442.75亿元，同比增长24%；预计实现销售收入379.21亿元，同比增长24%。其中57个省级农业园区招商引资签约资金、到位资金、总产值、园区销售收入省排位第1，农业园区建设推进稳居省第一方阵。

【招商引资】 把招商引资作为农业产业发展的突破口，大抓市场主体引进和培育，推行“以市场带龙头（合作社），龙头（合作社）带基地，基地连贫困户”的经营方式，走出去大力开展招商引资活动，2017年全州共储备农业招商引资项目72个，总投108亿元。全州完成农业招商引资签约项目184个，其中当年签约项目数145个、资金123亿元，占目标任务的103%；到位资金111亿元，占当年签约项目资金的91%。

【农产品加工销售】 全州规模以上农产品加工企业437家，总产值达232亿元，同比增28.5%。设立农产品展销窗口，积极拓展“黔货出山”渠道。组织了150多家企业参加各种产销对接会，在广州、北京、湖南、贵阳等地建立了黔南州蔬菜销售专区。都匀毛尖品牌在北京、上海等全国大中城市累计开设专卖店263个、销售点3939个。

【农旅融合发展示范点】 打造茶旅一体化建设示范点，长寿寨新农村休闲观光旅游示范点，茶叶科研与实训基地、沿山马坝新农村建设示范点、格桑寨休闲观光农业旅游示范点等农旅融合发展示范点。

【休闲观光农业】 树立品牌就是效益的理念和意识，在新农村建设中加大品牌创建力度。全州获各级部门认定的休闲观光农业示范点共有34个，其中：全国休闲农业和乡村旅游示范县1个，国家级示范点1个，中国最具魅力休闲乡村1个，中国美丽休闲乡村2个，中国美丽田园6个，省级示范点11个，州级示范点12个。全州培育休闲农业经营主体567个，接待人次近900万人次，休闲农业与乡村旅游营业收入达6.5亿元，同比增25.5%。

【无公害绿色有机农产品】 按照农产品质量安全“四个最严”要求，将农产品质量安全纳入各级政府绩效考核内容。建立健全监管、监测、执法“三人体系”，进一步完善政府监管、行业自律、企业追溯、消费者查询的农产品质量安全可追溯制度体系。加大农产品质量监测与监管力度，农产品“三品一标”申报认证达53.8%，切实维护好特色优质农产品品牌“绿色、生态、健康”的核心竞争力。

【农业品牌】 全州累计完成种植业无公害产地认定596家、面积387.3万亩，认定覆盖率达53.8%；畜禽类无公害产地认定327家、规模1146.99万（只、头、羽），占全州规模养殖场77.12%；绿色食品新增申报14家，有机食品产地认定65个，地理标志保护农产品登记12个，其中获农业部登记保护7个。全州获中国驰名商标1个、中国名牌产品3个、贵州省名牌产品32个、贵州省著名商标45个，创建5个贵州省知名品牌，绿色农产品品牌产业产值113亿元，占农业总产值330亿元的34%。

【质量安全标准化】 制定《黔南州乡（镇、办事处）农产品质量安全监管站体系建设标准》

（试行）；抓追溯系统建设，建立了“省级农产品质量安全电子追溯系统”36家；2017年新增追溯系统16家。

【农产品质量监测】 2017年，完成各级畜牧、蔬菜、水果等农产品质量安全监督抽查2081个，合格率99.95%以上。“三品一标”、农业标准化示范县（区）核心示范区、“三园两场”、现代高效农业示范园区中的农产品抽检合格率100%。

【加强监管】 2017年，组织开展市场巡查、农资打假专项行动、放心农资下乡进村宣传周和“3·15消费者活动日”等活动；完成定点屠宰环节“瘦肉精”抽检1.7996万份，检疫率100%；完成“瘦肉精”专项治理快速监测16785条（份），其中养殖环节4800条（份），屠宰环节11535条（份），专项整治抽检450条（份）。

【安全县创建】 积极动员符合条件的县组织申报国家、省级农产品质量家质量安全县。2017年，罗甸县获国家农产品质量安全县授牌，长顺、龙里两县分别获国家、省级第二批农产品质量安全县创建项目，全州其余县（市）正在抓紧制定创建方案。

【动植物疫病防控】 2017年，全州12个县（市）共落实动物防疫经费710.534万元，确保重大动物疫病免疫县、乡、村覆盖率达100%，全州畜禽应免疫密度达100%，抗体合格率达70%以上；全年共检测样品68485份，其中血清学35058份，病原学33427份，完成监测任务的327%；大、中家畜及家禽的死亡率分别控制在1%、5%、13%以内；2017年全州发生输入性重大动物疫情3起，严格按照“早”“快”“严”“小”的原则及时进行了处置，未造成疫情扩散和蔓延。

【农作物专业化统防统治与绿色防控】 2017年项目资金720万元，在全州12县（市）实施开展重大农作物（小麦、水稻、茶叶、马铃薯、果树、蔬菜）病虫害绿色防控与统防统治融合技术应用及稻水象甲防治专项等；全州共开展疫情监测普查167.05万亩，开展农作物病虫绿色防控与统防统治面积62万亩，全州各级植保站共建立绿色防控示范区42个，核心技术示范面积5万余亩，建立农作物病虫害专业化统防统治与绿色防控融合示范基地6个（都匀、荔波、福泉、贵定、罗甸、龙里）；完成农作物绿色防控技术覆盖率31.28%；专业化统防统治覆盖率38.21%；防治效果均在85%以上。

【农村土地制度改革】 全州认真贯彻落实会议精神，制定了《黔南州全面推进农村资源变资产资金变股金农民变股东改革工作方案》，全面推进“三变”改革工作。截至2017年，全州共有133个村开展农村“三变”改革工作，共盘活农村集体耕地入股1.8万亩，林地、荒山等资源入股4.9万亩；清理出村集体经营性资产折合人民币1.56亿元，已入股经营性资产折合人民币5926万元；整合各级财政资金已用于本村“三变”改革资金合计3.2亿元，形成股金2.2亿元，其中量化到村集体7228万元，量化到农户1.68亿元；发展承接经营主体265个；参与“三变”改革农民12.3万人，实现农民变股东11.5万人，其中贫困人口3.8万人；参与“三变”改革农民获得收益总计6543万元，试点村集体获得收益共计328.5万元。

【农村土地承包经营权确权登记颁证】 全州共有105个乡（镇）、1409个村开展农村土地确权工作，分别占全州105个乡镇的100%和全州1409个村的100%；完成实测面积684.8万亩，占国土二调面积的94.45%。各县（市、区）到位中央财政补助资金6906.4万元；到位省级补助资金3497.93万元；12个县（市）配套资金全部到位，到位资金12439.67万元；各县（市）拨付资金9991.157万元给技术服务等单位；全州受理土地纠纷2243件，已结案2204件。

【土地流转】 2017 年，全州完成农村土地流转总面积 200 万亩，完成全年目标任务的 100%。

【安全生产工作】 2017 年，按要求组织开展农机、渔业等安全生产大检查，监管企业自查自纠覆盖率达到 100%。开展“两节”“两会”“汛期”“十九大”等重大活动和节假日期间安全生产大检查工作。今年以来检查企（事）业单位 137 家（次），重点企业安全检查覆盖率达到 100%，累计排查安全隐患 32 条，整改率 100%。参加由州安委办牵头组织的“安全生产月”宣传咨询日活动，活动当天共展出展板 8 块，发放农业机械、渔业、饲料工业等安全生产政策法规、安全技术、安全防护等宣传资料 1000 余份，接待群众 200 余人次。

【循环农业】 立足州内已建的大型沼气池，通过水肥一体化 + 远程自动控制技术，加强“三沼”综合利用及生态循环农业建设，2017 年，全州已建设循环农业示范点 30 个，同时，在州内开展秸秆和有机废弃物（食用菌棒）制肥，不断探索农业资源循环再利用。

【农业面源污染防控】 2017 年，全州重点开展了沅江、清水江、都柳江等重要水系流域农村生活污水、垃圾治理，加大对畜禽排污整治，开展土壤重金属、农用地土壤污染状况普查和详查，推进土壤污染防控，实施土地休耕计划，扎实开展化肥、农药“零增长”行动，为全州农村环境建设、农业科持续发展夯实基础。完成推广节能耕整地、种植、田间管理等机械 1584（台、套）；淘汰老旧农业机械 539（台、套）；建成新农村环境综合治理污水处理项目点 10 个。打造 14 个省级“百村大战”综合示范村，建成一批设施完善、产业兴旺、生态良好、环境优美、魅力独特的宜居宜业宜游的美丽乡村。

（刘应林）

茶产业

【概 况】 2017 年，黔南州茶园总面积达 161.8 万亩，投产茶园面积发展到 85.76 万亩，实现茶叶总产量 3.2 万吨，产值 54.9 亿元，综合产值 73.56 亿元。在都匀、贵定、瓮安、平塘创建秋冬管理茶叶示范点 4 个；开展技术培训 5 次、培训学员上千人次；都匀、贵定、瓮安等地完成茶园平衡施肥 2 万亩；都匀、瓮安、惠水等地 80 家企业完成了都匀毛尖茶地方标准宣传贯彻工作；都匀市匀山公司等 9 家企业完成加工厂新建工作；贵州宏天福茶叶公司等 11 家企业获得了 SC 生产许可证；贵定县 10 万亩茶园获得了国家级出口食品农产品质量安全示范区。2017 年都匀毛尖区域公共品牌价值达 25.67 亿元，位列全国 11 位，被评为中国“最具品牌传播力品牌”，是贵州省唯一入选中国前 20 强的茶叶品牌。

【助推脱贫攻坚】 2017 年，编制《黔南州发展茶产业助推脱贫攻坚三年行动方案》，做好 2017 年茶产业脱贫攻坚秋季攻势行动工作，做好黔南州“泉涌工程”茶产业发展工作，做好扶贫产业子基金的申报工作等。

【广告宣传】 在中央电视台农业频道《农业气象》栏目北京窗口播出都匀毛尖宣传广告；在“京沪高铁”“京广高铁”动车电视《中国特产》节目中播出时长 18 秒的都匀毛尖宣传片，每日在 1498 列车次上播放 5190 频次；在《茶讯》杂志封面投放都匀毛尖硬广；在《当代贵州》杂志封面投放硬广 12 期，与贵州省茶叶协会合作，拍摄制播大型茶旅文化纪录片《寻访中国最美茶乡》暨《发现贵州古茶树（黔南部分）》两集通过阳光卫视向全球播放。

【茶事活动】 组织茶企参加2017中国·贵州国际茶文化节暨茶产业博览会、2017年中国·贵阳国际特色农产品交易会、2017中国国际茶叶博览会；在五一和十一期间在都匀市最美茶乡—摆忙乡、平塘县救星石、荔波县小七孔、瓮安县猴场会议会址等旅游景点开展万人品茗活动；承办参加2017“丝绸之路·黔茶飘香推介活动”西安站推介活动；承办2017都匀毛尖（国际）茶人会相关系列活动；举办了黔南州第四届都匀毛尖茶斗茶大赛、黔南州第六届“华鑫杯”茶艺大赛、黔南州首届制茶大赛；成功组织十佳茶叶示范基地、十佳茶叶优秀企业（合作社）、十佳茶叶营销能手、十佳茶叶致富带头人等四个评比活动。

【州茶叶协会年会召开】 2017年1月6日，黔南州茶办系统工作总结会暨黔南州茶叶协会年会在贵台红制茶公司召开。州政协副主席黎燕萍、州茶业工作领导小组成员单位负责人、黔南州12县市茶叶主管部门负责人以及黔南州茶叶协会、都匀毛尖茶发展商会、部分州内企业代表共计150余人参加此次会议。会上，黔南州茶办、黔南州茶叶协会、都匀毛尖茶发展商会负责人各自就2016年工作开展情况进行了总结发言，并安排部署2017年工作。会议还对2016年度黔南州茶产业发展先进集体及先进个人进行了表彰。

【春茶质量抽检合格率达100%】 为进一步加强茶叶质量安全监管，充分发挥监督抽检的研判预警作用，促进茶产业健康、稳定发展，2017年4月，黔南州茶办联合州食药监局在黔南州范围内开展了春茶质量安全风险监测工作。本次抽检随机抽查了黔南州内83家茶叶企业和专业合作社，涉及都匀、瓮安、平塘、独山、惠水、龙里、三都、长顺、罗甸、福泉十个县市，所有样品送省茶检中心进行检测，检测项目包括农药残留、重金属及主要理化指标。83个茶样经检测均符合国家标准，未检出农药残留及重金属问题，合格率为100%。

【都匀毛尖被评为“最具品牌传播力品牌”】 2017年4月15日中国茶叶区域公用品牌价值评估中，都匀毛尖以25.67亿元的品牌价值名列全国第11位，被授予“最具品牌传播力品牌”，成为2017年度最具品牌传播力的三大品牌之一。都匀毛尖公用品牌自2010年以来，已连续八年参加全国茶叶区域公用品牌价值评估。

【都匀毛尖茶荣获“华茗杯”特别金奖】 由中国茶业流通协会主办的2017年“华茗杯”全国名优（绿、红）茶产品质量评选活动于2017年4月19—20日在河南信阳举办。黔南州梅渊商贸有限公司选送的“都匀毛尖茶”在继2015年获得绿茶类特别金奖后，再次夺得殊荣，蝉联两届冠军。

【黔南州成功举办第六届“华鑫杯”茶艺大赛】 由中共黔南州委、黔南州人民政府、贵州省茶叶学会共同主办的黔南州第六届“华鑫杯”茶艺大赛于5月20日在黔南师院大礼堂开赛。本次大赛分个人赛和团体赛，共有来自省内外的50多家队伍参加比赛。经过三天的激烈角逐，最后评选出个人奖一等奖1个、二等奖2个、三等奖3个，团体奖一等奖1个，二等奖2个，三等奖3个，优秀奖4个。

【2017都匀毛尖（国际）茶人会举办】 由贵州省人民政府、中国国际茶文化研究会、中国茶叶流通协会联合主办的2017都匀毛尖（国际）茶人会于6月9—11日在都匀举办。活动由开幕式、“三圈交融·跨界拓展”茶商大会、都匀毛尖之夜—茶诗词茶歌舞文化品味文艺晚会及“都匀毛尖杯”中华茶诗词征集大赛、2017都匀毛尖（国际）茶人会杭州推介活动暨都匀毛尖品鉴会全国星级茶馆与黔茶企业产销洽谈会和“文化活茶·茶心之旅”等系列活动组成。900余名国际嘉宾、国际茶业界知名人士、国内茶业知名专家教授、省级茶业社团领导、茶企代表、省内外茶叶界人士出席大会。《人民日报》、新华社、《经济日报》、《农民日报》等10余家中央级媒体以及《浙

江日报》《贵州日报》等专版对茶人会系列活动进行了报道。

【都匀毛尖被评为“中国十大茶叶区域公用品牌”】 2017年5月21日，由国家农业部、浙江省政府主办的首届中国国际茶叶博览会在浙江杭州闭幕，来自47个国家的茶叶参展商、全国20个茶叶主产省的茶企代表及1700余家国内外专业客商参加展会。本届茶博会推选出“中国十大茶叶区域公用品牌”和“中国优秀茶叶区域品牌”。都匀毛尖与西湖龙井、信阳毛尖、安化黑茶、蒙顶山茶、六安瓜片、安溪铁观音、普洱茶、黄山毛峰、武夷岩茶被授予“中国十大茶叶区域公用品牌”称号。

【黔南州评选出7家星级茶馆】 2017年5月15—17日，全国茶馆等级评审委员会副主任陆尧老师率领评审专家组到黔南州，对黔南州茶馆进行现场审评。专家组通过现场打分评定，黔南州共有7家茶馆被授予“星级”，其中五星级（2家）、三星级（4家）、二星级（1家）。这将促进黔南州茶馆统一规范发展，使之成为黔南州茶文化交流和培育窗口。6月10日上午，中国星级茶馆与黔南茶企产销洽谈会在都匀市毛尖酒店举行，会上进行了中国星级茶馆授牌仪式。

【全国茶馆等级评审员培训在都匀开班】 2017年6月11日，全国茶馆等级评审员培训班在都匀开班。此次培训班由全国茶馆等级评审委员会黔南秘书处主办，黔南州茶馆协会、都匀毛尖茶产业发展商会、黔南州茶叶协会共同承办。全国茶馆等级评审委员会高级顾问于观亭老师，高级评茶师、茶叶加工高级技师于爱群老师、全国茶馆等级评审委员会评审专家杨晓红老师、全国茶馆等级评审委员会评审员雷若溪老师等业界专家将为本次培训授课。培训围绕《茶馆等级划分与评定》《中国茶馆业的发展》《茶中的仪式感》《一带一路中的“鱼钩”唱响世界的都匀毛尖》进行。培训学员取得评审员资格后，可对茶馆进行标准化星级评定、异地交叉评审和学术交流。

【2017年都匀毛尖茶实物标准样发布】 7月4日，2017年都匀毛尖茶实物标准样完成分装封签，正式向黔南州200多家都匀毛尖茶生产企业发放，以便消费者照样购买和企业照样规范生产。2017年都匀毛尖茶实物标准样品（珍品、特级、一级、二级）的制备由黔南州茶办、黔南州质监局共同邀请国家茶叶质量监督检验中心、华南农业大学、贵州省绿茶品牌促进会、黔南州都匀茶场的5位专家组成专家组，在贵州省内贸学校茶叶审评室对黔南州茶办20个都匀毛尖茶样品严格按照国家标准GB/T18795－2012《茶叶标准样品制备技术条件》的规定，进行单样审评、小样拼配、大样匀堆。专家组对照DB52/T433－2015《都匀毛尖茶》和DB52/T995－2015《都匀毛尖茶加工技术规程》的品质要求，制备出2017年都匀毛尖茶实物标准样品（珍品、特级、一级、二级），报质监部门已批准作为实物标样发布。

【黔南州举办首届“都匀毛尖杯”制茶技能大赛】 2017年6月30日，黔南州首届“都匀毛尖”制茶技能大赛在都匀市毛尖镇举办，此次比赛分为手工卷曲形绿茶制茶个人赛和机械卷曲形绿茶团体赛。大赛专家评审委员会主要由茶叶行业相关科研院所、大专院校、行业组织等权威机构组成，委员会主任由所有专家现场推选产生。大赛设有手工茶（个人赛）金奖1名，银奖2名，铜奖3名；机制茶（团体赛）金奖1名，银奖2名，铜奖3名。

【2017丝绸之路·黔茶飘香西安站推介活动】 2017年7月24日，黔南州人民政府执办的2017“丝绸之路·黔茶飘香”西安站推介活动在西安大唐西市酒店举行。贵州省人大常委会副主任傅传耀，陕西省商务厅副厅长王国龙，黔南州人民政府副州长黎燕萍，以及两地省、市领导，各级行业主管部门负责人，各级行业协会代表、新闻媒体约200余人参加会议。本次推介会上，都匀毛尖

西北运营中心正式成立，旨在集中推介黔南茶产业和茶文化，加强黔南茶企与当地茶叶经销商、投资商、渠道商的交流合作，开展经贸洽谈，吸引当地各界关心关注投资贵州茶产业，促进都匀毛尖茶落户西安乃至整个大西北。

【获得全国星级茶馆首届茶席大赛一等奖】 2017年9月18日，由唐山市人民政府、中国国际贸易促进委员会河北省委员会、唐山贸易促进会、全国茶馆等级评审委员会共同主办的首届“侨宝杯”全国星级茶馆首届茶席大赛《瓷茶对话》在唐山中国陶瓷博览中心落幕。黔南民族职业技术学院副教授包世红设计的《都匀毛尖茶香》茶席获得本次大赛一等奖。

【“多彩贵州·黔茶飘香”茶艺表演】 2017年12月13日，“多彩贵州·黔茶飘香”茶艺大赛由黔南州选送的作品《本叫都匀毛尖》《沐春茶语》分别获团体赛金奖和铜奖，茶席设计作品《王维你好，本是李白》获茶席比赛银奖。

【茶产业“四个十佳评比”活动】 2017年12月5日，由黔南州委、州政府主办，州农委承办的黔南州茶产业“四个十佳评比”活动在黔南州茶办会议室举行。州农委、黔南师院、州茶办、市茶叶局等单位领导、专家、技术人员组成评比小组，结合平时的实地考察，再根据县（市）、茶叶企业的资料进行现场评分，经过专家组综合评定，依次评选出黔南州2017年十佳茶叶生产基地、十佳茶叶销售企业、十佳茶叶行业致富带头人、十佳茶叶销售能手。

（孙晓姝）

林　业

【概况】 2017年，在国家林业局和省林业厅支持、州委州政府的领导下，全州林业系统贯彻落实习近平新时代中国特色社会主义思想和十九大精神，牢固树立创新、协调、绿色、开放、共享新发展理念，以“生态美、百姓富、林业兴”为目标，以“强创新、占高地、作示范”为主题，以“守底线、建金山、创品牌”为主线，积极培育森林资源、加强森林保护、发展林业产业、唱响绿色绚歌，全州林业改革发展取得了新成效。成功获得2020年第4届中国绿化博览会和2019年第29届中国兰花博览会承办权，绿色黔南建设三行动计划实现圆满收官，森林覆盖率达63.2%，森林火灾受害率0.01‰，全州林业总产值突破266.5亿元，《黔南州天然林保护条列》已上报省人大常委会审批，开展了国家林业局帮扶黔南三十年主题活动，国土绿化、林业扶贫分别获贵州省绿化先进集体、全州扶贫先进集体表彰，获贵州省“最美森林·最美湿地”评选第一名，林业获得国家投资首次突破10亿元。

【提升造林质量】 全州以打好“绿色黔南建设三年行动计划”收官战为主要抓手，实施退耕还林、石漠化综合治理等林业生态建设工程，大力开展造林绿化。绿色黔南建设三行动计划圆满收官，2017年度全州完成营造林面积101.1万亩，其中：人工造林81.5万亩、封山育林19.6万亩；全州共完成义务植树630万株；制定出台了《黔南州精准提升造林质量十条措施》，全面推进造林质量提升；州人民政府办公室印发《美丽黔南林业提质增效三年行动计划（2018—2020年）》，在全州启动实施。

【做大做强“五大产业”】 全州林业产业以供给侧结构性改革为主线，大力推进刺梨、特色商品林、森林旅游康养、林下经济、花卉苗木五大产业发展，加快刺梨、生态茶园、林下中药材、精品水果、食用油料林、用材林、林下种植、林下养殖、花卉苗木、森林康养十大基地发展。一是刺梨产业发展加快，州政府印发了《黔南州刺梨产业提升三年行动计划（2017—2019）》，将黔南州建设成为中国最大的刺梨良种繁育基地、刺梨标准种植基地、刺梨产品加工基地、刺梨康养文化基地、刺梨科技开发基地和刺梨产品交易中心。二是特色商品林产业规模不断扩大，全州新增特色商品林种植面积45万亩，全州总面积已达412万亩。三是林下经济产业发展成效显著。林下种养殖累计达115万亩，综合产值达20亿元。四是花卉苗木产业发展不断壮大，编制了《黔南州兰花产业发展规划（2018—2020年）》，起草了《关于加快兰花产业发展的意见》，新增花卉苗木种植5000亩，全州花卉苗木面积达6万余亩，培育花卉苗木生产企业80余家。五是森林康养产业发展方兴未艾，福泉蛤蚌河森林公园升级为贵州福泉国家森林公园，都匀市荣获“全国森林旅游示范县”称号，独山紫林山森林康养基地成为首批“全省森林康养基地建设试点单位”，独山县国有林场、贵州瓮安朱家山国家森林公园、贵州国品黔茶水保生态园有限公司龙里生态园森林康养基地获批为“全国森林康养基地建设试点单位”，独山县国有林场、福泉市仙桥乡、荔波县甲良镇、平塘县卡蒲乡入选“省级森林特色小镇建设试点”，独山县国有林场由省林业厅推荐参加“国家森林特色小镇建设试点”评选，全州森林旅游总产值突破100亿元，森林旅游人数突破3000万人次。

【推进“六个严禁”常态化】 一是强化森林资源保护目标责任制落实，扎实推进“六个严禁”专项执法行动常态化，全州行政案件750起，查结713起，查结率为95.07%，位列全省第四；刑事案件654起，移送公安机关652起，移送率为99.69%，位列全省第二；历年行政案件2454起，执行2044起，执行率为83.29%，位列全省第三；历年刑事案件621起，查结561起，查结率为90.34%，位列全省第四。二是加快建立森林防火“六大体系”和推行“村为主”管理模式，共建立县乡村应急扑火队伍1445支，扑火人员32996人，州林业局帮扶FAST核心区克度镇、塘边镇、沫阳镇，独山县下司镇，都匀市匀东镇等乡镇建立了9支森林扑火队，州级累计帮扶建立扑火队61支；首次开展直升机、无人机森林防火巡查，建立空地一体巡查体系，全年共发生森林火情（火灾）9起，受害森林面积14.23公顷，分别比2016年下降43.75%、11.17%，森林火灾受害率0.01‰，森林防火工作取得新的突破。三是全面实施天然林保护，荔波、独山、三都、平塘、罗甸、惠水等6个县纳入天然林保护工程管护范围，新增天然商品林停伐保护面积222.94万亩，全州12县（市）实现了天然林保护工程管护全覆盖，森林管护面积达818.04万亩；严格执行森林采伐限额，全州共核发林木采伐许可证536份，采伐面积916.59公顷，采伐蓄积46946.6立方米，占年森林采伐限额的3.9%。四是进一步加强古树名木保护工作，完成古树名木资源普查，按照“定树木、定位置、定人员、定标牌、定措施”五落实的要求，对全州18573株古树名木进行了挂牌保护。五是加强林业有害生物防治，共投入166.53万元建设了9个绿色防控示范点，示范面积11500亩，辐射带动24.5万亩，全州林业有害生物成灾率为0.0014‰、无公害防治率为97.63%、测报准确率为99.35%、种苗产地检疫率为100%。六是深入开展“利剑行动”“黔金丝猴行动”“雷霆行动”“黑颈鹤行动”等一系列专项行动，受理各类涉林案件1294起，侦破查处1206起，综合查处率93.2%；收缴林木884.97立方米，收缴违法所得4.9万元，挽回直接经济损失6624.4万元。七是推进“黔南州林业大数据管理服务平台”建设，有效提升黔南州森林资源管理现代化和科技化水平。

【林业改革】 2017年，全面完成国有林场改革任务，全州12个国有林场全部转为公益一类财政全额预算管理单位，核定事业编制478名，机构编制、人事、财务管理等主体改革基本完成，实现国有林场工作重心转向森林资源保护培育。切实完善集体林权制度改革，按照州人民政府办公室《关于进一步完善集体林权制度改革的实施意见》，进一步推进错证漏证换发，探索单株林木和非林地林木发证，大力推进林业三变改革，全州新增林权抵押贷款面积3.86万亩，新增贷款资金2.66亿元，累计林权抵押贷款面积达23.89万亩，获得贷款资金8.7亿元。大力培育林业新型经营主体，全州新增林业专业合作社56个，累计组建林业专业合作组织669个，新增林业企业35家，累计培育林业企业394家，新增林地流转面积1.79万亩，累计流转林地面积94.91万亩，有效带动林农1.35万户4.8万人增收。

【脱贫攻坚】 2017年，脱贫攻坚工作，一是强化精准扶贫措施落实，局班子成员、中层干部、党员干部建立了“321精准脱贫包保责任制”，在独山县上司、下司、百泉3个乡镇4个村以及120户贫困户实施了定点帮扶。二是强化规划引领扶贫，组织编制了《黔南州林业脱贫攻坚三年行动计划》，指导和帮助三都县、平塘县大塘镇、长顺县代化镇编制《深度贫困地区林业脱贫攻坚三年行动计划》，州级安排了210万元专项资金支持深度贫困地区脱贫攻坚工作。三是强化产业扶贫，全州围绕“五大产业”“十大基地”打造扶贫产业，共整合各类林业项目资金5亿元发展刺梨、特色经果林等扶贫产业，新增刺梨种植15万亩、特色经果林种植45万亩、落实养蜂、食用菌等林下经济扶贫资金130万元；帮助贵定、独山等县市成功获批扶贫子基金7.04亿元；四是强化生态补偿脱贫，2017年全州新增生态护林员3366名，全州生态护林员达10552人，带动10552户贫困户42208贫困人口脱贫；兑现公益林生态效益补偿资金13926.82万元，惠及贫困户58086户213420人；兑现退耕还林工程补助资金14589万元，惠及贫困户15695户56260人。五是强化科技扶贫，州林业局选派15名科技特派员到乡镇开展科技扶贫工作、选派7名年轻干部驻点开展扶贫工作。

【林业生态】 2017年，积极申报大型博览会，成功获得2020年第4届中国绿化博览会和2019年第29届中国兰花博览会承办权。强化林业宣传，与中央电视台、《国土绿化》《森林公安》《贵州日报》《西部开发报》《黔南日报》等媒体建立了长期合作关系，开展了全方位、高密度、宽领域的林业综合宣传，全年累计在《人民日报》和以上媒体刊发林业宣传文稿500余篇，《2017天保记者行》《黔南刺梨》《古树名木秀黔南》《情满黔南绿满山川》等宣传报道，在社会上取得良好效果。积极参加全省“最美森林·最美湿地”评选活动，有力提升了黔南生态颜质的知名度和美誉度。提升黔南刺梨品牌，成功在都匀举办了首届中国刺梨产业发展论坛，贵定县、龙里县获中国刺梨名县称号。加强宣传平台建设，建立和完善了黔南林业信息网、中国刺梨网管理体制，提升了两个网站的质量；把“生态大讲堂”活动推向常态化，坚持每月定期开讲，全年共开讲9场，邀请18名领导干部、专家主讲，全州林业系统近3000人次听讲。

【项目支持】 2017年，全州多渠道争取到林业建设资金101765.90万元，比2016年增长23.59%，其中：中央资金72019.68万元、省级资金26669.96万元、州级资金3076.26万元。分别为：退耕还林工程资金34671.49万元、森林生态公益林补偿资金14345.36万元、天保工程资金2236.39万元、“绿色贵州三年行动计划”建设资金2026.31万元、石漠化综合治理工程资金4600万元、林业改革发展资金7047万元、贫困生态护林员补助资金7434万元、州县级植被恢复费16542万元、省级植被恢复费1910万元、森林保险补助资金3006.65万元、造林补贴资金1985万元、绿博会补助经费1500万元、农业综合开发林业项目资金1120万元、森林抚育补贴资金730万元、林业公安及森林防火补助资金304.50万元、预算内投资677万元、产业发展资金550万元、其他营造林资金690.20万元、其它零星补助资金390万元。此外，荔波县、独山县重点火险区治理项目获国家林业局批复投资3303万元。为全州林业改革、建设与发展提供了强大保障。

【党风廉政建设】 全州林业系统认真贯彻落实党风廉政建设主体责任，持之以恒落实中央八项、省委十项和州委九项规定，深入推进全州林业系统党风廉政建设和反腐败工作，进一步加强机关建设。一是落实责任制，单位主要领导与分管领导“签字背书”，中层及以下干部进行廉政勤政承诺，层层签订反腐倡廉建设责任书二是加强常态化教育，把反腐倡廉作为干部职工思想作风建设的重要内容，筑牢反腐倡廉的思想基础。在重要节点对干部职工进行教育提醒，对公车管理、节日值班在岗情况进行明查暗访，严防“四风”问题反弹回潮。三是加强制度建设，对州林业局机关车辆管理、职工考勤、公务接待制度等8个规章制度进行了修订完善，做到有规可循，遵章办事。四是强化监督检查，对重点工作、重要项目和重大事项的落实情况进行跟踪监督检查。五是加大干部培训力度，与州委组织部共同举办了林业干部业务培训班，先后举办了林业执法培训班、森林防火培训班、林业宣传培训班、乡镇林业站站长能力提升培训班、无人机操作技能培训班等各类培训班9期，培训干部近千人次；派出187人次参加了国家林业局、省林业厅组织的各种培训，有效提升了干部履职能力。六是加大人才引进力度，通过“绿色通道”和遴选方式引进7名优秀人才充实机关干部队伍，参加了州人社局到西安等地人才招聘活动。七是加强机关党建工作。深入推进“两学一做”学习教育常态化制度化，围绕“晋级升星·好花更红”主题，深入开展“山川增绿·党旗增辉”、“绿色先锋行”党建活动，“当先锋、创佳绩、作表率”成为党员干部的自觉行动。

【国家林业局副局长陈凤学一行到黔南扶贫调研】 2017年1月12—15日，国家林业局副局长陈凤学一行到黔南州荔波、独山、平塘、罗甸、贵定、龙里6县开展扶贫工作调研，贵州省林业厅副厅长孟广芹、机关党委书记黄永昌，黔南州委常委、副州长闫光锋，州政协副主席黎燕萍等有关领导陪同调研，州委书记龙长春，州委副书记、代州长吴胜华分别在龙里县和独山县拜会了陈凤学副局长一行。

【森林防火业务能力培训】 2017年1月15—17日，全州森林公安森林防火业务能力培训班在州委党校举行，南京森林警察学院党委副书记、研究员林平等6名专家教授，黔南州检察院侦察监督处范捷虎副处长分别对《加强森林防火能力建设》《森林防火条例解读》《森林火灾起火点判定》《本国森林防火现状及发展趋势》《破坏森林资源犯罪专题解析》和涉林刑事案件侦查、批捕、起诉和职务犯罪进行讲解。全州12县（市）林业局分管森林公安、森林防火的副局长、森林防火办公室负责人、森林公安局主要领导和刑侦治安大队负责人及刑侦治安业务骨干共计80余人参训。

【义务植树活动】 2017年2月3日，黔南州4万余名干部职工在101个义务植树点举行义务植树活动启动仪式，共植树88万余株。州四大班子领导成员和秘书长及州直国家机关各部门主要负责同志，都匀市四家班子领导、市有关部门和单位主要负责人在都匀市墨冲镇新坪村参加了州级义务植树启动仪式，州委书记龙长春，州委副书记吴胜华出席。

【黔南州第六届兰花艺术展都匀文峰广场举行】 2017年2月14日，由黔南州林业局、都匀市人民政府、都匀开发区管委会等相关单位联合举办的，以“生态之州·幸福黔南”为主题黔南州第六届兰花艺术展在都匀文峰广场举行。州领导龙长春、罗毅、魏明禄、罗桂荣等出席兰花艺术节。本次参加展出的兰花除本地区的精品外，还有成都、昆明、长沙、大理、贵阳等省内外花卉、苗木培育、经销商家和众多兰友前来参展。

【林业执法培训】 2017年2月22—26日，全州林业执法培训班在都匀市经济开发区举办。南京森林警察学院、省林业厅、州法院、州检察院、州公安局专家教授分别就《中华人民共和国行政许可法》《中华人民共和国行政处罚法》《中华人民共和国行政诉讼法》、新《刑事诉讼法》、新《野生动物保护法》、林业行政处罚、林业刑事案件的审查认定、木材采伐证和木材运输证办理、使用林地项目申报审核等方面进行了培训。

【全州林业工作会议在惠水召开】 2017年3月1日，全州林业工作会议在惠水召开，各县（市、区）林业（农林水）局局长，营林、退耕、产业科（股）负责人；各县（市）国有林场（涉林企业）主要负责人；州林业局班子成员、各科室（直属各单位）主要负责人参加会议。会议传达学习了中共十八届六中全会、省委十一届八次全会、全国林业厅（局）长、全省市（州）林业局会议和州第十一次党代会、州“两会”精神，总结2016年林业工作，安排2017年全州林业工作，签订保护发展森林资源目标责任状和森林防火目标责任状。黔南州人民政府副州长黎燕萍出席会议。

【黔南获兰花博览会承办权】 2017年3月25日，第二十七届中国兰花博览会在湖南长沙开幕，黔南州全票通过获得2019年第二十九届中国兰花博览会的承办权。黔南州承办本次全国的大型兰花会展活动，以兰花展览为主，配合兰花产业研讨会、兰花经贸交流、兰花文化展览、旅游文化推荐等系列活动，以展促销、以兰为媒、以花为友，为各地兰友、兰商搭建一个交流、交易的平台，促进兰花文化的进一步繁荣和兰花产业的进一步发展。

【国家林业局副局长李春良一行到黔南州开展森林防火调研督查】 2017年3月29—30日，国家林业局副局长李春良，国家林业局计财司司长闫振，国家林业局森林公安局副局长、国家森防指办公室副主任王元法到黔南州开展森林防火调研督查。黔南州委常委、副州长闫光锋，副州长黎燕萍等陪同深入荔波茂兰国家级自然保护区，独山县百泉镇风汝村、影山镇新贵集团进行调研督查。

【森林防火空地立体巡防网】 2017年4月2日，黔南州森林防火直升机、无人机、护林员综合立体巡防启动仪式在独山举行。4月2—7日，黔南州利用直升机、无人机在全州范围内开展野外用火、森林火情空中巡航。清明节假期，州县（市）林业系统取消休假，实行全员上岗，组织除值班人员外的全部人员配合直升机、无人机分片区开展森林防火巡查，确保做到全境域全覆盖，不留死角盲区，构筑野外用火、森林火情空地立体巡防网。

【省林业厅厅长黎平一行到黔南罗甸调研】 2017年4月9日，省林业厅厅长黎平，副厅长沈晓春，总工程师聂朝俊率厅办公室、资源处、产业处、法宣处、资金站主要负责人一行到罗甸开展林业产业发展调研，州人民政府副州长黎燕萍等参加调研。

【“黔穗同心·好花更红”贵州省黔南刺梨（广州）专题招商暨推介会在广州举行】 2017年4月18日，由黔南州人民政府、贵州省林业厅共同举办“黔穗同心·好花更红”贵州省黔南刺梨（广州）专题招商暨推介会在广州举行。贵州省林业厅副厅长沈晓春、黔南州人民政府黎燕萍副州长出席招商推介会。恒力源、山王果、康赐你等从事刺梨加工企业现场进行了推介。全州林业系统成功签约项目18个，签约资金33亿元。

【“2017天保记者行”采访宣传团天保记者行采访宣传团到黔南采访】 2017年5月15—16日，由《人民日报》、新华社、《光明日报》、《经济日报》、《人民政协报》、《中国改革报》、《第一财经日报》、《中国绿色时报》、《国土绿化》杂志、《绿色中国》杂志等11家媒体组成的“2017天保记者行”采访宣传团走进黔南州龙里县、贵定县、荔波县，就生态保护与建设、国有林场改革、停伐保护、生态扶贫、就业增收、转型发展等进行了采访和报道。

【全国古树名木资源普查和管护业务培训会在黔南州举办】 2017 年 5 月 24—26 日，全国古树名木资源普查和管护业务培训会在黔南州举办，全国绿化委员会办公室常务副秘书长赵良平出席会议并作重要讲话，贵州省林业厅、黔南州政府领导参加开班并致辞。

【“生态大讲堂”开讲】 2017 年 6 月 1 日，全州林业系统召开推进“两学一做”学习教育常态化制度化暨“生态大讲堂”活动启动电视电话会，传达省州会议精神，启动“生态大讲堂”活动，州林业局党组书记、局长唐军，瓮安县林业局党组书记、局长邓国才，州林业局森林资源管理科科长高治江通过电视电话会议的方式，在全州林业系统内进行了开讲。

【独山国有林场获全国森林康养基地试点建设单位】 2017 年 6 月 13 日，中国林业产业联合会开展申报第二批全国森林康养基地试点建设单位，通过省、州林业主管部门推选，现场考察、专家评审等程序，独山国有林场获批为“第二批全国森林康养基地试点建设单位”。

【福泉蛤蚌河森林公园获批为国家森林公园】 2017 年 7 月 7 日，国家森林公园专家评审会在北京召开，福泉蛤蚌河森林公园申报国家森林公园高票通过评审。7 月 21 日，国家林业局批准设立贵州福泉国家森林公园，黔南州森林公园增至 7 个。

【黔南州林业干部业务培训班在北戴河开班】 2017 年 7 月 25 日，黔南州 2017 年林业干部业务培训班在国家林业局管理干部学院开班。黔南州 12 县（市）政府分管林业工作的副县（市）长、林业局局长、国有林场场长；都匀经济开发区管委会分管林业工作负责人、农林水务局局长；州直相关部门及州林业局部分班子成员及中层干部等 53 人参加培训。

【中国经济林协会刺梨分会落户黔南】 2017 年 9 月 14 日，由中国经济林协会、贵州省林业厅、黔南州人民政府主办，黔南州林业局、龙里县人民政府、贵定县人民政府承办的中国经济林协会刺梨分会成立大会暨中国（都匀）刺梨产业发展研讨会在都匀召开。国家林业局造林司副司长黄正秋，中国经济林协会常务副会长兼秘书长宋慧刚、贵州省林业厅副厅长向守都、黔南州州委常委、副州长吴海平等出席会议。中南林业科技大学、贵州大学、贵州师范大学、贵州医科大学、贵阳中医学院、贵州省肿瘤医院、贵州中科院天然产物化学重点实验室等省内外从事刺梨研究的科研院所专家，六盘水、安顺市、黔西南州等市州林业局领导应邀出席会议。各县（市）人民政府分管林业工作副县（市）长、林业局局长，中国经济林协会刺梨分会会员，州直相关部门负责人参加会议。

【都匀市被国家林业局授予全国森林旅游示范县】 2017 年 9 月 25 日，以“绿水青山就是金山银山——走进森林，让城市生活更精彩”为主题的 2017 中国森林旅游节在上海世博展览园拉开帷幕。由州林业局副局长杨颐宗带队，都匀市、独山县、荔波县政府领导到现场参加了观摩学习。都匀市以优良的森林旅游发展态势，突出的资源品位，前景广阔的市场，有效带动作用，由国家林业局正式授牌“全国森林旅游示范县”，黔南州“全国森林旅游示范县”增至 3 个。

【黔南州获得 2020 年第四届中国绿化博览会承办权】 2017 年 10 月 12 日，全国绿化委员会、国家林业局向贵州省人民政府致函，确认 2020 年第四届中国绿化博览会由黔南布衣族苗族自治州承办。

【“多彩黔南”建设启动会在瓮安召开】 2017 年 10 月 13 日，2017 年度全州森林防火和营造林工作暨“多彩黔南”建设启动会在瓮安召开。各县（市）政府分管林业工作领导、林业局长及营林站长、退耕办主任、产业科科长、防火办主任，黔南境内高速公路、高速铁路沿线乡（镇、办事处）党委或政府主要负责人，州直有关部门负责人以及州林业局班子成员、各科室负责人参加会议。副州长黎燕萍出席会议。

【全国绿化委员会办公室常务副主任、国家林业局造林司司长赵良平一行到黔南州指导绿博会筹备工作】 2017年11月23日，全国绿化委员会办公室常务副主任、国家林业局造林司司长赵良平率绿博会考察指导组一行到黔南州指导2020年第四届中国绿化博览会筹备工作。国家林业局造林司巡视员刘树人、省林业厅厅长黎平、州委书记唐德智、州长吴胜华、省林业厅副厅长向守都、州委副书记罗桂荣、州人民政府副州长黎燕萍等领导参加考察座谈。

【贵州省政府副省长刘远坤到黔南州调研指导绿博会筹备工作】 2017年11月30日，贵州省政府副省长刘远坤率省林业厅厅长黎平、副厅长向守都等一行到黔南州调研指导2020年第四届中国绿化博览会筹备工作。州委副书记、绿博会执委会执行副主任罗桂荣，州委常委、副州长、绿博会执委会副主任吴海平及州国土局、州建委、州水务局等执委会成员单位主要负责人参加调研座谈。

【独山县国有林场等获批为省级森林特色小镇建设试点】 2017年12月14日，为深入推进黔南州林业供给侧结构性改革，推动黔南州林业产业转型发展，提高森林旅游生态产品供给能力和服务水平，黔南州积极申报“省级森林特色小镇建设试点单位”，经省林业厅组织有关专家评审，黔南州独山县国有林场、福泉市仙桥乡、平塘县卡蒲乡、荔波县甲良镇通过评选，省林业厅批准为首批“省级森林特色小镇建设试点”。

【黔南州选派学员参加无人机操作技能培训班】 2017年12月18日，州林业局在深圳市科卫泰实业发展有限公司无人机培训基地举行首任AOPA无人机操作技能培训班开班仪式，全州12县（市）林业局选派28名参训学员参加培训。

【黔南州召开森林公安机关落实独立执法权限工作启动视频会议】 2017年12月29日，黔南州召开全州森林公安机关落实独立执法权限工作启动视频会议，州人民法院、州人民检察院、州公安局、州林业局州森林公安局负责人及全体民警在都匀主会场参加会议，12县（市）相关人员在当地分会场参会。

（钟平杰）

水务

【概况】 2017年，州水务局内设办公室、水资源管理科、规划计划科、水利建设科（水利管理科）、供排水管理科、防汛抗旱办公室、河长制工作科等7个科室。州纪委派驻州水务局纪检组、州监察局派驻州水务局监察室，监察室主任由同级干部兼任。人员编制和领导职数：局机关行政编制22名，工勤人员编制3名，由财政全额预算管理。

全州水务系统贯彻中央和上级部门的决策部署，工作取得了成效，呈现投资增长、建设加快、提质增效的良好态势。其中，增比进位指标水资源“三条红线”管理指数位列全省第一方阵，圆满实现了年初确定的“保位”目标。

【水务投资】 全年累计入库项目103个（2017年新增33个）。完成水利全口径投资83亿元（水利52亿元，水务26亿元，水电5亿元），占目标任务60亿元的139%，投资总量位居全省前列，水务投资再创历史新高，超额完成年度目标任务。

【项目建设】 坚持抓项目就是抓发展第一要

务，强力推进工程建设，项目建设提档加速，供水保障能力稳步提升。一是前期工作进展加快，完成“十三五”规划内39座中小型水库前期工作（7座中型水库初设批复、3座可研批复，29座小型水库初设批复）。福泉凤山大型水库列入国家172项重大水利工程，可研报告通过水利部审查并报国家发改委评估。二是骨干水源工程建设稳步推进，主体完工14座，新开工20座，全面完成年度开工建设任务。全州供水保障能力提升到13亿立方米。三是河道治理步伐加快，实施治理项目20处，综合治理河长105公里。

【脱贫攻坚】 贯彻落实乡村振兴战略和精准脱贫基本方略提出的城乡融合发展和农村饮水安全达标目标，以服务民生为出发点和落脚点，推进民生水务建设，民生水务扎实推进，民生福祉进一步增强。实施城镇供水和农村饮水安全巩固提升工程，改善60万人（贫困人口10.24万人）的饮水条件。新开工9个小型农田水利重点县项目，发展耕地灌溉面积23.99万亩，耕地有效灌溉面积率41.8%。治理病险水库5座，新增水电装机3万千瓦，治理水土流失面积180平方公里。完成15个城镇污水处理项目主体工程建设，新建污水收集管网108公里，改造污水收集管网32公里，城镇污水处理能力进一步提升。

【防汛抗旱】 充分利用防汛抗旱指挥系统及山洪灾害监测预警平台监测数据，及时组织视频会商研判16次，适时启动应急响应4次，发送预警短信10万余条，有效应对16次区域性强降雨，有效防御了贵定独木河、福泉后河、龙里打草河超警戒水位洪水，成功转移受威胁群众29062人。首次利用水利卫星设备将无人机空中拍摄的灾区受灾实况画面传输至省、州防汛指挥中心，科学调度防汛抢险，成功处置贵定“6·12”洪灾，避免了重大伤亡事故的发生，防灾减灾水平显著提升。

【河长制】 州本级及12县（市）、106个乡（镇、街道办）均出台河长制工作方案，初步建立省、州、县、镇（乡）、村五级河长管理体系，全州共设2146名河（段）长，实现所有河流水系全覆盖。印发河长制部门联席会议制度、责任单位工作职责、河长会议制度、信息报送及通报制度、督查督办制度。各级河长认真履职，开展河长巡河、“百千万”清河行动、联合执法行动，完成州级河长巡河35次、清岸清水124条，29条河流联合执法检查活动。累计聘请1053名河湖民间义务监督员、1441名巡河保洁员。环保、国土、建委、交通、林业、水务、工信、农委等八个职能部门分别编制完成行业“水污染防治”三年行动计划，全面打响水污染综合治理三年攻坚战，实现“河长制”促进“河长治”的转变。

【水生态文明】 2017年，实施90个水生态试点项目建设，累计完成投资72亿元，占总投资73亿元的99%。都匀两河汇水生态工程、平塘“中国天眼”天文小镇水环境工程陆续开工建设，全面启动都匀主城区东部江河湖库连通工程建设，水生态文明建设成效明显。成功举办第五届“生态文明·黔南论坛”，水生态文明黔南品牌知名度和美誉度进一步升温。

【水务改革】 2017年，全面完成农村小型水利工程产权制度改革工作，完成工程调查摸底3.8万处、纳入改革3.3万处、颁发各类权证4.25万个，改革完成率达100%。积极开展支撑水务发展“四梁八柱”改革事项调研工作，出台《黔南州城镇污水处理厂网运行管理办法（试行）》，城镇污水治理体系逐步完善。积极探索建立水利工程“建管养用”一体化机制，实施完成龙里湾滩河、福泉黄丝江边试点等山区现代水利示范区建设。推进水务投融资体制改革，转变金融信贷方式，用好过桥贷款等方式，与州农发行等银行签订贷款合同金额40.6亿元，提款19.2亿元。积极探索城乡供排水一体化新模式，启动编制都匀市与惠水县供排水一体化试点改革工作方案。水务改革引向深入，发展活力持续增强。

【依法治水】 2007年，推动《黔南布依族苗族自治州剑江河流域保护条例实施细则（草案）》起草报审，配合开展《黔南布依族苗族自治州涟江河保护条例》立法调研及《黔南布依族苗族自治州樟江流域保护条例（草案）》《黔南布依族苗族自治州500米口径球面射电望远镜电磁波宁静区环境保护条例》涉水内容修改讨论工作。全州开展江河湖库、水土保持等专项执法巡查283次，立案查处水事违法案件48起。督促落实20起“中央环保督查”“西南环保督查”涉水信访举报案件整改、三都县都柳江河道违法建筑拆除等工作，江河湖库生态保护力度加大。全州全年累计征收涉水规费3794万元，州本级征收920万元。推进“放管服”工作，取消部分行政许可中介服务事项，审批办结行政许可406件，行政审批服务更加高效便民。

【安全生产】 2017年，狠抓工程质量和安全生产，监督续建、扩建、及新开工建设工程共36个，工程投资大、分布广、时间紧，全年共开展质量监督检查活动25次，对发现的质量问题全部整改完毕，整改率100%。组织开展了安全生产大检查、“十九大”等重要时段安全检查、汛期安全检查、危险化学品综合治理、电气火灾综合治理等多项安全检查行动，对确定的重点项目实行全覆盖检查。质量工作考核为A等，排名全省第三位。省、州安全生产工作考核中均获“优秀”。

【党建工作】 强化意识形态教育，深入学习贯彻中共十九大精神和习近平在贵州省代表团重要讲话精神，扎实推进“两学一做”学习教育常态化制度化。持续开展“好花更红”星级党支部创建、“三亮一创”、农民（市民）讲习所等活动，确保学习教育规定动作不走样、自选动作见特色。坚持以创建“生态治水·兴水润州”党建品牌为载体，深化党建工作与水务工作两促进、双提高。全面落实从严治党主体责任，2017年主体责任审核综合排名位列州直部门第三。强化水利惠民资金管理监督，组织开展“护民生、促脱贫”监督执纪问责等专项行动，加强项目招投标监督管理，规范交易行为。加强队伍建设，严格按照“好干部”标准选拔任用干部。严格执行中央八项、省委十项、州委九项规定精神和细则要求，推动党风政风行风持续好转。水务精神文明和水文化不断深化，水务新闻宣传和舆论引导力度加大。《关于全省水利工作会议情况报告》获州委办评为全州2017年度“十佳工作报告”。治党管党深入拓展，政治生态持续向好。

（莫开方）

气　象

【概况】 2017年年底，全州气象部门共有在册干部职工143人，其中州气象局本级59人。在册干部职工中参公管理人员56人、专业技术职务人员87人；硕士生1人、本科学历96人、大专学历25人，中专及高中以下学历21人；具有高级职称资格人员17人，中级职称资格64人，初级职称资格52人。全州气象部门党员人数111名（其中在职党员人数68人，离退休党员人数43人），其中州气象局本级58人（其中在职党员人数34人，离退休党员人数24人）。全州气象部门离退休职工93人，其中离休1人；编外聘用人员39人，其中州气象局本级14人。

2017年黔南州气象局继续保持“全国文明单位”称号，罗甸县气象局保留“全省文明单位”称号，福泉市、瓮安县气象局新增为“全省文明单位”，三都县、长顺县气象局新增为“省级精神文明建设工作先进单位”。

2017年全州年平均气温为16.9℃，与历年同期相比偏高0.7℃。全州平均年降水量为1284.2毫米，与历年同期相比正常略偏多6%。全州平均年日照时数为1069.2小时，与历年同期相比正常略偏少7%。2017年暴雨灾害较重，暴雨持续时间长，影响范围广，强度大。冰雹过程少，程度轻。干旱影响小。

1月气温异常偏高；2月寒潮天气伴有暴雨、冰雹和雪；3月阴雨天气多雨雾；4月强对流天气少；5—9月暴雨集中期，持续性暴雨过程多，降水强度大，时间长，造成灾害重；10—11月冷空气势力弱，秋绵雨轻；12月霜冻天气长。

气温：全州各地年平均气温在14.6℃（瓮安）~20.2℃（罗甸）之间，与历年相比，龙里、惠水和荔波偏高1.0~1.1℃，平塘年平均气温正常，其余地区偏高0.4~0.8℃。年最高气温38℃，出现在5月3日罗甸站，年最低气温-3.0℃，出现在12月21日瓮安站。

降水：全州各站年降水量在970.5毫米（瓮安）~1587.6毫米（都匀）之间，与历年同期相比，瓮安、独山偏少11%和12%，其余各地正常略偏多4%~18%。2017年主要强降水集中在5月、6月、7月上旬到中旬前期、8月上旬到中旬前期、8月下旬中期。

日照：全州各地年日照时数在911.6（都匀）~1251.1小时（惠水）之间，与历年同期相比，瓮安、龙里和惠水正常略偏多1%~7%，其余各地日照偏少1%~23%。

暴雨洪涝：

2017年全州出现了31个暴雨日（全州?个站点中只要出现1个以上站点日降水达暴雨标准就计1个暴雨日）。3月出现2天，4月出现2天，5月出现4天，6月出现9天，7月出现4天，8月出现6天，9月出现3天，10月出现1天。年内影响范围较广、时间长、累计雨量较大的几次暴雨过程分别是：6月10—15日、6月21—7月1日、8月8—14日、9月3—6日。

6月10日夜间到15日，全州出现持续性降雨，其中在10日夜间到11日，全州出现14站暴雨，最大降雨量为都匀东冲96.1；毫米，11日夜间到12日20时，全州出现入汛以来最强的暴雨过程，贵定沿山231.2毫米和贵定巩固217.3毫米，出现特大暴雨，大暴雨27站，暴雨71站，暴雨以上落区主要出现在惠水、龙里、都匀、福泉、瓮安、长顺等地区；14日夜间到15日白天，又在罗甸、惠水、长顺、平塘出现暴雨，最大降雨量为长顺县纳傍村78.5毫米。

6月21日夜间惠水出现3站暴雨，最大降雨量为惠水县三都雨量站65.1毫米；22日傍晚到夜间，全州出现6站大暴雨，28站暴雨，大暴雨落区主要在瓮安，暴雨落区在瓮安、龙里、长顺和惠水等地，最大降雨量在瓮安县珠藏镇牛场坝164.7毫米；24日全州出现大暴雨11站，暴雨52站，最大降雨量为三都县苗草站133毫米，大暴雨落区主要在三都，暴雨落区主要在罗甸、三都、瓮安、都匀、平塘、独山和惠水等地；28日夜间至29日，全州出现20站大暴雨、82站暴雨，大暴雨落区主要在福泉、贵定和龙里，暴雨落区在都匀、福泉、贵定、惠水、龙里、平塘、三都和瓮安等地，最大降雨量在贵定县荷花161.3毫米；29日夜间至30日，全州出现13站大暴雨、60站暴雨，大暴雨落区主要在贵定、都匀和龙里，暴雨落区在都匀、福泉、贵定、惠水、龙里、三都、长顺和瓮安等地，最大降雨量在贵定县都六144.5毫米；30日夜间至7月1日，全州出现1站大暴雨、14站暴雨，大暴雨落区主要在罗甸，暴雨落区在都匀、独山、荔波和罗甸等地，最大降雨量在罗甸县罗妥103.6毫米。

8日8日，黔南州三都、都匀、独山、平塘、罗甸、惠水出现暴雨，其中三都出现4站大暴雨，最大降雨量三都县新光179.8毫米。11日州北部出现大雨，福泉出现2站暴雨，最大福泉县龙昌79毫米。12—13日，黔南州中部以南出现暴雨和大暴雨天气过程，长顺、贵定、惠水、龙里、平塘、罗甸、三都、荔波、都匀、独山出现暴雨，其中三都、独山、贵定、惠水、荔波、都匀出现大暴雨，三都县廷牌24小时降雨量超过200毫米，12日08时至14日08时，全州降雨量超过200毫米有5站，最大三都县廷牌296.毫米5，降雨量在100至200毫米有34站，降雨量在50至100毫米有95站，1小时雨量超过50毫米的共有11站，最大1小时雨量出现在12日22—23时惠水县断杉77.6毫米。14日白天，州南部罗甸、荔波、独山南部等地出现20站的暴雨天气，最大降雨在荔波县立化高望坡，为89.8毫米。

9月3日夜间至9月6日黔南州出现持续性暴雨天气。其中9月3日8时至4日7时30分黔南州出现1站大暴雨（平塘石龙过江140.8毫米），30站暴雨，暴雨出现在都匀、平塘、独山、罗甸、荔波。9月4日8时至9月5日7时30分黔南州出现4站暴雨，主要出现在荔波、三都，最大降雨量为荔波立化村高望坡68.9毫米。9月5日8时至6日7时黔南州出现20站大暴雨，大暴雨出现在都匀、福泉、贵定、惠水、龙里、罗甸、平塘，最大降雨量为罗甸交砚149.8毫米，102站暴雨，暴雨出现在都匀、独山、福泉、贵定、惠水、龙里、罗甸、平塘、三都、长顺。

降雪及凝冻：

2017年内主要在2月23—25日出现降雪过程。2月23日瓮安、都匀等地出现雨夹雪。2月24日瓮安、福泉、龙里、都匀、长顺、惠水、独山等地出现雨夹雪。2月25日龙里、惠水、长顺、福泉、都匀等地出现雨夹雪。

强降温及寒潮：

2017年出现1次寒潮天气过程。2月21～23日，全州日平均气温降幅在11.8～17℃之间，最低气温除罗甸（5.9℃）、荔波（5.3℃）、三都（4.7℃）外，其余均降至4℃以下。全州除荔波、罗甸、三都外，其余县市均达寒潮标准，三都达强降温标准。

冰雹：

2017年的冰雹过程较少，程度轻。主要出现有3次，分别是2月22日贵定、龙里、瓮安出现降雹，冰雹直径大致3～5毫米左右，4月5日龙里县洗马、谷脚出现小冰雹，5月11日罗甸县城关镇出现小冰雹。

大风：

2017年出现大风最多的是瓮安县站，有7次，其次是都匀和三都2次，福泉、惠水、罗甸和平塘出现1次大风天气。黔南州影响范围较大的大风过程是：

1月28日受热低压的影响，瓮安和都匀出现6～7级大风天气，阵风可达8级，其中瓮安最大风速达到18.7m/s（28日11：04），都匀最大风速达到16.6m/s。

5月3日13时瓮安测站出现17.6米/秒大风，14时福泉、惠水测站出现19米/秒大风，17时三都测站出现19米/秒大风，19时都匀测站出现18.5米/秒大风。

高温：

罗甸高温天数22天，为全州最多。三都15天，荔波14天，平塘3天。年内极端最高气温38℃，出现在5月3日罗甸站。在7月26日至8月3日，罗甸、荔波、三都出现持续9天35℃以上的高温天气。

秋绵雨：

2017年11月中旬出现持续阴雨天气，各地出现轻级秋绵雨天气，都匀9天，为全州最多。瓮安出现两段分别为5天的秋绵雨天气，福泉、独山各出现5天。

【气候对农业生产的影响】 冬季气温偏高，日照略偏少，总体有利于冬季作物的正常生长，而2月冷空气降幅大，同时出现暴雨、雪和冰雹，对农业生长有一定影响，尤其对已经出苗的马铃薯和露地蔬菜影响较大，但降温天气有利于抑制前期由于温度偏高引起的作物旺长，同时，利于冻杀部分虫卵、病菌。春季气温、日照适宜，对春耕春播工作的适时开展和春播作物的正常生长也较为有利，同时也利于夏收作物收晒、春耕春播，较利于春播作物生长。夏季，尤其是6月到7月上旬，持续性暴雨较为频繁，不利于春播作物、蔬菜的正常生长，但后期光、温、水条件均较好，晴雨相间，墒情适宜，农业气象条件总体利于全省秋收作物的稳健生长及成熟收获。秋季天气较为平稳，11月的秋绵雨较轻，对农业生产的影响较小。

【气象服务】 在2017年气象服务过程中，共启动应急响应5次开展应急气象服务工作。州、县两级共制作各类决策气象服务材料2226期。通过预警信息系统发布预警信息224万条。组织召开多部门研判会31次。在暴雨等重大天气出现前和出现时，州、县两级气象部门共开展叫应服务802次，共叫应2448人次。

9月4日凌晨，平塘县出现暴雨天气，平塘县气象局及时叫应分管县长和相关部门，县政府组织紧急转移243人。无人员伤亡。

开展森林防火气象服务，完成春运、春节、“两会”、高考及都匀（国际）茶人会、省第十二届旅发大会、三都水族自治县成立60周年庆典等重要时段、重要社会活动气象保障服务。

全州气象微博阅读量4606585次，产生互动2624次。气象微信用户11万，其中长顺县、三都县、福泉市、平塘县用户均超过1万。

开展“三农”气象服务，对全州4148名农村乡镇气象信息员进行培训。龙里县谷脚镇获标准化为农服务示范乡镇。福泉市牛场镇五新社区、贵定县宝山街道东方社区、三都县三合街道凤凰社区、荔波县玉屏街道红船社区获得“全国防灾减灾综合示范社区”。

开展罗甸县冬季宜居环境气候论证，罗甸县被贵州省气象学会授予“贵州最佳避寒地”称号。完成平塘“云上大塘，避暑茶乡”气候资源论证。

【气象探测业务】 2017年完成21个“两要素”区域气象站升级为“六要素”区域气象站改造。到2017年底，全州共建有国家基本气象站5个，国家一般气象站7个；建有乡镇区域自动站412个，其中六要素55个、五要素9个、两要素170个、单要素178个；建有土壤水分站15个。完成全州150个区域自动站通信模块升级为4G模块，气象资料传输率和数据可用性得到进一步提高。

2016年12月建立了都匀机场气象观测站。该站位于都匀市匀东镇摆茶村独牛组。从2017年1月1日起至2017年12月31日开展气象观测工作。观测的项目有：24小时的温度、湿度、气压、风向、风速、降水的自动观测和云、能见度、天气现象的人工观测。每月制作气象记录月报表和年报表。

【雷电灾害和防雷技术服务】 2017年对277个单位（项目）防雷装置进行了检测，其中新建项目78个，年检项目199个，易燃易爆场所138个。对78个项目的防雷装置设计文件开展了防雷装置设计技术鉴定及评价。实施防雷工程项目施工8个。开展防雷宣传3次，组织技术人员到企业开展防雷专题宣讲1次，将141家服务单位联系人电话纳入州气象短信平台开展雷电预警信息服务。完成了全州雷电易发性区划并向社会公布。

9月5日，都匀市甘塘镇绿茵湖村8组部分村民家中因直击雷和感应雷，造成屋顶及室内照明灯、太阳能热水器、台式计算机、电视机、电视信号接收器、机顶盒等设备不同程度的损坏，直接经济损失十余万元。

【人工影响天气工作】 2017年内投入48门高炮和18台火箭开展防雹增雨作业。高炮作业134炮次，用弹2280发，火箭作业30次，用弹81枚。全年全州防区内未出现重大冰雹灾害，全年无安全事故发生。

3到6月，平塘、惠水、罗甸开展“中国天眼”冰雹梯级防御工作，获中国科学院国家天文台致信感谢。

年内组织完成10个标准化炮站升级改造，全州标准化炮站已达51个，标准化率全省最高。新增8门高炮自动化改造和3台自动化火箭，全州自动化高炮28门，作业装备自动化水平居全省前列。积极配合省人工影响天气办公室推进物联网在弹药存储、运输等安全管理中的应用。

9月，专为“中国天眼”设置的3个人工防雹炮站建成并投入使用。

【科研工作】 2017年内有3个科研项目在州科技局立项，分别为《黔南州雷电活动分布特征及风险区划研究》《近56年黔南气候变化研究》《福泉市人工防雹增雨作业现代化信息化集约化“三化”建设应用研究》；年内有1项科研成果“基于单站雷达的短时强降水预警系统”被省气象局认定为省内先进。

【先进表彰】　平塘县气象局获中国气象局表彰为“重大气象服务先进集体”；福泉市局、长顺县局、荔波县局、州气象服务中心4个单位获省气象局和省人社厅表彰为“全省气象工作先进集体”；州气象局获州委州政府表彰为“黔南州承办第十二届贵州旅游产业发展大会先进集体”；全州7名人员获省气象局和省人社厅表彰为“全省气象工作先进个人”，3人获省气象局表彰为“全省重大气象服务先进个人”，3人获省气象局表彰为“气象服务贡献奖”，3人获省气象局表彰为“全省优秀气象信息员”。

（林廷友）

·脱贫攻坚·

TUOPINGONGJIN

精准扶贫

【概况】 2017 年，在州委、州政府的领导下，在省扶贫办的业务指导下，黔南州扶贫开发局学习习近平视察贵州时重要讲话精神，贯彻落实全省扶贫开发大会精神与省委十一届六中全会精神，围绕稳定实现扶贫对象“两不愁、三保障”的目标任务，以贫困识别建档立卡工作为基础，大力推进精准扶贫，不断创新扶贫开发机制，加大脱贫攻坚力度，构建专项扶贫、行业扶贫和社会扶贫“三位一体”大扶贫格局，推进小康目标建设，完成了各项工作任务。2017 年，全州减少农村贫困人口 13.79 万人，超计划 3.39 万人，贫困发生率下降至 9.95%；221 个贫困村出列，剩余的 22 个贫困乡镇已按省定标准全部完成减贫摘帽，瓮安县、龙里县达到贫困县退出标准。

【政策体系】 2017 年，黔南州出台了《2017 年脱贫攻坚春季攻势行动方案》《黔南州脱贫攻坚“大比武”工作方案》《黔南州深度贫困地区脱贫攻坚责任包保方案》《黔南州统筹整合使用财政涉农资金指导意见》《黔南州州直单位脱贫攻坚工作成效考核办法》《黔南州镇（乡、街道）脱贫攻坚工作成效考核办法（暂行）》《黔南州一类贫困乡（镇）及省定极贫乡（镇）脱贫攻坚工作方案》、《黔南州脱贫攻坚问责实施细则（试行）》等政策性文件，进一步完善了脱贫攻坚政策体系，形成了上下贯通、责任到底、合力攻坚抓脱贫的工作格局。

【精准识别】 全州以查漏补缺为抓手，坚守“精准”方略，以投入干部职工 15 万人次，对所有农村常住人口进行了拉网式的排查，逐村、逐户摸底数、核信息、找成因、讲政策、算细帐、收佐证、录系统。通过精准识别、查漏补缺，全州清退不符合建档立卡条件对象 4.87 万人，新增加贫困人口 6.16 万人，全州净增贫困人口 1.29 万人，通过对 2014~2016 年度脱贫人口以及 2017 年拟退出贫困人口进行抽样交叉检查，贫困人口退出准确率达 99% 以上。

【资金监管】 围绕财政专项扶贫资金目标、任务、资金、权责“四到县”要求，州级建立了月调度通报、季督查的监督制度，对资金使用、公示公告、资金管理等进行全程监督。截至 2017 年 12 月 31 日，全州项目备案资金 10.26 亿元，备案率 100%；拨付资金 10.26 亿元，占到县资金的 100%；报账资金 8.07 亿元，项目竣工 1957 个。

【帮扶工作】 全州共派出驻村干部3775人，落实帮扶责任人5.47万人，州（县）直部门与贫困村，干部与贫困户帮扶责任共同体，帮扶覆盖率达100%，群众对驻村工作队和帮扶责任人的满意度及认可度达95%以上；全州430家民营企业参加“百企帮百村”精准扶贫行动，实施项目达657个（产业帮扶235个、就业帮扶101个、公益帮扶254个），企业投入资金9.72亿元，帮扶319个村贫困群众10.36万人；积极开展“扶贫日慈善一日捐”活动，全州共募集捐款1000余万元；争取广州市投入帮扶资金1.1亿元，同比增长14.58%；广州125家企业和单位与黔南州130个村形成旅游结对帮扶，培训旅游从业人员5514人次，旅游企业吸纳贫困群众就业4126人。

【队伍建设】 建立了州、县、乡、村“四级联动”脱贫攻坚指挥体系，2017年，抽调30名干部组建州级脱贫攻坚指挥部，专门负责统筹、协调、推进全州脱贫攻坚工作，县级建成12个脱贫攻坚指挥部、106个乡镇级工作站、1213个村级作战室，形成了决策高效、调度统一、实施迅速、督促有力的管理体系。

【扶贫工作】 加大先进典型人物宣传推荐，推出全国脱贫攻坚先进典型、十九大党代表邓迎香，向省委宣传部推荐33名先进典型，王华银、覃付奎、韩彩云、张卿伟等4名同志纳入全省“脱贫攻坚群英谱”集中宣传名单，其中福泉市牛场镇王华银同志的先进典型事迹，在“贵州省脱贫攻坚群英谱”系列漫画图书中以《“小矮子”成带富“大个子”》为题，作为首位先进人物进行了宣传展示；推进工作创新，总结出荔波县脱贫攻坚“六个一”工作机制（每户制定一套脱贫方案、每户制作一张小卡片帮扶明白卡、每周拨打一次亲情电话、每月走访一次贫困户、每季度完善一次收支台账、每月进行一次工作督查）；贵定县“6334”做法（物质扶贫“六个山”：山寨道路户户连、山上产业村村有、山中危房栋栋除、山区公路组组通、山间清泉家家到、山乡环境处处美；黔南民族师范学院的“校农结合”模式得到时任省委副书记、省长孙志刚的充分肯定和批示，在省政府召开的精准扶贫电视电话会上作了经验介绍，并得到省内外多家媒体的宣传报道，目前全省大中小学校都在推广“校农结合”这一好作法；惠水县“一村一场一园一社”产业扶贫工程（一场：每个村至少建成一个1000头以上规模生猪养殖场或2万羽以上禽类规模养殖场；一园：根据各村实际，围绕主导产业，每个村至少建成一个集中连片500亩以上的种植产业园，包括菜园、果园、药园、苗园等；一社：每个村建立联合社、农民专业合作社，贫困户全部加入合作社）等好的经验做法和亮点；加大中央和省级媒体宣传，在“脱贫攻坚看贵州”大型主题采访活动中，人民网、新华网、央视网等15家中央重点新闻网站和贵州日报、当代贵州、多彩贵州网等20余家省内媒体记者，走进惠水等县实地采访易地扶贫搬迁“五个三”、电商扶贫及文化旅游扶贫等工作亮点，放大易地扶贫搬迁的“黔南故事”，介绍精准脱贫的“黔南经验”；州级新闻媒体开设“脱贫攻坚春季、秋季攻势”“脱贫攻坚群英谱”“记者走进贫困村”“指挥部脱贫攻坚进行时”等专栏专题，对全州各级各部门开展脱贫攻坚工作的动态、做法、成效、典型等进行集中宣传展示，全州脱贫攻坚工作得到广泛关注。

（龙　麟）

水库和生态移民

【概况】 2017年黔南州水库和生态移民局在职干部职工21名，其中：局长1名，副局长2名，纪检组长1名，总工程师1名，总会计师1名，副调研员1名，正副科长（主任）7名，主任科员2名，副主任科员4名，科员1名。

【易地扶贫搬迁原项目收尾】 2017年完成2016年计划的58个安置点1.45万套住房6.2万

人，全州共完成搬迁对象录入系统标识 14313 户 62277 人，录入率达 100%。省级统筹资金年度应拨付到县资金 292701.9 万元，实际到位 292701.9 万元，到位率 100%。

【2017 年易地扶贫搬迁项目】 坚持城镇化集中安置，以岗定搬，以产促搬，以县为单位集中建设管理，全州 31 个安置点全部完成招投标手续，项目“三证一书”手续齐全。全州共搬迁 22134 户 83972 人，其中贫困人口为 19333 户 76808 人，已将确认的建档立卡贫困搬迁人口认真与扶贫信息系统台账进行比对，精准率达到 100% 以上。

全州 31 个安置点主体以上施工 18713 套，占比 84.5%（其中，主体正施工 6379 套，占比 28.8%；主体竣工 12334 套，占比 55.7%），住房建设基础施工 3421 套，占比 15.5%；到 12 月底除了三都县城、独山麻尾和县城 3 个安置点因建高层电梯房安置移民问题需进行整改，罗甸县城因基础部分超深难以实现年底主体完工外，其余的 27 个安置点主体完工。全州纳入 2017 年度脱贫摘帽的有龙里和瓮安两个县，龙里县已经将 2017 和 2018 年度的搬迁任务同步建设，11 月已经搬迁入住。瓮安县虽然 2017 和 2018 两个年度余下的未搬迁贫困人口还有 11172 人，但仅占全县人口 53 万人的 2.1%，不影响全县的脱贫出列工作。

【“五个三”落实情况】 推广落实易地扶贫搬迁“五个三”工作，2017 年 8 月 14 日，州局上报的惠水县“五个三”易地扶贫搬迁后续发展模式获得 2016 年度黔南州全面深化改革创新一等奖。一是及时召开“五个三”相关责任部门会议，对审议意见进行了研究和分解落实，并明确了办理时限和要求。二是制定了《黔南州深化推广易地扶贫搬迁后续扶持服务“五个三”机制工作方案》，召开了 1 次“五个三”现场观摩推进会。三是举办全州易地扶贫搬迁业务培训班，对新任局长（县领导兼任）、抽调人员和乡镇分管领导进行培训。四是强化对按月督查排位情况的通报，将每月的督查打分排位通报抄送各县（市）书记、县（市）长，对工作推进滞后的县（市）进行了集体约谈提醒，进一步压实各级各部门的一把手责任，也进一步理顺理清了州、县各级各有关部门的职责，易地扶贫搬迁后续扶持发展“五个三”得到较好的推进落实。截至 12 月，（一）“三地”（承包地、林地、宅基地）方面，全州流转土地 2.82 万亩，优先将搬迁群众山林地列入地方公益林范围，享受国家公益林补贴政策 1.19 万户 20.4 万亩，已拆除旧房 9944 栋，占计划的 73%。（二）“三就”（就业、就学、就医）方面，转移就业 2.53 万人，户均实现转移就业 1.7 人以上，转移就学 6769 人，建立社区医疗服务场所 71 个。（三）“三保”（低保、医保、养老保）方面，对到城镇安置移民户给予 3 个月临时生活救助，发放 5.03 万人，占应发放人口的 92.4%；新农合参保率 98.5%（1.5% 参加城镇职工基本医疗保险）；有 5.81 万人参加城乡居民养老保险。（四）“三所”（经营性场所、农耕场所、公共服务场所）方面，2016 年 57 个集中安置点中，共配套建成商业门面 4271 间 22.97 万平方米、开办平价超市 95 家、建成移民社区服务中心 54 个、健身场所 56 个、开办老年人活动中心 46 个、幼儿看护中心 32 个；流转耕地 3724 亩建成“微田园”37 个，有 5243 人参与耕作。（五）“三制”（集体经营、社区服务管理、群体动员组织）方面，有 56 个安置点建立了党支部（社区服务中心），配备党建干部和社区管理人员共 268 人，7 个安置点挂靠在当地党支部，建成 56 个标准化一站式服务中心，配备窗口服务人员 224 人，成立群众互助组织 55 个，满足搬迁群众办事需求。

【强化易地扶贫搬迁组织领导】 落实《中共贵州省委办公厅关于进一步加强和完善易地扶贫搬迁领导体制和组织保障工作的通知》（黔委厅字〔2017〕73 号）文件要求，进一步加强易地扶贫搬迁组织保障。一是加强组织领导，压实“一把手”责任。二是充实力量，按照州易地搬迁指挥部工作人员不少于 20 人，县（市）按 1 万人口以内不少于 10 人，1—2 万不少于 15 人，2—3 万不少于

20人，3万以上不少于25人的要求，抽调人员充实州、县指挥部办公室力量。州级从10人增加至20人，12县（市）从原108人增加至231人。

【水库移民】 2017年，全州共完成中小型水库移民搬迁安置1732人，超年计划158%，围绕“十三五”水库工程建设任务目标，扎实推进水库移民安置规划的前期工作。全年共完成了福泉凤山、都匀石龙2座大型水库实物调查和移民规划报告编制，长顺板丛、瓮安塘坎上、惠水平寨、罗甸林霞、三都鸭寨5座中型水库可研移民专题报告州级预审并通过了省级审查，长顺拉河、罗甸化里、福泉孙家田、福泉全家湾、罗甸兰西、福泉小寨、平塘拉安、贵定江边窑等12座小型水库移民安置规划报告的州级审查、审核及批复；承担并组织福泉凤山、都匀石龙2座大型水库社会稳定风险评估报告审查和审查意见的起草工作。

启动都匀石龙水库移民实物调查工作，完成平塘黑沟水库移民安置规划技施阶段实施报告审查、审核及批复。完成罗甸林霞、长顺板丛、平塘擦耳岩、惠水平寨、三都县拉古纳等5座中型水库，三都甲照、贵定音寨、贵定新民、龙里叫水冲、平塘五里坝、都匀羊安等6座小型水库的移民安置工作协议签订；完成长顺板丛、平塘擦耳岩、贵定高粱坝、平塘项五、罗甸抗村、三都甲照等11座水库移民监督评估招标委托并已经进场开展工作。及时组织完成水库移民阶段性安置验收，为水库大坝工程性验收创造前置条件。指导都匀大河、三都甲晒、荔波尧柳、荔波大土、长顺龙井、长顺干桥完成水库库底清理方案的编制、审查和实施工作。完成都匀大河、荔波平林、三都甲照围堰截流阶段移民安置州级终验。完成罗甸上尖坡电站、平塘黑沟水库下闸蓄水阶段移民安置州级终验。

【水库移民后期扶持】 截至2017年12月，国家核定黔南州大中型水库移民后期扶持人口37963人，其中：2016年以前核定的36073人的600元直补资金2164.38万元，各县（市）按季度已及时兑现给移民户，2017年12月，省局下达黔南州新增都匀市平省水库、罗甸县灰洞水电站和冗各水电站移民后期扶持人口指标为1890人（现金直补1098人，项目扶持792人），待省局资金下达后即刻启动实施兑现工作。

及时向省局上报黔南州2016年度小水库扶持基金、大中型水库库区基金和提前下达2017中央水库移民扶持基金预算指标备案项目176个6654.68万元。除3个因季度性较强的种植项目和5个二三产业项目变更未启动实施外，已启动实施2016—2017年项目168个，实施率达95%。

督促指导都匀、三都两县（市）移民局，启动实施了都匀市茶园水库和三都县芒勇水库移民避险解困搬迁安置工作，其中：都匀市茶园水库避险解困移民221户468人，已全部搬迁入驻都匀市都市杨柳安置点。三都县芒勇水库避险解困移民30户137人，其中：水备村的塘组选择就近分散安置在本组公路两侧的15户66人，已全部搬迁入住；板党村山塘组和古阳组，选择进县城安置的15户71人，预计2018年6月底前搬迁入住。全州水库移民后期扶持信息管理系统逐步步入规范化和制度化管理，及时根据新要求作进一步补充和完善。向省局申报大中型水库建档立卡贫困移民资金1164万元，拟采取实施种养殖和发展二三产业项目，帮助贫困移民实现脱贫。

【移民资金使用和管理】 2017年共收到全州各水利水电库区移民安置补偿资金16965万元，依照各水利水电库区工作进度拨付资金共15836万元，拨出资金占总拨入资金的93%。

下发《关于组织开展黔南州移民素质提升、后期扶持资金及项目实施等进展情况进行专项调研的通知》，到龙里、罗甸、惠水、长顺等加强后期扶持资金及项目检查和调研。加强对易地扶贫搬迁资金开展“物理隔离、封闭运行”检查和省平台公司清算情况的检查，对存在问题提出整改要求。配合省财政厅完成易地扶贫搬迁资金的调研。完成全州54个库区移民补偿资金的管理和核算，以及5个省辖库区投资概算清理工作。全州移民资金全部实行专户管理、专户核算，资金核算采取电算化方式，未发现截留、贪污、挤占等情况。

【移民维稳】 坚持一名相对固定的科级干部每月按照安排的周轮值入驻联合大厅进驻窗口，做好元旦、春节、“五一”“十一”、省第十二次党代会、生态文明贵阳国际论坛、州茶人会、党的十九大等节假日和重要敏感时期移民信访维稳工作，对有可能出现移民上访的矛盾隐患进行排查化解，建立工作台账，落实化解和防控措施。通过下发文件、电话联系、下基层调研等，州、县（市）移民局与各乡镇（街道）、移民安置点村组干部建立了良好的沟通联络机制。2017 年，州局领导和县（市）移民局领导带队集中开展重大不稳定问题、重点领域突出矛盾问题、影响社会稳定矛盾问题摸排调研化解工作 4 次，全面了解各库区和移民安置点征地补偿兑现、移民搬迁安置、征地拆迁、库区群众诉求及困难等，并做好详细的台账登记和矛盾化解。是年，省移民局转办移民信访积案 7 件，州信访局转办信访复核 6 件，均已办结。全州移民系统经过排查，共有 14 件信访案件，其中涉及水库移民的 12 件，涉及易地扶贫搬迁的 2 件，均已按照程序处理。移民群众来访 11 批次 58 人，均已做好转办和解释答复。全州没有发生移民到省上访集体访和进京非访情况。

制定实施方案，明确工作任务、工作措施及工作要求，制定党组、党支部、党员领导干部及党员任务清单。坚持“三会一课”制度，无特殊情况，坚持每周一上午集中学习，一年来，党组中心组共组织集中学习 12 次、党员集中学习 20 次、上党课 9 次。以“晋级升星、好花更红”星级党支部创建工作、党员志愿服务（微心愿行动）、“三亮一创”等活动为载体，引导党员做“合格党员”。

为确保 2017 年移民各项业务培训取得实效，采取专家授课、讨论交流和现场观摩的方式进行。6 月 7 日—9 日在龙里县举办了 3 天的全州水库移民工作现场会暨培训会，进一步规范推进和提高全州水库移民工作。11 月 20—21 日，组织县（市）兼任局长、常务副局长及有关业务人员和县级平台公司、移民资产经营管理公司、项目业主负责人，重点乡镇领导及业务人员共 180 余人在州委党校举办了全州易地扶贫搬迁业务工作培训班。

制定《黔南州水库和生态移民局关于学习宣传贯彻落实党的十九大精神方案》，制定了“三个一”工作方案，通过集中学习、参加各级各类学习培训会、开展宣讲等组织开展一系列学习宣讲活动；结合根据州委、州政府关于大兴调查研究之风开展研究问题破解难题竞赛活动，以解决移民突出问题为导向全面开展一次问题大排查；以抓好“大比武”活动、工作纪实制度、干部职工能力评价制度、问题通报制度等健全一套抓落实的新举措。坚持按月收集各科（室）和县（市）存在的问题，并做好工作通报。共出督查督办情况通报 12 期。

【帮扶工作】 2017 年 1 月 16 日、5 月 23 日、9 月 21—22 日，局领导班子 3 次带队深入驻村联系点红河村和栗木村开展走访慰问，慰问困难老党员、残疾人和孤寡老人等 20 户特殊困难群众以及 2 所村小学，发放慰问资金 11000 元、棉被 10 套、糖包 10 袋、过冬棉衣 10 件、大米 34 袋、油 12 桶。支助红河村、栗木村 4 名建档立卡贫困新录取大学生一次性生活补助各 3000 元，共 1.2 万元。11 月 8 日，局主要领导带队到红河村宣讲党的十九大和调研，结合调研中红河村请求解决的困难和问题，帮助解决购买真龙柚、佛手瓜苗资金 3 万元，红河村党建阵地建设资金 3 万元，共计 6 万元。同时，加强与各部门、社会等的联系，为驻村联系点申请帮扶。协调帮助红河村解决了把纳劳自然寨 12 户共 40 人人畜饮水问题，协调旅投公司向 22 户贫困户发放鸡苗 1150 只、大米 80 袋，邀请社保部门组织餐饮培训 2 个班共 120 人，其中贫困户 72 户；协调门面 136 平方米、钓鱼棚 9 个、下宜商铺 21 间增加村集体收入。向州红十字会申请 5 万元的物资援助栗木村贫困群众，向招商银行筹措价值 68479 元的各类图书 2670 册、教学电脑10台捐赠给栗木小学，创建招商银行贵阳分行爱心图书室，丰富了学校图书内容，改善了学校办公条件。积极向上申报实施栗木村播团组通组路硬化项目总投资22.94万元，以及栗木村农产品集散批发市场项目总投资335万元。积极配合深度贫困地区三都县中和镇移民安置点完善建设工程手续，并落实帮扶资金30万元用于谋划移民后扶项目建设。

【征地移民安置工作小组成立】 2017年11月28日，州人民政府下文成立黔南州跨县（市）水库工程建设征地移民安置工作协调领导小组，主要职责是组织和协调州级相关部门及各县（市）人民政府，研究并统筹协调解决跨县（市）水库建设征地、房屋拆迁、移民安置及专项迁复（改）建和工程建设等方面存在的重大困难和问题。州人民政府副州长黎燕萍任组长，州人民政府副秘书长、尹学辉州委副秘书长、州水库生态移民局局长覃克信、州人民政府副秘书长雷良兵、州水务局局长高原为副组长。领导小组下设办公室在州水库生态移民局，覃克信兼任办公室主任。

【下放移民安置权限】 2017年12月25日，下发《关于州内建设征地不跨县级行政区域小一型水库（水电站）移民安置工作权限下放的通知》（黔南移函〔2017〕94号），明确从2018年1月1日起，建设征地范围不跨县（市）的小一型水库（水电站）技施阶段各项审查、监督评估招标和移民资金管理工作由县（市）自行承担，不再纳入州管范围。

（喻明美）

·工　业·

GONG YE

综　述

【概况】　2017 年，全州工业和信息化工作以迎接中共十九大召开、学习宣传贯彻党的十九大和习近平在贵州省代表团重要讲话精神为动力，以“决战脱贫攻坚、决胜同步小康”为工作统领，按照州委、州政府的决策和部署，落实全州工业发展和招商引资工作大会精神，狠抓工业实体经济的发展，坚持稳中求进主基调，围绕“稳增长、促改革、调结构、增效益、防风险”总目标，推动工业领域供化侧结构性改革，克服了工业投资增速下滑、部分大企业生产波动等不利因素对工业经济运行造成的影响，保持了平稳运行，全年实现规模以上工业增加值 402.37 亿元，增长 11.6%，增速列全省第三，实现工业固定资产投资 366 亿元，完成了全年的各项目标任务。

2017 年，黔南州工业总产值突破 1500 亿元，达到 1524.7 亿元，增长 18.4%。新增规模工业企业 145 户，企业总量达到 854 户。规模以上工业增加值完成 402.37 亿元，超年度计划 7.37 亿元，同比增长 11.6%，实现中高速增长，增速位列全省第一方阵。在建材工业、农副产品加工、能源工业、机械工业等 8 个主要行业中，有 7 个产值超过 100 亿元，其中建材最高 262.8 亿元。大数据发展风生水起，业务总量 70 亿元，全省排第三位，增长 19.5%。新兴产业完成增加值 48.2 亿元，增长 18.1%，高于全州平均水平 6.5 个百分点；高技术产业（制造业）完成增加值 32.96 亿元，占规模工业增加值的比重 8.2%。规模以上工业企业利润总额增长 34.7%。营业收入增长 18.7%，税金总额增长 21.3%。全年 50 个企业经营亏损，同比减少 16.7%。民营经济增加值完成 694 亿元，占全州 GDP 的比重为 59.8%，较上年提高 2.8 个百分点。

【体制改革】　破解黔南工业发展难题，工业发展走上新道路。黔南州工信委围绕破解阻碍黔南工业快速健康发展的难题这个目标，启动了铁合金行业兼并重组、“贵园信贷通”合作模式改革、探索建立资源循环利用制度推进资源循环高效利用等若干改革事项，取得了一定成效。2017 年度，州级平台共计支持企业 33 家，4 家银行共计放款 1.314 亿元。

坚持改革过程党组书记亲自把关。成立以党组书记为组长，其他领导班子成员为副组长，各科室负责人为成员的委改革领导小组，在改革的过程中，党组书记始终坚持履行好工信委推进改革第一责任人的职责，在委班子充分讨论的基础上，设定改革目标。

坚持改革方案落细落小。每一项改革都是对原有条条框框的打破，是对原有利益分配机制的调整，有着各种各样的困难。在改革课题确定后，及时调整深化改革领导小组，在制订改革方案时，认真分析主要矛盾和矛盾的主要方面，提出解决的目标、措施，把改革课题分解到每一个具体环节，确保每一个改革步骤的成功，最终实现改革课题的成功。仅2017年，州工信委全面深化改革事项就有三项，分别是《黔南州工业领域供给侧结构性改革实施意见》《工业园区体制机制改革》《黔南州加快工业经济发展若干办法（试行）》。

【平台建设】 依托“百千万”平台，在全州推动实施了服务工业企业行动，帮助工业企业解决实际问题。积极破解企业“融资难”，通过“贵园信贷通”平台累计向33户企业发放贷款余额13140万元，累计为企业节约融资成本约270万元。通过州中小企业融资网络服务平台，协调金融机构为企业提供贷款3178.6万元，受益企业83家。通过“贵工贷”发放贷款55笔，共6.9亿元，占全省的12.35%；积极帮助企业拓展用工渠道，组织开展“星光培训”及“银河培训”工作，围绕特色食品、民族民间工艺品、旅游商品及文化传承人才需求积极开展培训工作，实施培训项目12个（批次），培训近2500人；积极帮助民营企业降低成本，推进电力直接交易，共有29家企业参与电力直接交易，全年完成电力直接交易40.6亿千瓦时，约为企业降低用电成本1.22亿元。

工业经济运行

【概况】 2017年全州工业发展稳中有进，基本实现预期目标。规模工业总产值完成1524.7亿元，增长18.4%。规模以上工业增加值累计完成402.37亿元，较全年目标395亿元高出7亿元，增长速度为11.6%，高于全省增速（9.5%）2.1个百分点，全省排名第三，实现了保持全省第一方阵的工作预期。工业投资累计完成366.18亿元，其中产业投资累计完成257.37亿元，同比增长6.5%，高于全省增速（5.2%）1.3个百分点，全省排名第四。主要支撑指标工业用电76.71亿千瓦时，增长5.36%；工业增值税累计完成21.9亿元，同比增长19.2%。全年入规企业145户，较州政府下达的目标任务90户，高出55户。

【资源采选行业（2000万元口径）】 2017年，全州共有资源采选企业71户，全年实现产值148.5亿元，同比增长22.4%。实现增加值46.1亿元，同比增长22.5%。全州大型资源采选企业有贵州省福泉磷矿有限公司、贵州省瓮安县南洋矿产有限责任公司、贵州鑫光矿业有限公司等。

【农副产品加工（2000万元口径）】 2017年，全州共有农副产品加工企业121户，全年实现产值159.2亿元，同比增长31.9%。实现增加值64.6亿元，同比增长21.1%。全州大型食品企业有华润雪花啤酒（黔南）有限公司、贵州百年原址酒业有限公司、贵州阿乐食品有限公司等。

【烟草行业（2000万元口径）】 2017年，全州烟草行业实现产值31.4亿元，同比增长15.8%。实现增加值26.5亿元，同比增长14.1%。全州大型烟草企业有贵州省烟草公司黔南分公司烟叶复烤厂、中烟公司贵定卷烟厂2户。

【煤炭行业（2000万元口径）】 2017年，全州共有煤炭企业28户。全年实现产值59.4亿元，同比增长0.2%。实现增加值24.6亿元，同比下滑20.6%。全州大型煤炭企业有贵州省瓮安煤矿有限公司、贵州省瓮安县龙腾焦化有限责任公司等。

【冶金行业（2000万元口径）】 2017年，全州共有冶金企业38户。全年实现产值50.2亿元，同比下滑14.5%。实现增加值10.7亿元，同比下滑 17.0%。全州大型冶金企业有独山县勇进铁合金有限公司、独山金孟锰业有限公司、贵州独山恒鑫铁合金有限责任公司等。

【化工行业（2000 万元口径）】 2017 年，全州共有化工企业 71 户，实现产值 220 亿元，同比增长 12.8%。实现增加值 45.7 亿元，同比增长 11.3%。全州大型化工企业有瓮福（集团）有限责任公司、贵州金正大生态工程有限公司、贵州天福化工有限责任公司、贵州川恒化工有限责任公司等。

【电力行业（2000 万元口径）】 2017 年，全州共有电力企业 31 户，其中：发电企业（包括水电、火电、风电）共有 17 户，供电企业 14 户，全年实现产值 115.3 亿元、同比增长 3.1%。实现增加值 24.6 亿元，同比增长 3.3%。大型发电企业有中广核贵州龙里风力发电有限公司、国电都匀发电有限公司等。大型供电企业有都匀供电局、瓮安县供电局等。

【建材行业（2000 万元口径）】 2017 年，全州共有建材企业 152 户。全年实现产值 262.9 亿元，同比增长 32.7%。实现增加值 63.1 亿元，同比增长 14.0%。全州大型建材企业有中龙里县红狮水泥有限公司、贵定海螺盘江水泥有限责任公司、贵州睿邦建材有限公司等。

【医药行业（2000 万元口径）】 2017 年，全州共有医药企业 25 户。全年实现产值 91.2 亿元，同比增长 39.2%。实现增加值 28.4 亿元，同比增长 39.9%。全州大型医药企业有贵州信邦制药股份有限公司、贵州盛世龙方制药股份有限公司、贵州瑞和制药有限公司等。

【机械行业（2000 万元口径）】 2017 年，全州共有机械企业 99 户。全年实现产值 154.0 亿元，同比增长 10.7%。实现增加值 31.7 亿元，同比增长 4.0%。全州大型机械企业有黔南山地车辆制造有限公司、贵州天虹志远电线电缆有限公司、贵州云河山地汽车有限公司等。

【电子信息行业（2000 万元口径）】 2017 年，全州纳入规模统计电子信息制造业 10 户，累计完成工业产值 16.17 亿元，同比增长 38%。贵州华磁电子科技有限公司为省重点监测调度企业之一。新增金利达、金泰达两户生产手机企业，填补黔南州无生产移动终端产品历史。引进的贵州西格玛“纳米材料 ITO 靶材生产项目”，是当年引进的电子信息制造业的重点项目，预计年底试产。其他重点企业有晶科光电、博裕电子、翔音电子等。

工业投资

【概况】 2017 年黔南州 500 万元以上在库产业项目共 503 个，其中：5000 万以下项目 368 个，占 73.16%，完成投资 97.8 亿元，5000 万以上项目 135 个，占 26.84%，完成投资 159.57 亿元。投产项目 362 个，占 71.96%，在建项目 134 个，占 26.64%。雪花啤酒、卡布国际、瓮福黄磷一批项目的相计建成投产，有力地保证了全州工业的增长。老干妈产业园、中烟技改项目等项目加快推进，为今年及以后的增长奠定了较好的基础。工业产业投资完成 257.37 亿元，增速 6.5%，高于全省平均增速（5.2%）1.3 个百分点，增速全省排名第 4。

【规划建设】 深入贯彻创新、协调、绿色、开放、共享五大发展理念，抢抓国家实施新“一带一路”、长江经济带、“中国制造 2025”等战略的历史机遇，编制了《黔南州“十三五”工业发展规划》，对黔南工业发展基础和环境条件进行了分析，明确了“十三五”规划工业发展的总体思路和目标，在一圈两翼基础上结合工业产业集群发展的要求，提出打造“都 - 贵 - 独”、“瓮—

福”、“龙—惠—长”及“南部发展区”四个板块以优化黔南工业发展空间布局；明确了改造提升能源及矿产资源深加工、装备制造、特色轻工等传统优势产业，培育发展大数据电子信息产业、大健康医药产业、新材料产业、节能环保等新兴产业的路径。

【工业质量品牌建设】 一是认真贯彻落实《贵州省工业质量品牌提升三年行动计划（2017—2019)》，全面推进质量品牌建设，提高工业质量品牌核心竞争力，坚持将“千企改造”工程作为供给侧结构性改革重要抓手，抓好项目申报，加强技术改造，推动质量提高。二是坚持以企业为主体，增强企业质量品牌意识，引导企业自觉加强质量品牌工作，组织企业开展了2017年省级品牌培育试点申报工作，经省审查，确定了黔南州辖区内的贵州御龙尊茶业有限公司、贵州艾力康中草药开发有限公司、贵州苗姑娘控股集团等24家企业为2017年贵州省工业品牌培育试点企业，并组织该24家企业参加宣贯培训。三是为争创全国工业品牌培育示范企业，推动产业集群和企业品牌建设持续健康发展，形成区域品牌与企业品牌良性互动，积极开展了2017年产业集群区域品牌建设试点示范工作，重点支持福泉市开展磷及磷化工循环产业知名品牌示范区申报并获得通过。

【“千企改造”工程】 一是抓项目启动。2017年共有219户企业、250个项目启动改造，其中：规上企业199户，228个项目。项目共完成投资51.05亿元，占省下达“千企改造”任务（35亿）的145.85%，占省下达技改投资任务（80亿）的63.81%. 二是抓“双百强”建设。瓮福、川恒、金正大、芭田、卡布国际等10户企业列入“千企改造”工程龙头企业，占全省龙头企业数的8.85%。独山金锰、都匀酒厂、瑞和制药等7户企业列入高成长性企业，占全省高成长性企业的6.93%。17个企业累计完成投资20.34亿元，占省下达千企改造任务（35亿）的58.11%，“双百强”企业已成为全州“千企改造”工程深化和主攻方向，并引领和带动相关企业的转型升级。三是抓资金扶持。全州共有15家企业的15个改扩建和结构调整项目获得省级专项资金3910万元支持，有36个项目获得州级资金1000万支持。

工业园区

【概况】 2017年，全州工业园区在中央环保督察、脱贫攻坚任务艰巨的条件下，严格按照省、州发展工业实体经济决策部署。克服了经济下行和工业投资疲软的双重压力，主动作为、夯实存量，加大招商引资和园区基础设施建设力度，进一步优化产业结构、加快转型发展、创新经营模式、夯实配套设施。园区规模不断扩大，总量不断提升，经济增长极的效应逐步显现，实现了产业园区快速发展。

截至2017年，全州产业园区各项主要经济指标稳步推进，全州产业园区规划总面积57169公顷，已开发面积9838公顷，入驻企业共2057户，建成投产企业1568户，达产企业797户，规模企业753户，解决就业14.09万人。2017年，完成工业总产值1495.6亿元，其中，完成规模工业总产值1386.49亿元，同比增长17.5%，完成全年目标的102.7%，占全州规模企业总产值（1524.7亿元）的90.9%；完成主导产业产值1058.8亿元，占全州园区产值的76.36%；瓮福千亿级园区完成产值458.6亿元，完成税收105.6亿元；新增就业22851人，完成全年目标的134.4%；全州5个“511”示范园区（瓮福千亿级园区、龙里工业园区、惠水工业园区、麻尾工业园区）主要经济指标完成情况：税收52.91亿元，占全州产业园区的50.1%；招商引资516.4亿元，占全州产业园区的55.87%；规模工业总产值896.9亿元，占全州产业园区的64.7%。6个2017年全省30强园区（瓮福千亿级园区、龙里工业园区、贵定昌明工业园区、惠水工业园区、独山经济开发区）工业投资完成296.77亿元，占全州园区62.63%；税收完成84.97亿元，占全州园区80.46%；规模产值完成1101.65亿元，占全州园区79.45%，新增就业完成15643人，占全州68.46%。

【园区在全省排位情况】 2017年，从总体看，黔南州园区综合平均评分为262.72分，较上年提升31.53分，超出全省平均分40分，排名全省第2位；全省排名前30中黔南州占5席，且全部进入全省31个百亿级园区中；全州每个工业园区综合评分排名均有上升，是全省9个地州中唯一实现排名全部上升的市州，全州排名相对靠后的平塘工业园区在全省达到57位。分园区看，瓮安—福泉一体化园区综合得分为385.92分，首次进入前3位，龙里工业园区以324.81分获得第8位，首次闯入全省前10位，惠水长田工业园区获得第12位，贵定昌明工业园区获得第15位，独山经济开发区全省排名23位，较2016年上升22位，首次跻身全省前30位。长顺威远工业园区、都匀绿茵湖产业园区分别排名33、34位，接近前30行列。从成长性看，罗甸县工业园区、独山麻尾工业园区、都匀绿茵湖产业园区、平塘工业园区、贵州独山经济开发区、长顺县威远工业园区排名分别上升了34、30、28、24、22和20位，全部进入全省中等以上水平，显示出了较高的成长性。其中，都匀绿茵湖产业园区、独山经济开发区、独山麻尾工业园区实现连续两年排名上升。

【基础设施建设】 2017年，新增建成标准厂房67.05万平方米，累计建成490.12万平方米，入驻标准厂房企业521户，解决就业23710人，入驻面积458.63万平方米，入住率93.6%；累计建成污水处理厂20座，处理能力7.6万吨/日，新建成道路82.9公里，供水管网56.7公里，排水管网73.9公里；5个园区核心区基本达到了八通一平，4个园区核心区基本达到了七通一平，5个园区核心区基本达到了五通一平。

【招商引资情况】 2017年，全州园区共计签约项目415个（产业项目390个），项目总投资924亿元，签约项目到位资金422亿元；2013年至2016年签约项目1582个，签约资金3773亿元，签约项目截至本月累计到位资金2432亿元，累计资金到位率64.45%。

电 力

【概况】 2017年，都匀供电局按照南方电网公司和贵州电网公司工作部署，围绕“两精两优、国内一流”的发展战略，牢固树立“三种意识”，以全面标杆管理和全员自主改善为抓手，精益化管理水平有效提升。

2017年年末止已连续6年未发生有责任的设备和人身伤亡安全事件。售电量103.73亿千瓦时，当年期电费回收率100%；综合线损率4.61%，有损线损率8.98%；固定资产投资5.74亿元，万元固定资产售电量12.44千千瓦时/万元；客户年平均停电时间24.81小时/户，中心城区客户年平均停电时间1.78小时/户；综合电压合格率98.71%；供电可靠率99.72%；客户满意度80分；全员劳动生产率34.72万元/人·年；获得专利授权15项（含发明专利1项）；全面落实了党建和党风廉政建设工作责任制目标。

【安全生产】 风险闭环管控措施有力。狠抓防范电网运行安全风险的574项管控措施，有效管控了42次三级及以上电网风险；调控一体化扎实推进，11家县局全部实现“调度+监控”模式；强化关键输变电设备精益化运维，发现并消除紧急及重大缺陷843项，消缺率100%；推广“机巡+人巡”模式，“无人机”巡线1855公里，占总运行线路的42%；全方位管控人身风险，严格执行安规和“两票三制”等安全生产规章制度，扎实开展反违章大反思大讨论活动，强化外包施工安全管理，人身安全得到有效保障。安全监督体系日趋完善。开展现场安全纠察3515次，管控安全风险1818个，查处违章169项，现场平均违章率0.6%，同比降低0.1%；安全大检查和安全专项督察发现问题103项，均按计划整改；排查配网防社会人员触电安全隐患8497处，消除6885处，消除率81.03%。应急保供电管理持续加强。完成了局级应急指挥中心建设，成功应对年中暴雨灾害，完成了三荔高速山体滑坡救援保供电任务；十九大保电工作实现“零故障、零差错、零投诉、零泄密”；防范了新型网络勒索等病毒攻击，未发生三级以上网络安全事件。“团队互助”安全文化建设持续深入。175个互助团队强化自主管理，有效遏制违章发生。

【提质增效】　增供扩销成效显著。供电量108.73亿千瓦时，售电量103.73亿千瓦时，供售电量双双实现百亿突破；外送电量2.04亿千瓦时，占总售电量的1.97%；完成市场化交易电量41.87亿千瓦时，占总售电量的40.36%；优化、简化业扩流程，增供电量1.61亿千瓦时；积极推广电能替代，完成替代电量7453万千瓦时；完成了9条线路的客户资产接收工作，转固资产1774.17万元。电费回收成绩突出。按周跟踪82户重点客户做好电费回收风险预警，当年期电费回收率连续两年达到100%。专项行动深入开展。完成全部两家僵尸企业（龙里县电力实业公司、长顺供电局服务部电杆厂）的处置工作；积极推进资产产权证明专项清理工作，补办房屋不动产权证书87个、土地不动产权证书56个，超额完成公司目标；有序推进依法治企，加强法律案件管理，办理诉讼案件15宗，挽回经济损失216.39万元。

【改革稳妥推进】　完成龙里、惠水、罗甸、长顺、丹寨5个县级供电企业的管理关系划转工作，实现了供电区域与黔南州行政区域的统一，为更好地服务黔南州经济社会发展奠定了坚实基础。完成十三家县级供电企业的子改分工作。市郊供电局和开发区供电局改制为分局，其余11家县级供电企业改制为分公司，压缩了管理层级，优化了管控模式。配网增量改革方面，积极参与瓮安配网增量业务改革试点，与政府就区划、资产、园区配网规划设计以及配售电公司的投资方式、股比等问题持续沟通协调，坚持“相对控股、用电网资产入股”等原则进行磋商；投资5373万元开展瓮福黄磷、独山经济开发区等9个业扩投资界面延伸项目。职工持股企业规范、清退、改制工作稳步推进。全面完成了职工持股企业非公股权清退和资产公有平台搭建，完成了全部10家县局职工持股企业的股权收购，净资产7079.42万元，实现了“产权公有、主业控制”。“三供一业”分离移交方面，16个国有企业职工家属区12905户，完成改造移交3167户，完成率24.54%；待改造移交9738户，已签订框架协议9586户，签订率98.44%。

【客户服务】　投诉管控持续强化。准确把握客户抱怨根源，切实解决停电多、电压低、抢修超时等客户投诉热点问题；坚持客户投诉处理到位标准，提级12398投诉和95598重大投诉闭环管控，全年发生12398投诉13起，百万客户投诉率8.81%，投诉问责率达100%。停电管理不断加强。严控重复停电和延时复电，大力开展配网调整方式、发电机转供电等，节约用户平均停电时间21.5时/户，有力提升客户感知。配网管理有效提升。严格落实现场工作“三件事”和设备运维“三板斧”，配网线路联络率73%、绝缘化率17%，中压配网故障率同比下降13%，年内消除低电压台区205个。业扩报装专项治理深入开展。精简业扩流程，业扩报装时间在完成国家要求压缩三分之一的基础上再压缩11%，荔波漳江风景区、独山恒鑫铁合金、瓮安成功磷矿等增容项目实现提前用电。网格化服务日益深化。大力推行片区客户经理制，配置片区客户经理532个，服务村寨1347个、社区187个，打造了高效的客户诉求信息传递服务体系。“互联网+电力服务”全面推行。推广统一服务平台，拓展缴费渠道，非现金缴费比例达94.94%，同比提升9.2%。

【管理工作】　精益管理常态化推进机制初步建立。编制了精益管理工作方案和全员自主改善工作方案，配套制定了精益人才培养制度和考核激励制度。举办精益管理交流培训26次，实现了精益管理培训的全员覆盖。全面标杆管理稳步提升。建立了20个专业工作小组，明确了178项精益管理工作任务，2017年综合标杆一流评价得分77.61分，同比提升3.47分，12项核心指标中7项达到网内一流及以上水平；开展了186个班站所的星级评价，评选出三星班站所47个，省公司批复四星班站所4个。全员自主改善深入推进。以作业指引为载体，以解决实际问题为出发点，精心选取实施了56个精益化项目，《精益多功能工具套包》项目获南网公司精益管理银奖，《输电线路树障砍伐挂钩》和《数据治理平台》获省公司精益项目三等奖；深入推进7S管理，分类建立19个7S管理样板班组，采用7S随手拍上传微小改善、合理化建议2611条。信息系统实用化与数据质量持续提升。企业管理信息系统按期单轨运行，系统应用实现全面覆盖，系统实用化、数据质量水平分别达到98.89%、99.11%；生产域移动应用上线运行，物资域移动应用上线试运行；所务平台在75个供电所全面推广应用，使用率达100%，绩效模块使用率达71%。降损“利剑行动”成效显著。深入开展“摸家底”“贴标签”“树标杆”等基础工作，着力降低线路、台区线损异常率，10千伏及以下有损线损率6.05%，累计减少损耗电量达9880万千瓦时，基本消除有损线损率超10%的供电所，电子化移交率、10千伏母线不平衡率、10千伏线路关口自动抄表率、数据采集完整率等指标大幅提升，综合线损率达到国内一流水平。

【电网建设】 新一轮农村电网改造升级工程加速实施。完成农网升级改造投资3.14亿元，同比增长152%，中央预算内投资全部完成；第一、二批147个中心村项目和第一、二批104个低电压台区改造项目全部建设完成。脱贫攻坚行动深入开展。投资3.12亿元开展电力扶贫工作，推进2个极贫乡镇（平塘县大塘镇、长顺县代化镇）、1个深度贫困县（三都县）和349个深度贫困村的电网升级改造工作，提高了贫困地区供电质量。基建管理提升取得实效。着力基础管理，关键指标持续提升，强化过程管控，工程质量管理不断夯实；连续6年保持基建人身“零死亡”，未发生问责、立案审查等廉洁事件，讨薪上访维稳事件“零”发生。重点工程项目有序推进。220千伏山坪变、110千伏堂坊变和秀峰变等工程按期投运，都匀谢官冲110千伏输变电工程等6个历史遗留项目得到有效处理；完成了69座变电站、97栋房屋、69块土地的基建合法性权证办理，完成率58.5%，超额完成公司目标。物资供应链管理持续加强。全年采购物资2.02亿元，物资合同签约及时率99.7%、7天准时供货率99.4%；积极推动电子商务系统的推广应用，全面实现系统上线运行。科技创新成果突出。新增专利授权15项（发明专利1项），获全国科技奖1项，网公司科技奖2项，省公司科技奖8项，黔南州科技奖1项。

【队伍建设】 干部队伍建设从严从实。按照好干部标准和“三严三实”要求，选优配强县局领导班子和部门主要负责人，交流调整干部74名，选拔任用干部24名（其中年青干部9名）；强化年度考评、经济责任审计等成果运用，严格干部管理，开展干部谈心谈话133人次。人才队伍建设持续加强。选聘三级助理技术（技能）专家9人，甄选县局后备技能人才13人进行重点培养，现有高级助理技能专家1名，助理技能（技术）专家19名；着力“补短板，提素养、扬正气”，“一县一场”硬件建设全部完成；开展集中培训33期1586人次，现场培训461期10468人次。结构性缺员治理取得实效。局本部的核心业务和生产一线缺员率降至3%以内，分县局的核心业务和生产一线缺员率降至4%以内；稳妥落实了增量补贴停发相关工作；持续优化绩效工资分配方式，实现工作积分制业绩考核全覆盖。一线职工工作生活条件和待遇持续改善。投入1318万元解决供电所业务用房面积不足问题；投入3510万元开展供电所环境整治，为供电所配齐必要的车辆、工器具、急救包等；调整补充供电所人员，撤小并大优化供电所设置，供电所总数从77个减少到75个。

【党建工作】 中共十九大学习宣贯扎实推进。坚持读原文、学原著、悟原理，切实将中共十九大的要求融贯到各项工作中，承接制定了8项具体任务64条贯彻措施；局领导班子成员分赴基层进行宣讲，实现全覆盖。"两学一做"学习教育常态化制度化扎实推进。狠抓南网党组一号文任务分解落实，细化分解78项工作198条措施；抓牢"电亮先锋"、精准扶贫两个关键，深入开展"电亮先锋"七项行动，充分发挥党支部战斗堡垒和党员先锋模范作用；用好扶贫地图，大力开展精准扶贫"四项行动"，精心选派驻村干部，积极打造扶贫示范点。党建品牌不断提升。编制了《桥文化品牌建设五年规划》，规范了"桥文化月"等文化主题活动常态化开展；专业文化建设卓有成效，获评南网公司"安全文化示范单位"及"法治文化示范单位"；"党建帮扶进班所"工作纵深推进，党员创先争优平台不断夯实。反腐倡廉建设不断深化。重点领域、关键环节和重要岗位的廉洁风险防控持续加强，营销、财务、物流、基建"不能腐"体制机制建设深入推进，"四种形态"工作常态化开展；落实网公司巡视反馈意见，248项整改措施完成率99.6%；对2015年以来各级巡视整改落实情况的监督检查发现的21条问题严格按要求整改。群团、离退休及新闻宣传工作卓有成效。深入开展"6+N"职工小家创建，基本解决了基层班站所职工用餐、休息等问题；大力实施员工素质提升工程，积极组织开展劳动（技能）竞赛，获得省公司团体奖6项，个人奖18项；以"桥城星火"主题活动擦亮"万家灯火青春点亮贵州梦想"团青品牌，获评"贵州省五四红旗团委"；认真落实离退休老同志"两项待遇"，打造离退休工作"三个平台"，推动"敬老文明号"活动深入开展；强化新闻宣传，在中央、省市重点媒体刊发报道2091篇，成功处置网络舆情13起，塑造了良好企业形象。

（张光宇）

民营经济

【概况】 2017年，全州完成民营经济增加值694亿元，占GDP比重为59.87%，较2016年提高3个百分点，同比增长19.2%；民营经济新增市场主体3.72万户，累计市场主体达21.6万户；民营经济注册资本完成2036.69亿元，同比增长40.4%；民营经济新增就业5.41万人；全州完成民间投资656.4亿元，全州民营经济税收贡献110.72亿元。

【星光培训工程】 根据贵州省"星光培训工程"计划，2017年，通过并拨付资金支持的有12个项目，实际获批培训资金178万元。全年各县市共完成培训12期，共计培训人员2740余人次。全州中小微企业管理水平、业务能力得到进一步提高。

【中小企业对外交流工作】 2017年，组织企业组织多家企业参加广州中博会、宁波食品博览会、安顺石材博览会等等展会，帮助企业拓展市场；组织黔南州优秀民族民间艺人参加民博会能工巧匠选拔大赛、创客中国大赛等活动。通过系列工作的支持，在一定程度上为黔南州民营企业打开市场，提供舞台展示企业特色，促进销售。全年共向上争取扶持资金1285万元，支持34个企业的项目建设。

【推进大众创业万众创新】 重点围绕大学生和返乡农民工等创新、创业，积极引导和支持建设一批低成本、便利化、全要素、开放式的众创空间，2017年组织7家众创空间申报省级众创空间认定，经评审，黔南州领略中国农产品电商众创空间获批为省级众创空间，三都"水都传说"众创空间已通过专家答辩和现场考察。同时积极推进科技企业孵化器建设。2017年，组织6家孵化器申报省级科技企业孵化器，贵州独山经开区科技企业孵化器、独山高新技术产业园区轴承制造产业孵化器通过省级认定。

产业建设

【概况】 培育发展新兴产业取得积极进展，初步形成了龙里谷脚医药产业、贵定昌明建筑装备制造、都匀装备制造和电子信息、独山加工制造和新材料、福泉和瓮安精细磷化工等一批新兴产业基地，产业科技创新能力不断提高，为构建黔南新兴产业集群奠定了一定基础。

【淘汰落后产能】 2017 年 1 月，州工信委发文各县（市、区）工信部门，组织在全州范围内开展落后产能摸底排查工作，此次摸底结果，14 户企业，落后产能 20 万吨。涉及行业铁合金、造纸、钢铁。对于清查出的落后产能，必须做到应退尽退、应淘尽淘，截至 2017 年年底全部关停淘汰。

【大健康医药制造业发展】 利用得天独厚的自然环境优势和中药材资源优势，重点培植一批骨干企业，充分发挥重点骨干企业的拉动和辐射作用，以神奇、信邦、瑞和、盛世龙方等骨干企业为重点，积极培育有特色、有优势、有潜力的医药企业做大做强。加强大健康医药产业监测调度，强化跟踪服务，对企业发展过程中存在的困难和问题协调解决。2017 年医药产业完成产值 91.2 亿元。

【盐业改革工作】 加强对盐业体制改革的组织领导，强化改革的主体责任，明确盐业体制改革牵头部门和盐业主管机构，确保改革平稳有序推进，黔南州人民政府建立了黔南州盐业体制改革工作联席会议制度，明确了联席会议、联席会议办公室、成员单位的职责及工作要求。各县（市）人民政府也建立了盐业体制改革工作联席会议制度或者领导小组。启动了《黔南州盐业监管体制改革方案》（征求意见稿）的起草工作并报送省人民政府审定通过予以印发；出台了《黔南州食盐供应应急预案》，经过征求相关部门意见和州政府审定，已与州发改委联合印发。

（杨胜燕）

·通　信·

TONG XIN

大数据战略行动

【概况】　根据贵州省机构编制委员会办公室《关于设立黔南州大数据管理局的批复》（黔编办发〔2017〕208号）精神，2017年8月30日，设立黔南州大数据管理局，为黔南州人民政府工作部门。根据黔南州人民政府办公室《关于印发黔南州大数据管理局主要职责内设机构和人员编制规定的通知》（黔南府办发〔2017〕24号）文件，黔南州大数据管理局设办公室、规划建设科、产业应用科3个内设机构，行政编制10名，其中：局长1名，副局长3名，总工程师1名，内设机构科级领导职数4名。同时将州政府办公室管理的副县级事业单位州政府信息管理中心调整为黔南州大数据管理局管理，加挂“黔南州信息数据管理中心”牌子。

2017年，将州工业和信息化委员会承担的有关数据资源管理、大数据应用和产业发展（除电子信息制造业外）、信息化（除“两化融合”外）等职责，整合划入州大数据管理局。具体包括：

1. 推进信息化建设和管理职责；拟订大数据、信息化发展战略、规划和产业政策并组织实施；提出优化产业政策并组织实施；提出优化布局、结构的政策建议；拟定地方性相关产业技术规范和标准并组织实施。

2. 拟订并组织实施大数据战略、规划和政策措施；研究制定大数据收集、管理和开发应用的标准规范；协调组织实施国家和省数据技术标准；协调组织社会经济数据资源的管理工作；指导推进社会经济各领域大数据开发应用。

3. 制订数据资源采集、存储、登记、开发利用和共享的标准规范及管理办法并组织实施。

4. 协调大数据发展和应用重大事项，推进全州信息系统统一平台、数据统一存储和统一管理，促进信息资源整合共享。

5. 负责信息化行业管理、信息化应急协调工作。

6. 负责提出大数据、信息化固定资产投资规模及方向（含利用外资和境外投资）、上级支持建设项目资金安排的建议，按照规定权限，审批、备案和核准大数据、信息化领域固定资产投资项目；负责部门预算内的政府信息化项目审核工作。

7. 指导行业技术创新和技术进步，促进科研成果产业化，推动软件业、信息服务业等大数据新兴产业发展和技术进步；推动大数据产学研用结合。

8. 协调信息化建设中的重大问题，促进通信、广播电视和计算机网络融合；指导协调信息资源开发利用、企业信息化发展、电子商务推广和信息化应用推进工作；负责信息安全的统筹规划和协调管理，协调信息安全保障体系建设；推动信息系统跨行业、跨部门互联互通和重要信息资源开发利用共享；拟订州级大数据专项资金年度计划并组织实施。

9. 指导协调通信业发展；负责信息基础设施建设的规划、协调和管理；指导相关部门拟订通信管线、公共通信网、专用信息网规划；牵头协调电信市场涉及社会公共利益的重大事宜；监督管理全州网络和信息服务市场；联系并协调在黔南电信运营企业有关工作，协调指导党政专用通信工作。

10. 组织大数据对外合作和交流；指导相关企业开展区域化合作、国际化经营。

11. 承担网络安全及相关信息安全管理的职责；指导监督政府部门、重点行业的重要信息系统与基础信息网络的安全保障工作；协调处理网络与信息安全的重大事件。

【黔南州大数据战略行动三年行动计划】 2016年10月11日，印发《黔南州大数据战略行动三年行动计划》。旨在深入贯彻《国务院关于印发促进大数据发展行动纲要的通知》（国发〔2015〕50号）及《中共贵州省委贵州省人民政府关于实施大数据战略行动建设国家大数据综合试验区的意见》（黔党发〔2016〕14号），全面推进黔南州大数据发展和应用，加快建设数据强州。

【黔南州大数据发展规划2016—2020年】 2017年5月10日，编制《黔南州大数据发展规划2016—2020年》。《纲要》提出，要加强顶层设计和统筹协调，大力推动政府信息系统和公共数据互联开放共享，加快政府信息平台整合，消除信息孤岛，推进数据资源向社会开放进程，增强政府公信力，引导社会发展，服务公众企业；以企业为主体，营造宽松公平环境，加大大数据关键技术研发、产业发展和人才培养力度，着力推进数据汇集和发掘，深化大数据在各行业间的创新应用，促进大数据产业健康发展；完善法规制度和标准体系，科学规范的利用大数据，切实保障数据安全。《纲要》明确，推动大数据的发展和应用，在未来5至10年打造精准治理、多方协作的社会治理新模式，建立运行平稳、安全高效的经济运行新机制，构建以人为本、惠及全民的民生服务新体系，开启大众创业、万众创新的创新驱动新格局，培育高端智能、新兴繁荣的产业发展新生态。

【2017·中国国际大数据产业博览会数字经济引领绿色发展百鸟河论坛】 2017年5月25日，在黔南州惠水县成功举办2017·中国国际大数据产业博览会数字经济引领绿色发展百鸟河论坛。论坛以“新路径、新动能、新增长”为主题，重点聚焦“产业数字化”“智慧农旅”“大数据技术”“VR应用创新”四大议题，旨在为数字经济领域精英人物、领军企业、知名机构、创投基金及创业者搭建专业化交流共享平台，共同探讨数字经济发展趋势、产业扶贫、产品服务创新以及助推传统产业升级转型。

（潘志远）

信息化建设

【概况】 深入贯彻《中共贵州省委贵州省人民政府关于实施大数据战略行动建设国家大数据综合试验区的意见》，以《黔南州大数据发展规划（2016—2020年）》为指导，围绕《黔南州大数据战略三年行动计划》制定的目标任务，加快谋划和布局数字经济主体产业，以大数据“互联网+”推动三次产业转型升级为核心，推动大数据与工业、农业、服务业的深度融合；以实施信息基础设施建设三年会战为抓手，夯实大数据产业发展基础；以推进政府数据资源“聚通用”为目标，加快推进政府数据互联互通，大力提升政府治理能力。

【深化大数据发展管理体制改革】 2017年8

月，成立州大数据管理局，将州工信委承担的有关数据资源管理、大数据应用和产业发展（除电子信息制造业外）、信息化（除“两化融合”外）等职责，整合划入州大数据管理局。

【大力实施大数据+专项行动计划】 实施“大数据+工业深度融合专项行动”，以瓮福集团、川恒化工两化融合惯标示范企业为标杆，深入推动大数据与工业深度融合。以大数据、“互联网+”等新一代信息技术手段为支撑，推动以盘江海螺、金正大、信邦集团等为代表的传统水泥、磷化工、医药等企业的转型升级；实施“大数据+精准扶贫+农业深度融合专项行动”，以龙里湾滩河现代高效生态农业示范园区为引领，积极探索智慧农业，推进农业结构调整；实施“大数据+服务业深度融合专项行动”，率先在荔波、平塘、龙里等地建设一批智慧景区、智慧酒店、智慧健康养老示范点，重点打造荔波大小七孔景区、平塘航龙天文小镇、惠水闻康大健康数字养生谷、龙里太阳谷大健康产业等一批数字经济旅游景区、园区。

【大力推进大数据+政府治理融会贯通】 实施“政府大数据应用专项行动”，鼓励各级各部门先行先试，以提升政府治理、推动服务便民为目标，启动大数据政府治理应用项目建设。推出了“都匀政务110”“瓮安社会双联”、福泉“互联网+公共服务”等品牌，为社会服务和管理、应急处置等提供了平台支撑和决策辅助。实施5个“数据铁笼”典型示范项目，即惠水县政府“政务监管服务平台”、龙里县纪委、监察局“民生监督大数据平台”、州公安局“黔南州民爆物品安全监管服务信息系统平台”、州司法局“智慧司法”法律援助服务平台和州环保局“黔南州数字环保信息化平台”。

【大力推动数字经济项目建设】 制定《关于推动数字经济加快发展的实施意见》，加快培育经济发展新动能，拓展数字经济发展新空间，推动数字经济加快发展，促进经济提速转型。惠水百鸟河数字小镇成为第一批省级创建数字经济示范小镇单位，独山经济开发区、荔波大、小七孔风景名胜区、龙里湾滩河现代高效生态示范园区、贵州迦太利华信息股份公司分别获得贵州省第二批数字经济试点示范园区、示范景区、示范企业单位。

【大力提升信息基础设施保障能力】 打好信息基础设施三年会战的决胜战，大力实施通信网络提升工程，全年累计完成基础设施投资15.98亿元。开展“满格黔南”行动，共查找盲点、盲区和弱覆盖区域996个，消除盲区、盲点和弱覆盖点655个，消除率65.76%。推动“小康讯”（通信部分）建设，全面完成工信部下达黔南州电信普遍服务试点435个行政村通光纤任务目标。

【大力推进信息化与工业化深度融合】 按照《贵州省信息化和工业化深度融合专项行动实施方案》，围绕“千企改造”工程·大数据专项行动，深入推动大数据等新一代信息技术与制造业的融合发展。2017年全州工业两化融合水平达到38.6，比2016年提升2.4个百分点，在全省排名第5位。在数字化方面：数字化研发设计工具普及率为37%，关键工序数控率32.1%，关键业务环节全面信息化企业比例为13.4，应用电子商务的企业比例为41.7%；在集成互联方面：实现管控建成的企业比例、实现产供销集成的企业比例、实现产业链协同的企业办理分别为4.6%、11.1%、4.6%。从总体上看，黔南州制造业两化融合水平逐步缩短了与全省平均水平差距，中小企业由起步建设阶段向单项覆盖阶段的飞跃开始显现，大中型企业处于集成提升及以上阶段。

（杨胜燕）

【2017年全国企业信息化大会在黔南州惠水县百鸟河数字小镇举办】 2017年12月12日，在黔南州惠水县百鸟河数字小镇成功举办2017年全国企业信息化大会。大会以“跨界融合、协同创

新、智慧生态”为主题，旨在引导企业通过网络与信息化工具深入实施创新驱动发展，全面推动经济社会的数字化、网络化、智能化跨界融合、协同发展。大会由全国企业信息化大会组委会、中国通信工业协会、中国通协企业信息化建设委员会、省大数据管理局、贵州省经济和信息化委员会、黔南州人民政府主办，工信中通（北京）信息技术研究院、惠水县人民政府、黔南州工业和信息化委员会、黔南州大数据管理局承办。

【黔南州门户网站信息审核发布管理制度】 2017年12月12日，印发《黔南州门户网站信息审核发布管理制度》。旨在加强“中国·黔南”网站—黔南州门户网站（地址：www.qiannan.gov.cn，以下简称州门户网站）信息采集、审核、发布工作的规范化、制度化，保障州门户网站信息的权威性、及时性、准确性、完整性和安全性。

【黔南州政府系统门户网站评估结果】 2018年1月15日，贵州省人民政府办公厅发来《省人民政府办公厅关于2017年度贵州省政府系统门户网站和省电子政务网应用评估结果的通报》文件，2017年度贵州省政府系统门户网站评估，市（州）人民政府及贵安新区管委会网站评估结果中，黔南州排名第二。

【黔南信息基础设施建设三年会战攻坚年1—12月推进情况通报】 2018年1月15日，根据《全省信息基础设施建设三年会战攻坚年1—12月推进情况通报》，黔南2017年完成信息基础设施建设总投资15.94亿元，占地区完成投资比例7.42%，全省排名第六；完成全年投资进度占比106.27%，全省排名第七，顺利完成全省信息基础设施建设三年会战制定的各项目标。

【大数据产业初具规模】 2017年黔南规模以上电子信息制造业产值累计完成16.47亿元、软件和信息服务业实现业务收入6.2亿元、电子商务预计交易额累计完成100.45亿元、电信业务总量累计完成75.6亿元，分别同比增长39.1%、103%、39.3%、159.7%，新增电子信息制造业入规企业3户，实现智能终端零的突破。全年完成大数据产业产值198.72亿元。满格黔南”行动有序推进，查找消除盲点、盲区和弱覆盖区域996个。

（潘志远）

电　信

【概况】 2017年在州委、州政府领导下，中国电信黔南分公司认真贯彻深入贯彻落实中共十九大州两会精神，以中国电信集团公司3.0战略转型及省公司三年经营发展目标为指导思想，团结带领全州全体员工立足当前谋划布局、攻坚克难后发赶超，不断完善企业运营管理机制体制、夯实经营管理基础，扎实推进企业文化建设，实现了企业有效益的规模发展，为促进黔南州经济社会的发展做出积极贡献。提升企业运营效益，全面推动各项业务规模发展。黔南电信始终秉承“用户至上，用心服务”的运营理念，恪守诚信经营的原则，追求企业价值与客户价值的共同成长，致力于为用户提供便捷丰富、高品质的综合信息服务，以精细而微的服务铸就行业领先的服务品质。

【党建工作】 黔南分公司党委组织全州干部党员群众集中收看当天中共十九大开幕会，要求所有党员同志都要写一篇学习十九大心得体会。下发了《关于在推进“两学一做”学习教育常态化制度化中迅速掀起学习贯彻党的十九大精神的通知》，推选16名支部书记参加州委国企工委在州委党校组织的“学习贯彻党的十九大精神暨黔南州国有企业党建业务知识培训班”学习，印发了《中国电信黔南分公司党的十九大精神“大学习”“大宣传”“大落实”实施方案》，组建了七支宣讲团队分片到全州各单位开展十九大精神宣讲活动。其间，黔南分公司党委除积极组织参加集团、省公司和地方党委的有关十九大精神学习及辅导外，还集中组织召开了三次党委中心组（扩大）学习会议，专题学习研讨十九大精神和习近平总书记在贵州代表团的讲话、领导班子分别到所在支部、分管片区、联系县专题宣贯十九大精神。全州各党支部先后组织召开64次支部会议，专题学习十九大精神。切实加强用习近平新时代中国特色社会主义思想武装头脑，指导实践、推动工作。

2017年4月，黔南分公司传达学习了贵州省第十二次党代会精神，在全州电信纪念建党96周年纪念大会上以上党课的方式，对全州所有党员同志解读了习近平在全国国有企业党的建设工作会上的重要讲话精神。其次于8月组织召开党委中心组学习会议，专题集中学习了十八届六中全会精神和习近平在全国国有企业党的建设工作会上的重要讲话精神。9月组织学习宣贯习近平在省部级主要领导干部专题研讨开班式上的重要讲话精神。全年来，先后9次组织召开公司党委会专题研究公司党建相关工作。

公司党委成立了意识形态工作领导小组，党委书记任组长，组织开展了全州“真抓实干，成就梦想”的创业文化宣贯活动，积极打造黔南电信“五好标杆”县，强化目标引领，通过标杆凝聚力量。开展“微心愿”活动，体现企业社会责任。

【经营情况】　2017年，黔南分公司经营收入超额完成目标，实现年度预算的105.55%，完成率排名全省第三。同时黔南电信积极落实省委、省政府“大数据、大生态、大扶贫”战略，以贵州省信息基础设施建设三年会战为目标，持续加快黔南信息网络建设、持续优化网络结构，服务黔南地方经济，全年共完成了三期宽带村通建设和六期基站建设，全年新增光网端口容量10万口，新增行政村有线光宽带覆盖300个，新增4G基站超500个。聚焦重点业务支撑、推进大数据建设、提升信息服务能力建设，推进互联网+教育、互联网+医疗、互联网+农业、互联网+交通等民生行业建设力度，服务民生经济，持续提升全州社会运行信息化程度。

8月15日，黔南州人民政府与中国电信贵州公司战略合作协议在都匀签订，州委唐德智书记与贵州电信上官亚非总经理出席签字仪式，根据协议，“十三五”规划期间中国电信将投资25亿元，共同推进黔南州信息化建设和大数据发展。

【安全生产】　2017年，黔南电信认真贯彻落实《中华人民共和国消防法》，坚持“安全第一，预防为主，综合治理”的方针，牢固树立安全发展观和红线意识，紧紧围绕集团转型发展战略和企业改革发展中心，深化责任落实，强化风险控制，坚持安全发展，积极开展安全隐患排查治理，夯实安全基础，积极推动安全保卫工作转型升级，为企业改革发展提供有力的安全保障。全年实现无因工伤亡、无火灾、无通信、无工程质量等责任事故的“四无”目标，并在2017年工信部检查中得到肯定。

【基础管理】　2017年，黔南电信进一步加强信访维稳工作，分工协作积极应对，保障社会稳定的环境。认真组织开展保密宣传与保密工作检查，全年未发生泄密事件。转变网络维护观念，狠抓基础管理，强化制度落实，扎实开展各项网络维护工作。全年完成省公司各项网络考核指标，网络整体运行稳定，未发生重大通信故障；传输干线运行稳定，无重大障碍发生；圆满完成十九大、十二届全省旅发大会等30余次的重要活动保障。

【服务创新】　黔南电信坚持把学习和创新作为第一要务，大力支撑企业的业务转型需求，不断强化以效益为目标的经营理念，继续加大业务创新、服务创新和管理创新，夯实服务管理。2017年月均投诉率下降4个百分点，全年未发生“三强”问题和群体性申诉。公司通过强化对基层一线的倒三角支撑服务，有效提升服务界面的客户感知，同时聚焦客户感知，积极开展 24 小时装维超时主动赔付、新媒体客服推广、积分互联网化等工作，提升客户感知。

2017 年，黔南分公司将继续加快发展，向用户提供更加丰富多彩的信息通信服务，为加快推进黔南州经济和社会信息化进程做出更大的贡献。

（张孙付）

移动通信

【概况】 2017 年是“十三五”规划的关键之年，在中国移动“大连接”战略的引领下，中国移动贵州公司黔南分公司（以下简称“黔南移动”）贯彻落实省公司党委各项工作部署，学习贯彻党的十八届历次全会和中共十九大精神，以习近平在全国国有企业党的建设工作会议上的讲话精神和集团公司党建工作会议精神为指引，以作风建设为抓手，全面加强从严治党，以价值增长和效率提升为导向，积极抢抓发展机遇，在保持客户规模持续增长的基础上，扎实推进“大连接”战略落地，深化“四轮驱动”发展，实现了各项生产经营业绩稳健增长。

2017 年 4 月，与共青团黔南州委、黔南州水库和生态移民局签订《助力易地扶贫搬迁合作框架协议》，为全州易地扶贫搬迁安置点信息化建设、精神文明建设、移民户就业创业服务、志愿者关爱服务以及“青年之家”综合服务平台建设等工作提供顾问式咨询及相关信息化解决方案。

2017 年 8 月，与黔南州人民政府签署“2017 年第三批电信普遍服务项目”协议，负责黔南州 435 个行政村的有线宽带建设。

2017 年 11 月，在全省率先完成 4G 五期一阶段所有站点建设，提前完成家庭宽带和电信普遍服务工程建设。

【网络基础建设】 2017 年，信息基础设施建设投资完成 6.02 亿元，占全省投资 10.03%，占全州信息基础设施投资 40%。持续完善网络深度和广度覆盖，着重解决了城区、交通干线以及农村 2G 弱覆盖问题；克服困难全力加快 4G 网络建设，在全省率先完成了 4G 五期一阶段宏站、室分、微基站及扩容工程建设，TD－LTE 总数达到 7000 多个，全州城区、乡镇 4G 网络覆盖率达到 99.05%，基本实现 4G 行政村通，广覆盖初具规模。持续开展高流量 4G 站点扩容和 2/4G 高干扰小区整治工作，覆盖深度有所加强。持续夯实传输网络，进一步提升健壮性。通过城域骨干传送网 PTN 设备优化，核心层设备与省干设备链路带宽升级至 100GE，5 个县城区共 13 个汇聚环扩容升级至 100GE。互联网出口带宽达到 1280Gbps，FTTH 覆盖用户总数达到 83 万户，城市宽带接入能力 50Mbps 覆盖达到 100%；电信普遍服务行政村宽带接入能力 12Mbps 达到覆盖 100%，自有农村宽带用户宽带接入能力 20Mbps 达到覆盖 100%；满格贵州专项工作消除盲点 790 处，网络广覆盖和深覆盖进一步完善。

【提速降费】 2017 年，积极落实国家“年内全部取消手机国内长途和漫游费”的要求，于 10 月 1 日全面取消手机国内长途漫游费，在此基础上还推出了七大“提速降费”新举措，进一步有效消除了城乡地区之间不平衡、不平等的数字鸿沟。一是大幅下调国际长途直拨资费。自 2017 年 5 月 1 日起，大幅下调 70 个国家和地区的国际长途直拨资费，其中 21 个国家和地区从 6.88 元/分钟或 1.88 元/分钟下调至 0.49 元/分钟，49 个国家和地区从 6.88 元/分钟或 1.88 元/分钟下调至 0.99 元/分钟。二是全面下调“一带一路”沿线国家和地区漫游资费。沿线全部 64 个国家和地区的国际漫游语音资费下调至 0.99 元/分钟，53 个国家和地区的国际漫游流量资费调整为 30 元/60 元/90 元的包天不限流量资费。三是推出“速率倍增行动”，大幅下调互联网专线资费。自 2017 年 5 月 17 日起，互联网专线起步带宽从 2M 上调到 10M，对协议期内带宽 200M 以内的客户，在不增加费用的情况下，经申请速率可免费升至上一档。5 月 17 日后，新办理业务的签约客户，执行调价后的优惠资费；原有客户续签时，可自主选择执行新资费或提速方案。四是推出“小微宽带”特惠产品。自2017年5月17日起，针对小微企业“快捷接入、简单实用”的需求，推出“小微宽带”特惠产品，主要面向商务楼宇、产业园区、酒店宾馆、快递物流、连锁商铺、沿街商铺等资费敏感型小微企业客户。五是任本用资费。5月1日，面向新入网用户推出188元及288元档“任本用”全网流量不限量套餐，其中188元含500分钟国内语音12G流量不限速流量；288元含1500分钟国内语音20G流量不限速流量，超出封顶值后限速不高于1Mbps。六是推出系列流量优惠活动。自2017年5月1日起，针对不同流量需求的客户，推出系列流量优惠活动，包括流量升档计划和“任本享”流量降费红包抢购活动，流量低至5元/GB，满足客户的大流量使用需求。七是推出“任本看”视频流量优惠包。自2017年5月17日起，和热门视频APP网站合作，推出9元和24元两档视频流量优惠包，客户可分别获得3GB和30GB视频流量，让客户可以放心使用流量观看视频。通过宽带免费提速、流量资费下调等惠民措施，2017年移动流量资费水平已降至16.2元/GB，固定家庭宽带价格下调至50.4元/月/户，综合资费水平相比2016年底下降8%。

【打造区域医疗信息化瓮安模式】　整合现有医疗卫生行业新农合、HIS、电子病历、合理用药、智能审核、图像采集等产品，结合国家医疗卫生行业政策，以基层卫生院为中心、HIS业务为基础，实现瓮安县医疗卫生行业产品在县、乡、村医疗机构的全覆盖。加强与居民健康卡、居民健康档案以及省州各项平台数据对接，在业务推广的同时帮助县卫生局完成医药监管全覆盖、人口健康信息全覆盖、远程医疗全覆盖，得到了良好的政策支撑。2017年，瓮安县完成了各项建设内容，医疗卫生行业产品覆盖至3家县级医疗机构、26家乡镇级医疗机构、14家私立医疗机构、200家村级医疗机构，同时获得省、州、县卫计委高度认可，2017年在全州复制推广了瓮安模式。

【创新提升服务品质】　始终坚持贯彻“客户为根、服务为本”的理念，围绕“诚信、便捷、透明”的服务品质，不断增强服务人员的服务意识和责任感，致力于为客户打造最优质的网络、提供最优质的服务，使客户服务能力和水平得到了全面提升，客户满意度不断增强。充分利用“3·15”“5·17”等节日做好服务举措、透明消费、业务资费宣传，收集并解决用户关心关注的问题。在服务品质管理上，完善品质闭环管理体系，更加关注客户端到端的业务体验感知，确保质量提升。在行风建设上，全面落实省通管局、州纠风办的工作安排，切实规范服务营销行为，努力提升窗口服务水平，维护客户权益。2017年，服务投诉处理满意率为99.93%，投诉处理及时率为99.92%，家庭宽带装机履约及时率与故障投诉处理及时率完全满足了客户需求。

【从严治党向基层延伸】　以学规矩、守规矩为重点，使“两学一做”学习教育形成常态化制度化，通过抓党员队伍思想政治教育，解决理论知识欠缺、学风不正的问题。强化主体责任落实，解决管党治党、执纪监督弱化问题。严格落实民主集中制及“三重一大”集体决策制度，在重大资金使用、重大项目实施、市场资源配置、干部人事任免等议题上做到了“集体领导、民主集中、个别酝酿、会议决定”。狠抓嵌入式风险防控，实现了嵌入式廉洁风险防控长效机制在分公司全覆盖，解决制度漏洞问题。加强作风建设，解决“四风”问题。分阶段开展作风建设评议考核，大力整治“慵懒散漫、缺少担当、脱离群众、纪律松散”等作风问题，得到了绝大多数员工的认可。

【安全风险防范】　持续加强不良信息、垃圾短信端口和伪基站的治理，密切关注各类不良信息投诉，加强对政治类、诈骗类等“九不准”等有害信息的监测，封堵拦截。持续做好“打击网上暴恐音视频”“打击治理电信网络新型违法犯罪”“扫黄打非”等专项行动，严防重大信息安全事件发生。加大自有业务和网站的清查力度，强化用户账号、网络昵称、用户头像、留言评论、即时通讯信息等内容的清查过滤，防止存在淫秽色情、政治有害、涉恐涉暴、涉及领导敏感信息等违法违规内容。加大对“伪基站”的监测力度，加强对重点敏感地区的巡查和分析，“伪基站”快速发现能力大幅提高；同时，强化快速处置机制，主动配合管局、公安、无委会等单位查处违法人员。通过以上措施，圆满完成了十九大期间网络信息安全保障工作。持续提升信息安全管理能力，实名率达98.6%，存量实名率全省第四。严格落实安全生产分级管理制度，全年未发生重大安全事故。

【企业社会责任】　开展精准扶贫工作，各级组织开展爱心志愿扶贫活动百余次，投入资金上百万元为偏远贫困村安装有线宽带，资助各县精准扶贫点修路、添置农机设备及修建大棚等。投入专项营销资源，通过打开通绿色通道、客户外呼、免费换机等形式，向农村地区群众免费赠送4G终端。投资4000万元承建黔南州“2017年第三批电信普遍服务项目”，提前20天完成建设任务，覆盖黔南州435个行政村的有线宽带建设。积极参与应急通信保障及抢险救灾工作，灵活运用多种通信手段，圆满完成了各类大型活动应急通信保障22次，并在各类自然灾害和突发事故中帮助灾区群众渡过难关。得到了地方政府的嘉奖和用户的一致好评。

（罗付金）

联通通信

【概况】　中国联合网络通信有限公司黔南州分公司于1999年1月22日成立（简称中国联通黔南州分公司），是中国联通在黔南州的分支机构，全面负责中国联通在黔南州地区公众通信网的建设和运营。黔南联通经营的公众通信业务主要包括移动通信业务，固定通信业务，宽带网络接入业务和各类电信增值业务。2017年，全州下辖12个城区销售中心、15个政企客户中心、12个乡镇销售中心以及12个建维中心，在岗职工415人，其中州分公司146人，县级公司269人。

【企业经营】　2017年，黔南联通深化实施聚焦战略，推动经营模式转型，推进提质增效，认真落实“抓党建、促发展、控成本、转机制”工作要求，经营发展实现较快增长，转型发展初见成效，顺利完成公司三大重点目标，基本实现主要经营指标和企业运营能力优于全省平均水平。

【党建工作】　黔南联通开展党的十九大精神学习，公司党委班子成员开展基层十九大精神宣贯12人次，并以“两学一做”常态化制度化为抓手，推动党建与中心工作深度融合。“三会一课”制度得到有效落实，全州各支部平均学习达12次。12月15日召开全体党员大会选举产生新一届党委委员。全州支部书记100%完成书面述职工作、37.5%完成现场述职，党委班子成员密切联系群众，共深入基层调研85次。深化党风廉政建设，促进公司党风企风持续向好。落实巡察反馈问题整改措施58项，已立行立改31项，持续开展27项，挽回经济损失9.97万元。落实纪检机构派驻制改革，严肃线索查办和责任追究，处置问题线索5件、违纪违规人员24人次。发出纪检监察建议书4份。推进常态约谈工作，例行约谈150人，诫勉及批评教育谈话32人。深入开展廉洁风险防控，围绕41个风险点开展防控检查，积极配合省分公司光改专项检查，挽回和避免损失148万元。发送廉洁短信、警示专刊0.3万人次。

【市场经营】　黔南联通推进经营模式转型，聚焦规模效益增长，加快流量释放和创新发展，促进用户获取与价值提升，市场经营转型初见成效。在移网、宽带用户发展量同比增长的前提下，市场毛利率同比改善2.6PP，实现了有质量的规模增长。积极承接21项目，推广省内重点产品，实现流量收入同比增长69%。创新业务发展以旅游大数据业务为核心，聚焦景区视频监控、WiFi、公众服务平台等旅游项目，创新业务发展实现突破。

【保障能力】 黔南联通新增4G基站119个，扩容基站227个，新增室分站点30个、宽带端口1.2万个、IP城域网出口带宽320G、新建光缆780公里。开展网络维护专项攻坚，提升资源效能和客户感知，3G、4G网络无线资源利用率分别较年初提升1.49%、24.91%；3G网络利用率排名全省第三，4G网络利用率排名全省第四，宽带端口实占率达到36.1%；完成一、二干中继段OLP保护建设和福泉、瓮安、贵定等汇聚机房整体搬迁，基础网络架构安全性稳步提升，县城、乡郊小区平均故障历时同比改善15%、33%。加强与铁塔公司沟通协调，单塔租赁费用全省最低，全年节省存量网络运维成本119.43万元。

【客户服务】 2017年客户服务工作紧紧围绕分公司年初工作报告精神，以提口碑、控投诉为目标，以用户触点感知能力提升攻坚行动为抓手，贯彻“五个一”工作要求，做好责任归口落实，坚持多维度、多触点查找服务问题，从严从细的推进具体攻坚问题的切实解决。全年完成22个阶段性服务攻坚项目的改善提升，完成率68.8%，主要服务指标得到了改善与提升，其中移网综合NPS排名全省第五；宽带综合NPS排名全省第二，高于全省平均水平。

【基础管理】 黔南联通稳步推进混改工作，精简市级管理机构1个、管理人员2人，并完成中层管理人员首聘和员工岗位聘任。深化激发基层单元活力改革，通过社区营销、农村小能人建设、小CEO承包，激发队伍活力。切实做好安全生产、维稳和保密工作，杜绝责任安全事故，全年未发生群体性事件和失泄密事件。

【社会责任】 黔南联通积极履行企业社会责任，认真落实“提速降费”要求，取消本地长途、漫游费，手机流量单价下降78%，固网宽带资费下降56.7%。加大帮扶力度，拨付扶贫资金及物资2.5万元，用于都匀市、瓮安县、三都县、惠水县、荔波县、平塘县等扶贫项目建设，精准帮扶57户；安排瓮安县城区销售中心负责人担任扶贫队队长，一名员工深入一线驻村实践扶贫工作。全面加强实名管控，持续开展摸排清理，实名率达到100%。规范网络和信息安全，全面清理系统漏洞，进行业务安全评估。加强应急处置和重要通信保障，顺利完成党的“十九大”通信保障、第十二届贵州旅游产业发展大会等22次重要保障任务。

（陈　煜）

·城乡建设·环境保护·

CHENG XIANG JIAN SHE　HUAN JING BAO HU

城乡建设和规划

【概况】　2017年，黔南州城乡建设和规划委员会学习贯彻中共十九大和省第十二次党代会、州第十一次党代会精神，学习习近平系列重要讲话精神，按照州委、州政府的工作部署，实施新型城镇化带动战略，扩大城建投资、加大基础建设、推动脱贫攻坚，推进城乡建设发展步伐，城乡基础设施建设不断加强，城镇建成区面积不断扩大，人居环境不断改善，为推进全州“3366”发展战略、打赢脱贫攻坚、实现同步小康，打造民族地区创新发展先行示范区奠定了坚实的基础。

【城乡规划】　以中央城市工作会议精神为指引，不断完善全州城乡规划体系。加大对《黔南州城镇体系规划》的宣传贯彻，通过多形式、多层次宣传，广大干部和人民群众知晓率不断提高，推动了规划的落地实施。以《黔南州城镇体系规划》为抓手，指导全州各县市加快城市、镇总体规划实施评估、修改和编制工作，全面实现近期建设用地范围的控制性详细规划覆盖，启动全州重点建设区域的城市设计工作。2017年，都匀市总体规划通过省城规委审查，福泉、瓮安、惠水、长顺总体规划通过州级审批，龙里县总体规划通过州级审查报省级待审，贵定、三都、罗甸、平塘总体规划上报待审，独山、荔波总体规划正在编制中。

全面推进镇、村规划编制。加快推进镇乡规划编制工作，78个应独立编制总规的乡镇已完成编制工作。以助力决胜脱贫攻坚、全面实现小康为目标，制定全州乡村规划编制实施方案、规划编制指南、风貌建设指引导则和农房建设图集，完成全州县（市）域乡村建设规划编制，村庄规划全覆盖总体进度完成60%。

【新型城镇化】　州委州政府4月召开城镇化建设推进大会，对全州城镇化工作做出部署。按照“做强都匀、做优县城、做特乡镇、做美村寨”的思路，大力实施山地新型城镇化战略，全州城镇化进程加快推进。深入实施户籍制度改革，推进城乡要素交流互动，推进城乡基本公共服务一体化，有力地推动了全州城镇化发展。2017年全州农业转移人口及其他常住人口落户城镇12万人，常住人口城镇化率达50.5%，比2016年提高了1.46百分点。

都匀市以人的城镇化为核心，紧紧围绕建立农业转移人口市民化成本分担机制和城镇化投融资机制两大试点任务，全面推进城乡规划、公共服务、社会保障一体化，新型城镇化建设质量不断提升，荣获2017年度“中国中小城市新型城镇化质量百强县市”。独山县新型城镇化以规划为先导、绿色城镇化为主线、以生态产业发展为支撑，促进了人口向城镇聚集和城镇扩容提速。三都县大力开展城镇基础设施建设，提升城镇承载水平，独山、三都两县共实施城镇建设项目56个、总投资245亿元，完成投资71亿元，为新型城镇化综合试点提供坚实的基础支撑。

【脱贫攻坚】　为确保2019年全面完成全州农村危房改造任务，按照“不漏一户、不重一户、不错一户”要求，开展全州农村危房存量摸底调查工作，加大对4类重点对象核查工作，确保改造对象精准、实施项目精准。经核实，全州农村危房存量53989户，其中4类重点对象30087户。为保证存量危改在2019年前全面改造完成，州建委制定了《黔南州农村危房改造精准服务脱贫攻坚工作实施方案》，并在年度任务安排时，优先向三都县和平塘县大塘镇、长顺县代化镇等深度贫困县和极贫乡镇倾斜，确保打赢住房保障安全这场硬仗。

是年，建委强化州级督查检查和指挥调度职能，加大对各县市改造工作的督促指导。成立脱贫攻坚指挥中心和脱贫攻坚秋季攻势突击队，按照“一个领导包两县，两名技术骨干驻一县”的工作安排，实行领导包保、专人攻坚，突击队24名技术骨干分别入驻12个县市并深入村组现场指导和督促检查，了解督促工程进度，帮助基层解决实际问题，有效推进了危房改造工作进度。在实施危房改造的基础上，全州同步推进改厨、改厕、改圈“三改”工作，2017年改造农村危房并同步实施“三改”26590户，一大批贫困群众的基本居住功能和卫生健康条件得到有效改善。

【城镇建设】　按照“城镇建设三年行动计划”的部署，以迎接全省旅发大会在全州召开为契机，全州强力推进一批城镇项目建设，城建基础设施不断加强，城建投资持续增长。全州共实施包括市政基础设施项目、公共服务设施项目、棚户区改造项目、房地产开发项目、风景名胜区项目等，投资500万元以上城镇建设项目437个，总投资1596亿元，完成投资430亿元，占省定目标任务150亿元的296%，有效拉动了固定投资增长。

开工建设了一批城镇市政基础设施和公共服务设施项目，重点实施了都凯大道、都独大道、红牛大道、都匀滨江小马路等一批城市快速干道；建成荔波月亮湖湿地公园、龙里县莲花生态湿地休闲体验区、罗甸城东湿地公园、长顺县天灯坡公园等一批城市公园；在建城镇停车场项目41个、停车位2.0892万个，已建成停车位1.2049万个；开工建设地下综合管廊13.52公里，完成投资2.5亿元；建设慢行绿道项目21个，总投资35.51亿元，已建成97.37公里、完成投资8.21亿元；加大海绵城市项目建设，各县市区均开工建设1个以上海绵城市示范项目。全州建成一批体育场馆、学校、医院等公共服务设施项目，都匀一中建成使用，城镇功能配套得到加强，城区面积不断扩大，城镇建成区面积已达200平方公里，比上年增长10平方公里以上。

【住房保障】　紧紧抓住国家城镇化发展政策机遇，大力推进棚户区改造，保障性住房建设加快推进。棚户区改造开工48769户，基本建成44795套，完成投资103亿元。其中，棚改实物安置3974户，货币化安置44795户，货币化安置比例达91.8%。建成公租房13062套；2013年底前政府投资建设的公租房22210套，现已分配22062套，分配率为99.3%；2014年政府投资建设的公租房13875套，现已分配12842套，分配率为92.5%。

为规范公租房分配管理，继全州已出台《黔南州公共租赁住房分配管理办法（试行）》《黔南州城镇落户农业转移人口住房保障工作实施意见》后，2017年又制定了《黔南州公租房盘活处置工作方案》《关于住房保障廉政风险防控工作制度的实施方案》等制度，并通过政府网站、新闻媒体、公示栏等多种方式进行障性安居工程信息公开，促进住房保障工作健康发展。加大审计问题整改，2016年城镇保障性安居工程跟踪审计中，共发现问题51个，已整改完毕44个，完成率86.3%，剩余7个问题正在积极整改中。

【房地产业】 面对经济下行压力、市场饱和、投资疲软等不利因素，州建委积极谋划、主动作为，加大房地产各项经济指标调度，做好企业入规入统等工作，加强房地产市场监管，强力推进各项指标总量保持持续增长，保持房地产市场持续稳定发展。全年完成房地产投资147.86亿元，较2016年同期减少55.67亿元，同比下滑27.4%。商品房销售面积705.18万平方米，较2016年同期增长6.6%，其中商品住宅销售578.43万平方米，较2016年同期增长14%。房地产行业从业人数和行业报酬继续保持较快增长。

各县市进一步制定了农业转移人口相关保障政策，建立农民公积金制度，各级政府通过举办各类房交会等，鼓励和引导群众住房消费需求，消化房地产库存。2017年年末商品房库存977.94万平方米，其中商品住宅514.67万平方米，较2016年同期增加137.04万平方米，其中商品房库存较2016年同期增加了73.84万平方米。商品房去化周期为22.58个月，同比增加4.92个月，商品住宅去化周期14.53个月，同比增加4.1个月，商品房库存量增大。

【建筑业】 切实做好“放、管、服”工作，减化、下放行政审批事项，大力培育发展建筑企业。全州共有资质建筑企业549家，比去年增加245家，同比增长80%。其中，总承包企业242家（一级企业2家、二级企业76家、三级企业164家），专业承包企业60家、商混企业71家、劳务分包企业176家。全州入库的建筑业企业88家，比2016年增长22%。全州工程招投标项目1203个、金额204.2亿元；共发放施工许可证350个，建筑规模1609.1万平方米，合同总金额230.7亿元。全州在建项目326个，工程造价265.68亿元，面积1733万平方米。完成建筑业产值216亿元，同比增长19.3%，建筑支柱产业地位不断巩固。

始终固牢安全生产红线，加强建筑安全生产管理不放松，通过开展节后复工检查、工程质量安全生产大检查、召开安全生产联络员会议、观摩样板工地、汛期专项检查、电线电缆专项治理、电气火灾治理、高层建筑消防安全治理、开展安全生产月活动等一系列工作，全面彻底排查建筑施工安全生产隐患。全年开展州级建筑安全生产大检查10次，共抽查在建项目717个，查出安全隐患2662条、已整改2548条，整改率96%。加大处罚力度，共开出罚款177.3万元，有力地震慑了违法违规行为。深入开展老楼危楼安全隐患大排查大整治，组织排查3969次，参与排查9788人次，排查和复查房屋83081（栋）、面积613万平方米，有效保障了全州建筑工程质量和施工安全生产形势持续向好，年内没有建筑安全生产责任事故发生。

【“5个20”工程】 经过5年的建设，全州示范小城镇得到较快发展，列入全省100个示范小城镇已从原来的12个增加到17个，小城镇实力显著增强。瓮安县猴场镇成功列入全国第二批特色小城镇名单。积极筹办第七届全省小城镇发展大会，大会参观点贵定县加大建设力度，会议项目建设完成、亮点纷呈。21个示范小城镇完成招商引资签约项目142个，签约资金233亿元；示范小城镇融资到位22.47亿元；新增城镇人口12794人，新增城镇就业人口14354人；小城镇建设完成投资99.22亿元，占省下达年度计划的152.64%，一批污水处理设施、供水设施、垃圾中转站等市政设施和养老院、幼儿园等“8＋X”项目建成使用。

20个城市综合体建设规模290万平方米，建设总投资130亿元，目前已基本建成，累计完成投资138亿元、面积301万平方米，有力推动了城市建设和发展。

【改善农村人居环境】 大力实施“四在农家、美丽乡村”建设，建成小康房2801户，项目覆盖60个乡（镇、街道）、209个村，一批新农村建设加快发展。大力推进以行政村为单位的乡村规划编制工作，已完成或正在编制的行政村村庄规划829个，占需编制总数的76%。其中，得到批复的有25个、已评审的有69个、正在编制的有735个。改善农村人居环境，加大农村垃圾、污水处理等设施建设，以农村垃圾治理为重点的1330个村人居环境得到显著改善。加大绿色村村庄建设，5.74%的行政村（71个）达到绿色村庄创建要求，超过省目标要求。加大传统村落保护力度，挖掘具有保护价值的传统村落，36个村落被列入中国传统村落名录，135村落通过省级审核，正推荐申报中国传统村落名录中。

【城市管理】 深入推进城市综合执法体制改革，完成市（州）出台实施方案、设立城市管理执法机构、住建领域行政处罚权集中行使、明确辖区内城市管理执法人员配备比例标准、市县城市管理领域的机构综合设置、处级干部轮训和持证上岗等6项改革任务，大部分县市均完成数字化城管平台建设或改造升级、在编在职一线城市管理执法人员统一着装，执法改革初见成效。福泉市被列为全国综合行政执法体制改革试点县市，瓮安县列为全省综合行政执法体制改革试点城市，实现了执法成本大幅下降、执法效率明显提升、执法公信力显著提升，改革成效明显。

深入开展“多彩贵州、文明行动”，加强城市环卫保洁，环卫保洁水平不断提高。全州12个县市均已建成生活垃圾无害化处理设施，总设计处理能力达到1450吨/日。填埋场（焚烧厂）均实现委托运营，服务外包，并实现处理指标实时监测。都匀市生活垃圾焚烧发电厂即将建成投运。积极推进餐厨垃圾、园林垃圾、建筑垃圾分类专营处置，纳入了州政府与县市政府签订的年度目标责任书，按照“政府主导、企业运作、社会参与、集中收运和专业处置一体化”的方式，鼓励培育有竞争力的生活垃圾、建筑垃圾资源化利用企业发展，促进建筑垃圾资源化利用和产业化发展。2017年城乡生活垃圾无害化处理率达83%。加强住宅小区物业管理，全州物业服务企业224家（其中，二级5家，三级66家，暂定级158家），物业服务项目233个，物业服务面积2246万平方米，企业从业人数5000余人。规范物业管理行为，有条件的小区均实现小区业主委员会覆盖率100%。

【遗产地和风景名胜区管理】 开展风景名胜区总体详规等规划审查工作，完成了《福泉洒金谷风景名胜区总体规划》《贵定洛北河风景名胜区总体规划（修编）》《贵定县洛北河风景名胜区金海雪山景区详细规划》《猴场会议会址景区控制性详细规划》等规划审查。加大风景名胜区建设项目选址论证工作审查力度，完成了都匀斗篷山景区通信基站建设项目、福泉凤山水库项目、瓮马铁路项目等建设项目选址论证的审查，降低建设项目对风景名胜区资源的破坏和影响。

按照风景名胜区执法检查和中央环保督察整改要求，州建委积极强化整改措施，督促各风景名胜区推进整改工作，并按照风景名胜区综合整治提质升级工作方案，完善风景名胜区管理和推动整体提质升级，促进全州风景名胜区保护和发展工作。基本完成中央环保督察整改工作，荔波樟江风景名胜区通过了住建部复查验收。加强风景区安全监督管理工作，每季度开展对风景区开展安全大检查，重点排查游览步道、漂流河道等基础设施、游乐设施以及游览景区内车辆、游船、缆车、索道等交通工具，对检查出的隐患和薄弱环节，按照整改、责任、资金、限时、预案“五到位”的要求限期整改，严防安全事故发生，保证游客的生命财产安全。

【工程代建项目】 积极履行代建职能，推动州委州政府安排代建的政府工程加快进度。滨江小马路项目已基本建成，实现通车目标。积极主动做好黔南（瓮安）监狱、都匀监狱代建前期工作，即将开展施工招投标工作，预计2018年完工；加快推进州国防综合训练基地建设，正开展施工招投标工作；加大州档案图书馆建设进度，预计

2018 年上半年可竣工。

（覃　波）

环境保护

【概况】　2017 年州局贯彻落实中央、省、州关于加强生态文明建设和环境保护的决策部署，环境保护工作以“守底线、走新路、奔小康”为总纲，以稳定和改善环境质量为核心，以“治水、治气、治渣”三大任务为重点，着力解决影响科学发展和损害群众健康的突出环境问题，突出在“建、管、治”上下功夫，牢牢守住生态与发展两条底线，环保各项工作稳步推进，各项控制指标得到有效控制。

【环境质量】　全州环境空气质量均达二级标准，达标率为 98.1%；集中式饮用水源地水质达标率为 100%，在全省保持第一方阵。8 个国控地表水监测断面。优良率为 87.5%；19 个省控地表水监测段面，优良率为 89.5%

【配合完成督察任务】　2017 年 8 月黔南州中央环保督察整改工作启动以来，州委先后召开 5 次常委会、州政府召开 7 次常务会、召开 5 次整改工作领导小组会议，州委、州政府分管领导召开 14 次专题会议，对整改工作进行研究部署和推动落实，州委主要领导 13 次、州政府主要领导 12 次、州委、政府分管领导 73 次对整改工作进行批示，中央环保督察反馈的 30 个问题，按时序应完成的 14 个问题已整改完成，实际完成 16 个，提前完成 2 个，完成率在全省 9 个市（州）中排第 4 位。全州把 30 个问题细化为 159 项整改措施，已完成 115 项。中央环保督察反馈问题整改工作取得成效。

【水污染治理】　贯彻执行《水污染防治行动计划》，出台了相关工作实施方案等重要文件，与 13 个县（市、区）和重点污染企业签订了水污染防治目标责任书。完成省级以上工业园区污水处理厂建设及在线设施建设与联网；新增污水处理能力 1.6 万吨/天，建成污水收集管网 103 公里，建成都匀市污泥干化处置中心项目；划定畜禽养殖禁养区 360 个，并由县（市、区）政府印发公告实施；全州 66 个规模化畜禽养殖场，已建成废弃物处理利用设施；完成省下达的 56 个建制村农村环境综合整治任务；全州 12 县（市、区）目前全面执行居民阶梯水价制度、非居民用水超计划超定额累进加价制度；57 个用水较大企业全部建成节水型企业；建成的节水型居民小区数量为 17 个；全州 22 个全国重要水功能区全部达标；21 个县城以上集中式饮用水水源地完成规范化建设；完成 150 座加油站 540 个地下油罐改造工作。

【大气污染治理】　制定印发了《黔南州 2017 年大气污染防治年度实施方案》，建立了“黔南州大气污染防治行动计划联席会议制度”，与各县（市、区）签订了大气污染防治目标责任书。完成 13 家企业强制性清洁生产审核。淘汰 13 台 14.7 蒸吨燃煤小锅炉；组织开展化工等重点行业挥发性有机物治理工作。严控城市扬尘，制定了相关治理行动方案和管理规定，重点对都匀市空气质量下降进行整治。完成淘汰黄标车和老旧车辆 21868 辆。

【土壤污染治理】　印发了《黔南州土壤污染防治工作方案》，积极推进土壤修复和重金属污染治理，建立了 2018 年土壤污染防治项目储备库。完成了 2016 年度 2 个重金属污染治理项目；2017 年度土壤污染防治 3 个项目实施方案已通过省审批，并完成招标工作。定期开展危险废物例行督查工作，危险废物产生和经营单位规范化管理例行督查合格率达 98% 以上。配合省环保厅开展土壤污染状况详查工作，完成重点行业企业空间位置核实工作。

【服务科学发展】　坚守发展和生态两条底

线，在服务及指导项目快速落地的同时，严把建设项目审批关，严格执行“五个不批、三个严格”审批原则，严格执行环境影响评价制度和“三同时”制度。2017 年，全州共审批建设项目环评文件 1164 个，报告书 223 个（其中州级 33 个、县级 190 个），报告表 941 个（其中州级 18 个、县级 923 个），全州建设项目环境影响登记表备案共 2098 个，“三同时”环保设施竣工验收 410 个（其中州级 41 个，县级 369 个）。为进一步深化环评审批制度改革，优化审批流程，促进审批提速提效，提高行政服务效率，更好地为全州经济建设服务，州局制定了《黔南州环保局关于环评审批流程改革实施方案》（以下简称《方案》）。全面落实最严格的环境影响评价制度，强化建设项目事中、事后监管。在重大建设项目的审批工作中，黔南州不断强化规划环评的刚性约束和指导作用。将产业园区内的建设项目、流域开发中的水利水电项目等作为重点联动内容，并把规划环评作为项目审批的前置条件，2017 年全州规划环评审查数 35 个（其中州级 12 个，县级 23 个）。全面开展环保违法违规清理整顿工作，截至 2017 年 5 月，全州共清理出的 802 个环保违法违规项目（其中：“未批先建”521 个、“未验先投”276 个、“批建不符”5 个）全部完成整改，完成率为 100%。

【打击环境违法行为】 开展“六个一律”环保“利剑”行动和环境执法“风暴”专项行动。全州共立案查处环境违法案件 529 起，同比增长 138.29%；罚款金额 2809.92 万元，同比增长 302.05%；限产停产 57 家，同比增长 216.67%；关停取缔 43 家，同比增长 86.96%；移送司法机关处理案件 17 起，同比增长 41.67%；挂牌督办 14 起。认真办理环境信访案件 500 余件，办结率 100%。确保了全州环境安全，全州无重、特大环境污染事故发生，没有出现因环境污染事件集体上访事件。

【污染防治】 推进贵州省十大污染源治理，完成瓮福集团吴家桥溶洞回收处理系统项目、贵州正霸集团磷石膏综合利用一期项目、贵州川恒公司废水处理提升改造项目三个重点项目。

（艾　雨）

·交通运输·邮政·

JIAOTOUYUNSHU　YOUZHENG

铁路

【概况】　2017年是中共中央实施“精准扶贫、精准脱贫、坚决打赢扶贫攻坚战”的开局之年，也是州“十三五”规划实施的关键之年，黔南州铁路建设办公室在州委、州政府的领导和各相关单位大力支持配合下，紧紧围绕州委、州政府年初目标任务，扎实、有效地开展各项工作，使黔南州铁路建设工作得到稳步、有序的推进。

【前期工作】　1. 瓮马铁路南北延伸线项目。2017年9月完成了社会投资人的招标工作，2017年11月30日，中国铁路总公司审查了初步设计，12月下旬报省发改委待核准。2. 黔桂线都匀站外迁工程。2017年7月、11月中国铁路总公司依次已批复了可研和初步设计，项目招投标工作已于2017年12底完成。

【在建项目】　1. 瓮马铁路：是贵州省第一条采取PPP模式建设的地方铁路，全长72公里（其中正线长64.8公里），总投资50亿元，工期3.5年。该项目于2015年9月底开工建设，2017年完成投资15亿元，开累完成投资30亿元，征地拆迁工作进入扫尾阶段。该项目预计2019年上半年建成投运。2. 贵阳至南宁客运专线。全线控制性工程荔波朝阳隧道已于2016年12月29日开工建设，2017年计划完成投资3亿元，2017年12月开展全线招投标工作，预计2018年3月实现全面开工建设。3. 黔桂线都匀绿荫湖铁路物流货场。该货场规模一期300万吨，二期500万吨，建设用地752亩，一期总投资3.98亿元（一、二期总投资4.98亿元）。一期工程已于2014年6月开工建设，已累计完成投资3.6亿元，将于2018年6月底建成投运。

【建设协调】　2017年州铁建办协调解决贵南高铁、瓮马铁路、沪昆客专等铁路项目建设中的涉农，压覆矿、征地拆迁纠纷等问题85余件，不定期召开瓮马铁路建设协调会20余次。多次召开专题会议和实地走访，妥善解决了沪昆客专铁路贵定闽航砖厂压覆矿遗留问题，及时化解群众信访案件，确保群众利益不受损失。

【拟建铁路项目】　1. 瓮马铁路南北延伸线项目。线路全长137公里，时速120公里，其中州境内线路长70公里，投资预估算57亿元，工期4年。该项目可研报告已于2017年2月通过中国铁路总公司鉴定中心审查，环保、水保等可研批复支撑要件也基本办理完毕。2017年9月完成了社会投资人的招标工作，2017 年 11 月 30 日，中国铁路总公司审查了初步设计，可行性研究报告于 2017 年 12 月报省发改委待核准。2. 黔桂线都匀站外迁工程。线路全长 14.9 公里，投资 10.9 亿元，建设工期为 3 年，都匀市人民政府负责筹措建设资金。2017 年 7 月、11 月中国铁路总公司依次已批复了可研和初步设计，2017 年 12 月完成招投标工作。

【建议得到州领导重视】 为切实加快推进黔南州铁路建设，打造都匀市交通内畅外联，进一步提升黔南州交通区位优势，州铁建办汇同州发改委撰写了《加快推进黔南州铁路建设及都匀市交通内畅外联的规划发展建议》，得到州委唐德智书记的重视并作出批示，州铁建办将切实按领导的批示抓好落实。

（邓　瑰）

公　路

【概况】 2017 年黔南州交通投资保持高位增长，完成交通固定资产投资 403 亿元，首次突破 400 亿元大关，占年度目标任务的 112%，占全省交通领域固定资产投资的 26%、黔南州固定资产投资的 31%。公路客货运输总周转量增速 15%，超额完成黔南州政府下达的 12% 增速目标任务。共筹集交通建设资金 103.9 亿元，有效缓解了交通建设资金压力。

加快平塘至罗甸等 5 条在建高速公路建设进程，推动贵阳至黄平、瓮安至开阳高速公路开工建设；新建、改建农村公路 2200 公里，实施农村公路安全生命防护工程 2000 公里，确保所有建制村通客运、所有撤并建制村通硬化路；建成荔波樟江航运项目一期工程。

黔南州交通运输局设 6 个内设机构：办公室、监察室、政策法规安全科、综合规划科（交通战备办公室）、基本建设管理科、财务审计科。行政编制 21 名，其中：局长 1 名，副局长 3 名；纪委书记 1 名，机关党委书记 1 名，总工程师 1 名，总规划师 1 名；正副科长（主任）8 名。

【交通基础设施建设】 高速公路建设。建成罗甸至望谟高速公路布苏至罗苏段，三都至荔波、三都至独山、平塘至罗甸、罗甸至望谟、荔波至榕江“南翼”5 条高速公路工程总体形象进度达 70%；新开工都匀至安顺、贵阳至黄平高速公路，在建高速公路项目达 9 个 640 公里（黔南境内 390 公里），全州高速通车里程达 858 公里。

国省道建设。普通国省干线公路项目开工 22 个 590 公里，建成 433 公里。

农村公路建设。建成农村公路 2543 公里，完成农村公路安全生命防护工程 3723 公里，圆满实现农村公路“3 个 100%”目标；建成“组组通”公路 3501 公里，30 户以上自然村寨通硬化路率 73.3%，较实施前增长 13.4 个百分点。

场站建设。建成贵定北综合客运枢纽。

水运建设。建成罗甸港罗妥码头、莪坝码头主体工程和荔波漳江旅游航运一期工程，建成便民码头 2 座，新开工渡改桥 15 座、便民码头 18 座，水运建设投资首次突破亿元大关。

【公路管养】 1. 养护目标超额完成任务。2017 年，黔南州农村公路完成新增国道 PQI 中等路率达 88.39%，新增省道 PQI 中等路率达 87.73%，县道沥青（水泥）路 PQI 中等路率达 84.55%，超计划任务 25.55 个百分点；乡道沥青（水泥）路 PQI 中等路率达 82.9%，超计划任务 27.9 个百分点；无铺装路面县、乡道和村道好路率达 86.54%，超计划任务 21.54 个百分点。全面完成省下达的养护目标任务。

2. 桥梁（隧道）管养工作到位。对黔南州桥梁 33158.82 桥米/1026 座、隧道 2973.1 米/9 座全部落实了养护工程师制度，明确了养护责任，落实了桥梁（隧道）养护资金。黔南州共明确桥梁（隧道）养护工程师 27 名，开展桥梁（隧道）日常检查 1440 次，定期检查 120 次，桥梁（隧道）

检查率达100%，确保了桥梁（隧道）的安全运行。

3. 全面完成养护工程建设任务。2017年，完成油路大中修工程项目9个45.57公里，总投资2840万元；完成新增国省道灾毁恢复重建计划项目9个90公里，总投资8326万元；完成农村公路网结构危桥改造项目17个，总投资3223万元；完成水毁恢复工程项目30个，总投资2176万元。

4. 路政管理工作不断加强。2017年，黔南州农村公路共办理路政行政审批许可36件，其中：办理埋（架）设管线8件，公路搭接9件，占用（挖掘）公路14件，超限超载大件运输1件，其他事项4件。查处办理各种损坏路产案件415件，其中：违法建筑23件，公路搭接9件，公路堆积物2558平方米/317件，砍伐行道树3根/1件，埋架设光电缆4件，其他61件，案件结案率100%。

【道路运输及管理】 2017年，全州105个乡镇（办事处），62个已通公交，乡镇（办事处）公交化运行率59.05%；全州2363个建制村已全部通客运（系统显示），村村通客运达100%；建有乡镇客运站77个、覆盖率73.33%，建制村候车亭1527个，覆盖率64.62%；具备条件的50户以上自然村3986个，2757个已通客运，通客运率69.17%。

黔南州出租车企业63家，出租车4101辆（其中：天然气出租汽车1230辆、新能源出租车30辆）、驾驶人员8000余名，出租车数量与2016年底相比，全州共新增出租汽车823辆。

2017年全州共新增及更换公交车151辆（其中47辆已投入使用，都匀市50辆、福泉市12辆、三都县10辆、贵定县20辆、龙里县4辆、独山县8辆共104辆已订购，现正在办理相关手续），其中新能源公交车123辆，新增及更换的公交车中新能源公交车比重达81.46%，超额完成年初下达22%的目标任务；继续推进交通一卡通工作。都匀市中心城区实现了一卡通互联互通，改造完成了城区所有公交线路21条，都匀市公共交通总公司在一卡通发售后停办了普通卡的新办，对普通卡只能充值，共发售一卡通卡片13000余张。截止2017年12月20日，完成都匀市（15.17标台/万人）、荔波县（10.04标台/万人）、罗甸县（10.81标台/万人）公交万人标台小康指标工作。

与黔南州公安局反恐干警组织联合督查组对全州实施制售验票工作开展了三次实地明察暗访，对未按要求严格实施联网售票和实名制售验票的客运站及客运企业，限期责令整改；对整改仍不合格的1个客运站给予了降级处理，扎实地推进了全州实名制售验票和联网售票工作。目前，黔南州二级以上客运站已全部实现联网售票，上网售票客运班线达848条；二级及以上客运站100%实施实名制售验票，并在全省率先实施二级及以上客运站100%公安干警驻站值守督促指导车站实名制售验票及反恐防暴工作开展，两项工作开展均走在了全省前列。

【安全生产】 2017年黔南州交通运输行业管理部门共组织检查组424组次，出动检查人员1439人次，检查交通运输企业（路或交通在建项目）556家次，排查一般隐患847项，整改847项。农村公路管养方面：出动检查人员518人次，检查路等200条次，排查一般隐患208项，整改208项。道路运输方面：出动检查人员570人次，检查企业186家次，排查一般隐患294项，整改258项。水上交通方面：出动检查人员83人次，检查企业45家次，排查一般隐患43项，整改43项。交通在建工程方面：出动检查人员268人次，检查交通在建项目125家次，排查一般隐患302项，整改302项。

处理州级挂牌督办4条，县级挂牌督办3条。打击违反“七个一律”等严重违法违规行为10起，停产整顿企业1家，停班13起共39天，处罚驾驶员31人，解聘17人，处罚罚款22400元等。2017年全年黔南州辖区未发生重特大道路运输事故。

【党风廉政建设】 2017年度，黔南州交通运输局党委会专题听取党廉政建设工作汇报2次，党委会安排部署、研究党风廉政建设工作 15 次。年初，及时召开了全州交通运输系统党风廉政建设工作会议，总结 2016 年工作，部署 2017 年任务，与局直属单位签订了党风廉政建设主体责任书，层层压实责任。明确党委书记对党风廉政建设负总责，其他班子成员按照“一岗双责”的要求，负责分管单位的党风廉政建设工作；制发了《2017 年党风廉政建设工作要点》和《2017 年党风廉政建设和反腐败工作重点任务分解表》，指导系统党风廉政建设工作开展，围绕“四种形态”，突出抓早抓小，抓常抓长，共约谈干部 165 人。

（尹玉基）

民用航空

【概况】 2007 年，黔南州民航事业管理局成立，与荔波机场有限责任公司合署办公，2015 年 12 月，原州民航局（荔波机场有限责任公司）事企合一的管理体制按事企分离的原则进行调整，重组后的州民航局为州政府管理的公益一类事业单位，由州人民政府授权州发改委管理，机构规格暂维持不变。州民航局现有人员编制 20 名，内设机构 3 个，实际在编 14 人。管理人员 9 人：副处级干部 1 人，科级干部 5 人，科员 3 人；专业技术人员 5 人：中级 4 人，初级 1 人（其中 2017 年州民航局配备了 1 名副局长，遴选 2 名、公招 1 名、引进 2 名工作人员）。

2017 年，州民航局学习贯彻十八大、十九大和历次全会以及习近平在贵州省代表团重要讲话精神，开展脱贫攻坚工作，贯彻落实关于民航事业的方针政策，制定全州民航事业发展规划、努力推动全州机场建设，积极开展安全宣传和安全生产监督检查，统筹推进州内机场的航线航班培育等工作。

【贯彻落实民航事业的方针政策】 2017 年 4 月、6 月分别组织召开全州通用机场推进会议，贯彻宣传落实《通航“十三五规划”》《通用机场分类管理办法》《民航西南地区通用机场建设和开放管理程序（试行）》《关于进一步深化民航改革工作的意见》《关于深化本国低空空域管理改革的意见》《关于促进通用航空业发展的指导意见》《贵州省通用机场布局规划（2016—2030 年）》《贵州省黔南州通用机场布局规划（2016—2030 年）》等相关规划文件，进一步推动黔南州通航产业的发展。

【州通用机场布局规划获得批复】 《贵州省黔南州通用机场布局规划（2016—2030）》于 2017 年 5 月获得州政府审查批复实施。《规划》提出，力争用 10 到 15 年的时间建成全州布局合理的通用机场体系，实现以州首府都匀为中心的全州半小时空中交通圈、以县城为中心的至县域重点乡镇 15 分钟空中交通圈。到 2020 年，全州动工建设 A1 级通用机场 2 个，建成 A2 级通用机场 2 个，全州每个县（市）建成 A3 级通用机场 1 个以上，初步实现通用机场县县全覆盖；到 2030 年，全州建成 A1 级通用机场 2 个、A2 级通用机场 7 个、A3 级通用机场 72 个，覆盖 3A 级以上旅游景区、农产品主产区、主要林区、中心乡镇等，以满足全州经济社会发展的需要。

【持续推动全州机场建设】 2017 年 11 月，荔波机场改扩建工程初步设计于获得民航西南地区管理局和省发改委联合批复；2017 年，新建都匀机场在推荐场址摆茶持续进行气象观测工作（已满 1 年），收集气象观测基础资料；2017 年 3 月，独山 A1 级通用机场场址论证报告飞机性能分析报告飞行程序设计报告通过民航西南地区管理局组织的专家审查，确定茶亭场址作为独山通用机场场址；瓮安县 A2 级、A3 级通用机场已经启动前期工作，开展机场选址、可行性研究工作；都匀市绿茵湖街道的通用航空应急服务基地（原绿茵湖 A3 级通用机场）已完成项目备案，选址征询意见已完成并得到初步回复；2017 年，全州有通用航空企业 4 家，有驻点直升机 7 架，全州建成直升机起降点 9 个，全年完成飞行时间约 1000 小时。

【积极推进安全监管工作】 为确保全州民航业运行安全，结合工作实际，年初州民航局制定了年度安全生产工作计划，积极开展安全宣传和安全生产监督检查，2017 年共开展各类安全检查 18 次，深入企业开展主题宣讲 1 次，开展咨询日活动 1 次，保障了荔波机场的正常运转，全州民航领域未发生安全生产事故。同时，积极配合做好国务院、省安委会对黔南州安全生产考核工作，及时提供相关考核资料，圆满完成各项考核工作。

【荔波机场年旅客吞吐量首次突破 10 万大关】 2017 年荔波机场航线培育取得了突破性的进展。自 2007 年开航以来至 2016 年年底，累计完成旅客吞吐量 16.2 万人次。在州委州政府的关心和帮助下，2017 年 1 月恢复了荔波—广州航线，3 月开通了荔波—贵阳航班，11 月份开通了贵阳—荔波—北海航线，2017 年荔波机场运行航线有 5 条（荔波—广州、荔波—长沙、荔波—贵阳、贵阳—荔波—南宁、贵阳—荔波—北海），共保障航班 1984 架次，同比增长 63.9%，年旅客吞吐量达到 10.15 万人次（荔波机场自 2007 年开航以来年旅客吞吐量首次突破 5 万人次），同比增长 119.4%，人均补贴从 2016 年 664 元下降到 2017 年 540 元。

【开展脱贫攻坚活动】 2017 年初选派 1 名干部到荔波县水功村开展驻村帮扶工作，州民航局班子成员也多次带队，到荔波县水功村与村支两委领导班子及部分党员进行了座谈，然后根据水功村的实际情况制定出帮扶计划。2017 年底扶贫工作取得阶段性成果，驻村扶贫点水功村完成种养殖项目 5 个共 44.05 万元，完成基础设施项目 6 个共 218.70 万元，已进入规划准备实施的项目 5 个共 559 万元；2014 年建档立卡贫困户 64 户 243 人，目前已经脱贫 26 户 117 人。解决了贫困户“七种不能脱”及贫困村各项指标达标的问题。完成了所帮扶村的年度减贫任务，贫困识别准确率达 99% 以上、退出准确率达 98% 以上，群众满意度达 90% 以上。

（唐立刚　刘利谊）

邮　政

【概况】 黔南州邮政管理局于 2012 年 11 月 29 日完成组建工作并正式挂牌运行，为副县级行政机构，行政编制数 10 名，正、副局长各 1 名，设办公室、普遍服务（机要通信）科、市场监管科 3 个内设机构（均为正科级）。主要职责是贯彻执行国家邮政法律法规、方针政策和邮政服务标准，研究拟订本地区邮政发展规划，监督管理本地区邮政市场及邮政普遍服务和机要通信等特殊服务的实施，负责行业安全生产监管、统计等工作，保障邮政通信与信息安全，承办上级邮政管理部门和地方政府交办的其他事项。

2017 年 1—12 月，黔南州邮政业务总量完成 5.15 亿元，同比增长 26.13%；业务收入完成 7.81 亿元，同比增长 54.41%。其中，快递业务量完成 1120.55 万件，同比增长 36.93%；业务收入完成 4.61 亿元，同比增长 102.48%。黔南州邮政业务总量和增速均列全省第三位，业务收入和增速分列第三位、第一位，行业保持了既快又好且稳的发展态势，为地方经济发展作出了积极贡献。

黔南州邮政普遍服务营业场所共 274 处，实现了“乡乡设所”、乡镇 100% 全覆盖目标，行政村直通邮率达到 96%。快递网点共 347 个，其中乡镇快递网点 155 个，乡镇快递网点覆盖率达到 85.57%。黔南州县城以上均实现党报党刊当日送达；农村地区邮政、快递服务能力和水平显著提高，农村地区通邮情况得到基本改善。

【完善基础设施】 2017 年黔南州“1 + 7”民生工程任务计划完成 40 个农村邮政综合服务平台建设，总投资 100 万元；36 个快递下乡网点，总投资 260 万元。全年已完成农村邮政综合服务平台建设40个，总投资100万元；完成快递下乡网点50个，总投资380万元，超额完成贵州省邮政管理局和黔南州人民政府下达的目标任务。

推进“四在农家·美丽乡村”小康讯（邮政部分）行动计划建设。2017年黔南州计划开展15处农村邮政普遍服务危旧网点改造项目及1处县局房改造项目，改造面积8460平方米，总投资1947万元。全年除因计划变更取消2处农村网点改造项目外，其余14个项目已全部开工建设。

积极推进城市智能包裹柜建设，黔南州邮政公司和贵州近邻宝公司已完成共20组1570个格口的智能包裹柜安装建设使用。

黔南州内6所高校均有合法快递企业分支机构进入，高校快递规范收投率达100%。

【行业安全监管】 联合黔南州公安局、州国安局在全州推进邮件快件实名收寄信息系统的推广应用，督促企业逐步使用实名收寄信息系统，以确保到2018年实现全面推行实名收寄信息系统。为积极推进X光机配备工作，确保出州邮件（快件）100%过机安检，全州共配置X光机22台，基本满足所有出港邮件（快件）100%过机安检的需求。

2017年，实地检查了黔南州12个县（市）111个邮政局（所、网点）、10个报刊亭、177个快递企业（网点），出检743余人次。检查中，排查一般隐患247项；下达责令改正通知书27份；约谈4次；进行行政处罚18次，处罚金额40300元，停业整顿2家，警告5家。其中在保障十九大寄递渠道安全畅通期间，抽查40个邮政、快递网点，进行行政处罚10次，处罚金额16700元，停业整顿2家，警告3家，下达责令改正通知书4份。

联合黔南州保密局、黔南州国安局对黔南州12县（市）机要通信网点开展“回头看”专项检查，共出检44人次，有效确保黔南州邮政机要通信渠道安全畅通。

对黔南州101个普遍服务营业场所、10个邮政报刊亭、174个快递企业网点，开展了“扫黄打非”专项检查，确保没有发生非法有害出版物、涉黄光碟等通过行业渠道寄递的现象。

加强行业安全教育培训。向寄递企业发放《邮政行业法律法规汇编》《“18+1”项快递违禁品目录》《关于在全州寄递企业推广应用实名收寄信息系统的通告》《易制爆危险化学品名录（2017年版）》《禁寄物品指导目录及处理办法》等资料共计4805份。在1月19日召开的黔南州邮政业工作会上，与寄递企业负责人签订安全生产责任书，并对全州安全生产工作进行安排部署，督促企业认真落实安全生产主体责任。10月11日，联合黔南州公安局、黔南州国安局召开黔南州邮政行业十九大期间安全保障及旺季服务保障工作会，对辖区内120多名快递行业从业人员进行了专题安全培训。

【扶贫攻坚】 2017年，按照中共黔南州委的要求，黔南州邮政管理局选派一名科长脱岗到都匀市匀东镇新场村担任第一书记，深入走访群众、了解村情民情，理清帮扶思路，及时制定帮扶工作计划，帮助农民群众办实事，解决群众之所需，立足农村实际，指导带领农民群众脱贫致富。累计走访贫困户208户，低保户48户；走访留守儿童30人次，走访群众653人次；帮助谋思路出点子6条，协调项目2个，解决困难问题2个，办实事好事2件，化解矛盾纠纷1起，协调解决资金350余万元。

慰问同步小康驻村联系点和快递企业网点贫困户7户，送去慰问资金2700元；开展圆梦“微心愿”活动，送去帽子147顶，课桌8套，物资合计约4600余元。

邮政企业利用“黔邮乡情”等电商平台，打造都匀毛尖、荔波蜜柚等20余项“一市一品”农特产品电商项目，农特产品累计进城配送量达60.91吨，交易额达86万元，带动包裹寄递4.2万件，为贫困人口创收74万元。龙里快递物流园区企业和州内各快递企业用“C2C”和“B2C”等模式，并加强与地方电商合作，寄递火龙果、牛肉干、油辣椒等物品，服务形成的累计业务量达

1131.16 万件，服务形成的累计业务收入达 4723.22 万元，直接服务的企业累计产值达 6.81 亿元。

【行业宣传】 为做好以黔南大射电为题材的《科技创新》邮票的发行工作，黔南州邮政管理局与黔南州邮政分公司多次召开专题会议研究，积极推动邮票发行宣传工作，在黔南州人民政府及相关部门的大力支持下，于 2017 年 9 月 17 日成功地举办了首发式，为后期的邮票发行奠定了坚实基础。

2017 年 10 月 9 日，组织黔南州邮政分公司和都匀市内快递企业共 60 余人在都匀市人民广场组织开展集中宣传活动。通过悬挂宣传横幅、展板展示、向广大群众发放《贵州省邮政条例》、落实“三项制度”宣传资料等，多角度宣传邮政管理部门的工作职责和邮政行业法律法规、强调实名收寄的重要性、介绍贴切老百姓日常生活中的用邮常识以及消费者如何维护自身合法权益等相关问题。活动共发放各种宣传资料 2000 余份，解答群众咨询 30 余人次，取得了良好的宣传效果。

2017 年 3 月 11 日，在都匀市人民广场举办“3·15”国际消费者权益日宣传活动。向消费者现场讲解快递服务消费应有的权利和义务、维权方式和途径，增强消费者的维权意识和能力，现场发放宣传资料 2000 余份。

2017 年 11 月 9 日，组织行业企业代表 30 余人到都匀文峰广场参加主题为“关注消防　平安你本”的消防宣传月启动仪式，引导各寄递企业切实提高安全工作意识，积极采取消防措施，确保行业安全稳定生产，为人民群众提供安全优质的邮政、快递服务。

【党风廉政建设】 认真学习宣传贯彻落实中共十九大精神和习近平系列重要讲话精神，紧密团结在以习近平为核心的党中央周围，切实履行“两个责任”，深化党风廉政建设，确保风清气正的政治生态。

结合实际制定党建工作要点，突出落实“两个责任”和“一岗双责”，2017 年共召开党风廉政建设工作会议 12 次，切实做到有研究、有部署。深入推进党风廉政建设，与全体干部职工签订党风廉政建设责任书。局纪检组坚持对民主生活会、述职述廉、干部提拔任用等重要事项落实制度情况进行监督检查。

严格落实中央“八项规定”、省委“十项规定”、州委“九项规定，利用局务例会开展经常性的廉政教育，加强对纪律的学习，同时开展对干部职工作风问题的监督，尤其在节假日等重要时间节点期间，加大纪律强调和检查。

完善政务公开工作机制，及时在机关内部公开重要事项。落实群众知情权、监督权，在局网站公开行政权力、行政执法案件和政务服务事项等内容，主动接受社会监督。

坚持对违法违纪人和事采取零容忍态度，有案必查、有腐必惩。通过开通党风廉政监督举报和信访举报电话、设置廉政信箱等多形式，有效畅通信访举报诉求渠道。全年共开展各项监督检查 4 次，未收到群众来信来电来访举报案件，集体内部未发现有违法乱纪行为。

开展好落实“两个责任”干部约谈工作，采取面对面、全覆盖的方式进行集中预防提醒约谈和个别预防提醒约谈。全年开展集中预防提醒约谈 4 次，个别预防提醒约谈 6 次。在局网站《党建工作》专栏发布廉政工作动态和学习资料，共发布 42 条。

推进“两学一做”学习教育常态化制度化，促进“两学一做”学习教育融入日常、抓在经常，形成常态、发挥长效。同时切实将反腐倡廉理论和相关党纪法规作为党组中心组学习的重要内容。完善学习制度，加强党员教育培训。共组织党员干部集中学习 17 次，参加听党课 7 次，开展警示教育 3 次。通过开展“七·一”系列学习教育活动、春节走访慰问、志愿服务、圆梦“微心愿”等活动，使全体党员干部牢固树立宗旨意识，始终坚守岗位、兢兢业业、尽职尽责，以实际行动诠释一名共产党员的应有的责任和担当。

组织全体党员收看中共十九大开幕式，听取

习近平作的报告；结合实际制定《中共黔南州邮政管理局党组学习宣传贯彻中共十九大精神工作方案》；召开学习宣传贯彻中共十九大精神动员部署会；局党组书记到联系村围绕十九大精神上党课，将党的声音传递到最基层；开展“牢记嘱托·感恩奋进”主题宣讲活动3次，推动中共十九大精神“七进”；组织全体党员集中学习8次；组织8名党员干部积极撰写学习心得体会。

抓好对国家局巡视组反馈意见的整改落实，对照方案和安排表，落实全面从严治党方针，牢固树立“四个意识”，强化“两个责任”，逐项按期完成整改。

【转变行政职能】 积极落实放管服改革，主动作为，转变职能，监管和服务并重，有效促进行业发展。

为破解企业难题，解除企业后顾之忧，黔南州邮政管理局积极与贵州省职鉴考试中心联系，将贵州省2017年邮政行业第一季度职业技能鉴定考试考点9个考场设在园区，送考上门。

在2016年推动州府所在地都匀市出台《都匀市快递专用电动三轮车管理意见》基础上，于2017年协商交管部门制定《都匀市快递专用电动三轮车规范管理实施细则》，重点对驾驶人员管理、通行证等证件管理、车辆投递时间等内容做了具体规定。在《实施细则》执行过程中，切实加强与有关部门的沟通协作，确保都匀市区350余辆快递电动三轮车辆的正常通行，有效解决了城市快递投递“最后一公里”问题。

在寄递企业申请办理经营许可证或许可变更过程中，存在不知道申请经营许可证应该提交哪些材料和营业场所该如何规范设置、如何在网上进行申请、如何提交相关资料等诸多问题，黔南州邮政管理局工作人员主动作为，除用电话传授外，利用到县（市、经济开发区）开展安全生产检查、“扫黄打非”检查、涉恐隐患排查检查、现场核查等时机，主动深入企业（网点）进行现场教学，手把手教企业如何做，帮助其排忧解难，涉及企业15个，网点30余家。

【交流学习】 2017年1月15日，州局陪同贵州省邮政管理局和凯里市政府一行对贵州省龙里快递物流园区进行考察调研；2月20日，陪同云南省西双版纳州政府考察组到贵州省龙里快递物流园区考察园区建设；5月26日，陪同国家邮政局副局长刘君一行到贵州省龙里快递物流园区进行调研；6月15日—16日，到黔西南州邮政管理局交流学习党建工作、快递物流园区建设、新闻宣传、普遍服务、市场监管等方面的工作经验；7月19日，全国“扫黄打非”督导组到都匀市部分快递企业检查工作；8月24日，陪同江西景德镇市邮政管理局一行到贵州省龙里快递物流园区考察；10月17日，国家邮政局调研组到州局调研党建工作。

（魏颖娜）

·商　贸·

SHANG MAO

商务·粮食

【概况】　2017年，在州委、州政府的领导下，在上级主管部门的支持下，黔南州商务和粮食局全面贯彻中共十八大以来和十九大会议精神，坚持稳中求进工作总基调，统筹做好稳增长、促改革、调结构、惠民生、防风险各项工作，基本完成省、州下达的年度目标任务，部分增比进位指标位列全省第一方阵，社会消费品零售总额279.1亿元，同比增长12.6%，总量排名全省第六，增速排名全省第二；进出口总额3.03亿美元，同比增长26%，总量排名全省第五，增速排名全省第六；实际利用外资3.5亿美元，同比增长15.9%，总量排名全省第五，增速排名全省第八；网络零售额3.67亿元，同比增长146.9%，总量排名全省第七，增速排名全省第二；完成省下达7.5万吨粮食，5000吨食用植物油的储备任务。全州商务粮食工作保持稳中有进、市场活跃的良好态势，较好地推动全州经济社会持续健康发展，综合评价稳居全省第一方阵。

【提升内贸流通现代化发展水平】　2017年，全州销售农产品740.4万吨，销售额362.23亿元。全州共组织500多家企业1000余种商品外出参加各类展销会14次，现场交易额2亿元；签订购销合同200个，签约金额30亿元。举办州级展会10次。全州共完成订单2311件，销售额71.09亿元，带动贫困人口10.25万人，平均增收500元超额完成培育限上企业100家的年度目标任务。保障成品油市场正常运行。全州共有加油站189座，其中：中石化98座、中石油25座、其他66座。定期对全州加油（气）站、都匀中石化油库开展安全检查，全年未发生安全生产事故。建立健全全州成品油市场应急预案，进一步加强成品油市场监测预警。全州共有冷库38座，库容量达11.619万吨；共有冷藏车企业22家，冷藏车总数达145辆，已实现冷库、冷藏车等冷链物流体系建设全覆盖。冷库容量及冷藏车数量排名全省第三。

【创新“电商+精准扶贫”模式】　2017年全州获评国家级电子商务进农村综合示范县3个（贵定县、长顺县、三都县），获评省级电子商务进农村综合示范县1个（福泉市）。全州共有5个县（市）与阿里村淘合作，建成农村淘宝县级运营中心、县级菜鸟物流运营中心共5家，建成农村淘宝服务站点135个。全州电商市场主体有3700余户，累计带动就业4万余人。全州共有电子商务网销品牌59个，贫困村特色电子商务网销品牌10个，29种农产品获国家SC（工业化生产的食品生产许可证）认证，无公害产地认证644个，绿色食品企业7家，有机农产品28种，农产品地理标志6个。2017年，全州共开展电商培训150期，累计培训16712人次，其中：针对贫困对象创业就业培训11000人次；针对全州商务系统开展电商普及培训1500余人次；针对深度贫困村电商培训718人次。扶持贫困农户4230户，带动贫困户就业脱贫3213人，人均增收765元。印发《黔南州电子商务助推脱贫攻坚三年行动方案（2017—2019年）》，明确了未来三年电子商务精准扶贫工作的目标和方向。成功举办全国农村电子商务精准扶贫经验交流工作会贵定县观摩活动，获得中央、省、州高度评价和社会各界良好反响。

【优化外贸发展方式】 2017年新增对外贸易经营者备案登记企业72家，全州共有对外贸易经营者备案企业605家，其中：进出口1000万美元以上的8家，500—1000万美元的5家。引导和帮助企业利用国内外会展平台全面拓展国际市场，采取补助展位费和人员经费的方式，组织黔南州外贸企业参加德国汉诺威工业展、德国科隆国际食品及饮料展、英国国际食品博览会、澳大利亚国际食品展、瑞士国际旅游展、意大利米兰国际手工艺品销售展等境外展会和广交会、东盟博览会等国际展会，推动黔南州特色产品走向世界，实现“黔货出山出海出境”。着重支持黔南州外贸外商企业扩大产品出口，参加国外展销会、企业认证、出口信用保险保费贴息等，增强企业市场竞争能力。一年共向上级申请扶持外贸外资企业资金840万元（115户企业）。贵州独山经济开发区省级综合外贸转型升级示范基地、贵州独山高新技术产业园区省级综合外贸转型升级示范基地、都匀毛尖茶外贸转型升级示范基地等3个项目获省批复，全州累计获批外贸转型升级示范基地6个，其中：国家级1个，省级5个。成功承办2017年全省外贸进出口工作会议，召开了黔南州外向型企业座谈会和2017年全州外贸中小企业业务培训会。

【大招商、招大商】 2017年新增外商投资企业7家，全州共有外商投资企业65家。黔南州精心策划组织企业参加贵洽会、厦洽会等大型招商活动，成功引进奇幻乐园项目落户黔南州惠水县，该项目于9月8日在贵洽会上成功签约，总投资金额达8亿美元。采取“一对一”方式，建立联系重点外商投资企业（投资额5000万美元以上）机制，做好外商企业服务，及时解决企业存在的困难和问题。全面监控发生异常的外商企业，对商务部要求重点监控的外商投资企业实行“半月查”。向省商务厅申请鼓励类外商投资企业补助资金80万元。

【开发区转型升级】 2017年，固定资产投资836.44亿元，同比下降13.05%；工业总产值1578.58亿元，同比增长12.79%，其中：2000万元以上规模工业总产值1367.88亿元，占86.65%；规模以上工业增加值352.45亿元，比上年同期增长16.95%；财政总收入103.88亿元，同比增长2.11%；进出口总额2.56亿美元，同比增长8.14%；招商引资项目455个，合同金额1040.3亿元，实际到位资金总额1235.71亿元，同比增长8.73%。2017年新增就业25457人，共累计就业136587人。

【第四届中国物流（都匀）国际峰会暨商贸物流博览会在都匀举办】 2017年8月8日，以“抢占内陆开放高地·共享‘一带一路’发展”为主题的中国物流（都匀）国际峰会暨商贸物流博览会在都匀举行。会议成果非常丰富，会议达成致力于推动川贵广—港澳—南亚国际物流大通道建设合作、加强物流发展政策协调和发展战略对接，努力实现协同联动发展、推动物流发展各领域务实合作不断取得新成果等重要共识。黔南州人民政府、广东省物流行业协会、香港物流商会、泰国工业联合会、东盟运输协会、越南物流商务协会共同签署《川贵广—港澳—南亚国际物流大通道合作备忘录》。黔南州人民政府、成都铁路局、珠海港集团共同签署战略合作框架协议。黔货出山（名优特产品）订货会暨现代物流招商推介会，吸引广东省物流行业协会组织的近200名国内外参会嘉宾积极参与，宣传推介商贸物流招商项目135个，签约“沃尔玛贵州都匀百货店”建设项目、贵州华昌农产品现代物流配送中心建设项目、美的物流配送中心及电暖炉生产建设项目惠水绿色优质农产品集配加工中心建设等项目20个。

【黔南在2017博鳌国际物流论坛获多项大奖】2017年12月6—7日，以“新理念、新趋势、新物流”为主题的2017博鳌国际物流论坛在海南举行。黔南州凭借行业发展的突出贡献与卓越的业绩，在活动中斩获了2017中国物流业大奖“金飞马奖”——“中国物流最具活力城市”、龙里双龙商贸服务集聚区和贵州（昌明）国际陆港荣获“飞马奖”——特色物流小镇奖；龙里·贵州快递物流园、福泉·贵州丰茂物流公司分别荣获品牌百强价值物流园区与中国品牌价值百强物流企业奖物流业大奖。

【粮食工作】　严格落实粮食安全省长责任制，全面保障粮食安全。2016年全省粮食安全首长责任制考核，黔南州获评全省一等奖。制定《黔南州2017年度粮食安全责任制考核细则》，与各县（市）签订目标管理责任书，明确工作要求，靠实目标责任，确保粮食安全省长责任制考核工作落到实处。完成粮油储备任务。加快黔南州粮油仓储商贸物流园区建设进度，主体工程基本竣工。督促指导平塘县、贵定县、长顺县加快粮油储备库建设。督促都匀、瓮安、三都等8个县（市）完成2016年度粮库信息智能化升级改造项目。成功举办黔南州“十大优质特色粮油产品”评选活动。2017年11月8—10日，黔南州成功承办贵州省第四届精品粮油展示交易会。通过本届展会达成意向性协议305个，正式签约85个，成交额达到4.15亿元人民币（粮油精品2.55亿元，车1.6亿元）。

【党建工作】　坚持“优服务、抓作风”，全面落实党风廉政主体责任，加强机关干部队伍建设。一是深入开展“两学一做”学习教育。全面贯彻落实中共十八大、十九大以及省第十二次党代会和州第十一次党代会等各次重要会议精神，夯实管党治党政治责任。组织广大干部职工积极参与党员进社区、结对帮扶、体育竞赛等活动，指导各支部开展“五好”党支部创建工作。2017年召开党组会议18次，党组理论学习中心组学习4次，党组书记上党课3次。二是推动党内监督规范化、常态化、长效化。出台文件规范廉政谈话提醒实施程序，强化党员干部的日常教育监督管理，重视健全抓早抓小工作机制。制定党风廉政建设“两个责任”清单，督促落实“一岗双责”，确保不发生违纪违规行为。三是加强干部队伍建设。针对当前干部队伍年龄结构，局党组及时决策，调整充实干部队伍，年内共有1名同志新任副县级职务，4人新任正科长级职务，4人新任副科长级职务，年龄平均在28～35岁，有效缓解干部队伍老化、青黄不接等问题，进一步激发了年轻干部的干事热情。2017年10月27至11月2日，由州委组织部和州商务粮食局联合举办的黔南州商务粮食干部综合能力提升培训班在中山大学管理学院举行。各县（市）商务粮食行政主管部门干部、电商办负责人、各省级经济开发区分管领导及部分州直部门干部等共47名全体学员参加。

（田　灵）

盐　业

【概况】　2017年是盐政深化改革、确保生存发展的关键一年，也是以“立足自身、深化改革、做强做大”为工作主题的“创新改革年”，黔南公司以中共十八届六中全会、中共十九大精神和省委十二次党代会精神为指导，认真贯彻全省盐业工作会议精神，以小袋盐销售及结构调整为核心，以捍卫食盐专营为己任，以改革创新为动力，完成了各项工作任务。

【党务工作】 黔南公司党委按照2017年党建工作安排，认真拟定学习计划，以支部、部门为单位开展多层次党建学习活动，11月7日，集团公司工会主席杨晋昆一行到公司为全体干部职工上了一堂十九大报告精神专题宣讲会。

2017年公司党委积极选送党员干部参加地方及集团党委各类党建培训31人次，认真开好领导干部民主生活会，指导好基层党支部专题组织生活会，做好党员档案管理工作，稳步推进党员发展工作，积极开展争先创优活动，规范党员信息采集，清理党费缴纳工作，开展爱国主义教育活动、慰问活动、志愿者宣传活动。

【销售工作】 为应对盐业体制改革后的食盐市场竞争，公司领导、营销储运科提前思考、提前谋划、提前布局，2017年1月5日在都匀市联合贵州省盐务管理局黔南分局都匀市市场监管局，邀请都匀市城区及各乡镇客户举办盐改政策解读宣讲会，在会上解读了盐改政策，与客户沟通盐品的价格、配送服务，确定了盐品的价格，这一方式取得良好效果后向全州推广实行，对全州盐品价格全年未严重下滑起到了关键作用。

2017年为确保都匀食盐市场，营销储运科将都匀市有一定幅射能力的47户传统经销商设置为“食盐销售便民服务点”在价格上给予一定的优惠，从而降低配送成本，方便人民群众购买到合格、放心的“碧源”牌小袋盐，从而刺激二批经营户这一渠道客户，增强食盐的购买能力，同时，在全州内将“盐政稽查与食盐访销相结合”加大访销、宣传力度，营销储运科不定期分别深入都匀市市区、各乡镇及所属各县对食盐市场进行访销检查调查，确保食盐销售，稳固在市场中的份额。同时严格执行价格政策

【内部基础管理】 在各项会议上和各项工作安排中，将基础管理工作作为一项基本要求来强调，逐步提高全体干部职工对基础工作重要性的认识。认真贯彻集团标准化建设工作要求，加强对集团标准化手册和制度的学习，提高基础工作技能。对公司各项基础工作进行认真梳理，对一些工作流程进行了再造，同时结合公司实际补充完善了相关制度。致力于形成按规范的流程操作和操作中确保流程规范的工作格局，杜绝工作差错和损失的发生。在提高执行力上下功夫，对不规范的工作行为进行严格的处罚。

【盐政工作】 加强部门协作，维护食盐市场秩序；强化涉盐违法案件宣传，提高人民群众食盐安全意识；落实好盐业改革过渡期各项相关工作。

【安全工作】 组织、指导各单位每月按时组织安全检查，并做好检查记录。在安全生产工作上，一是坚持“元旦”“春节”“五一”“十一”前开展安全生产大检查，加强节假日值班制度，对办公、宿舍、营业仓储区进行巡回检查。二是做好仓库防火、防盗、防污染工作，强化安全生产意识，完善工作措施。三是做好“安全生产月”活动及汛期安全工作，全面清理库区排水渠道，疏通地下主排洪道，并于汛期来临前检修翻盖经营仓区屋面，彻底消除了最大的安全隐患。四是全面摸清排查全州上下重大危险源数量和分布状况，明确责任、限期整改，对不易及时排除的部位实施重点防范。五是建立抗凝救灾、汛期预防救助和自救机制，完善凝冻、汛期食盐供应保障制度，确保全州存盐充裕、配送及时、足量有序、社会稳定、民心稳定。六是加强机动车辆的安全监管，预防带病车辆上路，提高对车辆的安全技术质量等级的检验要求。在全州范围内全面完善各类资产、车辆、劳务用工的保险手续，规避企业经营风险。2017年未发生重大安全责任事故。在综治工作上，同社区街道办密切协作，做好辖区“整脏治乱”和社会治安综合治理，全年未发生任何治安案件。

（宋晏玮）

供销合作社

【概况】 2017年，黔南州供销社在州委、州政府的领导和省供销社的指导下，按照“一体两翼”改革发展布局一手抓全系统目标任务的完成和实体经济的发展壮大，一手抓改革创新和政策落地，超额完成省、州各项目标任务，主要经济指标增幅持续居于全省第一方阵，综合改革初见成效。2017年，全系统利润总额达2909万元，完成任务数的117.2%，比2016年增长65%；所有者权益达41189万元，完成任务数的134.14%，比2016年增长46%；资产总额达126140万元，完成任务数的117.49%，比2016年增长33.8%；销售总额达274695万元，完成任务数的114.46%，比2016年增长43.1%；农资供应量完成278843吨，完成任务数的139.42%，比上年增长7%；电商销售额达37361万元，完成任务数的186.81%，比上年增长148%。2017年，黔南州供销社在全省供销合作社系统综合业绩考核中连续三年获得综合业绩考核特等奖；在黔南州综合绩效考评中连续四年获得优秀奖。

【为农服务组织体系进一步健全】 2017年，全州供销合作社系统建成贵农网县级运营中心11个、贵农网点118个，开通线上平台县级特色馆12个、入驻网商数达319个，组织贫困地区农业企业、农民专业合作社550多个单品上线销售，电商销售额达3.73亿元，比上年增长148%，打造了“云起龙驿”“秀秀三都”“品长顺”等县域电商公共品牌，实现“贵农网”线上平台县级特色馆全覆盖。培育“三位一体”新型基层供销合作社23个，完成任务数的153%；新领办农民专业合作社115个，完成任务数的159.72%；带动农户脱贫攻坚或实现小康2905户，完成任务数的122.83%。新建庄稼医院23个，完成任务数的164.29%；土地流转面积达10955.77亩，完成任务数的182.6%；农副产品购进总额达49772万元，完成任务数的165.91%；农产品市场交易额达72342万元，完成任务数的144.68%；连锁销售额达15507万元，完成任务数的155.07%；新建农村综合服务社21个，完成任务数的210%；培育农产品市场3个，完成任务数的300%。

【州委同意理事会监事会成立方案】 2017年12月28日，十一届黔南州委全面深化改革领导小组第十次会议研究同意《黔南州供销合作社联合社理事会监事会成立方案》，同意“对原有的领导职数和内设机构名称进行变更，原‘主任1名、副主任2名’变更为‘理事会主任1名，理事会副主任2名’。原‘办公室’变更为‘理事会办公室’。增加监事会主任1名（副县级、实职），设立‘监事会办公室’，配备办公室主任1名（正科级、实职）”，并要求按程序报省编委办批复后抓紧组织实施。

【“三位一体”新型基层社建设方案】 2017年11月3日，中共黔南州委全面深化改革领导小组第二十八次会议研究同意《黔南州关于深化供销合作社综合改革推进“三位一体”新型基层社建设方案》。12月15日，《黔南州人民政府办公室关于印发黔南州深化供销合作社综合改革推进“三位一体”新型基层社建设方案的通知》（黔南府办发〔2017〕58号）印发各县（市）人民政府，都匀经济开发区管委会，州政府各部门、各直属机构，明确“州级财政每年安排400万元用于支持‘三位一体’等新型合作社的发展，其中200万元用于补助州级电商平台建设和维护、推广、培训等，其余200万元用于州级企业在基层社开设电商、农资、烟花爆竹的直营服务和建设村级连锁经营站点等新农村现代流通服务网络工程建设项目。各县（市）每年安排不少于200万元用于扶持电子商务发展和支持基层社恢复重建。根据黔南扶贫〔2016〕41号文件，落实好按2万元/个标准补助农村电商站点建设，按2000元/人或‘雨露计划’标准给予供销合作社开展贫困村电商及就业实用技能培训补助政策。”2017年12月，黔南州供销社牵头完成《黔南州推进基层供销合作社模式探究——以“三位一体”建设为路径》州委重大调研课题。

【组建州供销合作实业（集团）有限公司】2017年6月20日，十一届州委常委会第26次会议审定同意《黔南州供销合作集团组建方案》。2017年8月3日，《黔南州人民政府关于组建黔南州供销合作实业（集团）有限公司的批复》（黔南府函〔2017〕125号）批复同意组建黔南州供销合作社黔南州供销合作实业（集团）有限公司，2017年8月17日，《中共黔南州委组织部关于何林海等同志兼职的复函》（黔南组干函〔2017〕2017号）批复同意“何林海同志兼任黔南州供销合作实业（集团）有限公司董事长；宋会礼兼任黔南州供销合作实业（集团）有限公司副董事长；徐雁兼任黔南州供销合作实业（集团）有限公司监事会主席”。

【州农业生产资料公司完成重组】2017年1月，黔南州供销合作社通过对外公开招聘和反复比选，聘请原好旺月农资公司经理为州农资公司职业经理，并吸纳其经营服务团队，实现州农资公司与好旺月公司合并重组。重组后，州农资公司经营服务团队由原来的11人增至23人，平均年龄从42岁降至38岁。2017年，州农资公司积极参与政府化肥招标采购，引进凯尔化工、美丰化工、金正大（新农道）化工、广西田园化工（比星宝）等复合肥新品牌，并在都匀、平塘、丹寨等县（市）乡镇建立水稻、蔬果示范点15个，领办农民专业合作社4个，组建庄稼医院4所和农村综合服务社90个，推广有机肥、缓释肥和优良水稻、蔬菜种子。全年组织各类讲座、培训500余次，发放农技科普宣传资料上万份，供应化肥、种子、农药、农膜等农资4531万元、同比增长66.51%，实现利润412.02万元。

【社员股金服务业务】2017年1月13日，黔南州人民政府下发《关于组建黔南州供销社社员股金服务有限责任公司的专题会议纪要》（黔南府专议〔2017〕8号）2017年1月24日发文《中共黔南州委组织部关于周英明等同志兼职的批复》（黔南组干函〔2017〕2017号）同意“周英明同志兼任黔南州供销社社员股金服务有限责任公司董事长、总经理（法定代表人）”。4月27日，黔南州供销社社员股金服务有限公司正式启动运行。公司注册资本4000万元，实缴资本2000万元，供销社占股35%，其余5个股东为社会力量，各占股13%。公司（股金社）内设综合部、财务部、调剂部、风控部、社员服务部5个机构。到2017年底，组织城乡居民、企业近300户，入社入股810万元，累计调剂使用股金6400多万元，使用费收入280多万元，利润16万元。向麻江、独山、罗甸县供销股金服务社调剂使用股金1100万元。截至2017年末，全州供销合作社系统已注册登记的股金服务公司（社）共有14家，其中，13家注册为股金服务有限责任公司，1家注册为合作社。14家公司（社）共认缴注册资本13330万元，实缴11810万元，组织城乡居民1680户入社入股，普通社员入股13091万元；调剂使用股金22047万元，准备金提取472万元，总收入2226万元，总支出2099万元，总利润127万元。

【《州供销社、州财政局关于申请落实黔南州供销社地方政策性财务挂账解决办法的请示》】2017年6月1日，十四届州人民政府第6次常务会议研究同意州供销社、州财政局《关于申请落实黔南州供销社地方政策性财务挂账解决办法的请示》。州级供销社政策性挂账152万元按100%比例给付，县（市）供销社政策性挂账参照省级按60%比例（即1087万元）给付，两项共计1239万元，2017—2019年从清收的结余结转资金中分年度按415万元、462万元、362万元安排。州级政策性挂账补贴资金全部用于支持黔南州供销社“三位一体”电商扶贫综合服务中心项目建设。

【启动州供销社“三位一体”电商扶贫综合服务中心项目】 2017年6月1日，十四届州人民政府第6次常务会议原则同意按照州供销社请示中计划的投资规模和内容建设黔南州供销社“三位一体”电商扶贫综合服务中心，将其纳入州属项目，作为黔南州电商扶贫重点工程抓紧实施。州供销社以现有部分资产抵押向州农发行申请贷款8400万元，用于该项目建设，贷款期限15年。按照黔南党发〔2016〕15号“州级财政预算每年安排500万元用于‘贵农网’+‘互联网+精准扶贫’电子商务发展”的要求，在贷款期间，州财政按照“项目建设初期每年安排500万元，项目建成产生效益后适当调整”的原则，将该项预算资金用于补贴黔南州供销社“三位一体”电商扶贫综合服务中心项目贷款利息。黔南州供销社“三位一体”电商扶贫综合服务中心项目总投资1.07亿元“三位一体”电商扶贫综合服务中心项目（自筹资金2300多万元、向农发行贷款8400万元），预计于2019年竣工，项目将建成集扶贫培训、电商销售、物流配送为一体的综合服务平台。

【州农民合作经济组织联合会代表大会】 2017年4月6日，黔南州农民合作经济组织联合会第二届会员代表大会在都匀召开。全州农合联、基层供销社、农民专业合作社、农民专业合作社联合社、州（县）社属企业、社员股金服务社等50位会员代表参加会议。会议传达学习了全省供销社2017年工作会暨“三位一体”+“贵农网”助推贵州绿色农产品风行天下观摩推进会议精神，审议通过《黔南州农合联第一届理事会工作报告》，选举产生第二届理事会成员、常务理事、秘书长、副会长及副会长单位，并选举黔南州供销社党组成员、副主任高跃为黔南州农民合作经济组织联合会第二届理事会会长。

【州供销合作社被增选为贵州省烟花爆竹流通协会副会长单位】 2017年6月21日，贵州省烟花爆竹流通协会三届二次会议暨2017年度贵州省烟花爆竹产品订货会在贵阳召开，黔南州供销社被增选为副会长单位。

【全省农民合作经济组织联合会第二片区会】 2017年9月14日，全省农民合作经济组织联合会第二片区会在贵定召开，省农合联有关成员，贵阳市、黔东南州、黔南州供销社及所辖县（市）参会人员观摩了沿山、昌明产业和农村电商建设。会上“一市两州”、麻江、贵定进行了经验交流。

【“黔南供销”唱响好声音】 2017年，黔南州供销合作社被列为中华全国供销合作总社信息直报点，州供销合作社先后制定《黔南州供销社（系统）新闻宣传报道方案》《黔南州供销社系统综合信息宣传工作考核评比办法（试行）》，启动“改革发展·服务三农”主题摄影大赛，开通“黔南供销”微信公众号、今日头条号，全方位、多平台宣传报道供销合作社改革发展新成效。全年，全系统被州级以上平台采用信息255篇，黔南州供销合作社被全国供销合作总社表彰为“2017年度信息报送工作先进单位”。

【云南省供销社到黔南考察调研】 2017年8月25日，云南省供销社改革发展能力提升培训班学员100余人赴黔南州考察调研供销社深化改革情况。培训班一行先后观摩考察了都匀市供销社和福泉市供销社在现代山地高效农业产业、“三位一体”新型基层供销社和“贵农网”农村电商服务站等发展情况，以及贵州省经贸职业技术学院、贵州省内贸学校的建设情况。

【省供销社在黔南启动综合改革专项试点工作】 2017年12月7日，《贵州省供销合作社关于深化全省供销合作社综合改革专项试点工作实施方案的批复》（黔供发〔2017〕197号）同意《黔南州供销社关于开展烟花爆竹连锁经营试点的实施方案》《黔南州福泉市供销社推动农村一二三产业深度融合发展专项改革试点实施方案》，在黔南启动烟花爆竹连锁经营试点和推动农村一二三产业深度融合发展专项改革试点工作，专项改革试点工作时间为一年。

（李　涛）

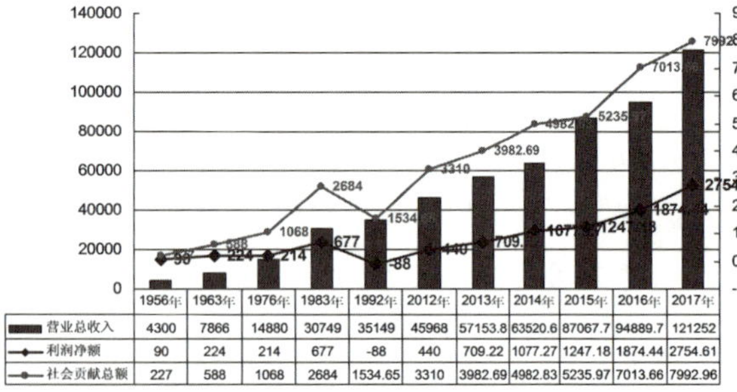

图1　黔南州供销合作社系统重要历史时期营业总收入、利润净额及社会贡献总额
单位（万元）

注：社会贡献总额是指供销合作社为国家或社会创造或支付的价值总额，包括工资、劳保退休统筹及上缴的各种税费总额等

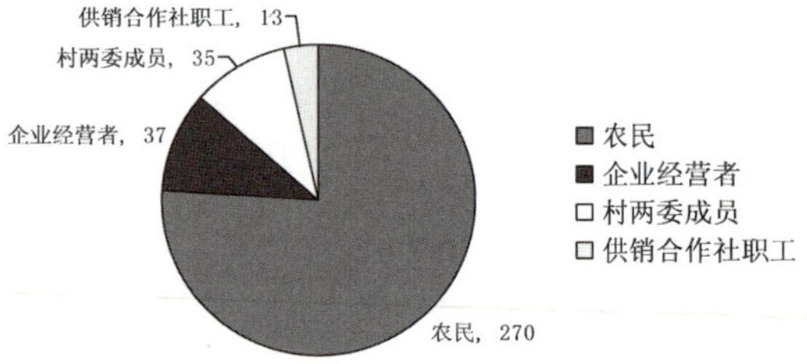

图2　黔南州供销合作社领办、创办的农民专业合作社理事长构成情况
单位（人）

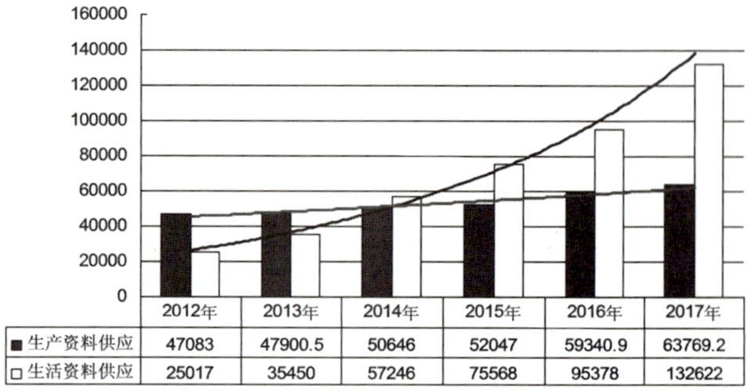

图3 2012年至2017年黔南州供销合作社系统生产、生活资料供应情况
单位（万元）

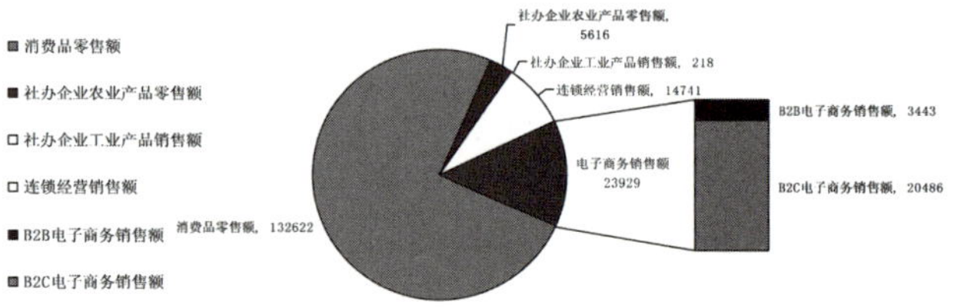

图4　黔南州供销合作社销售总额构成　单位（万元）

表 2017 年黔南州供销合作社系统从业人员数量和结构表

单位：人、%

	全系统	县及县以上联合社	基层供销合作社	社会组织	社有企业
从业人员总数（人）	1727	176	643	320	588
从业人员年龄构成（%）					
35 岁以下	23.16	21.02	12.75	26.25	33.5
36～45 岁以下	25.95	22.15	37.79	45.31	32.99
46～55 岁以下	36.13	44.88	44.79	28.43	28.23
55 岁及以上	4.74	11.93	4.66	0	5.27
从业人员受教育程度构成（%）					
高中专及以下	66.87	10.22	85.69	58.75	64.62
大专	25.65	45.45	13.68	34.06	28.23
本科	8.38	42.61	0.6	7.18	7.14
研究生及以上	0.23	1.7	0	0	0

注：部分数据因四舍五入的原因，存在着与分项合计不等的情况

中国石化贵州黔南石油分公司

【概况】 2017 年，中国石化销售贵州黔南石油分公司在上级公司的正确领导和地方党委、政府及相关部门的支持帮助下，积极应对市场挑战，以员工收入为出发点，以企业目标实现为落脚点，以问题为导向，紧紧围绕市场细化各项措施，积极抢占市场，基本完成上级下达的各项目标任务。

【成品油市场】 2017 年，面对成品油价格涨跌频繁，非标油异军突起冲击市场，社会加油站增长较快等不利因素，黔南石油分公司始终紧盯目标不放松，坚持客户为中心，依托品牌和质量优势，加强客户走访维护，努力提升服务质量，积极配合地方政府强势打击非标油，努力抢占市场。面对前期经营欠量的不利局面，分公司新班子组建后，在四季度工作会上提出了“大干九十天”活动，通过公司上下同心合力，全力追赶，在四季度完成了欠量的追补，完成了上级公司下达全年成品油销售总量的经营任务。在零售市场开拓上，紧紧围绕“多卖一吨油”“奋战 100 天”销售竞赛活动，“以站为点、以卡为线、以送扩面”的“点、线、面”结合方式，通过一统（统一营销策划）、二提（提升管理能力、提升服务水平）、三宜（宜零则零、宜直则直、宜送则送）、四率（站长住站率、县（市）公司管理团队到站率、车辆加满率、持卡消费率）、五增（增站增量、配送增量、推卡增量、促销增量、管理增量）战略实施与推进，狠抓零售经营管理，稳步提升零售经营业绩。在客户开发上，成立了客户开发领导小组，组建了零售（非油品）大客户经理队伍，通过进机关、访企业，切实让管理团队深入了解市场需求，真真正正了解客户构成、客户分布及客户需求，有效地在多方面挖掘和开发客户。在成品油直分销方面，以“贴近市场，不丢客户，差异化营销”为经营原则，落实上级公司“一抓三抢”和“五盯一挖”工作要求，灵活运用“一户一策一价”的差别化销售策略，对不同区域的客户开展差异化营销，完成辖区内重点客户开发维护工作，提高了直分销市场占有率。并获得全省系统 2 面月度先进红旗，1 面年度进步红旗。

【非油品业务】 以“油非互促”为抓手，通过“强保障、提激情、聚经验、组营销”的四大经营方式，不断进行销售经验培训、学习与分享，并以召开重点商品品鉴会等方式加强品牌宣传，强化营销团队培训和现场督导，实现了轮胎、烟草、尾气处理液等销售的新突破。都匀沙坝加油站还于 2017 年 6 月配合承办“贵州烟草专卖局（公司）烟草现场会”，得到了全省烟草系统各级领导的一致好评。通过努力，获得全省系统 1 面月度先进红旗。

【HSE 管理】 2017 年黔南石油分公司围绕“严、实、狠”的工作要求，以实施 HSE 管理体系为主线，强化落实安全生产责任制和现场管理，加大安全检查、考核以及教育培训力度，严格隐患治理工作，一是全面查找自身问题，改变以往视频监控“挂机”现象，成立了视频监控中心，通过视频监控日查、督查队巡查、分公司职能部门抽查的网状检查方式，全覆盖地对黔南公司“低、老、坏”进行查找和督促整改。全年共督查库站各类 HSE 问题 6384 条，并全部完成整改，整改率 100%；上级公司共督查出分公司各类 HSE 问题 1120 条，均已完成整改，整改率 100%。二是加大安全环保隐患治理。在上级公司的帮助及分公司的重视下，全年共计完成 7 个风险项目的销项治理；完成 3 座加油站油罐防渗漏治理，完成了 37 座加油站排污证的办理。在全体干部员工的共同努力下，2017 年未发生上报等级事故，安全生产基本平稳，取得了全省系统 HSE 年度测评第 2 名的好成绩，并夺得全省“HSE”管理先进单位的光荣称号。

【油品质量管理】 2017年，黔南石油分公司从制度建设入手，加强商品损耗管理和数质量设备设施管理，一是严把油品检验关的监管，油品入库、出库及抽样检验率达100%，出库油品必须100%合格；二是严把油品运输关，做到配送车辆专车专用并严格执行罐车更换油品出库质检制度，利用GPS及3G视频系统对油罐车运输途中进行监控，罐车到站必须进行甲醇快速检测和留样工作，防止承运车辆偷换油事件发生；三是严把加油站油品接卸、储存与销售关，雨雪天气及时监测水高，全面安装汽油加油机除水滤芯，严格落实加油站油品质量抽检制度，2017年共抽检加油站185站次，共抽检油样365个。通过完善的制度和严格的管理，形成了对油库、运输、加油站三个环节的全过程有效监控，确保销售油品的100%合格。

【党建工作】 黔南石油分公司为健全基层组织，充分发挥党组织在经营中的作用，2017年5月，完成了分公司的14支基层党支部换届选举工作，完成了14个基层团支部的选举工作。在健全基层组织的同时，通过积极沟通协调，争取到9名发展对象及12名入党积极分子的党员发展名额，完成了7名预备党员的转正工作，进一步充实了基层党员队伍的力量。同时，还在全州系统试点推行了“党员挂点定责”工作机制，采取自愿认领和组织指派相结合的方式，将所辖加油站和油库班组都列为“党员挂点定责”工作的联系点，较好地促进了“四个实现”。一是实现站站有党员的目标。明确每名党员都有一个联系点，每个基层服务窗口都有党员联系，解决基层一线服务窗口无党员的难题，实现“站站有党员”的目标。二是实现多项工作的有机融合。把党员“挂点定责”活动与“一单三卡”工作法、“走基层、访万家”“员工思想动态分析”“谈心谈话”等活动有机融合起来。三是实现组织生活有载体，党员展现先进有平台。通过“党员挂点定责”活动的开展，让党支部的组织生活内容更加丰富，让党员通过帮助解决基层一线经营管理工作中难点、重点工作的过程中，彰显党员能吃苦、能战斗的先进性。四是实现考核内容的量化。通过“党员挂点定责”活动的开展，形成了一整套对党员工作评价的量化体系，通过工作的台账、联系点员工群众的评价、党支部的考核等，实现对党员评价从感性认识到量化考核的转变。

【深入学习“十九大”】 在中共十九大召开期间，黔南石油分公司组织全体党员和广大干部员工，在第一时间收看了十九大开幕的盛况，并组织人员及时参加了上级公司党委、地方党委组织的学习宣传中共十九大精神的宣讲活动。为在全州系统性掀起学习宣传中共十九大精神热潮，黔南石油分公司以“八个一”活动为载体，通过循序渐进的开展“上一堂党课、背一次誓词、写一篇征文、观一次基地、开一次演讲、办一场竞赛、写一份心得、搭一个平台”，开展了一次全覆盖式的十九大精神宣讲活动，在全州范围内掀起学习宣传中共十九大活动高潮。

【人才队伍建设】 2017年，黔南石油分公司一方面注重强化培训，提高各级人员素质。一是充分利用基层培训站开展集中培训，全年开展自办班培训23期，培训学员934人次，组织推荐外训7期，参训学员9人。二是注重员工素质提高。鼓励员工学历、职称、技能等级、职业资格的自本提升，全年共申报中级职称1人，初级职称8人，参加技能鉴定考试182人，五项技能考试898人次。另一方面，为让“想干事，能干事”的年轻人才得到成长通道。黔南石油分公司新一届班子组建后，认定“不是人多就能干好工作”的思路，以开展竞聘择岗工作为切入点，对各级管理人员和一线员工，采取提拔使用一批，交流学习一批，岗位调整一批，退出淘汰一批的方式，解决了“人浮于事”的问题。全年共调整聘用55人，其中：从一线员工岗位走上一般管理岗位的12人，新聘助理、主办16人，提拔使用了11名科级人员，退出科级岗位的5人，退出主办岗位3人，岗位交流8人（科级6人）。

【“三个平台”建设】 2017年，黔南石油分公司根据人员变动情况对公司过程监控小组进行了调整。把敢于管理、敢于担当、工作热情高、对经营管理较为熟悉的年轻人员充实到过程监控小组中来，给予他们更多的鼓励和肯定，给予他们在监督管理上更多的支持，真正发挥出在过程监控小组发现和培养中层管理队伍后备人才，将中层管理队伍后备人才放在过程监控小组进行进一步培养和锻炼的作用。

（王中子）

中国石油天然气股份有限公司贵州黔南销售分公司

【概况】 中国石油天然气股份有限公司贵州黔南销售分公司是中国石油贵州销售公司在贵州省黔南州的成品油销售企业。分公司组织机构为4个部门，员工183人，平均年龄31岁，其中机关员工32人，加油站员工151人，党员42名，团员60名，具有大学本科学历22人，大专学历34人。是一支富有朝气、充满活力的年轻销售队伍。销售网络遍布全州10个县（市）的主要城市、高速公路、国道、省道。

【主要经营指标】 2017年销售油品17.68万吨，完成全年计划的106.13%，其中纯枪零售完成10万吨，直销完成7.68万吨；非油销售收入1728.91万元，完成全年计划的80.98%，同比增加321.17万元；汽油损耗率0.121%、柴油损耗率-0.117%，分别完成全年计划的128%和177%，同比分别下降了0.148%、0.1%。考核利润预计完成2548万元，较预算增加248万元，增幅10.78%；分公司安全环保生产事故为零。

【市场营销】 做好“油卡非润一体化”营销，助推销售能力全面提升。一是客户开发增量。全年以强化客户开发促零售提升为主线，形成机关、加油站联动开发机制，利用“一客一策”“以站代库”政策进行客户大普查大开发活动。全年共开发“一客一策”客户33家，利用“以站代库”政策销售油品5174吨。同时，根据市场情况，上、下半年各组织对区域内客户进行一次客户大调查和开发活动，对区域内新增重点项目责任到人及时跟进，实现精准开发。全年成功开发新客户182家，新客户贡献销量2.78万吨，占总直销量的36.25%。二是利用节日促量。紧紧围绕春节、五一、国庆等节假日前后出行高峰的有利时机，对高速公路和城区出口等重点加油站从油品库存、后勤保障、人员排班等方面逐站进行提前安排部署，对独山和龙里等车流增长较大的高速公路站安排机关人员驻站顶班，确保加油站不发生断油脱销、车辆快进快出，最大限度地提高零售量。节日期间分公司销售油品7223吨，同比增加509吨。三是劳动竞赛挖量。二季度分公司组织开展“保半年目标、争销售先锋”劳动竞赛，每月进行考核、评比，有效调动了广大管理人员和员工的销售热情。二季度零售完成2.4万吨，同比增加130吨。四是跨界合作提升加油卡影响力。利用公司开展电子券促销活动的有利资源，大力开展跨界合作客户，成功与洗车美容、餐饮、电影院、咖啡厅等11个商家开展跨界合作，加油卡指标大幅提升。三季度沉淀资金环比增加71万元、活卡量增加277张、卡销比环比增幅2.66%。

【非油品销售】 狠抓非油基础工作，促进非油销售提升。强化非油扫码销售，每月到站盘点，指导加油站调整账实差异；加大大宗商品推销力度，2017年共销售大宗商品217.18万元，同比增加10.78万元；协助公司开展对麻万等8座重点站便利店打造，营造氛围吸引客户进店消费，全年8座便利店共销售692.58万元，同比增加138.81万元。

【损耗管理】 狠抓损耗治理，努力降低油品损耗。一是做好油罐容积表核对工作，安排分公司损耗管理岗对超耗严重的龙里AB、小围寨、福源、金南、麻万、威远和独山AB等12座站进行驻站帮扶，与加油站管理人员分析超耗原因，利用加油枪、液位仪和手工测量计算出共29个油罐容积表数据不准，经与安全处、运输公司协调对容积表进行了调整。二是在加油机检定时安排机关人员到现场，与质量技术监督部门人员做好沟通协调，减少加油机发油损耗。三是加强稽查，严格执行每日一抽查，每周一盘点制度，发现问题及时处理，对液位仪实行铅封管理和密码管理，加大对自用回池的严格审批，减少人为因素造成损耗。分公司汽柴油损耗完成计划，同比分别下降了0.148%、0.1%。

【投资建设】 加强加油站迁建工作力度。面对加油站迁建数量较多的情况，分公司积极面对，克服各种困难，加强与政府沟通协调力度，较好推进迁建项目进度。2017年7月完成麻驾加油站拆除工作，并完成新建驾欧、匀杨加油站的上会评审。同时完成乐岗、匀杨加油站用地测绘，初步拟定小围寨、黔都迁建选址点。

【HSE体系建设】 强化责任落实，加强风险防控，守住"三条红线"。一是风险防控和应急处置能力得到提升。深入开展"识风险、演预案、强处置"活动，落实冬季、夏季安全生产工作方案，修订完善各站应急预案并开展实战演练。十九大召开前后，强化"反恐防恐"工作部署，落实散装燃油销售制度，整改视频监控系统11站次、配置防爆器材23套、身份证识别系统11套。切实提升了加油站安保反恐防恐能力和应急处置能力。二是合规管理不断完善。强化各级安全管理人员持证上岗和安监、环保、计量、防雷等相关经营手续的办理，完成全部加油站生产事故应急预案备案，启动环保应急预案备案工作，有效规避了经营风险。同时，在今年的主汛期，成功处置了金南、贵定、新元福、都匀A站油罐进水事件，平稳度过了汛期。三是严格施工作业监管，强化施工前"两书一表"及作业风险分析，落实旁站监督及属地监管制度，实现施工作业受控。

【财务管理】 坚持低成本企业发展理念。一是深入开展开源节流，降本增效活动。全年商流费控制在预算内，考核利润超预算248万元。二是加强预算管理，科学调剂费用，有效保障了生产经营活动支出。三是加强资金监管，有效防范资金风险，分公司资金安全全年受控。

【队伍建设】 强化队伍建设，提升员工队伍素质。一是根据贵州公司2017年培训工作要求和分公司生产经营工作要求制定了分公司2017年年度培训计划，分公司全年计划开展培训项目18项，共开展培训26次，678人次参加培训，培训进度完成率为100%。二是完成分公司中层管理人员2016年度考核工作，在注重业绩的前提下，综合述职和民主测评情况，机关各部门主任、副主任考核综合分数均在90分以上，大部分加油站的业绩完成情况在90%以上，分公司对综合考核成绩排名后三位的站经理做出了相应的处理决定。三是2017年分公司参加技能鉴定报名人数为44人（其中三级5人，四级11人，五级28人），参加考试人数为37人，有31人鉴定合格（其中三级0人，四级7人，五级24人），合格率为83.8%，略高于贵州公司平均水平（70.1%），位居贵州公司第二。

【基层组织建设】 加强党工团建设，为生产经营保驾护航。一是强化责任担当。严格落实党总支统一领导责任，坚持"三重一大"决策制度，共召开31次经理办公会，5次党总支委员会研究重要事项。二是完善制度建设，加强执纪问责力度。结合经营工作实际，制定《黔南分公司违反经营销售纪律处理规定》，对于在检查中发现的各类违规事件严格按照文件要求进行严肃处理，进一步在制度上加强了执纪问责力度。2017年，分公司共对43名员工进行处理，彰显了分公司执纪问责的决心，并对员工起到良好警示教育作用。三是强化反腐倡廉宣传教育力度。党总支定期收集班子中心组学习材料，明确内容，规定时间，定期组织开展学习12次，达36个学时。同时党总支坚持开展防腐倡廉警示教育，并于5月、10月组织机关管理人员、关键岗位人员、加油站经理、一线员工开展警示教育。四是持续开展机关作风建设。分公司于5月4日召开经理办公会认真研讨和细化相关规定，完善考核方法，确保帮扶活动责任到人，考核到人，强化考核结果，切实落实机关人员下站帮扶的实效性，有针对性帮助加油站发现并解决问题，着力为加油站办实事、解难事。五是巡视问题整改工作落地成效。为切实将巡视问题整改工作落到实处，分公司领导小组于2017年1月6日召开小组会议，就《黔南分公司巡视组反馈意见整改落实方案》进行研讨和细化，逐项明确牵头负责领导、责任部门、责任人员和整改时限，形成整改清单，巡视中发现的14个问题均已整改完毕。

（于阳阳）

烟 草

【概况】 贵州省黔南州烟草专卖局、贵州省烟草公司黔南州公司成立于1984年，下辖12个县级局（分公司），其中，两烟县（市）9个：都匀市、瓮安县、福泉市、贵定县、龙里县、独山县、平塘县、惠水县、长顺县烟草专卖局（分公司），纯卷烟县3个：三都县、荔波县、罗甸县烟草专卖局（分公司）。州局（公司）机关下设20个职能部门（含卷烟营销、烟叶营销、物流配送三个中心）。全州烟草在册在岗职工1619人，退休人员543人。2017年实现税利10.59亿元，实现税收8.35亿元（含所得税），实现主营业务收入46.35亿元（含税）。

【党建工作】 2017年，州公司以落实全面从严治党为主线，以“5551”黔南烟草党建模式为抓手，带领全体党员深入推进“两学一做”学习教育常态化制度化。组织专题培训班14期、培训党员干部1700人次，开展党员学习教育420次。建立42个“讲习所”，到田间地头、零售户家中、职工之家开展讲习67次。黔南烟草“5551”党建模式在州内崭露头角，1月20日，代表黔南州迎接中组部、省委组织部的党建工作检查，33家单位到州公司学习参观。分别承办和主办黔南州机关党建工作现场观摩会、全州烟草党建工作会；黔南烟草驻村干部荣获黔南州抓党建促脱贫攻坚优秀个人称号；在黔南州“一心向党·好花更红”主题演讲比赛中荣获二等奖；多家县局党组织获得地方党委政府的表彰，黔南州直机关授予州局（公司）第二批“党建品牌”单位荣誉称号、三都县局被评为“贵州省守合同重信用单位”、龙里县局获“黔南州交通安全文明单位”、平塘县局获“黔南州民族团结进步示范单位”，11个党支部通过黔南州委“五星级”党支部评选，党建工作得到了各级领导的充分肯定和好评。

【烟叶工作】 在种植规模持续下滑的严峻形势下，继续紧盯质量核心不动摇，紧盯气候节令抓标准，统筹推进种、管、烤、收、卖各环节工作，提出“人人是标准、块块是示范”，快速推进烟叶生产信息化管理，狠抓“山地生态烟”生产标准和先进实用技术落实落地，烟叶生产管理水平和烟叶质量得到提升，全年共承办5次全省性烟叶工作现场会。

2017年，全州共落实47个乡（镇）、257个村、865个村民组种植烤烟、4184户种烟农户，烟农种烟收入3.19亿元（含补贴），户均7.63万元。由于各项生产技术标准狠抓落地，全州整体生产水平大幅提升，烟叶质量迈入全省第一阵营，向省烟草公司争取到6430担新增计划，增收835万元。

“151”精准收购管理模式和“126.21”专业化烘烤管理模式列入国家局教科书，省内外十多家兄弟单位赴黔南实地考察，黔南模式在多家单位推广。全年收购烟叶23.64万担，占计划的102.8%，是全省唯一一家超额完成收购计划的地州（市）；收购进度全省最快，连续两年全省第一家完成收购任务；在国家局组织的收购检查中，全州烟叶等级合格率为83.3%，在全省和全国都排名第一，在做稳做精做强黔南烟叶上取得历史性突破。

连续多年在贵定县开展“贵定烟风格恢复工程”，2017年首次种出真正的贵州山地“中棵烟”，贵定县烟叶均价全州最高，达1348.2元/担，增幅12%，亩产量135.1kg、增幅16.7%，亩产值3421.4元、增幅22.9%。

向国家烟草总公司申请到水源工程8个，项目数量排全省第二，项目总投资10.81亿元（其中烟草补贴资金7.186亿元），项目不仅可解决16万亩农田、12.97万人的生产生活用水，还为地方群众提供了就业务工机会，群众通过务工可增加收入近2亿元。

【卷烟营销】 认真谋划品牌布局，创新营销方式，深挖市场潜力，在库存优化、品牌布局、消费引领、跨界营销等方面提供了可复制、可推广的黔南经验，为全省卷烟营销工作贡献了黔南智慧。全年销售卷烟13.45万箱，完成计划的100.3%，是全省唯一一家超计划的地市公司；单箱均价为30314元，同比增加1025元，超计划314元，均价增幅全省第三。销售进度、销量增幅、单箱均价增幅、销售额进度、销售额增幅等各项指标长期保持全省第一，成功举办全省卷烟销售调度会。

【专卖管理】 坚持守土有责，推进专卖网格管理，坚持打早、打小、打苗头，保持打假高压态势，遏制违法经营行为。全年查获各类涉烟违法案件634起，案件查处数量和案值均创历史新高，专卖管理工作全省第一。刑事拘留32人，依法逮捕36人，判刑21人。真品卷烟外流同比下降68.53%，全省流出最少，查获真品卷烟数量同比上升5.18%，排名全省第二。贵定“12·16”利用物流运输销售假冒卷烟特大网络案件被公安部和国家局列为部督网络案件，实现了黔南州部督案件零的突破。

【企业改革】 “黔南州基于烟叶原收原调的研究与应用”荣获省公司2017年度科学技术进步奖唯一一个一等奖，“打叶留顶对上部叶质量调控技术研究”和“工作抢单积分制绩效薪酬管理模式研究及应用”分别获得三等奖。在中共黔南州委办公室、黔南州人民政府办公室12月8日发布的《黔南信息》（第50期）“工作亮点”栏目中，刊登了题为《州烟草局试行“抢单”模式优化收入分配激发创新活力》文章，充分肯定黔南州局（公司）通过创新薪酬绩效考核机制焕发企业内部生机和活力。营造了“工作计划自愿申报、工作任务自主认领、工作职责主动承担”的工作氛围和“你追本赶、增比进位、争先创优”的文化氛围，全州烟草干部职工工作激情和创新热情空前高涨，全年申报QC课题78个，同比增加62个；申报542项创新创优项目中，46个优质创新项目，荣获专利2项，软件著作3项，发表论文10篇，创新成果“泉涌”“井喷”。

通过内强素质、外塑形象、敢于拼搏、善于创新，团结协作、共谋发展，各项工作亮点纷呈，为行业发展提供了诸多黔南经验。全面推行“三个一点”会议管理模式，会议费同比减少80万元，降幅达39%，精准会议管理系统全省推广；全年投资计划执行率98.4%；依法治企水平快速提升，编制的《经济合同法规审查指南》被省局采用，龙里、都匀、罗甸三个单位被授予全省烟草商业“依法行政示范单位”称号；安全事故零发生，在州政府安全生产考评工作中蝉联第一名。州局公司荣获贵州省四星级妇女之家、“好花红”五星级工会、州级职工书屋授牌表彰，龙里、瓮安、罗甸等基层工会获得“好花红”星级工会表彰，福泉、罗甸被评为贵州省文明单位。

2017 年 1 月 20 日，中组部调研组参观黔南烟草党建展厅

黔南州烟草专卖局（公司）党委中心组 2017 年第二次集中学习，图为党委书记杨秀祥在为全州烟草科级干部上党课

黔南州 2017 年烟叶工作现场推进会上，现场演练“编烟神器”

黔南州烟草专卖局（公司）李珊珊在黔南州“一心向党·好花更红”主题演讲比赛中荣获二等奖，图为比赛现场

（刘羽瑶）

·教　育·

JIAO YU

综　述

【概况】　2017年，全州有幼儿园869所，比2016年增加156所；在园幼儿数152801人，比2016年增加9628人。小学校数950所，比2016年减少136所；在校生303512人，比2016年增加12861人。初中校数145所，比2016年减少22所；在校生145533人，比2016年减少5775人。普通高（完）中学校31所，在校生82818人，比2016年增加870人。中等职业学校17所，在校生68146人，比2016年增加4775人。特殊教育学校10所，在校生2397人，比2016年增加622人。高等院校7所（其中本科院校2所，专科院校5所）。基础教育学校教职工数为48932人。学前三年入园（班）率、九年义务教育巩固率、高中阶段毛入学率稳中有升，分别达到91.29%、94.2%、88%，比2016年提高1.09%、0.2%、1%。小学、初中辍学率持续下降，分别达到0.01%、0.80%，比2016年下降0.002%、0.05%。

2017年，全州新建、扩建10所城镇义务教育学校项目（有7所被列为省重点建设项目），用于保障进城务工子女享受同等教育待遇，缓解城区“大班额”难题。累计完成投资2.02亿元，占计划总投资的111%。

2017年全州获上级投资批复各类教育基本建设项目572项，覆盖学校261所，批复总投资12.556亿元，获批投资较上年同期（11.48亿元）增长9.4%，其中：获批中央投资8.09亿元，较上年同期（5.63亿元）增长43.7%，省级投资2.712亿元，较上年同期（3.94亿元）减少31.2%，州、县配套投资1.754亿元，较2016年同期（1.91亿元）减少8.17%。

【全州教育系统固定资产投资】　2017年全州教育系统固定资产投资累计完成26.02亿元（其中：500万元以上项目的固定资产投资完成16.14亿元），超过目标任务数。项目覆盖州属学校建设、城镇义务教育阶段学校建设、学前教育幼儿园建设、“全面改薄”项目、普通高中改善办学条件项目、中职学校基础能力提升建设工程等505个重大项目。

【农村寄宿制学校扩容建设项目】　2017年，35所“全面改薄”标准化农村寄宿制学校扩容建设项目全部竣工，累计完成投资18800万元。

【乡村教师支持计划】　按照《贵州省乡村教师支持计划实施办法（2015—2020年）》，各县（市）结合财政实际，每月为乡村教师增发200元

~320 元生活补贴，使乡村教师“下得去、留得住”。2016—2017 年，全州投入资金 9760 万元，建设艰苦边远地区教师周转宿舍 1816 套，有效改善了艰苦边远地区农村教师的工作、生活条件。

【教育扶贫】 2017 年，州政府印发《黔南州深度贫困地区教育脱贫工作方案》，学生资助政策体系不断完善，资助面不断扩大，资助金额持续增长，全州农村义务教育学生营养改善计划和各级各类家庭经济困难学生资助资金 10.15 亿元，比 2016 年增加 1.11 亿元，增幅 12.24%，做到了“不让一个学生因家庭经济困难而失学”。将 1094 所学校实施农村义务教育学生营养改善计划，累计投入资金 2.98 亿元，惠及学生 37.3 万人次。893 所幼儿园（班）实施学前营养改善计划，累计投入资金 5220 万元，惠及学前儿童 8.7 万人次。

【生活补助及社会资助】 全州高等院校、中职学校、普通高中、学前教育、农村义务教育家庭经济困难寄宿生生活补助及社会资助受助学生近 128.6 万人次，资助资金 6.65 亿元，比 2016 年度增加 0.5 亿元。

【爱心人士捐赠】 2017 年联系爱心人士捐赠都匀市归兰乡洒洋小学价值 4 万元的教育设施设备。上海上港集团捐助 100 名贫困大学生，捐助金额 50 万元。“泛海助学行动”捐助 1149 名建档立卡贫困学生 574.5 万元。“习酒・本的大学”资助贫困学生 60 名，资助资金 30 万元。

【教育科研】 2017 年，州教育局深入推进基础教育课程改革，印发并组织实施《黔南州教研工作三年（2017—2020）行动计划》《黔南州中小学教学质量提升三年行动计划》《黔南州中小学教学质量监测方案》和《黔南州课题研究管理办法》等方案。积极组织开展教师优质课、技能大赛、说课大赛等评选评比观摩活动。成功争取贵州省第六届中小学幼儿园教师优质课评选观摩活动落户黔南。大力推进课堂教育教学培训，培训各科教师 5000 余人次。邀请贵州省高考 9 个学科评阅卷组长为全州高考学科教师进行培训，提高了高考复习的针对性和有效性。

2017 年，完成 340 个州级教育规划课题申报评审工作，推荐 64 个课题参加省级课题评选。

【教学模式构建】 2017 年全州教学改革深入推进，“西部教学改革支持计划”试点项目初见成效；张瑛名师工作室《初中数学四点突破教学策略的研究与实践》，龙里中学王剑平《高中英语课堂三 T 教学模式的建构与实践》，黔南师院陈凌教授的《小学数学平罗模式的实践与研究》等 3 个项目，代表贵州省参加教育部举行的“第三届中国教育创新成果公益博览会”。

【省级乡村名师工作室】 州教育局推荐省级乡村名师工作室主持人及成员申报 6 项。经过省教育厅组织专家组评审，全州得到 3 项目课题。

【教育督导】 2017 年，组织开展对全州各县市教育经费投入与使用情况审计工作，确保中央、省下达的专项补助资金和县级配套资金落实到位。审计涉及应拨教育经费 3.8 亿元，通过整改督导，各县（市）已补拨到位。对三都、贵定、惠水、长顺、罗甸 5 县人民政府教育工作和县级党政主要领导教育工作进行过程督导与复核，全部通过省评估考核验收。

【国家义务教育质量及小康教育指标监测】 2017 年，开展国家义务教育质量监测，完成小康创建活动教育指标的统计监测工作，全州 17 个示范小城镇九年义务教育巩固率平均达到 96.3%。

【学校安全知识宣传教育】 2017 年，进一步落实青少年法治教育大纲和“七五”普法规划要求，积极开展安全生产宣传教育“七进”活动，组织开展全州学生“学宪法讲宪法”活动。成功创建黔南州依法治校示范校 24 所，20 所学校被授予“黔南州安全文明校园”称号。

【素质教育】 2017年，全州教育系统全面落实立德树人根本任务，认真贯彻《中小学德育工作指南》。福泉市教育局获“全国未成年人思想道德建设工作先进单位”称号。全州开展“四在学校·幸福校园”“祖国好·家乡美”“国学经典进课堂”等活动。举办全州中小学校园足球联赛、中小学生艺术展演活动。引进4名德国足球教练到都匀、贵定、龙里、罗甸执教，为提升校园足球水平打下基础。组织实施黔南州学生参观天文科普教育基地及天文科普知识进校园活动，制定《黔南州天文科普特色学校创建方案》和《黔南州学生参观天文科普教育基地实施方案》，全州6所学校获首批省级文明校园称号。

【贵州省2017年青少年足球锦标赛在黔南州瓮安县举行】 2017年7月19—25日，贵州省2017年青少年足球锦标赛盛况赛事在黔南州瓮安县举行。本次赛事分甲、乙两组进行，共有来自全省各市（州）的12支足球队、260余名运动员参赛。

【荣誉榜】 2017年，全州6所学校获首批省级文明校园称号，7所学校被评为“十三五”规划期间贵州省民族民间文化教育项目建设学校。惠水女子藤球队在2017年全国藤球锦标赛暨亚运会选拔赛中囊括双人赛和单组赛第一名。龙里、贵定、福泉、瓮安创建国家三类城市语言文字工作通过省级验收。都匀市获全省未成年人思想道德建设工作先进县（市、区）荣誉称号。

【全国小学体育活力校园优秀案例征集评选】 2017年7月23日，由全国中小学体育教学指导委员会、中国教育发展基金会和耐克公司共同举办的“全国小学体育活力校园优秀案例征集评选活动”颁奖典礼在北京水立方进行。贵州省计有两所学校获得此项殊荣，黔南州贵定县第一小学榜上有名。

学前教育

【概况】 2017年全州学前教育在全州乡镇公办幼儿园全覆盖的基础上，新增38所公办幼儿园。组织实施全州农村学前教育质量提升项目。组织开展以“游戏·点燃快乐童年”为主题的第六个全国学前教育宣传月活动，鼓励和支持幼儿自主游戏、快乐游戏。注重教育内涵发展。全州学前教育加强示范园评估认定。

【学前教育通过省、州评估】 2017年11月，州机关幼儿园接受并省级示范园复评，福泉二幼、龙里二幼、贵定二幼接受并通过州级示范性幼儿园初评。

【城乡公办幼儿园新扩建任务完成】 2017年，全州新建、改扩建38所城乡公办幼儿园建设工程全部竣工，累计完成投资4020万元。

【异地扶贫配套解决幼儿园问题】 2017年，全州易地扶贫搬迁工程，需配套建设的22个教育基础设施项目全部竣工，为搬迁适龄儿童、学生“一个不少”地就近入园、入学提供了保障。累计完成投资5637万元，占计划总投资的103%。

【省级中小学幼儿园优质课比赛落户黔南】 2017年，贵州省第六届中小学幼儿园教师优质课评选观摩活动在黔南举办，这些评选观摩活动主要针对现场比赛观摩的学科教师进行。主要评比课堂教学能力、学科素质培养、临场竞赛心理培训、课堂教学改革前沿信息学习能力等。

基础教育

【概况】 2017年全州义务教育都匀、瓮安、龙里、惠水、长顺义务教育基本均衡发展通过国家督导评估认定；三都、平塘、罗甸县域义务教育初步均衡发展工作通过州级评估验收。州政府印发了《关于统筹推进县域内城乡义务教育一体化改革发展的实施方案》。省教育厅在独山召开了全省义务教育均衡发展工作推进会；三都、贵定、惠水、长顺、罗甸5县基本普及十五年教育工作通过省级验收，全州实现了基本普及十五年教育目标。新建、扩建10所城镇义务教育学校项目（有7所被列为省重点建设项目），用于保障进城务工子女享受同等教育待遇，缓解城区“大班额”难题。累计完成投资2.02亿元，占计划总投资的111%。

【国家教育部基础教育司领导调研都匀四小】2017年6月27日下午，国家教育部基础教育司副司长杜柯伟一行5人，在省教育厅党组成员副厅级督学潘建春、基础教育处处长黄燕，黔南州教育局党组书记、局长欧开灿，都匀市政府副市长严平亚、都匀市教育局副局长向顺的陪同下，到都匀四小进行城乡一体化教育工作的调研工作。

【义务教育科学布局调整】 2017年全州小学校950所，比2016年减少136所；初中校数145所，比2016年减少22所。小学、初中辍学率持续下降，2017年总体控制在0.01%、0.80%，分别比2016年下降0.002个百分点、0.05个百分点。九年义务教育巩固率94.2%、比2016年分别提高0.2个百分点。

【全州普及十五年教育目标基本实现】 2017年12月，三都、贵定、惠水、长顺、罗甸5县基本普及十五年教育工作通过省级验收，全州实现了基本普及十五年教育目标。

普通高中

【概况】 2017年全州加强对申创省级示范性高中学校的指导，福泉中学成为“二类省级示范性普通高中学校”，罗甸一中、长顺民族高级中学成为“三类省级示范性普通高中学校”。全州已有省级普通示范性高中13所。全州共争取省级示范性高中创建经费180万元。2017年，全州高考各学科平均分、及格率、二本上线率和录取率均居全省第一方阵。2017年。全州普通高中建设项目学校19所52个单体校舍全部投入使用，累计完成总投资2.67亿元。都匀一中新校区全部校舍单体项目已基本完工，累计完成投资超过8亿元，占计划投资的80%，并实现平稳顺利搬迁。2017年，州委州政府将都匀二中划转至都匀市管理。

【高考状元花落黔南】 2017年全国高考，都匀一中学生刘昱旻夺得全省文科状元，为黔南赢得荣誉。

【高考成绩连续四年稳居全省第一方阵】2017年全国高考，黔南各学科高考平均分、及格率、二本上线率和录取率均连续四年居全省第一方阵。

【都匀一中新校区搬迁启用】 2017年12月，都匀一中新校区全部校舍单体项目已基本完工，累计完成投资超过8亿元，占计划投资的80%，并实现平稳顺利搬迁。

【省级高中学生综合评价试点落户福泉】2017年，贵州省普通高中学生综合评价改革试点工作实施，福泉中学被评为贵州省学生综合评价改革试点校。

【都匀二中划归市管】 2017年，根据州委、州政府会议纪要，需要对教育的布局调整进行新规划，原州直属省级示范性高中都匀二中划归都匀市。

中职教育

【概况】 2017年全州中职招生任务全面完成。全年共招生2.43万人，超省目标是0.05万人。全州启动了第二批黔南州中等职业教育名师评选工作，评定6名名师，为全州中职教育教学改革提供了榜样。2017年与德国贵州商会签订战略合作协议，本着优势互补、互惠互利、长期合作的原则，在教育信息化、职业教育、校园足球、学校建设、对外合作办学等方面开展合作。成功举办“中德职教高级管理研修班”。

【荔波、罗甸中职教育因地制宜创特色】 2017年，荔波县中等职业学校被批准成为“贵州精准扶贫培训基地”。罗甸职校充分利用天然温室的自然条件，成功引进哈密瓜种植并取得良好的效果。

【中职教育三年行动计划出台】 2017年10月，《黔南州中职教育专业布局发展三年行动计划(2017—2019年)》经州委改革办审议通过，并由州政府印发实施。通过改革，把全州中职学校原来13个大类55个专业调整为重点扶持的16个主要专业，调整率达70%，州人民政府设立3000万元专项资金给予重点扶持。

高等教育

【概况】 2017年，全州各高等院校牢牢坚持社会主义办学方向，坚持内涵发展引领，服务地方经济社会发展。黔南民族师范学院获得省级一流大学建设项目8项。戴学新、向剑两位老师分别在国家自然科学基金项目申报中获得立项。黔南民族师范学院成功创建全国高校第一个思政党建主题广场——“五星广场”。学校自编自导自演的大型红色歌剧《邓恩铭》在都匀和贵阳成功公演。黔南医专“升本”工作有序进行，学校促成与广州医科大学签订对口帮扶协议，并在专业建设、师资培训、教学科研和升本方面进行对口帮扶；学校成功承办“中华口腔高校联盟第四次工作会议暨第三届联盟师资培训会”。黔南职院建成“都匀毛尖茶大师工作室”。学校被教育部授予“国防教育特色学校”称号，入围创建省“优质高职院校”行列。黔南幼专全部搬迁到新校区。贵州盛华职业学院办学特色不断彰显，教育扶贫、大数据发展在全国独树一帜，建成了全球领先的VR教育实训室。贵州科技大学成功进驻惠水。

【高校师生双语解读中共十九大精神】 2017年11月，中央电视台新闻直播间栏目报道了黔南师院少数民族语言宣讲队到平塘卡蒲乡新关、摆卡等毛南族村寨，用双语宣讲党的十九大精神的事例。

【“校农结合”帮扶工作新模式】 黔南师院探索出的“校农结合”帮扶工作新模式，得到省委、省教育工委的高度赞扬和充分肯定。省委书记孙志刚多次予以批示。

【实施营养改善计划】 全州实施营养改善计划的1094所学校所需农产品全部由配送公司统一配送，采购本地农产品的比例占45%。

【签订农副产品收购协议】 2017年，黔南幼专与贵定县沿山镇森山村、贵定县金南街道办事处签订农副产品收购协议。黔南医专与荔波县板麦村、中心村、水利村签订了“校农合作协议书”。组织黔南职院、黔南医专到三都县中合镇收购大米6.5吨。

教师队伍建设

【概况】 2017年，全州培训教师11312人；

培训校（园）长 338 人（其中：国培计划 3765 人、省培 589 人、州培 4865，三科（道德与法治、语文、历史）培训 4484 人、广州帮扶培训 2093 人）2017 国培计划）中西部项目和幼师国培项目培训、中西部农村教师、中小学校长培训、能力提升、教师网络研修、送教下乡等项目，组织全州 3626 名教师参训。

【民汉双语骨干教师培训】 2017 年，组织参加省教育厅署期省级民汉双语骨干师资提高培训班和省教育厅举办 2017 年中小学教师信息技术与学科教学教研深度融合专题培训班及省民委、省教育厅举办全省民族民间文化进校园（传统手工方向）师资培训活动，共培训教师 105 人。

【国家公派出国培训】 2017 年 3 月，组织选派黔南州 10 个贫困县（除都匀、福泉）（全省 35 个了连片贫困县（区））中学英文骨干教师 18 名到澳大利亚昆士兰科技大学学习培训 3 个月以及组织 2017 年春季孔子学院总部/国家汉办国家公派出国教师推荐选拔工作等。

【教育厅委派外教入驻黔南】 2017 年 7 月 10—21 日省教育厅各派 4 名外教到黔南州福泉市、三都县驻点培训，培训对象中小学英语教师，三个培训班共 90 人，按学段分班培训。

【学校干部、教师赴广州培训】 2017 年，组织全州教育行政管理干部赴穗培训 40 人；组织全州高中教导主任、年级组长跟岗培训 40 人；组织全州高中骨干教师赴穗跟岗培训 40 人；组织全州中小学校长（园长）42 人赴广州跟岗挂职学习 45 天；组织全州党风廉政建设和营养餐管理人员共 60 人赴广州培训学习；组织黔南州三都、瓮安、福泉、龙里、罗甸 5 名校长赴广州跟岗学习一个学期。

【广州教师赴黔南挂职、培训】 2017 年，广州选派 7 名校长到黔南州三都、瓮安、福泉、龙里、罗甸、贵定挂职，并培训黔南州教师 450 名；2017 年先后邀请广州优秀校长及教师 82 人到都匀市、平塘县、瓮安、龙里、长顺、荔波、三都、贵定、州特殊学校开展教师培训，培训老师 725 人。

【省级乡村名师培养】 2017 年，通过层层评审，全州有 34 名教师成为第二批省级乡村名师，5 名教师成为贵州省乡村教育家培养对象。

【“三区”和“三山”支教计划】 2017 年，全州实施“三区”和“三山”支教计划，选派 209 名教师到贫困地区支教，加大县域内校际间教师交流力度，逐步实现城乡之间、区域之间教育公平和均衡发展。

【国家首批中小学正高级教师评聘】 2017 年国家评聘首批正高级教师，黔南先后有胡立军、周崇启、胡晓、余家品、张堧、罗绍良、柏章发、曾红、吴丹丹、张涤非、蒋建军 11 位老师获得正高职称。

招生・考试

【概况】 2017 年黔南州高考报名 32520 人（包括中职单报高职），其中：普通高中报名 29628 人，含：分类招生 2552 人，自主招生（盲人）35 人，参加统考 27041 人【其中：文史类（含体艺）考生 10375 人，设 358 个考场；理工类（含体艺）考生 16666 人，设 565 个考场]。共设 17 个考点，923 个标准化考场。考场秩序井然，考试各项组织工作实施规范、有序，整个考试过程安全、平稳、顺利，实现平安高考。2017 年已建成投入使用标准化考点 22 个，标准化考场 1444 个，确保高考、中考、自学考试、英语听力、口语、成人高考、研究生考试和普通高中学业水平考试等各类国家考试均在标准化考点考场进行。

【中考超额完成招生任务】 2017年全州规范普通高中和中职招生录取行为，全州普通高中录取30091人，比2016年录取增加1628人；其中，五专录取1388人；普通高中录取28703人。超额完成中考招生任务。

【高考二本上线率上升】 2017年，全州600分以上考生321人，一本上线人数为4393人，上线率为16.25%，二本以上上线人数14881人（含一本，不含体艺生），上线率为55.03%，二本及以上上线率比2016年提高了10.42%。一本录取4170人，占参考人数15.42%；二本录取11075人，占参考人数40.96%；本科录取率56.38%。专科录取11725人，中职单报高职录取1654人，五年制三二分段录取803人，自主招生（盲人）录取35人。专升本报名2407人，录取659人，录取率27.38%。

附表：

表1 2017年全州教育事业发展情况统计表

指 标	2016年	2017年	比上年增长（%）
在校生数合计（人）	765420	800842	4.63%
普通高等学校	39222	42770	9.05%
中等职业学校	58156	71002	22.09%
1. 调整后中等职业学校	0		
2. 普通中专学校	18369	63495	
3. 职业高级中学	31636		
4. 其他机构附设	8151	7507	
普通中学	233256	228351	-2.10%
1. 高中	81948	82818	
2. 初中	151308	145533	
小学	290651	303523	4.43%
幼儿园	143173	152801	6.72%
特殊教育	962	2395	148.96%
技工学校	0	0	
专任教师合计	42007	45497	8.31%
普通高等学校	2008	2334	
中等职业学校	1656	1886	13.89%
1. 调整后中等职业学校	0	0	
2. 普通中专学校	551	1601	
3. 职业高级中学	1105	0	
4. 其他机构附设	0	285	
普通中学	15547	16661	7.17%
1. 高中	5070	6377	
2. 初中	10477	10284	
小学	16027	16713	4.28%

续表1

指　标	2016 年	2017 年	比上年增长（%）
幼儿园	6577	7706	17.17%
特殊教育	192	197	2.60%
技工学校	0	0	
每百人在校生有专任教师			

表 2（2017 年）各级各类学校基本情况表

单位：人

	学校数（所）	在校生数	招生数	毕业生数	教职工数	专任教师	备注
一、普通高等学校	7	42770	16098	9213	2955	2334	
二、中等职业学校	22	71002	24109	19498	2073	1886	
1. 调整后中等职业学校							
2. 普通中专学校	17	63495	22156	17904	1788	1601	
3. 职业高级中学							
4、其他机构附设	5	7507	1953	1594	285	285	
三、普通中学	176	228351	76494	78653	17985	16661	
1. 高级（完全）中学	31	82818	28929	26389	6817	6377	
2. 初级（一贯制）中学	145	145533	47565	52264	11168	10284	
四、职业初中	0	0	0	0	0	0	
五、小学	534	303523	56623	46691	18338	16713	
六、幼儿园	869	152801	66982	59114	12597	7706	
七、特殊教育	10	2395	407	223	217	197	
八、技工学校	0	0	0	0	0	0	
以上各类学校合计	1618	800842	240713	213392	54165	45497	

表 3（2017 年）各类学校学生入学率表

单位:%

	小学学龄儿童入学率	小学毕业生升学率	初中阶段毛入学率	小学在校学生年辍学率	初中在校学生年辍学率	高中阶段毛入学率
合计	99.69%	99.66%	94.47%	0.01%	0.80%	88%
都匀市	99.69%	97.54%	96.89%	0.01%	0.71%	
福泉市	99.58%	109.64%	95.18%	0.02%	0.39%	
荔波县	99.80%	87.49%	99.74%	0.00%	1.20%	
贵定县	99.84%	103.29%	98.50%	0.00%	1.26%	
瓮安县	99.58%	102.88%	95.21%	0.02%	0.51%	
独山县	99.58%	107.41%	90.49%	0.00%	0.84%	
平塘县	99.55%	97.31%	89.75%	0.00%	0.89%	

续表3

	小学学龄儿童入学率	小学毕业生升学率	初中阶段毛入学率	小学在校学生年辍学率	初中在校学生年辍学率	高中阶段毛入学率
罗甸县	99.71%	94.17%	86.90%	0.00%	0.73%	
长顺县	99.61%	99.31%	95.62%	0.01%	1.29%	
龙里县	99.83%	102.02%	85.00%	0.02%	1.20%	
惠水县	99.86%	101.68%	99.41%	0.00%	0.21%	
三都县	99.73%	95.36%	98.60%	0.00%	1.10%	

表4（2017年）县市幼儿园（班）基本情况表

	幼儿园（所）	班数（个）	其中：学前班	入园(班)人数	其中：学前班	在园(班)人数	其中：学前班	离园(班)人数	其中：学前班	教职工数	其中：园长	其中：专任教师
合计	869	4340	414	66982	7195	152801	12306	59114	11743	12597	798	7706
都匀市	123	490	18	5891	272	16815	366	5209	572	1912	145	981
福泉市	98	500	73	7417	825	15646	2492	5830	1448	1422	98	856
荔波县	31	198	42	3624	467	7384	978	2414	617	486	25	318
贵定县	85	405	18	4240	150	11982	371	4951	1040	1224	72	759
瓮安县	84	467	6	6233	65	17884	122	6903	327	1297	95	879
独山县	54	272	31	4369	386	11301	891	4265	646	944	65	539
平塘县	52	261	48	4280	894	10918	1665	3683	834	381	25	355
罗甸县	71	377	44	7659	971	13700	1366	6036	714	736	69	508
长顺县	63	272	20	3789	291	10082	684	3974	1084	901	52	528
龙里县	46	275	25	4715	414	9537	769	3515	720	888	52	532
惠水县	56	448	50	7578	1449	15224	1449	5729	703	1222	9	748
三都县	106	375	39	7187	1011	12328	1153	6605	3038	1184	91	703

表5（2017年）小学基本情况表

单位：人

	学校数（所）	教学点（个）	毕业生数	招生数	在校生数	教职工数	专任教师	适龄儿童入学率	其中：女生
合计	534	416	46691	56623	303523	18338	16713	99.69%	99.73%
都匀市	36	84	4528	5900	31187	1918	1892	99.69%	99.66%
福泉市	62	34	3039	4994	24700	1419	1324	99.58%	99.70%
荔波县	36	37	2265	2547	13059	1080	782	99.80%	99.58%
贵定县	50	14	3062	3777	20124	1268	1177	99.84%	99.85%
瓮安县	47	10	5249	6963	36976	1840	1629	99.58%	99.59%
独山县	24	19	2755	3879	22315	1468	1331	99.58%	99.87%
平塘县	69	19	4314	4037	23280	1451	1390	99.55%	99.85%

续表5

	学校数（所）	教学点（个）	毕业生数	招生数	在校生数	教职工数	专任教师	适龄儿童入学率	其中：女生
罗甸县	58	15	4850	4881	27841	1484	1420	99.71%	99.76%
长顺县	41	10	2720	3622	18405	1276	1180	99.61%	99.72%
龙里县	25	38	2613	3520	18496	1332	1266	99.83%	99.80%
惠水县	55	53	5220	6247	34505	2222	1743	99.86%	99.87%
三都县	31	83	6076	6256	32635	1580	1579	99.73%	99.59%

表6（2017年）普通中学基本情况表

	学校数（所）						毕业生数		招生数		在校生数		教职工数			
	合计	初级中学	九年一贯制	完全中学	高级中学	十二年一贯制	初中	高中	初中	高中	初中	高中	教职工数		专任教师	
													初中	高中	初中	高中
合计		120	25	11	17	3	52264	26389	47565	28929	145533	82818	11168	6817	10284	6377
都匀市		12	3	5	3	2	5118	4330	4680	4922	14905	12857	837	1601	819	1439
福泉市		10	2	1	1	0	3364	2158	3018	1794	8828	5236	676	473	630	446
荔波县		6	0	0	1	0	2252	1352	2287	1334	6498	4255	578	294	447	259
贵定县		9	1	1	1	0	3496	1397	3035	1660	9094	5037	681	479	609	456
瓮安县		13	3	2	2	0	5335	3363	5386	3486	15591	10232	1537	711	1325	624
独山县		5	1	0	2	0	3432	2114	3170	2073	9365	6057	781	480	494	431
平塘县		14	0	0	1	0	4428	2208	4268	2216	13285	6466	933	422	902	412
罗甸县		9	7	1	1	0	5707	1958	4921	2634	14969	7162	1031	565	1003	562
长顺县		4	0	0	1	0	3917	1184	2768	1485	9236	4590	737	282	717	275
龙里县		8	1	0	1	1	2773	1008	2671	1446	7762	3651	643	276	615	255
惠水县		16	6	0	1	0	6850	3074	5585	3422	17942	10048	1664	634	1455	628
三都县		14	1	1	2	0	5592	2243	5776	2457	18058	7227	1070	600	1068	590

表7（2017年）全州中职校基本情况表

普通中专类	17	16310	20058	55843	1788	1601	246
黔南中等职业技术学校	1	43	99	275	51	47	6
都匀市工商管理学校	1		63	132	9	7	3
黔南州特殊教育中等职业学校	1	6		14	8	8	6
黔南民族卫生学校	1	384	952	2046	168	158	20
都匀市中等职业技术学校	1	1689	672	2507	52	48	11

续表7

普通中专类	17	16310	20058	55843	1788	1601	246
贵州省内贸学校	1	1567	1636	4985	155	135	12
贵州省福泉市职业高级中学	1	1001	1196	2935	47	45	12
荔波县中等职业学校	1	1113	1043	3231	157	155	29
贵定县职业技术学校	1	772	994	3163	74	55	8
贵州省瓮安中等职业技术学校	1	1685	2363	6359	185	167	14
独山县中等职业学校	1	1623	1122	3584	69	63	10
平塘中等职业学校	1	359	931	2696	59	53	5
贵州省罗甸中等职业学校	1	1207	2380	5605	130	127	25
长顺县中等职业技术学校	1	1429	2504	5601	148	123	6
贵州省龙里中等职业学校	1	1417	928	3827	216	156	47
	1	1254	1349	3748	103	102	12
三都水族自治县民族中等职业学校	1	761	1826	5135	157	152	20

表8　（2017年）各县市高考分批次录取情况统计表

县市代码	县市名称	实际参加高考（人）	一本录取（人）	一本录取率	二本录取（人）	二本录取率	二本以上录取（人）	二本及以上录取率	高职专科录取（人）
700		897							
701	都匀	4390	1233	28.09%	1834	41.78%	3067	69.86%	1154
702	龙里	1042	217	20.83%	442	42.42%	659	63.24%	418
703	贵定	1533	196	12.79%	599	39.07%	795	51.86%	697
704	瓮安	3878	475	12.25%	1537	39.63%	2012	51.88%	1922
705	福泉	1957	239	12.21%	770	39.35%	1009	51.56%	1067
706	惠水	3218	497	15.44%	1637	50.87%	2134	66.31%	924
707	长顺	1312	102	7.77%	565	43.06%	667	50.84%	541
708	三都	2041	194	9.51%	869	42.58%	1063	52.08%	1315
709	独山	2304	300	13.02%	721	31.29%	1021	44.31%	1102
710	平塘	2162	242	11.19%	836	38.67%	1078	49.86%	952
711	荔波	1502	295	19.64%	650	43.28%	945	62.92%	531
712	罗甸	1702	180	10.58%	615	36.13%	795	46.71%	1102
合　计		27041	4170	15.42%	11075	40.96%	15245	56.38%	11725

表 9（2017 年）普通中小学少数民族基本情况表

单位：人

	普通中学					职业初中			小学			
	独立设置少数民族学校	在校少数民族学生数		少数民族教职工数	少数民族专任教师数	在校少数民族学生数	少数民族教职工数	少数民族专任教师数	独立设置少数民族学校	在校少数民族学生数	少数民族教职工数	少数民族专任教师数
		初中	高中									
合计	18	96826	52808	10108	9526				37	197139	11528	10496
都匀市	3	11939	9830	1406	1336				1	24898	1508	1490
福泉市	1	3096	1747	307	295				2	8333	430	406
荔波县		6133	4027	755	601				3	12338	1029	748
贵定县		5404	2882	563	541				2	12574	708	654
瓮安县		1382	984	246	239					3739	158	150
独山县		8296	5326	937	845				1	19543	1263	1142
平塘县		8292	4337	916	891				3	14753	993	950
罗甸县	1	10965	5005	1179	1157				5	20619	1091	1051
长顺县	1	6758	3255	657	639				3	13318	830	765
龙里县	4	4145	1736	358	338				3	9835	518	488
惠水县	3	12789	6595	1305	1174				3	25148	1471	1124
三都县	5	17627	7084	1479	1470				11	32041	1529	1528

各县（市）民族文化教育暨

表 10：民族民间文化进校园培育的典型和精品一览表

县市	学校	培育的典型和精品项目	主要活动形式
都匀	第九小学	民族扇子舞	大课间
	阳和中心校	民族剪纸	班级活动
	第三教育集团	布依茶文化、茶艺	学生社团
龙里	卫华民族中学	布依族歌舞、体育、民俗欣赏	大课间、班级活动
	洗马中学	农村画、民族纺织、服饰	分年级组织传授
	第五小学	民族腰鼓	大课间
三都	打鱼小学	水族歌舞——踩月亮	大课间
	九阡中学	水书、水语、水族歌舞——“水文化”	大课间、班级活动
	中和小学、三洞中学	民族工艺——马尾绣	分年级组织传授

续表10

县市	学校	培育的典型和精品项目	主要活动形式
荔波	瑶山小学	民族体育——陀螺	大课间、班级活动
	翁昂小学	布依族歌舞——矮人舞、花棍舞、打粑舞	大课间
	佳荣中学	“五苗”——苗族文化	第二课堂
	永康小学	水族歌舞	大课间、班级活动
平塘	牙舟中学	民族工艺——牙舟陶	分年级组织传授
	卡蒲中学	毛南族歌舞、工艺：猴鼓舞、地古牛，毛南刺绣	大课间、班级活动
	克度清水小学	布依族传统乐器——八音弹唱艺术	弹唱艺术班
	掌布中学	布依山歌、唢呐	分年级组织传授
罗甸	栗木中学	苗族歌舞——粑槽舞、夜乐舞	大课间、班级活动
	木引中学	布依歌舞—花棍舞	大课间
惠水	惠水民中	民族工艺、民族歌舞—枫香染、好花红	分年级组织、合唱团
	雅水中学	民族歌舞、手工艺—花棍舞、芦笙舞、剪纸	大课间、班级活动
	鸭绒小学	苗族歌舞、传统体育、民间工艺	第二课堂、少年宫
独山	第三小学	花灯操和花灯歌舞集体操	大课间、班级活动
	狮山希望小学	布依族少儿合唱团、布依语课本剧、 响篙舞团，二胡演奏乐队	大课间、班级活动
	上司中心小学	刺锤舞、芦笙舞	大课间、班级活动
贵定	新铺中学	苗族歌舞—古朴的苗岭、鼓龙鼓虎长衫龙	大课间、班级活动
福泉	福泉三中	苗族舞蹈——久哪嗒仲喏	第二课堂、兴趣小组
	牛场中心小学 仙桥民族中学	民族体育大课间、苗族芦笙舞体育大课间	大课间
瓮安	桃子冲民族小学	民族语言传承、唱苗歌跳苗舞	班级活动、大课间
	建中镇水尾小学	民族语言传承、唱苗歌跳苗舞	班级活动、大课间
长顺	冗雷小学	布依族文化介绍	分年级组织传授
	摆雅小学	屯堡地戏和舞蹈	分年级组织传授

（周崇启）

·科学技术·

KEXUEJISHU

科技工作

【概况】 2017年年末，黔南州科学技术和知识产权局（简称黔南州科技产权局）共有干部职工26人。州、县（市）两级科技管理机构13个，地方财政科学技术支出78017万元：其中科学技术管理事务11213万元，应用研究104万元，技术研究与开发33896万元，科技条件与服务2072万元，社会科学2665万元，科学技术普及3573万元，科技交流与合作384万元，其他科学技术支出24110万元。2017年安排应用技术研究与开发资金350万元。

全州共有州属科学研究与技术开发机构3家，即：州林业科学研究所、州农业科学研究所、州农业机械研究所。3所共有职工57人，其中从事科技活动人员40人（中级以上职称29人）。三所全年经费总收入1566.8万元（其中政府拨款1489.5万元），总支出1517.6万元。

【高新技术产业发展】 2017年，全州列入省级工业科技项目60项，获经费支持1785万元。州级工业科技项目立项20项，安排项目经费128万元。

2017年全州以黔南（国家）磷煤化工高新技术产业化基地为龙头的高新技术工业产值实现349.89亿元，居全省第4位。

2017年，组织贵州兰鑫石墨机电设备制造有限公司等35家企业申报省级高新技术企业认定，28家通过认定，目前省级高新技术企业达41家。

2017年，黔南州新增省级科技型种子企业10家、科技型小巨人成长企业4家、科技型小巨人企业2家，1510家企业通过省级科技型企业备案。

2017年全州登记技术合同181份，其中技术服务合同124份，技术咨询合同45份，技术开发合同11份，技术转让合同1份；合同成交总金额2.7亿元，其中技术交易额为2.6亿元。全年有10家企业的技术合同获得省科技厅发放的科技创新券共计215万元。

2017年，组织7家众创空间申报省级众创空间认定，黔南州领略中国农产品电商众创空间获批为省级众创空间，同年获批为国家级众创空间。州级立项支持黔南幼专“筑梦联盟”等4家众创空间建设。截至目前，全州有国家级众创空间2家，省级众创空间2家。

2017年，组织6家孵化器申报省级科技企业孵化器，贵州独山经开区科技企业孵化器、独山高新技术产业园区轴承制造产业孵化器通过省级认定。同年独山高新技术产业园区轴承制造产业孵化器获批为国家级科技企业孵化器。截至目前，全州共有国家级科技企业孵化器1家，省级科技企业孵化器3家。

【农业科技】 2017年，贵州瓮安金正大诺泰尔中以现代农业科技示范园区等7个农业科技示范园区被认定为省级农业科技示范园区。全州有国家级农业科技园区1个，省级农业科技园区20个。

2017年组织申报省级“星创天地”10家，其中福正达循环农业星创天地、黔之源星创天地、罗甸艾纳香星创天地等3家获得省科技厅立项支持。福正达循环农业星创天地、罗甸艾纳香星创天地、黔湘茶星创天地、泉康元星创天地等4家认定为国家级星创天地。

2017年，全州列入省级农业科技项目14项，获经费支持1150万元。州级农业科技项目立项25项，安排项目经费144.8万元。

2017年，省科技厅选派236名“三区”科技人才在黔南开展科技服务工作，下拨工作经费472万元。

【社会发展科技】 2017年，全州列入省级科学技术基金等科技项目10项，获经费支持449万元。州级社会发展科技项目立项102项，安排项目经费47万元。

贵州省全面启动2016年度科技进步统计监测工作，黔南州科技进步统计监测工作经过数据收集、上报及省内专家测算、评估，2016年度监测结果为47.93%。

【知识产权】 2017年，全州专利申请3134件，其中发明专利申请1661件、实用新型专利申请1254件、外观设计专利申请219件；专利授权1000件，其中发明专利授权93件、实用新型专利授权797件、外观设计专利授权110件；全州有效发明专利365件。

2017年4月26日，联合贵阳银行在福泉市举办全州知识产权质押融资培训会，培训企业62家。2017年实现知识产权质押融资1.01亿元。

2017年，全州列入省级知识产权项目3项，获经费支持180万元。州级知识产权项目立项17项，安排项目经费30万元。

【综合执法】 2017年，州县联合开展“4月26日世界知识产权日专利执法检查专项行动”“省、州、县联合专利行政执法检查专项行动”等执法检查。全州12县（市）专利执法出勤300余人次、全州共立案查处假冒专利案件2797件，其中：市场检查查处2576件、电子商务监管移送查处200件、查处专利侵权纠纷案件21件。查处假冒专利案件连续五年居全省第一位。

【科技体制改革】 2017年，州委、州政府以黔南党发〔2017〕15号文件印发《黔南州以大数据为引领实施区域科技创新战略实施方案》。

联合州国税、地税、财政、科技、工信部门制定了《黔南州贯彻落实研究开发费用税前加计扣除政策进一步促进全州企业科技创新工作实施方案》，积极开展加计扣除技术鉴定工作，组织专家对8家企业申请的27个研发项目进行加计扣除技术鉴定，15个研发项目通过鉴定；组织中建四局五公司9个研发项目申请省科技厅组织鉴定，8个项目通过鉴定。

以州科技创新工作领导小组文件印发《黔南州重大科研基础设施和大型科研仪器向社会开放的实施方案》，建立重大科研基础设施和大型科研仪器州级共享信息服务平台。

【科技成果及人才】 黔南州承担或参与的科研项目荣获2017年度贵州省科学技术奖进步奖三等奖2项、科技成果转化二等奖5项。

2017年6月11—17日，黔南州现代农业科技管理培训班在广东财经大学举行，各县（市、区）科技系统领导、业务骨干，以及农业领域专家、企业代表、合作社负责人等共50人参加了培训班。

2017年推荐14人作为贵州省“千”层次创新型人才人选，通过省级评审有5人入选。

2017年，贵州省丹穴山朴门永续发展有限公司院士工作站获批为省级院士工作站，主攻方向是城乡三体一危治理与生态建设。

2017 年，省科技厅批准贵州射电天文台以被誉为“中国天眼”的 500 米口径球面射电望远镜（FAST）为载体，建设天文科学知识普及与传播科普示范基地。

【科技宣传】 2017 年 4 月 20 日，组织开展“黔南州 2017 年知识产权宣传周”广场宣传活动，发放宣传资料 3 万份，接受群众咨询 200 余人次。

5 月 19 日，组织开展“2017 年黔南州科技活动周”广场集中宣传活动，发放各类科技知识宣传资料 3000 余份，接受群众咨询 100 余人次。

【科技情报】 推进贵州省科技文献共享服务平台黔南网络体系建设，2017 年黔南州科技文献共享服务平台浏览使用文献量为 46 条。

【科技合作与交流】 拓展与珠三角地区的科技合作，2017 年 6 月 5—8 日，广州市科创委赴黔南州开展科技帮扶项目考察工作。11 月 17 日，黔南州科技局与广州市科创委举行对口帮扶座谈会。推荐 14 个项目作为 2017 年度科技帮扶备选项目，目前确定 2 个项目作为 2018 年度科技帮扶项目列入广州市科创委项目申报指南。

2017 年 6 月 8 日广州市科创委在罗甸艾力康中药开发有限公司考察

2017 年 8 月 22 日，组织召开广州专家黔南扶贫产业（企业）咨询服务会；以及广州—黔南科技成果对接会，分为农旅产业组、茶叶中药材等产业商贸组、易碳节能组开展交流。

2017 年 8 月 22 日召开广州专家黔南扶贫产业（企业）咨询服务会

2017 年 8 月 22 日召开广州—黔南科技成果对接会

【防震减灾】 2017 年全州县级防震减灾机构实现全覆盖，实现机构、人员、经费三落实。

由黔南州人民政府主办的黔南州 2017 年地震应急疏散应急救援演练于 5 月 12 日在贵定中学举行，组织全州县（市）政府、防震减灾、民政、卫生等有关部门人员到现场观摩学习。2017 年全州范围内组织开展地震应急疏散演练 273 次，参加演练人数 13.2 万余人。

2017 年全州共开展防震减灾宣传共 96 次，发放宣传资料 11.45 万余册（份）。

2017 年全州共开展防震减灾培训 44 期，培训人数 32814 人次。

2017 年成功创建省级科普教育基地 1 个、省级示范学校3所、县（市）级示范社区4个。

黔南州防震减灾局被评为2017年度全省市（州）防震减灾工作先进单位，李军被评为2017年度全省防震减灾工作先进工作者。

（韦川英）

科普活动

【概况】 2017年，在州委、州政府的正确领导和省科协的关心指导下，黔南州科协坚持“四服务”工作职责定位，充分发挥科协作为党和政府联系科技工作者的桥梁纽带作用，强化机关作风建设，深化科协系统改革，为提升公民科学素质、助力脱贫攻坚、推动创新驱动做好服务。

【科普宣传】 2017年，举办“科普大篷车进校园”“全国科普日”“院士专家进校园”等大型科普活动10余场，全州科普大篷车出动62台次，惠及群众、师生10万人次。印制含有科普中国V视快递、科普中国微信公众号、科普中国手机APP网址和标识的科普宣传单2万份。组织“中国流动科技馆”到长顺、贵定、都匀等6个县（市）进行巡展，新建农村、社区、校园科普e站44个（含校园e站、社区e站试点建设项目12个）。

【科普项目申报】 全州获得“基层科普行动计划”项目12个，获奖补资金210万元。获批省科协科技致富“二传手”培训项目8个，获奖补资金24万元。推荐3所城镇小学和4所农村中小学参加国家级青少年科学调查体验活动推广示范学校创建。推荐平塘县克度中学、惠水县岗度中学和长顺县民族中学获中国科技馆2017年度“中国科协农村中学科技馆公益项目”资助。

【开展学术活动】 协办“中国西部反邪教论坛”“精准扶贫院士专家行”等大型学术活动，邀请接待中国科学院欧阳自远院士、中国工程院倪光南院士、宋宝安院士等知名院士专家100余人次到黔南开展活动。支持黔南州医学会、化学化工学会、计算机学会等举办大型学术活动4次，特别是黔南州化学化工学会于10月23日承办了中国化工学会年会暨成立95周年成立大会第16分会场。

【青少年科技教育】 2017年，组织州内青少年学生参加高校科学营、青少年科学影像节、机器人竞赛、贵州省第32届青少年科技创新大赛等活动，做好第14届黔南州青少年科技创新大赛作品评审、表彰。4月15日协助省科协在龙里县举办第32届贵州省青少年科技创新大赛。与教育部门联合开展中小学科技教师和学生科学调查体验实践活动2次。组织12县（市）的29名科技辅导员、科技教师参加省级科普教育工作培训。推荐三都、荔波、平塘等6个县的11名中小学科技辅导员参加贵州省青辅协开展的“贫困地区高水平科技辅导员队伍建设工程”三年期培训学习。

【服务创新驱动】 2017年，黔南州成为贵州省内唯一受中国科协命名的创新驱动示范市（区）。申报的“瓮安县珠藏镇羊关特色养殖协会肉兔养殖场”项目和“黔南州磷化工产业升级技术路线图”项目获得中国科协创新驱动助力工程立项，“黔南州化工行业科技创新大会”和“双创活动周专题活动”获得省科协学会学术建设重点项目支持。黔南州科技信息服务站年内培训各企业专利信息资源库网络平台使用人、企业负责人60人，新发展40家企业使用专利信息应用系统，培育专利信息应用典型案例5例。新成立1家企业科协。

【表彰申报】 2017年推荐州农委犹银俊、州人民医院王维军和黔南医专胡先运3名科技工作者参加第七届“贵州省优秀科技工作者”评选。推荐州人民医院刘三都、李炜，都匀二中周光发等10名个人和“500米口径球面射电望远镜（FAST）工程团队”“黔南州中医医院骨伤科团队”2个团队参加贵州省“创新争先·科技榜样”评选。推荐福泉市银富种养殖农民专业合作社王华银、长顺县敦操乡斗麻村村民杨小八和黔南师院组织部等4名个人和1个单位，参加“全国科技助力精准扶贫”先进单位、先进个人评选。

【组织开展“百万公众网络学习”工程活动】 2017年，全州有154931人参加网上答题成效测试，开展网上答题257962次，全年拨付3万元经费补助县（市）科协开展成效测试活动。9月30日，在惠水县举办“第四届黔南州全民科学素质知识大赛”，15支代表队参赛，龙里县代表队获一等奖。10月31日，组织人员参加“第三届贵州省全民科学素质知识电视大赛”，黔南州获三等奖。

【推动科协系统深化改革】 2017年，完成《黔南州科协系统深化改革方案》的文稿起草、征求意见、文稿修改、上报审核等程序，10月州委正式印发《黔南州科协系统深化改革方案》。指导各县（市）科协做好县级科协深化改革方案的制定，截至年底3个县出台改革方案。

【“黔南州公民科学素质业务能力提升班”在上海科技管理干部学院举办】 2017年5月22—5月28日，在上海科技管理干部学院举办“黔南州公民科学素质业务能力提升班”，就公民科学素质指标解读、科普活动策划、科普场馆布展、科协系统深化改革等内容开展培训，全州各县（市）公民科学素质分管领导、州直全民科学素质成员单位分管领导、县级科协负责人、业务骨干50余人参训。

（林　萌）

·文 化 文学艺术·

WEN HUA WEN XUE YI SHU

文化交流

【概况】 2017 年，黔南州文化广电新闻出版局围绕州委、州政府中心工作，开展“两学一做”教育常态化制度化，主动作为，务实奋进，抓好工作落实，完成了州委州政府交办各项工作和年初确定的目标任务。2017 年，共争取到免费开放、中央、省补助地方公共文化服务体系建设，以及“三区”人才文化工作者等专项资金 3000 余万元；获文化部配发流动演出车 2 辆；完成 52 个贫困村村级文化活动室设备安装；共申报到位上级非物质文化遗产专项保护资金 329 万元；获中央文产项目扶持资金 150 万元。

【公共文化服务】 2017 年，开展《公共文化服务保障法》的学习宣传。通过请专家授课、举办培训班、讲座等方式，加大学习宣传力度，强化督促检查，有效推动保障法的贯彻落实。推进州图书馆和州博物馆建设。州图书馆新建项目主体已完成；州博物馆进入扫尾工程，正在编制展陈大纲。完成第六次全国县级以上公共图书馆评估定级。州县两级在图书馆设施设备投入和服务能力有大提升，圆满完成评估定级任务。开展乡镇综合文化站服务效能和公共文化实施标准督查工作，狠抓试点示范，三都、平塘、瓮安三个试点县取得初步成效，同时启动平塘县通州镇、瓮安县瓮水街道、三都县三合街道 3 个列入省级公共文化服务体系诚试点乡镇工作。以“三区”人才支持计划文化工作者专项工作为契机，加强基层文化人才培养，惠水县成为全国“三区”人才现场教学观摩点；在全州选派 165 名专业骨干，深入基层开展培训，实施“种文化”工程，民间文艺团队文艺演出水平得到有效提升。积极开展农家书屋图书更新工作。全州 1475 个农家书屋共更新图书 23 万余册。全州各级文化部门以“幸福进万家”“百姓大舞台”等品牌活动为载体，利用各种节庆开展不同形式、丰富多彩的群众文化活动 200 余场，开展送戏、送书、送演出下乡活动 100 余场。各级文化馆、图书馆、乡镇综合文化站以免费开放为抓手，开展文化阵地服务。各级图书馆书刊文献外借 40 余万册次，开展培训 30 余期，举办展览 10 次；全州文化馆（站）组织文艺活动 1000 余场次，举办展览 80 余次，开展各类培训近 100 期，参加各项活动 50 万余人次。

【文艺创作】 新创排的水族舞剧《木楼古歌》参加第六届全省少数民族文艺会演取得第三名好成绩，喜获银奖。同时，经中央民族歌舞团遴选，成为十九大之后贵州首台晋京展演剧目，于2017年12月27日至29日在中央民族剧院连续举办两个专场，引起强烈反响，央视频道及各大媒体进行了报道，有效助推水书申遗，扩大了黔南民族文化特别是水族文化的影响力。

成功举办黔南州第五届“好花红”文化旅游节。首次采取由县市承办，贵定县主动当好东道主，12个县（市）组织700余人，32支代表队参加了艺术巡游和各类赛事，共评出各类奖项100余个，办成了一次全州各县（市）文化艺术展演的盛筵。

组织2017都匀（国际）茶人会、第三届粤桂黔高铁经济合作联席会、第四届中国物流（都匀）国际峰会等文艺演出，充分展示黔南民族文化特色，有效扩大了黔南文化的影响力。

水族舞蹈《铜鼓祭》获全国舞蹈大赛“荷花杯”入围奖；创排黔南民族服饰剧《花漫黔南》首演成功；组织推荐黔南州合唱、舞蹈等节目参加“多彩贵州”文化艺术节展演，获优秀节目奖和组织奖。

【文化对外交流】 成功举办“西南丝绸之路与山海协同发展”学术交流讨论会。来自粤桂黔三省区专家、学者、领导共70余人参加了活动，积极推动了物流与文化的协同发展。推动黔南与佛山两地文化交流和旅游业互利发展，选送瓮安县省级非遗项目《苗族舞蹈“九龙穿洞”》赴佛山市参加“广东佛山非遗周暨秋色民俗文化活动”，展示了黔南州少数民族特色表演技艺。

【文物保护管理】 2017年，各级文物保护单位“四有”完成率进一步提高，设置保护标志碑完成率达99%，保护档案建档率达83.6%，州保以上文保单位保护范围划定完成率达100%；不断加强文物安全管理工作，强化文物安全责任，强化各级文物保护单位和纪念馆、博物馆的消防安全督查，开展文物安全隐患排查，共发现38处，整改21处，突出问题挂牌督办整改17处；合理利用文物资源，开展传统村落保护，督导国家级传统村落怎雷村等强化文物安全管理；指导福泉和荔波古城、都匀兰博园及三线博物馆建设；加强博物馆、纪念馆管理，指导平塘县天坑群、牙舟陶博物馆建设，指导荔波县邓恩铭故居和板寨红七军旧址、瓮安县猴场会议会址三馆继续实施免费开放，指导（三都）贵州水族文化博物馆展陈升级改造。

【非物质文化遗产保护】 抓好非物质文化遗产保护，举办3期150人国家级项目“都匀毛尖茶制作技艺”传承人培训班，培训毛尖茶技艺传承人150名；大力实施民族工艺脱贫工程，举办2期100人国家级非物质文化遗产项目“平塘牙舟陶”流传地移民搬迁传承人群培训；争取省文化厅支持在黔南州极贫乡镇举办4期200余名贫困群众开展民间传统工艺传承培训。多形式开展非遗宣传、展示、交流活动，组织州内8个优秀非物质文化遗产项目参加全省多彩贵州文化艺术节展示展演活动；与惠水县联合举办“纪念好花红进京60周年”黔南州非物质文化遗产展示展演活动，与三都县联合举办非遗项目传承暨非遗产业助推大扶贫交流研讨会。完成文化部课题“水族印节”调查工作，组织开展《都匀瑶族调查》。

【文化产业】 2017年，完成了《黔南州“十三五”文化事业和文化产业发展专项规划》编制工作并正式发布实施，强化对文化体育娱乐行业营业收入指标调度，全年新增入库企业29家，超任务数9家，文化体育娱乐业实现营业收入6.42亿元以上，同比增长68.4%以上。申报第五批“三个一”工程及中央文产资金。龙里县孔雀寨获贵州省“文化产业示范村”称号，“三都县水族非遗创意产业园”获中央文产项目扶持资金150万元。组织50余人到广州市举办为期7天的文化产业扶贫创新发展培训班；积极组织文化企业参加北京和厦门文化博览会。加大对全州文化产业发展调查研究，着力破解难题，形成了《如何打造黔南“好花红”文化品牌》《黔南好花红文化品牌打造与区域发展战略》等调研报告，牵头草拟出台了《黔南州文化产业发展三年行动方案（2018—2020）》。

【文化市场综合执法】 2017年，开展文化市场监管工作，重点开展对网吧、歌舞娱乐场所、出版物市场检查，清查无证照文化经营场所，收缴盗版、翻版音像制品；开展校园周边环境整治、城乡文化环境整治；开展打击侵权盗版执法专项行动、文化市场治理整顿、非演出场所经营单位等专项整治行动，严厉打击各类违法经营行为。全年全州共出动执法人员23505人次，检查文化经营场所8242家（次），其中印刷经营单位805家（次），出版物经营单位1081家（次），音像制品经营单位183家（次），歌舞娱乐场所1497家（次），互联网上网营业场所4381家（次），游艺娱乐场所46家（次），电影发行放映场所145家（次），办理案件146件，收缴违法出版物（盗版光碟、图书）12009册（件）。州支队牵头组织对全州文化市场开展了三次明察暗访，共检查227家（次），针对问题严重的文化经营单位，及时下发督办案件23个，已经全部办结。全年办理文化市场执法案件146件，推荐9件案件参加省文化厅优秀案件评选，有1件案件获文化部评选为2016—2017年度全国文化市场重大案件。有效推进执法改革工作，州文化市场综合执法支队在新一轮综合执法改革中得以保留，全州文化市场综合执法改革列入全州综合执法改革工作中统筹推进。抓实全州文化市场安全生产责任制落实，确保全州文化市场繁荣有序。

（田文杰）

文学艺术

【概况】 2017年，州文联在州委的领导下，在州委宣传部领导支持下，围绕州委、州政府的中心工作，服务全州经济社会发展大局，坚持文艺“二为”方向、“双百”方针、“三贴近”原则，围绕文联团结引导、联络协调、服务管理、自律维权的职能，紧扣出人才、出作品的中心任务，统筹谋划，狠抓落实，全州文艺事业呈现出生机勃勃的局面，为黔南多民族文艺事业大发展大繁荣，为全州经济社会全面进步做出新贡献。州文联连续5年被评为全省文联系统先进集体。

【学习贯彻中共十九大精神】 中共十九大开幕后，州文联组织理论学习中心组、党组书记及班子成员进帮扶村宣讲、支部书记讲堂学习、干部职工专题会、赴猴场会议会址重温入党誓词、开展十九大精神答题竞赛、参加宣传干部大比武等活动，学深学透，把广大党员干部职工的思想统一到中共十九大精神上来，把行动统一到中共中央的决策部署上来，结合十九大精神明确黔南文艺工作思路，坚定文化自信，夯实文艺工作思想基础。

【扶贫攻坚】 按照州委、州政府精准扶贫战略的统一部署，结合文艺工作特点，在州文联扶贫联系点平塘县金盆街道新寨村和中国文联对口帮扶的三都县分别实施178”文化精准扶贫行动计划，即打造1个文化扶贫示范村、办好7件实事、实施8项工程。通过坚持开展“送文化”，深入实施“种文化”，拓展渠道“扶文化”，在扶贫点广泛开展文艺支教和文艺培训，创新开办“文艺夜校”，帮助扶贫点组建农村文艺队，努力提高文化造血能力，助力基层文化旅游产业发展。既增加了群众收入，又改善了民俗民风。同时，由各县（市）文联逐步向全州推广，以点带面，促进农村文化基础设施建设，帮助农村脱贫致富。

出资1万元为新寨村文艺队捐赠音响器材1套，出资5000元为新寨村委会捐赠电脑一台、为贫困群众捐赠棉被10床、棉衣20套，捐赠4000元帮扶新寨村12名贫困学生和2名困难党员。

6月邀请贵州中田富农有限公司法人代表李中田到平塘县金盆街道举办了精准扶贫电子商务培训会、培训村组干部、农村致富带头人及部分果农代表共50余人。

州委宣传部副部长、州文联党组书记、主席黄光兴于11月25日到新寨村为村组干部和村民作《决胜全面建设小康社会、夺取建设中国特色社会主义新时期伟大胜利》宣讲。

协调州有关部门出资20万元为新寨村大新寨、小新寨、上龙门、下龙门、高寨组解决饮水安全工程。

协调中国文学艺术基金会资助三都、瓮安15名贫困学生，每年资助每名学生5000元，并配合中国文联在三都启动“美育圆梦”计划，帮助高硐小学建设“美育圆梦教室”，培养基层文艺人才。

协调北京UU公益公司资助独山县贫困学生30名，每年资助每名学生1200元，并在大学毕业后帮助就业；八是争取省文联经费资助，选派30名文艺志愿者赴全州各县（市）开展文艺支教活动，每人每学期资助生活补贴5180元。

【文艺队伍建设】 2017年，争取中国文联文艺志愿服中心资助长顺县12.5万元，在1月举办为期7天的文艺骨干培训班，培训学员120人；协调对接广州市文联开展对口帮扶项目，按期选派黔南州基层文艺骨干到广州市文联跟班学习，每2个月一期，每期2名。帮助文联干部开阔眼界，拓展业务；对接中国文联支持帮扶项目，选派著名歌手平安在三都开展文艺支教，为三都培养音乐人才（全国仅三家：海南、甘肃、贵州）；争取省文联支持，邀请贵州民族学院韦忠林、李茂江两位水书书法专家于5月到三都县举办“水书书法创作提高培训班”，对三都县15名水书书法传承人进行培训，提高创作水平；9月，州文联党组书记、主席黄光兴及办公室主任王昌勇到中央民族干部学院参加全省文艺骨干培训班学习；7月，孟学祥、吴治由等7名中国作协会员，在贵阳参加了中宣部和中国作协主办、贵州省作家协会承办的“中国作协会员深入学习贯彻习近平文艺工作座谈会重要讲话”贵州培训班学习，选派网络作家段存东到鲁迅文学院参加第十届网络文学作家高级研修班学习、选派网络作家朱双艺到鲁迅文学院参加第二十八期少数民族文学创作培训班学习。

【文艺创作】 由韦昌国创作的布依族题材的24集动画连续剧《聪明的甲金》在杭州举办的第十三届中国国际动漫节上获“金猴奖”提名奖，并荣获第十届贵州省“五个一工程奖”；由吴涛工作室拍摄的微电影《飞翔的鱼》入围第七届“羊城印象”广州国际微电影（网络电影）大赛，荣获特别奖；王锋、杨俊合作的绘画《黔北民居》、曹本健的绘画《瑶山猴鼓舞》、张先念的书法《龙山道院记》入选“多彩贵州”书画双百工程；吴治由的长篇小说《一把好手》获得中国作协少数民族创作重点扶持；孟学祥的中篇小说集《城市很近家很远》入选鲁迅文学院“百草园”书系，由江西高校出版社出版发行；8月，水族题材电影《山那边有匹马》在内蒙古呼和浩特市举行的第26届中国金鸡百花电影节暨第31届中国电影金鸡奖新闻发布会上，被提名为本届金鸡奖的“最佳儿童片”；州摄协会员代传富《500米单口径球面射电天文望远镜》记录类组照和周庆的《林中故事》商业类组照入选由中国文学艺术联合会、中国摄影家协会主办的第26届全国摄影艺术展览；张仁艳油画作品入选由“美国史蒂文画廊”、“中国21艺术联盟”等联合主办的《跨界》当代油画展，并在美国加州展出；州舞蹈家协会编排的水族舞蹈《铜鼓祭》入围第十一届中国舞蹈“荷花奖”总决赛。

【采风交流活动】 2017年6月，黔南州文联承办中国作协到黔南开展《民族文学》维吾尔文版作家翻译家培训班暨多民族作家看黔南活动，35名作家深入都匀、福泉、瓮安、平塘、荔波进行采风创作；9月，法国美术家协会主席米歇尔·金、执行主席伊莎贝拉于在文化部中国国际书画研究会中外交流中心主任、中国美协会员谷福海，中国民族画院副院长、中国美协会员赵占东陪同下到黔南进行为期两天的文艺交流活动；11月，黔南州文联与安徽省池州市文联共同举办的“黔南州·池州书法精品联展”在池州市开展，黔南有9名书法家参展，参展作品50余幅，对外宣传了黔南的书法艺术；11月，中国国家画院书法篆刻院、黔南州文联、盛世朝阳文化传媒公司共同主办“爱在黔上”中国国家画院沈鹏工作室精英班扶贫帮困贵州行活动，中国国家画院沈鹏工作室精英班50余位书法家到都匀、独山、荔波开展采风创作，向黔南捐赠200余幅书法精品，这些书法精品拍卖所得全部用于黔南扶贫帮困工作。

【群众性文艺活动】 2017年春节期间，州书协、摄协等协会会员深入农村开展义务书写春联、送“福”送“美景”、照“全家福”活动，将党委、政府的关怀和祝福送给基层群众。全州共为群众书写春联12000余幅，送“福”1000多张，风光照片50张，照“全家福”150多幅。同时组织春联创作，并参加贵州省第三届“弘扬本们的价值观，家家户户贴春联”征联活动中，获金奖1名，铜奖3名，优秀奖13名；3月，在贵定县沿山镇春光村举办“黔南州同步小康．幸福黔南山歌擂台赛”，共有40对民间歌手登台竞技，丰富了农村文艺生活；5月17日，省文联到三都县举办贵州省“第三个全国文艺志愿服务日”活动，宣传推广黔南州文艺志愿服务工作。州作协在黔南师院开展两次文艺进校园活动，举办文学创作培训班，培训学生600多人；在建党96周年之际，州委宣传部、州文联联合主办了以“一心向党好花红·协力共筑中国梦”主题的征文活动，通过本次征文活动，进一步坚定全州党员干部理想信念，激励各族群众在脱贫攻坚中再立新功、创佳绩；8月参与承办好第八届都匀（国际）摄影博览会和粤桂黔高铁经济带相关文艺活动，来自中国、美国、法国等8个国家的300余位策展人、摄影爱好者参加了本次摄博会，集中展出中外摄影作品6000余幅，充分展现了黔南多民族特色文化资源，引起全国摄影家和广大摄影爱好者的广泛关注；10月20日，黔南州文联组织召开文艺精品创作座谈暨文艺期刊座谈会，会议围绕如何发现、培养文学新人，繁荣黔南文艺创作展开座谈。

【小说、散文】 吴治由、周雁翔、韦永、王安平、张世德、吴天威、李晓妮等创作的一批文学作品分别入选《中国2016年度诗歌精选》《燕京中国精英诗人榜2016年选》《2017年中国诗歌流派诗选》《2016中国最佳诗歌》《2017中国诗歌精选》《2017年中国散文诗》《群岛2017诗年卷》《2016年好诗三百首》《2016年度中国网络诗歌精选》《青年诗歌年鉴》（2016年卷）等选本。吴治由的长篇小说《一把好手》获得中国作协少数民族创作重点扶持。孟学祥的中篇小说集《城市很近家很远》入选鲁迅文学院“百草园”书系，由江西高校出版社出版发行，蒙泽敏的长篇报告文学《黑血南天》由团结出版社出版，丁玉辉的散文荣获第12届作家报杯优秀文艺作品征评大赛特等奖，杨启刚的作品分别荣获“‘柳街·微田园’中国田园微信诗大赛”“江南美食文化”征文大赛二、三等奖。王克楠的理论文章荣获贵州省散文学会2017年年会论文一等奖。李晓妮的组诗荣获中国诗歌网杯“美丽河北，名村古镇”网络诗歌大奖赛三等奖。周雁翔被贵州散文诗学会评为“贵州省首批最具影响力散文诗作家”，伍亚霖、吴治由分别在贵州新媒中心发起的新世纪贵州诗人评选活动中被评为“新世纪贵州十佳女诗人”和“新世纪贵州十佳80后诗人”。李金福在第二届国际城市文学论坛中被评为新诗百年“100位城市影响力诗人。6月，中国作协到黔南开展《民族文学》维吾尔文版作家翻译家培训班暨多民族作家看黔南活动，35名国内知名作家深入都匀、福泉、瓮安、平塘、荔波进行采风创作。11月，中国作协党组书记、副主席钱小芊，《文艺报》总编梁鸿鹰在贵州省文联主席、省作协主席欧阳黔森，省作协党组书记张绪晃陪同下到黔南开展文艺工作调研。

【诗词楹联】 2017年春节期间，州诗词楹联学会会员参加由中共贵州省委宣传部、贵州省作家协会联合举办的第三届“弘扬本们的价值观·家家户户贴春联”征集活动。经省专家组评审，黔南共有13名作者获奖：其中荣获金榜春联1各：韦启碧（州诗联），铜榜春联3名：吴忠祥（罗甸）、王小毛（罗甸）、伍明坤（州诗联）。优秀奖9名；罗甸罗方友、王小毛、江俊、王大国，州诗联伍明坤，贵定陈文军，独山韦隆位、艾礼煌、邹耀才。7月，召开庆祝黔南州诗词楹联学会建会20周年座谈会，有31人参加，原州老领导罗平义、潘希武、胡品荣、丁匀、陈琦到场祝贺并作指导性讲话，部分会员还在会上宣读自已创作的诗联。瓮安县举办辞赋论坛、辞赋征文大赛，创作出《永葆初心赋》《大发渠赋》《敢于担当赋》等与时俱进的辞赋作品。

【戏剧曲艺影视】 2017年，韦昌国创作的布依族题材的24集动画连续剧《聪明的甲金》在杭州举办的第十三届中国国际动漫节上获“金猴奖”提名奖，并荣获第十届贵州省“五个一工程奖”；吴涛工作室拍摄的微电影《飞翔的鱼》入围第七届“羊城印象”广州国际微电影（网络电影）大赛，荣获特别奖5月，贵州（福泉）“喜迎十九大、曲艺颂脱贫”创作采风现场研讨会在福泉举行，中国曲协会员、省曲协副主席卜小贵，中国曲协理事、省曲协秘书长梁正帮等曲艺专家出席此次会议并参与采风创作；8月，水族题材电影《山那边有匹马》在内蒙古呼和浩特市举行的第26届中国金鸡百花电影节暨第31届中国电影金鸡奖新闻发布会上，被提名为本届金鸡奖的“最佳儿童片”。蒙泽敏小说改编的电影《勒蓓丽吉》在独山开拍。《仙境奇缘之别有洞天》在福泉拍摄。

【书法】 2017年春节期间，州、县书协会员深入农村开展义务书写春联、送“福”活动，全州共为群众书写春联12000余幅，送“福”1000多张。10月，张先念的书法《龙山道院记》入选“多彩贵州”书画双百工程。11月，黔南州文联、黔南州书协与安徽省池州市文联共同举办的“黔南州·池州书法精品联展”在池州市开展，黔南有9名书法家参展，参展作品50余幅，对外宣传了黔南的书法艺术，促进了两地间的书法交流。黔南州文联、黔南州书协在11月份与中国国家画院书法篆刻院、盛世朝阳文化传媒公司共同主办“爱在黔上”中国国家画院沈鹏工作室精英班扶贫帮困贵州行活动，中国国家画院沈鹏工作室精英班50余名书法家到都匀、独山、荔波开展采风创作，向黔南捐赠200余幅书法精品，这些书法精品拍卖所得全部用于黔南扶贫帮困工作。

【美术】 王锋、杨俊合作的绘画《黔北民居》、曹本健的绘画《瑶山猴鼓舞》入选“多彩贵州”书画双百工程。张仁艳油画作品入选由“美国史蒂文画廊”“中国21艺术联盟”等联合主办的《跨界》当代油画展，并在美国加州展出。王锋的30件作品在广东省画院美术馆参加由中国水墨画学会、黄宾虹研究会主办，广东省画院美术馆承办的“养素存真”四人展。冯果版画作品《炽》入选中国全军美术作品展览，冯果的《冯果作品集》由四川美术出版社正式出版发行。陈忠和国画作品《蕨殇》获得文化部国家艺术基金作品创作立项，项目资金为10万元。肖蓉成、黄琳、程及、陆云志、张保果5名会员获文化部国家艺术基金资助免费专业进修。马预其、伍国春、陈忠和、肖蓉成、文柱海5名会员正式加入中国美术家协会。5月，举办了“黔南美术家写生作品展”巡展都匀和荔波，共展出黔南画家作品100余件。10月，曹本健入围“文化部国家重大现实题材美术创作培训计划”。9月，法国美术家协会主席米歇尔·金、执行主席伊莎贝拉于在文化部中国国际书画研究会中外交流中心主任、中国美协会员谷福海，中国民族画院副院长、中国美协会员赵占东陪同下到黔南进行为期两天的文艺交流活动。12月，在长顺县神泉谷游客服务中心举办长顺画家迎新画展暨“贵州省国画之乡”揭牌仪式。

【摄影】 春节期间，州摄协会员深入农村开展义务送“美景”、照“全家福”活动，共为群众送风光照片50张，照“全家福”150多幅。州摄协协助相关部门举办“黔南记忆”老照片展览；“生态之州幸福黔南”摄影大展；“无毒之州，健康生活”主题摄影比赛；国家林业帮扶黔南三十年林业摄影大赛；“黔南州全民健身主体摄影展”；“生态黔南美丽乡村”；第八届都匀国际摄影博览会等。8月举办的第八届都匀（国际）摄影博览会和粤桂黔高铁经济带相关文艺活动，来自中国、美国、法国等8个国家的300余位策展人、摄影爱好者参加了本次摄博会，集中展出中外摄影作品6000余幅，充分展现了黔南多民族特色文化资源，引起全国摄影家和广大摄影爱好者的广泛关注。代传富的《500米单口径球面射电天文望远镜》记录类组照和周庆的《林中故事》商业类组照入选其中由中国文学艺术联合会、中国摄影家协会主办的第26届全国摄影艺术展览。陈国宜的延时摄影作品《一二一》《油条制作》《绣娘》《甜蜜的工匠》《孝顺》等五幅作品，在多伦多国际摄影大赛中获得优秀奖。李宁、周庆在第八届都匀国际摄影博览会“好花红”国际民俗文化摄影大展中分别荣获二、三等奖

【音乐】 2017年2月17—19日，著名作曲家唐德松，钢琴家张德宽、铁晓民到都匀采风交流；3月7日，著名指挥家杨通益一行3人到都匀交流；4月25日，贵州省合唱协会、河南省合唱协会等在洛阳举办的“2017优秀合唱团省际交流（夕阳红）第十六届全国中老年合唱节”比赛中，黔南东方合唱团获“紫牡丹金奖”、吴晓峰获“优秀指挥奖”；5月19日，贵州省管乐学会黔南分会在都匀成立并举办音乐会，王海平、杨通益、铁凯宏等省管乐学会的10位专家亲临指导；5月25日，著名民族声乐教育家金铁霖声乐讲座和学生音乐会在黔南师院举行；6月24日，贵州省吉他学会、黔南州音乐家协会、贵州省玛丁尼吉他艺术中心都匀教室、贵州伯利酒业有限公司、都匀市民间艺术家协会、都匀琴之声学校在都匀举办“2017约翰内斯·莫勒吉他音乐会”；7月9日至11日，广州小天使交响乐团80人到都匀举办音乐会及学术讲座。由韩雪作词、唐世林作曲的《幸福村庄》、唐世林作词作曲的《品一杯毛尖满城香》分别在中国音协刊物《歌曲》四月刊、五月刊发表，由唐世林改编词曲、东方歌舞团歌唱家徐晶晶演唱的布依族歌曲《好花红》于12月12日在中央电视台3频道播出。

【舞蹈】 水族舞蹈《铜鼓祭》入选第十一届中国舞蹈“荷花奖”民族民间舞评奖总决赛。水族舞剧《木楼古歌》在第六届全省少数民族文艺会演中获银奖。广场健身操舞《广场style》等节目在贵州省第二届“茅台王子杯”获得第二名。布依族女子群舞《布依绣女》获省舞协举办的“全省舞蹈新作品展演”最佳编导奖。布依族女子三人舞《水中花》获省文化厅举办的全省群文舞蹈新作品展演青年组优秀剧目奖。苗族服饰秀《黔南霓羽》获在湖南·凤凰举办的第六届中国苗族服饰文化节比赛金奖。州舞协积极完成省、州、市的演出任务，参加“聚焦大射电，联通天地人”第十二届贵州旅游产业发展大会旅游推介会文艺演出，都匀市第三届粤桂黔高铁经济带合作试验区联席会议暨第四届中国物流（都匀）国际峰会文艺演出，黔南州非遗文化资源暨2017年重大文化活动宣传推介会，“都匀毛尖”国际茶人会推介暨贵州黔南非遗民族风情展演，都匀地区庆祝建军90周年“军民同心，共筑梦想”文艺晚会，“喜迎十九大，精准扶贫在黔南”文化扶贫走基层文艺演出等演出活动。

【民间文艺】 2017年，州民协与贵定县民协等共同在贵定沿山举办“黔南州同步小康．幸福黔南山歌擂台赛”。州民协联合独山县文联、独山县上司镇政府承办了由贵州省民协主办的“第二届贵州山歌王擂台赛”。4月，会员张保果的牙舟陶作品《出秀——刻文字盖罐》被中国陶瓷馆（淄博）永久收藏。覃敬念等译著《黔南布依族古歌选译》、吴庆祥等译著《黔南苗族古山歌选译》、卢延庆著《黔南水书传承研究》由中国言实出版社出版。5月，组织民间文艺学者祖明、文毅、孟学华、吴文定、张保果、刘惠敏、何仕银等与黔南民族师范学院学生社团——少数民族研究协会，就布依族、苗族、水族、毛南族等民族文化的研究情况开展交流，通过民间文艺家与大学生面对面交流活动，以加强民间文化的传承和鼓励年轻人关注、热爱民间文化艺术。5月，刘惠敏的拼布作品荣获2017“完美杯”第四届中国国际手工艺

术（拼布）大赛小物类铜奖和第三届中国拼布创意设计大赛优秀奖。耿文福成为中国民协会员，被省文联评定为贵州省首届青年民间文艺家。

（王昌勇）

报纸

【概况】 《黔南日报》是中共黔南州委机关报，黔南日报社现有人员编制48人，内设机构9个，实际在编42人，其中管理人员14人、专业技术人员26人，工勤人员2人。

黔南日报社2017年围绕州委、州政府中心工作，学习贯彻中共十八大、十九大和历次全会以及习近平在贵州省代表团讲话精神，服从大局，把握正确的舆论导向，开展脱贫攻坚工作，完成了“晋级升星·好花更红”三星级党支部的创建，荣获全州“学习贯彻十九大宣传干部展风采”活动一个一等奖、二个二等奖、一个三等奖和最佳“组织奖”；荣获“一心向党·好花更红”主题演讲比赛一个三等奖。

【创新宣传形式】 2017年，结合脱贫攻坚工作，先后开设了“脱贫攻坚春季攻势”“脱贫攻坚大比武”“脱贫攻坚秋季攻势”“脱贫攻坚群英谱”“记者走进贫困村”等系列专题专栏，刊发稿件2000多篇；以省第十二届旅发大会、全省项目观摩会、第四届中国物流（都匀）国际峰会和创建全国民族团结进步示范州等为契机，全方位、多角度宣传报道全州经济社会发展，开展决战脱贫攻坚、决胜同步小康，创建民族创新发展先行示范区工作中的亮点、特色和取得的新成就、新经验，特别是在喜迎十九大和学习、宣传、贯彻党的十九大精神的宣传报道中，重点开设“喜迎党代会唱响好花红”“砥砺奋进的五年喜迎党的十九大”“十九大代表风采”“十九大时光”“深入学习宣传贯彻党的十九大精神”“牢记嘱托·感恩奋进”“新时代新气象新作为——决胜脱贫攻坚最前线”“新时代农民（市民）讲习所”等品牌栏目，在及时刊发新华社十九大通稿的同时，派出多路记者深入基层一线蹲点采访报道全州干部群众喜迎十九大、收看十九大、关注十九大、学习宣传十九大精神的鲜活生动稿件，同时充分发挥新媒体优势，在云黔南网站、APP、微信等集团媒体矩阵各平台上开设十九大专题专栏，形成了联动宣传、立体宣传的良好格局和浓厚氛围。截至年底，《黔南日报》及所属新媒体共发稿1200余篇（幅）、专题版面30余个，为中共十九大胜利召开和全州各级各部门学习贯彻十九大精神营造了良好的舆论氛围。

【文化产业新业态】 开通了“云黔南”网站、“云黔南APP”“云黔南”微信公众号和头条号、“山水黔南”“微黔南”微信公众号等一系列新媒体，不断扩大党报的传播力和影响力。投资240万元升级采编数字化出版系统，配备了少数民族文字出版系统软件和相关设备。目前相关系统设备已经完成安装调试，正式投入运营。在贵州广播电视台成功首播，并荣获“金猴奖”提名奖，获得了2017年度贵州省第十四届精神文明建设“五个一”工程奖。受经济和广告经营下行压力的影响，2017年完成经营产值2100万元，《黔南日报》发行31000余份。

【采编队伍建设】 发挥黔南日报“大讲堂”的作用，邀请省、州媒体专家到集团培训采编人员，提高编辑记者的业务能力和政策理论水平，进一步适应现代新闻传媒发展对新闻从业人员的需要。选派新媒体采编人员到浙江大学、上海科技管理干部学院、重庆大学、延安干部学院、中国海洋大学等地学习新媒体发展经验，选派科级干部到州委党校参加学习，加强党性锻炼。全年共培训干部职工20余期700余人次，派出学习18人次。

【星级党支部创建】 结合当前创先争优活动的开展，围绕州委及州机关工委的要求，以贯彻落实《中国共产党党和国家机关基层组织工作条例》和省委、州委《实施意见》为指导，按照量化指标、严格考核、星级评定、科学评价、动态管理的原则，一方面成立创建工作领导小组，制定了相应的工作计划和创建方案，要求各支部积极参加星级党支部创建工作，努力把支部建设成为学习型、创新型、发展型、服务型基层党组织，各支部书记是本支部星级党支部创建的第一责任人，负责本支部的创建，目前报社下辖4个支部已定为“三星级党支部”；另一方面以“做好新闻宣传”为主题，扎实开展“晋级升星·好花更红”活动，为全州营造良好的舆论氛围。

【脱贫攻坚】 2017年年初选派1名干部到福泉市陆坪镇香坪村开展驻村帮扶工作，抽调1名优秀干部到州脱贫攻坚指挥部工作，选派1名后备干部到独山县麻尾镇挂职开展“脱贫攻坚”。社班子成员也多次带队，到福泉市陆坪镇香坪村与村支两委领导班子及部分党员进行了座谈，然后根据两个村的实际情况制定出帮扶计划。年底，驻村干部共接待群众349人次，为群众办实事80件，协调群众纠纷8起，下组走访群众400多户次；访问残废家庭和残疾人50多家次，为腰马坝一盲人及家庭做心理辅导，帮助该盲女顺利读书并考入福泉高中；为枫香榜一失管83岁高龄的老人查清原住址，助其登上户籍；走访慰问五户困难老党员，为他们送去2500元慰问金；出资3万元为该村修建文体广场；其中10户贫困户有6户脱贫，其余4户尚在帮扶进行中。2017年，共出帮扶款41170元。

【进社区和微心愿活动】 2017年，为进一步增强党员在党意识和志愿服务意识，发挥广大党员的示范引领和先锋模范作用，报社机关党委积极组织党员领导干部到互助共建社区（蒙家桥社区）报到，报到率达到80%，报到党员亮明党员身份，累计参加社区组织的法规政策宣传、清理整治环境卫生、结对帮扶、与居民党员联过组织生活等志愿服务活动5次；报社志愿服务支队参与社区志愿清扫街道活动2次；出资670元先后4次为都匀市文峰办事处蒙家桥家社区的孤、残、贫困户及留守儿童，送去大米、食用油、电饭锅、枕头、军大衣等物品；在第四个扶贫日来临之际，带领全体党员开展“扶贫日既慈善一日捐”爱心捐款活动，全体职工共计捐款达6400元。

【党员活动】 “七一”期间，组织党员参加由州宣传传部主办的全州宣传文化系统到瓮安县猴场会议会址，瞻仰红色革命旧址，深情回顾党领导人民进行革命斗争的辉煌历史，重温入党誓词活动；在庆祝建党96周年“一心向党·好花更红”主题党日活动，开展了新党员入党宣誓、老党员重温入党誓词，表彰了一批优秀党员、优秀党务工作者及先进党支部，观看警示教育片，上专题党课等；参加由州直机关工委主办的州直机关干部职工第一届运动会。

（唐梅　吴珍幸）

新闻出版和广播电影电视

【概况】 2017年，黔南州文化广电新闻出版局紧紧围绕州委、州政府中心工作，在上级新闻出版广电部门的指导下，较好完成了黔南州新闻出版和广播电影电视工作任务。截至2017年底全州广播人口综合覆盖率达到93.35%，覆盖人口达389.53万人、电视人口综合覆盖率达到95.65%，覆盖人口达399.11万人口。多彩贵州“广电云”村村通户户用工程惠及广大民生，全州累计完成136307户，占全年任务12万户的113.59%，总投资近2亿元，顺利通过省级验收，有效扩大了农村光纤覆盖面。

【新闻出版版权】 按照省局要求，积极开展黔南州印刷企业、出版物发行单位年度核验工作。共核验印刷企业35家，其中，包装装潢13家，其它印刷品印刷22家；通过核验34家，暂缓核验1家。核验出版物发行单位204家（除新华书店、邮政系统），零售单位203家，批发单位1家，通过年度核验数162家，暂缓年度核验34家，不予通过年度核验8家。截至2016年底，全州印刷企业资产总额为38637.12万元，工业总产值达到27852.42万元，利润总额达到1970.32万元，实现工业增加值1520.54万元；全州出版物销售总额3309.43万元，其中零售3291.78万元，批发17.65万元；从业人员653人，乡镇发行网点48个，县级发行网点156个。

【扫黄打非】 围绕中共十九大这条主线，坚持“强化专项打击、强化网络治理、强化市场监管、强化联防协作”的工作思路，扎实开展“清源、固边、净网、护苗、秋风”五大专项行动。组织协调公安、工商、交通、住建、邮政、工信、通信等部门联合开展专项行动和集中整治，加强对书店、复打印店、音像制品店、印刷企业、物流公司等场所查处，着力清除网上网下文化垃圾，着力加强出版物市场整治，从源头上控制非法出版物流通；开展了对邪教宣传品和宣扬“藏独”“疆独”、宗教极端思想、暴力恐怖及政治性非法出版物的封堵、查缴；组织相关部门开展校园及周边环境整治，为青少年营造良好学习环境。扎实推进“扫黄打非”进基层工作，进一步夯实基层基础。2017年，全州共建立“扫黄打非”进基层站点1258个，实现乡镇（街道办事处）全覆盖，村（社区）覆盖80%，学校、企业，国家A级旅游景区有序推进，黔南州3个示范点被评为省级“扫黄打非”进基层创建示范点。加大对违法行为的处罚及打击力度，全年共办理“扫黄打非”案件30件，维护了全州文化意识形态领域安全稳定。

【广播电影电视事业】 认真做好广播电视安全播出工作，圆满完成十九大等重要保障期各项任务；组织各县（市）广播、电影、电视相关单位有序开展广电统计工作；扎实推进全州总投资1850万元的高山无线发射台基础设施改造、搬迁新建工作，9个县市广播电视发射台按期完成建设内容；完成中央广播电视节目无线数字化覆盖建设工程，除三都县因无线发射台搬迁影响外，其余11县市城区均能通过数字接收设备免费收看中央、省、州16套高清节目；抓好村级综合文化服务中心示范点广播器材配置工作，完成104个村的广播器材配置及人员培训任务；扎实做好农村电影公益放映工程，共完成放映17587场次，占任务的100.73%。

抓好境外卫星电视传播秩序专项整治工作，全年共检查单位（或个人）1309家次，查处违规单位（个人）16家次，收缴设施221个，收缴天线77面，收缴接收机33台，收缴高频头170个，查处非法小广告80个；认真组织开展以传统媒体为重点的虚假违法广告专项整治行动，积极做好年度广播电视公益广告扶持项目评审工作，进一步规范了电视剧及相关广告播出管理工作；认真开展电影市场秩序专项治理活动，组织对全州19家县城数字影院进行巡检；与多部门联合执法，开展了打击治理“黑广播”违法犯罪专项行动，消除了虚假违法广告对社会的危害。

【广播电视宣传评奖】 组织开展2016年度黔南州广播电视节目奖（新闻、社教及文艺类）评奖工作，以评促提质，不断提升黔南州广播电视节目制作质量。此次评奖共收到188件参作品，其中：广播类80件、电视类108件。经州组委会评选，共有90件广播电视节目获奖（广播类一等奖6件、二等奖12件、三等奖19件；电视类一等奖8件、二等奖16件、三等奖29件）。

（田文杰）

·卫生·体育·

WEI SHENG TI YU

卫生和计划生育

【概况】 截至2017年12月底，全州各级（类）医疗卫生机构2543家（含营利及非营利性），其中医院98个（综合医院80个、中医医院10个、专科医院8个）、基层医疗卫生机构2392个（其中乡镇医院217个，社区卫生服务中心（站）23个，村卫生室1962个，门诊部5个，诊所、卫生所、医务室185个）、专业公共卫生机构49个（其中疾病预防控制中心13个，卫生监督机构13个、妇幼卫生机构13个，采供血机构2个，计划生育技术服务机构8个）、医学培训机构2个、其他卫生机构2个。全州千人户籍人口拥有床位4.73张、千人户籍人口拥有执业（助理）医师1.55名，千人户籍人口拥有执业注册护士1.77名。

2017年符合政策生育率为89%，同比下降0.1个百分点；人口出生率为13.23‰，同比下降0.15个千分点；自增率为6.32‰，同比上升0.07个千分点；政策外多孩率为7%，同比上升0.1个百分点。

【医药卫生体制改革】 政府办医职责全面落实。州县两级公立医院投入3.46亿元，同比增长10.09%，其中县级公立医院投入2.62亿元，同比增长1.75%，州级公立医院投入0.83亿元，同比增长48.07%。现代医院管理制度不断完善。法人治理结构改革取得重大突破，编制使用备案制深入落实，薪酬制度初步建立，医院内部运行管理得到优化，绩效考核体系进一步完善，“两个允许”得到有效落实。以药补医机制有效破除。48所公立医院全部取消了药品加成，所有药品实行零差率销售。23个县级城市公立医院药占比为25.79%，同比下降4.03个百分点。医保支付方式改革扎实推进。以按病种付费为主的医保支付方式改革深入实施，逐步将按病种付费以外的疾病住院全部纳入床日付费。医疗服务价格得到优化调整。医疗机构收入结构得到优化，挂号、诊查等医务性收入总和占医疗收入比重不断增加，医务性收入占比为35.49%，同比上升1.27个百分点。医疗费用不合理增长得到遏制。全州公立医院医疗费用增长控制在9.32%。。

【新型农村合作医疗】 新农合制度日趋巩固完善，医疗保障水平不断提高全州2017年参合人数为334.94万人，参合率达100.83%；在全省率先实现州级统筹，补偿政策不断完善；取消门诊补偿限额，实行门诊加普通住院累计封顶30万；提高新农合和大病保险报销比例，新农合跨省异地即时结算在省卫计委牵头与省外207个医疗机构签定协议的基础上增加了与广州市4个医疗机构签订跨省异地即时结算协议，全年累计补助334人次，补助金额272.4万元。

【医政管理】 全州二级以上公立医院医责险投保率达100%，黔南州获得2013—2017年全国创建平安医院活动表现突出地区。中医民族医药振兴发展取得重大突破。《黔南布依族苗族自治州民族医药发展保护条例（试行）》在十四届人大三次会议顺利通过审议。医联体建设步伐加快。《黔南州医疗联合体建设实施方案》印发执行，全州州县乡村一体化管理的医共体建设工作全面启动，三都、荔波、平塘3县分别列为省级示范县。切实巩固基层医疗机构实施国家基本药物制度工作全覆盖成果，实现基层医疗机构100%使用基本药物、100%网上采购、100%实行零差率销售、100%补助资金配套到位。

全面实现“五个全面建成”。乡镇卫生院远程医疗服务体系、县级以上公立医院统一预约挂号平台、全州医药监管平台、乡镇卫生院规范化数字预防接种门诊建设“五个全面建成”如期完成。在全省率先完成州级人口信息平台一期建设和239个乡镇卫生院（社区卫生服务中心）远程设备调试工作。福泉牛场中心卫生院荣获“全国百佳乡镇卫生院”称号，福泉市金山社区卫生服务中心荣获“全国优质服务示范社区服务中心”，21个乡镇卫生院成功创建国家“群众满意乡镇卫生院”。采供血工作全面加强。实现100%保障临床用血、100%用血来自无偿献血。完成5个标准化“爱心献血屋”建设。乡镇卫生院特色专科成果丰硕。完成23个乡镇卫生院特色专科建设，完成46个甲级中心乡镇卫生院乡级自评、县级评审、州级抽查复审工作。

【疾病预防控制和公共卫生应急】 免疫规划工作全面加强，全州儿童国家免疫规划疫苗接种率达95%以上；继续维持无脊灰状态。全年无甲类传染病报告，共报告乙丙类传染病24种，报告发病率为430.02/10万，同比下降0.54%。重精患者在册管理率为85.88%。成功创建国家卫生县城3个，国家卫生乡镇36个，省级卫生乡镇50个，省级卫生村470个。成功战胜三都、平塘、龙里人感染H7N9禽流感疫情防控歼灭战，成功创建5个省级基层卫生应急规范化建设达标示范县。

【公共卫生服务管理】 公共卫生服务管理全面加强。累计为343.33万名城乡居民建立健康档案，高血压和糖尿病患者规范管理率达70%以上，基本公共卫生服务项目规范化不断提高。为154.23万常住居民提供家庭医生签约服务，签约率达47.57%；重点人群签约70.77万人，签约率达47.57%；为77.46万贫困群众提供家庭医生签约服务，贫困人口签约率达100%。

【妇幼卫生工作】 全州孕产妇住院分娩率达99.10%；孕产妇死亡率24.91/10万；婴儿死亡率和5岁以下儿童死亡率分别达6.83‰和9.48‰。全州22家县级以上医疗保健机构被国家卫生计生委授予“爱婴医院”称号，长顺县和福泉市妇幼保健院顺利通过“二级甲等”妇幼保健院综合评审，平塘妇幼保健院顺利通过“二级乙等”医院综合评审，州新生儿疾病筛查中心通过省级验收。州妇幼保健院（妇女儿童医院）顺利开工，孕产妇和儿童保健系统管理率分别为87.37%、88.10%，高于省定指标。

【卫生计生监督执法】 加强卫生计生法治建设，严格程序执法，保持对卫生计生执法高压态势，全年共查办卫生计生案件5265件，结案5244件，罚没款572.9万元。举办执法人员培训班4期109人次。

【卫生基础建设】 瓮安县、贵定县、长顺县、荔波县等4个县中医院和福泉市综合医院已全面完工，其他12个项目均已全部开工。州公共卫生中心项目建设进入内部装修，州人民医院儿科楼已完成70%工程量；州中医院新院区建设项目进入收口阶段，州市妇幼保健院（儿童医院）开工建设。全面完成省下达的4个社区卫生服务中心标准化建设任务，7个社区卫生服务中心设备采购项目采购安装全部完成。荔波县中医院、贵定县疾控中心2个中央预算项目顺利完工，其余6个项目全面开工。全州卫计系统固定资产投资任务超额完成。全州500万以上口径项目共完成投资13.9亿元，占目标任务的126%。

【计生基层基础工作】 人口计划全面完成。各级党政和卫生计生部门切实推动和落实年度服务管理改革任务，层层强化责任监督，稳定基层基础，严格依法行政，确保了年度人口计划完成。根据计划生育年度目标考核抽样调查结果，符合政策生育率为89%，同比下降0.1个百分点；人口出生率为13.23‰，同比下降0.15个千分点；自增率为6.32‰，同比上升0.07个千分点；政策外多孩率为7%，同比上升0.1个百分点。

【宣传教育】 在国家级媒体发布新闻55条，在省级媒体发布新闻460条，州级媒体发布新闻1539条。在各类国家级评选中，《罗甸构建10分钟便民就医圈》获得消息类三等奖，《倡导健康生活方式提高全民健康素养》获得新闻摄影类优秀奖；《小村卫生室为民服务大作为》获得广播类三等奖；《爱心相伴青春无悔》获得青年文明号巡讲作品三等奖；《一天一夜》获得青年文明号微电影作品一等奖。成功应对H7N9禽流感舆情事件，舆情处置经验在全省卫计宣传工作会上作交流发言，全年没有一起因处置不当而导致的舆情升级事件。

【计生协会工作】 “五大幸福计生行动”“健康直航”志愿服务活动、计生基层群众自治工作、“青春健康”工作、生育关怀等一系列公益项目深入实施；创建家庭服务中心示范点30个；创建计生协产业发展合作社13个；建立“青春健康教育示范基地”13个；建立“青春健康师资专家库”队伍13支；募集“人口福利·生育关怀基金”达2197.5万元，有效帮扶计生困难家庭，助力精准脱贫。

（罗伦鑫）

黔南州红十字会

【概　况】 2017年，黔南州红十字会紧扣“三救三献”核心业务，扎实推进脱贫攻坚、款物募集、备灾救灾体系建设、应急救护培训、造血干细胞及人体器官（组织）捐献等工作，各项工作成效明显，获省、州绩效目标考核优秀奖（一等奖），名列全省第一。黔南州红十字会2017年有编制6人，实有7人。经州编委办同意，2016年7月设立下属正科级事业单位1个，名称为“黔南州红十字会备灾救助服务中心”，加挂“黔南州红十字会人体器官与细胞组织捐献工作中心”牌子，核定事业编制5名。经公开招考，2017年有工作人员2人。全州有县级红十字会12个，专职干部62人。

【黔南州红十字会第四届理事会第二次会议召开】 2017年12月28日，黔南州红十字会召开第四届理事会第二次会议，选举州政府副州长胡晓剑兼任州红十字会会长，聘请州委书记唐德智，州委副书记、州长吴胜华兼任黔南州红十字会名誉会长，聘请州人大常委会副主任张仕雄、州政协副主席杨俊兼任黔南州红十字会名誉副会长。表决通过黔南州红十字会第四届理事会拟增补理事及更换理事20人。

【基层组织建设】 截至2017年，全州建立基层红十字会组织275个，拥有团体会员96个、成人会员7470人、青少年会员22852人，其中2017年建立基层组织50个，都匀市实现了乡（镇、街道办事处）基层红会组织全覆盖。

【应急救援】 2017年，推进州红十字会备灾救灾中心项目及应急救援队伍建设为重点，抓好应急救援工作。一是州红十字会备灾救灾中心项目（州公共卫生中心项目内容之一）于8月完成主体工程，已进入装饰阶段。二是积极配合参加由中国红十字会总会、省红十字会在州内龙里县三元村举办的2017年中国红十字供水和大众卫生救援队联合演练。三是联合州政府办、州直机关工委、都匀军供站到广西兴安县开展了一次跨区机动联合演练并开展应急救护培训。四是在“5·8博爱周”和“5·12”国家防灾减灾日系列活动期间，组织全州1500名学生参加了全国红十字防灾避险知识竞赛活动。五是参加了由州减灾委、州应急委联合开展的防灾减灾宣传活动暨城市综合体灭火应急救援疏散演练。

【人道救助】 2017年，在开展春节“博爱送万家”活动中，全州各级红十字会共筹集款物257.93万元，对贫困户等弱势群体进行关爱慰问，共3717户17332人次贫困群众受益。坚持抓好博爱助医、助学工作，全年为困难学生发放助学金29.62万元；为患白血病、先心病、尿毒症等困难家庭患者发放救助金36万元，共有7名白血病患儿、4位先心病患儿获总会基金会资助。

【应急救护】 利用3月5日“学雷锋活动日”“5·8”红十字博爱周“5·12”防灾减灾日“世界急救日”“12·1”世界艾滋病日等活动开展救护培训。2017年3月14日，州红十字会联合州中心血站赴黔南职院作红十字知识及无偿献血知识讲座，开展应急救护培训。4月14日，州红十字会与州委统战部、州留学生联谊会赴罗甸一中开展博爱助学活动，组织黔南师院教授及救护培训师资为700多名师生作励志演讲并开展应急救护培训。11月9日，2017年中国红十字会生命健康安全教育项目在贵定县实验小学启动，开展学校安全教育与体验活动、救护员培训、亲子讲座、群众性应急演练、主题宣传活动等，2000多名学校师生、近1000名家长和社区群众参与应急演练、安全教育、亲子活动，1250余人参加救护培训。11月13日，州红十字会到黔南州委党校，为参加第48期中青年干部班、第61期少数民族干部班的领导干部开展应急救护知识培训。12月5日，在第32个“世界志愿者日”来临之际，州红十字会到州消防支队开展艾滋病防治讲座并为消防官兵开展应急救护培训。

2017年，共开展应急救护培训19826人次，其中持证培训1470人次。

【无偿献血和捐献造血干细胞】 持续开展无偿献血宣传和造血干细胞志愿者招募工作。2017年共完成无偿献血22760人次，献血量708.915万毫升，确保了全州临床用血100%来自无偿献血。招募造血干细胞捐献志愿者116人，贵定县树人实验中学教师唐兴铸成功捐献造血干细胞。

【捐献人体器官与细胞组织工作】 2017年，全州成功登记人体器官捐献志愿者达91人。全年全州成功捐献人体器官（组织）4例。分别为4月23日福泉市钟林锟捐献眼角膜，7月12日福泉市赵齐全捐献眼角膜，11月19日福泉市何桂华捐献眼角膜，11月1日龙里县蔡春胜捐献肾脏和肝脏。

【项目工作】 2017年，全年共争取上级红会项目支持2965万元。其中为都匀市沙井街村、罗甸县麻怀村各争取博爱家园项目一个，总投资90万元。争取省红十字基金会在州内都匀市、贵定县各实施“智慧城市之智慧校园”项目各10个，总投资2000万元，分3年实施。争取省红十字基金会为全州捐赠“直视人流系统”医疗设备25套，每套35万元，2018年开始实施，总计875万元。

【款物募集】 全州各级红十字会以开展主题活动日筹资、“扶贫日”捐款、向企业及爱心人士募集、网络捐款、专题定向捐款、设置募捐箱捐款等形式推进款物募集工作，2017年全州共募集款物1833.22万元。其中向社会募集1455.85万元，争取到总会、省红十字会划拨的大米、食用油、奶粉、棉衣、运动鞋等物资377.37万元。

【对外联络工作】 2017年，通过联系香港善施基金会，为州内惠水县、长顺县、龙里县、瓮安县等308名困难学生每人发放600元助学金，共计21.48万元；发放轮椅453台，电吹风625台，冲锋衣350件，棉被120床，解决瓮安县医疗培训费6万元，总价值85.76万元。

【扶贫日捐款】 通过积极向党委、政府争取，率先在全省推行由红十字会承接“扶贫日暨慈善一日捐”活动捐款，2017年“扶贫日”期间，除州本级外，共有都匀市、惠水县、贵定县、龙里县等6个县（市）承接“扶贫日”捐款，共接收“扶贫日”捐款581.76万元。

【人体器官捐献缅怀纪念园】 配合省红十字会在龙里县龙归园公墓率先建成全省第一个人体器官捐献缅怀纪念园。

（易　海）

体　育

【概况】 2017年，全州体育系统深入学习贯彻中共十八届五中、六中全会精神、习近平系列重要讲话精神，学习贯彻十九大精神和习近平在贵州代表团的重要讲话精神，紧紧围绕州委、州政府决策部署和年度目标任务，坚持创新驱动发展战略，认真开展“两学一做”制度化常态化教育工作，克难奋进，创新开拓，紧紧把握推动科学发展、建设体育强州的主题和转变体育发展方式的主线，协调推进群众体育、竞技体育、体育产业快速发展，体育各项事业取得新的进步。

为编制好体育事业“十三五”规划，对照“十二五”体育事业发展实施情况进行总结与回顾，并通过召开座谈会、走访调研等方式，主动与各相关部门对接，掌握基层需求，畅通部门信息，立足本州实际，完成《黔南州体育事业发展“十三五”规划》，并通过政府常务会讨论。

【黔南州第五届运动会】 2017年，州体育局出台州五运会《方案》《总规》《单项规程》等相关文件；成立州五运会筹委会、组委会以及运动员资格审查领导小组等，完成相关比赛项目裁判员、教练员的培训任务等；本届运动会历时11天，共设15个大项、203个小项，全州12个县（市）代表团、8个州直部门代表团共4000余人参加，产生金、银、铜牌共1470枚。两年一届的州运会是全州规格最高、规模最大、水平最高、人数最多的综合性体育赛事。

【群众体育】 2017年共举办各级各类赛事、活动160次，其中：州级举办40次，县级举办120次；举办重大赛事19个，其中：国际赛事7个，全国赛事12个。

结合全民健身、民族传统体育活动，充分利用元旦、春节、三八、五一、国庆等节假日开展丰富多彩的全民健身活动，丰富了广大职工和群众的业余文化生活，满足广大人民群众对体育需求的新期待，增强群众幸福感和获得感，对提高全民身体素质起到了促进作用。

2017年度共争取到“健身路径工程”65套，行政村“农体工程”程72个，乡镇“农体工程”8个。第一批“健身路径工程”45套，行政村“农体工程”程42个，乡镇“农体工程”3个已全部完成投入使用。第二批“健身路径工程”20套，行政村“农体工程”程30个，乡镇“农体工程”5个，于2017年11月得到省局批复，预计2018年5月份全部完成建设任务。

同时，争取到5个生态体育公园项目，分别是：都匀经开区匀东生态体育公园、龙里中铁生态体育公园、罗甸县国家生态体育公园、龙里县莲花湿地生态体育公园、贵定县云雾湖生态体育公园。其中，都匀经开区匀东生态体育公园、龙里中铁生态体育公园、罗甸县国家生态体育公园为年初即定目标，全部建成投入使用。龙里县莲花湿地生态体育公园、贵定县云雾湖生态体育公园于2017年10月份得到省局批复，预计2018年5月完成建设任务。

【竞技体育】 结合省运战略工作，将2017年参加省十运会的10个项目增至为16个项目（田径、游泳、篮球、足球、拳击、跆拳道、举重、摔跤、乒乓球、羽毛球、射箭、皮划艇、赛艇、网球、攀岩、体操），把原来的10个项目27个重点布局按“项目重点布局”“项目基础布局”“创建黔南州体育传统项目学校”相结合的方式，调整为11个项目17个重点布局点，7个项目16个基础布局点，结合评定、命名14所体传校形成网络训练体系，突出重点，明确层次，不断推动训练效果。在2017年运动员注册工作中，运动员的“质”发生了根本性的改变，由原来的有量质低逐步向既有量又有质的提升。2017年，注册运动员为717人（其中新注册运动员656人），举办了篮球、羽毛球、体育舞蹈、乒乓球、足球、排球（气排球）、游泳7个项目教练员、裁判员培训班，培训人数达450人。

共组织参加了2017年度贵州省青少年各单项锦标赛的举重、拳击、网球、乒乓球、羽毛球、水上项目、射箭、跆拳道、游泳、田径、摔跤、篮球、足球、越野跑14个项目的比赛，获得举重项目金牌3枚、乒乓球项目金牌2枚、羽毛球项目金牌1枚、游泳项目金牌3枚、田径项目金牌2枚、摔跤项目金牌1枚、足球项目金牌2枚、跆拳道项目金牌1枚、拳击项目金牌8枚，总计获得金牌23枚，银牌30枚，铜牌32枚。

组织参加了2017年全国青少年举重锦标赛，获1金4银1铜的成绩。

【品牌赛事】 2017年，共举办2017中国足协中国之队中朝女足国际足球赛、2017年“中核西南勘院杯”中国足协都匀国际青年女子足球锦标赛、2017年“七星．未来城”杯中国足协都匀U22国际足球锦标赛、“都匀毛尖茶”2017年中国贵州·黔南体育舞蹈（国际）公开赛暨贵州省第二十三届体育舞蹈锦标赛、2017中国山地自行车公开赛—贵州龙里站、2017年“心系天下手机杯”中国足协都匀U10全国足球赛、第十四届全国健身交谊舞锦标赛暨2017全国健身舞大赛、2017年“凌空杯”全国毽球锦标赛、2017海峡两岸暨港澳地区户外挑战赛、2017年贵州省野战运动公开赛暨第三届贵州省野战运动交流赛等国际、国家级赛事。

【体育产业】 截至2017年12月30日，黔南州体育彩票累计销售约2.89亿元，增幅位列全省第三，其中，大乐透销售同比上升4.6%，排列三、五销售同比上升22.8%，传统足彩销售同比上升3.6%，七星彩销售同比下降9%，高频游戏销售同比上升27.5%，竞彩游戏销售同比上升13%。黔南州体育彩票市场份额为52.1%，覆盖全州12县（市），83个乡镇。

【党建与反腐倡廉】 2017年州局贯彻落实习近平总书记系列重要讲话精神，落实“两学一做”常态化制度化教育工作，学习贯彻十九大精神，加强对党组领导班子及其成员权力运行的制约和监督，构建决策科学、执行坚决、监督有力的权力运行体系，紧紧围绕体育业务工作抓党风廉政建设，持续推进惩防体系建设和体育行业作风建设，为推动黔南州体育事业发展提供作风和纪律保障。2017年三公经费支出1.53万元，其中出国出境0.4万元、公务接待费1.13万元、公车0万元。全年其他费用：会议费0.68万元、培训费20.89万元、差旅费32万元。

【全国性比赛】 2017年7月11日全国青少年举重锦标赛，获1金4银1铜的好成绩；7月25—28日2017年“三公利华杯”全国青少年藤球锦标赛中惠水县代表贵州省组队参赛，共荣获女子单组赛冠、亚军，男子单组赛第三名，女子组双人赛冠军和季军，男子组季军的优异成绩；11月2日惠水县女子藤球队代表中国参加了在印度海德拉巴举行的藤联世界杯邀请赛，取得第五名的成绩；11月14日2017年“凌空杯”全国毽球锦标赛惠水县代表队荣获混合双人第五名、女子双人第六名并荣获体育道德风尚奖；11月16～19日，2017年全国藤球锦标赛暨亚运会选拔赛中，惠水女子藤球队夺取双人赛和单组赛双桂冠；12月10—18日，由惠水县一名教练员和4名运动员组成的中国藤球队参加在泰国曼谷举行的第32届世界藤球锦标赛，获得单组赛和团体赛两项第三名。

【黔南州荔波县“绿鞋行动”新闻发布会在京举行】 2017年4月22日，黔南州荔波县“绿鞋行动”新闻发布会在京举行。

9月7日，在第十三届全运会，黔南籍运动员李悦代表贵州省勇夺500米双人皮划艇和200米单人皮艇冠军，成为贵州省在全运会历史上第一个在同一天夺得两枚金牌的选手，也是黔南州首个在全运会上连夺双冠的运动员。

11月30日，中国老年人体育协会印发通知，贵州省黔南州荔波县被命名为第三批“全国老年气排球之乡”，这是贵州省继三都县之后再获此命名县份。

（孙婷婷）

·社会生活·

SHEHUISHENGHE

人力资源和社会保障

【概况】 黔南州人力资源和社会保障局作为州人民政府工作部门，内设11个职能科室。截至2017年12月31日，全局有正式在职干部职工136人，离退休干部职工50人。

2017年，黔南州人力资源社会保障工作在省人社厅和州委、州政府的领导下，以科学发展观为引领，认真贯彻落实十八届四中、五中、六中全会及十九大精神，紧紧围绕省工作部署和州委、州政府中心工作，以“民生为本、人才优先”为主线，突出抓好就业创业、社会保障、人才发展、劳动关系等重点工作，推动了全州人力资源社会保障事业持续健康发展。

【就业创业】 2017年，全州实现城镇新增就业73263人，失业人员实现再就业1.26万人，就业困难人员实现就业0.95万人；农村富余劳动力实现转移就业11.05万人。开展职业培训4.13万人次，其中创业培训1.08万人次。城镇登记失业率为2.8%，控制在目标任务4.2%以内。新增发放创业担保贷款3.48亿元，扶持创业0.37万人，带动就业1.3万人。

【就业扶贫】 2017年，总结出“1234”就业扶贫模式（出台一套就业扶贫工作指导方案；探索政府机关、事业单位、国有企业倾斜招录建档立卡贫困户高校毕业生和建设村级就业服务中心两项工作；注重基础精准、培训提升、绿卡服务三个方面；落实载体建设、劳务协作、网络招聘、督促调度四个实招），实现就业脱贫总目标。帮扶贫困劳动力实现就业创业5.75万人，帮扶已搬迁易地扶贫搬迁劳动力实现就业创业2.53万人。

【社会保障】 2017年，全州基本职工养老、医疗（含居民）、失业、工伤、生育保险、城乡居民养老保险参保人数分别达到37.7万人、59万人、17万人、21万人、17万人、210万人。全州基本职工养老保险收入313474万元、基本医疗保险收入112866万元、失业保险收入8873万元、工伤保险收入8888万元、生育保险收入5126万元、城乡居民养老保险收入19462万元。完成10.79万退休人员基本养老金待遇调整工作，人均月增加181元。启动全民参保登记计划工作，完成全州419万户籍人口的登记入库工作，入户调查完成率达100%。全面推广网上申报工作。稳步推进跨省异地就医全国联网直接结算工作。与州财政局、卫计委联合出台《黔南州城镇职工高额医疗保险暂行办法》，全州职工高额医疗保险筹资标准为每人每月12元，年度最高支付费用达到33万元。制定下发《黔南州州直系统机关事业单位养老保险参保人员办理退休手续的实施意见》，实现从2017年1月起机关事业单位退休人员按程序审批退休之后，进入社保核定并计发退休待遇，真正转变了机关事业单位退休人员退休以后由财政统管传统模式。

【人事人才】 2017年，全州统一面向社会公开招录公务员（人民警察）415名。全州事业单位公开招聘工作人员2084人。组织参加第五届中国贵州人才博览会活动，签订《黔南布依族苗族自治州—中国科学院国家天文台战略合作框架协议书》《黔南布依族苗族自治州—广州市对口帮扶合作协议书》，引进各类高层次和急需紧缺人才960人。开通“绿色通道”职称申报评审工作，推荐黄亚欣等6人参评贵州省第四批“百千万人才”评审，为24名实绩突出的重点领域、关键学科专业技术人才职称评审开通“绿色通道”并获相应职称。

【劳动关系】 2017年，全州共受理查处各类投诉案1005件，时效内结案率100%，帮助8750名劳动者追发工资1.7亿元。建立拖欠工资企业“黑名单”制度，建立健全企业失信联合惩戒机制，加强对企业失信行为的部门协同监管和联合惩戒，使失信企业在全国范围内“一处违法、处处受限”，提高企业违法成本。工程建设领域劳动用工实名制管理初见成效，全州工程项目试点逐步推开，共有338个项目实行实名制管理，存储工资保障金2.2亿元，落实欠薪应急周转金金额4200万元。依法处理劳动人事争议案件，全州受理各类劳动人事争议案件1759件，涉及劳动者1867人，维权金额6583.34万元。

【自身建设】 以抓好局党组成员这个“关键少数”为突破，完善局工作规则、党组会议议事规则、党组中心组学习制度、局长办公会议制度、公务接待管理制度（试行）等规则制度，把纪律规矩挺在前面，辐射带动干部职工依法行事、依规办事、清廉干事。不断总结中层干部竞争上岗、普通干部内部轮岗经验，继续采取“一考一测一推荐”竞争上岗方式，激发干事创业活力，增强干部职工凝聚力，2017年获全州综合绩效考评“一等奖”。扎实开展中层干部“一月一讲”、全体干部“一季一谈”系列活动，形成以讲促学、以学促做、以做促讲的良好氛围，促进形成人社干部自本提升服务能力的思想自觉和行动自觉，推进“两学一做”学习教育成常态。

【建议提案办理】 2017年，办理州人大代表建议、州政协委员提案共53件（建议32件，提案21件），主办建议提案13件（建议7件、提案6件），协助办理建议提案40件（建议25件、提案15件）。研究办理和牵头办理的13件代表建议和委员提案全部获“满意”（其中6件获“非常满意”）。承办建议提案工作分别获州人大考核“满意”、州政协考核“先进单位”。

（严　松）

老龄工作

【概况】 2017年，黔南州老龄工作在州委、州政府的领导下，在省老龄办的业务指导下，以科学发展观为统领，坚持目标导向和问题导向相统一，创新思路，突出重点，真抓实干，各项老龄工作和老龄事业取得新突破、新发展，有力促进“生态黔南、康养天堂”的建设。

【居家养老】 2017年，全州共建立城镇社区（居）居家养老服务中心（站）173个，占城镇社区（居）总数的98.3%，服务对象1912人，农村有767个行政村开展居家养老服务工作，有服务对象6159人，全州城乡居家养老服务投入经费326万元。

【农村幸福院】 2017年黔南州获得省农村幸

福院建设项目20个，建设资金124万元，建设床位194张，匹配资金13万元，建成州级示范点6个，县级示范点24个。

【老年协会】 黔南州建立城镇社区老年协会171个，占应建立数的100%；建立村级老年协会1161个，占行政村总数的97.80%，经费投入134.9万元。

【“敬老月”活动】 “敬老月”期间，州委常委、州委组织部部长、老龄委主任胡志峰，州人民政府副州长、州老龄委常务副主任杨从明，州人民政府副秘书长、州老龄委副主任韦文堂等领导，分别慰问龙里县社会养老服务中心、长顺县敬老院、福泉市牛场镇东南街社区老年协会及部分高龄老年人。州老龄办对州部分老年协会和15位高龄困难、空巢老年人进行慰问，州老龄委及成员单位在“敬老月”期间，共计慰问百岁老人、高龄老人、空巢贫困老人近180名。各县（市）领导慰问本辖区内部分老年协会、敬老院、高龄老年人，组织开展丰富多彩的文艺活动。

【编制《黔南州老龄事业发展“十三五”规划》】 按照州政府要求，2117年8月份拟制初稿，并发各县（市）及州老龄委成员单位征求意见，形成《黔南州老龄事业发展“十三五”规划(代拟稿)》，11月29日，州政府组织老龄委成员单位业务分管领导召开评审会议，对相关指标作进一步修改、细化，12月底以州政府办公室文件印发。

【州第二届“孝老爱亲”民族山歌大赛】 2017年10月28日，由黔南州老龄办主办，独山县老龄办、麻尾镇政府承办的黔南州第二届“孝老爱亲”民族山歌大赛在独山县麻尾镇麻往村隆重举行，来自全州11县（市）11队歌手、独山县乡（镇）8队歌手、广西柳州、河池、百色等地区10队歌手，共29队歌手参赛，各队歌手紧紧围绕“孝老爱亲”主题激烈竞争，最后角逐出一等奖一名，二等奖二名，三等奖三名，优秀奖若干名，达到宣传弘扬“孝老爱亲”传统美德，促进边界和谐，推进民族大团结、文化大发展的目的。

【高龄补贴】 黔南州12县（市）全面建立80周岁及以上老年人高龄补贴制度，覆盖率100%，2017年有5.2万名80周岁及以上老年人领取高龄补贴，共计发放高龄补贴3774万元。

【参加贵州省第五届“福彩杯”老年文化艺术节】 2017年10月24—25日，贵州省第五届“福彩杯”老年文化艺术节在贵阳市国际会议中心隆重举行，全省九州（市）和省直部门组团参赛，黔南州组织40余人参加独唱、重唱、舞蹈比赛，参赛节目独唱《玛依拉变奏曲》、重唱《好花红》、舞蹈《舞动夕阳》分别荣获金、银、铜奖的好成绩，黔南州老龄办获得优秀组织奖，选送了26幅书画、摄影、诗词楹联作品参展，书画作品获三等奖1名，优秀奖6名；摄影作品获二等奖1名，三等奖2名；诗词楹联作品获得一等奖1名，三等奖2名，优秀奖1名的成绩。

（蒙永昌）

住房公积金管理

【概况】 2017年，黔南州住房公积金管理中心在州委、州政府的领导下，自觉接受监督，坚持以十八大、十九大报告精神和习近平系列讲话精神为指导，坚持以人民为中心的思想，紧紧围绕创建民族团结进步示范州、认真履职，狠抓落实，圆满并超额完成各项年度目标任务。

【归集指标】 2017年，全州共归集住房公积金27.13亿元，同比增长18.67%，截至12月31日，全州住房公积金归集余额73.82亿元。

【提取指标】 2017年，全州缴存职工提取个人账户资金15.17亿元，同比增长33.99%。

【住房贷款】 2017年，全州发放个人住房贷款22.13亿元，同比增长12.25%；支持购建房面积96.59万平方米，有效提升住房需求，推动黔南州房地产市场的健康发展。

【增值收益】 2017年，实现增值收益10590.47万元，实现年度计划数的141.21%，同比增长41.62%，截至12月底，累计实现增值收益5.7亿元，累计上缴廉租住房建设补充资金3.64亿元。

【制度扩面】 2017年，全州新增住房公积金缴存单位429个，新增缴存人个18610人，同比分别增长115.58%和58.71%，

【逾期率】 截至2017年12月31日，全州贷款余额76.73亿元，个贷率103.94%。逾期贷款额62.82万元，逾期率0.081‰。

【制度改革成果及措施】 2017年，黔南州住房公积金制度改革成为全州17个列入省委全面深化改革领导小组办公室2017年参评全省改革优秀案例之一。为推进制度改革，黔南州住房公积金管理中心采取以下措施：一是建立健全降低缴存比例和缓缴审批制度，提出对符合条件的企业在既不损害职工合法权益的基础上进行奖、补、缓的政策支撑，以此扩大和稳定就业，推动“大众创业、万众创新”的工作机制；二是在全州范围内全国首创提出将按照个人住房公积金余额的1.5%的比例存入社会保障卡制度，专项用于缴交物业管理费或用于房屋简易维修、维护等；三是调整缴存、提取、贷款政策，对现有住房公积金缴存、提取、贷款等使用政策作适当调整，调整后的政策更加的便民利民，更大限度的惠及广大的缴存职工；四是扩大住房公积金归集业务委托银行，充分利用金融机构营业网点布局的优势，利用政策杠杆的调节，有效拓展单位、个人缴存公积金的覆盖面，舞活公积金管理工作的“龙头”；五是修订管委会章程。在黔南州创新将管委会委员的构成由原来的聘任制修订为席位制和聘任制；委员由原来的25人调整为33人，明确了每届的任期为5年制等，使委员不因工作的调整、变动而受到影响，确保了决策功能的完整。

【信息化建设】 黔南州住房公积金综合业务服务平台信息化建设项目是州人民政府确定的2017年“十件民生实事”建设任务之一，为更好地服务广大缴存职工，州公积金中心，以“互联网+住房公积金”为平台，突出“便民、利民、创新”的功能定位，精心组织开展住房公积金综合业务服务平台建设工作。该项目从2017年初立项政府批准到10月10日建成并正式上线运行，仅用了8个月的时间，同时，为更好地服务广大缴存职工，中心陆续推出住房公积金支付宝刷脸查询、公众微信号、手机APP、网上办事大厅查询、业务办理服务，实现“让信息多跑腿、让群众少跑路”的目标，为服务群众“最后一公里”奠定了坚实的基础。2017年12月11日住建部专家组赴黔南州公积金中心开展新系统“双贯标”验收，中心以112.64分的高分通过专家组的验收。

【形象建设】 以深化住房公积金制度改革为契机，开展“内强素质、外树形象”活动，即组织开展业务知识、服务水平、廉政教育培训，提高职工内在修养，开展以服务大厅悬挂统一标识，服务人员统一着装、佩戴统一胸牌等为主题，楼廊文化建设为展示的文化提升活动，从而以党建工作促工作作风转变，促工作效能提升，全面提升住房公积金整体形象。同时，高度重视中心网站建设，及时回复网站开设的“留言板”“主任信箱”等互动咨询平台的咨询内容，并在网站公开住房公积金政策法规、办事流程、资料要件、服务信息，提供账户查询、政策解答等服务，不断完善“12329”住房公积金服务热线功能，不仅为缴存职工和社会各界开展查询业务还为缴存职工和社会各界解读政策接受投诉等服务。全年共接

受社会各界电话咨询14525条、网站留言板199条、主任信箱54条。主动收集市场信息，深入楼盘现场了解工程进度，开展住房公积金贷款政策业务座谈会等，改坐等业务办理为主动上门服务。

【脱贫攻坚】 中心按照2017年初制定的帮扶计划，密切联系群众，着力服务基层，督促选派荔波县茂兰镇驻村扶贫的3名优秀干部认真入户开展工作，同时要求各县（市）按照县（市）党委政府要求，指派相关人员开展驻村帮扶工作。一年来，中心党组积极组织全体党员及干部职工开展献爱心、送温暖的活动，先后为中心驻村扶贫点荔波县茂兰镇尧明村、水庆村、瑶埃村和深度贫困地区三都县中和镇新阳村群众理清发展思路、选择产业发展项目、完善基础设施、治理人畜混居环境、发展集体经济、解决贫困群众生活困难问题等，并在春节、“六一”等重要节日和重要农耕季节，赴驻村帮扶点开展慰问活动，为贫困村购买耕犁机、为贫困户送去农耕物资，为贫困留守儿童捐赠学习和体育用品，为孤寡老人送温暖，帮助实现“微心愿”，尽心竭力为贫困群众做好事、办实事、解难事。2017年，中心机关及各县（市）管理部共帮扶12个乡镇15个村，共投入帮扶资金20.71万元。

【“两学一做”】 结合工作实际，在全州住房公积金系统中深入开展“学党章党规、学系列讲话，做合格党员”常态化、制度化学习教育活动，以把党的思想建设放在首位，以尊崇党章、遵守党规为基本要求，以用习近平总书记系列重要讲话精神武装全党为根本任务，教育引导党员自觉按照党员标准规范言行，形成“学习于心，做于行”的强大合力，开展工作。同时，为宣传贯彻中共十九大精神，中心组织党员干部到荔波邓恩铭故居开展革命传统教育，并深入中心扶贫点开展中共十九大精神宣讲引导党员群众不断增强自立自强意识和树立不等不靠、苦干实干思想，为实现同步小康共同拼搏奋斗。

【党风廉政】 中心在建立健全党风廉政建设“两个责任”制度上狠下功夫，坚持把党风廉政建设和反腐败斗争作为党要管党、从严治党的重要举措。由党组书记和班子成员、班子成员和干部职工签订党风廉政建设责任书，切实构建认识到位、责任明晰、履职尽责的主体责任落实体系和措施到位、监督有力、制约有效的监督责任落实体系。深入贯彻落实中央八项规定、省委十项规定、州委九项规定和党员干部政治纪律“十严禁”以及党员干部作风“十不准”要求，依法推进政务和党务公开，主动接受群众监督，增强服务水平。通过专题教育、中心组学习、观看电教片、参观廉政警示教育基地等多种形式开展廉政警示教育，进一步增强了党员干部的宗旨意识和廉洁自律意识。

（吴　姗）

旅　游

【概况】 2017年在州委、州政府的领导和下，在各县（市）及州旅发改成员单位的共同努力下，黔南州成功承办了省第十二届、州第十一届旅发大会，在景区的提质升级、营销等方面取得了一定的成绩。

【景区提质升级】 围绕“天眼平塘”，彰显科普旅游。按照建设世界一流天文小镇的要求，编制了“三县六镇”区域协同发展规划，整合区域天文科普、地质科考等旅游资源，打造科普旅游带；围绕“吃、住、行、游、购、娱”六要素，配套建成FAST观景平台、天坑景区、天幕商业街、星辰天缘大酒店等科普旅游基础设施和服务设施；建成天文博物馆、体验馆、时光塔等科普旅游体验产品。目前，平塘已荣获国家科普示范基地、全国科普教育基地、中国科技旅游基地、国家地质公园等称号，现正整合平塘国家地质公园、罗甸三叠纪大贵州滩、惠水燕子洞等，捆绑申报世界地质公园，平塘—罗甸—惠水—贵阳天文科普旅游带初现雏形。

围绕“世遗旅游”，荔波景区进行了提质扩容，总投资81亿元建设了21个项目。大小七孔游客集散中心、梦柳布依风情湾、月亮湖湿地公园、智慧旅游集散中心、邓恩铭故居陈列馆、樟江景观带、冰雪水世界主题乐园、果园公路、驾欧旅游小镇等一大批项目已建成，同时实施县城整体绿化、亮化景观，荔波县城“颜值”“气质”实现跃升，世遗品质大力提升。

其他县（市）也按照提质要求，打造了系列旅游产品。如：都匀建成毛尖小镇、汉唐影视城、三线文化园等景区；独山推出净心谷、天洞、毋敛古国等景区；龙里双龙小镇，福泉古城、黄丝布依寨。

【旅游品牌创建】　创“A”评定和申报工作方面，瓮安猴场千年古邑区创建国家5A级旅游景区工作有力推进；新增黔南州平塘县中国天眼景区、黔南州茶文化影视小镇景区、黔南州惠水好花红乡村旅游区3个AAAA级和黔南州独山深河桥抗日文化园、黔南州荔波县恩铭故里景区、黔南州荔波县寨票民宿景区、黔南州龙里县十里刺梨沟景区、黔南州平塘县甲茶景区、黔南州贵定县阳宝山佛教文化旅游区、黔南州独山天洞景区、黔南州贵定云雾茶乡旅游景区、黔南州荔波梦柳布依风情小镇景区、黔南州龙里湾滩河孔雀寨景区、黔南州荔波县瑶麓青瑶古风园、黔南州平塘县者密镇六硐景区13个3A级旅游景区。旅游厕所建设方面，2017年黔南州共新增旅游厕所建设任务116座，第三卫生间计划建设任务12座。旅游厕所完工121座，完成率104.31%，第三卫生间完工12座，完成率100%。完成投资7328.6万元。平塘、独山智慧旅游系统已投入使用；荔波智慧旅游系统正在逐步完善；其他县（市）在谋划筹建。推进“旅游+”工作方面，都匀市螺蛳壳、独山县净心谷、瓮安县建中欧标茶庄的“茶叶+旅游”项目；龙里县深化“体育+旅游”融合发展，获批省级旅游集聚区；贵定阳宝山注重“宗教+旅游”文化提升，创建禅修养身养心度假区。同时，依托黔南州13个省级农业产业园、7个州级农业产业示范园打造了一批融培育、栽种、采摘、观光、餐饮、购物、休闲度假为一体的“农业+旅游”基地。通过积极申报，黔南州6家村寨获批贵州省甲级乡村旅游村寨（全省总批19家）、4家经营户获贵州省五星级乡村旅游经营户（全省总批13家）、8家客栈获贵州省精品级乡村旅游客栈（全省总批25家）的荣誉。

【旅游营销】　黔南州旅发委坚持走出去原则，先后赴广州、深圳、重庆参加产业扶贫招商推介，赴义乌开展中国国际旅游商品展，集中展示马尾绣、毛尖茶等特色旅游商品，赴武汉、北京等参加旅游博览会，组织在西安3所高校开展校园市场精准营销，到合肥开展避暑主题营销推介，组织路演4场，同时发布对10个火炉城市的优惠政策活动，赴广州参加广东国际旅游博览会暨投融资洽谈会，共有23个项目，投资总额380亿的旅游项目纳入广东投融资手册。同时，结合请进来原则先后邀请了云南红河州旅游局、四川攀枝花旅游局、河南郑州市旅游考察团、重庆万盛地区旅游考察团、广西柳州市旅游局，贵广高铁经济带地区的旅游管理部门和旅游企业200多家企业和单位到黔南考察踩线，洽谈合作，扩大合作面，拓展合作的深度。为全面提升全州旅游影响力，2017年黔南州旅发委在省内重要高速公路（厦蓉高速、贵遵高速、沪昆高速）路段新增40余处有关黔南旅游宣传的高杆广告，同时与《中央电视台》《南方卫视》《贵州电视台》等电视媒体合作共发布了黔南旅游新闻30余条；在《人民日报》《中国经济报》《中国旅游报》《当代贵州》《贵州日报》等20余家报刊上刊发黔南旅游咨询、新闻30余次；在《人民网》《光明网》、《新华网》《搜狐网》《腾讯网》《网易新闻》《今贵州》等20余家新闻门户网站刊发黔南旅游宣传新闻100余次；通过各类自媒体平台：《人民日报》《光明日报》《中国经济网》《贵州画报》等微信公众号、微信、微博、H5、动画短片等宣传黔南旅游1000余次，点击量超过两千万次。

【旅游行业监管】 2017年黔南州开展旅游服务质量年活动，州、县旅游主管部门开展明查暗访30余次，专项督查20余次，检查涉旅企业总计418家次，其中星级酒店138家次、旅行社81家次、景区169家次、旅游车队30家次，下发整改意见468条，整改率达98%。涉旅企业自查自纠率达100%。开展全州导游员、景区讲解员专题培训，目前在岗服务的导游、讲解人员300人左右，对酒店管理、服务人员等从业人员培训人数达2545人次。

【旅游扶贫】 在黔南州12个省级景区规划范围内共25个贫困村，涉及7635户，23384人，通过100个旅游景区完善基础设施、提升服务质量、培育旅游业态、丰富旅游产品，使旅游业成为改善农村环境、引导贫困人口脱贫增收的富民产业，100个旅游景区建设直接带动2387户5613人脱贫。与州民宗委共同向省推荐58个村寨作为民族特色村寨，指导县（市）开展适宜从事乡村旅游从业人员培训工作，共培训5470人次，获得省旅发委补助培训资金154万元。

引导企业与惠水县好花红村、三都县都柳江旅游项目合作开发工作，共同打造旅游产品，实现带动脱贫；平塘县天坑景区建设项目、荔波县大小七孔景区游客集散项目入围《2017全国优选旅游项目名录》。2017年州旅发委积极向上争取资金、申报项目，获省级乡村旅游发展专项资金450万元，补助村寨为都匀市平浪镇甲壤村和毛尖镇坪阳村、荔波县佳荣镇大土村和黎明关乡拉内村、平塘县大塘镇谷坝村、三都县九阡镇水懂村、长顺县代化镇睦化村、广顺镇石板村和摆所镇五星村，共9个村寨。项目资金主要用于补助村寨旅游厕所、景区停车场、景区步道等基础设施建设，改善乡村旅游发展环境。

【州十一届旅发大会】 黔南州第十一届旅游产业发展大会于2017年8月25日、26日在独山县顺利召开。大会以“悠悠独山·醉爽天堂”为主题。重点推出了净心谷景区、毋敛古国景区等景区。黔南州依托独特的“天、地、人”资源优势，抢抓承办旅发大会机遇，坚持平塘为“主会场”、荔波为“主战场”、全州为“主考场”的全域旅游理念，各县（市）挖掘特色，不断完善景区基础设施和服务接待设施。统筹谋划全州旅游设施建设，总投资319.88亿元的52个攻坚重点项目如期建成。6条观摩路线、15个观摩项目，突出“天文科普旅游”“世界自然遗产游”两大拳头产品，覆盖民族文化、山水风光、人文历史等，展现全新的旅游发展成果和全新的城乡面貌。

【旅游经济】 全州全年实现旅游收入855.23亿元，同比增长41.82%；接待外省游客3959.01万人次，同比增长32.17%；接待境外游客10083人次，同比增长45.18%。旅游GDP相关指标由“住宿业营业额发展速度增速”“餐饮业营业额发展速度增速”两项指标组成，纳入统计对象为年主营收入达200万以上的企业。其中，星级以上宾馆2017年1—11月住宿营业额41485.695万元，同比增长31.5%，餐饮营业额35598.679万元，同比增长45.5%。固定资产投资总体运行情况良好，全年黔南州预计旅游固定资产投资155.34亿元，同比增长112.59%，超过目标任务51.26亿元。

（邵绘蓉）

·县市概况·

XIAN SHI GAI KUANG

都匀市

【概况】　全市总面积2285平方公里，耕地面积45866.5公顷，辖1个民族乡、4个镇、5个街道办事处，109个村民委员会、26个社区居民委员会、3个居民委员会。

2017年年末全市户籍总人口500133人，其中少数民族354727人，城镇人口264530人，乡村人口228589人。年末全市常住人口为460913人，比上年增加5164人。人口出生率10.87‰，自然增长率4.52‰，控制在目标值以内常住人口符合政策生育率为94.57%。人口较多的少数民族有布依族、苗族、水族。主要矿藏有煤、锌、重晶石、石灰石等10余种。

全年地区生产总值2129958万元，比2016年增长12.7%；农林牧渔业总产值278557万元，增长6.5%。规模以上工业总产值1515151万元，比2016年增长17.1%；规模以上工业增加值353194万元，比2016年增长12.3%。财政总收入412014万元、增长20.4%，其中都匀市财政收入370985万元，增长19.2%；一般公共预算支出433862万元，比2016年增长12.8%。年末全市金融机构各项存款余额为4443677万元，比2016年末增长3%；各项贷款余额为3127025万元，比2016年末增长15.9%。

全年固定资产投资2078118万元，比2016年增长18.9%。招商引资项目投产达49个，招商引资到位资金327.27亿元。境内公路里程达1593.71公里，比2016年增长6.1%，其中，高速公92.02公里，养护里程104.87公里，公路里程1396.82公里。

全市公路营运车辆拥有量8679辆，比2016年减少2767辆。货运周转量792039万吨公里，比2016年增长0.68%；旅运周转量706831万人公里，比2016年增长0.51%。

全年接待旅游总人数2301.77万人次，比2016年增长33.67%。其中，接待外省旅游人数1091.92万人次，接待入境旅游人数2433万人次。全年旅游总收入2279500万元，比2016年增长39.6%。

全年15个贫困村出列、2659户9696人脱贫，贫困发生率降至7.99%。

全年社会消费品零售总额787007万元，增长12.3%。农村常住居民人均可支配收入10961元，比2016年增长9.0%；人均消费支出10647元，比2016年增长13.3%。城镇常住居民人均可支配收入30904元，比2016年增长9.1%。人均消费支出18835元，比2016年增长4.7%。

全年城镇新增就业23744人，比上年增长

2.02%；年末城镇登记失业人数3482人，城镇登记失业率2.82%；参加新型农村合作医疗保险233331人，参合率达111.69%。

全市普通中等职业学校8所，在校学生13265人；普通中学25所，在校学生27762人；小学学校36所，小学教学点84个，小学在校学生31187人；幼儿园144个，在园儿童数16815人。适龄小学入学率99.69%，适龄初中入学率96.89%。

全市卫生机构数233个，其中，医院13个，卫生院17个，社区卫生服务中心6个，专业公共卫生机构8个；卫生机构床位数4030张。卫生机构技术人员3845人，其中，医生1266人。

森林覆盖率62.03%，空气质量优良率达99%以上。城市集中式饮用水源水质达标率均为100%；空气质量优良率达99%以上。

2017年，都匀市获“全国森林旅游示范市”称号；“全国森林旅游示范市县”称号；“2016创新中国·绿色发展优秀城市”称号，并成为2017年中国绿色发展与生态建设标杆城市。都匀毛尖茶获2017中国首届特色旅游商品金奖；中国十大茶叶区域公用品牌称号。

【都匀市被评为“2016创新中国·绿色发展优秀城市”】 2017年1月15日，都匀市被评为“2016创新中国·绿色发展优秀城市”，并成为2017年中国绿色发展与生态建设标杆城市。

都匀市牢固树立生态优先、绿色发展的理念，以建设“茶都香、桥都俏、山都青、水都绿、城都靓、村都美”的生态匀城为目标，以巩固“全球绿色城市”这张名片为手段，以创建国家环境保护模范城市为抓手，实施环保优化发展系列工程、水环境质量达标系列工程、基础设施建设系列工程、城乡环境整治系列工程、环境安全系列工程、环境宣教及能力提升“六大”系列工程，夯实环境基础设施建设，使都匀天更蓝、地更绿、水更清、气更新。

都匀市实施污水治理工程，城市污水治理能力不断提升，完成城区主河道剑江河截污管网一期工程25千米的改造；动工实施剑江河截污管网二期工程，新建截污沟3.50千米；建成城市污水处理厂和完成污水处理厂扩建，日处理污水能力累计11万吨；绿茵湖产业园区、杨柳街、墨冲镇污水处理厂主体工程基本完工，设计日处理污水能力分别为5000吨、2000吨和1200吨。近三年来，城市集中式饮用水源地水质达标率为100%，城市生活污水集中处理率达到85%以上。

市委、市政府实施蓝天工程，先后开展对工业企业废气、机动车尾气、餐饮业油烟和燃煤炉灶等污染空气环境的系列专项整治行动。

加大空气质量检测力度，实时公布。及时淘汰都匀广兴铁合金公司、匀山建材、剑江水泥、金亿达矿业、长江硅业和开磷剑江化肥等高污染、高耗能产业企业。推广清洁能源使用，定期开展机动车尾气检测，对城市公交及出租车进行油改气改造。近年来共引进新能源公交车116辆、新能源出租车203辆，淘汰黄标车及老就车辆5000多辆。

发展以毛尖茶为主的特色产业。通过退耕还林、退耕还茶、荒坡变茶等工程，以发展无公害茶、绿色食品茶和有机茶为目标，推广生态茶业建设与生态茶叶产品开发。

建成以“中国茶文化博览园”和“都匀毛尖茶城”为主体的茶文化基础设施，建成都匀毛尖茶文化小镇一条街，做实做强“中国毛尖茶都”这张名片。

【“一带一路”茶叶产销合作洽谈会在都匀市举行】 2017年6月9日，“一带一路”茶叶产销合作洽谈会在都匀毛尖茶城举行。省人大常委会副主任傅传耀，省农委、省茶办常务副主任胡继承，州人大常委会副主任陈有德等出席。

来自重庆、四川、陕西、甘肃、宁夏、青海、新疆等丝绸之路经济带省（市、区）的省级茶行业组织负责人，茶叶经销商、采购商、代理商，茶叶批发市场负责人和省内茶叶主产区的茶叶主管部门、行业协会、龙头茶企负责人等200名嘉宾参加会议，就充分调动和发挥各自资源优势，为都匀毛尖等贵州名茶与西部各产销区建立沟通、合作、共享、共赢机制，组建丝绸之路茶叶产销联盟组织等相关事宜进行探讨。参会的茶叶企业负责人还就如何打入西部市场与各地茶叶经销商代表、茶叶市场负责人交换意见，邀请对方到各自己的企业、茶园基地和茶叶市场进行考察，共同促进两地茶产业发展。

【都匀毛尖茶获中国特色旅游商品大赛金奖】 2017年8月30—31日，首届特色旅游商品博览会暨中国特色旅游商品大赛在内蒙古包头国际会展中心举行。此次大赛由中国旅游协会、内蒙古自治区旅游发展委员会和包头市人民政府主办，中国旅游协会旅游商品与装备分会承办。

全国31个省市区选送的食品、茶品、饮品、酒类等20类特色旅游商品参赛。都匀毛尖茶从1400家企业的1504件/套、15000余件商品中脱颖而出，获中国特色旅游商品大赛金奖。

【都匀市被国家林业局授予“全国森林旅游示范市县”荣誉称号】 2017年9月25日，在上海“2017中国森林旅游节”开幕式上，都匀市被国家林业局授予“全国森林旅游示范市县”称号。是贵州省6个全国森林旅游示范市县之一。

【贵州省政法综治工作现场观摩会在都匀市召开】 2017年12月20日，贵州省政法综治工作现场观摩会在都匀市召开。省委常委、省委秘书长、省委政法委书记唐承沛出席会议并讲话；省委政法委常务副书记、省综治办主任彭德全主持会议。州委书记唐德智致辞，州委副书记、州长吴胜华，州委副书记、州委政法委书记罗桂荣，副州长、州公安局局长王治军出席会议。省直有关部门、各市（州）和贵安新区政法综治部门负责人，各县（市、区）政法委书记参加会议。

会议主要内容是集中交流平安建设经验，部署推进以综治中心规范化、综治网格化、综治大数据建设为重点的社会治理创新工作。

会议期间，与会人员实地观摩黔南州公安局指挥中心、黔南州政务110服务中心暨都匀市综治中心、都匀市绿茵湖街道办事处综治中心、都匀市文峰办事处龙潭社区综治中心。

（王枝兰）

福泉市

【概况】 全市总面积1688平方公里，耕地面积40337.68公顷。辖1乡5镇2个街道办事处，60个行政村、16个居委会。2017年末全市户籍总人口33.53万人，其中少数民族9.9万人，乡村人口14.55万人。人口出生率16.34‰，自然增长率7.79‰，符合政策生育率7.06‰。人口较多的少数民族有苗族、布依族，其中苗族5.5万人，布依族2.95万人。主要矿藏有磷、煤、硅、铁等20余种矿产资源，森林覆盖率达59.13%。

2017年生产总值155.53亿元，比2016年增长13.8%；农林牧渔业总产值15.45亿元，增长6.7%；规模以上工业总产值281.85亿元，增长16%；财政总收入26.79亿元，增长10.3%，其中一般公共预算收入15.5亿元，增长10%；一般公共预算支出32.52亿元，同比增长6.83%。固定资产投资完成143.61亿元，增长22.1%；社会消费品零售总额完成26.86亿元，增长13.4%；城镇居民人均可支配收入完成29296元，增长10%；农村居民人均可支配收入完成10071元，增长10.2%。年末全市金融机构各项存款余额为136.3亿元，下降5.84%；各项贷款余额为157.5亿元，增长15.36%。

工业产业扩量提质。全年实施招商引资项目162个，落地建设162个，建成投运65个，完成州外到位资金215.25亿元；实施“千企改造”项目31个，建成投运15个。“3个15万”政策全面落实，扶持微型企业122户，兑现扶持资金549万元。民营经济增加值完成84.6亿元，比上年增长15.89%。

农业产业规模发展。农业总产值完成23.75亿元，比2016年增长6.6%。新增梨2.5万亩、茶

1.71 万亩、生猪出栏 46 万头。投入 16.07 亿元创建现代农业产业示范园区 16 个，培育龙头企业增至 67 家、专业合作社增至 465 个，温氏生猪养殖、大北农饲料加工等重点项目成功投产。

旅游、三产优势渐增。第三产业增加值完成 70.63 亿元，比上年增长 16.2%；全年接待游客 617.68 万人次，增长 30.5%；旅游总收入达 61.73 亿元，增长 46.59%。投入 12 亿元对福泉古城等景区提质改造和配套设施完善，成功举办各类赛事节庆活动 80 余场。全市公路营运车辆拥有量 3669 辆，减少 747 辆。货运周转量 589449 万吨公里，增长 36.2%；旅运周转量 420285.8 万人公里，增长 13.6%。

城乡融合持续推进。全年城镇建设投资 50.4 亿元，城区面积拓展至 23 平方公里，城镇化率达 55.63%，比上年提高 1.11 个百分点。全年投入 1.78 亿元实施平越军民府、墨香书院等 3 个古城景区二期项目，投入 1 亿元建成金鑫农贸市场等市政基础设施。完成房地产投资 12.25 亿元，批准预售积 62.58 万平方米；完成拆迁房屋近 51.21 万平方米、棚户区改造 4000 户、农村“危改”“三改” 3068 户。实施小城镇项目 154 个，完成投资 15.33 亿元。境内公路里程达 989.31 公里，其中，高速公路 70 公里，养护里程 70 公里。

生态管控从严有效。投入 3.5 亿元完成沙河、石板河等河道治理，投入 0.39 亿元进行川恒龙井湾二期提标、瓮福发财洞三期治理，重安江流域出境断面总磷、氟化物浓度稳定达标。城乡生活垃圾无害化处理率达 95.3%；城镇污水处理率达 98.52%；城市环境空气质量优良率达 100%；消耗磷石膏 160 万吨。顺利通过中央环保专项督察，获得 1000 亩新增建设用地指标奖励。

民生保障明显改善。全年 9 个贫困村出列、1959 户 6394 人脱贫，贫困发生率降至 6.75%。全年城镇新增就业 8007 人，比 2016 年增长 2.3%；年末城镇登记失业人数 525 人，城镇登记失业率 2.16%；参加新型农村合作医疗保险 262580 人，参合率达 100.62%；发放兜底保障资金 7534 万元；基本社会保险覆盖率达 97.37%。全年投入 2.25 亿元完成“天网工程”建设，实现城乡全覆盖；投入 2 亿元建设乡村集中治丧点等殡葬服务设施，实现遗体火化率、集中治丧率、规范安葬率“三个 100%”目标。全年完成 2983 名教师全员聘任。全市普通中等职业学校 1 所，在校学生 2935 人；普通中学 14 所，在校学生 14064 人；小学学校 62 所，小学教学点 34 个，小学在校学生 24700 人；幼儿园 98 个，在园儿童数 15646 人。适龄小学入学率 99.58%，适龄初中入学率 95.18% 全市卫生机构数 183 个，其中，医院 3 个，基层卫生院 12 个，社区卫生服务中心 2 个，专业公共卫生机构 1 个，驻泉厂矿医院 1 个，民营医院 7 个，126 个村卫生室，个体诊所 29 个，其他医疗机构 2 个；卫生机构床位数 1525 张。卫生机构技术人员 2174 人，其中，拥有执业医师 744 人、执业护士 997 人、乡村医生 148 人、其他医技人员 285 人。

2017 年，福泉市获国家磷化工产业集群区域品牌建设示范点；“全省首个全国义务教育教师队伍‘县（区）管校聘’管理体制改革示范市”称号；“国家级创建慢性病综合防控示范区”称号；“贵州省电子商务进农村综合示范县”称号；“贵州省农商联动示范县”称号。

【福泉供排水有限责任总公司成功挂牌前海股权交易中心“新四板”】 2017 年 3 月 20 日，在深圳五洲宾馆举行了前海股权交易中心挂牌企业授牌仪式，州委常委、常务副州长、市委书记黄伟，市委副书记、市长杨华祥共同敲响挂牌锣，标志着福泉供排水有限责任总公司在前海股权交易中心成功挂牌。

【贵州省综合行政执法体制改革现场推进会在福泉市召开】 2017 年 4 月 7 日，贵州省综合行政执法体制改革现场推进会在福泉市召开。会议主要内容是集中交流综合行政执法体制改革经验，部署进一步加快建立完善权责统一、权威高效的行政执法体制，坚持以“依法推进、改革创新、权责统一、精简高效、重心下移、属地管理”的原则，深入推进各项工作开展。

【贵州川恒化工股份有限公司成功上市】 2017年8月25日，在深圳证券交易所八楼仪式大厅，州委书记唐德智，州委常委、常务副州长、市委书记黄伟，副州长张全毅及川恒公司相关负责人共同敲响开市宝钟，标志着贵州川恒化工股份有限公司在深圳证券交易所中小板成功上市。

【福泉市被民政部纳入“全国殡葬综合改革试点地区（单位）”】 2017年11月28日，民政部办公厅印发《关于确定全国殡葬综合改革试点地区（单位）的通知》（民办函〔2017〕319号），确定福泉市作为全国80个殡葬综合改革试点地区（单位）之一。

【福泉市牛场镇被民政部授予“全国农村幸福社区建设示范单位”荣誉称号】 2017年12月29日，民政部官方网站公布全国农村幸福社区建设示范单位名单，福泉市牛场镇榜上有名，并作为全国7个之一、贵州唯一以镇为单位的示范单位。

（张 玲）

瓮安县

【概况】 瓮安县地处乌江中游，黔中腹地，黔南北部，周边与黄平、福泉、开阳、遵义、湄潭、余庆六县市接壤，瓮马、贵瓮、安江、道安高速公路在瓮安交汇，形成西连贵阳、东出湖南、北接成渝、南通两广的黔中交通“大十字”，融入贵阳1小时经济圈。瓮安县域面积1962.74平方公里，年均气温14.7摄氏度，年均降雨量1319毫米，平均海拔1028米；森林覆盖率60%；主要矿产资源磷储量30.15亿吨，煤储量10.6亿吨。全县辖2街道、10镇、1乡、98村（社区）；户籍人口48.97万人，其中：城市人口44.07万人，乡村人口26.89万人；以汉族人口为主，少数民族人口占7.18%。瓮安县是革命老区县、全国绿化造林百佳县、全省双拥模范县、全省社会治安综合治理平安工作红旗县。

2017年主要经济指标完成：地区生产总值（GDP）129.9亿元，增长13.0%。规模工业增加值44.27亿元，增长12.4%。固定资产投资152.19亿元，增长21.9%。社会消费品零售总额24.15亿元，增长12.7%。财政总收入23.14亿元，增长8.38%。其中：一般公共预算收入13.6亿元，增长12.53%。金融机构存款余额173.6亿元，增长17.1%；贷款余额145.58亿元，增长30.4%。城镇居民人均可支配收入28899元，增长9.7%；农村居民人均可支配收入10109元，增长10.4%。

【脱贫攻坚成效显著】 2017年全县开展以“四送一助、双精双扶、春季攻势、夏季比武、秋季攻势”五项专项行动，成立7个县级工作专班、组建13个乡镇（街道）战区，分86个驻村工作队，派出2805名县乡干部下沉一线，实施精准脱贫攻坚。全年争取扶贫产业基金7.48亿元，整合财政涉农资金2.86亿元；发放“特惠贷”资金4.36亿元，惠及贫困户9258户，覆盖面54.5%。启动30户以上村民组685条1131.41公里通组公路建设，硬化346条580.22公里。铺设水管2497公里，新建水池259口，实施安全饮水项目567处，解决27.56万人农村人口饮水安全问题。完成农村“危改”“三改”1.9万户，建设易地扶贫搬迁安置房1300套，解决贫困人口5450人安居问题。发展以茶叶、辣椒、肉兔、花卉等产业帮扶农村困难群众1.2万户4.2万人。资助贫困学生9.9万人次，健康救助贫困人口13.2万人次，完成农村青壮年劳动力规范化培训1215人，就业扶贫1616人。整合广州帮扶资金1000万元，推进产业合作、劳务协作。全年减少贫困人口2550户6834人，贫困发生率降至1.2%，全面小康实现程度98.8%。

【产业结构优化升级】 三次产业结构调整为19.4∶35.3∶45.3。全县73家规模工业企业实现改造升级，工业企业利润增长由2016年的9.2%上升到14.8%，单位县内生产总值能耗下降3.2%。源翼磷系阻燃剂、瓮福黄磷磷电一体化等一批重大项目建成投产。金正大、芭田、龙马磷业等重点企业逐步释放产能。完成返乡农民工创业园标准化厂房建设30万平方米。完成富水桥食品工业园整体规划布局及水电路网等基础设施建设。引进各类企业45家，推动磷及磷化工、特色轻工、特色制造、新型建材、绿色食品等产业集群发展。农业增加值26亿元，全县粮食产量18.69万吨，茶园面积21.26万亩，创建国家级出口食品农产品（茶叶）质量安全示范区，16个茶叶种植基地达到欧盟认证标准。辣椒种植面积20.08万亩，实施辣椒生态化栽培核心示范2580亩。特色种养殖建成平定营花卉苗圃一期工程，出栏肉兔300万只、生猪61万头、大牲畜3.4万头、禽600万羽。创建珠藏、天文2个州级农业示范园区。新增新型农业经营主体46家，烟草产业实现税收1.05亿元。非粮占比90%，农产品加工转换率40%。推进草塘十二塘建设，建设樱花园、桃花园及龙见塘、马露塘、古草塘、天心塘和叶家塘综合医养项目建设，推动下司石林、玉龙温泉等10个A级景区建设。全年接待旅游人数565万人次，实现旅游总收入50.87亿元，增长42.5%。建成5个县级电子商务运营中心、67个农村电商服务站（含51个大数据村域经济服务社），完成电子商务交易额8.54亿元。

【人居环境进一步改善】 按照“北调、南育、西控、中改、东扩”理念，编制完成《瓮安县城市发展战略规划与总体城市设计》《瓮安县城市总体规划》等，推进形成朵云拓展区“三纵四横”，主城区“四纵十八横”城市路网格局。改造城市棚户区6500户110万平方米。建成工业园区至草塘古邑区生态廊道6.5公里，城市规划区拆迁63万平方米，房地产投资22.1亿元，销售面积50.45万平方米，建成26.5万平方米的麒龙城市综合体，建成河西新区地下通道、七星和城南农贸市场。县城区新增停车位1091个，完成西门河河道治理及景观打造，实现县城内主次干道、公厕及河道保洁市场化管理全覆盖。建中镇“茶旅小镇”初具规模，猴场镇环西线通车，珠藏镇28米环镇区干道基本建成，完成中坪高枧群众康乐休闲文化广场、永和农民休闲健身广场、江界河农贸市场等一批城镇配套项目，平定营、玉山、天文、岚关等中心乡镇集聚和服务能力逐步提升。编制完成《瓮安县县域乡村建设规划》及48个重点行政村村庄规划，实现全县60%行政村村庄规划有效覆盖。建成“六小工程”项目1800个。以“三改三治”为重点的小康寨建设1684个惠及108791户，实现美丽乡村建设覆盖率100%。县城建成区绿化覆盖率42.5%。瓮安县创建为国家卫生县城，猴场镇创建为第二批全国特色小城镇。

【基础设施建设加快】 推进瓮马铁路及南北延伸线建设，开工建设遵义至余庆高速公路（瓮安段），推动贵阳至铜仁高速铁路、瓮安至黄平与瓮安至开阳高速公路、乌江航运瓮安港、瓮安通用机场前期工作。建成车地水库、胜土水库供水管线并投入使用，实现向县城日供水量1.5万吨。启动3万立方米成品油油库建设。完成草塘至高粱坪公路改扩建工程，建成云中港至岚关一级收费公路沙子坡至岚关段，改造农村公路22条74.88公里、农村公路危桥6座115.2米，完成农村公路安全生命防护工程223公里，全县通车里程2935公里。建成瓮安北汽车站和江界河客运站，新增城乡公交线路8条，投入81辆公交车运营，县城与乡镇所在地实现100%通公交车。完成客运周转量432928万人公里、货运周转量432008万吨公里。推进“五库五厂三连线”联供工程建设及擦耳岩、大岩、塘坎上、广山、桐木水库等骨干水源工程规划建设。建成水库总蓄水量0.61亿立方米，治理中小河流18.93公里。完成110千伏银盏输变电、35千伏三支岩变电站扩建工程；新建110千伏以上输变电站，花竹山96兆瓦风电项目全部并网发电。建成平定营加油站和经济开发区加油站，新建4G基站103个，30户以上自然村寨4G网络全覆盖，全县行政村所在地有线宽带覆盖率100%。

【绿色生态质量提高】 全县森林覆盖率突破60%，高于全省平均水平4.7个百分点。瓮安工业园区创建为国家级绿色园区。完成环境监测标准化能力建设，建成11个城乡污水处理厂（站）和工业园区日处理3万吨污水处理厂，城乡污水处理实现全覆盖，城镇污水处理率94.67%。全县集中式饮用水源水质达标率100%。完成省级财政造林补贴项目6264亩、县级森林植被恢复建设项目558亩，推进森林保护“六个严禁”常态化，实施新一轮退耕还林还草工程5万亩，完成第四次森林资源二类调查。推进瓮安河流域水污染治理，天文断面水质明显改善，岩根河、青坑河、新华河、草塘河水质达到地表水三类水功能要求，全面清理乌江流域非法网箱养殖，拆除网箱38.34万平方米，完成水冲河、落马塘、胜土水库等8个城乡集中式饮用水源地保护设施规范化建设。完成20家磷煤企业矿坑废水治理升级改造和瓮福（银盏）黄磷厂关停异地技改。开工建设青坑工业区黄磷尾气发电项目，淘汰黄标车和老旧车245辆，县城空气质量优良率达到96%。完成鑫光、安信2家企业标准化渣场建设，推进磷煤清洁化生产，工业固体废物综合利用率90%，累计消耗磷石膏77万吨，实现磷矿石资源“榨干吃净”。建成城乡垃圾收运亭244个，城乡垃圾无害化处理率60%。县城内医疗废弃物处理率100%。出动执法人员400余人次，检查企业200余次，立案查处环境违法行为28件，处罚金额190余万元。

【社会事业统筹发展】 城镇新增就业6174人，转移农村剩余劳动力9063人，城镇登记失业率3.1%，为历年来最低。完成城镇职工基本养老保险65254人，城乡居民养老保险261072，新农合参合率99.01%，全县基本社会保险覆盖率98.03%。义务教育均衡发展通过国家验收，高考二本以上上线总数连续七年居全州第一。建成瓮安八小、江界河学校，完成4所中小学和3所村级幼儿园改扩建、4所农村义务教育薄弱学校改造，建成5个标准化“留守儿童之家”。建成9所乡镇卫生院中医馆，实现全县医疗服务体系“五个全面建成”目标，县医院被国家卫计委授予“保障医疗安全示范医院”县妇幼保健院建成投入使用，完成县中医院标准化建设，计划生育特殊家庭、建档立卡贫困人口家庭医生签约率100%，完成计划生育目标任务。投资5000万元建成瓮安北部文化馆、图书馆、方志馆投入使用。完成8123户多彩贵州“广电云”户户用工程建设，建成13个乡镇（街道）、98个村（社区）农民体育健身工程，在全州第五届运动会上取得金牌数第二、总奖牌数第二的优异成绩，获全州第五届好花红艺术节团体第二名，全县文化产业增加值位列全省第三，瓮安县荣获“全国群众体育先进单位”表彰。拓展“5531”社会治理模式，建成雍阳、瓮水2个基层社区网格化服务管理示范点，完成第三期“天网工程”建设，县域重点区域覆盖率100%，举办瓮安县反恐处突暨警务技能展示汇报演练活动，中共十九大、省第十二次党代会等27个重要敏感节点期间信访维稳工作“零失误”。安全生产总体平稳，社会治安持续向好，全县累计111天刑事零发案、363天“两抢”零发案，安全感满意度测评分别为99.26分、99.36分，排全省第一方阵前列。基层民政工作“六个一”做法和殡葬改革“3346”经验获国家民政部肯定并推广。

【改革创新成效明显】 瓮安工业园区增量配电业务改革列入国家试点；设立全省首家县级行政审批局；申报全国殡葬改革综合试点；户籍制度改革获全国公安机关改革创新优秀奖；申创省级可持续发展试验区。全县综合科技进步水平指数排名全省县域第一方阵第2名。完成全县13个乡镇（街道）87个村（社区）的农村土地确权工作，瓮安县成为贵州省第一个在省内实现城乡建设用地增减挂钩和耕地占补平衡指标流转交易的县，完成流转交易10.55亿元。投融资体制改革全年融资到位资金46.07亿元，平均综合成本7%。激发县属国有企业创新活力，花竹山公司获评AA主体信用评级。实施“引银入瓮”服务实体经济，引入富民村镇银行，县域金融机构增至9家，金融机构存贷款余额分别为156.9亿元、149.75亿元，启动全省第一家反假货币示范县建设三年行动计划，瓮安农商行成为全省首家成立“反洗钱工作中心”的商业银行，瓮安县在全省首批74个县金融生态环境测评中排列第4位。推行先照后证发展市场主体6485户，市场主体总量24082户，实现民营经济增加值75.21亿元，民营经济占地区生产总值比重55.71%。连续举办国际山地户外运动挑战赛，国际男篮、女篮巅峰争霸赛，全国青少年游泳锦标赛，全国水球冠军赛暨第十三届全运会预赛等大型国际国内赛事。承办2017中国（瓮安）磷化工产业发展大会，贵州·瓮安（广州）旅游健康产业推介会，滇黔桂粤琼五省（区）海事系统廉政文化交流等重大活动。全面推进瓮安对外开放，引进横店影视公司、中国二十冶集团2家500强企业，建设瓮安横店影院、平定营花卉苗圃基地。招商引资到位资金197.8亿元，申报省级科技项目29个，完成科技型企业备案50家，国家发明专利拥有量41件。瓮安兴农磷化工、日升建材公司被科技部认定为国家高新技术企业。在全州率先实现城乡（镇）100%通公交车。

（袁永书）

贵定县

【概况】 全县总面积1631平方公里，耕地面积33281.27公顷。全县行政区划沿袭2014年撤乡建镇行政区划，辖6个镇2个街道办事处、95个村民委员会、19个居民委员会。2017年末总人口300116人，其中，少数民族人口167330人，城镇人口145753人，乡村人口154363人。人口出生率11.13‰，自然增长率5.27‰，符合政策生育率90.92%。人口较多的少数民族有布依族、苗族。主要矿藏有煤、铁、锰、石灰石等，森林覆盖率61.82%。

2017年，全县地区生产总值完成90亿元，同比增长13.2%。其中，一产增加值完成11.57亿元，同比增长6.8%，二产增加值完成39.59亿元，同比增长16.4%，三产增加值完成39.08亿元，同比增长13.7%，三次产业比优化为15.5：48.82：38.68. 规模工业增加值51.74亿元，增长12.8%；固定资产投资（500万元以上口径）90.34亿元，增长22%；产业投资占固定资产投资比重25.61%。财政总收入28.66亿元，增长0.87%，其中，一般公共预算收入7.01亿元，增长12.11%。招商引资到位资金（省外3000万元以上）92.4亿元，增长7.68%。

社会消费品零售总额19.16亿元，增长12%；城镇、农村常住居民人均可支配收入分别为27341元、9913元，分别增长10%、12%。金融机构存贷款余额158.49亿元，增长6.93%。贫困发生率下降到7.94%，下降6.7个百分点；小康实现程度98.25%。

2017年，贵定县获“全国休闲农业和乡村旅游示范县”“中国刺梨名县”称号，成功创建为“国家出口食品农产品（茶叶）质量安全示范区”“贵州省民族团结进步示范县”。昌明镇获国家级“物流特色小镇”“全国卫生乡镇”称号；盘江镇获“全国卫生乡镇”“全国文明村镇”称号；德新镇评为国家级“农村综合文化服务中心示范点”、获“省级文明乡镇”称号；云雾镇被评为“全州脱贫攻坚先进集体”。县公安局获“全国优秀公安局”称号，县司法局获“全国法治县（市、区）创建活动先进单位”称号；县维稳办获“全国社会治安综合治理先进集体”称号；县林业局被评为“全省第四次森林资源普查突出集体”；县人防战备办被中国西昌卫星发射中心评为“火箭残骸落区工作先进单位”。宝山街道东方被社区命名为“全国综合减灾示范社区”；贵定苗姑娘集团入选“国家扶贫就业示范基地”；云雾满堂红、昌明晟扬管道、沿山山果王、盘江新街获评“贵州省就业示范基地”。

现代农业助农增收。建成3个食用菌标准化基地和60个食用菌示范村寨、种植食用菌1000万棒，15个蔬菜生产基地、12万亩，6个中药材种植基地、0.5万亩，30个刺梨种植基地、5万亩。生态家禽出栏34.47万羽，茶园提质改造2.62万亩。农业一二三产深度融合发展，贵定县水苔与苔藓生态科技园、黔聚源生态农业观光园等项目加快建设，山王果刺梨加工厂、和裕丰中药饮片、贵爽云雾贡茶、中企食用菌等一批农业加工龙头企业带动作用明显。全县有农业产品加工企业136家，累计产值5.4亿元，农产品加工转换率达60%。发放良肥1260.33吨，良种854.3万公斤，发放各类涉农补贴4097万元。培育扶持新型经营主体83家，农民专业合作社50家，家庭农场18家、专业大户15家。新增“三品一标”认证面积10.43万亩，其中，获无公害农产品认证19个，有机农产品3个。

工业经济稳步推进。全县规模以上工业企业达67家。工业用电量累计达30000万千瓦时，单位地区生产总值能耗控制在省州下达目标范围内。完成新天实业、贵州燃气、贵州瑞妍日化有限公司等8户工业企业培育上规工作。以“双千工程”为抓手，完成40家工业企业转型升级方案编制工作，投入24.25亿元完成13家规模工业企业的改造升级。重点工业项目中，年产2亿条光塑包装袋、融信开利重工起重机生产项目、盛源矿业扩建、沿山刺梨港、和裕丰中药饮片等项目建成投产，老干妈油制辣椒产业园、贵定卷烟厂30万大箱易地技改分别完成投资4.49亿元、6.11亿元，完成总工程量的70%、60%。

现代服务业，商贸流通持续繁荣。“金海雪山”景区完成提质升级，布依乡愁园、青瓦苑、人民公社等对外营业，AAAA级景区申报待批；阳宝山、云雾茶乡旅游景区成功创建AAA级旅游景区。匠人小镇、民族文化大观园等项目完成主体建设，中华农耕文化园项目完成初步规划设计。全年实现旅游总收入87亿元，同比增长31.16%，旅游接待总人数999.64万人，同比增长229.24%。物流基础设施网络不断完善，贵州（昌明）国际陆港一期项目基本建设成，被国家发改委、国家交通运输部列为全省唯一的国家多式联运示范工程。贵定南站铁路物流基地、石化物流园、粮食储备商贸物流产业园等项目加快推进。成功举办全国农村电子商务精准扶贫交流会，农村电子商务交易额2300万元，同比增长332%。整合国有平台公司资源，组建盘江实业投资开发有限公司。在全州率先实现贵州银行、贵阳银行、村镇银行、政策性融资担保公司、贵州股交中心县域金融“五个全覆盖”，县农信社改制为农商行获批筹建。培育“四上”企业45家，新增市场主体3529个，同比增长40.88%。房地产销售商品房3717套、36.92万平方米，交易额增长29.03%。

项目建设发展动力增强。坚持以项目扩投资、增后劲、促发展，组织申报纳入国家重大建设项目库本级项目储备库287个，总投资253.82亿元；持续创新推进PPP投融资模式，谋划、包装17个PPP项目、总投资157.9亿元，农村通村通组道路PPP项目开工建设，基础设施PPP项目完成招投标。省州重点项目61个，全年完成投资108.39亿元，占全年计划的130.39%。全年向上争取项目资金9.4亿元，获批扶贫产业子基金5.12亿元。全县各类金融机构共发放贷款53.74亿元，帮助实体企业缓解融资难题。引进茅台装配产业园、贵定县营养餐中央厨房生产线、泡菜生产工厂及蔬菜种植基地、圣凯伦硅酸钙板生产、碧桂园等一批优质重大项目。全年新签约项目51个，总投资181.07亿元，引进省外到位资金92.4亿元，占全年计划的154%。

人居环境明显改善。《贵定县老城区控制性详细规划》通过评审，启动县域乡村规划编制工作。城建项目总计完成投资15.67亿元。建成金山大道、金山公园、金南广场、幼专大道、西门坡地下通道、锦江桥等一批市政基础设施项目，西门河河道治理工程完工，原林业局片区棚户区改造项目启动建设。新增市民广场12000平方米，城镇公园绿地面积26.01万平方米。新增停车位1220个、新建电动汽车充电桩80个。县城至贵黄高速连接线项目启动建设。三五三五厂工矿棚户区、平伐片区棚户区等棚改项目顺利推进，完成3523户棚户区改造任务。推进小城镇建设，61个“8+X”示范小城镇项目累计完成投资14.08亿元，完成美丽乡村4个“精品型”、6个“提升型”、19

个"普及型"示范点创建工作，惠及家庭800余户。完成县城污水处理厂二期项目和沿山污水处理厂及配套管网建设。完成中心村农网改造升级工程，全县自然村电话通达率和移动网络行政村覆盖率两项指标均达100%。启动全县农村人居环境整治规划编制工作，实现海螺垃圾焚烧处理项目正常运营，建成覆盖8个镇（街）的12座垃圾收集转运和处理系统，农村生活污水处理覆盖率和城乡生活垃圾无害化处理率均达90%以上，农村人居环境明显改善。户籍制度改革纵深推进，城乡统一居住证制度全面推行，城镇化率达48.56%。

脱贫攻坚奋力推进。全年争取扶贫产业子基金5.12亿元。整合资金14.67亿元，实施项目491个。改扩建茶园2.62万亩，新增刺梨5万亩、食用菌1000万棒、中药材5000亩。1375个自然村寨全面推开思想扶贫工作。投入8975.2万元，实现2016年度易地扶贫搬迁对象全部搬迁入住。发放各类教育补助3574万元、助学贷款953万元。医疗精准扶贫"四重保障"救助1.82万人（次）。建立"两线合一"低保标准量化调整机制，兜底保障1.79万人。贫困劳动力转移就业3168人、生态补偿脱贫909人。巩固农村淘宝、领略中国农产品大数据工作成果，承接全国农村电子商务精准扶贫经验交流会现场观摩，电商扶贫"四个一"模式得到国家商务部和省、州总结推广。完成省下达2017年脱贫退出任务，16个贫困村出列、11484人脱贫，贫困村由51个下降到35个，贫困人口由9374户30097人减少到6317户19666人。

生态建设全面开展。编制《贵定县生态文明建设示范县创建规划》及《贵定县生态文明建设示范县创建工作实施方案》，全面启动全国生态文明建设示范县创建工作，沿山镇星溪村、新巴镇幸福村、盘江镇狮扑村、云雾镇抱管村4个村获省级生态村命名，完成20个县级生态村创建工作。编制完成《贵定县环境功能区划》《贵定县畜禽养殖禁养区划分方案》，完成生态保护红线划定。推进绿色贵定三年行动计划，新增营造林3.49万亩，全县森林覆盖率达61.82%。完成13个千人以上饮用水源地规范化建设，全县集中式饮用水源地水质达标率达100%。全县93条河流、22座水库、3处饮用水源点纳入县、镇、村三级"河长制"管理。贵定环境监测站通过省环保厅验收，全县空气优良率100%。工业固体废物综合利用率100%。安全处置率100%。启动全国生态文明建设示范县创建工作。以中央环境督察为契机，全面开展生态整治，办理回复中央环保督察组交办信访案件13件，立案调查5件，关闭取缔1家环境违法企业，处罚金额31.25万元。

社会事业均衡发展。新建改建昌明经济开发区职业技术培训基地、贵定二中、贵定四中及5所村级幼儿园等14个项目，总计投入资金6.01亿元。启动学校布局调整工作，优化撤并学校（校点）23所。高考一本上线首次突破200人。营养改善计划惠及学校73所、学生20864人，就餐补助1584.76万元。补充教师25人，学前幼儿毛入园率、九年义务教育巩固率、高中阶段毛入学率分别达85%、95.17%和90.2%，中小学辍学率均在控制范围内。两项督导和普十五顺利通过省级评估验收。县人民医院后勤保障楼建成完工，县中医院康养中心投入使用，昌明经济开发区二级综合医院门诊综合楼主体封顶，通过招商引资建成安宁精神病院和医疗垃圾处置中心。新农合参合率101.89%，实现全覆盖，报销69万人（次）2781.7万元，大病保险"一站式"报销609.55万元。新增城镇就业8041人，转移农村劳动力10917人。发放企业担保贷款4880万元，各类创业补助资金225.66万元。新建和续建保障房37.74万平方米。县老年养护楼即将投入使用，新增养老床位200张。城市农村低保补助标准分别增长10%和15%，共发放低保金8553.42万元，兑现特困人员供养金551.49万元，医疗救助资金835.67万元，临时救助和急难救助金795万元。

【贵定县"6334"工作法打好脱贫攻坚"组合拳"】 2017年11月，贵定县在学习宣传贯彻中共十九大精神中，全力推进"6334"战略，打好脱贫攻坚"组合拳"。以山区公路组组通、山寨道路户户连、山间清泉家家到、山上产业村村有、山乡环境处处美、山中危房栋栋除“六山行动”，让群众真切享受脱贫攻坚实实在在的成效。开展思想扶贫做到户、党恩教育做到人、文明创建做到家“三做到”，抓好群众内生动力激发。围绕干部经常走村寨要加强、干部经常家访农家要加强、干群经常拉家常要加强“三加强”，推进情感扶贫工作。通过打好扶贫攻坚战，达到改造好群众生产条件和生活环境、改造好群众思想观念和不良习惯、改造好群众收入结构和增收质量、改造好干部作风和干群关系“四个好”，最终达到摆脱贫困、同步小康、振兴乡村的根本目的。

【贵定县脱贫攻坚“6334”行动全面铺开】 坚持产业扶贫和思想扶贫齐抓、物质扶贫和精神脱贫同步，以“六个山”行动为主抓手，使脱贫攻坚工作项目化、实质化。全年减少农村贫因人口10431人，贫困发生率下降至7.94%。“山区公路组组通”方面，全县工程总量519.85公里，建成248.65公里，完成投资17452万元。“山寨道路户户连”方面，全县工程总量401.46公里，建成146公里，完成投资1746.7万元。“山间清泉家家到”方面，全县173个村民组的63个农村饮水安全提升工程已全部开工，完成投资2747.43万元，总形象进度达82.48%。“山中危房栋栋除”方面，同步实施危房改造和改厨、改厕、改圈“三改”工作，共完成3357户危房改造。“山上产业村村有”方面，探索茶叶、刺梨、中药材“三长”和蔬菜（食用菌）、生态畜牧“两短”相结的扶贫产业发展模式。整合扶贫资金6373万元，实施产业扶贫项目125个，实现产业扶贫全覆盖。“山乡环境处处美”方面，全县95个行政村1375个自然村寨围绕山山寨寨有敬语、村村组组树村规、家家户户明家训、老老少少颂党恩、人人处处显先进、事事物物是景观的目标，打好思想扶贫“组合拳”，云雾镇燕子岩、新巴镇母鸡田、宝山街道竹坪等一批成为示范村寨。

【贵定县公安局荣获“全国优秀公安局”称号】 2012年以来，贵定县社会治安持续稳定，恶性案件和可防性案件逐年下降、2016年全县仅发1起“命案”，同比下降80%。人民群众安全感从2012年的91.02%上升到2015年的97.84%，满意度从2012年的89.61%上升到2015年的97.92%。2016年度安全感和满意度分别上升98.5%和98.23%，跨入全省优秀行列。2017年贵定县公安局被国家公安部评选为全国优秀公安局优秀公安基层单位。

【贵定县沿山镇星溪村荣获“全国文明村镇”称号】 2017年11月17日，全国精神文明建设表彰大会在北京人民大会堂举行。中央文明委下发的《关于表彰第五届全国文明城市、文明村镇、文明单位和第一届全国文明校园的决定》中。贵定县星溪村荣获“全国文明村镇”称号。表彰会上，与会代表受到中共中央总书记、国家主席、中央军委主席习近平和中共中央政治局常委、中央文明委主任王沪宁的亲切接见。这是近年来贵定县坚持培育和践行社会主义核心价值观，大力推进社会主义精神文明建设，深入开展群众性精神文明创建活动的结果。

【国家AAA级旅游景区成功落地云雾镇】 2017年12月18日，黔南州旅游景区评定委员会《关于评定黔南该片龙里县湾潭河镇孔雀寨等旅游景区为国家AAA级旅游景区的批复》，贵定县云雾茶乡旅游景区创建成功，为国家AAA级旅游景区。这是贵定县茶旅发展的一个大跨越，贵定县将继续打造集茶产业发展、旅游观光、贡茶文化、民族风情、历史文化于一体的特色民族文化旅游村镇。

【贵定县旅游产品打造提质升级】 2017年，贵定县致力于旅游产品打造工作，开发以民俗文化产业为主题的贵州省黔南州贵县多彩贵州眼·贵州民族文化大观园，以佛教文化感悟为主题的贵定阳宝山，以非物质文化遗产为主题的贵州省黔南州贵定县匠人小镇、以花卉为主题的金海雪山四季花谷。启动云雾湖体育公园项目建设；打造盘江—沿山—昌明28公里漫行步道。结合“四在农家·美丽乡村”六项行动计划，制定实施乡村旅游质量等级评定奖励办法和服务标准，“长桌宴山庄”获评省级精品级乡村旅游客栈，宝山街道高原村“东山苗寨”被评为贵州省乙级乡村旅游村寨，盘江镇音寨村“清清农家乐”被评为贵州省优品级乡村旅游客栈，新巴镇“母鸡田寨”被评为贵州省标准级乡村旅游村寨，金南街道“布衣游乐园、旺景乐园休闲山庄”，云雾镇“长寿农家乐、麒麟酒家”，新巴镇“独木河山庄、攀兴旅游休闲山庄”被评为贵州省三星级乡村旅游经营户。同时，“清清农家乐、阮氏酸汤鱼、双丰楼、静宁人家”被评为贵州省四星级乡村旅游经营户。云雾镇东坪村长寿寨被评为贵州省甲级乡村旅游村寨、“金海雪山”景区被评为“贵州省最美油菜花农事景观景区”。贵定县被国家农业部评为“全国休闲农业和乡村旅游示范县”。

（金吉高）

龙里县

【概况】　龙里县地理坐标为东经106°45′18″至107°15′1″、北纬26°10′19″～26°49′33″。地处贵州省中部，贵阳市东南面，黔南州西北部，自古就是贵阳的东大门，是东出三湘南下两广的要津。东与贵定县交界，南与惠水县接壤，西、西北与贵阳市毗邻，北、东北与开阳县、福泉市隔河相望。全县总面积1521平方公里，东西宽36公里，南北长73公里。县城距省会贵阳市中心33公里、龙洞堡国际机场28公里、州府都匀市区137公里。

“龙里”之名始于元代，并名“云从”。明代又名“龙驾”。《贵州图经新志》：“龙驾：本山名，卫治其下，因以为名。”2017年辖5镇（龙山镇、谷脚镇、洗马镇、醒狮镇、湾滩河镇）1街道（冠山街道），78个村（社区）。

【人口、民族、宗教】　2017年末总人口户籍数236937人（计生数251047人），其中少数民族102553人，占总人口户籍数的43.28%。人口出生率13.05‰、人口自然增长率5.99‰、符合政策生育率90.82%。县境世居民族主要有汉族、布依族和苗族，少数民族30种（回、彝、侗、壮、水、蒙古、藏、满、白、土家、畲、仡佬、京、维吾尔、瑶、傣、黎、羌、仫佬、毛南等族）。苗族主要有白裙苗、红簪苗、青苗、花苗、印苗、海葩苗等六大支系，与布依族共同构成全县世居少数民族主体。2017年登记信教群众2220人，其中佛教2000人、天主教90人、道教100人、基督教30人；登记正式佛教活动场所6个，道教民间信仰点1个。

【发展优势】　为“黔中新型科技工业重镇”“贵州山地现代农业基地”“黔中山地生态宜居新城”“西南现代商贸物流新区”“全国特色生态康旅名县”。龙里开发区紧邻省会贵阳市，贵新高等级公路，210国道，湘黔、黔桂、珠六铁路复线、厦蓉高速公路和贵广快速铁路等从县城穿过，县域依托交通、区位优势成为贵州双龙临空经济区和黔南州“一圈两翼”环贵阳城市经济带的组成部分。2017年启动建设贵阳至黄平高速公路（龙里段），推进龙溪大道的建设，龙里与贵阳融合发展迎来新机遇。

【主要指标完成情况】　2017年，龙里县经济发展群众满意度居全省县域第一方阵第一位。完成地区生产总值92亿元，同比增长14.2%；财政总收入首次突破20亿元，完成22.44亿元，同比增长21.69%，其中，一般公共财政预算收入10.94亿元，同比增长20.22%；固定资产投资146.18亿元，同比增长25.5%；规模以上工业增加值60.65亿元，同比增长14.8%；城镇常住居民人均可支配收入29200元，同比增长9.5%；农村常住居民人均可支配收入10400元，同比增长

11.4%；社会消费品零售总额18.84亿元，同比增长14.1%；金融机构各项存贷款余额分别为161.73亿元和101.56亿元，同比增长26.24%和32.64%。地区生产总值、财政总收入、固定资产投资、规模以上工业增加值、城镇和农村常住居民人均可支配收入、社会消费品零售总额等主要经济指标保持良好增长势头。

脱贫攻坚 坚持“守底线、走新路、奔小康”工作总纲，以脱贫攻坚统揽经济社会发展全局。下派1000余名干部到村到组，整合各类资金18.74亿元，全年减少贫困人口18146人，72个贫困村出列，贫困发生率下降至1.2%。全面实施危房改造1769户，危旧房整治3122户。建成饮水工程213处，解决9.12万人饮水安全问题。完成组组通道路518公里、串寨串户路472.97公里，实现农村硬化道路全覆盖。完成改厕10452户、改厨9718户、改圈102户。安装太阳能路灯18722盏。实施小康电项目26个，新建和改造供电线路68公里。完成通讯基站建设178个，广电光缆行政村全覆盖，安装开通“广电云”户户用24973户。发展以刺梨、蔬菜、生态畜禽为主，以菊花、蜂蜜、食用菌等为辅的特色优势产业，完成农业总产值20.04亿元，规模以上农产品加工企业总产值78.81亿元，带动群众增收7.8万人次，覆盖贫困群众3.1万人次。新增刺梨种植3.5万亩，蔬菜种植达33万亩。生猪养殖13.5万头，肉牛养殖0.97万头。新增农民专业合作社41个、家庭农场9个、县级及以上龙头企业6家。全面完成农村土地承包经营权确权登记颁证工作，推动“农村资源变资产、资金变股金、农民变股东”，撬动社会资金2亿元，实现1.8万农民变股民，群众分红1232万元。培训贫困劳动力2500人，贫困户就业共计12359人，一户一人就业实现程度达81.12%。投资4.15亿元，完成县城高新区和洗马中心集镇易地扶贫搬迁安置点建设，完成搬迁860户3399人。医疗保障累计补偿贫困户34258人次、报销费用1578.03万元，政策内补偿比达100%。累计发放农村低保2190.16万元、特困供养395.82万元、临时救助195.97万元、医疗救助579.54万元。发放国家助学金、教育精准扶贫专项资金657.2万元，惠及学生2983人。

【发展壮大实体经济】 完成工业投资39.04亿元，实施在建工业项目64个，完成规模工业总产值229.77亿元，工业企业税收突破4亿元。新增2000万元以上规模企业13户，总数达140户，居全省第四、全州第一。投入技改资金11.8亿元，推动38户企业实施“千企改造”。新增高新技术企业4家，总数达15家，居全州第一。新增专利申请500件，知识产权质押融资获贷1.45亿元，民贸企业累计获得优惠贷款4.68亿元，在全省率先建立中小微企业周转资金池。龙里贵州快递物流园快件日吞吐量达150万票，处理量占全省85%。双龙农副产品集散中心建成运营。“国家级电子商务进农村综合示范县”通过国家评估验收，电子商务年度交易额7.92亿元。全年累计接待游客434.26万人次，同比增长73.2%；旅游总收入40.07亿元，同比增长78.9%，增速居全州第一。

【推进项目建设】 开展“项目建设年”活动，新引进项目37个，总投资785.06亿元，招商引资到位资金200.83亿元，83个重点项目建设累计完成投资163.58亿元。获得中央和省预算内项目32个，总投资12.85亿元，获批资金1.59亿元。获批扶贫产业子基金项目9个、资金2.08亿元。投入资金3.5亿元，建成中小企业服务中心及大数据服务平台、龙里高新区三号路，推动龙里高新区至三元道路建设。续建龙滩、大竹芒、下巴比3座水库，新开工建设叫水冲、枧槽冲等4座水库。启动建设贵阳至黄平高速公路（龙里段），新建光纤网络线路3410公里。

提高城镇化水平 完成龙溪城市经济带总体规划和控制性规划，加快打造贵阳副中心城市，荣获“国家卫生县城”称号。累计完成城镇建设投资18.02亿元，县城建成区面积达35.44平方公里，全县常住人口达25.1万人，城镇化率达54.02%。推进棚户区改造2518户，新增县城停车位1081个，建成新能源汽车充电桩95个。实施整县推进小城镇建设项目 19 个，建成镇村联动点 6 个。

【建设十大民生工程】 2017 年，全县总投入 9.9 亿余元实施十大民生工程建设，完成龙羊立交桥三期工程建设，老场坝、人民银行等片区城市棚户区改造项目；启动一小、二小扩建工程，完成三小、四小扩建，启动六小、五幼和思源学校项目建设；打通农村断头路 100 公里；建设 191 处农村饮水安全工程点；完成县城西区河滨大道建设；完成城关二小至西关坡人行天桥建设、铁龙路提质改造和县中医院改扩建项目土建工程；建成县城污水处理厂二期并投入使用，完成谷脚污水处理厂主体建设。

【保障和改善民生】 完成教育投入 5.55 亿元，义务教育基本均衡发展通过国家验收。高考二本及以上上线率达 61.1%，排全州第二名。龙里新高中竣工投入使用，引进贵州 985 实验学校，龙里中职校与贵州省水利电力学校实现联合办学，建成民办双龙外国语学校。全县新农合参合率达 99.98%，城乡居民社会参保人数达 10.59 万人，殡葬改革覆盖全县 90% 的村（社区）。获批省级生态体育公园 2 个，省级体育运动基地 7 个，承办了中国山地自行车公开赛贵州 · 龙里站等 26 场文体活动。推进国家循环经济示范县创建，建成污水处理工程 5 个，完成 93 个村的生活垃圾处理设施、33 个村寨的污水处理设施建设。完成营造林 5.04 万亩，水土流失治理 16 平方公里，全县集中式饮用水源地水质达标率 100%。2017 年全县森林覆盖率 59.76%。

【贵阳至黄平高速公路开工】 2017 年 4 月 22 日，贵州省高速公路网加密规划重点项目——贵阳至黄平高速公路开工仪式在龙里县醒狮镇高吏目村举行。省委常委、黔南州州委书记龙长春宣布开工。该路起点位于贵阳市南明区永乐乡冯家庄，终点位于黔东南州黄平县新州镇罗朗村，接余庆至凯里高速公路罗郎互通。其中，经过黔南州龙里、贵定、福泉 3 县（市）6 个乡镇；在龙里县境内经过醒狮镇、洗马镇。

【中国山地自行车公开赛】 2017 年 20 ~ 21 日，中国山地自行车公开赛（贵州龙里站）暨第六届十里刺梨沟赏花旅游文化节在龙里举行。国家体育总局自行车击剑运动管理中心、自行车部部长韩继玲出席开幕式。来自全国各地 500 多名选手和骑友，就 167 个奖项总价值 20 万元的奖金奖品展开角逐。央视体育频道、中央人民广播电台、中国体育报、乐视直播、搜狐等 30 余家媒体到龙里采访报道。

【国家卫生县城】 2017 年 7 月，全国爱国卫生运动委员会公布 2014—2016 年周期国家卫生县城（乡镇）名单，龙里县城被正式命名为“国家卫生县城”，醒狮镇、洗马镇被正式命名为“国家卫生乡镇”。

【决战决胜脱贫攻坚】 坚持“守底线、走新路、奔小康”工作总纲，以脱贫攻坚统揽经济社会发展全局。2017 年 8 月 16 日，龙里县整县退出滇桂黔石漠化片区县决战决胜脱贫攻坚誓师大会在兴龙广场举行，再派 530 名干部下沉到“五镇一街道”6 个作战区，对 74 个贫困村开展脱贫攻坚。2017 年共下派 1000 余名干部到村到组，整合各类资金 18.74 亿元，全县贫困户 5265 户 18146 人实现脱贫，74 个贫困村出列，贫困发生率下降到 1.2%。

【龙里贵州快递物流园】 2017 年“双十一”期间，贵州省快递包裹业务量突破 2700 万件，增速超过 37%，龙里贵州快递物流园再次刷新贵州快递物流的新纪录，单日的快递最高量达到 400 万件以上，居全省第一。2017 年龙里贵州快递物流园快递企业增加到 30 家，22 家已经投入运营，年交易额超过 20 亿元，解决了 3900 多人的就业问题。

【企业优化升级】 2017年11月20—21日，全省第二次项目建设现场观摩会召开。省委书记孙志刚，省委副书记、代省长谌贻琴分别率观摩组到龙里对“千企改造”“千企引进”工程及大数据与实体经济深度融合项目进行观摩，对龙里县“千企改造”成果和“企业特派员制度”给予肯定。

【重大项目】 2017年全县重大项目集中开工四批次，新引进项目37个，总投资787.06亿元，招商引资到位资金200.83亿元，推进80个重点项目建设，累计完成投资161亿元。贵州卡布国际婴童用品产业园（一期）、华润雪花改造扩能（一期）等项目建成投产。

（罗华礼）

惠水县

【概况】 全县总面积2470平方公里，辖好花红、摆金、雅水、岗度、羡塘、断杉、王佑、芦山8个镇、涟江、濛江2个街道办事处、209个村（居）民委员会。主要矿藏有煤、石英砂、铁、砷、锑等。

2017年全县地区生产总值完成99.25亿元；固定资产投资完成142亿元；规模工业增加值完成48.3亿元；财政总收入完成15.43亿元，其中公共财政预算收入完成6.82亿元；全县金融机构存、贷款余额分别完成105.02亿元、82.43亿元。全年社会消费品零售总额完成21.46亿元；城镇和农村居民人均可支配收入分别完成28235元、9801元。

全年实施省州重大项目34个、完成投资105.3亿元。交通、城建、工业、水利等重点领域分别完成投资32.2亿元、33.6亿元、20亿元、13亿元。全县建成撤并建制村硬化路424.2公里。贵惠大道花溪至惠水段、贵州大学科技学院等相继建成。五洲国际、天亿国际、好花红至威远大道、国道212改扩建工程、龙骨坡水库等快速推进。都香高速惠水段、平寨水库及国道321、省道104改扩建工程等全面启动。

全县全年农业总产值完成43.46亿元。新增茶叶、蔬菜、中药材、花卉苗木等6.26万亩，生产烟叶3.2万担，打造规模种养基地398个，州级以上农业园区实现产值19.8亿元，非粮产业增加值和畜牧业增加值占农林牧渔业增加值比重分别达94.49%、34%。农业产业化龙头企业发展至51家，农产品加工转换率达45.2%。新增“三品一标”农产品认证10个，无公害认证面积达28.3万亩，新增认证惠水黑糯米、金钱桔2个农业部农产品地理标志。“黑糯米酒”入选中国—欧盟地理标志互认产品。

全县全年第三产业增加值完成43.08亿元。新增入统限上企业18家，总数达115家。新增个体经营主体2767户，总数达1.36万户。创建惠水名特优产品直营店7家，发展电商服务站点168个，电子商务交易额达7.9亿元。

全县深入推进“大扶贫”战略行动。创新实施“221111”产业扶贫工程，发展优质米22.5万亩、精品蔬菜30万亩、中药材6.8万亩、花卉苗木3万亩，出栏生态家禽1000万羽、生猪100万头，覆盖1.3万余户贫困群众；建成畜禽养殖场175个、规模种植园223个，成立联合社51家，组建农民专业合作社154家。开工建设“组组通”农村公路351.7公里，建成166公里；完成“一事一议”通组硬化路301公里、串户路170公里。全面推进饮水安全全覆盖，铺设供水管道2550.65公里，解决37278贫困人口安全饮水问题。易地扶贫搬迁“五个三”机制持续深化，建成移民安置房2979套，累计搬迁1995户8261人；解决就业3015人，其中县内就业1735人；完成移民土地确权登记颁证，分红土地入股资金112万元；发放一次性临时生活救助金1020.85万元。完成农村危房改造4837户，同步推进改厕改厨改圈。开展电商培训6000余人次，贫困村电商服务站点覆盖率提升至82%，带动贫困群众就业2000余人。兑现国家及地方公益林补助资金共1623万元，463名贫困群众受聘为生态护林员。扎实创建“易地扶贫搬迁金融服务省级示范县”，发放“特惠贷”“恒扶贷”等小额信贷9618万元，惠及贫困家庭1987户；发放“迁户贷”“迁企贷”2.25亿元，惠及企业21家、移民321户；获批扶贫产业子基金8.21亿元，完成资金投放4.67亿元，带动贫困人口2651人。持续压缩6%行政经费用于教育精准扶贫，18051名贫困学生受助2340.9万元。“四重医疗保障”实现全覆盖。建成全县精准脱贫大数据监督信息管理平台。全县减少贫困人口5145户19413人，38个贫困村出列，原摆榜、抵季乡实现“减贫摘帽”，贫困发生率下降至6.93%。

全年大数据产业加快发展。发布《惠水县数字经济发展规划（2017—2020年）》，积极开展“数据铁笼”、数字经济等试点示范，成功举办“2017中国国际大数据产业博览会百鸟河分会”“2017全国企业信息化大会”等大型会议活动，荣膺“全国企业信息化建设示范基地”“贵州省数字经济示范小镇”。引进金百合、金服科技、欣水源等总部经济企业10家，新增云游网、云修网等36家大数据企业入驻。大力实施“大数据+产业深度融合2017年行动计划”，大数据产业规模总量预计完成25.7亿元，其中软件和信息服务业收入完成11.2亿元。百鸟河企业服务中心正式运营，会议中心建成投用，光纤网络通村率达100%，配套服务设施进一步完善。

全县城乡建设取得长足发展。全年完成长新路、同心路改扩建工程，滨江西路、惠学路、思源路、希望北路等市政道路全面推进。深入实施城市景观美化亮化提升工程，改造背街小巷1577平方米，维修更换路灯1000余盏。改造凤山、狗场苑等棚户区2450户。剑桥小镇、碧桂园二期、和谐家园等房开项目扎实推进，销售商品房41.84万平方米。涟江文化体育公园建成开放，米丹湿地公园、东山文化公园等项目快速推进。全县全年新建充电桩92个，新增停车位2402个，县城垃圾清运率达95%，城区保洁率达100%。

全年赴广州、深圳、重庆等地开展精准招商100余次，新签约项目77个，签约引资额405.78亿元，其中，亿元以上项目50个，世贸集团、五洲国际等500强企业5家。招商引资到位资金完成190亿元。

全年强化生态保护的底线思维，坚持不懈、精准有效抓好生态环境保护工作。严格执行“水十条”“土十条”“气十条”，抓实中央环保大督察问题整改，“大生态”战略行动深入推进，惠水获评“2017中国绿色发展城市”。全面推行“河长制”，设立县、镇、村三级“河长”366名，覆盖河流34条、水库25座。成功举办全省生态日涟江“保护母亲河·河长大巡河”主题活动。涟江河流域保护列入立法计划。实施涟江流域保护与治理“三年行动计划”，启动涟江河南段河道治理工程。全面启动6个镇级污水处理厂建设，新建、维修、完善污水处理厂5座，铺设城区截污主管网7.1公里，县城污水日处理能力达2.95万吨，城镇污水处理率达86.5%。完成6个镇1000人以上饮用水源地规范化建设，集中饮用水源地水质达标率达100%。完成畜禽养殖禁养区划定，农村面源污染得到有效治理。全面完成“绿色贵州建设三年行动计划”目标任务，新增营造林6.5万亩，完成石漠化综合治理工程2.5万亩、森林抚育2万亩、低质低效林改造1万亩，全县森林覆盖率59.3%。实施城市覆绿工程，新增绿化面积19.21万平方米，县城绿化率提高至40.69%。全面落实耕地保护制度，实行“坝长”分级负责制，划定永久基本农田；建成涟江坝区耕地保护监控系统，实现全时段、全天候、全方位实时监控。深入开展森林保护“六个严禁”专项行动，全年查处案件138起。全面推广清洁能源，新增安装烟尘颗粒物监测系统企业8家，完成减排项目23个，二氧化硫和氮氧化物排放量分别下降18.38%、7.82%。县城道路机扫、洒水降尘率均达85%，道路扬尘得到有效控制。全县集中整治环保突出问题，淘汰黄标车及老旧车153辆；整治建筑施工扬尘企业35家、餐饮油烟单位60家；取缔燃煤销售点7处，淘汰改造燃煤锅炉27台；整合关闭页岩砖厂16家，砂石矿山由85家整合至24家；治理挥发性有机物企业10家，工业固体废物综合利用率保持100%。全县环境空气质量综合指数为2.86，环境空气质量达标率达100%。

全年成功举办国际名校龙舟争霸赛、黔南州首届山地户外运动大会、全国毽球锦标赛等活动；好花红游客接待中心、惠水民族文化博物馆建成开放；好花红乡村旅游度假区荣升AAAA级景区，全县全年接待游客超300万人次，旅游总收入28亿元。

全县社会事业稳步发展，民生保障全面加强。全年新增城镇就业7200人，转移农村劳动力9000余人。发放创业担保贷款4000万元。城镇、农村低保标准分别提高10%、15%，分散供养、集中供养标准分别增长299%、99.5%，全县累计发放低保金、特困人员供养金、医疗救助金、高龄补贴及各类优抚资金共9079.02万元。发放救助粮33.6万斤，惠及2488户4818人。城乡居民养老保险参保率达100%。全县义务教育均衡发展高标准通过国家评估认定，基本普及十五年教育通过省人民政府评估验收；贵州大学科技学院建成招生，完成全面改薄项目8个，羡塘西混、芦山新合等6所幼儿园建成启用，濛江实验中学、民族中学濛江校区二期等有序推进，标准化学校和生态文明校园建设完成投资2.7亿元；营养改善计划实现幼儿园、义务教育学校全覆盖；中考成绩高分段人数连续3年居全州第一，高考本科以上上线人数连续7年位居全州第二。卫生计生“五个全面建成”如期完成；县三级医院启动建设；建成县妇幼保健院；全县城乡居民健康档案管理率提升至94.5%；新农合覆盖率、参合率均达100%。

【中国国际大数据产业博览会数字经济引领绿色发展论坛在百鸟河数字小镇举行】 5月25日，2017中国国际大数据产业博览会数字经济引领绿色发展论坛在惠水县百鸟河数字小镇举行。该论坛是5月25—28日在贵阳举行的2017年中国国际大数据产业博览会县级唯一分论坛。

这次论坛主题为“新路径、新动能、新增长”，重点聚焦“产业数字化”“智慧农旅”“大数据技术”“VR应用创新”四大议题，旨在为数字经济领域精英人物、领军企业、知名机构、创投基金及创业者搭建专业化交流共享平台，共同探讨数字经济发展趋势、产业扶贫、产品服务创新以及助推传统产业升级转型。论坛由开幕式和2个子论坛（VR应用与创新发展论坛、大数据助推大扶贫论坛）组成。

数字经济之父DonTapscott在论坛上应邀进行视频演讲。关小勇、王小鲁、林浩、李军保等4名专家和企业家分别作《腾计划助力县域经济发展几点深度思考》《农村经济转型与脱贫之路》《创新前行，构建VR生态》《产业互联网开启实体电商新时代—从单品电商走向产业互联网创新应用》主题演讲。

论坛期间举行大数据+大扶贫+大公益圆桌会议，全国中小企业专精特新电子商务“腾计划”启动暨中国糯米产业网上线仪式，全国企业信息化示范基地、贵州省数字经济示范小镇授牌仪式，第三批百鸟河专家委员会专家聘任仪式，扶持奖励资金发放仪式，政企合作项目签约仪式。

【第五届好花红艺术节暨端午节系列文化旅游活动举行】 2017年5月29—30日，第五届好花红艺术节暨端午节系列文化旅游活动在惠水举行。这次活动吸引省内外30万余名游客参加。

活动期间，举行2017“多彩贵州·好花正红”国际龙舟名校赛暨惠水龙舟争霸赛。来自美国哈佛大学、意大利帕多瓦大学、德国汉堡联邦国防军大学、美国马里兰大学、日本大正大学以及浙江大学、上海交通大学、中山大学、中南大学等9支国内外知名高校大学生组成的名校龙舟队和惠水本地23支队伍组成的地方龙舟队参加比赛。日本大正大学龙舟队包揽名校组男子500米和200米直道逆水竞速赛两项冠军。惠水县财经系统龙舟队获地方组男子500米直道逆水竞速赛冠军。惠水涟江街道办事处龙舟队获男子200米直道逆水竞速赛冠军。艺术节期间，还举行了最美惠水摄影展、好花红特色美食暨粽子展、“游百病”等系列活动。

【贵惠大道惠水至花溪段建成通车】 2017年10月31日，贵惠大道惠水至花溪段建成通车。

贵惠大道惠水至花溪（青岩）段项目2012年启动，工程总投资12亿元，惠水境内全长17.3公里，宽40米，双向8车道，车行道宽28米，隔离带宽6米，人行道每侧宽3米。项目为沥青路面结构，配置雨污分流系统以及电力、燃气、通讯等设施。该项目是惠水县紧紧围绕黔南州“一圈两翼”规划，加快融入黔中经济圈，无缝连接贵阳的城市二级主干道市政工程。

【投资5亿的中药饮片加工项目落户惠水】 2017年12月3日，惠水人民政府县长王文旭代表县政府与中国恒天资产管理有限公司签订中药饮片加工项目投资协议。

项目总投资5亿元，在惠水县经济开发区明田科技产业园分两期建设。项目建成后，预计1至3年分别实现产值2亿元、4亿元、10亿元，将带动惠水中药材种植2万亩，有效带动贫困群众增收致富。同时将进一步加快惠水医药产业发展，为惠水决胜脱贫攻坚、同步全面小康注入新的动力。

【2017年全国企业信息化大会在惠水举行】 2017年12月12日，以“跨界融合·协同创新·智慧生态”为主题的2017年全国企业信息化大会在贵州惠水百鸟河数字小镇举行。来自全国工商联、国家信息化中心、对外经贸大学、国家行政学院等全国知名专家学者、企业家代表600余人参加大会。

大会期间，上海盐商集团西南产业运营中心项目、上海汇付天下银收宝经济项目、深圳金一控股集团黄金珠宝区域总部经济项目、深圳摩天之星商学院及企业孵化器项目、聚嘉科技大数据实验室项目等10个大数据产业类项目举行签约正式落户百鸟河数字小镇，总投资30亿元。工信中通（北京）信息技术研究院贵州分院、贵州博士产业技术研究院中华博士会贵州分会博士工作站、贵州智慧产业技术研究院百鸟河分院、贵州全域旅游发展研究院百鸟河分院在百鸟河数字小镇挂牌成立。

大会对2017年企业信息化建设示范基地、建设杰出人物、建设优秀单位、建设最佳解决方案等进行表彰。

本次大会由全国企业信息化大会组委会、中国通信工业协会、中国通协企业信息化建设委员会、省大数据管理局、贵州省经济和信息化委员会、黔南州人民政府主办，工信中通（北京）信息技术研究院和惠水县人民政府承办，旨在引导企业通过网络与信息化工具深人实施创新驱动发展，全面推动经济社会的数字化、网络化、智能化跨界融合、协同发展。

会议期间还同步举办“一带一路”人工智能服务论坛、全民电竞嘉年华和贵州省“百鸟河杯”首届青年创新创业大赛启动仪式暨众创空间精英论坛等系列活动。

【省人民政府对惠水进行“普十五”及“两项督导”验收】 2017年12月17—19日，贵州省评估考核验收团第八分团团长、省人民政府督学、贵州水利水电职业技术学院院长陈海梁率省督导评估考核验收团到惠水开展“基本普十五”暨“两项督导”省级督导评估考核验收工作。评估考核验收团先后走访涟江街道、濛江街道、羡塘镇、断杉镇、芦山镇、雅水镇等中小学、幼儿园，通过听取县委、政府主要领导工作汇报、查阅资料、实地查看、召开座谈会等形式，对惠水县普及十五年教育以及党政主要领导、县人民政府履行教育职责工作进行评估考核。评估考核验收团将本次评估考核情况向县委、县人民政府进行反馈，惠水“基本普十五”暨“两项督导”工作初步认定为合格，通过验收。

（彭永刚）

长顺县

【概况】 全县总面积1548.55平方公里，耕地面积3.9万公顷。辖1个乡、5个镇、1个街道，69个村民委员会、13个居民委员会。年末总人口

26.88万人，少数民族16.43万人，占总人口的61.12%，城镇人口8.13万人。人口出生率11.36‰，自然增长率5.17‰，符合政策生育率90.79%，人口较多的少数民族是布依族和苗族。主要矿藏有煤、硅石、耐火粘土、方解石、石灰石等；全县国土面积1543平方公里，喀斯特面积占93.9%，石漠化面积占78%，森林覆盖率58.46%。

2017年，全年生产总值61.66亿元，比2016年增长13.1%；规模工业增加值完成15.8亿元，增长12.3%；农林牧渔业总产值31.41亿元亿元，增加值达19.27亿元。财政总收入完成7.20亿元，比2016年增加10174万元，增加16.5%，一般公共预算收入完成3.07亿元，下降10.6%；一般公共预算支出204383万元，增长14.7%

固定资产投资53.16亿元，增长22.6%。金融机构存贷款余额完成154.7亿元，增长35.3%。

社会消费品零售总额12.16亿元，增长12.8%；城镇常住居民人均可支配收入完成26256元，增长9.5%；农村常住居民人均可支配收入完成9206元，增长10.5%。

以抓工业实体经济发展作为实现全县经济跨越式发展的突破口，承接东部沿海和贵阳及贵安周边产业转移，围绕“三区三基地”建设目标，落实全州工业发展大会精神。以重点项目建设为支撑，全年引进联韵智能声学、安达科技、邦达钢构等38个工业项目，建成投产24个；实现规模工业总产值62.5亿元，增速26.6%；工业增加值15.7亿元，增速12.3%；工业增值税5208万元，增速44.2%；工业用电量完成1.86亿度，增速18.6%。全县规模企业59户，形成年产大型采矿设备640台（套），取暖炉20万台、水泥101万吨、商品混凝土320万立方米、水电装机81560万KW的生产能力。个体工商户10853户，总注册资金6141.85亿元，带动就业18260人；私营企业2537个，注册资金24972.43亿元，带动就业18637人。粮食总产量9.9928万吨，肉类总产量3.64万吨，蛋类产量3.32万吨，水产品产量1020吨。完成农业总产值31.41亿元，农业增加值达19.27亿元，其中畜牧业增加值完成9.14亿元，占农业增加值的47.43%。非粮占比达94.52%。农村居民人均可支配收入15227元，同比增长82.8%。

建成投入使用绿壳蛋鸡标准化养殖培训基地6个、养殖示范基地1个、年均蛋鸡存栏700万羽。葡萄补植补种0.44万亩，新增苹果种植0.81万亩，完成蔬菜种植2.12万亩（其中200亩以上的坝区蔬菜种植基地26个、500亩以上的蔬菜种植示范基地7个）。引进培育农产品加工企业2个、新增农业专业合作社20个。粮食总产量9.99万吨、肉类总产量3.64万吨、蛋类产量3.32万吨、水产品产量0.1吨，非主粮产品收入占比94.52%，农村居民人均可支配收入1.52万元，同比增长82.8%。

投资23.3亿元，建设国道68.53公里、省道76.73公里、县道31.85公里、极贫乡镇对外连接线32.1公里、旅游公路7.2公里、市政道路1.36公里、慢行系统道路29.39公里、“组组通”道路144条265.06公里。花安高速建成通车，都香高速启动实施，贵阳西外环公路羊昌至长顺立项批复，广顺客运站建成，长顺西高速收费站改扩建工程全面启动，建设农村公路安防工程33个，处置安防隐患工程1256公里，干代渡改桥项目、干代、土桥、黄土新寨三个码头建设顺利推进，建成窄路改造工程16.98公里，灾毁重建工程4个16.4公里。

按照“疏老城、拓新区、建景区”的思路，围绕“净、美、精、聚”，加快打造山水园林盆景城市。投资7亿元的环城东路、投资2亿元的天灯坡公园、投资1.2亿元的体育馆项目、投资2.2亿元的康养综合体等一批基础设施项目快速推进，长征大道、和平西路风貌整治工程，长顺大道、城南大道绿化升级改造工程等一批市政项目顺利；实施完成广顺州府、但家花园等重点项目建设。同时，顺城国际、东朝三期、御景金湾等一批重点房地产商业项目有序推进或竣工。全年累计完成城建投资65.26亿元，同比增244%。启动广顺农贸市场、示范小城镇“8+X”工程不断延伸拓展，广顺城镇综合承载能力不断增强。全年小城镇建设完成投资20多亿元。累计建设公租房（含廉租房）项目37个，2200套，面积104240.5平方米，投资13825.2万元；分配公租房（含廉租房）1891套，保障人口5872人，基本实现保障性住房全覆盖。完成危房改造3055户，并同步实施“三改”，发放补助资金3447.40万元。全年商品房销售面积34.30万平方米，同比增长45.65%。建筑业总产值目标任务为6.5亿元，全年完成建筑业总产值约6.62亿元，同期增速为106%。

全县招商引资在建项目100个，项目合同签约总投资257.92亿元。其中新建项目69个，项目合同签约投资143.95亿元；续建项目30个，项目合同签约投资124.27亿元。招商引资实际到位资金149.487亿元，占州下达目标任务120亿元124.57%，同比增长26.47%，省外境内投资3000万元以上项目已完成到位资金97.75亿元，同比增长11.59%，占州下达任务数52亿元的184.43%。

全年，旅游接待人数471.62万人次，旅游总收入39.38亿元，同比增长44.3%，外省游客为157万人，同比增长55.43%，入境游客为1892人，同比增长42.9%。引进科瑞诗公司，建设凤凰号绿地游轮，项目总投资1.86亿元。完成绿地游轮0.76亿元的固定资产投资。

完成15个卫生院“五室”、8个中医馆建设；白云山镇成功创建“国家级卫生镇”。新农合参合率达98.03%，兑现补偿资金8496.94万元。落实“四重医疗保障”制度15.7万人次，兑现资金4075.90万元。城镇居民医疗保险完成13955人，占任务数的100.69%，基金征缴任务完成9.01万元，完成任务数的128.75%。

全县义务教育均衡发展顺利通过国家评估，基本普及十五年教育顺利通过省级评估，“两项督导考核”顺利通过省人民政府考核，高级中学成功创建成省级示范性普通高中。8月，长顺县第四中学建成并投入使用。撤销白云山中学、鼓扬中学、摆所中学、威远中学、营盘中学、睦化中学、敦操民族学校初中部，集中到第四中学办学。

全年，发放城乡低保金8021户19977人5386.9万元，其中：城市低保金1573户3733人1219.51万元，农村低保金6448户16244人4167.39万元。城乡医疗救助51336人次1024.19万元，优抚医疗补助5318人次80.11万元。临时救助1968户次7155人次997.3万元。发放特困人员救助供养金380人323.45万元，孤儿基本生活费101户113人115.77万元，一、二级重度残疾人护理补贴1579人80.39万元，经济困难高龄失能老年人两项补贴488人29.13万元，60年代精减退职老职工救济金39人10.1万元，优抚对象抚恤补助金1112.2万元。

新增就业3515人，完成州年度任务数的120.03%，完成县目标任务的101.17%，全县城镇登记失业率为3.18%，控制在4.2%以下。农村劳动力转移就业6595人，是州下达年度任务的103.05%。外出务工转移就业2111人，占任务数的105.55%，园区安置就业2278人，占任务数的113.9%。失业保险完成7008人，完成覆盖任务的102.16%，基金征缴任务100万元，完成138.6万元，占任务数的138.6%。城乡居民养老保险完成扩面数127011人，完成任务的108%，基金征缴1194.38万元，完成任务的134.2%。

全年，累计投入各类资金32亿元助推脱贫攻坚，实现3个乡“减贫摘帽”，5个贫困村出列，减少贫困人口1760户7925人，贫困发生率由19.02%降至15.61%。

【长顺县第四中学建成投入使用】 长顺县第四中学于2016年7月17日开工建设，2017年8月21日正式投用使用。校区位于县城区长威大道旁，比邻神泉谷景区，距惠兴高速东匝道口2千米。学校占地251亩，校舍总面积6.7万平方米，总投资2.18亿元，是当前长顺县功能最为齐全、办学条件最好、环境最为优美的初级中学。现有54个教学班2500余名学生，教职员工257名。有标准化的教学楼4栋18000平方米、图书馆1个3000平方米、办公楼1栋3000平方米、室内外体育馆1个2500平方米、学生宿舍4栋26000平方米、师生食堂1栋4000平方米，有价值2126万元的全新图书、运动器材等教育教学仪器设备。

长顺县第四中学生源覆盖境内的鼓扬、代化、白云山、新寨、威远、摆所、营盘、睦化、敦操、交麻等10个南部贫困区域。同时，还接收了来自惠水县芦山、王佑、大龙、长安、打引等5个地方的近200名农村家庭学生。

【长顺县中医院暨罗湖妇幼保健院建成投入使用】 长顺县中医院暨罗湖妇幼保健院于2016年7月启动建设，2017年8月建成投入使用。总投资2.2亿元，建设面积36585平方米，占地面积8500平方米，设有床位400张。该项目为中医院和县妇幼保健院合用。

【长顺体育馆竣工投入使用】 2017年12月，总投资1.2亿元的长顺体育馆全面竣工投入使用。体育馆总规划面积42438平方米，馆内共设1800个座位，2个篮球场、4个羽毛球场、1个网球场，馆外有地下停车场、健身大道、草地、廊亭等。

【长顺县入选首批国家“农村产业融合发展示范园”创建名单】 2017年1月11日，国家发改委等7个部门联合印发通知，公布首批国家农村产业融合发展示范园创建名单，长顺县农村产业融合发展示范园成功入选，为贵州省入选的4个县之一，是黔南州唯一入选的县,。

长顺县农村产业融合发展示范园规划区域面积约48平方千米，区域范围包括长寨街道种获村、生联村，广顺镇石板村、南场社区、北场社区、广农社区、马路村等村（社区）。创建类型为农业内部融合型，主导产业为绿壳蛋鸡+果蔬。

【省委副书记、代省长谌贻琴到长顺县宣讲中共十九大精神】 2017年10月28日，省委副书记、代省长谌贻琴到长顺县广顺镇石板村，宣讲十九大精神。省政府秘书长任湘生，黔南州、长顺县和省有关部门负责人，部分村党支部书记和第一书记、驻村干部和党员群众代表参加宣讲学习。她强调，要牢记嘱托、感恩奋进，深刻领会习近平新时代中国特色社会主义思想，切实学懂弄通做实，决战脱贫攻坚，决胜同步小康，续写新时代贵州发展新篇章。她指出，实现第一个百年奋斗目标，重中之重是打赢脱贫攻坚战。

【长顺县白云山镇成功创建“国家卫生乡镇”】
2017年11月，贵州省爱卫办组织对长顺县白云山镇申报创建“国家卫生乡镇”相关工作进行评估，经评审组综合审定，白云山镇达到了国家卫生乡镇标准要求，成功创建了“国家卫生乡镇”。

（王　海　郭　丽）

长顺县第四中学全面貌（蒯华洋摄）

建设中的长顺县中医院暨罗湖妇幼保健院（蒯华洋摄）

长顺体育公园夜景（刘正华摄）

长顺体育馆外貌（刘正华摄）

独山县

【概况】 独山县地处贵州南部，与广西河池地区接壤，是贵州省和大西南进入两广的必经之道，地理位置优越，交通方便，素有“贵州南大门”“西南门户”之称。

独山建制久远，从汉代就有行政区域规划。2017年，县委、县人大、县政府、县政协办公驻地设在百泉镇环东路。设有百泉镇（独山高新技术产业园区）、麻万镇（贵州独山经济开发区）、影山镇（独山城乡统筹改革实验区）、基长镇（现代农业示范园区）、玉水镇、上司镇、下司镇、麻尾镇（麻尾工业园区）、独山紫林山文化旅游产业园区、独山大学城。全县共设8镇64个村（居）1093个村民组和22个社区服务中心，“区镇合一”运行模式放样全省。成立国有资产监管机构，强化国有资产市场运作，全面完善县级国有企业改制，东峰集团、供水公司焕发生机，国有资产实现保值增值。以“五化工程”为重点，“双创”工作成果巩固提升，城镇人居环境极大改善。

【地质资源】 在世界地质学上，以独山地名命名的术语多条，其中著名的独山泥盆纪——石炭纪标准地层剖面，以其发育完整、出露完好、研究程度较高、各种地质现象和反映时空观念、环境因素、生物进化的生物化石丰富等闻名全球，可以通过直观剖面看到大海与陆地的桑柔变迁、海上风暴与冰川期、生物进化与绝灭等上亿年前的奇观。正在利用地质资源优势开发“地质公园”。

【矿藏】 县境矿藏丰富，锑矿储量名列全国第三位，品位居全国之首。铁、汞、铅、锌、镁、硫铁矿、水晶石、石膏、冰洲石、大理石、方解石、石灰石、白云岩、煤等储量丰富。

【人口】 2017年年末，独山县常住人口总数354614人，其中少数民族281089人。城镇人口175691人，乡村人口178923人。全年全县出生人口3929人，人口出生率10.73‰；死亡人数2142人，死亡率6.11‰；人口自然增长率4.62‰，人口符合政策生育率92.69%，出生人口性别比为107.01。人口较多的少数民族为布依、苗、侗、壮、毛南等。精准扶贫全年减少贫困人口9700人。

【土地资源】 全县总面积2442平方公里。是贵州省土地比较平整的18个县市之一，农林牧用地17.12万公顷，占土地总面积的68.53%，其中耕地面积3.96万公顷，园地0.097万公顷；林业用地9.13万公顷；牧业用地3.08万公顷。土地利用结构为林、农、牧型。在已利用的土地中，农业以种植业为主，林业以用材林占绝对优势，牧草以天然草地为主，人工草地、改良草地为辅。

【主要农产品】 主要大宗农产品有：优质大米，玉米、冷凉蔬菜、无公害西红柿和皱皮辣椒、烤烟、油菜籽、土豆、生猪、山羊等，以及具有独山特色的独山盐酸菜、牛奶、茶叶、油桐、石斛、板蓝根、蓝淀等优质农产品。

【气候】 独山县属亚热带湿润季风性气候，四季分明，冬无严寒、夏无酷暑，气候宜人，平均气温15℃，年降雨量1346mm，无霜期长，全境地处贵州高原向广西丘陵过渡的箱状背斜，形成较周边地区高出300～500米的突出台地，最低海拔500米，最高海拔1465米，平均海拔850～1100米之间，发展立体农业和夏秋“冷凉”蔬果、旅游服务业条件优越。

【动植物】　森林资源丰富，森林覆盖率为48.39%，生态益林面积国家级108.49万亩，地方53万亩。有自然保护区4个，即独山深沟天然林自然保护区，独山琴阳天然林自然保护区，独山高岩天然林水源涵养林自然保护区，贵州都柳江源湿地自然保护区。有经济价值和比较常见的野生植物有1588种。

【国民经济】　经济总量实现新的突破，完成地区生产总值90亿元，同比增长16.5%；工业总产值290亿元，同比增长66.7%；规模工业增加值33.4亿元，同比增长13.7%。投资拉动实现新突破，完成500万元以上固定资产投资160亿元，同比增长23%；招商引资到位资金260亿元，同比增长33%。财税金融实现新突破，完成财政总收入16.2亿元（含基金收入），同比增长15.4%；一般公共预算收入4.5亿元，同比增长12.4%；金融机构存、贷款余额分别达116亿元、87亿元。发展质量实现新突破，城镇、农村居民人均可支配收入分别突破3万元、1万元，增速分别居全州第一和第二；新增城镇就业2.2万人；全面小康实现程度预计达96.5%。

【脱贫攻坚】　接续开展春季攻势、夏季大比武和秋季攻势，打好“四场硬仗”，全年减少贫困人口9700人，贫困发生率降至12.2%。一是脱贫责任全面压实。形成“43216”工作举措和“前指管总、兵团主战、专班主抓、连排主攻”作战体系，县镇村三级责任全面压实，61名“第一书记”、尖刀班和6746名帮扶责任人全部下沉攻坚。“大数据＋扶贫”模式得到国务院脱贫攻坚督查组充分肯定。二是扶贫项目全面抓实。整合各类资金5.34亿元，大力“补短板”。建成“组组通”道路184公里、串户路189公里，农危改及“三改”1859户，21个出列村安全饮水全覆盖。易地扶贫搬迁惠及1964户8157人。三是帮扶政策全面落实。产业扶贫覆盖102336人，旅游扶贫带动3467人，完成创业小贷3500万元，劳动力培训2422人，转移就业26905人，其中，在县内工业企业就业15200人。发放“特惠贷”3.53亿元，教育扶持资金504万元，“四重医疗”保障救助29366人次，社会保障兜底5820人，生态护林员补助2000万元。2329户9700人脱贫，占省任务154%。21个贫困村出列，原水岩乡、董岭乡“摘帽”。

【实体经济壮大】　主导产业初具规模，支柱产业势头强劲，新兴产业异军突起，经济发展协调性、可持续性明显增强。一是工业经济提质增效。构建“4＋4＋10”工业发展平台，“5＋5”产业发展动力持续增强。设立五大主导产业引导资金1.2亿元，出台“三去一降一补33＋10”等政策帮助企业降成本1.07亿元。启动建设10个村级工业园。新增标准厂房77万平方米。新开工亿元以上工业项目31个。恒鑫、兴枫霖完成技改。金孟1、2号炉顺利点火，列为省级高成长性企业。东峰锑业、绿健神农、标准电机、明峰锌业、翔音电子、川旺饲料获批国家级高新技术企业，黔旺食品、石牛食品、御龙尊、川旺饲料、标准电机5家企业获批省级科技型企业。金利达（金泰达）、创建科技、兴隆科技等项目投产。大道轴承、鑫恒动力、天宏轴承、贵电新能源4家企业产品亮相贵州装备工业博览会。新入规2000万元以上规模工业企业11家达89家。新增投产工业企业215家，同比增长52.9%，其中，亿元以上工业企业达55家，企业就业百人以上11家、千人以上2家。工业用电量8.9亿度。工业企业纳税突破2亿元，同比增长70%。新兴产业发展加快，电子信息、轴承和机电产业产值分别增长58.6%、56.2%和36.9%。民营经济增加值49.3亿元，占地区生产总值的55%。二是农业经济提量增优。实现农业总产值30.1亿元，同比增长13.2%；农业增加值18.1亿元，同比增长4.1%。发展优质蔬菜35.2万亩、精品水果6.3万亩、中药材17万亩、茶叶15.2万亩。下司山地生态特色农业示范园区、翁台茶叶产业示范园区、紫林山水苔示范园区获批省级农业园区。新增州级以上龙头企业4家、农民专业合作社140家、家庭农场141家、专业村15个。新认证无公害产品13个、有机农产品1个，申报绿色食品企业2家。完成第三次全国农业普查。农村土地确权登记和产权制度改革稳步推进产业提速增长。社会消费品零售总额完成25亿元，同比增长25%，增速居全州第三。服务业增加值40.5亿元，同比增长16.7%；新增限上企业21家。培育500万元以上物流龙头企业3家。建成西南五洲物流港一期。县电商运营中心投入使用，成功打造创业创新服务中心、创客空间和科技孵化基地。发展电商企业77家、个人网店和微店180家，网上交易额突破1亿元，全国电子商务进农村综合示范县通过省级验收。省政府批复同意独山设立保税物流中心（B型），是全省唯一县级开办国际信用证业务的县。进出口额完成1.57亿美元，占全州总额56%，位列全省县域方阵前列，排名全州第一；完成十大投资集团组建，产业发展后劲十足，厚植“独山新优势”。

【城镇魅力增强】 县城建成区面积达22平方公里，全年农业转移人口市民化6017人，城镇化率达50%。一是优化布局强规划。完成城乡总体规划修编初稿和中心城区北、中、南部控制性详规。成立镇级规划委员会，形成镇初审、县审定规划体系。二是城市建设添精品。完成棚改10382套，建成公租房1895套。望月楼、黑神庙、州署大庙等古国毋敛项目拔地而起，南北城门、大戏楼、八角亭等成为县城新地标。11个地产项目加快建设，商品房新开工91万平方米，建成240万平方米。三是完善配套优功能。启动县城老城区管网设施和强弱电入地改造。“五化”工程高质量推进，完成特色人行街道打造。启动建设大塘公园、凉亭湖湿地公园，城区绿地率达34.6%。新增健康休闲步道7.7公里，新建“第六空间”3个、停车位3136个。四是三创工作增光彩。通过全省文明城市复审和国家卫生县城验收。省级森林城市创建稳步推进。影山、玉水成功创建国家卫生镇，麻尾获批省级文明示范镇。麻尾村获批省级文明示范村、入列省级名村，上司村获批全省卫生村，秀峰村、茶亭村获评省级文明村创建工作先进村。五是镇村建设彰特色。全面推进麻尾、基长、影山、上司、下司、玉水6镇镇区风貌改造，持续推进统筹城乡“六个一体化”。供水管延伸169.5公里，推进新一轮农村电网改造，百泉、麻万农村客运班线升级为城市公交。获批国家卫生县城、国家支持农民工返乡创业试点、国家新型工业产业示范基地（经开区）、国家级科技企业孵化器（高新区）。全州首家国际一线品牌白金五星级温德姆大酒店盛大开业。

【文化旅游】 独山县委县政府对打造“全天候、全季节”大旅游为目标，以承办黔南州第十一届旅发大会为契机，统筹推进景区景点、交通会战、酒店建设和环境提升四大工程，文化旅游实现一飞冲天、一鸣惊人、一炮而红。过境游客1300万人/次，同比增长42.7%。一是高起点建设一批景区景点。打造“一镇一特三景”，净心谷、天洞、深河桥、大河口、古国毋敛等9个重点景区一期开放运营。二是高标准完善一批配套设施。都独同城快速干道独山至影山段、北环大道等13条大道同步施工，建成3条旅游路，逐步形成通达便捷的旅游路网。温德姆酒店、翰林府客栈、香妃庄园等一批星级、特色酒店、宾馆投入使用，床位增至5614张，旅游服务设施不断完善，涉旅行业和市场管理更加规范。三是高水平推出一批文化活动。成功举办第五届花灯艺术节、第三届中国茶产业发展智库峰会暨“悠悠独山·茶与爱”国际微电影节、上司摩托车越野邀请赛等赛事和节会。开发“独行侠”APP，推出大型实景剧《独山盛典》《悠悠独山·醉爽天堂》文化旅游纪录片在央视播出，拍摄大型纪录片《国士无双莫友芝》和湖南卫视《萌仔萌萌宅》等栏目，进一步扩大了独山知名度、美誉度和影响力。

【交通】 一是交通大建设。基本形成城区“四纵五横”骨干交通网络。贵南客专前期工作有序推进，通用机场完成选址评审。南北互通立交主体完工，三独高速稳步推进，完成独山收费站升级改造。卧龙山、飞凤井隧道顺利贯通，西环大道、北大门路竣工。开通独山至麻尾公交，行政村通客率100%。二是水利大发展。甲摆大型水库完成初设代可研招投标，净心湖达到下闸蓄水条件，打渔河通过下闸验收，灵湖、绿荫滩、飞凤湖有序建设。完成玉水、影山、麻尾镇区供水管网改造。城北、麻尾污水处理厂竣工投运，影山污水处理厂加快实施。三是电讯大提升。建成110KVA变电站2座。通信电话和4G网络实现村全覆盖。完成“广电云”户户通3500户。四是金融大扩容。组建十大国有集团。富民村镇银行挂牌营业，贵阳银行独山支行拓建21个农村服务点。新增上市企业7家。创建信用镇7个，信用村53个。五是生态大改善。完成生态保护红线划定。退耕还林还草5万亩、荒山造林20.3万亩，森林覆盖率达58.9%。县国有林场获批全国第二批森林康养基地、全省首批森林特色小镇建设试点单位，上司、玉水获批省级“森林小镇”。严格落实耕地保护责任制和河长制、湖长制。完成黑神河、方村河、翁奇河垃圾清理和河道保洁。城镇生活用水水质达标率100%。启用20辆环保公交。

【教育】 2017年中考，独山县再获佳绩，700分以上185人，较2016年增加108人，位居黔南州第一。全县共有2925名学生参加中考，总平均分504.18分，高出全州总平均分46.93分。全县700分以上185人、平均分为718.1；600分以上733人，较2016年增加123人，平均分为650.3。2017年黔南州中考700分以上共898人，独山县占比21%，居全州第一。其中，独山三中700分以上167人，占全州18.6%，该校总平均分为644.64，获得全州中考总成绩“三连冠”。该校周步星同学以766.5分，夺得独山县中考状元桂冠。

2017年度高考，独山高考600分以上人数35人，位居全州县级第一。独山2017年度共有2304名考生参加高考。全县有1006名考生上线（含一、二本）。其中，一本理科上线266人，文科57人；二本理科上线446人，文科237人。兴农中学崔吉以663分荣获全州理科裸分第一，黎荣松以670分荣获全州理科总分第二名；高级中学蒙慧以674分荣获全州文科第二名。县民族中学（兴农中学）学生黎荣松以670分的成绩获全县理科第一名，全省第43名，被清华大学录取。还有黎芷樾、蒙泽娥、黎敏被清华、北大录取。全县600分以上人数位居全州县级第一，二本上线人数1217人，有5名同学进入全省前100名，有48名学生考进“985”工程院校。高分通过义务教育均衡发展国检，独山教育继续领跑黔南，谱写“独山新篇章”。

【改革创新】 一是深化改革推动。深入推进供给侧结构性改革和“放管服”改革，“三去一降一补”成效明显，取消行政许可事项18项。全面清理规范行政审批中介服务，持续深化并联审批制度改革。中小学人事制度、公立医院集团化办医、城市管理综合执法体制等重点改革有序推进。深化村干部职业化管理。完成县国有林场改革。二是深化开放带动。经开区和高新区获批省级外资转型升级示范基地，第三届粤桂黔高铁经济带合作联席会议暨贵州园建设工作现场会走进独山。加强与广州市黄埔区对口帮扶协作，独山黄埔产业新区建设前期准备工作有序推进。

【招商引资】 省外3000万元以上项目到位资金106亿元，同比增长20.3%。获批省级知识产权试点县。高技术制造业占规模工业增加值比重达9.3%。信息实体产业产值11.3亿元。经开区获评省级数字经济试点，经开区农民工创业园获评省级农民工创业示范园，高新区轴承产业园获批全省首批“农民工创业示范园”、贵州大学大学生创新创业实践基地和大学生校外实习实践基地，上司镇获批“全国信息化示范基地”。专利申报318件，授权114件。深化“招才引智”“招工引劳”，招聘紧缺专业人才85人。

【民生、幸福指数提高】 坚持把保障和改善民生放在首位，人民群众获得感、幸福感和安全感不断提升。一是社会事业全面发展。基本建成二小、四中。新建或改扩建公办幼儿园4所。大学城加快提质改造。新创办贵州航空职业学校和贵州独山少林华翰国际文武学校。全省义务教育基本均衡发展现场推进会在独山召开。医药卫生体制改革纵深推进，基长中心卫生院投入使用，县人民医院、南部医疗中心（县中医院）、妇幼保健院、城关卫生院项目有序实施，建成21个标准化村卫生室。积极促进优生优育。获批省级“卫生应急综合示范县”。加强议军议警和推进军民融合。全国民族团结进步示范县创建通过国家验收。县商务局（供销社）被授予全国供销合作社系统先进集体。二是社会保障全面覆盖。设立村级劳务公司和就业服务中心，新增公益性岗位2100个，城镇登记失业率2.3%。获省级农村劳动力转移就业工作示范县和全省“劳动人事争议示范仲裁示范点”。新农合参保率99.3%，城镇职工基本养老保险参保13996人，低保困难群众1.2万人。建成1000张床位的阳光养老服务中心、养生养老基地。三是社会治理全面加强。成立多中心合一群众工作中心，信访维稳、突发公共事件应急处置体系更加完善。完成十九大期间安全稳定工作。“七五”普法全面推进。启动8镇专职消防队建设。加强食品药品和安全生产监管。11家企业获评省级“守合同重信用企业”。开展道路交通安全“百日整治”行动。人民群众安全感99.1%、满意度99%。同时，人武、消防、科技、气象、档案史志等工作围绕社会发展，保障更加有力；科协、工商联、文联、残联、工青妇等群团工作促进社会和谐进步，特色更加显现。

【作风建设】 围绕法治、高效、服务、廉洁政府建设，主动适应新形势，践行新思想，展现新气象。一是政治站位更高。树牢“四个意识”、坚定“四个自信”，深入推进“两学一做”学习教育制度化常态化，政府系统党建不断加强。二是依法行政更严。坚持县政府会前学法、民主集中、合法性审查等制度，提升科学、民主、依法决策水平。共办理人大议案和代表建议81件、政协委员提案71件，办结率满意度均达100%。政务信箱办复率100%。三是政务服务更优。7000平方米新县政务服务中心大厅进驻单位48家，217项业务实现“一站式”办理。建成24个村级社区服务中心。四是作风建设更实。加强行政监察、审计监督。一以贯之纠治“四风”，深入开展“三公经费”、扶贫不作为、慢作为、乱作为等领域专项整治，政府系统党风廉政建设取得新成效。

（陆江龙）

三都水族自治县

【概况】 2017年，三都水族自治县行政区域总面积2400平方公里，耕地面积24603公顷。辖六镇一街道，86个行政村5个居委会1438个村民小组。年末总人口32.27万人（2017年），人口较多的少数民族有水、布依、苗等民族。主要矿藏有铜、铁、煤、汞、金、锑、硫、铅锌、重晶石等；森林覆盖率69.52%。

2017年，三都地区生产总值完成67.29亿元，增长12.5%；规模工业增加值完成8.19亿元，增长11.8%；固定资产投资（500万元以上口径）完成51.54亿元，增长21.9%；一般公共预算收入完成3.55亿元，增长17.2%；金融机构人民币存贷款余额达110.99亿元和79.77亿元，分别增长9.6%和37.5%；社会消费品零售总额完成15.01亿元，增长11.8%；城镇居民可支配收入完成26282元，增长9.6%，农村居民可支配收入完成9151元，增长10.4%。

【规模工业经济】 2017年，三都规模工业经济完成增加值8.19亿元，同比增长11.8%，完成年度目标任136.5%；新增入规企业9家，规模工业企业33户；完成高技术制造业增加值5811.6万元，占规模工业增加值7.09%。

【工业固定资产投资】 2017年，三都在库工业投资项目27个，完成投资11.8亿元，同比增长71%，完成年度目标任务68.3%。编制23户规模工业企业“千企改造”方案，实施项目12个，其中重点项目5个，完成投资2亿元。

【农业经济】 2017年，三都完成省级现代高效农业示范园区总产值48.16亿元，省级园区总产值增速19.41%。完成农业总产值30.15亿元，实现农业增加值19.89亿元，畜牧业增加值占农业增加值比重为24.3%，非粮产业增加值占农林牧渔业增加值比重92.1%，农产品加工率达18.9%；农村常住居民人均可支配收入9151元，农村常住居民人均可支配收入增速为10.4%。全年农作物总面积122.45万亩，其中粮食作物41.06万亩，经济作物81.39万亩，粮经比33.53：66.47。粮食总播面完成38.83万亩，为计划的100.08%，较2016年增加2.09%。粮食总产量完成10.83万吨，为计划的100.28%，较2016年增长0.03%。总产值2.59亿元。其中夏粮播面8.57万亩，总产量1.676万吨，分别比2016年减少9.6%、12.98%。秋粮播面30.26万亩，同比增长21.3%，总产量9.151万吨，同比增长3.12%。水果面积达22.84万亩，新增3.6万亩，挂果面积13万亩，总产量为14万吨，产值5.1亿元，商品率达80%以上。

【畜牧】 2017年，三都大牲畜年末存栏13.78万头，同比增长3.6%，大牲畜出栏33.04万头，完成全年任务100%。其中牛存栏10.57，同比增长3.2%，出栏2.62万头，同比增长2.99%；生猪存栏25.82万头，同比增长5.4%，出栏31.48万头，同比增长5%；羊存栏1.25万只，同比增长5.4%，出栏1.56万只，同比增长4.83%；禽存栏527.49万羽，同比增长24%，出栏775.35万羽，同比增长15%；肉类总产量达到5.18万吨，禽蛋产量0.45万吨，水产品产量2370吨。畜牧业增加值达48363万元，占农林牧渔业增加值24.3%。

【旅游开发】 2017年，三都姑鲁景区、万户水寨、水族文化博物馆、项目基本建设完成并开放使用。开工建设铜鼓广场建设项目、民族风情廊桥项目、排烧旅游扶贫开发项目等项目；建成瑞江国际大酒店并投入使用，圣山国际大酒店主体工程已竣工待验收后即可投入使用；启动都江千年府城、高平民族特色村寨、“记忆周覃”播花风情庄园、柳江原生态旅游景区、九阡卯文化风情园、中和水族部落等AAA级景区建设。

【旅游经济运行】 2017年，三都接待游客805.74万人次，实现旅游综合收入73.3亿元，较上年同期分别增长51.8、39.54%。

【城镇建设】 2017年，三都城镇建成区面积达25.51平方公里，城镇人口达15.8829万人，城镇化率为46.24%，县城区面积达5.5平方公里，县城人口达4.4万人，县城道路硬化率达100%，建成区绿化覆盖率达45%，亮灯率达100%。

【安居工程】 2017年，三都实施棚户区改造1900户，其中货币安置1500户，实物安置400户，计划总投资8.7亿元。截至12月底完成633户货币化补偿协议签定，货币补偿总金额46482.3780万元，按照《关于明确棚改货币化安置统计口径及有关事项的通知》（建保〔2016〕262号）文件要求进行棚改开工任务量统计，年底完成开工2113户。

【生态环境建设】 2017年，三都完成治理岩溶面积30平方公里、石漠化面积15平方公里，营造林面积7.22万亩，森林覆盖率达70%。都江镇小脑锑矿废渣污染综合防治完成总工程量的60%；县城和20个社区所在地集中式饮用水源地水质达标率为100%。三都尧人山国家森林公园成功列入首批“中国森林氧吧”。普安镇和普安镇重阳村获省级生态镇、生态村命名。完成2017年国家重点生态功能区县域生态环境质量监测评价与考核材料收集上报，获2017年度中央生态转移支付资金

5939 万元。

【交通建设】 2017 年，三都三荔高速，累计完成投资约 70 亿元，总体形象进度约 70%；三独高速总体形象进度约 70%；荔榕高速，累计完成投资 87 亿元，总体形象进度 77%。同时，完成《三都县 2015—2025 年的农村公路发展规划》编制，全县组组通公路完成面层 590 公里。

水利建设 2017 年，三都拉古纳水库开工建设，水平水库、甲照水库稳步推进，完善鸭寨水库、仙人桥水库、巫荣水库、羊槽水库、都柳江航道整治工程前期工作；鸭寨水库工程项目建议书已获贵州省发改委批复，工程估算总投资 89071 万元，正在开展各项前期工作；完成 70 个充电桩建设。

【电力基础设施建设】 2017 年，三都完成供电量 4.19 亿千瓦时，同比增长 38.64%；售电量完成 3.91 亿千瓦时，同比增长 42.59%；综合线损率完成 6.76%，同比下降 2.02%；平均售电单价完成 577.07 元/千千瓦时，同比增长 30.38 元/千千瓦时；电费回收率完成 100%；客户平均停电时间完成 12.85 小时，同比减少 6.82 小时；供电可靠率完成 99.8405%，同比增加 0.3443%；电网投资建设完成 1930.51 万元。

【电信基础设施建设】 2017 年，省州电信公司三都分公司 C 网移动用户净增数目标为 1000 户，完成 1254 户；宽带业务净增数目标为 400 户，完成 435 户；C 网 4G 基站建设目标为 50 个，完成 55 个；电信驻地网改造建设目标为 1 个，完成 3 个；固定资产投资额目标为 180 万元，完成固定资产投资 280 万元；完成业务收入 8203.26 万元。

【移动网络建设与覆盖】 2017 年，移动 4G 建设总规模 100 个，其中新建 4G 基站 80 个，扩容 20 个。骨干层纤芯完好率从年初 14% 提升至 90%；新建宽带 FTTH 小区（其中包含驻地网小区，乡镇街道社区及行政村委社区）49 个，覆盖端口 7200 个；开通全县 8 个点位的电子政务外网专线。

【脱贫攻坚】 2017 年，三都减少贫困人口 1.11 万人，贫困发生率 17.07%，比上年下降 1.46 个百分点，13 个贫困村出列。全年争取到扶贫资金 8.76 亿元（其中扶贫产业子基金 6.78 亿元），发放“特惠贷”0.76 亿元，实施一批脱贫产业项目。农业总产值预计完成 30.7 亿元，增长 6.5%（其中粮食、蔬菜产值 16 亿元，林业产值 2.5 亿元，畜牧业产值 10 亿元，渔业产值 1 亿元，农林牧渔服务业产值 1.2 亿元）；工业总产值预计完成 29 亿元，增长 52%；旅游总收入预计完成 73.3 亿元，增长 39.5%。2016 年易地扶贫搬迁 1645 户 7359 人全部搬迁入住；2017 年易地扶贫搬迁的九阡、中和、县城集中安置点完成投资 3 亿元，建成安置房 1028 套。生态扶贫：兑现公益林、退耕还林资金 6578.4 万元，聘用建档立卡贫困户生态护林员 449 名，通过生态补偿脱贫 1848 人。教育扶贫：在县职校成立“精准扶贫班”，在 86 个行政村开办“脱贫攻坚夜校”，安排夜校教师 344 名，开展贫困劳动力培训 3759 人次。发放生源地助学贷款 3607 笔 2241 万元，完成各阶段家庭经济困难学生资助 1444.5 万元，高中、中职困难学生免学费 279.8 万元，安排贫困人口子女进城镇就近入学 832 人。社会保障：实现建档立卡贫困人口新农合和大病保险全覆盖，全县贫困人口享受“四重”医疗保障（贫困人口构建基本医保、大病保险、医疗救助、医疗补充保险）救助人数 7066 人次，补偿金额 3179.8 万元。城镇、农村居民低保标准比上年分别提高 10%、15.3%，发放低保金 5365 万元，救助 23.2 万人次。社会帮扶：国家宗教局、省军区、省财政厅、省民宗委、州民宗委等单位定点帮扶三都，与广州市黄埔区建立两地区县结对帮扶关系，各类社会帮扶资金 1.9 亿元。

【殡葬改革】 2017 年，三都归神园（殡仪馆公墓）项目完成主体工程，入园公路项目建设总工程量90%。在县城开展殡葬改革政策宣传，发放殡葬改革宣传材料3000份，拟制《三都水族自治县殡葬改革工作实施方案》等殡葬改革配套政策性文件，推进殡葬改革工作。

【教育】 2017年，三都全面实施农村义务教育营养改善计划，新建山村幼儿园36所，实现村村有幼儿园的目标；基本普及十五年教育通过省级评估验收；县职校通过“省级示范性中等职业学校”初审。2017年九年义务教育巩固率达86.66%，高中阶段毛入学率达89.51%，高考本科上线人数1198人，比上年增加105人。

【卫生计生】 2017年，三都中医院、妇幼保健院、阳光健康养老中心主体完工；医疗机构业务收入1.1亿元，同比增长18.02%；实现每千人拥有床位数3.7张；全县常住人口出生率12.07‰，符合政策生育率89.89%，控制在省州下达的任务范围内。

【社会保障与救助】 2017年，三都社会保障体系建设实现困难群众定点医疗机构“一站式”救助结算，城镇职工基本养老保险在职参保率100%，城镇职工基本医疗保险参保率99.6%，城乡养老保险参保率87.73%；城镇新增就业2800人，增长17.3%。

【文化体育】 2017年，三都建成民族体育竞技中心并投入使用，开工建设档案馆和文化馆，建成40个贫困村村级文化活动室，完成三都第一次全国可移动文物普查工作。完成县庆60周年系列活动。

（韦绍武　李永全）

荔波县

【概况】 荔波县地处贵州最南端，云贵高原向广西丘陵过渡地带，是贵州南下出海最近的通道。全县总面积2431.8平方公里，辖2个乡（其中1个水族乡、1个瑶族乡）、5个镇、1个街道办事处，94个村民委员会、6个居民委员会。年末，总人口181520人，其中少数民族169016人，农村人口99082人，城镇人口82438人，分别占总人口的93.1%、54.6%、45.4%。人口出生率12.97‰，自然增长率7.52‰，符合政策生育率90.68%。矿产资源主要有煤炭、白云石、硅石、铅锌矿等。森林覆盖率69.55%。

2017年，地区生产总值57.33亿元，增长12.5%；固定资产投资73亿元，增长23%；规模以上工业增加值12.1亿元，增长11.5%；社会消费品零售总额12.72亿元，增长13%；财政总收入7.73亿元，增长22.29%；一般公共预算收入3.68亿元，增长17.36%；城镇居民人均可支配收入27772元，增长9%；农村居民人均可支配收入9297元，增长10%；金融机构人民币各项存、贷款余额分别为82.89亿元、65.54亿元，增长13.1%、34.1%。增比进位在全省同类县市位列第一。获国务院通报表扬为“落实有关重大政策措施真抓实干成效明显县市”。

【脱贫攻坚】 2017年内，圆满完成脱贫攻坚春季攻势、夏季大比武和秋季攻势各项任务，全面打响基础设施建设、易地扶贫搬迁、产业扶贫、教育医疗住房“三保障”等四场硬仗和“组组通”公路建设、产业扶贫三年行动计划、易地扶贫搬迁、农村危房改造和住房保障、贫困劳动力全员培训促进就业脱贫、健康扶贫、旅游扶贫等七大战役。创新“六个一”（每户制定一套脱贫方案、每户制作一张帮扶明白卡、每周拨打一次亲情电话、每月走访一次贫困户、每季度完善一次收支台账、每月进行一次工作督查）和“三有评选”（有感恩之心、有脱贫之志、有增收之行）扶贫机制和“先建后补、以奖代补”项目模式获省州肯定。代表黔南州迎接国家东西部扶贫协作交叉考核并获考核组一致肯定。完成1656户6326人的县城、甲良、佳荣和瑶山易地扶贫搬迁安置点竣工入住，后续扶持政策全面落实。完成175公里农村“组组通”道路和1693户“危改”“三改”建设，“七个小康”行动计划稳步推进，贫困地区基础设施大幅改善。积极争取脱贫攻坚投资基金支持，共谋划115个项目，获批基金5.95亿元，桑蚕全产业链成为全省试点示范项目。整合涉农资金3.48亿元，投入财政专项扶贫资金1.7亿元，发放“特惠贷”“惠农脱贫贷”3.8亿元，以桑蚕、青梅、精品水果、瑶山鸡、佳荣生态牛为重点的扶贫产业总产值达8.5亿元，受益7.3万人次。教育扶贫惠及2.26万人次，“四重医疗保障”补偿比例达98.94%，农村劳动力全员培训7274人。深入实施扶贫协作“六大任务”，扎实开展“百企帮百村、百企帮千户”行动，对口帮扶、定点帮扶、企业帮扶取得明显成效，涌现了马丽华、陈文宝等一批脱贫攻坚先进典型。全年减贫8016人，8个贫困村出列，贫困发生率下降至13.4%，“两率一度”不断提升。新增12个小康村，全面小康实现程度达96.7%，荣获“2017年度中国全面小康扶贫十佳县市”称号。

【旅游业】 新产品业态接连涌现，以国际视野高标准启动大茂兰景区旅游总体规划，茂兰AAAA级景区创建通过首轮景观质量评审，保护区标识指示系统全面完善升级。寨票渔隐民宿、水浦恩铭故里、梦柳布依风情小镇、大土苗寨、瑶麓青瑶古风园获批AAA级景区。冰雪水世界（一期）试运营，成为西南亲水、滑雪旅游新品牌。洪江国际艺术村、董岛音乐家部落基本建成，成为文旅融合新亮点。成功引进国内外知名企业开发观音峰景区、月亮湖度假区和荔波安纳塔拉度假酒店，兰鼎山、联山湾、玄武山、捞村大峡谷、七彩河等新景区和赛娥、水浦等精品民宿示范点开发建设稳步推进。制定出台旅游服务质量提升三年行动计划和旅游要素提升实施方案，大小七孔景区实现“一票制”运营，4个民族特色星级旅游服务站和14个景观文化提升项目全面建成投用。建立“十大金牌导游评选”等旅游服务激励机制，成功精选并推广50道荔波特色菜肴。全县宾馆酒店发展到210家，乡村民宿133家，客栈106家，总床位数达2.3万个，乡村旅游带动就业2.5万人。全年共接待游客1200万人次，增长36%；旅游总收入108亿元，增长38%，旅游增加值占GDP比重达51%。荣获“中国西部全域旅游发展贡献奖”和“中国最具生态旅游魅力县”“中国候鸟旅居小城”称号。

【绿色工业】 启动建设农耕文化园果品深加工和国家农业公园项目，建成运营青梅、蜜柚加工生产线，初步形成桑蚕、青梅、蜜柚三大特色产业链。成功研发旅游商品235种，销售收入1260万元，旅游商品开发、农特产品精深加工两大绿色工业体系实现立柱架梁。编制大健康产业发展规划，启动建设清源堂康养中心，完成国际大健康养老中心前期工作，荣列“省健康养生产业示范基地”。扶持发展微型企业109家，启动“千企改造”5家，新增规模工业企业9家，全县“四上企业”达113家。驾播、瑶庆、播尧、甲良4个园区累计建设项目23个，总产值达12亿元。民营经济增加值33亿元，占GDP比重58%。工业投资完成2.9亿元，规模工业总产值达35亿元。

【生态农业】 出台“一县一业”助推脱贫攻坚三年行动计划，明确桑蚕产业作为主导产业。大力实施“3个10万亩”工程，桑园、梅园、果园分别达1.5万亩、1.3万亩、12.1万亩。创建5000亩校农结合蔬菜保供基地，茶园发展到2.63万亩。新增茂兰和佳荣2个省级高效农业示范园区，全县7个省级园区总产值63亿元，增长34%。农村土地承包经营权确权登记颁证“四项指标”均达96%以上。新增“三品一标”无公害产地认证面积8.2万亩，无公害产品认证累计57个，荔波蜜柚获“全国名特优新农产品”“国家地理标志保护产品”称号。成功争取广州江南果菜市场开设荔波农产品销售“绿色通道”，初步达成“白云·荔波农业产业园”合作意向。引进农商旅冷链物流项目，填补了农产品冷链物流空白。县级以上龙头企业达40家，家庭农场、专业合作社分别达55个、354个。农业投资完成32亿元，增加值10.2亿元，荣列“全国水稻病虫害绿色防控示范县”。

【城乡建设】　一是县城实现景区化发展。《荔波县城市总体规划修编》报审待批，完成荔波城市形象VI设计。景城融合呈现崭新面貌，人民广场、恩铭广场、樟江园广场和樟江景观带（二期）全面建成，成为市民最喜爱的休闲乐园和滨水空间。民族体育活动中心运动场馆全面开放运营，在全省县级城市中率先投放共享单车。投入3亿元实施县城绿化亮化美化整体提升工程，成功打造大型实景灯光秀，完成市政道路改性沥青改造32万平方米，新铺花岗岩人行道板8.9万平方米、道牙5.3万米。县城区面积扩展至9平方公里，绿地覆盖率达36%。智慧旅游集散中心（一期）试运营，完成汽车城和智能生态停车场规划，荣获国家首批城市停车场试点示范城市，是全国唯一获批县级城市。逐步规范房地产开发市场，及时妥善化解房开问题，加强房开企业管理，房地产销售面积达22.5万平方米。二是乡镇实现精特化转型。深入实施“七星抱玉”城乡发展规划，7个小城镇建设亮点纷呈，建成梦柳布依风情小镇，驾欧集镇和联山湾完成整体提质改造，王蒙集镇和新街村实现整体搬迁。坚持疏堵结合，完成23个农村集中建房点选址，严厉打击“两违”行为，依法拆除2.2万平方米违法建筑。城镇建设完成投资21.5亿元，城镇化率达43.3%。三是乡村实现富美化提升。完成全县乡村建设规划和315个30户以上自然寨规划编制。全面实施农村人居环境改善工程，完成樟江、淇江旅游观光带2296栋小康房改造。实施懂蒙、太吉、尧古、水浦、者吕传统村落的公共服务设施配套建设。积极推进茂兰瑶麓、甲良拉街、金对申报全国第五批传统村落，水葩、懂蒙古寨被评为“中国少数民族特色村寨”，水浦村获“中国美丽休闲乡村”称号。

【基础设施建设】　交通领域完成投资31.5亿元，贵南高铁、三荔高速、荔榕高速全面动工，机场改扩建和荔波至环江高速有序推进。全面建成西门景观大道、果园观光公路主线、淇江旅游公路（一期），开工建设捞村峡谷旅游公路，全县旅游公路总里程达320公里。完成瑶山至懂蒙、茂兰至洞塘、洞塘至里根县乡道改造，茂兰至大沙坡、茂兰至荔波、大土至茂兰、九阡至佳荣公路提质改造完成前期工作，荣获省级“四好农村路”示范县。建成荔波一级客运站，开通4条县内旅游专线。樟江航运完成朝阳大坝、便民码头和渡改桥等项目。航线培育成效显著，机场旅客年吞吐量首次突破10万人次，成为全省首个开通“云上公交”的县市。水利领域完成投资3.3亿元，尧柳、大土水库基本建成，拉毛、拉寨水库开工建设，三荔、架桥、石板、的马、吉腊等水库前期工作有序推进，平林水电站工程形象进度达67%。建成5个农村饮水安全巩固提升项目，惠及2.59万人。小农水项目考核连续4年位列全省第一，水利综合改革荣获全省“先进单位”称号。

【生态环境保护】　完成营造林6.86万亩、水土流失治理25.64平方公里、石漠化治理20平方公里，森林覆盖率达69.55%，跃升全州第一。“绿色荔波”三年行动计划圆满收官，六大工程全面完成，累计实施项目58个，绿化美化面积30万亩。森林资源保护成效明显，“六个严禁”专项执法行动实现“四个100%”。严格抓好中央环保督察和国家土地例行督察反馈问题整改落实，樟江风景名胜区问题整改顺利通过国家复查验收并获高度肯定。积极推动生态保护红线划定，严格执行《樟江流域保护条例》。突出抓好大气、水、土壤污染防治，建成县城饮用水源取水口上移工程和佳荣、播尧2座污水处理厂，开工建设时来和拉欧污水处理厂。新建污水收集管网62公里，基本完成县城雨污分离系统污水主管网铺设和54个村庄生活污水治理项目。城乡生活垃圾无害化处理率、城镇污水处理率、县城空气质量指数优良率、集中式饮用水源地水质达标率分别达90.17%、93.5%、99.7%、100%。获评“全国水土保持生态文明工程县”，成为珠江流域第一个获此殊荣县市。樟江河入选全省十条“最美河流”。

【智慧体系建设】　建成大数据应用中心，完成重点行业数据采集，新增大数据企业13家。智慧谷及智慧生态城项目有序推进。完成大小七孔智慧景区建设并成功纳入全省数字经济示范景区。启动县级公立医院远程医疗服务建设，构建智慧医疗体系。与阿里巴巴、科大讯飞等知名企业合作推进智慧教育。持续推进电子商务惠民工程，电商企业发展到310家，村级服务站点69个，网上交易额4.8亿元，网络零售额突破亿元，位列全省同类县第一。开通69个村级物流网点，物流体系建设实现乡镇全覆盖。启动实施县城和主要景区免费WiFi全覆盖工程，新开通4G基站117个，完成32个行政村光纤宽带升级改造。

【全面深化改革】　全面实施43项深化改革任务，制定实施全县供给侧结构性改革方案。“放管服”“三集中三到位”“云上编制”“商事制度”等改革纵深推进，深化“互联网+政务服务”，进一步推进政务服务向基层延伸。先行先试开展农村集体建设用地使用权制度改革，洪江村列为全州试点。全面推进不动产确权登记，搭建农村产权交易平台，配套完善产权交易制度体系。全面开展农村“三变”试点改革。进一步理顺县乡财政管理体制。成功组建城市管理综合执法局，有效解决权责交叉、职责分散等问题。筹建县旅游发展委员会、旅游市场监管分局、旅游警察大队。全面推动县级公立医院和“医共体”管理体制改革，持续开展“先诊疗·后付费”诚信医疗服务。推行出租车、运游一体化、网络约车等行业改革。推出“三清四进两承诺”城市社区和小区管理服务模式。创新开展“148”法律服务精准扶贫。大力实施科技兴县，率先开展省州县三级联合专利行政执法专项行动，综合科技进步水平指数位列全省同类县第一。

【项目建设】　项目库动态储备达2600个，总投资4990亿元。全年共实施项目131个，35个省州重点项目完成投资74.41亿元，获批中央预算内投资资金2.13亿元，向上争取补助到位资金16.7亿元。进一步修订完善《荔波县民宿产业优惠政策》，围绕休闲旅游、民宿产业、高效农业、实体工业等产业，积极开展领导带头招商、小分队招商、以商招商、精准招商，成功签约月亮湖、观音峰综合开发、农商旅综合体等一批重大项目。招商引资到位资金138亿元，增长30.5%。

【金融服务】　共争取获批融资54.8亿元，到位资金47.9亿元，有力保障了全县重大项目建设。县级国有企业步入实体化。农商银行实现“信合村村通”，贵州银行、贵阳银行荔波支行开业运营，引进贵州富民村镇银行入驻荔波。创新政府资源配置方式，实现玉朝大道、小七孔大道经营权市场化配置。出台《荔波县政府性债务管理工作意见》，政府性债务总体可控，化解成效显著，成功争取2个总额度达124亿元的PPP项目包进入省项目库，20亿元生态智慧停车场专项债券和2.8亿元绿色专项债券发行前期工作稳步推进。“借、管、用、还”的良性机制逐步形成，荔波PPP化债模式列入全省试点。

【社会事业】　实施西部教学改革支持计划，县城四小和3个乡村小学、4个乡村幼儿园投入使用，荔波一中搬迁、梦柳小学、联山湾小学等项目开工建设。高考二本以上上线率继续位列全州前列。启动县医院扩建和新疾控中心建设，建成县中医院（二期）和妇幼保健院，完成甲良、朝阳、佳荣、黎明关4个中心卫生院标准化建设，建成肯甫卫生院、8个乡镇中医馆、50个村级中医室。完成“五个全面建成”工程，基层医疗卫生服务能力进一步提升，省级基层卫生应急规范化建设达标县创建通过评估验收。成功创建1个“国家卫生乡镇”、20个“省级卫生村寨”，连续13年蝉联“国家卫生县城”称号。深入推进省级食品安全示范县创建。落实全面二孩政策，完善计划生育服务管理，实现人口均衡化发展。城镇新增就业2915人，登记失业率控制在3%以内，荣列“全国结合新型城镇化农民工返乡创业试点县”。新农合参合率98.87%，基本社会保险综合参保覆盖率97.36%。新烈士陵园开工建设，完成气象台站搬迁前期工作。佳荣、播尧敬老院投入使用，开工建设小七孔、黎明关敬老院。“11224”殡葬改革模式向乡镇延伸。持续开展“文明在行动·满意在荔波”活动，“多彩贵州文明行动暨整脏治乱专项行动”考核位列全省第六、全州第一，成功创建4个省级文明单位、4个文明乡镇、6个文明村。

【文体活动】 2017年，举办承办黔南州第五届运动会、第十二届梅花节、月亮山徒步露营节、国际儿童动漫节、茂兰山谷国际音乐节、第五届世界摄影大会、首届瑶族文化国际交流大会、民体杯全国陀螺赛、国际跳绳公开赛等56个重大节会赛事活动，活动效应全面彰显。新媒体综合传播力继续位列全州第一，持续为荔波旅游升温造势。成立全国首个县级少数民族体育协会。积极创建全国民族团结进步示范县，推进宗教关系和谐示范工作。成功推出贵州首部民俗风情体验秀《情醉黔之南》，持续提质《水韵樟江》等文艺演出。与都匀经济开发区建立影视产业战略合作关系，建立影视拍摄外景基地，《将夜》《侠岚》《荔波森林》等影视剧在荔波拍摄。完成县城有线电视发射台搬迁扩建，新增多彩贵州广电云“户户用”7810户，现代公共文化服务体系逐步向乡村覆盖。

社会治理 “一队两基三所”、天网工程（二期）建设有序推进。建成110社会应急联动指挥中心。启动农村治安防范小天网工程，开展“五型社区”“十无村社”“无命案乡镇、无刑事村居”创建活动，村（居）网格化管理实现全覆盖。省级“平安建设示范县”“无毒害先进县”成果得到进一步巩固，全面推进“七五”普法工作。“421”社会治理模式获省州推广，“多中心合一”一站式服务成效显著，矛盾纠纷化解率达99%，群众安全感和满意度持续向好。安全生产状况总体保持平稳态势，在国务院安全生产大检查督查中获高度肯定。

荣誉称号 2017年2月3日，国家发改委发布《关于明确新增国家重点生态功能区类型的通知》，贵州省新增16个国家重点生态功能区，荔波县名列其中，明确为水土保持类型。

3月17日，国家发改委印发《关于开展试点示范工作的通知》（发改办基础〔2017〕475号），确定北京市、广东省深圳市、四川省成都市、江苏省苏州市、贵州省荔波县等5个城市为第一批城市停车场试点示范城市开展先行先试。其中，荔波县是唯一以县级身份获得批复的城市。

4月11日，在浙江省安吉县举行的2017年全国休闲农业和乡村旅游大会暨中国美丽乡村休闲旅游行启动仪式上，国家农业部、国家旅游局正式授予荔波县为“全国休闲农业与乡村旅游示范县”称号，此次全国共授牌74个县（市、区）。

9月19日，中国农业部办公厅下发《农业部办公厅关于公布2017年中国美丽休闲乡村推介结果的通知》（农办加〔2017〕26号）文件，认定荔波县水甫村等全国150个村入选2017年中国美丽休闲乡村名单。

12月3日，以“原乡梦、慢生活、大健康”为主题的2017全国候鸟旅居小城共建大会暨第四届国际候鸟（粤港澳大湾区）健康旅居产业论坛在深圳举行，荔波县荣获“中国候鸟旅居小城”称号。

12月16日，在北京召开的2017第十二届中国全面小康论坛上，荔波县荣获“2017中国全面小康扶贫十佳县市”称号，为贵州省唯一获此殊荣县市。

【景区提质扩容工程】 在景区提质扩容工作领导小组和指挥部的指导支持下，聚全民之心、汇全民之智、举全民之力，向总投资88亿元的22个重点项目超常出击，2017年内完成969户1004栋24.7万平方米房屋和1.39万亩土地的征收工作，邓恩铭故居陈列馆、樟江景观带及慢行系统、果园公路、大小七孔景区服务设施提升工程、西门服务区、西门景观大道、世界月季博览园等项目全面建成。县城亮丽工程绚丽夺目，月亮湖湿地景观山水如画。邓恩铭故居陈列馆改陈布展开放仪式恢宏壮观，自7月开放以来参观人数达6.5万人次。荔波以崭新面貌迎接省十二届旅发大会圆满召开，实现了主战场“大放异彩”、景区发展“脱胎换骨”、全域旅游“万象更新”，以景区大变化带动了县域整体水平大跃升，向省州和全县人民呈交了一份精彩满意的答卷。

【荔波县启动“施政面对面”电视问政活动】 2017年8月30日，荔波县“施政面对面”电视问政活动正式启动，由县纪委监察局主办，县全媒体中心承办的“公众参与、媒体监督、干群互动”的不定期开展电视问政活动。电视问政活动围绕县委、县政府中心工作和百姓关心的热点问题，以机关作风、工作效能、勤政廉政、为民服务、民生改善等为重点，通过现场提问方式对相关单位进行面对面问政。2017年开展问政活动3期，分别对县住房和城乡建设局、县卫生和计划生育局、水库和生态移民局、环保局（移民局和环保局合办1期）进行了电视问政。

【荔波举行邓恩铭故居陈列馆改陈布展开放仪式系列活动】 2017年7月14日，中共贵州省委党史研究室与中共黔南州委共同在荔波县举行邓恩铭故居陈列馆改陈布展开放仪式系列活动。中国人民解放军军事科学院军史部原副部长肖裕声少将，中央党史研究室科研管理部原主任、研究员黄如军，中央党史研究室宣教局原副巡视员邢济萍，中央文献研究室原副巡视员、研究员宋毅军等党史军史专家，《中共中央党校学报》，上海、山东、江苏、广东等省（市）及济南、青岛、河池等市党史部门、革命历史纪念场馆的领导专家参加开放仪式系列活动。开放仪式由黔南州委常委、组织部长胡志峰主持，黔南州委书记唐德智致辞，省委党史研究室主任杜丹宣布邓恩铭故居陈列馆改陈布展正式开放。在开放仪式上表彰了“传恩铭精神、当时代楷模，做年份英雄”先进集体和先进个人，参加活动的全体党员重温了入党誓词。开放仪式结束后，举办了“两学一做”学习教育精品党课，军事科学院军史部原副部长肖裕声、中央党史研究室科研管理部原主任黄如军、中央文献研究室原副巡视员宋毅军进行了公开宣讲。下午，在邓恩铭烈士故乡——荔波县水浦寨举行了“弘扬恩铭精神·传承红色基因”主题研讨，并在县文化大厅举办了“传恩铭精神·当时代楷模”主题研讨，专家学者就恩铭精神的现实意义及恩铭对真理追求、献身革命以及爱国爱党爱民的思想展开研讨。

【黔南州2017年第一次项目建设现场观摩会走进荔波】 2017年7月17日，黔南州2017年第一次项目建设现场观摩会走进荔波。黔南州委常委、常务副州长、福泉市委书记黄伟率第四观摩组40余名观摩组成员走进荔波实地观摩。荔波县委书记尹德俊，县人大常委会主任李洪，县委常委向宗洋、雷达等州、县相关领导领导陪同观摩。观摩组一行实地观摩了荔波县梦柳布依风情小镇、大小七孔游客集散中心、邓恩铭纪念馆及广场、周边环境整治项目、冰雪水世界等项目点。观摩组一行详细了解项目进展情况，存在的问题和困难，以及各个项目收益等情况。观摩组领导对荔波县项目建设工作取得的成绩给予充分肯定，认为荔波县各级干部和各族群众在县委县政府的坚强领导下，围绕全域旅游发展，大力实施“大扶贫、大旅游、大生态”战略，全县经济社会呈现出良好的发展态势，为推动荔波经济社会快速发展奠定了坚实的基础。

【荔波白茶荣获黔南州第四届都匀毛尖杯斗茶大赛白茶类金奖】 2017年6月9日，由贵州省人民政府、中国国际茶文化研究会、茶叶流通协会主办，贵州省农委、黔南州政府承办的2017都匀毛尖（国际）茶人会在都匀举行，大会揭晓了黔南州第四届都匀毛尖杯斗茶大赛评审结果。本届斗茶大赛分别设置了都匀毛尖、都匀红茶、都匀白茶三个奖项，评委从不同类别参赛茶样的外形、汤色、滋味、叶底等感官审评要素对茶样进行评审，分别评出都匀毛尖、都匀红茶、都匀白茶金、银、铜奖。由荔波县佳茗农业科技开发有限公司生产、选送的荔波白茶，以其优良的品质从几十个参赛茶样中脱颖而出，问鼎白茶桂冠，荣获黔南州第四届都匀毛尖杯斗茶大赛都匀白茶类金奖。荔波白茶产地位于樟江河源头、月亮山腹地的佳荣镇拉毛村，海拔950米，森林覆盖率高，生态环境优美，无污染。本届斗茶大赛，是荔波县历史以来首次参加斗茶类赛事，取得了白茶折桂的佳绩，进一步提振了荔波发展茶产业的信心，坚定了生态化、精品化、品牌化的荔波茶产业发展之路。

【全国水生生物自然保护区管理培训班在荔波举办】 2017年4月25—26日，由农业部渔业渔政管理局主办，全国水生野生动物保护分会承办的全国水生生物自然保护区管理培训班在荔波举行。农业部长江流域渔政监督管理办公室相关业务处室负责人，贵州省农委渔业处、省渔业局主要领导及业务负责人，有关省（区、市）渔业主管部门负责自然保护区管理工作的负责人，各省级（含）以上水生生物自然保护区管理机构代表参加培训。农业部长江流域渔政监督管理办公室主任李彦亮，贵州省农工委专职副书记、省农委党组副书记、副主任杨兴友，全国人大环境与资源保护委员会法案室调研员林丹，国家环保部生态司保护区处处长房志，农业部渔业渔政管理局副处长姜波，全国水生野生动物保护分会秘书长周晓华，荔波县委书记尹德俊，县委副书记、县长叶霖等领导出席培训班开班仪式。农业部长江流域渔政监督管理办公室主任李彦亮在开班仪式上讲话，对举办培训会的重要性进行讲解，指出了推动水生生物自然保护工作的方向。培训围绕新修订《中华人民共和国野生动物保护法》相关条款解读、自然保护区总体规划、自然保护区标准化管护体系、水生生物自然保护区数字化信息管理系统的建立与应用等主题作了专题讲座。同时，邀请长江上游珍稀特有鱼类国家级自然保护区（重庆段）等5个国内水生生物自然保护区代表就保护区建设与管理工作经验作交流研讨。

【全省早熟马铃薯机播现场会在荔波召开】 12月26日，2017—2018年度全省早熟马铃薯机播现场会在荔波县小七孔镇尧花村隆重召开，来自全省各县（市）的130余名领导和专家参加会议，贵州省农委党组成员、总农艺师黄俊明，省农机管理处处长戴卫岑，黔南州农委主任班代荣、副主任李应明，荔波县政府副县长吴位跃等领导出席会议。现场会上，省农机推广总站引导参会人员分别从马铃薯机械化耕地平整、马铃薯大垄双行播种、马铃薯双垄四行播种、马铃薯单垄单行播种、马铃薯半机械化播种、马铃薯中耕培土、自走卷盘式喷雾机作业、自走式喷杆喷雾机作业、无人植保机作业等机械化作业进行演示。

【国家财政部到荔波调研财政扶贫资金使用情况】 2017年5月18日，国家财政部监督检查局局长王小龙率财政部监督检查局、财政部驻贵州专员办以及省财政厅相关负责人赴荔波调研中央财政扶贫资金和涉农资金整合工作情况。调研组在听取荔波县财政扶贫资金及涉农资金整合情况汇报后，指出管好用好财政专项扶贫资金，不仅关系到人民群众的切身利益，更关系到党和政府的形象。要求各级各部门要在政策规定范围内合理申报、规范使用扶贫资金，真正为老百姓谋福利。荔波县表示，将以此次调研指导为契机，以问题为导向，不断完善制度，强化监管工作，努力使财政扶贫资金项目发挥最大效益，让人民群众得到最大实惠。

【国家体育总局、国家民委调研组一行赴荔波考察】 2017年5月26日，由国家体育总局群体司副司长李正宁带队，国家体育总局群体司、国家民委文宣司、国家体育总局体育文化发展中心、北京体育大学、中央民族大学、华奥星空等组成的调研组来到荔波开展少数民族传统体育调研活动。调研组先后考察了荔波县民族体育馆、荔波三中、瑶山小学，观看了陀螺训练、陀螺操表演，走进“陀螺王”谢友明的陀螺制作工坊。调研组对荔波县委、县政府高度重视和大力推进少数民族体育事业发展给予充分肯定，称赞荔波“陀螺文化进校园”这种少数民族体教结合的方式非常好，对文化传承起到很好作用，更好地弘扬了少数民族体育精神，并勉励谢友明继续挖掘好、传承好、推广好这项白裤瑶的“陀螺绝技”。

【中国·荔波“2017 瑶族文化国际交流大会”在荔波举行】 中国·荔波“2017 瑶族文化国际交流大会”于 2017 年 11 月 16 日在荔波县举行。由中国民族学学会、贵州民族大学主办，中共荔波县委、荔波县人民政府承办。本次大会集国际性、权威性、学术性、互动性和多元化于一体，是中国首个国际性的瑶族文化交流峰会，是瑶族文化研究 90 年以来，以瑶族文化交流为载体，汇聚世界瑶族研究专家人数最多、层级最高的一次盛会。来自美国、泰国、越南、老挝、香港等国家和地区的瑶族同胞、知名专家学者，以及中国社会科学院研究院、中央民族大学、复旦大学、四川大学、贵州民族大学、广西民族大学、广东韶关学院等著名高等院校的知名学者，广东、云南、湖南、贵州等各省市社会科学院的民俗研究者，各市、县民宗局部门和瑶族学会的专家学者近 200 人出席大会。期间，还举行了代表着友好情谊的捐赠仪式。广东省连南县向荔波赠送精美瑶绣一幅，越南瑶族协会向荔波赠送越南手工制作的瑶族服饰一套。通过“2017 瑶族文化国际交流大会”的举办，将对具有现代人类学民族学学科意义的瑶族研究发挥着无可替代的作用，也将搭建瑶族文化的国际交流平台，加强瑶族文化在国际上的交流与合作，使世界瑶族文化和荔波瑶族文化的传承与保护更加融合，促进瑶族地区经济发展。

【2017 第二届中国荔波国际儿童动漫节在荔波举行】 2017 年 7 月 21—23 日，“2017 第二届中国荔波国际儿童动漫节”在荔波举行。本届动漫节由省政府驻北京办事处牵头，省文化厅、省教育厅、省科技厅、贵州日报报业集团、当代贵州期刊传媒集团共同主办，以“丝路童心、放飞梦想”为主题，融合了科技、旅游等跨界资源。出席和参加今年活动开幕式的领导有全国政协副秘书长、民革中央副主席何丕洁，河南省政协副主席、民革河南省主委李英杰，贵州省人民政府副省长陈鸣明，贵州省政协副主席陈海峰，贵州省人民政府驻北京办事处党组成员、副主任王心一等领导，以及来自海内外的艺术家学者们。来自 25 个国家的世界顶级动漫艺术家汇聚一堂，76 个国家和地区的 4000 多幅漫画、插画作品精彩展现。动漫节活动主要有绿宝石动漫大赛、国际儿童动漫展、国际动漫研讨会、国际动漫大师工作坊、动漫大师画荔波、一带一路上的中外动漫作品特展等。

【茂兰山谷国际音乐节在荔波举行】 2017 年 10 月 1—3 日，茂兰山谷国际音乐节在荔波县黎明关乡董岛部落举行。音乐节邀请了许巍、黑豹、李志等国内知名音乐人和摇滚乐队，以及来自英国、美国、保加利亚、捷克、巴西、日本等地的国际知名乐队参演，来自全国各地的 5000 多名乐迷在这片曾经的水族部落聚居地享受音乐盛宴。

【黔南州第五届运动会在荔波举行】 2017 年 8 月 19 日上午，以“幸福黔南·动感荔波”为主题的黔南州第五届运动会在荔波县拉开帷幕。州委书记唐德智，州委副书记、州长吴胜华，州政协主席魏明禄，省体育局副局长肖俊，州四家班子，广州市白云区、上海市体育学院、省体育局、州直部门、黔南州 12 县（市）领导以及荔波县离退休老干部、荔波县民营企业家代表出席开幕式。县委书记尹德俊致欢迎辞，州委副书记、州长吴胜华致开幕辞，省体育局副局长肖俊代表省体育局在致辞中，向运动会的召开表示热烈的祝贺。运动会开幕式举行文艺演出，参加演员 3000 多人，节目分为：序“盛世花开”、上篇“幸福黔南”、下篇“动感荔波”、尾声“锦绣未来”4 个篇章，充分展现荔波多彩民族文化、民族运动和现代体育元素，给观众带来一场文化盛宴。本届运动会共有 20 个代表队参赛，设 15 个大项，203 个小项，运动会将产生金、银、铜牌共1470枚。作为东道主，荔波派出由289名运动健儿组成的代表团，是历届荔波参加人数和参赛项目最多的一次。

【2017年“中国旅游日”贵州省分会场活动暨全球绿鞋行动启动仪式于荔波举行】 2017年5月19日，由贵州省旅游发展委员会、贵州省体育局、黔南州人民政府共同主办的2017年“中国旅游日”贵州省分会场活动暨全球绿鞋行动启动仪式在黔南州荔波县小七孔景区举行。何力副省长，国家新闻办、中宣部、文化部、环保部等有关部委领导出席活动，国家体育总局、“绿鞋行动”计划的六省区生态体育建设暨山地户外运动联盟代表、省旅游发展委、省体育局、黔南州人民政府、各市州旅发委、贵安新区旅文中心、黔南州各县（市）旅游行政部门负责人、省内部分旅游企业代表、参加“向黔一公里”旅游公益活动、“碳汇公益徒步活动”代表等共300余人参加活动。“全球绿鞋行动”是本次“中国旅游日”贵州省分会场活动的亮点，活动上，与会部委领导为七个省体育局授“碳汇公益”活动推广单位锦旗；省旅游发展委副主任汪文学为腾讯网“向黔一公里”旅游公益活动启动授旗；省体育局党委书记、局长张玉广，省教育厅副厅长黄健为“青少年徒步发展联盟”首批发起成员单位（9所高等院校代表）授牌。最后，参会代表“碳汇公益”徒步小七孔景区，以此倡导和实践低碳出行、绿色旅游、文明旅游、健康旅游。

【荔波国际跳绳公开赛暨全国跳绳联赛分站赛在荔波举行】 11月29日，2017年中国·荔波国际跳绳公开赛暨全国跳绳联赛分站赛在荔波民族体育活动中心开幕。该赛事由国家体育总局社会体育指导中心、中国大学生体育协会、中国中学生体育协会、贵州省体育局、黔南布依族苗族自治州人民政府主办，全国跳绳推广中心、贵州省社会体育管理中心、黔南布依族苗族自治州体育局、中共荔波县委、荔波县人民政府承办。来自比利时、巴基斯坦、马来西亚、韩国等12个国家地区，114名外籍运动员，国内20多个省市，50多支参赛队伍，600余名国内运动员参赛，共700余名运动员同台竞技。赛事设有10个大项，49个小项，设12座奖杯，150余枚金牌。

【“民体杯”全国陀螺大赛在荔波县举行】 2017年“民体杯”全国陀螺大赛于11月23—24日在荔波县民族体育活动中心举行。来自全国各省、自治区、直辖市的15支代表队，共计160名运动员齐聚荔波，角逐中国陀螺王。大赛由国家民委文化宣传司、贵州省民宗委、贵州省体育局主办，黔南州民宗委、黔南州体育局、中共荔波县委、荔波县人民政府承办。大赛以“炫彩陀螺·动感荔波”为主题。比赛项目分为竞技陀螺和表演陀螺两项，下设团体赛、个人赛、鞭陀表演、花陀表演、自创表演5个小项目。奖项设置同样分为两大类，竞技类设男女团体一等奖各1名，二等奖各3名，三等奖各4名。设男女个人一等奖各1名，二等奖各3名，三等奖各4名。表演类设男女团体表演奖10名。

【贵州省第十六届冬泳锦标赛在荔波举行】 12月16日，2017年贵州省第十六届冬泳锦标赛在荔波县民族体育中心游泳馆开赛。赛事由贵州省体育总会主办，贵州省游泳运动管理中心、黔南州体育局、荔波县人民政府共同承办，荔波县文体广播电视局、贵州老荔波文化旅游投资集团有限责任公司等单位联合协办。来自全省各地的19支代表队554名冬泳运动员在此进行7个大项14个小项的激烈角逐。赛期两天，大赛分为男、女青年组，男、女中年组，男、女老年组，参赛运动员年龄为20～69岁，老中青参赛，按组别进行比赛，比赛包括蝶泳、仰泳、蛙泳、自由泳、混合泳等项目，分7个大项14个小项。

【中国·荔波首届月亮山徒步露营节在荔波举办】 2017年3月24—26日，“多彩贵州·生态黔南”中国·荔波首届月亮山徒步露营节在荔波举办。贵州省体育局群众体育处处长朱宝林，中共荔波县委书记尹德俊，中共荔波县委副书记、县长叶霖，荔波县人大常委会主任李洪，荔波县政协主席韦鸿敏以及在家的四家班子领导出席启动仪式。此次活动以“遇见大土苗寨·嗨翻月亮山脉”为主题，比赛分大众组徒步、专业组定向越野赛、大众组户外拓展赛三个项目。专业组最高奖金达8000元。来自全国各地的1700名驴友会师荔波月亮山，在世界自然遗产地的绝美风光中，用脚步感知大自然的神奇。

【中国·荔波第八届斗牛文化节暨首届国际斗牛邀请赛成功举办】 2017年8月26日，中国·荔波第八届斗牛文化节暨首届国际斗牛邀请赛在“斗牛之乡”甲良隆重开幕。经过为期3天紧张激烈的比赛，于8月28日晚成功闭幕。此次争霸赛总奖金设置高达99.9万元，而30万元的高额“牛王”头奖也再次刷新了荔波斗牛比赛的奖励上限，成为此次比赛的最大头彩。吸引了来自云南、贵州等省内外及国外各个地区斗牛爱好者蜂拥入场，上百头牛按胸围大小分为A、B、C三组分别参加比赛。据统计，此次比赛吸引了三万多名观众到现场观看。

（何培逊）

平塘县

【概况】 平塘是世界最大单口径射电望远镜台址地、国家自然遗产地、国家级风景名胜区、国家地质公园、中国文艺家科普创作基地，位于贵州省南部、黔南州正南端，东连独山县，西接惠水县、罗甸县，北接贵定县、都匀市，南与广西壮族自治区南丹县相接壤，跨北纬25°29′55″~26°06′41″，东经106°40′29″~107°26′19″，东西最大距离76.3千米，南北最大距离67.7千米，土地总面积2815.6平方千米。最高海拔（大塘镇艮上坡）1487.7米，最低海拔甲茶镇（原摆茹镇）甲茶村苗拉河出水处403米，平均海拔710米。气候温和，属中亚热带季风湿润气候区，年平均气温13~17.2℃，平均降雨量1100~1400毫米，无霜期256~326天。冬无严寒，夏无酷暑。县城至省会贵阳156千米、州府都匀市66千米。全县辖区总面积为2825.07平方公里，占贵州省总面积的1.6%，占黔南州总面积的10.7%。耕地面积4.84万公顷。辖1个乡（卡蒲毛南族民族自治乡）、10个镇、1个街道办事处，121个村民委员会、6个社区。2017年年末总人口340604人，其中少数民族203705人，非农业人口25237人。人口出生率12.48‰，自然增长率5.75‰，符合政策生育率91.89%。人口较多的少数民族有毛南族、布依族、苗族。

全县矿产资源主要为非金属矿。已初步探明的有煤、大理石、变质高岭石（花石）、硅石、电石灰石、陶瓷土、紫砂陶土、高岭土等；森林覆盖率为63.42%。

2017年生产总值65.6亿元，比2016年增长12.6%；农业增加值完成19亿元，增长6.5%；规模工业增加值完成7.5亿元，增长13.5%；第三产业增加值完成33.5亿元，增长15.5%；财政总收入6.86亿元，增长13.92%。固定资产投资完成54.1亿元，增长23%；社会消费品零售总额15.33亿元，同比增长13.2%；招商引资到位资金143亿元；金融机构人民币各项存贷款余额分别为80.8亿元、85.38亿元，同比增长分别为17.0%、35.1%，城镇和农村居民人均可支配收入分别为26856元、9092元，同比增长分别为9.9%、10.8%。

【脱贫攻坚】 实现2个贫困镇乡“减贫摘帽”、21个贫困村出列、减少贫困人口16766人，贫困发生率下降至11.02%，4个毛南族聚居村寨率先实现小康。全县小康实现程序达94.8%。

【产业发展】 提质增效茶园面积8万亩，新增茶园9300亩，茶叶产值达2.79亿元；“新增刺梨种植7.6万亩、百香果种植3000亩；生猪存栏19.28万头、牛存栏9.65万头，羊存栏16.3万只，生态家禽存栏191.7万羽；蔬菜种植达21.33万亩，中药材种植达1.73万亩，带动贫困人口户均增收2600余元；新增州级农业产业化龙头企业3家，成功创建州级农业园区4个，培育农民专业合作社91个，获无公害农产品产地认定18.07万亩；完成工业投资13.2亿元，实现税收1.41亿元，新增入驻企业11家，入园项目总投资达62.66亿元，高技术制造业实零的突破；完成创建3A级景区2个，新增旅游酒店29家。全年接待游客人数、旅游总收入分别增长68%、54%；发展限上商贸企业19户，培育壮大电商企业35家，完成电子商务交易额5.6亿元、网络零售交易额1.41亿元。民营经济占生产总值比重提高到55.7%。

【城镇建设】 新增城镇人口1.5万人，城镇化率提高到36%。东部县城增加面积0.7平方公里。新增城区道路10.52公里，增加城市绿化面积140公顷。销售商品房34万平方米。实施村庄整体改善环境工程244户；

【项目投资】 实施重大工程和重点项目21个，完成投资59.41亿元。交通领域完成投资11.77亿元。平罗（平塘至罗甸）高速完成整体工程量59%；改扩建省道项目140公里，建设安防工程193公里，新增公交专线6条，建制村实际通客运率达100%。水利领域完成投资8.05亿元。建成完善集镇污水处理厂4个，新建收集管网12公里；完成农村饮水安全巩固提升项目和中央败政农田水利设施建设项目县建设任务，有效改善12.62万农村人口饮水安全问题，新增耕地灌溉面积3.8万亩。通讯电网领域完成投资1.91亿元。新增4G基站89个、传输光缆567.3公里，新增25个行政村通有线光纤宽带；完成农村电网改造211.95公里，新建更换配变188台。

【生态工程】 完成营造林15.79万亩，治理石漠化25平方公里、水土流失14平方公里；建立完善三级河长制，城乡生活垃圾无害化处理率达89%，城镇污水处理率达84%，集中式饮用水源地水质达标率、城市（县城）环境空气质量达标率两项指标均达100%。完成“中国天眼”周边环境绿化美化面积3600亩。

【民生工程】 完成民生投入17.36亿元。新建公办幼儿园2所，实施“全面改薄”学校15所，平塘民中四期工程投入使用；农村学前儿童营养改善惠及9468名农村学前教育儿童；医院卫生服务体系实现“五个全面建成”，5家卫生院成功创建国家级群众满意卫生院，完成县妇幼保健院二级乙等创建工作，“百院大战”建设项目完成投资1.92亿元；新农村参合率稳定在98%以上，报销费用1.55亿元。城乡低保标准分别提高10%和15.3%，发放资金5000余万元；城镇新增就业30156人，农业劳动力转移就业1万余人；基本社会保险覆盖率、医疗保险覆盖率分别达97.4%、95.86%。

【贵州省第十二届旅游产业发展大会在平塘县召开】 2017年11月7日，贵州省第十二届旅游产业发展大会在平塘县克度镇（天文小镇）隆重召开，大会主题是“聚焦大射电，联通天地人”。省委书记孙志刚，省委副书记、代省长谌贻琴，省政协主席王富玉以及省领导幕德贵、李冉勇、龙长春、卢雍政、李汉宇；黔南州委书记唐德智，州长吴胜华；平塘县委书记、人大常委会主任臧侃，县长莫君锋，县政协主席张建海出席会议。副省卢雍政主持会议，代省长谌贻琴作旅游推介。是日，省委书记孙志刚为中国天眼景区“中国科技旅游基地”揭牌，省委副书记、代省长谌贻琴在平塘天文小镇会见美国旅行代理商协会主席赞泆科比。

（黄通进）

罗甸县

【概况】 罗甸属新阶段国家扶贫开发重点县、滇黔桂石漠化片区县以及革命老区县，地处贵州南部边陲，与广西依红水河相望，紧靠中国天眼FAST，县城距省会贵阳119公里，距州府都匀187公里。全县国土面积3015平方公里，辖8镇1乡1街道，总人口35万人，以布依族、苗族为主。县境属亚热带季风气候区，具有春早、夏长、秋迟、冬短的气候特点，年平均气温19.6℃，年均降雨量1335毫米，无霜期长达335天，素有“天然温室”“贵州小三亚”之称，火龙果、蔬菜、艾纳香、脐橙等农特产品扬名省内外。境内民族风情纯朴，自然风光秀丽，水能、矿产资源丰富，大理石、硅、铁等矿产储量大、品位高、易开采，特别是近年新发现的罗甸玉，品质可媲美新疆和田玉。先后荣获“中国火龙果之乡”“中国观赏石之乡”“中国长寿之乡”等称号，是康体养生、冬季避寒和休闲野钓的最佳目的地。

2017年，完成地区生产总值73.72亿元，同比增长12.1%；固定资产投资完成91.96亿元，同比增长22.3%；规模以上工业增加值完成13.11亿元，同比增长12%；财政总收入9.02亿元，同比增长1.2%；非税收入占比控制在23.4%。金融机构存、贷款余额分别为77.93亿元、66.49亿元，同比分别增长12.8%、22.1%；农村、城镇居民人均可支配收入分别为9573元、26720元，同比分别增长9.9%、8.6%；社会消费品零售总额达14.4亿元，同比增长12.2%。全省增比进位综合测评排第三方阵甲类县第6位。

脱贫攻坚。按照“五个一批”“六个精准”要求，全方位推进“1833”战略举措，全面打响摆脱贫困的攻坚硬仗。经县级评估可实现7个贫困乡镇摘帽，11个贫困村达标出列，减少贫困人口1.23万人；贫困发生率降至19.61%，小康实现程度达94%。统筹整合各类资金3.54亿元，全力推进行政村全域水、电、路、宽带、广电网络建设。实施通组公路硬化339公里；改扩建村级卫生室13所，改建村级幼儿园21所；建成76处农村饮水安全巩固提升工程，解决和改善2.98万人的饮水安全问题；实施危房改造2076户，完成“改厕、改厨、改圈”1.7万户；建成村级垃圾收运系统5套、垃圾焚烧池87个；改建文化活动场所35个，新增多彩贵州“广电云”户户用1.4万户。落实财政专项扶贫资金1.1亿元，投入产业扶贫子基金1.93亿元，重点引进和支持3家上市公司、4家农业龙头企业、5家劳动密集型企业、8个农村专业合作社，带动实施产业扶贫项目187个，13247户49264名贫困人口受益。完成退耕还林1601亩，低保“农转城”1707人。资助贫困家庭学生3578人1016万元，实现县内入学就读“零障碍”；建立健全健康扶贫“四重保障”制度，推行贫困人口先诊疗后付费政策和“一站式”即时结算补偿服务，先后补偿37198人次1010万元，建档立卡贫困人口就医基本实现“零负担”；开展专项劳动就业技能培训6674人，对有就业意愿的贫困人口做到全员覆盖；教育医疗就业扶贫基本实现“两零一全”。

农业产业提质增效。以黔甸蔬菜公司为龙头，巩固提升逢亭祥脚1500亩蔬菜保供基地，启动建设龙坪罗化、边阳罗沙2个常年基地，全县36.13万亩蔬菜种植更加标准化、规模化。以深圳百果园和电商为主渠道售卖鲜果、德龙食品用残次果生产酵素、天旺科技用火龙果花提取多糖和加工花茶为标志，火龙果产业实现“吃干榨尽”。以海南胜杰公司为龙头，在茂井兰西、罗悃罗苏、龙坪交谷、凤亭仁兴等地试种哈密瓜取得成功的基础上，2000亩大棚的标准化基地建设如火如荼。同时，木引天纯农业投资的5000亩蜂糖李、茂井四季果园2000亩十月桃、麻怀迎香公司实施的300亩林下仿生食用菌等一批新兴种植项目，也成为农业提质增效的新生力量。2017年，实现农业增加值17.1亿元，同比增长7.2%，全县经济作物占比达66.9%。

工业经济加速发展。实现工业增加值19.4亿元，同比增长12.5%。将工信局、投促局、园区办合署办公，资源共享，提高服务能力。“一区四园”共建成园区道路2.53公里、标准厂房2.37万平方米；新增入园企业15家，新增规上工业企业5家，在库总数达到30家。药业板块中，信邦公司新增一条多肽生产线，龙头地位得到巩固，君之堂、艾力康两家药企即将投产，湖北神农本草公司成功加盟。电力板块中，蒙江公司装机6万千瓦的上尖坡电站建成发电，协鑫、中利腾晖、金诺利三家公司分别采取罗悃朗顶纯商业模式、茂井高里村级扶贫模式、县城屋顶分散模式，实现光伏并网发电4.8万千瓦。石材板块中，坤达启动上市，新宝隆重启建设，欣益诚、昌润、茂钰等改造升级。打火机板块中，以中焰环兴为龙头的打火机全产业链企业招引顺利，一期年产2亿只生产线56天实现投产，产品远销印度尼西亚，配套引进的立旺、广源等链条企业已落地建设。

第三产业提速推进。以绿城桃花源养生度假小镇、玉石文化中心、边阳花卉观光园、王乃山公园及红水河景区提升改造为主的旅游基础设施加快推进，休闲垂钓、越冬避寒、康体养生逐步成为旅游名片；旅游总收入实现10.95亿元，同比增长50%。高速玉都物流园有序推进，永辉超市入驻明珠中央广场商业综合体，城北建材城如期投运，限上批发零售、住宿餐饮企业达54家，商贸流通业态日渐丰富。银行业务进一步拓展，县级村镇银行报省获批，金融服务实体经济的能力得到提升。实现第三产业增加值32.6亿元，同比增长15%。

城镇化成效明显。完成农业人口转移15941人，城镇化率达39%。县城总规完成修编，启动地下管廊、城市燃气等专项规划编制。以“五桥二路一园一坝两中心”为主的城东基础设施加快建设，以五星片区、马草片区、新莲片区、环城路片区、望月路片区为主的棚户区改造推进有序，以安邦二期、千岛城二期、永龙三期、信邦城一期为主的房地产项目稳定运行，以边阳、沫阳、罗悃、逢亭、木引、红水河等为重点的小城镇建设推进有力，城镇吸纳能力不断提升。城镇化及其关联产业对县级财力的直接贡献达8000多万元。

生态治理成效显著。以抓实中央环保督察问题整改为重点，围绕天蓝目标重拳整治县城区工地扬尘和餐饮油烟，抓实黄标车和老旧车辆淘汰，建成72个汽车充电桩，探索引进新能源共享汽车，推动低碳出行、绿色生活，环境空气质量优良天数比例达93.5%。围绕地绿目标大力实施天然林保护、石漠化治理等重点生态工程，完成营造林12万亩，石漠化综合治理25平方公里，森林覆盖率提高到57%。此外，强化城乡生活垃圾收集处理，完成逢亭、罗悃、茂井、沫阳垃圾收运系统主体建设，积极开展垃圾焚烧发电项目前期工作，城乡生活垃圾无害化处理率达86%。围绕水清目标着重强化饮用水源地保护，全面落实“河长制”，投入3020万元完成龙滩库区网箱整治2795亩，投入7287万元建设县城污水处理厂三期工程，集中式饮用水源地水质达标率100%，县城污水处理率达85%。

教育医疗就业全面加强。投入资金近4亿元，建设和完善了一批教育基础设施，21所学校改薄工程全面铺开；边阳中学新校区、越秀实验小学、高平实验学校等新建教育项目推进顺利；全县“普十五”和“两项督导”顺利通过省级评估，第一中学跨入省级示范性高中行列；小学、初中、高中入学率分别达到99.23%、95%、90.47%，幼儿入托率达88.15%；中考成绩700分以上人数全州排名第四；高考一二本上线765人，上线率44.95%，平均分数全州排名第六。继续推行县级医院托管乡镇卫生院，完成龙坪、罗悃、八总卫生院改扩建，稳步开展分级诊疗和“一站式”同步结算，实现县乡远程医疗对接会诊全覆盖；新农合、职工医疗保险报销分别达81.57万人次和1312人次，报销金额分别达1.23亿元和387万元。全年完成农村劳动力转移就业1.17万人，新增城镇就业9116人，城镇登记失业率控制在3.53%以内。全年共发放城乡低保金7924万元，支付各类社会保险待遇2.1亿元。

社会大局持续稳定。深入推进“平安罗甸”“法治罗甸”“和谐罗甸”建设，不断强化和提高社会治理水平。投入资金4500万元，新建或改建龙坪、边阳、逢亭、木引派出所，完善县城及主要出县通道的电子监控设施，建成县一小人行天桥和1000个交叉路口安全桩、106个公交站台、322个智能停车位等市政交通辅助设施。扎实推进“七五”普法和“多中心合一”改革，集中化解突出矛盾和信访问题的能力有效提升。强化重点领域、重点行业、重要时段安全隐患排查不遗漏、预防常态化，全年没有发生较大以上安全责任事故，有力保障了人民群众的生命财产安全。

【罗甸县建强电商经济助力脱贫攻坚】 一是搭建展示平台。积极鼓励企业和专业合作社自建电商平台，建成“要啥”“买菜去”“醉美罗甸”等社会电商平台及“掌上V罗甸”等电商公共服务平台；在“那家网” “贵农网”开设“罗甸馆”，引入34家企业71个特色产品上线销售。二是拓展经营网络。强化电商服务配套，建成边阳电子商务运营中心、“互联网+”寿乡特色产品体验馆，实现特色产品展示、电商培训、第三方服务等功能；建成农村电子商务综合服务站80个，其中贫困村32个，电商公共服务体系实现乡镇全覆盖。三是擦亮特色品牌。结合地方特色，开发出“洒亭”火龙果、“农家女”脐橙、“摩尔多瓦”葡萄、阿娜香（艾纳香产品）等自主品牌；引进种植蜂糖李、哈密瓜、百香果等精品水果，以特色产业引领脱贫攻坚。2017年，实现网络交易4.975亿元，仅农特产品电商销售达3680万元。

【罗甸县全力推进大数据与实体经济深度融合】 一是深入推进“大数据+工业”深度融合。在全省推出“互联网+民生”的“贵医云”项目，2017年，一期项目完成并实现手机和柜员机终端上线运营。结合“千企改造”，积极推进企业开展大数据、智能制造等示范应用。2017年，全县新增大数据企业16家。二是深入推进“大数据+农业”深度融合。积极开展农业大数据应用，在全县9个乡镇（社区）安装了26台“农业一点通”，在部分肥料销售点和超市安装配方施肥网络应用终端。以电商扶贫“一村一品”网货基地建设项目为抓手，助推全县农产品“产销消”一体化发展，与“那家网”“领略中国”“沃尔玛超市”等主要流通企业建立供销合作关系，实现线上线下销售。2017年，全县已建立农村淘宝点120个，参与“互联网+农产品”的电商销售的农业企业达14家。三是深入推进“大数据+服务业”深度融合。启动“智慧旅游”平台建设，完成红水河景区监控安装并实现网络购票。在千岛湖大酒店建成了200平方米“互联网+大健康特色产品体验馆”；在边阳镇茶马古道建成了“贵州罗甸边阳电子商务运营中心”；开展村级电商服务站点建设，与省供销社“贵农网”合作，完成了80个乡村级综合服务站；建立罗甸电子商务微信公众号，社会消费群体可通过电子商务微信公众号购买罗甸特色产品。

【罗甸县投入3000万元打造麻怀同步小康示范样板村】 截至2017年，罗甸县在麻怀村共投入资金3000万余元，着力打造同步小康示范样板村。一是完善设施，打造村级阵地样板。以“四在农家·美丽乡村”基础设施六项行动为抓手，整合财政、扶贫、民宗、农工等部门资金2700万余元实施硬化路建设、山塘、供水及电网改造等项目，完善水、电、路、讯、房等基础设施建设，共实施通组串户硬化公路2条，房屋立面改造224栋，改水改厕113户，建成600平方米群众服务中心及停车场1个，安装太阳能路灯114盏、4G站1个。二是培育产业，打造经济发展样板。依托良好的生态资源优势，因地制宜，大力实施庭院经济项目，发展林下特色经济，打造山地生态高效农业示范样板。2017年，共实施庭院经济项目5个，发放黑毛猪144头，土鸡8540羽，建成圈舍38个，养鸡场2个。同时，充分利用“特惠贷”等金融政策吸引撬动社会资金，发放特惠贷85万元带动社会资金116万元，发展铁皮石斛种植大棚2个，种植食用菌26亩、建设标准化食用菌大棚51个1.5万平方米及育苗大棚1344平方米，流转药材种植用地30亩。种植品种包含白芨、白芍等珍贵药材。三是提炼文化，打造教育培训模板。以不等不靠不要、敢想敢做敢为、坚决摆脱束缚开凿山洞的精神为基础，提炼铸造“敢于挑战，坚定不移，百折不挠，协力攻坚”的“麻怀干劲”，推进脱贫攻坚同步小康教育培训基地建设，投入170万余元建成麻怀群众服务中心，修善屯上、麻怀等文化活动中心，建设农家乐接待中心、服务中心会议室、农家超市及农村银行等，打造新农村教育培训样板。目前，麻怀教育培训中心已成为贵阳市委党校、黔南州委党校、罗甸县委党校教育培训基地，共接待省、州、县各级各部门参观考察人员20000余人次，开展教育培训4000余人次。

（罗祥祖）

都匀经济开发区

【概况】 都匀经济开发区成立于1992年，1995年被批准为贵州省首批省级经济开发区，位于黔南州府所在地都匀东部，是黔南州委州政府唯一直属管理的省级经济开发区。2017年1月正式实行区镇机关合署办公。2017年8月，州委、州政府做出进一步强化都匀经济开发区开发功能的重大决定，解除匀东镇与都匀经济开发区的托管关系，对都匀经济开发区规划建设范围、机制体制等进行了调整，调整后的开发建设范围总面积从原来的512平方公里调整为57.5平方公里。由此，都匀经济开发区开始创建以现代制造业为主的国家级经济开发区，围绕建设产城景融合、宜居宜业宜游、独具特色的都匀城市新区，合理调整规划布局，围绕产业发展定位进一步扩大招商引资，围绕聚焦人气进一步完善城市功能，加快成长为引领黔南州经济发展的增长极。

2017年，都匀经济开发区始终坚持发展第一要务，实现经济社会快速平稳健康发展。全年完成固定资产投资58.43亿元，同比增长21.8%；一般公共预算收入1.84亿元，同比增长22.02%；规模以上工业增加值6.95亿元，同比增长11.3%；招商引资到位资金109.25亿元，同比增长42.8%，成功签约10亿元以上项目8个；实际利用外资5685万美元；共接待游客220万人次，实现旅游收入13.2亿元。

【体制机制改革】 2017年，为充分发挥都匀经济开发区在大都匀建设中的重要作用，加快把黔南打造成为民族地区创新发展先行示范区的进程，州委常委会做出强化都匀经济开发区开发功能的重大决定，建设范围总面积从原来的512平方公里调整为57.5平方公里，并解除了都匀市匀东镇与都匀经济开发区的托管关系，将社会民生事业、扶贫涉农、征地拆迁等社会管理工作职能划转给都匀市管理，全区机构编制从原来的25个精简为11个。都匀经济开发区紧抓体制机制改革契机，明确了“打造全州经济中心，尽快成为全州新的经济增长极；建设城市新区，疏解老城区，提高都匀城市品质；打造全州旅游集散中心，塑造都匀‘中国优秀旅游城市’新形象”三大职能，取得了增强开发区开发功能的阶段性成效。

【影视文化旅游产业】 完成《都匀经济开发区旅游发展规划》《都匀经济开发区山地全域旅游总体规划方案》编制，建成梦都文化旅游创意园一期（秦汉城）、巨升红色文化影视基地（一期）等重大影视文化产业项目，都匀茶文化影视小镇成功申报国家AAAA级旅游景区，都匀·国际足球小镇建设有序推进。制定《都匀经济开发区影视文化产业若干扶持办法（试行）》，成立区景区影视管理中心、演员工会，进一步规范影视拍摄管理工作，成功吸引10余家影视企业注册，签约影视剧19部，完成拍摄13部，正在拍摄5部，群众演员参演达1.1万人次，提供群众演员、影视服务等就业岗位2000余个，带动区内消费达3亿元。成功举办春节庙会及系列大型体育赛事活动。

【农村土地改革】 2017年，都匀经济开发区在绕河村和营盘村率先实施农村集体建设用地使用权制度改革，基本完成改革试点理论探索及基础性工作，形成“一方案四办法”（一方案：《都匀经济开发区农村集体建设用地使用权制度改革试点工作方案》；四办法：《都匀经济开发区农村产权交易管理暂行办法》《都匀经济开发区农村产权抵押贷款管理暂行办法》《都匀经济开发区农村集体建设用地使用费收支管理暂行办法》《都匀经济开发区农村宅基地退出暂行办法》）理论成果，探索建立农村产权交易、抵押贷款及风险防控等4项机制，同步完成全区农用地定级及农村集体土地基准地价编制工作，农村集体建设用地使用权制度改革取得一定成效。

【精准扶贫】 都匀经济开发区组建区、镇、村三级脱贫攻坚作战指挥机构，精准选派1465名干部开展结对帮扶，2017年，全年共减少贫困人口419户1359人，王司村、新场村顺利出列。实施2017—2018年度易地扶贫搬迁工程，548套搬迁房主体封顶。实施14个扶贫项目覆盖贫困户1595户。整合资金15.92亿元，实施小康房建设120户，完成国道G321改造14.77公里，撤并建制村道硬化路改造56公里，完成饮水安全项目7个。开发影视产业岗位1200个，吸收贫困人口就业343人，年人均增收4800元以上。组织332户贫困户参与“惠农脱贫贷”“特惠贷”项目，年户均增收3000元。

【社会民生】 2017年，都匀经济开发区投入1.59亿元完成义务教育均衡发展基础设施建设。匀东中学、都匀一中新校区建成并投入使用，黔南州医院、黔南州中医院、区中心医院、技师学院等公建项目加快推进。建成保障性安居工程22.58万平方米，达到入住条件3192套，已选房入住1753套。新增城镇就业3650人，实现劳动力转移就业2200人。发放农村低保816万元、城镇低保84.79万元、贫困户救助金95万元、医疗报销费用331.25万元。实施“平安开发区”建设，连续三年“两抢”案件零发案，天网一期工程建成投入使用。

【对外开放】 都匀经济开发区充分发挥作为全州对外开放战略主平台的作用，通过粤桂黔高铁经济带（贵州园B区）建设，融入国家“一带一路”战略，申报广东（贵州）产业园落户建设，配合办精办好都匀毛尖（国际）茶人会、粤桂黔高铁经济带合作试验区联席会等重大节会活动，拓宽对外开放平台，加快构建全方位开放格局。

【深化改革】 都匀经济开发区推进供给侧结构性改革，以国企集团化实体化改革为抓手，培育具有市场竞争力的国企集团，发展混合型经济，完成清水江城投集团的改革和组建工作。创新和拓展市场化的投融资渠道，在项目建设中依托资本市场，强化国有公司融资功能，通过市场化运作，公司化操盘的方式有效化解政府债务。通过国有企业与金融资本合作，成立了中科东升、凯得东升、富昇等三支产业发展基金，按照“政府引导、市场主导、专业运营、精准投资”的原则，帮助区内产业转型升级和企业发展壮大。

【对口帮扶】 2017年，按照中央精神和省州统一部署，都匀经济开发区与对口帮扶单位广州市黄埔区（开发区）达成对口帮扶合作协议，以合作共建黔南·广州产业园为基础，互派考察团开展学习调研，互派干部挂职交流，明确了将都匀经济开发区建成国家级经济技术开发区的共同目标，建立了多方位密切配合的沟通协作机制，力争在2020年之前成为全国东西部扶贫协作的典范。双方签订了《2017—2020年产业园区共建框架协议》《黔南州委、黄埔区委关于黔南州与广州市黄埔区（广州开发区）对口帮扶对接座谈会备忘录》以及通过两地深化合作国企先行原则，黔南东升发展有限公司与广州凯得控股有限公司签订了《广州凯得控股有限公司与黔南东升发展有限公司园区共建合作框架协议书》，并且共同成立了都匀经济开发区凯得东升招商有限公司、黔南凯得东升产业发展有限公司、黔南凯得东升创业投资有限公司，构建共建产业园四梁八柱。2017年，都匀经济开发区在广州市黄埔区（开发区）的帮扶下，紧盯珠三角地区精准招商，引进广东企业12家，注册资本5.75亿元。

（罗韵熙）

·附　录·

FU LU

黔南布依族苗族自治州 2017 年国民经济和社会发展计划执行情况与 2018 年国民经济和社会发展计划草案的报告

（2018 年 2 月 5 日在州十四届人民代表大会第三次会议上）

黔南州发展和改革委员会主任　郑绍峰

各位代表：

受州人民政府委托，现向大会报告 2017 年国民经济和社会发展执行情况及 2018 年计划草案，请予以审议，并请州政协委员和其他列席人员提出意见。

一、2017 年国民经济和社会发展计划执行情况

过去的一年，我们以迎接和学习贯彻党的十九大为主线，在州委的坚强领导和州人大、州政协的监督支持下，深入贯彻落实新发展理念，守好发展和生态两条底线，以提高发展质量和效益为中心，强力推进“3366”发展战略，统筹做好稳增长、促改革、调结构、惠民生、防风险各项工作，全州经济社会发展总体平稳、稳中有进、稳中向好，“十三五”规划实施取得阶段性成果。

（一）经济总量与发展速度实现“双稳进”。面对经济下行承压和投资要素趋紧，着力抓好企业服务、项目建设和精准调度，主要经济指标保持两位数增长，综合实力迈上新台阶。全州地区生产总值达 1160.59 亿元，同比增长 12.1%，增速排全省第三位。三次产业结构优化为 17.4∶35.6∶47。固定资产投资完成 1284.8 亿元，增长 21.9%；规模工业增加值完成 402.37 亿元，增长 11.6%，增速排全省第三位；社会消费品零售总额 279.1 亿元，增长 12.6%，增速排全省第二位；一般公共预算收入 119 亿元，增长 13%，增速排全省第二位；金融存贷款余额分别为 1660.7 亿元、1328 亿元，增长 9.2%、24.6%，贷款余额增速排全省第一位；城镇和农村居民人均可支配收入分别达 28565 元、9746 元，分别增长 9.6%、10.2%。

（二）有效投资与扩大消费实现“双拉动”。

继续发挥投资对稳增长、夯基础的关键性作用，争取到国家各类资金25.5亿元，直接融资到位资金300亿元，推进债券申报13支。发布重大工程包项目555个，总投资4653亿元，省州重点项目完成年度投资1280亿元，一、二、三产分别完成投资26亿元、230亿元、1029亿元。编制实施PPP项目规划和三年行动计划。举行四次重大项目集中开工和两次项目现场观摩活动，集中开工重大项目196个、总投资722亿元。交通、工业、水利重点领域投资分别完成403亿元、336亿元、83亿元。“南翼”5条在建高速公路总体形象进度达75%左右，建成普通国省干线433公里。瓮马铁路及贵南客专完成投资17亿元。建成平塘黑沟、荔波尧柳、贵定乐芒等12座水库，新开工惠水平寨等20座水库，凤山大型水库通过水利部审查，率先在全省实现“县县有中型水库”的开工任务。积极引导扩大消费需求，加快拓展文化、体育、娱乐、康养、旅游等消费业态，新增批零住餐限上企业195家。汽车、石油销售成为新的增长点，新增上牌车辆11万辆，增长达22.7%，成品油销售量达71.2万吨，增长5.89%。旅游消费持续“井喷”，旅游登记住宿660万人次，实现旅游综合收入862.4亿元，增长43%。

（三）产业扩张与动能培育实现“双增强”。绿色农产品“泉涌”发展，刺梨、火龙果、绿壳蛋鸡种养规模居全国第一。茶叶、蔬菜产值分别达54亿元、152.5亿元；肉类产量达54.7万吨。农产品加工率达90%。农业类龙头企业达735家，新增专业合作社1100个。长顺列入全国农村产业融合发展示范园。以“双千工程”为抓手，改造提升雪花啤酒、独山金锰等企业404户，新引进省外项目754个，卡布国际、老干妈等重大工业项目加快建设。瓮福集团、金正大等10户龙头企业完成投资16.5亿元。川恒化工成功上市。独山经济开发区上榜国家新型工业化产业示范基地。全州14个产业园区完成投资430亿元，实现税收90亿元。罗甸、独山光伏发电装机容量达110兆瓦。大数据产业产值达194.7亿元。大健康“6个50工程”完成投资59亿元。福泉（国际）陆港投入使用。全州电商市场主体达3700家，电子商务交易额达100亿元，增长40%。新增4A级景区3个、3A级景区13个，荔波樟江5A级景区实现提质扩容，“中国天眼”景区荣获“中国科技旅游基地”。

（四）城镇建设与城乡统筹实现“双促进”。都匀“2688”主骨架路网加快建设，都凯、都独、红牛3条城市快速路总体形象进度达90%以上。以突出开发功能为导向，进一步理顺了都匀经济开发区管理体制。全州实施棚户区改造、城市综合体开发等系列项目439个，完成投资430亿元。建成城市停车位1.2万个，慢行绿道94公里，开工建设地下综合管廊13.5公里。建成荔波月亮湖湿地公园、龙里莲花生态湿地休闲体验区、罗甸城东湿地公园、长顺天灯坡公园等一批城市公园。完成78个乡镇总体规划编制。瓮安县猴场镇成功列入全国第二批特色小城镇名单。加速推进“四在农家·美丽乡村”六项行动计划，统筹实施1330个村庄农村人居环境整治项目。福泉江边寨、荔波水浦、贵定音寨、平塘京舟、长顺凤凰坝等特色村寨成为知名乡村旅游景点。全州常住人口城镇化率达50.5%。

（五）生态建设与环境保护实现“双提升”。“绿色黔南”建设三年行动计划圆满收官，完成营造林101万亩，治理石漠化面积164平方公里，森林覆盖率达63%，跃居全省第二。成功夺得2020年第四届中国绿色博览会举办权。实施绿色技改项目69个、大生态和绿色工程项目85个，分别完成投资5.5亿元、90亿元。强化生态环保“两把利剑”，狠抓中央环保督察存在问题整改落实，重安江、瓮安河总磷污染治理取得明显成效。生态红线划定基本完成。“河长制”实现全覆盖，全面施行“一河一策”和重要河段分行业“水污染防治”三年行动计划。加快工业废渣资源化利用，工业固废综合利用率55%，规模工业增加值能耗下降17.6%。瓮安经济开发区入选国家级绿色工业园区。启动磷石膏“以用定产”系统处理分析研究，磷石膏废弃物综合利用走在全省前列。统筹实施治气、治水、治土行动，全州城乡生活垃圾无害化处理率为83%，城镇污水处理率达86%，集中式饮用水源地水质达标率达100%，城市环境空气质量优良率平均值达98%。

（六）改革创新与开放合作实现“双驱动”。坚持以供给侧结构性改革为主线，统筹推进实施“1+5”供给侧改革方案。紧扣“三去一降一补”任务，完成关闭煤矿21处，退出产能198万吨，取缔“地条钢”企业2家。棚户区货币化安置46230户。27家企业纳入省级拟上市企业后备资源库。取消产品质量监督检验费、行政审批和强制检定收费等一批行政事业性收费。电力直接交易超35亿千瓦时，为企业节约用电成本1.1亿元；出台价格改革实施方案，建立州级公平竞争性审查制度。推进农村产权制度改革，“三变”改革惠及农民12.3万人。深化“走出去”策略，与德国艾尔福特市等4个国外城市缔结友好城市，达成了天文合作、健康养生、旅游开发等多项协议。成功举办第三届粤桂黔高铁经济带合作联席会、第四届中国物流（都匀）国际峰会、第十二届省旅发大会等重大开放活动。编制帮扶合作三年行动新计划，与广州集中签约合作项目50个。广东（贵州）产业园落户都匀经济开发区。新增对外贸易经营企业72家，新增外商投资企业7家。州外到位资金达2159亿元，新引进3家500强企业首次入黔。实际利用外资3.5亿美元。完成进出口总额3.03亿美元，增长26%。

（七）脱贫攻坚与民生事业实现“双突破”。以“1+2+15”深度贫困地区为重点，全面打响脱贫攻坚“四大硬仗”，减少农村贫困人口13.86万人，贫困发生率降至9.87%，贫困村退出214个，贫困乡镇全部按省标减贫摘帽，瓮安县、龙里县向国家申请退出贫困县。贵定县电商扶贫“一户一码”模式得到国家商务部推广。“1+7”民生工程完成投资238亿元，州十件实事完成投资171亿元。实施完成3245公里通组路。农危房改造完成2.66万户，建成保障性安居工程5万套。城镇新增就业8.67万人，龙里、独山列入国家级返乡农民工创业试点。共享单车登陆荔波，成贵州省首个县级投放城市。医疗卫生服务“五个建成”全面铺开，乡镇卫生院远程医疗服务体系建设完成任务数达90%以上。全州乡镇公办幼儿园实现全覆盖，38所新建公办幼儿园全部竣工，都匀一中新校区正式启用。惠水大学教育城加快发展，实现高校在校生达3万人以上。城镇居民基本医疗保险、新农合补助、城乡低保、医疗救助、残疾人两补标准全面提高。物价保持稳定，CPI同比上涨0.6%。

过去皆为序章，前路任重道远。我们深知全州发展不平衡不充分的主要矛盾还很突出，经济总量小、产业结构单、脱贫任务重的状况仍在延续，短贷长投现象多、产业投资占比低、新兴产业成长慢、科技创新能力弱等老问题尚未解决，一些新情况新问题又亟待破解，主要表现在：主要经济指标增速连续两年回落，特别是GDP、固投、规模工业等增速均低于“十三五”规划目标1个百分点以上。在国家金融政策收紧、监管趋严的背景下，项目筹资举步维艰，传统投融建模式难以为继，债务风险不容忽视。农产品精深加工、流通销售相对滞后，工业、服务业整体处于产业链价值链的中低端，配套产业集群极少。磷化工“以用定产”政策执行，将对工业经济带来较大冲击。环保新标准和绿色发展指数倒逼产业转型升级，能矿产业将面临新的“阵痛期”。这些问题我们将高度重视，采取有力有效措施切实加以解决。

二、2018年经济社会发展主要目标建议

2018年是贯彻党的十九大精神的开局之年，是改革开放40周年，是决战脱贫攻坚、决胜同步小康、实施“十三五”规划至关重要一年，也是续写新时代黔南发展新篇章的落笔之年。按照州委十一届五次全会暨全州经济工作会议总体部署，建议2018年经济社会发展的主要预期目标是：地区生产总值完成1300亿元，增长12%，其中第一、二、三产业分别增长6.5%、10.5%和16%；规模以上工业增加值增长11.5%；固定资产投资增长21%；社会消费品零售总额增长13%；一般公共预算收入增长10%；金融存贷款余额分别增长12%、24%；招商引资到位资金完成2200亿元；旅游总收入增长35%；城镇新增就业人数7.8万人；城镇和农村常住居民人均可支配收入分别

增长9%和12%；完成省下达的减贫目标任务；城镇化率达51.5%；森林覆盖率达64%；完成省下达的节能减排降碳指标任务；居民消费价格指数控制在省定目标范围内。

2018年经济社会发展的主要指标体系提出，既坚持了稳中求进的原则，又体现了更积极更扎实的要求，更考虑了建立在质量之上的发展速度，是跳起来能够摘到的“桃子”。因此，按照州委十一届五次全会暨全州经济工作会议的部署，建议重点抓实四个方面：一是突出高质量发展根本要求。坚持质量第一、效益优先，依靠改革创新加快培育发展新动能，促进经济结构优化升级，并切实体现到发展目标、重点任务、重大举措的制定和落实之中，强力推动“三大变革”。二是聚焦实体经济振兴。以高端化、绿色化、集约化为目标，以产业为关键，以企业为核心，推动人力财力物力向实体经济倾斜，改造提升传统产业，培育壮大新兴产业，加快振兴实体经济这个立州之本。三是竭力扩大有效投资。全州在短期内依靠扩大消费、增加出口拉动经济增长还不太现实，当前和今后一个时期，投资拉动仍然是黔南州经济增长的主要动力。务必把抓投资作为抓发展的关键，着力在控制风险的基础上扩大合理有效投资。四是始终以人民为中心。坚持以人民为中心的发展思想，把能不能增进人民福祉作为工作评判标尺，尽力而为，量力而行，努力让改革发展成果更多更公平惠及全体人民。

三、2018年经济社会发展重点任务措施

今年经济形势依然复杂，发展任务繁重艰巨。我们将深学笃用党的十九大精神，以习近平新时代中国特色社会主义思想为指引，牢记嘱托、感恩奋进，重点抓好“六个三”工作：

（一）聚焦重点难点问题，全力打好防范化解重大风险、精准脱贫、污染防治“三场”攻坚战。

一是坚决打好防范化解重大风险攻坚战。坚持开前门、堵后门，严格落实政府性债务管理“七严禁”，加快推进PPP化债、融资平台实体化转型。研究制定防范化解地方政府隐性债务风险的措施，有效遏制隐性债务增量。进一步规范地方政府举债行为，严控新增债务。严格落实好重大投资事项报备制度和重大项目风险防范机制，加强对200个存在建设资金链断裂等风险隐患项目的监测和管控，切实避免陷入债务泥潭。深化与开发性、政策性银行合作，有效提升直接融资的比重。加强对影子银行、互联网金融等监管，严厉打击非法集资、非法吸储、非法套利等干扰金融秩序行为。全面加强和创新社会治理，统筹抓好安全生产、信访维稳、社会治安等领域的风险防范。建立建设单位与承包单位“双向担保”机制，完善落实农民工工资支付制度，全面治理拖欠工程款和农民工工资问题。

二是坚决打好精准脱贫攻坚战。坚持精准扶贫方略，扎实开展“脱贫攻坚作风建设年”行动，全力打好“四场硬仗”，确保2018年减少农村贫困人口13.8万人，贵定、惠水退出贫困县，294个贫困村脱贫出列。策划推出“1+2+15”精准脱贫项目包，新增脱贫攻坚项目和资金主要向深度贫困地区倾斜。坚持“两个集中”安置建设原则，实现易地扶贫搬迁10万人以上。坚持上规模、强龙头、创品牌、带农户，重点实施“一县一业”产业扶贫，建立乡（镇）产业扶贫平台公司，确保县县有1个主导产业基金项目落地，力争脱贫攻坚产业投资子基金再投放50亿元。深化对口帮扶，突出产业协作，实施好广州帮扶支持的系列项目。完善机关事业单位帮扶机制，打造民营企业“百企帮百村”升级版。加强扶贫资金监管，推进贫困县涉农资金实质性整合。

三是坚决打好污染防治攻坚战。牢牢守住“两条底线”，制定实施耕地草场河湖休养生息实施方案，系统推进美丽黔南林业提质增效三年行动计划，大力实施刺梨产业、特色商品林、林下经济产业、花卉苗木产业、森林康养产业等五大提质增效工程。新增水土流失治理面积180平方公里，治理石漠化面积131平方公里。全面落实“河长制”和“库长制”。严厉打击环境违法行为，继续开展“六个一律”环保“利剑”执法专项行动。抓好中央环保督察反馈的30个问题以及159项整改措施落实。持续推进小型燃煤锅炉、落后

产能淘汰及企业强制性清洁生产审核工作；制定城市限制燃煤区和禁止燃煤区划定方案，加快实现城区“无煤化”与新能源替代。推进福泉工业废气深度治理三年行动计划。启动实施全州重要河流水污染防治三年行动计划，重点实施重安江、瓮安河磷污染和都柳江锑污染治理，确保县级以上城市集中式饮用水水源地水质达标率100%，县城集中式饮用水水源地水质达标率在99%以上。

（二）聚焦实体经济振兴，全力推进农村产业、工业经济、现代服务业“三产”提质并进。

一是大力实施农产品“泉涌”工程。全面加强现代农业产业体系、生产体系、经营体系建设，培育壮大新型农业经营主体。大规模地调整种养结构，积极推进旱地基本农田全部种植经济作物。持续做强茶产业、做特生态蔬菜产业、做精精品水果产业、做优生态畜牧业，分别完成茶园、蔬菜、果园、刺梨、中药材高标准基地80万亩、100万亩、80万亩、50万亩、30万亩，出栏生猪达410万头、生态家禽达2300万羽，努力把黔南打造成为粤港澳大湾区优质特色农产品供给基地。加大农产品质量监管，实现县乡农产品质量安全监测全覆盖。开展“星级农业园区”建设工作，打造10个以上现代山地特色高效农业“接二连三”示范区，全力再创1个国家级农村产业融合发展示范园。大力发展定制农业、休闲农业、创意农业、养生农业等新业态，探索建设一批生态养老田园综合体。

二是加快推进新型工业化步伐。以“扩面提标优质”为方向，大力实施“千企改造”工程，实施223户规模以上工业企业改造，带动全州实施改造的规模以上工业企业累计达80%以上。新引进投资5亿元以上工业项目8个、1亿元以上工业项目40个，确保完成工业固定资产投资380亿元。加大“千企引进”力度，重点推进产业链招商，引进一批产业关联性大、带动力强的上下游企业。全面推进产业园区实体化经营，探索将园区部分或全部事务委托给第三方运营管理。鼓励州内建筑企业跨地区、跨行业、跨所有制采取联合、兼并、重组、股份合作等形式做大做强，积极谋划组建成立州建工集团。贯彻实施军民融合发展战略，实施一批军民融合产业项目，聚力打造2－3个退伍军人创业园（基地）。出台磷石膏“以用定产”的扶持政策，支持企业利用磷石膏生产建材及其它产品，争取消纳磷石膏460万吨。力争完成规模以上工业总产值1700亿元，新增规模工业企业100户以上。实施新一轮“民营经济倍增计划”，民营经济增加值达788亿元，占GDP比重突破60%。

三是加强服务业中高端供给。制定和实施现代服务业三年提升行动方案，强力推进现代服务业“十百千”工程实施，继续做好2018年省级现代服务业集聚区认定申报工作。加快推进大健康36个重点项目实施，加快规划打造8个森林康养小镇，打响荔波森林氧吧、罗甸暖冬、龙里太阳谷、福泉太极养生、贵定相思湾等健康养生品牌。加快冷链物流38个项目建设，库容达13.9万吨，引进和培育大型冷链物流企业5家以上，实现冷链物流县县全覆盖。以旅游业“九大工程”为重点，实施好旅游提质升级三年行动计划，继续开展精品旅游景区创建，推出一批中高端旅游产品，实现旅游总收入增长35%以上。进一步优化现代物流业区域布局，加快打造“5＋2”物流平台及配套建设。大力引进电商优强企业，培育西南地区快递物流＋电子商务产业聚集区，支持县县建成一个以上产业扶贫综合电商平台。

（三）聚焦增强发展后劲，全力推进有效投资、招商引资、项目筹资“三资”发力支撑。

一是全力增强有效投资拉动力。围绕“七大战略”“六大任务”，编制重大项目投资储备三年滚动计划和年度计划，系统化谋划储备新兴产业、科技创新、基础设施、乡村振兴、脱贫攻坚等重大项目1000个以上。安排实施省州重大工程项目637个以上，办好重大项目集中开工和现场观摩活动，重大工程项目年度计划投资1400亿元以上，交通、工业、城建、旅游、农业、能源投资分别完成400亿元、380亿元、400亿元、155亿元、75亿元、20亿元以上，产业投资占固定资产投资的比重达到40%以上。继续推进贵阳至黄平、都匀至安顺等高速公路的建设，建成204公里高速公路（州境内115公里），力争开工建设惠水至平塘、贵阳乌当至贵定云雾等高速公路。全线建成都独、都凯城市快速干道。继续推进瓮马铁路、贵南客专建设进度，确保黔桂铁路都匀站移站工程、瓮马铁路及南北延伸线完成投资20亿元，贵南铁路完成投资30亿元。推进荔波机场改扩建全面开工，启动贵定、瓮安等县（市）A3级通用机场建设。抢抓国家加快推进172项重大水利工程建设机遇，新开工建设平塘擦耳岩等15座水库，确保全年完成水利投资75亿元。利用生态、气候优势，进一步拓宽房地产投资领域，重点拓展“旅游+地产”模式，促进房地产实现恢复性增长。

二是集中力量推进招商引资。坚持“五为五不为”，以开展“招商突破年”为契机，全力引进500强企业5家以上，引进技术含量高、成长性好的企业100家以上，引进开工建设亿元项目250个以上。开展项目集群和产业集群项目招商谋划，着力解决项目编制供需信息不对称问题。有序开展中介招商、以商招商，积极争取中国银行、境外国际组织、侨商协会等单位和团体支持，开展境外招商。将中国物流（都匀）国际峰会、国际射电天文论坛、都匀毛尖（国际）茶人会等办成国内国际投资贸易洽谈会的大平台。深入推进“双服务”行动计划，建立服务环境测评体系，推进营商环境第三方评估，全力打造开放、统一、公平、透明的营商环境。以粤港澳大湾区为重点目标区域，开展新型工业和服务业精准招商。创新开展“打大包、招央企”行动，组织工作专班与目标央企订制招商，推动一批重大基础设施和重大城市开发项目开工建设。

三是千方百计筹措项目资金。用好用足国家级试验区、示范区“名片”，争取各类专项资金不低于全省总盘子的10%。深挖投融资政策“红利”，针对乡村振兴、商贸物流、新型服务业、旅游业、新兴产业、大健康、大数据等领域谋划项目，积极争取上级资金支持。争取中央预算内资金30亿元以上。最大限度探索“走前门”方法路径，探索重点领域项目收益权登记质押融资，推进应收账款质押与PPP、债券基金等融资方式深入融合。切实激活民间投资，贯彻实施重点行业民间投资项目改革试点工作，民间投资占比达45%以上，农业、工业、旅游、其他服务业、房地产等民间投资分别完成50亿元、300亿元、50亿元、100亿元、150亿元以上。主动对接政策开展境外债券、境外主权贷款融资，支持罗甸、平塘争取金砖国家新开发银行4亿美元新型城镇化项目贷款和4000万欧元欧洲银行林业项目贷款。谋划一批符合政策导向的企业债、绿色债券等专项债券。运用市场化基金、创新政府资源配置方式和PPP存量债务化解基金等方式保障项目融资。

（四）聚焦城乡统筹发展，全力推进城市提质、乡镇整治、乡村振兴“三级”联动建设。

一是着力提升中心城镇聚集发展能力。加快“都匀”变“都市”进程，扩大优质公共服务供给，深入实施产业项目建设、道路交通建设、集中连片开发三年行动计划，以绿博园规划建设为带动，系统推进东湖周边开发建设，持续提高都匀的美誉度和首位度。进一步强化都匀经济开发区功能，协同推进县域中心城市提质升级，提高县城对乡镇和农村的吸附力，建设一批带动能力强的市政基础和公共服务设施，统筹推进都匀、独山、三都国家新型城镇化试点工作。深入推进市民休闲娱乐消费环境打造，新增城镇道路100公里、停车位12000个、汽车充电桩1500个以上，每个县（市）新增或改造城市综合公园1个以上。

二是聚力抓好乡镇整治和示范建设。实施一批中心集镇道路、农贸市场、污水管网、幼儿园、卫生院功能配套基础设施建设，不断增强中心集镇承载力，做强做大乡（镇）经济。重点开展乡镇污水、垃圾处理攻坚专项行动，完善污水处理设施建设，建设一批垃圾处理站，完成垃圾收运站100个以上，改变乡镇环境“面貌”。推动乡镇产业化发展，围绕资源条件和市场需求，进行以农业为主的产业布局，由一般加工工业向涉农工业转型，形成市场带龙头、龙头带基地、基地联系农户的经营格局。加快完善特色小城镇“8+X”基础设施建设，继续打造惠水百鸟河数字小镇、平塘航龙天文小镇、荔波小七孔旅游等特色小镇，推动成为产业聚集区、经济增长极。

三是全力打造美丽乡村升级版。实施乡村环境治理、农村人居环境治理改善三年行动计划，完成以行政村为单位的村庄规划，重点实施农村人居环境综合整治项目，完成4000个以上自然村寨环境整治工程。围绕“四在农家·美丽乡村”升级版，实施“八个小康行动计划”，推进少数民族特色村寨保护与发展三年行动。加大危房改造力度及“三改”。加快乡村经营平台建设，清除阻碍要素下乡各种障碍，鼓励乡镇组建产业扶贫平台公司，支持村级开办公司实体化经营。大力实施乡村振兴战略，高起点打造“富美黔南经典百村”，推进“中国天眼”项目区3县8镇39个村的乡村振兴试点，塑造美丽乡村新风貌。

（五）聚焦动力活力激发，全力实施改革推动、开放带动、创新驱动“三动”并驾齐驱。

一是深化供给侧和重点领域改革。制定2018年供给侧结构性改革实施方案，紧扣落实“三去一降一补”五大任务，深入实施“双退出”计划，全面推进煤炭行业淘汰落后产能三年攻坚行动，持续推进15万吨/年以下规模煤矿退出，严禁引进“地条钢”项目。全面推行棚改和城区征地拆迁项目货币化安置，加快建立多主体供给、多渠道保障、租购并举的住房制度，有序推动商业地产去库存。加大股权融资力度，落实好市场化法治化债转股。引导金融分支机构和服务网点的完善和延伸。扎实推进降成本减负行动，降低实体经济企业成本30亿元以上。进一步清理规范中介服务，动态管理政府定价经营服务收费目录清单，有序推进天然气、交通运输、旅游、医疗、教育等重点领域价格改革，继续推进电力市场化交易。深化制度性交易和商事制度改革，进一步推进“放管服”改革。继续在全州推进公平竞争性审查制度。统筹推进综合行政执法改革、事业单位机构改革、事业单位公车改革、城镇市政基础设施运行管理改革、农村产权制度改革等重点领域改革。

二是加快构建全面开放新格局。引导发挥大型企业在开放合作中的积极作用，通过政策配套和以商招商，将企业培育生成开放创新平台。做好“外贸、外经、外资”三篇大文章，培育外贸综合服务企业，提升外贸发展的量级和内涵。用好国家进口贴息等政策，积极推动企业进口先进技术、产品和服务。主动融入“一带一路”、长江经济带大区域战略，抓好左右江革命老区重大项目协同建设。加强与川贵广—南亚国际物流大通道沿线重点城市的开放合作，集中打造贵州（昌明）国际陆港、独山保税物流中心（B级）。深化与“两广”区域合作，深度参与粤桂黔高铁经济带建设，加快推进广东（贵州）产业园、粤桂黔高铁经济带合作试验区（贵州园B区）建设。深化与“两贵”“两州”区域协作，加快构建黔中龙溪经济协作试验区、都凯经济协作区，打造贵州南部经济增长新引擎。

三是坚持实施创新驱动战略。以大数据战略行动为引领，重点打造智慧黔南综合平台。以梦动科技、百度大数据（百鸟河）运营中心、黔南数联铭品等企业为骨干，开展各数据资源的采集清洗和存储等创新业务，分别完成软件和信息服务业、电子信息制造业产值7亿元、16亿元，大数据产业收入111亿元以上，新兴产业投资增速达到30%以上。实施农业科技成果运用计划，加快苗药等中药民族药及特色医药产业基地建设。支持龙溪经济带打造产学研一体化的“智慧谷”。实施科技特派员创新创业行动计划和“三区”科技人员服务计划。支持科技型企业建设重点实验室、工程技术研究中心、院士工作站等高端创新平台。着力打造一批“双创”示范基地。指导和培育众创空间建设，加快瓮安安青创业社国家级众创空间和惠水百鸟河联想之星省级众创空间发展。

（六）聚焦办好民生实事，全力推动基础设施、教育事业、医疗服务“三块”短板齐补。

一是竭力实施民生工程。树立以人民为中心的思想，积极实施“1+7”民生工程，重点办好“十件民生实事”。实施城镇供水和农村饮水安全巩固提升工程，改善40万人饮水条件。新建及改造10千伏线路443千米、配变223台，满足349个深度贫困村用电需求。建设“组组通”硬化路

5000 公里，力争 30 户以上的自然村寨都通上硬化路。实施多彩贵州“广电云”户户用工程 12 万户。新增 155 个行政村光纤网络建设，基本实现行政村光纤网络全覆盖。建设深度贫困村电子商务网点 116 个。天网工程乡镇新增摄像监测点比例不低于 35%。

二是办好公平优质教育。加强学前教育资源配备，开展普惠幼教，启动实施第三期学期教育行动计划，新建、改建、扩建城乡幼儿园 130 个以上。全面推进基本普及十五年教育和义务教育均衡发展，重点解决“择校热”、“大班额”等问题。支持都匀一中申创省级一类示范性高中，加快实现县县有示范性高中目标。学前三年入园率、九年义务教育巩固率、高中阶段毛入学率分别达到 91%、94%、88% 以上。全面推进中职学校专业布局调整三年行动计划，加快推进职业教育发展。继续压缩 6% 行政经费用于教育扶贫，全面实施农村学前教育儿童营养改善计划。大力支持黔南师院省级一流学科建设，支持黔南医专升本。支持民办教育发展，扩大优质教育资源供给。

三是加强医疗服务保障。坚持医疗卫生事业公益性，逐步提高医疗卫生公共服务和保障水平，遏制公立医院医疗费用不合理增长。实施基层医疗卫生服务能力三年提升计划，推进“百院大战”项目建设，加快推进全州公立医院应用环境改造工作，加快州中医院新院、州人民医院综合医院、州妇幼保健院新院等项目建设进度，发挥州级医院龙头作用。福泉、瓮安、惠水、罗甸人民医院达到三级医院标准。继续深化公立医院改革，积极探索药品供应保障制度改革，充分发挥三医联动效用。完善新农合即时结算平台，推进跨省异地就医实现即时结算，切实解决参合患者就医多跑路的问题。

都匀经济开发区作为州人民政府派出机构，请连同都匀经济开发区 2018 年经济社会发展计划（草案）报告一并进行审议。

各位代表，新时代开启新征程，新要求赋予新使命。让我们更加紧密团结在以习近平同志为核心的党中央周围，在州委的坚强领导下，自觉接受州人大、州政协的监督，不驰于空想、不骛于虚声，一步一个脚印，踏踏实实干好工作，确保完成全年各项目标任务，奋力续写黔南现代化征程新篇章，为决胜脱贫攻坚、全面同步小康作出新的贡献！

黔南布依族苗族自治州 2017 年全州和州本级预算执行情况与 2018 年全州和州本级预算草案的报告（草案）

（2018 年 1 月 19 日在州十四届人大常委会第 13 次主任会议上）

黔南州财政局局长　刘　丹

主任会议：

受州人民政府委托，现报告 2017 年全州和州本级预算执行情况，提出 2018 年全州和州本级预算草案，请予审议。

一、2017 年全州和州本级预算执行情况

2017 年，在州委的正确领导下，在州人大的法律监督和州政协的民主监督下，全州各级财税部门认真贯彻落实州十四届人大第一次会议决议，围绕稳增长、促改革、调结构、惠民生、防风险目标，积极发挥财政职能作用。坚持依法理财，积极调整和优化支出结构，努力增收节支，合理有序安排各项支出，全州财政运行及预算执行情

况良好。

（一）一般公共预算收支完成情况

全州情况。财政总收入完成208.59亿元，同比增加23亿元，增长12.39%。一般公共预算收入完成119亿元，占预算100.04%，同口径比增加13.74亿元（下同），同口径比增长13.05%（下同）。其中，税收收入85.83亿元，增加10.87亿元，增长14.5%；非税收入33.17亿元，增加2.87亿元，增长9.47%。非税收入占一般公共预算收入比重为27.87%，占比同比下降0.91个百分点。加上上级转移支付收入262.17亿元、置换债券收入84.7亿元（一般债券）、上年结余及调入预算稳定调节基金和调入资金10.8亿元，收入合计476.67亿元。全州一般公共预算支出378.35亿元，同比增加50.2亿元，增长15.3%，加上上解省级支出9.65亿元、置换债券支出84.7亿元（一般债券）、补充预算稳定调节基金1.94亿元、结转下年支出2.03亿元，支出合计476.67亿元。收支平衡。

州本级情况。州本级一般公共预算收入22.33亿元，占同口径预算104.39%，同口径比增加2.61亿元，增长13.22%。其中，税收收入17.53亿元，增加2.5亿元，增长16.63%；非税收入4.8亿元，增加0.11亿元，增长2.35%，非税占比为21.5%。加上省各项转移支付23.25亿元、动用预算稳定调节基金及调入资金3.49亿元，扣除对县级补助7.79亿元，收入合计41.28亿元。一般公共预算支出完成37.61亿元（不含县市法、检两院上半年支出1.31亿元），同口径比增加7.7亿元，增长25.75%。加上上解省级支出1.22亿元、补充预算稳定调节基金2.45亿元，支出合计41.28亿元。收支平衡。

（二）政府性基金预算

全州政府性基金收入104.97亿元，增加28.17亿元，增长36.68%。加上上级补助收入1.95亿元、置换债券收入91.2亿元（专项债券）、调入资金0.03亿元、上年结转1.86亿元，收入合计200.01亿元。全州政府性基金支出104.81亿元，加上置换债券支出91.2亿元（专项债券）、调出资金2.07亿元，支出合计198.08亿元。收支相抵，结余1.93亿元结转下年安排使用。

州本级政府性基金收入0.51亿元，减少0.11亿元，降低17.74%，占预算121.43%，加上上级补助收入0.17亿元、置换债券收入0.24亿元（专项债券）、上年结余0.86亿元、调入资金0.03亿元，收入合计1.81亿元，州本级政府性基金支出0.96亿元，减少0.02亿元，下降2.04%，加上调出资金0.61亿元、置换债券支出0.24亿元（专项债券），支出合计1.81亿元。收支相抵，收支平衡。

（三）国有资本经营预算

州本级国有资本经营收入346万元，占预算124.66%，加上上级补助7万元、上年结余156万元，收入合计509万元。州本级国有资本经营支出225万元，占预算51.9%（主要是2017年州级国有企业改革成本性支出未发生相应支出）。收支相抵，结余284万元，结转下年安排使用。

（四）社会保险基金预算

全州社会保险基金收入61.19亿元，增加11.73亿元，增长23.72%。全州社会保险基金支出67.11亿元，增加18.36亿元，增长37.66%，收支相抵，当年赤字5.92亿元，滚存结余43.22亿元（因机关事业单位养老保险改革进度不一，汇总数未含县市机关事业单位养老保险基金）。

（五）地方政府债务

截至2017年底，全州纳入政府债务系统进行管理的债务余额为751.08亿元（其中：一般债券428.37亿元，专项债券322.71亿元）。2017年度争取到置换债券175.9亿元，累计共争取置换债券617.53亿元，未置换存量债务133.55亿元，综合置换率82.22%。争取到的置换债券主要用于全州脱贫攻坚、易地扶贫搬迁、重大基础设施项目建设和置换政府存量债务。

二、2017年的主要工作

过去一年，全州各级财政部门紧紧围绕年初经济社会发展目标要求，严格执行预算法各项规定，深化财税体制改革，加强和改进预算管理，采取切实有效的措施，积极发挥财政职能作用，财政改革发展各项工作取得了新成效。

（一）强化财政收入征管，确保收入稳步增长

一年来，我们始终把组织收入作为财政工作重点，依法依规组织收入，及时召开经济运行分析调度会议，挖掘潜力做优存量，对重点行业、税种和税源实行动态监控，开展综合治税，实行收入进度预警机制，在堵塞收入漏洞上下狠功夫，确保税款及时、足额征收入库。同时，积极应对经济下行，主动适应“营改增”结构性减税降费、重点企业效益下滑等多重减收因素的影响，加大力度培植财源，厚植涵养做大增量。通过采取切实有效的措施，确保财政收入稳步增长，圆满完成了年初收入预期目标。一般公共预算收入和税收收入增幅全省排第2位，增幅和总量在三个自治州中排1位，且非税占比均低于其他两个自治州。

（二）优化财政支出结构，大力推进民生持续改善

围绕州委重大决策部署和年度工作目标任务，进一步调整并优化支出结构，优先保证基本支出，合理保障各项重点支出，增加对民生领域的投入，全力助推脱贫攻坚。一是以改善民生支出为重点。全州重点支出共安排279.5亿元，占支出总额73.87%，同比增加21.56亿元，增长8.4%，增幅全省排第3位。其中，安排教育事业发展资金77.4亿元，同比增长6.71%；安排各类社会保障和就业资金36.6亿元，同比增长39.94%，使全州23.9万城乡低保困难群众基本生活实现“应保尽保”；加大对医疗卫生事业的投入，提升医疗卫生保障水平，安排新型农村合作医疗补助资金13.72亿元，有效地解决了农村群众“因病致贫”、“因病返贫”问题，新型农村合作医疗和城镇居民基本医疗保险政府补助标准已由每人每年420元提高到450元，基本公共卫生服务经费标准由每人每年45元提高到50元，进一步缩小了城乡医疗卫生服务差距，保障城乡群众享受基本公共卫生均等化服务；安排城乡养老保险资金4.54亿元，实现了基本养老保险制度的全覆盖，确保了城乡居民老有所养，促进了社会和谐稳定；安排节能环保资金11.22亿元，不断优化生态环境，着力打造“绿色黔南”，为成功荣获第四届绿博会举办权奠定基础。二是全力助推脱贫攻坚战略。优化财政涉农资金供给侧机制，紧扣深度贫困地区生产生活基础设施建设和产业发展需求，充分发挥财政职能作用，为脱贫攻坚提供资金保障。脱贫攻坚扶贫产业子基金获审通过项目84个，金额69.23亿元。基金项目实现县域全覆盖，主导产业进一步凸显。三是大力保障重点支出。推进大扶贫、大数据、大健康、大旅游、大物流、大文化“六大战略行动”建设；建立州级建设项目库，重点支持产业园区、飞地园区建设等重大项目建设，加大对合作力度；加大对“十件民生实事”“四在农家·美丽乡村”等的支持力度，确保小康建设年度任务圆满完成。

（三）不断深化改革创新，着力推进财政提质增效

不断深化财政管理体制改革，有效实施积极的财政政策，逐步完善基本公共服务体系，努力增加公共产品有效供给。一是继续完善全面营改增改革。二是建立贷款风险补偿机制，建立“4321”政银风险补偿机制，切实为小微企业和“三农”融资担保提供风险保障。三是推进政府和社会资本合作，大力推进PPP化债模式。我州争取到PPP模式转化存量债务项目2个，化解存量债务余额8.03亿元，化债金额全省排第1位，政府债务风险的到进一步有效防控。四是创新体制机制，加大涉农资金整合力度，实行“一站式”涉农资金整合，减少整合环节，同时，下放资金和项目审批权限，采取因素法分配并切块下达资金，推动涉农资金整合与脱贫攻坚规划有效衔接，2017年整合涉农资金35.55亿元。五是注重提高资金使用效益，建立财政结转和结余资金定期清理机制，进一步加大盘活财政存量资金力度。2017年，全州共清理收回财政结余结转资金6.7亿元，收回的资金全部用于保民生、补短板。六是注重创新投入方式，用好用活脱贫攻坚扶贫产业子基金。全州获审批项目91个，获评审投资金额71.68亿元，投入到全州脱贫攻坚产业项目，减轻了财政负担，有力地支持了脱贫攻坚战略。

（四）坚持依法依规理财，强化财政规范运行。

一是以“问题大排查、解题大竞赛、破题大落实”为契机，梳理多项问题，努力提升依法理财能力；二是深入开展财经纪律检查，结合财政工作实际，抽查部分单位非税收入收缴制度执行情况，重点检查涉及民生的项目资金。三是强化“三公”经费的管控，进一步细化“三公”经费预算编制，预算执行中要求各预算单位按月报送情况，并严格审批程序，加大力度控制“三公”经费支出。

总的来看，2017 年财政运行情况虽然总体较好，但当前财政运行和财政工作还面临一些困难和问题，主要是：一是在经济下行压力较大的形势下，财政收入增速放缓，政策性刚性支出增长较快，收支平衡压力越来越大；二是部分县市非税收入占比较高，收入质量有待进一步提高；三是部分财政支出项目形成只增不减的固化格局，支出结构有待进一步优化；四是政府债务管理仍需加强，部分县市偿债能力弱化，防范政府债务风险压力较大等等。针对这些问题，我们将高度重视，采取有力措施加以积极应对。

三、2018 年全州和州本级预算草案

我们将紧紧围绕全年经济社会发展目标，认真贯彻落实省委、省政府和州委各项工作部署，优化财政资源配置，支持打好防范化解重大风险、精准脱贫、污染防治三大攻坚战，落实重大发展战略，促进如期全面建成小康社会。根据“实事求是、积极稳妥、统筹兼顾、突出重点、勤俭节约和收支平衡”的原则，结合各项经济发展预期指标，编制 2018 年预算。

（一）一般公共预算

全州一般公共预算收入预期目标 130.9 亿元，比上年增加 11.9 亿元，增长 10%；全州一般公共预算支出预期目标为 364 亿元（不含执行中上级增加安排的各项专项转移支付）。年度预算执行情况，我们将按照规定及时向州人大常委会报告。

州本级一般公共预算收入预期目标为 24.36 亿元，同比增长 9.09%。其中：税收收入（分享收入）19.83 亿元，增长 13.12%；非税收入（含专项收入）4.53 亿元，下降 5.63%。加上上级相对固定的转移支付和提前下达的补助等 28.15 亿元、各县市上解 5.22 亿元、动用预算稳定调节基金及调入资金 2.26 亿元，收入合计 59.99 亿元。州本级一般公共预算支出预安排 50.51 亿元（含省提前下达的专项转移支付，其中因政策变动，新型农村合作医疗支出由县级变动到州本级，金额为 11.05 亿元），加上上解省支出 1.79 亿元和州对县（市）体制返还 7.69 亿元，支出合计 59.99 亿元。收支平衡。

（二）政府性基金预算

州本级政府性基金预算收入 0.9 亿元，支出安排 0.9 亿元。收支平衡。

（三）州本级国有资本经营预算

国有资本经营预算收入 248 万元，加上上年结余 284 万元，收入合计 532 万元。支出安排 532 万元。收支平衡。

（四）社会保险基金预算

全州社会保险基金预算收入 82 亿元，支出 76.28 亿元。当年结余 5.72 亿元，加上上年结余 43.22 亿元，年末滚存结余 48.94 亿元。

四、2018 年财政工作主要任务

全面贯彻党的十九大精神，准确把握好中央、省、州的新形势、新要求，统筹推进“五位一体”总体布局和协调推进“四个全面”战略布局，牢固树立和贯彻落实新发展理念，适应把握引领经济发展新常态，以提高发展质量和效益为中心，实施更加积极有效的财政政策，促进经济平稳健康发展和社会和谐稳定。重点抓好以下工作：

（一）全力加强管理，努力实现财政收支预期目标。一是加强对经济运行状态与财政收入走势的实时分析，及时了解影响收入增减的各种变化因素，找准收入组织的薄弱环节及增收的突破口，增强工作的预见性和针对性，牢牢把握收入组织工作的主动权，加强税收征管合作，确保应收尽收。同时，支持服务实体经济发展壮大，积极落实财税优惠政策，争取更多资金支持企业发展，不断形成财税新的增长点，在确保税收总量的同时，切实提高收入质量，确保圆满完成收入预期目标。二是坚持依法理财、科学理财，提升财政管理水平，强化预算刚性约束，坚持先有预算后

有支出，未列入预算的原则上不予列支。三是坚持保障和改善民生，及时将民生项目资金拨付到位，加快民生项目和重点项目的支付进度，加强民生资金管理使用全过程监督检查。四是严格执行中央“八项规定”和国务院“约法三章”，狠抓“三公”经费管理，切实降低行政成本，继续压缩行政成本6%支持教育精准扶贫。五是采取切实有效措施，继续盘活各类闲置和沉淀资金，深化结余结转资金管理与预算编制相衔接的管理改革机制，不断提高财政资金的使用效益。

（二）不断深化财税体制改革，着力提升财政管理水平。一是继续深化部门预算改革和预算绩效管理改革。以部门预算项目支出为重点，提高绩效目标设置科学性、合理性和可执行性，推动部门开展绩效目标完成情况自评价，促进绩效评价与预算安排的有机衔接。二是着力推进财政事权和支出责任划分改革，建立权责清晰、财力协调的财政关系，健全县级基本财力保障机制。三是加力实施积极的财政政策。围绕州委重大决策部署，大力支持新型工业化、新型城镇化、农业现代化、旅游产业化，推动经济优质高效发展。扎实做好“三农”工作，深入推进精准扶贫、精准脱贫。逐步完善基本公共服务体系，努力增加公共产品有效供给。全面落实国家结构性减税、普遍性降费政策，减轻企业负担，激发市场主体活力。四是定期盘活财政存量资金，建立常态化机制，提高财政资金使用效益。五是进一步推进预决算公开，扩大公开范围，细化公开内容，规范公开方式，强化社会监督，促进依法理财。

（三）优化财政资源配置，优先保障民生和重点支出。进一步优化财政支出结构，继续压缩一般性行政支出，全力实现“保工资、保运转、保民生、集中财力办大事”的目标任务。一是围绕“十件民生实事”和同步小康建设年度工作目标，努力增加对保障和改善民生类项目的投入，重点确保对九项民生支出的投入。二是坚持保障和改善民生，最大限度地把有限的财力用在保障日益增长的民生需求上。大力支持脱贫攻坚，加强基本民生保障，推进生态环保建设。三是围绕“一圈两翼”发展战略，大力支持扶贫生态移民、棚户区改造等省、州确定的重点项目建设。三是切实加大财政扶贫力度，支持打好精准脱贫攻坚战，针对不同原因、不同类型的贫困，采取不同的支持方式。重点是向深度贫困地区聚焦发力，瞄准特殊贫困人口精准帮扶，积极支持异地扶贫搬迁，加大财政对产业扶贫力度，发展壮大村级集体经济，加大跟踪对接全省产业扶贫子基金力度，加大产业子基金申报落地，使更多项目纳入全省基金盘子。同时，抓紧完善扶贫资金使用管理和涉农资金整合工作。四是进一步创新机制，落实好财税扶持激励机制，促进实体经济发展，重点支持工业园区、产业园区建设，促进全州工业企业加快发展，突出工业主导地位，加快转型升级步伐。支持小微企业、民营企业快速发展，提高民营经济发展活力。

（四）继续加强政府债务管理，切实防范化解债务风险。根据《国务院关于加强地方政府性债务管理的意见》（国发〔2014〕43号），坚持“尽力而为、规模适度，量力而行、风险可控”的原则，对不同类别的债务分门别类纳入全口径预算管理，建立健全统一归口的投融资决策机制，严格政府债务举借审批程序，严控新增债务，充分运用置换债券、PPP模式、购买服务、债务重组等手段，化解存量债务，积极推动债务展期降息，力争2018年全州综合债务率降至100%以内。认真落实政府性债务管理“七严禁”要求，杜绝违法违规举债，防止形成新的隐性债务；积极探索政府融资平台发展新路子，通过兼并重组推动平台公司向“实体化”“市场化”和“产业化”转型。

（五）严肃财经纪律，扎紧财经纪律制度笼子。坚决贯彻新时代党的建设总要求，严格执行改进工作作风有关规定和党风廉政建设责任制，认真落实“一岗双责”，保持严肃财经纪律的高压态势，始终绷紧廉洁自律这根弦，筑牢拒腐防变的思想基础，持续开展党风廉政建设和反腐败斗争，完善预防、惩治腐败的制度，严格财政资金管理使用，既要能干事、会干事，又要不出事，真正做到“忠诚、干净、担当”。同时，继续加强财政监督检查，积极配合审计监督，排查风险点，堵塞管理漏洞，严防违纪违法行为发生。

都匀经济开发区作为州人民政府的派出机构，请连同都匀经济开发2018年财政预算（草案）报告一并进行审议。

2018年，我们将在州委的正确领导下，自觉接受人大的依法监督和社会各界的民主监督，虚心听取政协的意见和建议，按照政治过硬、本领高强的要求，着力打造高素质专业化财政干部队伍，努力完成全年各项财政工作任务，为将我州打造成为民族地区创新发展先行示范区作出应有的贡献！

黔南州2017年国民经济和社会发展统计公报

黔南州统计局

（2018年3月日）

2017年，黔南州委、州政府坚定不移实施“3366”发展战略，以供给侧结构性改革为主线，统筹推进稳增长、促改革、调结构、惠民生、防风险各项工作，励精图治，砥砺前行，经济运行稳中有进、稳中向好，经济社会保持平稳健康发展。

一、综合

初步核算，2017年全州生产总值为1160.59亿元，同比增长12.1%。分产业看，第一产业增加值202.30亿元，增长6.6%；第二产业增加值412.91亿元，增长11.5%；第三产业增加值545.38亿元，增长14.5%，其中：交通运输、仓储和邮政业增长8.1%，批发和零售业增长4.8%，住宿和餐饮业增长10.6%。全年人均地区生产总值35481元，同比增长11.4%。

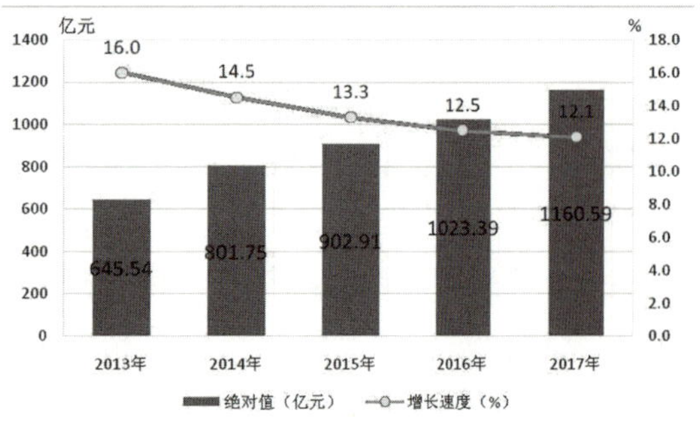

图1　2013－2017年全州地区生产总值及其增长速度

二、农业

2017年全州按照中央、省、州一号文件精神部署，以推进农业供给侧结构性改革为主线，以调结构、上规模、创品牌、占市场为主要任务，推动一产“接二连三”，大力实施绿色农产品“泉涌”工程，促进农业增效、农民增收、农村发展。

2017年，全州共建设州级以上农业园区94个，其中省级园区57个。全州农业产业化龙头企业发展到735个，入住园区龙头企业406个。全州农民专业合作社累计发展到5636个；无公害产地认定877个；无公害产品认证获证273个；绿色农产品申报认定21个；有机认证基地和产品共70个产品；地理标志保护农产品14个。全州农业实现增加值212.72亿元，比上年增长6.5%，全年粮食作物种植面积31.14万公顷（467.15万亩），下降1.2%；油料作物面积7.88万公顷（118.3万亩），增长0.9%；蔬菜种植面积13.02万公顷（195.4万亩），增长6.9%。果园面积9万公顷（135.5万亩），比上年增长43.6%；茶园面积11.1万公顷（166.4万亩），增长18.6%。粮食总产量125.53万吨，比上年下降1.4%。

表 1　2017 年主要农产品产量及其增长速度表

产品名称		单位	绝对数	增幅%
粮食		万吨	125.53	-1.4
其中：	稻谷	万吨	64.3	-0.1
	玉米	万吨	35.6	-2.4
	小麦	万吨	4.2	-9.7
	马铃薯	万吨	15.2	-2.3
油料		万吨	12.0	1.3
其中：	花生	万吨	0.96	4.7
	油菜籽	万吨	10.9	0.6
烤烟		万吨	1.26	-25.8
蔬菜		万吨	270.8	10.2
中药材		万吨	10.2	-2.0
茶叶		万吨	2.93	61.7
水果		万吨	50.6	17.0
花卉		万枝	1426	7.8

全州林业稳步发展。通过天然林资源保护、退耕还林、石漠化治理、植被恢复造林等国家林业工程、项目，共投入林业建设资金 11.7 亿元，完成营造林 101.3 万亩、完成四旁（零星）植树 543 万株，义务植树 630 万株。完成退耕还林工程项目 62.25 万亩；石漠化综合治理中林业营造林 19.83 万亩；天然林保护工程区内 464.8 万亩森林资源得到有效管护；国家级生态公益林 725.21 万亩、地方生态公益林 638.25 万亩得到补偿。2016 年全州森林覆盖率达 62.0%。

表 2　2017 年主要林产品产量及其增速表

产品名称	产量（吨）	增幅%
生　漆	77	-25.2
油桐籽	9249	70.2
油茶籽	2108	48.3
五倍籽	188	-65.1

续表

产品名称	产量（吨）	增幅%
棕　片	183	-21.5
松　脂	798	-60.7
竹笋干	927	-37.3
核　桃	18479	997.5
板　栗	13277	13.1

加大全州畜牧业防疫工作，全面推行动物防疫工作问责制，将重大动物疫情防控工作落实到人。全州畜牧业增加值完成 52.97 亿元，同比增长 4.7%。其中，肉类总产量 20.5 万吨，同比增长 4.3%；猪出栏数 205.1 万头，同比增长 2.7%；牛出栏数 17.4 万头，同比增长 8.2%；羊出栏数 21.2 万只，同比增长 5.9%；家禽出栏数 847.5 万只，同比增长 6.2%。

全州农机总动力达 317.27 万千瓦。完成机耕作业面积 36.17 万公顷，机收作业 6.29 万公顷。

表3 2017年主要畜产品产量及牲畜存栏、出栏情况表

指标名称	计量单位	绝对数	增幅%
肉类总产量	万吨	20.5	4.3
其中：猪肉	万吨	16.7	3.5
牛肉	万吨	2.06	9.3
羊肉	万吨	0.34	5.1
禽肉	万吨	1.38	6.2
禽蛋产量	万吨	1.12	2.5
猪出栏数	万头	205.1	2.7
牛出栏数	万头	17.4	8.2
羊出栏数	万只	21.2	5.9
家禽出栏数	万只	847.5	6.2
猪存栏量	万头	163.5	5.6
牛存栏量	万头	60.3	-7.1
羊存栏量	万只	28.5	8.7
家禽存栏数	万只	763.5	5.9

三、工业和建筑业

2017年，全州工业园区新增入园企业310户，建成标准厂房67.05万平方米，新增工业就业人员22851人。

全年工业增加值306.47亿元，比上年增长10.7%。规模以上工业总产值1524.71亿元，比上年增长18.4%。其中，轻工业总产值391.08亿元，增长26.5%；重工业总产值1133.62亿元，增长15.8%。规模以上工业增加值（2000万元以上）比上年增长11.6%。全州规模工业企业综合能源消耗量315.42万吨标准煤，规模工业增加值能耗比上年下降18.4%。

主要工业行业中，医药制造业、酒饮料和精制茶制造业、非金属矿物制品业、非金属矿采选业、烟草制品业等行业产值增长较快，分别比上年增长39.2%、34.7%、29.5%、21.1%和15.8%。

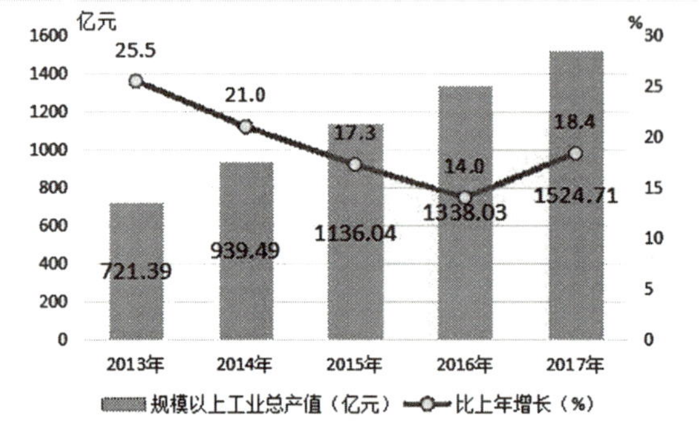

图2 2013－2017年规模以上工业总产值及其增长速度

表4 2017年规模以上工业总产值和增长速度表

指标名称	绝对数（亿元）	比上年增长（%）
规模以上工业总产值	1524.71	18.4
其中：国有控股企业	330.35	12.7
其中：轻工业	391.08	26.5
重工业	1133.62	15.8
其中：国有企业	125.74	8.0
集体企业	4.73	5.6
股份制企业	1331.50	20.1
外商及港澳台商投资企业	27.62	24.0
其他经济类型企业	33.12	0.7
其中：大中型工业企业	428.73	15.2
煤炭开采和洗选业	59.43	0.2
非金属矿采选业	139.04	21.1
酒、饮料和精制茶制造业	55.21	34.7
烟草制品业	31.35	15.8
化学原料和化学制品制造业	220.00	12.8
医药制造业	91.15	39.2
非金属矿物制品业	312.35	29.5

续表

指标名称	绝对数(亿元)	比上年增长(%)
黑色金属冶炼和压延加工业	38.41	-20.5
铁路、船舶、航空航天和其他运输设备制	9.06	-47.1
电力、热力生产和供应业	115.31	3.1

主要工业产品产量增长较快。商品混凝土、塑料制品、十种有色金属、饮料酒、纸制品、中成药、精制茶、磷矿石分别比上年增长 79.7%、60.8%、42.3%、31.1%、28.4%、18.1%、17.8%、16.7%。全年规模以上工业企业产品销售率为 98.75%。

表 5 2017 年规模以上工业主要产品产量及其增长速度表

产品名称	计量单位	绝对数	比上年增长(%)
原煤	万吨	557.89	-5.4
铁矿石原矿	万吨	7.86	-37.7
磷矿石（折含五氧化二磷 30%）	万吨	2557.13	16.7
糖果	万吨	5.65	7.7
饮料酒	万千升	21.91	31.1
精制茶	吨	2571.81	17.8
卷烟	亿支	103.03	-25.4
人造板	万立方米	66.84	10.2
纸制品	万吨	16.53	28.4
硫酸（折 100%）	万吨	220.43	-13.2
农用氮、磷、钾化学肥料（折纯）	万吨	101.80	-0.9
磷酸二铵（实物量）	万吨	75.64	-0.1
化学试剂	万吨	23.35	16.5
中成药	万吨	2.12	18.1

续表

产品名称	计量单位	绝对数	比上年增长(%)
塑料制品	万吨	57.06	60.8
硅酸盐水泥熟料	万吨	1358.44	15.5
水泥	万吨	1868.33	9.9
商品混凝土	万立方米	3306.21	79.7
砖	亿块	58.92	14.8
铁合金	万吨	41.99	-15.6
十种有色金属	万吨	1.11	42.3
金属切削机床	台	52	0.0
矿山专用设备	吨	2213	5.7
电力电缆	万千米	9.74	7.7
发电量	亿千瓦时	64.08	-16.2

工业企业经济效益大幅提高。规模工业企业实现主营业务收入 1215.87 亿元，比上年增长 19.1%。利润总额 61.32 亿元，比上年增长 34.7%。

建筑业增加值 106.44 亿元，比上年增长 13.7%。资质内建筑企业总产值 216.67 亿元，同比增长 19.4%；商品房销售面积 705.18 万平方米，同比增长 6.6%。商品房销售额 297.40 亿元，同比增长 7.8%。

四、固定资产投资

固定资产投资 1284.83 亿元，同比增长 21.9%，其中：工业投资 257.37 亿元，同比增长 6.5%。

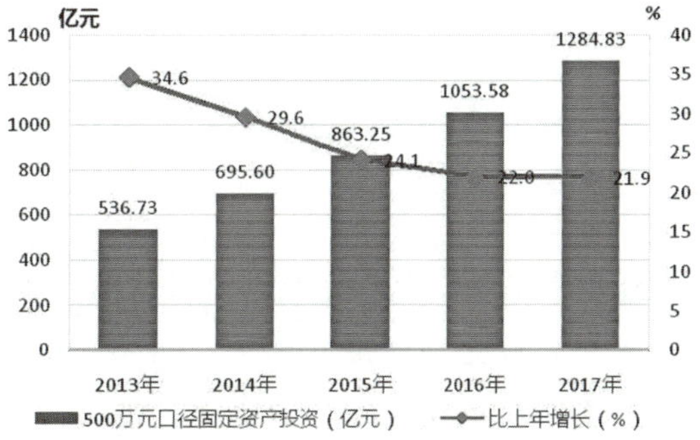

图 3 2013－2017 年固定资产投资及其增长速度

表6　2017年固定资产投资情况表

指标名称	绝对数（亿元）	比上年增长（%）
固定资产投资额	1284.83	21.9
房地产开发	147.86	-27.4
工业投资	257.37	6.5

五、国内、外贸易和物价

消费品市场保持活跃。全年实现社会消费品零售总额279.14亿元，比上年增长12.6%。按经营地统计，城镇消费品零售额253.70亿元，增长12.7%，乡村消费品零售总额25.44亿元，同比增长11.7%。从消费形态看，餐饮收入35.45亿元，增长15.8%；商品零售243.70亿元，增长12.1%。

表7　2017年城乡消费品市场情况表

指标名称	绝对数（亿元）	比上年增长（%）
社会消费品零售总额	279.14	12.6
其中：城镇	253.70	12.7
乡村	25.44	11.7
其中：批发业	81.6	10.8
其中：限额以上批发业（企业）	51.3	12.6
零售业	160.3	12.6
其中：限额以上零售业（企业）	119.7	17.5
住宿业	9.4	19.3
其中：限额以上住宿业（企业）	5.5	33.9
餐饮业	27.7	15.2
其中：限额以上餐饮业（企业）	10.6	38.9

对外贸易增长。全年完成进出口总额30277万美元，比上年增长26.0%。

居民消费价格保持平稳。全年居民消费价格比上年上涨0.6%。在监测的八大类商品及服务项目中，有7类上升，2类下降。其中，食品烟酒上升0.7%、居住上升0.7%、医疗保健上升4.0%。

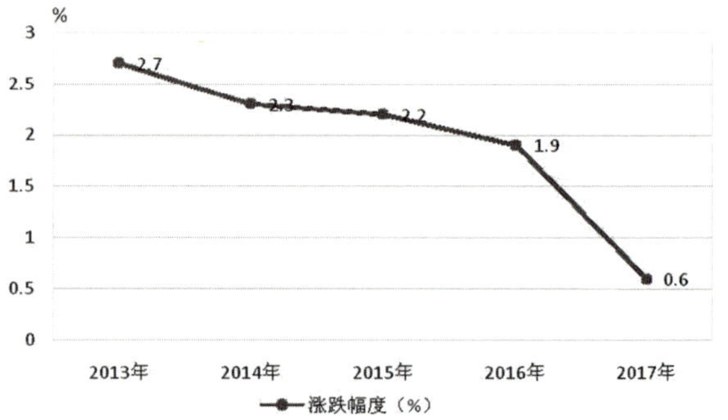

图4　2013—2017年居民消费价格总水平涨跌幅度

表8　2017年居民消费价格指数表

指标名称	指数（上年=100）
居民消费价格指数	100.6
其中：食品烟酒	100.7
粮食	101.2
鲜菜	102.1
畜肉	96.4
水产品	100.2
蛋	98.8
鲜果	105.4
衣着	96.0
居住	100.7
生活用品及服务	101.6
交通和通信	101.4
教育文化和娱乐	99.9
医疗保健	104.0
其他用品和服务	100.7
服务价格指数	100.8

六、交通运输和邮政通信

2017年，全州扎实推进交通基础设施建设，不断加大农村公路养护工作力度，进一步规范运输行业管理，加强干部队伍建设，不断提升了交通工作的服务质量和水平。

普通国省干线公路项目开工22个590公里，建成433公里；建成农村公路2543公里，完成农村公路安全生命防护工程3723公里，建成“组组通”公路3501公里。“南翼”5条高速公路工程总体形象进度达70%；在建高速公路项目达9个640公里（黔南境内390公里）。全州高速通车里程达847公里。水运建设投资首次突破亿元大关，安全生产形势持续稳定，水上交通连续12年保持“零事故”。县级客运站联网售票实现全覆盖；新增农村客运班线50条、车辆510辆。2017年，全州拥有公共（电）汽车数1005辆、出租汽车数4051辆。公路旅客发送量33451.5万人，比上年增长20.5%；货运量35462万吨，比上年增长24.34%；客运周转量313.8亿人公里，比上年增长3.86%；货运周转量446.46亿吨公里，比上年增长13.84%。

邮政电信业平稳发展。全年实现邮政业务总量5.15亿元，比上年增长26.1%。电信业务收入23.70亿元，比上年增长18.7%。互联网宽带用户43.5万户，比上年增长35.5%。年末电话用户367.04万户，比上年增长9.6%，其中：固定电话用户16.74万户，移动电话用户350.39万户。

七、财政和金融

全年财政总收入208.59亿元，比上年增长12.4%，其中公共财政收入119.00亿元，增长13.0%。公共财政支出378.35亿元，增长15.3%，其中，交通运输、城乡社区事务、社会保障和就业、公共安全等方面的支出增长幅度较大，分别增长612.5%、76.3%、39.9%、25.3%。

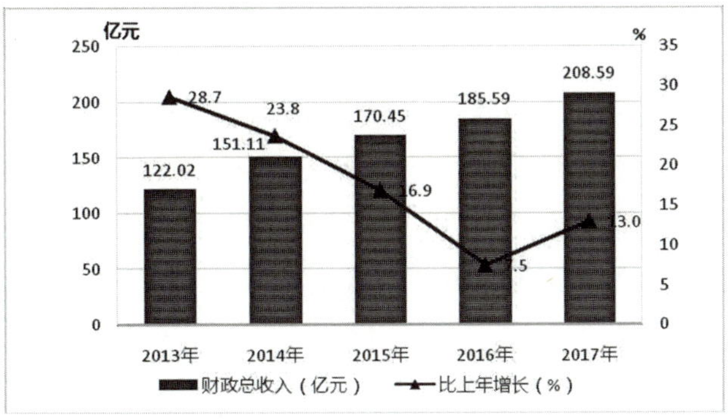

图5　2013－2017年财政总收入及其增长速度

分行业财政支出如下：

表9　2017年财政收支情况表

指标名称	绝对数（亿元）	比上年增长（%）
财政总收入合计	208.59	12.4
中：国税系统	107.05	14.2
地税系统	71.69	11.0
财政系统	29.86	9.6
#公共财政收入	119.00	13.0
财政支出合计	378.35	15.3
其中：一般公共服务	42.63	－0.4
公共安全	21.98	25.3
教育	77.40	6.7
科学技术	7.80	18.7
社会保障和就业	36.60	39.9
医疗卫生	41.46	10.1
节能环保	11.22	－1.2
城乡社区事务	14.06	76.3
农林水事务	51.36	－4.2
交通运输	20.12	612.5
商业服务业	3.00	－17.3
住房保障支出	26.13	1.1

金融业稳步发展。存贷款规模继续扩大。年末，全州金融机构各项人民币存款余额1660.71亿元，比上年增长9.2%；其中住户存款825.27亿元，比上年增长14.5%；各项贷款余额1328.00亿元，比上年增长24.6%。

表10　2017年金融机构信贷收支情况表

指标名称	年末数（亿元）	比上年增长（%）
各项存款余额	1660.71	9.2
#住户存款	825.27	14.5
非金融企业存款	470.14	13.1
机关团体存款	315.8	－4.3

续表

指标名称	年末数（亿元）	比上年增长（%）
各项贷款余额	1328.00	24.6
境内贷款	1327.80	24.6
#住户贷款	528.19	24.2
非金融企业及机关团体贷款	799.61	24.8

八、教育

2017年，全州继续实施全面改善义务教育薄弱学校基本办学条件项目工程。办学条件更加完善，各类教育协调发展，教育活力不断激发，教育公平精准发力，多项工作走在全省前列。

教育支出77.40亿元，同比增长6.7%。教育支出与2017年GDP相比为6.7%，占公共财政预算支出的20.5%。

全州教职工数54176人，专任教师数45508人，其中：幼儿园教职工12597人，专任教师7706人；小学教职工18338人，专任教师16713人；初中教职工11168人，初中专任教师10284人；普通高中教职工6817人，专任教师6377人；中等职业学校教职工2073人，专任教师1886人；特殊教育教职工数217人，专任教师197人；工读学校教职工11人，专任教师11人；普通高等院校教职工2955人，专任教师2334人。

表11　2017年教育事业情况表

指标名称	计量单位	绝对数	比上年增长（%）
普通高校	所	7	40.0
招生数	人	16098	-23.6
在校生数	人	42770	-9.7
毕业生数	人	9213	-16.4
中等职业教育学校	所	17	0.0
招生数	人	24109	-1.3
在校生数	人	71002	12.0

续表

指标名称	计量单位	绝对数	比上年增长（%）
毕业生数	人	19498	2.3
普通中学	所	176	-26.7
招生数	人	76494	-0.5
在校生数	人	228351	-2.1
毕业生数	人	78653	-4.8
普通小学	所	534	-15.0
招生数	人	56623	4.1
在校生数	人	303523	4.4
毕业生数	人	46691	-1.8
学龄儿童入学率	%	99.69	-0.3
幼儿园	所	869	21.9
幼儿园在园幼儿数	人	152801	6.7

九、文化、广播电视、卫生和体育

2017年，“文化惠民”工作取得新成效。全州广播覆盖率达到93.35%，电视覆盖率达到95.65%；大型水族舞剧《木楼古歌》成功晋京展演，成为十九大之后贵州首台晋京展演剧目。成功举办黔南州第五届“好花红”文化旅游节。成功举办“西南丝绸之路与山海协同发展”学术交流讨论会。成功组织了2017都匀（国际）茶人会、第三届粤桂黔高铁经济合作联席会、第四届中国物流（都匀）国际峰会等文艺演出，充分展示黔南民族文化特色，有效扩大了黔南文化的影响力。各级文化馆、图书馆、乡镇综合文化站以免费开放为抓手，开展文化阵地服务。各级图书馆书刊文献外借40余万册次，开展培训30余期，举办展览10次；全州文化馆（站）组织文艺活动1000余场次，举办展览80余次，开展各类培训近100期，参加各项活动50万余人次。扎实做好农村电影公益放映工程，共完成放映17587场次。

公共卫生工作继续加强。法定传染病报告发病率为430.02/10万，全州儿童国家免疫规划疫苗接种率98.68%。妇幼卫生工作水平进一步提升，各项妇幼重大公共卫生服务项目得到全面实施，孕产妇死亡率为24.91/10万，婴儿死亡率为6.83‰，5岁以下儿童死亡率9.48‰，0－6岁儿童健康管理率88.10%，3岁以下儿童系统管理率87.38%。农村合作医疗稳步推进。全州参加合作医疗人数为334.94万人，参合率100.83%。全州大力实施健康扶贫，全年累计救助61.43万人次，救助金额2.63亿元。2017年度全州符合政策生育率为91.74%，人口出生率为11.83‰，自增率为5.36‰。

协调推进群众体育、竞技体育、体育产业快速发展。全州州级举办的重大赛事共40个（其中：国际赛事8个、全国赛事12个）。大型赛事有：国际体育舞蹈公开赛、2017中国足协中国之队国际足球赛、2017中国·瓮安国际青年女篮巅峰争霸赛、2017中国瓮安国际男篮巅峰争霸赛。

表12 体育事业发展情况表

指标名称	计量单位	2017年	增幅%
在国际、国内重大比赛中获奖	项	1	持平
在国际、国内、省级赛事总奖牌数	块	91	-
其中：金牌	块	24	33.3
银牌	块	34	9.7
铜牌	块	33	3.1
参加全民体育运动人数	万人	130	8.3
销售体育彩票	亿元	2.89	8.2

十、人民生活与环境保护

城镇居民生活水平稳步提高。2017年，全州城镇常住居民人均可支配收入28565元，比上年增长9.6%。城镇居民人均生活消费支出18207元。城镇居民人均住房建筑面积达到44.4平方米。

表13 2017年末每百户城镇居民家庭耐用消费品拥有量表

指标名称	计量单位	2017年	2016年
摩托车	辆	37.4	26.0
家用汽车	辆	41.7	34.3
洗衣机	台	104.2	102.1
电冰箱（柜）	台	102.9	100.1
彩色电视机	台	116.2	111.8
计算机	台	68.4	70.6
其中：接入互联网的计算机	台	55.8	56.2
空调	台	28.3	20.3
热水器	台	99.8	95.5
移动电话	部	287.9	266.7

农民人均可支配收入大幅度提高。2017年，全州农村常住居民人均可支配收入9746元，比上年增长10.2%；人均生活消费支出9281元，比上年增长1.7%。农村每百户居民家庭拥有计算机、摩托车、家用汽车、移动电话数量分别增长11.7%、6.1%、26.2%、3.9%。农村居民人均住房建筑面积达到49.4平方米。

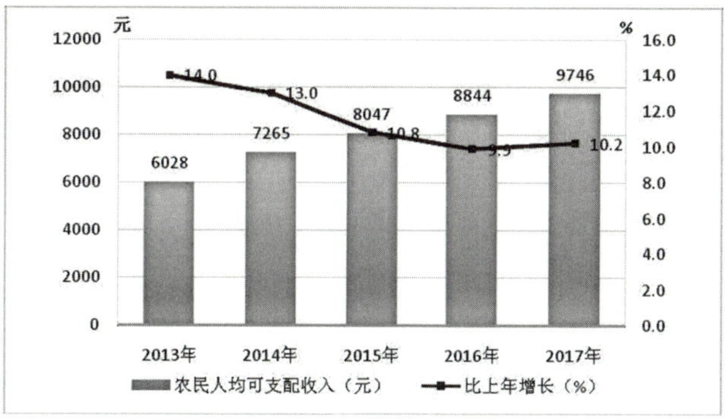

图6 2013—2017年农村常住居民人均可支配收入及其增长速度

坚持生态优先、绿色发展，大力加强生态文明建设，完成营造林101万亩。福泉森林公园获批国家森林公园，全州国家森林公园增至7个。治理水土流失180平方公里、石漠化164平方公里，林业生态建设保护和发展综合指数为78.9%。“河长制”实现全覆盖。重安江、瓮安河磷污染治理取得明显成效，瓮安河水质由长期的劣Ⅴ类上升至Ⅳ类或Ⅴ类，重安江连续6个月达到地表水Ⅲ类良好水质。19个主要河流国控、省控地表水监测断面水质达到或优于Ⅲ类水体比例为89.5%，地表水丧失使用功能（劣Ⅴ类）水体比例为10.5%。大力推动循环经济发展，加快工业废渣资源化利用，工业固废综合利用率达55%。启动实施区域废气深度治理三年行动计划，推进城市建筑扬尘治理和油烟污染治理。以农村垃圾、污水治理为重点，1330个村庄环境得到有效改善。2017年，全州环境空气质量优良率为98.6%，PM10浓度为43微克/立方米，PM2.5浓度为22微克/立方米，全州21个县城以上集中式饮用水源地水质达标率为100%，城乡生活垃圾无害化处理率达83.4%，城镇污水处理率达86%。

十一、就业与社会保障

2017年全州以“民生为本、人才优先”为主线，以促进创业和充分就业、提升社保经办水平为工作重点，统筹推进人事人才、劳动关系等各项工作科学发展。全年实现城镇新增就业7.33万人，同比增长2.1%；失业人员实现再就业人数1.26万人，其中就业困难人员实现就业0.95万人，城镇登记失业率2.8%；农业富余劳动力转移就业人数11.05万人；“零就业家庭”实现“动态清零”目标；开展就业技能培训4.13万人，其中农村劳动力培训3.67万人，创业培训完成1.08万人；社保工作扎实推进，全州城镇职工基本养老保险、城镇医疗保险、工伤保险、失业保险、生育保险、城乡居民养老保险参保人数分别达到37.72万人、59.04万人、21.27万人、16.99万人、16.66万人、210.05万人，基金征缴收入分别达到31.35亿元、11.29亿元、0.89亿元、0.89亿元、0.51亿元、1.95亿元。

表14　2017年社会保险情况表

指标名称	绝对数（万人）	比上年增长（%）
参加社会保险人数	361.73	8.4
基本养老	247.77	10.8
失业保险	16.99	4.9
工伤保险	21.27	5.1
基本医疗保险	59.04	1.9
生育保险	16.66	5.7

注：

1. 本公报所列各项数据为年度初步统计数据。

2. 生产总值和各产业增加值绝对数按当年价格计算，增长速度按可比价格计算

名 录

姓名后面有“＊”号的，系在2017年内因提职、调职、免职、换届、机构调整、离退休及其他等原因而去职；没有注号的，系2017年12月31日仍在职。

中共黔南州委员会

书　记　龙长春（苗）＊
　　　　唐德智
副书记　吴胜华（布依）
　　　　罗桂荣（布依）
常　委　张文强
　　　　黄　伟
　　　　杨光杰（苗）＊
　　　　吴　丹
　　　　王　芳（女）
　　　　郑国宁（土家）
　　　　胡志峰
　　　　瓦标龙（回）
　　　　杨光芒（苗）
　　　　闫光锋（2015.05—2017.05）＊
　　　　郭　青（女，2015.12—2017.12）＊
　　　　范　勇（2016.03—2018.02）
　　　　吴海平（2017.05—2019.04）
秘书长　瓦标龙（回）
副秘书长　罗　丕　张　奎
　　　　覃克信（布依）
　　　　马应忠（布依）＊
　　　　吴定伟　欧天彪
　　　　曹继才（土家）＊
　　　　张　立（布依）
　　　　蔡秀娟（女）
　　　　梁玉林

中共黔南州委工作机构

州委办公室
主　任　罗　丕（兼）
副主任　李世萍（女）
机关党委书记　韦志奎（水）
州督查督办局
局　长　马应忠（布依）＊
副局长　戴渊强（布依）＊　薛婷芳（女）
　　　　谢扬波（布依族）
目标办
专职副主任　薛婷芳（女）
组织部
部　长　胡志峰
副部长　朱奉余＊　黄　怡
　　　　严文敏（布依）
　　　　陈云霞（女，布依）
　　　　林　娜（女）
　　　　陈光煜
部务委员　张　军（土家）　陈光煜＊
州委党建办
主　任　朱奉余＊林　娜（女）
副主任　韦昌国（布依）王　家兴
州人才办
主　任　吕志东
宣传部
部　长　王　芳（女）
副部长　伍强力（布依）
　　　　黄光兴（布依）
　　　　王琳琳（女）＊
机关党委书记　朱　露（布依）
精神文明办公室
主　任　王琳琳（女）＊
副主任　雷宏图
对外宣传办公室（州政府新闻办公室）
主　任　周德扬（布依）
州文化产业发展办公室
主　任　空　缺

网络安全与信息化领导小组办公室

主　任　伍强力（布依）

专职副主任　韦祥华（布依）

统战部

部　长　王　芳（女）

副部长　陈良海（布依）
　　　　韦成波（水，兼）
　　　　杨　波（布依，兼）
　　　　吉永忠（兼）

政法委员会

书　记　罗桂荣（布依）

副书记　罗必刚（布依）＊　李永祥
　　　　邹　涵＊赵　鹏＊
　　　　潘晓军（水）

政治部主任　王登华

秘书长（兼州法学会副会长和秘书长）

空　缺

维稳办公室

主　任　罗必刚（布依）＊

专职副主任　谭忠敏

综治办公室

主　任　邹　涵＊　李永祥

副主任　空　缺

防范和处理邪教问题办公室

主　任　赵　鹏＊　潘晓军（水）

副主任　王　懿（苗）

政策研究室

主　任　曹继才（土家）＊　吴定伟

副主任　刘友平＊　宋祖香（女，布依）

州委全面深化改革领导小组办公室

主　任　曹继才（土家，兼）＊
　　　　吴定伟（兼）

专职副主任　叶志敏

副主任　宋祖香（女，布依，兼）＊

州建设经济强县（市）强镇（乡）工作领导小组办公室（黔南州小康社会建设办公室）

主　任　宋祖香（女，布依，兼）＊

专职副主任　陈践践

机构编制委员会办公室

主　任　朱劲松（布依）

副主任　杨李林（女，布依）
　　　　余新平（布依）

事业单位登记管理局

局　长　李继红（女，土家）

直属机关工作委员会

书　记　张传华（布依）

副书记　艾　力（布依）
　　　　唐子华（苗）＊

纪工委书记　李莉萍（女）

州委部门管理机构

信访局（群众工作中心、综治中心）（州委、州政府信访工作联合办公机构）

局　长　张　奎

副局长　金　姝（女）　石永峰（仡佬）

群众工作中心（州综治中心）

主　任　张　奎（兼）

专职副主任　金诚贵

机要局

局　长　吴秀富（苗）＊　罗如文（布依）

副局长　罗如文（布依）＊侯　昭

总工程师　侯　昭＊　王胜权（布依）

保密委员会办公室（州国家保密局）

主　任（局长）　赵小华

全民国防教育委员会办公室

主　任　空缺

副主任　邓中才

离退休干部工作局

局　长　陈云霞（女，布依）

副局长　胡　明（女）＊　高顺翔
　　　　贾丽琴（女）

关工委

秘书长　胡　明（女）＊　贾丽琴

州委外事侨务和台港澳工作办公室（州人民政府外事侨务和台港澳事务办公室）

主　任　杨　波（布依）

副主任　严福先（布依）＊
　　　　朱惠兰（女，布依）＊
　　　　张荣周　林小峰

州人民政府外事侨务和台港澳事务办公室副主任　杨国松（布依，兼）

州委直属事业单位

州委党校

校　长　吴胜华（布依）
副校长　文　彬　胡礼贵（布依）
　　　　吴　平＊　张　元（苗）

黔南行政学院

院　长　罗桂荣（布依）
副院长　文　彬　胡礼贵（布依）
　　　　严文敏（布依）　吴　平＊
　　　　程春彬（布依）＊　张　元（苗）
专职纪检员　杨　青（女）

黔南州社会主义学院

院　长　刘长江
副院长　文　彬　吴　平＊
　　　　张　元（苗）
专职纪检员　杨　青（女）

讲师团

团　长　陆　岳（女）
副团长　付秋红（女）　黄俊旗

史志编纂委员会办公室

主　任　陈元贵（布依）＊
　　　　胡智勇（布依）
副主任　张慧玲（女）＊　喻昌富

老年大学

校　长　陈云霞（女，布依）＊
　　　　李　华（女）

黔南日报社

社　长　空　缺
总编辑　王华维（布依）
副社长　王华维（布依）　李荣江（布依）

中共黔南州纪律检查委员会

书　记　杨光杰（苗）＊　郑国宁（土家）
副书记　沈　川（蒙古）＊　吴应忠
　　　　覃　怡（布依）
常　委　田应森（苗）　王　华
　　　　罗晓璐（女）　瞿　健（穿青人）
　　　　吴劲松

黔南州第十四届人民代表大会常务委员会

主　任　罗　毅（布依）
副主任　刘建民、逄焕华＊
　　　　杨筑萍（女，苗）＊
　　　　陈忆秋（苗）＊
　　　　符晓钢＊　陈有德
　　　　韦祖宏（水）　成祺兴（布依）＊
　　　　吴　俊　张仕雄
　　　　陈稠彪（苗）张　蓉（女）
秘书长　黄培庄　＊罗必刚（布依）
副秘书长　帅远恩　杨盛德（苗）
　　　　韦　洪（苗）
纪检组长　蔡定朝
机关党委书记　刘青云（女）

州人大常委会工作机构

办公室

主　任　韦　洪（苗，兼）

研究室

主　任　徐小平（壮）＊　杨盛德（苗）
副主任　陈长秀（布依）

信访督察室

主　任　张加坤（布依）
副主任　胡小宁（女，布依）

法制工作委员会

主　任　黎　兵（布依）

副主任　黎　兵（布依）＊　周长礼

代表服务中心

主　任　潘宁桑（女，水）

州人大专门委员会

内务司法委员会

主任委员　陶忠和（布依）

副主任委　杨婉丽（女，水）＊

李筑怡（女，布依）

财政经济委员会（州人大常委会预算审查委员会）

主任委员　屈　程

副主任委员　邹习华（女）＊

高　可（苗）＊

预算审查委员会专职副主任

高　可（苗）＊

教育科学文化卫生委员会

主任委员　高勇华（女，回）

副主任委员　李筑怡（女，布依）＊

周天福

民族宗教侨务委员会

主任委员　杨昌齐（布依）

副主任委员　钟荣玉（女）

农业与农村经济委员会

主任委员　白松海（苗）

副主任委员　钟荣玉（女）＊　喻　枫（水）

选举任免与代表联络委员会

主任委员　王　忠

副主任委员　朱奉余＊　杨婉丽（女，水）

黄　怡

环境资源保护委员会

主任委员　王琳琳（女）

副主任委员　梅中林

法制委员会

主任委员　罗运春（布依）

副主任委员　龙木义

黔南州人民政府

州　长　吴胜华（布依）

副州长　罗桂荣（布依）＊　黄　伟

刘建民＊　黎燕萍（女，苗）

陈有德＊　吴　俊＊

胡晓剑　张全毅（苗）

杨从明（苗）　王治军（土家）

文永生

闫光锋（2015．05—2017．05）＊

郭　青（女，2015．12—2017．12）＊

范　勇（2016．03—2018．02）

吴海平（2017．05—2019．04）

秘书长　余贤臣

副秘书长　谭　夔＊　贺聚轮

陈　涛（兼）

桑　丽（女，侗，兼）＊

陈　情（苗）＊

陈郭勇（布依，兼）

蓝康力（苗，兼）　胡成林＊

谢治刚＊　仲成鹏

雷良兵　韦文堂（布依）

尹学辉（2017．06—2019．05）

州政府工作部门

黔南州人民政府办公室

党组书记　余贤臣

主　任　贺聚轮

党组副书记　谭　夔　贺聚轮

副主任　谭　夔＊　王文炯（布依）＊

梁秀峰（兼）　韦文堂（布依）＊

李传忠　余来辉（土家）

纪检组长　蒙秉富（彝）

机关党委书记　舒毓凯（侗）

黔南州人民政府法制办公室（黔南州人民政府行政复议办公室、黔南州人民政府法律顾问室）

主　任　吴文进

副主任　田　强（苗）　王资刚
总法律顾问　罗肇伟（布依）

黔南州人民防空办公室

党组书记　郭兴文（苗）＊　柏林松
主　任　郭兴文（苗）＊　柏林松
副主任　韦崇瑞（水）
总工程师　熊必武

黔南州人民政府应急管理办公室（黔南州人民政府总值班室）

主　任　余贤臣
专职副主任　韦秀丽（女，壮）＊
　　　　　　刘　玲（女）

黔南州发展和改革委员会

党组书记　陈稠彪（苗）＊　郑绍峰
主　任　陈稠彪（苗）＊　郑绍峰
党组副书记　郑绍峰＊　蒋宏成
副主任　蒋宏成　谢小艺（侗）
　　　　王　东　张　蓉（女，兼）＊
　　　　郑绍峰＊　张启院（苗）＊
总工程师　张　英（布依）
总经济师　陈照林（苗）
机关党委书记　秦雪飞（女，侗）
总规划师　谢小艺（侗）＊

黔南州物价监督管理局

局　长　王　芳（女，苗）

黔南州重大项目办公室

主　任　蒋宏成
副主任

黔南州民航事业管理局

党组书记　王　东
局　长　王　东

黔南州铁路建设办公室

主　任
副主任　余沅阳

黔南州教育局

党组书记　欧开灿（侗）
局　长　欧开灿（侗）
党组副书记　韦　快（水）
副局长　韦　快（水）　侯卫东＊
　　　　熊家荣
政治处主任　李　霞（女）
纪检组长　张蓉芝（女）＊
机关党委书记　兰芳艳（女，彝）

黔南州人民政府教育督导室办公室

正县级督学　孙丽华（女，满）＊　侯卫东

黔南州招生考试管理中心

主　任　杨　洪

黔南州特殊教育学校（黔南州特殊教育中等职业学校、黔南州特殊教育中等职业学校启航学校）

校　长　曹正林（布依）

黔南州科学技术和知识产权局

党组书记　逄焕东
局　长　逄焕东
副局长　李室权＊　李强源
　　　　田　英（女）

黔南州防震减灾局

局　长　朱　鸿

黔南州工业和信息化委员会

党组书记　黄　淮（布依）
主　任　黄　淮（布依）
党组副书记　王美华（女）
副主任　王美华（女）　吴丹萍（苗）
　　　　刘　宇＊冯异星＊
纪检组长　石冬梅（女，毛南）
总工程师　姜　雷
机关党委书记　岑　勇（布依）
总经济师　王龙现

民营经济发展局（中小企业局）

局　长　刘淑勇（布依）

黔南州民族宗教事务委员会

党组书记　韦成波（水）
主　任　韦成波（水）
副主任　杨海燕（女，水）　李明进（苗）
　　　　叶良华
纪检组长　程国庆＊　赵　云

黔南州公安局

党委书记　王治军（土家）

局　长　王治军（土家）
党委副书记　岑　凯（布依）
副局长　岑　凯（布依）　王友祥（布依）
　　　　付光耀（土家）
　　　　彭　俊（2017. 09—2019. 08）
纪委书记　王国一（布依）
机关党委书记　李沧生*
政治部主任　简远敏（苗）

指挥中心（办公室）

主　任　白映建（水）

国内安全保卫支队

支队长　常智双
政　委　台　勇

经济犯罪侦查支队

支队长　杨　仂（布依）
政　委　李　春（女）

治安警察支队（生态环境安全保护支队）

支队长　张　勇
政　委　张　松

刑事侦查支队

支队长
政　委　陆　新（布依）

技术侦查支队

支队长
政　委　朱晓东（苗族）

禁毒工作支队

支队长　罗家贵（布依）*
政　委　杨昌吉（布依）

网络安全保卫支队

支队长　王　端（布依）
政　委　韦　华（布依）

监所管理支队

支队长　郑仁义
政　委　任大贵（彝）

警卫工作支队

支队长　刘　泉
政　委　刘光建（布依）

出入境管理支队

支队长　李国成
政　委　黄成书

法制工作支队（直属公安分局）

支队长（局长）
政　委　李金平

警务督察支队

支队长　张　勇
政　委　周建平

特警支队

支队长
政　委　金　钟

人口管理工作支队

支队长
政　委　胡　维（女，布依）

警察培训支队

支队长　余从荣
政　委　陈　清

反恐怖工作支队

支队长
政　委　孟应彪*

交通警察支队

支队长　李　刚
政　委　刘　建

警务保障处

处　长　艾　云

女子看守所

所　长
教导员　罗家贵（布依）

马场坪分局

局　长　张　勇（兼）
政　委　张　松（兼）

都匀经济开发区分局

局　长　黎　平（布依）
政　委　陆周翔

荔波机场分局

局　长　刘盛国（苗）

黔南州监察局（与州纪律检查委员会合署办公）

局　长　吴应忠
副局长　田应森（苗）　杨国松（布依）*

黔南州民政局
党组书记　廖小明＊　朱奉余＊
局　长　廖小明＊　朱奉余＊
副局长　田　英（女）＊　谢正军
　　　　肖　松＊　张　弘
纪检组长　胡　鸿（女，苗）
机关党委书记　李仕海
黔南州老龄工作委员会办公室
主　任
专职副主任　张　燕（女，布依）
黔南州社会救助局
局　长　伍红强（布依）
黔南州司法局
党组书记　骆紫光
党组副书记　张跃民　赵　鹏
局　长　骆紫光
副局长　赵　鹏　曹志昂
　　　　潘晓军（水）＊　陈万祥（布依）
纪检组长　黎方文（布依）
政治部主任　杨春瑞（女）
黔南州普法依法治州领导小组办公室
专职副主任　白加龙（布依）
都匀强制隔离戒毒所
第一政委　骆紫光
政　委　何惠明
党委书记　张跃民
所　长　张跃民
党委副书记　何惠明
副所长　李　瑜　龙立健（侗）
副政治委员　刘　军
纪委书记　程　剑（穿青人）
政治处主任　刘再东
黔南州财政局
党组书记　刘　丹
局　长　刘　丹
副局长　吴　郁（女，布依）　肖　莉（女）
　　　　鄢成亮
机关党委书记　沈茂昀
总会计师　杨时安
总经济师　杨时安＊　罗祖勇（布依）
州级财政国库支付中心主任（州非税收入管理局）　王　锦（女）
黔南州人力资源和社会保障局
党组书记　严文敏（布依）
局　长　严文敏（布依）
党组副书记　张太云
副局长　张太云　高向东
　　　　孟光晔（布依）
纪检组长　张桂林
机关党委书记　高尚原（布依）
总经济师　范艳红（女）
黔南州社会保险事业局
局　长　陆良燕（苗）
黔南州就业局
局　长　孟光晔（女，布依）＊　朱臣昌
黔南州劳动人事争议仲裁院
院　长　龙　俊（苗）
黔南州国土资源局
党组书记　刘晓勇
局　长　刘晓勇
副局长　林明海（苗）　韦兴泽
　　　　罗林富（布依）＊　罗仁伟
纪检组长　罗大银
机关党委书记　朱晓峰（女）
总规划师
总工程师
国土资源执法监察支队支队长　吴　军（彝）
都匀经济开发区国土资源分局
局　长　罗仁伟
黔南州国土资源储备局
局　长　刘晓勇＊
黔南州环境保护局
党组书记　孙志清（满）
局　长　孙志清（满）
党组副书记　石　雄（毛南）
副局长　石　雄（毛南）　陈　强（布依）
总工程师　陈　祎（女）
纪检组长　蔡宗权（布依）

环境监察支队队长　莫　睿（布依）

黔南州城乡建设和规划委员会

党组书记　陈昌远（布依）

主　任　陈昌远（布依）

党组副书记　屈　健

副局长　屈　健　陆世英（女，布依）
　　　　周珠绿

总工程师　王伟超＊

总规划师　杨　欣

纪检组长　付　力

黔南州交通运输局

党委书记　文永生＊

局　长　文永生＊

党委副书记　黄金和

副局长　黄金和　彭　江（苗，兼）
　　　　朱仕红

机关党委书记　徐晓峰

纪委书记　姜云军（侗）

总工程师　尹帮奇

总规划师

黔南州交通建设工程质量安全监督处

处　长

黔南州道路运输管理局（州城市公共客运交通管理局）

党委书记　刘　谦＊　张元聪

局　长　黄金和＊　张元聪

黔南州公路处

处　长　蔡秀鹏

黔南州地方海事局

局　长　谢祥恩

黔南州农业委员会

党组书记　柏林松＊　班代荣（苗）

主　任　柏林松＊　班代荣（苗）

党组副书记　林科军＊

副主任　林科军＊　杨克勇
　　　　李应明　敖继斌

总畜牧师　陈　虹（女）

总农艺师　鹿占黔＊　赵正隆（布依）

总经济师　李琼芬（女，苗）

纪检组长　徐明干

黔南州茶叶产业化发展管理办公室

主　任　林科军＊　杨克勇

副主任　李应祥＊

黔南州农业资源区划办公室

主　任　赵正隆（布依）＊

黔南州蔬菜果树中心

主　任　李琼芬（女，苗）

黔南州农业科学研究所

党支部书记　樊万刚

所　长　李应明

黔南州动物疫病预防控制中心

主　任

黔南州动物卫生监督所

所　长

黔南州水务局

党组书记　高　原（布依）

局　长　高　原（布依）

副局长　姜世鸿＊　王裕民
　　　　徐光信　莫兴海（布依）

总工程师　杨海英（女，侗）

纪检组长　白　琳（女，苗）

机关党委书记　尹绩安

黔南州骨干水源工程建设管理局（黔南州大中型灌区管理局）

州骨干水源工程建设管理局局长
　　　　杨　平（苗）

州骨干水源工程建设管理局副局长

州大中型灌区管理局局长

高车水库管理处　处　长　冷安辉＊

黔南州商务和粮食局

党组书记　王大庆（苗）

局　长　王大庆（苗）

党组副书记　贾朝军＊　陈　情（苗）

副局长　贾朝军＊　陈　情（苗）
　　　　陈光洲（仡佬）　王泽华＊
　　　　刘会军（土家）＊　刘　宇

纪检组长　罗　林

机关党委书记　王新贵（水）

总经济师　陆英俊（苗）

黔南州商贸物流发展办公室

主　任　王大庆（苗）

专职副主任　符剑梅（女）

黔南州文化和广电新闻出版局（州版权局、州文物局）

党组书记　郭兴文（苗）

局　长　郭兴文（苗）

副局长　王友军（兼）　汪　洋
　　　　葛明义　雷世娟（女，布依）

机关党委书记　潘明思

纪检组长　陆俊萍（女，侗）

总工程师　廖卫东（土家）

黔南州文化馆

馆　长　王阿依（女，苗）

黔南州卫生和计划生育委员会

党组书记　赵　智（女）

主　任　赵　智（女）

党组副书记　陈仁堂（苗）＊

副主任　陈仁堂（苗）＊　吴文富
　　　　杨朝启　李　俊
　　　　肖　松

纪检组长　姚　作

机关党委书记　王　泓（女）

黔南州深化医药卫生体制改革领导小组办公室

主　任　吴文富

黔南州卫生和计划生育执法监督局

党组书记　刘胜军

局　长　刘胜军

副局长　杨昌勇（布依）　唐邦水（布依）

黔南州妇幼保健院（黔南州妇幼保健计划生育服务中心、黔南州儿童医院）

院　长　邱永红（布依）

黔南州市场监督管理局

党组书记　白　新（苗）

局　长　白　新（苗）

副局长　罗　毅　兰顺锋（苗）
　　　　吴　兴（苗）

总工程师　严　平

总经济师　邹永东（仡佬）

食品安全总监　熊德森

药品安全总监　徐　斌

黔南州市场监督管理投诉举报信息中心

主　任　陈清华

黔南州检验检测院

院　长

副院长　潘鸿广（水）　王国光
　　　　杨胜文

黔南州审计局

党组书记　李先文

局　长　李先文

副局长　罗宪平　林雪洪（女）

总审计师　冯丽芳（女）

纪检组长　司文丽（女，布依）

领导干部经济责任审计联席工作会议办公室

主　任　杨爱民（女，苗）

黔南州林业局

党组书记　唐　军

局　长　唐　军

副局长　杨颐宗　向其红（女，布依）
　　　　陈　梅（女）

总工程师　刘言生

纪检组长　陈　琪（女）

机关党委书记　朱　西

黔南州森林公安局（州公安局森林警察支队）

局　长（支队长）　李兴旺＊　陈峥嵘

政　委

黔南州体育局

党组书记　王海平（布依）

局　长　刘远卓（女）

副局长　李玉龙（布依）　徐　文

纪检组长　黄承瑞（女，彝）

黔南州安全生产监督管理局

党组书记　王泉松（苗）＊　邹　涵

局　长　王泉松（苗）＊　邹　涵

党组副书记　汪忠华（布依）

副局长　汪忠华（布依）　李代平
　　　　陈德岐　陈向东（侗，兼）

总工程师　余爱全
纪检组长　周利雄（布依）
黔南州煤炭生产安全监督管理局
局　长　陈向东（侗）
黔南州统计局
党组书记　吴定伟
局　长　吴定伟
副局长　张　飚（布依）
　　　　刘红梅（女，布依）
总统计师　王　蔚
纪检组长　江　屹
总经济师　庹　恕（女）
黔南州统计抽样调查中心（州新经济统计中心）
主　任
黔南州旅游发展委员会
党组书记　王海平（布依）＊　谭　夔
主　任　王明亮（苗）＊　谭　夔
副局长　覃志雄（布依）　杨忠明（苗）
　　　　李长贵
纪检组长　张　惠＊
总规划师
黔南州扶贫开发局
党组书记　欧天彪
局　长　欧天彪
副局长　莫利红（女，布依）　练宗敬（水）
纪检组长　刘朝刚（毛南）
总经济师　田仁义
黔南州国有资产监督管理局
党组书记　钟　旻（苗）
局　长　钟　旻（苗）
副局长　莫如兰（女，布依）
　　　　王永良（布依）
纪检组长　吴俊明
总经济师空缺
总会计师　谢忠平（布依）
黔南州大数据管理局
党组书记　张智勇（布依）
局　长　张智勇（布依）
副局长　冯异星　向　彪（土家）

黔南州信息管理中心
主　任　罗兴尧（布依）
黔南州对外经济协作局
党组书记　蓝康力（苗）
局　长　蓝康力（苗）
副局长　肖　力（土家）
黔南州投资促进局
党组书记　张　蓉（女）＊　蓝康力（苗）
局　长　张　蓉（女）＊　蓝康力（苗）
副局长　刘　强（布依）＊　谢黎剑（女）
黔南州招商引资项目代办服务中心
主　任　杨通勇（布依）

州政府驻外机构

黔南州政府驻北京联络处
主　任　陈　涛
副主任
黔南州政府驻上海联络处
主　任　艾　华
黔南州政府驻广州联络处
主　任　李　玲（女）
副主任
黔南州政府驻重庆联络处
主　任　杨凤玲（女，布依）

州政府直属事业单位

黔南州档案局（档案馆）
党组书记　王利勤（女，布依）
局长（馆长）　王利勤（女，布依）
副局长（副馆长）　马　英（女）
　　　　　　　　陆春凡（布依）
黔南州水库和生态移民局
党组书记　覃克信（布依）
局　长　覃克信（布依）
副局长　苏仕勋　段重剑（布依）
纪检组长　孟显君（苗）
总工程师　莫兴海（布依）＊　冷安辉

总会计师　张　瑾（女，彝）

黔南州人民政府金融工作办公室

党组书记　桑　丽（女，侗）＊
　　　　　杨　宁（苗）

主　任　桑　丽（女，侗）＊　杨　宁（苗）

副主任　谢明元（京）＊　李永跃
　　　　姜宏智

黔南州人民政府政务服务中心

主　任

副主任　李福锴（布依）　娄春生

黔南州公共资源交易中心

党组书记　毛全安

主　任　毛全安

副主任　龙　霜（女，侗）　张　勇

黔南州住房公积金管理中心

党组书记　王新义（布依）

主　任　王新义（布依）

副主任　袁克勤＊　张海东（回）

纪检组长　梁书鸿

总会计师

州政府其他机构

供销合作社联合社

党组书记　何林海

主　任　何林海

副主任　高　跃　宋会礼（布依）

机关党委书记　徐　雁（女）

州政府其他事业单位

黔南州机关事务管理局

党组书记　梁秀峰

局　长　梁秀峰

副局长　刘坤飞（布依）　李　华（女）

纪检组长　陈　硕

都匀军供站

站　长　冷安智

黔南广播电视台

党委书记　王友军

台　长　王友军

副台长　刘　胜（布依）　黎　伟

总编辑　张　健

总工程师　王孟林

黔南州天文局

党组书记　张智勇（布依）＊

局　长　张智勇（布依）＊

副局长　罗登军（布依）　许文斌（土家）

黔南州疾病预防控制中心

党委书记　张　勋（布依）

主　任　张　勋（布依）

副主任　谷永香（女）　伍开凤（女，布依）
　　　　古明宏（布依）

黔南州中心血站

站　长　宋飞峰（布依）

中央、省驻匀单位

贵州电网有限责任公司都匀供电局

党委书记　谢　兵

局　长　练　波

副局长　龙贵山　薛　毅
　　　　谭遵东

纪委书记　任建华

工会主席　龙贵山

总工程师　吴　卫

贵州省邮政公司黔南州分公司

党组书记　吴　烽

总经理　吴　烽

副总经理　岳文群（女）
　　　　　张羽军（土家）＊
　　　　　陈明亮

纪检组组长　张羽军（土家）＊

中国电信股份有限公司黔南分公司

总经理　张艳俊（女，侗）

副总经理　陈志豪　刘红卫（布依）

李　立　罗　佳（布依）

财务总监　李　立

贵州省无线电管理局黔南分局

党支部书记　莫　兵（布依）

局　长　莫　兵（布依）

副局长　罗　滔（侗）

监测站站长　陆崇秀（女）

中国移动通信集团贵州有限公司黔南分公司

党组书记　王显明*　肖　竹

总经理　王显明*　肖　竹

副总经理　杨建新（侗）*

陈　明（布依）*

赵家宁　吴键德

余廷贵（蒙古）

纪委书记　余廷贵（蒙古）

中国联合网络通信有限公司黔南州分公司

党委书记　江绍赞

总经理　江绍赞

副总经理　杨凌云　周　文（苗）

周广成

黔南州烟草专卖局（黔南州烟草分公司）

党委书记　杨秀祥（侗）

局　长　杨秀祥（侗）

经　理　杨秀祥（侗）

副经理　罗　斐（土家）　范聪贵

何　彬

副局长　宋泽民

纪委书记　莫天前（布依）

黔南州气象局

党组书记　杨水泉

局　长　杨水泉

党组副书记　杨绍洪（侗）

副局长　从　英（女）　周治黔*

杨绍洪（侗）

纪检组长　杨　坡

黔南州国家税务局

党组书记　陈　斌

局　长　陈　斌

副局长　韦朝兰（女，布依）　黄盛乡

高云亚

纪检组长　周红平（侗）

总经济师　胡元华

总会计师　雷江林

黔南州地方税务局

党组书记　方启平

局　长　方启平

副局长　方建华　赵红民

总经济师　敖少武（土家）

总会计师　曾凡元

稽查局局长　王晓林

机关党委书记　张鹏飞（布依）

纪检组长　潘明洪

黔南州国家安全局

党委书记　徐昌玉（侗）

政　委　刘建明

党委副书记　刘建明

副局长　徐昌玉（侗）　陈　斌

袁　玮　潘亚宾（水）

政治部主任　苏义勇

纪委书记　黄承浩（彝）

贵州省都匀公路管理局

党委书记　吕志云

局　长　张咏富

副局长　刘雨鑫　葛　军

李　明

纪委书记　朱光学

总工程师　许世勇（布依）

工会主席　贾青鸿

贵州省都匀高速公路管理处

党委书记　邓贵安

处　长　董　翔

党委副书记　董　翔

黔南州储备物资管理局五五０处

处　长　孔祥国（黎）

工会主席　何柳铭

副处长　陈新荣

纪委书记　翟　军

黔南州水文水资源局

党工委书记　罗向方（布依）

局　长　李家高（土家）

党工委副书记　李家高（土家）
　　　　　　　邓　超（布依）
纪委书记　邓　超（布依）
副局长　夏传志
总工程师　李守洪
国家统计局黔南调查队
党组书记　赵顶平（畲）
队　长　赵顶平（畲）
副队长　石青明（苗）　王建强
纪检组长　韦　贞（女，壮）
贵州省地矿局104地质大队
党委书记　高　进
大队长　杨松平
副大队长　赵　征　罗康生（苗）
　　　　　韩光奎
总工程师　赵　征
中国银监会黔南监管分局
党委书记　安　鹏
局　长　安　鹏
副局长　刘忠明　蒙继林（布依）
纪委书记　彭建民
中国人民银行黔南州中心支行
党委副书记　潘尚荣（主持工作）
副行长　潘尚荣（主持工作）　补世伟
　　　　张开宇　陈朝华
纪委书记　赵祖媛（女）
工会主席　郭华丽（女）
国家外汇管理局黔南州中心支局
副局长　潘尚荣（主持工作）　补世伟
中国工商银行黔南州分行
党委书记　吴　奇（苗）
行　长　吴　奇（苗）
副行长　桂传伟　罗腾顺（布依）
　　　　石　箭（苗）
　　　　宋聚赞　廖勇军
纪委书记　罗腾顺（布依）
工委主任　罗腾顺（布依）
中国农业发展银行黔南州分行
党委书记　张应富（回）
行　长　张应富（回）
副行长　李　晋　廖恩煌（苗）
　　　　戴　斌（侗）
纪委书记　李　晋
中国银行都匀分行
党委书记　柴亚平（侗）
行　长　柴亚平（侗）
纪委书记　蔡　军
副行长　窦　伟（苗）　廖　丰（土家）
　　　　黄　楠（女）
高级经理　关　涛（满）
中国建设银行黔南州分行
党委书记　姜　钧
行　长　姜　钧
副行长　陈　健（苗）　杜　梅（女）
　　　　张　卉（女）　杜　涛
纪委书记　李建军（彝）
工会主席　杜　梅（女）
中国农业银行黔南分行
党委书记　侯旭宏
行　长　侯旭宏
副行长　王京平（水）　苏文军
　　　　张　琦
纪委书记　段红宇
中国邮政储蓄银行黔南分行
行　长　陈正江
副行长　孟修江（布依）
贵州省农村信用社联合社黔南审计中心
副主任　况从林（主持工作）
　　　　潘荣熙（布依）
纪检组长　余传达（仡佬）
贵州银行黔南分行
党委书记　王向东
行　长　王向东
行长助理　童　劲　贺　霆（苗）
交通银行股份有限公司黔南分行
党委副书记　刘大勇（主持工作）
副行长　刘大勇（主持工作）周　游

中国人民财产保险股份有限公司黔南分公司

党委书记　张德锋

总经理　张德锋

副总经理　陈　卫　陈　权

纪委书记　陈　卫

工会主席　陈　权

中国人寿财产保险股份有限公司黔南州中心支公司

党委副书记、副总经理　罗　毅（布依）（主持工作）

纪委书记、总经理助理　秦卫东

中国人寿保险股份有限公司黔南分公司

党委书记　柴朝虹

总经理　柴朝虹

副总经理　王永春　杨通银（苗）

纪委书记　王永春

总经理助理　周尔英（女）

中国太平洋人寿保险股份有限公司黔南中心支公司

副总经理　郭志峰（女，主持工作）

　　　　　申建华

总经理助理　田　凯（土家）

中国太平洋财产保险股份有限公司黔南中心支公司

党委书记　兰红兵（布依）

总经理　兰红兵（布依）

副总经理　刘庆九（苗）　王爱民

　　　　　罗　向

贵州省广播电视信息股份有限公司黔南州分公司

党委副书记　刘　强（主持工作）

副总经理　刘　强（主持工作）

　　　　　丁　中（土家）

　　　　　余　健　杨　柳（苗）

纪委书记　雷海燕（女）

贵州盐业（集团）黔南有限责任公司（贵州省盐务管理局黔南分局）

党委书记　邓洪生

总经理（局长）　邓洪生

副总经理（副局长）　罗贤杰　龚国全

纪检员　罗贤杰

贵州省煤田地质局地测大队

党委书记　裴传辉

大队长　王朝强

副大队长　彭显福　巫　熙

纪委书记　裴传辉

总工程师　裴传辉

工会主席　巫　熙

中国石化股份有限公司贵州黔南石油分公司

党委书记　李金涛

总经理　李金涛

副总经理　赵　军　石兆恩

　　　　　程祖群（女）

纪委书记　赵　军

工会主席　石兆恩

政协黔南州第十二届委员会

主　席　魏明禄

党组书记　魏明禄

副主席　王国太＊　唐官莹（女）

　　　　韦绍凯（水）＊

　　　　黎燕萍（女，苗）＊

　　　　李　强　刘长江（侗）＊

　　　　杨　俊（侗）　张加春（水）

　　　　解　竞（女）　瓦标龙（回）＊

　　　　周志龙（彝）　刘延学

　　　　张仁德

秘书长　胡智勇（布依）＊　谢治刚

副秘书长　王文炯（布依）　陈　刚

　　　　　吴廷红（苗）＊　李荣军＊

纪检组长　彭　年

机关党委书记　黄立波（侗）

州政协工作机构

办公室

主　任　杨　明（女，兼）

研究室

主　任　廖登颖＊　刘友平

智力支边办公室

主　任　周泽祥（布依）

州政协专门委员会

提案委员会

主　任　于永军

副主任　于永军　李建梅（女，苗）

经济委员会

主　任　桑　丽（女，侗）

副主任　韦小平（女，壮）＊　廖登颖

教育科学文化卫生体育委员会

主　任　王可农＊　韦小平（女，壮）

副主任　潘仁英（女，布依）

社会与法制委员会

主　任　吕精功＊　戴渊强（布依）

副主任　陈加祥（布依）

文史资料委员会

主　任　杨　明（女）＊吴廷红（苗）

副主任　陈　刚＊王伯成（苗）

人口环境资源委员会

主　任　谢大鸣＊　唐子华（苗）

副主任　吴　锐（女，侗）

民族宗教侨务委员会

主　任　覃康健（布依）＊　程志敏（苗）

副主任　王铁牛（布依）

委员联络委员会

主　任　徐秋雁（女，土）

副主任　李　宏

民主党派与工商联

民革黔南州委员会

主委委员　陈有德

副主任委员　罗世斌（布依）　冯发新（兼）

刘晓军（兼）

罗　羽（布依，兼）

民盟黔南州工委

主委委员　张仁德

副主任委员　李忠辉＊　袁承东（布依，兼）

田应娟（女，布依，兼）

民建黔南州委员会

主委委员　黎燕萍（女，苗）

副主任委员　吕光强（兼）　罗晓霞（女）

邵其岷（兼）

王鸿秋（女，布依，兼）

民进黔南州委员会

主委委员　杨　俊（侗）

副主任委员　孙　雪（女）

王晓玲（女，兼）

欧　黔（兼）

何此鸿（布依，兼）

农工党黔南州工委

主委委员　解　竞（女）

副主任委员　陈桂萍（女）

胡春泉（苗，兼）

邱祥智（兼）

九三学社黔南州委员会

主委委员　李　强

副主任委员　王国祥（苗）　周天福（兼）

邓　海（兼）　杨海英（女，侗，兼）

黔南州工商业联合会（州商会）

会长（主席）　成祺兴（布依）＊　邵其岷

党组书记　吉永忠

副会长（副主席）　吉永忠

黄　淮（布依，兼）＊

吴邦敏（苗）

张　蓉（女，兼）＊

莫俊国（布依，兼）＊

杨建华

秘书长　杨建华＊　王平德（彝）

人民团体

黔南州总工会

主　席　张仕雄

党组书记　莫才军（布依）
副主席　莫才军（布依）　张　平（女）
女职工委员会主任　张　平（女）
经费审查委员会主任　黄　宏（布依）
共青团黔南州委员会
党组书记　杨秀和（水）
书　记　杨秀和（水）
副书记　王　波　陈　娅（女，彝）
黔南州妇女联合会
党组书记　伍晓红（女）
主　席　伍晓红（女）
副主席　顾海燕（女，苗）
　　石　蕾（女，毛南）
黔南州科学技术协会
党组书记　袁　明
主　席　程世钧（苗）
副主席　晏江婷（女，苗）　郭永昌（布依）
黔南州文学艺术界联合会
党组书记　黄光兴（布依）
主　席　黄光兴（布依）
副主席　曹　燕（女）　孟学祥（毛南）
　　王友军（兼）
　　潘仁英（女，布依，兼）
　　汪　洋（兼）
　　王阿依（女，苗，兼）
秘书长　孟学祥（毛南）
黔南州残疾人联合会
党组书记　蒙　力（女，水）
理事长　陈义龙（苗）
副理事长　何明章　韦　波（布依）
专职纪检员　张志明
黔南州归侨侨眷联合会
党组书记　严福先（布依）＊
　　韦秀丽（女，壮）
主　席　严福先（布依）＊　杨国松（布依）
副主席　杨宣贵
秘书长　杨宣贵
黔南州红十字会
会　长　吴　俊＊　胡晓剑
党组书记　王　强
专职副会长　陈明莉（女，苗）
副会长　王　强　胡成林（兼）＊
　　吴　郁（女，布依，兼）
　　朱　露（布依，兼）
　　谢小艺（侗，兼）
　　熊家荣（兼）
　　田　英（女，兼）＊
　　朱惠兰（女，布依，兼）＊
　　吴邦敏（苗，兼）＊
　　王　波（兼）　李　俊
秘书长　韦文红（水）
黔南州计划生育协会
会　长　空缺
常务副会长　赵　智（女）
专职副会长　罗梅花（女，布依）
秘书长　玉志鹏（布依）
黔南州社会科学界联合会
主　席　王　芳（女）
副主席　周保东＊　黄　胜（土家，兼）
　　陈良海（布依，兼）
　　胡礼贵（布依，兼）
　　付秋红（女，兼）
党组书记　周保东＊　方　林
秘书长　杨胜雁（女，土家）

法院、检察院

黔南州中级人民法院
党组书记　王亮海
院　长　王亮海
副院长　田　军　袁承东（布依）
　　刘　锋（侗）　李雪莹（女）
政治部主任　周兴华
纪检组长　张　惠
机关党委书记　胡跃飞
执行工作局局长　姚　斌（壮）
黔南州人民检察院
党组书记　马　涛

检察长　马　涛
副检察长　金亦贱（彝）　潘凤敏（女，苗）
　　　　　何可炼（布依）　刘晓军
政治部主任　刘雪红（女）
纪检组长　田茂清（土家）
机关党委书记　张越华（女）
反贪污贿赂工作局局长　杨嗣春
反渎职侵权局局长　李小宏
职务犯罪预防局局长

驻黔南部队

都匀军分区
党委书记　杨光芒
司令员　罗燕军
政　委　杨光芒
党委副书记　罗燕军
参谋长　张　榕
政治部主任　蒲正和
后勤部部长　姚　勇
武警部队黔南州支队
支队长　李　林
政　委　叶　红
副支队长　王学军
　　　　　李高林
副政委　肖兴旺
参谋长　何德伦
政治处主任　陈　勇（彝）
陆军预备役步兵师二团
党委书记　赵文平
团　长　邹德忍（仡佬）
政　委　赵文平
党委副书记　邹德忍（仡佬）
参谋长　贾宗林（苗）
政治处主任　肖正平
后勤和装备处处长　熊　锟
贵州省黔南州公安消防支队
支队长　范文健
政　委　龙胜刚（黎）
副支队长　石学军（布依）
副政委　邓　蓉（女）
参谋长　申　勇
政治处主任　张　快
后勤处处长　陈　政
防火处处长　陈　蒋

大中专院校、医院及县级事业单位

黔南民族师范学院
党委书记　石培新（布依）*
　　　　　邹联克（布依）
党委副书记　石云辉（侗）
　　　　　　陈治松（苗）
院　长　石云辉（侗）
副院长　韦　煜（水）　吴一文（苗）
　　　　黄　胜（土家）　黄明辉（仡佬）
纪委书记　王小红（女）
黔南民族医学高等专科学校
党委书记　王振金
校　长　王永林（布依）
党委副书记　王永林（布依）　王群兴
　　　　　　胡建山（兼）*　王启春（兼）
　　　　　　王　焱（布依）
副校长　胡建山（兼）*　王启春（兼）
　　　　陈　明　臧贵勇
　　　　贺莉芳（女）
纪委书记　王群兴
黔南民族卫生学校
校　长　谢启伦*
黔南民族职业技术学院
党委书记　罗　俊（布依）
院　长　饶　辉（回）
党委副书记　饶　辉（回）
　　　　　　张　元（苗）*
　　　　　　韦永革（水）　胡成林
副院长　金　焱　张正荣
纪委书记　张　元（苗）*　胡成林
纪委副书记　李　静（女，布依）

黔南幼儿师范高等专科学校
党委书记　张东秀（女，苗）
校　长　刘荣鹏（侗）
党委副书记　刘荣鹏（侗）　郑　琴（女）
副校长　李　平　潘家财（布依）
纪委书记　何学华
贵州广播电视大学黔南分校
校　长　刘庆义（苗）
副校长　白　平（女，回）　陈正权
都匀一中
党委书记　胡立军
校　长　胡立军
副校长　殷正明　金大城
　　　　姚明富（布依）
黔南州人民医院
党委书记　罗友军（苗）
院　长　王启春
党委副书记　王启春　卢柏云
副院长　刘三都　韦国祥
　　　　胡德馨　江显萍（女）
纪委书记　空缺
黔南州中医医院
党委书记　杨建平
院　长　胡建山*
党委副书记　尹旺旭
纪委书记　尹旺旭
副院长　常智玲（女）　王先坤
　　　　张　海　覃家永（布依）

州管国有企业

贵州黔兴置业（集团）有限责任公司
党委书记　王　勤
党委副书记　李　健
董事长　王　勤
副董事长　李　健
总经理　王　勤　李　健
副总经理　乐有任*　鲁　彬
　　　　李晓春（布依）
纪委书记　冯　欣*
总会计师　蒙焕焕（女，水）
黔南州国有资本营运有限责任公司
党委书记　王　勤
董事长　王　勤
总经理　王　勤
副总经理　乐有任*
贵州剑江控股集团有限公司
党委书记　唐世东（布依）*
党委副书记　周　毅
董事长　唐世东（布依）*
副董事长　周　毅
总经理　周　毅
副总经理　周银波（土家）　宋福才*
　　　　杨元江（布依）　杨　林
纪委书记　罗　勇
总会计师　李晓慧（女）
黔南州投资有限责任公司
董事长　杨元江（布依）*　杨　林
总经理　杨元江（布依）*　杨　林
黔南州水务投资有限责任公司
董事长　周银波（土家）
总经理　周银波（土家）
贵州锦绣实业（集团）有限责任公司
党委书记　王大勇*　谢明元（京）
党委副书记　赵　军
董事长　王大勇*　谢明元（京）
副董事长　赵　军
总经理　王大勇*　赵　军
副总经理　赵　军*　王　春（布依）
　　　　赵家敏（女，布依）
纪委书记　申　慧（女）
总会计师　赵家敏（女，布依）*　黄祖方
贵州南山康养有限责任公司
党委书记　王大勇*　谢明元（京）
党委副书记　赵　军
董事长　王大勇*　谢明元（京）
副董事长　赵　军
总经理　王大勇*　赵　军

副总经理　赵　军＊　王　春（布依）
赵家敏（女，布依）
纪委书记　申　慧（女）
总会计师　赵家敏（女，布依）＊　黄祖方

黔南交通运输集团有限责任公司

党委书记　席广彦＊　王大勇
党委副书记　刘　纲（女）＊
何云辉（布依）
董事长席　广　彦＊　王大勇
副董事长　何云辉（布依）
总经理　何云辉（布依）
副总经理　梁海军　张亚民（女）
陈　成　李晓春（布依）＊
总会计师　白庆明
总工程师　严　军
纪委书记　刘　纲（女）＊　周强友（布依）

黔南交通建设集团有限责任公司

党委书记　谈　力
党委副书记　宋福才
董事长　谈　力
副董事长　宋福才
总经理　谈　力＊　宋福才
副总经理　刘兴纯　徐明芳
谭志云
总会计师　张红梅（女）
总工程师　雷钱龙（回）
纪委书记　刘　纲（女）

黔南州融资担保有限责任公司

党委书记　李晓红
董事长　李晓红
总经理　李晓红

贵州鑫源投资开发有限责任公司

党委书记　黄碧勇
董事长　黄碧勇
总经理　黄碧勇

都匀市

中共都匀市委
书　记　吴　丹
副书记　邓忠学　胡荣忠
纪委书记　宋泽祥
常　委　杨　艳（女，苗）　罗仕凯（布依）
宋泽祥　王明佐（布依）
张文福（布依）　程　涛
朱建明（苗）　田　斌（土家）
刘　浩（2016. 01—2017. 06）＊
杜季荫（2016. 04—2018. 04）
李　霞（2016. 04—2018. 04）
金　进（2017. 03—2020. 02）

都匀市人大常委会

主　任　郭玉山（苗）＊　刘黔峰
副主任　谷　华（女，白）　肖国民
程　辉＊　敖忠南
吴冬生＊　何宗武（布依）
李国雄（布依）　赵克斯（布依）
刘才亮（苗）＊

都匀市人民政府

市　长　邓忠学
副市长　罗仕凯（布依）　郭永昌（布依）
严平亚　洪儒兵（苗）
王　琳　张仁德＊
龙仲芳（女）＊
刘　浩（2016. 01—2018. 01）
杜季荫（2016. 04—2018. 04）
李　霞（2016. 04—2018. 04）
金　进（2017. 03—2020. 02）

政协都匀市委员会

主　席　高越美（女）
副主席　孟宪民（苗）　卢双彦（布依）
林　艺　肖国民（布依）＊
李国雄（布依）＊
陈文庆（女，布依）
肖西原　魏爱军
王秉明（布依）

都匀市人民法院

院　长　黄晓明

都匀市人民检察院

检察长　唐海滨

福泉市

中共福泉市委
书　记　黄　伟
副书记　杨华祥＊　犹永凯
　　　　萧家明
　　　　陆胜康（2016．04—2018．04）
纪委书记　谭必刚（布依）
常　委　田国喜（苗）　韩小忠
　　　　谭必刚（布依族）　潘建辉（水族）
　　　　熊晓龙　汪　华（女）
　　　　叶　斌（壮族）　樊德刚
　　　　路　阳（2015．11—2017．11）＊
　　　　韦崇瑞（2016．04—2018．04）
　　　　罗　欣（2016．12—2017．12）＊
　　　　苏朝阳（2017．03—2020．02）
福泉市人大常委会
主　任　郑昌旭
副主任　王为桃＊　李顺贵
　　　　赵朝林（畲）＊　粟良俊
　　　　彭建华　曾明祥
　　　　姜天武（苗）　黄昌亮（苗）
福泉市人民政府
市　长　杨华祥＊　犹永凯
副市长　韩小忠　杨　勇
　　　　李　毅（女）　李沛福
　　　　韦恩胜（水）　何平湘
　　　　路　阳（2015．11—2017．11）＊
　　　　牛得权（2016．01—2018．01）
　　　　韦崇瑞（2016．04—2018．04）
　　　　罗　欣（2016．12—2017．12）＊
　　　　苏朝阳（2017．03—2020．02）
政协福泉市委员会
主　席　黄建菊（女，壮）
副主席　陈敞信＊　杨绍荣（布依）
　　　　姚　琪（侗）　周启华
　　　　龚传海＊　胡凯旋（苗）
　　　　李才华　唐兴江（苗）
福泉市人民法院
院　长　蒙永义（布依）
福泉市人民检察院
检察长　岑小明（布依）

瓮安县

中共瓮安县委
书　记　张文强
副书记　黄桂林（布依）　曾　薇（女）
纪委书记　陈　刚
常　委　张宗良（土家）　孟先锋
　　　　陈　刚　黄　成
　　　　夏吉友　喻正斌（壮）
　　　　符清和　柳　炎
　　　　吴雪嫩（2016．01—2018．01）
　　　　贾青鸿（2016．04—2018．04）
　　　　唐邦水（2016．04—2018．04）
　　　　黎建明（2017．06—2020．02）
　　　　李　军（2017．09—2019．08）
瓮安县人大常委会
主　任　潘玉华（苗）
副主任　罗惠平　王　华（苗）
　　　　郭　豫（女）＊　刘奉贤
　　　　李丰祥＊　金正祥＊
　　　　姚明凤（女）　张远军
　　　　洪　湖
瓮安县人民政府
县　长　黄桂林（布依）
副县长　张宗良（土家）　曾明康
　　　　龚传海　杨昌勇
　　　　肖福勇（女）　桂国全
　　　　贾青鸿（2016．04—2018．04）
　　　　唐邦水（2016．04—2018．04）
　　　　吴雪嫩（2016．01—2018．01）
　　　　黎建明（2017．06—2020．02）
　　　　田蒙奎（2017．09—2018．08）
　　　　李　军（2017．09—2019．08）
政协瓮安县委员会
主　席　陈　博（女，土家）

副主席　郑　毅＊王　华（苗）＊
符　合　王建军
喻　松　余　江
陈廷高　王天国

瓮安县人民法院

院　长　刘　芳（女）

瓮安县人民检察院

检察长　曹品刚（布依）

贵定县

中共贵定县委

书　记　莫春开（布依）
副书记　张丽芳（女，苗）　万其恒（苗）
刘亚文（2017．09—2019．08）
纪委书记　程春彬（布依）
常　委　杨先云　李永祥＊
程春彬（布依）　马登宏
岑群英（女，布依）　赵　波
刘兴海（布依）　龙　华（彝）
何　迅（2016．01—2018．01）
闫　鑫（2016．04—2017．03）＊
陆曙光（2016．04—2018．04）
王铁牛（2016．04—2018．04）
何华锋（2017．02—2019．01）
荆茂团（2017．03—2020．02）

贵定县人大常委会

主　任　凌　毅
副主任　顾桂琴（女，苗）＊　雷永吉＊
张贵林　朱国江
封运美　商爱平
董永松　袁　菲（女）

贵定县人民政府

县　长　张丽芳（女，苗）
副县长　杨先云　敬　鹏
周后强　张红灵（布依）
徐守丹（布依）　荣俊杰
何　迅（2016．01—2018．01）
闫　鑫（2016．04—2017．03）＊
陆曙光（2016．04—2018．04）
王铁牛（2016．04—2018．04）
何华锋（2017．02—2019．01）
荆茂团（2017．03—2020．02）

政协贵定县委员会

主　席　韦明刚（布依）
副主席　梅剑萍（女）　何庆洪＊
黄智勇＊　姜同辉＊
雷永吉　李维庆
吕远迅　王年军
顾龙先　李　植

贵定县人民法院

院　长　蒙胜清（水）

贵定县人民检察院

检察长　朱启松（布依）

龙里县

中共龙里县委

书　记　刘华龙
副书记　陈　曦　屈　芳（女，布依）
郝剑平（2016．04—2018．04）
刘　云（2017．09—2019．08）
纪委书记　石　磊（彝）
常　委　犹永凯＊　汪永丽（女）
黎　彤（布依）　李　健＊
周映龙　石　磊（彝）
杨　浚　魏　明
王泽勇
周莉莉（2016．01—2017．01）＊
郭永昌（2016．04—2018．04）
张　超（2016．08—2017．07）＊
杨　勇（2017．03—2020．02）

龙里县人大常委会

主　任　王永坤
副主任　陈　民（布依）　徐　彬＊
康兴西＊　杨　鸣＊
张宗毅　陈　俊（女）
仝太东　陈远军
潘　华

龙里县人民政府

县　长　陈　曦

副县长　犹永凯＊　魏　明

罗林富（布依）

杨贵丽（女，布依）

李政泉　林　刚（白）

王昌福（布依）

周莉莉（2016．01—2017．01）＊

黄志坚（2016．01—2018．01）

郭永昌（2016．04—2018．04）

张　超（2016．08—2017．07）＊

杨　勇（2017．03—2020．02）

政协龙里县委员会

主　席　莫　涛（布依）

副主席　张忠庆（女）　张宗毅＊

马晓红（女，布依）＊

肖　红（女）

金子成（苗）　雷安桥

陈金富（布依）＊　仝太东＊

宋跃东　辜夜明

龙里县人民法院

院　长　杨　津（苗）

龙里县人民检察院

检察长　葛永昶

惠水县

中共惠水县委

书　记　万庆华（布依）

副书记　王文旭　陈　宇（布依）

鲁显坤（2016．04—2018．04）

苑听雷（2016．11—2018．04）

洪　捷（2017．09—2019．08）

纪委书记　廖　嵩＊　李　利

常　委　李　利　罗国江（布依）

廖　嵩＊　周海泓

刘惠江　王维孔

陈郭勇（布依）＊　孙　玲（女）

颜　冲

龙木义（2016．04—2018．04）

马国辉（2016．04—2017．03）＊

赵晓红（2017．03—2020．02）

曾辉方（2017．06—2018．05）

惠水县人大常委会

主　任　罗兴惠（女）＊　王正祥（布依）

副主任　罗朝光（布依）　罗兴明

龙瑞林（苗）　杨胜英（女，布依）

谢家鸿（布依）　邓庆国＊

吴金兰（女，苗）＊

吴平权（苗）＊

刘学辉＊　韦　松（苗）＊

惠水县人民政府

县　长　王文旭

副县长　罗国江（布依）　赵朝阳

杨光远　王昌茂（布依）

王龙菊（女，布依）

杨　宁（苗）＊

龙木义（2016．04—2018．04）

马国辉（2016．04—2017．03）＊

赵晓红（2017．03—2020．02）

曾辉方（2017．06—2018．05）

政协惠水县委员会

主　席　王正祥（布依）＊

黄俐伶（女，苗）

副主席　邓庆国　李正忠（苗）

陈友平　罗国光（布依）

陆光霞（女）　何建宏

尹绍红（女，布依）

龙瑞林（苗）＊

杨胜英（女，布依）＊

惠水县人民法院

院长　唐正祥

惠水县人民检察院

检察长　李　明

长顺县

中共长顺县委

书　记　高晓昀（女）

副书记　李友军　梁玉林＊

韦晓燕（女，布依）
涂晓华（2016. 04—2018. 04）
孙　平（2016. 04—2018. 04）
令狐军（2017. 10—2018. 04）
纪委书记　李　利*　韦　松（苗）
常　委　韦　松（苗）　冉崇永
李华祥（苗）　刘海涛
冯大洲　周贵平
姚　勇（土家）　李　利*
韦晓燕（女，布依）*
戴忠杰（2016. 01—2018. 01）
谢小艺（2016. 04—2018. 04）
刘春晓（2016. 10—2018. 10）
郑宏坚（2017. 03—2020. 02）
黄继蓉（2017. 09—2019. 08）

长顺县人大常委会

主　任　邹义忠
副主任　毛永兴（苗）　吕娅兰（女）
郭兴建（苗）　梅仕忠（布依）
黄向阳　王　勇（布依）
范顺超*　唐庆华*
陈光智（布依）*

长顺县人民政府

县　长　李友军
副县长　冯岳刚　周兴邦
潘文政（布依）　金兴发（苗）
王国峰　韦晓燕（女，布依）*
戴忠杰（2016. 01—2018. 01）
谢小艺（2016. 04—2018. 04）
刘春晓（2016. 10—2018. 10）
郑宏坚（2017. 03—2020. 02）
黄继蓉（2017. 09—2019. 08）

政协长顺县委员会

主　席　万红梅（女，布依）
副主席　陈光智（布依）　韦朝忠（布依）
金光锐（苗）　王国举（布依）
张楠祥（布依）　郭兴武（苗）
陈昌海（布依）　毛永兴（苗）*

长顺县人民法院

院　长　郝彦海（布依）

长顺县人民检察院

检察长　罗宗邦（布依）

独山县

中共独山县委

书　记　潘志立
副书记　蒋海航　班代荣（苗）
纪委书记　石国洪（水）
常　委　石国洪（水）　胡　昆
宋恩贵（布依）　李庆红（女）
刘盛高（苗）　李　超（布依）
莫正勇（布依）
吴　刚（2016. 01—2018. 01）
章　荃（2016. 04—2018. 04）
潘晓军（2016. 04—2018. 04）
付天恒（2016. 10—2019. 04）
鲁建斌（2017. 03—2020. 02）
曾　玲（2017. 09—2019. 08）

独山县人大常委会

主任　黄永健（布依）*　何可刚（布依）
副主任　文龙斌（布依）　李光祥
陆德高（布依）　周　军（布依）
张永扬（布依）　邓小丽
黄雅东*　王建国（苗）*

独山县人民政府

县　长　蒋海航
副县长　宋恩贵（布依）　曾纪泽
戎华樱（女）　刘　毅
杨绍忠（布依）　莫　辉（布依）
吴　刚（2016. 01—2018. 01）
章　荃（2016. 04—2018. 04）
潘晓军（2016. 04—2018. 04）
付天恒（2016. 10—2019. 04）
鲁建斌（2017. 03—2020. 02）

政协独山县委员会

主　席　刘　明
副主席　李永扬　崔从军

桑建安　张仁青（布依）
杨光湜（苗）　黎鳌开（布依）
张德兰（女，布依）　李光祥＊
杨道芳＊

独山县人民法院

院　长　黄玉荣

独山县人民检察院

检察长　董贵成

三都水族自治县

中共三都县委

书　记　梁嘉庚（布依）　朱奉余
副书记　潘仕进（水）　罗红梅（女，布依）
李云华（2015．11—2017．05）＊
杨　波（2017．09—2019．08）
纪委书记　白林贤（布依）
常　委　何　信（布依）　白林贤（布依）
白绍海（水）　严　军
宋　刚（布依）　李灵松
王炳银（水）　徐少勋
王生才（2016．01—2017．12）＊
李　林（2016．04—2018．02）
徐少勋（2016．04—2018．04）
曾佑容（2016．04—2018．04）
叶良华（2016．04—2018．04）
欧永华（2017．03—2020．02）

三都县人大常委会

主　任　韦其贤（水）
副主任　李翠云（女）　潘启孝（水）
吴平昌（苗）　韦族琼（女，水）
韦学令（水）　潘廷军（水）
安国彪（布依）＊
潘国勘（水）＊

三都县人民政府

县　长　潘仕进（水）
副县长　严　军　杨昌云（女，水）
犹永全　莫履鹏（布依）
欧善闯（布依）　杨忠实（水）
王生才（2016．01—2017．12）＊
李　林（2016．04—2018．02）
杨建飞（2016．04—2018．01）
徐少勋（2016．04—2018．04）
曾佑容（2016．04—2018．04）
叶良华（2016．04—2018．04）
尹华东（2016．01—2018．01）
欧永华（2017．03—2020．02）

政协三都县委员会

主　席　陈木林（水）
副主席　覃友寿（布依）　潘和厅（水）
谭诗进（布依）　陈　宁（布依）
吴兴盛（水）　刘世洪（布依）
潘朝慷（水）
李海仙（女，布依）＊
李子祥（苗）＊
莫善亮（布依）＊

三都县人民法院

院　长　李德林

三都县人民检察院

检察长　唐万千

荔波县

中共荔波县委

书　记　尹德俊
副书记　叶　霖　雷学良（布依）
段利涛（2017．09—2019．08）
纪委书记　梁　健
常　委　钟少兰（女）　梁　健
向宗洋（布依）　李景宽
雷　达（布依）　陈　禹（苗）
叶祥兵　陈峥嵘＊
高　庸（2015．04—2017．04）＊
玉可雕（2015．04—2018．04）
黄克勇（2016．04—2018．04）
王润泉（2017．03—2020．02）
张　平（2017．05—2019．04）

荔波县人大常委会

主　任　李　洪
副主任　王正奎　付　洪

莫治贵（布依） 莫万能（布依）
韦永达（布依） 王国平（瑶）
王永波（女，苗）*
潘永会（水）*

荔波县人民政府

县 长 叶 霖
副县长 李景宽 玉可雕（布依）
罗来华（布依） 龙 怀
刘盛珠（女，苗） 何祖能
高 庸（2015. 04—2017. 04）*
玉可雕（2015. 04—2018. 04）
黄克勇（2016. 04—2018. 04）
王润泉（2017. 03—2020. 02）
张 平（2017. 05—2019. 04）
吴位跃（2017. 09—2018. 08）

政协荔波县委员会

主 席 董豫黔* 韦鸿敏（布依）
副主席 朱丽琼（女） 莫永开（布依）
潘永会（水） 冯发新
胡朝阳（水） 陈培生
莫治贵（布依）*
李荣庆（女，布依）*
韦鸿敏（布依）*

荔波县人民法院

院长 祝夜明（布依）

荔波县人民检察院

检察长 唐文义

平塘县

中共平塘县委

书 记 臧 侃
副书记 莫君锋 蒋小祥（苗）
胡铁磊（2017. 09—2019. 08）
纪委书记 刘昌海（布依）
常 委 陈宇玉（苗） 刘昌海（布依）
曹礼鹏 杨眉（仡佬）
王登辉 黄学兰（女，苗族）
莫卫武（布依）
冷安辉（2016. 04—2018. 04）
邓建华（2016. 04—2018. 04）
种朝武（2016. 09—2018. 01）
朱 明（2017. 02—2019. 01）
王晓立（2017. 03—2020. 02）
杨 林（2017. 11—2020. 04）

平塘县人大常委会

主 任 孟玉凤（女）* 臧 侃
副主任 刘 洪（毛南） 陈以惠（布依）
曾昭洪 吴家福
刘正银（布依） 李祖俭
刘 洪（毛南）* 周天福*
张建海（苗）*

平塘县人民政府

县 长 莫君锋
副县长 曹礼鹏 帅兴云
黄 俊（布依） 杨正海（布依）
王 波（布依）
杨 平（女，布依）
蒋小祥（苗）* 王登辉*
冉崇永* 史震海（布依）*
余星进*
冷安辉（2016. 04—2018. 04）
邓建华（2016. 04—2018. 04）
种朝武（2016. 09—2018. 01）
朱 明（2017. 02—2019. 01）
王晓立（2017. 03—2020. 02）
冷继兵（2017. 09—2018. 08）
杨 林（2017. 11—2020. 04）
吴启军（2017. 10—2018. 09）

政协平塘县委员会

主 席 张建海（苗）
副主席 杨志其（布依） 邓庆和（布依）
史翊海（布依） 杨育斌
郑传富 刘明军
田仁飞 江玉英（女，布依）*
刘吉贞* 石如祖（毛南）*

平塘县人民法院

院长 雷文莉（女）

平塘县人民检察院

检察长 杨斌贞（布依）

罗甸县

中共罗甸县委

书　记　杨朝伟（布依）

副书记　杨兴华（苗）　高　峰

　　　　蓝康力（苗）＊

　　　　罗长虹（2016．04—2018．04）

　　　　佘　俊（2016．04—2018．04）

　　　　韩忠元（2017．09—2019．08）

纪委书记　石家勋（布依）

常　委　石家勋（布依）　朱　泉（苗）

　　　　宋　辉　马素芬（女）

　　　　陈　杰（布依）　石炳通（侗）

　　　　龙仲芳（女）　高　峰＊

　　　　欧忠耀（2016．04—2018．04）

　　　　弓德强（2017．02—2019．01）

　　　　谭志明（2017．03—2020．02）

　　　　冉　剑（2017．04—2018．04）

　　　　余　伟（2017．04—2018．04）

罗甸县人大常委会

主　任　罗金逸（女，布依）

　　　　陈邦禄（苗）＊

副主任　邓德宇（布依）　陈克朴（土家）

　　　　黎　牛（布依）　王剑武（布依）

　　　　韦正江（布依）　杨　军（苗）

罗甸县人民政府

县　长　杨兴华（苗）

副县长　朱　泉（苗）　赵光龙

　　　　贾维军　班禹霞（女，布依）

　　　　陈　豪　付廷兵（布依）

　　　　程　康（2016．01—2018．01）

　　　　欧忠耀（2016．04—2018．04）

　　　　弓德强（2017．02—2019．01）

　　　　谭志明（2017．03—2020．02）

　　　　冉　剑（2017．04—2018．04）

　　　　余　伟（2017．04—2018．04）

政协罗甸县委员会

主　席　罗金逸（女，布依）＊

　　　　蓝康力（苗）＊

副主席　黄大斌（布依）　张良琴（女，苗）

　　　　胡再礼　袁　敏（壮）

　　　　王文报（布依）　何金芳（女）

　　　　田儒斌（土家）＊　张观福＊

罗甸县人民法院

院　长　何腾荣（布依）

罗甸县人民检察院

检察长　罗　勇（布依）

都匀经济开发区

都匀经济开发区党工委

书　记　张　宽

副书记　杨　东（壮）　孙　造

纪检组组长　姚　栋

都匀经济开发区管委会

主　任　杨　东（壮）

副主任　王伟超　朱大勇（壮）

　　　　杨加军（布依）　陈　刚（布依）

　　　　罗光禹（布依）

　　　　杨国丽（女，布依）

　　　　邵其岷＊

　　　　罗仁伟（2016．04—2018．04）

　　　　杨　帆（2017．03—2020．02）

（杨　飞）

·索　引·

SUO YIN

说　明

一、本索引采用分析索引法，按拼音字母（同音字母按声调）顺序排列。索引词条用字体表明；数字表示该词条内容所在页码；有关图表标题索引加注“图”、“表”字样。

二、本索引择其主要条目内容收录。内容重复出现的词条，可通过同一词条的不同页码进行检索。

数字、字母

“14 8”法律援助精准扶贫工作　258

2017 第二届中国荔波国际儿童动漫节在荔波举行　497

2017 都匀毛尖(国际)茶人会举办　352

2017 都匀毛尖(国际)茶人会在都匀举办　153

2017 年都匀毛尖茶实物标准样发布　353

2017 年“民体杯”全国独竹漂比赛在都匀市举办　270

2017 年全国企业信息化大会在惠水举行　479

2017 年全国企业信息化大会在黔南州惠水县百鸟河数字小镇举办　384

2017 年全省旅游工作推进会在平塘召开　154

2017 年易地扶贫搬迁项目　369

2017 年“中国旅游日”贵州省分会场活动暨全球绿鞋行动启动仪式于荔波举行　498

2017 丝绸之路·黔茶飘香西安站推介活动　353

“2017 天保记者行”采访宣传团天保记者行采访宣传团到黔南采访　358

2017·中国国际大数据产业博览会数字经济引领绿色发展百鸟河论坛　383

“5 个 20”工程　393

HSE 管理　413

HSE 体系建设　416

A

爱心人士捐赠　421

安居工程　488

安全风险防范　388

安全工作　408

安全管理工作　263

安全监管体制机制建设　297

安全生产　362,377,386,399

安全生产工作　264,351

安全生产监管执法　296

安全县创建　350

安全宣传教育　297

安置帮教工作　258
案件管理　184
案件审理与复查复议　184
澳洲魏基成夫妇慈善活动　222

B

百名离退休干部参加黔南州第一届州直机关党员干部职工运动会　125
“百企帮百村”精准扶贫行动　207
百姓宣讲“百千万工程”　118
帮扶工作　368,371
保密服务　174
保密检查　173
保密科技建设　173
保密培训　173
保密宣传　173
保障和改善民生　475
保障能力　390
保障重点支出　309
编制《黔南州老龄事业发展“十三五”规划》　457
标杆公司破历史新高　343
标准化建设　288
表彰　103
表彰申报　436
表彰先进　152
殡葬改革　489
殡葬改革工作推进的主要做法　167
殡葬工作的基本情况及成效　166
部队打赢制胜能力再提升　248
部门、村志编纂工作　116

C

财务管理　416
财政和金融　59
财政监督管理　310
财政审计　285
财政收入　309
财政支出　309
采编队伍建设　445
采风交流活动　441
参加贵州省第五届“福彩杯”老年文化艺术节　457
参加全国大中城市社科联第28次工作会议　216
参与医疗扶贫　190
参政议政　188,192,201
参政议政工作　196
参政议政和民主监督　198
茶产业“四个十佳评比”活动　354
茶事活动　352
茶叶产业　348
查办职务犯罪　254
产业发展　499
产业扶贫招商工作推进会召开　300
产业结构优化升级　466
长顺体育馆竣工投入使用　482
长顺县　548
长顺县白云山镇成功创建“国家卫生乡镇”　482
长顺县第四中学建成投入使用　481
长顺县开展“法治县”示范单位创建工作　261
长顺县入选首批国家“农村产业融合发展示范园”创建名单　482
长顺县中医院暨罗湖妇幼保健院建成投入使用　482
长抓关爱工作，妇女儿童受益　213
常委会议　177
成本调查　296
成果转化多　109
成就宣传　92
成品油市场　413
承办2017年贵州省第二届哲学社会科学智库名家·贵州学术年会　216
城市管理　394
城乡公办幼儿园新扩建任务完成　422
城乡规划　391
城乡建设　492
城镇建设　392,488,500
城镇魅力增强　485
持续推动全州机场建设　400
出台《黔南州政金企合作机制实施方案》　318
出台全省首个权责清单动态调整管理办法　246
出台《推进县县有上市公司的实施意见》　318

传达学习贵州省第八次归侨侨眷代表大会精神 218
传达学习全省老干部工作先进集体先进个人表彰大会暨全省老干部工作会议精神 122
创建全国民族团结进步示范州工作调度部署会在都匀召开 270
创建全国民族团结进步示范州现场观摩会在惠水召开 270
创建团结和谐示范,做好民族宗教领域工作 99
创新“电商+精准扶贫”模式 405
创新提升服务品质 388
创新突破 290
创新宣传形式 445
春茶质量抽检合格率达100% 352
从严管党治行 326
从严治党向基层延伸 388
促进保障和改善民生 209

D

搭建网上办理平台 152
打击环境违法行为 396
打造区域医疗信息化瓮安模式 388
打造同步小康创建示范点 106
打造统战“同心”品牌,推动统战工作品牌化特色化 99
大健康医药制造业发展 381
大力实施大数据+专项行动计划 384
大力提升信息基础设施保障能力 384
大力推动数字经济项目建设 384
大力推进大数据+政府治理融会贯通 384
大力推进信息化与工业化深度融合 384
“大美黔菜·黔南飘香”展示品鉴活动 180
大气污染治理 395
大数据产业初具规模 385
大型歌剧《邓恩铭》上演 115
大招商、招大商 406
大中专院校、医院及县级事业单位 543
代表集中视察 143
党的建设制度改革 108
党风廉政 459
党风廉政建设 310,338,345,356,399,403
党风政风监督 183
党建扶贫 283,318
党建工作 119,125,255,323,325,327,343,362,380,385,389,407,414,417
党建和队伍建设 171
党建与反腐倡廉 453
党史课题研究 115
党团工会建设 342
党务工作 408
党员活动 446
档案馆建设 170
档案接收征集 170
道路运输及管理 399
德国艾尔福特市与贵州黔南州缔结友好城市签订康养事业发展框架协议 166
地方名产特产 55
地质资源 483
第三届粤桂黔高铁经济带合作联席会议暨粤桂黔高铁经济带合作试验区(贵州园)建设工作现场会在都匀举行 153
第三届粤桂黔高铁经济带合作联席会在黔南召开 277
第十二届贵州旅游产业发展大会在平塘县天文小镇举行 154
第四届中国物流(都匀)国际峰会暨商贸物流博览会在都匀举办 406
第四届中国物流(都匀)国际峰会暨商贸物流博览会在都匀举行 153
第五届好花红艺术节暨端午节系列文化旅游活动举行 478
电力基础设施建设 489
电力行业(2000万元口径) 375
电网建设 379
电信基础设施建设 489
电子信息行业(2000万元口径) 375
调查研究参政议政 205
调研成果 190
调研工作 342
调整合理费用 346
东西部扶贫协作 304
动植物 484
动植物疫病防控 350
都匀二中划归市管 423
都匀经济开发区 552

都匀经济开发区统计考核指标体系　284
都匀军分区开展“百团万人”宣讲中共十九大精神助推打赢脱贫攻坚战动员誓师大会　231
都匀军分区召开2017年度开训动员大会　229
都匀军分区召开党委十四届五次全体（扩大）会议　229
都匀军分区召开机关处成立暨宣布干部任职命令大会　230
都匀军分区召开宣布军分区党委第一书记暨师职干部任职命令大会　230
都匀军分区政委杨光芒到长顺县敦操乡打召小学开展十九大精神宣讲　232
都匀军分区组织参加黔南州公祭日活动　231
都匀军分区组织纪念建军90周年演讲比赛　230
都匀军分区组织开展支援保障部队过境室内指挥所演练　232
都匀军分区组织全体党员赴瓮安猴场会议会址开展主题党日活动　231
都匀毛尖被评为“中国十大茶叶区域公用品牌”　353
都匀毛尖被评为“最具品牌传播力品牌”　352
都匀毛尖茶国家地理标志产品保护示范区建设　287
都匀毛尖茶获中国特色旅游商品大赛金奖　464
都匀毛尖茶荣获“华茗杯”特别金奖　352
都匀毛尖（国际）茶人会接待服务工作　221
都匀市　545
都匀市被国家林业局授予“全国森林旅游示范市县”荣誉称号　464
都匀市被国家林业局授予全国森林旅游示范县　359
都匀市被评为“2016创新中国·绿色发展优秀城市”　463
都匀市司法局开展脱贫攻坚“大走访”　261
都匀一中新校区搬迁启用　423
独立工矿区项目申报　276
独山国有林场获全国森林康养基地试点建设单位　359
独山县　549
独山县国有林场等获批为省级森林特色小镇建设试点　360
独山县首家合伙制法律服务所正式挂牌成立　261
队伍分类管理改革　256
队伍建设　247,253,257,282,312,324,338,368,379,416
队伍建设工作　262
对口帮扶　505
对台工作　113
对外开放　505
对外联络工作　452
对外联络交流合作　207
对外宣传　93,127
“多彩贵州·黔茶飘香”茶艺表演　354
“多彩黔南”建设启动会在瓮安召开　359
多家媒体采访退休水稻老专家徐先捍　123
多项整治　289
“多中心合一”管理体制改革　101

F

发现情况及时，急难救助作用发挥　166
发展规划　172
发展优势　473
发展壮大实体经济　474
法律援助工作　257
法院、检察院　542
防范金融风险　321
防范重特大公共安全事故工作　251
防汛抗旱　361
防汛抗旱测报　282
防震减灾　435
房地产业　393
非物质文化遗产保护　439
非油品销售　415
非油品业务　413
风险管控　319,343
扶持创业　291
扶持人口较少民族发展　276
扶贫产业子基金　310
扶贫工作　224,241,323,368
扶贫攻坚　402,440
扶贫开发改革　107
扶贫日捐款　452
服务创新　386
服务创新驱动　436
服务“大扶贫”战略行动，开展专项监督工作　254
服务“大生态”战略行动，加强环境司法保护　254
服务“大数据”战略行动，推进智慧检务建设　254
服务科学发展　395
服务“三农”　344
服务实体经济　319

福泉蛤蚌河森林公园获批为国家森林公园 359
福泉供排水有限责任总公司成功挂牌前海股权交易中心“新四板” 465
福泉市 546
福泉市被民政部纳入“全国殡葬综合改革试点地区(单位)” 466
福泉市牛场镇被民政部授予“全国农村幸福社区建设示范单位”荣誉称号 466
妇干培训 212
妇幼卫生工作 449

G

改革创新 486
改革创新成效明显 468
改革稳妥推进 378
改善农村人居环境 393
概况 61,87,92,94,96,100,103,105,110,114,117,120,121,125,127,135,144,155,157,169,172,175,182,187,189,191,194,198,200,205,207,210,212,215,217,223,225,227,233,238,243,246,247,249,253,255,257,262,266,272,274,279,282,283,285,286,289,291,292,296,299,309,311,313,317,318,319,321,323,324,326,328,340,343,344,345,347,351,354,360,362,367,368,373,374,375,376,377,380,381,382,383,385,387,389,391,395,397,398,400,401,405,407,409,413,415,417,420,422,422,423,424,424,424,425,433,436,438,440,445,446,448,450,452,455,456,457,459,462,464,466,469,473,476,479,483,487,490,499,500,504
干部队伍建设 88,282
干部培训 226
高分通过全省党校系统办学体制改革复评工作 121
高考成绩连续四年稳居全省第一方阵 423
高考二本上线率上升 426
高考状元花落黔南 423
高龄补贴 457
高校师生双语解读中共十九大精神 424
高新技术产业发展 433
各级主流媒体集中宣传黔南州“四子一体”信访工作法 157
各项配套工作 265
耕地保护 279
耕地占补管理 280
工程代建项目 394
工业固定资产投资 488
工业和建筑业 58
工业质量品牌建设 376
公共法律服务供给侧结构性改革调研工作 259
公共卫生服务管理 449
公共文化服务 438
公路管养 398
公证管理工作 258
公证机构改革工作 259
攻克同步小康创建短板 106
构建和谐劳动关系 209
构建“青春扶贫”地带 211
构建“青春护航”地带 211
构建“青春课堂”地带 211
构建“青春文荟”地带 211
构建“青春志愿”地带 211
固定资产投资 58
固定资产投资总量不断扩大 277
关爱留守儿童困境儿童,为青少年做好事办实事解难事 129
管理工作 378
管理护税 315
贯彻落实老年教育“十三五”规划 126
贯彻落实民航事业的方针政策 400
贯彻落实中央八项规定和省委十项规定、纠正“四风” 185
光荣榜 223,260
广播电视宣传评奖 447
广播电影电视事业 447
广东省第三督查组赴黔南州开展东西部扶贫协作专项督查 307
广告宣传 351
广州教师赴黔南挂职、培训 425
广州·黔南对口帮扶座谈会在广州举行 306
广州市对口帮扶黔南州招商培训会在匀举行 306
广州市民政局与黔南州民政局签订对口帮扶意向书 161
广州市侨商考察团赴黔南开展对口帮扶工作 219
广州市协作办赴黔南州政府驻广州办事处调研 305
广州市协作办考察组赴荔波考察对口帮扶项目 306
归集指标 457

规划建设 375
规模工业经济 487
贵定县 547
贵定县“6334”工作法打好脱贫攻坚“组合拳” 471
贵定县公安局荣获“全国优秀公安局”称号 472
贵定县旅游产品打造提质升级 472
贵定县司法局开展“送法进村寨”“双提升”宣传活动进村寨活动 261
贵定县脱贫攻坚“6334”行动全面铺开 472
贵定县沿山镇星溪村荣获“全国文明村镇”称号 472
贵惠大道惠水至花溪段建成通车 478
贵阳至黄平高速公路开工 475
贵州川恒化工股份有限公司成功上市 466
贵州民族大学法学院大学生志愿者助力黔南脱贫攻坚 259
《贵州年鉴(2017)》(黔南部分)组稿编辑工作 116
“贵州生态日”黔南州主题活动 276
贵州省 2017 年青少年足球锦标赛在黔南州瓮安县举行 422
贵州省第十二届旅游产业发展大会在平塘县召开 500
贵州省第十六届冬泳锦标赛在荔波举行 498
贵州省开发研究促进会暨黔南州州、县(市)开发研究促进会第 24 次联席会在平塘县召开 124
贵州省投资促进局到黔南开展招商项目动态视频制作调研及项目库建设沟通培训 301
贵州省委书记、省人大常委会主任陈敏尔到黔南调研 76
贵州省政法综治工作现场观摩会在都匀市召开 464
贵州省政府副省长刘远坤到黔南州调研指导绿博会筹备工作 360
贵州省综合行政执法体制改革现场推进会在福泉市召开 465
国家 AAA 级旅游景区成功落地云雾镇 472
国家财政部到荔波调研财政扶贫资金使用情况 496
国家档案局副局长付华到三都水族自治县调研指导水书抢救保护及申报《世界记忆遗产名录》工作 172
国家档案局副局长胡旺林等一行到贵定县开展党建帮扶和工作调研 172
国家公派出国培训 425
国家教育部基础教育司领导调研都匀四小 423
国家林业局副局长陈凤学一行到黔南扶贫调研 357
国家林业局副局长李春良一行到黔南州开展森林防火调研督查 358
国家首批中小学正高级教师评聘 425
国家体育总局、国家民委调研组一行赴荔波考察 496
国家卫生县城 475
国家义务教育质量及小康教育指标监测 421
国家重大政策措施贯彻落实跟踪审计 285
国家宗教事务局副局长蒋坚永一行到三都县慰问贫困群众 272
国家宗教事务局中国佛教协会等到都匀西山九龙寺调研 273
国民经济 484
国内、外贸易和物价 58
国税税收收入规模破百亿 311
国土资源领域改革 281
国有林场改革 102

H

海外侨胞助力黔南共同参与“一带一路”建设 220
夯实文明基础 322
河长制 361
核查工作深入,对象进退有序 166
狠抓春季和秋季攻势 348
弘扬劳模工匠精神 208
胡春华马兴瑞会见黔南州党政代表团一行 77
化工行业(2000 万元口径) 375
环境质量 395
会员风采 194
惠水县 548
惠水县司法局开展“感党恩、重法治、促和谐”道德与法治大型宣讲 261
火灾防控 247
获得全国星级茶馆首届茶席大赛一等奖 354
获奖情况 239

J

机构编制日常管理 101
机构变革 308
机关党的组织建设 185
机关建设 196,239

机械行业(2000 万元口径) 375
积极探索“多中心合一”改革工作 245
积极推进安全监管工作 401
基层法律服务 258
基层基础建设 249,284
基层派出所建设 252
基层组织建设 89,195,210,416,450
基础管理 322,324,386,390
基础设施建设 126,377,492
基础设施建设加快 467
绩效管理 312
疾病预防控制和公共卫生应急 449
计量管理 288
计生基层基础工作 450
计生基层群众自治工作 226
计生协产业发展合作社 226
计生协会工作 450
计生协组织建设 226
纪检监察体制改革 101
纪检监察信息 185
纪律审查 184
技能培训 283
加大交通投资,夯实交通基础设施 277
加大金融夜校宣传 342
加强办理业务培训 152
加强公民思想道德建设 95
加强关工委自身建设,提高服务基层的能力素质 130
加强机关自身建设,不断提高统战工作科学化水平 100
加强家庭教育,共建和谐社会 213
加强监管 350
加强教学改革,创新“三段式”教学模式 120
加强领导,落实食品药品监管责任 289
加强生态文明建设,坚决守好生态底线 62
加强组织部门自身建设 91
家事审判改革 256
家园建设 323
价调基金 296
价格监督检查 295
价格认定 296
价格收费管理 294
坚持发展第一要务,努力保持经济持续健康发展 61
坚决维护习近平总书记的核心地位,自觉在思想上政治上行动上与党中央保持高度一致 61
监管整治 279
监管执法 291
检验检测中心项目建设 287
建材行业(2000 万元口径) 375
建立管理考核机制,增强工作实效 165
建立和完善法治教育联动机制,提升参与社会治理能力 128
建立黔南州金融工作调度会议制度 318
建设十大民生工程 475
建设协调 397
建校 30 周年活动 126
建议得到州领导重视 398
建议提案办理 103,456
建议提案办理工作 151
建制度搭平台,服务民营经济发展 206
建置沿革 52
建筑业 393
健康保险 343
健全工作机制 275
践行以人民为中心的发展思想,增强人民群众获得感、幸福感和安全感 251
江苏省宗教局及宗教团体到三都县开展扶贫工作 273
降低企业税费负担 310
交流学习 404
交通 485
交通基础设施建设 398
交通建设 489
交通运输和邮政通信 58
教学管理 126
教学模式构建 421
教育 59,486,490
教育督导 421
教育扶贫 421
教育工作 224
教育矫治工作 263
教育科研 421
教育培训 291
教育厅委派外教入驻黔南 425
节日慰问侨界群众及侨资企业 218

巾帼脱贫有力,促进创业就业 213
《今日黔南》编印工作 108
金融扶贫工作获表彰 341
金融服务 321,493
金融管理 320
金融机构存贷款情况 317
金融致富学校 342
紧跟党中央、省委和州委步伐,持续不断学习贯彻党的十九大精神和习近平总书记在贵州省代表团重要讲话精神 83
紧扣脱贫攻坚,聚焦主业,提升农村基层力量 88
进社区和微心愿活动 446
进一步规范办理程序 152
经济体制改革 106
经济责任审计 286
经营管理 325
经营情况 386
精准扶贫 505
精准识别 367
景区提质扩容工程 494
景区提质升级 459
警示教育 241
竞技体育 453
“敬老月”活动 457
就业创业 455
就业扶贫 455
就业工作 224
就业与社会保障 60
居家养老 456
举办创建全国民族团结进步示范州工作培训会 268
举办“健康欢乐行·喜迎新时代”老年节健步行活动 124
举办“描绘家乡新变化·喜迎十九大”老年书画展 124
举办“品茗书香魅力夕阳”主题活动 122
举办黔南州三届十一次老年书画联谊展(会) 124
举办全州老干及老年教育工作者综合能力提升培训班 123
举办全州离退休干部“说说家乡新变化·喜迎十九大”主题演讲比赛 124
举办州县离退休党支部书记暨老干部工作者学习中共十九大精神专题培训班 124
举行重大项目集中开工活动 277
捐献人体器官与细胞组织工作 451
卷烟营销 418
决战决胜脱贫攻坚 475

K

开发区体制改革 101
开发区转型升级 406
开展 PPP 项目融资培训会 317
开展“畅谈十八大以来变化、展望十九大胜利召开”“建言十九大”主题调研 122
开展创新理论课题申报工作 215
开展第二十七次全国助残日活动 225
开展调查研究,拓展关工委工作向纵深发展 130
开展对县(市)创建工作互观互检 270
开展对州级单位创建示范州工作互观互检 270
开展具有黔南特色的群众性文化活动 94
开展离休干部离休费执行情况督查调研 123
开展“明礼知耻·崇德向善”主题活动 93
开展社会科学宣传普及周活动 216
开展社科理论进基层和“黔灵百姓讲坛”活动 215
开展“同声传译”和“热学热议”党的十九大精神 124
开展脱贫攻坚活动 401
开展慰问退伍老兵文艺演出活动 237
开展“文明在行动·满意在黔南”活动 93,95
开展信用共创 341
开展“学‘两会’精神、看匀城变化、赞黔南发展”主题活动 122
开展学术活动 436
开展“迎国庆、中秋”文体比赛活动 124
开展“重温入党誓词·牢记使命担当”主题党日活动 124
开展宗教关系和谐示范区创建工作 273
康复工作 224
科技成果及人才 434
科技合作与交流 435
科技情报 435
科技体制改革 434
科技宣传 435
科普项目申报 436
科普宣传 436
科研工作 365
客户服务 378,390

控编减编工作和县直机关消化超编工作 103
款物募集 451
矿藏 483
矿山环境保护 280

L

劳动关系 456
老干部参加热学热议省第十二次党代会精神宣讲报告会 123
老年协会 457
雷电灾害和防雷技术服务 365
离退休干部参加新春团拜会 121
理论宣讲 117
理论研究 119
立法工作 140
立体化社会治安防控体系建设 250
荔波白茶荣获黔南州第四届都匀毛尖杯斗茶大赛白茶类金奖 495
荔波邓恩铭故居陈列馆改陈布展对外开放仪式系列活动在荔波举行 115
荔波国际跳绳公开赛暨全国跳绳联赛分站赛在荔波举行 498
荔波机场年旅客吞吐量首次突破 10 万大关 401
荔波举行邓恩铭故居陈列馆改陈布展开放仪式系列活动 495
荔波、罗甸中职教育因地制宜创特色 424
荔波县 550
荔波县启动“施政面对面”电视问政活动 495
荔波县司法局开展“法治伴我行”摄影投票评比活动 261
廉洁从税 315
廉政建设 312
粮食工作 407
“两户”营销 324
“两学一做” 459
“两学一做”文艺会演 317
“两学一做”学习教育 87
“两学一做”学习教育常态化制度化 181
林业改革 355
林业生态 356
林业执法培训 357
领导批示多。全年获省委有关领导、州委主要领导批示共 54 次 108
“六一”走访慰问留守儿童和困难老人 220
龙里贵州快递物流园 475
龙里县 547
龙里县司法局“五步法”督导脱贫攻坚 261
旅游扶贫 461
旅游经济 461
旅游经济运行 488
旅游开发 488
旅游品牌创建 460
旅游行业监管 461
旅游业 491
旅游营销 460
旅游资源 54
履职能力 292
律师管理工作 257
率先建立规范性文件“自动清理”制度 246
绿色工业 491
绿色生态质量提高 468
罗甸县 552
罗甸县建强电商经济助力脱贫攻坚 503
罗甸县全力推进大数据与实体经济深度融合 503
罗甸县司法局开展城乡支部脱贫攻坚“七一”知识竞答活动 262
罗甸县投入 3000 万元打造麻怀同步小康示范样板村 503
落区工作 239
落实妇联改革，工作初显成效 214
落实“两个责任” 223
落实“两项补贴”制度 224
落实领导干部上讲台，整合利用校内外教学资源 120

M

马来西亚祝福文化基金会走访慰问活动 222
茂兰山谷国际音乐节在荔波举行 497
煤炭行业(2000 万元口径) 374
美国天使儿童基金会资助独山贫困生 222
美术 443
民汉双语骨干教师培训 425
民间文艺 444

民生保险　344
民生保障　185
民生档案服务　169
民生工程　500
民生、幸福指数提高　487
民生资金(项目)审计　286
民事审判　255
“民体杯”全国陀螺大赛在荔波县举行　498
民营经济统计监测体系　284
民主党派与工商联　541
民主法治领域改革　107
民族地区创新发展先行示范区统计监测体系　284

N

纳入地方财政预算,为购买服务提供资金保障　165
纳税服务智能领航　311
内部改革　327
内部基础管理　408
拟建铁路项目　397
农产品加工销售　349
农产品质量监测　350
农村寄宿制学校扩容建设项目　420
农村土地承包经营权确权登记颁证　350
农村土地改革　504
农村土地制度改革　350
农村幸福院　456
农副产品加工(2000 万元口径)　374
农旅融合发展示范点　349
农商行改制　341
农业　57
农业经济　488
农业科技　434
农业面源污染防控　351
农业品牌　349
农业园区升级转型　349
“农业园区”向“农业公园”转型升级　349
农作物专业化统防统治与绿色防控　350
挪威华人贾永华到三都县拍摄水族马尾绣　221

P

培训工作　224
培育和践行社会主义核心价值观,丰富青少年思想道德教育　128
配合完成督察任务　395
品牌建设　286
品牌赛事　453
平桥社区活动　222
平台建设　374
平塘县　551
平塘县司法局开展中小学生“学宪法讲宪法”主题演讲比赛　261
普法宣传工作　257
普惠金融服务　341

Q

“七五”普法工作　257
其他工作　120
气候　483
气候对农业生产的影响　364
气象服务　364
气象探测业务　365
企业改革　418
企业挂牌上市培训会　318
企业经营　389
企业社会责任　389
企业文化　327,342
企业文化建设　339
企业优化升级　476
启动州供销社“三位一体”电商扶贫综合服务中心项目　411
“千企改造”工程　376
签订农副产品收购协议　424
签订战略合作协议　318
前期工作　397
黔南布依族苗族自治州成立 61 周年座谈会在都匀召开　270
黔南党政代表团赴广州对接对口帮扶工作　77

"黔南供销"唱响好声音 411
黔南·广州结对共建广州产业园 306
黔南·广州统一战线对口帮扶座谈会在都匀市举行 307
《黔南红色故事》一书出版 115
黔南获兰花博览会承办权 358
《黔南年鉴(2017)》编纂出版工作 116
黔南深入推进殡葬改革全力服务民族地区创新发展先行示范区建设 166
黔南信息基础设施建设三年会战攻坚年 1—12 月推进情况通报 385
黔南在 2017 博鳌国际物流论坛获多项大奖 407
黔南支队严密组织官兵参加"烈士纪念日"公祭活动 237
黔南州 2016—2020 年党史工作规划印发 114
黔南州 2017 年第一次项目建设现场观摩会走进荔波 495
黔南州 3 部地方综合年鉴在全省年鉴质量评比中获奖 117
黔南州参加"2017 贵洽会" 304
黔南州参加省组织召开的 2017"贵洽会"省内企业招募工作调度会 301
黔南州产业扶贫招商推介会在广州举行 300
黔南州产业扶贫招商推介会在深圳举行 301
黔南州产业转型升级提速,工农旅商贸物流齐头并进 300
黔南州成功举办第六届"华鑫杯"茶艺大赛 352
黔南州创新医疗救助服务模式全面实施医疗救助"一站式"信息系统即时结算服务 163
黔南州打造贵州快递物流园示范工程 304
黔南州大数据发展规划 2016—2020 年 383
黔南州大数据战略行动三年行动计划 383
黔南州第六届兰花艺术展都匀文峰广场举行 357
黔南州第七次归侨侨眷代表大会在都匀召开 218
黔南州第十届村(居)民委员会换届选举工作完成 159
黔南州第十四届人民代表大会常务委员会 529
黔南州第五届运动会 452
黔南州第五届运动会在荔波举行 497
《黔南州法治政府建设实施方案(2017—2020 年)》出台 247
"黔南州公民科学素质业务能力提升班"在上海科技管理干部学院举办 437
黔南州共青团改革方案 210
黔南州关工委 2017 年中小学生寒假乒乓球义务辅导班开班 131
黔南州关工委调整充实老专家科技服务团 134
黔南州关工委进校园开展思想道德教育宣讲活动 134
黔南州关工委开展农村实用技术培训活动 132
黔南州关工委开展"五老"法制宣讲进校园活动 133
黔南州贯彻落实省委书记陈敏尔调研指示精神 80
黔南州贵定南(昌明)千万吨国家二级铁路物流基地工程可行性研究报告获中国铁路总公司批复 302
黔南州国税局国税法治文化园获全省"十佳法治文化阵地"荣誉称号 259
黔南州红十字会第四届理事会第二次会议召开 450
黔南州获得 2020 年第四届中国绿化博览会承办权 359
黔南州获国务院 2017 年东西部扶贫协作年度考核"好"等次 308
黔南州集中开展招商引资项目督查工作 303
黔南州举办 2017"贵洽会"州内配对企业培训班 303
黔南州举办留守儿童家长培训班 131
黔南州举办全州招商干部业务培训会暨中共十九大精神专题学习会 304
黔南州举办首届"都匀毛尖杯"制茶技能大赛 353
黔南州举办首期司法行政系统行政执法培训 259
黔南州举行黔货出山名特优产品订货会暨现代物流招商引资推介会 303
黔南州开展"12·4"国家宪法日系列宣传活动 260
黔南州开展东西部扶贫协作考核工作培训 308
"黔南州离退休干部助力脱贫攻坚能力提升培训班"在河南省林州市举办 123
黔南州立足茶品牌做实茶文章 82
黔南州荔波县"绿鞋行动"新闻发布会在京举行 454
黔南州林业干部业务培训班在北戴河开班 359
黔南州律师工作管理暨律师行业开展"两拥护、两忠于、守底线"学习教育动员大会 259
黔南州门户网站信息审核发布管理制度 385
黔南州民政局项目办完成社会兜底工程 2017 年中央预算内补助资金项目申报工作 162
黔南州民政局组团赴桂招商推介黔南州健康养老项目 166
黔南州评选出 7 家星级茶馆 353
黔南州启动民族服饰创意设计大赛工作 271
黔南州"千企改造"扩投资提产能促转型 82
黔南州强化措施推进绿色农产品"泉涌" 81
黔南州强化措施抓好"中国天眼"运行保护 82
黔南州人大常委会专题询问州人民政府信访工作 157
黔南州人大组织赴省外考察学习宗教管理工作 272

黔南州人防办开展保密教育培训专题讲座　240
黔南州人防办深入联系点开展精准识别摸排工作　241
黔南州人防办邀请省人防办有关领导专家指导人防大数据建设　240
黔南州人防系统领导干部到省内先进地区考察学习人防业务　242
黔南州人民防空工作现场推进会在福泉市和瓮安县召开　241
黔南州人民政府　530
《黔南州人民政府规章制定程序规定》印发实施　247
"黔南州社会工作领航人才特训营"在广州开班　162
黔南州实施"895"行动计划落实脱贫攻坚春季攻势行动令　81
黔南州首次表彰"十佳政法干警"　246
黔南州司法局长座谈会召开　260
黔南州司法局召开党建暨精准扶贫工作推进会　260
黔南州司法行政信息化建设现场观摩暨新闻宣传工作会在龙里召开　259
黔南州探索政府购买服务织密急难救助网　164
黔南州提前三年完成城乡社区基层民主自治设完善率的小康创建指标　169
黔南州投资促进局着力抓好《条例》学习宣传　304
黔南州推进投融资体制机制改革暨加强债务管理工作会议在龙里召开　311
黔南州推进脱贫攻坚"组组通"建设　83
黔南州拓展东西南北区域合作空间　80
黔南州委第三巡察组进驻州司法局（都匀强制隔离戒毒所）开展巡查　260
黔南州委书记龙长春对人防工作作批示　239
黔南州选派学员参加无人机操作技能培训班　360
黔南州拥军优属慰问团到都匀军分区慰问官兵　229
黔南州与广州市签署东西部扶贫协作助推脱贫攻坚合作协议　308
黔南州与贵州省同步举行2017年第二批重大项目集中开工仪式　301
黔南州与中民规划院签订黔南州康养产业发展战略合作框架协议　160
黔南州在北京民族剧院举办水书申遗展览　172
黔南州招商引资统计业务培训班在都匀举行　302
黔南州召开副厅级以上离退休干部情况通报会　123
黔南州召开工业发展暨招商引资工作大会　304
黔南州召开全州人民防空工作电视电话会议　240
黔南州召开森林公安机关落实独立执法权限工作启动视频会议　360
黔南州召开信访维稳工作会议解决好农民工"过年钱"　156
黔南州召开招商引资半年工作运行调度会　302
黔南州召开中部片区招商引资工作调研座谈会　302
黔南州政府副州长杨从明率队到北京考察养老服务机构建设　160
黔南州政府副州长杨从明一行到国开行参加养老机构融资及产业化路径研讨会　160
黔南州政府系统门户网站评估结果　385
《黔南州志（1991—2014）》通过省级终审　116
黔南州制定地方志事业发展"十三五"工作方案　115
黔南州组织到黔东南、铜仁地区现场观摩学习落区任务执行工作　240
黔南州做强刺梨品牌建设"中国刺梨之州"　81
"黔穗同心·好花更红"贵州省黔南刺梨（广州）专题招商暨推介会在广州举行　358
强化党建引领、助力脱贫攻坚　121
强化督查考核　152
强化岗前业务培训，提升招聘人员业务素质　165
强化监管　289
强化科研能力，提升资政水平　121
强化内控，防范风险　336
强化同步小康创建氛围营造　106
强化易地扶贫搬迁组织领导　369
强化战略执行及过程管控，细化会计运营部管理　332
"侨爱心·光明行"活动　221
侨务工作　112
侨资企业调研　222
"亲情中华·欢聚都匀"文艺演出在都匀文体艺术中心上演　217
"青春健康"工作　226
青少年科技教育　436
清收不良贷款，控制不良余额及不良率　337
渠道发展　343
取得的成效　164
全国茶馆等级评审员培训在都匀开班　353
全国古树名木资源普查和管护业务培训会在黔南州举办　359
全国绿化委员会办公室常务副主任、国家林业局造林司司长

赵良平一行到黔南州指导绿博会筹备工作 360
全国水生生物自然保护区管理培训班在荔波举办 496
全国小学体育活力校园优秀案例征集评选 422
全国性比赛 453
全面从严管党治党,不断巩固山清水秀的政治生态 63
全面建成小康社会工作 106
全面深化改革 493
全面深化改革开放,充分激发发展的动力活力 62
全面深化改革全面依法治州工作 106
全省第二次项目建设现场观摩会第六组到黔南观摩 154
全省第一次项目建设现场观摩会第六组到黔南观摩 153
全省农民合作经济组织联合会第二片区会 411
全省脱贫攻坚投资基金扶贫产业子基金推进工作现场会在长顺召开 311
全省早熟马铃薯机播现场会在荔波召开 496
全省政法综治工作现场观摩会在都匀召开 245
全州教育系统固定资产投资 420
全州老干部、老年教育和关工委工作会议在都匀召开 122
全州林业工作会议在惠水召开 358
全州普及十五年教育目标基本实现 423
全州社会治安防控体系建设暨政法大数据应用现场观摩会在都匀召开 245
全州行政复议与行政应诉能力提升培训班在都匀经济开发区匀东贵州饭店举办 247
全州政法系统办公室工作培训会在贵定召开 245
群众体育 452
群众性文艺活动 442

R

人才队伍建设 342,414
人才管理服务 90
人才兴税 314
人才引进工作 217
人财物管理改革 286
人道救助 451
人防工程建设 238
人工影响天气工作 365
人居环境进一步改善 467
人口 483
人口 民族 55
人口、民族、宗教 473
人民调解工作 258
人民监督员制度改革工作 260
人民生活 60
人民团体 541
人事人才 456
人体器官捐献缅怀纪念园 452
认真落实“两规”,促进妇儿发展 215
荣誉榜 422
入户核查到位,对象认定准确 165

S

三都水族自治县 550
三都县司法局推出了“148”法律援助“3+3”工作模式 261
“三个平台”建设 415
“三区”和“三山”支教计划 425
“三位一体”新型基层社建设方案 409
扫黄打非 447
森林防火空地立体巡防网 358
森林防火业务能力培训 357
森林和动植物资源 54
山地高效农业园区建设 348
上级表彰多。一是课题研究获奖 109
上级采稿多。文稿获省级以上刊物采用 182 篇 109
上级人大调研 143
社会保障 455
社会保障与救助 490
社会调研工作 188
社会发展科技 434
社会服务 188,193,199,203
社会服务工作 197
社会民生 505
社会事业 493
社会事业统筹发展 468
社会责任 390
社会治理体制机制改革 107
社情民意 190
社区矫正工作 258

社员股金服务业务　410
社员荣誉　204
涉密文件销毁　174
涉台服务　189
摄影　443
深化财政改革　310
深化大数据发展管理体制改革　383
深化改革　319,505
深化“两带”服务　191
深化五大文明创建　94
深化组织工作制度改革　91
深入学习“十九大”　414
深圳黔南商会成立大会在深圳市举行　299
审计成果　285
审判组织结构改革　256
生活补助及社会资助　421
“生态大讲堂”开讲　359
生态工程　500
生态环境保护　256,492
生态环境建设　488
生态建设　60
生态农业　491
生态文明体制机制改革　107
生态畜牧业　347
“生育关怀·助孕工程”公益活动　226
省地名普查办现场抽查验收都匀、福泉两市第二次全国地名普查工作　162
省供销社在黔南启动综合改革专项试点工作　411
省级高中学生综合评价试点落户福泉　423
省级乡村名师工作室　421
省级乡村名师培养　425
省级中小学幼儿园优质课比赛落户黔南　422
省军区副政委魏文波率工作组到都匀军分区指导军分区党委常委民主生活会　230
省军区工作组到都匀军分区开展年度军事训练检查考核　232
省军区政委谢武忠到都匀军分区检查调研　231
省林业厅厅长黎平一行到黔南罗甸调研　358
省民宗委党组书记石松江到都匀市宣讲中共十九大精神　271
省民宗委考核验收组到黔南州考核验收创建全国民族团结进步示范州工作　271
省侨联领导到黔南调研　219
省人大常委会执法检查组到黔南州开展“一法两规定”执法检查　269
省人防办陈果一行到黔南调研人防工作　242
省人防办到黔南州调研指导人防工程建设管理工作　239
省人防办到瓮安县猴场会议会址开展学习教育活动　241
省人民政府对惠水进行“普十五”及“两项督导”验收　479
省司法厅赴长顺县调研蔬菜产业产销对接工作　260
省司法厅“全省十佳法治阵地”检查考核组到黔南州进行检查考核工作　260
省委副书记、代省长谌贻琴到长顺县宣讲中共十九大精神　482
省委副书记、省长孙志刚到黔南调研　76
省委政法委常务副书记、综治办主任彭德全到黔南州调研政法工作　244
省政府发展研究中心来黔调研　318
省州重大工程和重点项目有力推进　277
诗词楹联　442
十九大精神宣传宣讲　92
实施反洗钱工作方案,开展客户信息治理　335
实施营养改善计划　424
实施职工素质工程和职工文化建设　209
实体经济发展工作测评方案　284
实体经济服务　341
实体经济壮大　484
始终树立高目标确立高要求,着力在强化服从服务上走前列、作表率　84
始终抓党建聚合力,不断夯实办公室“三服务”工作基础　85
示范创建　290
示范法院　257
世界银行专家官员到黔南考察养老养生项目　161
市场价格监测　292
市场经营　389
市场营销　415
事业单位改革　103
书法　443
蔬果产业　348
树立巾帼典型,示范引领发展　214
“数据警务”建设　250
水库移民　370

水库移民后期扶持　370
水生态文明　361
水书申遗工作　171
水污染治理　395
水务改革　361
水务投资　360
司法部部长张军到龙里县调研公共法律服务体系建设　259
司法改革　255
司法鉴定管理工作　258
司法考试工作　257
司法作风　257
思想建设　187,201
思想建设和宣传教育　198
思想政治建设　195
思想政治教育　206
诉讼监督　254
素质教育　422
损耗管理　415

T

探索推动老年教育创新发展　127
淘汰落后产能　381
特色农业产业金融　325
特种设备安全监察　287
提案工作　179,189
提取指标　457
提升服务水平　314
提升服务质效　322
提升理赔质量　345
提升内贸流通现代化发展水平　405
提升农信形象　342
提升造林质量　354
提升征管效能　313
提速降费　387
提质增效　378
体育产业　453
体制改革　185,373
体制机制改革　504
同步小康村走访慰问　219
同步小康驻村工作　216,224
统计产品数量质量　284
统计调查　285
统计服务　284
统计管理体制改革　283
投资5亿的中药饮片加工项目落户惠水　479
投资建设　416
突出扶持重点　275
突出精准务实落实,聚焦聚力打好脱贫攻坚战　62
突出“两个健康”,做好经济领域统战工作　97
土地流转　351
土地资源　483
土壤污染治理　395
推动科协系统深化改革　437
推动黔南州社会事业发展　278
推进安全生产工作改革创新　297
推进大健康医药产业发展　279
推进大众创业万众创新　380
推进公共法律服务供给侧结构性改革　259
推进建设用地增减挂钩及废弃地复垦　280
推进教育扶贫　190
推进“两学一做”常态化制度化　223
推进“六个严禁”常态化　355
推进民主政治建设,不断巩固团结繁荣发展局面　63
推进内陆开放型经济试验区建设　278
推进诉调对接方式改革　256
推进土地整治及脱贫　281
推进文化惠民工程　95
推进项目建设　474
推进左右江革命老区振兴规划工作　276
脱贫攻坚　292,327,356,361,392,446,459,484,489,490,499
脱贫攻坚成效显著　466
脱贫攻坚工作　210
脱贫攻坚　金融扶贫　341
脱贫攻坚民主监督　188
脱贫攻坚“夏秋大比武”　260
脱贫攻坚新闻宣传　94
拓展第二课堂　126

W

外派教师工作　222
外事工作　110
完善地质灾害防测体系　281
完善基础设施　401
完善交通路网建设　277
完善考核办法,深化渠道建设　345
完善土地供应政策　280
完善土地总体规划　280
完善用地机制　280
网络基础建设　387
网络宣传　118
为农服务组织体系进一步健全　409
围绕"一带一路",做好港澳台侨海外统战工作　98
维护国家安全　249
维护合法权益,提升妇儿保障　212
卫生和体育　59
卫生基础建设　449
卫生计生　490
卫生计生监督执法　449
未成年人思想道德建设　95
委员调研　180
委员视察　180
文化产业　439
文化产业新业态　445
文化对外交流　439
文化扶贫　94
文化工作　225
文化、广播电视　59
文化建设　325
文化旅游　485
文化市场综合执法　440
文化体育　490
文化体制机制改革　107
文明优质服务工作　339
文体活动　494
文物保护管理　439
文艺创作　438,441
文艺队伍建设　441
文艺精品创作生产　94
瓮安县　546
瓮安县治安纠纷人民调解委员会正式挂牌成立　261
污染防治　396
无偿献血和捐献造血干细胞　451
无公害绿色有机农产品　349
五彩国税亮点纷呈　311
"五个三"落实情况　369
武警总部军事设施建设局工作组到支队检查指导工作　237
武警总队参谋长江智勇到支队检查指导工作　236
武警总队副司令员刘昌建到支队检查指导工作　237
武警总队副司令员王忠到支队检查指导工作　236
武警总队副政委刘志峰到支队检查指导工作　236
武警总队后勤部部长吴继光到支队检查指导工作　236
武警总队司令部副参谋长张玉成到支队检查指导工作　236
武警总队司令员华荣林到支队调研　236
武警总队政委韩云鹏到支队调研　236
武警总队政委韩云鹏率工作组到支队检查指导工作　237
武警总队政治部副主任陈东升到支队检查调研　236
舞蹈　444

X

戏剧曲艺影视　443
下放移民安置权限　372
先进表彰　366
先进典型　225
县、村两级人口福利基金稳步壮大　226
县级考核　284
县(市)召开社科联第一次代表大会　217
县(市)志编纂工作　116
乡村教师支持计划　420
香港爱心人士捐资助学　220
香港奥园集团资助贫困大学生　221
香港侨界社团联会参观中国天眼　222
香港希望之友教育基金会回访资助小学　220
项目储备工作得到突破　278
项目工作　451
项目建设　225,360,493

项目前期工作经费申报 276
项目投资 500
项目支持 356
消费维权 291
销售工作 408
小说、散文 442
“校农结合”帮扶工作新模式 424
协同推进 290
新闻出版版权 446
新西兰华人胡安琪一行回家乡都匀探访 221
新型城镇化 391
新型农村合作医疗 448
信贷工作 322
信贷支农 326
信访与举报 184
信息化建设 170,285,458
星光培训工程 380
星级党支部创建 445
刑事检察 254
刑事审判 255
行业安全监管 402
行业宣传 403
行政审判 255
行政审批制度改革 102
行政许可改革 288
形象建设 458
“幸福人生”活动关爱计生特殊家庭 226
休闲观光农业 349
叙做公司授信,拓展国际结算业务 328
畜牧 488
宣传工作 171,181,188,191,204,214,225
宣传教育 239,450
宣传信息 194
宣传与教育 183
宣讲队伍建设 118
学会管理 216
学前教育通过省、州评估 422
学术文化交流 172
学习党的十九大和习近平总书记系列重要讲话精神,统一思想凝聚力量 128
学习贯彻中共十九大精神 440
学习贯彻中共十九大精神,力求学懂弄通做实 205
学习培训 189
学习宣传贯彻中共十九大精神 223
学习中国共产党第十九次全国代表大会精神及习近平系列重要讲话 258
学校安全知识宣传教育 421
学校干部、教师赴广州培训 425
巡察监督 186
循环农业 351

Y

烟草行业(2000 万元口径) 374
烟叶工作 417
盐业改革工作 381
盐政工作 408
“阳光校园·我们是好伙伴”全国青少年五好小公民主题教育活动演讲比赛黔南赛区决赛在都匀举行 132
邀请深交所专家来黔调研 317
冶金行业(2000 万元口径) 374
业务健康发展 344
业务培训 172,284,342
业务推进 326
“一带一路”茶叶产销合作洽谈会在都匀市举行 463
“一事一议”财政奖补政策 310
医药卫生体制改革 448
医药行业(2000 万元口径) 375
医政管理 449
依法行政 239
依法征税 313
依法治档 169
依法治水 362
依法治税 313
移动网络建设与覆盖 489
移民维稳 371
移民资金使用和管理 370
遗产地和风景名胜区管理 394
以存款为重点,推进个人金融业务发展 329
以党建引领为抓手,增强党的建设 340
以工代赈 276

义务教育科学布局调整　423
义务植树活动　357
异地扶贫配套解决幼儿园问题　422
易地扶贫搬迁　275
易地扶贫搬迁原项目收尾　368
音乐　444
应急管理工作　151
应急救护　451
应急救援　450
“迎新春、献爱心、送温暖”帮扶行动　122
营改增后续工作稳步推进　311
营商环境　291
影视文化旅游产业　504
优化服务水平　344
优化干部队伍　325
优化外贸发展方式　406
优化资源配置　345
油品质量管理　414
逾期率　458
园区在全省排位情况　377
粤桂黔高铁经济带沿线城市经贸合作圆桌会议在都匀举行　307
云南省供销社到黔南考察调研　411
云南省文山州到黔南州考察学习州庆活动做法　269
“云上编制”系统建设　103

Z

在建项目　397
增值收益　458
招商引资　349,486
招商引资情况　377
召开创建全国民族团结进步示范州工作推进会　268
召开金融机构支持地方经济考核会　318
召开州第十四届人民政府第一次民族工作联席会议　268
争取上级资金补助　278
争取预算内资金支持　277
征地移民安置工作小组成立　372
整章建制　289
政策扶持　348
政策体系　367
政策研究与法制　183
政府投资项目审计　286
政协黔南州第十二届委员会　540
政协黔南州十二届一次会议　177
“政银担”合作签约仪式　317
政银企对接暨“贵园信贷通”工作座谈会　318
政治思想教育　191
支部活动　189
支持党派加强建设，营造和衷共济的政治氛围　96
支队完成2017中国足协国际足球赛警卫任务　237
支队完成“第五届”州运会警卫及升旗任务　237
支队完成“七星—未来城杯”都匀国际城市足球对抗赛安保勤务　238
支队完成三起大型武装押解勤务　237
支队召开党委一届十四次全体（扩大）会议暨半年双向讲评会议　237
支队组织官兵参加黔南州“扶贫日—慈善一日捐”现场募捐仪式　238
支队组织开展庆祝建军90周年“卫士劲旅”篮球比赛　237
支队组织开展“卫士辞章”军旅诗词咏诵比赛　237
支队组织总队团以上领导干部理论轮训配合活动　238
知识产权　434
执法打假　287
执法规范化建设　252
执法检查　141,284
执行工作　255
指导帮扶　290
指导督促县级综合年鉴编纂工作　116
指挥通信　238
制定出台政策，为购买服务提供政策依据　165
制度改革成果及措施　458
制度扩面　458
质量安全标准化　349
质量工作考核　287
质量提升工作　287
智慧体系建设　493
智力支边　181
智能化管理　334
中共黔南州纪律检查委员会　529
中共黔南州委办公室工作概况　83

中共黔南州委工作机构　527
中共黔南州委员会　527
中共中央十九大维稳安保工作督导组到黔南州督导工作　245
中国第十一届“西部反邪教论坛”在平塘举办　245
中国国际大数据产业博览会数字经济引领绿色发展论坛在百鸟河数字小镇举行　478
中国经济林协会刺梨分会落户黔南　359
中国·荔波“2017 瑶族文化国际交流大会”在荔波举行　497
中国·荔波第八届斗牛文化节暨首届国际斗牛邀请赛成功举办　499
中国·荔波首届月亮山徒步露营节在荔波举办　498
中国侨联批准黔南州贵定县“金海雪山”为中国华侨国际文化交流基地　219
中国山地自行车公开赛　475
中考超额完成招生任务　426
中小企业对外交流工作　380
中央、省驻匀单位　537
中央综治委预青专项组到黔南州启航学校调研专门学校建设工作　244
中职教育三年行动计划出台　424
重大问题调研课题研究　105
重大项目　476
重视创建工作，促进民族团结　215
重要文稿起草　105
重要文件起草　105
重要业务　324
州残联第六届主席团第七次全体会议在都匀召开　224
州茶叶协会年会召开　352
州第二届“孝老爱亲”民族山歌大赛　457
州供销合作社被增选为贵州省烟花爆竹流通协会副会长单位　411
《州供销社、州财政局关于申请落实黔南州供销社地方政策性财务挂账解决办法的请示》　410
州管国有企业　544
州集中开工一批重大项目　299
州领导王芳到州民宗委调研民族宗教工作　267
州领导走访慰问离退休干部　122
州农民合作经济组织联合会代表大会　411
州农业生产资料公司完成重组　410
州人大常委会工作机构　529
州人大常委会召开的其他重要会议和活动　141
州人大专门委员会　530
州十三届人常委会第三十八次会议至三十九次会议　135
州十四届人常委会第一次至第五次会议　136
州十四届人大常委会第四次会议审议全州少数民族特色村镇建设情况　271
州十四届人大常委会第一次至第十一次主任会议　138
州十四届人大一次会议　135
州十一届旅发大会　461
州通用机场布局规划获得批复　400
州委办州政府办印发《关于创建全国民族团结进步示范州实施方案》　268
州委部门管理机构　528
州委常委会议议定事项　69
州委常委（扩大）会议学习贯彻第三届全国民族自治州小康经验交流现场会议精神　269
州委常委（扩大）会议学习贯彻习近平在深度贫困地区脱贫攻坚座谈会上的重要讲话以及省委中心学习组学习会精神　78
州委理论中心学习组第一次集中学习会　79
州委领导到侨联调研　217
州委十一届三次全体会议在都匀举行　76
州委十一届四次全体会议在都匀举行　77
州委书记龙长春率队到国家民委汇报工作　268
州委书记唐德智到平塘县调研人口较少民族脱贫攻坚工作　269
州委书记唐德智走访看望老领导　123
州委同意理事会监事会成立方案　409
州委政法工作暨信访工作会议召开　244
州委政法暨信访工作会议在都匀召开　156
州委直属事业单位　529
州委重要决议、决定、意见和通知　64
州政府常务会议　146
州政府工作部门　530
州政府领导到都匀九龙寺检查指导工作　273
州政府其他机构　537
州政府其他事业单位　537
州政府直属事业单位　536
州政府驻外机构　536
州政协工作机构　540

州政协专门委员会　541
主席会议　178
主要经营指标　415
主要农产品　483
主要指标完成情况　473
主要作法　163
助力脱贫攻坚,进一步拓展助民增收致富奔小康的渠道　129
助力智力支边　190
助推精准脱贫　180
助推脱贫攻坚　351
住房保障　392
住房贷款　458
驻村帮扶　286
驻黔南部队　543
抓规划强引领　274
抓好就业和服务工作　278
抓实宣传思想工作,促进文化事业大繁荣大发展　63
抓项目促发展　274
抓种植业结构调整,稳定粮食产量　347
专卖管理　418
专项活动　312
转变行政职能　404
着力增进人民福祉,加快幸福黔南建设　63
资产收益扶贫试点工作　276
资金监管　367
资源采选行业(2000 万元口径)　374
资源环境审计　286
自然地理　53
自身建设　210,456
综合行政执法体制改革　101
综合执法　434
综述　57
走访慰问易地安置离休干部　123
组建州大数据管理局　102
组建州对外经济协作局　102
组建州供销合作实业(集团)有限公司　410
组建州市场监管管理局　102
组联工作　225
组团参加第 15 届东盟华商会　221
组织参加学习活动　187
组织建设　187,193,200,202,206
组织开展“百万公众网络学习”工程活动　437
组织开展第十二次哲学社会科学科研成果评奖申报　215
组织开展南仁东事迹的整理　94
组织离退休干部到毕节市参观考察　123
组织申报全国物流园区示范和贵州省现代物流业省级五类示范　278
作风建设　487
做大做强“五大产业”　354